Monika Węglarz.

LANGENSCHEIDT'S
POCKET
DICTIONARIES

LANGENSCHEIDT'S POCKET ENGLISH DICTIONARY

ENGLISH-POLISH
POLISH-ENGLISH

BY
Tadeusz Grzebieniowski

LANGENSCHEIDT

CONTENTS

PREFACE

This "Pocket English Dictionary" is a revised and enlarged version of the "Concise English-Polish and Polish-English Dictionary", first published 1958.

The dictionary is meant to be used in all walks of life and at school. In its two parts it contains more than 50,000 vocabulary entries and phrases.

In addition to the vocabulary this dictionary contains a list of irregular English verbs and lists of geographical names, proper names, famous names and well-known characters in literature, abbreviations, weights and measures (American and British).

In order to help the learner to use a word in a sentence particular attention has been drawn to syntactic information within the entry in the dictionary.

ADVICE
TO THE USER

WSKAZÓWKI
DLA KORZYSTAJĄCYCH
ZE SŁOWNIKA

1. Headwords

The headwords are printed in bold faced type in strictly alphabetical order. They are labelled by pertinent abbreviations indicating their grammatical categories to which they belong. Some other symbols denote the respective branches of learning or the special walks of life.

In case an English word is invariable in form irrespective of its grammatical category e.g. love (as a noun) = m i ł o ś ć and love (as a verb) = k o c h a ć its Polish equivalents are arranged, within the same entry, according to the grammatical order, e.g.:

1. Hasła

Wyrazy hasłowe podano pismem półgrubym w ścisłym porządku alfabetycznym. Opatrzono je odpowiednimi skrótami sygnalizującymi ich przynależność do poszczególnych części mowy lub do specjalnych dziedzin życia.

Jeżeli wyraz hasłowy występuje w charakterze różnych części mowy identycznych pod względem formy (jak np. the love i to love), podano go w jednym artykule hasłowym z polskimi odpowiednikami uszeregowanymi według ustalonej w gramatyce kolejności, np.:

hand [hænd] *s* r ę k a, d ł o ń...;
vt (także ∼ in) w r ę c z y ć...

If the English headword is followed by several Polish equivalents it is the basic meaning or etymologically the earliest one that comes first. E.g.:

Jeżeli wyraz hasłowy ma kilka odpowiedników polskich, na pierwszym miejscu podano znaczenie bliższe lub pierwotne, a potem, kolejno, znaczenie dalsze lub pochodne, np.:

gath·er [ˋgæðə(r)] *vt vi* z b i e r a ć
(s i ę); w n i o s k o w a ć; *(o rzecze)* w z b i e r a ć; *(o wrzodzie)*
n a b i e r a ć; n a r a s t a ć

If the basic meaning of an English headword has become obsolete, its Polish equivalent comes last. E.g.:

Gdy wyraz hasłowy jest rzadko używany w swym pierwotnym znaczeniu podstawowym, pierwszeństwo w kolejności polskich odpowiedników przyznano znaczeniom późniejszym, pochodnym, nowożytnym, np.:

dis·com·fit [dɪˋskʌmfɪt] *vt* z m i e s z a ć; u d a r e m n i ć; † p o b i ć

Homonyms are grouped under separate entries and marked with successive Arabic ciphers, e.g.:

Homonimy podano w osobnych hasłach oznaczonych kolejnymi cyframi arabskimi, np.:

> grave 1. [greɪv] *s* g r ó b
> grave 2. [greɪv] *adj* p o w a ż n y,
> w a ż n y

Since the present dictionary is concise considerable · amount of words has been left out. Many English derivatives and compounds which follow a clear pattern of derivation and combination have not been included. For this reason e.g. the noun disappointment has been left out as it is derived from the verb to disappoint; owing to the information about the grammatical function of the suffix -ment (see p. 9) the reader will not fail to make out the meaning of the substantival derivative if he knows the meaning of the basic form. Another example: two words moon k s i ę ż y c and light ś w i a t ł o make up a uniform compound moonlight ś w i a t ł o k s i ę ż y c a. Still some compounds had to be included because of difference in meaning or pronunciation, e.g.:

Ze względu na zwięzłość słownika pominięto poważną ilość wyrazów złożonych i pochodnych, łatwych do zrozumienia na podstawie pewnego ustalonego schematu. Poznawszy typ wyrazu i jego części składowe można łatwo odgadnąć znaczenie formy złożonej, np. wyraz moonlight składa się z części moon = k s i ę ż y c i light = ś w i a t ł o. Znalazłszy znaczenie tych oddzielnych wyrazów tworzymy całość znaczeniową „ś w i a t ł o k s i ę ż y c a". Podobnie jak rzeczownik disappointment r o z c z a r o w a n i e jest wynikiem połączenia czasownika to disappoint r o z c z a r o w a ć z przyrostkiem -ment.

W słowniku zamieszczono jednak wyrazy złożone, odrębne pod względem wymowy albo znaczenia, np.:

> half·pen·ny [ˈheɪpnɪ] *s* (pl half-
> pence [ˈheɪpəns]) p ó ł p e n s a

while the two separate components of the above word are pronounced half [haf] and penny [ˈpenɪ], pence [pens].

If the headword within the same entry belongs to diverse grammatical categories, they are marked off by means of a semicolon, and labelled by a pertinent grammatical abbreviation, e.g.:

które wymawia się inaczej niż oddzielne części składowe half [haf] i penny [ˈpenɪ], pence [pens].

Jeżeli wyraz hasłowy pełni różne funkcje gramatyczne, oddzielono je średnikiem oraz oznaczono odpowiednim kwalifikatorem gramatycznym, np.:

> af·ter·noon [ˈaftəˈnun] *s* p o p o -
> ł u d n i e; *adj attr* p o p o ł u d -
> n i o w y...

stand [stænd] ... *vi* s t a ć; s t a - w i a ć   s i ę; ... *vt* s t a w i a ć; w y t r z y m y w a ć...; s   m i e j - s c e, s t a n o w i s k o...

With reference to prefixes and suffixes as elements of the English vocabulary and word-formation, they ought to be given in a very rough outline:

in- un- are prefixed to some words, especially to adjectives to express negation. E.g.:

W odniesieniu do przedrostków i przyrostków należy ogólnikowo zwrócić uwagę na ich rolę w zakresie słownictwa i słowotwórstwa angielskiego:

in- i **un-** zmieniają wyraz, nadając mu charakter przeczący, np.:

com·pre·hen·si·ble ... z r o z u m i a - ł y ...
in·com·pre·hen·si·ble ... n i e z r o - z u m i a ł y ...
be·com·ing ... s t o s o w n y ...
un·be·com·ing ... n i e s t o s o w - n y ...

The prefix **un-** precede some words to express reversal or deprivation. E.g.:

Przedrostek **un-** oznacza również odwrócenie lub pozbawienie, np.:

bind ... w i ą z a ć ...
unbind ... r o z w i ą z a ć ...
mask ... m a s k o w a ć ...
unmask ... d e m a s k o w a ć

re- is employed in the sense of "again" or "back". E.g.:

re- nadaje wyrazowi sens, jaki można wyrazić słowami „znowu", „z powrotem", np.:

re·pay ... s p ł a c i ć ⟨z w r ó c i ć⟩ p i e n i ą d z e ...
re·ar·range ... n a   n o w o   u p o - r z ą d k o w a ć,   p r z e g r u p o - w a ć ...

post- is prefixed to some words to express time or order of succession in the sense of "after", "afterwards", "subsequently". E.g.:

post- nadaje wyrazowi sens następstwa w czasie lub kolejności, np.:

post-grad·u·ate ... s   s t u d e n t k o n t y n u u j ą c y   n a u k ę p o   u z y s k a n i u   s t o p n i a u n i w e r s y t e c k i e g o. „..
post-war ... p o w o j e n n y

pre- relates to time or order of succession in the sense of "before", "previous to", "earlier than". The

pre- nadaje wyrazowi sens, jaki można wyrazić słowami: „uprzednio", „wcześniej". Wyrazy z przed-

prefix **pre-**, and **post-** are usually hyphened. E.g.:

rostkiem **pre-** i **post-** pisze się zwykle z łącznikiem, np.:

pre-war ... p r z e d w o j e n n y
prefabricate ... p r e f a b r y k o - w a ć

Some adverbs or prepositions, like **under** and **over**, are sometimes used as quasiprefixes. E.g.

Role przedrostków mogą pełnić przyimki lub przysłówki, np. **over-**, **under-**:

o·ver·eat ... oneself p r z e j e ś ć s i ę
un·der·feed ... n i e d o s t a t e c z - n i e (s i ę) o d ż y w i a ć

So, owing to the information about the grammatical function of the above prefixes, the reader will not fail to make out the meaning of the derivatives if he knows the meaning of the basic forms.

Tego rodzaju wyrazy pochodne należy więc rozumieć w oparciu o ich formy podstawowe i szukać w odpowiednim miejscu słownika.

The suffixes are lexical elements which form some parts of speech from other parts of speech. E.g. the suffix **-able**, added to verbs, forms new adjectives: **love** k o - c h a ć + **-able** results in **lovable** d a j ą c y s i ę k o c h a ć , m i ł y . Another example: **bear** n o s i ć , z n o s i ć + **-able** = **bearable** z n o - ś n y .

Przyrostki powodują zazwyczaj przejście danego wyrazu do innej kategorii gramatycznej. Np. przyrostek **-able** dodany do czasownika, tworzy nowy przymiotnik: **love** k o c h a ć + **-able** daje w rezultacie przymiotnik **lovable** d a - j ą c y s i ę k o c h a ć , m i ł y . Inny przykład: **bear** n o s i ć , z n o s i ć + **-able** = **bearable** z n o - ś n y .

The list of suffixes given below, duly tabulated, shows clearly how new words are formed by means of some suffixes.

Niżej podajemy tablicę najważniejszych przyrostków wraz z przykładami ilustrującymi:

Przy-rostek	Wyraz pierwotny	Wyraz pochodny
-able	**love** kochać	*lovable* godny miłości, miły
-ful	**power** potęga	**powerful** potężny
-hood	**false** fałszywy	**falsehood** fałszywość
-ible	**digest** trawić	**digestible** strawny
-ish	**child** dziecko	**childish** dziecinny
-less	**hope** nadzieja	**hopeless** beznadziejny
-ment	**disappoint** rozczarować	**disappointment** rozczarowanie
-ness	**clever** zręczny, zdolny	**cleverness** zręczność, zdolność
-ship	**comrade** kolega	**comradeship** koleżeństwo

Owing to the above key the reader will be able to make out the meaning of a new word, not included in the present dictionary.

Dzięki powyższym przykładom czytelnik będzie mógł bez trudności zrozumieć znaczenie nowego wyrazu, który nie został zamieszczony w niniejszym słowniku.

Nouns

Many English nouns denoting persons have been rendered in Polish as masculine only, e.g. teacher n a u c z y c i e l; the feminine equivalent n a u c z y c i e l- k a is not given.

Regular plurals have not, as a matter of course, been included. It is only the irregular plural forms that have been inserted, as well as those that might seem questionable (given in round brackets). E.g.:

Hasła rzeczownikowe

Znaczna część rzeczowników angielskich ma jednakową formę dla rodzaju męskiego i żeńskiego, np. teacher n a u c z y c i e l, n a u- c z y c i e l k a. Dla uproszczenia polskie odpowiedniki podano tylko w formie rodzaju męskiego.

Tylko regularne formy liczby mnogiej zostały pominięte. Formy nieregularne, lub nasuwające wątpliwości, podano w nawiasach o- krągłych, np.:

goose [gus] s (pl geese [gis]) g ę ś
a·nal·y·sis [ə'næləsis] s (pl analyses [ə'næləsiz]) a n a l i z a; ...

Adjectives

The degrees of comparison have been duly entered within the respective irregular adjectives.

Adjectives used only as attributes or as predicatives are provided with the labels *attr* and *praed* respectively.

Hasła przymiotnikowe

Przy przymiotnikach stopniowanych nieregularnie podano formy stopnia wyższego i najwyższego.

Przymiotniki, które można użyć tylko przydawkowo lub tylko o- rzecznikowo oznaczone są odpowiednio skrótami *attr* i *praed*.

Verbs

The basic forms of the regular verbs, ending in -ed, -ed, (-d, -d), are omitted. As far as the irregular verbs are concerned, three successive main forms have been singled out: infinitive, past tense (preterite) and past participle. The asterisk*, placed before the entry, refers to the list of irregular verbs, e.g.:

Hasła czasownikowe

Pominięto podstawowe formy gramatyczne czasowników, które tworzą się regularnie przez dodanie końcówki -ed lub -d. Nieregularne formy czasowników podano bezpośrednio po transkrypcji wyrazu hasłowego; na pierwszym miejscu podano formę czasu przeszłego, na drugim — imiesłów czasu przeszłego. Ponadto opatrzono całe hasło gwiazdką, odsyłającą do spisu czasowników z odmianą nieregularną, np.:

*see 1. [si], saw [sɔ], seen [sin]
vt vi w i d z i e ć

The syntactic function of the verb in a sentence, as exemplified in the present dictionary, is given within round brackets immediately after its Polish equivalent, e.g.:

Różnice w składni czasowników zaznaczamy przy pomocy odpowiednich zaimków i przyimków, w nawiasach okrągłych, tuż po polskim odpowiedniku, np.:

agree [ə'gri] vi z g a d z a ć   s i ę
(to sth na   c o ś);   u k ł a d a ć
s i ę,   u m a w i a ć   s i ę,   p o r o -
z u m i e w a ć   s i ę (on, upon sth
w   s p r a w i e   c z e g o ś) ...
re·act [ri'ækt] vi   r e a g o w a ć
de·pend [di'pend] vi   z a l e ż e ć
(on sb, sth   o d   k o g o ś,   c z e -
g o ś), ...

If the English verb is transitive while its Polish equivalent is intransitive, or vice versa, then grammatical information is a necessity. E.g.:

Przykłady użycia związków składniowych stosuje się zarówno w przypadku, gdy czasownik angielski jest przechodni, a jego polski odpowiednik nieprzechodni, jak i odwrotnie. Np.:

ap·proach [ə'prəutʃ] vt z b l i ż a ć
s i ę,   p o d c h o d z i ć   (sb, sth
d o   k o g o ś, d o   c z e g o ś); ...
so·lic·it [sə'lisit] vt u b i e g a ć s i ę
(sth o   c o ś),   u s i l n i e   p r o -
s i ć (sb for sth, sth from sb
k o g o ś   o   c o ś)

2. Phonetic Transcription

2. Transkrypcja

The successive headwords are followed by the phonetic script, each particular English word being transcribed and placed within square brackets. The symbols used here are those of the International Phonetic Association, based on the recent editions of British dictionaries (*A Concise Pronouncing Dictionary of British and American English* by J. Windsor Lewis and *Oxford Advanced Learner's Dictionary of Current English* by A.S. Hornby).

Przy każdym wyrazie hasłowm podano w nawiasie kwadratowym jego transkrypcję fonetyczną. Zastosowano symbole ogólnie przyjętej transkrypcji międzynarodowej, w oparciu o najnowsze wydania słowników brytyjskich (J. Windsor Lewis *A Concise Pronouncing Dictionary of British and American English* i A.S. Hornby *Oxford Advanced Learner's Dictionary of Current English*).

Phonetic transcription

Transkrypcja fonetyczna

znak graficzny dźwięku	zbliżony polski odpowiednik	przykład użycia i wymowa
samogłoski		
i	i	eat [it]
ɪ	y	sit [sɪt]
e	e	bed [bed]
æ	a/e	bad [bæd]
ɑ	a (długie)	half [haf]
o	o (krótkie)	not [not]
ɔ	o (długie)	law [lɔ]
ʊ	u (krótkie)	put [put]
u	u (długie)	food [fud]
ʌ	a (krótkie)	luck [lʌk]
з	e (długie)	first [fзst]
ə	e (zanikowe)	ago [ə`gəʊ]
dwugłoski		
eɪ	ei (łączne)	late [leɪt]
əʊ	eu (łączne)	stone [stəʊn]
aɪ	ai (łączne)	nice [naɪs]
aʊ	au (łączne)	loud [laʊd]
ɔɪ	oi (łączne)	point [pɔɪnt]
ɪə	ie (łączne)	fear [fɪə(r)]
eə	eᵃ	hair [heə(r)]
ʊə	uᵉ	your [jʊə(r)]
niektóre spółgłoski		
tʃ	cz	chin [tʃɪn]
dʒ	dż	just [dʒʌst]
v	w	voice [vɔɪs]
θ	—	thing [θɪŋ]
ð	—	then [ðen]
ʃ	sz	sharp [ʃap]
ʒ	ż	vision [`vɪʒn]
m̩	m	government [`gʌvmənt]
n̩	n	happening [`hæpn̩ɪŋ]
l̩	l ⎫ (sylabotwórcze)	settling [`setl̩ɪŋ]
r̩	r ⎭	measuring [`meʒr̩ɪŋ]
ŋ	n (nosowe)	sing [sɪŋ]
w	ł	wet [wet]
(r)	r	*bryt.* wymawia się, gdy następujące słowo zaczyna się od samogłoski *am.* wymawia się zawsze

3. Spelling

The spelling used throughout the present Dictionary is that of Great Britain and most English-speaking countries except America. Some slight modifications noticeable in the American spelling are as follows:

3. Pisownia

W słowniku niniejszym zastosowano przyjętą powszechnie w Wielkiej Brytanii i w innych krajach mówiących po angielsku, z wyjątkiem Ameryki, pisownię brytyjską. Najważniejsze odchylenia pisowni amerykańskiej od brytyjskiej przedstawiają się następująco:

Końcówki brytyjskie British endings	Końcówki amerykańskie American endings
-our favo*ur*, hono*ur*	*-or* favo*r*, hono*r*
-or, conquer*or*, carburett*or*	*-er* conquer*er*, carburett*er*
-re cent*re*, theat*re*	*-er* cent*er*, theat*er*
-ce preten*ce*, licen*ce*	*-se* preten*se*, licen*se*

Double consonants in final unstressed syllables are reduced in America to single ones:

W nieakcentowanej zgłosce końcowej podwójna spółgłoska przed -ed i -ing ulega redukcji do pojedynczej:

Pisownia brytyjska British	Pisownia amerykańska American
trave*l* trave*ll*ed trave*ll*ing	trave*l* trave*l*ed trave*l*ing

But if the last syllable is short and stressed, the final consonant must be doubled both in Britain and in America:

Natomiast końcowa spółgłoska krótkiej, akcentowanej sylaby musi ulec podwojeniu zarówno w pisowni brytyjskiej, jak i amerykańskiej:

fit, fitted, fitting
drop, dropped, dropping
repel, repelled, repelling

Some slight variants found both in Britain and in America, e.g. cosy or **cozy**, gipsy or **gypsy** are, as a rule, provided with the explanatory sign (=).

Pewne oboczne formy ortograficzne, spotykane zarówno w pisowni brytyjskiej, jak i amerykańskiej, takie jak np. cosy albo **cozy**, gipsy albo **gypsy** itd., oznaczone są znakiem równości (=).

14

ABBREVIATIONS

SKRÓTY

adj	— przymiotnik	adjective
adv	— przysłówek	adverb
am.	— amerykański	American
anat.	— anatomia	anatomy
arch.	— architektura	architecture
astr.	— astronomia	astronomy
attr	— przydawka, przydawkowy	attribute, attributive
bank.	— bankowość	banking
biol.	— biologia	biology
bot.	— botanika	botany
bryt.	— brytyjski	British
chem.	— chemia	chemistry
comp	— stopień wyższy	comparative (degree)
conj	— spójnik	conjunction
dent.	— dentystyka	dentistry
dial.	— dialekt	dialect
dod.	— znaczenie dodatnie	positive (meaning)
dosł.	— dosłownie	literally
druk.	— drukarstwo	printing
elektr.	— elektryczność	electricity
f	— (rodzaj) żeński	feminine (gender)
filat.	— filatelistyka	philately
film	— film	film
filoz.	— filozofia	philosophy
fin.	— finansowość	finances
fiz.	— fizyka	physics
fot.	— fotografia	photography
fut	— czas przyszły	future tense
genit	— dopełniacz	genitive
geogr.	— geografia	geography
geol.	— geologia	geology
górn.	— górnictwo	mining
gram.	— gramatyka	grammar
handl.	— handlowy	commercial (term)
hist.	— historia	history
imp	— forma nieosobowa	impersonal form
inf	— bezokolicznik	infinitive
int	— wykrzyknik	interjection
interrog	— pytajnik, pytający	interrogation, interrogative
kin.	— kinematografia	cinematography

kolej.	— kolejnictwo	railway system
lit.	— literatura, wyraz literacki	literature, literary expression
lotn.	— lotnictwo	aviation
łac.	— wyraz łaciński	Latin word
m	— (rodzaj) męski	neuter (gender)
mal.	— malarstwo	painting
mat.	— matematyka	mathematics
med.	— medycyna	medicine
miner.	— mineralogia	mineralogy
mors.	— morski	**marine (term)**
muz.	— muzyka	music
n	— (rodzaj) nijaki	neuter (gender)
neg.	— forma przecząca	negative form
nieodm.	— wyraz nieodmienny	indeclinable (unconjugated) word
num	— liczebnik	numeral
p	— czas przeszły	past tense, preterite
part.	— partykuła	particle
pieszcz.	— pieszczotliwy	term of endearment
pl	— liczba mnoga	plural
poet.	— wyraz poetycki	word used in poetry
polit.	— polityka	politics, policy
por.	— porównaj	compare
pot.	— wyraz potoczny	colloquialism
pp	— imiesłów **czasu przeszłego**	past participle
p praes	— imiesłów czasu teraźniejszego	present participle
praed	— orzecznik, orzecznikowy	predicative
praef	— przedrostek	prefix
praep	— przyimek	preposition
praes	— czas teraźniejszy	present **tense**
prawn.	— termin prawniczy	law term
pron	— zaimek	pronoun
przen.	— przenośnie	metaphorically
reg.	— regularny	regular
rel.	— religia	religion
rów.	— również	also
s	— rzeczownik	substantive
sb, sb's	— ktoś, kogoś	somebody, somebody's
sing	— liczba pojedyncza	singular
skr.	— skrót	abbreviation
s pl	— rzeczownik w liczbie mnogiej	noun plural
sport	— sport	sport, sports
sth	— coś	something
suf	— przyrostek	suffix
sup	— stopień najwyższy	superlative (degree)
szk.	— (wyraz) szkolny	school (word)
teatr	— teatr	theatre
techn.	— technika	technics
uj.	— ujemny	pejorative

uż.	— używany	used
v	— czasownik	verb
v aux	— czasownik posiłkowy	auxiliary verb
vi	— czasownik nieprzechodni	intransitive verb
v imp	— czasownik nieosobowy	impersonal verb
vr	— czasownik zwrotny	reflexive verb
vt	— czasownik przechodni	transitive verb
wojsk.	— termin wojskowy	military term
wyj.	— wyjątek	exception
zam.	— zamiast	instead of
zbior.	— wyraz zbiorowy	collective word
zdrob.	— wyraz zdrobniały	diminutive word
znacz.	— znaczenie	meaning
zob.	— zobacz	see
zool.	— zoologia	zoology
zw.	— zwykle	usually

THE ENGLISH ALPHABET
ALFABET ANGIELSKI

a [eɪ]	n [en]
b [bi]	o [əʊ]
c [si]	p [pi]
d [di]	q [kju]
e [i]	r [ɑ(r)]
f [ef]	s [es]
g [dʒi]	t [ti]
h [eɪtʃ]	u [ju]
i [aɪ]	v [vi]
j [dʒeɪ]	w [ˈdʌblju]
k [keɪ]	x [eks]
l [el]	y [waɪ]
m [em]	z [zed, *am.* zi]

EXPLANATORY SIGNS

ZNAKI OBJAŚNIAJĄCE

`` The grave stress mark denotes that the following syllable bears the primary stress.

Pochylony w lewo znak akcentu (w formie transkrybowanej wyrazu hasłowego) poprzedza główną akcentowaną sylabę.

´ The acute stress mark denotes that the following syllable bears a secondary stress, weaker than the primary.

Pochylony w prawo znak akcentu wskazuje na to, że następująca po nim sylaba posiada akcent poboczny, słabszy od głównego.

· The dot is a sign of syllable separation. Thus it shows how to divide the word.

Kropka objaśnia zasady dzielenia wyrazów zgodnie z przepisami ortografii angielskiej.

⋆ The asterisk, placed before the verb, refers to the list of irregular verbs (p. 419).

Gwiazdka przy czasownikach nieregularnych odsyła do tabeli czasowników z odmianą nieregularną (str. 419).

[ ] Square brackets enclose the phonetic transcription of the headword.

W nawiasach kwadratowych umieszczono transkrypcję fonetyczną wyrazów hasłowych.

( ) Round brackets enclose the explanatory informations, irregular forms of the headwords, words and letters which can be omitted.

W nawiasach okrągłych umieszczono objaśnienia, nieregularne formy wyrazu hasłowego, wyrazy i litery, które mogą być opuszczone.

⟨ ⟩ Angular brackets enclose words and parts of the expressions which are interchangeable.

W nawiasach trójkątnych umieszczono wymienne wyrazy lub człony związków frazeologicznych.

= Equation sign refers the reader to the entry containing the desired equivalents.

Znak równania odsyła użytkownika do hasła, w którym znajdzie potrzebne mu odpowiedniki.

18

†	Archaism.	Krzyżykiem oznaczono wyrazy przestarzałe.
~	The tilde replaces the headword.	Tylda zastępuje w zwrotach hasło.
1., 2. ...	The Arabic ciphers denote the sequence of headwords having the same spelling, but differing in etymology and meaning.	Cyfry arabskie po hasłach objaśniają odrębność znaczenia i pochodzenia wyrazów o tej samej pisowni, podanych jako osobne hasła.
;	The semicolon is used to denote a distinct shade of difference in the meaning of two or more equivalents of the headword and to separate particular items of grammatical information and grammatical categories.	Średnik oddziela odpowiedniki o całkowicie różnych znaczeniach, związki frazeologiczne oraz objaśnienia i kategorie gramatyczne.
,	The comma is used to separate equivalents close in meaning.	Przecinek oddziela odpowiedniki bliskie pod względem znaczeniowym.

ENGLISH - POLISH

a

A, a 1. [eɪ] pierwsza litera alfabetu angielskiego

a 2. [ə, eɪ] *przedimek ⟨rodzajnik⟩ nieokreślony (przed spółgłoską)*

a·back [ə'bæk] *adv* wstecz, do tyłu, z tyłu, na uboczu; **taken ~ zaskoczony**

ab·a·cus [ˈæbəkəs] *s (pl* **abaci** [ˈæbəsaɪ] *lub* **abacuses** [ˈæbəkəsɪz]) liczydło

a·ban·don 1. [ə'bændən] *vt* opuścić, zaniechać; zrezygnować; *vr* **~ oneself to** sth oddać się, poddać się (jakiemuś uczuciu)

a·ban·don 2. [ə'bændən] *s* żywiołowość

a·ban·don·ment [ə'bændənmənt] *s* opuszczenie, porzucenie; zaniedbanie; rezygnacja

a·bash [ə'bæʃ] *vt* zawstydzić, zmieszać

a·bate [ə'beɪt] *vt* opuścić, obniżyć; zmniejszyć; *vi* opaść; osłabnąć; zmniejszyć się

ab·ba·cy [ˈæbəsɪ] *s* opactwo, godność opata

ab·bess [ˈæbes] *s* przełożona klasztoru, ksieni

ab·bey [ˈæbɪ] *s* opactwo (klasztor lub kościół przyklasztorny)

ab·bot [ˈæbət] *s* opat

ab·bre·vi·ate [ə'briːvɪeɪt] *vt* skracać

ab·bre·vi·a·tion [ə'briːvɪ'eɪʃən] *s* skrót, skrócenie

ABC [ˈeɪ biː 'siː] *s* alfabet; podstawy wiedzy, nauki

ab·di·cate [ˈæbdɪkeɪt] *vt* rezygnować (**the office** z urzędu); abdykować (**the throne** z tronu)

ab·di·ca·tion [ˌæbdɪ'keɪʃn] *s* zrzeczenie się, abdykacja (**of the throne, office** z tronu, urzędu)

ab·do·men [ˈæbdəmən] *s* brzuch

ab·duct [æb'dʌkt] *vt* uprowadzić, porwać

ab·duc·tion [æb'dʌkʃn] *s* uprowadzenie, porwanie

ab·er·ra·tion [ˌæbə'reɪʃn] *s* zboczenie (z właściwej drogi), odchylenie; aberracja, odchylenie od stanu normalnego

a·bet [ə'bet] *vt* podjudzać, podżegać, współdziałać (w przestępstwie)

a·bey·ance [ə'beɪəns] *s* stan zawieszenia, niepewności

ab·hor [əb'hɔː(r)] *vt* czuć wstręt, żywić nienawiść (**sb, sth** do kogoś, do czegoś)

*a·bide [ə'baɪd], **a·bode, a·bode** [ə'bəud] *vt* wytrzymywać, znosić; oczekiwać; *vi* pozostawać, przebywać; **~ by** sth dotrzymywać czegoś, trzymać się czegoś

a·bid·ing [ə'baɪdɪŋ] *adj* trwały, stały

a·bil·i·ty [ə'bɪlətɪ] *s* zdolność; *pl* **abilities** talent, uzdolnienie; **to the best of my ~ ⟨abilities⟩** jak potrafię najlepiej, w granicach moich możliwości

ab·ject [ˈæbdʒekt] *adj* podły, nikczemny, godny pogardy; nędzny; nieszczęsny

ab·jure [əb'dʒuə(r)] *vt* wyrzec się (**sth** czegoś)

a·blaze [ə'bleɪz] *adv adj praed* w płomieniach; płonący

a·ble [ˈeɪbl] *adj* zdolny, zręczny, nadający się; to be ~ móc, być w stanie, potrafić

a·ble-bod·ied [ˈeɪblˈbɒdɪd] *adj* silny, zdrowy

ab·nor·mal [əbˈnɔːml] *adj* anormalny, nieprawidłowy

a·board [əˈbɔːd] *adv i praep* na statku, na pokładzie, na pokład; *am.* także w wozie, w pociągu, do pociągu

a·bode 1. *zob.* **abide**

a·bode 2. [əˈbəʊd] s miejsce pobytu, siedziba; to take up one's ~ zamieszkać

a·bol·ish [əˈbɒlɪʃ] *vt* znieść, usunąć, skasować, obalić

ab·o·li·tion [ˌæbəˈlɪʃn] s zniesienie, usunięcie, obalenie; *am.* zniesienie niewolnictwa

A-bomb [ˈeɪ bɒm] s (= **atomic bomb**) bomba atomowa

a·bom·i·na·ble [əˈbɒmɪnəbl] *adj* wstrętny, obrzydliwy

a·bom·i·nate [əˈbɒmɪneɪt] *vt* czuć wstręt (sth do czegoś), brzydzić się (sth czymś)

a·bom·i·na·tion [əˌbɒmɪˈneɪʃn] s wstręt, obrzydzenie, odraza; przedmiot wstrętu

ab·o·rig·i·nal [ˌæbəˈrɪdʒnl] *adj* pierwotny, początkowy; s pierwotny mieszkaniec

ab·o·rig·i·nes [ˌæbəˈrɪdʒɪnɪz] s pl tubylcy, pierwotni mieszkańcy

a·bor·tion [əˈbɔːʃn] s poronienie; *przen.* nieudane dzieło

a·bor·tive [əˈbɔːtɪv] *adj* poroniony; nieudany

a·bound [əˈbaʊnd] *vt* obfitować (**in, with** sth w coś); he ~s **in cour·age** jest pełen odwagi

about [əˈbaʊt] *adv* dookoła, wokół, tu i tam; mniej więcej, około; to be ~ to do sth mieć (zamiar) coś zrobić, zabierać się do zrobienia czegoś; *praep* przy, dookoła; odnośnie do, w sprawie; I have no money ~ me nie mam przy sobie pieniędzy; what ~ leaving? a może byśmy wyszli?

a·bove [əˈbʌv] *adv* w górze, powy-

żej; *praep* nad, ponad; *adj attr* powyższy, wyżej wymieniony

a·breast [əˈbrest] *adv* w jednym rzędzie, obok, jeden przy ramieniu; to keep ~ of dotrzymywać kroku, stać na poziomie

a·bridge [əˈbrɪdʒ] *vt* skrócić, streścić

a·broad [əˈbrɔːd] *adv* za granicą, za granicę; na zewnątrz, poza dom(em), szeroko i daleko; there is a rumour ~ rozchodzi się pogłoska

ab·rupt [əˈbrʌpt] *adj* oderwany; nagły, niespodziewany; (*o wzniesieniu*) stromy; szorstki (np. ton), opryskliwy

ab·scess [ˈæbses] s (*pl* ~es [ˈæbsesɪz]) wrzód

ab·sence [ˈæbsns] s nieobecność, brak; ~ **of mind** roztargnienie

ab·sent [ˈæbsnt] *adj* nieobecny, brakujący; *vr* ~ [əbˈsent] **oneself** być nieobecnym; ~ **oneself from school** być nieobecnym w szkole

ab·sent·ee [ˌæbsnˈtiː] s osoba nieobecna; osoba mieszkająca poza domem ⟨krajem⟩

ab·sent-mind·ed [ˈæbsntˈmaɪndɪd] *adj* roztargniony

ab·so·lute [ˈæbsəluːt] *adj* absolutny, bezwarunkowy, bezwzględny; nieograniczony; stanowczy; s absolut

ab·so·lute·ly [ˈæbsəluːtlɪ] *adv* absolutnie, bezwarunkowo, bezwzględnie; stanowczo; *int* na pewno!, oczywiście!

ab·so·lu·tion [ˌæbsəˈluːʃn] s *rel.* rozgrzeszenie; darowanie winy

ab·so·lut·ism [ˈæbsəluːtɪzm] s absolutyzm

ab·solve [əbˈzɒlv] *vt* zwolnić (**sb from** sth kogoś od czegoś), darować (**sb from** sth komuś coś); rozgrzeszyć

ab·sorb [əbˈsɔːb] *vt* absorbować, wsysać, pochłaniać; he is ~ed **in tennis** pochłania go tenis

ab·sorp·tion [əbˈsɔːpʃn] s wchłonięcie; zaabsorbowanie (**in** sth czymś)

ab·stain [əbˈsteɪn] *vi* powstrzymywać się **(from sth** od czegoś)

ab·stain·er [əbˈsteɪnə(r)] *s* abstynent

ab·sti·nence [ˈæbstɪnəns] *s* wstrzemięźliwość, trzeźwość

ab·stract [ˈæbstrækt] *adj* abstrakcyjny, oderwany; niejasny, mętny; *s* wyciąg, skrót; *vt* [əbˈstrækt]
odrywać, odciągać, odejmować

ab·strac·tion [əbˈstrækʃn] *s* abstrakcja, abstrahowanie, oddzielenie; roztargnienie

ab·surd [əbˈsɜːd] *adj* niedorzeczny,
absurdalny, głupi; wzbudzający
śmiech

ab·sur·di·ty [əbˈsɜːdətɪ] *s* niedorzeczność

a·bun·dance [əˈbʌndəns] *s* obfitość

a·bun·dant [əˈbʌndənt] *adj* obfity

a·buse [əˈbjuːs] *s* nadużycie; obraza, zniesławienie; *vt* [əˈbjuːz] nadużywać; obrażać, znieslawiać

a·bu·sive [əˈbjuːsɪv] *adj* obrażający,
obraźliwy, obelżywy

a·bys·mal [əˈbɪzml] *adj* bezdenny

a·byss [əˈbɪs] *s* przepaść, otchłań

a·ca·cia [əˈkeɪʃə] *s* akacja

ac·a·dem·ic [ˌækəˈdemɪk] *adj* akademicki; teoretyczny; *s* akademik, uczony

a·ca·de·mi·cian [əˌkædəˈmɪʃn] *s*
członek akademii

a·cad·e·my [əˈkædəmɪ] *s* akademia,
zakład naukowy, uczelnia

ac·cede [əkˈsiːd] *vi* przystąpić, dołączyć się; zgodzić się, przystać
(to sth na coś); wstąpić **(to the
throne** na tron); objąć **(to a post**
stanowisko)

ac·cel·er·ate [əkˈseləreɪt] *vt vi*
przyspieszyć

ac·cel·er·a·tor [əkˈseləreɪtə(r)] *s*
akcelerator, przyspieszacz

ac·cent [ˈæksnt] *s* akcent, przycisk;
sposób wymawiania; *vt* [ækˈsent]
akcentować, kłaść nacisk, podkreślać

ac·cen·tu·ate [əkˈsentʃueɪt] *vt* akcentować, podkreślać, uwypuklać

ac·cept [əkˈsept] *vt vi* przyjmować, zgadzać się; akceptować

(np. weksel)

ac·cept·a·ble [əkˈseptəbl] *adj* do
przyjęcia; znośny, zadowalający;
pożądany

ac·cept·ance [əkˈseptəns] *s* (chęt-
ne) przyjęcie; zgoda **(of sth** na
coś), uznanie; *handl.* accept

ac·cess [ˈækses] *s* dostęp, dojście,
dojazd; **easy of ~** łatwo dostępny; **~ to power** dojście do władzy; *attr* dojazdowy; **good ~**
roads dobre drogi dojazdowe

ac·ces·si·ble [əkˈsesəbl] *adj* dostępny; przystępny

ac·ces·sion [ækˈseʃn] *s* przystąpie-
nie; zgoda **(to sth** na coś); dojście **(to power** do władzy); objęcie **(to the throne** tronu, **to an**
office urzędu)

ac·ces·so·ry [əkˈsesərɪ] *adj* praed
dodatkowy; *s* wspólnik przestępstwa; *pl* **accessories** akcesoria,
dodatki, wyposażenie

ac·ci·dent [ˈæksɪdnt] *s* wypadek,
nieszczęśliwy wypadek; przypadek, traf; **by ~** przypadkowo;
to meet with an ~ ulec wypad-
kowi

ac·ci·den·tal [ˌæksɪˈdentl] *adj* przypadkowy; nieistotny; **~ death**
śmierć na skutek nieszczęśliwe-
go wypadku

ac·claim [əˈkleɪm] *vt* aklamować,
przyjmować z uznaniem; oklaskiwać

ac·cla·ma·tion [ˌækləˈmeɪʃn] *s* a-
klamacja, poklask; **to carry by ~**
uchwalać przez aklamację

ac·cli·mate [əˈklaɪmeɪt] *am.* = acclimatize

ac·cli·ma·tion [ˌæklaɪˈmeɪʃn] *am.* =
acclimatization

ac·cli·ma·ti·za·tion [əˌklaɪmətaɪ-
ˈzeɪʃn] *s* aklimatyzacja

ac·cli·ma·tize [əˈklaɪmətaɪz] *vt vi*
aklimatyzować (się)

ac·com·mo·date [əˈkɒmədeɪt] *vt* dostosować; zaopatrzyć **(with sth** w
coś); ulokować, zakwaterować

ac·com·mo·dat·ing [əˈkɒmədeɪtɪŋ]
adj zgodny, kompromisowy; u-
przejmy, usłużny

ac·com·mo·da·tion [ə'kɔmə'deıʃn] s dostosowanie; zaopatrzenie; wygoda; kwatera, pomieszczenie, nocleg

ac·com·pa·ni·ment [ə'kʌmpnımənt] s okoliczność towarzysząca, dodatek; *muz.* akompaniament

ac·com·pa·ny [ə'kʌmpnı] *vt* towarzyszyć; wtórować; *muz.* akompaniować

ac·com·plice [ə'kʌmplıs] s wspólnik (przestępstwa), współwinny

ac·com·plish [ə'kʌmplıʃ] *vt* wykończyć, wykonać, spełnić

ac·com·plished [ə'kʌmplıʃt] *adj* skończony, doskonały; dobrze wychowany ⟨ułożony⟩, wykształcony

ac·com·plish·ment [ə'kʌmplıʃmənt] s wykonanie, wykończenie; majstersztyk; *pl* ~s wykształcenie; walory towarzyskie, polor

ac·cord [ə'kɔd] s zgoda, harmonia; *muz.* akord; with one ~ jednomyślnie, jednogłośnie; in ~ with... zgodnie z...; of one's own ~ dobrowolnie, samorzutnie; *vt* uzgodnić (**to sth** z czymś); dać, przyznać, użyczyć; przyzwolić; *vi* harmonizować; zgadzać się (**with sth** z czymś)

ac·cord·ance [ə'kɔdns] s zgodność, zgoda; in ~ with sth zgodnie z czymś, stosownie do czegoś

ac·cord·ing [ə'kɔdıŋ] *praep w zwrocie:* ~ to według, zgodnie z; *conj w zwrocie:* ~ as według tego ⟨w miarę⟩, jak

ac·cord·ing·ly [ə'kɔdıŋlı] *adv* zgodnie z tym, stosownie do tego; odpowiednio; zatem

ac·cor·di·on [ə'kɔdıən] s *muz.* akordeon, harmonia (instrument)

ac·cost [ə'kɔst] *vt* zwrócić się, zbliżyć się (**sb do kogoś**), zagadnąć

ac·count [ə'kaunt] s rachunek, konto; obliczenie; sprawozdanie, relacja; *pl* ~s księgi (rachunkowe); księgowość; porachunki; **balance of** ~s zamknięcie rachunków handlowych, bilans handlowy; **current** ~ rachunek bieżący; **to keep** ~s prowadzić książki handlowe; **to leave out of** ~ nie uwzględniać, nie brać pod uwagę; **to make** ~ **of sth** przywiązywać wagę do czegoś; **to take into** ~ brać pod uwagę, uwzględniać; **to turn to** ~ obrócić na korzyść; **to give** ~ **of** zrelacjonować, wyjaśnić; **of great** ~ wiele znaczący; **of no** ~ bez znaczenia; **on all** ~s pod każdym względem; **on** ~ **of** na rachunek; ze względu na, z powodu; **on no** ~ za żadną cenę, w żadnym wypadku; *vt* obliczać; **he** ~s **himself clever** on uważa się za zdolnego; *vi* zdawać sprawę (**on sth** z czegoś); wytłumaczyć (**for sth** coś); odpowiadać (**for sth za coś**); wyliczać się (**for sth** z czegoś)

ac·count·a·ble [ə'kauntəbl] *adj* odpowiedzialny (**to sb** przed kimś, **for sth** za coś); (o fakcie) dający się wytłumaczyć

ac·count·an·cy [ə'kauntənsı] s księgowość, rachunkowość

ac·count·ant [ə'kauntənt] s księgowy, prowadzący rachunki, rachmistrz

ac·cre·dit [ə'kredıt] *vt* upełnomocnić, akredytować; przypisać (**sb with sth** komuś coś)

ac·crue [ə'kru] *vi* (o dochodach) narastać; płynąć (**from sth** z czegoś)

ac·cu·mu·late [ə'kjumjuleıt] *vt* gromadzić, akumulować; *vi* gromadzić się, narastać

ac·cu·mu·la·tion [ə'kjumju'leıʃn] s nagromadzenie, akumulacja; **primary** ⟨**primitive**⟩ ~ akumulacja pierwotna

ac·cu·ra·cy ['ækjərəsı] s dokładność, ścisłość; punktualność

ac·cu·rate ['ækjərət] *adj* dokładny, ścisły; punktualny

ac·cu·sa·tion ['ækju'zeıʃn] s oskarżenie, skarga; **to bring an** ~ wystąpić z oskarżeniem

ac·cu·sa·tive [ə'kjuzətıv] s *gram.* biernik

ac·cuse [ə'kjuz] *vt* oskarżać (**sb of sth** kogoś o coś), winić

ac·cus·tom [ə`kʌstəm] vt przyzwy-
czajać; **to become** ⟨**to get**⟩ **~ed**
przyzwyczajać się
ace [eɪs] s (w kartach i przen.) as;
within an ~ of o włos od
ache [eɪk] s (ciągły) ból; vt boleć
a·chieve [ə`tʃiv] vt osiągnąć (z tru-
dem), zdobyć, dokonać
a·chieve·ment [ə`tʃivmənt] s osią-
gnięcie, dokonanie; zdobycz; **this
is impossible of ~** tego się nie da
osiągnąć
a·cid [`æsid] s kwas; adj kwaśny,
kwasowy, ostry (w smaku); żrący; przen. zgryźliwy; **the ~ test**
próba na kwasowość; przen. próba ogniowa
ac·knowl·edge [ək`nolɪdʒ] vt uzna-
wać, przyznawać; potwierdzać;
wyrażać podziękowanie (sth za
coś)
ac·knowl·edg·ment [ək`nolɪdʒmənt]
s uznanie, przyznanie; potwierdzenie; podziękowanie; **in ~ of**
w dowód uznania ⟨wdzięczności⟩
a·corn [`eɪkon] s żołądź
a·cous·tic [ə`kustɪk] adj akustycz-
ny
a·cous·tics [ə`kustɪks] s akustyka
ac·quaint [ə`kweɪnt] vt zaznajomić;
donieść (sb **with sth** komuś o
czymś); to ~ **oneself, to get** ⟨be-
come⟩ **~ed** zaznajomić się (with
sb, sth z kimś, z czymś); poznać
(with sb, sth kogoś, coś)
ac·quaint·ance [ə`kweɪntəns] s zna-
jomość; znajomy (człowiek); to
make the ~ poznać, poznać się,
zaznajomić się (with sb, sth z
kimś, czymś); **I made his ~,
I made ~ with him** zawarłem z
nim znajomość
ac·qui·esce [ˌækwi`es] vi pogodzić
się (in sth z czymś), przystać (in
sth na coś)
ac·qui·es·cence [ˌækwi`esns] s zgo-
da, przyzwolenie
ac·quire [ə`kwaɪə(r)] vt nabywać,
osiągać, zdobywać; przyswajać
sobie
ac·quire·ment [ə`kwaɪəmənt] s na-

bycie, osiągnięcie; sprawność (na-
byta); pl **~s** nabyte rzeczy, na-
byta wiedza, umiejętność
ac·qui·si·tion [ˌækwɪ`zɪʃn] s naby-
cie; zdobywanie; nabytek, doro-
bek
ac·qui·si·tive [ə`kwɪzətɪv] adj żąd-
ny zysku, zachłanny
ac·quit [ə`kwɪt] vt uwolnić, zwol-
nić; spłacić, uiścić; uniewinnić
(of a **crime** od zbrodni); vr ~
oneself wywiązać się (of sth z
czegoś)
ac·qui·tal [ə`kwɪtl] s zwolnienie;
uniewinnienie
a·cre [`eɪkə(r)] s akr (miara po-
wierzchni); † pole, rola; **God's ~**
cmentarz
ac·rid [`ækrɪd] adj ostry, żrący;
cierpki; gryzący; przen. zjadliwy
ac·ri·mo·ny [`ækrɪmənɪ] s zjadli-
wość, szorstkość (słów, postępowania); przen. goryczy
ac·ro·bat [`ækrəbæt] s akrobata
ac·ro·bat·ic [ˌækrə`bætɪk] adj akro-
batyczny
ac·ro·bat·ics [ˌækrə`bætɪks] s akro-
batyka
a·cross [ə`kros] praep przez, w po-
przek, po; **to come ~ sth** natknąć się na coś, trafić na coś
przypadkiem; adv na krzyż;
wszerz, na szerokość; po drugiej
stronie; na przełaj; **with arms ~**
ze skrzyżowanymi ramionami
act [ækt] s czyn, uczynek; czynność; akt; ustawa; dokument;
teatr akt; **in the ~ of** w trakcie;
vi działać, czynić, postępować,
zachowywać się; występować,
grać (na scenie); to ~ **upon sth**
kierować się czymś, postępować
według czegoś; vt odgrywać,
grać (rolę); udawać
action [`ækʃn] s akcja; działanie;
czyn; ruch; sprawa (sądowa);
wojsk. bitwa; to **take** ⟨to bring⟩
an ~ wytoczyć sprawę (against
sb komuś)
ac·tive [`æktɪv] adj aktywny,
czynny, żywy; realny, rzeczywisty

ac·tiv·i·ty [æk`tɪvətɪ] s czynność, działalność, aktywność; pl activities zajęcie, praca, sfera działalności

ac·tor [`æktə(r)] s aktor

ac·tress [`æktrɪs] s aktorka

ac·tu·al [`æktʃʊəl] adj rzeczywisty, faktyczny; bieżący

ac·tu·al·ize [`æktʃʊəlaɪz] vt wprowadzać w czyn, realizować, przedstawiać realistycznie

ac·tu·ate [`æktʃʊeɪt] vt wprawiać w ruch; podniecać, ożywiać; wpływać (sth na coś)

ac·u·men [ə`kjumən] s bystrość (umysłu)

a·cute [ə`kjut] adj ostry; bystry; przenikliwy; dotkliwy

ad [æd] s pot. = advertisement

ad·age [`ædɪdʒ] s przysłowie, powiedzenie

ad·a·mant [`ædəmənt] s coś twardego (np. kamień); adj praed niewzruszony

ad·a·man·tine [`ædə`mæntaɪn] adj twardy, nieugięty

a·dapt [ə`dæpt] vt dostosować, przystosować, adaptować; przerobić

add [æd] vt vi dodawać; dołączać; powiększać; wzbogacać (to sth coś); to ~ up dodawać, sumować

ad·der [`ædə(r)] s żmija

ad·dict [ə`dɪkt] vr ~ oneself oddawać się (to sth czemuś), uprawiać (to sth coś); vt to be ~ed to sth uprawiać ⟨robić⟩ coś nałogowo; s [`ædɪkt] nałogowiec; drug ~ narkoman

ad·dic·tion [ə`dɪkʃn] s nałóg

ad·di·tion [ə`dɪʃn] s dodatek; dodawanie; in ~ dodatkowo, również, ponadto

ad·di·tion·al [ə`dɪʃnl] adj dodatkowy, dalszy

ad·dress [ə`dres] s adres; przemówienie; odezwa; vt zwracać się

ad·dres·see [`ædre`si] s adresat

ad·duce [ə`djus] vt przytaczać, cytować

ad·e·quate [`ædɪkwət] adj odpowiedni, stosowny, trafny

ad·here [əd`hɪə(r)] vt przylegać; trzymać się, dotrzymywać (to sth czegoś), usilnie popierać (to sb, sth kogoś, coś)

ad·her·ent [əd`hɪərnt] s zwolennik, stronnik; adj lgnący; przynależny

ad·he·sion [əd`hɪʒn] s przyleganie; przynależność; poparcie

ad·he·sive [əd`hisɪv] adj przylegający, przyczepny; ~ tape przylepiec

ad·ja·cent [ə`dʒeɪsnt] adj przyległy, sąsiedni

ad·jec·tive [`ædʒɪktɪv] s gram. przymiotnik

ad·join [ə`dʒɔɪn] vt przyłączyć, dołączyć; vi przylegać

ad·journ [ə`dʒɜn] vt odroczyć; zawiesić; vi pot. przenieść się (na inne miejsce)

ad·judge [ə`dʒʌdʒ] vt zasądzić; przyznać

ad·just [ə`dʒʌst] vt uporządkować, uzgodnić, dostosować; załatwić (spór)

ad·min·is·ter [əd`mɪnɪstə(r)] vt administrować, zarządzać; sprawować; wymierzać (sprawiedliwość); podawać (lekarstwo)

ad·min·is·tra·tion [əd`mɪnɪ`streɪʃn] s administracja, zarząd; wymiar (sprawiedliwości); podawanie (lekarstwa); am. rząd

ad·mi·ra·ble [`ædmɪrəbl] adj godny podziwu, wspaniały

ad·mi·ral [`ædmrl] s admirał

ad·mi·ral·ty [`ædmrltɪ] s admiralicja (ministerstwo marynarki); gmach admiralicji

ad·mi·ra·tion [`ædmə`reɪʃn] s podziw; przedmiot podziwu

ad·mire [əd`maɪə(r)] vt podziwiać

ad·mis·si·ble [əd`mɪsəbl] adj dopuszczalny

ad·mis·sion [əd`mɪʃn] adj dopuszczanie; wstęp, dostęp; przyznanie; ~ free wstęp wolny

ad·mit [əd`mɪt] vt vi dopuścić, przyjąć; przyznać (się); zezwolić (of sth na coś)

ad·mit·tance [əd`mɪtns] s dopusz-

czenie; dostęp; przyjęcie; **no** ~
wstęp wzbroniony

ad·mon·ish [əd`mɒnɪʃ] *vt* upominać;
ostrzegać (**against, of** sth przed
czymś)

ad·mo·ni·tion [ˌædmə`nɪʃn] *s* upo-
mnienie; ostrzeżenie

a·do [ə`du] *s* hałas, wrzawa; rwe-
tes; kłopot

ad·o·les·cence [ˌædə`lesns] *s* mło-
dość, wiek dojrzewania

ad·o·les·cent [ˌædə`lesnt] *s* młodzie-
niec, dziewczyna; *adj* młodzieńczy

a·dopt [ə`dɒpt] *vt* adoptować; przy-
sposabiać; przyswajać (sobie),
przyjmować

a·dop·tion [ə`dɒpʃn] *s* adopcja

a·dop·tive [ə`dɒptɪv] *adj* przybrany;
łatwo przyjmujący

a·dor·a·ble [ə`dɔrəbl] *adj* godny u-
wielbienia

a·dor·a·tion [ˌædə`reɪʃn] *s* adoracja,
uwielbienie

a·dore [ə`dɔ(r)] *vt* uwielbiać, czcić;
pot. bardzo lubić

a·dorn [ə`dɔn] *vt* zdobić, upiększać;
być ozdobą (sth czegoś)

a·drift [ə`drɪft] *adv* na falach, na
fale; *przen.* **to turn** ~ rzucić na
los szczęścia, wyrzucić na bruk

a·dult [`ædʌlt] *adj* dorosły, dojrza-
ły, pełnoletni; *s* dojrzały ⟨doro-
sły⟩ człowiek

a·dul·ter·ate [ə`dʌltəreɪt] *vt* podra-
biać, fałszować (zw. napoje, żywność)

a·dul·ter·y [ə`dʌltərɪ] *s* cudzołós-
two

ad·vance [əd`vɑns] *vt* posuwać na-
przód; poprawiać, udoskonalać;
płacić z góry; pożyczać; przedstawiać, zgłaszać (np. wniosek);
podwyższać (np. cenę); *vi* posuwać się naprzód, robić postępy;
(*o cenach*) iść w górę; *s* postęp,
posuwanie się naprzód; udosko-
nalenie; awans; wniosek; zaliczka, pożyczka; podwyższenie (np.
ceny); *pl* ~s uprzejmości, zaloty; **in** ~ z góry; na przedzie; **to
be in** ~ wyprzedzać (**of** sb, sth

kogoś, coś), przekraczać; *adj attr*
przedni, okazowy

ad·vanced [əd`vɑnst] *zob.* **advance**
v; *adj* wysunięty naprzód; za-
awansowany; postępowy; ~ **in
years** podeszły wiekiem

ad·vance·ment [əd`vɑnsmənt] *s* po-
sunięcie naprzód, postęp; zaliczka; awans

ad·van·tage [əd`vɑntɪdʒ] *s* korzyść,
pożytek; przewaga; **to have an**
~ **górować** (**over** sb **nad** kimś);
to take ~ wykorzystać (**of** sth
coś); nadużyć, wykorzystać (**of** sb
kogoś); **to turn to** ~ obrócić na
korzyść; **to** ~ korzystnie; **to the
best** ~ najkorzystniej

ad·ven·ture [əd`ventʃə(r)] *s* przy-
goda; ryzyko; *vt* ryzykować (sth
coś); narażać (sb kogoś); *vi* ryzykować, odważyć się (**upon** sth
na coś)

ad·ven·tur·er [əd`ventʃərə(r)] *s* po-
szukiwacz przygód; ryzykant

ad·verb [`ædvɜb] *s gram.* przysłó-
wek

ad·ver·sa·ry [`ædvəsərɪ] *s* przeciw-
nik

ad·verse [`ædvɜs] *adj* przeciwny,
wrogi, nie sprzyjający

ad·ver·si·ty [əd`vɜsətɪ] *s* zły los,
nieszczęście, bieda

ad·ver·tise [`ædvətaɪz] *vt* zawiada-
miać, ogłaszać; reklamować, a-
nonsować; *vt* poszukiwać za pomocą ogłoszenia (**for** sb, sth kogoś, czegoś)

ad·ver·tise·ment [əd`vɜtɪsmənt] *s* o-
głoszenie, reklama

ad·vice [əd`vaɪs] *s* rada; *am. handl.*
zawiadomienie, nota; **a piece of**
~ rada; **to take** sb's ~ posłuchać
czyjejś rady

ad·vis·a·ble [əd`vaɪzəbl] *adj* godny
polecenia, wskazany, pożyteczny,
rozsądny

ad·vise [əd`vaɪz] *vt* radzić (sb ko-
muś); *handl.* zawiadamiać

ad·vis·er [əd`vaɪzə(r)] *s* radca, do-
radca

ad·vo·cate [`ædvəkət] *s* adwokat,
obrońca; *vt* [`ædvəkeɪt] podtrzy-

mywać, bronić, występować w obronie (sth czegoś), przemawiać (sth za czymś)

aer·ate [ˈeəreɪt] *vt* przewietrzyć

aer·i·al [ˈeərɪəl] *s* antena; *adj* powietrzny; napowietrzny; *przen.* nierzeczywisty, bezcielesny

aer·o·drome [ˈeərədrəum] *s* lotnisko

aer·o·naut [ˈeərənɔːt] *s* aeronauta

aer·o·plane [ˈeərəpleɪn] *s* samolot

aes·thete [ˈiːsθiːt] *s* esteta

aes·thet·ic [ˈiːsˈθetɪk] *adj* estetyczny

aes·thet·ics [ˈiːsˈθetɪks] *s* estetyka

a·far [əˈfɑː(r)] *adv w zwrotach:* ~ off w oddali; from ~ z dala

af·fa·bil·i·ty [ˌæfəˈbɪlətɪ] *s* uprzejmość

af·fa·ble [ˈæfəbl] *adj* uprzejmy

af·fair [əˈfeə(r)] *s* sprawa, interes; miłostka; *pl* ~s sprawy (np. państwowe)

af·fect 1. [əˈfekt] *vt* wzruszyć; dotknąć; oddziaływać, wpływać (**sb, sth** na kogoś, na coś); **to ~ one's health** odbić się na czyimś zdrowiu

af·fect 2. [əˈfekt] *vt* udawać (**sb, sth** kogoś, coś), pozować (**sb** na kogoś); przybierać pozory ⟨cechy⟩ (**sth** czegoś)

af·fec·ta·tion [ˌæfekˈteɪʃn] *s* afektacja, poza, udawanie

af·fect·ed [əˈfektɪd] *zob.* **affect 1., 2.;** *adj* afektowany; usposobiony; dotknięty

af·fec·tion [əˈfekʃn] *s* przywiązanie, uczucie, sentyment, miłość

af·fi·da·vit [ˌæfrˈdeɪvɪt] *s* pisemna deklaracja pod przysięgą

af·fil·i·ate [əˈfɪlɪeɪt] *vt* przyjąć na członka; łączyć, przyłączyć; ~d society filia

af·fin·i·ty [əˈfɪnətɪ] *s* pokrewieństwo, powinowactwo; sympatia

af·firm [əˈfɜːm] *vt vi* potwierdzać, zapewniać; twierdzić

af·fir·ma·tion [ˌæfəˈmeɪʃn] *s* twierdzenie, zapewnienie

af·fir·ma·tive [əˈfɜːmətɪv] *adj* twierdzący, pozytywny

af·fix [əˈfɪks] *vt* przytwierdzić,

przyczepić, przybić; dołączyć

af·flict [əˈflɪkt] *vt* gnębić, dręczyć; dotknąć (chorobą); ~ed with sth chory na coś

af·flic·tion [əˈflɪkʃn] *s* przygnębienie; nieszczęście; cierpienie; choroba

af·flu·ence [ˈæfluəns] *s* obfitość, bogactwo; zgromadzenie; natłok

af·flu·ent [ˈæfluənt] *adj* dostatni; zasobny (**in sth** w coś); *s* dopływ (rzeki)

af·ford [əˈfɔːd] *vt* dostarczyć, użyczyć, dać; zdobyć się, pozwolić sobie (**sth** na coś); **I can ~ it** stać mnie na to

af·front [əˈfrʌnt] *vt* obrażać; *s* obraza, afront

a·field [əˈfiːld] *adv* w pole, w polu; daleko

a·flame [əˈfleɪm] *adv adj praed* w płomieniach; płonący; *przen.* w podnieceniu

a·float [əˈfləut] *adv adj praed* na falach, na wodzie; w powietrzu; płynący; unoszący się; *przen.* w obiegu

a·foot [əˈfut] *adv adj praed* pieszo, na nogach

a·fore·said [əˈfɔːsed] *adj* wyżej wspomniany

a·fraid [əˈfreɪd] *adj praed* przestraszony; **to be ~ of sth** bać się czegoś; **I'm ~ I can't do it** przykro mi, ale nie mogę tego zrobić

a·fresh [əˈfreʃ] *adv* na nowo

af·ter [ˈɑːftə(r)] *praep* po; za; według; o; ~ all mimo wszystko, a jednak; *adv* potem, następnie; w tyle; z tyłu; *conj* kiedy, skoro, po tym, jak; *adj attr* następny, późniejszy; tylny

af·ter·math [ˈɑːftəmæθ] *s* pokłosie; *przen.* żniwo, następstwa

af·ter·noon [ˈɑːftəˈnuːn] *s* popołudnie; *adj attr* popołudniowy; ~ tea podwieczorek

af·ter·thought [ˈɑːftəθɔːt] *s* refleksja

af·ter·ward(s) [ˈɑːftəwəd(z)] *adv* następnie, później

a·gain [əˈgen] *adv* znowu, jeszcze raz; prócz tego, również; z drugiej strony; ~ and ~ raz po raz; never ~ nigdy więcej; as much ~ drugie tyle

a·gainst [ə'genst] *praep* przeciw; wbrew; o; na

a·gate [`ægət] *s* agat

age [eɪdʒ] *s* wiek; epoka, czasy; what is your ~? ile masz lat? to come of ~ osiągnąć pełnoletność; of ~ pełnoletni; under ~ niepełnoletni; *vi* starzeć się; *vt* postarzać; ~d seventy years w wieku lat siedemdziesięciu

aged [`eɪdʒɪd] *adj* stary, sędziwy

age·long [`eɪdʒlɒŋ] *adj* odwieczny; długotrwały

a·gen·cy [`eɪdʒənsɪ] *s* działanie, środek działania, siła działająca; agencja; by ⟨through⟩ the ~ of sb, sth za pośrednictwem kogoś, czegoś

a·gen·da [ə'dʒendə] *s pl* plan zajęć, terminarz; porządek dnia

a·gent [`eɪdʒənt] *s* agent, pośrednik; siła działająca, czynnik

ag·gra·vate [`ægrəveɪt] *vt* obciążyć, utrudnić, pogorszyć; rozdrażnić

ag·gra·va·tion [`ægrə'veɪʃn] *s* obciążenie, utrudnienie, pogorszenie; rozdrażnienie, gniew

ag·gre·gate [`ægrɪgeɪt] *vt vi* gromadzić (się), łączyć, tworzyć całość; wynosić, liczyć w sumie; *s* [`ægrɪgət] agregat; masa; całość, łączna liczba; *adj* łączny, zbiorowy

ag·gres·sion [ə'greʃn] *s* napaść, agresja

ag·gres·sive [ə'gresɪv] *adj* napastliwy, agresywny, zaczepny

ag·gres·sor [ə'gresə(r)] *s* napastnik, agresor

ag·grieve [ə'griv] *vt* zmartwić, przygnębić; skrzywdzić

a·ghast [ə'gast] *adj praed* przerażony, oszołomiony, osłupiały

ag·i·le [`ædʒaɪl] *adj* zwinny, ruchliwy, obrotny

ag·i·tate [`ædʒɪteɪt] *vt* poruszać, niepokoić, podniecać, podburzać; denerwować, roztrząsać, dysku-

tować (gwałtownie); *vi* agitować

ag·i·ta·tion [`ædʒɪ'teɪʃn] *s* poruszenie; podniecenie; roztrząsanie, dyskusja (gwałtowna); agitacja

ago [ə'gəʊ] *adv*: long ~ dawno temu; two years ~ dwa lata temu

ag·o·nize [`ægənaɪz] *vt* męczyć, dręczyć; *vi* przeżywać śmiertelne męki, wić się w bólach

a·go·ny [`ægənɪ] *s* gwałtowny ból, cierpienie; udręka, męczarnia; rozpaczliwa walka; agonia; ~ column lista ofiar (ogłoszona w prasie)

a·gra·ri·an [ə'greərɪən] *adj* agrarny, rolny

a·gree [ə'gri] *vi* zgadzać się (to sth na coś); układać się, umawiać się, porozumiewać się (on, upon sth w sprawie czegoś); odpowiadać (with sth czemuś); służyć; this food does not ~ with me to jedzenie mi nie służy; *vt* uzgadniać, ustalać, umawiać; on the ~d day w umówionym dniu; ~d! zgoda!

a·gree·a·ble [ə'griəbl] *adj* przyjemny, miły; zgodny (to sth z czymś)

a·gree·ment [ə'grimənt] *s* zgoda; umowa, układ; in ~ with... zgodnie z...

ag·ri·cul·tu·ral [`ægrɪ'kʌltʃərl] *adj* rolniczy, rolny

ag·ri·cul·ture [`ægrɪkʌltʃə(r)] *s* rolnictwo

ag·ro·no·mic [`ægrə'nomɪk] *adj* agronomiczny

ag·ro·no·my [ə'gronəmɪ] *s* agronomia

a·ground [ə'graund] *adv* na mieliźnie, na mieliznę; to run ⟨to go⟩ ~ osiąść na mieliźnie

a·gue [`eɪgju] *s* febra, dreszcze

a·head [ə'hed] *adv* przed siebie, naprzód; na przedzie; dalej; to be ⟨to get⟩ ~ of sb wyprzedzać kogoś; the task ~ of us zadanie, które nas czeka; to go ~ robić postępy; kontynuować

aid [eɪd] *s* pomoc; pomocnik; zasiłek; teaching ~s pomoce naukowe; first ~ pierwsza pomoc;

~ **station** punkt pomocy lekarskiej; *vt* pomagać (sb komuś)

aide-de-camp [ˈeɪd də ˈkõ] *s* adiutant

ail [eɪl] *vt* boleć, dolegać; what ~s him? co mu jest?; *vi* cierpieć, chorować

aileron [ˈeɪlərən] *s lotn.* lotka

ail·ment [ˈeɪlmənt] *s* niedomaganie, dolegliwość, choroba

aim [eɪm] *vt* celować, mierzyć; mieć na celu; dążyć (at sth do czegoś); *vt* mierzyć, rzucać; kierować (uwagę); *s* cel, zamiar; **to take** ~ celować (at sth do czegoś)

ain't [eɪnt] *pot.* = am not, is not, are not *zob.* be

air 1. [eə(r)] *s* powietrze; by ~ drogą powietrzną; on the ~ nadany przez radio; to take the ~ przejść się; ~ force siły lotnicze; ~ ministry ministerstwo lotnictwa; *vt* wietrzyć; suszyć (na wietrze)

air 2. [eə(r)] *s* aria, pieśń

air 3. [eə(r)] *s* wygląd, mina; zachowanie; *zw. pl* ~s poza; **to give oneself** ~s pozować; pysznić się

air·con·di·tion·ing [ˈeəkənˈdɪʃnɪŋ] *s* klimatyzacja

air·craft [ˈeəkrɑft] *s* samolot; *zbior.* lotnictwo

air·craft-car·ri·er [ˈeəkrɑft kærɪə(r)] *s* lotniskowiec

air·drome [ˈeədrəʊm] *s am.* = aerodrome

air·i·ly [ˈeərɪlɪ] *adv* impertynencko; lekko, beztrosko

air·lift [ˈeəlɪft] *s* transport powietrzny

air·line [ˈeəlaɪn] *s* linia lotnicza

air·lin·er [ˈeəlaɪnə(r)] *s* regularnie kursujący samolot komunikacyjny

air·mail [ˈeəmeɪl] *s* poczta lotnicza

air·man [ˈeəmən] *s* lotnik

air·plane [ˈeəpleɪn] *s am.* = aeroplane

air·port [ˈeəpɔt] *s* lotnisko

air·proof [ˈeəpruf] *adj* hermetyczny, szczelny

air-raid [ˈeəreɪd] *s* nalot lotniczy

air-route [ˈeərut] *s* linia lotnicza

air·screw [ˈeəskru] *s* śmigło

air·shel·ter [ˈeəʃeltə(r)] *s* schron przeciwlotniczy

air·ship [ˈeəʃɪp] *s* statek powietrzny

air-tight [ˈeətaɪt] *adj* szczelny, hermetyczny

air·way [ˈeəweɪ] *s* linia lotnicza; *górn.* wentyl

air·wor·thy [ˈeəwɜðɪ] *adj (o samolocie)* zdolny do latania

air·y [ˈeərɪ] *adj* przewiewny, lekki; *(o człowieku)* próżny, beztroski

a·jar [əˈdʒɑ(r)] *adj praed (o drzwiach, bramie)* półotwarty

a·kin [əˈkɪn] *adj praed* krewny; podobny

a·lac·ri·ty [əˈlækrɪtɪ] *s* żwawość, gotowość

a·larm [əˈlɑm] *s* alarm; strach, popłoch, oszołomienie; **to take** ~ ulec panice; *vt* alarmować, niepokoić

a·larm-clock [əˈlɑmklɒk] *s* budzik

a·las [əˈlæs] *int* niestety!

al·bum [ˈælbəm] *s* album

al·bu·men [ˈælbjumen] *s biol. chem.* białko

al·che·my [ˈælkəmɪ] *s* alchemia

al·co·hol [ˈælkəhɒl] *s* alkohol, napój alkoholowy

al·co·hol·ic [ˈælkəˈhɒlɪk] *adj* alkoholowy; *s* alkoholik

al·der·man [ˈɔldəmən] *s* radny miejski

ale [eɪl] *s* jasne piwo

a·lert [əˈlɜt] *adj* czujny; żwawy; *s zw. lotn.* alarm; pogotowie; on the ~ na straży, w pogotowiu

al·ge·bra [ˈældʒɪbrə] *s* algebra

a·li·as [ˈeɪlɪəs] *adv* inaczej; *s* przybrane nazwisko

al·i·bi [ˈælɪbaɪ] *s* alibi

al·ien [ˈeɪlɪən] *adj* obcy; cudzoziemski; *s* cudzoziemiec

al·ien·ate [ˈeɪlɪəneɪt] *vt* przenieść

(majątek na kogoś); odstręczyć, zrazić; oderwać

a·li·en·a·tion [ˌeɪlɪəˈneɪʃn] s alienacja; wyobcowanie

a·light [əˈlaɪt] vi schodzić, zstępować; spadać; wysiadać; (o samolocie, ptaku) lądować z powietrza

a·lign [əˈlaɪn] vt ustawiać w rząd, szeregować; vi wojsk. równać

a·like [əˈlaɪk] adj praed podobny, jednakowy; adv podobnie, jednakowo; zarówno

a·li·men·ta·ry [ˌælɪˈmentrɪ] adj odżywczy; spożywczy; żywiący, utrzymujący; the ~ canal przewód pokarmowy

a·li·mo·ny [ˈælɪmənɪ] s alimenty

a·live [əˈlaɪv] adj praed żywy; żwawy; pełen życia; to be ~ to sth być wrażliwym na coś ⟨świadomym czegoś⟩

al·ka·li [ˈælkəlaɪ] s chem. zasada; pl ~s alkalia

al·ka·line [ˈælkəlaɪn] adj chem. alkaliczny

all [ɔl] adj i pron wszystek, cały, całkowity, każdy, wszelki; after ~ mimo wszystko; ostatecznie; ~ but prawie że, nieomal; ~ in ~ całkowicie, razem wziąwszy; ~ of us my wszyscy; at ~ w ogóle; before ~ przede wszystkim; for ~ that mimo wszystko; in ~ w całości, ogółem; most of ~ najbardziej, przede wszystkim; not at ~ wcale nie, nie ma za co (dziękować); once for ~ raz na zawsze; s wszystko, całość; adv całkowicie, w pełni; ~ right wszystko w porządku, dobrze; ~ the same wszystko jedno; mimo wszystko; ~ the better tym lepiej; ~ over wszędzie, na całej przestrzeni; it is ~ over with him koniec z nim; ~ told w sumie, wszystko razem

al·lay [əˈleɪ] vt uśmierzyć, uspokoić, złagodzić, osłabić

al·lege [əˈledʒ] vt twierdzić (bez dowodów); przytaczać, powoływać się (sth na coś)

al·leged [əˈledʒd] adj rzekomy, domniemany

al·le·giance [əˈliːdʒəns] s wierność, lojalność; hist. poddaństwo

al·le·gor·i·cal [ˌælɪˈɡɒrɪkl] adj alegoryczny

al·le·go·ry [ˈælɪɡərɪ] s alegoria

al·ler·gy [ˈælədʒɪ] s alergia (to sth na coś)

al·le·vi·ate [əˈliːvɪeɪt] vt ulżyć, złagodzić; zaspokoić

al·ley [ˈælɪ] s aleja; uliczka; przejście; blind ~ ślepy zaułek

al·li·ance [əˈlaɪəns] s przymierze; związek; pokrewieństwo

al·lied [ˈælaɪd] adj sprzymierzony; pokrewny, bliski

al·li·ga·tor [ˈælɪɡeɪtə(r)] s aligator

al·lit·er·a·tion [əˌlɪtəˈreɪʃn] s aliteracja

al·lo·cate [ˈæləkeɪt] vt przydzielić; wyznaczyć

al·lot [əˈlɒt] vt przydzielić, przyznać; wyznaczyć; rozdzielić; rozparcelować

al·lot·ment [əˈlɒtmənt] s przydział; cząstka; kawałek gruntu, działka

al·low [əˈlaʊ] vt pozwalać; przyznawać; przeznaczać, uznawać; vi ~ of sth dopuszczać do czegoś, zgadzać się na coś; ~ for sth brać coś pod uwagę

al·low·ance [əˈlaʊəns] s przydział, racja; (przyznany) fundusz, dotacja; renta; bonifikata; kieszonkowe; tolerowanie, pozwolenie; family ~ dodatek rodzinny; to make ~s for sth brać coś pod uwagę

al·loy [əˈlɔɪ] vt mieszać (metale); s [ˈælɔɪ] stop; próba (np. złota)

al·lude [əˈluːd] vi robić aluzję (to sth do czegoś)

al·lure [əˈljʊə(r)] vt nęcić, uwodzić

al·lu·sion [əˈluːʒn] s aluzja, przytyk

al·ly [əˈlaɪ] vt połączyć, sprzymierzyć; skoligacić; vi połączyć się, być sprzymierzonym; s [ˈælaɪ] sprzymierzeniec

al·ma·nac [ˈɔlmənæk] s almanach, kalendarz

al·might·y [ɔl'maɪtɪ] *adj* wszechpotężny, wszechmocny

al·mond ['amənd] *s* migdał

al·most ['ɔlməust] *adv* prawie

alms [amz] *s sing* i *pl* jałmużna

a·loft [ə'lɔft] *adv* w górę, w górze

a·lone [ə'ləun] *adj praed* sam, sam jeden; **to let sb, sth ~** pozostawić kogoś, coś w spokoju; *adv* tylko, jedynie; **let ~** zwłaszcza, a co dopiero

a·long [ə'lɔŋ] *praep* wzdłuż; **all ~** na całą długość, przez cały czas; **~ the street** ulicą; **~ with** razem, wspólnie, wraz z; *adv* naprzód, dalej; **come ~!** chodź tu!; **to take ~** zabrać

a·long·side [ə'lɔŋ'saɪd] *adv* w jednym rzędzie, obok; *praep* wzdłuż, obok, przy

a·loof [ə'luf] *adv* z dala; na uboczu

a·loud [ə'laud] *adv* głośno, na głos

al·pha·bet ['ælfəbət] *s* alfabet

al·pha·bet·i·cal ['ælfə'betɪkl] *adj* alfabetyczny

al·pine ['ælpaɪn] *adj* alpejski; górski

al·pi·nist ['ælpɪnɪst] *s* alpinista

al·read·y [ɔl'redɪ] *adv* już; poprzednio

al·so ['ɔlsəu] *adv* także, również

al·tar ['ɔltə(r)] *s* ołtarz

al·ter ['ɔltə(r)] *vt vi* zmieniać (się)

al·ter·a·tion [ɔltə'reɪʃn] *s* zmiana

al·ter·nate 1. [ɔl'tɜːnət] *adj* co drugi, kolejny, odbywający się na zmianę

al·ter·nate 2. ['ɔltɜːneɪt] *vt* zmieniać kolejno, robić coś na zmianę; *vi* następować kolejno, zmieniać się

al·ter·na·tive [ɔl'tɜːnətɪv] *s* alternatywa; *adj* alternatywny

al·though [ɔl'ðəu] *conj* chociaż, mimo że

al·ti·tude [' æltɪtjud] *s* wysokość

al·to ['æltəu] *s muz.* alt

al·to·geth·er [ɔltə'geðə(r)] *adv* całkowicie, w pełni; ogółem

al·tru·ism ['æltruɪzm] *s* altruizm

al·um ['æləm] *s* ałun

al·um·nus [ə'lʌmnəs] *s* (*pl* alumni

[ə'lʌmnaɪ]) **wychowanek, absolwent**

al·ways ['ɔlwɪz] *adv* zawsze, ciągle am *zob.* be

a·mal·ga·mate [ə'mælgəmeɪt] *vt vi* łączyć (się), jednoczyć (się)

a·mass [ə'mæs] *vt* zbierać, gromadzić

am·a·teur ['æmətə(r)] *s* amator

a·maze [ə'meɪz] *vt* zdumieć

a·maze·ment [ə'meɪzmənt] *s* zdumienie

amaz·ing [ə'meɪzɪŋ] *ppraes* i *adj* zdumiewający

am·bas·sa·dor [æm'bæsədə(r)] *s* ambasador; minister pełnomocny; poseł (**to France we Francji; in Paris w Paryżu**)

am·ber ['æmbə(r)] *s* bursztyn

am·bi·gu·i·ty ['æmbɪ'gjuətɪ] *s* dwuznaczność, dwuznacznik, niejasność

am·big·u·ous [æm'bɪgjuəs] *adj* dwuznaczny, niejasny

am·bi·tion [æm'bɪʃn] *s* ambicja

am·bi·tious [æm'bɪʃəs] *adj* ambitny

am·bu·lance ['æmbjuləns] *s* karetka pogotowia; szpital polowy

am·bush ['æmbuʃ] *s* zasadzka; *vt* napadać z zasadzki; robić zasadzkę, czyhać (**sb** na kogoś)

a·mel·io·rate [ə'mɪljəreɪt] *vt vi* poprawiać (się), polepszać (się)

a·men ['ɑ'men] *nieodm.* amen

a·me·na·bil·i·ty [əminə'bɪlətɪ] *s* odpowiedzialność sądowa; uległość, powolność

a·me·na·ble [ə'minəbl] *adj* odpowiedzialny (wobec prawa); uległy, powolny; dostępny

a·mend [ə'mend] *vt* poprawiać, usprawniać, wnosić poprawki; *vi* poprawiać się; *s pl* ~s zadośćuczynienie, kompensata; **to make ~s for sth** zrekompensować coś; naprawić coś (np. krzywdę)

a·mend·ment [ə'mendmənt] *s* poprawa, naprawa; *prawn.* poprawka, nowela

and

A·mer·i·can [ə'merɪkən] s Amerykanin; adj amerykański

a·mi·a·bi·li·ty ['eɪmɪə'bɪlətɪ] s uprzejmość, miłe obejście

a·mi·a·ble ['eɪmɪəbl] adj miły, uprzejmy

a·mi·ca·ble ['æmɪkəbl] adj przyjacielski; polubowny

a·mid [ə'mɪd], a·midst [ə'mɪdst] praep pomiędzy, pośród

a·miss [ə'mɪs] adv fałszywie, błędnie, nieodpowiednio; to come ~ przybyć nie w porę; sth is ~ with him z nim jest coś nie w porządku; to take ~ brać za złe

am·i·ty ['æmɪtɪ] s przyjaźń; a treaty of ~ układ o przyjaźni

am·mo·nia [ə'məunɪə] s amoniak

am·mu·ni·tion ['æmjʊ'nɪʃn] s amunicja

am·nes·ty ['æmnəstɪ] s amnestia; vt udzielić amnestii

a·moe·ba [ə'mɪbə] s zool. ameba

a·mok [ə'mɒk] adv = amuck

a·mong [ə'mʌŋ], a·mongst [ə'mʌŋst] praep między, wśród

am·o·rous ['æmərəs] adj zakochany; pot. kochliwy

a·mor·phous [ə'mɔfəs] adj bezpostaciowy, bezkształtny

a·mount [ə'maunt] vi stanowić (sumę), wynosić; równać się (to sth czemuś); the bill ~s to £100 rachunek wynosi 100 funtów; this ~s to nothing nic z tego nie wychodzi; s suma, ilość; wartość, znaczenie, wynik

am·phib·ian [æm'fɪbɪən] s zwierzę ziemnowodne; lotn. wojsk. amfibia

am·phi·the·a·tre ['æmfɪθɪətə(r)] s amfiteatr

am·ple ['æmpl] adj obszerny, obfity; wystarczający, dostatni; rozłożysty

am·pli·fy ['æmplɪfaɪ] vt rozszerzać, powiększać; elektr. wzmacniać; vi rozwodzić się (on sth nad czymś)

am·pli·tude ['æmplɪtjud] s zasięg; obfitość; fiz. amplituda

am·pu·tate ['æmpjʊteɪt] vt amputować

a·muck [ə'mʌk] adv w szale; to run ~ wpaść w szał

a·muse [ə'mjuz] vt zabawiać

a·muse·ment [ə'mjuzmənt] s rozrywka, zabawa

an [ən, æn] przedimek ⟨rodzajnik⟩ nieokreślony (przed samogłoską); zob. a

a·nach·ro·nic ['ænə'krɒnɪk], a·nach·ro·nis·tic [ə'nækrə'nɪstɪk] adj anachroniczny

a·nach·ro·nism [ə'nækrənɪzm] s anachronizm

a·nae·mi·a, a·ne·mi·a [ə'nimɪə] s anemia, niedokrwistość

an·aes·the·sia ['ænɪs'θizɪə] s anestezja, znieczulenie

an·aes·thet·ic ['ænɪs'θetɪk] adj znieczulający; s środek znieczulający

a·nal·o·gous [ə'næləgəs] adj analogiczny

a·nal·o·gy [ə'nælədʒɪ] s analogia

an·a·lyse ['ænəlaɪz] vt analizować

a·nal·y·sis [ə'næləsɪs] s (pl analyses [ə'næləsɪz]) analiza; gram. rozbiór

an·a·lyze ['ænəlaɪz] vt am. = analyse

a·narch·ic(al) [æ'nɑkɪk(l)] adj anarchiczny

an·ar·chy ['ænəkɪ] s anarchia

a·nath·e·ma [ə'næθəmə] s klątwa

an·a·tom·ic(al) ['ænə'tɒmɪk(l)] adj anatomiczny

a·nat·o·my [ə'nætəmɪ] s anatomia

an·ces·tor ['ænsɪstə(r)] s przodek, antenat

an·ces·tral [æn'sestrl] adj dziedziczny, rodowy

an·ces·try ['ænsɪstrɪ] s zbiór. przodkowie; ród

an·chor ['æŋkə(r)] s kotwica; vt zakotwiczyć; vi stać na kotwicy

an·chor·age ['æŋkərɪdʒ] s miejsce zakotwiczenia; kotwiczne (opłata)

an·chor·ite ['æŋkəraɪt] s pustelnik

an·cient ['eɪnʃnt] adj dawny, stary, starożytny; wiekowy

and [ænd, ənd, ən] conj i, a; z;

for hours ~ hours całymi godzinami; **better ~ better** coraz lepiej

an·ec·dote [ˈænɪkdəut] s anegdota

a·new [əˈnju] adv na nowo, powtórnie; inaczej

an·gel [ˈeɪndʒl] s anioł

an·gel·ic [ænˈdʒelɪk] adj anielski

an·ger [ˈæŋgə(r)] s gniew; vt gniewać, złościć

an·gi·na [ænˈdʒaɪnə] s angina

an·gle 1. [ˈæŋgl] s kąt; przen. punkt widzenia

an·gle 2. [ˈæŋgl] vi łowić ryby na wędkę

an·gler [ˈæŋglə(r)] s wędkarz

An·gli·can [ˈæŋglɪkən] adj anglikański; s anglikanin

An·glo-Sax·on [ˈæŋgləu ˈsæksn] s Anglosas; adj anglosaski

an·gry [ˈæŋgrɪ] adj zagniewany; gniewny; **to be ~ with sb ⟨at sth⟩** gniewać się na kogoś ⟨na coś⟩; **to get ~** rozgniewać się

an·guish [ˈæŋgwɪʃ] s lęk, męka, ból

an·gu·lar [ˈæŋgjulə(r)] adj kątowy; narożny; kanciasty; kościsty

an·i·line [ˈænɪlin] s chem. anilina

an·i·mal [ˈænəml] s zwierzę, stworzenie; adj zwierzęcy; zmysłowy

an·i·mate [ˈænɪmeɪt] vt ożywiać; pobudzać; adj [ˈænɪmət] ożywiony, żywy, żwawy

an·i·ma·tion [ˈænɪˈmeɪʃn] s ożywienie

an·i·mos·i·ty [ˈænɪˈmosətɪ] s animozja, niechęć; uraza

ani·seed [ˈænɪsid] s anyżek

an·kle [ˈæŋkl] s kostka (u nogi)

an·nal·ist [ˈænəlɪst] s kronikarz

an·nals [ˈænlz] s pl rocznik, kronika

an·nex [ˈænəks] s (także **annexe**) aneks, dodatek; przybudówka; vt [əˈneks] dołączyć, przyłączyć; a- nektować

an·nex·a·tion [ˈænekˈseɪʃn] s przyłączenie; aneksja

an·ni·hi·late [əˈnaɪəleɪt] vt niszczyć, unicestwiać

an·ni·ver·sa·ry [ˈænɪˈvɜsrɪ] s rocznica

Anno Dom·ini [ˈænəu ˈdomɪnaɪ] roku pańskiego; naszej ery

an·no·tate [ˈænəteɪt] vt objaśniać, komentować

an·no·ta·tion [ˈænəˈteɪʃn] s adnotacja, uwaga, komentarz

an·nounce [əˈnauns] vt zapowiadać, ogłaszać, zawiadamiać

an·nounce·ment [əˈnaunsmənt] s zawiadomienie, zapowiedź, ogłoszenie, komunikat

an·noun·cer [əˈnaunsə(r)] s konferansjer; **radio ~** spiker

an·noy [əˈnɔɪ] vt dokuczać, niepokoić, drażnić

an·noy·ance [əˈnɔɪəns] s utrapienie, udręka; dokuczanie, złośliwość; **to subject sb to ~** dokuczać komuś

an·noyed [əˈnɔɪd] zob. annoy; adj zagniewany, rozdrażniony; **to be ~ with sb** gniewać się na kogoś; **to get ~ at sth** zmartwić, zirytować się czymś

an·nu·al [ˈænjuəl] adj roczny, coroczny; s rocznik

an·nu·i·ty [əˈnjuətɪ] s roczna suma; renta; **life ~** renta dożywotnia

an·nul [əˈnʌl] vt anulować, unieważniać

an·nun·ci·a·tion [əˈnʌnsɪˈeɪʃn] s o- znajmienie; rel. zwiastowanie

a·nom·a·lous [əˈnomələs] adj nienormalny, anormalny, nieprawidłowy

a·nom·a·ly [əˈnoməlɪ] s anomalia

a·non·y·mous [əˈnonɪməs] adj anonimowy; ~ **letter** anonim

an·oth·er [əˈnʌðə(r)] adj i pron inny, drugi, jeszcze jeden; **in ~ way** inaczej; **~ two hours** jeszcze dwie godziny

an·swer [ˈansə(r)] s odpowiedź (**to sth** na coś); rozwiązanie; vt odpowiadać (**sth** na coś); spełniać, zaspokajać (życzenie); służyć (celowi); vi być odpowiedzialnym (**for sth** to sb za coś przed kimś); odpowiadać (**to sth** na coś)

an·swer·a·ble [ˈansərəbl] adj odpowiedzialny **(for sth to sb** za coś przed kimś)

ant [ænt] s mrówka

a'nt [ant] = am not, are not; zob. be

an·tag·o·nism [æn'tægənɪzm] s antagonizm

an·tag·o·nize ['æn'tægənaɪz] vt sprzeciwiać się, przeciwdziałać; wzbudzać wrogość

ant·arc·tic ['æn'taktɪk] adj antarktyczny; s **the Antarctic Anktarktyda**

ant·eat·er ['ænt itə(r)] s zool. mrówkojad

an·te·ce·dent ['æntɪ'sidnt] adj poprzedzający **(to sth** coś), poprzedni; s poprzedzająca okoliczność; gram. poprzednik

an·te·cham·ber ['æntɪ tʃeɪmbə(r)] s przedpokój; poczekalnia

an·te·date ['æntɪ'deɪt] vt antydatować

an·te·lope ['æntɪləup] s antylopa

an·ten·na [æn'tenə] s **(pl antennae** [æn'teni]) antena; zool. czułek

an·te·ri·or [æn'tɪərɪə(r)] adj poprzedzający **(to sth** coś); wcześniejszy **(to sth** od czegoś), poprzedni

an·te·room ['æntɪ rum] s przedpokój; poczekalnia

an·them ['ænθəm] s hymn

anthill ['ænθɪl] s mrowisko

an·thol·o·gy ['æn'θolədʒɪ] s antologia

an·thro·pol·o·gy ['ænθrə'polədʒɪ] s antropologia

an·ti·air·craft ['æntɪ 'eəkraft] adj attr przeciwlotniczy; s artyleria przeciwlotnicza, działo przeciwlotnicze

an·tibi·o·tic ['æntɪbaɪ'otɪk] s antybiotyk

anti·body ['æntɪbodɪ] s przeciwciało

an·tic ['æntɪk] s zw. pl ~s błazenada

an·ti·ci·pate ['æn'tɪsɪpeɪt] vt antycypować, uprzedzać; przewidywać; przyspieszać

an·ti·ci·pat·ed [æn'tɪsɪpeɪtɪd] zob.

anticipate; adj przedterminowy; handl. wykupiony przed terminem

an·ti·ci·pa·tion [æn'tɪsɪ'peɪʃn] s uprzedzanie, przewidywanie; przyspieszenie; zapłata z góry, zaliczka; **in ~** z góry; handl. przedterminowo

an·ti·dote ['æntɪdəut] s antidotum, odtrutka

an·tip·a·thy [æn'tɪpəθɪ] s antypatia

an·ti·qua·ry ['æntɪkwərɪ] s antykwariusz, zbieracz antyków

an·ti·quat·ed ['æntɪkweɪtɪd] adj przestarzały

an·tique [æn'tik] adj starożytny, antyczny; staroświecki; s **sztuka** starożytna; antyk

an·tiqu·i·ty [æn'tɪkwətɪ] s starożytność; antyk

an·ti·Sem·ite ['ænti 'simaɪt] s antysemita

an·tith·e·sis [æn'tɪθəsɪs] s antyteza

ant·ler ['æntlə(r)] s róg (np. jelenia)

an·vil ['ænvɪl] s kowadło

anx·i·e·ty [æŋg'zaɪətɪ] s niepokój, trwoga **(for, about sth** o coś); troska; dążenie, pożądanie

anx·ious ['æŋkʃəs] adj niespokojny, pełen troski **(for, about sth** o coś); pożądający, pragnący **(for, about sth** czegoś)

an·y ['enɪ] pron jaki, jakiś, jakikolwiek; wszelki; każdy; którykolwiek; **not ~** żaden; adv **~** nieco, trochę, jeszcze; **~ farther** trochę dalej; **not ~ farther** ani trochę dalej; **it is not ~ good** to się na nic nie przyda

an·y·bod·y ['enɪbodɪ] pron ktokolwiek, ktoś; każdy

an·y·how ['enɪhau] adv jakkolwiek, w jakikolwiek sposób; byle jak‧ w każdym **razie; not ... ~** w żaden sposób

an·y·one ['enɪwʌn] pron = anybody

an·y·thing ['enɪθɪŋ] pron cokolwiek, coś; wszystko; **z przeczeniem:** nic

an·y·way ['enɪweɪ] adv = anyhow

an·y·where ['enɪweə(r)] adv gdziekolwiek, gdzieś; wszędzie; *z prze-czeniem*: nigdzie

a·part [ə'pɑt] *adv* oddzielnie, na boku, na bok; osobno; w odległości; ~ **from** pomijając, abstrahując, niezależnie od, oprócz; **to get** ~ oddzielić; **to set** ~ odłożyć; **to take** ~ rozkładać, rozbierać na części

a·part·heid [ə'pɑtheɪt] *s* segregacja rasowa (w Afryce), apartheid

a·part·ment [ə'pɑtmənt] *s* pokój, mieszkanie; *am.* ~ **house** dom mieszkalny (czynszowy), kamienica

ap·a·thet·ic ['æpə'θetɪk] *adj* apatyczny, obojętny

ap·a·thy ['æpəθɪ] *s* apatia, obojętność

ape [eɪp] *s* małpa (człekokształtna); *vt* małpować

ap·er·ture ['æpətʃə(r)] *s* otwór, szczelina

a·pex ['eɪpeks] *s* (*pl* ~**es** ['eɪpeksɪz] *lub* **apices** ['eɪpɪsɪz]) szczyt, punkt szczytowy

a·piece [ə'pis] *adv* za sztukę; na każdego, na głowę

a·pol·o·gize [ə'polədʒaɪz] *vi* usprawiedliwiać się (**to sb for sth** przed kimś z czegoś), przepraszać

a·pol·o·gy [ə'polədʒɪ] *s* usprawiedliwienie, przeproszenie; obrona

ap·o·plex·y ['æpəpleksɪ] *s* apopleksja

a·pos·tle [ə'posl] *s* apostoł; wyznawca

a·pos·tro·phe [ə'postrəfɪ] *s* apostrof; apostrofa, zwrot

ap·pal [ə'pɔl] *vt* trwożyć, przerażać

ap·pa·ra·tus ['æpə'reɪtəs] *s* (*pl* ~ *lub* ~**es** ['æpə'reɪtəsɪz]) aparat, przyrząd, urządzenie; (*w organizmie*) narząd

ap·par·ent [ə'pærnt] *adj* widoczny, oczywisty; pozorny

ap·pa·ri·tion ['æpə'rɪʃn] *s* pojawienie się (widma, upiora itp.)

ap·peal [ə'pil] *vi* apelować, zwracać się, wzywać, usilnie prosić (**to sb for sth** kogoś o coś); nęcić,

pociągać; oddziaływać (**to sb na** kogoś); *s* apel, wezwanie; odwołanie, apelacja; zainteresowanie, pociąg; **popular** ~ popularność; **sex** ~ **atrakcyjność, powab** (płci); **an** ~ **to a higher court** apelacja do sądu wyższej instancji; **an** ~ **from a decision** odwołanie od (czyjejś) decyzji; **to make an** ~ **for help** prosić ⟨błagać⟩ o pomoc

ap·pear [ə'pɪə(r)] *vi* zjawiać się, pokazywać się; występować; wydawać się, zdawać się; okazywać się

ap·pear·ance [ə'pɪərns] *s* wygląd zewnętrzny; zjawienie się; wystąpienie; pozór; **at first** ~ na pierwszy rzut oka; **to keep up** ~**s** zachowywać pozory

ap·pease [ə'piz] *vt* uspokoić, uśmierzyć, złagodzić; uciszyć; zaspokoić

ap·pease·ment [ə'pizmənt] *s* uspokojenie, uśmierzenie, złagodzenie; **policy of** ~ polityka łagodzenia (sporów międzynarodowych)

ap·pel·la·tion ['æpə'leɪʃn] *s* nazwa, termin

ap·pend [ə'pend] *vt* dołączyć, dodać

ap·pen·dage [ə'pendɪdʒ] *s* dodatek, uzupełnienie

ap·pen·di·ci·tis [ə'pendə'saɪtɪs] *s med.* zapalenie wyrostka robaczkowego

ap·pen·dix [ə'pendɪks] *s* (*pl* ~**es** [ə'pendɪksɪz] *lub* **appendices** [ə'pendɪsɪz]) dodatek, uzupełnienie; *anat.* wyrostek robaczkowy

ap·per·tain ['æpə'teɪn] *vi* należeć, odnosić się

ap·pe·tite ['æpətaɪt] *s* apetyt (**for sth** na coś)

ap·pe·tiz·er ['æpətaɪzə(r)] *s* zakąska, małe danie

ap·pe·tiz·ing ['æpətaɪzɪŋ] *adj* apetyczny

ap·plaud [ə'plɔd] *vt* oklaskiwać; przyklasnąć; *vi* klaskać

apron

ap·plause [ə'plɔz] s aplauz, oklaski; pochwała

ap·ple ['æpl] s jabłko; ~ of the eye źrenica; *przen.* oczko w głowie

ap·pli·ance [ə'plaiəns] s zastosowanie, użycie; narzędzie, instrument; *pl* ~s przybory

ap·pli·ca·ble ['æplikəbl] *adj* dający się zastosować, stosowny

ap·pli·cant ['æplikənt] s petent; kandydat

ap·pli·ca·tion ['æpli'keiʃn] s aplikacja; podanie; zastosowanie, użycie; uwaga; pilność; ~ form formularz (podaniowy)

ap·ply [ə'plai] *vt* stosować, używać; poświęcać (uwagę, trud); *vi* zwracać się (to sb for sth do kogoś o coś), starać się (for sth o coś); dać się zastosować, odnosić się; oddawać się (to sth czemuś); *vr* ~ oneself przykładać się (to sth do czegoś)

ap·point [ə'pɔint] *vt* wyznaczać; mianować; określać; zarządzić; umawiać

ap·point·ment [ə'pɔintmənt] s wyznaczenie; nominacja; określenie; zarządzenie; stanowisko, posada; umowa; umówione spotkanie; to keep an ~ przyjść na spotkanie; to make an ~ umówić się na spotkanie

ap·po·site ['æpəzit] *adj* stosowny, trafny

ap·po·si·tion ['æpə'ziʃn] s przyłożenie, zastosowanie; *gram.* dopowiedzenie

ap·praise [ə'preiz] *vt* szacować, cenić

ap·pre·ci·a·ble [ə'priʃəbl] *adj* godny zauważenia, znaczny

ap·pre·ci·ate [ə'priʃieit] *vt* ocenić, oszacować; uznawać, wysoko sobie cenić; dziękować, być wdzięcznym (sth za coś); *am.* podnieść wartość; *vi* zyskiwać na wartości

ap·pre·ci·a·tion [ə'priʃi'eiʃn] s ocena; uznanie; wdzięczność, podziękowanie; *am.* podwyższenie ⟨wzrost⟩ ceny

ap·pre·hend ['æpri'hend] *vt* rozumieć, pojmować; obawiać się; chwycić, pojmać

ap·pre·hen·sion ['æpri'henʃn] s pojętność, rozumienie; obawa; ujęcie, pojmanie; beyond ~ nie do pojęcia

ap·pre·hen·sive ['æpri'hensiv] *adj* pojętny, bystry, rozumiejący (of sth coś); bojaźliwy, niespokojny (for sb, of sth o kogoś, o coś)

ap·pren·tice [ə'prentis] s uczeń, terminator, nowicjusz; *vt* oddać do terminu, na naukę

ap·pren·tice·ship [ə'prentisʃip] s terminowanie, nauka (rzemiosła), praktyka (w zawodzie)

ap·proach [ə'prəutʃ] *vt* zbliżać się, podchodzić (sb, sth do kogoś, do czegoś); zagadnąć (sb kogoś); *vi* zbliżać się, nadchodzić, być bliskim; s zbliżenie, podejście; dostęp, wejście, wjazd; easy of ~ łatwo dostępny

ap·pro·ba·tion ['æprə'beiʃn] s aprobata, uznanie

ap·pro·pri·ate [ə'prəupriət] *adj* odpowiedni, stosowny; *vt* [ə'prəuprieit] przywłaszczać sobie; przypisywać sobie; użyć, przeznaczyć (to sth na coś); wyasygnować

ap·pro·pri·a·te·ness [ə'prəupriətnis] s stosowność, odpowiedniość; with ~ stosownie, trafnie, właściwie

ap·pro·pri·a·tion [ə'prəupri'eiʃn] s przywłaszczenie; asygnowanie (zw. kredytów)

ap·prov·al [ə'pruvl] s uznanie, aprobata; *handl.* on ~ na próbę

ap·prove [ə'pruv] *vt* *vi* aprobować, uznawać (sth, of sth coś)

ap·prox·i·mate [ə'prɔksimeit] *vi* zbliżać (się), podchodzić (to sb, sth do kogoś, do czegoś); *vt* zbliżać; *adj* [ə'prɔksimət] przybliżony

ap·pur·ten·ance [ə'pɜtinəns] s przynależność; *pl* ~s akcesoria

a·pri·cot ['eiprikɔt] s morela

A·pril ['eiprl] s kwiecień

a·pron ['eiprən] s fartuch; płyta lotniskowa

apt [æpt] *adj* odpowiedni; skłonny; zdolny; nadający się **(for sth do** czegoś)

ap·ti·tude [ˈæptɪtjud] *s* stosowność; skłonność; zdolność

a·qua·ri·um [əˈkweərɪəm] *s* akwarium

aq·uat·ic [əˈkwætɪk] *adj* (*o zwierzętach, roślinach, sportach*) wodny

Ar·ab [ˈærəb] *s* Arab; (*koń*) arab

A·ra·bian [əˈreɪbɪən] *adj* arabski; *s* Arab

A·ra·bic [ˈærəbɪk] *adj* arabski; *s* język arabski

a·ra·ble [ˈærəbl] *adj* orny

ar·bi·ter [ˈɑbɪtə(r)] *s* arbiter, rozjemca

ar·bi·tral [ˈɑbɪtrəl] *adj* polubowny

ar·bi·tra·ry [ˈɑbɪtrərɪ] *adj* arbitralny; dowolny, samowolny

ar·bi·trate [ˈɑbɪtreɪt] *vi* być sędzią polubownym; *vt* załatwić polubownie, rozstrzygnąć

ar·bi·tra·tion [ˌɑbɪˈtreɪʃn] *s* arbitraż, postępowanie rozjemcze

arc [ɑk] *s mat.* łuk; ~ **light** światło łukowe

arch 1. [ɑtʃ] *s arch.* łuk, sklepienie; *vt vi* wyginać (się) w łuk; nadawać ⟨przybierać⟩ formę łuku

arch 2. [ɑtʃ] *adj* wisusowski, łobuzerski

arch 3. [ɑtʃ] *praef* arcy-; archi-

ar·chae·ol·o·gy [ˌɑkɪˈɒlədʒɪ] *s* archeologia

ar·cha·ic [ɑˈkeɪɪk] *adj* archaiczny

ar·cha·ism [ˈɑkeɪɪzm] *s* archaizm

arch·an·gel [ˈɑkeɪndʒl] *s* archanioł

arch·bish·op [ˌɑtʃˈbɪʃəp] *s* arcybiskup

arch·duke [ˌɑtʃˈdjuk] *s* arcyksiążę

arch·er [ˈɑtʃə(r)] *s* łucznik

arch·er·y [ˈɑtʃərɪ] *s* łucznictwo

ar·chi·pel·a·go [ˌɑkɪˈpeləgəʊ] *s* archipelag

ar·chi·tect [ˈɑkɪtekt] *s* architekt

ar·chi·tec·ture [ˈɑkɪtektʃə(r)] *s* architektura

ar·chives [ˈɑkaɪvz] *s pl* archiwum

arc·tic [ˈɑktɪk] *adj* arktyczny; *s* the

Arctic Arktyka

ar·dent [ˈɑdnt] *adj* płonący, gorący; zapalony, żarliwy

ar·dour [ˈɑdə(r)] *s* żar; żarliwość, zapał

ar·du·ous [ˈɑdjuəs] *adj* męczący, trudny; (*o skale itp.*) stromy

are [ɑ(r)] *zob.* be

a·re·a [ˈeərɪə] *s* przestrzeń, powierzchnia, płaszczyzna, plac; zakres; okolica; strefa

a·re·na [əˈrinə] *s* arena

aren't [ɑnt] = **are not**; *zob.* be

ar·gen·tine [ˈɑdʒəntaɪn] *adj* srebrny, srebrzysty

Ar·gen·tin·e·an [ˌɑdʒənˈtɪnɪən] *adj* argentyński; *s* Argentyńczyk

ar·gue [ˈɑgju] *vt* roztrząsać; uzasadniać, argumentować; wnioskować; wmawiać **(sb into sth** komuś coś), przekonywać **(sb into sth** kogoś o czymś); perswadować **(sb out of sth** komuś coś); *vi* argumentować **(for sth** za czymś, **against sth** przeciw czemuś); sprzeczać się **(about, for sth** o coś)

ar·gu·ment [ˈɑgjumənt] *s* argument, dowód; dyskusja, sprzeczka; teza

aria [ˈɑrɪə] *s muz.* aria

ar·id [ˈærɪd] *adj* suchy, jałowy

a·right [əˈraɪt] *adv* słusznie, prawidłowo, dobrze

***a·rise** [əˈraɪz], **arose** [əˈrəʊz], **arisen** [əˈrɪzn] *vi* wstawać, powstawać; ukazywać się, wyłaniać się; wynikać

ar·is·toc·ra·cy [ˌærɪˈstɒkrəsɪ] *s* arystokracja

ar·is·to·crat [ˈærɪstəkræt] *s* arystokrata

a·rith·me·tic [əˈrɪθmətɪk] *s* arytmetyka

ark [ɑk] *s* arka

arm 1. [ɑm] *s* ramię; ręka; poręcz krzesła, oparcie; konar; ~ **of the sea** odnoga morska; ~**in**~ ramię w ramię, pod rękę

arm 2. [ɑm] *s* (*zw. pl* ~**s**) broń; **in** ~**s** pod bronią; **to bear** ~**s** odbywać służbę wojskową; **a call**

to ~**s** powołanie do służby wojskowej; *vt vi* zbroić (się)

ar·ma·ment [ˈaməmənt] *s* uzbrojenie, zbrojenie; *pl* ~**s** zbrojenia; ~ **race** wyścig zbrojeń

arm·chair [ˈamtʃeə(r)] *s* fotel

arm·ful [ˈamful] *s* naręcze

ar·mi·stice [ˈamɪstɪs] *s* zawieszenie broni, rozejm

ar·mour [ˈamə(r)] *s* zbroja, pancerz; *vt* opancerzyć

ar·mour·ed [ˈaməd] *adj* pancerny; zbrojony (np. beton)

ar·mour·y [ˈamərɪ] *s* magazyn broni, arsenał; *am.* fabryka broni

arms [amz] *s pl* herb

ar·my [ˈamɪ] *s* wojsko; the ~ armia; **join the** ~ pójść do wojska

a·ro·ma [əˈrəumə] *s* aromat

ar·o·mat·ic [ˌærəuˈmætɪk] *adj* aromatyczny

a·rose *zob.* arise

a·round [əˈraund] *adv i praep* naokoło, dookoła; na wszystkie strony; *am.* i tu i tam

a·rouse [əˈrauz] *vt* wzbudzać, podniecać, aktywizować; budzić (ze snu)

ar·raign [əˈreɪn] *vt* pozwać do sądu, oskarżyć

ar·range [əˈreɪndʒ] *vt* urządzać, porządkować; układać; umawiać, ustalać; załatwiać, łagodzić (np. spór); *vi* układać się, umawiać się

ar·range·ment [əˈreɪndʒmənt] *s* urządzenie; układ, umowa; uporządkowanie; *zw. pl* ~**s** plany, przygotowania

ar·ray [əˈreɪ] *vt* stroić; ustawiać w szeregi (bojowe); *s* strój; szyk bojowy; procesja

ar·rears [əˈrɪəz] *s pl* zaległości; długi

ar·rest [əˈrest] *vt* aresztować; zatrzymywać; przykuwać (uwagę); *s* areszt, zatrzymanie; zahamowanie, wstrzymanie

ar·ri·val [əˈraɪvl] *s* przybycie, dojście (at, in sth do czegoś); przybysz; rzecz, która nadeszła

ar·rive [əˈraɪv] *vi* przybyć, dojść (at, in sth do czegoś); osiągnąć (at sth coś)

ar·ro·gance [ˈærəgəns] *s* arogancja

ar·ro·gant [ˈærəgənt] *adj* arogancki

ar·row [ˈærəu] *s* strzała, strzałka

ar·se·nic [ˈasnɪk] *s chem.* arsen; arszenik

ar·son [ˈasn] *s* podpalenie (akt zbrodniczy)

art [at] *s* sztuka; zręczność; chytrość; *pl* ~**s** nauki humanistyczne

ar·te·ry [ˈatərɪ] *s anat.* arteria

art·ful [ˈatfl] *adj* pomysłowy; zręczny; chytry

ar·thrit·ic [aˈθrɪtɪk] *adj* artretyczny

ar·thri·tis [aˈθraɪtɪs] *s* artretyzm

ar·ti·cle [ˈatɪkl] *s* artykuł; rozdział, punkt; paragraf; przedmiot; *gram.* rodzajnik, przedimek

ar·tic·u·late [aˈtɪkjulert] *vt vi* artykułować, (wyraźnie) wymawiać; *adj* [aˈtɪkjulət] artykułowany; jasno wyrażony ⟨wyrażający się⟩

ar·tic·u·la·tion [aˌtɪkjuˈleɪʃn] *s* artykulacja, wymawianie

ar·ti·fice [ˈatɪfɪs] *s* sztuka, sztuczka; zręczność; chytrość; pomysł, podstęp

ar·ti·fi·cial [ˌatɪˈfɪʃl] *adj* sztuczny

ar·til·ler·y [aˈtɪlərɪ] *s* artyleria

ar·ti·san [ˈatɪˌzæn] *s* rzemieślnik

ar·tist [ˈatɪst] *s* artysta

ar·tis·tic [aˈtɪstɪk] *adj* artystyczny

art·less [ˈatləs] *adj* prosty, niewyszukany; naturalny; niedoświadczony

Ar·y·an [ˈeərɪən] *adj* aryjski; *s* Aryjczyk

as [æz, əz] *adv* jak; jako; za; *conj* ponieważ, skoro; jak; jako; kiedy, (podczas) gdy; chociaż; w miarę, jak; as ... as tak ... jak, równie ... jak; as far as aż do, o ile; as for co się tyczy; co do; as if, as though jak gdyby: as it is faktycznie, rzeczywiście; as it were że tak powiem; as a rule z reguły, zasadniczo; as much ⟨many⟩ as aż tyle; as soon as skoro tylko; as to co się tyczy, odnośnie do; as well również;

także; as well as równie dobrze, jak również; as yet jak dotąd; so ... as tak ... jak (zw. w przeczeniu not so ... as nie tak ... jak); so as (przed inf) tak, ażeby ⟨że⟩; be so good as to tell me bądź łaskaw powiedzieć mi

as·cend [əˈsend] vi wznosić się, iść w górę; wspinać się; vt wstąpić (the throne na tron)

as·cend·an·cy [əˈsendənsɪ] s przewaga; władza

as·cend·ant [əˈsendənt] s: to be in the ~ mieć przewagę, górować

as·cen·sion [əˈsenʃn] s unoszenie się ku górze; wstąpienie (to the throne na tron); rel. the Ascension Wniebowstąpienie

as·cent [əˈsent] s wznoszenie (się); wchodzenie (na górę), wspinanie się (na szczyt)

as·cer·tain [ˈæsəˈteɪn] vt ustalić, stwierdzić

as·cet·ic [əˈsetɪk] adj ascetyczny; s asceta

as·cribe [əˈskraɪb] vt przypisywać

a·sep·tic [æˈseptɪk] adj aseptyczny; s środek aseptyczny

ash 1. [æʃ] s (zw. pl ~es [ˈæʃɪz]) popiół

ash 2. [æʃ] s jesion

a·shamed [əˈʃeɪmd] adj praed zawstydzony; to be ~ wstydzić się (of sth czegoś, for sth z powodu czegoś)

ash·bin [ˈæʃ bɪn], **ash·can** [ˈæʃ kæn] s am. skrzynia ⟨wiadro⟩ na popiół ⟨na śmieci⟩

ash·en 1. [ˈæʃn] adj jesionowy

ash·en 2. [ˈæʃn] adj popielaty

a·shore [əˈʃɔ(r)] adv na brzeg, na brzegu, na ląd, na lądzie; to run ⟨to be driven⟩ ~ osiąść na mieliźnie

ash·tray [ˈæʃ treɪ] s popielniczka

A·si·at·ic [ˈeɪʃɪˈætɪk] adj azjatycki; s Azjata

a·side [əˈsaɪd] adv na bok, na boku; to put ~ odkładać

ask [ask] vt pytać, prosić, upraszać (sb kogoś, sth o coś); żądać

(sth czegoś); to ~ a question zadać pytanie; vi prosić (for sth o coś), pytać (for sb, sth o kogoś, o coś); pytać, dowiadywać się (about ⟨after⟩ sb, sth o kogoś, o coś); to ~ to dinner prosić na obiad; pot. to ~ for trouble szukać kłopotu

a·skance [əˈskæns] adv ukosem, na ukos; w bok; to look ~ spoglądać podejrzliwie

askew [əˈskju] adv krzywo

a·slant [əˈslant] adv skośnie, na ukos

a·sleep [əˈslip] adj praed i adv śpiący, pogrążony we śnie; (o nogach) zdrętwiały; to be ~ spać; to fall ~ zasnąć

as·par·a·gus [əˈspærəgəs] s szparag

as·pect [ˈæspekt] s aspekt; wygląd; widok; zapatrywanie; wzgląd; gram. strona; postać (czasownika)

as·pen [ˈæspən] s bot. osika

as·phalt [ˈæsfælt] s asfalt

as·pir·ant [ˈæspɪrənt] s aspirant, kandydat

aspi·ra·tion [ˈæspəˈreɪʃn] s aspiracja, dążenie (after, for sth do czegoś)

a·spire [əˈspaɪə(r)] vi aspirować, dążyć (after, at, to sth do czegoś)

as·pi·rin [ˈæsprɪn] s aspiryna

ass [æs] s osioł

as·sail [əˈseɪl] vt napadać, atakować

as·sail·ant [əˈseɪlənt] s napastnik

as·sas·sin [əˈsæsɪn] s morderca, skrytobójca

as·sas·si·nate [əˈsæsɪneɪt] vt mordować (skrytobójczo)

as·sault [əˈsɔlt] s napad, atak; pobicie; vt napaść (nagle), zaatakować; pobić

as·say [əˈseɪ] s badanie, próba (np. metali); vt badać, robić próbę

as·sem·ble [əˈsembl] vt gromadzić, zbierać; składać; montować; vi gromadzić się, zbierać się

as·sem·bly [ə'semblɪ] s zebranie, zgromadzenie; zbiórka; montaż

as·sent [ə'sent] vi zgadzać się, przyzwalać (to sth na coś); s zgoda, przyzwolenie

as·sert [ə'sɜt] vt potwierdzać; bronić (np. sprawy); twierdzić; vr ~ oneself bronić swych praw; żądać zbyt wiele; wywyższać się

as·ser·tion [ə'sɜʃn] s twierdzenie (stanowcze); obrona (swych praw)

as·sess [ə'ses] vt szacować, taksować; nakładać (np. podatek)

as·sess·ment [ə'sesmənt] s oszacowanie; opodatkowanie; podatek, danina

as·ses·sor [ə'sesə(r)] s asesor; urzędnik podatkowy

as·set ['æset] s rzecz wartościowa, zabezpieczenie; pl ~s aktywa; własność

as·sid·u·ous [ə'sɪdjuəs] adj wytrwały, pilny, pieczołowity

as·sign [ə'saɪn] vt wyznaczać; ustalać, określać; przydzielać, przypisywać

as·sig·na·tion ['æsɪg'neɪʃn] s wyznaczenie; ustalenie; przydział, asygnacja

as·sim·i·late [ə'sɪməleɪt] vt vi asymilować (się), upodabniać (się)

as·sist [ə'sɪst] vt asystować; pomagać; vi być obecnym

as·sist·ance [ə'sɪstəns] s asysta; pomoc, poparcie; obecność

as·sist·ant [ə'sɪstənt] s pomocnik, asystent; ~ master nauczyciel szkoły średniej; ~ manager wicedyrektor; ~ professor docent; shop ~ ekspedient; adj pomocniczy

as·siz·es [ə'saɪzɪz] s pl okresowa sesja sądu

as·so·ci·ate [ə'səʊʃɪeɪt] vt łączyć, wiązać, kojarzyć; vi obcować, współdziałać, łączyć się; s [ə'səʊʃɪət] towarzysz, współuczestnik; adj związany; dołączony

as·so·ci·a·tion [ə'səʊsɪ'eɪʃn] s stowarzyszenie, zrzeszenie; skojarzenie; obcowanie; sport ~ foot-

ball gra w okrągłą piłkę nożną (w odróżnieniu od rugby)

as·sort·ment [ə'sɔtmənt] s asortyment, dobór

as·sume [ə'sjum] vt przyjmować; brać na siebie; obejmować (np. urząd); przybierać; przypuszczać, zakładać; udawać

as·sump·tion [ə'sʌmpʃn] s przyjęcie; objęcie; przypuszczenie, założenie; udawanie; zarozumialstwo; rel. Wniebowzięcie

as·sur·ance [ə'ʃuərns] s zapewnienie; pewność (siebie); bryt. ubezpieczenie

as·sure [ə'ʃuə(r)] vt zapewniać; bryt. ubezpieczać; to rest ~d być spokojnym

as·ter·isk ['æstərɪsk] s druk. gwiazdka, odsyłacz

a·stern [ə'stɜn] adv w tyle okrętu

asth·ma ['æsmə] s astma

a·ston·ish [ə'stonɪʃ] vt zdziwić, zdumieć

a·stound [ə'staʊnd] vt zdumiewać

a·stray [ə'streɪ] adj praed adv dosł. i przen. zabłąkany; to go ~ zabłąkać się; to lead ~ wywieść na manowce

as·trol·o·gy [ə'strolədʒɪ] s astrologia

as·tro·naut ['æstrənɔt] s astronauta

as·tron·o·my [ə'stronəmɪ] s astronomia

as·tute [ə'stjut] adj chytry; bystry

a·sun·der [ə'sʌndə(r)] adv oddzielnie; w kawałkach; na kawałki; w różne strony

a·sy·lum [ə'saɪləm] s azyl; przytułek; † (także: lunatic ~) zakład dla obłąkanych

at [æt, ət] praep na oznaczenie miejsca: przy, u, na, w; **at school** w szkole; **at sea** na morzu; na oznaczenie czasu: w, o, na; **at nine o'clock** o godzinie dziewiątej; na oznaczenie sposobu, celu, stanu, ceny: na, za, z, po, w; **at once** natychmiast; **at last** w końcu; nareszcie; **at least** przynajmniej

ate *zob.* eat

atel·ier [æˈtelɪeɪ] *s* atelier

a·the·ism [ˈeɪθɪɪzm] *s* ateizm

a·the·ist [ˈeɪθɪɪst] *s* ateista

a·the·is·tic [ˈeɪθɪˈɪstɪk] *adj* ateistyczny

ath·lete [ˈæθlit] *s* zapaśnik, sportowiec

ath·let·ic [æθˈletɪk] *adj* sportowy; wysportowany; mocny, silny

ath·let·ics [æθˈletɪks] *s* sport; atletyka

At·lan·tic [ətˈlæntɪk] *adj* atlantycki; *s* Atlantyk

at·las [ˈætləs] *s* atlas

at·mos·phere [ˈætməsfɪə(r)] *s* fiz. i przen. atmosfera

at·mos·pher·ic [ˈætməsˈferɪk] *adj* atmosferyczny

at·om [ˈætəm] *s* atom; przen. odrobina

a·tom·ic [əˈtomɪk] *adj* atomowy

a·tone [əˈtəun] *vi* odpokutować; rekompensować (for sth coś), zadośćuczynić

a·tro·cious [əˈtrəuʃəs] *adj* okrutny; okropny

a·troc·i·ty [əˈtrosɪtɪ] *s* okrucieństwo; okropność

at·tach [əˈtætʃ] *vt* przywiązać, przymocować; dołączać; przydzielać; prawn. zająć (np. własność); *vi* być przywiązanym ⟨dołączonym⟩

at·tach·ment [əˈtætʃmənt] *s* przywiązanie, więź (uczuciowa); dodatek, załącznik

at·tack [əˈtæk] *vt* atakować; *s* atak

at·tain [əˈteɪn] *vt vi* osiągnąć, zdobyć, dojść (sth, to sth, at sth do czegoś)

at·tain·ment [əˈteɪnmənt] *s* osiągnięcie; zdobycie; *pl* ~s wiadomości, sprawność, zdolności

at·tempt [əˈtempt] *vt* próbować, usiłować; *s* próba, usiłowanie

at·tend [əˈtend] *vt* towarzyszyć (sb komuś); uczęszczać (school do szkoły, lectures na wykłady); służyć pomocą (sb komuś); pielęg-

nować; leczyć; obsługiwać; być obecnym (a meeting na zebraniu); *vi* usługiwać (on, upon, to sb komuś), obsługiwać (to sb, sth kogoś, coś); uważać (to sth na coś), pilnować (to sth czegoś); przykładać się (to sth do czegoś)

at·tend·ance [əˈtendəns] *s* uwaga, baczenie; obsługa; pomoc, opieka; obecność, frekwencja; towarzyszenie

at·tend·ant [əˈtendənt] *adj* towarzyszący; *s* towarzysz; osoba obsługująca; pomocnik, asystent; sługa

at·ten·tion [əˈtenʃn] *s* uwaga; opieka; grzeczność; *pl* ~s atencja; to pay ~ zwracać uwagę (to sth na coś); to call sb's ~ zwrócić czyjąś uwagę (to sth na coś); ~! baczność!; uwaga!

at·ten·tive [əˈtentɪv] *adj* uważny; troskliwy; uprzejmy

at·ten·u·ate [əˈtenjueɪt] *vt* łagodzić; pomniejszać, osłabiać

at·test [əˈtest] *vt* stwierdzać, zaświadczać; zaprzysięgać; *vi* świadczyć (to sth o czymś)

at·tes·ta·tion [ˈætesˈteɪʃn] *s* zaświadczenie; świadectwo; zaprzysiężenie

at·tic [ˈætɪk] *s* poddasze, mansarda

at·tire [əˈtaɪə(r)] *vt* ubierać; zdobić; *s* ubiór, strój; ozdoba

at·ti·tude [ˈætɪtjud] *s* postawa, stanowisko, stosunek

at·tor·ney [əˈtɜnɪ] *s* obrońca, adwokat, prokurator, pełnomocnik; letter ⟨power⟩ of ~ pełnomocnictwo; Attorney General prokurator królewski

at·tract [əˈtrækt] *vt* przyciągać, pociągać

at·trac·tion [əˈtrækʃn] *s* atrakcja; pociąg; atrakcyjność; przyciąganie

at·tract·ive [əˈtræktɪv] *adj* atrakcyjny, pociągający; przyciągający

at·trib·ute [əˈtrɪbjut] *vt* przypisywać; *s* [ˈætrɪbjut] atrybut, właściwość; *gram.* przydawka

at·tri·tion [əˈtrɪʃn] *s* tarcie; zużycie; zdarcie

at·tune [əˈtjun] *vt* stroić, dostroić; zharmonizować (**to sth** z czymś)

au·burn [ˈɔbən] *adj* kasztanowaty

auc·tion [ˈɔkʃn] *s* aukcja, licytacja; *vt* sprzedawać na licytacji

auc·tion·eer [ˈɔkʃəˈnɪə(r)] *s* licytator; *vi* prowadzić licytację

au·da·cious [ɔˈdeɪʃəs] *adj* śmiały, zuchwały

au·dac·i·ty [ɔˈdæsətɪ] *s* śmiałość, zuchwalstwo

au·di·ble [ˈɔdəbl] *adj* słyszalny

au·di·ence [ˈɔdɪəns] *s* publiczność, słuchacze; audiencja

au·dit [ˈɔdɪt] *s* kontrola rachunków; *vt* kontrolować rachunki

aug·ment [ɔɡˈment] *vt vi* powiększać (się)

aug·men·ta·tion [ˈɔɡmenˈteɪʃn] *s* powiększenie, wzrost

Au·gust 1. [ˈɔɡəst] *s* sierpień

au·gust 2. [ɔˈɡʌst] *adj* dostojny, majestatyczny

aunt [ɑnt] *s* ciotka

aunt·ie [ˈɑntɪ] *s* ciocia

aus·pi·ces [ˈɔspɪsɪz] *s pl* piecza, patronat; **under the ~ of** pod auspicjami

aus·pi·cious [ɔˈspɪʃəs] *adj* dobrze wróżący, pomyślny

aus·tere [ɔˈstɪə(r)] *adj* surowy, srogi; prosty; szorstki

aus·ter·i·ty [ɔˈsterətɪ] *s* surowość, prostota; szorstkość

Aus·tra·lian [ɔˈstreɪlɪən] *adj* australijski; *s* Australijczyk

Aus·tri·an [ˈɔstrɪən] *adj* austriacki; *s* Austriak

au·then·tic [ɔˈθentɪk] *adj* autentyczny

au·then·ti·cate [ɔˈθentɪkeɪt] *vt* poświadczać, nadawać ważność

au·then·ti·ci·ty [ˈɔθenˈtɪsətɪ] *s* autentyczność

au·thor [ˈɔθə(r)] *s* autor

au·thor·i·ty [ɔˈθɔrətɪ] *s* autorytet, władza; upoważnienie; wiarygod-

ne świadectwo; źródło; *pl* **authorities** władze

au·thor·i·za·tion [ˈɔθəraɪˈzeɪʃn] *s* autoryzacja, upoważnienie

au·thor·ize [ˈɔθəraɪz] *vt* autoryzować, upoważniać

au·thor·ship [ˈɔθəʃɪp] *s* autorstwo

au·to [ˈɔtəu] *s am. pot.* auto, samochód

au·to·bi·og·ra·phy [ˈɔtəbaɪˈɔɡrəfɪ] *s* autobiografia

au·toc·ra·cy [ɔˈtɔkrəsɪ] *s* samowładztwo, autokracja

au·to·gi·ro [ˈɔtəuˈdʒaɪərəu] *s* = **autogyro**

au·to·graph [ˈɔtəɡrɑf] *s* autograf

au·to·gy·ro [ˈɔtəuˈdʒaɪərəu] *s* autożyro

au·to·mat [ˈɔtəmæt] *s am.* bar samoobsługowy

au·to·mat·ic [ˈɔtəˈmætɪk] *adj* automatyczny, mechaniczny

au·to·ma·tion [ˈɔtəˈmeɪʃn] *s* automatyzacja

au·tom·a·ton [ɔˈtɔmətən] *s* (*pl* **automata** [ɔˈtɔmətə]) automat

au·to·mo·bile [ˈɔtəməbil] *s am.* samochód

au·ton·o·mous [ɔˈtɔnəməs] *adj* autonomiczny

au·ton·o·my [ɔˈtɔnəmɪ] *s* autonomia

au·tumn [ˈɔtəm] *s* jesień; *adj attr* jesienny

au·tum·nal [ɔˈtʌmnl] *adj* jesienny

aux·il·ia·ry [ɔɡˈzɪlɪərɪ] *adj* pomocniczy; **~ verb** czasownik posiłkowy

a·vail [əˈveɪl] *vt* przynosić korzyść, pomagać; *vi* przedstawiać wartość, mieć znaczenie; *vr* **~ oneself** korzystać (**of sth** z czegoś); *s* korzyść, pożytek; **of no ~** bezużyteczny; **without ~** bez korzyści, bez powodzenia

a·vail·a·ble [əˈveɪləbl] *adj* do wykorzystania, dostępny, osiągalny

av·a·lanche [ˈævəlɑnʃ] *s dosł. i przen.* lawina

av·a·rice [ˈævərɪs] *s* skąpstwo

av·a·ri·cious [ˈævəˈrɪʃəs] *adj* skąpy

a·venge [ə'vendʒ] vt pomścić

av·e·nue ['ævənju] s aleja, szeroka ulica

av·er·age ['ævərɪdʒ] s mat. przeciętna; przeciętność; on ⟨at⟩ an ~ przeciętnie; adj przeciętny; vt wynosić przeciętnie; znajdować przeciętną

a·verse [ə'vɜs] adj przeciwny; to be ~ to sth czuć niechęć ⟨odrazę⟩ do czegoś

a·ver·sion [ə'vɜʃn] s odraza, niechęć

a·vert [ə'vɜt] vt odwrócić; zapobiec (sth czemuś)

a·vi·a·tion ['eɪvɪ'eɪʃn] s lotnictwo

a·vi·a·tor ['eɪvɪeɪtə(r)] s lotnik

av·id ['ævɪd] adj chciwy (for, of sth czegoś)

a·void [ə'vɔɪd] vt unikać

a·void·ance [ə'vɔɪdəns] s unikanie, uchylanie się

av·oir·du·pois ['ævədə'pɔɪz] s angielski układ jednostek wagi

a·vow [ə'vaʊ] vt otwarcie przyznawać (się), wyznawać

a·vow·al [ə'vaʊəl] s przyznanie się (of sth do czegoś), wyznanie (winy)

a·wait [ə'weɪt] vt oczekiwać, czekać

*a·wake 1. [ə'weɪk], awoke, awoke [ə'wəʊk] vt dosł. i przen. budzić; vi budzić się; uświadomić sobie (to sth coś)

a·wake 2. [ə'weɪk] adj praed czuwający, obudzony; świadomy (to sth czegoś)

a·wak·en [ə'weɪkən] = awake 1.

a·ward [ə'wɔd] vt przyznawać, przysądzać; s przyznana nagroda; wyrok (w wyniku arbitrażu)

a·ware [ə'weə(r)] adj praed świadomy, poinformowany; to be ~ uświadamiać sobie (of sth coś)

a·way [ə'weɪ] adv hen, na uboczu; poza (domem); am. right ~ natychmiast; far and ~ o wiele, znacznie; to make ⟨to do⟩ ~ pozbyć się (with sth czegoś); two miles ~ o dwie mile; ~ with it! precz z tym!

awe [ɔ] s strach, trwoga; vt napawać trwogą

aw·ful ['ɔfl] adj straszny, okropny

a·while [ə'waɪl] adv krótko, chwilowo

awk·ward ['ɔkwəd] adj niezgrabny; niezdarny; zażenowany; niewygodny; przykry; kłopotliwy

awl [ɔl] s szydło

awn·ing ['ɔnɪŋ] s dach płócienny, markiza

a·woke zob. awake 1.

a·wry [ə'raɪ] adj praed przekręcony, przekrzywiony, opaczny; adv krzywo, na opak

ax, axe [æks] s siekiera

ax·is ['æksɪs] s (pl axes ['æksiz]) mat. polit. oś

ax·le ['æksl] s oś (np. u wozu)

ay, aye [aɪ] int tak!; s głos „za"; the ~s have it większość głosów jest za (wnioskiem)

az·ure ['æʒə(r)] s lazur; adj błękitny, lazurowy

b

bab·ble ['bæbl] vt vi paplać, gadać; s paplanina, gadanie

babe [beɪb] s dzieciątko, niemowlę

ba·by ['beɪbɪ] s niemowlę, dzidzia

ba·by·hood ['beɪbɪhʊd] s niemowlęctwo

ba·by·sit·ter ['beɪbɪ sɪtə(r)] s osoba wynajmowana na kilka godzin do opieki nad dzieckiem

bach·e·lor [`bætʃələ(r)] s posiadacz pierwszego stopnia uniwersyteckiego; kawaler, nieżonaty

ba·cil·lus [bə`sıləs] s (pl bacilli [bə`sılaı]) bakcyl

back [bæk] s tył, odwrotna strona; plecy; grzbiet; sport obrońca; at the ~ z tyłu; to be on one's ~ chorować obłożnie; to put one's ~ into sth ciężko nad czymś pracować; adj tylny; zaległy; odwrotny; powrotny; adv w tyle, z tyłu; z powrotem; do tyłu; to go ~ on one's word cofnąć słowo, obietnicę; vt popierać; cofać (np. auto); (w grze) stawiać (sth na coś); fin. indosować; ~ up stawiać (w grze); popierać (sb kogoś); vi cofać się, iść do tyłu; ~ out wycofać się, wykręcić się (of sth z czegoś)

back-bench [`bækbentʃ] s ława w Izbie Gmin dla mniej wybitnych członków partii rządzącej

back·bite [`bækbaıt] vt oczerniać, obmawiać

back·bone [`bækbəun] s kręgosłup

back·door [bæk `do(r)] s tylne drzwi; tajne wyjście; adj attr tajemniczy, skryty; zakulisowy

back·ground [`bækgraund] s dalszy plan; tło (także polityczne, społeczne); pochodzenie, przeszłość

back·hand [`bækhænd] s sport (w tentsie) bekhend

back·ing [`bækıŋ] s poparcie; podpora; handl. pokrycie (w złocie)

back·pay·ment [`bækpeımənt] s wypłata zaległości

back·slide [`bæk`slaıd] vi sprzeniewierzyć się (zasadzie), zgrzeszyć (ponownie)

back·stairs [`bæk`steəz] s pl tylne schody; tajne schody; adj attr skryty, podstępny

back·ward [`bækwəd] adj tylny, położony w tyle; zacofany; opieszały; ~(s) adv w tył, ku tyłowi, z powrotem, wstecz

back·woods [`bækwudz] s pl dziewicze lasy, ostępy

ba·con [`beıkən] s boczek, słonina, bekon

bac·te·ri·um [bæk`tıərıəm] s (pl bacteria [bæk`tıərıə]) bakteria; zarazek

bad [bæd] adj (comp worse [wɜːs], sup worst [wɜːst]) zły, w złym stanie; niezdrowy; bezwartościowy; przykry; lichy; dokuczliwy; (o dziecku) niegrzeczny; a ~ headache silny ból głowy; a ~ need gwałtowna potrzeba; to be ~ at sth nie umieć czegoś, nie orientować się w czymś; to be taken ~ zachorować; to go ~ zepsuć się

bade zob. bid

badge [bædʒ] s oznaka, odznaka; symbol

badg·er [`bædʒə(r)] s borsuk

badg·er·dog [`bædʒədog] s jamnik

bad·ly [`bædlı] adv źle; bardzo; need gwałtowna potrzeba; to be ~ off być biednym; to need ~ gwałtownie potrzebować

baf·fle [`bæfl] vt udaremniać, krzyżować (plany); łudzić; wprawiać w zakłopotanie

bag [bæg] s worek; torba (papierowa); torebka (damska); vt włożyć do worka, zapakować; pot. buchnąć, zwędzić; vi wydymać się; (o ubraniu) wisieć jak worek

bag·ful [`bægfl] s pełny worek (czegoś)

bag·gage [`bægıdʒ] s bagaż

bag·pipes [`bægpaıps] s pl ✱muz. dudy

bail [beıl] s kaucja, poręka; poręczyciel; zakładnik; to go ⟨to stand⟩ ~ ręczyć (for sth za coś); on ~ za kaucją; vt ~ sb (out) zwolnić za kaucją, uzyskać zwolnienie za kaucją

bail·iff [`beılıf] s funkcjonariusz sądowy podległy szeryfowi; komornik; administrator majątku ziemskiego

bait [beıt] s przynęta, pokusa; popas; vt nęcić; łapać na przynętę; drażnić, szczuć; karmić i poić (konie); vi popasać

baize [beɪz] s sukno

bake [beɪk] vt vi piec (się); wypalać (się)

ba·ker [`beɪkə(r)] s piekarz; ~'s
dozen trzynaście; to give a ~'s
dozen dać dodatkowo, dołożyć

ba·ke·ry [`beɪkərɪ] s piekarnia

bal·ance [`bæləns] s waga; równo-
waga; saldo; bilans; ~ of payments ⟨accounts⟩ bilans płatniczy; ~ of trade bilans handlowy;
to strike a ~ zestawić bilans; vt
ważyć; równoważyć; bilansować,
wyprowadzać saldo; vi zachowywać równowagę; balansować; ważyć się; wahać się

bal·co·ny [`bælkənɪ] s balkon

bald [bɔld] adj łysy; przen. jawny,
jasny, prosty; jałowy; istny, wierutny (np. kłamstwo, bzdura)

bald-head [`bɔldhed] s (człowiek)
łysy; pot. łysek

bald·ly [`bɔldlɪ] adv prosto z mo-
stu, otwarcie

bale 1. [beɪl] s bela (sukna, papieru)

bale 2. [beɪl] s nieszczęście, zguba

bale·ful [`beɪlfl] adj nieszczęsny,
zgubny

balk 1. [bɔk] s belka; przeszkoda;
niepowodzenie; vt zatrzymać; u-
daremnić; pominąć, zlekceważyć;
vi (o koniu) opierać się (przed
przeszkodą)

ball 1. [bɔl] s piłka; kula, kulka;
kłębek; ~ of the eye gałka oczna

ball 2. [bɔl] s bal

bal·lad [`bæləd] s ballada

bal·last [`bæləst] s balast; równo-
waga psychiczna; vt obciążyć ba-
lastem; doprowadzać do równowagi

ball-bear·ing [`bɔl`beərɪŋ] s techn.
łożysko kulkowe

bal·let [`bæleɪ] s balet

bal·loon [bə`lun] s balon; vi nady-
mać się jak balon

bal·lot [`bælət] s kartka do głoso-
wania; tajne głosowanie; vi tajnie głosować

bal·lot-box [`bælətbɒks] s urna wy-
borcza

ball-(point-)pen [`bɔl(pɔɪnt)`pen] s
długopis

balm [bam] s balsam; środek łagodzący; przen. pociecha

balm·y [`bamɪ] adj balsamiczny;
łagodzący

bal·us·trade [`bælə`streɪd] s balustrada

bam·boo [`bæm`bu] s bambus

bam·boozle [bæm`buzl] vt okpić,
pot. nabrać

ban [bæn] vt publicznie zakazać,
zabronić; przekląć, rzucić kląt-
wę; s publiczny zakaz, potępienie
(przez opinię publiczną); klątwa;
banicja

ba·nal [bə`nal] adj banalny

ba·nal·ity [bə`nælətɪ] s banał

ba·na·na [bə`nanə] s banan

band 1. [bænd] s wstążka, taśma;
opaska; pasmo; vt obwiązywać
(wstążką, taśmą)

band 2. [bænd] s grupa, gromada;
banda; orkiestra; vt vi grupować
(się), zrzeszać (się)

band·age [`bændɪdʒ] s bandaż; vt
bandażować

ban·dit [`bændɪt] s bandyta

band·mas·ter [`bænd`mastə(r)] s
kapelmistrz

bands·man [`bændzmən] s muzyk

ban·dy 1. [`bændɪ] vt przerzucać,
odrzucać; wymieniać (słowa, ciosy)

ban·dy 2. [`bændɪ] adj (o nogach)
krzywy

bane [beɪn] s jad, trucizna; zguba

bang [bæŋ] s głośne uderzenie;
trzask; huk; vt zatrzasnąć; vi
trzasnąć; huknąć; adv gwałtownie; z hukiem; pot. w sam raz,
właśnie; int ~! bęc!

ban·ish [`bænɪʃ] vt skazać na ba-
nicję, wygnać, wydalić, usunąć;
pozbyć się (strachu)

ban·ish·ment [`bænɪʃmənt] s wy-
gnanie, banicja

ban·jo [`bændʒəu] s muz. banjo

bank 1. [bæŋk] s wał, nasyp;
brzeg; ławica piaszczysta; zaspa
śnieżna

bank 2. [bæŋk] s bank; adj attr bankowy; vt składać w banku;. vi trzymać pieniądze w banku

bank·er [ˈbæŋkə(r)] s bankier

bank-hol·i·day [ˈbæŋk ˈholədɪ] s jeden z czterech dni w roku dodatkowo wolnych od pracy (poza niedzielami i świętami)

bank·ing [ˈbæŋkɪŋ] s bankowość

bank·note [ˈbæŋknəut] s banknot

bank·rupt [ˈbæŋkrʌpt] s bankrut; adj zbankrutowany

bank·rupt·cy [ˈbæŋkrəptsɪ] s bankructwo

ban·ner [ˈbænə(r)] s sztandar, chorągiew, transparent

banns [bænz] s pl zapowiedzi (przedślubne)

ban·quet [ˈbæŋkwɪt] s bankiet

ban·ter [ˈbæntə(r)] vt drażnić, nabierać, żartować sobie (sb z kogoś); vi przekomarzać się; s żarty, przekomarzanie

bap·tism [ˈbæptɪzm] s chrzest

bap·tize [bæpˈtaɪz] vt chrzcić

bar [ba(r)] s belka, sztaba, pręt, listwa; bariera; rogatka; zapora, przeszkoda; rygiel, zasuwa; muz. takt; trybunał sądowy; ława oskarżonych; adwokatura, palestra; bufet z wyszynkiem, bar; pl ~s krata; vt zagradzać, odgradzać, przeszkadzać, hamować; ryglować; wykluczać; praep pot. oprócz, z wyjątkiem

bar·ba·ri·an [baˈbeərɪən] adj barbarzyński; s barbarzyńca

bar·bar·i·ty [baˈbærətɪ] s barbarzyństwo

bar·ba·rous [ˈbabərəs] adj barbarzyński

bar·be·cue [ˈbabɪkju] s rożen

barbed [babd] adj (o drucie) kolczasty

bar·ber [ˈbabə(r)] s fryzjer

bare [beə(r)] adj goły, nagi, obnażony; otwarty, jasny; jedyny; pozbawiony (of sth czegoś); to lay ~ odsłonić; vt obnażać, odsłaniać

bare·foot [ˈbeəfut] adj bosy; adv boso

bare·foot·ed [ˈbeəˈfutɪd] adj bosy

bare·head·ed [ˈbeəˈhedɪd] adj z odkrytą ⟨gołą⟩ głową

bare·ly [ˈbeəlɪ] adv ledwo, tylko

bar·gain [ˈbagɪn] s interes, transakcja; okazyjne kupno; into the ~ na dodatek; to ~ ubić interes, dobić targu; vi robić interesy; targować się; umawiać się; spodziewać się (for sth czegoś)

barge [badʒ] s barka

bark 1. [bak] s kora; vt odzierać z kory

bark 2. [bak] vi szczekać; s szczekanie

bar·ley [ˈbalɪ] s jęczmień

bar·maid [ˈbameɪd] s bufetowa, barmanka

bar·man [ˈbamən] s bufetowy, barman

barn [ban] s stodoła

ba·rom·e·ter [bəˈromɪtə(r)] s barometr

bar·on [ˈbærən] s baron

bar·on·et [ˈbærənɪt] s baronet

bar·rack [ˈbærək] s (zw. pl ~s) barak(i), koszary

bar·rage [ˈbæraʒ] s zapora, grobla; wojsk. ogień zaporowy

bar·rel [ˈbærl] s beczułka; rura; lufa; techn. cylinder, walec

bar·ren [ˈbærən] adj jałowy, suchy; bezużyteczny

bar·ri·cade [ˈbærəkaɪd] s barykada; vt [ˈbærəˈkaɪd] barykadować

bar·ri·er [ˈbærɪə(r)] s bariera, zapora; przeszkoda

bar·ring [ˈbarɪŋ] praep pot. oprócz, wyjąwszy

bar·ris·ter [ˈbærɪstə(r)] s adwokat

bar·row 1. [ˈbærəu] s taczki

bar·row 2. [ˈbærəu] s kopiec, kurhan

bar·ter [ˈbatə(r)] s handel wymienny; vt vi wymieniać towary, handlować

base 1. [beɪs] s baza, podstawa; chem. zasada; vt opierać, gruntować, bazować

base 2. [beɪs] adj podły; niski

base·ball [`beɪsbɔl] s *sport* base-ball

base·less [`beɪslɪs] adj bezpodstawny

base·ment [`beɪsmənt] s fundament; suterena

bash·ful [`bæʃfl] adj bojaźliwy, wstydliwy, nieśmiały

ba·sic [`beɪsɪk] adj podstawowy, zasadniczy; ~ **English** uproszczony język angielski do użytku międzynarodowego

ba·sin [`beɪsn] s miska, miednica; basen; rezerwuar

ba·sis [`beɪsɪs] s (pl **bases** [`beɪsiz]) baza, podstawa; zasada; podłoże

bask [bɑsk] vi wygrzewać się (na słońcu)

bas·ket [`bɑskɪt] s kosz

bas·ket-ball [`bɑskɪt bɔl] s koszykówka

bas·ket-work [`bɑskɪt wɜk] s plecionka

bass [beɪs] s *muz.* bas

bas·soon [bə`sun] s *muz.* fagot

bas·tard [`bæstəd] s bastard, dziecko nieślubne, bękart

bat 1. [bæt] s *zool.* nietoperz

bat 2. [bæt] s kij (w krykiecie)

batch [bætʃ] s wypiek (chleba); partia, paczka, grupa

bath [bɑθ] s (pl ~s [bɑðz]) kąpiel (w łazience); wanna, łazienka; pl ~s łaźnia

bathe [beɪð] vt vi kąpać (się); s kąpiel (morska, rzeczna)

bath·room [`bɑθrum] s łazienka

bath·tub [`bɑθtʌb] s wanna

bat·on [`bætõ] s batuta, pałeczka; buława

bat·ter [`bætə(r)] vi gwałtownie stukać, walić (at sth w coś); vt druzgotać, tłuc

bat·te·ry [`bætrɪ] s bateria; akumulator; pobicie; uderzenie

bat·tle [`bætl] s bitwa; vi walczyć

bat·tle-field [`bætl fild] s pole bitwy

bat·tle·ship [`bætl ʃɪp] s okręt wojenny (ciężko uzbrojony)

bat·tue [bæ`tju] s nagonka (myśliwska)

bawl [bɔl] vi vt wykrzykiwać, wrzeszczeć; s wrzask

bay 1. [beɪ] s *bot.* wawrzyn, laur

bay 2. [beɪ] s zatoka

bay 3. [beɪ] s wnęka; wykusz

bay 4. [beɪ] s ujadanie; wycie; osaczenie; **to be** ⟨**stand**⟩ **at** ~ być przypartym do muru (osaczonym⟩; **to bring to** ~ zapędzić w kozi róg; przycisnąć (kogoś) do muru; **to keep at** ~ trzymać w szachu; vi wyć, ujadać

bay 5. [beɪ] adj (o koniu) gniady

bay·o·net [`beɪənɪt] s bagnet

ba·zaar [bə`zɑ(r)] s wschodni targ; bazar; wenta dobroczynna

***be** [bi], **am** [æm, əm], **is** [ɪz], **are** [ɑ(r)], **was** [wɒz], **were** [wɜ(r)], **been** [bin] v aux być; w połączeniu z pp tworzy stronę bierną: **it is done** to jest zrobione; w połączeniu z ppraes tworzy Continuous Form: **I am reading** czytam; w połączeniu z inf oznacza powinność: **I am to tell you** powinienem ⟨mam⟩ ci powiedzieć; w połączeniu z przysłówkiem **there** = być, znajdować się: **there are people in the street** na ulicy są ludzie; w połączeniu z niektórymi przymiotnikami oznacza odpowiednią czynność: **to be late** spóźnić się; vi być, istnieć; pozostawać, trwać; mieć się, czuć się; kosztować; (o pogłosce) krążyć; (o chorobie) panować; **how are you?** jak się masz?; **I am better** czuję się lepiej; **how much is this?** ile to kosztuje?; **be about** być czynnym; być w ruchu; być zajętym; **be off** odchodzić, odjeżdżać; **be over** minąć

beach [bitʃ] s brzeg (płaski), plaża

bea·con [`bikən] s sygnał ogniowy ⟨świetlny⟩; latarnia morska; boja; znak drogowy; sygnał radiowy

bead [bid] s paciorek, koralik; kropla (np. potu); pl ~s różaniec

beak [bik] s dziób (ptaka)

bed

beak·er [ˈbiːkə(r)] s plastykowy kubek; *chem.* zlewka

beam 1. [biːm] s promień; radosny
uśmiech; *techn.* (*radio*) fala kie-
runkowa, zasięg; *vt* promieniować, świecić; radośnie się uśmiechać

beam 2. [biːm] s belka

beam·ing [ˈbiːmɪŋ] *adj* promienny,
lśniący; radosny

beam·y [ˈbiːmɪ] *adj* promienny; (*o
statku*) masywny, szeroki

bean [biːn] s (*zw. pl* ~s) fasola;
broad ~s bób

bear 1. [beə(r)] s niedźwiedź

*bear 2. [beə(r)], bore [bɔː(r)], borne
[bɔːn] vt nosić; znosić; (*zw. pp*
born [bɔːn]) rodzić; unieść, utrzymać (*ciężar*); przynosić, dawać
(*owoce, procent*); być opatrzo-
nym (podpisem, pieczątką); to be
born urodzić się; *vi* ciążyć, uciś-
kać; mieć znaczenie; odnosić się
(on sth do czegoś); ~ down przezwyciężyć, pokonać; ~ out potwierdzać; ~ through przeprowadzić; ~ up podpierać; wytrzymać, trzymać się; ~ with znosić
cierpliwie, godzić się (z czymś);
to ~ company dotrzymywać towarzystwa; to ~ resemblance
wykazywać podobieństwo; to ~
witness świadczyć; to ~ in mind
mieć na myśli; to bring to ~
spowodować działanie, użyć, zastosować; *vr* ~ oneself zachowywać się

bear·able [ˈbeərəbl] *adj* znośny

beard [bɪəd] s broda; zarost

bear·er [ˈbeərə(r)] s posiadacz (np.
paszportu); okaziciel (np. czeku)

bear·ing [ˈbeərɪŋ] s wytrzymałość;
postawa, zachowanie, postępowanie; aspekt (sprawy); kierunek;
godło; *techn.* łożysko; *pl* ~s położenie geograficzne; szerokość
geograficzna

beast [biːst] s zwierzę, bydlę, bestia

beast·ly [ˈbiːstlɪ] *adj* zwierzęcy; bru-

talny; wstrętny; *adv* brutalnie;
pot. wściekle

*beat [biːt], beat [biːt], beaten [ˈbiːtn]
vt bić, uderzać, stukać; tłuc; kuć,
obrabiać (metal); pobić (wroga,
rekord); wybijać (takt); *vi* (*o sercu, wietrze*) walić, łomotać, tłuc
się; (*o pulsie*) bić; (*o burzy*) szaleć; walić (at sth w coś); ~ away
odpędzić; ~ back odbić; odeprzeć
(atak); ~ down złożyć (zboże);
(*o słońcu*) prażyć; ~ off odbić;
odpędzić; ~ out wybić, wyrąbać,
wymłócić, wydeptać; ~ up ubić;
to ~ the retreat trąbić na odwrót; to ~ the streets chodzić po
ulicach; s uderzenie, bicie; chód
(zegara); obchód, rewir (policjanta); *muz.* takt, wybijanie taktu

beat·en [ˈbiːtn] *zob.* beat; *adj* wy-
bity; wymęczony; zużyty; okle-
pany, powszechnie znany; *techn.*
obrobiony; (*o szlaku*) utarty

be·at·i·fy [bɪˈætɪfaɪ] *vt* uczynić
szczęśliwym; beatyfikować

beat·ing [ˈbiːtɪŋ] s bicie, *pot.* lanie

beau·ti·ful [ˈbjuːtəfl] *adj* piękny

beau·ti·fy [ˈbjuːtəfaɪ] *vt* upiększyć

beau·ty [ˈbjuːtɪ] s piękność; piękno

bea·ver [ˈbiːvə(r)] s bóbr

be·came *zob.* become

be·cause [bɪˈkɒz] *conj* ponieważ;
praep ~ of z powodu

beck·on [ˈbekən] *vt vi* skinąć (sb,
to sb na kogoś); wabić, nęcić; s
skinienie

*be·come [bɪˈkʌm], be·came [bɪ-
ˈkeɪm], be·come [bɪˈkʌm] vt zostać (czymś), stać się; what has
~ of him? co się z nim stało?;
vt wypadać, licować; być do twarzy, pasować; it does not ~ you
to do this nie wypada ci tego
robić

be·com·ing [bɪˈkʌmɪŋ] *zob.* become;
adj stosowny, właściwy; twarzo-
wy (np. strój)

bed [bed] s łóżko; grzęda; warstwa; *techn.* łożysko; to make the
~ posłać łóżko; *vt* kłaść do łóż-
ka; układać, składać; osadzać

bed·clothes [`bedkləuðz] s pl pościel

bed·lam [`bedləm] s wrzawa, zamieszanie, pot. dom wariatów

bed·rid·den [`bedrɪdn] adj złożony chorobą

bed·room [`bedrum] s sypialnia

bed·side [`bedsaɪd] s w zwrocie: at sb's ~ przy łóżku chorego

bed·spread [`bedspred] s kapa (na łóżko)

bed·stead [`bedsted] s łóżko (bez materaca i pościeli)

bed·time [`bedtaɪm] s pora snu

bee [bi] s pszczoła; przen. to have a ~ in one's bonnet mieć bzika

beech [bitʃ] s buk

beef [bif] s wołowina

beef·eat·er [`bif itə(r)] s strażnik zamku londyńskiego

beef·steak [`bifsteɪk] s befsztyk

beef·tea [`bif ti] s bulion wołowy

bee·hive [`bihaɪv] s ul

been zob. be

beer [bɪə(r)] s piwo

beet [bit] s burak

beet·le [`bitl] s chrząszcz, żuk

beet·root [`bit-rut] s burak ćwikłowy

*****be·fall** [bɪ`fɔl], **be·fell** [bɪ`fel], **be·fall·en** [bɪ`fɔlən] vt vi wydarzyć się, zdarzyć się (sb komuś)

be·fit [bɪ`fɪt] vt pasować, być odpowiednim

be·fore [bɪ`fɔ(r)] praep przed; ~ long wkrótce; ~ now już przedtem; adv z przodu; przedtem, dawniej; conj zanim

be·fore·hand [bɪ`fɔhænd] adv z góry, naprzód; to be ~ with sb wyprzedzać kogoś; to be ~ with sth załatwić coś przed terminem

beg [beg] vt vi prosić (sth of ⟨from⟩ sb kogoś o coś); żebrać; to ~ leave (to do sth) prosić o pozwolenie (zrobienia czegoś); I ~ your pardon przepraszam; I ~ to inform you pozwalam sobie pana poinformować

be·gan zob. begin

*****be·get** [bɪ`get], **begot** [bɪ`gɔt], **be·gotten** [bɪ`gɔtn] vt płodzić, tworzyć

beg·gar [`begə(r)] s żebrak

beg·gar·ly [`begəlɪ] adj żebraczy, dziadowski

*****be·gin** [bɪ`gɪn], **began** [bɪ`gæn], **begun** [bɪ`gʌn] vt vi zaczynać (się); to ~ with na początek, przede wszystkim

be·gin·ner [bɪ`gɪnə(r)] s początkujący, nowicjusz

be·gin·ning [bɪ`gɪnɪŋ] s początek

be·gone [bɪ`gɔn] int precz!, wynoś się!

be·got, **be·got·ten** zob. beget

be·grudge [bɪ`grʌdʒ] vt zazdrościć, skąpić (sb sth komuś czegoś)

be·guile [bɪ`gaɪl] vt oszukiwać, mamić; skracać ⟨przyjemnie spędzać⟩ czas; zabawiać (kogoś)

be·gun zob. begin

be·half [bɪ`haf] s korzyść, sprawa; in ⟨on⟩ sb's ~ na czyjąś korzyść, w czyjejś sprawie; on ~ of sb w czyimś imieniu

be·have [bɪ`heɪv] vi zachowywać (się), postępować (towards sb w stosunku do kogoś); dobrze się zachowywać; vr ~ oneself dobrze się zachowywać

be·hav·iour [bɪ`heɪvɪə(r)] s zachowanie, postępowanie

be·head [bɪ`hed] vt pozbawić głowy, ściąć głowę (sb komuś)

be·held zob. behold

be·hind [bɪ`haɪnd] praep za, poza; ~ time z opóźnieniem; ~ the times zacofany, przestarzały; adv z tyłu, do tyłu, wstecz; to be ~ zalegać, być opóźnionym; to leave ~ zostawić za sobą

be·hind·hand [bɪ`haɪndhænd] adv w tyle, z opóźnieniem; adj opóźniony, zaległy

*****be·hold** [bɪ`həuld], **beheld**, **beheld** [bɪ`held] vt spostrzegać, oglądać

be·hold·er [bɪ`həuldə(r)] s widz

be·hove [bɪ`həuv], am. **be·hoove** [bɪ`huv] vt imp wypadać, być właściwym, koniecznym; it ~s you (to do sth) wypada ci (coś zrobić); trzeba (abyś coś zrobił)

beside

beige [beɪʒ] *s* beż; *adj* beżowy
be·ing [ˈbiːɪŋ] *s* istnienie, istota
be·lat·ed [bɪˈleɪtɪd] *adj* opóźniony
belch [beltʃ] *vt* wypluwać, gwałtownie wyrzucać; *vi* wybuchać, zionąć; czkać; *s* wybuch
bel·fry [ˈbelfrɪ] *s* dzwonnica
Bel·gian [ˈbeldʒən] *adj* belgijski; *s* Belg
be·lief [bɪˈliːf] *s* wiara; przekonanie, zdanie (na jakiś temat)
be·lieve [bɪˈliːv] *vt vi* wierzyć (**sb** komuś, **sth** czemuś, **in sth** w coś); myśleć, sądzić; **to make ~** udawać; pozorować
be·lit·tle [bɪˈlɪtl] *vt* pomniejszać
bell [bel] *s* dzwon, dzwonek
belles-let·tres [ˈbel ˈletr] *s* beletrystyka
bel·li·cose [ˈbelɪkəʊs] *adj* wojowniczy
bel·lig·er·ent [bəˈlɪdʒərənt] *adj* prowadzący wojnę; *s* państwo prowadzące ⟨strona prowadząca⟩ wojnę
bel·low [ˈbeləʊ] *vi* ryczeć
bel·ly [ˈbelɪ] *s* brzuch
be·long [bɪˈlɒŋ] *vi* należeć; tyczyć się; być rodem, pochodzić (**to a place z** danej miejscowości)
be·long·ings [bɪˈlɒŋɪŋz] *s pl* rzeczy; dobytek, własność
be·lov·ed [bɪˈlʌvɪd] *adj* umiłowany, ukochany
be·low [bɪˈləʊ] *praep* pod; *adv* niżej, poniżej
belt [belt] *s* pasek; pas; strefa; *vt* opasać, przymocować pasem
be·moan [bɪˈməʊn] *vt* opłakiwać
bench [bentʃ] *s* ława, ławka; sąd, trybunał
*****bend** [bend], **bent**, **bent** [bent] *vt vi* zginać (się), uginać (się), pochylać (się), skręcać; *s* zgięcie; kolanko; zagłębienie; zakręt (drogi)
be·neath [bɪˈniːθ] *praep* pod, poniżej; *adv* niżej, w dole, na dół
ben·e·dic·tion [ˌbenɪˈdɪkʃn] *s* błogosławieństwo
ben·e·fac·tor [ˈbenɪfæktə(r)] *s* dobroczyńca

be·nef·i·cent [bɪˈnefɪsnt] *adj* dobroczynny
ben·e·fi·cial [ˌbenɪˈfɪʃl] *adj* pożyteczny, korzystny
ben·e·fit [ˈbenɪfɪt] *s* dobrodziejstwo; korzyść; benefis; zasiłek (dla bezrobotnych itp.); *vt* przynosić korzyść, pomagać; *vi* ciągnąć korzyść, korzystać (**by** ⟨**from**⟩ **sth z** czegoś)
be·nev·o·lence [bɪˈnevələns] *s* życzliwość, dobroczynność
be·nev·o·lent [bɪˈnevələnt] *adj* życzliwy, dobroczynny
bent 1. *zob.* **bend**
bent 2. [bent] *s* wygięcie, nagięcie; skłonność, zamiłowanie (**for sth** do czegoś); napięcie łuku; wielki wysiłek; *adj* zgięty, wygięty; skłonny, zdecydowany (**on sth** na coś)
be·numb [bɪˈnʌm] *vt* spowodować odrętwienie; oszołomić; sparaliżować; **~ed by cold** zdrętwiały z zimna
ben·zene [ˈbenziːn] *s chem.* benzen
ben·zine [ˈbenziːn] *s* benzyna
be·queath [bɪˈkwiːð] *vt* zapisać w testamencie, przekazać
be·quest [bɪˈkwest] *s* zapis (w testamencie); spuścizna
*****be·reave** [bɪˈriːv], **bereft** [bɪˈreft], **bereaved** [bɪˈriːvd] *vt* pozbawić (**of sth** czegoś); osierocić, osamotnić
be·ret [ˈbereɪt] *s* beret
ber·ry [ˈberɪ] *s* jagoda
berth [bɜːθ] *s* łóżko (w wagonie), koja (na statku); miejsce zakotwiczenia statku; *przen.* **to give a wide ~** trzymać się z dala
*****be·seech** [bɪˈsiːtʃ], **besought**, **besought** [bɪˈsɔːt] *vt* błagać, zaklinać
*****be·set**, **beset**, **beset** [bɪˈset] *vt* oblegać, otoczyć, osaczyć; napastować
be·set·ting [bɪˈsetɪŋ] *zob.* **beset**; *adj* dręczący; nałogowy
be·side [bɪˈsaɪd] *praep* obok; poza, oprócz; w porównaniu z

besides

be·sides [bɪˈsaɪdz] *adv* oprócz tego, poza tym; *praep* oprócz, poza

be·siege [bɪˈsiːdʒ] *vt* oblegać; nagabywać

be·smear [bɪˈsmɪə(r)] *vt* zasmarować, zababrać

be·sought *zob.* beseech

*be·speak [bɪˈspiːk], bespoke [bɪˈspəʊk], bespoken [bɪˈspəʊkn] *vt* świadczyć (sth o czymś)

be·spoke [bɪˈspəʊk] *zob.* bespeak; *adj* zrobiony ⟨robiący⟩ na zamówienie

best [best] *adj* (*sup od* good) najlepszy; ~ man drużba; *adv* (*sup od* well) najlepiej; *s* najlepsza rzecz; to, co najlepsze; to make the ~ of sth wyciągać z czegoś wszelkie możliwe korzyści; at ~ w najlepszym razie; to do the ~ one can zrobić, co tylko można; to the ~ of my power ⟨my ability⟩ najlepiej jak mogę ⟨jak potrafię⟩

bes·tial [ˈbestɪəl] *adj* zwierzęcy

be·stir [bɪˈstɜː(r)] *vt* ruszać, wprawiać w ruch; *vr* ~ oneself zwijać się, krzątać się

be·stow [bɪˈstəʊ] *vt* nadać; użyczyć; okazać (sth upon sb komuś coś)

best-sell·er [ˈbest ˈselə(r)] *s* bestseller

*bet, bet, bet [bet] *vt* zakładać się; I ~ you a pound zakładam się z tobą o funta; *vi* stawiać (on, upon sth na coś); *s* zakład; to make ⟨to hold⟩ a ~ zakładać się; you ~! no chyba!

be·to·ken [bɪˈtəʊkən] *vt* oznaczać, zapowiadać, wskazywać

be·tray [bɪˈtreɪ] *vt* zdradzać; oszukiwać; ujawniać

be·tray·al [bɪˈtreɪəl] *s* zdrada

be·troth [bɪˈtrəʊð] *vt* zaręczyć; *zw.* w stronie biernej: to be ~ed być zaręczonym (to sb z kimś)

be·troth·al [bɪˈtrəʊðəl] *s* zaręczyny

bet·ter [ˈbetə(r)] *adj* (*comp od* good) lepszy; (*comp od* well) zdrowszy, będący w lepszym stanie; *adv* (*comp od* well) lepiej;

to be ~ czuć się lepiej, być zdrowszym; to be ~ off być w lepszej sytuacji materialnej; ~ and ~ coraz lepiej; all the ~ tym lepiej; you had ~ go lepiej byś poszedł sobie; *s* lepsza rzecz, korzyść; przewaga; for the ~ na lepsze; to get the ~ of sb wziąć górę nad kimś; his ~ lepszy od niego ⟨mądrzejszy, mocniejszy itp.⟩; *vt* poprawić, ulepszyć

be·tween [bɪˈtwiːn] *praep* między; *adv* pośrodku, w środek

bev·el [ˈbevl] *s* skos, kant; *adj* skośny; *vt* ścinać skośnie

bev·er·age [ˈbevrɪdʒ] *s* napój

bev·y [ˈbevɪ] *s* stado (ptaków); gromoda, grono (osób)

be·wail [bɪˈweɪl] *vt* opłakiwać

be·ware [bɪˈweə(r)] *vi* (*tylko w inf i imp*) strzec się, mieć się na baczności (of sth przed czymś)

be·wil·der [bɪˈwɪldə(r)] *vt* wprawić w zakłopotanie, zmieszać, zbić z tropu

be·witch [bɪˈwɪtʃ] *vt* zaczarować

be·yond [bɪˈjɒnd] *praep* za, poza, po tamtej stronie; nad, ponad; ~ measure nad miarę; ~ belief nie do uwierzenia; ~ hope bez nadziei, beznadziejny; *adv* dalej, hen, tam daleko

bi·as [ˈbaɪəs] *s* ukos; skłonność, zamiłowanie; kierunek, pochylenie; uprzedzenie; *vt* ściąć ukośnie; skłonić, nachylić; wywrzeć ujemny wpływ; uprzedzić, źle usposobić

Bi·ble [ˈbaɪbl] *s* Biblia

bib·li·cal [ˈbɪblɪkl] *adj* biblijny

bib·li·og·ra·phy [ˈbɪblɪˈɒɡrəfɪ] *s* bibliografia

bick·er [ˈbɪkə(r)] *vi* sprzeczać się (about sth o coś)

bi·cy·cle [ˈbaɪsəkl] *s* rower; *vi* jeździć rowerem

*bid ˈ[bɪd], bade [beɪd], bidden [ˈbɪdn], *lub* bid, bid [bɪd] *vt* kazać; wzywać; proponować; życzyć; licytować; podać cenę; he bade me come kazał mi przyjść; to ~ sb good-bye żegnać się z kimś; **to ~ welcome** witać; **to ~ joy** życzyć szczęścia; *vt* oferować cenę (na licytacji); **~ up** podbić cenę; zapowiadać; **to ~ fair do-** brze się zapowiadać, zanosić; *s* oferta, cena oferowana na licytacji; *(w kartach)* zapowiedź; licytacja; **no ~** *(w kartach)* pas; **to make a ~** zabiegać ⟨for sth o coś⟩

bid·der [ˈbɪdə(r)] *s* podający cenę na licytacji; **the highest ~** oferujący najwyższą cenę

bid·ding [ˈbɪdɪŋ] *zob.* bid; *s* rozkaz; zaproszenie; licytacja (w kartach)

bier [bɪə(r)] *s* mary, karawan

big [bɪg] *adj* duży, gruby, obszerny; ważny; **~ with consequences** brzemienny w następstwa ⟨w skutki⟩

big·a·my [ˈbɪgəmɪ] *s* bigamia

bike [baɪk] *s pot.* rower

bi·lat·er·al [baɪˈlætrl] *adj* dwustronny

bile [baɪl] *s* żółć; *przen.* gorycz; zgryźliwość

bil·ious [ˈbɪlɪəs] *adj* żółciowy; zgryźliwy

bill 1. [bɪl] *s* dziób

bill 2. [bɪl] *s* projekt ustawy; rachunek; poświadczenie, kwit; przekaz; afisz; program; *am.* banknot; *(także* **~ of exchange)** trata, weksel; lista; deklaracja; **~ of fare** jadłospis; *vt* rozklejać afisze; ogłaszać

bil·let [ˈbɪlɪt] *s* kwatera; nakaz kwaterunkowy; *vt* zakwaterować

bil·liards [ˈbɪlɪədz] *s pl* bilard

bil·lion [ˈbɪlɪən] *s bryt.* bilion; *am.* miliard

bil·low [ˈbɪləʊ] *s* duża fala, bałwan; *vi* falować, *(o falach)* piętrzyć się

bi·month·ly [ˈbaɪˈmʌnθlɪ] *adj* dwumiesięczny; dwutygodniowy; *adv* co dwa miesiące; co dwa tygodnie; *s* dwumiesięcznik; dwutygodnik

bin [bɪn] *s* skrzynia, paka

** **bind** [baɪnd], **bound, bound** [baʊnd] *vt* wiązać, przywiązywać; opra-

wiać (książki); *(zw.* **~ up)** bandażować; *(zw.* **~ over)** zobowiązać do stawiennictwa w sądzie; *vt (o cemencie)* wiązać się, *(o śniegu)* lepić się; *vr* **~ oneself** zobowiązać się

bind·er [ˈbaɪndə(r)] *s* wiązanie, opaska; snopowiązałka

bind·ing [ˈbaɪndɪŋ] *s* wiązanie; opatrunek; oprawa (książki)

bi·og·ra·phy [baɪˈɒgrəfɪ] *s* biografia

bi·ol·o·gy [baɪˈɒlədʒɪ] *s* biologia

bi·ped [ˈbaɪped] *s* dwunożne stworzenie

birch [bɜtʃ] *s* brzoza

bird [bɜd] *s* ptak; **~'s-eye view** widok z lotu ptaka

birth [bɜθ] *s* urodzenie, narodziny, rozwiązanie; pochodzenie; **to give ~** urodzić, stworzyć; **by ~** z urodzenia, z pochodzenia

birth-con·trol [ˈbɜθ kəntrəʊl] *s* regulacja urodzeń

birth·day [ˈbɜθdeɪ] *s* narodziny, urodziny; rocznica urodzin

birth-rate [ˈbɜθ reɪt] *s* liczba urodzeń, przyrost naturalny

bis·cuit [ˈbɪskɪt] *s* biskwit, herbatnik

bish·op [ˈbɪʃəp] *s* biskup; laufer, goniec (w szachach)

bit 1. *zob.* **bite**

bit 2. [bɪt] *s* kąsek; kawałek; odrobina; **a ~** nieco, trochę; **~ by ~** po trochu, stopniowo; **a good ~** sporo; **not a ~** ani trochę; **a ~ at a time** stopniowo

bit 3. [bɪt] *s* wędzidło; ostrze (narzędzia)

bitch [bɪtʃ] *s* suka

** **bite** [baɪt], **bit** [bɪt], **bitten** [ˈbɪtn] *vt vi* gryźć, kąsać, dziobać; szczypać; docinać; *(o bólu)* piec; *s* ukąszenie; kęs; *pot.* zakąska

bit·ter [ˈbɪtə(r)] *adj* gorzki; zawzięty; *(o mrozie)* przenikliwy

bi·tu·men [ˈbɪtʃumən] *s chem.* bitum

bi·week·ly [ˈbaɪˈwiklɪ] *adj* dwutygodniowy; *s* dwutygodnik

bi·zarre [bɪ'za(r)] *adj* dziwaczny

blab [blæb] *vt vi* paplać, gadać

black [blæk] *adj* czarny; ponury; czarnoskóry; a ~ eye podbite oko; *s* czerń; czarny kolor; *przen.* Murzyn; *vt* czernić; ~ out zaciemnić; zamazać

black·ber·ry [`blækbərɪ] *s bot.* jeżyna

black·board [`blækbɔd] *s* tablica (szkolna)

black·en [`blækən] *vt* czernić; o-czernić; *vi* czernieć

black·guard [`blægəd] *s* łajdak; *adj attr* łajdacki, podły

black·head [`blækhed] *s* wągier (na skórze)

black·ing [`blækɪŋ] *s* czarna pasta (do butów)

black·leg [`blækleg] *s* łamistrajk; *am.* szuler, oszust

black·mail [`blækmeɪl] *s* szantaż; *vt* szantażować

black-out [`blækaut] *s* zaciemnienie, zgaszenie świateł

black·smith [`blæksmɪθ] *s* kowal

blad·der [`blædə(r)] *s* pęcherz

blade [bleɪd] *s* ostrze; miecz; liść, źdźbło; płaska część (np. wiosła)

blame [bleɪm] *vt* ganić, łajać; *s* nagana; wina

blame·less [`bleɪmləs] *adj* nienaganny

blanch [blantʃ] *vt* bielić; *vi* blednąć

bland [blænd] *adj* miły, łagodny; schlebiający

bland·ish [`blændɪʃ] *vt* schlebiać, pieścić

blank [blæŋk] *adj* pusty, nie zapisany; biały, blady; ślepy (nabój); biały (wiersz); (o twarzy) bez wyrazu, obojętny, bezmyślny; zaskoczony, zmieszany; *s* puste ⟨nie zapisane⟩ miejsce; pustka, próżnia

blank·et [`blæŋkɪt] *s* koc (wełniany), derka; pokrycie

blare [bleə(r)] *vt vi* huczeć, trąbić; wrzasnąć; *s* huk, trąbienie

blas·pheme [blæs'fim] *vt vi* bluźnić

blast [blɑst] *s* silny podmuch wiatru, prąd powietrza; zadęcie (na trąbie); wybuch; nagła choroba, zaraza; *vt* wysadzić w powietrze; zniszczyć, zgubić

blast-fur·nace [`blɑst fɔnɪs] *s* piec hutniczy

bla·tant [`bleɪtnt] *adj* krzykliwy; rażący

blaze 1. [bleɪz] *vi* płonąć; świecić; ~ up buchnąć płomieniem; *s* płomień, błysk, wybuch; blask

blaze 2. [bleɪz] *vt* rozgłaszać

blaz·er [`bleɪzə(r)] *s* blezer; kurtka

bleach [blitʃ] *vt* bielić, pozbawić koloru; ufarbować (włosy); *vi* bieleć

bleak [blik] *adj* ponury, pustynny, smutny

bleat [blit] *vi vt* (o owcy, koźle) beczeć; *przen.* bąkać, mamrotać

*bleed [blid], **bled, bled** [bled] *vi dosł. i przen.* krwawić; *vt* puszczać krew

blem·ish [`blemɪʃ] *vt* splamić; zniekształcić; skazić; *s* plama, skaza, błąd

*blend [blend], **blent, blent** [blent] *vt vi* mieszać (się), łączyć (się); zlewać (się); *s* mieszanina, mieszanka

bless [bles] *vt* błogosławić

bless·ing [`blesɪŋ] *s* błogosławieństwo; dobrodziejstwo

blew *zob.* **blow**

blight [blaɪt] *vt* niszczyć, tłumić, udaremniać; *s* śnieć (na zbożu); zaraza; zniszczenie

blind [blaɪnd] *adj* ślepy; *vt* oślepić; *s* zasłona (okienna)

blind·fold [`blaɪndfəuld] *adj i adv* z zawiązanymi oczami; *vt* zawiązać oczy

blink [blɪŋk] *vi vt* mrugać; mrużyć; przymykać oczy (**sth** na coś); *s* mruganie; mrużenie (oczu)

bliss [blɪs] *s* radość, błogość, błogostan

blis·ter [`blɪstə(r)] *s* pęcherzyk

blithe [blaɪð] *adj poet.* radosny, wesoły

blitz [blɪts] *s* błyskawiczna wojna; nalot; *vt* niszczyć błyskawiczną wojną; dokonać nalotu

bliz·zard ['blɪzəd] *s* burza śnieżna

bloat [bləut] *vt vi* nadymać (się), nabrzmiewać

blob [blob] *s* kropelka (np. farby); plamka

bloc [blok] *s polit.* blok

block [blok] *s* blok, kloc; duży budynek, grupa domów; przeszkoda, zapora; *druk.* ~ letters wersaliki

block·ade [blo'keɪd] *s* blokada

block·head ['blokhed] *s* bałwan, tuman

blond [blond] *adj (o włosach)* jasny; *s* blondyn

blonde [blond] *s* blondynka

blood [blʌd] *s* krew; natura; pokrewieństwo; pochodzenie

blood·hound ['blʌdhaund] *s* pies gończy, ogar

blood·shed ['blʌdʃed] *s* przelew krwi

bloodshot ['blʌdʃot] *adj (o oczach)* nabiegły krwią

blood-sucker ['blʌd sʌkə(r)] *s dosł. i przen.* pijawka

blood·thirst·y ['blʌd θɜstɪ] *adj* żądny krwi

blood-ves·sel ['blʌd vesl] *s* naczynie krwionośne

blood·y ['blʌdɪ] *adj* krwawy; *wulg.* przeklęty, cholerny

bloom [blum] *vi* kwitnąć; *s* kwiecie, kwiat

bloom·er ['blumə(r)] *s pot.* gafa

bloom·ing ['blumɪŋ] *adj* kwitnący; *wulg.* przeklęty, cholerny

blos·som ['blosəm] *s* kwiecie, kwiat; *vi* kwitnąć

blot [blot] *s* plama, skaza; *vt* plamić; ~ out wykreślić, usunąć, zatrzeć

blotch [blotʃ] *s* plama, skaza; krosta, wrzód

blot·ting-pad ['blotɪŋ pæd] *s* bibularz

blot·ting-pa·per ['blotɪŋ peɪpə(r)] *s* bibuła

blouse [blauz] *s* bluza, bluzka

blow 1. [bləu] *s* uderzenie, cios; at a ~ za jednym uderzeniem, naraz; to strike a ~ zadać cios

*blow 2. [bləu], blew [blu], blown [bləun] *vi* dąć, wiać; *vt* nadmuchać; rozwiewać; ~ out zgasić; ~ over przeminąć, pójść w zapomnienie; ~ up wysadzić w powietrze

*blow 3. [bləu], blew [blu], blown [bləun] *vi* kwitnąć

blown *zob.* blow 2. i 3.

bludg·eon ['blʌdʒən] *s* pałka

blue [blu] *adj* błękitny; *pot.* przygnębiony, smutny; true ~ wierny swym zasadom; once in a ~ moon rzadko, od święta; *s* błękit; błękitna farba

blue-jacket ['bludʒækɪt] *s* marynarz (floty wojennej)

blue·print ['blu-prɪnt] *s druk.* światłodruk

bluff 1. [blʌf] *s* stromy brzeg, stroma skała; *adj* stromy; szorstki, obcesowy

bluff 2. [blʌf] *s* oszustwo, nabieranie, zastraszanie, blaga, blef; *vt* blagować, zastraszać, blefować

blu·ish ['bluɪʃ] *adj* niebieskawy

blun·der ['blʌndə(r)] *s* błąd; *vi* popełnić błąd ⟨gafę⟩

blunt [blʌnt] *adj* tępy, stępiony; ciężko myślący; nieokrzesany, prosty, niewymuszony; *vt* stępić

blur [blɜ(r)] *s* plama; niejasność; *vt* splamić, zamazać, zamącić, zatrzeć

blurb [blɜb] *s* notka na obwolucie (książki)

blurt [blɜt] *vt (zw. ~ out)* wygadać, zdradzić (sekret)

blush [blʌʃ] *vi* rumienić się; *s* rumieniec

blus·ter ['blʌstə(r)] *vi* rozbijać się, szaleć, huczeć; *s* hałaśliwość, huk, wrzask

boar [bə(r)] *s* dzik; knur

board [bɔd] *s* deska; utrzymanie, wyżywienie; ciało obradujące;

władza naczelna, rada, komisja;
tablica do naklejania ogłoszeń;
karton, tektura; pokład; burta;
pl ~s deski sceniczne; ~ of trade
ministerstwo handlu; *vt* szalować, okładać deskami; stołować;
wchodzić na pokład statku, do
pociągu, tramwaju itp; *vi* stołować się

board·er [ˈbɔːdə(r)] *s* pensjonariusz

board·ing-house [ˈbɔːdɪŋ haus] *s*
pensjonat

board·ing-school [ˈbɔːdɪŋ skul] *s*
szkoła z internatem

boast [bəust] *s* samochwalstwo; *vt vi* wychwalać się, przechwalać
się; chwalić się, szczycić się (sth,
of sth, about sth czymś)

boat [bəut] *s* łódź, statek; by ~
łodzią, statkiem; *vi* płynąć łodzią

boat-race [ˈbəutreɪs] *s* wyścigi wioślarskie, regaty

boat·swain [ˈbəusn] *s mors.* bosman

boat-train [ˈbəutreɪn] *s* pociąg mający połączenie ze statkiem

bob 1. [bob] *s* wisiorek; krótko
strzyżone włosy kobiece; drganie; podskok; *vi* kiwać się;
drgać; podskakiwać; *vt* krótko
strzyc

bob 2. [bob] *s* (*pl* ~) *pot.* szyling

bob·bin [ˈbobɪn] *s* szpulka

bob·by [ˈbobɪ] *s pot.* policjant

bob·sleigh [ˈbobsleɪ] *s sport* bobslej

bode 1. *zob.* bide

bode 2. [bəud] *vt* wróżyć, zapowiadać

bod·ice [ˈbodɪs] *s* stanik (sukni)

bod·ily [ˈbodɪlɪ] *adj* cielesny, fizyczny; *adv* fizycznie; osobiście; gremialnie; w całości

bod·y [ˈbodɪ] *s* ciało; oddział, grupa ludzi; ogół, zasadnicza część;
mot. karoseria

bod·y-guard [ˈbodɪ gad] *s* straż
przyboczna

bog [bog] *s* bagno

bog·ey, bo·gy [ˈbəugɪ] *s* szatan,
straszydło, strach

bo·gus [ˈbəugəs] *adj* fałszywy, oszukańczy

boil [bɔɪl] *vi* gotować się, wrzeć,
kipieć; *vt* gotować; ~ing point
temperatura wrzenia

boil·er [ˈbɔɪlə(r)] *s* kocioł

bois·ter·ous [ˈbɔɪstərəs] *adj* hałaśliwy, burzliwy

bold [bəuld] *adj* śmiały, zuchwały;
wyraźny, rzucający się w oczy;
to make ~ ośmielić się

Bol·she·vik [ˈbolʃəvɪk] *s* bolszewik;
adj bolszewicki

bol·ster [ˈbəulstə(r)] *s* podgłówek

bolt 1. [bəult] *s* zasuwa, rygiel; *vt*
zamknąć na zasuwę, zaryglować

bolt 2. [bəult] *s* piorun; grom; nagły skok, wypad; ucieczka; *vi*
gwałtownie rzucić się, skoczyć

bolt 3. [bəult] *vt* pytlować

bolt·er [ˈbəultə(r)] *s* pytel, sito

bomb [bom] *s* bomba; *vt* obrzucić
bombami

bom·bard [bom'bad] *vt* bombardować

bom·bast [ˈbombæst] *s* napuszony styl

bomb·er [ˈbomə(r)] *s* bombowiec;
bombardier

bomb·shell [ˈbomʃel] *s* bomba;
przen. rewelacja, niespodziewana
wiadomość

bon·bon [ˈbonbon] *s* cukierek

bond [bond] *s* więź; zobowiązanie;
obligacja

bond·age [ˈbondɪdʒ] *s* niewolnictwo

bond·hold·er [ˈbond həuldə(r)] *s* posiadacz obligacji, akcjonariusz

bonds·man [ˈbondzmən] *s* niewolnik

bone [bəun] *s* kość, ość

bon·fire [ˈbonfaɪə(r)] *s* ognisko

bon·net [ˈbonɪt] *s* czapka (damska),
czepek (dziecinny); *mot.* maska
(samochodu)

bon·ny [ˈbonɪ] *adj dial.* piękny;
miły; krzepki

bo·nus [ˈbəunəs] *s* premia; dodatek

bon·y [ˈbəunɪ] *adj* kościsty

book [buk] *s* książka, księga, książeczka; *vt* księgować, zapisywać,
rejestrować; kupować bilet w
przedsprzedaży, rezerwować miejsce (np. w pociągu, teatrze)

book·bind·er [ˈbuk baɪndə(r)] *s* introligator

book·case [ˈbukkeɪs] *s* szafa na książki, biblioteka; regał

book·ing-of·fice [ˈbukɪŋ ofɪs] *s* kasa biletowa

book·ish [ˈbukɪʃ] *adj* książkowy, naukowy

book·keep·er [ˈbuk kipə(r)] *s* księgowy, buchalter

book·keep·ing [ˈbuk kipɪŋ] *s* księgowość, buchalteria

book·let [ˈbuklət] *s* książeczka

book·mak·er [ˈbukmeɪkə(r)] *s* bukmacher

book·mark [ˈbukmak] *s* zakładka (do książki)

book·sel·ler [ˈbukselə(r)] *s* księgarz

book·shelf [ˈbukʃelf] *s* półka na książki

book·shop [ˈbukʃop] *s* księgarnia

book·stall [ˈbukstɔl] *s* kiosk z książkami

book·stand [ˈbukstænd] *s* półka na książki, regał

book·store [ˈbukstɔ(r)] *s am.* księgarnia

boom [bum] *s* dźwięk; huk; nagła zwyżka kursów ⟨cen⟩; ożywienie gospodarcze; *vi vt* huczeć; podbijać ceny; szybko zwyżkować; dorabiać się, rozkwitać

boom·e·rang [ˈbuməræŋ] *s* bumerang

boon [bun] *s* dar, łaska, błogosławieństwo

boor [buə(r)] *s* prostak, gbur

boor·ish [ˈbuərɪʃ] *adj* prostacki, gburowaty

boost [bust] *vt* forsować przez reklamę, podnosić wartość ⟨znaczenie⟩

boost·er [ˈbustə(r)] *s* propagator

boot [but] *s* but

boot·black [ˈbutblæk] *s* czyścibut

booth [buð] *s* budka (z desek); kabina; stragan, kiosk; *am.* budka telefoniczna

boot·leg·ger [ˈbutlegə(r)] *s am.* przemytnik alkoholu (w okresie prohibicji)

boot-polish [ˈbut polɪʃ] *s* pasta do butów

boots [buts] *s* posługacz (hotelowy), czyścibut

boot·y [ˈbutɪ] *s* łup, zdobycz

bor·der [ˈbodə(r)] *s* granica; brzeg; krawędź; rąbek; *vt* ograniczać, otaczać; obrębiać; *vi* graniczyć, sąsiadować (on sth z czymś)

bor·der·land [ˈbodəlænd] *s* kresy, pogranicze

bore 1. [bɔ(r)] *s* otwór, wydrążenie; *vt* wiercić, drążyć

bore 2. [bɔ(r)] *s* nudziarstwo, nuda; nudziarz; *vt* nudzić

bore 3. *zob.* bear

bore·dom [ˈbodəm] *s* nuda, znudzenie

born, borne *zob.* bear 2.

bor·ough [ˈbarə] *s* miasteczko; *am.* miasto o pełnym samorządzie; *bryt.* królewskie wolne miasto; miasto wysyłające posłów do parlamentu; dzielnica Londynu (np. the Borough of Hampstead)

bor·row [ˈborəu] *vt vi* pożyczać (od kogoś), zapożyczać się

bos·om [ˈbuzəm] *s* łono

boss [bos] *s pot.* szef, kierownik; *vi vt* rządzić (się), dominować

bot·a·ny [ˈbotənɪ] *s* botanika

both [bəuθ] *pron i adj* oba, obaj, obie, oboje; ~ of them oni obydwaj; ~ (the) books obydwie książki; *adv conj.* ~ ... and zarówno ..., jak i ...; nie tylko ..., ale i ...; ~ he and his brother zarówno on, jak i jego brat; ~ good and cheap nie tylko dobre, ale i tanie

both·er [ˈboðə(r)] *vt* niepokoić, dręczyć; zanudzać; *vi* kłopotać, martwić się (about sth o coś), zawracać sobie głowę; *s* kłopot, udręka, zawracanie głowy

bot·tle [ˈbotl] *s* butelka; *vt* butelkować

bot·tom [ˈbotəm] *s* dno, grunt; dół, spód; fundament, podstawa; siedzenie; ~ up do góry dnem; at (the) ~ w gruncie rzeczy; *vt vi* *dosł. i przen.* sięgnąć dna; zgłębić

bough [bau] *s* konar

bought *zob.* buy

boul·der [ˈbəuldə(r)] *s* głaz

bounce [bauns] *vi vt* podskakiwać; odbijać (się); wpadać, wypadać (jak bomba); *am. pot.* wyrzucać (np. z posady, z lokalu); *s* uderzenie; odbicie (się), odskok; chełpliwość

bound 1. [baund] *s* granica; *vt* ograniczać, być granicą

bound 2. [baund] *s* skok; odbicie (się); *vi* skakać, odbijać (się)

bound 3. [baund] *adj* skierowany (do), przeznaczony (do), odjeżdżający (do), udający się (do); *(o statku)* płynący (do)

bound 4. *zob.* bind

bound·a·ry [ˈbaundrɪ] *s* granica

boun·ti·ful [ˈbauntɪfl] *adj* hojny

boun·ty [ˈbauntɪ] *s* hojność; dar; premia

bou·quet [buˈkeɪ] *s* bukiet

bour·geois [ˈbuəʒwɑ] *s* należący do burżuazji; *pot.* burżuj; *adj* burżuazyjny

bour·geoi·sie [ˌbuəʒwɑˈzi] *s* burżuazja

bow 1. [bəu] *s* łuk; smyczek; kabłąk; tęcza; kokarda, muszka

bow 2. [bau] *s* ukłon; *vt* zginać, naginać, pochylać; *vi* kłaniać się; zginać się, uginać się

bow 3. [bau] *s* dziób (łodzi, statku, samolotu)

bow·el [ˈbauəl] *s* jelito, kiszka; *pl* ~s wnętrzności

bow·er [ˈbauə(r)] *s* altana; *lit.* buduar

bowl 1. [bəul] *s* czara, miska, waza

bowl 2. [bəul] *s* kula do gry w kręgle; *pl* ~s gra w kręgle; *vt vi* toczyć, rzucać kulę (w grze)

bowl·er [ˈbəulə(r)] *s* melonik

bow·string [ˈbəustrɪŋ] *s* cięciwa (łuku)

bow-tie [ˈbəu ˈtaɪ] *s* muszka

box 1. [bɒks] *s* pudełko, skrzynia; kasetka; buda, budka; loża; kabina; boks (w stajni, w garażu); *vt* pakować, wkładać

box 2. [bɒks] *s* uderzenie (dłonią); *vt* uderzać, boksować; *vi* boksować się

box·er [ˈbɒksə(r)] *s* bokser, pięściarz

box·ing [ˈbɒksɪŋ] *s* boks, pięściarstwo

Box·ing Day [ˈbɒksɪŋ deɪ] *s* święto obchodzone w Anglii w pierwszy powszedni dzień tygodnia po Bożym Narodzeniu

box-of·fice [ˈbɒks ɒfɪs] *s* kasa (w teatrze, kinie itp.)

boy [bɔɪ] *s* chłopiec; boy, chłopiec do posług

boy·cott [ˈbɔɪkɒt] *s* bojkot; *vt* bojkotować

boy·hood [ˈbɔɪhud] *s* chłopięctwo, lata chłopięce

boy·ish [ˈbɔɪɪʃ] *adj* chłopięcy

bra [brɑ] *s pot.* stanik

brace [breɪs] *s* klamra; wiązadło; podpora, para (dwie sztuki); *pl* ~s [ˈbreɪsɪz] *bryt.* szelki; *vt* przytwierdzać; spinać; wiązać; podpierać; wzmacniać, krzepić; *vr* ~ oneself up zbierać siły

brace·let [ˈbreɪslət] *s* bransoleta

brack·et [ˈbrækɪt] *s* konsola; podpórka; kinkiet; *(zw. pl* ~s) nawias

brag [bræg] *vt vi* chełpić, przechwalać (się); *s* chełpliwość, przechwałki

brag·gart [ˈbrægət] *s* samochwał

braid [breɪd] *s* splot; warkocz; wstążka; lamówka; *vt* splatać; obszyć lamówką

brain [breɪn] *s (także pl* ~s) mózg; umysł; rozum; **to have sth on the** ~ mieć bzika na punkcie czegoś; **to rack one's** ~s **(about sth)** łamać sobie głowę (nad czymś)

brake [breɪk] *s* hamulec; *vt vi* hamować

bran [bræn] *s zbior.* otręby

branch [brɑntʃ] *s* gałąź; odgałęzienie; filia; *vi (także* ~ **away** ⟨**forth, off, out**⟩) rozgałęziać się, odgałęziać się

brand [brænd] *s* głownia; znak

firmowy; piętno; gatunek; *vt*
piętnować, znakować

bran·dish [ˈbrændɪʃ] *vt* wymachiwać, potrząsać

brand-new [ˈbrænd ˈnjuː] *adj* nowiuteńki

bran·dy [ˈbrændɪ] *s* brandy (wódka z wina)

brass [braːs] *s* mosiądz; ~ **band** orkiestra dęta

bras·sière [ˈbræzɪə(r)] *s* biustonosz

brat [bræt] *s pot.* bachor

brave [breɪv] *adj* śmiały, dzielny;
† wspaniały; *vt* stawiać czoło

brav·er·y [ˈbreɪvərɪ] *s* dzielność, męstwo

brawl [brɔːl] *s* awantura, burda;
szum (wody); *vi* awanturować się; (*o wodzie*) szumieć

brawn·y [ˈbrɔːnɪ] *adj* muskularny, krzepki

bra·zen [ˈbreɪzn] *adj* mosiężny, spiżowy; bezczelny

Bra·zil·ian [brəˈzɪlɪən] *s* Brazylijczyk; *adj* brazylijski

breach [briːtʃ] *s* złamanie, zerwanie; wyrwa, wyłom; naruszenie, przekroczenie

bread [bred] *s* chleb; **to earn one's**
~ zarabiać na życie; ~ **and**
butter [ˈbred ˈnbʌtə(r)] chleb z masłem, *przen.* środki utrzymania

breadth [bretθ] *s* szerokość; **to a**
hair's ~ o włos

bread·win·ner [ˈbred wɪnə(r)] *s* żywiciel

*****break** [breɪk], **broke** [brəʊk], **broken** [ˈbrəʊkən] *vt vi* łamać (się),
rozrywać (się); przerywać (się);
kruszyć (się), tłuc (się); niszczyć,
rujnować; rozpoczynać (się); (*o*
dniu) świtać; (*o pogodzie*) zmieniać się; naruszać (całość, przepisy); zbankrutować; zerwać
przyjaźń (**with sb** z kimś); ~
away oddzielić się, oderwać się,
uciec; ~ **down** załamać (się),
przełamać, zniszczyć, zburzyć;
zepsuć (się); ~ **in** włamać (się),
wtargnąć; wtrącić się; ~ **into**
włamać się; ~ **into** tears wy-

buchnąć płaczem; ~ **off** odłamać (się); przerwać; zaniechać;
ustać; ~ **out** wybuchnąć; ~
through przedrzeć (się); ~ **up**
rozbić (się); przerwać; rozwiązać; zamknąć (się); zlikwidować; ustać; rozpocząć wakacje
(szkolne); rozejść się (np. o uczestnikach zebrania); **to** ~ **loose**
uwolnić się, zerwać pęta; **to** ~
the news zakomunikować; **to** ~
the record pobić rekord; **to** ~
the way torować drogę; *s* złamanie, przełamanie; rozbicie;
wyłom; luka; przerwa; wybuch;
zmiana; ~ **of day** świt

break·age [ˈbreɪkɪdʒ] *s* złamanie,
rozbicie; *zbior.* rzeczy połamane
⟨potłuczone⟩

break·down [ˈbreɪkdaʊn] *s* załamanie się; rozstrój nerwowy; zniszczenie; upadek, klęska; awaria, defekt, wypadek

break·er [ˈbreɪkə(r)] *s techn.* łamacz; fala przybrzeżna

break·fast [ˈbrekfəst] *s* śniadanie;
vi jeść śniadanie

break-through [ˈbreɪkθruː] *s* wyłom, przerwa

break-up [ˈbreɪk ʌp] *s* rozpadnięcie
się, załamanie się, upadek; koniec nauki, początek wakacji

break·water [ˈbreɪkwɔːtə(r)] *s* falochron

breast [brest] *s* pierś

breath [breθ] *s* dech, oddech; **in**
one ~ jednym tchem; **out of** ~
zadyszany; **to take** ~ zaczerpnąć
tchu

breathe [briːð] *vt vi* oddychać; odetchnąć; (*także* ~ **in**) wdychać;
(*także* ~ **out**) wydychać; szeptać;
to ~ **one's last** wydać ostatnie
tchnienie

bred *zob.* **breed**

breech·es [ˈbrɪtʃɪz] *s pl* bryczesy,
spodnie

*****breed** [briːd], **bred**, **bred** [bred] *vt*
vi płodzić, rodzić; rozmnażać

(się); wychowywać; hodować; s
pochodzenie; rasa; chów
breed·ing [`briːdɪŋ] s hodowla,
chów; wychowanie
breeze [briːz] s lekki wiatr, bryza
breez·y [`briːzi] adj wietrzny; od-
świeżający, rześki; wesoły
breth·ren [`breðrən] s pl bracia (np.
klasztorni)
brev·i·ty [`brevəti] s krótkość,
zwięzłość
brew [bruː] vt dosł. i przen. wa-
rzyć, gotować; vi w zwrocie: to
be ~ing wisieć w powietrzu, grozić; s odwar, napar
brew·er·y [`bruːəri] s browar
bri·ar, bri·er 1. [`braɪə(r)] s dzika
róża
bri·ar, bri·er 2. [`braɪə(r)] s wrzo-
siec; fajka z korzenia wrzośca
bribe [braɪb] s łapówka; vt dać ła-
pówkę, przekupić
brib·er·y [`braɪbəri] s przekupstwo
brick [brɪk] s cegła; kawałek (np.
mydła); pot. morowy chłop
brick·lay·er [`brɪkleɪə(r)] s murarz
bri·dal [`braɪdl] s wesele, ślub;
adj attr weselny, ślubny
bride [braɪd] s panna młoda
bride·groom [`braɪdgrum] s pan
młody, nowożeniec
bridge 1. [brɪdʒ] s most; przen.
pomost; vt połączyć mostem,
przerzucić most (pomost) (sth
przez coś)
bridge 2. [brɪdʒ] s brydż
bridge·head [`brɪdʒhed] s wojsk.
przyczółek
bri·dle [`braɪdl] s uzda, cugle; vt
okiełznać; przen. opanować
brief 1. [briːf] adj krótki, zwięzły;
to be ~ mówić zwięźle, streszczać
się; in ~ słowem
brief 2. [briːf] s streszczenie skargi sądowej; (o adwokacie) to hold
~ for sb prowadzić czyjąś sprawę
brief·case [`briːfkeɪs] s teka, aktów-
ka

brief·ing [`briːfɪŋ] s odprawa; in-
strukcja
bri·gade [brɪ`geɪd] s brygada
brig·a·dier [ˌbrɪgə`dɪə(r)] s bryga-
dier
brig·and [`brɪgənd] s rozbójnik
bright [braɪt] adj jasny, promienny; błyszczący; wesoły, żwawy;
bystry, inteligentny
bright·en [`braɪtn] vt vi (także
~ up) rozjaśnić (się); ożywić (się);
rozweselić (się)
bril·liant [`brɪliənt] adj lśniący;
wspaniały; znakomity
brim [brɪm] s krawędź, brzeg; rondo (kapelusza)
brine [braɪn] s solanka
***bring** [brɪŋ], brought, brought
[brɔt] vt przynosić; przyprowadzać; przywozić; wnosić (np.
skargę); powodować; ~ about
dokonać; wywołać (skutek);
~ back przypomnieć; ~ down
opuścić; osłabić; powalić; zestrzelić; upokorzyć; obniżyć (np.
ceny); ~ forth wydać na świat;
ujawnić; wywołać; ~ forward
przedstawić; wysunąć; ~ (sth)
home uświadomić (coś); unaocznić (coś); ~ in wnieść, włożyć,
wprowadzić; ~ on sprowadzić,
wywołać, spowodować; ~ out
wykryć, wydobyć (na światło
dzienne); wydać (książkę); wystawić (sztukę); wyjaśnić; ~
together złączyć, zetknąć; ~
under pokonać, opanować; ~ up
wychować; poruszyć (temat); to
~ to light odkryć
brink [brɪŋk] s brzeg, krawędź
brisk [brɪsk] adj żywy, żwawy;
rześki; vt vi (także ~ up) ożywić
(się)
bris·tle [`brɪsl] s szczecina; vi je-
żyć się; sierdzić się; vt nastroszyć
Brit·ish [`brɪtɪʃ] adj brytyjski; s pl
the ~ Anglicy
Brit·ish·er [`brɪtɪʃə(r)] s Brytyj-
czyk
Brit·on [`brɪtn] s lit. Brytyjczyk
brit·tle [`brɪtl] adj kruchy

broach [brəutʃ] *vt* otworzyć, przedziurawić; poruszyć (temat)

broad [brɔd] *adj* szeroki, obszerny; (*o aluzji itp.*) wyraźny; (*o re-
gule*) ogólny; pikantny, sprośny,
rubaszny (np. dowcip)

broad·axe [`brɔdæks] *s* siekiera

broad·cast [`brɔdkɑst] *s* transmisja
radiowa, audycja; *vt vi* transmitować, nadawać (przez radio);
rozsypywać, rozsiewać; szerzyć
(np. wiadomości)

broad·en [`brɔdn] *vt vi* rozszerzać
(się)

broad-mind·ed [`brɔd `maɪndɪd] *adj*
(*o człowieku*) tolerancyjny

broad-shoul·der·ed [`brɔd `ʃəuldəd]
adj barczysty

broil 1. [brɔɪl] *vt vi* piec, smażyć
(się)

broil 2. [brɔɪl] *s* hałas, awantura

broke 1. *zob.* break

broke 2. [brəuk] *adj pot.* zrujnowany, zbankrutowany, bez grosza;
to go ~ zbankrutować

bro·ken *zob.* break

bro·ken-down [`brəukən daun] *adj*
wyczerpany; zrujnowany; schorowany; załamany (duchowo); (*o
maszynie*) zużyty; uszkodzony

brok·en-heart·ed [`brəukən `hɑtɪd]
adj zrozpaczony, załamany

bro·ker [`brəukə(r)] *s* makler, po-
średnik

bro·ker·age [`brəukərɪdʒ] *s* pośred-
nictwo; *handl.* prowizja

bro·mine [`brəumin] *s chem.* brom

bron·chi [`brɒŋkaɪ] *s pl anat.* o-
skrzela

bron·chi·tis [brɒŋ`kaɪtɪs] *s med.*
bronchit

bronze [brɒnz] *s* brąz, spiż

brooch [brəutʃ] *s* broszka

brood [brud] *s* wyląg; potomstwo;
plemię; *vi* wylęgać; *przen.* rozmyślać

brook 1. [bruk] *s* potok, strumyk

brook 2. [bruk] *vt* znosić, cierpieć

broom [brum] *s* miotła

broth [brɒθ] *s* rosół, bulion

broth·er [`brʌðə(r)] *s* brat

broth·er·hood [`brʌðəhud] *s* brater-
stwo, stowarzyszenie

broth·er-in-law [`brʌðər ɪn lɔ] *s*
szwagier

brought *zob.* bring

brow [brau] *s* brew; czoło

brown [braun] *adj* brunatny, brązowy

brown·ie [`brauni] *s* krasnoludek,
duszek; harcerka z grupy zu-
chów

browse [brauz] *vi* paść się; *vt* skubać (trawę); *przen.* czytać dla
rozrywki, przeglądać (książkę)

bruise [bruz] *vt vi* potłuc (się), nabić guza, zadrasnąć, zranić się;
s stłuczenie, siniak

bru·nette [bru`net] *s* brunetka

brunt [brʌnt] *s* główne natarcie,
najsilniejszy cios; **to bear the ~**
przyjąć ciężar uderzenia, wytrzymać główne natarcie

brush [brʌʃ] *s* szczotka, pędzel;
krzaki, zarośla; *vt* szczotkować,
pędzlować, czyścić szczotką; **~
aside** odsunąć; **~ away** scyścić;
~ up wygładzić, odświeżyć

brusque [brusk] *adj* obcesowy,
szorstki

Brus·sels-sprouts [`brʌslz `sprauts] *s
pl* brukselka

bru·tal [`brutl] *adj* brutalny

bru·tal·i·ty [bru`tælətɪ] *s* brutal-
ność

brute [brut] *s* bydlę; brutal; *adj*
bydlęcy; brutalny

bub·ble [`bʌbl] *s* balonik, bańka
(np. mydlana); *vi* kipieć, bulgotać

buc·ca·neer [`bʌkə`nɪə(r)] *s* pirat,
korsarz; *vi* uprawiać korsarstwo

buck 1. [bʌk] *s* kozioł; jeleń; samiec (zwierzyny płowej); dandys;
elegant

buck 2. [bʌk] *s am. pot.* dolar

buck·et [`bʌkɪt] *s* wiadro

buck·le [`bʌkl] *s* klamerka, sprzą-
czka; *vt* spinać; *vi* zapinać się

buck·wheat [`bʌkwit] *s* gryka

bud [bʌd] *s* pączek; *vi* (*także* to
be in ~) pączkować

budge [bʌdʒ] *vi* poruszyć (się); *vt* zw. w zdaniach przeczących: **I can't budge him** nie mogę go ruszyć

budg·et [ˈbʌdʒɪt] *s* budżet; *vi* robić budżet, planować wydatki

buf·fa·lo [ˈbʌfləu] *s* bawół

buff·er [ˈbʌfə(r)] *s* bufor

buf·fet 1. [ˈbʌfɪt] *s* kułak; *dosł.* i *przen.* cios; *vt* okładać kułakami, uderzać

buf·fet 2. [ˈbufeɪ] *s* kredens; bufet

buf·foon [bʌˈfuːn] *s* bufon, błazen

bug [bʌg] *s* pluskwa; *am.* insekt

bug·bear [ˈbʌgbeə(r)] *s* straszydło

bu·gle [ˈbjuːgl] *s* róg, trąbka; *vi* trąbić

*build [bɪld], **built, built** [bɪlt] *vt* *vi* budować, tworzyć; ~ **up** rozbudować; wzmocnić; rozwinąć; *s* konstrukcja, kształt, budowa

build·er [ˈbɪldə(r)] *s* budowniczy

build·ing [ˈbɪldɪŋ] *s* budynek

built zob. **build**

bulb [bʌlb] *s* cebulka; żarówka

Bul·gar·i·an [bʌlˈgeərɪən] *adj* bulgarski; *s* Bułgar

bulge [bʌldʒ] *s* nabrzmienie, wypukłość, wydęcie; *vi* nabrzmiewać, pęcznieć, wydymać (się); *vt* nadymać; napychać

bulk [bʌlk] *s* wielkość, objętość, masa (zw. duża); większa (główna) część

bulk·y [ˈbʌlkɪ] *adj* duży, masywny; nieporęczny

bull 1. [bul] *s* byk

bull 2. [bul] *s* bulla

bull 3. [bul] *s* (także **Irish** ~) nonsens

bull·dog [ˈbuldɒg] *s* buldog; pedel (woźny)

bull·doz·er [ˈbuldəuzə(r)] *s* buldożer, spychacz

bul·let [ˈbulɪt] *s* kula, pocisk

bul·le·tin [ˈbulətɪn] *s* biuletyn

bul·lion [ˈbulɪən] *s* złoto (srebro) w sztabach

bul·lock [ˈbulək] *s* wół

bull's-eye [ˈbulz aɪ] *s* okrągłe okienko; bulaj; środek tarczy strzelniczej

bul·ly [ˈbulɪ] *s* osobnik terroryzujący słabszych; zbir; *vt* terroryzować, znęcać się

bul·rush [ˈbulrʌʃ] *s* sitowie

bul·wark [ˈbulwək] *s* wał ochronny, przedmurze, osłona

bump [bʌmp] *vt* *vi* gwałtownie uderzyć (**sth, against sth** o coś); **wpadać** (**sb, sth** *lub* **into sb, sth** na kogoś, na coś); toczyć się z hałasem; *s* uderzenie, wstrząs; guz; *pot.* ~ **of locality** zmysł orientacyjny

bump·er [ˈbʌmpə(r)] *s* pełna szklanka (pełny kielich) wina; *mot.* zderzak

bump·kin [ˈbʌmpkɪn] *s* gamoń, fujara

bump·tious [ˈbʌmpʃəs] *adj* zarozumiały, nadęty

bun [bʌn] *s* słodka bułka

bunch [bʌntʃ] *s* wiązka, pęk, bukiet

bun·dle [ˈbʌndl] *s* wiązka; tłumok; pęk; plik; *vt* *vi* wiązać, zwijać (się); bezładnie pakować, wciskać; wyprawiać (**sb** kogoś); (zw. ~ **off**) uchodzić w pośpiechu

bun·ga·low [ˈbʌŋgələu] *s* domek (zw. parterowy z werandą)

bun·gle [ˈbʌŋgl] *vt* *vi* partaczyć; *s* partactwo

bunk [bʌŋk] *s* łóżko (w pociągu), koja

buoy [bɔɪ] *s* boja; *vt* (zw. ~ **up**) utrzymywać na powierzchni; *przen.* podnosić na duchu

buoy·ant [ˈbɔɪənt] *adj* pływający, pławny; radosny; podniecający, pokrzepiający

bur·den [ˈbɜːdn] *s* ciężar, brzemię; istota (sprawy, myśli itp.); *vt* obciążyć

bur·den·some [ˈbɜːdnsəm] *adj* uciążliwy

bu·reau [ˈbjuərəu] *s* biuro, urząd; bryt. biurko

bu·reau·cra·cy [bjuəˈrɒkrəsɪ] *s* biurokracja

burg [bɜːg] *s* *am. pot.* miasteczko

bur·glar [ˈbɜːglə(r)] s włamywacz
bur·i·al [ˈberiəl] s pogrzeb
bur·i·al-ground [ˈberiəl graund] s
cmentarz
bur·lesque [bɜːˈlesk] s burleska; adj
attr burleskowy, komiczny
***burn** [bɜːn], ~t, ~t [bɜːnt] lub ~ed,
~ed [bɜːnd] vt vi palić (się), zapalać, płonąć; sparzyć (się); opalać
(się)
burn·er [ˈbɜːnə(r)] s palnik
burnt zob. burn
bur·row [ˈbʌrəu] s nora, jama; vt
kopać norę; vi ukrywać się w
norze
bur·sar [ˈbɜːsə(r)] s kwestor; szk.
stypendysta
bur·sa·ry [ˈbɜːsəri] s kwestura;
szk. stypendium
***burst**, burst, burst [bɜːst] vi pękać, trzaskać; wybuchać; vt spowodować pęknięcie, rozsadzić,
rozerwać; to ~ with laughing, to
~ into laughter wybuchnąć śmiechem; ~ in wpaść; ~ out wybuchnąć; s pęknięcie, wybuch
bur·y [ˈberi] vt grzebać, chować
bus [bʌs] s autobus
bush [buʃ] s krzak, gąszcz; busz
bush·el [ˈbuʃl] s buszel (miara pojemności)
bush·y [ˈbuʃi] adj pokryty krzakami; krzaczasty
busi·ness [ˈbiznəs] s interes(y); zajęcie; obowiązek; sprawa; zawód;
przedsiębiorstwo handlowe; ~
hours godziny zajęć ⟨urzędowe⟩;
it is none of my ~ to nie moja
sprawa; mind your own ~ pilnuj swoich spraw; on ~ w interesie, w sprawie; służbowo
busi·ness·man [ˈbiznəsmən] s kupiec, przemysłowiec; człowiek interesu
bust [bʌst] s popiersie; biust
bus·tle [ˈbʌsl] vi krzątać się, uwijać się; vt popędzać do roboty;
s krzątanina, bieganina
bus·y [ˈbizi] adj zajęty, czynny,
ruchliwy, mający dużo roboty;
I am ~ writing a letter zajęty

jestem pisaniem listu; vr ~ oneself krzątać się; być zajętym
(about, over, with sth czymś)
bus·y·bod·y [ˈbiziˈbɔdi] s wścibski
człowiek
but [bʌt, bət] conj ale, lecz; jednak; poza tym, że; jak tylko;
I cannot ~ laugh nic mi nie pozostaje, jak tylko się śmiać, mogę tylko się śmiać; ~ yet jednakże, niemniej jednak; there
was no one ~ laughed nie było
nikogo, kto by się nie śmiał; I
never utter a word ~ I think
first nigdy nie powiem słowa, zanim nie pomyślę; he would have
failed ~ that I helped him on
by przepadł, gdybym mu nie
pomógł; praep oprócz, poza; all
~ me wszyscy oprócz mnie ⟨poza mną⟩; the last ~ one przedostatni; anywhere ~ here gdziekolwiek, tylko nie tu; ~ for bez;
~ for him bez niego, gdyby nie
on; ~ for that gdyby nie to;
~ then ale za to; adv dopiero,
tylko; ~ now dopiero teraz, dopiero co; I have seen him ~
once widziałem go tylko raz;
all ~ prawie; he all ~ died of
hunger o mało co nie umarł z
głodu
butch·er [ˈbutʃə(r)] s rzeźnik; ~'s
shop sklep rzeźniczy; vt mordować, zarzynać
butch·er·y [ˈbutʃəri] s rzeźnia; rzeź,
masakra
but·ler [ˈbʌtlə(r)] s szef służby
butt 1. [bʌt] s tępy koniec (broni,
narzędzia); niedopałek (papierosa, cygara)
butt 2. [bʌt] s tarcza strzelnicza;
cel (kpin, pośmiewiska)
butt 3. [bʌt] vi vt uderzać głową
(at, against sth o coś), bóść; ~ in
wtrącać się
butt 4. [bʌt] s beczka
but·ter [ˈbʌtə(r)] s masło; vt smarować masłem
but·ter·cup [ˈbʌtəkʌp] s bot. jaskier
but·ter·fly [ˈbʌtəflai] s zool. motyl

but·ter·milk [ˈbʌtəmɪlk] s maślanka

but·tock [ˈbʌtək] s pośladek; *pl* ~s zad (konia); siedzenie (człowieka)

but·ton [ˈbʌtn] s guzik; *vt vi* (*zw.* ~ **up**) zapinać (się)

but·ton·hole [ˈbʌtnhəul] s dziurka od guzika; butonierka; *vt przen. pot.* nudzić, wiercić dziurę w brzuchu

but·tress [ˈbʌtrəs] s podpora; *vt* podtrzymywać

*****buy** [baɪ], **bought, bought** [bɔt] *vt* kupować; ~ **off** opłacać; ~ **up** wykupić (towar)

buy·er [ˈbaɪə(r)] s nabywca

buzz [bʌz] s brzęczenie; gwar; *vi* brzęczeć, buczeć

buzz·er [ˈbʌzə(r)] s *elektr.* brzęczyk; *pot.* syrena (fabryczna)

by [baɪ] *praep* przy, u, obok; nad; przez; do; po, za; **by the door** przy drzwiach; **by the sea** nad morzem; **by Warsaw** przez Warszawę; **by moonlight** przy świetle księżyca; **by 5 o'clock** najdalej do godziny 5; **by then** do tego czasu; **by metres** na metry; **paid by the week** opłacany za tydzień 〈tygodniowo〉; **one by one** jeden za drugim; **older by 10 years** starszy o 10 lat; **by day** w ciągu 〈za〉 dnia; **by night** w nocy, nocą; **by name** z nazwiska; **by hearsay** ze słyszenia; **by myself, all by myself** ja sam, sam (jeden); **by train, by bus, by**
land, **by sea** etc. (podróżować) pociągiem, autobusem, lądem, morzem itp.; **by steam, by electricity** etc. (poruszany) parą, elektrycznością itp.; **by letter, by phone** etc. (komunikować) listownie, telefonicznie itp.; **by hand** etc. ręką, ręcznie itp.; **step by step** krok za krokiem; **by degrees** stopniowo; **by chance** przypadkiem; **by heart** na pamięć; **by right** prawnie, sprawiedliwie; **by far** o wiele; **little by little** po trochu; *adv* obok, mimo; **near by, hard by** tuż obok; **by the way, by the by** przy okazji, przy tej sposobności, mimochodem; **by and by** wkrótce, niebawem

bye-bye [ˈbaɪ ˋbaɪ] *int pot.* do widzenia!

by·elec·tion [ˈbaɪ ɪlekʃn] s wybory uzupełniające

by·gone [ˈbaɪgɒn] *adj* miniony

by·law [ˈbaɪ lɔ] s rozporządzenie 〈przepisy〉 lokalne

by·pass [ˈbaɪ pas] s objazd, droga objazdowa; *vt* objeżdżać, omijać

by·path [ˈbaɪ paθ] s boczna droga

by·prod·uct [ˈbaɪ prɒdʌkt] s produkt uboczny

by·stand·er [ˈbaɪ stændə(r)] s widz, świadek

by·way [ˈbaɪ weɪ] s boczna droga

by·word [ˈbaɪ wɜd] s powiedzonko, przysłowie; pośmiewisko

By·zan·tine [bɪˈzæntaɪn] *adj* bizantyjski

C

cab [kæb] s dorożka, taksówka

cab·a·ret [ˈkæbəreɪ] s kabaret

cab·bage [ˈkæbɪdʒ] s kapusta

cab·in [ˈkæbɪn] s kabina, kajuta; chata

cab·i·net [ˈkæbɪnət] s gabinet; serwantka, szafka; *polit.* gabinet

ca·ble [ˈkeɪbl] s kabel; kablogram; *vt vi* depeszować

cab·man [ˈkæbmən] s taksówkarz

cack·le [ˈkækl] *vi* gdakać; rechotać

cad [kæd] *s* cham, łajdak

ca·det [kəˈdet] *s* kadet; ~ **corps** szkolne przysposobienie wojskowe

cadre [ˈkɑːdər] *s wojsk.* kadra

ca·fé [ˈkæfeɪ] *s* kawiarnia, bar

caf·e·te·ri·a [ˈkæfɪˈtɪərɪə] *s* bar samoobsługowy

cage [keɪdʒ] *s* klatka; winda (w kopalni); *vt* zamknąć w klatce

cais·son [ˈkeɪsn] *s wojsk.* jaszcz; *techn.* keson

ca·jole [kəˈdʒəul] *vt* przypochlebiać, uwodzić, pochlebstwami skłaniać do czegoś

cake [keɪk] *s* ciasto, ciastko; kawałek (np. mydła); tabliczka (np. czekolady)

ca·lam·i·ty [kəˈlæmɪtɪ] *s* klęska, plaga

cal·ci·um [ˈkælsɪəm] *s chem.* wapń

cal·cu·late [ˈkælkjuleɪt] *vt vi* obliczać; liczyć (on, **upon sth** na coś)

cal·cu·la·tion [ˈkælkjuˈleɪʃən] *s* obliczenie, kalkulacja

cal·en·dar [ˈkælɪndə(r)] *s* kalendarz

calf 1. [kɑf] *s* (*pl* **calves** [kɑvz]) cielę; skóra cielęca

calf 2. [kɑf] *s* (*pl* **calves** [kɑvz]) łydka

cal·i·bre, *am.* **cal·i·ber** [ˈkælɪbə(r)] *s* kaliber

cal·i·co [ˈkælɪkəu] *s* rodzaj perkalu

calk [kɔlk] *vt* kalkować

call [kɔl] *vi* wołać; odezwać się; budzić; (*także* ~ **up**) telefonować; wstąpić, odwiedzać (on sb kogoś); przybyć, przyjść (for sb, for sth po kogoś, po coś, at sb's house do czyjegoś domu); wymagać, wzywać; żądać, domagać się (for sth czegoś); *vt* zawołać, przywołać, powołać, wywoływać; wezwać, zwołać; nazwać; **to be** ~ed **for** do odebrania na żądanie, (*na listach*) poste res-

tante; ~ **back** odwołać; ~ **forth** wywołać; ~ **in question** zakwestionować; ~ **into being** powołać do życia; ~ **into play** wprowadzić w grę; ~ **off** odwołać; ~ **out** wywołać, wyzwać; ~ **over** odczytywać listę (obecności); to ~ sb's **attention** zwrócić czyjąś uwagę (to sth na coś); to ~ sb **to account** zażądać od kogoś rachunku, pociągnąć kogoś do odpowiedzialności; to ~ **the roll** odczytywać listę nazwisk; ~ **up** przypominać, przywodzić na pamięć; powołać do wojska; to ~ sb **names** przezywać, wymyślać; to ~ **to mind** przypomnieć (sobie); *s* wołanie; krzyk; wezwanie, zew; rozmowa telefoniczna; wiadomość; wizyta; powołanie; apel; powód, potrzeba; **there is no** ~ **for worry** nie ma powodu do zmartwienia; **at** (**within**) ~ do usług, na wezwanie, pod ręką

call·er [ˈkɔlə(r)] *s* odwiedzający, gość

call·ing [ˈkɔlɪŋ] *s* wołanie; powołanie; zawód, zajęcie

cal·los·i·ty [kæˈlosətɪ] *s* stwardnienie, zrogowacenie skóry

cal·lous [ˈkæləs] *adj* twardy, stwardniały; zatwardziały; gruboskórny; nieczuły

cal·low [ˈkæləu] *adj* nieopierzony; *przen.* młody, niedoświadczony

calm [kɑm] *adj* cichy, spokojny; *s* spokój, cisza; *vt vi* (*także* ~ **down**) uspokoić, uciszyć (się)

cal·or·ie, **cal·or·y** [ˈkælərɪ] *s* kaloria

ca·lum·ni·ate [kəˈlʌmnɪeɪt] *vt* oczerniać, spotwarzać

cal·um·ny [ˈkæləmnɪ] *s* oszczerstwo, potwarz

calves *zob.* **calf**

came *zob.* **come**

cam·el [ˈkæml] *s zool.* wielbłąd

cam·er·a [ˈkæmrə] *s* aparat fotograficzny

cam·er·a·man [ˈkæmərəmæn] s fotoreporter; kinooperator

cam·ou·flage [ˈkæməflɑʒ] s maskowanie; vt maskować

camp [kæmp] s obóz, kemping, obozowisko; vt (zw. ~ out) obozować, mieszkać w namiocie

cam·paign [kæmˈpein] s kampania; vi prowadzić kampanię

cam·phor [ˈkæmfə(r)] s kamfora

camp·ing [ˈkæmpiŋ] s kemping, obozowanie; to go ~ wybrać się na kemping; ~ equipment sprzęt turystyczny

cam·pus [ˈkæmpəs] s teren szkoły ⟨uniwersytetu⟩

can 1. [kæn, kən] v aux (p could [kud]) móc, potrafić, umieć; I ~ speak French znam (język) francuski; mówię po francusku; I ~ see widzę; I ~ hear słyszę; that ~'t be true! to niemożliwe!

can 2. [kæn] s kanister; am. puszka do konserw; vt am. robić konserwę

Ca·na·dian [kəˈneidiən] adj kanadyjski; s Kanadyjczyk

ca·nal [kəˈnæl] s kanał; kanalik; przewód (np. pokarmowy)

can·apé [ˈkænəpei] s kanapka (z serem itp.)

ca·nard [kæˈnad] s kaczka dziennikarska, plotka

ca·na·ry [kəˈneəri] s kanarek.

can·can [ˈkænkæn] s kankan

can·cel [ˈkænsl] vt kasować, unieważniać, skreślać; odwoływać; stemplować (np. znaczki); ~ out mat. skracać (np. ułamek); to ~ an indicator ⟨a flasher⟩ wyłączyć kierunkowskaz

can·cer [ˈkænsə(r)] s med. rak

can·did [ˈkændid] adj szczery, prostolinijny, uczciwy

can·di·date [ˈkændidət] s kandydat

can·di·da·ture [ˈkændidətʃə(r)] s kandydatura

can·dle [ˈkændl] s świeca

can·dle·pow·er [ˈkændlpauə(r)] s fiz. świeca (jednostka miary światła)

can·dle·stick [ˈkændlstik] s lichtarz, świecznik

can·dour [ˈkændə(r)] s szczerość, uczciwość

can·dy [ˈkændi] s twardy cukierek; zbior. słodycze; am. cukierek nadziewany; vt kandyzować

cane [kein] s trzcina; laska; pałka; vt chłostać

ca·nine [ˈkænain] adj psi; ~ tooth kieł

can·ker [ˈkæŋkə(r)] s wrzód; przen. niszczycielski wpływ, zguba; vt żerać; niszczyć, gubić; vi niszczeć

canned [kænd] zob. can 2.; adj konserwowy

can·ni·bal [ˈkænəbl] s kanibal, ludożerca; adj ludożerczy

can·non [ˈkænən] s działo, armata; przen. ~ fodder mięso armatnie

can·non·ade [ˌkænəˈneid] s kanonada; vt ostrzeliwać z dział

can·not [ˈkænət] forma przecząca od can 1.

can·ny [ˈkæni] adj sprytny, chytry; ostrożny

ca·noe [kəˈnu] s czółno (z kory drzewa lub wydrążonego pnia); vt płynąć czółnem

can·on 1. [ˈkænən] s rel. muz. druk. kanon; kryterium

can·on 2. [ˈkænən] s kanonik

can·o·py [ˈkænəpi] s baldachim; sklepienie

can't [kant] = cannot

cant [kænt] s obłuda, hipokryzja; żargon

can·teen [kænˈtin] s kantyna, stołówka; menażka

can·vas [ˈkænvəs] s płótno żaglowe, płótno malarskie; obraz olejny

can·vass [ˈkænvəs] vt vi badać, roztrząsać; ubiegać się (for sth o coś); kaptować, zjednywać sobie; przygotowywać wybory, zabiegać (for votes o głosy wyborcze); s badanie; prowadzenie kampanii wyborczej; obliczanie głosów

can·yon [ˈkænjən] s kanion

cargo

caou·tchouc [`kautʃuk] s kauczuk
cap [kæp] s czapka; wieko, pokrywa; kapsel; vt nakładać czapkę, wieko, kapsel itp.; ukłonić się (sb komuś)
ca·pa·bil·i·ty [`keipə`biləti] s zdolność
ca·pa·ble [`keipəbl] adj zdolny, nadający się (of sth do czegoś), podatny (of sth na coś); uzdolniony
ca·pa·cious [kə`peiʃəs] adj pojemny
ca·pac·i·ty [kə`pæsəti] s zdolność (for sth do czegoś); pojemność; nośność; charakter; kompetencja
cape 1. [keip] s peleryna
cape 2. [keip] s przylądek
ca·per [`keipə(r)] vi podskakiwać, fikać koziołki; s podskok, sus
cap·i·tal [`kæpitl] adj główny; wybitny, duży; wspaniały, kapitalny; stołeczny; ~ letter duża litera; ~ punishment kara śmierci; s stolica; kapitał; duża litera
cap·i·tal·ism [`kæpitlizm] s kapitalizm
cap·i·tal·ist [`kæpitlist] s kapitalista
cap·i·tal·is·tic [`kæpitlistik] adj kapitalistyczny
ca·pit·u·late [kə`pitʃuleit] vi kapitulować
ca·pit·u·la·tion [kə`pitʃu`leiʃn] s kapitulacja
ca·pon [`keipən] s kapłon
ca·price [kə`pris] s kaprys
ca·pri·cious [kə`priʃəs] adj kapryśny
cap·size [kæp`saiz] vt vi (o statku, łódce itp.) wywrócić (się)
cap·tain [`kæptin] s kapitan; dowódca, naczelnik
cap·tion [`kæpʃn] s tytuł, napis, podpis
cap·ti·vate [`kæptiveit] vt pojmać; zniewolić; urzec
cap·tive [`kæptiv] adj pojmany, uwięziony; s jeniec
cap·tiv·i·ty [kæp`tivəti] s niewola
cap·ture [`kæptʃə(r)] vt pojmać, zawładnąć; s schwytanie; zdobycz

car [ka(r)] s wóz; samochód; wagon
car·a·mel [`kærəml] s karmel; karmelek
car·at [`kærət] s karat
car·a·van [`kærəvæn] s karawana; przyczepa mieszkalna do samochodu
car·bon [`kabən] s chem. węgiel (pierwiastek); kalka (maszynowa)
car·bon-pa·per [`kabən peipə(r)] s kalka
car·bu·ret·tor [`kabju`retə(r)] s gaźnik
car·cass [`kakəs] s ciało zabitego zwierzęcia; ścierwo; szkielet (np. budynku)
card [kad] s karta, kartka; bilet
card·board [`kadbod] s tektura, karton
car·di·ac [`kadiæk] adj sercowy; s środek nasercowy
car·di·nal [`kadnl] adj główny, podstawowy; four ~ points cztery strony świata; s kardynał
care [keə(r)] s troska; opieka; dozór; ostrożność; niepokój; staranność; (w adresie) ~ of (zw. skr. c/o) „z listami, na adres, do rąk"; to take ~ dbać (of sb, sth o kogoś, o coś), uważać (na kogoś, na coś); strzec się (kogoś, czegoś); vi troszczyć się, dbać (for sb, for sth o kogoś, o coś), być przywiązanym, lubić (kogoś, coś); do you ~? zależy ci na tym?
ca·reer [kə`riə(r)] s kariera; losy, kolej życia; bieg, galop
care-free [`keəfri] adj beztroski
care·ful [`keəfl] adj troskliwy; ostrożny
care·less [`keələs] adj beztroski, niedbały; niechlujny
ca·ress [kə`res] vt pieścić; s pieszczota
care·tak·er [`keəteikə(r)] s dozorca, stróż
care·worn [`keəwon] adj zgnębiony troskami
car·go [`kagəu] s ładunek (statku)

car·i·ca·ture [ˈkærɪkəˈtʃuə(r)] s karykatura; vt karykaturować

car·ies [ˈkeərɪz] s próchnica zębów

car·na·tion [kaˈneɪʃn] s bot. g(w)oździk; różowy kolor

car·ni·val [ˈkanɪvl] s karnawał

car·ol [ˈkærl] s kolęda; vi kolędować

ca·rol·ler [ˈkærlə(r)] s kolędnik

ca·rou·sal [kəˈrauzl] s hulanka, pijatyka

ca·rouse [kəˈrauz] vi hulać

ca·rouser [kəˈrauzə(r)] s hulaka

carp [kap] s zool. karp

car·pen·ter [ˈkapɪntə(r)] s stolarz; cieśla

car·pet [ˈkapɪt] s dywan

car·riage [ˈkærɪdʒ] s wóz; powóz; wagon; podwozie; przewóz; postawa, zachowanie

car·ri·er [ˈkærɪə(r)] s roznosiciel; posłaniec; tragarz; nosiciel (zarazków); transportowiec; bagażnik; chem. nośnik; pl ~s firma transportowa

car·ri·on [ˈkærɪən] s padlina

car·rot [ˈkærət] s marchew

car·ry [ˈkærɪ] vt nosić, przenosić; wozić; dostarczać; doprowadzić; przeprowadzić (np. uchwałę); vi (o broni) nieść; (o głosie) rozlegać się; ~ about (along) nosić ze sobą; ~ away uprowadzić, porwać; ~ off uprowadzić, zabrać; zdobyć (np. nagrodę); ~ on prowadzić dalej, kontynuować; ~ out wykonać, przeprowadzić; ~ over przenosić; ~ through przeprowadzić, doprowadzić do końca; to ~ into effect wprowadzić w. czyn; przen. to ~ the day wziąć górę; to ~ weight mieć wagę ⟨znaczenie⟩

cart [kat] s wóz, fura

car·tel [kaˈtel] s ekon. kartel

car·ter [ˈkatə(r)] s woźnica

cart·load [ˈkatləud] s ładunek wozu

car·ton [ˈkatn] s karton

car·toon [kaˈtun] s karykatura; rycina, szkic

car·toon-film [kaˈtun fɪlm] s film rysunkowy

car·tridge [ˈka-trɪdʒ] s nabój; **blank** ~ ślepy nabój

carve [kav] vt krajać, wyrznąć; rzeźbić

carv·er [ˈkavə(r)] s snycerz, rzeźbiarz; krajczy

case 1. [keɪs] s wypadek; przypadek; położenie; sprawa (np. sądowa); **in** ~ of w przypadku; **in any** ~ w każdym bądź razie; **to have no** ~ nie mieć podstaw

case 2. [keɪs] s pudełko; skrzynia; walizka; futerał; **dressing** ~ neseser

case·ment [ˈkeɪsmənt] s okno kwaterowe

cash [kæʃ] s gotówka; zapłata; pot. pieniądze; **in** ~ gotówką; ~ **down** płatne przy odbiorze; **out of** ~ bez gotówki; vt spieniężyć; opłacić; inkasować

cash-book [ˈkæʃbuk] s księga kasowa

cash·ier [kəˈʃɪə(r)] s kasjer

cas·ing [ˈkeɪsɪŋ] s oprawa; pokrowiec; powłoka; obudowa

casino [kəˈsinəu] s kasyno

cask [kask] s beczułka

cas·ket [ˈkaskɪt] s kasetka, szkatułka; am. trumna

*cast, cast, cast [kast] vt rzucać; zarzucać (sieci); techn. odlewać; sport powalić (przeciwnika); ~ **away** odrzucić; ~ **down** ściągnąć, spuścić; przygnębić; ~ **off** odrzucić; ~ **out** wyrzucić, wypędzić; ~ **up** obliczyć; **to** ~ **a vote** oddać głos; s rzut; odlew; teatr obsada

cast·a·way [ˈkastəweɪ] adj odrzucony, wyrzucony; s wyrzutek; rozbitek

caste [kast] s kasta

cast-iron [ˈkast aɪən] s żeliwo; adj attr żeliwny; przen. twardy, niewzruszony

cas·tle [ˈkasl] s zamek; wieża (w szachach); przen. ~s **in the air**

zamki na lodzie; *vt* robić roszadę (w szachach)

cas·tor-oil [ˈkɑstər ˈɔil] *s* olej rycynowy

cas·trate [kæˈstreit] *vt* kastrować; *s* kastrat; rzezaniec

cas·u·al [ˈkæʒuəl] *adj* przypadkowy, doraźny; dorywczy; sezonowy (pracownik); niedbały; zdawkowy; banalny

cas·u·al·ty [ˈkæʒuəltɪ] *s* nieszczęśliwy wypadek; ofiara wypadku; *pl* casualties straty w ludziach

cat [kæt] *s* kot

cat·a·clysm [ˈkætəklizm] *s* kataklizm

cat·a·logue [ˈkætəlog] *s* katalog; *vt* katalogować

cat·a·lys·er [ˈkætʃaizə(r)] *s* katalizator

ca·tas·tro·phe [kəˈtæstrəfɪ] *s* katastrofa

*catch [kætʃ], caught, caught [kɔt] *vt* łapać; łowić; ująć; pojąć, zrozumieć, dosłyszeć; zahaczyć, zaczepić; trafić, uderzyć; nabawić się (choroby); zarazić się (chorobą); *vi* chwytać się, czepiać się (at sth czegoś); to ~ sb up dogonić kogoś; ~ up with sb dogonić kogoś, dorównać komuś; to ~ cold zaziębić się; to ~ fire zapalić się, stanąć w płomieniach; to ~ hold pochwycić (of sth coś); to ~ sight zobaczyć (of sth coś); *s* chwyt; uchwyt; łapanie; połów; łup

catch·ing [ˈkætʃɪŋ] *adj* zaraźliwy

catch·word [ˈkætʃwɜd] *s* hasło; slogan

catchy [ˈkætʃɪ] *adj* pociągający; zwodniczy

cat·e·gor·i·cal [ˈkætɪˈgorikl] *adj* kategoryczny

cat·e·go·ry [ˈkætɪgərɪ] *s* kategoria

ca·ter [ˈkeitə(r)] *vi* dostarczać żywności (rozrywki) (for sb komuś); obsługiwać (for sb kogoś)

ca·ter·er [ˈkeitərə(r)] *s* dostawca artykułów spożywczych

cat·er·pil·lar [ˈkætəpilə(r)] *s zool. techn.* gąsienica

ca·the·dral [kəˈθidrl] *s* katedra

cath·o·lic [ˈkæθlɪk] *adj* uniwersalny, powszechny; liberalny; katolicki; *s* Catholic katolik

cat·kin [ˈkætkɪn] *s* bazia, kotek

cat·tle [ˈkætl] *s* bydło rogate

Cau·ca·sian [kɔˈkeiziən] *adj* kaukaski; *s* mieszkaniec Kaukazu

caught *zob.* catch

caul·dron [ˈkɔldrən] *s* kocioł

cau·li·flow·er [ˈkolɪflauə(r)] *s* kalafior

caus·al [ˈkɔzl] *adj* przyczynowy

cause [kɔz] *s* przyczyna; powód (of sth czegoś, for sth do czegoś); sprawa, proces; *vt* powodować

cause·way [ˈkɔzwei] *s* droga na grobli; grobla

caus·tic [ˈkɔstɪk] *s* żrący; zjadliwy, kostyczny

cau·tion [ˈkɔʃn] *s* ostrożność; przezorność; ostrzeżenie; uwaga; *vt* ostrzegać

cau·tious [ˈkɔʃəs] *adj* ostrożny, rozważny, uważny

cav·a·lier [ˈkævəˈliə(r)] *s* kawalerzysta; rojalista; kawaler, amant; *adj* swobodny; szarmancki; nonszalancki

cav·al·ry [ˈkævlrɪ] *s* kawaleria

cave [keiv] *s* pieczara, jaskinia; *vt* drążyć; *vi* zapadać się

cav·ern [ˈkævən] *s* jaskinia, jama

cav·i·ar [ˈkævia(r)] *s* kawior

cav·il [ˈkævl] *vi* czepiać się (at sb, sth kogoś, czegoś), ganić (at sb, sth kogoś, coś); *s* złośliwa uwaga

cav·i·ty [ˈkævəti] *s* wydrążenie; *dent.* dziura

caw [kɔ] *vi* krakać; *s* krakanie

cease [sis] *vi* przestawać, ustawać; *vt* przerwać, zaprzestać, skończyć

cease·less [ˈsisləs] *adj* nieustanny

ce·dar [ˈsidə(r)] *s* cedr

cede [sid] *vt* ustąpić, odstąpić, cedować

ceil·ing [ˈsilɪŋ] *s* sufit

cel·e·brate [ˈseləbreit] *vt* świętować, obchodzić (np. uroczystość), sławić cel·e·brat·ed [ˈseləbreɪtɪd] *adj* sławny, powszechnie znany

ce·leb·ri·ty [səˈlebrɪtɪ] *s* znakomitość, sława

ce·les·tial [səˈlestɪəl] *adj* niebiański, boski

cel·i·ba·cy [ˈselɪbəsɪ] *s* celibat

cel·i·bate [ˈselɪbət] *adj* bezżenny; *s* osoba żyjąca w celibacie

cell [sel] *s* cela, komórka; *elektr.* bateria

cel·lar [ˈselə(r)] *s* piwnica

cel·lo [ˈtʃeləu] *s* wiolonczela

Celt [kelt, *am.* selt] *s* Celt

Cel·tic [ˈkeltɪk, *am.* ˈseltɪk] *adj* celtycki

ce·ment [sɪˈment] *s* cement; *vt* cementować; *przen.* utwierdzać

cem·e·ter·y [ˈsemətrɪ] *s* cmentarz

cen·sor [ˈsensə(r)] *s* cenzor; *vt* cenzurować

cen·sor·ship [ˈsensəʃɪp] *s* cenzura

cen·sure [ˈsenʃə(r)] *s* osąd, nagana, krytyka; *vt* ganić, krytykować, potępiać

cen·sus [ˈsensəs] *s* spis ludności

cent [sent] *s am.* cent (1/100 dolara); *per* ~ od sta, na sto; *at* 5 per ~ na 5 procent

cen·te·na·ri·an [ˌsentəˈneərɪən] *adj* stuletni; *s* stuletni starzec

cen·te·na·ry [senˈtiːnərɪ] *s* stulecie; *adj* stuletni

cen·ter [ˈsentər] *am.* = centre

cen·ti·grade [ˈsentɪgreɪd] *adj* stustopniowy; **100°** ~ 100 stopni Celsjusza

cen·ti·me·tre [ˈsentɪmiːtə(r)] *s* centymetr

cen·tral [ˈsentrl] *adj* centralny, główny, śródmiejski

cen·tral·ize [ˈsentrəlaɪz] *vt* centralizować

cen·tre [ˈsentə(r)] *s* centrum, ośrodek; ~ **of gravity** środek ciężkości; *vt vi* umieszczać w środku; skupiać (się), koncentrować (się)

cen·trif·u·gal [senˈtrɪfjugl] *adj* odśrodkowy

cen·trip·e·tal [senˈtrɪpɪtl] *adj* dośrodkowy

cen·tu·ry [ˈsentʃərɪ] *s* stulecie, wiek

ce·ram·ic [sɪˈræmɪk] *adj* ceramiczny

ce·ram·ics [sɪˈræmɪks] *s* ceramika

ce·re·al [ˈsɪərɪəl] *adj* zbożowy; *s* (*zw. pl* ~s) roślina zbożowa

cer·e·bral [ˈserəbrl] *adj* mózgowy

cer·e·mo·ni·al [ˌserəˈməunɪəl] *adj* ceremonialny; *s* ceremoniał, obrządek

cer·e·mo·ny [ˈserəmənɪ] *s* ceremonia, uroczystość

cer·tain [ˈsɜːtn] *adj* pewny; określony; przekonany; niejaki, pewien; **for** ~ na pewno; **to make** ~ ustalić, upewnić się; **he is** ~ **to come** on na pewno przyjdzie

cer·tain·ly [ˈsɜːtnlɪ] *adv* na pewno, bezwarunkowo; *int* ~! oczywiście!; ~ **not!** nie!, nie ma mowy!

cer·tain·ty [ˈsɜːtntɪ] *s* pewność

cer·tif·i·cate [səˈtɪfɪkət] *s* zaświadczenie, świadectwo

cer·ti·fy [ˈsɜːtɪfaɪ] *vt vi* zaświadczać, poświadczać

cer·ti·tude [ˈsɜːtɪtjud] *s* pewność

ces·sa·tion [seˈseɪʃn] *s* przerwa, ustanie; wygaśnięcie (terminu)

chafe [tʃeɪf] *vt vi* trzeć (się), drażnić, jątrzyć (się)

chafer [ˈtʃeɪfə(r)] *s* chrabąszcz

chaff [tʃɑf] *s* sieczka, plewy; żarty, kpiny; *vt* żartować, droczyć się

cha·grin [ˈʃægrɪn] *s* zmartwienie; *vt* martwić się

chain [tʃeɪn] *s dosł. i przen.* łańcuch; łańcuszek; *vt* przymocować łańcuchem; skuć; *przen.* uwiązać

chair [tʃeə(r)] *s* krzesło, fotel; katedra; krzesło ⟨miejsce, funkcja⟩ przewodniczące; **to be in the** ~ przewodniczyć

chair·man [ˈtʃeəmən] *s* przewodniczący, prezes

chaise [ʃeɪz] s lekki powóz, bryczka

chalk [tʃɔk] s kreda; 'kredka; vt
znaczyć kredą; szkicować

chal·lenge [ˈtʃæləndʒ] s wyzwanie;
wezwanie; próba sił; vt wyzywać; wzywać

cham·ber [ˈtʃeɪmbə(r)] s sala, pokój; izba; komora; ~ music muzyka kameralna

cham·ber·lain [ˈtʃeɪmbəlɪn] s szambelan

cham·ber·maid [ˈtʃeɪmbəmeɪd] s
pokojówka

cha·me·le·on [kəˈmiliən] s kameleon

cham·ois-leath·er [ˈʃæmɪ leðə(r)] s
ircha

cham·pagne [ʃæmˈpeɪn] s szampan

cham·pi·gnon [tʃæmˈpɪnɪən] s bot.
pieczarka

cham·pi·on [ˈtʃæmpɪən] s sport
mistrz, rekordzista; orędownik

chance [tʃɑns] s traf, przypadek;
możność, okazja; szansa; ryzyko;
by ~ przypadkowo; to give sb
a ~ dać komuś szansę; to take
one's ~ próbować, ryzykować;
adj attr przypadkowy; vi zdarzać
się; natknąć się (on, upon sb, sth
na kogoś, na coś); vt ryzykować

chan·cel·ler·y [ˈtʃɑnsl̩rɪ] s urząd
kanclerza; biuro ambasady

chan·cel·lor [ˈtʃɑnslə(r)] s kanclerz;
rektor (uniwersytetu); Chancellor
of the Exchequer minister finansów; Lord Chancellor sędzia najwyższy

chan·cer·y [ˈtʃɑnsərɪ] s rejestr publiczny; Chancery Sąd Lorda
Kanclerza

chan·de·lier [ˌʃændəˈlɪə(r)] s kandelabr

chan·dler [ˈtʃɑndlə(r)] s drobny kupiec, kramarz

change 1. [tʃeɪndʒ] s zmiana; wymiana; przemiana; przesiadka;
drobne pieniądze, reszta; small
~ drobne; for a ~ dla urozmai-
cenia, na odmianę; vt vi zmie-

niać (się), wymieniać; odmieniać
(się); przebierać się; przesiadać
się; to ~ hands zmieniać właści-
ciela; to ~ one's mind rozmyślić
się

Change 2. [tʃeɪndʒ] s (także Exchange, Stock Exchange) giełda

change·a·ble [ˈtʃeɪndʒəbl] adj
zmienny

chan·nel [ˈtʃænl] s kanał (zw. morski); koryto (rzeki); kanalik;
przen. droga, sposób; English
Channel kanał La Manche

chant [tʃɑnt] s pieśń (zw. kościelna); vt vi śpiewać (pieśni, psal-
my)

cha·os [ˈkeɪɔs] s chaos

cha·ot·ic [keɪˈɔtɪk] adj chaotyczny

chap [tʃæp] s pot. facet, gość,
człowiek

chap·el [ˈtʃæpl] s kaplica

chap·lain [ˈtʃæplɪn] s kapelan

chap·ter [ˈtʃæptə(r)] s rozdział (np.
książki, życia)

char·ac·ter [ˈkærɪktə(r)] s charakter; postać, rola; osobistość; dobre ⟨złe⟩ imię, reputacja; cecha
charakterystyczna; litera; dziwak; pot. indywiduum, typ

char·ac·ter·is·tic [ˌkærɪktəˈrɪstɪk]
adj charakterystyczny, znamienny; s rys charakterystyczny

char·ac·ter·ize [ˈkærɪktəraɪz] vt
charakteryzować, cechować;
scharakteryzować, opisać (sb, sth
kogoś, coś)

cha·rade [ʃəˈrɑd] s szarada

char·coal [ˈtʃɑkəʊl] s węgiel drzewny

charge [tʃɑdʒ] s obciążenie, ciężar; ładunek; zarzut, oskarżenie;
obowiązek, powinność, opieka;
atak, szarża; nabój; koszt, opłata; on a ~ of pod zarzutem (sth
czegoś); at a ~ of za opłatą; to
be in ~ opiekować się, zarządzać
(of sth czymś); to take ~ zająć
się (of sth czymś); free of ~ bezpłatny; vt obciążać; ładować; o-
skarżać (with sth o coś); polecić,
powierzyć (sb with sth komuś

coś); policzyć, pobrać (kwotę); *vt* cenić, podawać cenę; atakować; **how much do you ~ for it?** ile za to żądasz?

char·i·ot ['tʃærɪət] *s* rydwan, wóz

char·i·ta·ble ['tʃærɪtəbl] *adj* dobroczynny, miłosierny

char·i·ty ['tʃærəti] *s* dobroczynność, miłosierdzie; jałmużna

charm [tʃam] *s* czar, wdzięk, urok; *vt vi* czarować, urzekać

chart [tʃat] *s* mapa morska; wykres

char·ter ['tʃatə(r)] *s* karta; statut; przywilej; patent; *vt* nadać patent; przyznać (prawo, przywilej); frachtować (statek)

char·wom·an ['tʃawumən] *s* posługaczka, sprzątaczka

chase [tʃeɪs] *s* pogoń; polowanie; *vt* gonić, ścigać; polować **(sth na coś)**

chase 2. [tʃeɪs] *s* lufa; rowek; oprawa, ramka

chase 3. [tʃeɪs] *vt* cyzelować

chasm ['kæzm] *s* rozpadlina, przepaść, otchłań

chas·sis ['ʃæsɪ] *s mot.* podwozie

chaste [tʃeɪst] *adj* niewinny, cnotliwy, czysty; prosty, bez ornamentów

chas·ten ['tʃeɪsn] *vt* oczyszczać; doświadczać, karać

chas·tise [tʃæ'staɪz] *vt* karać; poskramiać; chłostać, smagać

chas·tise·ment [tʃæ'staɪzmənt] *s* kara; chłosta

chas·ti·ty ['tʃæstəti] *s* czystość, niewinność

chat [tʃæt] *s* swobodna rozmowa, pogawędka; *vi* gawędzić, pogadać

chat·tels ['tʃætlz] *s pl* ruchomości; **(zw. goods and ~)** mienie, dobytek

chat·ter ['tʃætə(r)] *vi* świergotać, szczebiotać; paplać, trajkotać; szczękać; *s* szczebiot; paplanina; szczęk

chat·ter·box ['tʃætəbɒks] *s pot.* gaduła, trajkotka

chauf·feur ['ʃəʊfə(r)] *s* szofer

chau·vin·ism ['ʃəʊvɪnɪzm] *s* szowinizm

cheap [tʃip] *adj* tani, marny, bezwartościowy; *adv* tanio

cheap·en ['tʃipən] *vt* obniżyć cenę; *vi* potanieć

cheat [tʃit] *vt vi* oszukiwać; *s* oszustwo; oszust

check [tʃek] *vt* wstrzymywać, hamować; trzymać w szachu; kontrolować, sprawdzać; *am.* oddać na przechowanie za pokwitowaniem, nadać (np. bagaż); **~ in** zameldować się (w hotelu); **~ out** wymeldować się; *s* zatrzymanie, zahamowanie; szach; kontrola; żeton; pokwitowanie; numerek (w szatni itp); *am.* czek; rachunek

check·er ['tʃekə(r)] *s am.* = **chequer**

check·mate ['tʃekmeɪt] *s* mat; *vt* dać mata; *przen.* udaremnić (zamiary); unicestwić

cheek [tʃik] *s* policzek; *przen.* bezczelność, zuchwalstwo

cheek·y ['tʃiki] *adj* bezczelny, zuchwały

cheer [tʃɪə(r)] *s* **(zw. pl ~s)** radosne okrzyki, oklaski; radość; samopoczucie; jedzenie, dobry posiłek; **to be of good ~** być dobrej myśli; **what ~?** jak się czujesz?; *vt* rozweselać, zachęcać, dodawać otuchy; **(także ~ up)** przyjmować z aplauzem, robić owację; *vi* wiwatować; **(zw. ~ up)** nabierać otuchy; **~ up!** głowa do góry!; rozchmurz się!

cheer·ful ['tʃɪəfl] *adj* radosny, pogodny, zadowolony

cheer·less ['tʃɪələs] *adj* posępny, ponury, smutny

cheer·y ['tʃɪəri] *adj* pełen radości, wesoły

cheese [tʃiz] *s* ser

chem·i·cal ['kemɪkl] *adj* chemiczny; *s pl* **~s** chemikalia

chem·ist ['kemɪst] *s* chemik; *bryt.* aptekarz; **~'s shop** apteka

chem·is·try ['kemɪstri] *s* chemia

cheque [tʃek] s bryt. czek

cheq·uer [ˈtʃekə(r)] s szachownica; deseń w kratkę; vt kratkować

cher·ish [ˈtʃerɪʃ] vt lubić, pielęgnować, żywić (np. uczucie, nadzieję)

cher·ry [ˈtʃerɪ] s wiśnia, czereśnia; ~ brandy wiśniówka

chess [tʃes] s szachy

chess-board [ˈtʃesbɔd] s szachownica

chest [tʃest] s skrzynia, kufer; klatka piersiowa, pierś

chest·nut [ˈtʃesnʌt] s kasztan

chew [tʃu] vt vi żuć

chew·ing-gum [ˈtʃuɪŋ gʌm] s guma do żucia

chick·en [ˈtʃɪkɪn] s kurczę

chick·en-pox [ˈtʃɪkɪnpɔks] s med. wietrzna ospa

chic·o·ry [ˈtʃɪkərɪ] s cykoria

*chide [tʃaɪd], chid [tʃɪd], chidden [ˈtʃɪdn] vt ganić, łajać, besztać

chief [tʃif] s szef, wódz, głowa; adj główny, naczelny

chief·tain [ˈtʃiftən] s wódz, herszt

child [tʃaɪld] s (pl children [ˈtʃɪldrn]) dziecko

child·birth [ˈtʃaɪldbɜθ] s poród

child·hood [ˈtʃaɪldhud] s dzieciństwo

child·ish [ˈtʃaɪldɪʃ] adj dziecinny

chil·dren zob. child

chill [tʃɪl] s chłód; dreszcz; to catch a ~ dostać dreszczy, przeziębić się; to take the ~ off podgrzać; adj chłodny, przejmujący dreszczem; vt chłodzić, studzić; vi stygnąć, oziębiać się

chill·y [ˈtʃɪlɪ] adj chłodny, przejmujący dreszczem

chime [tʃaɪm] s kurant; harmonia, zgoda; (zw. pl ~s) dźwięk dzwonów; vt vi dzwonić, wydzwaniać; to ~ in ˈwith harmonizować z

chim·ney [ˈtʃɪmnɪ] s komin

chim·ney-sweep·er [ˈtʃɪmnɪ swipə(r)] s kominiarz

chim·pan·zee [ˈtʃɪmpænˈziː] s szympans

chin [tʃɪn] s podbródek, broda

chi·na [ˈtʃaɪnə] s porcelana

china-town [ˈtʃaɪnə taun] s chińska dzielnica (miasta)

Chi·nese [tʃaɪˈniz] s Chińczyk; adj chiński

chink 1. [tʃɪŋk] s brzęk; vt vi brzęczeć, dźwięczeć, pobrzękiwać

chink 2. [tʃɪŋk] s szpara, szczelina; vi pękać; vt uszczelniać

chip [tʃɪp] s wiór, drzazga, skrawek; pl ~s frytki; vt vi strugać; łupać; kruszyć (się); szczerbić (się)

chirp [tʃɜp], chir·rup [ˈtʃɪrəp] vt vi świergotać; s świergot

chis·el [ˈtʃɪzl] s dłuto; vt dłutować; rzeźbić (dłutem)

chiv·al·rous [ˈʃɪvlrəs] adj rycerski

chiv·al·ry [ˈʃɪvlrɪ] s rycerstwo, rycerskość

chlo·ride [ˈklɔraɪd] s chem. chlorek

chlo·rine [ˈklɔrin] s chem. chlor

chlo·ro·form [ˈklɔrəfɔm] s chloroform

chock-full [ˈtʃɔk ˈful] adj pot. wypełniony po brzegi

choc·o·late [ˈtʃɔklət] s czekolada; adj czekoladowy

choice [tʃɔɪs] s wybór; chęć; dobór; rzecz wybrana; adj wyborowy, wybrany

choir [ˈkwaɪə(r)] s chór (zespół śpiewaczy i chór kościelny)

choke [tʃəuk] vt vi dusić (się); głuszyć, tłumić; (także ~ up) zatykać; s duszenie (się), dławienie (się)

chol·e·ra [ˈkɔlərə] s cholera

*choose [tʃuz], chose [tʃəuz], chosen [ˈtʃəuzn] vt wybierać, obierać; vi mieć wybór; woleć; if you ~ jeżeli masz ochotę; when you ~ kiedy zechcesz

chop [tʃɔp] vt krajać, siekać, rąbać; ~ off odciąć, odrąbać; ~ through przeciąć, przerąbać; s cięcie, rąbanie; płat; zraz; kotlet

chop·per [ˈtʃɔpə(r)] s tasak

cho·ral [`kɔrl] *adj* chóralny

chord [kɔd] *s* struna; cięciwa; a-
kord

cho·rus [`kɔrəs] *s* chór; **in ~** chó-
rem

chose, cho·sen *zob.* choose

Christ [kraɪst] *s rel.* Chrystus

chris·ten [`krɪsn] *vt* chrzcić

Chris·tian [`krɪstʃən] *adj* chrześci-
jański; *s* chrześcijanin

Christ·mas [`krɪsməs] *s* Boże Naro-
dzenie; **~ Eve** Wigilia; **~ tree**
choinka

chron·ic [`krɔnɪk] *adj* chroniczny

chron·i·cle [`krɔnɪkl] *s* kronika

chron·o·log·i·cal [ˌkrɔnə`lɔdʒɪkl]
adj chronologiczny

chro·nol·o·gy [krə`nɔlədʒɪ] *s* chro-
nologia

chrys·a·lis [`krɪsəlɪs] *s* poczwarka

chub·by [`tʃʌbɪ] *adj* pucołowaty

chuck 1. [tʃʌk] *vt* cisnąć, rzucić;
~ out wyrzucić, *pot.* wylać

chuck 2. [tʃʌk] *vi* gdakać; zwoływać ptactwo domowe; cmokać
(na konia); *s* maleństwo, kurczątko

chuck·le [`tʃʌkl] *s* chichot; *vi* chi-
chotać

chum [tʃʌm] *s* serdeczny kolega;
pot. kumpel; *vi* przyjaźnić się,
być w zażyłych stosunkach

chunk [tʃʌŋk] *s* kawał (np. chleba);
kloc, bryła

church [tʃɜtʃ] *s* kościół

church·yard [`tʃɜtʃjad] *s* dziedzi-
niec kościelny; cmentarz przy
kościele

churl [tʃɜl] *s* gbur, grubianin,
sknera

churn [tʃɜn] *s* maślnica; *vt vi* robić masło; wzburzyć (się)

cic·a·trice [`sɪkətrɪs], *med.* **cic·a·trix**
[`sɪkətrɪks] *s* blizna

ci·der [`saɪdə(r)] *s* cydr, jabłecz-
nik

cigar [sɪ`gɑ(r)] *s* cygaro

cig·a·rette [ˌsɪgə`ret] *s* papieros

cig·a·rette-case [ˌsɪgə`ret keɪs] *s* pa-
pierośnica

cig·a·rette-holder [ˌsɪgə`ret haul
də(r)] *s* cygarniczka

cin·der [`sɪndə(r)] *s* (*zw. pl* **~s**) po-
piół, żużel

Cin·der·el·la [ˌsɪndə`relə] *s* Kopciu-
szek

cin·e·ma [`sɪnəmə] *s* kino

cin·na·mon [`sɪnəmən] *s* cynamon

ci·pher [`saɪfə(r)] *s* cyfra; zero;
szyfr; *vi* rachować; *vt* zaszyfro-
wać

cir·cle [`sɜkl] *s dosł. i przen.* koło;
krąg, obwód; *teatr* **upper ~** balkon I piętra; *vt* okrążać, otaczać;
vi krążyć

cir·cuit [`sɜkɪt] *s* obwód, linia o-
krężna; obieg; objazd; **short ~**
krótkie spięcie

cir·cu·i·tous [sɜ`kjuɪtəs] *adj* okól-
ny, okrężny

cir·cu·lar [`sɜkjulə(r)] *adj* kolisty;
okólny; *s* okólnik

cir·cu·late [`sɜkjuleɪt] *vt* puszczać
w obieg; *vi* krążyć; **circulating
medium** płatniczy środek obiegowy

cir·cu·la·tion [ˌsɜkju`leɪʃn] *s* krąże-
nie, obieg

cir·cum·fer·ence [sɜ`kʌmfərns] *s* ob-
wód

cir·cum·nav·i·gate [ˌsɜkəm`nævɪ
geɪt] *vt* objechać morzem dookoła, opłynąć

cir·cum·scribe [ˌsɜkəmskraɪb] *vt* o-
pisać, określić; ograniczyć

cir·cum·spect [`sɜkəmspekt] *adj*
ostrożny, rozważny

cir·cum·spec·tion [ˌsɜkəm`spekʃn] *s*
ostrożność, rozwaga

cir·cum·stance [`sɜkəmstəns] *s zw.*
pl **~s** okoliczności, stosunki, położenie; **under no ~s** pod żadnym warunkiem

cir·cum·stan·tial [ˌsɜkəm`stænʃl] *adj*
szczegółowy; okolicznościowy;
poszlakowy

cir·cus [`sɜkəs] *s* cyrk; okrągły plac
(u zbiegu ulic)

cis·tern [`sɪstən] *s* cysterna

cit·a·del [`sɪtədl] *s* cytadela

ci·ta·tion [saɪ`teɪʃn] *s* cytat

cite [saɪt] vt cytować; wzywać (do
sądu)

cit·i·zen [ˈsɪtɪzn] s obywatel

cit·i·zen·ship [ˈsɪtɪznʃɪp] s obywatelstwo

cit·y [ˈsɪtɪ] s (wielkie) miasto; ~
council rada miejska; the City
City (śródmieście Londynu będą-
ce centrum handlu i finansów);
City man handlowiec i finansista
z City

civ·ic [ˈsɪvɪk] adj obywatelski

civ·il [ˈsɪvl] adj cywilny, obywatelski; ~ servant urzędnik państwowy; ~ service służba ⟨admi-
nistracja⟩ państwowa; ~ war
wojna domowa

ci·vil·ian [səˈvɪlɪən] adj cywilny; s
cywil

ci·vil·i·ty [səˈvɪlətɪ] s uprzejmość

civ·i·li·za·tion [ˈsɪvlaɪˈzeɪʃn] s cywilizacja

civ·il·ize [ˈsɪvlaɪz] vt cywilizować

clack [klæk] s trzask, szczęk; vi
trzaskać, szczękać

clad zob. clothe

claim [kleɪm] vt żądać, zgłaszać
pretensje (sth do czegoś); twierdzić; s żądanie (to sth czegoś),
pretensja, roszczenie; twierdzenie; to lay ~ zgłaszać pretensję
(to sth do czegoś)

claim·ant [ˈkleɪmənt] s pretendent

clair·voy·ance [kleəˈvɔɪəns] s jasno-
widztwo

clam·ber [ˈklæmbə(r)] vi wspinać
się, gramolić się

clam·my [ˈklæmɪ] adj lepki, wilgotny

clam·or·ous [ˈklæmərəs] adj krzykliwy, hałaśliwy

clam·our [ˈklæmə(r)] s krzyk, hałas; vi krzyczeć, wrzeszczeć

clamp 1. [klæmp] s kleszcze; imadło; klamra; vt zaciskać, spajać

clamp 2. [klæmp] s ciężkie stąpanie; vi ciężko stąpać

clamp 3. [klæmp] s sterta, kupa

clan [klæn] s klan

clan·des·tine [klænˈdestɪn] adj tajny, potajemny

clang [klæŋ] s dźwięk (metalu),

szczęk; vt vi dźwięczeć, pobrzękiwać

clap [klæp] vt vi trzaskać; klaskać;
klepać; s trzask; klepanie; klaś-
kanie; grzmot; huk

clap·trap [ˈklæptræp] s zbior.
czcza gadanina, frazesy

claque [klæk] s klaka

clar·i·fy [ˈklærɪfaɪ] vt vi wyjaśnić
(się); oczyszczać (się), klarować
(się)

clar·i·net [ˈklærɪˈnet] s muz. klarnet

clar·i·on [ˈklærɪən] s trąbka; sygnał

clar·i·ty [ˈklærətɪ] s jasność, czystość, klarowność; przejrzystość
(np. stylu)

clash [klæʃ] s trzask, brzęk; zderzenie, kolizja; niezgodność; konflikt; potyczka; vt trzasnąć, uderzyć; vi brzęknąć; zderzyć się,
zetrzeć się; kolidować

clasp [klɑsp] vt zamykać, spinać,
zwierać; chwytać, obejmować; s
objęcie, uścisk; zapinka, zatrzask, klamra

clasp-knife [ˈklɑspnaɪf] s nóż składany, scyzoryk

class [klɑs] s klasa (szkolna, społeczna itp.); lekcja, kurs ~ war
walka klasowa; vt klasyfikować

class-con·scious·ness [ˈklɑs konʃəs
nəs] adj świadomość klasowa

clas·sic [ˈklæsɪk] adj klasyczny; s
klasyk

clas·si·cal [ˈklæsɪkl] = classic adj

clas·si·cism [ˈklæsɪsɪzm] s klasycyzm

clas·si·fy [ˈklæsɪfaɪ] vt klasyfikować, sortować

class·less [ˈklɑsləs] adj beklasowy

class·mate [ˈklɑsmeɪt] s kolega
szkolny

class·room [ˈklɑsrum] s klasa, sala
szkolna

clat·ter [ˈklætə(r)] vt vi stukać,
brzęczeć; robić hałas; s stukot,
klekot, brzęk; gwar

clause [klɔz] s klauzula, warunek;
gram. zdanie

claw [klɔ] s pazur, szpon; łapa z

pazurami; kleszcze (np. raka); *vt* drapać; chwytać w szpony

clay [kleɪ] *s* glina

clean [klin] *adj* czysty, wyraźny; gładki; całkowity; przyzwoity, lojalny; *vt* czyścić; ~ up porządkować, sprzątać

clean·li·ness [ˈklenlɪnəs] *s* schludność; czystość

clean·ly 1. [ˈklenlɪ] *adj* schludny, dbający o czystość

clean·ly 2. [ˈklinlɪ] *adv* czysto

clean·ness [ˈklinnəs] *s* czystość

cleanse [klenz] *vt dosł. i przen.* oczyszczać

clear [klɪə(r)] *adj* jasny, wyraźny; całkowity; pełny; czysty (np. zysk, sumienie); wolny (of sth od czegoś); bystry, przenikliwy; *adv* ~ droga wolna; alarm odwołany; *adv* jasno, wyraźnie; całkiem; czysto; z dala; to get ~ off wyjść na czysto, uwolnić się, pozbyć się; to keep ~ trzymać się z dala (of sth od czegoś); to stand ~ stać z dala, na uboczu; *vt* wyjaśniać, objaśniać, usprawiedliwiać, klarować; czyścić, sprzątać; zwalniać, opróżniać, o-puszczać; trzebić (las); spłacać, rozliczać, wyrównywać (długi, rachunki); ~ away usunąć; ~ off wyprzedać; ~ out uprzątnąć, wyrzucić; ~ up wyjaśnić; sprzątnąć; *vi* wyjaśniać się; rozchmurzać się; *pot.* ~ out ⟨off⟩ wynieść się; *(o pogodzie)* ~ up przejaśniać się

clear·ance [ˈklɪərns] *s* zwolnienie; oczyszczenie; wyprzedaż; rozliczenie, wyrównanie kont; odprawa celna

clear·ing [ˈklɪərɪŋ] *s* karczowisko; polana; rozrachunek (bankowy)

clear-sight·ed [ˈklɪə ˈsaɪtɪd] *adj* wnikliwy; pewny

cleav·age [ˈklivɪdʒ] *s* rozszczepienie; szczelina; rozłam

*****cleave** 1. [kliv], cleft [kleft] *lub* clove [kləuv], cleft [kleft] *lub* cloven [ˈkləuvn] *vt vi* rozszczepiać (się), rozcinać, pękać

cleave 2. [kliv] *vi* trzymać się (to sb, sth kogoś, czegoś), być wiernym

clef [klef] *s muz.* klucz

cleft 1. *zob.* cleave 1.

cleft 2. [kleft] *s* szczelina, rozpadlina

clem·en·cy [ˈklemənsɪ] *s* łagodność; łaska; łaskawość

clench [klentʃ] *vt* ścisnąć, zacisnąć, zewrzeć; zaklepać; *vi* ze-wrzeć się; zacisnąć się

cler·gy [ˈklɜːdʒɪ] *s* duchowieństwo, kler

cler·gy·man [ˈklɜːdʒɪmən] *s* duchowny

cler·i·cal [ˈklerɪkl] *adj* duchowny, klerykalny; urzędniczy; biurowy; ~ error błąd pisarski ⟨maszynowy⟩

clerk [klɑːk] *s* urzędnik, kancelista, biuralista

clev·er [ˈklevə(r)] *adj* sprytny; zdolny, utalentowany; zręczny

clever·ness [ˈklevənəs] *s* zręczność; zdolność; inteligencja

clew [klu] *s* = clue; *vt* zwijać w kłębek; *mors.* zwijać żagiel

cli·ché [ˈkliʃeɪ] *s* banał, komunał; *druk.* klisza

click [klɪk] *s* szczęknięcie, trzask; *vt vi* szczękać, trzaskać

cli·ent [ˈklaɪənt] *s* klient

cliff [klɪf] *s* stroma ściana skalna, urwisko

cli·mate [ˈklaɪmɪt] *s dosł. i przen.* klimat

cli·mat·ic [ˈklaɪˈmætɪk] *adj* klimatyczny

cli·max [ˈklaɪmæks] *s* punkt kulminacyjny

climb [klaɪm] *vt* wspinać się, piąć się; *vi* wchodzić (the stairs po schodach); włazić (a tree na drzewo); *s* wspinaczka; wzniesienie (terenu)

climb·er [ˈklaɪmə(r)] *s* amator wspinaczki, alpinista; *przen.* karierowicz

clinch [klɪntʃ] *vt* = clench; *s* nit; zaczep

*****cling** [klɪŋ], clung, clung [klʌŋ]

clutch

vi trzymać się kurczowo, chwytać się, czepiać się (**to sth** czegoś)

clin·ic [ˈklɪnɪk] *s* klinika

clink [klɪŋk] *vt vi* dźwięczeć, dzwonić; *s* brzęk, dzwonienie

clink·er [ˈklɪŋkə(r)] *s* klinkier

clip 1. [klɪp] *s* sprzączka; uchwyt; spinacz; klips; *vt* spinać, przytwierdzać

clip 2. [klɪp] *vt* obcinać, strzyc; *s* strzyżenie, obcięcie

clip·pers [ˈklɪpəz] *s pl* nożyce; szczypce; maszynka do strzyżenia

clip·ping [ˈklɪpɪŋ] *s* strzyżenie; wycinek (np. z prasy)

clique [klik] *s* klika

cloak [kləuk] *s* płaszcz, peleryna; *przen.* płaszczyk; *vt* okrywać płaszczem; *przen.* ukrywać pod płaszczykiem

cloak-room [ˈkləuk ˈrum] *s* garderoba, szatnia (np. w teatrze)

clock [klɔk] *s* zegar; zob. **o'clock**

clock·wise [ˈklɔkwaɪz] *adv* zgodnie z ruchem wskazówek zegara

clock·work [ˈklɔkwɜːk] *s* mechanizm zegara

clod [klɔd] *s* grudka, bryła

clog [klɔg] *s* kłoda, kloc; *przen.* brzemię; zawada, przeszkoda; *pl* **~s** pęta; *vt* pętać; zawadzać; zatykać; *vi* zatykać się

clois·ter [ˈklɔɪstə(r)] *s* klasztor; krużganek (kryty)

close 1. [kləus] *adj* zamknięty; bliski; ścisły; zwarty, zbity; duszny; (*o uwadze*) napięty; gruntowny, szczegółowy; *adv* blisko, tuż obok (**to sb, sth** kogoś, czegoś); ściśle; dokładnie; **~ by** tuż obok, tuż tuż; **~ on** prawie; **~ on 70 years** prawie 70 lat; *s* ogrodzony teren, dziedziniec

close 2. [kləuz] *vt vi* zamykać (się); kończyć (się); zewrzeć (się); *s* koniec; zamknięcie; **to bring to a ~** doprowadzać do końca; **to draw to a ~** zbliżać się do końca

close·ly [ˈkləuslɪ] *adv* z bliska;

dokładnie; ściśle

close-up [ˈkləusʌp] *s* zbliżenie; zdjęcie z bliska

clo·sure [ˈkləuʒə(r)] *s* zamknięcie, zakończenie

clot [klɔt] *s* grudka; *med.* skrzep; *vi* krzepnąć

cloth [klɔθ] *s* (*pl* **~s** [klɔθs]) sukno, materiał; ścierka; obrus

*clothe [kləuð], **~d**, **~d** [kləuðd] *lub* † **clad, clad** [klæd] *vt* ubierać, odziewać

clothes [kləuðz] *s pl* ubranie, odzież, ubiór

cloth·ing [ˈkləuðɪŋ] *s* odzież

cloud [klaud] *s dosł. i przen.* chmura; obłok; *vt* zachmurzyć, zaciemnić; *vi* **~ over** ⟨**up**⟩ zachmurzyć się

cloud·y [ˈklaudɪ] *adj* chmurny

clove 1. [kləuv] *s* goździk (korzenny); ząbek (czosnku)

clove 2. *zob.* **cleave** 1.

clov·en *zob.* **cleave** 1.; *adj* rozszczepiony na dwoje

clo·ver [ˈkləuvə(r)] *s bot.* koniczyna

clown [klaun] *s* klown, błazen; gbur

cloy [klɔɪ] *vt* przesycić

club [klʌb] *s* maczuga, pałka; kij; koło, klub; (*w kartach*) trefl; *vt* bić pałką; *vi* łączyć się, zrzeszać się; **~ together** zrobić składkę

cluck [klʌk] *vi* gdakać; *s* gdakanie

clue [klu] *s* klucz (np. do zagadki); wątek; trop; kłębek

clump [klʌmp] *s* grupa; kępa (np. drzew); masa, bryła; ciężki chód; *vi* zbijać się w masę ⟨w bryłę⟩; ciężko stąpać

clum·sy [ˈklʌmzɪ] *adj* niezgrabny; nietaktowny

clung *zob.* **cling**

clus·ter [ˈklʌstə(r)] *s* grono, kiść; wiązka; gromadka; kępka

clutch [klʌtʃ] *s* chwyt, uścisk; szpon; *techn.* sprzęgło; *vt* pochwycić, ścisnąć w dłoni; *vi* chwytać się (**at sth** czegoś)

clut·ter [`klʌtə(r)] *s* zamieszanie, nieład; rozgardiasz; *vt* robić bałagan, zamieszanie; krzątać się (hałaśliwie); *vt* zawalać, zarzucać, zaśmiecać

coach [kəutʃ] *s* powóz, kareta; osobowy wagon kolejowy; autokar; korepetytor; *sport.* trener; *vt* udzielać korepetycji, uczyć; *sport* trenować

coach·man [`kəutʃmən] *s* stangret

co·ag·u·late [`kəuˈægjuleɪt] *vi* krzepnąć, tężeć, ścinać się

coal [kəul] *s* węgiel

co·a·li·tion [ˈkəuəˈlɪʃn] *s* koalicja

coal-mine [`kəul maɪn], **coal-pit** [`kəul pɪt] *s* kopalnia węgla

coarse [kɔs] *adj* szorstki, gruby; prostacki, ordynarny, pospolity

coast [kəust] *s* wybrzeże; *vi* pływać, kursować wzdłuż wybrzeża

coast·al [`kəustl] *adj* przybrzeżny, nadbrzeżny

coat [kəut] *s* marynarka; żakiet; płaszcz, palto; mundur; warstwa, powłoka; skóra, sierść; ~ of mail kolczuga; *vt* pokrywać, powlekać

coat·ing [`kəutɪŋ] *s* powłoka, warstwa

coax [kəuks] *vt* skłonić pochlebstwem, namówić; przymilać, przypochlebiać się

cob·ble 1. [`kobl] *s* okrągły kamień, brukowiec; *pot.* koci łeb; *vt* brukować

cob·ble 2. [`kobl] *vt* łatać (*zw.* obuwie)

co·bra [`kəubrə] *s* kobra

cob·web [`kobweb] *s* pajęczyna

co·caine [kəuˈkeɪn] *s* kokaina

cock [kok] *s* kogut; samiec (ptaków); kurek; *vt* podnieść, zadzierać (np. głowę)

cock·ade [koˈkeɪd] *s* kokarda

cock·ney [`koknɪ] *s* londyńczyk (z proletariatu); gwara londyńska

cock·pit [`kokpɪt] *s* kabina pilota (w samolocie); arena

cock·roach [`kokrəutʃ] *s* karaluch

cock·sure [ˈkokˈʃuə(r)] *adj* pewny siebie, zarozumiały

cock·tail [`kokteɪl] *s* koktajl

coco, cocoa 1. [`kəukəu] *s* kokos

co·coa 2. [`kəukəu] *s* kakao

co·co·nut [`kəukənʌt] *s* orzech kokosowy

co·coon [kəˈkun] *s* kokon, oprzęd

cod [kod] *s* dorsz

code [kəud] *s* kodeks; kod, szyfr; *vt* szyfrować

cod·fish [`kodfɪʃ] *s* = cod

cod·i·fy [`kəudɪfaɪ] *vt* kodyfikować

cod-liv·er oil [ˈkod lɪvər ˈɔɪl] *s* tran

co·ed·u·ca·tion [ˈkəu ˈedʒuˈkeɪʃn] *s* koedukacja

co·erce [kəuˈɔs] *vt* zmuszać, wymuszać, zniewalać

co·er·cion [kəuˈɔʃn] *s* przymus, bezwzględne traktowanie, zmuszanie

co·er·cive [kəuˈɔsɪv] *adj* przymusowy, bezwzględny

co·e·val [kəuˈivl] *adj* współczesny; będący w tym samym wieku; *s* rówieśnik

co·ex·ist·ence [ˈkəuɪgˈzɪstəns] *s* współistnienie

co·ex·ist·ent [ˈkəuɪgˈzɪstənt] *adj* współistniejący

cof·fee [`kofɪ] *s* kawa

cof·fee-hous [`kofɪ haus] *s* kawiarnia

cof·fer [`kofə(r)] *s* kufer, skrzynia, kaseta; *pl* the ~s skarbiec, fundusze

cof·fin [`kofɪn] *s* trumna

cog [kog] *s techn.* ząb, zębatka

co·gent [`kəudʒənt] *adj* przekonywający

co·gnac [`konjæk] *s* koniak

cog·nate [`kogneɪt] *adj* pokrewny, bliski

cog·ni·zance [`kognɪzns] *s* wiedza, wiadomość, świadomość; kompetencja; to take ~ zaznajomić się (of sth z czymś)

co·gni·zant [`kognɪznt] *adj* wiedzący, świadomy; kompetentny (of sth w czymś)

cog-wheel [`kog wil] s techn. koło zębate

co·here [kəu`hiə(r)] vi (o faktach, argumentach) zgadzać się ze sobą

co·her·ence [kəu`hiərns] s zwartość, spoistość; zgoda; łączność

co·he·sion [kəu`hiʒn] s fiz. kohezja; spoistość

coif·fure [kwa`fjuə(r)] s fryzura

coil [kɔil] vt vi zwijać (się); s zwój; szpulka; spirala

coin [kɔin] s pieniądz, moneta; vt bić (pieniądze); kuć; przen. u-kuć (nowy wyraz)

coin·age [`kɔinidʒ] s bicie monety; wybita moneta; system monetarny; wytwór, wymysł; wprowadzanie do języka nowych słów; nowy wyraz

co·in·cide [kəuin`said] vi zbiegać się; pokrywać się

co·in·ci·dence [kəu`insidəns] s zbieżność; zbieg okoliczności

coke 1. [kəuk] s koks; vt koksować

coke 2. [kəuk] s pot. coca-cola

col·an·der [`kʌləndə(r)] s cedzak

cold [kəuld] adj zimny, chłodny, oziębły; **I am ~** jest mi zimno; **in ~ blood** z zimną krwią; s zimno, chłód; przeziębienie; (także ~ **in the head**) katar; **to have a ~** być przeziębionym

cold-blood·ed [`kəuld `blʌdid] adj zimnokrwisty; przen. działający z zimną krwią, bezlitosny; popełniony na zimno, okrutny

col·lab·o·rate [kə`læbəreit] vi kolaborować

col·lab·o·ra·tion [kə`læbə`reiʃn] s kolaboracja

col·lab·o·ra·tor [kə`læbə`reitə(r)] s współpracownik; uj. kolaborant

col·lapse [kə`læps] vi runąć, zawalić się; załamać się; opaść z sił; s upadek sił, omdlenie; załamanie nerwowe; zawalenie się, katastrofa

col·lar [`kɔlə(r)] s kołnierz; naszyjnik; chomąto; obroża; vt chwy-

cić za kołnierz; nałożyć chomąto, obrożę; złapać, zatrzymać

col·league [`kɔlig] s kolega (z pracy), współpracownik

col·lect [kə`lekt] vt vi zbierać (się), gromadzić (się); inkasować; podejmować; kolekcjonować; vr ~ **oneself** opanować się, skupić się

col·lec·tion [kə`lekʃn] s zbiór, zbiórka; inkaso; podjęcie, odbiór; pobór (podatków); kolekcja

col·lec·tive [kə`lektiv] adj zbiorowy; ~ **farm** spółdzielnia produkcyjna; ~ **property** własność kolektywna

col·lec·tiv·ize [kə`lektivaiz] vt kolektywizować

col·lec·tor [kə`lektə(r)] s poborca, inkasent; kolekcjoner

col·lege [`kɔlidʒ] s kolegium; uczelnia, szkoła wyższa; gimnazjum; szkoła średnia

col·le·gi·ate [kə`lidʒiət] adj kolegialny; akademicki

col·lide [kə`laid] vi zderzyć się; kolidować

col·lier [`kɔliə(r)] s górnik (w kopalni węgla); statek węglowy

col·lier·y [`kɔljəri] s kopalnia węgla

col·li·sion [kə`liʒn] s kolizja, zderzenie

col·lo·qui·al [kə`ləukwiəl] adj kolokwialny, potoczny

col·lo·quy [`kɔləkwi] s rozmowa

col·lu·sion [kə`luʒn] s konszachty, zmowa

co·lon [`kəulən] s dwukropek

colo·nel [`kɜnl] s pułkownik

co·lo·ni·al [kə`ləuniəl] adj kolonialny; s mieszkaniec kolonii

col·o·nist [`kɔlənist] s kolonista, osadnik

col·o·nize [`kɔlənaiz] vt kolonizować

col·o·ny [`kɔləni] s kolonia

co·los·sal [kə`lɔsl] adj kolosalny

col·our [`kʌlə(r)] s barwa, kolor; farba, barwnik; zabarwienie, koloryt; rumieniec; pl ~**s** chorągiew; odznaki (społeczne, szkolne itp.); ~ **bar** dyskryminacja rasowa; **to put false** ~s przedstawiać w fałszywym świetle; **to give ⟨to lend⟩** ~ koloryzować, nadawać pozór prawdopodobieństwa; **to join** ~s wstąpić do wojska; **under** ~ **of** pod pozorem; *vt vi* barwić (się); koloryzować; pozorować

col·oured [ˈkʌləd] *zob.* **colour** *v*; *adj* zabarwiony; barwny; ~ **man** człowiek rasy kolorowej

colt 1. [kəult] *s* źrebię; *pot.* młokos

Colt 2. [kəult] *s* kolt (rewolwer)

col·umn [ˈkɔləm] *s* kolumna, słup; szpalta, dział (gazety)

comb [kəum] *s* grzebień; *vt* czesać; *przen.* przeszukiwać

com·bat [ˈkɔmbæt] *s* bój, walka; *vt* zwalczać; *vi* walczyć

com·bat·ant [ˈkɔmbətənt] *adj* walczący; *s* kombatant

com·bi·na·tion [ˌkɔmbiˈneiʃn] *s* kombinacja; zrzeszenie, związek; *pl* ~s kombinacja (damska)

com·bine [kəmˈbain] *vt vi* kombinować, wiązać; zrzeszać (się), łączyć (się); *chem.* wiązać (się); *s* [ˈkɔmbain] kartel; kombajn

com·bus·ti·ble [kəmˈbʌstəbl] *adj* palny; *s* (*zw. pl* ~s) materiał łatwopalny

com·bus·tion [kəmˈbʌstʃən] *s* spalanie; **internal** ~ **engine** silnik spalinowy

*****come** [kʌm], **came** [keim], **come** [kʌm] *vi* przyjść, przyjechać; przybyć; stawać się; nadchodzić; zbliżać się; wypadać, przypadać; pochodzić; wynosić; wychodzić; dojść do czegoś, w końcu coś zrobić; **it** ~s **to 10 pounds to** wynosi 10 funtów; **nothing will** ~ **of it, this will** ~ **to nothing** nic z tego nie wyjdzie; **to** ~ **to believe** dojść do przekonania; ~ **about** zdarzyć się, stać się; ~ **across** sth natknąć się na coś; ~ **at** sth osiągnąć coś; dostać się do czegoś; ~ **by** sth przechodzić obok czegoś; nabyć, kupić coś; ~ **in**

wejść; ~ **into force** nabrać mocy; ~ **into sight** ukazać się; ~ **of** wynikać; ~ **of age** dojść do pełnoletności; ~ **off odejść;** oderwać się; dojść do skutku; zdarzyć się; odbyć się; ~ **on** nadchodzić; ~ **out** wychodzić; ukazywać się w druku; wyjść na jaw; ~ **over** przyjść, przybyć; ~ **up** podchodzić; wspinać się; (*o roślinach*) wyrastać; natknąć się, natrafić na coś; doganiać (**with sb** kogoś); ~ **up to sb's expectations** odpowiadać czyimś oczekiwaniom; ~ **up to the mark** stanąć na wysokości zadania (**na odpowiednim poziomie**); ~ **upon sb, sth** natknąć się, wpaść na kogoś, na coś; **life to** ~ życie przyszłe; **to** ~ **to pass** zdarzyć się; **he came to be a wreck** doszło do tego, że stał się wykolejeńcem; **to** ~ **unbuttoned** rozpiąć się; **to** ~ **unlaced** rozsznurować się; **to** ~ **unsewn** rozpruć się

co·me·di·an [kəˈmidiən] *s* komediant; komik; autor komedii

com·e·dy [ˈkɔmədi] *s* komedia

come·ly [ˈkʌmli] *adj* powabny; miły

com·er [ˈkʌmə(r)] *s* przybysz

com·et [ˈkɔmit] *s* kometa

com·fort [ˈkʌmfət] *s* komfort, wygoda; otucha, pociecha, ulga; *vt* pocieszać, dodawać otuchy, przynosić ulgę

com·fort·a·ble [ˈkʌmftəbl] *adj* wygodny; zadowolony, o dobrym samopoczuciu

com·ic [ˈkɔmik] *adj* komiczny; komediowy; *s pl* ~s komiks, historyjka obrazkowa

com·i·cal [ˈkɔmikl] *adj* komiczny, zabawny

com·ing [ˈkʌmiŋ] *zob.* **come;** *adj* przyszły, nadchodzący; dobrze zapowiadający się, obiecujący; *s* nadejście, przybycie; nastanie

com·ma [ˈkɔmə] *s* przecinek; **inverted** ~s cudzysłów

com·mand [kə'mɑːnd] *vt* rozkazywać, komenderować, dowodzić;
rozporządzać; panować, górować
(**sb, sth** nad kimś, nad czymś);
wzbudzać; wymagać, domagać się
(**sth** czegoś); *s* komenda, dowództwo, rozkaz; panowanie (**of sth**
nad czymś), opanowanie; władanie; zlecenie; **to be in ~ of sth**
mieć władzę nad czymś; **to have
a full ~ of English** biegle władać
językiem angielskim; **at ~** na
rozkaz; do rozporządzenia

com·man·dant ['kɒmən'dænt] *s* komendant

com·mand·er [kə'mɑːndə(r)] *s* komendant, dowódca; komandor
(orderu)

com·mand·er-in-chief [kə'mɑːndər
ɪn 'tʃiːf] *s* głównodowodzący,
wódz naczelny

com·mand·ment [kə'mɑːndmənt] *s*
przykazanie (boskie)

com·man·do [kə'mɑːndəʊ] *s* wojsk.
jednostka bojowa (szturmowo-
-desantowa); komandos (żołnierz
tej jednostki)

com·mem·o·rate [kə'meməreɪt] *vt*
upamiętniać; czcić (pamięć); obchodzić (rocznicę)

com·mence [kə'mens] *vt vi* zaczynać (się)

com·mend [kə'mend] *vt* polecać,
zalecać, powierzać

com·ment ['kɒment] *s* komentarz,
uwaga; *vi* komentować (**on, upon
sth** coś), wypowiadać się

com·men·ta·ry ['kɒmentrɪ] *s* komentarz, przypisy

com·merce ['kɒmɜːs] *s* handel

com·mer·cial [kə'mɜːʃl] *adj* handlowy; ~ **traveller** komiwojażer

com·mis·sa·ri·at ['kɒmɪ'sɛərɪət] *s* intendentura; zaopatrzenie (woj-
ska)

com·mis·sary ['kɒmɪsrɪ] *s* delegat;
komisarz; intendent

com·mis·sion [kə'mɪʃn] *s* zlecenie,
rozkaz; pełnomocnictwo, delegacja; komisja; urząd; prowizja;
patent oficerski; **a person in ~**
osoba delegowana (z mandatem);

to sell on ~ sprzedawać komiso-
wo (na prowizję); *vt* zlecić; u-
pełnomocnić; delegować; mianować

com·mis·sion·er [kə'mɪʃnə(r)] *s* pełnomocnik, mandatariusz; komi-
sarz; członek komisji

com·mit [kə'mɪt] *vt* popełnić; powierzyć; przekazać, odesłać; zobowiązać; angażować; *vr* ~ oneself angażować się, wdawać się
(**to sth** w coś)

com·mit·ment [kə'mɪtmənt] *s* po-
pełnienie; przekazanie, odesłanie;
zobowiązanie, zaangażowanie

com·mit·tee [kə'mɪtɪ] *s* komitet,
komisja

com·mod·i·ty [kə'mɒdətɪ] *s* towar,
artykuł

com·mo·dore ['kɒmədɔː(r)] *s* komandor

com·mon ['kɒmən] *adj* wspólny;
gminny; publiczny; codzienny,
zwykły, pospolity; ogólny, powszechny; ~ **law** prawo zwycza-
jowe; ~ **sense** zdrowy rozsądek;
s rzecz wspólna: wspólna łąka,
wspólne pastwisko; **in ~** wspólnie; **out of the ~** niezwykły

com·mon·er ['kɒmənə(r)] *s* szary
obywatel, członek gminu; członek Izby Gmin

com·mon·place ['kɒmənpleɪs] *s* komunał; *adj* banalny, pospolity

com·mons ['kɒmənz] *s pl* † lud,
gmin; **House of Commons** Izba
Gmin

com·mon·wealth ['kɒmənwelθ] *s*
dobro   publiczne;   republika;
wspólnota

com·mo·tion [kə'məʊʃn] *s* poruszenie, tumult; rozruchy

com·mu·nal ['kɒmjʊnl] *adj* gminny,
komunalny

com·mune ['kɒmjuːn] *s* komuna,
gmina

com·mu·ni·cate [kə'mjuːnɪkeɪt] *vt
vi* komunikować (się)

com·mu·ni·ca·tion [kə'mjuːnɪ'keɪʃn]
s komunikacja, łączność; udzie-
lanie informacji; kontakt, styczność

com·mun·ion [kə`mjunɪən] s wspól-
nota; łączność (duchowa); *rel.*
komunia

com·mu·ni·qué [kə`mjunɪkeɪ] s ko-
munikat

com·mu·nism [`komjunɪzm] s ko-
munizm

com·mu·nist [`komjunɪst] s komu-
nista; *adj* komunistyczny

com·mu·ni·ty [kə`mjunətɪ] s spo-
łeczność; wspólnota; gmina (np.
religijna)

com·mute [kə`mjut] *vt vi* zamie-
nić; *prawn.* złagodzić (karę); *am.*
dojeżdżać do pracy (z biletem o-
kresowym)

com·pact [kəm`pækt] *adj* zbity,
gęsty, zwarty; *vt* stłoczyć, zbić,
zgęścić; *s* [`kompækt] umowa, u-
goda; puderniczka

com·pan·ion [kəm`pænɪən] s towa-
rzysz; podręcznik

com·pan·ion·ship [kəm`pænɪənʃɪp]
s towarzystwo, towarzyszenie

com·pa·ny [`kʌmpənɪ] s towarzy-
stwo; kompania; *handl.* spółka;
to keep sb ~ dotrzymywać komuś towarzystwa; **to part ~ with**
sb zerwać z kimś stosunki

com·pa·ra·ble [`komprəbl] *adj* po-
równywalny; stosunkowy

com·par·a·tive [kəm`pærətɪv] *adj*
porównawczy; *s gram.* stopień
wyższy

com·pare [kəm`peə(r)] *vt* porówny-
wać, zestawiać; *vi* dorównywać
(**with sb** komuś), dać się porównać; *s w zwrocie:* **beyond ⟨with-
out, past⟩ ~** bez porównania; nie-
zrównanie

com·par·i·son [kəm`pærɪsn] s po-
równanie

com·part·ment [kəm`patmənt] s
przedział; przegroda

com·pass [`kʌmpəs] s obręb, zasięg,
zakres, granica; kompas; koło; *pl*
~es cyrkiel; *vt* obejmować, otaczać; okrążać; osiągać

com·pas·sion [kəm`pæʃn] s współ-
czucie, litość

com·pas·sion·ate [kəm`pæʃnət] *adj*
współczujący, litościwy

com·pat·i·ble [kəm`pætəbl] *adj* da-
jący się pogodzić, zgodny

com·pel [kom`pel] *vt* zmuszać, wy-
muszać

com·part·ment [kəm`patmənt] s
skrót, streszczenie

com·pen·sate [`kompənseɪt] *vt vi*
kompensować, wynagradzać

com·pete [kəm`pit] *vi* współzawod-
niczyć, konkurować; ubiegać się
(**for sth** o coś)

com·pe·tence [`kompɪtəns] s kom-
petencja; zadowalająca sytuacja
(materialna), zamożność

com·pe·ti·tion [ˌkompə`tɪʃn] s konkurs; zawody; współzawodnic-
two; *handl.* konkurencja

com·pet·i·tive [kəm`petətɪv] *adj*
konkursowy; konkurencyjny

com·pet·i·tor [kəm`petɪtə(r)] s kon-
kurent; biorący udział w konkursie; współzawodnik

com·pile [kəm`paɪl] *vt* kompilować,
zestawiać, opracowywać

com·pla·cence [kəm`pleɪsns], **com-
·pla·cen·cy** [kəm`pleɪsnsɪ] s zado-
wolenie; samozadowolenie

com·plain [kəm`pleɪn] *vi* skarżyć
się, narzekać (**to sb** **about ⟨of⟩**
sb, sth przed kimś na kogoś, na
coś)

com·plaint [kəm`pleɪnt] s skarga,
narzekanie; bolączka, dolegliwość

com·plai·sance [kəm`pleɪzns] s u-
przejmość, usłużność

com·ple·ment [`komplɪmənt] s u-
zupełnienie; *gram.* dopełnienie;
vt uzupełniać

com·ple·men·ta·ry [ˌkomplə`mentrɪ]
adj uzupełniający

com·plete [kəm`plit] *adj* komplet-
ny, zupełny; skończony; *vt* kompletować; kończyć; wypełniać

com·ple·tion [kəm`pliʃn] s wypeł-
nienie, uzupełnienie; zakończenie

com·plex [`kompleks] *adj* skompli-
kowany, zawiły; złożony; *s* kompleks

com·plex·ion [kəm`plekʃn] s cera,
płeć; wygląd

com·plex·i·ty [kəmˈpleksətɪ] *s* złożoność, zawiłość; gmatwanina

com·pli·ance [kəmˈplaɪəns] *s* zgoda, kompromisowość, zgodność; uległość; in ~ with your wishes zgodnie z pańskimi ⟨waszymi⟩ życzeniami

com·pli·cate [ˈkɒmplɪkeɪt] *vt* komplikować; wikłać; gmatwać

com·pli·ca·tion [ˈkɒmplɪˈkeɪʃn] *s* komplikacja

com·plic·i·ty [kəmˈplɪsətɪ] *s* współudział (w przestępstwie)

com·pli·ment [ˈkɒmplɪmənt] *s* komplement; *pl* ~s pozdrowienia, ukłony; to pay one's ~s przesyłać pozdrowienia, składać uszanowanie; *vt* [ˈkɒmplɪment] prawić komplementy; pozdrawiać; gratulować (sb on, upon sth komuś czegoś)

com·ply [kəmˈplaɪ] *vi* zgadzać się, stosować się (with sth do czegoś); spełnić (with a request prośbę)

com·po·nent [kəmˈpəʊnənt] *adj* wchodzący w skład, składowy; *s* część składowa, składnik

com·pose [kəmˈpəʊz] *vt* (także *druk.*) składać; stanowić; układać; łagodzić, uspokajać; tworzyć; komponować

com·posed [kəmˈpəʊzd] *adj* opanowany, skupiony, poważny

com·pos·er [kəmˈpəʊzə(r)] *s* kompozytor

com·pos·ite [ˈkɒmpəzɪt] *adj* złożony; *s bot.* roślina złożona

com·po·si·tion [ˈkɒmpəˈzɪʃn] *s* skład; układ; kompozycja; utwór; wypracowanie; mieszanina; usposobienie

com·pos·i·tor [kəmˈpozɪtə(r)] *s* zecer

com·post [ˈkɒmpost] *s* kompost

com·po·sure [kəmˈpəʊʒə(r)] *s* opanowanie, spokój

com·pote [ˈkɒmpəʊt] *s* kompot

com·pound 1. [ˈkɒmpaʊnd] *adj* złożony; mieszany; skomplikowany; *s* rzecz złożona, preparat; *gram.*

wyraz złożony; *chem.* związek; *vt* [kəmˈpaʊnd] składać, mieszać, łączyć

com·pound 2. [ˈkɒmpaʊnd] *s* ogrodzony teren domu, fabryki itp.

com·pre·hend [ˈkɒmprɪˈhend] *vt* obejmować; zawierać; pojmować, rozumieć

com·pre·hen·si·ble [ˈkɒmprɪˈhensəbl] *adj* zrozumiały; dający się objąć rozumem

com·pre·hen·sion [ˈkɒmprɪˈhenʃn] *s* zrozumienie, pojmowanie; zasięg

com·pre·hen·sive [ˈkɒmprɪˈhensɪv] *adj* obszerny, wyczerpujący; pojemny; pojętny; wszechstronny; ~ school szkoła ogólnokształcąca

com·press [kəmˈpres] *vt* ściskać, zgęszczać; streszczać; *s* [ˈkɒmpres] kompres; *med.* tampon

com·pres·sion [kəmˈpreʃn] *s* ściśnięcie, zgęszczenie; sprężenie; zwięzłość

com·prise [kəmˈpraɪz] *vt* obejmować, zawierać

com·pro·mise [ˈkɒmprəmaɪz] *s* kompromis, ugoda; *vi vt* iść na ustępstwa (on, upon sth w sprawie czegoś), kompromisowo załatwiać; kompromitować; narażać

com·pul·sion [kəmˈpʌlʃn] *s* przymus

com·pul·so·ry [kəmˈpʌlsrɪ] *adj* przymusowy

com·punc·tion [kəmˈpʌŋkʃn] *s* skrucha; skrupuły

com·pu·ta·tion [ˈkɒmpjuˈteɪʃn] *s* obliczenie

com·pute [kəmˈpjut] *vt* obliczać

com·put·er [kəmˈpjutə(r)] *s* elektroniczna maszyna cyfrowa, komputer

com·rade [ˈkɒmreɪd] *s* towarzysz, kolega

com·rade·ship [ˈkɒmreɪdʃɪp] *s* koleżeństwo; braterstwo

con [kɒn] *praep łac.* = contra przeciw; *s pl* ~s głosy przeciw; zob. pro

con·cave [ˋkɔŋkeɪv] *adj* wklęsły; *s* wklęsłość

con·ceal [kənˋsiːl] *vt* ukrywać, taić

con·ceal·ment [kənˋsiːlmənt] *s* ukrycie, zatajenie

con·cede [kənˋsiːd] *vi* ustąpić; *vt* przyznać, uznać; przyzwolić

con·ceit [kənˋsiːt] *s* próżność, zarozumiałość; mniemanie; † koncept

con·ceit·ed [kənˋsiːtɪd] *adj* próżny, zarozumiały

con·ceiv·a·ble [kənˋsiːvəbl] *adj* możliwy do pomyślenia ⟨wyobrażenia, zrozumienia⟩

con·ceive [kənˋsiːv] *vt vi* począć dziecko, zajść w ciążę; pojąć; wpaść na pomysł; wyobrazić sobie; ująć (w formę).

con·cen·trate [ˋkɔnsntreɪt] *vt vi* koncentrować (się), skupiać (się); stężać

con·cen·tra·tion [ˏkɔnsnˋtreɪʃn] *s* koncentracja, skupienie (się); stężenie

con·cept [ˋkɔnsept] *s* pojęcie; myśl, pomysł

con·cep·tion [kənˋsepʃn] *s* poczęcie (dziecka), zajście w ciążę; koncepcja; pojęcie

con·cern [kənˋsɜːn] *vt* dotyczyć; interesować, zajmować (się); niepokoić się, powodować się troską; to be ∼ed o coś troszczyć się, być zainteresowanym (about sth czymś); mieć do czynienia (with sth z czymś); I am not ∼ed in it to mnie nie dotyczy, nie mam z tym nic wspólnego; as ∼s co się tyczy; my life is ∼ed chodzi o kogoś, o coś; *s* zainteresowanie; związek; udział; stosunek; znaczenie; niepokój, troska; sprawa; *handl.* koncern; it's no ∼ of mine to nie moja sprawa

con·cern·ing [kənˋsɜːnɪŋ] *praep* odnośnie do, co do, co się tyczy; w sprawie

con·cert [ˋkɔnsət] *s* koncert; zgoda, porozumienie; *vt* [kənˋsɜːt] wspólnie planować, układać (np. plan)

con·ces·sion [kənˋseʃn] *s* koncesja; ustępstwo; przyzwolenie

con·cil·i·ate [kənˋsɪlɪeɪt] *vt* pojednać, pogodzić; zjednać sobie

con·cil·i·a·tion [kənˏsɪlɪˋeɪʃn] *s* pojednanie, pogodzenie

con·cil·i·a·to·ry [kənˋsɪlɪətrɪ] *adj* pojednawczy

con·cise [kənˋsaɪs] *adj* zwięzły

con·clude [kənˋkluːd] *vt vi* kończyć (się); zawierać; wnioskować; zdecydować

con·clu·sion [kənˋkluːʒn] *s* zakończenie; zawarcie (traktatu); wniosek, wynik

con·clu·sive [kənˋkluːsɪv] *adj* końcowy; przekonywający; decydujący; rozstrzygający

con·coct [kənˋkɔkt] *vt* sporządzić, skombinować; wymyślić

con·cord [ˋkɔŋkəd] *s* zgoda, ugoda, jedność

con·cord·ance [kənˋkɔdns] *s* zgoda, harmonia

con·course [ˋkɔŋkəs] *s* zbiegowisko, tłum; zbieg (ulic itp.); skupienie

con·crete 1. [ˋkɔŋkriːt] *adj* konkretny; betonowy; *s* konkret; beton

con·crete 2. [ˋkɔŋkriːt] *vi* zgęszczać (się), tworzyć masę, tężeć

con·cur [kənˋkɜː(r)] *vi* zbiegać się; zgadzać się; współdziałać

con·cur·rence [kənˋkʌrns] *s* zbieg (okoliczności), zbieżność; współdziałanie, zgoda

con·demn [kənˋdem] *vt* potępiać; skazywać

con·dem·na·tion [ˏkɔndəmˋneɪʃn] *s* potępienie; skazanie

con·den·sa·tion [ˏkɔndenˋseɪʃn] *s* zgęszczenie, kondensacja; zwięzłość

con·dense [kənˋdens] *vt vi* zgęszczać (się), kondensować (się); streścić

con·de·scend [ˏkɔndɪˋsend] *vi* zniżyć się; raczyć, być łaskawym

con·di·ment [ˋkɔndɪmənt] *s* przyprawa

con·di·tion [kən`dɪʃn] s położenie; stan; warunek; *pl* ~s otoczenie; warunki; on ~ pod warunkiem, że, jeśli; *vt* warunkować; uzależniać; doprowadzać do odpowiedniego stanu; klimatyzować; *med.* ~ed reflex odruch warunkowy

con·di·tion·al [kən`dɪʃnl] *adj* warunkowy; zależny (on sth od czegoś); *gram.* warunkowy; s *gram.* tryb warunkowy

con·dole [kən`dəul] *vi* współczuć; składać wyrazy współczucia (with sb on, upon sth komuś z powodu czegoś)

con·do·lence [kən`dəuləns] s współczucie, wyrazy współczucia

con·duce [kən`djus] *vi* doprowadzić; przyczynić się, sprzyjać

con·ducive [kən`djusɪv] *adj* prowadzący; sprzyjający

con·duct [kən`dʌkt] *vt vi* prowadzić, kierować; dowodzić; dyrygować; *vr* ~ oneself prowadzić się, zachowywać się; s [`kondʌkt] prowadzenie (się), sprawowanie; kierownictwo

con·duc·tor [kən`dʌktə(r)] s konduktor; kierownik; dyrygent; (*także fiz.*) przewodnik

con·duit [`kondɪt] s przewód, kanał, rura; *elektr.* rura izolacyjna

cone [kəun] s stożek; szyszka

con·fab·u·late [kən`fæbjuleɪt] *vi* gawędzić

con·fec·tion [kən`fekʃn] s cukierek; konfekcja (damska); *zbior.* słodycze; konfitury

con·fec·tion·er [kən`fekʃnə(r)] s cukiernik

con·fec·tion·e·ry [kən`fekʃnrɪ] s fabryka cukierków; cukiernia; *zbior.* wyroby cukiernicze

con·fed·er·a·cy [kən`fedrəsɪ] s konfederacja; spisek

con·fed·er·ate [kən`fedrət] *adj* sprzymierzony; s sprzymierzeniec, konfederat; *vi* [kən`fedəreɪt] sprzymierzać się; spiskować

con·fer [kən`fɜ(r)] *vt* nadawać (sth

on sb coś komuś); *vi* konferować

con·fer·ence [`konfrns] s konferencja, narada; zjazd

con·fess [kən`fes] *vt vi* wyznawać; przyznawać się; spowiadać (się)

con·fes·sion [kən`feʃn] s wyznanie; przyznanie się; spowiedź

con·fes·sor [kən`fesə(r)] s spowiednik; wyznawca

con·fi·dant [`konfɪ`dænt] s powiernik

con·fide [kən`faɪd] *vt* dowierzać, ufać (in sb komuś); zwierzać się (to sb komuś); *vt* powierzać; zwierzać się (sth z czegoś)

con·fi·dence [`konfɪdəns] s zaufanie; poufność; zwierzenie; pewność siebie; przeświadczenie

con·fi·dent [`konfɪdənt] *adj* ufny; przekonany, pewny; pewny siebie; s powiernik

con·fi·den·tial [`konfɪ`denʃl] *adj* poufny; zaufany

con·fine [kən`faɪn] *vt* ograniczać; zamykać (w więzieniu); ~d to bed złożony chorobą; s [`konfaɪn] (*zw. pl* ~s) granica

con·fine·ment [kən`faɪnmənt] s ograniczenie; odosobnienie; zamknięcie (w więzieniu); poród; obłożna choroba

con·firm [kən`fɜm] *vt* potwierdzać, zatwierdzać; wzmacniać, utwierdzać; *rel.* konfirmować

con·fir·ma·tion [`konfə`meɪʃn] s potwierdzenie, zatwierdzenie; wzmocnienie; *rel.* konfirmacja, bierzmowanie

con·firmed [kən`fɜmd] *zob.* **confirm**; *adj* zatwardziały, stały, uporczywy; nałogowy

con·fis·cate [`konfɪskeɪt] *vt* konfiskować

con·fla·gra·tion [`konflə`greɪʃn] *s* pożar

con·flict [`konflɪkt] s starcie, konflikt, kolizja; *vi* [kən`flɪkt] ścierać się, walczyć; nie zgadzać się, kolidować

con·form [kən`fɔm] *vt vi* dostosować (się), upodobnić (się), uzgodnić

con·form·i·ty [kən'fɔmətɪ] s dostosowanie, zgodność; in ~ zgodnie

con·found [kən'faund] vt pomieszać, poplątać; zaskoczyć; konfundować; burzyć, niszczyć; ~ it! do diabła!

con·front [kən'frʌnt] vt stawać naprzeciw (twarzą w twarz); konfrontować; porównywać; stawać w obliczu; stawiać czoło; stanąć (sb przed kimś); to be ~ed with ⟨by⟩ sb, sth stanąć przed kimś, czymś ⟨wobec kogoś, czegoś⟩

con·fuse [kən'fjuz] vt mieszać, plątać; zmieszać, zażenować

con·fu·sion [kən'fjuʒn] s zamieszanie, chaos, nieporządek; zmieszanie, zażenowanie

con·fute [kən'fjut] vt zbijać (argument); przekonać kogoś, że się myli

con·geal [kən'dʒil] vt zamrozić, ściąć; vi zamarznąć; krzepnąć, ścinać się

con·ge·nial [kən'dʒiniəl] adj pokrewny, bliski duchem, sympatyczny; odpowiedni

con·gen·i·tal [kən'dʒenɪtl] adj wrodzony, przyrodzony

con·ges·tion [kən'dʒestʃən] s skupienie, zatłoczenie; przeciążenie; przekrwienie

con·grat·u·late [kən'grætʃuleɪt] vt gratulować (sb on, upon sth komuś czegoś)

con·grat·u·la·tion [kən'grætʃu'leɪʃn] s (zw. pl ~s) gratulacje

con·gre·gate [kən'grɪgeɪt] vt vi gromadzić (się), skupiać (się)

con·gre·ga·tion [kɔŋgrɪ'geɪʃn] s zgromadzenie, kongregacja; zbiór. parafia

con·gress [kɔŋgres] s kongres; am. Congress Kongres

con·gress·man [kɔŋgresmən] s am. członek Kongresu

con·ic(al) [kɔnɪk(l)] adj stożkowy, stożkowaty

coni·fer [kɔnɪfə(r)] n drzewo iglaste

co·nif·er·ous [kəu'nɪfərəs] adj bot. (o drzewie) iglasty

con·jec·tur·al [kən'dʒektʃərl] adj przypuszczalny, domniemany

con·jec·ture [kən'dʒektʃə(r)] s przypuszczenie, domniemanie, domysł; vt vi przypuszczać, domyślać się, stawiać hipotezę

con·ju·gal [kɔndʒugl] adj małżeński

con·ju·gate [kɔndʒu'geɪt] vt koniugować; vi zespalać się

con·ju·ga·tion [kɔndʒu'geɪʃn] s zespolenie; gram. koniugacja

con·junc·tion [kən'dʒʌŋkʃn] s związek; gram. spójnik

con·junc·tive [kən'dʒʌŋktɪv] adj łączący; gram. spójnikowy; gram. spójnik

con·junc·ture [kən'dʒʌŋktʃə(r)] s zbieg okoliczności; stan rzeczy, koniunktura

con·jure 1. [kən'dʒuə(r)] vt zaklinać, błagać

con·jure 2. [kʌndʒə(r)] vt vi uprawiać czarnoksięstwo, czarować; ~ up wywoływać (duchy), wyczarować (w wyobraźni)

con·jur·er [kʌndʒrə(r)] s czarnoksiężnik, magik

con·nect [kə'nekt] vt vi łączyć (się), wiązać (się); stykać (się)

con·nect·ed [kə'nektɪd] zob. connect; adj połączony, związany; pokrewny, powinowaty; well ~ dobrze ustosunkowany

con·nec·tion, con·nex·ion [kə'nekʃn] s związek, koneksja; (także elektr.) kontakt; pokrewieństwo; znajomości; klientela; połączenie (kolejowe itp.); in this ~ w związku z tym

con·ni·vance [kə'naivəns] s przyzwolenie; pobłażanie, tolerowanie

con·nive [kə'naiv] vi przyzwalać, patrzeć przez palce (at sth na coś); brać cichy udział (at sth w czymś)

con·nois·seur ['kɔnɪ`sɜ(r)] s znawca, koneser

con·quer ['kɔŋkə(r)] vt zdobyć, pokonać, zwyciężyć, podbić

con·quer·or ['kɔŋkərə(r)] s zdobywca

con·quest ['kɔŋkwest] s zdobycie, podbój, zwycięstwo

con·science ['kɔnʃns] s sumienie

con·sci·en·tious ['kɔnʃɪ`enʃəs] adj sumienny

con·scious ['kɔnʃəs] adj świadomy; przytomny

con·scious·ness ['kɔnʃəsnəs] s świadomość; przytomność

con·script ['kɔnskrɪpt] s poborowy, rekrut; adj poborowy; vt [kən`skrɪpt] brać do wojska

con·scrip·tion [kən`skrɪpʃn] s pobór; obowiązek służby wojskowej

con·se·crate ['kɔnsɪkreɪt] vt poświęcać, konsekrować

con·se·cu·tion ['kɔnsɪ`kjuʃn] s następstwo

con·sec·u·tive [kən`sekjutɪv] adj kolejny, następny z rzędu; gram. skutkowy

con·sent [kən`sent] vi zgadzać się (to sth na coś); s zgoda; with one ~, by general ~ jednomyślnie

con·se·quence ['kɔnsɪkwəns] s następstwo, wynik; konsekwencja; wniosek; znaczenie, doniosłość

con·se·quent ['kɔnsɪkwent] adj wynikający, będący następstwem (on, upon sth czegoś); konsekwentny; późniejszy; s skutek, wynik, rezultat

con·se·quen·tial ['kɔnsɪ`kwenʃl] adj wynikający, logicznie uzasadniony; mający wysokie mniemanie o sobie

con·ser·va·tion ['kɔnsə`veɪʃn] s ochrona, konserwacja; rezerwat

con·serv·a·tive [kən`sɜvətɪv] adj konserwatywny; s konserwatysta

con·ser·va·toire [kən`sɜvətwɑ(r)] s konserwatorium

con·serv·a·to·ry [kən`sɜvətrɪ] s konserwatorium; cieplarnia

con·serve [kən`sɜv] vt przechowywać, konserwować; s pl ~s konserwy owocowe

con·sid·er [kən`sɪdə(r)] vt vi rozpatrywać, rozważać, brać pod uwagę; poczytywać, uważać (sb sth kogoś za coś); szanować, mieć wzgląd

con·sid·er·a·ble [kən`sɪdrəbl] adj znaczny

con·sid·er·ate [kən`sɪdɾət] adj uważny, myślący; pełen względów, delikatny

con·sid·er·a·tion [kən`sɪdə`reɪʃn] s rozważanie, rozwaga; wgląd; uwaga; wynagrodzenie; uznanie, szacunek; znaczenie; wzgląd; in ~ ze względu (of sth na coś); to take into ~ uwzględnić

con·sid·er·ing [kən`sɪdɾɪŋ] praep zważywszy, z uwagi, ze względu (sth na coś)

con·sign [kən`saɪn] vt przekazywać, powierzać, wydawać; przesyłać

con·sign·ment [kən`saɪnmənt] s powierzenie, przekazanie, wydanie; przesyłka, wysyłka; handl. przesyłka konsygnowana

con·sist [kən`sɪst] vi składać się, być złożonym (of sth z czegoś); polegać (in sth na czymś)

con·sist·ence [kən`sɪstəns], con·sist·en·cy [kən`sɪstənsɪ] s gęstość, zwartość, konsystencja; zgodność; konsekwencja, stanowczość

con·sist·ent [kən`sɪstənt] adj zwarty; zgodny; konsekwentny

con·so·la·tion ['kɔnsə`leɪʃn] s pocieszenie

con·sole [kən`səul] vt pocieszać; s ['kɔnsəul] konsola

con·sol·i·date [kən`sɔlɪdeɪt] vt vi konsolidować, utwierdzać (się); jednoczyć (się)

con·so·nance ['kɔnsənəns] s harmonia, zgodność

con·so·nant ['kɔnsənənt] adj harmonijny, zgodny; s gram. spółgłoska

con·sort ['kɔnsɔt] s współmałżonek; prince ~ książę małżonek

con·spic·u·ous [kənˈspɪkjuəs] *adj* widoczny, okazały; wybitny

con·spir·a·cy [kənˈspɪrəsɪ] *s* spisek, konspiracja

con·spire [kənˈspaɪə(r)] *vi vt* spiskować, sprzysięgać się; knuć

con·sta·ble [ˈkʌnstəbl] *s* policjant; konstabl

con·stan·cy [ˈkɒnstənsɪ] *s* stałość, trwałość, wytrwałość; wierność

con·stant [ˈkɒnstənt] *adj* stały, trwały, wytrwały; wierny

con·stel·la·tion [ˌkɒnstəˈleɪʃn] *s* konstelacja, gwiazdozbiór

con·ster·na·tion [ˌkɒnstəˈneɪʃn] *s* przerażenie

con·sti·pa·tion [ˌkɒnstɪˈpeɪʃn] *s* obstrukcja, *pot.* zatwardzenie

con·stit·u·en·cy [kənˈstɪtjuənsɪ] *s* wyborcy; okręg wyborczy; klientela, abonenci

con·stit·u·ent [kənˈstɪtjuənt] *adj* składowy; ustawodawczy; *s* element, część składowa; wyborca

con·sti·tute [ˈkɒnstɪtjut] *vt* stanowić, tworzyć; ustanawiać, konstytuować; mianować; **to be so ∼d that ...** mieć taką naturę, że...; **to be weakly ∼d** mieć wątły organizm

con·sti·tu·tion [ˌkɒnstɪˈtjuʃn] *s* konstytucja; skład; budowa (fizyczna); struktura psychiczna; ustanowienie

con·strain [kənˈstreɪn] *vt* zmuszać; krępować, ograniczać

con·straint [kənˈstreɪnt] *s* przemoc, przymus; skrępowanie, ograniczenie

con·strict [kənˈstrɪkt] *vt* ściągać, zwężać, zaciskać, dusić

con·struct [kənˈstrʌkt] *vt* konstruować, budować

con·struc·tion [kənˈstrʌkʃn] *s* konstrukcja, budowa, budowla

con·struc·tive [kənˈstrʌktɪv] *adj* konstruktywny, twórczy; konstrukcyjny

con·strue [kənˈstru] *vt* objaśniać, interpretować; *gram.* robić rozbiór (zdania); *vi* (*o zdaniu*) mieć dobrą ⟨złą⟩ składnię

con·sul [ˈkɒnsl] *s* konsul

con·sul·ate [ˈkɒnsjulət] *s* konsulat

con·sult [kənˈsʌlt] *vt* radzić się (**sb** kogoś); brać pod uwagę, rozważać; **to ∼ a dictionary** sięgać do słownika; *vi* naradzać się

con·sume [kənˈsjum] *vt vi* spożywać; zużywać (się); niszczyć, trawić; marnować (się); spalać (się)

con·sum·er [kənˈsjumə(r)] *s* spożywca, konsument; **∼(s') goods** artykuły konsumpcyjne

con·sum·mate [ˈkɒnsəmeɪt] *vt* dokonywać, dopełniać; kończyć; *adj* [kənˈsʌmət] doskonały; zupełny; skończony

con·sum·ma·tion [ˌkɒnsəˈmeɪʃn] *s* dokonanie, dopełnienie; uwieńczenie

con·sump·tion [kənˈsʌmpʃn] *s* spożycie; zużycie; zniszczenie, strawienie; *med.* gruźlica

con·sump·tive [kənˈsʌmptɪv] *adj* niszczący; gruźliczy; *s* gruźlik

con·tact [ˈkɒntækt] *s* kontakt, styczność; **to come into ∼, to make ∼** kontaktować się; *vt vi* zetknąć (się), kontaktować (się) (**sb** z kimś)

con·ta·gion [kənˈteɪdʒən] *s* *dosł. i przen.* zaraza, zakażenie

con·ta·gious [kənˈteɪdʒəs] *adj* zakaźny, zaraźliwy

con·tain [kənˈteɪn] *vt* zawierać; mieścić; powstrzymywać; *vr* **∼ oneself** panować nad sobą

con·tain·er [kənˈteɪnə(r)] *s* zbiornik, pojemnik, kontener, skrzynia, bak

con·tam·i·nate [kənˈtæmɪneɪt] *vt* zanieczyścić, splugawić, zakazić; wywrzeć zły wpływ

con·tem·plate [ˈkɒntəmpleɪt] *vt vi* oglądać; rozmyślać; mieć na myśli; zamierzać

con·tem·po·ra·ry [kənˈtempりɪ] *adj* współczesny; dzisiejszy; *s* współcześnie żyjący; rówieśnik

con·tempt [kənˈtempt] *s* pogarda, lekceważenie; obraza

con·tempt·i·ble [kən'temptəbl] *adj*
zasługujący na pogardę; podły

con·tempt·u·ous [kən'temptʃuəs] *adj*
pogardliwy; gardzący

con·tend [kən'tend] *vi* spierać się;
rywalizować; ubiegać się **(for sth**
o coś), walczyć; twierdzić

con·tent 1. [kən'tent] *s* zadowolenie; *adj* zadowolony; *vt* zadowalać

con·tent 2. ['kontent] *s* zawartość;
istota; (zw. pl ~s) treść (książki
itp.); **table of** ~s **spis rzeczy**

con·tent·ed [kən'tentɪd] *zob.* **content 1.**; *adj* zadowolony

con·ten·tion [kən'tenʃn] *s* spór,
sprzeczka; walka, rywalizacja;
twierdzenie, argument (w sporze)

con·tent·ment [kən'tentmənt] *s* zadowolenie

con·test [kən'test] *vt vi* spierać się,
rywalizować; ubiegać się; kwestionować; *s* ['kontest] spór; rywalizacja; zawody, konkurs

con·text ['kontekst] *s* kontekst

con·ti·gu·i·ty ['kontɪ'gjuətɪ] *s* przyleganie, bliskość

con·tig·u·ous [kən'tɪgjuəs] *adj* przyległy, sąsiedni

con·ti·nence ['kontɪnəns] *s* wstrzemięźliwość

con·ti·nent 1. ['kontɪnənt] *s* kontynent

con·ti·nent 2. ['kontɪnənt] *adj*
wstrzemięźliwy

con·tin·gen·cy [kən'tɪndʒənsɪ] *s*
przypadkowość; ewentualność;
nieprzewidziany wydatek

con·tin·gent [kən'tɪndʒənt] *adj*
przypadkowy, ewentualny; warunkowy, uwarunkowany; *s* kontyngent; ewentualność, przypadek

con·tin·u·al [kən'tɪnjuəl] *adj* ciągły,
powtarzający się, ustawiczny

con·tin·u·ance [kən'tɪnjuəns] *s*
trwanie, ciągłość; dalszy ciąg

con·tin·u·a·tion [kən'tɪnju'eɪʃn] *s*
kontynuacja, ciąg dalszy

con·tin·ue [kən'tɪnju] *vt* kontynuować, dalej coś robić, prowadzić;
to be ~d ciąg dalszy nastąpi; *vi*

trwać nadal, ciągnąć się dalej,
pozostawać w dalszym ciągu

con·tin·u·ous [kən'tɪnjuəs] *adj* dalej trwający, nieprzerwany, trwały, stały

con·tort [kən'tɔt] *vt* skrzywić; zwichnąć

con·tour ['kontuə(r)] *s* zarys, kontur; *geogr.* ~ **line** poziomica

con·tra·band ['kontrəbænd] *s* kontrabanda, przemyt

con·tra·cep·tive ['kontrə'septɪv] *s*
środek antykoncepcyjny; *adj* antykoncepcyjny

con·tract ['kontrækt] *s* umowa,
kontrakt; *vt vi* [kən'trækt] kontraktować; zobowiązywać się; zawierać (umowę, przyjaźń itp.);
ściągnąć (się), skurczyć (się); zaciągnąć (dług); nabawić się (np.
choroby)

con·trac·tor [kən'træktə(r)] *s* kontrahent; przedsiębiorca; dostawca

con·tra·dict ['kontrə'dɪkt] *vt* zaprzeczać **(sth** czemuś); **być w
sprzeczności (sth z czymś); przeczyć (sb komuś)

con·tra·dic·tion ['kontrə'dɪkʃn] *s*
zaprzeczenie; sprzeciw; sprzeczność

con·tra·dic·to·ry ['kontrə'dɪktərɪ]
adj przeczący, sprzeczny, przeciwstawny

con·tra·dis·tinc·tion ['kontrədɪ'stɪŋ
kʃn] *s* przeciwieństwo, odróżnienie (przez kontrast)

con·tra·ry ['kontrərɪ] *adj* sprzeczny, przeciwny; niepomyślny; *s*
przeciwieństwo; **on the** ~ **przeciwnie, na odwrót;** *adv* **wbrew,
przeciwnie, w przeciwieństwie**

con·trast [kən'trast] *s* kontrast; *vt
vi* [kən'trast] kontrastować; przeciwstawiać

con·trib·ute [kən'trɪbjut] *vt vi*
wnieść udział ⟨wkład⟩; dołożyć
się; **to** ~ **money etc. to sth** przyczynić się finansowo itp. do czegoś; **to** ~ **to a magazine** współpracować z czasopismem, pisać
(artykuły) do czasopisma

con·tri·bu·tion [ˌkɒntrɪˈbjuːʃn] s
przyczynek, wkład, współudział;
datek; współpraca (z pismem),
artykuł w piśmie; kontrybucja,
odszkodowanie wojenne

con·trite [kɒnˈtraɪt] adj skruszony

con·tri·tion [kənˈtrɪʃn] s skrucha

con·tri·vance [kənˈtraɪvəns] s pomysł, plan; pomysłowość; wynalazek; urządzenie

con·trive [kənˈtraɪv] vt vi wymyślić, obmyślić; zaplanować; wynaleźć; doprowadzić do czegoś,
uskutecznić; zrobić coś pomyśl-
nie, zdołać

con·trol [kənˈtrəʊl] vt kontrolować;
regulować; rządzić, kierować, zarządzać, nadzorować; wstrzymywać; **panować (with nad czymś)**;
sterować; s nadzór, kontrola;
władza, kierownictwo; kierowanie, sterowanie; regulowanie; panowanie; pl ~s techn. sterownica; przyrządy do sterowania; adj
attr sterujący, regulujący; kontrolny

con·tro·ver·sial [ˌkɒntrəˈvɜːʃl] adj
sporny, polemiczny, kontrowersyjny

con·tro·ver·sy [ˈkɒntrəvɜːsɪ] s spór,
polemika, kontrowersja

con·tu·me·ly [ˈkɒntjumlɪ] s obelży-
we traktowanie, obelga

con·tu·sion [kənˈtjuːʒn] s kontuzja;
stłuczenie

con·va·lesce [ˌkɒnvəˈles] vi przychodzić do zdrowia

con·va·les·cence [ˌkɒnvəˈlesns] s
rekonwalescencja

con·vene [kənˈviːn] vt vi zwoływać,
wzywać; zbierać (się)

con·ve·nience [kənˈviːnɪəns] s wygoda; pl ~s komfort; **at your ~**
kiedy ⟨jak⟩ ci będzie wygodnie;
marriage of ~ małżeństwo z rozsądku

con·ve·nient [kənˈviːnɪənt] adj wygodny, dogodny

con·ven·tion [kənˈvenʃn] s umowa;
zebranie; zwyczaj; konwencja; pl
~s konwenanse

con·ven·tion·al [kənˈvenʃnl] adj u-
mowny, zwyczajowy; konwencjonalny; stereotypowy

con·verge [kənˈvɜːdʒ] vi zbiegać się
(w jednym punkcie); vt skupiać

con·ver·sant [kənˈvɜːsnt] adj dobrze
znający **(with sth coś), dobrze**
poinformowany **(with sth o
czymś)**, biegły

con·ver·sa·tion [ˌkɒnvəˈseɪʃn] s rozmowa, konwersacja

con·verse 1. [kənˈvɜːs] vi rozmawiać

con·verse 2. [ˈkɒnvɜːs] adj odwrotny, odwrócony; s odwrócenie,
odwrotność

con·ver·sion [kənˈvɜːʃn] s konwer-
sja; przemiana; nawrócenie; odwrócenie

con·vert [kənˈvɜːt] vt zmieniać,
przemienić; sprzeniewierzyć; nawracać; konwertować; s [ˈkɒnvɜːt]
konwertyta, nawrócony

con·vex [ˈkɒnveks] adj wypukły

con·vey [kənˈveɪ] vt przewozić,
przesyłać, przekazywać; komunikować

con·vey·ance [kənˈveɪəns] s przewóz, przenoszenie, przekazanie;
doprowadzenie; komunikowanie;
uzmysławianie; pojazd

con·vict [kənˈvɪkt] vt przekonywać (of sth o czymś); udowadniać (sb of sth komuś coś); uznać
sądownie winnym (of sth czegoś);
s [ˈkɒnvɪkt] skazaniec

con·vic·tion [kənˈvɪkʃn] s przekonanie; zasądzenie, osądzenie, u-
dowodnienie winy

con·vince [kənˈvɪns] vt przekonać
(of sth o czymś)

con·viv·i·al [kənˈvɪvɪəl] adj towarzyski, wesoły

con·vo·ca·tion [ˌkɒnvəˈkeɪʃn] s zwo-
łanie; zebranie

con·voke [kənˈvəʊk] vt zwoływać,
zbierać

con·voy [ˈkɒnvɔɪ] s konwój, kon-
wojowanie; vt [kənˈvɔɪ] konwojować

con·vulse [kənˈvʌls] vt wstrząsać;
przyprawiać o konwulsje

con·vul·sion [kən'vʌlʃn] s konwulsja; wstrząs

coo [ku] vt vi gruchać; gaworzyć

cook [kuk] vt vi gotować (się);
przen. fałszować; s kucharz

cook·er·y ['kukəri] s sztuka kuli-
narna

cool [kul] adj chłodny; oziębły; s
chłód; vt vi chłodzić (się), studzić (się); ~ **down** ostygnąć;
przen. ochłonąć

coo·lie, coo·ly ['kuli] s kulis

cool·ness ['kulnəs] s chłód; przen.
zimna krew

coop [kup] s kojec

co-op, am. **coop** ['kəu op] s pot.
kooperatywa

coop·er ['kupə(r)] s bednarz

co-op·er·ate, am. **co·op·er·ate** [kəu
'opəreit] vi współdziałać, współpracować

co-op·er·a·tion, am. **co·op·er·a·tion**
[kəu opə'reiʃn] s współdziałanie,
kooperacja

co-op·er·a·tive [kəu 'oprətiv] adj
współdziałający, chętny do współdziałania; spółdzielczy; s (także
~ **society**) spółdzielnia; (także ~
shop) sklep spółdzielczy

co-opt [kəu 'opt] vt kooptować

co-or·di·nate ['kəu 'ɔdəneit] vt koordynować; adj ['kəu 'ɔdnət] równorzędny; gram. współrzędny

cop [kop] s pot. policjant

co-part·ner [kəu 'patnə(r)] s wspólnik, udziałowiec

cope [kəup] vi zmagać się, borykać
się; radzić sobie, podołać

co·pi·ous ['kəupiəs] adj obfity;
płodny

cop·per ['kopə(r)] s miedź; miedziak

cop·pice ['kopis] s zarośla, lasek,
zagajnik

cop·u·late ['kopjuleit] vi spółko-
wać

cop·y ['kopi] s kopia; egzemplarz;
rękopis, maszynopis; rough ~
brudnopis; fair ⟨clean⟩ ~ czystopis; vt vi kopiować, przepisywać;
naśladować

cop·y-book ['kopibuk] s (szkolny)
zeszyt do ćwiczeń

cop·y·right ['kopirait] s prawo autorskie; vt zastrzec sobie prawo
autorskie

cor·al ['korl] s koral

cord [kɔd] s sznur, sznurek, lina;
vocal ~ struna głosowa

cord·age ['kɔdidʒ] s liny; mors. o-
linowanie

cord·ial ['kɔdiəl] adj serdeczny; s
środek nasercowy

cor·di·al·i·ty ['kɔdi'æləti] s serdeczność

cor·du·roy ['kɔdərɔi] s sztruks; pl
~s spodnie sztruksowe

core [kɔ(r)] s rdzeń, jądro; sedno; ogryzek (owocu); przen. serce, dusza

cork [kɔk] s korek; vt korkować

cork·screw ['kɔkskru] s korkociąg

corn 1. [kɔn] s ziarno, zboże; am.
kukurydza

corn 2. [kɔn] s nagniotek, odcisk

cor·ner ['kɔnə(r)] s róg, węgieł;
kąt; moment krytyczny; mat.
wierzchołek; adj attr narożny; vt
zapędzić w kąt, przyprzeć do muru

cor·ner-stone ['kɔnəstəun] s kamień węgielny

corn·flower ['kɔnflauə(r)]s bławatek

cor·nice ['kɔnis] s gzyms

cor·ol·la·ry [kə'roləri] s wniosek;
wynik

cor·o·ner ['kɔrənə(r)] s sędzia śled-
czy

cor·po·ral 1. ['kɔprl] adj cielesny

cor·po·ral 2. ['kɔprl] s kapral

cor·po·ra·tion ['kɔpə'reiʃn] s korporacja; handl. towarzystwo,
spółka

cor·por·e·al [kɔ'pɔriəl] adj cielesny,
materialny

corps [kɔ(r)] s wojsk. korpus; zespół

corpse [kɔps] s zwłoki, trup

cor·pu·lent ['kɔpjulənt] adj korpulentny, otyły

cor·pus·cle ['kɔpʌsl] s biol. ciałko

cor·rect [kə'rekt] adj poprawny,

prawidłowy; *vt* poprawiać, robić korektę; karać

cor·rec·tion [kəˈrekʃn] *s* poprawka, poprawa; korekta; naprawa

cor·re·la·tion [ˈkɔrɪˈleɪʃn] *s* korelacja, współzależność

cor·re·spond [ˈkɔrɪsˈpond] *vi* odpowiadać, być odpowiednim, zgadzać się; korespondować

cor·re·spond·ence [ˈkɔrɪˈspondəns] *s* zgodność; korespondencja

cor·ri·dor [ˈkɔrɪdə(r)] *s* korytarz

cor·ri·gi·ble [ˈkɔrɪdʒəbl] *adj* dający się poprawić

cor·rob·o·rate [kəˈrobəreɪt] *vt* potwierdzić

cor·rob·o·ra·tion [kəˈrobəˈreɪʃn] *s* potwierdzenie

cor·rode [kəˈrəud] *vt* zżerać, nadgryzać; *vi* niszczeć (na skutek korozji)

cor·ro·sion [kəˈrəuʒn] *s* korozja

cor·rupt [kəˈrʌpt] *adj* zepsuty, skorumpowany, sprzedajny; *vt vi* korumpować, psuć (się)

cor·rup·tion [kəˈrʌpʃn] *s* zepsucie, korupcja; rozkład; sprzedajność

cor·set [ˈkɔsɪt] *s* gorset

cos·met·ic [kozˈmetɪk] *adj* kosmetyczny; *s* kosmetyk; *pl* ~s kosmetyki, kosmetyka

cos·mic [ˈkozmɪk] *adj* kosmiczny

cos·mo·naut [ˈkozmənɔt] *s* kosmonauta

cos·mo·pol·i·tan [ˈkozməˈpolɪtən] *adj* kosmopolityczny; *s* kosmopolita

cos·mo·pol·ite [kozˈmopəlaɪt] *s* kosmopolita

cos·mo·pol·i·tism [ˈkozməˈpolɪtɪzm] *s* kosmopolityzm

cos·mos [ˈkozmos] *s* kosmos

*cost [kost] **cost, cost** [kost] *vi* kosztować; *s* koszt; at the ~ za cenę; at all ~s za wszelką cenę

cost·ly [ˈkostlɪ] *adj* kosztowny; wspaniały, doskonały

cos·tume [ˈkostjum] *s* kostium, strój

co·sy [ˈkəuzɪ] *adj* przytulny, wygodny

cot 1. [kot] *s* lekkie łóżko (polowe, dziecięce); koja (na statku)

cot 2. [kot] *s* szopa, szałas; *poet.* chata

co·te·rie [ˈkəutərɪ] *s* koteria

cot·tage [ˈkotɪdʒ] *s* domek, chata; ~ piano pianino

cot·tag·er [ˈkotɪdʒə(r)] *s* właściciel ⟨posiadacz własnego⟩ domku; wieśniak

cot·ton [ˈkotn] *s* bawełna, wyrób bawełniany; wata

cot·ton-wool [ˈkotnˈwul] *s* wata

couch [kautʃ] *s* kanapa, tapczan; legowisko; *vi* leżeć w ukryciu, czaić się; *vt* wyrażać, formułować

cough [kof] *s* kaszel; *vi* kaszleć; *vt* ~ out ⟨up⟩ wykrztusić, wykaszleć

could *zob* can 1.

coun·cil [ˈkaunsl] *s* rada (jako zespół); narada

coun·cil·lor [ˈkaunslə(r)] *s* członek rady, radny

coun·sel [ˈkaunsl] *s* rada, porada; narada; radca, doradca, rzecznik, adwokat; *vt* radzić

coun·sel·lor [ˈkaunslə(r)] *s* radca, adwokat

count 1. [kaunt] *vt vi* rachować, liczyć (się); uważać za; być uważanym za; ~ on ⟨upon⟩ sb, sth liczyć na kogoś, coś; ~ out odliczyć; nie brać w rachubę; (*w boksie*) wyliczyć, uznać za pokonanego; *s* rachunek, rachuba

count 2. [kaunt] *s* hrabia (nie angielski)

count·able [ˈkauntəbl] *adj* obliczalny, dający się policzyć

coun·te·nance [ˈkauntɪnəns] *s* wyraz twarzy, twarz, fizjonomia; opanowanie; kontenans; zachęta, poparcie; to put out of ~ zdetonować, stropić; *vt* popierać zachęcać

coun·ter 1. [ˈkauntə(r)] *s* lada, kontuar; kantor; prowadzący rachunki; liczman; żeton

cousin

coun·ter 2. [ˈkauntə(r)] *adj* przeciwny, przeciwległy, przeciwstawny; *adv* przeciwnie, w przeciwnym kierunku; *vt vi* sprzeciwiać się, przeciwdziałać, krzyżować (plany); odparować (cios), kontrować

coun·ter·act [ˈkauntəˈrækt] *vt* przeciwdziałać

coun·ter·at·tack [ˈkauntər ətæk] *s* kontratak

coun·ter·bal·ance [ˈkauntəbæləns] *s* przeciwwaga; *vt* [ˈkauntəˈbæləns] równoważyć

coun·ter·feit [ˈkauntəfit] *s* podrobienie, fałszerstwo, imitacja; *adj* podrobiony, fałszywy; *vt* podrabiać, fałszować; udawać

coun·ter·mand [ˈkauntəˈmand] *vt* odwołać (np. zamówienie, rozkaz); *s* odwołanie

coun·ter·pane [ˈkauntəpein] *s* kołdra

coun·ter·part [ˈkauntəpat] *s* odpowiednik, pendant; kopia, duplikat

coun·ter·point [ˈkauntəpoint] *s muz.* kontrapunkt

coun·ter·poise [ˈkauntəpoiz] *s* przeciwwaga; równowaga; *vt* równoważyć, wyrównywać

coun·ter·rev·o·lu·tion [ˈkauntə ˈrevəˈluʃn] *s* kontrrewolucja

coun·ter·rev·o·lu·tion·a·ry [ˈkauntə ˈrevəˈluʃnəri] *adj* kontrrewolucyjny; *s* kontrrewolucjonista

coun·ter·weight [ˈkauntəweit] *s* przeciwwaga

count·ess [ˈkauntis] *s* hrabina

count·less [ˈkauntləs] *adj* niezliczony

coun·try [ˈkʌntri] *s* kraj; ojczyzna; wieś; prowincja; teren; ~ **gentleman** obywatel ziemski; **to go into** the ~ wyjechać na wieś; **to go to** the ~ przeprowadzić powszechne wybory

coun·try·man [ˈkʌntrimən] *s* wieśniak; rodak

coun·try·side [ˈkʌntrisaid] *s* okolica, krajobraz

coun·ty [ˈkaunti] *s* hrabstwo; *am.* okręg administracyjny; ~ **town** stolica hrabstwa; *am.* główne miasto okręgu administracyjnego

coup [ku] *s* wyczyn, mistrzowskie posunięcie; ~ **d'état** [ˈku deiˈta] zamach stanu

cou·ple [ˈkʌpl] *s* para (np. małżeńska); **a** ~ **of** parę, kilka; *vt vi* łączyć (się) parami, kojarzyć (się); *techn.* sprzęgać, sczepiać, spajać, lutować

cou·plet [ˈkʌplət] *s* dwuwiersz

cou·pling [ˈkʌpliŋ] *s techn.* złącze

cou·pon [ˈkupən] *s* kupon, odcinek, talon

cour·age [ˈkʌridʒ] *s* odwaga, męstwo

cou·ra·geous [kəˈreidʒəs] *adj* odważny, mężny

course [kɔs] *s* kurs; bieg; ciąg; tok, przebieg; bieżnia, tor; danie (na stole); **in due** ~ we właściwym czasie; **of** ~ oczywiście; **a matter of** ~ rzecz oczywista

court [kɔt] *s* dwór; dziedziniec, plac; izba sądowa, sąd; pałac; sala, hala; *sport* boisko, kort; zaloty; *vt* zalecać się (**sb** do kogoś); szukać (**sth** czegoś); zabiegać (sth o coś)

cour·te·ous [ˈkɜtiəs] *adj* grzeczny, uprzejmy

cour·te·sy [ˈkɜtəsi] *s* grzeczność, uprzejmość

cour·ti·er [ˈkɔtiə(r)] *s* dworzanin

court·ly [ˈkɔtli] *adj* dworski, wytworny

court·mar·tial [ˈkɔt ˈmaʃl] *s* sąd wojenny; *vt* postawić przed sądem wojennym

court·ship [ˈkɔtʃip] *s* zaloty

court·yard [ˈkɔtjad] *s* dziedziniec, podwórze

cous·in [ˈkʌzn] *s* kuzyn; **first** ~ brat stryjeczny, siostra stryjeczna; brat cioteczny, siostra cioteczna; **second** ~ dalszy krewny cov·e·nant [ˈkʌvnənt] s umowa, przymierze, związek, pakt

cov·er [ˈkʌvə(r)] vt pokrywać; przykryć, nakryć, okryć; ukryć, osłaniać; s pokrycie, przykrywka; okładka; narzuta; nakrycie; o-chrona, osłona; przen. płaszczyk

cov·er·ing [ˈkʌvərɪŋ] s przykrycie; osłona

cov·er·let [ˈkʌvələt] s przykrycie, kołdra, kapa

cov·ert [ˈkʌvət] adj ukryty, potajemny; ukradkowy; s schronienie, legowisko

cov·et [ˈkʌvɪt] vt pożądać

cov·et·ous [ˈkʌvətəs] adj pożądliwy; zawistny

cow 1. [kau] s krowa; samica (różnych ssaków)

cow 2. [kau] vt straszyć

coward [ˈkauəd] s tchórz

cow·ard·ice [ˈkauədɪs] s tchórzostwo

cow·ard·ly [ˈkauədlɪ] adj tchórzliwy

cow·boy [ˈkaubɔɪ] s pastuch; am. kowboj

cow·er [ˈkauə(r)] vi przysiąść, przycupnąć

cox·comb [ˈkɒkskəum] s fircyk; pyszałek

cox·swain [ˈkɒksn] s sternik

coy [kɔɪ] adj nieśmiały, wstydliwy; zaciszny

co·zy [ˈkəuzɪ] adj = cosy

crab [kræb] s krab; astr. **Crab** Rak

crack [kræk] vt vi trzaskać, roztrzaskać; trzeszczeć; pękać; spowodować pęknięcie; łupać; s trzask; uderzenie; pęknięcie; szczelina, rysa; adj attr pot. wspaniały, pierwszorzędny; wojsk. szturmowy

cracked [krækt] pp i adj potrzaskany; przen. zwariowany

crack·er [ˈkrækə(r)] s petarda; (zw. pl ~s) dziadek do orzechów; pl ~s krakersy

crack·le [ˈkrækl] vi skrzypieć,

trzaskać; s trzaski; skrzypienie

cra·dle [ˈkreɪdl] s kołyska; przen. kolebka; vt kłaść do kołyski, kołysać; przen. wychowywać niemowlę

craft [kraft] s zręczność, biegłość; przebiegłość; rzemiosło; cech; (pl ~) statek, samolot (zw. zbior. statki, samoloty)

crafts·man [ˈkraftsmən] s rzemieślnik

craft·y [ˈkraftɪ] adj sprytny, zręczny; przebiegły, podstępny

crag [kræg] s skała (urwista)

cram [kræm] vt vi przepełnić, tłoczyć (się), zapchać (się); pot. (o uczeniu się) kuć

cramp [kræmp] s kurcz; techn. klamra, imadło; przen. hamulec, ograniczenie; vt wywołać kurcz; zwierać; przen. krępować, ograniczać

crane [kreɪn] s zool. żuraw; techn. dźwig, żuraw

crank¹ [kræŋk] s korba

crank² [kræŋk] s dziwak; dziwactwo

crape [kreɪp] s krepa

crash [kræʃ] s trzask, łomot; gwałtowny upadek; nagłe zderzenie, katastrofa, kraksa; krach, bankructwo; vi trzasnąć, huknąć; spaść z hukiem, rozbić się, ulec katastrofie; vt zgnieść, rozbić, zniszczyć

cra·ter [ˈkreɪtə(r)] s krater, lej

crave [kreɪv] vt vi pragnąć, pożądać (sth, for sth czegoś); usilnie prosić (sth o coś)

cra·ven [ˈkreɪvn] s tchórz, nikczemnik; adj tchórzliwy, nikczemny

craw·fish [ˈkrɔfɪʃ] = crayfish

crawl [krɔl] vi pełzać, czołgać się; s pełzanie; pływanie kraulem

cray·fish [ˈkreɪfɪʃ] s rak; langusta

cray·on [ˈkreɪən] s kredka, pastel; vt malować kredką, pastelami; szkicować

craze [kreɪz] *vi* szaleć; *vt* doprowadzać do szału; *s* szaleństwo, szał

cra·zy [ˈkreɪzɪ] *adj* szalony, zwariowany

creak [krik] *vi* skrzypieć, trzeszczeć; *s* skrzypienie, trzeszczenie

cream [krim] *s* śmietana; krem; pasta; *przen.* śmietanka; *adj attr* kremowy; *vt* zbierać śmietankę

cream·y [ˈkrimɪ] *adj* śmietankowy, kremowy

crease [kris] *s* fałda, zmarszczka; kant (spodni); *vt vi* marszczyć (się), miąć (się)

cre·ate [kriˈeɪt] *vt* tworzyć, stwarzać; kreować; wywołać

cre·a·tion [kriˈeɪʃn] *s* tworzenie, stworzenie; kreacja

cre·a·tive [kriˈeɪtɪv] *adj* twórczy

cre·a·tor [kriˈeɪtə(r)] *s* twórca, stwórca

crea·ture [ˈkritʃə(r)] *s* stworzenie, stwór; kreatura; twór

crèche [kreɪʃ] *s* żłobek (dla dzieci)

cre·dence [ˈkridəns] *s* wiara, zaufanie

cre·den·tials [krɪˈdenʃlz] *s pl* listy uwierzytelniające

cred·i·ble [ˈkredəbl] *adj* wiarygodny

cred·it [ˈkredɪt] *s* kredyt; zaufanie; uznanie, pochwała; honor; zaszczyt; *handl.* letter of ~ akredytywa; *vt* kredytować; ufać; przypisywać (**sb with sth** komuś coś); *handl.* uznawać rachunek

cred·it·a·ble [ˈkredɪtəbl] *adj* zaszczytny, chlubny

cred·i·tor [ˈkredɪtə(r)] *s* wierzyciel

cre·du·li·ty [krəˈdjulətɪ] *s* łatwowierność

cre·du·lous [ˈkredjuləs] *adj* łatwowierny

creed [krid] *s* wiara; wyznanie wiary, credo

creek [krik] *s* zatoczka; *am.* rzeczka

*****creep** [krip], **crept, crept** [krept] *vi* czołgać się, pełzać; wkradać się; (*o roślinach*) piąć się; (*o skórze*) cierpnąć; **my flesh ~s** ciarki

mnie przechodzą

creep·er [ˈkripə(r)] *s bot.* pnącze; *pot.* lizus

creep·y [ˈkripɪ] *adj* pełzający; wywołujący ⟨mający⟩ ciarki

cre·ma·tion [krɪˈmeɪʃn] *s* palenie zwłok, kremacja

crem·a·to·ri·um [ˌkreməˈtɔːrɪəm] *s* (*pl* **crematoria** [ˌkreməˈtɔːrɪə]) krematorium

crept *zob* **creep**

cres·cent [ˈkresnt] *s* sierp księżyca, półksiężyc; *adj* rosnący; mający kształt półksiężyca

crest [krest] *s* grzebień (np. koguta), czub, grzywa; grzbiet (fali, góry itp.); herb

crev·ice [ˈkrevɪs] *s* szczelina, rysa

crew 1. [kru] *s* załoga, ekipa

crew 2. *zob.* **crow 2.**

crib 1. [krɪb] *s* żłób; łóżko dziecięce; *vt* zamknąć

crib 2. [krɪb] *s* plagiat; *pot.* ściągaczka; *vt vi pot.* ściągać (ćwiczenia szkolne itp.)

crick [krɪk] *s* bolesny skurcz; kurcz (np. w karku)

crick·et 1. [ˈkrɪkɪt] *s* świerszcz

crick·et 2. [ˈkrɪkɪt] *s sport* krykiet

crime [kraɪm] *s* zbrodnia

crim·i·nal [ˈkrɪmənl] *adj* zbrodniczy, kryminalny; *s* zbrodniarz

crim·son [ˈkrɪmzn] *s* karmazyn, purpura; *adj* karmazynowy; *vt vi* barwić (się) na karmazyn; *przen.* rumienić się

cringe [krɪndʒ] *vi* kulić się; nisko się kłaniać, płaszczyć się (**to sb** przed kimś); *s* uniżoność, płaszczenie się

crin·kle [ˈkrɪŋkl] *s* fałda, zmarszczka; *vt vi* marszczyć (się), fałdować (się), zwijać (się)

crip·ple [ˈkrɪpl] *s* kaleka, inwalida; *vt* przyprawiać o kalectwo; paraliżować; uszkadzać

cri·sis [ˈkraɪsɪs] *s* (*pl* **crises** [ˈkraɪsiz]) kryzys

crisp [krɪsp], **crisp·y** [ˈkrɪspɪ] *adj* kędzierzawy; kruchy; (*o powietrzu*) orzeźwiający; żywy, jędrny (np. styl); *vt vi* zwijać (się), skręcać (się); stawać się kruchym

cri·te·ri·on [kraɪˈtɪərɪən] *s* (*pl* **criteria** [kraɪˈtɪərɪə]) kryterium

crit·ic [ˈkrɪtɪk] *s* krytyk; recenzent

crit·i·cal [ˈkrɪtɪkl] *adj* krytyczny

crit·i·cism [ˈkrɪtɪsɪzm] *s* krytyka; krytycyzm; recenzja, ocena

crit·i·cize [ˈkrɪtɪsaɪz] *vt* krytykować; recenzować

cri·tique [krɪˈtik] *s* krytyka; recenzja

croak [krəʊk] *vi* (*o żabach*) rechotać; (*o wronach*) krakać; *pot.* zdechnąć, wykitować; *s* rechot, krakanie

cro·chet [ˈkrəʊʃeɪ] *s* robota szydełkowa; *vt vi* szydełkować

crock·er·y [ˈkrɒkərɪ] *s* zbior. naczynia (gliniane, fajansowe itp.)

croc·o·dile [ˈkrɒkədaɪl] *s* zool. krokodyl

cro·ny [ˈkrəʊnɪ] *s* pot. bliski przyjaciel, kompan

crook [krʊk] *s* hak; zagięcie; kij (pasterski); *pot.* oszust; **by hook or by** ~ wszelkimi sposobami; *vt vi* skrzywić (się), zgiąć (się)

crook·ed 1. [krʊkt] *pp zob.* **crook** *v*

crook·ed 2. [ˈkrʊkɪd] *adj* kręty, krzywy, zgięty; nieuczciwy, przewrotny

crop [krɒp] *s* urodzaj, zbiór, plon; masa, stos; *vt* krótko ostrzyżone włosy; *vt* ścinać, strzyc; skubać; zbierać (plon); uprawiać, siać, sadzić; *vi* obrodzić, dawać plon; ~ **up** zjawić się nagle

cross [krɒs] *s dosł. i przen.* krzyż; skrzyżowanie; *adj* krzyżowy; poprzeczny; przecinający (się), krzyżujący (się); niepomyślny, przeciwny; zły, rozgniewany; **to be** ~ gniewać się (**with sb on sth** na kogoś); *vt* krzyżować (ręce, rasy, plany itd.); przecinać; przejść (**sth przez coś**); przejechać (**sth przez coś**); przechodzić, przeprawić się na drugą stronę; przekreślić; udaremnić; ~ **off, out** skreślić, wykreślić; *vr* ~ **oneself** przeżegnać się; *vi* krzyżować się,

przecinać się; rozmijać się

cross-bar [ˈkrɒsbɑː(r)] *s* poprzeczka

cross-breed [ˈkrɒsbriːd] *vt* krzyżować (gatunki, rasy); *s* krzyżówka (ras, gatunków); mieszaniec

cross-coun·try [ˈkrɒsˈkʌntrɪ] *adj attr i adv* na przełaj

cross-ex·am·i·na·tion [ˈkrɒs ɪgˈzæmɪˈneɪʃn] *s* badanie (sądowe) za pomocą krzyżowych pytań

cross-ex·am·ine [ˈkrɒs ɪgˈzæmɪn] *vt* badać za pomocą krzyżowych pytań

cross·ing [ˈkrɒsɪŋ] *s* skrzyżowanie; przejście przez ulicę; przepłynięcie przez morze; przeprawa

cross-ref·er·ence [ˈkrɒs ˈrefrns] *s* odsyłacz

cross-roads [ˈkrɒsrəʊdz] *s pl* skrzyżowanie dróg, rozdroże; *dosł. i przen.* rozstaje

cross-sec·tion [ˈkrɒs ˈsekʃn] *s* przekrój

cross-word [ˈkrɒswɜːd] *s* (*także* ~ **puzzle**) krzyżówka

crotch [krɒtʃ] *s anat.* krocze; rozwidlenie; drzewo rozwidlone

crotch·et [ˈkrɒtʃɪt] *s* hak; kaprys; dziwactwo; *muz.* ćwierćnuta

crouch [krautʃ] *vi* przysiąść, skulić się, kucnąć; *s* kucnięcie, skulenie się

crow 1. [krəʊ] *s* wrona, gawron

crow 2. [krəʊ] *vi* piać; triumfować (**over sb** nad kimś)

crow·bar [ˈkrəʊbɑː(r)] *s* łom, drąg żelazny

crowd [kraud] *s* tłum, tłok; stos (rzeczy); *vt vi* tłoczyć (się), pchać (się), zapchać

crown [kraun] *s* korona; wieniec; szczyt; ciemię; *vt* koronować, wieńczyć

cru·cial [ˈkruːʃl] *adj* decydujący, krytyczny

cru·ci·ble [ˈkruːsəbl] *s* tygiel; *przen.* ciężka próba

cru·ci·fy [ˈkruːsɪfaɪ] *vt* ukrzyżować

crude [kruːd] *adj* surowy, niedojrzały; nie obrobiony; nieokrzesany, szorstki, brutalny

cru·el [ˈkruːl] *adj* okrutny

cru·el·ty [ˈkruɪltɪ] s okrucieństwo

cru·et [ˈkruɪt] s flaszeczka (na ocet, oliwę itp.)

cruise [kruz] vi (zw. o statku) krążyć; s krążenie po morzu, podróż morska, rejs

cruis·er [ˈkruzə(r)] s krążownik

crumb [krʌm] s okruszyna; przen. odrobina; vt kruszyć

crum·ble [ˈkrʌmbl] vt vi kruszyć (się), rozpadać się

crumb·y [ˈkrʌmɪ] adj pulchny

crum·ple [ˈkrʌmpl] vt vi miąć (się), marszczyć (się), gnieść (się)

crunch [krʌntʃ] vt gryźć, chrupać; vi chrzęścić, skrzypieć; s chrupanie; chrzest, skrzypienie

cru·sade [kruˈseɪd] s hist. wojna krzyżowa, krucjata (także przen.); vi uczestniczyć w wyprawie krzyżowej

crush [krʌʃ] vt vi gnieść (się), miażdżyć; niszczyć; tłoczyć (się); s tłok, ścisk; kruszenie, miażdżenie

crust [krʌst] s skórka (np. na chlebie); skorupa; strup; osad; vt vi pokrywać (się) skorupą, zaskorupiać (się)

crutch [krʌtʃ] s kula (dla kaleki)

cry [kraɪ] vi krzyczeć; płakać; s krzyk; wołanie; hasło; płacz

crys·tal [ˈkrɪstl] s kryształ; adj kryształowy; krystaliczny

crys·tal·lize [ˈkrɪstəlaɪz] vt vi krystalizować (się)

cub [kʌb] s szczenię, młode (u zwierząt)

cube [kjub] s sześcian; kostka (lodu, cukru); vt mat. podnosić do sześcianu

cu·bic [ˈkjubɪk] adj sześcienny, kubiczny

cuck·oo [ˈkuku] s kukułka

cu·cum·ber [ˈkjukʌmbə(r)] s ogórek

cud·dle [ˈkʌdl] vt vi tulić (się)

cudg·el [ˈkʌdʒl] s pałka, maczuga; vt okładać pałką

cue 1. [kju] s kij bilardowy

cue 2. [kju] s napomknienie, wskazówka; teatr replika

cuff 1. [kʌf] s mankiet

cuff 2. [kʌf] s uderzenie dłonią ⟨pięścią⟩; kułak; vt uderzyć pięścią ⟨dłonią⟩

cu·li·na·ry [ˈkʌlɪnrɪ] adj kulinarny

cull [kʌl] vt zbierać, zrywać (kwiaty itp.); przebierać

cul·mi·nate [ˈkʌlmɪneɪt] vi osiągać szczyt

cul·pa·ble [ˈkʌlpəbl] adj winny; karygodny

cul·prit [ˈkʌlprɪt] s winowajca; podsądny

cult [kʌlt] s kult, cześć

cul·ti·vate [ˈkʌltɪveɪt] vt dosł. i przen. kultywować, uprawiać

cul·ti·vat·ed [ˈkʌltɪveɪtɪd] zob. cultivate; adj kulturalny, wytworny, wyrobiony

cul·tur·al [ˈkʌltʃərl] adj kulturalny

cul·ture [ˈkʌltʃə(r)] s kultura; uprawa; hodowla

cul·tured [ˈkʌltʃəd] adj kulturalny, wykształcony

cum·ber [ˈkʌmbə(r)] vt obciążać; zawadzać; krępować

cum·ber·some [ˈkʌmbəsəm] adj uciążliwy, nieporęczny

cum·min, cum·in [ˈkʌmɪn] s kmin(ek)

cu·mu·late [ˈkjumjʊleɪt] vt vi gromadzić (się), kumulować (się)

cu·mu·la·tive [ˈkjumjʊleɪtɪv] adj kumulacyjny, skumulowany, łączny

cun·ning [ˈkʌnɪŋ] adj podstępny, chytry; sprytny; zręczny; s chytrość; spryt; zręczność

cup [kʌp] s filiżanka; kubek; kielich; (także sport) puchar

cup·board [ˈkʌbəd] s kredens; szafka

cup-fi·nal [ˈkʌp ˈfaɪnl] s sport finał(y) (np. mistrzostw)

cu·pid·i·ty [kjuˈpɪdɪtɪ] s chciwość, zachłanność

cu·po·la [ˈkjupələ] s kopuła

cur [kɜ(r)] s kundel; przen. łajdak

cu·rate [ˈkjʊərət] s wikary

cu·ra·tor [kjuˈreɪtə(r)] s opiekun; kustosz

curb·stone [`kɜbstəun] s = **kerb-stone**

curd [kɜd] s (zw. pl ~s) twaróg; zsiadłe mleko

cur·dle [`kɜdl] vt vi ścinać (się); (o mleku) zsiadać się; (o krwi) krzepnąć; przen. ścinać krew w żyłach

cure [kjuə(r)] vt leczyć; wędzić, konserwować; wulkanizować; s kuracja; lekarstwo; wyleczenie; konserwowanie; wulkanizacja

cur·few [`kɜfju] s godzina policyjna; hist. dzwon wieczorny

cu·ri·os·i·ty [ˌkjuərɪˈosətɪ] s ciekawość; ciekawostka, osobliwość; unikat

cu·ri·ous [`kjuərɪəs] adj ciekawy; osobliwy

curl [kɜl] s zwój, skręt; lok, pukiel; vt vi kręcić (się), zwijać (się); fryzować; falować

curl·y [`kɜlɪ] adj kędzierzawy, (o włosach, o wodzie) falujący

cur·rant [`kʌrənt] s porzeczka; rodzynek

cur·ren·cy [`kʌrənsɪ] s obieg; powszechne użycie (wyrazów); panowanie (poglądów); waluta

cur·rent [`kʌrənt] adj bieżący; obiegowy; powszechny; aktualny; s prąd; strumień; bieg; elektr. alternating ~ (AC) prąd zmienny; direct ~ (DC) prąd stały

cur·ric·u·lum [kəˈrɪkjuləm] s (pl **curricula** [kəˈrɪkjulə]) program (nauki)

curse [kɜs] s przekleństwo; klątwa; vt vi przeklinać, kląć

cur·so·ry [`kɜsərɪ] adj pobieżny, powierzchowny

curt [kɜt] adj krótki, zwięzły; szorstki

cur·tail [kɜˈteɪl] vt skracać, obcinać, uszczuplać

cur·tain [`kɜtn] s kurtyna, zasłona, firanka, kotara

curt·s(e)y [`kɜtsɪ] s dyg

curve [kɜv] s krzywa; wygięcie; zakręt; vt vi krzywić (się), zginać (się), zakręcać

cush·ion [`kuʃn] s poduszka (na kanapę); podkładka, wyściółka

cus·tard [`kʌstəd] s krem (deserowy)

cus·to·dy [`kʌstədɪ] s ochrona, opieka; areszt

cus·tom [`kʌstəm] s zwyczaj; nawyk; stałe kupowanie (w jednym sklepie); pl ~s cło; pl Customs urząd celny

cus·tom·a·ry [`kʌstəmərɪ] adj zwyczajowy; zwyczajny

cus·tom·er [`kʌstəmə(r)] s klient

cus·tom-house [`kʌstəmhaus] s urząd celny

*cut [kʌt], **cut, cut** [kʌt] vt krajać, ciąć, przecinać; ścinać; rąbać; skracać; obniżać, redukować (ceny, płace itp.); kosić, strzyc; ignorować; vi ciąć, dać się krajać; ~ **down** obciąć, ściąć; ~ **in**, **into** wtrącić się; wtargnąć; ~ **off** odciąć, wyłączyć; przerwać; ~ **out** wyciąć; opuścić; odrzucić; przestać (palić, pić itp.); ~ **up** pokrajać, posiekać; to ~ **open** rozciąć; to ~ **short** przerwać; pot. to ~ **and run** szybko uciec, zwiać; s cięcie; krój; rana cięta, szrama; obcięcie, obniżenie (ceny, płacy itp.); odcięty kawałek (np. mięsa); **short ~** najkrótsza droga (na przełaj), skrót

cute [kjut] adj bystry, zdolny, sprytny; am. miły, pociągający

cut·let [`kʌtlət] s kotlet

cut·ter [`kʌtə(r)] s przecinacz, przykrawacz; krojczy; kamieniarz; przyrząd do krajania; mors. kuter

cut-throat [`kʌtθrəut] s morderca, bandyta; adj bandycki; morderczy

cy·a·nide [`saɪənaɪd] s cyjanek

cy·cle [`saɪkl] s cykl; rower; vi jeździć rowerem

cy·cling [`saɪklɪŋ] s kolarstwo

cy·clist [`saɪklɪst] s kolarz

cy·clone [`saɪkləun] s cyklon

cy·clo·pae·di·a [ˌsaɪkləuˈpidɪə] s encyklopedia

dare

cyl·in·der [ˈsɪlɪndə(r)] s walec, wałek; techn. cylinder
cym·bal [ˈsɪmbl] s muz. czynel
cyn·ic [ˈsɪnɪk] adj cyniczny; s cynik

cyn·i·cal [ˈsɪnɪkl] adj cyniczny
cyn·i·cism [ˈsɪnɪsɪzm] s cynizm
cy·press [ˈsaɪprəs] s cyprys
czar [za(r)] s car
Czech [tʃek] adj czeski; s Czech

d

D, d [di] czwarta litera alfabetu
angielskiego; skr. penny, pence
dab [dæb] vt vi lekko uderzać dłonią, dotknąć, przytknąć, musnąć,
przyłożyć; s lekkie uderzenie, dotknięcie, muśnięcie
dab·ble [ˈdæbl] vi pluskać się; babrać się; interesować się powierzchownie (in, at sth czymś);
vt moczyć; chlapać
dad [dæd], dad·dy [ˈdædɪ] s tatko,
tatuś
daf·fo·dil [ˈdæfədɪl] s bot. żółty
narcyz, żonkil
dag·ger [ˈdægə(r)] s sztylet; vt zasztyletować
dai·ly [ˈdeɪlɪ] adj dzienny, codzienny; adv dziennie, codziennie; s
dziennik, gazeta
dain·ty [ˈdeɪntɪ] adj wykwintny;
delikatny; filigranowy; wybredny; s przysmak, frykas; pl dainties łakocie
dair·y [ˈdeərɪ] s mleczarnia; gospodarstwo mleczne
dai·sy [ˈdeɪzɪ] s bot. stokrotka
dal·ly [ˈdælɪ] vi próżnować, zabawiać się głupstwami; figlować,
igrać
dam [dæm] s tama, grobla; vt zagrodzić, przegrodzić tamą
dam·age [ˈdæmɪdʒ] s szkoda, u-
szkodzenie; pl ~s odszkodowanie; vt uszkodzić, popsuć; zaszkodzić (sb komuś)
damn [dæm] vt potępiać, przeklinać; ganić
damned [dæmd] pp i adj pot. uj.
przeklęty, cholerny; adv pot. uj.

cholernie, wściekle, diabelnie
damp [dæmp] adj wilgotny, parny; s wilgoć; przen. przygnębienie; vt zwilżyć; stłumić; ~ down
przytłumić; zniechęcić
dance [dɑns] vt vi tańczyć; s taniec; zabawa, bal
danc·er [ˈdɑnsə(r)] s tancerz
danc·ing [ˈdɑnsɪŋ] s taniec; dansing; adj attr taneczny
dan·de·li·on [ˈdændɪlaɪən] s bot.
mlecz
dan·druff [ˈdændrʌf] s łupież
dan·dy [ˈdændɪ] s elegant, strojniś
Dane [deɪn] s Duńczyk
dan·ger [ˈdeɪndʒə(r)] s niebezpieczeństwo
dan·ger·ous [ˈdeɪndʒərəs] adj niebezpieczny
dan·gle [ˈdæŋgl] vt vi huśtać (się),
dyndać; nadskakiwać (about ⟨af-
ter, around⟩ sb komuś); nęcić
(sth before sb kogoś czymś)
Dan·ish [ˈdeɪnɪʃ] adj duński; s język duński
dap·per [ˈdæpə(r)] adj żywy, zwinny; elegancko ubrany; fertyczny
dap·ple [ˈdæpl] adj cętkowany, ła-
ciaty; vt nakrapiać (farbą), cętkować
*dare [deə(r)], dared [deəd] lub †
durst [dɜst], dared [deəd] vt vi
śmieć, odważyć się, stawiać czoło, odważnie podjąć się czegoś;
wyzwać; I ~ say śmiem twierdzić, sądzę; I ~ swear założę się;
I ~ you to say it again! tylko
spróbuj powiedzieć to jeszcze
raz!

dare-dev·il [ˈdeə devl] s śmiałek;
adj attr odważny do szaleństwa

dar·ing [ˈdeərɪŋ] *adj* śmiały, odważny; *s* śmiałość, odwaga

dark [dak] *adj* ciemny; ponury;
ukryty; **it is growing ~** robi się
ciemno; **to keep sth ~** trzymać
coś w tajemnicy; *s* ciemność,
zmrok

dark·en [ˈdakən] *vi vt* ciemnieć,
zaciemniać (się); zasępiać (się)

dark·ness [ˈdaknəs] *s* ciemność;
ciemnota

dar·ling [ˈdalɪŋ] *s* ukochany, ulubieniec, pieszcz. kochanie; *adj*
drogi, miły

darn [dan] *vt* cerować

dart [dat] *s* żądło; strzałka; nagły
ruch, zryw; *vt vi* rzucić (się),
cisnąć

dash [dæʃ] *vt* rzucić, cisnąć; roztrzaskać; spryskać, ochlapać;
zniweczyć; zmieszać (coś z
czymś); wprawić w zakłopotanie, zmieszać (kogoś); *vi* uderzyć
się; rzucić się; przebiec; **~ off**
szybko nakreślić; **~ out** wykreślić; wybiec; *s* cios; atak, napaść;
werwa; plusk; domieszka; barwna plamka; *druk.* myślnik; **to
make a ~** rzucić się (at sb, sth
na kogoś, coś)

data zob. datum

date 1. [deɪt] *s* data; *am.* spotkanie (umówione), *pot.* randka; **to
~** do tej pory, po dzień dzisiejszy; **out of ~** przestarzały, niemodny; **up to ~** nowoczesny,
modny; *vt vi* datować (się)

date 2. [deɪt] *s* daktyl

dat·er [ˈdeɪtə(r)] *s* datownik

da·tive [ˈdeɪtɪv] *s gram.* celownik

da·tum [ˈdeɪtəm] *s* (*pl* data [ˈdeɪtə])
dany fakt (szczegół itp.); *zw. pl*
data dane

daub [dɔb] *vt* mazać, bazgrać; ob-
lepiać; pokrywać; *s* smar, plama;
pot. bohomaz

daugh·ter [ˈdɔtə(r)] *s* córka

daugh·ter-in-law [ˈdɔtr ɪn lɔ] *s* synowa

daunt [dɔnt] *vt* zastraszyć, nastraszyć; zrazić

daw·dle [ˈdɔdl] *vi* mitrężyć, marnować czas, guzdrać się; *vt* **~
away** marnować (czas)

dawn [dɔn] *s* świt; *vi* świtać

day [deɪ] *s* dzień; doba; **~ off**
dzień wolny (od pracy); **work
by the ~** praca na dniówki; **by
~** za dnia; **~ by ~** dzień w
dzień; **the ~ before yesterday**
przedwczoraj; **the ~ after nazajutrz; **the other ~** kilka dni
temu; **this ~ week** od dziś za tydzień

day·break [ˈdeɪbreɪk] *s* brzask

day·light [ˈdeɪlaɪt] *s* światło dzienne

day-nurs·er·y [ˈdeɪ nɜsəri] *s* żłobek (dla dzieci)

day·time [ˈdeɪtaɪm] *s* (biały) dzień

daze [deɪz] *vt* oszałamiać, ogłupiać

daz·zle [ˈdæzl] *vt* oślepić (blaskiem), olśnić

dead [ded] *adj* zmarły, *dosł.* i
przen. martwy; całkowity, bezwzględny, pewny; głuchy, obojętny (to sth na coś); **~ certainty**
zupełna pewność; **~ hours** głucha
noc; **~ loss** kompletna strata; **to
be ~** nie funkcjonować; **to come
to a ~ stop** nagle zatrzymać się;
adv całkowicie, kompletnie; **~
drunk** kompletnie pijany; **~
tired** śmiertelnie zmęczony; *s*
martwota; *w zwrotach:* **in the ~
of night** w głęboką noc; **in the
~ of winter** w pełni zimy; *pl* **the
~** zmarli

dead·lock [ˈdedlok] *s* zastój, impas,
martwy punkt

dead·ly [ˈdedlɪ] *adj* śmiertelny;
adv śmiertelnie

deaf [def] *adj* głuchy; **~ and dumb**
głuchoniemy; **to turn a ~ ear**
nie słuchać (to sb, sth kogoś,
czegoś)

deaf·en [ˈdefn] *vt* ogłuszać

deaf-mute [ˈdefˈmjut] *s* głuchoniemy

***deal** [dil], **dealt, dealt** [delt] *vt*

dzielić; rozdawać (dary, karty), (*także* ~ **out**) wydzielać; zadawać (cios); *vt* załatwiać (**with sth coś**), mieć do czynienia, rozprawiać się (**with sb z kimś**); handlować (**in sth czymś**); postępować (**by** ⟨**with**⟩ **sb z kimś**), traktować (**by** ⟨**with**⟩ **sb kogoś**); zajmować się (**with sth czymś**); dotyczyć (**with sth czegoś**); *s* interes, sprawa; postępowanie; rozdanie kart; część; **a good** ⟨**great**⟩ ~ wielka ilość, dużo

deal·er [ˈdiːlə(r)] *s* kupiec, handlarz; rozdający karty (w grze); **plain** ~ człowiek szczery ⟨prostolinijny⟩

dean [diːn] *s* dziekan

dear [dɪə(r)] *adj* drogi; *adv* drogo; *int* ~ **me!** **oh** ~**!** Boże mój!, czyżby?, ojej!

dearth [dɜːθ] *s* niedostatek; drożyzna

death [deθ] *s* śmierć

death-rate [ˈdeθreɪt] *s* śmiertelność

de·bar [dɪˈbɑː(r)] *vt* wykluczyć, odsunąć; zakazać

de·bark [dɪˈbɑːk] = **disembark**

de·bar·ka·tion [ˌdiːbɑːˈkeɪʃn] *s* wyładowanie (towaru); wysadzenie na ląd; wylądowanie

de·base [dɪˈbeɪs] *vt* obniżać (wartość); poniżać

de·bate [dɪˈbeɪt] *vt vi* omawiać, obmyślać, debatować (**sth, on sth** nad czymś); *s* debata, dyskusja

de·bauch [dɪˈbɔːtʃ] *vt* psuć, deprawować; *s* rozpusta

de·bauch·er·y [dɪˈbɔːtʃərɪ] *s* rozpusta, rozwiązłość

de·ben·ture [dɪˈbentʃə(r)] *s* obligacja

de·bil·i·tate [dɪˈbɪlɪteɪt] *vt* podciąć siły, osłabić

de·bil·i·ty [dɪˈbɪlətɪ] *s* niemoc, osłabienie

deb·it [ˈdebɪt] *s* strona rachunku „winien"; *vt* obciążyć (rachunek) kwotą

de·bris [ˈdeɪbriː] *s zbior.* gruzy, rumowisko

debt [det] *s* dług

debt·or [ˈdetə(r)] *s* dłużnik

de·bunk [dɪˈbʌŋk] *vt pot.* odbrązawiać, demaskować

de·but [ˈdeɪbjuː] *s* debiut

dec·ade [ˈdekeɪd] *s* dekada; dziesiątka

dec·a·dence [ˈdekədəns] *s* dekadencja, upadek

de·cant·er [dɪˈkæntə(r)] *s* karafka

de·cay [dɪˈkeɪ] *vi* gnić, rozpadać się, niszczeć; podupadać; *s* upadek, schyłek; gnicie, rozkład

de·cease [dɪˈsiːs] *vi* umierać; *s* zgon

de·ceased [dɪˈsiːst] *adj* zmarły; *s* nieboszczyk

de·ceit [dɪˈsiːt] *s* fałsz, oszustwo

de·ceive [dɪˈsiːv] *vt* zwodzić, oszukiwać

De·cem·ber [dɪˈsembə(r)] *s* grudzień

de·cen·cy [ˈdiːsnsɪ] *s* przyzwoitość

de·cent [ˈdiːsnt] *adj dosł. i przen.* przyzwoity; **a** ~ **income** przyzwoity dochód

de·cep·tion [dɪˈsepʃn] *s* oszukaństwo; okłamanie

de·cep·tive [dɪˈseptɪv] *adj* zwodniczy, oszukańczy

de·cide [dɪˈsaɪd] *vt* rozstrzygać, decydować (**sth o czymś**); *vi* postanawiać, decydować się (**on sth** na coś)

de·cid·ed [dɪˈsaɪdɪd] *pp i adj* zdecydowany; stanowczy; bezsporny

de·cid·u·ous [dɪˈsɪdʒʊəs] *adj* (*o drzewie*) liściasty

de·ci·mal [ˈdesɪml] *adj* dziesiętny

de·ci·pher [dɪˈsaɪfə(r)] *vt* odcyfrować; rozwiązać (zagadkę)

de·ci·sion [dɪˈsɪʒn] *s* decyzja; zdecydowanie

de·ci·sive [dɪˈsaɪsɪv] *adj* decydujący; stanowczy

deck [dek] *vt* pokrywać; zdobić; *s* pokład; piętro (w tramwaju, autobusie)

de·claim [dɪˈkleɪm] *vt* deklamować

de·cla·ma·tion [ˌdekləˈmeɪʃn] *s* deklamacja

dec·la·ra·tion [ˌdekləˈreɪʃn] *s* deklaracja; wypowiedzenie

declare

de·clare [dɪˈkleə(r)] *vt vi* oznajmiać, deklarować (się), oświadczać (się); wypowiadać (wojnę); zgłaszać (do oclenia)

de·clen·sion [dɪˈklenʃn] *s* odchylenie; upadek; *gram.* deklinacja

de·cline [dɪˈklaɪn] *vi* opaść, obniżać się; zmarnieć; chylić się ku upadkowi, podupadać; *vt* schylać; uchylać; odrzucać (prośbę, wniosek); *gram.* deklinować; *s* upadek; zanik; schyłek

de·cliv·i·ty [dɪˈklɪvətɪ] *s* pochyłość

de·com·pose [ˈdiːkəmˈpəʊz] *vt vi* rozkładać (się)

dec·o·rate [ˈdekəreɪt] *vt* dekorować (*także* kogoś orderem); malować (pokój)

de·co·ra·tor [ˈdekəreɪtə(r)] *s* dekorator; malarz pokojowy

dec·o·rous [ˈdekərəs] *adj* przyzwoity, odpowiedni, stosowny

de·coy [dɪˈkɔɪ] *vt* wabić; wciągać w pułapkę; *s* [ˈdiːkɔɪ] przynęta; pułapka

de·crease [dɪˈkriːs] *vt vi* zmniejszać (się), obniżać (się), ubywać; *s* [ˈdiːkriːs] ubytek, pomniejszenie

de·cree [dɪˈkriː] *s* dekret, rozporządzenie, wyrok, postanowienie; zarządzenie; *vt* postanawiać, dekretować, zarządzać; (*o Losie*) zrządzić

de·crep·it [dɪˈkrepɪt] *adj* rozpadający się; (*o człowieku*) zgrzybiały

de·cry [dɪˈkraɪ] *vt* popsuć opinię, oczernić

ded·i·cate [ˈdedɪkeɪt] *vt* dedykować, poświęcać

ded·i·ca·tion [ˈdedɪˈkeɪʃn] *s* dedykacja; poświęcenie

de·duce [dɪˈdjuːs] *vt* wyprowadzać; wnioskować

de·duct [dɪˈdʌkt] *vt* odliczać, odciągać, odejmować, potrącać

de·duc·tion [dɪˈdʌkʃn] *s* dedukcja; wniosek; odliczenie, potrącenie; rabat

deed [diːd] *s* dzieło, czyn, uczynek; akt (prawny), dokument

deem [diːm] *vt vi* uważać, sądzić

deep [diːp] *adj* głęboki; pochłonięty (**in sth** czymś); *s* głębia; *adv* głęboko

deep·en [ˈdiːpən] *vt vi* pogłębiać (się)

deer [dɪə(r)] *s* jeleń, łania itp; *zbior.* zwierzyna płowa

def·a·ma·tion [ˈdefəˈmeɪʃn] *s* zniesławienie

de·fame [dɪˈfeɪm] *vt* zniesławiać

de·fault [dɪˈfɔlt] *s* uchybienie (np. obowiązkom), zaniedbanie; brak; nieobecność; *prawn.* niestawiennictwo; **by ~** z powodu nieobecności, zaocznie; *vt* zaniedbać; uchybić; nie dotrzymać zobowiązania; nie stawić się w sądzie; *vt* skazać zaocznie

de·feat [dɪˈfiːt] *s* porażka; zniszczenie; *prawn.* anulowanie, kasacja; *vt* pokonać, pobić, zniszczyć; udaremnić; *prawn.* anulować, skasować

de·fect [dɪˈfekt] *s* brak, wada, defekt

de·fec·tive [dɪˈfektɪv] *adj* wadliwy; *gram.* ułomny

de·fence, *am.* de·fense [dɪˈfens] *s* obrona; *prawn.* strona pozwana; obrońca

de·fend [dɪˈfend] *vt* bronić

de·fend·ant [dɪˈfendənt] *s prawn.* pozwany

de·fense = defence

de·fen·sive [dɪˈfensɪv] *adj* obronny; *s* defensywa; **on the ~** w defensywie

de·fer 1. [dɪˈfɜ(r)] *vt* odwlekać, odkładać

de·fer 2. [dɪˈfɜ(r)] *vi* ustępować, ulegać (przez szacunek); mieć wzgląd (**to sth** na coś)

def·er·ence [ˈdefrəns] *s* szacunek, respekt; uleganie

de·fi·ance [dɪˈfaɪəns] *s* wyzwanie; opór

de·fi·ant [dɪˈfaɪənt] *adj* wyzywający; oporny

de·fi·cien·cy [dɪˈfɪʃnsɪ] *s* brak, niedostatek, niedobór; słabość

de·fi·cient [dɪˈfɪʃnt] *adj* niedosta-

teczny, wykazujący brak ⟨niedo-
bór⟩

def·i·cit [ˈdefəsɪt] s deficyt; niedobór

de·file 1. [dɪˈfaɪl] vt zanieczysz-
czać; profanować

de·file 2. [ˈdifaɪl] vi defilować; s
wąwóz; przełęcz

de·fine [dɪˈfaɪn] vt określać, definiować

def·i·nite [ˈdefnɪt] adj określony;
stanowczy

def·i·ni·tion [ˌdefəˈnɪʃn] s definicja, określenie

de·fin·i·tive [dɪˈfɪnətɪv] adj definitywny, stanowczy

de·fla·tion [dɪˈfleɪʃn] s wypuszczenie powietrza; fin. deflacja

de·form [dɪˈfɔm] vt zniekształcać;
szpecić

de·form·i·ty [dɪˈfɔmətɪ] vt znie-
kształcenie; kalectwo; brzydota

de·fraud [dɪˈfrɔd] vt oszukiwać;
nieuczciwie pozbawić (sb of sth
kogoś czegoś)

de·fray [dɪˈfreɪ] vt opłacać, pokrywać koszty

de·frost [dɪˈfrɒst] vt vi odmrażać
(się); rozmrażać (się)

deft [deft] adj zwinny, zgrabny,
zręczny

de·funct [dɪˈfʌŋkt] adj zmarły; nie-
istniejący, zlikwidowany

de·fy [dɪˈfaɪ] vt przeciwstawiać
się, opierać się (sb, sth komuś,
czemuś); wyzywać; to ~ description nie dać się opisać; być nie
do opisania

de·gen·er·a·cy [dɪˈdʒenərəsɪ] s zwyrodnienie, degeneracja

de·gen·er·ate [dɪˈdʒenərət] adj zwyrodniały; zdegenerowany; s zwy-
rodnialec; degenerat; vi [dɪˈdʒen
əreɪt] wyrodnieć, degenerować
się

deg·ra·da·tion [ˌdegrəˈdeɪʃn] s degradacja; poniżenie, upodlenie

de·grade [dɪˈgreɪd] vt vi degradować (się); poniżać (się), upadlać;
nikczemnieć

de·gree [dɪˈgri] s stopień; by ~s
stopniowo

deign [deɪn] vi raczyć (coś zrobić)

de·i·ty [ˈdeɪɪtɪ] s bóstwo

de·ject [dɪˈdʒekt] vt zniechęcić,
przygnębić

de·jec·tion [dɪˈdʒekʃn] s zniechęcenie, przygnębienie

de·lay [dɪˈleɪ] vi zwlekać; vt odkładać; wstrzymywać; s zwłoka

del·e·gate [ˈdelɪgeɪt] vt delegować;
zlecać, udzielać; s [ˈdelɪgət] delegat

del·e·ga·tion [ˌdelɪˈgeɪʃn] s delegacja

de·lib·er·ate [dɪˈlɪbəreɪt] vi rozmyślać, naradzać się (on ⟨upon⟩
sth nad czymś); vt rozważać (sth
coś); adj [dɪˈlɪbrət] rozmyślny;
rozważny

de·lib·er·a·tion [dɪˌlɪbəˈreɪʃn] s rozważanie; narada; przezorność,
rozwaga

del·i·ca·cy [ˈdelɪkəsɪ] s delikatność;
wrażliwość; delikates

del·i·cate [ˈdelɪkət] adj delikatny,
czuły; wątły

de·li·cious [dɪˈlɪʃəs] adj rozkoszny,
wyborny

de·light [dɪˈlaɪt] vt vi radować
(się), zachwycać (się), rozkoszować się (in sth czymś); to be ~ed
być zachwyconym, mieć wielką
przyjemność (at ⟨with⟩ sth w
czymś); s rozkosz, radość

de·light·ful [dɪˈlaɪtfl] adj rozkoszny, czarujący

de·lin·e·ate [dɪˈlɪnɪeɪt] vt naszkicować, nakreślić

de·lin·quen·cy [dɪˈlɪŋkwənsɪ] s zaniedbanie obowiązku; przestępczość; wykroczenie

de·lin·quent [dɪˈlɪŋkwənt] s delikwent; winowajca; przestępca; adj
winny zaniedbania obowiązków;
przestępczy

de·lir·i·ous [dɪˈlɪrɪəs] adj mający-
cy

de·liv·er [dɪˈlɪvə(r)] vt uwolnić,
wybawić; przekazać, doręczyć;
oddać, dostarczyć; wygłosić (mowę); wymierzyć (cios); wydać
(rozkaz, bitwę); pomóc przy po-

rodzie, odebrać (dziecko); **to be ~ed of a child** urodzić dziecko

de·liv·er·y [dɪˈlɪvrɪ] s doręczenie, oddanie, wydanie, dostawa; wygłoszenie (mowy); poród

de·lude [dɪˈluːd] vt łudzić, zwodzić, oszukiwać

del·uge [ˈdeljuːdʒ] s dosł. i przen. potop

de·lu·sion [dɪˈluːʒn] s złuda, złudzenie

dem·a·gog·ic [ˌdeməˈɡɒdʒɪk] adj demagogiczny

dem·a·gogue [ˈdeməɡɒɡ] s demagog

de·mand [dɪˈmɑːnd] vt żądać; wymagać; pytać; s żądanie; wymaganie; zapotrzebowanie, popyt (**for sth** na coś)

de·mean·our [dɪˈmiːnə(r)] s zachowanie (się), postawa

dem·i·john [ˈdemɪdʒɒn] s gąsior, butla

de·mil·i·ta·rize [ˈdiːˈmɪlɪtəraɪz] vt demilitaryzować

de·mo·bi·lize [dɪˈməʊbɪlaɪz] vt demobilizować

de·moc·ra·cy [dɪˈmɒkrəsɪ] s demokracja

dem·o·crat·ic [ˌdeməˈkrætɪk] adj demokratyczny

de·mol·ish [dɪˈmɒlɪʃ] vt burzyć, demolować; obalać

dem·o·li·tion [ˌdeməˈlɪʃn] s zburzenie, rozbiórka; obalenie

de·mon [ˈdiːmən] s demon

dem·on·strate [ˈdemənstreɪt] vt vi wykazywać, udowadniać; demonstrować

dem·on·stra·tion [ˌdemənˈstreɪʃn] s przeprowadzenie dowodu; demonstracja

de·mon·stra·tive [dɪˈmɒnstrətɪv] adj demonstracyjny; udowadniający; gram. wskazujący (zaimek)

de·mor·al·i·za·tion [dɪˈmɒrəlaɪˈzeɪʃn] s demoralizacja, zdeprawowanie

den [den] s pieczara, nora, jaskinia; przen. schronienie

de·na·tur·ate [diˈneɪtʃəreɪt], de·na·ture [diˈneɪtʃə(r)] vt denaturować; skażać

de·na·tured [ˈdɪˈneɪtʃəd] adj skażony (np. alkohol)

de·ni·al [dɪˈnaɪl] s zaprzeczenie, odmowa

den·im [ˈdenɪm] s teksas; pl ~s pot. dżinsy

den·i·zen [ˈdenɪzn] s mieszkaniec

de·nom·i·nate [dɪˈnɒmɪneɪt] vt nazwać; określić

de·nom·i·na·tion [dɪˈnɒmɪˈneɪʃn] s nazwa; określenie; rel. wyznanie; jednostka (wagi itp.)

de·note [dɪˈnəʊt] vt oznaczać

de·nounce [dɪˈnaʊns] vt denuncjować, donosić, oskarżać; wypowiadać (np. umowę)

dense [dens] adj gęsty; spoisty

den·si·ty [ˈdensɪtɪ] s gęstość; spoistość

den·tal [ˈdentl] adj zębowy, dentystyczny; gram. (o głosce) zębowy

den·ti·frice [ˈdentɪfrɪs] s pasta ⟨proszek⟩ do zębów

den·tist [ˈdentɪst] s dentysta

den·ture [ˈdentʃə(r)] s sztuczna szczęka, proteza

de·nude [dɪˈnjuːd] vt obnażyć, ogołocić

de·nun·ci·a·tion [dɪˈnʌnsɪeɪʃn] s denuncjacja; oskarżenie; wypowiedzenie (np. umowy)

de·ny [dɪˈnaɪ] vt zaprzeczyć; odmówić; wyprzeć się (**sb, sth** kogoś, czegoś)

de·part [dɪˈpɑːt] vi wyruszać, odjeżdżać; odstąpić (**from sth** od czegoś); odbiegać (**od** tematu itp.)

de·part·ment [dɪˈpɑːtmənt] s departament; wydział, katedra; oddział; am. ministerstwo; ~ **store** dom towarowy

de·par·ture [dɪˈpɑːtʃə(r)] s odstępstwo; odejście, odjazd; **point of** ~ punkt wyjścia

de·pend [dɪˈpend] vi zależeć (**on sb, sth** od kogoś, czegoś); liczyć, polegać (**on sb, sth** na kimś, czymś)

de·pend·ence [dɪˈpendəns] s zależność; zaufanie

de·pend·en·cy [dɪˈpendənsɪ] s zależność; podległe terytorium; przyległość

de·pend·ent [dɪˈpendənt] adj zależny (on sb, sth od kogoś, czegoś), podlegający; s człowiek zależny od kogoś ⟨będący na czyimś utrzymaniu⟩; służący

de·pict [dɪˈpɪkt] vt malować, opisywać

de·plor·a·ble [dɪˈplɔrəbl] adj godny pożałowania

de·plore [dɪˈplɔ(r)] vt opłakiwać; wyrazić żal

de·port [dɪˈpɔt] vt deportować; vr ~ oneself zachowywać się

de·pose [dɪˈpəuz] vt usuwać, składać (z tronu, urzędu); vi składać zeznanie

de·pos·it [dɪˈpozɪt] s depozyt; zastaw, kaucja; osad; złoże; vt deponować; składać; chem. strącać

dep·o·si·tion [ˌdepəˈzɪʃn] s zeznanie; złożenie (z tronu, urzędu)

de·pos·i·tor [dɪˈpozɪtə(r)] s depozytor

de·pot [ˈdepəu] s skład; am. [ˈdipəu] dworzec (kolejowy, autobusowy)

de·prave [dɪˈpreɪv] vt deprawować

dep·re·cate [ˈdeprəkeɪt] vt potępiać, dezaprobować, ganić; odżegnywać się (sth od czegoś)

de·pre·ci·ate [dɪˈpriːʃɪeɪt] vt vi deprecjonować (się)

de·press [dɪˈpres] vt tłumić, hamować; gnębić, przygnębiać; obniżać; naciskać

de·pres·sion [dɪˈpreʃn] s depresja, przygnębienie; obniżenie; zastój, kryzys

de·priv·al [dɪˈpraɪvl] s pozbawienie; złożenie (z urzędu)

dep·ri·va·tion [ˌdeprɪˈveɪʃn] = deprival

de·prive [dɪˈpraɪv] vt pozbawiać (sb of sth kogoś czegoś); złożyć (z urzędu)

depth [depθ] s głębokość, głąb, głębia

dep·u·ta·tion [ˌdepjuˈteɪʃn] s deputacja

dep·u·ty [ˈdepjutɪ] s delegat; zastępca, wice-

de·rail [dɪˈreɪl] vt vi wykoleić (się)

de·range [dɪˈreɪndʒ] vt wprowadzać nieład, psuć, dezorganizować; doprowadzać do obłędu

de·ranged [dɪˈreɪndʒd] pp i adj umysłowo chory

de·range·ment [dɪˈreɪndʒmənt] s nieporządek; rozstrój (żołądka); obłęd

der·e·lict [ˈderəlɪkt] adj opuszczony, bezpański; niedbały

de·ride [dɪˈraɪd] vt wyśmiewać, szydzić

de·ri·sion [dɪˈrɪʒn] s wyśmiewanie, wyszydzanie

de·ri·sive [dɪˈraɪsɪv] adj kpiący, szyderczy

der·i·va·tion [ˌderɪˈveɪʃn] s pochodzenie; gram. derywacja

de·rive [dɪˈraɪv] vt dobywać, czerpać, wyprowadzać; vi pochodzić

der·o·gate [ˈderəgeɪt] vi pomniejszać (from sth coś), przynosić ujmę

de·rog·a·to·ry [dɪˈrogətrɪ] adj pomniejszający (from sth coś), przynoszący ujmę

de·scend [dɪˈsend] vi schodzić; spadać; wyprowadzać; vi pochodzić wywodzić się; vt zejść (a hill etc. z góry itp.)

de·scend·ant [dɪˈsendənt] s potomek

de·scent [dɪˈsent] s zejście, zstąpienie; stok; spadek; pochodzenie

de·scribe [dɪˈskraɪb] vt opisywać, określić

de·scrip·tion [dɪˈskrɪpʃn] s opis

de·scrip·tive [dɪˈskrɪptɪv] adj opisowy; ~ geometry geometria wykreślna

des·e·crate [ˈdesəkreɪt] vt profanować, plugawić

des·ert 1. [ˈdezət] s pustynia; adj attr pustynny

de·sert 2. [dɪˈzɜt] vt opuszczać; vi dezerterować

de·ser·tion [dɪˈzɜʃn] s opuszczenie; dezercja

de·serve [dɪ'zɜv] *vt vi* zasłużyć (sobie, się)

de·sign [dɪ'zaɪn] *s* plan; zamiar; cel; wzór; szkic; *vt* planować, zamierzać; przeznaczać; projektować; szkicować; rysować

de·sig·nate ['dezɪgneɪt] *vt* desygnować, wyznaczać

de·sign·ed·ly [dɪ'zaɪnɪdlɪ] *adv* umyślnie, celowo

de·sign·er [dɪ'zaɪnə(r)] *s* rysownik, kreślarz; projektant

de·sir·a·ble [dɪ'zaɪərəbl] *adj* pożadany; pociągający

de·sire [dɪ'zaɪə(r)] *s* pragnienie, życzenie; żądza; *vt* pragnąć, życzyć sobie, pożądać

de·sir·ous [dɪ'zaɪərəs] *adj* pragnący; to be ~ of sth pragnąć czegoś

de·sist [dɪ'zɪst] *vi* zaniechać, zaprzestać (from sth czegoś)

desk [desk] *s* pulpit; biurko; (*w szkole*) ławka

des·o·late ['desəleɪt] *vt* pustoszyć, niszczyć; trapić; *adj* ['desələt] opustoszały; samotny; niepocieszony, stroskany

des·o·la·tion [,desə'leɪʃn] *s* spustoszenie; pustka; osamotnienie; strapienie

de·spair [dɪ'speə(r)] *s* rozpacz; *vi* rozpaczać, tracić nadzieję (of sth na coś)

des·patch [dɪ'spætʃ] *vt s* = dispatch

des·pe·rate ['despərət] *adj* rozpaczliwy, beznadziejny; zdesperowany

des·per·a·tion [,despə'reɪʃn] *s* rozpacz

des·pi·ca·ble [dɪ'spɪkəbl] *adj* godny pogardy, podły

de·spise [dɪ'spaɪz] *vt* pogardzać

de·spite [dɪ'spaɪt] *praep* mimo, wbrew

de·spond·ent [dɪ'spɒndənt] *adj* przygnębiony, zniechęcony

des·pot ['despɒt] *s* despota

des·sert [dɪ'zɜt] *s* deser

des·ti·na·tion [,destɪ'neɪʃn] *s* cel, przeznaczenie, miejsce przeznaczenia, adres

des·tine ['destɪn] *vt* przeznaczać

des·ti·ny ['destɪnɪ] *s* przeznaczenie

des·ti·tute ['destɪtjut] *adj* cierpiący na brak (czegoś); pozbawiony środków do życia; ogołocony

des·ti·tu·tion [,destɪ'tjuʃn] *s* nędza

de·stroy [dɪ'strɔɪ] *vt* niszczyć, burzyć

de·stroy·er [dɪ'strɔɪə(r)] *s mors.* niszczyciel; † kontrtorpedowiec

de·struc·tion [dɪ'strʌkʃn] *s* zniszczenie, zburzenie; zabicie

de·struc·tive [dɪ'strʌktɪv] *adj* niszczycielski; destrukcyjny, zgubny

des·ul·to·ry ['desltərɪ] *adj* przypadkowy, bezładny, chaotyczny

de·tach [dɪ'tætʃ] *vt* oddzielać, odłączać, odrywać; odkomenderować

de·tach·ment [dɪ'tætʃmənt] *s* oddzielenie; odłączenie, oderwanie; oddział; odosobnienie; bezstronność; *wojsk.* on ~ odkomenderowany

de·tail ['diteɪl] *s* szczegół; in ~ szczegółowo

de·tain [dɪ'teɪn] *vt* zatrzymywać; wstrzymywać; trzymać w areszcie

de·tect [dɪ'tekt] *vt* odkrywać; wykrywać

de·tec·tion [dɪ'tekʃn] *s* odkrycie; wykrycie

de·tec·tive [dɪ'tektɪv] *adj* wywiadowczy; detektywistyczny; *s* detektyw

de·ten·tion [dɪ'tenʃn] *s* zatrzymanie, wstrzymanie; areszt

de·ter [dɪ'tɜ(r)] *vt* odstraszać, powstrzymywać (from sth od czegoś)

de·te·ri·o·rate [dɪ'tɪərɪəreɪt] *vt vi* zepsuć (się), pogorszyć (się); deprecjonować; tracić na wartości; podupaść

de·ter·mi·nant [dɪ'tɜmɪnənt] *s mat.* wyznacznik; *adj* decydujący, miarodajny

de·ter·mi·na·tion [dɪ,tɜmɪ'neɪʃn] *s*

określenie; postanowienie; zdecydowanie

de·ter·mine [dɪ`tɜmɪn] *vt vi* okreś-
lać, ograniczać; decydować (się);
postanawiać (on sth coś); rozstrzygać; skłaniać (się) (to do sth
do zrobienia czegoś); ~d zdecydowany (on sth na coś)

de·test [dɪ`test] *vt* nienawidzić ⟨nie
cierpieć⟩ (sb, sth kogoś, czegoś)

de·test·a·ble [dɪ`testəbl] *adj* niena-
wistny, wstrętny

de·throne [dɪ`θrəun] *vt* detronizo-
wać

det·o·nate [`detəneɪt] *vt* wywoły-
wać detonację; *vi* eksplodować

det·o·na·tion [`detə`neɪʃn] *s* detonacja

de·tract [dɪ`trækt] *vt vi* odciągać;
pomniejszać (from sth coś); szkodzić (from sb's reputation czyjejś reputacji)

det·ri·ment [`detrɪmənt] *s* szkoda;
to the ~ of sb ze szkodą ⟨z krzy-
wdą⟩ dla kogoś

det·ri·men·tal [`detrɪ`mentl] *adj*
szkodliwy

deuce 1. [djus] *s* diabeł, licho

deuce 2. [djus] *s* dwójka (w kartach itp.); *sport* (*w tenisie*) równowaga

dev·as·tate [`devəsteɪt] *vt* pusto-
szyć, dewastować

de·ve·lop [dɪ`veləp] *vt vi* rozwijać
(się); rozrastać się; nabawić się
(choroby); popaść (w nałóg, zwyczaj); *fot.* wywoływać

de·vel·op·ment [dɪ`veləpmənt] *s*
rozwój; *fot.* wywoływanie

de·vi·ate [`dɪvɪeɪt] *vi* zboczyć, od-
chylić się

de·vice [dɪ`vaɪs] *s* plan, pomysł;
urządzenie, przyrząd; dewiza; godło

dev·il [`devl] *s* diabeł

de·vi·ous [`dɪvɪəs] *adj* okrężny;
dosł. i przen. kręty

de·vise [dɪ`vaɪz] *vt* wymyślić, wy-
naleźć

de·void [dɪ`vɔɪd] *adj* próżny, po-
zbawiony (of sth czegoś)

de·volve [dɪ`vɒlv] *vt* przenosić,
przekazać (prawa, odpowiedzialność itp.)

de·vote [dɪ`vəut] *vt* poświęcać, od-
dawać się (czemuś)

de·vot·ed [dɪ`vəutɪd] *pp i adj* po-
święcony, poświęcający się, oddany

de·vo·tion [dɪ`vəuʃn] *s* poświęcenie,
oddanie (się); religijność; *pl* ~s
modlitwy

de·vour [dɪ`vauə(r)] *vt* pożerać

de·vout [dɪ`vaut] *adj* pobożny;
szczery

dew [dju] *s* rosa

dex·ter·i·ty [`dek`sterətɪ] *s* zręczność

dex·ter·ous, dex·trous [`dekstrəs]
adj zręczny

di·a·bol·ic(al) [`daɪə`bɒlɪk(l)] *adj*
diabelski, diaboliczny

di·ag·nose [`daɪəg`nəuz] *vt* rozpoznać (chorobę)

di·ag·no·sis [`daɪəg`nəusɪs] *s* (*pl*
diagnoses [`daɪəg`nəusɪz]) diagno-
za

di·ag·o·nal [daɪ`ægənl] *adj* przekąt-
ny; *s* przekątna

di·a·gram [`daɪəgræm] *s* diagram,
wykres

di·al [`daɪl] *s* tarcza; zegar słonecz-
ny; *vt* nakręcać numer (na tarczy
telefonu)

di·a·lect [`daɪəlekt] *s* dialekt

di·a·lec·tic·al [`daɪə`lektɪkl] *adj* dialektyczny; ~ materialism materializm dialektyczny

di·a·lec·tics [`daɪə`lektɪks] *s* dialektyka

di·a·logue [`daɪəlɒg] *s* dialog

di·am·e·ter [daɪ`æmɪtə(r)] *s* średni-
ca

di·a·mond [`daɪəmənd] *s* diament;
karo (w kartach)

di·a·phragm [`daɪəfræm] *s* przegro-
da; *anat.* przepona; *fot. fiz.* przesłona

di·ar·rhoe·a [`daɪə`rɪə] *s med.* biegunka

di·a·ry [`daɪərɪ] *s* dziennik, pa-
miętnik

dice *zob.* die 2.

dic·tate [dɪk`teɪt] *vt vi* dyktować; narzucać; rozkazywać; *s* nakaz (np. sumienia)

dic·ta·tion [dɪk`teɪʃn] *s* dyktando; dyktat

dic·ta·tor [`dɪk`teɪtə(r)] *s* dyktator

dic·ta·tor·ship [`dɪk`teɪtəʃɪp] *s* dyktatura; ~ **of the proletariat** dyktatura proletariatu

dic·tion [`dɪkʃn] *s* dykcja; wysławianie się

dic·tion·a·ry [`dɪkʃnrɪ] *s* słownik

did *zob.* do

di·dac·tic [dɪ`dæktɪk] *adj* dydaktyczny

di·dac·tics [dɪ`dæktɪks] *s* dydaktyka

die 1. [daɪ] *vi* umierać; ~ **away** ⟨**down**⟩ zamierać, zanikać; ~ **out** wymierać, wygasać

die 2. [daɪ] *s* (*pl* **dice** [daɪs]) kość do gry; *techn.* (*pl* **dies** [daɪz]) sztanca, matryca

diet 1. [`daɪət] *s* dieta; *vr* ~ **oneself** być na diecie

diet 2. [`daɪət] *s* sejm, parlament; sesja

di·e·ta·ry [`daɪətrɪ] *adj* dietetyczny; *s* wyżywienie

di·e·tet·ic [`daɪə`tetɪk] *adj* dietetyczny

dif·fer [`dɪfə(r)] *vi* różnić się (**from sb, sth** od kogoś, czegoś); być innego zdania, nie zgadzać się

dif·fer·ence [`dɪfrns] *s* różnica; spór

dif·fer·ent [`dɪfrnt] *adj* różny, odmienny

dif·fer·en·ti·ate [`dɪfə`renʃɪeɪt] *vt vi* różnicować (się), różnić się; odróżniać; *mat.* różniczkować

dif·fi·cult [`dɪfɪklt] *adj* trudny

dif·fi·cul·ty [`dɪfɪkltɪ] *s* trudność

dif·fi·dent [`dɪfɪdənt] *adj* nie dowierzający własnym umiejętnościom; bojaźliwy

dif·fuse [dɪ`fjuz] *vt vi* rozlewać, rozsiewać; rozprzestrzeniać (się), rozpowszechniać (się); *fiz.* przenikać; rozpraszać (się); *adj* [dɪ`fjus] rozprzestrzeniony; rozlany; rozsiany; (*o stylu*) rozwlekły; *fiz.* rozproszony

dif·fu·sion [dɪ`fjuʒn] *s* rozlanie; rozproszenie (się); rozpowszechnianie (się); rozwlekłość (stylu); *fiz.* dyfuzja

*dig [dɪg], dug, dug [dʌg] *vt vi* kopać, ryć, wryć się; wbić; grzebać (**for sth** w poszukiwaniu czegoś); ciężko nad czymś pracować, przeprowadzać badania

di·gest 1. [daɪ`dʒest] *vt* trawić; *przen.* obmyślić; streścić; pojąć; porządkować, klasyfikować; być strawnym

di·gest 2. [`daɪdʒəst] *s* zbiór; wybór; wyciąg; streszczenie; kompendium

di·gest·i·ble [daɪ`dʒestəbl] *adj* strawny

di·ges·tion [daɪ`dʒestʃn] *s* trawienie

di·ges·tive [daɪ`dʒestɪv] *adj anat.* trawienny; (*o potrawie itp.*) strawny

dig·it [`dɪdʒɪt] *s* cyfra; *anat.* palec

dig·ni·fied [`dɪgnɪfaɪd] *adj* godny, pełen godności

dig·ni·ty [`dɪgnətɪ] *s* godność

di·gress [daɪ`gres] *vi* odbiegać (od tematu); zbaczać (z drogi)

di·gres·sion [daɪ`greʃn] *s* dygresja

dike [daɪk] *s* tama; przekop

dil·i·gence [`dɪlɪdʒəns] *s* pilność

dil·i·gent [`dɪlɪdʒənt] *adj* pilny

dill [dɪl] *s bot.* koper

di·lute [daɪ`ljut] *vt* rozcieńczać; *adj* rozcieńczony

di·lu·tion [daɪ`ljuʃn] *s* rozcieńczenie; roztwór

dim [dɪm] *adj* przyćmiony; mętny; wyblakły; niejasny; matowy; *vt vi* przyćmiewać; zaciemniać (się), zamazać (się)

dime [daɪm] *s am.* moneta 10-centowa

di·men·sion [dɪ`menʃn] *s* wymiar, rozmiar

di·min·ish [dɪ`mɪnɪʃ] *vt vi* zmniejszać (się), pomniejszać (się), obniżać (się)

dim·i·nu·tion [dɪmɪ`njuʃn] *s* zmniejszanie, pomniejszenie; redukcja; obniżka

din [dɪn] *s* łoskot, hałas; *vt* ogłuszać; *vi* hałasować

dine [daɪn] *vi* jeść obiad

din·gy [ˈdɪndʒɪ] *adj* niechlujny, brudny; mętny; ciemny

din·ing-car [ˈdaɪnɪŋ ka(r)] *s* wagon restauracyjny

din·ing-room [ˈdaɪnɪŋ rum] *s* jadalnia

din·ner [ˈdɪnə(r)] *s* obiad (główny posiłek dnia, *zw.* wieczorem)

din·ner-jack·et [ˈdɪnə dʒækɪt] *s* smoking

dip [dɪp] *vt vi* zanurzać (się), zamoczyć (się); pochylać (się); opadać; *s* kąpiel, nurkowanie; zanurzenie; opadnięcie, pochylenie

di·plo·ma [dɪˈpləʊmə] *s* dyplom

di·plo·ma·cy [dɪˈpləʊməsɪ] *s* dyplomacja

dip·lo·mat [ˈdɪpləmæt] *s* dyplomata

dip·lo·mat·ic [ˌdɪpləˈmætɪk] *adj* dyplomatyczny

di·plo·ma·tist [dɪˈpləʊmətɪst] *s* dyplomata

dire [ˈdaɪə(r)] *adj* straszny, okropny

di·rect [dɪˈrekt] *adj* prosty, bezpośredni; *elektr.* ~ current prąd stały; *vt* kierować, zarządzać; wskazać; zlecić; adresować; *muz.* dyrygować

di·rec·tion [dɪˈrekʃn] *s* kierunek; kierownictwo; zarządzanie; adres; instrukcja, wskazówka

di·rect·ly [dɪˈrektlɪ] *adv* prosto, wprost; bezpośrednio; zaraz, wkrótce; *conj* skoro tylko

di·rec·tor [dɪˈrektə(r)] *s* dyrektor, kierownik, zarządca; *muz.* dyrygent; reżyser

di·rec·to·ry [dɪˈrektrɪ] *s* książka adresowa ⟨telefoniczna itp.⟩; *am.* zarząd, dyrekcja

dir·i·gi·ble [ˈdɪrɪdʒəbl] *adj* sterowny, ze sterem; *s* sterowiec

dirt [dɜt] *s* brud; błoto

dirt-cheap [ˈdɜtˈtʃip] *adj pot.* śmiesznie tani

dirt·y [ˈdɜtɪ] *adj* brudny; *przen.* podły, wstrętny

dis·a·bil·i·ty [ˌdɪsəˈbɪlətɪ] *s* niezdolność, niemożność; inwalidztwo

dis·a·ble [dɪsˈeɪbl] *vt* uczynić niezdolnym, pozbawić sił, obezwładnić; uszkodzić; *prawn.* ubezwłasnowolnić; ~d soldier inwalida wojenny

dis·ad·van·tage [ˌdɪsədˈvantɪdʒ] *s* wada; niekorzyść; niekorzystne położenie; szkoda

dis·af·fect [ˌdɪsəˈfekt] *vt* zrażać, odpychać

dis·af·fec·tion [ˌdɪsəˈfekʃn] *s* niezadowolenie, niechęć

dis·a·gree [ˌdɪsəˈgri] *vi* nie zgadzać się; nie odpowiadać; (*o potrawie itp.*) nie służyć

dis·a·gree·a·ble [ˌdɪsəˈgriəbl] *adj* nieprzyjemny

dis·a·gree·ment [ˌdɪsəˈgrimənt] *s* niezgoda; niezgodność

dis·al·low [ˌdɪsəˈlaʊ] *vt* nie pozwalać; nie aprobować

dis·ap·pear [ˌdɪsəˈpɪə(r)] *vi* znikać; zginąć

dis·ap·pear·ance [ˌdɪsəˈpɪərns] *s* zniknięcie; zginięcie

dis·ap·point [ˌdɪsəˈpɔɪnt] *vt* rozczarować, zawieść; to be ~ed zawieść się (in sb, sth na kimś, na czymś); być rozczarowanym, doznać zawodu (at sth w czymś)

dis·ap·point·ment [ˌdɪsəˈpɔɪntmənt] *s* rozczarowanie, zawód

dis·ap·prov·al [ˌdɪsəˈpruvl] *s* dezaprobata

dis·ap·prove [ˌdɪsəˈpruv] *vt vi* dezaprobować, nie pochwalać

dis·arm [dɪsˈam] *vt vi* rozbroić (się)

dis·ap·pear·ance [ˌdɪsəˈpɪərns] *s* rozbrojenie

dis·ar·range [ˌdɪsəˈreɪndʒ] *vt* wprowadzać nieład, rozprzęgać

dis·ar·ray [ˌdɪsəˈreɪ] *vt* wprowadzać zamieszanie, dezorganizować; *s* zamęt, nieład

dis·as·ter [dɪˈzastə(r)] *s* nieszczęście, klęska

dis·as·trous [dɪˈzɑstrəs] *adj* nieszczęsny, zgubny

dis·a·vow [ˈdɪsəˈvau] *vt* wyrzec, wyprzeć się

dis·band [dɪsˈbænd] *vt vi* rozpuścić, rozproszyć (się), rozejść się

dis·be·lief [ˈdɪsbɪˈlif] *s* niewiara

dis·be·lieve [ˈdɪsbɪˈliv] *vt vi* nie wierzyć, nie dowierzać

dis·bur·den [dɪsˈbɜdn] *vt* odciążyć, uwolnić od ciężaru

dis·burse [dɪsˈbɜs] *vt* wypłacić, wyłożyć (pieniądze)

disc [dɪsk] *s* = disk

dis·card [dɪˈskɑd] *vt* odsunąć; odrzucić, zarzucić

dis·cern [dɪˈsɜn] *vt* rozróżniać; spostrzegać

dis·cern·ment [dɪˈsɜnmənt] *s* zdolność rozróżnienia; bystrość (umysłu), wnikliwość

dis·charge [dɪsˈtʃɑdʒ] *vt vi* wyładowywać; wypuszczać; wydzielać; spełniać (obowiązki); zwalniać; spłacać; wystrzelić; odbarwić; *s* [ˈdɪstʃɑdʒ] wyładowanie; zwolnienie; spełnienie (obowiązku); wydzielanie; wystrzał; spłata

dis·ci·ple [dɪˈsaɪpl] *s* uczeń

dis·ci·pline [ˈdɪsəplɪn] *s* dyscyplina; kara; *vt* utrzymywać w karności, ćwiczyć; karać

dis·claim [dɪsˈkleɪm] *vt* wypierać się; zrzekać się (sth czegoś)

dis·close [dɪsˈkləuz] *vt* odsłaniać, odkrywać, ujawniać

dis·clo·sure [dɪsˈkləuʒə(r)] *s* odsłonięcie, odkrycie, ujawnienie

dis·col·our [dɪsˈkʌlə(r)] *vt vi* odbarwić (się)

dis·com·fit [dɪsˈkʌmfɪt] *vt* zmieszać; udaremnić; † pobić

dis·com·fort [dɪsˈkʌmfət] *s* niewygoda; złe samopoczucie; niepokój

dis·con·cert [ˈdɪskənˈsɜt] *vt* wyprowadzić z równowagi; zdenerwować, zmieszać; udaremnić

dis·con·nect [ˈdɪskəˈnekt] *vt* rozłączyć, odłączyć

dis·con·nect·ed [ˈdɪskəˈnektɪd] *pp* i

adj pozbawiony związku, chaotyczny

dis·con·tent [ˈdɪskənˈtent] *s* niezadowolenie; *adj* niezadowolony; *vt* budzić niezadowolenie **(sb w kimś)**

dis·con·tin·ue [ˈdɪskənˈtɪnju] *vt* przestać, przerwać; *vi* ustać, skończyć się

dis·cord [ˈdɪskɔd] *s* niezgoda, dysharmonia; *muz.* dysonans

dis·count [ˈdɪskaunt] *s* bank. dyskonto; *vt* [dɪˈskaunt] dyskontować

dis·cour·age [dɪˈskʌrɪdʒ] *vt* zniechęcić (sb from sth kogoś do czegoś)

dis·course [ˈdɪskɔs] *s* mowa; rozprawa; rozmowa; *vt* [dɪˈskɔs] rozprawiać, rozmawiać

dis·cov·er [dɪˈskʌvə(r)] *vt* odkrywać

dis·cov·er·y [dɪˈskʌvr̩ɪ] *s* odkrycie; wynalazek

dis·cred·it [dɪsˈkredɪt] *s* zła sława; niedowierzanie, nieufność; *vt* dyskredytować; nie ufać, nie dawać wiary

dis·creet [dɪsˈkrit] *adj* dyskretny; roztropny

dis·crep·an·cy [dɪsˈkrepənsɪ] *s* rozbieżność, niezgodność

dis·cre·tion [dɪsˈkreʃn] *s* dyskrecja, takt; oględność, rozsądek; własne uznanie, wolna wola; at sb's ~ zależnie od czyjegoś uznania

dis·crim·i·nate [dɪsˈkrɪmɪneɪt] *vt* rozróżniać; dyskryminować

dis·crim·i·nat·ing [dɪsˈkrɪmɪneɪtɪŋ] *adj* bystry, spostrzegawczy; szczególny

dis·crim·i·na·tion [dɪsˈkrɪmɪˈneɪʃn] *s* dyskryminacja; rozróżnienie, rozeznanie; roztropność

dis·cus [ˈdɪskəs] *s* sport. dysk

dis·cuss [dɪsˈkʌs] *vt* dyskutować (sth nad czymś), roztrząsać, omawiać

dis·cus·sion [dɪsˈkʌʃn] *s* dyskusja, omówienie

dis·dain [dɪs'deɪn] vt pogardzać; s pogarda

dis·ease [dɪ'ziz] s choroba

dis·em·bark ['dɪsɪm'bak] vt wyładować, wysadzać na ląd; vi wysiadać ze statku

dis·en·chant ['dɪsɪn'tʃant] vt rozczarować; odczarować

dis·en·gage ['dɪsɪn'geɪdʒ] vt vi uwolnić (się), odłączyć (się), rozluźniać (się)

dis·en·tan·gle ['dɪsɪn'tæŋgl] vt vi rozwikłać (się), rozplątać (się)

dis·es·tab·lish ['dɪs'stæblɪʃ] vt oddzielić (kościół od państwa)

dis·fa·vour [dɪs'feɪvə(r)] s niełaska; vt nieprzychylnie traktować

dis·fig·ure [dɪs'fɪgə(r)] vt zniekształcić, szpecić

dis·fran·chise [dɪs'fræntʃaɪz] vt pozbawić praw obywatelskich (zw. prawa głosowania)

dis·grace [dɪs'greɪs] s hańba; niełaska; vt okryć hańbą; pozbawić łaski

dis·guise [dɪs'gaɪz] s przebranie; udawanie, maska; vt przebierać; maskować

dis·gust [dɪs'gʌst] s wstręt; vt napełniać wstrętem; to be ~ed czuć wstręt (with sth do czegoś)

dish [dɪʃ] s półmisek; danie

dis·har·mo·ny [dɪs'hamənɪ] s dosł. i przen. dysharmonia

dis·heart·en [dɪs'hatn] vt zniechęcić, odebrać odwagę

dis·hon·est [dɪs'ɒnɪst] adj nieuczciwy

dis·hon·our [dɪs'ɒnə(r)] s hańba; niehonorowanie (np. czeku); vt hańbić; nie honorować (czeku)

dis·hon·our·a·ble [dɪs'ɒnrəbl] adj bez honoru; haniebny

dis·il·lu·sion [dɪsɪ'luʒn] s rozczarowanie; vt rozczarować

dis·in·cli·na·tion ['dɪsɪnklɪ'neɪʃn] s niechęć

dis·in·cline ['dɪsɪn'klaɪn] vt odstręczać; to be ~d nie mieć chęci, nie być skłonnym

dis·in·fect ['dɪsɪn'fekt] vt dezynfekować

dis·in·her·it ['dɪsɪn'herɪt] vt wydziedziczyć

dis·in·te·grate [dɪs'ɪntɪgreɪt] vt vi rozkładać (się), rozdrabniać, rozpadać się

dis·in·ter·est·ed [dɪs'ɪntrəstɪd] adj bezinteresowny, bezstronny

dis·join [dɪs'dʒɔɪn] vt vi rozłączyć (się)

dis·joint [dɪs'dʒɔɪnt] vt zwichnąć, wywichnąć; rozłączyć; zakłócić (rytm)

disk [dɪsk] s tarcza (np. słońca); krążek; płyta (gramofonowa)

dis·like [dɪs'laɪk] vt nie lubić; s niechęć, antypatia

dis·lo·cate ['dɪsləkeɪt] vt przesunąć, przemieścić; zwichnąć; zaburzyć

dis·lo·ca·tion ['dɪslə'keɪʃn] s przesunięcie, przemieszczenie; zaburzenie; zwichnięcie

dis·lodge [dɪs'lɒdʒ] vt usunąć; wysiedlić; wyprzeć (nieprzyjaciela)

dis·loy·al [dɪs'lɔɪl] adj nielojalny, niewierny

dis·mal ['dɪzml] adj ponury, przygnębiający

dis·man·tle [dɪs'mæntl] vt ogołocić, pozbawić (np. części); zdemontować

dis·may [dɪs'meɪ] vt przerażać; konsternować; s przerażenie, konsternacja

dis·mem·ber [dɪs'membə(r)] vt rozczłonkować, rozebrać na części

dis·miss {dɪs'mɪs] vt pozbyć się; odsunąć; zwolnić; porzucić

dis·mis·sal [dɪs'mɪsl] s odsunięcie; porzucenie; zwolnienie, odprawa, dymisja

dis·mount ['dɪs'maunt] vi zsiadać z konia; vt demontować; wysadzać (np. z siodła)

dis·o·be·dient ['dɪsə'bidɪənt] adj nieposłuszny

dis·o·bey ['dɪsə'beɪ] vt nie słuchać (sb kogoś), naruszać (przepisy);

vt sprzeciwiać się (komuś, rozkazom)

dis·or·der [dɪs'ɔːdə(r)] *s* nieporządek; zamieszki; *med.* zaburzenie; *vt* wprowadzić nieporządek; rozstroić

dis·or·der·ly [dɪs'ɔːdəlɪ] *adj* nieporządny; zakłócający porządek (publiczny); niesforny; rozwiązły

dis·own [dɪs'əun] *vt* nie uznawać, wypierać się

dis·par·age [dɪ'spærɪdʒ] *vt* ujemnie wyrażać się (sb, sth o kimś, czymś), dyskredytować, uwłaczać

dis·par·i·ty [dɪ'spærətɪ] *s* nierówność, różnica

dis·pas·sion·ate [dɪ'spæʃnət] *adj* beznamiętny; bezstronny, obiektywny

dis·patch [dɪ'spætʃ] *vt* wysłać; załatwić; *s* przesyłka, ekspedycja; załatwienie; pośpiech

dis·pel [dɪ'spel] *vt* rozpędzić, rozproszyć, rozwiać

dis·pen·sa·ry [dɪ'spensərɪ] *s* apteka; przychodnia

dis·pense [dɪ'spens] *vt* wydawać, rozdzielać; wymierzać (sprawiedliwość); zwalniać, udzielać dyspensy; (o *lekarstwach*) sporządzać i wydawać; *vi* obchodzić się (with sth bez czegoś)

dis·perse [dɪ'spɜːs] *vt vi* rozpędzić; rozproszyć (się); rozsypać (się), rozsiać; rozbiec się

dis·per·sion [dɪ'spɜːʃn] *s* rozproszenie (się); rozejście się; *fiz.* rozszczepienie, dyspersja; rozrzut

dis·place [dɪ'spleɪs] *vt* przenieść, przesunąć, przełożyć, przestawić; usuwać, wypierać; zastępować; **~d person** wysiedleniec, uchodźca

dis·place·ment [dɪ'spleɪsmənt] *s* przemieszczenie, przesunięcie; zastąpienie, wyparcie; *mors.* wyporność

dis·play [dɪ'spleɪ] *vt* rozwinąć, ujawnić, wystawić na pokaz, pokazać; *s* pokaz, wystawa; manifestowanie, popis

dis·please [dɪ'spliːz] *vt* nie podobać się (sb komuś), urazić, narazić się (sb komuś)

dis·pleas·ure [dɪ'spleʒə(r)] *s* niezadowolenie, gniew

dis·pos·al [dɪ'spəuzl] *s* rozporządzanie (of sth czymś); rozkład; pozbycie się; usunięcie; at sb's ~ do czyjejś dyspozycji

dis·pose [dɪ'spəuz] *vt vi* rozkładać; rozporządzać, dysponować (**sth** 〈of sth〉 czymś); usuwać, pozbywać się (of sth czegoś); rozprawić się (of sb, sth z kimś, czymś); skłonić (sb to sth kogoś do czegoś)

dis·po·si·tion [ˌdɪspə'zɪʃn] *s* rozmieszczenie, rozkład; dyspozycja; usposobienie, skłonność; zarządzenie

dis·pos·sess [ˌdɪspə'zes] *vt* wywłaszczyć

dis·pro·por·tion·ate [ˌdɪsprə'pɔːʃnət] *adj* nieproporcjonalny

dis·prove [ˌdɪ'spruːv] *vt* zbijać, obalać (twierdzenie, zarzuty)

dis·pu·ta·ble [dɪ'spjutəbl] *adj* sporny

dis·pute [dɪ'spjut] *vt vi* rozprawiać, dyskutować (**sth** 〈about, on sth〉 nad czymś); kwestionować; walczyć (sth o coś); spierać się, kłócić się; *s* [ˈdɪspjut] spór, dysputa, dyskusja; kłótnia

dis·qual·i·fy [dɪ'skwolɪfaɪ] *vt* dyskwalifikować

dis·qui·et [dɪ'skwaɪət] *adj* niespokojny; *s* niepokój; *vt* niepokoić

dis·re·gard [ˌdɪsrɪ'gɑːd] *vt* lekceważyć, nie zważać (sth na coś); *s* lekceważenie

dis·rep·u·ta·ble [dɪs'repjutəbl] *adj* haniebny, niecny; (o *człowieku*) mający złą opinię; (o *ubraniu itp.*) nędzny, zdarty, zniszczony

dis·re·pute [ˌdɪsrɪ'pjut] *s* zła reputacja, niesława

dis·rupt [dɪs'rʌpt] *vt* rozrywać, rozwalić

dis·sat·is·fac·tion [ˌdɪˌsætɪs'fækʃn] *s* niezadowolenie

diver

dis·sat·is·fy [dɪ'sætɪsfaɪ] vt wywoływać niezadowolenie (sb u kogoś)

dis·sem·ble [dɪ'sembl] vt vi ukrywać; udawać

dis·sem·i·nate [dɪ'semɪneɪt] vt rozsiewać

dis·sen·sion [dɪ'senʃn] s niezgoda

dis·sent [dɪ'sent] vi nie zgadzać się, mieć odmienne poglądy; s różnica zdań ⟨poglądów⟩; herezja

dis·sent·er [dɪ'sentə(r)] s dysydent, heretyk

dis·sim·i·lar [dɪ'sɪmlə(r)] adj niepodobny

dis·sim·u·late [dɪ'sɪmjuleɪt] vt vi maskować (się), ukrywać; udawać

dis·si·pate ['dɪsɪpeɪt] vt vi rozpraszać (się); marnować (się), trwonić

dis·so·ci·ate [dɪ'səuʃɪeɪt] vt rozdzielać, rozłączać; vr ~ oneself zrywać związek

dis·sol·u·ble [dɪ'sɒljubl] adj rozpuszczalny; (o związku itd.) rozerwalny

dis·so·lute ['dɪsəljut] adj rozwiązły

dis·so·lu·tion ['dɪsə'luʃn] s rozkład; rozwiązanie (np. spółki)

dis·solve [dɪ'zɒlv] vt vi rozpuszczać (się); rozkładać (się); rozwiązywać (się); zrywać; zanikać

dis·suade [dɪ'sweɪd] vt odradzać (sb from sth komuś coś)

dis·taff ['dɪstɑf] s kądziel; **on the ~ side** po kądzieli

dis·tance ['dɪstəns] s odległość; dosł. i przen. dystans; vt dystansować; oddalać

dis·tant ['dɪstənt] adj odległy

dis·taste [dɪ'steɪst] s niesmak, wstręt (for sth do czegoś)

dis·tend [dɪ'stend] vt vi rozciągać (się); rozdymać (się)

dis·til [dɪ'stɪl] vt vi destylować (się); sączyć (się)

dis·tinct [dɪ'stɪŋkt] adj różny; wyraźny, dobitny

dis·tinc·tion [dɪ'stɪŋkʃn] s odróżnienie; różnica, wyróżnienie (się), odznaczenie

dis·tinc·tive [dɪ'stɪŋktɪv] adj od-

różniający; wyraźny, znamienny

dis·tin·guish [dɪ'stɪŋgwɪʃ] vt odróżniać, rozróżniać; wyróżniać; vr ~ oneself odznaczać się

dis·tin·guished [dɪ'stɪŋgwɪʃt] adj wybitny, znakomity; dystyngowany

dis·tort [dɪ'stɒt] vt przekręcać, zniekształcać

dis·tract [dɪ'strækt] vt odciągać, odrywać (uwagę), rozpraszać; oszałamiać

dis·tract·ed [dɪ'stræktɪd] adj roztargniony

dis·trac·tion [dɪ'strækʃn] s roztargnienie; rozrywka; rozterka

dis·tress [dɪ'stres] s nieszczęście, niedola, strapienie; bieda; krytyczna sytuacja; vt unieszczęśliwiać; trapić

dis·trib·ute [dɪ'strɪbjut] vt rozdzielać, rozprowadzać, rozmieszczać

dis·tri·bu·tion ['dɪstrɪ'bjuʃn] s rozdział, rozkład, dystrybucja

dis·trib·u·tor [dɪ'strɪbjutə(r)] s rozdzielca; handl. rozprowadzający; elektr. rozdzielacz

dis·trict ['dɪstrɪkt] s okręg, obwód; dzielnica; okolica

dis·trust [dɪ'strʌst] vt nie dowierzać; s nieufność

dis·turb [dɪ'stɜb] vt niepokoić, przeszkadzać; zakłócać

dis·turb·ance [dɪ'stɜbəns] s zaburzenie, zakłócenie; niepokój

dis·u·nite ['dɪsju'naɪt] vt vi rozłączać (się), rozdzielać (się)

dis·use [dɪs'jus] s nieużywanie; zarzucenie; odzwyczajenie; **to fall** ⟨come⟩ **into ~** wyjść z użycia; vt [dɪs'juz] zarzucić, zaprzestać (używania)

ditch [dɪtʃ] s rów, kanał

dit·ty ['dɪtɪ] s piosenka

di·va·gate ['daɪvəgeɪt] vi błąkać się; odbiegać od tematu

dive [daɪv] vi zanurzyć (się), pogrążyć (się); pot. dać nura; nurkować; lotn. pikować; s nurkowanie, skok do wody

div·er ['daɪvə(r)] s nurek

diverge   114

di·verge [dar'vɜdʒ] *vi* odbiegać,
rozbiegać się

di·verse [dar'vɜs] *adj* rozmaity; odmienny

di·ver·si·fy ['dar'vɜsɪfaɪ] *vt* urozmaicać

di·ver·sion [dar'vɜʃn] *s* odchylenie,
odwrócenie; objazd; rozrywka;
wojsk. dywersja

di·ver·si·ty ['dar'vɜsətɪ] *s* rozmaitość; urozmaicenie

di·vert ['dar'vɜt] *vt* odchylać, odciągać; zmieniać kierunek; zabawiać; odwracać uwagę

di·vest [dar'vest] *vt* rozbierać (of
sth z czegoś); pozbawiać (of sth
czegoś)

di·vide [dɪ'vaɪd] *vt vi* dzielić (się);
s geogr. dział wód

div·i·dend ['dɪvɪdend] *s fin.* dywidenda; *mat.* dzielna

div·i·na·tion ['dɪvɪ'neɪʃn] *s* wróże-
nie; wróżba

di·vine 1. [dɪ'vaɪn] *vt* przepowiadać; domyślać się, zgadywać; *vi*
wróżyć

di·vine 2. [dɪ'vaɪn] *adj* boski; *s*
duchowny

di·vin·i·ty [dɪ'vɪnətɪ] *s* bóstwo; boskość; teologia

di·vis·i·ble [dɪ'vɪzəbl] *adj* podzielny

di·vi·sion [dɪ'vɪʒn] *s* podział; dział;
przegroda; niezgoda; *mat.* dzielenie; *wojsk.* dywizja; *polit.* głosowanie (w parlamencie)

di·vi·sor [dɪ'vaɪzə(r)] *s mat.* dzielnik

di·vorce [dɪ'vɔs] *s* rozwód; *vt* rozwieść; *vi* rozwieść się (sb z kimś)

diz·zy ['dɪzɪ] *adj* zawrotny, oszałamiający; cierpiący na zawrót
głowy

do [du], **did** [dɪd], **done** [dʌn], 3
pers sing praes **does** [dʌz] *vt vi*
robić, czynić, sporządzać, wykonywać; skończyć; mieć się, czuć
się; wystarczyć, ujść; *pot.* zwiedzać; odgrywać (rolę); nabierać,
oszukiwać; pełnić (obowiązek);
przynosić (np. zaszczyt); załatwić;
przyznawać (np. rację); uporządkować; przebywać (odległość); **do
away usunąć, znieść (with sth**

coś); **do up zapakować; uporządkować; przyrządzić; wykończyć;
do without sth obejść się bez
czegoś; do with sth zadowolić się
(czymś); to be done for ⟨up⟩ być
wykończonym, być zmordowa-
nym; to be doing well prosperować, rozwijać się, cieszyć się po-
wodzeniem; to be doing badly
nie mieć powodzenia; how do you
do? czy dzień dobry, miło mi poznać;
*v aux tworzy formę pytającą i
przeczącą w czasach Present Simple i Simple Past:* do you like
him? czy lubisz go?; I did not
like him nie lubiłam go; *zastępuje orzeczenie:* you play better
than he does grasz lepiej od niego; do you smoke? — I do ⟨I
don't⟩ czy palisz? ~ tak, palę
⟨nie, nie palę⟩; *w zdaniach pytających:* you don't like her, do
you? nie lubisz jej, prawda?; you
like her, don't you? lubisz ją, nie-
prawdaż?; *oznacza emfazę:* I did
go przecież ⟨jednak⟩ poszedłem;
do come! bardzo proszę, przyjdź!

do·cile ['dəʊsaɪl] *adj* uległy, posłuszny; łagodny; pojętny

do·cil·i·ty [dəʊ'sɪlətɪ] *s* uległość,
posłuszeństwo; pojętność

dock 1. [dɔk] *s* dok; *vt* umieścić w
doku, dokować

dock 2. [dɔk] *s* ława oskarżonych

dock 3. [dɔk] *vt* obcinać; kasować; ~ a horse ⟨a dog⟩ przycinać ogon koniowi ⟨psu⟩

dock·er ['dɔkə(r)] *s* robotnik portowy

dock·yard ['dɔkjɑd] *s* stocznia

doc·tor ['dɔktə(r)] *s* doktor

doc·u·ment ['dɔkjʊmənt] *s* dokument

dodge [dɔdʒ] *vt vi* wymijać; używać wykrętów; wymykać się; *s*
wykręt; sztuczka; unik

dodg·er ['dɔdʒə(r)] *s* krętacz, spry-
ciarz

does *zob.* **do**

dog [dɔg] *s* pies; *vt* tropić, śledzić

dog-cheap ['dɔgtʃip] *adj i adv pot.*
tani ⟨tanio⟩ jak barszcz

dog·ged [ˈdogɪd] *adj* uparty, zawzięty

dog·ma [ˈdogmə] *s* dogmat

dog·mat·ic [dogˈmætɪk] *adj* dogmatyczny

do·ing [ˈduɪŋ] *ppraes* i *s* sprawa, sprawka; czyn, trud; *pl* ~s poczynania

dole [dəul] *s* część, cząstka; zasiłek (dla bezrobotnych), zapomoga; † los; to be on the ~ pobierać zasiłek; *vt* (*zw.* ~ out) wydzielać

doll [dol] *s* lalka

dol·lar [ˈdolə(r)] *s* dolar

do·main [dəuˈmeɪn] *s* domena; posiadłość, majątek ziemski

dome [dəum] *s* kopuła; sklepienie

do·mes·tic [dəˈmestɪk] *adj* domowy; wewnętrzny; krajowy, rodzimy; *s* służący

do·mes·ti·cate [dəˈmestɪkeɪt] *vt* oswajać; cywilizować; przywiązywać do domu

dom·i·cile [ˈdomɪsaɪl] *s* miejsce zamieszkania

dom·i·nant [ˈdomɪnənt] *adj* panujący, dominujący

dom·i·nate [ˈdomɪneɪt] *vt* *vi* panować; górować ⟨sb, sth ⟨over sb, sth⟩ nad kimś, czymś⟩

dom·i·neer [ˌdomɪˈnɪə(r)] *vi* tyranizować, okazywać swą władzę

do·min·ion [dəˈmɪnɪən] *s* władza; dominium

dom·i·no [ˈdomɪnəu] *s* domino; *pl* ~es gra w domino

do·na·tion [dəuˈneɪʃn] *s* dar

done *zob.* **do**

don·key [ˈdoŋkɪ] *s* osioł

doom [dum] *s* los, przeznaczenie; † *prawn.* wyrok; *vt* *lit.* skazać, osądzać

door [dɔ(r)] *s* drzwi; within ~s w domu; out of ~s poza domem, na dworze

door·keep·er [ˈdɔ kipə(r)] *s* dozorca, portier

door·way [ˈdɔweɪ] *s* brama, wejście

dope [dəup] *s* smar; lakier; narkotyk; *vt* narkotyzować; dawać środek podniecający

dor·mant [ˈdɔmənt] *adj* śpiący; bezczynny; w stanie zawieszenia

dor·mi·to·ry [ˈdɔmɪtrɪ] *s* sala sypialna; *am.* bursa

dose [dəus] *s* doza, dawka; *vt* dawkować

dot [dot] *s* kropka; *vt* stawiać kropkę; kropkować; usiać ⟨with sth czymś⟩

doub·le [ˈdʌbl] *adj* podwójny, dwojaki, dwoisty; *s* podwójna ilość; sobowtór; dublet; *sport* gra podwójna, debel; *vt* podwoić, złożyć we dwoje; *teatr* dublować; (*w kartach*) kontrować; *vi* podwoić (się); to ~ up zgiąć (się), złożyć (się); *adv* podwójnie; we dwoje (jechać, spać itd.); ~ as long dwa razy taki długi

doub·le-bass [ˈdʌblˈbeɪs] *s* *muz.* kontrabas

doub·le-deal·er [ˈdʌblˈdilə(r)] *s* człowiek dwulicowy, krętacz

doub·le-mean·ing [ˈdʌblˈminɪŋ] *adj* dwuznaczny; *s* dwuznacznik

doubt [daut] *s* wątpliwość; out of ~, without ⟨beyond, no⟩ ~ bez wątpienia; *vt* *vi* wątpić ⟨sth w coś; of ⟨about⟩ sth o czymś⟩

doubt·ful [ˈdautfl] *adj* wątpliwy; niepewny, niezdecydowany; podejrzany

dough [dəu] *s* ciasto

dove [dʌv] *s* gołąb

dove·cot [ˈdʌvkət] *s* gołębnik

dow·a·ger [ˈdauɪdʒə(r)] *s* wdowa (dziedzicząca tytuł lub dobra)

dow·dy [ˈdaudɪ] *adj* (*zw. o kobiecie*) o zaniedbanym wyglądzie, niemodnie ubrana

down 1. [daun] *adv* w dole, w dół, nisko; ~ to aż po; to be ~ być powalonym, leżeć; być na liście; opaść; zawziąć się (on sb na kogoś); być przygnębionym; *praep* w dół, na dół; po, z, wzdłuż; *adj* w dół, na dół; skierowany ɩw dół; ~ train pociąg ze stolicy na pro wincję; *vt pot.* rozłożyć, położyć (przeciwnika); zrzucić, strącić; ~ **tools** zastrajkować

down 2. [daʊn] *s* pagórkowata, nie zalesiona okolica; wydma

down 3. [daʊn] *s* puch; meszek

down·cast [ˈdaʊnkɑst] *adj* przygnębiony

down·fall [ˈdaʊnfɔl] *s* upadek; zguba

down·hill [ˈdaʊnˈhɪl] *adv* z góry na dół; *s* [ˈdaʊnhɪl] pochyłość, spadek

down·pour [ˈdaʊnpɔ] *s* ulewa

down·right [ˈdaʊnraɪt] *adj* całkowity; szczery, otwarty; istny; oczywisty; *adv* całkowicie, w pełni; otwarcie; po prostu

down·stairs [ˈdaʊnˈsteəz] *adv* w dół, na dół, ze schodów; na dole podeptany; *przen.* uciskany

down·trod·den [ˈdaʊnˈtrɒdn] *adj* podeptany; *przen.* uciskany

down·ward [ˈdaʊnwəd] *adv* ku dołowi, w dół; *adj attr* skierowany ⟨poruszający się⟩ w dół, na dół

down·wards = **downward** *adv*

dow·ry [ˈdaʊərɪ] *s* posag; talent

doze [dəʊz] *vi* drzemać; *s* drzemka

doz·en [ˈdʌzn] *s* tuzin; **baker's** ~ trzynaście

drab [dræb] *adj* bury, brudnoszary; bezbarwny; monotonny, nudny; *s* bury kolor; bure sukno; monotonia, nuda

draft [drɑft] *s* rysunek, szkic; projekt; *handl.* trata; ciągnięcie; *wojsk.* oddział wyborowy; *am.* pobór; **beast of** ~ zwierzę pociągowe; *vt* szkicować; projektować; *wojsk.* odkomenderować

drafts·man [ˈdrɑftsmən] *s* rysownik, kreślarz

drag [dræg] *vt vi* wlec (się), ciągnąć (się)

drag·on [ˈdrægən] *s* smok

drag·on·fly [ˈdrægənflaɪ] *s zool.* ważka

drain [dreɪn] *vt* suszyć, drenować, odprowadzać wodę; *vi (także* ~ **away)** wyciekać; *s* dren, ściek, rów odwadniający; *med.* sączek

dra·ma [ˈdrɑmə] *s* dramat

dra·ma·tic [drəˈmætɪk] *adj* dramatyczny

dram·a·tist [ˈdræmətɪst] *s* dramaturg

drank *zob.* **drink**

drape [dreɪp] *vt vi* drapować (się)

dra·per·y [ˈdreɪpərɪ] *s zbior.* materiały tekstylne; handel tekstyliami; draperia

dras·tic [ˈdræstɪk] *adj* drastyczny; silnie działający, drakoński

draught [drɑft] *s* przeciąg; ciąg; łyk; rysunek (= **draft**); połów, zarzucenie sieci; *pl* ~s warcaby

draughts·man 1. *zob.* **draftsman**

draughts·man 2. [ˈdrɑftsmən] *s* pionek w warcabach

***draw** [drɔ], **drew** [dru], **drawn** [drɔn] *vt vi* ciągnąć, przyciągać, ściągać, nadciągać; otrzymywać; czerpać; pobierać; (*o ziołach, herbacie*) zaparzać, naciągać; rysować; ~ **away** odbierać; odciągać; oddalać się; ~ **back** cofać (się); ~ **forth** wywoływać; ~ **in** wciągać; ~ **near** zbliżać się; ~ **off** ściągać; wycofywać się; ~ **on** naciągać; przyciągać; nadchodzić; ~ **out** wyciągać, wydobywać; wydłużać; sporządzać (*np.* plan); ~ **round** gromadzić się dookoła; ~ **up** podciągnąć; zestawić; sformułować; ustawić (się) w szeregu; zatrzymać (się), stanąć

draw·back [ˈdrɔbæk] *s* przeszkoda; wada, ujemna strona; *handl.* cło zwrotne

draw·bridge [ˈdrɔbrɪdʒ] *s* most zwodzony

draw·er [ˈdrɔə(r)] *s* rysownik; *handl.* trasant; [drɔ(r)] szuflada; **chest of** ~s komoda; *pl* ~s [drɔz] kalesony, majtki

draw·ing [ˈdrɔɪŋ] *s* rysunek; lekcja rysunków

draw·ing-room [ˈdrɔːɪŋrum] s salon

drawl [drɔːl] vt vi przeciągać, cedzić (słowa)

drawn zob. draw

dread [dred] s strach; adj straszny; vt bać się

dread·ful [ˈdredfl] adj straszny

dread·nought [ˈdrednɔt] s mors. pancernik

***dream** [driːm], **dreamt, dreamt** [dremt] lub **dreamed, dreamed** [driːmd] vt vi marzyć, śnić, widzieć we śnie; s sen, marzenie

dreamt zob. dream

drear·y [ˈdrɪəri] adj mroczny, ponury

dregs [dregz] s pl odpadki; dosł. i przen. męty, osad

drench [drentʃ] vt przemoczyć

dress [dres] vt vi ubierać (się); stroić, ozdabiać; przyrządzać; opatrzyć (ranę); zdobić; oporządzać; włożyć strój wieczorowy; ~ up wystroić (się); s ubranie, strój; **evening** ~ smoking, suknia wieczorowa; **full** ~ strój uroczysty; frak; ~ **coat** frak

dress·ing [ˈdresɪŋ] s ubieranie się, toaleta; przyprawa (sos, farsz itp.); oporządzenie; dekoracja; opatrunek

dress·ing-case [ˈdresɪŋkeɪs] s neseser

dress·ing-gown [ˈdresɪŋgaun] s szlafrok

dress·ing-sta·tion [ˈdresɪŋ steɪʃn] s punkt opatrunkowy

dress·ing-ta·ble [ˈdresɪŋteɪbl] s toaleta (mebel)

dress·ma·ker [ˈdresmeɪkə(r)] s krawiec damski

dress·y [ˈdresɪ] adj wystrojony; lubiący się stroić; szykowny

drew zob. draw

drib·ble [ˈdrɪbl] vi kapać; ślinić się; vt odcedzić

drift [drɪft] s prąd; mors. dryf; unoszenie się z prądem; zaspa; zawierucha; dążność; bieg (wypadków); tok (myśli); vt vi nieść; nawiać, nanieść; dążyć; mors.

dryfować; unosić się bezwładnie; zmierzać

drill 1. [drɪl] s świder; wojsk. musztra; vt vi świdrować, drylować, musztrować (się), ćwiczyć (się), odbywać ćwiczenie

drill 2. [drɪl] s bruzda; siewnik; vt siać (rzędami)

drill 3. [drɪl] s drelich

***drink** [drɪŋk], **drank** [dræŋk], **drunk** [drʌŋk] vt vi pić; ~ **up** ⟨off⟩ wypić; s napój, picie, kieliszek trunku; **soft** ~ napój bezalkoholowy; **strong** ~ trunek; **to have a** ~ napić się

drip [drɪp] vi kapać; ociekać

***drive** [draɪv], **drove** [drəuv], **driven** [ˈdrɪvn] vt vi pędzić, jechać; popędzać, zagnać; wprawiać w ruch; wieźć; powozić, kierować; wbijać; doprowadzać; zmierzać **(at sth** do czegoś); ~ **sb mad** doprowadzić kogoś do szału; przen. ~ **sth home to sb** przekonać, uzmysłowić coś komuś; ~ **in** wpędzić; wbić; s jazda, przejażdżka; napęd, energia; nagonka; wjazd, dojazd, droga dojazdowa; am. akcja, kampania

driv·el [ˈdrɪvl] vi ślinić się; pleść głupstwa; s ślina cieknąca z ust; gadanie od rzeczy

driv·en zob. drive

driv·er [ˈdraɪvə(r)] s woźnica; kierowca; maszynista; poganiacz

driz·zle [ˈdrɪzl] vi mżyć; s drobny deszcz, mżawka

droll [drəul] adj zabawny, dziwaczny

drone 1. [drəun] vt vi buczeć, brzęczeć; mruczeć; s truteń; warkot, brzęczenie

droop [druːp] vi opadać, obwisać; omdlewać

drop [drɔp] vi kapać; spaść, padać; opadać; cichnąć, słabnąć; ustać; ~ **into a habit** popaść w nałóg; vt spuścić, opuścić; upuścić, zrzucić; zniżać; podrzucić, odwieźć (kogoś, coś); zaprzestać; ~ **asleep** zasnąć; pot. ~ **in** wpaść,

odwiedzić **(on sb** kogoś); ~ **off**
⟨away⟩ odpadać, zmniejszać się;
zasnąć; zamierać; ~ **out** zniknąć,
wycofać się; usunąć; wypuścić;
s kropla; obniżenie, spadek; zniżka (cen); *pl* ~s cukierki, dropsy

drought [draut] *s* posucha

drove *zob.* **drive**

drown [draun] *vt* topić; *vi* tonąć

drowse [drauz] *vi* drzemać; *vt* u-
sypiać; *s* drzemka

drow·sy [ˈdrauzɪ] *adj* senny, ospały, usypiający

drub [drʌb] *vt* poturbować, wy-
grzmocić

drudge [drʌdʒ] *vi* ciężko pracować, harować; *s przen.* wół ro-
boczy

drudg·er·y [ˈdrʌdʒərɪ] *s* ciężka,
niedzięczna praca, harówka

drug [drʌg] *s* lek, lekarstwo; narkotyk; *vt* narkotyzować

drug·gist [ˈdrʌgɪst] *s* aptekarz

drug-store [ˈdrʌgstɔ(r)] *s am.* drogeria (z działem sprzedaży le-
karstw, kosmetyków, czasopism
i napojów chłodzących)

drum [drʌm] *s* bęben; werbel; *vi*
bębnić

drum·mer [ˈdrʌmə(r)] *s* dobosz

drunk 1. *zob.* **drink**

drunk 2. [drʌŋk] *adj praed* pijany

drunk·ard [ˈdrʌŋkəd] *s* pijak

drunk·en [ˈdrʌŋkən] *adj attr* pijany

dry [draɪ] *adj* suchy, uschnięty;
oschły; bezalkoholowy; *vt* suszyć; wycierać; *vi* schnąć ~ **up**
wysuszyć; wyschnąć

dry-clean·ing [ˈdraɪˈkliːnɪŋ] *s* pranie chemiczne

du·al [ˈdjuːl] *adj* dwoisty, podwójny

dub 1. [dʌb] *vt* pasować na rycerza; nazywać **(sb sth** kogoś
czymś); przezywać

dub 2. [dʌb] *vt kin.* dubbingować

du·bi·ous [ˈdjuːbɪəs] *adj* wątpliwy,
dwuznaczny; niepewny

duch·ess [ˈdʌtʃɪs] *s* księżna

duch·y [ˈdʌtʃɪ] *s* księstwo

duck 1. [dʌk] *s zool.* kaczka

duck 2. [dʌk] *vt vi* zanurzyć **(się)**,
dać nurka; zgiąć się, zrobić unik

duct [dʌkt] *s* kanał, przewód

dud [dʌd] *s* niewypał; *pl* ~**s** ciu-
chy, łachy

due [djuː] *adj* należny; dłużny, zobowiązany; spowodowany **(to sth**
czymś); spodziewany; odpowiedni; *handl.* płatny; *s* należność,
opłata

du·el [ˈdjuːl] *s* pojedynek

dug *zob.* **dig**

dug-out [ˈdʌg aut] *s wojsk.* ziemianka, schron

duke [djuːk] *s* książę

dul·ci·mer [ˈdʌlsɪmə(r)] *s muz.*
cymbały

dull [dʌl] *adj* mętny; nudny; tępy; matowy; posępny; stłumio-
ny; *vt* stępić; stłumić; *vi* stępieć;
zmatowieć

du·ly [ˈdjuːlɪ] *adv* należycie, słusznie; w porę

dumb [dʌm] *adj* niemy; ~ **show**
pantomima; **to strike sb** ~ wprawić kogoś w osłupienie

dumb·found [dʌmˈfaund] *vt* ogłuszyć, oszołomić; odebrać mowę

dum·my [ˈdʌmɪ] *s* manekin; statysta, figurant; imitacja, mąkie-
ta; pozór; smoczek; *adj attr* podrobiony, udany, naśladujący

dump [dʌmp] *vt* zrzucać, zsypy-
wać; wywalać; *handl.* zbywać towar na zasadzie dumpingu; *s*
stos; hałda; śmietnik

dum·ping [ˈdʌmpɪŋ] *s handl.* dum-
ping

dump·y [ˈdʌmpɪ] *adj* przysadkowaty, pękaty

dunce [dʌns] *s* (*o uczniu*) osioł,
nieuk

dune [djuːn] *s* wydma piaszczysta

dung [dʌŋ] *s* gnój, nawóz

dun·geon [ˈdʌndʒən] *s* wieża; loch,
ciemnica

dupe [djuːp] *s* ofiara oszustwa; *pot.*
dudek, naiwniaczek; *vt* oszukać,
okpić

du·pli·cate [ˈdjuːplɪkət] *adj* podwój-

ny; s duplikat; vt [`djuplɪkeɪt]
kopiować, odbijać, powielać

du·pli·ca·tor [`djuplɪkeɪtə(r)] s po-
wielacz

du·plic·i·ty [dju`plɪsətɪ] s dwulico-
wość

du·ra·ble [`djuərəbl] adj trwały;
stały

du·ra·tion [dju`reɪʃn] s czas trwa-
nia

dur·ing [`djuərɪŋ] praep podczas,
przez, za

dusk [dʌsk] s zmierzch

dusk·y [`dʌskɪ] adj ciemny

dust [dʌst] s pył, kurz, proch; vt
zakurzyć, posypać prochem; czyścić z kurzu, z prochu, ścierać

dust·bin [`dʌstbɪn] s skrzynia na
śmieci

dust·y [`dʌstɪ] adj zakurzony; nud-
ny; niejasny, mglisty

Dutch [dʌtʃ] adj holenderski; język holenderski

Dutch·man [`dʌtʃmən] s (pl Dutch-
men [`dʌtʃmən]) Holender

du·ti·a·ble [`djutɪəbl] adj podlega-
jący ocleniu

du·ti·ful [`djutɪfl] adj obowiązko-
wy, sumienny; pełen szacunku,
uległy

du·ty [`djutɪ] s obowiązek, powin-
ność; służba; należność podatko-
wa; cło; off ~ po służbie; on ~
na służbie, na dyżurze

dwarf [dwɔf] s karzeł; adj attr
karłowaty; vt powstrzymać
wzrost; pomniejszyć

*dwell [dwel], dwelt, dwelt [dwelt]
vi mieszkać; zatrzymywać się;
rozwodzić się (on sth nad czymś);
kłaść nacisk

dwell·er [`dwelə(r)] s mieszkaniec

dwell·ing [`dwelɪŋ] s mieszkanie

dwelt zob. dwell

dwin·dle [`dwɪndl] vi zanikać,
zmniejszać się

dye [daɪ] s barwa, farba; vt vi barwić (się), farbować (się)

dye-stuff [`daɪstʌf] s barwnik

dy·ing zob. die

dyke = dike

dy·nam·ic [daɪ`næmɪk] adj dyna-
miczny; s pl ~s dynamika

dy·na·mite [`daɪnəmaɪt] s dynamit;
vt wysadzać dynamitem

dy·nas·tic [dɪ`næstɪk] adj dyna-
styczny

dyn·as·ty [`dɪnəstɪ] s dynastia

e

each [itʃ] adj pron każdy; ~ other
nawzajem

ea·ger [`igə(r)] adj żądny (for
⟨after⟩ sth czegoś); skory, gorliwy; (o pragnieniu itp.) gorący;
to be ~ to do sth bardzo pragnąć coś zrobić

ea·gle [`igl] s orzeł

ear [ɪə(r)] s ucho

earl [ɜl] s hrabia (tylko angielski)

ear·ly [`ɜlɪ] adj wczesny; adv wcze-
śnie

ear·mark [`ɪəmak] s (u zwierząt

domowych) piętno, kolczyk;
przen. znak (rozpoznawczy); vt
znaczyć, znakować; przen. przeznaczać

earn [ɜn] vt zarabiać; zasługiwać

ear·nest [`ɜnɪst] adj poważny;
szczery; gorliwy; s w zwrocie:
in ~ na serio, poważnie

earn·ing [`ɜnɪŋ] s zarobek, dochód

ear-phone [`ɪəfəʊn] s słuchawka

ear-ring [`ɪərɪŋ] s kolczyk

earth [ɜθ] s ziemia; świat, kula
ziemska; what on ~! cóż to znowu?; elektr. uziemienie; vt vi za-

kopać ⟨zagrzebać⟩ (się) w ziemi; okopać; *elektr.* uziemić

earth·en [`ɜθn] *adj* ziemny; gliniany

earth·en·ware [`ɜθnweə(r)] *s zbior.* wyroby garncarskie

earth·ly [`ɜθlɪ] *adj* ziemski

earth·quake [`ɜθkweɪk] *s* trzęsienie ziemi; wstrząs

earth·work [`ɜθwɜk] *s* robota ziemna; nasyp

ease [iz] *s* lekkość, swoboda; wygoda; at ~ spokojnie, wygodnie; at ~! *wojsk.* spocznij!; ill at ~ niedobrze, nieswojo; *vt* łagodzić; uspokajać; uwalniać

ea·sel [`izl] *s* sztaluga

eas·i·ness [`izɪnəs] *s* lekkość, wygoda, swoboda; beztroska

east [ist] *s* wschód; *adj* wschodni; *adv* na wschód, na wschodzie

East·er [`istə(r)] *s* Wielkanoc

east·ern [`istən] *adj* wschodni

east·ward [`istwəd] *adj* wschodni, zwrócony ku wschodowi; *adv* (*także* ~s) ku wschodowi, na wschód

eas·y [`izɪ] *adj* łatwy; swobodny; wygodny; spokojny; ~ of access łatwo dostępny; *adv* łatwo; lekko; swobodnie

eas·y-chair [`izɪtʃeə(r)] *s* fotel

*****eat** [it], ate [et], eaten [`itn] *vt vi* jeść; ~ up zjeść, pożreć, pochłonąć

eat·a·ble [`itəbl] *adj* jadalny; *s pl* ~s artykuły spożywcze, prowiant

eat·en *zob.* eat

eaves [ivz] *s pl* okap

eaves·drop [`ivzdrop] *vi* podsłuchiwać

ebb [eb] *s* odpływ (morza); ubytek (np. sił); *vi* (o morzu) odpływać; słabnąć, ubywać

eb·on·y [`ebənɪ] *s* heban

ec·cen·tric [ɪk`sentrɪk] *adj* ekscentryczny, dziwaczny; *s* dziwak, ekscentryk

ec·cle·si·as·tic [ɪˌklizɪ`æstɪk] *adj* kościelny, duchowny; *s* osoba duchowna, duchowny

ech·o [`ekəʊ] *s* echo; *vt vi* odbijać

się echem; powtarzać (**sb, sth** za kimś, czymś)

e·clipse [ɪ`klɪps] *s* zaćmienie; przyćmienie; *vt* zaćmiewać

e·co·nom·ic [`ikə`nomɪk] *adj* ekonomiczny

e·co·nom·i·cal [`ikə`nomɪkl] *adj* ekonomiczny, oszczędny

e·co·nom·ics [`ikə`nomɪks] *s* ekonomia, ekonomika

e·con·o·mist [ɪ`konəmɪst] *s* ekonomista

e·con·o·mize [ɪ`konəmaɪz] *vt vi* oszczędzać, oszczędnie gospodarować

e·con·o·my [ɪ`konəmɪ] *s* ekonomia, gospodarka; organizacja; struktura; oszczędność

ec·sta·sy [`ekstəsɪ] *s* ekstaza, zachwyt

ec·stat·ic [ɪk`stætɪk] *adj* ekstatyczny, pełen zachwytu

ed·dy [`edɪ] *s* wir; *vi* wirować

E·den [`idn] *s* raj

edge [edʒ] *s* brzeg, krawędź, kant; ostrze; *vt* ostrzyć, toczyć; obsadzać; obszywać; **to** ~ **one's way** przeciskać się; wśliznąć się

edg·ing [`edʒɪŋ] *s* brzeg, rąbek

ed·i·ble [`edəbl] *adj* jadalny

e·dict [`idɪkt] *s* edykt

ed·i·fice [`edɪfɪs] *s* gmach

ed·i·fy [`edɪfaɪ] *vt* oddziaływać (moralnie, budująco), pouczać

ed·it [`edɪt] *vt* wydawać; redagować

e·di·tion [ɪ`dɪʃn] *s* wydanie; nakład

ed·i·tor [`edɪtə(r)] *s* wydawca; redaktor

ed·i·tor·i·al [`edɪ`tɔrɪəl] *adj* wydawniczy; redakcyjny; *s* artykuł wstępny (od redakcji)

ed·u·cate [`edʒʊkeɪt] *vt* wychowywać; kształcić

ed·u·ca·tion [`edʒʊ`keɪʃn] *s* wykształcenie, nauka; oświata; wychowanie; szkolenie

ed·u·ca·tion·al [`edʒʊ`keɪʃnl] *adj*

wychowawczy, oświatowy, kształcący

eel [il] s węgorz

ef·face [ɪˈfeɪs] vt ścierać, zacierać, zmazywać; przen. przyćmiewać

ef·fect [ɪˈfekt] s wynik, skutek; efekt; oddziaływanie; pl ~s dobytek, ruchomości; papiery wartościowe; in ~ rzeczywiście; to no ~ bezskutecznie; to give ⟨to bring to, to carry into⟩ ~ dokonać, uskutecznić, wprowadzić w życie; vt spowodować, wykonać, spełnić

ef·fec·tive [ɪˈfektɪv] adj efektywny; efektowny; am. mający moc prawną, obowiązujący

ef·fem·i·nate [ɪˈfemɪnət] adj zniewieściały

ef·fer·vesce [ˌefəˈves] vt musować, pienić się; (o człowieku) tryskać (życiem)

ef·fi·ca·cious [ˌefɪˈkeɪʃəs] adj skuteczny

ef·fi·ca·cy [ˈefɪkəsɪ] s skuteczność

ef·fi·cien·cy [ɪˈfɪʃnsɪ] s wydajność, sprawność; skuteczność

ef·fi·cient [ɪˈfɪʃnt] adj wydajny, sprawny; skuteczny

ef·figy [ˈefɪdʒɪ] s podobizna, wizerunek

ef·fort [ˈefət] s wysiłek; próba

ef·front·er·y [ɪˈfrʌntərɪ] s bezczelność

ef·fu·sion [ɪˈfjuːʒn] s wylew; wydzielanie; pl ~s przen. wynurzenia

egg [eg] s jajko

e·go [ˈegəʊ] s jaźń

e·go·ism [ˈegəʊɪzm] s egoizm

e·go·ist [ˈegəʊɪst] s egoista

e·go·tism [ˈegətɪzm] s egotyzm

E·gyp·tian [ɪˈdʒɪpʃn] adj egipski; s Egipcjanin

ei·der·down [ˈaɪdədaʊn] s puch; kołdra puchowa

eight [eɪt] num osiem; s ósemka

eight·een [ˈeɪˈtiːn] num osiemnaście; s osiemnastka

eight·eenth [ˈeɪˈtiːnθ] adj osiemnasty

eighth [eɪtθ] adj ósmy

eight·i·eth [ˈeɪtɪəθ] adj osiemdziesiąty

eight·y [ˈeɪtɪ] num osiemdziesiąt; s osiemdziesiątka

ei·ther [ˈaɪðə(r)], am. [ˈiːðər] adj pron jeden lub drugi, jeden z dwóch, każdy z dwóch; obaj, obie, oboje; którykolwiek z dwóch; conj ~ ... or albo ..., albo; z przeczeniem: ani ..., ani; adv z przeczeniem: też (nie)

e·jac·u·late [ɪˈdʒækjuleɪt] vt wytrysnąć; wykrzyknąć, wydać (okrzyk)

e·ject [ɪˈdʒekt] vt wyrzucić, wydzielić; usunąć, wydalić

eke [ik] vt (zw. ~ out) sztukować, nadrabiać, uzupełniać

e·lab·o·rate [ɪˈlæbəreɪt] vt wypracować; adj [ɪˈlæbprət] wypracowany; wymyślny, wyszukany

e·lapse [ɪˈlæps] vi (o czasie) upływać, mijać

e·las·tic [ɪˈlæstɪk] adj elastyczny; gumowy; s guma (np. do pończoch)

el·bow [ˈelbəʊ] s łokieć; vt popychać, szturchać łokciem; ~ sb out wypchnąć kogoś

eld·er [ˈeldə(r)] adj starszy

el·der·ly [ˈeldəlɪ] adj podstarzały

eld·est [ˈeldɪst] adj najstarszy (w rodzinie)

e·lect [ɪˈlekt] vt wybierać; adj wybrany, nowo obrany

e·lec·tion [ɪˈlekʃn] s wybór, wybory; general ~ wybory powszechne

e·lec·tion·eer [ɪˌlekʃənˈɪə(r)] vi agitować, przeprowadzać kampanię wyborczą

e·lec·tor [ɪˈlektə(r)] s wyborca

e·lec·tor·ate [ˈɪlektrət] s zbior. wyborcy

e·lec·tric(al) [ɪˈlektrɪk(l)] adj elektryczny

e·lec·tri·cian [ɪˌlekˈtrɪʃn] s elektrotechnik

e·lec·tric·i·ty [ɪ'lek`trɪsətɪ] s elektryczność

e·lec·tri·fi·ca·tion [ɪ'lektrɪfɪ`keɪʃn] s elektryfikacja

e·lec·tri·fy [ɪ'lektrɪfaɪ] vt elektryfikować

e·lec·tro·cute [ɪ'lektrəkjut] vt uśmiercić na krześle elektrycznym; śmiertelnie porazić prądem

e·lec·trol·y·sis [ɪ'lek`troləsɪs] s elektroliza

e·lec·tro·plate [ɪ'lektrəupleɪt] vt platerować, galwanizować; s zbiór. platery

el·e·gance [`elɪgəns] s elegancja

el·e·gi·ac [`elɪ`dʒaɪək] adj elegijny

el·e·gy [`elədʒɪ] s elegia

el·e·ment [`eləmənt] s element; żywioł; składnik; chem. pierwiastek

el·e·men·tal [`elə`mentl] adj żywiołowy; podstawowy

el·e·men·ta·ry [`elə`mentrɪ] adj elementarny; podstawowy

el·e·phant [`eləfnt] s słoń

el·e·vate [`eləveɪt] vt podnieść, podwyższyć, dźwignąć

el·e·va·tion [`elə`veɪʃn] s podniesienie, wzniesienie, wysokość; dostojeństwo

el·e·va·tor [`eləveɪtə(r)] s elewator; am. winda

el·ev·en [ɪ'levn] num jedenaście; s jedenastka

el·ev·enth [ɪ'levnθ] adj jedenasty

elf [elf] s (pl elves [elvz]) elf

e·lic·it [ɪ'lɪsɪt] vt ujawniać, wydobywać, wyciągać na światło dzienne; wywoływać

el·i·gi·ble [`elɪdʒəbl] adj wybieralny; godny wyboru, odpowiedni

e·lim·i·nate [ɪ'lɪmɪneɪt] vt eliminować, usuwać, wykluczać, znieść

e·lim·i·na·tion [ɪ'lɪmɪ`neɪʃn] s eliminacja, usunięcie, wykluczenie, zniesienie

elk [elk] s łoś

elm [elm] s bot. wiąz

el·o·cu·tion [`elə`kjuʃn] s wysławianie się, dykcja

e·lon·gate [`ɪloŋgeɪt] vt vi wydłużyć (się)

el·o·quence [`eləkwəns] s elokwencja, krasomówstwo

else [els] adv prócz tego, ponadto, jeszcze (inny); or ~ bo inaczej; sb ~ ktoś inny; sth ~ coś innego

else·where [`els`weə(r)] adv gdzie indziej

e·lu·ci·date [ɪ'lusɪdeɪt] vt wyświetlić, wyjaśnić

e·lude [ɪ'lud] vt wymijać, obejść (np. prawo); ujść (sth czemuś)

e·lu·sive [ɪ'lusɪv] adj nieuchwytny, wykrętny

elves zob. elf

e·ma·ci·ate [ɪ'meɪʃɪeɪt] vt wyniszczyć (fizycznie), wycieńczyć

em·a·nate [`eməneɪt] vi emanować, promieniować; wyłaniać się; pochodzić (from sth od czegoś)

e·man·ci·pate [ɪ'mænsɪpeɪt] vt emancypować, wyzwolić

e·mas·cu·late [ɪ'mæskjuleɪt] vt wykastrować; zniewieścić; wyjałowić; adj [ɪ'mæskjulət] zniewieściały; wyjałowiony

em·balm [ɪm'bam] vt balsamować; nasycać aromatem

em·bank·ment [ɪm'bæŋkmənt] s wał, tama; nabrzeże, bulwar

em·bar·go [ɪm'bagəu] s embargo, zakaz

em·bark [ɪm'bak] vt ładować na statek; brać na pokład; vi wsiadać na statek; przen. przedsięwziąć (on **upon** sth coś); wdać się (in sth w coś)

em·bar·ka·tion [`embə`keɪʃn] s ładowanie (wsiadanie) na statek

em·bar·rass [ɪm'bærəs] vt wprawić w zakłopotanie; sprawić kłopot; przeszkadzać; krępować

em·bas·sy [`embəsɪ] s ambasada; misja

em·bed [ɪm'bed] vt osadzić, wryć, wkopać, wbić; wyłożyć (np. cementem)

em·bel·lish [ɪm'belɪʃ] vt upiększyć

em·bers [ˈembəz] s pl żarzące się
węgle; *przen.* zgliszcza

em·bez·zle [imˈbezl] vt sprzeniewierzyć

em·bit·ter [imˈbitə(r)] vt rozgoryczyć; zatruć (życie); rozjątrzyć

em·blem [ˈembləm] s emblemat

em·bod·i·ment [imˈbodimənt] s u-
cieleśnienie, wcielenie

em·bod·y [imˈbodi] vt ucieleśniać;
urzeczywistniać; wcielać; formułować, wyrażać (w słowach, czy-
nach); zawierać

em·boss [imˈbos] vt wytłaczać; wykuwać; zdobić płaskorzeźbą

em·brace [imˈbreis] vt vi obejmować (się), uścisnąć (się); ogarniać; zawierać; przyjmować (np.
światopogląd); s uścisk, objęcie

em·broi·der [imˈbrɔidə(r)] vt haftować; *przen.* upiększać

em·broi·de·ry [imˈbrɔidəri] s haft;
przen. upiększenie

em·broil [imˈbrɔil] vt powikłać; u-
wikłać

em·bry·o [ˈembriəu] s embrion

e·mend [iˈmend] vt poprawiać
(tekst)

em·er·ald [ˈemərld] s szmaragd

e·merge [iˈmɜdʒ] vi wynurzać się,
wyłaniać się, ukazywać się

e·mer·gence [iˈmɜdʒəns] s pojawienie się, powstanie

e·mer·gen·cy [iˈmɜdʒənsi] s stan
wyjątkowy, krytyczne położenie,
gwałtowna potrzeba; ~ exit wyjście zapasowe (np. na wypadek
pożaru)

em·i·grant [ˈemigrənt] s emigrant

em·i·grate [ˈemigreit] vi emigrować

emigré [ˈemigrei] s emigrant polityczny

em·i·nence [ˈeminəns] s wysokie
położenie, wzniesienie; eminencja; wybitność, znakomitość

em·i·nent [ˈeminənt] adj wybitny,
znakomity, sławny

em·is·sa·ry [ˈemisri] s emisariusz

e·mis·sion [iˈmiʃn] s emisja; wydzielanie, wysyłanie

e·mit [iˈmit] vt emitować; wydzielać, wysyłać

e·mo·tion [iˈməuʃn] s wzruszenie,
uczucie

e·mo·ti·onal [iˈməuʃnl] adj emocjo-
nalny

em·per·or [ˈempərə(r)] s cesarz, im-
perator

em·pha·sis [ˈemfəsis] s nacisk, u-
wydatnienie, emfaza

em·pha·size [ˈemfəsaiz] vt podkreślać, kłaść nacisk

em·phat·ic [imˈfætik] adj emfatyczny; dobitny; wymówiony z na-
ciskiem; kategoryczny; wymowny

em·pire [ˈempaiə(r)] s imperium,
cesarstwo

em·ploy [imˈplɔi] vt zatrudniać; u-
żywać

em·ploy·ee [ˈemplɔiˈi] s pracownik

em·ploy·er [imˈplɔiə(r)] s pracodawca, szef

em·ploy·ment [imˈplɔimənt] s zajęcie, zatrudnienie; zastosowanie, użycie

em·pow·er [imˈpauə(r)] vt dać władzę, upoważnić

em·press [ˈemprəs] s cesarzowa

emp·ty [ˈempti] adj pusty, czczy,
próżny; vt vi opróżnić (się)

em·u·late [ˈemjuleit] vt rywalizować (sb z kimś)

en·a·ble [iˈneibl] vt dać możność,
umożliwić

en·act [iˈnækt] vt ustanowić (dekret)

en·act·ment [iˈnæktmənt] s przeprowadzenie ustawy; zarządzenie,
dekret

en·am·el [iˈnæml] s emalia; lakier;
vt emaliować; lakierować

en·camp [inˈkæmp] vt rozkładać
obozem; vi rozłożyć się obozem,
obozować

en·camp·ment [inˈkæmpmənt] s
rozłożenie się obozem; obozowisko

en·cash [inˈkæʃ] vt spieniężyć
(czek), zrealizować (weksel); inkasować

en·chain [ɪn`tʃeɪn] vt zakuć w łań-
cuchy, uwiązać na łańcuchu;
przen. ujarzmić

en·chant [ɪn`tʃɑnt] vt oczarować;
zaczarować

en·cir·cle [ɪn`sɜkl] vt okrążyć, oto-
czyć

en·close [ɪn`kləʊz] vt ogrodzić, o-
toczyć; zawierać; załączyć

en·clo·sure [ɪn`kləʊʒə(r)] s ogrodze-
nie, ogrodzone miejsce; załącznik

en·com·pass [ɪn`kʌmpəs] vt otaczać,
obejmować; zawierać

en·core [`ɒŋkɔ(r)] *int* bis!; s bis, bi-
sowanie; vt vi bisować

en·coun·ter [ɪn`kaʊntə(r)] vt na-
tknąć się (sb na kogoś); s spotkanie; starcie, potyczka

en·cour·age [ɪn`kʌrɪdʒ] vt zachę-
cać; popierać; dodawać odwagi

en·croach [ɪn`krəʊtʃ] vi wdzierać
się, wkraczać (on ⟨upon⟩ sth do
czegoś); bezprawnie naruszać
(on ⟨upon⟩ sth coś)

en·crust [ɪn`krʌst] vt inkrusto-
wać; vi zaskorupieć się

en·cum·ber [ɪn`kʌmbə(r)] vt zawa-
lić, zatłoczyć; obciążyć; utrudnić,
zawadzać

en·cy·clo·pae·di·a [ɪn`saɪklə`pidɪə] s
encyklopedia

end [end] s koniec; kres; cel; ~
on rzędem; on ~ pionowo, szto-
rcem; z rzędu; to no ~ bezcelowo; to be at an ~ być skończo-
nym; to bring to an ~ położyć
kres; to serve an ~ odpowiadać
celowi; to the ~ that w tym celu, aby; vt kończyć; ~ off ⟨up⟩
zakończyć; vi kończyć się (in sth
czymś)

en·dan·ger [ɪn`deɪndʒə(r)] vt nara-
żać na niebezpieczeństwo

en·dear [ɪn`dɪə(r)] vt uczynić dro-
gim (to sb dla kogoś); zdobyć
czyjeś serce

en·deav·our [ɪn`devə(r)] vi usiło-
wać, starać się; dążyć (after sth
do czegoś); s dążenie, staranie,
zabiegi

end·ing [`endɪŋ] s zakończenie;
gram. końcówka

end·less [`endləs] *adj* nie kończą-
cy się, ustawiczny

en·dorse [ɪn`dɔs] vt potwierdzić,
podpisać się (sth pod czymś); zaaprobować; *handl.* indosować

en·dow [ɪn`daʊ] vt wyposażyć, za-
opatrzyć (with sth w coś); obdarzyć; ufundować

en·dow·ment [ɪn`daʊmənt] s wypo-
sażenie, dotacja; pl ~s zdolności

en·dur·ance [ɪn`djʊərns] s wytrzy-
małość, cierpliwość; past ⟨bey-
ond⟩ ~ nie do zniesienia

en·dure [ɪn`djʊə(r)] vt znosić, cier-
pieć, wytrzymywać; vi przetrwać

en·dur·ing [ɪn`djʊərɪŋ] *adj* trwały;
wytrzymały

en·e·my [`enəmɪ] s wróg, przeciw-
nik

en·er·gy [`enədʒɪ] s energia

en·er·vate [`enəveɪt] vt osłabić

en·fee·ble [ɪn`fibl] vt osłabić

en·fold [ɪn`fəʊld] vt otulić, zawi-
nąć; objąć

en·force [ɪn`fɔs] vt narzucić pod
przymusem (sth on sb coś komuś); ustawowo wprowadzić w
życie

en·fran·chise [ɪn`fræntʃaɪz] vt ob-
darzyć prawami (obywatelskimi,
wyborczymi); wyzwolić; uwłasz-
czyć

en·gage [ɪn`geɪdʒ] vt vi angażować
(się); zobowiązywać (się); zajmować (się); najmować, przyjmować do pracy; *wojsk.* nawiązać
walkę, atakować; to be ~d mieć
zajęcie, pracować, krzątać się (in
sth koło czegoś); to become ~d
zaręczyć się (to sb z kimś)

en·gage·ment [ɪn`geɪdʒmənt] s zo-
bowiązanie; obietnica; umowa;
przyjęcie do pracy; najęcie, zatrudnienie; zaręczyny; *wojsk.*
rozpoczęcie bitwy

en·gag·ing [ɪn`geɪdʒɪŋ] *adj* ujmu-
jący, miły

en·gen·der [ɪn`dʒendə(r)] vt rodzić;
powodować

entente

en·gine [ˈendʒɪn] s maszyna; lokomotywa; silnik

en·gine-driv·er [ˈendʒɪn draɪvə(r)]
s maszynista

en·gi·neer [ˈendʒɪˈnɪə(r)] s mechanik; technik; inżynier; *wojsk*. saper; *am*. maszynista; *vt* budować
(drogi, mosty), montować; planować, projektować; *pot*. kombinować

en·gi·neer·ing [ˈendʒɪˈnɪərɪŋ] s in-
żyniera; mechanika; technika;
pot. *pl* ~s kombinacje, machinacje

Eng·lish [ˈɪŋglɪʃ] *adj* angielski; s
język angielski; *pl* the ~ Anglicy

Eng·lish·man [ˈɪŋglɪʃmən] s (*pl* Eng-
lishmen [ˈɪŋglɪʃmən]) Anglik

Eng·lish·wom·an [ˈɪŋglɪʃwumən] s
(*pl* Englishwomen [ˈɪŋglɪʃwɪmɪn])
Angielka

en·grave [ɪnˈgreɪv] *vt* ryć, grawerować

en·grav·ing [ɪnˈgreɪvɪŋ] s grawerowanie; sztych

en·gross [ɪnˈgrəus] *vt handl*. zmo-
nopolizować; wykupić hurtem;
opanować, pochłonąć; odpisać
(dokument) dużymi literami

en·gulf [ɪnˈgʌlf] *vt* pochłonąć

en·hance [ɪnˈhans] *vt* powiększyć,
podwyższyć, uwydatnić

e·nig·ma [ɪˈnɪgmə] s zagadka

e·nig·mat·ic [ˈenɪgˈmætɪk] *adj* zagadkowy

en·join [ɪnˈdʒɔɪn] *vt* nakazać; gorąco polecać (sth on sb coś komuś)

en·joy [ɪnˈdʒɔɪ] *vt* znajdować przyjemność, zasmakować (sth w
czymś); mieć, cieszyć się (np.
good health dobrym zdrowiem);
korzystać (sth z czegoś); *vr* ~
oneself dobrze się bawić

en·joy·a·ble [ɪnˈdʒɔɪəbl] *adj* przyjemny, rozkoszny

en·joy·ment [ɪnˈdʒɔɪmənt] s przyjemność, uciecha; korzystanie
(of sth z czegoś)

en·large [ɪnˈladʒ] *vt vi* powiększać

(się); rozszerzać (się); rozwodzić
się (on ⟨upon⟩ sth nad czymś)

en·light·en [ɪnˈlaɪtn] *vt* oświecać,
uświadamiać, objaśniać

en·light·en·ment [ɪnˈlaɪtnmənt] s
oświecenie

en·list [ɪnˈlɪst] *vt* zwerbować; zjednać sobie; *vi* zaciągnąć się do
wojska

en·li·ven [ɪnˈlaɪvn] *vt* ożywić

en·mi·ty [ˈenmətɪ] s wrogość

en·no·ble [ɪˈnəubl] *vt* uszlachetnić;
nobilitować

e·nor·mi·ty [ɪˈnɔmətɪ] s potworność; ogrom, ogromne rozmiary

e·nor·mous [ɪˈnɔməs] *adj* ogromny

e·nough [ɪˈnʌf] *adv* dość, dosyć;
be good ~ to ... bądź tak dobry
i ...; to be stupid ~ to ... być na
tyle głupim, aby ...

en·quire, en·quir·y = inquire, inquiry

en·rage [ɪnˈreɪdʒ] *vt* doprowadzić
do wściekłości

en·rich [ɪnˈrɪtʃ] *vt* wzbogacić; ulepszyć; ozdobić

en·rol(l) [ɪnˈrəul] *vt* zarejestrować;
wciągnąć na listę członków;
zwerbować; *vi* zapisać się (np. na
kurs); zaciągnąć się (np. do wojska)

en·shrine [ɪnˈʃraɪn] *vt* zamknąć w
sanktuarium; przechowywać pie-
czołowicie ⟨ze czcią⟩

en·sign [ˈensaɪn] s oznaka, insygnia, odznaka; chorągiew; *mors*.
bandera; † *wojsk*. chorąży

en·slave [ɪnˈsleɪv] *vt* zrobić nie-
wolnikiem, ujarzmić

en·snare [ɪnˈsneə(r)] *vt dosł. i
przen*. chwycić w sidła

en·sue [ɪnˈsju] *vi* nastąpić, wynik-
nąć

en·sure [ɪnˈʃuə(r)] *vt* zapewnić; zabezpieczyć

en·tail [ɪnˈteɪl] *vt* pociągnąć za sobą, powodować; wymagać (sth on
sb czegoś od kogoś)

en·tan·gle [ɪnˈtæŋgl] *vt* uwikłać,
zaplątać; usidlić

en·tente [ˈõˈtõt] s *polit*. porozumienie

en·ter [ˈentə(r)] *vt vi* wchodzić, wkraczać, wjechać; wstępować **(sth ⟨into sth⟩** do czegoś, np. a **school ⟨university⟩** do szkoły ⟨na uniwersytet⟩); wpisywać (się); zgłaszać (się); przeniknąć; przystępować **(on ⟨upon⟩ sth** do czegoś, np. **upon one's duties** do obowiązków); ~ **into a contract** zawierać umowę; ~ **a protest** zgłosić protest

en·ter·ic [enˈterɪk] *adj* jelitowy; ~ **(fever)** tyfus brzuszny

en·ter·prise [ˈentəpraɪz] *s* przedsięwzięcie, inicjatywa; *handl.* przedsiębiorstwo

en·ter·pris·ing [ˈentəpraɪzɪŋ] *adj* przedsiębiorczy

en·ter·tain [ˌentəˈteɪn] *vt* zabawiać; przyjmować (gości); żywić (uczucie, nadzieję); podtrzymywać, utrzymywać (np. korespondencję); *vi* prowadzić życie towarzyskie

en·ter·tain·ment [ˌentəˈteɪnmənt] *s* rozrywka; przedstawienie (rozrywkowe); przyjęcie, uczta

en·throne [ɪnˈθrəʊn] *vt* osadzić na tronie

en·thu·si·asm [ɪnˈθjuːzɪæzm] *s* entuzjazm

en·thu·si·as·tic [ɪnˌθjuːzɪˈæstɪk] *adj* zachwycony, entuzjastyczny, zapalony; **to be** ~ zachwycać się **(about ⟨over⟩ sth** czymś)

en·tice [ɪnˈtaɪs] *vt* uwodzić, nęcić, kusić

en·tice·ment [ɪnˈtaɪsmənt] *s* ponęta; urok; wabienie

en·tire [ɪnˈtaɪə(r)] *adj* cały, całkowity

en·tire·ly [ɪnˈtaɪəlɪ] *adv* całkowicie, wyłącznie

en·ti·tle [ɪnˈtaɪtl] *vt* tytułować; upoważniać; mianować

en·ti·ty [ˈentətɪ] *s* jednostka, wyodrębniona całość; istnienie, byt; rzecz realnie istniejąca

en·trails [ˈentreɪlz] *s pl* wnętrzności

en·train [enˈtreɪn] *vt* ładować do pociągu (*zw.* wojsko); *vi* (*zw.* o wojsku) wsiadać do pociągu

en·trance 1. [ˈentrns] *s* wejście, wjazd; wstęp, dostęp

en·trance 2. [ɪnˈtrans] *vt* wprowadzać w trans; zachwycić

en·trap [ɪnˈtræp] *vt* schwytać w pułapkę, usidlić

en·treat [ɪnˈtriːt] *vt vi* błagać

en·treat·y [ɪnˈtriːtɪ] *s* błaganie

en·trench [ɪnˈtrentʃ] *vt wojsk.* okopać, umocnić okopami

en·trust [ɪnˈtrʌst] *vt* powierzyć

en·try [ˈentrɪ] *s* wstęp, wjazd, wejście; hasło (w słowniku); notatka; pozycja (w księdze, spisie)

en·twine [ɪnˈtwaɪn] *vt* oplatać, owijać; splatać

e·nu·mer·ate [ɪˈnjuːməreɪt] *vt* wyliczać

e·nun·ci·ate [ɪˈnʌnsɪeɪt] *vt* wypowiedzieć, oświadczyć, głosić

en·ve·lop [ɪnˈveləp] *vt* owinąć; objąć; *wojsk.* otoczyć

en·ve·lope [ˈenvələʊp] *s* koperta; otoczka

en·vi·able [ˈenvɪəbl] *adj* godny pozazdroszczenia

en·vi·ous [ˈenvɪəs] *adj* zazdrosny, zawistny **(of sb, sth** o kogoś, coś)

en·vi·ron [ɪnˈvaɪərn] *vt* otaczać

en·vi·ron·ment [ɪnˈvaɪərnmənt] *s* otoczenie, środowisko

en·vi·rons [ˈenvɪrənz] *s pl* okolice

en·vis·age [ɪnˈvɪzɪdʒ] *vt* patrzeć w oczy, stać w obliczu **(sth** czegoś); rozpatrywać

en·voy [ˈenvɔɪ] *s* poseł pełnomocny; wysłannik (dyplomatyczny)

en·vy [ˈenvɪ] *s* zazdrość, zawiść; przedmiot zazdrości; *vt* zazdrościć

e·phem·er·al [ɪˈfemərl] *adj* efemeryczny

ep·ic [ˈepɪk] *adj* epicki; *s* epos, poemat epicki; *pot.* długa powieść; długi film przygodowy

ep·i·dem·ic [ˌepɪˈdemɪk] *adj* epidemiczny; *s* epidemia

e·pis·co·pal [ɪˈpɪskəpl] *adj* episkopalny, biskupi

ep·i·sode [ˈepɪsəud] *s* epizod

e·pit·o·me [ɪˈpɪtəmɪ] *s* skrót, wyciąg, streszczenie

e·poch [ˈiːpok] *s* epoka

e·qual [ˈiːkwl] *adj* równy; to be ∼ równać się; dorównywać; stać na wysokości zadania; *s* człowiek równy innemu; he has no ∼s on nie ma sobie równych; to live as ∼s żyć jak równy z równym; *vt* równać się; dorównywać (sb komuś); not to be ∼led nie do porównania, niezrównany

e·qual·i·ty [ɪˈkwolətɪ] *s* równość

e·qual·ize [ˈiːkwəlaɪz] *vt* wyrównywać

e·qua·nim·i·ty [ˌekwəˈnɪmətɪ] *s* równowaga ducha

e·qua·tion [ɪˈkweɪʃn] *s* wyrównanie; *mat.* równanie

e·qua·tor [ɪˈkweɪtə(r)] *s* równik

e·ques·tri·an [ɪˈkwestrɪən] *adj* konny; *s* jeździec

e·quil·i·brist [ɪˈkwɪlɪbrɪst] *s* ekwilibrysta

e·qui·lib·ri·um [ˌiːkwɪˈlɪbrɪəm] *s* równowaga

e·qui·nox [ˈiːkwɪnoks] *s* zrównanie dnia z nocą

e·quip [ɪˈkwɪp] *vt* zaopatrzyć, wyposażyć (with sth w coś)

eq·ui·ta·ble [ˈekwɪtəbl] *adj* sprawiedliwy, słuszny, bezstronny

eq·ui·ty [ˈekwətɪ] *s* sprawiedliwość, słuszność

e·quiv·a·lent [ɪˈkwɪvələnt] *adj* równoważny, równowartościowy; *s* równoważnik, równowartość

e·quiv·o·cal [ɪˈkwɪvokl] *adj* dwuznaczny; podejrzany

e·ra [ˈɪərə] *s* era

e·rad·i·cate [ɪˈrædɪkeɪt] *vt* wykorzenić

e·rase [ɪˈreɪz] *vt* zeskrobać, zetrzeć (gumą); wymazać

e·ras·er [ɪˈreɪzə(r)] *s* guma (do wycierania); nożyk (do zeskrobywania)

ere [ɪə(r)] *praep lit.* przed; *adv* †

wcześniej; *conj* † zanim; ∼ long wkrótce; ∼ now już przedtem

e·rect [ɪˈrekt] *adj* prosty, wyprostowany; *vt* wyprostować; wznieść, zbudować

e·rot·ic [ɪˈrotɪk] *adj* erotyczny; *s lit.* erotyk

err [ɜː(r)] *vi* błądzić, mylić się

er·rand [ˈerənd] *s* sprawunek; zlecenie; to run ∼s chodzić na posyłki

er·rant [ˈerənt] *adj* błądzący; błędny; wędrowny

er·ra·ta = **erratum**

er·rat·ic [ɪˈrætɪk] *adj* wędrujący; niepewny; kapryśny, nieobliczalny; *geol.* narzutowy

er·ra·tum [eˈrɑːtəm] *s* (*pl* **errata** [eˈrɑːtə]) błąd drukarski

er·ro·ne·ous [ɪˈrəunɪəs] *adj* mylny, błędny

er·ror [ˈerə(r)] *s* omyłka, błąd

er·u·dite [ˈerudaɪt] *adj* (*o człowieku*) uczony, wykształcony; *s* erudyta

er·u·di·tion [ˌeruˈdɪʃn] *s* erudycja

e·rup·tion [ɪˈrʌpʃn] *s* wybuch; *med.* wysypka

es·ca·la·tor [ˈeskəleɪtə(r)] *s* schody ruchome

es·ca·pade [ˌeskəˈpeɪd] *s* eskapada

es·cape [ɪˈskeɪp] *vt vi* umknąć; ujść, uciec; uniknąć; ulatniać się; *s* ucieczka; wyciek; ujście; ratunek (przed śmiercią, chorobą), ocalenie; to make one's ∼ wymknąć się, uciec

es·cort [ˈeskɔt] *s* eskorta, straż; mężczyzna towarzyszący kobiecie; *vt* [ɪˈskɔt] eskortować; towarzyszyć

es·pe·cial [ɪˈspeʃl] *adj* specjalny, osobliwy

es·pi·o·nage [ˈespɪənɑːʒ] *s* szpiegostwo

es·pouse [ɪˈspauz] *vt* poślubić; zostać orędownikiem (sth czegoś)

es·py [ɪˈspaɪ] *vt* spostrzec; wyśledzić

es·quire [ɪˈskwaɪə(r)] *s* dawny szlachecki tytuł w Anglii, obec-

nie w adresach tytuł grzecznoś-
ciowy (*skr.* Esq.)

es·say [ˈeseɪ] *s* szkic; próba; esej;
wypracowanie szkolne; *vi vt*
[ɪˈseɪ] próbować; poddawać próbie

es·sence [ˈesns] *s* istota, sedno;
esencja, wyciąg

es·sen·tial [ɪˈsenʃl] *adj* istotny, zasadniczy; niezbędny; *s pl* ~s rzeczy niezbędne; zasady, podstawy

es·tab·lish [ɪˈstæblɪʃ] *vt* założyć;
ustanowić, ustalić; *vr* ~ oneself
osiedlić się, urządzić się

es·tab·lish·ment [ɪˈstæblɪʃmənt] *s*
urządzenie, założenie, ustanowienie; instytucja, zakład

es·tate [ɪˈsteɪt] *s* stan; majątek,
własność, posiadłość ziemska;
real ~ nieruchomość

es·teem [ɪˈstim] *vt* cenić, szanować; docenić; poczytywać ⟨uwa-
żać⟩ (sth za coś); *s* szacunek

es·ti·mate [ˈestɪmeɪt] *vt* szacować;
s [ˈestɪmət] szacunek, ocena

es·ti·ma·tion [ˌestɪˈmeɪʃn] *s* ocena,
oszacowanie; osąd, opinia

es·trange [ɪˈstreɪndʒ] *vt* zrazić sobie, odsunąć od siebie, odstręczyć; *prawn.* odseparować

es·trange·ment [ɪˈstreɪndʒmənt] *s*
oddalenie się (dwóch osób od
siebie), oziębienie stosunków;
prawn. separacja

es·tu·a·ry [ˈestjʊərɪ] *s* ujście (wielkiej rzeki)

etch [etʃ] *vt vi* ryć (w metalu),
trawić (metal)

etch·ing [ˈetʃɪŋ] *s* grawerowanie;
akwaforta

e·ter·nal [ɪˈtɜnl] *adj* wieczny

e·ter·ni·ty [ɪˈtɜnɪtɪ] *s* wieczność

e·ther [ˈiθə(r)] *s* eter

eth·i·c(al) [ˈeθɪk(l)] *adj* etyczny

eth·ics [ˈeθɪks] *s* etyka

et·y·mol·o·gy [ˌetɪˈmolədʒɪ] *s* etymologia

eu·gen·ic [juˈdʒenɪk] *adj* eugenicz-
ny

eu·gen·ics [juˈdʒenɪks] *s* eugenika

eu·lo·gize [ˈjulədʒaɪz] *vt* chwalić,
sławić

eu·lo·gy [ˈjulədʒɪ] *s* pochwalna mowa, pochwała

Eu·ro·pe·an [ˌjʊərəˈpɪən] *adj* europejski; *s* Europejczyk

e·vac·u·ate [ɪˈvækjueɪt] *vt* wypróżniać; ewakuować

e·vade [ɪˈveɪd] *vt* unikać; uchylać
się (sth od czegoś); obchodzić (np.
ustawę)

e·val·u·ate [ɪˈvæljueɪt] *vt* szacować

e·van·gel·ic(al) [ˌivænˈdʒelɪk(l)] *adj*
ewangeliczny; ewangelicki; *s*
ewangelik

e·vap·o·rate [ɪˈvæpəreɪt] *vt* odparować; *vi* parować, ulatniać się

e·va·sion [ɪˈveɪʒn] *s* unikanie; u-
chylanie się (of sth od czegoś);
obchodzenie (np. ustawy), omi-
janie (np. prawdy); wykręt

eve [iv] *s* wigilia; przeddzień

e·ven 1. [ˈivn] *adj* równy, gładki;
vt (*także* ┼o ~ out) wyrównywać, wygładzać; *adv* równo;
właśnie; nawet

e·ven 2. [ˈivn] *s poet.* wieczór

eve·ning [ˈivnɪŋ] *s* wieczór; this
~ dziś wieczór; in the ~ wieczorem; on Sunday ~ w niedzielę
wieczór

e·vent [ɪˈvent] *s* zdarzenie, wydarzenie; wypadek, przypadek

e·ven·tu·al [ɪˈventʃuəl] *adj* ewentualny, możliwy; ostateczny

e·ven·tu·al·ly [ɪˈventʃulɪ] *adv* ostatecznie, w końcu

ev·er [ˈevə(r)] *adv* zawsze; kiedyś;
kiedykolwiek; ~ so much bardzo;
~ so long wieki całe; for ~ na
zawsze; hardly ~ bardzo rzadko;
prawie nigdy; as ~ I can jak
tylko mogę; what ~ do you
mean? co u licha masz na myśli?

ev·er·green [ˈevəgrin] *adj* wiecznie zielony; *s* wiecznie zielone
drzewo ⟨zielona roślina⟩

ev·er·last·ing [ˌevəˈlɑstɪŋ] *adj* wieczny, wiekuisty; stały

eve·ry [ˈevrɪ] *adj* każdy, wszelki;
~ day codziennie; ~ other co
drugi; ~ ten minutes co dziesięć
minut

eve·ry·bod·y [`evrıbodı] *pron*
  każdy, wszyscy
eve·ry·day [`evrıdeı] *adj attr* co-
  dzienny; pospolity
eve·ry·one [`evrıwʌn] *pron* każdy,
  wszyscy
eve·ry·thing [`evrıθıŋ] *pron* wszy-
  stko
eve·ry·way [`evrıweı] *adv* na wszy-
  stkie sposoby; pod każdym względem
eve·ry·where [`evrıweə(r)] *adv*
  wszędzie
e·vict [ı`vıkt] *vt* wyrzucać; wy-
  siedlać, eksmitować
e·vic·tion [ı`vıkʃn] *s* wysiedlenie,
  eksmisja
ev·i·dence [`evıdəns] *s* oczywistość;
  dowód, materiał dowodowy; zeznanie; świadectwo; *vt vi* unaocznić; dowodzić; świadczyć
ev·i·dent [`evıdənt] *adj* oczywisty,
  jawny
ev·i·den·tial [ˌevı`denʃl] *adj* dowo-
  dowy; świadczący (**of** sth o
  czymś)
e·vil [ıvl] *adj* zły; nieszczęsny; *s*
  zło
e·vince [ı`vıns] *vt* przejawiać, u-
  jawniać
e·vis·cer·ate [ı`vısəreıt] *vt* patro-
  szyć; *przen.* wyjałowić
e·voke [ı`vəuk] *vt* wywoływać
e·vo·lu·tion [ˌıvə`luʃn] *s* ewolucja,
  rozwój
e·volve [ı`volv] *vt vi* rozwijać (się);
  wydzielać (się), wypływać
ex·a·cer·bate [ıg`zæsəbeıt] *vt* roz-
  jątrzyć; pogorszyć
ex·act [ıg`zækt] *adj* ścisły, dokład-
  ny; *vt* egzekwować, wymagać,
  wymuszać
ex·ac·tion [ıg`zækʃn] *s* wymaganie
  (nadmierne), wymuszanie; ściąganie (np. podatków)
ex·ac·ti·tude [ıg`zæktıtjud] *s* do-
  kładność; ścisłość
ex·ag·ger·ate [ıg`zædʒəreıt] *vt vi*
  przesadzać
ex·alt [ıg`zolt] *vt* wywyższać, wy-
  nosić (ponad innych); wychwalać

ex·al·ta·tion [ˌegzol`teıʃn] *s* wywyż-
  szanie; zachwyt; egzalta· ia
ex·am [ıg`zæm] *s pot.* = **examina-
  tion**
ex·am·i·na·tion [ıg`zæmı`neıʃn] *s*
  egzamin; badanie (np. lekarskie);
  przesłuchanie (np. sądowe); kontrola; **to pass an** ~ zdać egzamin; **to take ⟨to sit for⟩ an** ~
  przystępować do egzaminu, zdawać egzamin
ex·am·ine [ıg`zæmın] *vt* egzamino-
  wać; badać; kontrolować; przesłuchiwać
ex·am·in·er [ıg`zæmınə(r)] *s* egza-
  minator; inspektor
ex·am·ple [ıg`zampl] *s* przykład,
  wzór; **for** ~ na przykład; **to set
  an** ~ dać przykład
ex·as·per·ate [ıg`zaspəreıt] *vt* roz-
  drażniać, irytować
ex·ca·vate [`ekskəveıt] *vt* wykopy-
  wać; prowadzić wykopaliska
ex·ca·va·tion [ˌekskə`veıʃn] *s* wy-
  kopywanie; prace wykopaliskowe
ex·ca·va·tor [`ekskəveıtə(r)] *s* eks-
  kawator, koparka
ex·ceed [ık`sid] *vt* przewyższać,
  przekraczać
ex·ceed·ing [ık`sidıŋ] *adj* nadzwy-
  czajny, niezmierny
ex·cel [ık`sel] *vt* przewyższać; *vi*
  wyróżniać się, wybijać się (**in
  ⟨at⟩** sth w czymś)
ex·cel·lence [`ekslens] *s* wspania-
  łość, doskonałość; wyższość
Ex·cel·len·cy [`ekslənsı] *s* Ekscele-
  lencja
ex·cel·lent [`ekslənt] *adj* wspania-
  ły, doskonały
ex·cept [ık`sept] *praep* wyjąwszy,
  poza, oprócz; ~ **for** pomijając,
  abstrahując od; *vt* wyłączyć, wykluczyć; zastrzec; *vi* sprzeciwiać
  się, stawiać zarzuty (**against** sth
  czemuś)
ex·cept·ing [ık`septıŋ] *praep* wy
  jąwszy, oprócz
ex·cep·tion [ık`sepʃn] *s* wyjątek;
  zarzut, sprzeciw

ex·cep·tion·al [ɪk'sepʃnl] *adj* wyjątkowy

ex·cess [ɪk'ses] *s* eksc:es; przekroczenie; nadwyżka; nadmiar, brak
umiaru; in ~ of ponad, więcej
niż

ex·cess·ive [ɪk'sesɪv] *adj* nadmierny; nieumiarkowany

ex·change [ɪks'tʃeɪndʒ] *s* wymiana;
giełda; kurs (na giełdzie); centrala telefoniczna; foreign ~ wa-
luta obca, dewizy; *zob.* bill; *vt*
wymieniać (sth for sth coś na
coś)

ex·cheq·uer [ɪks'tʃekə(r)] *s* skarb
państwa; *bryt.* the Exchequer
ministerstwo finansów

ex·cise ['eksaɪz] *s* akcyza

ex·cit·a·ble [ɪk'saɪtəbl] *adj* pobudliwy

ex·cite [ɪk'saɪt] *vt* podniecać,
pobudzać; wzniecać; to get ~d
denerwować się

ex·cite·ment [ɪk'saɪtmənt] *s* podniecenie, zdenerwowanie

ex·claim [ɪk'skleɪm] *vt vi* zawołać,
wykrzyknąć

ex·cla·ma·tion ['eksklə'meɪʃn] *s*
okrzyk; mark ⟨point⟩ of ~ wykrzyknik

ex·clude [ɪk'sklud] *vt* wykluczyć,
wyłączyć

ex·clu·sion [ɪk'skluʒn] *s* wykluczenie, wyłączenie

ex·clu·sive [ɪk'sklusɪv] *adj* wyłączny; ekskluzywny; *am.* wyborowy; ~ of wyłączając

ex·cur·sion [ɪk'skɜʃn] *s* wycieczka

ex·cuse [ɪk'skjus] *s* wymówka, u-
sprawiedliwienie; *vt* [ɪk'skjuz]
wybaczać, usprawiedliwiać; u-
walniać (from sth od czegoś); ~
me przepraszam

ex·e·cra·ble ['eksɪkrəbl] *adj* przeklęty, wstrętny

ex·e·cute ['eksɪkjut] *vt* wykonać;
stracić (skazańca)

ex·e·cu·tion ['eksɪ'kjuʃn] *s* wykonanie; spustoszenie; egzekucja

ex·e·cu·tion·er ['eksɪ'kjuʃnə(r)] *s*
kat

ex·ec·u·tive [ɪg'zekjutɪv] *adj* wykonawczy; *s* egzekutywa; wykonawca; *am.* urzędnik (na kierowni-
czym stanowisku)

ex·ec·u·tor ['eksɪkjutə(r)] *s* wykonawca; [ɪg'zekjutə(r)] wykonawca testamentu

ex·em·pla·ry [ɪg'zemplərɪ] *adj* wzo-
rowy; przykładowy

ex·em·pli·fy [ɪg'zemplɪfaɪ] *vt* ilustrować na przykładzie; być przy-
kładem (sth czegoś)

ex·empt [ɪg'zempt] *adj* wolny,
zwolniony; *vt* zwolnić (from sth
od czegoś)

ex·emp·tion [ɪg'zempʃn] *s* zwolnienie (from sth od czegoś)

ex·er·cise ['eksəsaɪz] *s* ćwiczenie;
zadanie (np. w podręczniku);
posługiwanie się, użycie; wykonywanie, pełnienie (np. obowiązków), praktykowanie; *vt vi* ćwiczyć; używać; wykonywać, pełnić, praktykować; wywierać (np.
wpływ)

ex·er·cise-book ['eksəsaɪzbuk] *s*
zeszyt (do ćwiczeń szkolnych)

ex·ert [ɪg'zɜt] *vt* wytężać (siły);
wywierać (np. nacisk); stosować;
vr ~ oneself wysilać się (for sth
nad czymś)

ex·er·tion [ɪg'zɜʃn] *s* wysiłek, natężenie; stosowanie, użycie

ex·ha·la·tion ['ekshə'leɪʃn] *s* wydy-
chanie; parowanie; wyziew; wybuch (gniewu)

ex·hale [eks'heɪl] *vt vi* parować;
wydychać; wydzielać (się); dać
upust

ex·haust [ɪg'zɔst] *vt* wyczerpać;
wypróżnić; *s* wylot, wydech, wyziew

ex·haus·tion [ɪg'zɔstʃn] *s* wyczerpanie, opróżnienie

ex·haus·tive [ɪg'zɔstɪv] *adj* wyczerpujący

ex·hib·it [ɪg'zɪbɪt] *vt* pokazywać,
wystawiać, eksponować; przedkładać; *s* eksponat; wystawa, pokaz

ex·hi·bi·tion [ˈeksɪˈbɪʃn] *s* pokaz; wystawa; stypendium (studenckie)

ex·hi·bi·tion·er [ˈeksɪˈbɪʃnə(r)] *s* stypendysta

ex·hib·i·tor [ɪgˈzɪbɪtə(r)] *s* wystawca

ex·hil·a·rate [ɪgˈzɪləreɪt] *vt* rozweselić, ożywiać

ex·hort [ɪgˈzɔt] *vt* upominać; namawiać; popierać

ex·hor·ta·tion [ˈeksɔˈteɪʃn] *s* upomnienie; namowa; *rel.* egzorta

ex·hu·ma·tion [ˈeksjuˈmeɪʃn] *s* ekshumacja

ex·hume [ɪgˈzjum] *vt* ekshumować

ex·i·gence [ˈeksɪdʒəns] *s* wymaganie; gwałtowna potrzeba, krytyczne położenie

ex·i·gent [ˈeksɪdʒənt] *adj* wymagający; naglący

ex·ig·u·ous [egˈzɪgjuəs] *adj* nikły, znikomy

ex·ile [ˈegzaɪl] *s* wygnanie; emigrant, wygnaniec; *vt* skazać na wygnanie

ex·ist [ɪgˈzɪst] *vi* istnieć, znajdować się; egzystować, żyć

ex·ist·ence [ɪgˈzɪstəns] *s* istnienie, byt; **to come into** ~ zacząć istnieć, powstać

ex·it [ˈeksɪt] *vi* 3 pers sing łac. (*o aktorze*) wychodzi; *s* wyjście; ujście

ex·on·er·ate [ɪgˈzonəreɪt] *vt* usprawiedliwić, uniewinnić, uwolnić (od winy, obowiązku)

ex·or·bi·tant [ɪgˈzɔbɪtənt] *adj* nadmierny, wygórowany

ex·ot·ic [ɪgˈzotɪk] *adj* egzotyczny

ex·pand [ɪkˈspænd] *vt vi* rozszerzać (się), rozprzestrzeniać (się); rozwijać (się)

ex·panse [ɪkˈspæns] *s* przestrzeń, obszar

ex·pan·sion [ɪkˈspænʃn] *s* ekspansja, rozszerzanie (się); rozwój; rozrost

ex·pan·sive [ɪkˈspænsɪv] *adj* ekspansywny; rozszerzalny; obszerny

ex·pa·tri·ate [eksˈpætrɪeɪt] *vt* wygnać z kraju

ex·pect [ɪkˈspekt] *vt* oczekiwać, spodziewać się; przypuszczać, sądzić

ex·pec·ta·tion [ˈekspekˈteɪʃn] *s* oczekiwanie, nadzieja; prawdopodobieństwo

ex·pe·di·ent [ɪkˈspidɪənt] *adj* celowy, stosowny; korzystny; *s* środek, sposób, wybieg

ex·pe·di·tion [ˈekspɪˈdɪʃn] *s* wyprawa, ekspedycja; zręczność, szybkość (w działaniu)

ex·pe·di·tious [ˈekspɪˈdɪʃəs] *adj* sprawny, szybki (w działaniu)

ex·pel [ɪkˈspel] *vt* wypędzić, wyrzucić

ex·pend [ɪkˈspend] *vt* wydawać (pieniądze); zużywać; ~ **care** dokładać starań

ex·pend·i·ture [ɪkˈspendɪtʃə(r)] *s* wydatkowanie, wydatek; zużycie

ex·pense [ɪkˈspens] *s* koszt, wydatek; **at the** ~ **of** kosztem

ex·pen·sive [ɪkˈspensɪv] *adj* drogi, kosztowny

ex·pe·ri·ence [ɪkˈspɪərɪəns] *s* doświadczenie, przeżycie; *vt* doświadczać, przeżywać

ex·per·i·ment [ɪkˈsperɪmənt] *s* doświadczenie, eksperyment; *vi* [ɪkˈsperɪment] eksperymentować, robić doświadczenia

ex·pert [ˈekspɜt] *s* ekspert, rzeczoznawca; *adj* biegły

ex·pi·ate [ˈekspɪeɪt] *vt* pokutować (sth za coś)

ex·pi·ra·tion [ˈekspɪˈreɪʃn] *s* upływ; wygaśnięcie (np. terminu); zgon

ex·pire [ɪkˈspaɪə(r)] *vi* wydychać; upływać; wygasać; umrzeć

ex·plain [ɪkˈspleɪn] *vt* wyjaśniać, tłumaczyć

ex·pla·na·tion [ˈekspləˈneɪʃn] *s* wyjaśnienie, wytłumaczenie

ex·plan·a·tory [ɪkˈsplænətrɪ] *adj* wyjaśniający

ex·plic·it [ɪkˈsplɪsɪt] *adj* wyraźny, jasno postawiony, kategoryczny; szczery

ex·plode [ɪkˈspləud] *vt* wybuchnąć, eksplodować; *vt* wysadzać w powietrze; *przen.* obalać (np. teorię)

ex·ploit 1. [ɪkˈsplɔɪt] *vt* wyzyskiwać; eksploatować

ex·ploit 2. [ˈeksplɔɪt] *s* wyczyn; czyn bohaterski

ex·plo·ra·tion [ˌekspləˈreɪʃn] *s* badanie, eksploracja

ex·plore [ɪkˈsplɔ(r)] *vt vi* badać, poszukiwać

ex·plor·er [ɪkˈsplɔrə(r)] *s* badacz, odkrywca

ex·plo·sion [ɪkˈspləuʒn] *s* wybuch

ex·plo·sive [ɪkˈspləusɪv] *adj* wybuchowy; *s* materiał wybuchowy

ex·po·nent [ɪkˈspəunənt] *s* wyraziciel; przedstawiciel; *mat.* wykładnik potęgowy

ex·port [ˈekspɔt] *s* wywóz; *vt* [ɪkˈspɔt] eksportować

ex·pose [ɪkˈspəuz] *vt* wystawiać; narażać; demaskować; *fot.* naświetlać

ex·po·si·tion [ˌekspəˈzɪʃn] *s* wystawienie; *am.* wystawa; wykład, wyjaśnienie; *fot.* naświetlanie; porzucenie (dziecka)

ex·pos·tu·late [ɪkˈspostʃuleɪt] *vi* robić wyrzuty (with sb komuś, about ⟨on⟩ sth z powodu czegoś)

ex·pos·tu·la·tion [ɪkˈspostʃuˈleɪʃn] *s* robienie wyrzutów, wymówki

ex·po·sure [ɪkˈspəuʒə(r)] *s* wystawienie, wystawa; odsłonięcie, zdemaskowanie; *fot.* czas naświetlania; porzucenie (dziecka)

ex·pound [ɪkˈspaund] *vt* wytłumaczyć, wyjaśnić

ex·press [ɪkˈspres] *adj* wyraźny; specjalny; terminowy, szybki; pospieszny (pociąg); *s* specjalny posłaniec; pociąg pospieszny; list ekspresowy; *adv* pospiesznie, ekspresem; umyślnie, specjalnie; *vt* wyciskać; wyrażać; *vr* ~ oneself wypowiedzieć się

ex·pres·sion [ɪkˈspreʃn] *s* wyrażenie, wyraz; wyrażanie się; wyciskanie

ex·pres·sive [ɪkˈspresɪv] *adj* wyrazisty; wyrażający (of sth coś)

ex·pro·pri·ate [eksˈprəuprɪeɪt] *vt* wywłaszczać; zagarnąć (czyjąś własność)

ex·pul·sion [ɪkˈspʌlʃn] *s* wypędzenie, wydalenie

ex·punge [ɪkˈspʌndʒ] *vt* wykreślić, skasować

ex·pur·gate [ˈekspəgeɪt] *vt* oczyścić, okroić (np. tekst książki), przeprowadzić czystkę

ex·qui·site [ekˈskwɪzɪt] *adj* wyborny; wyszukany

ex·tant [ˈekˈstænt] *adj* jeszcze istniejący, zachowany (np. dokument, książka)

ex·ta·sy *s* = ecstasy

ex·tem·po·rize [ekˈstempəraɪz] *vt vi* improwizować

ex·tend [ɪkˈstend] *vt vi* rozciągać (się); rozszerzać (się); przedłużać (się); rozwijać (się); okazywać, wyrażać

ex·ten·sion [ɪkˈstenʃn] *s* rozciągnięcie, rozszerzenie (się), przedłużenie (się); rozwinięcie, rozwój; dobudówka; university ~ popularne eksternistyczne kursy uniwersyteckie; ~ (telephone) (numer, telefon) wewnętrzny

ex·ten·sive [ɪkˈstensɪv] *adj* rozległy, obszerny

ex·tent [ɪkˈstent] *s* rozciągłość; rozmiar, zasięg; to some ~ w pewnej mierze, do pewnego stopnia

ex·ten·u·ate [ɪkˈstenjueɪt] *vt* pomniejszać, osłabiać, łagodzić

ex·te·ri·or [ekˈstɪərɪə(r)] *adj* zewnętrzny; *s* strona zewnętrzna; powierzchowność

ex·ter·mi·nate [ɪkˈstɜmɪneɪt] *vt* niszczyć, tępić

ex·ter·mi·na·tion [ɪkˈstɜmɪˈneɪʃn] *s* zniszczenie, zagłada

ex·ter·nal [ekˈstɜnl] *adj* zewnętrzny; zagraniczny

ex·ter·ri·to·ri·al [ˌeksˈterɪˈtɔrɪəl] *adj* eksterytorialny

ex·tinct [ɪk'stɪŋkt] *adj* wygasły, wymarły

ex·tinc·tion [ɪk'stɪŋkʃn] *s* wygaszenie; wygaśnięcie; wymarcie, zanik; wytępienie, skasowanie

ex·tin·guish [ɪk'stɪŋgwɪʃ] *vt* gasić; niszczyć; kasować; unicestwiać

ex·tin·guish·er [ɪk'stɪŋgwɪʃə(r)] *s* gaśnica

ex·tir·pate ['ekstəpeɪt] *vt* wykorzenić, wytrzebić, wytępić

ex·tol [ɪk'stəʊl] *vt* wynosić (ponad innych), wychwalać

ex·tort [ɪk'stɔt] *vt* wymuszać; wydzierać

ex·tor·tion [ɪk'stɔʃn] *s* wymuszenie

ex·tra 1. ['ekstrə] *adj* oddzielny, specjalny, dodatkowy, nadzwyczajny; *adv* ponad (normę); oddzielnie, specjalnie, dodatkowo; *s* dodatek, dopłata

ex·tra· 2. ['ekstrə] *praef* poza-

ex·tract [ɪk'strækt] *vt* wyciągać; wydobywać; *chem.* ekstrahować; *s* ['ekstrækt] wyciąg, ekstrakt; wyjątek (z książki)

ex·trac·tion [ɪk'strækʃn] *s* wyjęcie, wydobycie, wyciągnięcie; pochodzenie

ex·tra·di·tion ['ekstrə'dɪʃn] *s* ekstradycja

ex·traor·di·na·ry [ɪk'strɔdnrɪ] *adj* nadzwyczajny, niezwykły

ex·trav·a·gant [ɪk'strævəgənt] *adj*

ekstrawagancki; przesadny; nadmierny; rozrzutny

ex·treme [ɪk'strim] *adj* krańcowy, skrajny, ostateczny; *s* kraniec; krańcowość, skrajność, ostateczność

ex·treme·ly [ɪk'strimlɪ] *adv* niezmiernie; nadzwyczajnie

ex·trem·ist [ɪk'strimɪst] *s* ekstremista

ex·trem·i·ty [ɪk'stremətɪ] *s* koniec; skrajność; ostateczność; skrajna nędza; krytyczne położenie; *anat.* kończyna

ex·tri·cate ['ekstrɪkeɪt] *vt* wyplątać; *chem.* wyzwolić

ex·u·ber·ance [ɪg'zjubərəns] *s* obfitość, bogactwo

ex·ult [ɪg'zʌlt] *vi* radować się, triumfować

ex·ult·ant [ɪg'zʌltənt] *adj* pełen radości, triumfujący

ex-voto ['eks 'vəʊtəʊ] *s* *rel.* wotum

eye [aɪ] *s* oko; ucho igielne; oczko, otworek; **to keep an ~** pilnować (on sb kogoś), mieć na oku; *vt* wpatrywać się (sb, sth w kogoś, coś), mierzyć wzrokiem

eye·ball ['aɪbɔl] *s* gałka oczna

eye·brow ['aɪbraʊ] *s* brew

eye·glass ['aɪglas] *s* monokl; *techn.* okular; *pl* **~es** ['aɪglasɪz] binokle

eye·lid ['aɪlɪd] *s* powieka

eye·piece ['aɪpis] *s* okular

eye·sore ['aɪsɔ(r)] *s* ohyda, obrzydliwość

f

fa·ble ['feɪbl] *s* bajka

fab·ric ['fæbrɪk] *s* wyrób; tkanina; budowla, gmach; konstrukcja, struktura

fab·ri·cate ['fæbrɪkeɪt] *vt* fabrykować, wytwarzać; zmyślić

fab·u·lous ['fæbjʊləs] *adj* bajeczny, baśniowy

face [feɪs] *s* twarz; mina; wygląd; powierzchnia; przednia strona; tarcza (zegara); *przen.* śmiałość, czelność; **~ value** wartość nominalna; **in the ~ of** wobec, w obliczu (czegoś); wbrew; **to pull a ~** robić grymas; wykrzywiać się; **to put on a ~** zrobić odpowied-

nią minę; **to set one's ~ against
sth** przeciwstawić się czemuś; *vt*
obrócić się twarzą, spoglądać
twarzą w twarz, znajdować się
naprzeciw (sb kogoś); **stawiać
czoło** (sth czemuś); **to be ~d with
difficulties** natknąć się (np. **difficulties** na
trudności); **~ the risk** być nara-
żonym na ryzyko, liczyć się z ry-
zykiem; *vi* **~ up** stawiać czoło
(to sth czemuś)

fa·ce·tious [fə`siʃəs] *adj* zabawny,
żartobliwy

fa·cil·i·tate [fə`sɪlɪteɪt] *vt* ułatwić

fa·cil·i·ty [fə`sɪlətɪ] *s* łatwość; zręcz-
ność; *pl* facilities korzyści, u-
łatwienia, udogodnienia

fac·sim·i·le [fæk`sɪmɪlɪ] *s* kopia,
odpis

fact [fækt] *s* fakt; **a matter of ~**
rzecz naturalna, oczywisty fakt;
as a matter of ⟨in point of⟩ ~
w istocie rzeczy, ściśle mówiąc;
in ~ faktycznie

fac·tion [`fækʃn] *s* frakcja, odłam;
klika

fac·tious [`fækʃəs] *adj* frakcyjny

fac·ti·tious [fæk`tɪʃəs] *adj* sztucz-
ny, nieoryginalny

fac·tor [`fæktə(r)] *s* czynnik; agent
(handlowy); *mat.* mnożnik

fac·to·ry [`fæktrɪ] *s* fabryka; fak-
toria

fac·tu·al [`fæktʃuəl] *adj* faktyczny

fac·ul·ty [`fæklti] *s* talent, uzdol-
nienie; fakultet; *am.* grono pro-
fesorskie

fad [fæd] *s* fantazja, kaprys, chwi-
lowa moda

fade [feɪd] *vi* blednąć, więdnąć, zanikać, blaknąć; **~ away** zanikać,
marnieć

fag [fæg] *s* ciężka praca, *pot.* harówka; ciężko pracujący; (*w
szkołach angielskich*) uczeń usłu-
gujący starszym kolegom; *vi*
ciężko pracować; usługiwać; *vt*
używać do posług; męczyć, eksploatować

fag-end [`fæg end] *s* ogryzek; nie-
dopałek

fag·got [`fægət] *s* wiązka, pęk
(chrustu itp.)

fail [feɪl] *vi* nie zdołać; nie udać
się; zaniedbać, nie uczynić; zawieść; brakować; zbankrutować;
zepsuć się; zanikać, słabnąć, zamierać; **not to ~** nie omiesz-
kać; **he ~ed to pass the examination** nie udało mu się zdać
egzaminu; **he ~ed in the examination** nie zdał egzaminu; **he
never ~s to come in time** nie
zdarza mu się nie przyjść na
czas; *vt* zrobić zawód (sb komuś);
his memory ~s him pamięć go
zawodzi; *s w zwrocie:* **without
~** na pewno, niechybnie

fail·ing [`feɪlɪŋ] *s* brak, słabość,
ułomność, wada; *praep* w braku; bez; **~ his assistance** bez jego pomocy

fail·ure [`feɪljə(r)] *s* uchybienie, za-
niedbanie; fiasko, niepowodzenie;
niewypłacalność, bankructwo;
wada, defekt, brak; bankrut życiowy; **to be a ~ as a writer** okazać się kiepskim pisarzem

faint [feɪnt] *adj* słaby; lekki, nikły;
blady, niewyraźny; *s* omdlenie;
vi (*także* **~ away**) mdleć, słabnąć

fair 1. [feə(r)] *adj* jasny; blond;
sprawiedliwy, prawy, uczciwy;
odpowiedni, możliwy, dostateczny; czysty, bez skazy; (*o morzu*)
spokojny; (*o stopniu*) dostateczny; **~ copy** czystopis; **~ play**
uczciwa gra; uczciwe ⟨honorowe⟩
postępowanie; *adv* uczciwie, o-
twarcie; czysto; delikatnie; **to
bid ~** dobrze się zapowiadać; **to
write ~** przepisać na czysto

fair 2. [feə(r)] *s* jarmark; targi
(międzynarodowe)

fair·y [`feərɪ] *adj* czarodziejski,
bajeczny; *s* czarodziejka, wiesz-
czka

fair·y·land [`feərɪlænd] *s* kraina
czarów

fair·y-tale [ˈfeərɪteɪl] *s* bajka

faith [feɪθ] *s* wiara; ufność; **to keep ~** dotrzymywać słowa (**with sb** komuś)

faith·ful [ˈfeɪθfl] *adj* wierny; uczciwy, sumienny

faith·less [ˈfeɪθləs] *adj* wiarołomny, niewierny

fake [feɪk] *s* fałszerstwo, oszustwo; *pot.* kant; *vt* fałszować, podrabiać; zmyślać

fal·con [ˈfɔlkən] *s* sokół

*****fall** [fɔl], **fell** [fel], **fallen** [ˈfɔlən] *vi* padać; wpadać; opadać; upaść, runąć; podupadać; marnieć; przypadać, zdarzać się; **~ away** odpadać; **~ back** upaść do tyłu; *wojsk.* cofać się; uciekać się (**on** ⟨**upon**⟩ **sth** do czegoś); **~ down** upaść; zwalić się; **~ in** zapaść się; natknąć się (**with sb na kogoś**); zgodzić się (**with sth na coś**); dostosować się (**with sth do czegoś**); **~ off** odpadać; ubywać, zanikać; **~ out** wypadać; **~ through** przepadać, kończyć się fiaskiem; **to ~ asleep** zasnąć; **to ~ due** zapadać; (*o terminie płatności*) przypadać; **to ~ dumb** oniemieć; **to ~ ill** zachorować; **to ~ in love** zakochać się (**with sb w kimś**); **to ~ short** nie wystarczać, brakować; nie dopisać; nie osiągać (**of sth** czegoś); zawieść (**of expectations** nadzieje); *s* upadek; zwalenie się; opadanie; spadek; opad (*zw. pl* **~s**) wodospad; *am.* jesień

fal·la·cy [ˈfæləsɪ] *s* złudzenie, złuda; błąd, błędne rozumowanie

fall·en *zob.* **fall**; *adj* upadły; poległy; leżący

fal·low [ˈfæləʊ] *adj* ugorowy; *s* ugór

false [fɔls] *adj* fałszywy; kłamliwy; zdradliwy; obłudny

false·hood [ˈfɔlshʊd] *s* kłamstwo, nieprawda; kłamliwość

fal·si·fy [ˈfɔlsɪfaɪ] *vt* fałszować; zawodzić (nadzieje itp.)

fal·ter [ˈfɔltə(r)] *vi* chwiać się;

drżeć; jąkać się, mamrotać

fame [feɪm] *s* sława; wieść

fa·mil·iar [fəˈmɪlɪə(r)] *adj* dobrze zaznajomiony, obeznany; dobrze znany; spoufalony

fa·mil·i·ar·i·ty [fəˈmɪlɪˈærətɪ] *s* poufałość, zażyłość; znajomość, obeznanie

fa·mil·iar·ize [fəˈmɪlɪəraɪz] *vt* zaznajamiać; spoufalać

fam·i·ly [ˈfæmlɪ] *s* rodzina; *adj attr* rodzinny; **in a ~ way** poufale; **in the ~ way** (*o kobiecie*) w ciąży

fam·ine [ˈfæmɪn] *s* głód; brak

fa·mous [ˈfeɪməs] *adj* sławny

fan 1. [fæn] *s* wachlarz; wentylator; *vt* wachlować, owiewać; rozniecać

fan 2. [fæn] *s pot.* entuzjasta; *sport* kibic

fa·nat·ic(al) [fəˈnætɪk(l)] *adj* fanatyczny; *s* fanatyk

fan·ci·ful [ˈfænsɪfl] *adj* fantastyczny; fantazyjny; dziwaczny; kapryśny

fan·cy [ˈfænsɪ] *s* fantazja, upodobanie, kaprys; **to take a ~** upodobać sobie (**to sth** coś); *adj attr* fantastyczny; fantazyjny, ekstrawagancki; **~ articles** galanteria; **~ ball** bal kostiumowy; **~ dress** strój na bal kostiumowy; **~ work** robótki ręczne (np. haftowanie); *vt* wyobrażać sobie, roić sobie; upodobać sobie

fang [fæŋ] *s* jadowity ząb (węża); kieł (*zw. psi*)

fan·tas·tic [fænˈtæstɪk] *adj* fantastyczny

fan·ta·sy [ˈfæntəsɪ] *s* fantazja, wyobraźnia; kaprys

far [fɑ(r)] *adj* (*comp* **farther** [ˈfɑðə(r)] *lub* **further** [ˈfɜðə(r)], *sup* **farthest** [ˈfɑðɪst] *lub* **furthest** [ˈfɜðɪst]) daleki; *adv* daleko; **~ from** it bynajmniej, *pot.* gdzie tam!; **as ~ as** aż do; o ile; **by ~** o wiele, znacznie; **in so ~ as** o tyle, że; **so** ⟨**thus**⟩ **~** dotąd, dotychczas, na razie

farce [fɑs] *s* farsa

fare [feə(r)] s opłata za podróż;
pasażer; jedzenie, wikt; bill of
~ jadłospis; vt podróżować; czuć
się, mieć się; how do you ~?,
how does it ~ with you? jak ci
się powodzi?

fare·well [ˈfeəˈwel] s pożegnanie;
int żegnaj(cie)!; adj attr pożegnalny

farm [fam] s gospodarstwo wiejskie; vt vi uprawiać ziemię, prowadzić gospodarstwo rolne; dzierżawić (ziemię)

farm·er [ˈfamə(r)] s rolnik, farmer;
dzierżawca

farm-hand [ˈfamhænd] s robotnik
rolny

farm·yard [ˈfamjad] s podwórko
gospodarskie

far-off [ˈfar ˈɔf] adj attr odległy

far-sight·ed [ˈfaˈsaitid] adj dalekowzroczny

far·ther zob. far

far·thest zob. far

far·thing [ˈfaðiŋ] s ćwierć pensa;
przen. grosz

fas·ci·nate [ˈfæsineit] vt czarować,
urzekać, fascynować

fas·ci·na·tion [ˈfæsiˈneiʃn] s ocza-
rowanie, urzeczenie, fascynacja

fas·cism [ˈfæʃizm] s faszyzm

fas·cist [ˈfæʃist] s faszysta

fash·ion [ˈfæʃn] s moda; styl; wzór;
zwyczaj; fason; after the ~ of
na wzór; out of ~ niemodny;
vt kształtować, urabiać, modelować

fash·ion·a·ble [ˈfæʃnəbl] adj modny, wytworny

fast 1. [fast] adj szybki; mocny,
trwały; przymocowany; to make
~ umocować; the watch is ~
zegarek się spieszy; adv szybko;
mocno, trwale

fast 2. [fast] s post; vi pościć

fast·en [ˈfasn] vt vi przymocować
(się); zamknąć (się); chwycić
się (on <upon> sth czegoś); spinać (się), wiązać (się)

fast·en·er [ˈfasnə(r)] s zszywka (do
papieru; spinacz; zatrzask; klam-

ra; suwak; zasuwa

fas·tid·i·ous [fəˈstidiəs] adj grymaśny, wybredny (about sth w
czymś)

fat [fæt] adj tłusty; gruby; tuczny; s sadło, tłuszcz; vi tyć; vt
tuczyć

fa·tal [ˈfeitl] adj fatalny, zgubny;
nieuchronny

fa·tal·i·ty [fəˈtæləti] s fatalność;
nieszczęśliwy wypadek, nieszczęście; zgubny wpływ

fate [feit] s fatum, przeznaczenie,
los

fate·ful [ˈfeitfl] adj fatalny, nieszczęsny; proroczy; nieuchronny

fa·ther [ˈfaðə(r)] s ojciec

fa·ther-in-law [ˈfaðr in lɔ] s (pl
~s-in-law [ˈfaðəz in lɔ]) teść

fa·ther·land [ˈfaðəlænd] s kraj ojczysty, ojczyzna

fa·ther·ly [ˈfaðəli] adj ojcowski;
adv po ojcowsku

fath·om [ˈfæðəm] s sążeń (miara
głębokości lub objętości); vt mierzyć głębokość; przen. zgłębiać

fath·om·less [ˈfæðəmləs] adj niezmierzony, bezdenny

fa·tigue [fəˈtig] s znużenie; trud;
vt nużyć, męczyć

fat·ten [ˈfætn] vt tuczyć; użyźniać;
vi tyć

fat·ty [ˈfæti] adj chem tłuszczowy;
oleisty, tłusty; s tłuścioch

fault [fɔlt] s brak, wada; uchybienie; omyłka; wina; to find ~
krytykować (with sb, sth kogoś,
coś)

fault·less [ˈfɔltləs] adj bezbłędny,
nienaganny, bez zarzutu

fault·y [ˈfɔlti] adj wadliwy, błędny

fau·na [ˈfɔnə] s fauna

fa·vour [ˈfeivə(r)] s łaska, łaskawość, przychylność; przysługa,
uprzejmość; in ~ na korzyść, na
rzecz; out of ~ w niełasce; vt
sprzyjać, faworyzować; zaszczycać

fa·vour·a·ble [ˈfeivrəbl] adj życzliwy, przychylny, sprzyjający

fa·vour·ite [`feɪvᵣɪt] adj ulubiony;
s ulubieniec

fear [fɪə(r)] s strach, obawa; vt
bać się, obawiać się

fear·ful [`fɪəfl] adj straszny; bo-
jaźliwy

fea·si·ble [`fizəbl] adj wykonalny,
możliwy

feast [fist] s uczta; uroczystość; vi
ucztować; obchodzić uroczystość;
vt gościć, częstować

feat [fit] s wyczyn, czyn (bohaterski)

feath·er [`feðə(r)] s pióro (ptasie);
vt upierzyć, stroić w pióra; vi
opierzyć się

feath·er·weight [`feðəweɪt] s sport
waga piórkowa

fea·ture [`fitʃə(r)] s rys, cecha,
znamię; osobliwość, właściwość;
~ film film długometrażowy; vt
znamionować, cechować; uwydatniać; opisywać; grać jedną z
głównych ról (w filmie)

Feb·ru·a·ry [`februərɪ] s luty

fed zob. feed

fed·er·al [`fedrl] adj związkowy,
federalny

fed·er·ate [`fedrət] adj federacyj-
ny; vt vi [`fedəreɪt| jednoczyć
(się)

fed·er·a·tion [`fedə`reɪʃn] s federacja

fed·er·a·tive [`fedrtɪv] adj federal-
ny, związkowy

fee [fi] s zapłata; opłata; honorarium; wpisowe

fee·ble [`fibl] adj słaby

*feed [fid], fed, fed [fed] vt vi
karmić (się), żywić się; paść (się);
zasilać; ~ up tuczyć; to be fed
up mieć dość (with sth czegoś),
mieć powyżej uszu; s pokarm,
pasza; techn. zasilanie

*feel [fil], felt, felt [felt] vt vi czuć
(się), odczuwać; dotykać, macać;
dawać się odczuć; wydawać się,
robić wrażenie; szukać po omacku (for ⟨after, about⟩ sth czegoś);
współczuć (for sb komuś); ~ like
skłaniać się, mieć ochotę; wyglą-

dać na coś; I don't ~ like dancing nie mam ochoty tańczyć;
~ one's way iść po omacku; s
czucie, odczucie, dotyk

feel·ing [`filɪŋ] s czucie, dotyk; u-
czucie, wrażenie; emocja

feet zob. foot

feign [feɪn] vt udawać

fe·lic·i·tate [fə`lɪsɪteɪt] vt gratulo-
wać (sb on ⟨upon⟩ sth komuś
czegoś)

fe·lic·i·ty [fə`lɪsətɪ] s błogość, szczę-
ście; trafność (zwrotu); trafny
zwrot ⟨wyraz⟩

fell 1. zob. fall

fell 2. [fel] vt wyrąbać (drzewo),
powalić

fel·low [`feləu] s towarzysz, kole-
ga; człowiek równy komuś ⟨po-
dobny do kogoś⟩; rzecz (np.
skarpetka) do pary; członek (towarzystwa naukowego, kolegium
uniwersyteckiego); pot. gość, typ,
facet; ~ citizen współobywatel;
~ creature bliźni; ~ soldier towarzysz broni; ~ worker towarzysz pracy

fel·low·ship [`feləuʃɪp] s towarzy-
stwo, koleżeństwo; wspólnota,
współudział; korporacja, bractwo;
członkostwo (towarzystwa naukowego itp.)

fel·on [`felən] s przestępca

felt 1. zob. feel

felt 2. [felt] s wojłok; filc

fe·male [`fimeɪl] adj żeński, ko-
biecy, płci żeńskiej; zool. sami-
czy; s kobieta, niewiasta; zool.
samica

fem·i·nine [`femənɪn] adj żeński
(rodzaj, rym), niewieści, kobiecy

fen [fen] s bagno, trzęsawisko

fence [fens] s ogrodzenie, płot;
sport szermierka; przen. to sit
on the ~ zachować neutralność,
nie angażować się; vt ogrodzić;
vi fechtować się, uprawiać szer-
mierkę

fend·er [`fendə(r)] s zderzak; błot-

nik; krata przed kominkiem; zasłona

fen·land [`fenlænd] s bagnista oko-
lica

fer·ment [`fɜmənt] s ferment; vt
[fə`ment] poddawać fermentacji,
wywoływać ferment; vi fermentować, burzyć się

fern [fɜn] s bot. paproć

fe·ro·cious [fə`rəuʃəs] adj srogi,
dziki

fe·roc·i·ty [fə`rosətɪ] s srogość, dzi-
kość

fer·ro·con·crete [‚ferəu `koŋkriːt] s
żelazobeton

fer·ry [`ferɪ] s prom; vt vi przepra-
wiać (się) ⟨przewozić⟩ promem
⟨łodzią⟩; lotn. dostawiać drogą
powietrzną

fer·ry-boat [`ferɪbəut] s prom

fer·ry·man [`ferɪmən] s przewoź-
nik

fer·tile [`fɜtaɪl] adj żyzny, płodny

fer·til·i·ty [fə`tɪlətɪ] s żyzność,
płodność

fer·til·ize [`fɜtɪlaɪz] vt użyźniać; na-
wozić; zapładniać

fer·til·iz·er [`fɜtɪlaɪzə(r)] s nawóz

fer·vent [`fɜvənt] adj żarliwy, go-
rący

fer·vour [`fɜvə(r)] s żarliwość, na-
miętność

fes·ter [`festə(r)] vi ropieć; gnić;
jątrzyć się; vt powodować gnicie ⟨ropienie⟩; s ropień

fes·ti·val [`festɪvl] adj świąteczny;
s święto, uroczystość; festiwal

fes·tive [`festɪv] adj uroczysty; we-
soły

fes·tiv·i·ty [fe`stɪvətɪ] s uroczys-
tość; wesołość, zabawa

fetch [fetʃ] vt pójść po coś, przynieść; przywieźć; uzyskać (kwotę), osiągać (cenę); wzruszać, oddziaływać na wyobraźnię; rozdrażnić; vi dotrzeć, dobrnąć

fet·ter [`fetə(r)] vt skuć, spętać,
związać; s pl ~s pęta, kajdany,
więzy

feud 1. [fjuːd] s waśń rodowa

feud 2. [fjuːd] s lenno

feu·dal [`fjudl] adj feudalny

feu·dal·ism [`fjudlɪzm] s feuda-
lizm

fe·ver [`fivə(r)] s gorączka; roz-
gorączkowanie

few [fju] adj i pron mało, niewiele; a ~ nieco, kilku

fi·bre [`faɪbə(r)] s włókno; natura,
struktura

fi·brous [`faɪbrəs] adj włóknisty

fickle [`fɪkl] adj zmienny; pło-
chy

fic·tion [`fɪkʃn] s fikcja, wymysł;
beletrystyka

fic·ti·tious [fɪk`tɪʃəs] adj fikcyjny,
zmyślony

fid·dle [`fɪdl] s pot. skrzypki; vt vi
grać na skrzypkach, rzępolić; ~
away spędzać czas na niczym

fid·dler [`fɪdlə(r)]s skrzypek, gra-
jek

fid·dle·stick [`fɪdlstɪk] s smyczek;
pl ~s pot. bzdury

fi·del·i·ty [fɪ`delətɪ] s wierność

fid·get [`fɪdʒɪt] vt vi denerwować
(się), wiercić się; s człowiek niespokojny, pot. wiercipięta; pl ~s
niespokojne ruchy, zdenerwowanie

field [fild] s pole; boisko; teren;
domena

fiend [find] s diabeł; fanatyk

fierce [fɪəs] adj srogi; dziki; zagorzały; gwałtowny

fi·er·y [`faɪərɪ] adj ognisty, pło-
mienny; porywczy

fif·teen [‚fɪf`tin] num piętnaście; s
piętnastka

fif·teenth [‚fɪf`tinθ] adj piętna-
sty

fifth [fɪfθ] adj piąty

fif·ti·eth [`fɪftɪəθ] adj pięćdziesią-
ty

fif·ty [`fɪftɪ] num pięćdziesiąt; s
pięćdziesiątka

fig 1. [fɪg] s bot. figa

fig 2. [fɪg] s pot. strój; samopoczucie

*fight [faɪt], **fought, fought** [fɔt]
vt vi walczyć, zwalczać; ~ **back**

odeprzeć, zwalczyć; ~ out rozstrzygnąć drogą walki; s walka,
bitwa

fight·er [ˈfaɪtə(r)] s żołnierz; bojownik; *lotn.* myśliwiec

fig·ur·a·tive [ˈfɪgjʊrətɪv] *adj* obrazowy; przenośny; symboliczny

fig·ure [ˈfɪgə(r)] s figura, kształt;
wykres; obraz, rycina; posąg;
postać; liczba, cyfra; *vt vi* tworzyć, kształtować; przedstawiać;
figurować; obliczać, oceniać; ~
out wypracować; wyliczyć; zrozumieć; ~ up policzyć, zsumować

file 1. [faɪl] s kartoteka, akta; kla-
syfikator; rocznik (pisma); plik
papierów; *vt* układać papiery;
rejestrować; trzymać kartotekę

file 2. [faɪl] s pilnik; *vt* piłować

file 3. [faɪl] s rząd; in ~ rzędem,
gęsiego; *vi* iść w rzędzie

fil·ial [ˈfɪlɪəl] *adj* synowski

fil·i·gree [ˈfɪlɪgriː] s filigran; *adj
attr* filigranowy

fill [fɪl] *vt vi* napełniać (się); spełniać, pełnić; wykonywać; ~ in
wypełniać; ~ out zapełniać (się);
wydymać (się), pęcznieć; ~ up
napełnić (się); s pełna ilość; ładunek, porcja; to eat one's ~
najeść się do syta

fill·ing [ˈfɪlɪŋ] s materiał wypeł-
niający; plomba; zapas (np. ben-
zyny); ładunek; farsz

fill·ing-sta·tion [ˈfɪlɪŋ steɪʃn] s stacja benzynowa

fil·lip [ˈfɪlɪp] s prztyczek; bodziec; *vt* dać prztyczka; pobudzić, przyspieszyć

film [fɪlm] s film; błona; powłoka;
bielmo; *vt vi* filmować; pokrywać (się) emulsją

fil·ter [ˈfɪltə(r)] s filtr, sączek; *vt
vi* filtrować, sączyć (się)

filth [fɪlθ] s brud, plugastwo; sprośność

filth·y [ˈfɪlθɪ] *adj* brudny, plugawy; sprośny

fil·trate [ˈfɪltreɪt] *vt vi* filtrować,

sączyć (się); s przesącz

fi·nal [ˈfaɪnl] *adj* końcowy, ostateczny; s finał; in ~ w końcu

fi·nance [ˈfaɪnæns] s (*także pl* ~s)
finanse; *vt* finansować

fi·nan·cial [ˈfaɪˈnænʃl] *adj* finansowy

fi·nan·cier [ˈfaɪˈnænsɪə(r)] s finansista

*****find** [faɪnd], found, found [faʊnd]
vt znajdować, odkrywać; natra-
fiać, zastać; konstatować, stwierdzać, orzekać; ~ sb guilty uznać
kogoś winnym; s odkrycie; rzecz
znaleziona

find·ing [ˈfaɪndɪŋ] s odkrycie;
rzecz znaleziona; *pl* ~s wyniki,
wnioski, dane

fine 1. [faɪn] *adj* piękny; delikatny, wytworny; czysty, oczyszczony; precyzyjny; *pot.* świetny;
adv pięknie, dobrze

fine 2. [faɪn] s grzywna, kara pieniężna; in ~ ostatecznie, koniec
końców; *vt* ukarać grzywną

fin·ger [ˈfɪŋgə(r)] s palec (u ręki);
vt dotykać palcami, macać

fin·ger-print [ˈfɪŋgəprɪnt] s odcisk
palca

fin·ish [ˈfɪnɪʃ] *vt vi* kończyć (się),
przestać; ~ off wykończyć; ~
up dokończyć, doprowadzić do
końca; s zakończenie, koniec;
wykończenie; *sport* finisz; *techn.*
apretura

fi·nite [ˈfaɪnaɪt] *adj* ograniczony;
mat. skończony; *gram.* określony

Finn [fɪn] s Fin

Fin·nish [ˈfɪnɪʃ] *adj* fiński; s język fiński

fir [fɜː(r)] s *bot.* jodła; ~ branch
jedlina

fire [ˈfaɪə(r)] s ogień, pożar, żar;
zapał; to be on ~ płonąć; to
catch ⟨take⟩ ~ zapalić się; to
set on ~, to set ~ to podpalić;
vt vi zapalić (się), płonąć; wybuchnąć; strzelać, dać ognia;
wzniecić; *pot.* wyrzucić (z po-

sady); ~ off wystrzelić; ~ up
wybuchnąć (gniewem)

fire-arm [`faɪərɑm] s (zw. pl ~s)
broń palna

fire-brand [`faɪəbrænd] s głownia,
zarzewie; podżegacz

fire-bri·gade [`faɪə brɪgeɪd] s straż
pożarna

fire-en·gine [`faɪərendʒɪn] s wóz
straży pożarnej, sikawka

fire-ex·tin·guish·er [`faɪər ɪkstɪŋgwɪ
ʃə(r)] s gaśnica

fire·man [`faɪəmən] s strażak; pa-
lacz

fire-place [`faɪəpleɪs] s kominek;
palenisko

fire·proof [`faɪəpruf] adj ognio-
trwały

fire·side [`faɪəsaɪd] s miejsce przy
kominku; przen. ognisko domo-
we

fire·work [`faɪəwɜk] s fajerwerk;
pl ~s sztuczne ognie

firm 1. [fɜm] s firma, przedsiębiorstwo

firm 2. [fɜm] adj mocny, trwały;
jędrny; energiczny; stały; stanowczy; vt umocnić, osadzić

fir·ma·ment [`fɜməmənt] s firma-
ment

first [fɜst] num adj pierwszy; ~
floor bryt. pierwsze piętro, am.
parter; ~ **name** imię chrzestne;
~ **night** premiera; ~ **thing** przede wszystkim, zaraz; s (o człowieku, rzeczy) pierwszy; **at (the)**
~ najpierw, na początku; **from**
~ **to last** od początku do końca;
adv najpierw, początkowo, po
pierwsze; ~ **of all** przede wszystkim

first·ly [`fɜstlɪ] adv po pierwsze,
najpierw

first-rate [`fɜst`reɪt] adj pierwszorzędny, pierwszej kategorii

fish [fɪʃ] s (pl ~es, zbior. the ~)
ryba; vt vi łowić ryby; poławiać;
przen. polować, czyhać (**for sth**
na coś)

fish-bone [`fɪʃbəun] s ość

fish·er [`fɪʃə(r)], **fish·er·man** [`fɪʃə
mən] s rybak

fish·ing [`fɪʃɪŋ] s rybołówstwo;
wędkarstwo; połów

fish·ing-rod [`fɪʃɪŋrod] s wędka

fish·mon·ger [`fɪʃmʌŋgə(r)] s han-
dlarz rybami

fist [fɪst] s pięść

fit 1. [fɪt] adj odpowiedni, nadający się, zdatny (**for sth** do czegoś);
w dobrej formie; zdolny, gotów;
to feel ~ czuć się na siłach; **to**
keep ~ zachowywać dobrą kon-
dycję; vt dostosować, dopasować;
pasować, być dostosowanym; (o
ubraniu) leżeć; być stosownym;
zaopatrzyć, wyposażyć; vi nadawać się, mieć kwalifikacje (**into**
⟨**for**⟩ **sth** do czegoś); ~ **in** wprawiać; pasować; uzgadniać; ~ **on**
nakładać, przypasowywać, przymierzać (ubranie); ~ **out** zaopatrzyć, wyekwipować (**with sth** w
coś); s dostosowanie, dopasowanie; krój (ubrania)

fit 2. [fɪt] s atak (np. choroby),
przystęp (np. złego humoru)

fit·ful [`fɪtfl] adj spazmatyczny;
kapryśny

fit-out [`fɪtaut] s wyposażenie, ek-
wipunek

fit·ter [`fɪtə(r)] s monter, mecha-
nik

fit·ting [`fɪtɪŋ] s zmontowanie, za-
instalowanie; wyposażenie, oprawa; pl ~s instalacje; armatura;
przybory, części składowe

five [faɪv] num pięć; ~ **o'clock**
(tea) podwieczorek; s piątka

fix [fɪks] vt przymocować; wyznaczyć, ustalić; utkwić (wzrok); założyć (np. siedzibę); wbić; wpoić;
r.aprawić, uporządkować; urządzić, przygotować; am. załatwić;
fot. techn. utrwalić; vi skrzep-
nąć; zdecydować się (**on** ⟨**upon**⟩
sth na coś); ~ **up** urządzić; wygładzić, uporządkować; s kłopot,
położenie bez wyjścia

flab·by [`flæbɪ] adj zwiotczały;
słaby

flag 1. [flæg] s flaga, bandera

flag 2. [flæg] s płyta chodnikowa;
vt wykładać płytami

flag 3. [flæg] *vt* zwisać, opadać; słabnąć

flag·el·late [ˈflædʒɪleɪt] *vt* biczować

fla·grant [ˈfleɪgrənt] *adj* rażący, skandaliczny; (*zw. o przestępcy*) notoryczny

flag·ship [ˈflægʃɪp] *s* okręt admiralski

flag-staff [ˈflægstɑf] *s* drzewce (flagi)

flail [fleɪl] *s* cep

flake [fleɪk] *s* płatek; łuska; *vt vi* łuszczyć (się); (*o śniegu itd.*) sypać płatkami

flame [fleɪm] *s* płomień; *vi* płonąć; ~ **out** zapłonąć (gniewem); ~ **up** spłonąć rumieńcem

flank [flæŋk] *s* bok; skrzydło, *wojsk.* flanka; *vt wojsk.* strzec flanki, oskrzydlać; znajdować się z boku (czegoś)

flan·nel [ˈflænl] *s* flanela; *s pl* ~s ubranie flanelowe

flap [flæp] *vi* trzepotać (skrzydłami); *vt* klapnąć, trzepnąć; *s* lekkie uderzenie, klaps; trzepot; klapa, klapka

flare [fleə(r)] *vi* migotać, błyskać; *s* błysk, światło migające; sygnał świetlny; wybuch (płomienia, gniewu)

flash [flæʃ] *vi vt* błysnąć, błyszczeć, świecić; sygnalizować światłem; mignąć, przemknąć; nadawać (np. przez radio); *s* błysk, przebłysk (np. talentu)

flash·light [ˈflæʃlaɪt] *s* światło sygnalizacyjne; latarka elektryczna; *fot.* flesz

flask [flɑsk] *s* flaszka (kieszonkowa); butla; *chem.* kolba

flat [flæt] *adj* płaski; płytki; nudny, monotonny; stanowczy; *s* płaszczyzna; równina; nizina; mielizna; mieszkanie, apartament; *muz.* bemol; **the ~ of the hand** dłoń; **block of ~s** blok mieszkalny

flat-i·ron [ˈflætaɪən] *s* żelazko do prasowania

flat·ten [ˈflætn] *vt vi* spłaszczyć

(się), wyrównać

flat·ter [ˈflætə(r)] *vt* pochlebiać

flat·ter·y [ˈflætərɪ] *s* pochlebstwo

flaunt [flɔnt] *vt vi* wystawiać na pokaz; dumnie powiewać; paradować; pysznić się (**sth** czymś)

fla·vour [ˈfleɪvə(r)] *s* zapach; posmak, smak; *vt* nadawać posmak, przyprawiać; *vi* mieć posmak, trącić (**of sth** czymś)

flaw [flɔ] *s* szczelina; rysa; skaza, wada; *vt vi* rozszczepiać (się), rysować się, pękać; uszkodzić

flax [flæks] *s bot.* len

flax·en [ˈflæksn] *adj* lniany; płowy, słomkowy (kolor)

flea [fli] *s* pchła

fleck [flek] *s* plamka, cętka; *vt* pokrywać plamkami, cętkować

fled *zob.* **flee**

fledg(e)·ling [ˈfledʒlɪŋ] *s* świeżo opierzony ptak; *przen.* żółtodziób

***flee** [fli], **fled**, **fled** [fled] *vi vt* uciekać, omijać, unikać

fleece [flis] *s* runo; *vt* strzyc (owcę); *przen.* oskubać (kogoś), ograbić

fleet 1. [flit] *s* flota

fleet 2. [flit] *vi poet.* mknąć

Flem·ish [ˈflemɪʃ] *adj* flamandzki

flesh [fleʃ] *s* mięso, ciało

flesh·y [ˈfleʃɪ] *adj* mięsisty, tłusty

flew *zob.* **fly** 2.

flex·i·ble [ˈfleksəbl] *adj* elastyczny, giętki

flex·ion [ˈflekʃn] *s* zgięcie; *gram.* fleksja

flick·er [ˈflɪkə(r)] *vi* migotać; drgać; *s* migotanie; drganie

fli·er [ˈflaɪə(r)] *s* lotnik

flight 1. [flaɪt] *s* lot, przelot; wzlot; bieg; stado (ptaków); eskadra (samolotów); ~ **of stairs** kondygnacja schodów

flight 2. [flaɪt] *s* ucieczka

flim·sy [ˈflɪmzɪ] *adj* cienki, słaby, kruchy; błahy

flinch [flɪntʃ] *vi* cofać się, uchylać się

***fling** [flɪŋ], **flung**, **flung** [flʌŋ] *vt vi* rzucać (się), ciskać, miotać; **to ~ open** gwałtownie otworzyć

flint [flɪnt] s krzemień; kamień (do zapalniczki)

flip·pant [ˈflɪpənt] adj niepoważny, swobodny, nonszalancki, lekceważący

flirt [flɜt] vi vt flirtować; machać; przytknąć; s flirciarz, kokietka

flir·ta·tion [flɜˈteɪʃn] s flirt

flit [flɪt] vi przelatywać, przemknąć; pot. przeprowadzać (się)

flitch [flɪtʃ] s połeć (np. słoniny)

float [fləʊt] vi płynąć, bujać ⟨unosić się⟩ (na wodzie, w powietrzu); (o pogłosce) rozchodzić się; vt spławiać, nieść (po wodzie); puszczać w obieg; rozpisać (pożyczkę); wprowadzać (w życie); s coś unoszącego się na powierzchni wody (pływak u wędki, tratwa itp.)

float·a·tion s = flotation

flock 1. [flok] s kłak, kosmyk

flock 2. [flok] s stado; przen. tłum; vi gromadzić się tłumnie, tłoczyć się

floe [fləʊ] s pole lodowe, kra

flog [flog] vt chłostać, smagać

flood [flʌd] s powódź, potop, zalew; wylew; przypływ; przen. potok (łez itp.); vt zalać, zatopić; vi wezbrać, wylać

flood·light [ˈflʌdlaɪt] s snop światła, światło reflektorów; vt oświetlić reflektorami

floor [flɔ(r)] s podłoga; piętro

flo·ra [ˈflɔrə] s flora

flor·id [ˈflorɪd] adj kwiecisty; ozdobny

flor·ist [ˈflorɪst] s sprzedawca kwiatów

flo·ta·tion [fləʊˈteɪʃn] s unoszenie się; spławianie; uruchomienie (przedsiębiorstwa)

flot·sam [ˈflotsəm] s pływające po morzu szczątki rozbitego statku; zob. jetsam

flounce 1. [flaʊns] vi miotać ⟨rzucać⟩ się; s miotanie się; żachnięcie

flounce 2. [flaʊns] s falbana

floun·der [ˈflaʊndə(r)] vi brnąć, potykać się

flour [flaʊə(r)] s mąka

flour·ish [ˈflʌrɪʃ] vi kwitnąć; prosperować; być w rozkwicie; brzmieć; vt wymachiwać; zdobić (ornamentem); s fanfara; ozdoba

flow [fləʊ] vi płynąć, spływać, wypływać; (o krwi) krążyć; (o włosach) falować; s płynięcie, przepływ; prąd; przypływ (morza); potok

flow·er [ˈflaʊə(r)] s kwiat; vi kwitnąć; vt zdobić kwiatami

flow·er·y [ˈflaʊərɪ] adj kwiecisty

flown zob. fly 2.

flu [flu] s pot. grypa

fluc·tu·ate [ˈflʌktʃʊeɪt] vi wahać się

flue 1. [flu] s komin

flue 2. = flu

flu·en·cy [ˈfluənsɪ] s płynność, biegłość

flu·ent [ˈfluənt] adj płynny, biegły

fluff [flʌf] s puch

fluff·y [ˈflʌfɪ] adj puszysty

flu·id [ˈfluɪd] adj płynny; s płyn

flung zob. fling

flur·ry [ˈflʌrɪ] s wichura; am. ulewa; podniecenie, poruszenie, nerwowy pośpiech; vt podniecić, poruszyć, zdenerwować

flush [flʌʃ] vi vt trysnąć; (o krwi) napłynąć do twarzy; zaczerwienić się, zarumienić się; rozpłomienić (się); spłukiwać, zalewać; adj wezbrany; opływający (of sth w coś); obfity; równy, na tym samym poziomie; s strumień; napływ; wybuch; rozkwit; podniecenie; rumieniec

flus·ter [ˈflʌstə(r)] vt vi denerwować (się), wzburzyć (się); s podniecenie, wzburzenie

flute [flut] s muz. flet

flut·ter [ˈflʌtə(r)] vt vi trzepotać (się); machać; drgać; dygotać; niepokoić (się); s trzepot; drganie; niepokój, podniecenie

flux [flʌks] s dosł. i przen. potok, strumień; prąd, bieg wody; przypływ; ciągłe zmiany, płynność

fly 1. [flaɪ] s mucha

*fly 2. [flaɪ], flew [flu], flown [fləun] vi vt latać, lecieć, fruwać; pospieszyć; uciekać; powiewać; puszczać (np. latawca); ~ into a passion wpaść w pasję; ~ open nagle się otworzyć; s lot; klapa; rozporek

fly·er [ˈflaɪə(r)] s lotnik

fly·ing-boat [ˈflaɪɪŋbəut] s wodnopłatowiec, hydroplan

fly-pa·per [ˈflaɪ peɪpə(r)] s lep na muchy

foal [fəul] s źrebię

foam [fəum] s piana; vi pienić się

foam·y [ˈfəumɪ] adj pienisty, spieniony

fo·cus [ˈfəukəs] s (pl foci [ˈfəusaɪ] lub ~es [ˈfəukəsɪz]) fiz. ognisko; siedlisko, centrum, skupienie; vt vi ogniskować (się), skupiać (się)

fod·der [ˈfodə(r)] s pasza; vt karmić (bydło)

foe [fəu] s wróg

fog [fog] s mgła; vt zamglić

fo·gey [ˈfəugɪ] s (zw. old ~) człowiek staroświecki

fog·gy [ˈfogɪ] adj mglisty

fog-horn [ˈfoghɔn] s okrętowa syrena (mgłowa)

fo·gy s = fogey

foi·ble [ˈfɔɪbl] s słabostka

foist [fɔɪst] vt podsunąć (skrycie), podrzucić

fold 1. [fəuld] s dost. i przen. owczarnia

fold 2. [fəuld] s zagięcie, fałda, zakładka; vt vi składać (się), zaginać (się); zawijać; tulić

fold·er [ˈfəuldə(r)] s teczka; broszurka, ulotka (np. reklamowa), folder

fold·ing [ˈfəuldɪŋ] adj składany, przystosowany do składania

fo·li·age [ˈfəulɪɪdʒ] s liście, listowie

folk [fəuk] s zbior. ludzie; lud, naród; adj attr ludowy

folk·lore [ˈfəuklɔ(r)] s folklor

fol·low [ˈfoləu] vt vi następować, iść (sb za kimś); śledzić; wykonywać ⟨uprawiać⟩ (a profession zawód); podążać (a path ścieżką, sb's thought za czyjąś myślą); wynikać; być zwolennikiem; stosować się (sth do czegoś); słuchać, rozumieć (sb kogoś); ~ in sb's footsteps iść w czyjeś ślady; ~ out doprowadzić do końca; ~ up uporczywie coś robić, nie ustawać (w czymś)

fol·low·er [ˈfoləuə(r)] s zwolennik; uczeń; członek świty

fol·ly [ˈfolɪ] s szaleństwo

fo·ment [fəˈment] vt podżegać, podsycać; med. nagrzewać

fond [fond] adj czuły; miły; zamiłowany; to be ~ lubić (of sb, sth kogoś, coś)

fon·dle [ˈfondl] vt vi pieścić (się)

fond·ness [ˈfondnəs] s czułość; zamiłowanie (for sth do czegoś)

font [font] s chrzcielnica

food [fud] s żywność, pokarm, wyżywienie, jedzenie

food-stuff [ˈfudstʌf] s artykuły spożywcze

fool [ful] s głupiec, wariat; vi błaznować, wygłupiać się; vt robić błazna (sb z kogoś); okpić; wyłudzać (sb out of sth coś od kogoś)

fool·ish [ˈfulɪʃ] adj głupi

fools·cap [ˈfulskæp] s papier kancelaryjny

foot [fut] s (pl feet [fit]) stopa; noga; spód, dół; stopa (miara długości); on ~ piechotą, pieszo

foot·ball [ˈfutbɔl] s piłka nożna, futbol; piłka futbolowa

foot·hold [ˈfuthəuld] s oparcie dla stóp; przen. mocna podstawa

foot·ing [ˈfutɪŋ] s oparcie dla stóp; ostoja, punkt oparcia; poziom; stopa (wojenna, pokojowa); wzajemny stosunek; on a friendly ~ na przyjacielskiej stopie, w przyjaznych stosunkach

foot·man [ˈfutmən] s lokaj

foot·mark [ˈfutmak] s ślad (stopy)

foot·note [ˈfutnəut] s odnośnik

foot·path [ˈfutpaθ] s ścieżka; chodnik

foot·print [ˈfutprɪnt] s = footmark

foot·wear [`futweə] s obuwie

for [fo(r), fə(r)] *praep* dla; za; zamiast; jako; na; z powodu; przez; do; z; po; co do; mimo, wbrew; jak na; ~ all that mimo wszystko; ~ ever, ~ good na zawsze, na dobre; ~ instance ⟨example⟩ na przykład; ~ 5 miles na przestrzeni 5 mil; ~ years przez całe lata; what ~? na co?, po co?; *conj* ponieważ, gdyż, bowiem

for·age [`foridʒ] s furaż; furażowanie; *vt vi* furażować; grabić

for·bade *zob.* forbid

for·bear 1. [`fɔbeə(r)] s przodek, antenat

*for·bear 2. [fə`beə(r)], forbore [fə`bɔ(r)], forborne [fə`bɔn] *vt vi* znosić cierpliwie, pobłażać; powstrzymać się (sth ⟨doing sth, from sth⟩ od czegoś)

*for·bid [fə`bid], forbade [fə`beid], forbidden [fə`bidn] *vt* zakazywać, zabraniać, nie pozwalać

for·bore, for·borne *zob.* forbear 2.

force [fos] s siła, moc, przemoc; *pl* ~s siły zbrojne; *vt* forsować, brać siłą; zmuszać, wymuszać; narzucać

forced [fost] *adj* przymusowy; wymuszony; forsowny

for·ci·ble [`fosəbl] *adj* gwałtowny; przymusowy; mocny; przekonywający

ford [fod] s bród; *vt* przejść w bród

fore [fo(r)] s przód, przednia część; to the ~ ku przodowi, na przedzie, na widoku, (o pieniądzach) pod ręką; *adj* przedni

fore·arm [`foram] s przedramię

fore·bear = forbear 1.

fore·bode [fɔ`bəud] *vt* przewidywać, przeczuwać; zapowiadać, wróżyć

*fore·cast [fo`kast] ~, ~ *lub* ~ed, ~ed [fɔ`kastid] *vt* przewidywać, zapowiadać; s [`fokast] przewidywanie, prognoza

fore·fa·ther [`fofaðə(r)] s przodek, antenat

fore·fin·ger [`fofiŋgə(r)] s palec wskazujący

*fore·go 1. [fɔ`gəu], forewent [fɔ`went], foregone [fɔ`gon] *vt* poprzedzać

fore·go 2. = forgo

fore·go·ing [fɔ`gəuiŋ] *adj* poprzedni, powyższy

fore·gone [fɔ`gon] *pp i adj* z góry powzięty, przesądzony; *adj attr* [`fogon] a ~ conclusion wiadomy wniosek, nieunikniony wynik

fore·ground [`fograund] s przedni plan

fore·head [`forid] s czoło

for·eign [`forin] *adj* obcy, cudzoziemski, zagraniczny; Foreign Office ministerstwo spraw zagranicznych; Foreign Secretary minister spraw zagranicznych

for·eign·er [`forinə(r)] s obcokrajowiec, cudzoziemiec

fore·land [`folənd] s przylądek

fore·man [`foman] s nadzorca, brygadzista; *prawn.* starszy ławy przysięgłych

fore·most [`foməust] *adj* przedni, najważniejszy, pierwszy, czołowy

fore·noon [`fonun] s przedpołudnie

fore·run·ner [`forʌnə(r)] s prekursor, zwiastun

*fore·see [fo`si], foresaw [fo`sɔ], foreseen [fo`sin] *vt* przewidywać

fore·seen *zob.* foresee

fore·shad·ow [fɔ`ʃædəu] *vt* zapowiadać

fore·sight [`fosait] s przewidywanie; przezorność

for·est [`forist] s las; *vt* zalesiać

fore·stall [fɔ`stɔl] *vt* wyprzedzić, ubiec

for·est·er [`foristə(r)] s leśniczy

*fore·tell [fo`tel], foretold, foretold [fɔ`təuld] *vt* przepowiadać, wróżyć

for·ev·er [fɔ`revə(r)] *adv* na zawsze, wciąż

fore·went *zob.* forego

fore·word [`fowəd] s wstęp, przedmowa

for·feit [`fɔfɪt] vt stracić, zaprze-
paścić; s grzywna; utrata przez
konfiskatę, przepadek (mienia);
zastaw, fant

for·feit·ure [`fɔfɪtʃə(r)] s utrata;
grzywna; konfiskata

for·gave zob. **forgive**

forge [fɔdʒ] s kuźnia; piec hutniczy; vt kuć; fałszować, podrabiać; zmyślać

for·ger [`fɔdʒə(r)] s fałszerz

for·ger·y [`fɔdʒərɪ] s fałszerstwo

*****for·get** [fə`get], **forgot** [fə`gɔt],
forgotten [fə`gɔtn] vt vi zapomi-
nać; opuszczać, pomijać

for·get·ful [fə`getfl] adj zapomina-
jący, niepomny, nie zważający
(of sth na coś); pot. zapominalski

for·get·me·not [fə`get mɪ nɔt] s bot.
niezapominajka

*****for·give** [fə`gɪv], **forgave** [fə`geɪv],
forgiven [fə`gɪvn] vt przebaczać,
odpuszczać, darować

*****for·go** [fə`gəu], **forwent** [fə`went],
forgone [fə`gɔn] vt zrzec się; po-
wstrzymać się (sth od czegoś);
obejść się (sth bez czegoś)

for·got zob. **forget**

for·got·ten zob. **forget**

fork [fɔk] s widelec; widły; rozwidlenie; vt rozwidlać się

for·lorn [fə`lɔn] adj opuszczony,
stracony; beznadziejny; ~ hope
oddział szturmowy skazany na
stracenie; z góry stracona sprawa

form [fɔm] s forma, kształt; formalność; formularz; ławka; kla-
sa; vt vi formować (się), tworzyć
(się); urabiać (np. opinię)

for·mal [`fɔml] adj formalny, ofi-
cjalny; zewnętrzny

for·mal·i·ty [fɔ`mælɪtɪ] s formal-
ność; etykieta, ceremonialność

for·ma·tion [fɔ`meɪʃn] s formowa-
nie ⟨kształtowanie, tworzenie,
wytwarzanie⟩ się; budowa, powstawanie; wojsk. geol. formacja

for·mer [`fɔmə(r)] adj poprzedni,
pierwszy (z dwu); dawny, były

for·mi·da·ble [`fɔmɪdəbl] adj stra-
szny, groźny

for·mu·la [`fɔmjulə] s (pl **formulae**
[`fɔmjuliː] lub **formulas** [`fɔmjuləz])
formułka; przepis; mat. chem.
wzór

for·mu·late [`fɔmjuleɪt] vt formuło-
wać

*****for·sake** [fə`seɪk], **forsook** [fə`suk],
forsaken [fə`seɪkn] vt opuszczać,
porzucać

forth [fɔθ] adv naprzód; and so
~ i tak dalej

forth·com·ing [fɔθ`kʌmɪŋ] adj zbli-
żający się, mający się ukazać

forth·right [`fɔθraɪt] adj prosty;
szczery; adv prosto, otwarcie;
szczerze; natychmiast

forth·with [fɔθ`wɪð] adv bezzwło-
cznie

for·ti·eth [`fɔtɪəθ] adj czterdziesty

for·ti·fy [`fɔtɪfaɪ] vt wzmacniać,
pokrzepiać; popierać; fortyfikować

for·ti·tude [`fɔtɪtjud] s męstwo,
hart ducha

fort·night [`fɔtnaɪt] s dwa tygod-
nie

fort·night·ly [`fɔtnaɪtlɪ] adj dwu-
tygodniowy; adv co dwa tygod-
nie; s dwutygodnik

for·tress [`fɔtrəs] s forteca

for·tu·nate [`fɔtʃunət] adj szczęśli-
wy, pomyślny

for·tune [`fɔtʃən] s los, szczęście,
przypadek; majątek; by ~ przypadkowo

for·tune-tel·ler [`fɔtʃən telə(r)] s
wróżbita

for·ty [`fɔtɪ] num czterdzieści; s
czterdziestka

for·ward [`fɔwəd] adj przedni; skie-
rowany do przodu; przedwczes-
ny; wczesny; gotów, chętny; postępowy; pewny siebie, arogancki; adv (także ~s) naprzód, dalej; z góry; to come ~ wystąpić;
zgłosić się; vt przyspieszać; popierać; wysyłać, ekspediować; s
sport napastnik

for·wards zob. **forward** adv

for·went zob. forgo

fos·sil [ˈfosl] adj skamieniały; s skamieniałość

fos·ter [ˈfostə(r)] vt pielęgnować; żywić (np. nadzieję); podniecać, podsycać

fos·ter-broth·er [ˈfostə brʌðə(r)] s mleczny brat

fos·ter-child [ˈfostə tʃaɪld] s przybrane dziecko

fos·ter-fath·er [ˈfostə faðə(r)] s wychowawca, opiekun

fos·ter-moth·er [ˈfostə mʌðə(r)] s mamka, piastunka

fought zob. fight

foul [faul] adj zgniły; cuchnący; plugawy, wstrętny; sprośny; sport nieprzepisowy; nieuczciwy, niehonorowy; ~ copy brulion; s nieuczciwe postępowanie; sport faul; vt vi brudzić (się), kalać; zatkać; zderzyć się

found 1. zob. find

found 2. [faund] vt zakładać; opierać (np. na faktach)

found 3. [faund] vt odlewać, topić (metal)

foun·da·tion [faunˈdeɪʃn] s podstawa, fundament; założenie; fundacja

found·er 1. [ˈfaundə(r)] s założyciel

found·er 2. [ˈfaundə(r)] s giser, odlewnik

found·er 3. [ˈfaundə(r)] vi zatonąć; zawalić się, zapaść się; vt zatopić

found·ling [ˈfaundlɪŋ] s podrzutek

found·ry [ˈfaundrɪ] s odlewnia

fount [faunt] s źródło; zbiornik

foun·tain [ˈfauntɪn] s fontanna; przen. źródło; zbiornik

foun·tain-pen [ˈfauntɪnpen] s pióro wieczne

four [fɔ(r)] num cztery; s czwórka; on all ~s na czworakach

four·fold [ˈfɔːfəuld] adj czterokrotny; adv czterokrotnie

four·teen [ˈfɔːtiːn] num czternaście; s czternastka

four·teenth [ˈfɔːtiːnθ] adj czternasty

fourth [fɔːθ] adj czwarty

fowl [faul] s ptak (domowy, dziki); zbior. drób, ptactwo

fox [foks] s lis

frac·tion [ˈfrækʃn] s ułamek; frakcja

frac·ture [ˈfræktʃə(r)] s złamanie; vt vi złamać (się), pęknąć

frag·ile [ˈfrædʒaɪl] adj kruchy, łamliwy; wątły

frag·ment [ˈfrægmənt] s fragment

fra·grance [ˈfreɪgrəns] s zapach

frail [freɪl] adj kruchy, łamliwy; wątły; przelotny

frame [freɪm] s rama, oprawa; struktura, szkielet, zrąb; system, porządek; vt oprawiać w ramę; tworzyć, kształtować; konstruować; dostosowywać

frame-work [ˈfreɪmwɜːk] s praca ramowa; zrąb, struktura

fran·chise [ˈfræntʃaɪz] s prawo wyborcze; przywilej; am. koncesja

frank [fræŋk] adj otwarty, szczery

fran·tic [ˈfræntɪk] adj szalony, zapamiętały

fra·ter·nal [frəˈtɜːnl] adj braterski, bratni

fra·ter·ni·ty [frəˈtɜːnətɪ] s braterstwo; bractwo

frat·er·nize [ˈfrætənaɪz] vi bratać się

fraud [frɔːd] s oszustwo; oszust

fraught [frɔːt] adj naładowany, pełny, brzemienny

fray [freɪ] vt vi strzępić (się)

freak [friːk] s kaprys, wybryk (także natury); fenomen

freck·le [frekl] s pieg, plamka; vt vi pokryć (się) plamkami, piegami

free [friː] adj wolny; hojny; niezależny, swobodny; bezpłatny; vt uwolnić, wyzwolić

free·dom [ˈfriːdəm] s wolność; swoboda; prawo (of sth do czegoś); ~ of a city honorowe obywatelstwo miasta

***freeze** [friːz], **froze** [frəuz], **frozen**

[frəuzn] *vt* marznąć, zamarzać; *vt* zamrażać

freez·er [`frizə(r)] *s* chłodnia, zamrażalnia; zamrażarka

freez·ing-point [`friziŋpɔint] *s* punkt zamarzania

freight [freit] *s* fracht; przewóz; ładunek; *vt* frachtować; ładować (na statek); obciążać; przewozić

freight-train [freit trein] *s* am. pociąg towarowy

French [frentʃ] *adj* francuski; *s* język francuski

French·man [`frentʃmən] *s* (*pl* **Frenchmen** [`frentʃmən]) Francuz

fren·zy [`frenzi] *s* szaleństwo

fre·quen·cy [`frikwənsi] *s* częstość; częstotliwość

fre·quent [`frikwənt] *adj* częsty; *vt* [fri`kwent] uczęszczać; nawiedzać, odwiedzać, bywać

fresh [freʃ] *adj* świeży, nowy; **rzeški**; ~ **water** słodka woda; *adv* świeżo, niedawno

fret [fret] *vt vi* denerwować (się); gryźć (się), wgryzać się

fret·ful [`fretfl] *adj* drażliwy, nerwowy

fri·a·ble [`fraiəbl] *adj* miałki, kruchy

fri·ar [`fraiə(r)] *s* mnich

fric·tion [`frikʃn] *s* tarcie, nacieranie

Fri·day [`fraidi] *s* piątek

fried *zob.* **fry** 1.

friend [frend] *s* przyjaciel, kolega; **to be** ~**s with sb** przyjaźnić się z kimś

friend·ly [`frendli] *adj* przyjazny, przychylny; ~ **society** towarzystwo wzajemnej pomocy

friend·ship [`frendʃip] *s* przyjaźń

fright [frait] *s* strach; **to take** ~ przestraszyć się (**at sth** czegoś)

fright·en [`fraitn] *vt* straszyć, nastraszyć; ~ **away** ⟨**off**⟩ odstraszyć

fright·ful [`fraitfl] *adj* straszny

frig·id [`fridʒid] *adj* zimny, chłodny; *przen.* oziębły

frill [fril] *s* falbanka, kryza; *vt* zdobić kryzą; plisować

fringe [frindʒ] *s* frędzla; grzywka; rąbek, skraj; peryferie; *vt* ozdabiać frędzlami; obrębiać; *vi* graniczyć (**upon sth z czymś**)

frit·ter [`fritə(r)] *vt* rozdrabniać, marnować (np. czas na drobiazgi)

fri·vol·i·ty [fri`vɒləti] *s* lekkomyślność; błahość, błahostka

friv·o·lous [`frivələs] *adj* frywolny; lekkomyślny; błahy

fro [frəu] *adv w zwrocie:* **to and** ~ tam i z powrotem

frock [frɒk] *s* suknia, sukienka; habit

frock-coat [`frɒk`kəut] *s* surdut

frog [frɒg] *s zool.* żaba

frog·man [`frɒgmən] *s* płetwonurek

frol·ic [`frɒlik] *s* swawola, zabawa; figiel; *adj* (*także* ~**some**) swawolny, figlarny; *vi* swawolić, dokazywać

from [from, frəm] *praep* od, z

front [frʌnt] *s* front, czoło, przód; **in** ~ **of** przed; **to have the** ~ mieć czelność; *adj attr* frontowy, przedni, czołowy; *vi* stać frontem; *vt* stawiać czoło

fron·tier [`frʌntiə(r)] *s* granica

frost [frɒst] *s* mróz

frost·y [`frɒsti] *adj* mroźny, lodowaty

froth [frɒθ] *s* piana; *vi* pienić się

frown [fraun] *vi* marszczyć brwi; krzywo patrzeć (**at** ⟨**on**⟩ **sb** na kogoś); *s* kose spojrzenie, wyraz niezadowolenia

froze *zob.* **freeze**

fru·gal [`frugl] *adj* oszczędny (**of sth** w czymś); (*o jedzeniu*) skromny

fruit [frut] *s* owoc, płód; *zbior.* owoce

fruit·ful [`frutfl] *adj* owocny; płodny

frus·trate [frʌ`streit] *vt* zniweczyć; udaremnić

fry 1. [frai] *vt vi* smażyć (się)

fry 2. [frai] *s zbior.* drobne rybki, narybek; *przen.* dzieciarnia

fry·ing-pan [`fraiiŋpæn] *s* patelnia

fu·el [`fjul] *s* opał, paliwo

fu·gi·tive [ˈfjudʒɪtɪv] *adj* zbiegły; przelotny; *s* zbieg

ful·crum [ˈfʌlkrəm] *s* (*pl* fulcra [ˈfʌlkrə]) punkt podparcia ⟨obrotu, zawieszenia⟩

ful·fil [fulˈfɪl] *vt* spełnić

full [ful] *adj* pełny; najedzony; obfity; kompletny; ~ up przepełniony, pełny po brzegi; ~ stop kropka; *s* pełnia; in ~ w całości; to the ~ w całej pełni

fum·ble [ˈfʌmbl] *vi* szperać, grzebać, gmerać (at ⟨in, with⟩ sth w czymś); *vt* pot. partaczyć

fume [fjum] *s* dym (gryzący); wybuch (gniewu); *vi* dymić; złościć się

fun [fʌn] *s* wesołość, zabawa; to make ~ żartować sobie (of sb, sth z kogoś, czegoś)

func·tion [ˈfʌŋkʃn] *s* funkcja, czynność; *vi* funkcjonować, działać

func·tion·a·ry [ˈfʌŋkʃnərɪ] *s* funkcjonariusz

fund [fʌnd] *s* fundusz zapomogowy; zapas, zasób

fun·da·men·tal [ˌfʌndəˈmentl] *adj* podstawowy; *s* podstawa, zasada

fu·ner·al [ˈfjunrəl] *adj* pogrzebowy, żałobny; *s* pogrzeb

fun·gus [ˈfʌŋgəs] *s* (*pl* fungi [ˈfʌndʒaɪ]) grzyb

fu·nic·u·lar [fjuˈnɪkjulə(r)]ˈ *adj* (o kolejce) linowy

fun·nel [ˈfʌnl] *s* lejek; komin (statku ⟨maszyny parowej⟩)

fun·ny [ˈfʌnɪ] *adj* zabawny, wesoły, śmieszny; dziwny

fur [fɜ(r)] *s* futro, sierść

fu·ri·ous [ˈfjuərɪəs] *adj* wściekły, szalony

fur·nace [ˈfɜnɪs] *s* piec (do celów przemysłowych); **blast ~ piec hutniczy**

fur·nish [ˈfɜnɪʃ] *vt* zaopatrywać (with sth w coś); dostarczać; meblować

fur·ni·ture [ˈfɜnɪtʃə(r)] *s zbior.* meble, wyposażenie; a piece of ~ mebel

fu·ro·re [fjuˈrɔrɪ] *s* furora

fur·ri·er [ˈfʌrɪə(r)] *s* kuśnierz

fur·row [ˈfʌrəu] *s* bruzda; zmarszczka; *vt* robić bruzdy; żłobić

fur·ther 1. *zob.* far

fur·ther 2. [ˈfɜðə(r)] *vt* popierać

fur·ther·more [ˈfɜðəˈmɔ(r)] *adv* co więcej, ponadto

fur·thest [ˈfɜðɪst] *zob.* far

fur·tive [ˈfɜtɪv] *adj* ukradkowy, potajemny

fu·ry [ˈfjuərɪ] *s* szał, furia; siła (burzy)

fuse [fjuz] *vt vi* stopić (się), roztapiać (się), stapiać (się); *s* zapalnik, lont; *elektr.* bezpiecznik

fu·se·lage [ˈfjuzlaʒ] *s lotn.* kadłub (samolotu)

fu·sion [ˈfjuʒn] *s* fuzja, zlanie (się), stopienie (się)

fuss [fʌs] *s* hałas, rwetes; krzątanina; *vt vi* robić hałas, awanturować się; wiercić się; niepokoić (się); zabiegać (over ⟨around⟩ sb, sth koło kogoś, czegoś)

fuss·y [ˈfʌsɪ] *adj* hałaśliwy, niespokojny; kapryśny; drobiazgowy

fust·y [ˈfʌstɪ] *adj* stęchły; zacofany; przestarzały

fu·tile [ˈfjutaɪl] *adj* daremny; błahy

fu·ture [ˈfjutʃə(r)] *adj* przyszły; *s* przyszłość; *gram.* czas przyszły

fu·tu·ri·ty [fjuˈtjuərətɪ] *s* przyszłość

fuze = fuse

g

gab·ble [ˈgæbl] *vi* bełkotać, mamrotać; *s* bełkot

ga·ble [ˈgeɪbl] *s* szczyt (ściany)

gad·fly [ˈgædflaɪ] *s* giez

gag [gæg] *vt* kneblować usta; *s* knebel

gage 1. [geɪdʒ] *s* rękojmia; *vt* zastawiać; ręczyć (sth czymś)

gage 2. = **gauge**

gai·e·ty [ˈgeɪətɪ] *s* wesołość

gai·ly [ˈgeɪlɪ] *adv* wesoło

gain [geɪn] *s* zysk; zarobek; wzrost; korzyść; *vt vi* zyskać; zarobić; wyprzedzić; (*o zegarku*) spieszyć się; zdobyć, osiągnąć; ~ **ground** przen. robić postępy; ~ **over** przeciągnąć na swoją stronę; ~ **the upper hand** wziąć górę

gain·ing [ˈgeɪnɪŋ] *s* (*zw. pl* ~s) zysk, dochody

*∗**gain·say** [ˈgeɪnˌseɪ], **gainsaid, gainsaid** [ˈgeɪnˈsed] *vt* przeczyć, oponować

gait [geɪt] *s* chód

gai·ter [ˈgeɪtə(r)] *s* (*zw. pl* ~s) kamasz(e)

ga·la [ˈgɑːlə] *s* gala; *adj attr* galowy

gale [geɪl] *s* wichura, sztorm

gall 1. [gɔːl] *s* żółć; przen. gorycz

gall 2. [gɔːl] *s* otarcie skóry, odparzenie; *vt* ocierać, odparzyć (**skórę**); drażnić

gal·lant [ˈgælənt] *adj* dzielny, rycerski; wspaniały; szarmancki, wytworny; *s* galant; elegant

gal·lant·ry [ˈgæləntrɪ] *s* dzielność, rycerskość; szarmanckie postępowanie, galanteria, wytworność

gal·ler·y [ˈgælərɪ] *s* galeria; korytarz, pasaż

gal·ley [ˈgælɪ] *s* galera; *pl* ~s (*także przen.*) galery, ciężkie roboty

gal·lon [ˈgælən] *s* galon (*bryt.* = = 4,54 l; *am.* = 3,78 l)

gal·lop [ˈgæləp] *vi* galopować; *s* galop

gal·lows [ˈgæləʊz] *s* szubienica

ga·loot [gəˈluːt] *s pot.* niedołęga, safanduła

ga·losh [gəˈlɒʃ] *s* kalosz

gal·va·nize [ˈgælvənaɪz] *vt* galwanizować

gam·ble [ˈgæmbl] *vi* uprawiać hazard; ryzykować; *s* hazard; ryzyko

gam·bol [ˈgæmbl] *vi* podskakiwać, swawolić; *s* wesoły podskok; *pl* ~s koziołki

game [geɪm] *s* gra; rozrywka, zabawa; *sport* rozgrywka, partia; zwierzyna, dziczyzna; *pl* ~s zawody

game·ster [ˈgeɪmstə(r)] *s* gracz, karciarz

gam·mon 1. [ˈgæmən] *s* szynka (wędzona)

gam·mon 2. [ˈgæmən] *s pot.* blaga, nabieranie, oszustwo; *vt vi* oszukiwać; bzdurzyć; udawać

gam·ut [ˈgæmət] *s muz. przen.* skala, zakres

gang [gæŋ] *s* grupa (ludzi), drużyna; ekipa; szajka, banda

gang·board [ˈgæŋbɔːd] *s mors.* pomost, kładka

gan·grene [ˈgæŋgriːn] *s* gangrena; *vt* gangrenować; *vi* ulegać gangrenie

gang·ster [ˈgæŋstə(r)] *s* gangster

gang·way [ˈgæŋweɪ] *s* przejście (między rzędami krzeseł itp.); *mors.* schodnia

gaol [dʒeɪl] *s* więzienie

gaol·er [ˈdʒeɪlə(r)] *s* dozorca więzienny

gap [gæp] *s* luka, wyrwa, przerwa; odstęp; przen. przepaść

gape [geɪp] *vi* ziewać; gapić się, rozdziawiać usta; ziać, stać otworem; rozłazić się

ga·rage [ˈgærɑːʒ] *s* garaż; *vt* garażować

garb [gɑːb] *s* odzież, strój; *vt* odziewać, ubierać, stroić

gar·bage [ˈgabɪdʒ] s zbior. odpadki, śmieci

gar·den [ˈgadn] s ogród; vi pracować w ogrodzie

gar·den·er [ˈgadnə(r)] s ogrodnik

gar·den·par·ty [ˈgadnpatɪ] s przyjęcie na świeżym powietrzu

gar·gle [ˈgagl] vt vi płukać gardło

gar·ish [ˈgærɪʃ] adj jaskrawy,
krzykliwy

gar·land [ˈgaland] s girlanda; wieniec

gar·lic [ˈgalɪk] s czosnek

gar·ment [ˈgamant] s artykuł odzieżowy; pl ~s odzież

gar·ner [ˈganə(r)] s spichrz; zbiór;
vt przechowywać, gromadzić

garnish [ˈganɪʃ] vt zdobić; garnirować; s ozdoba; przybranie

gar·ret [ˈgærət] s poddasze, mansarda, strych

gar·ri·son [ˈgærɪsn] s wojsk. garnizon

gar·ter [ˈgatə(r)] s podwiązka

gas [gæs] s gaz, am. pot. benzyna;
vt zagazować, zatruć gazem

gas·me·ter [ˈgæsmitə(r)] s gazomierz

gas·o·line [ˈgæsəlin] s gazolina; am.
benzyna

gasp [gasp] vi ciężko dyszeć, łapać oddech; stracić oddech; s
ciężki oddech, dyszenie, łapanie
tchu

gas·range [ˈgæs reɪndʒ], **gas·stove**
[ˈgæs stəuv] s kuchenka gazowa

gate [geɪt] s brama, wrota, furtka;
zasuwa; tama

gate·way [ˈgeɪtweɪ] s brama wej-
ściowa, wjazd, furtka

gath·er [ˈgæðə(r)] vt vi zbierać
(się); wnioskować; (o rzecze)
wzbierać; (o wrzodzie) nabierać;
narastać

gath·er·ing [ˈgæðərɪŋ] s zebranie;
gromada; zbiór; med. ropień

gaud·y [ˈgɔdɪ] adj (o barwie) jaskrawy; (o stroju) krzykliwy,
pompatyczny; wystrojony, paradny

gauge [geɪdʒ] s przyrząd pomiaro-

wy; miara; skala; rozmiar, wymiar; kaliber; szerokość toru;
sprawdzian; vt mierzyć; szacować

gaunt [gɔnt] adj chudy, nędzny;
ponury

gaunt·let [ˈgɔntlət] s rękawica

gauze [gɔz] s gaza; siatka drucia-
na; mgiełka

gave zob. give

gawk [gɔk] s ciemięga, gamoń

gay [geɪ] adj wesoły; (o barwie)
żywy

gaze [geɪz] vi uporczywie patrzeć,
gapić się (at sth na coś); s spojrzenie, uporczywy wzrok

ga·zette [gəˈzet] s dziennik urzędowy

gaz·et·teer [ˌgæzəˈtɪə(r)] s słownik
nazw geograficznych; am. dziennikarz

gear [gɪə(r)] s przekładnia; mechanizm; bieg (w aucie); zbior. narzędzia, przybory; uprząż; **in** ~
włączony, w ruchu, na biegu;
out of ~ wyłączony, nie działający; popsuty; vt vi włączyć (się);
zazębić (się)

gear·box [ˈgɪəbɔks] s skrzynka bie-
gów

gear·wheel [ˈgɪəwil] s koło zębate

geese zob. goose

gem [dʒem] s klejnot

gen·der [ˈdʒendə(r)] s gram. rodzaj

gen·e·al·o·gy [ˌdʒɪnɪˈæladʒɪ] s genealogia

gen·e·ra zob. genus

gen·er·al [ˈdʒenrl] adj ogólny; powszechny; główny; ogólnikowy;
s generał

gen·er·al·ize [ˈdʒenrəlaɪz] vt uogól-
niać; upowszechniać

gen·er·ate [ˈdʒenəreɪt] vt rodzić,
wytwarzać; powodować

gen·er·a·tion [ˌdʒenəˈreɪʃn] s pokolenie; wytwarzanie; powstawanie

gen·er·os·i·ty [ˌdʒenəˈrosɪtɪ] s szla-
chetność; wielkoduszność; szczodrość

gen·er·ous [ˈdʒenərəs] adj szlachetny; wielkoduszny; szczodry

ge·net·ics [dʒɪˈnetɪks] s genetyka

ge·nial [ˈdʒinɪəl] adj radosny; mi-

ły; uprzejmy; towarzyski; *(o powietrzu)* łagodny

gen·i·tive ['dʒenətɪv] *s gram.* dopełniacz

ge·nius ['dʒiːnjəs] *s (pl ~es* ['dʒiːnjə-
sɪz]) geniusz, człowiek genialny;
(tylko sing) zdolność; talent;
(pl **genii** ['dʒiːnɪaɪ]) duch, demon

gen·o·cide ['dʒenəsaɪd] *s* ludobójstwo

gen·til·i·ty [dʒen'tɪlətɪ] *s* szlachec-
kie urodzenie; dobre maniery;
(ironicznie) „lepsze" towarzystwo

gen·tle ['dʒentl] *adj* delikatny, łagodny; szlachetny; szlachecki

gen·tle·man ['dʒentlmən] *s (pl* **gentlemen** ['dʒentlmən]) dżentelmen;
szlachcic; pan; mężczyzna

gen·tle·wom·an ['dʒentlwumən] *s
(pl* **gentlewomen** ['dʒentlwimɪn])
dama, szlachcianka, kobieta z
towarzystwa

gen·try ['dʒentrɪ] *s* szlachta, ziemiaństwo

gen·u·ine ['dʒenjuɪn] *adj* prawdziwy; oryginalny; autentyczny;
szczery

ge·nus ['dʒiːnəs] *s (pl* **genera** ['dʒen-
ərə]) *(zw. biol.)* rodzaj, klasa

ge·od·e·sy [dʒɪ'ɒdəsɪ] *s* geodezja

ge·o·graph·ic(al) ['dʒɪə'græfɪk(l)]
adj geograficzny

ge·og·ra·phy [dʒɪ'ɒgrəfɪ] *s* geografia

ge·o·log·ic(al) ['dʒɪə'lɒdʒɪk(l)] *adj*
geologiczny

ge·ol·o·gy [dʒɪ'ɒlədʒɪ] *s* geologia

ge·o·met·ric(al) ['dʒɪə'metrɪk(l)] *adj*
geometryczny

ge·om·e·try [dʒɪ'ɒmətrɪ] *s* geometria

germ [dʒɜːm] *s* zarodek, zalążek; zarazek

Ger·man ['dʒɜːmən] *adj* niemiecki;
s Niemiec; język niemiecki

ger·mi·nate ['dʒɜːmɪneɪt] *vi* kiełkować; *vt* powodować kiełkowanie

ger·on·tol·og·y ['dʒerɒn'tɒlədʒɪ] *s*
gerontologia

ges·tic·u·late [dʒɪ'stɪkjuleɪt] *vt* gestykulować

ges·ture ['dʒestʃə(r)] *s* gest

*****get** [get], **got, got** [gɒt] *vt vi* do-
stać, otrzymać; nabyć, zdobyć,
wziąć; przynieść, podać, dostarczyć; dostać się, dojść; stać się;
wpływać, zmuszać, nakłaniać;
I cannot ~ him to do his work
nie mogę go zmusić do pracy; he
got the engine to move puścił
silnik w ruch; I got my hair cut
dałem sobie ostrzyc włosy; I got
my work finished skończyłem
pracę; uporałem się ze swoją pracą; he got his leg broken złamał
sobie nogę; to ~ sth ready przygotować coś; I have got **pot. =**
I have; have you got a watch?
czy masz zegarek?; I have got to
= I must; it has got to be done
to musi być zrobione; *z bezokolicznikiem:* to ~ to know dowiedzieć się; to ~ to like polubić; *z
imiesłowem biernym:* to ~ married ożenić się, wyjść za mąż;
to ~ dressed ubrać się; *z rzeczownikiem:* to ~ rid uwolnić
się, pozbyć się (**of** sth czegoś);
z przymiotnikiem: to ~ old zestarzeć się; to ~ ready przygotować (się); it's ~ting late robi
się późno; *z przyimkami i przysłówkami:* ~ **about** chodzić, poruszać się (**z** miejsca na miejsce); *(o wiadomościach; także* ~
abroad) rozchodzić się; ~ **across**
przeprawić się (na drugą stronę);
znaleźć zrozumienie ⟨oddźwięk⟩
(**to** sb u kogoś); ~ **ahead** posuwać się naprzód, robić postępy;
~ **along** posuwać (się), robić postępy; współżyć; dawać sobie radę; ~ **away** usunąć (się), oddalić się, umknąć; ~ **back** wracać;
otrzymać z powrotem; ~ **down**
ściągać (na dół), opuszczać (się);
schodzić; dobierać ⟨zabierać⟩ się
(**to** sth do czegoś); ~ **in** wejść,
wjechać, dostać się (do wnętrza);
wnieść, wprowadzić, wcisnąć;
zbierać, zwozić (plony); ~ **off**

schodzić, złazić; wysiadać; zdejmować; usuwać (się); wyruszyć;
wysłać, wyprawić; wymknąć się;
~ on nakładać; posuwać (się) naprzód; mieć powodzenie; robić
postępy; współżyć; easy to ~
on with łatwy w pożyciu; ~ out
wydostać ⟨wydobyć⟩ (się); wyjść,
wysiąść; wyprowadzić, wyciągnąć, wyrwać ⟨wykręcić⟩ (się); ~
over przenieść; pokonać, przemóc; ukończyć, załatwić (sth coś);
przejść na drugą stronę; ~
through przedostać się; przeprowadzić; skończyć, uporać się
(with sth z czymś); zdać (egzamin); połączyć się (telefonicznie); ~ together zebrać (się),
zejść się; ~ under pokonać, opanować; ~ up podnieść (się),
wstać; doprowadzić do porządku, urządzić; ubrać; dojść, dotrzeć; wystawić (sztukę w teatrze)

gew·gaw [`gju gə] s błyskotka

gey·ser [`giza(r)] s geol. gejzer; pie-
cyk gazowy (do grzania wody)

ghast·ly [`gastlɪ] adj straszny, u-
piorny; adv strasznie, upiornie

gher·kin [`gɜkɪn] s korniszon

ghost [gəust] s duch, cień, widmo

gi·ant [`dʒaɪənt] s olbrzym; adj attr
olbrzymi

gib·bet [`dʒɪbɪt] s szubienica;
śmierć na szubienicy

gibe [dʒaɪb] vi kpić (at sb z kogoś); s kpina

gid·di·ness [`gɪdɪnəs] s zawrót gło-
wy; roztrzepanie; lekkomyślność

gid·dy [`gɪdɪ] adj zawrotny; oszo-
łomiony; roztrzepany; lekkomyślny; to feel ~ mieć zawrót głowy

gift [gɪft] s prezent, dar; uzdolnienie (for sth do czegoś)

gift·ed [`gɪftɪd] adj utalentowany

gi·gan·tic [dʒaɪ`gæntɪk] adj olbrzy-
mi

gig·gle [`gɪgl] vi chichotać; s chi-
chot

gild 1. = **guild**

gild 2. [gɪld] vt złocić, pozłacać

gilt [gɪlt] s pozłota; adj pozłacany

gin [dʒɪn] s dżyn

gin·ger [`dʒɪndʒə(r)] s imbir

gip·sy [`dʒɪpsɪ] s Cygan

gi·raffe [dʒɪ`raf] s żyrafa

***gird** [gɜd], ~ed, ~ed [`gɜdɪd] lub
girt, **girt** [gɜt] vt opasać, otoczyć

gir·dle [`gɜdl] s pas; vt opasać

girl [gɜl] s dziewczynka, dziewczyna, pot. kobieta; **Girl Guide**
harcerka

girt [gɜt] zob. **gird**; s obwód; vt
mierzyć obwód

gist [dʒɪst] s istota rzeczy, sens

***give** [gɪv], gave [geɪv], ~n [`gɪvn]
vt dawać; oddawać, poświęcać; vi
ustąpić, poddać się; rozpaść się;
z rzeczownikami: to ~ ground
cofać się, ustępować; to ~ a
guess zgadywać; to ~ a look
spojrzeć; to ~ offence obrazić;
to ~ pain sprawiać ból; to ~
rise dać początek; to ~ way u-
stąpić; z przystówkami: ~ away
wydawać, zdradzać; oddawać,
rozdawać; ~ forth wydawać, wydzielać; ~ in wręczać, podawać;
poddać się, ustępować, ulegać;
~ off wydzielać, wydawać; ~
out wydawać, rozdawać; ogłaszać, rozgłaszać; (o zapasie) wyczerpywać się; ~ over przekazać,
przesłać; zaprzestać, zaniechać;
~ up opuścić; zaniechać; zrezygnować; oddać (się)

giv·en zob. **give**

gla·cial [`gleɪʃl] adj lodowy, lodo-
waty; geol. lodowcowy

gla·cier [`glæsɪə(r)] s lodowiec

glad [glæd] adj rad; radosny, wesoły; **I am ~ to see you** cieszę
się, że cię widzę

glad·den [`glædn] vt radować, we-
selić

glade [gleɪd] s przesieka, polana

gladi·olus [`glædɪ`əuləs] s bot. gla-
diolus, mieczyk

glam·our [`glæmə(r)] s blask, urok,
świetność

glance [glans] vi spoglądać (at sth
na coś); s spojrzenie; to take
⟨cast⟩ a ~ spojrzeć (at sth na
coś)

gland [glænd] *s* gruczoł

glare [gleə(r)] *vi* błyszczeć, jasno świecić, razić; patrzeć (z blaskiem w oczach, ze złością); *s* blask; dzikie ⟨piorunujące⟩ spojrzenie; uporczywy wzrok

glass [glɑs] *s* szkło; szklanka; przedmiot ze szkła; *pl* ~es okulary

glass·ful [ˈglɑsfl] *s* szklanka (pełna czegoś)

glass·house [ˈglɑshaus] *s* cieplarnia; szklarnia

glass-works [ˈglɑs wɜks] *s pl* huta szkła

glaze [gleɪz] *s* szkliwo; emalia; glazura; *vt vi* szklić (się); pokrywać (się) emalią ⟨glazurą⟩; glazurować; ~d frost gołoledź

gla·zier [ˈgleɪzɪə(r)] *s* szklarz

gleam [glim] *vi* połyskiwać, migotać, błyszczeć; *s* błysk, promień, blask

glean [glin] *vt vi* zbierać (kłosy); *przen.* skrzętnie zbierać, starannie wybierać

glee [gli] *s* radość, wesołość

glen [glen] *s* dolina (górska)

glib [glɪb] *adj* gładki, (o *mowie*) płynny

glide [glaɪd] *vi* ślizgać się, sunąć; szybować; (o *czasie*) upływać; *s* ślizganie się; *lotn.* szybowanie, ślizg; *gram.* głoska przejściowa

glid·er [ˈglaɪdər()] *s* *lotn.* szybowiec

glim·mer [ˈglɪmə(r)] *vi* migotać; *s* migotanie, światełko

glimpse [glɪmps] *vi* ujrzeć w przelocie (at ⟨on⟩ sth coś); *s* przelotne spojrzenie; to catch a ~ ujrzeć w przelocie (of sth coś)

glit·ter [ˈglɪtə(r)] *vi* lśnić, błyszczeć, połyskiwać; *s* blask, połysk

gloat [gləut] *vi* napawać się, nasycać wzrok (over ⟨on⟩ sth widokiem czegoś)

globe [gləub] *s* glob; kula (ziemska); globus; klosz

glob·al [ˈgləubl] *adj* ogólny, globalny; ogólnoświatowy

gloom [glum] *s* mrok; *przen.* smutek, przygnębienie; *vt vi* zaciemniać (się); *przen.* posępnieć

gloom·y [ˈglumɪ] *adj* mroczny; *przen.* posępny

glor·i·fy [ˈglɔrɪfaɪ] *vt* sławić, gloryfikować

glo·ri·ous [ˈglɔrɪəs] *adj* sławny, chlubny; wspaniały

glo·ry [ˈglɔrɪ] *s* sława, chluba; wspaniałość; *vi* chlubić się (in sth czymś)

gloss 1. [glɔs] *s* połysk; blichtr; *vt* nadawać połysk; *przen.* upiększać

gloss 2. [glɔs] *s* glosa, objaśnienie

glos·sa·ry [ˈglɔsərɪ] *s* glosariusz

gloss·y [ˈglɔsɪ] *adj* lśniący, połyskujący; gładki

glove [glʌv] *s* rękawiczka

glow [gləu] *vi* płonąć, żarzyć się; promieniować; *s* żar; jasność; żarliwość

glow-worm [ˈgləuwɜm] *s* robaczek świętojański

glue [glu] *s* klej; *vt* kleić

glum [glʌm] *adj* ponury

glut [glʌt] *vt* nasycić, napełnić do syta; przesycić; *s* nasycenie, przesyt

glu·ti·nous [ˈglutɪnəs] *adj* kleisty

glut·ton [ˈglʌtn] *s* żarłok

glut·ton·y [ˈglʌtnɪ] *s* żarłoczność, obżarstwo

gnash [næʃ] *vt* zgrzytać

gnat [næt] *s* komar

gnaw [nɔ] *vt vi* gryźć, ogryzać; wgryzać się

gnome [nəum] *s* gnom

*go [gəu], went [went], gone [gon], 3 *pers sing praes* goes [gəuz] *vi* iść, pójść, chodzić, poruszać się, jechać; udać się; pójść sobie, przepaść, zniknąć; stać się, przeobrazić się; obchodzić się (without sth bez czegoś); to let go puścić; to go to make stanowić, składać się (sth na coś); z *przymiotnikami:* to go bad zepsuć się; to go mad zwariować; to go red poczerwienieć; to go wrong spotkać się z niepowodzeniem, nie udać się; zepsuć się; *z przysłówkami i przyimkami*: go about krążyć, chodzić tu i tam; przystąpić, zabierać się (sth do czegoś); go after starać się, ubiegać się o coś; go ahead posuwać się naprzód; dalej coś robić; zaczynać; go along iść ⟨posuwać się⟩ naprzód; go asunder rozpaść się; go back wrócić; cofnąć (on one's word swoje słowo); go down schodzić; opadać; zmniejszać się; (o słońcu) zachodzić; go in wchodzić; zabierać się (for sth do czegoś); uprawiać, zajmować się (for sth czymś); zasiadać (for an exam do egzaminu); go off odejść; (o broni) wystrzelić; przeminąć; wypaść, (o przedstawieniu, zawodach itp.) udać się; go on posuwać się naprzód; kontynuować (with sth coś, doing sth robienie czegoś); trwać; dziać się; zachowywać się; go out wyjechać, wyjść; kończyć się; niknąć, gasnąć; go over przejść na drugą stronę; przejrzeć, zbadać, powtórzyć (sth coś); go through (o uchwale itp.) przejść; dobrnąć do końca (with sth czegoś); go under ulec; zginąć; zniknąć; zatonąć; go up podejść; wejść na górę; podnieść się; to go up in flames spłonąć; s ruch; werwa, życie; próba; posunięcie; to have a go spróbować (at sth czegoś)

goad [gəud] *vt* kłuć; dawać bodźca, popędzać; pobudzać; *s* bodziec

goal [gəul] *s* cel; *sport* gol, bramka

goal·keep·er [ˈgəulkipə(r)] *s sport* bramkarz

goat [gəut] *s* koza, kozioł

go-be·tween [ˈgəu bɪtwin] *s* pośrednik

god [gɔd] *s* bóg, bóstwo; **God** Bóg

god·daugh·ter [ˈgɔddɔtə(r)] *s* chrześniaczka

god·dess [ˈgɔdɪs] *s* bogini

god·fath·er [ˈgɔdfɑðə(r)] *s* ojciec chrzestny

god·moth·er [ˈgɔdmʌðə(r)] *s* matka chrzestna

god·send [ˈgɔdsend] *s* niespodzianka, „dar niebios"

god·son [ˈgɔdsʌn] *s* chrześniak

goes *zob.* go

gog·gle [ˈgɔgl] *vi* wytrzeszczać oczy; *s pl* ~s gogle

gold [gəuld] *s* złoto; *attr* złoty

gold-dig·ger [ˈgəulddɪgə(r)] *s* poszukiwacz złota

gold·en [ˈgəuldn] *adj* złoty; złocisty

gold-field [ˈgəuldfild] *s* pole złotodajne, złoże złota

gold-mine [ˈgəuldmaɪn] *s* kopalnia złota

gold·smith [ˈgəuldsmɪθ] *s* złotnik

golf [gɔlf] *s* (gra) golf

gone *zob.* go

good [gud] *adj* dobry (comp better [ˈbetə(r)] lepszy, sup best [best] najlepszy); (o dzieciach) grzeczny; (o dokumencie) ważny; spory; właściwy; ~ at sth biegły w czymś, zdolny do czegoś; to make ~ naprawić; wyrównać; wynagrodzić; (przy powitaniu) ~ morning, ~ afternoon dzień dobry; ~ evening dobry wieczór; ~ night dobranoc; *s* dobro; *pl* ~s dobra, własność; towary; ~s train pociąg towarowy; ~s van wóz dostawczy; for ~ na dobre, na zawsze; to be some ~ na coś się przydać; to be no ~ nie przydać się na nic; what's the ~ of it? na co się to przyda?

good-bye [ˈgudˈbaɪ] *int* do widzenia!

good-look·ing [ˈgudˈlukɪŋ] *adj* przystojny

good·ly [ˈgudlɪ] *adj* piękny; spory, niemały

good-na·tured [ˈgudˈneɪtʃəd] *adj* dobroduszny

good·ness [ˈgudnəs] *s* dobroć; ~ gracious!, my ~! *int* mój Boże!

goods *zob.* good

graphite

good·will ['gud`wıl] s dobra wola; *handl.* majątek i reputacja firmy

goose [gus] s (pl **geese** [gis]) gęś

goose·ber·ry ['guzbrı] s agrest

gore [gɔ(r)] vt bóść

gorge [gɔdʒ] s czeluść, parów; †gardlo; vt i pot. żarłocznie jeść

gor·geous ['gɔdʒəs] adj wspaniały, okazały

gos·pel ['gospl] s ewangelia

gos·sa·mer ['gosəmə(r)] s babie lato, pajęczyna

gos·sip ['gosıp] s plotka; plotkarstwo; plotkarz, plotkarka; vi plotkować

got zob. **get**

Goth·ic ['goθık] adj gotycki; gocki; s gotyk; pismo gotyckie; język gocki

got·ten ['gotn] am. pp od **get**

gourd [guəd] s tykwa

gout [gaut] s podagra

gov·ern ['gʌvn] vt vi rządzić, sprawować rządy, panować *(także* nad sobą ⟨uczuciami⟩)

gov·ern·ment ['gʌvmənt] s rząd, władze; gubernia, prowincja

gov·er·nor ['gʌvnə(r)] s gubernator; dyrektor naczelny; naczelnik; członek zarządu

gown [gaun] s suknia, toga

grab [græb] vt porywać, chwytać; grabić

grace [greıs] s gracja, wdzięk; łaska, łaskawość; vt zdobić; zaszczycać

grace·ful ['greısfl] adj pełen wdzięku, powabny; łaskawy

gra·cious ['greıʃəs] adj łaskawy; **good ~!** mój Boże!

grade [greıd] s stopień; gatunek; ranga, szczebel służbowy; *am.* klasa (w szkole podstawowej)

grad·u·al ['grædʒuəl] adj stopniowy

grad·u·ate ['grædʒueıt] vt stopniować; oznaczać stopniami, znaczyć według skali; nadawać stopień naukowy; vi stopniowo przechodzić (w coś); otrzymać stopień

naukowy; s ['grædʒuət] absolwent wyższej uczelni ze stopniem naukowym

grad·u·a·tion ['grædʒu`eıʃn] s stopniowanie; ukończenie studiów ze stopniem naukowym

graft 1. [graft] vt szczepić; s bot. szczep; med. przeszczep

graft 2. [graft] s wymuszenie, nieuczciwy zysk, łapówka; vt nieuczciwie zdobywać pieniądze (wymuszeniem, przekupstwem itp.)

grain [greın] s ziarno; zbior. zboże

gram·mar ['græmə(r)] s gramatyka

gram·mar-school ['græməskul] s bryt. szkoła średnia

gramo·phone ['græməfəun] s gramofon

gran·a·ry ['grænərı] s spichlerz

grand [grænd] adj wielki; wytworny, wspaniały; uroczysty; główny; ~ **piano** fortepian

grand·child ['græntʃaıld] s wnuk, wnuczka

gran·deur ['grændʒə(r)] s wielkość, majestatyczność

grand·fath·er ['grændfaðə(r)] s dziadek

gran·di·ose ['grændıəus] adj wspaniały, majestatyczny

grand·moth·er ['grændmʌðə(r)] s babka

gran·ite ['grænıt] s granit

grant [grant] vt użyczać; spełniać (prośbę); nadawać (własność); przyznawać (rację); s akt łaski; dar, darowizna; subwencja; **to take for ~ed** przyjąć za rzecz oczywistą, przesądzić

gran·u·lar ['grænjulə(r)] adj ziarnisty

gran·u·late ['grænjuleıt] vt vi granulować (się), nadawać ⟨przybierać⟩ postać ziarnistą

grape [greıp] s winogrono

grape·fruit ['greıpfrut] s grejpfrut

graph [græf] s wykres

graph·ic ['græfık] adj graficzny

graph·ite ['græfaıt] s grafit

grap·ple [ˈgræpl] *vt* zahaczyć; *vi* chwycić; zmagać się; *s* chwyt; walka wręcz, zmaganie

grasp [grasp] *vt* uchwycić, ścisnąć, mocno objąć; pojąć; zrozumieć; *vi* chwytać się (at sth czegoś); *s* chwyt, uścisk; władza; pojmowanie; zasięg (ręki)

grasp·ing [ˈgraspɪŋ] *adj* chciwy, zachłanny

grass [gras] *s* trawa; ~ widow słomiana wdowa; ~ widower słomiany wdowiec; (w napisie) keep off the ~ nie deptać trawników

grass·hop·per [ˈgrashopə(r)] *s* konik polny

grass-snake [ˈgras sneɪk] *s zool.* zaskroniec

grate 1. [greɪt] *s* krata; ruszt, palenisko; *vt* zakratować

grate 2. [greɪt] *vt* skrobać, ucierać (na tarce); skrzypieć, zgrzytać

grate·ful [ˈgreɪtfl] *adj* wdzięczny; miły

grat·i·fi·ca·tion [ˌgrætɪfɪˈkeɪʃn] *s* wynagrodzenie; zadośćuczynienie; zadowolenie

grat·i·fy [ˈgrætɪfaɪ] *vt* wynagrodzić; zadośćuczynić; zadowolić

grat·ing [ˈgreɪtɪŋ] *ppraes i s* okratowanie

gra·tis [ˈgreɪtɪs] *adv* darmo, bezpłatnie

grat·i·tude [ˈgrætɪtjud] *s* wdzięczność

gra·tu·i·tous [grəˈtjuɪtəs] *adj* bezpłatny; dobrowolny; bezpodstawny

gra·tu·i·ty [grəˈtjuətɪ] *s* wynagrodzenie, napiwek

grave 1. [greɪv] *s* grób

grave 2. [greɪv] *adj* poważny; ważny

grav·el [ˈgrævl] *s* żwir

grave·stone [ˈgreɪvstəun] *s* płyta nagrobna; nagrobek

grave·yard [ˈgreɪvjad] *s* cmentarz

grav·i·ta·tion [ˌgrævɪˈteɪʃn] *s* ciążenie

grav·i·ty [ˈgrævətɪ] *s* waga, powaga; *fiz.* ciężkość, ciężar (gatun-

kowy); przyciąganie ziemskie; specific ~ ciężar właściwy; centre of ~ środek ciężkości

gra·vy [ˈgreɪvɪ] *s* sos od pieczeni

gray = grey

graze 1. [greɪz] *vt vi* paść (się)

graze 2. [greɪz] *vt* lekko dotknąć, musnąć; drasnąć

grease [gris] *s* tłuszcz; smar; *vt* tłuścić; smarować

greas·y [ˈgrisɪ] *adj* tłusty; zatłuszczony; brudny; wstrętny

great [greɪt] *adj* wielki, duży; *pot.* wspaniały; ~ in ⟨on⟩ sth zamiłowany w czymś; ~ at sth uzdolniony do czegoś

greed [grid] *s* chciwość, żądza (władzy)

greed·y [ˈgridɪ] *adj* chciwy; żarłoczny

Greek [grik] *adj* grecki; *s* Grek; język grecki

green [grin] *adj* zielony; niedojrzały; *przen.* niedoświadczony; *s* zieleń, łąka; *pl* ~s warzywa; *vt vi* zielenić się, pokrywać (się) zielenią

green·horn [ˈgrinhɔn] *s pot.* żółtodziób, nowicjusz

green·house [ˈgrinhaus] *s* cieplarnia

greet [grit] *vt* witać, kłaniać się, pozdrawiać

greet·ing [ˈgritɪŋ] *ppraes i s* przywitanie, pozdrowienie

gre·nade [grɪˈneɪd] *s wojsk.* granat

grew zob. **grow**

grey [greɪ] *adj* szary, siwy; *s* szary kolor

grey·hound [ˈgreɪhaund] *s zool.* chart

grid [grɪd] *s* ruszt; krata; *elektr. geogr.* siatka; sieć wysokiego napięcia

grief [grif] *s* zmartwienie; żal; nieszczęście; to come to ~ spotkać się z nieszczęściem ⟨niepowodzeniem⟩, źle się skończyć

griev·ance [ˈgrivns] *s* skarga, powód do skargi, krzywda

grieve [griv] *vt vi* martwić (się), sprawiać ⟨odczuwać⟩ przykrość

griev·ous [ˈgriːvəs] *adj* krzywdzący; bolesny, przykry

grill [gril] *s* krata, ruszt; mięso z rusztu; bufet; *vt vi* smażyć (się) na ruszcie

grim [grim] *adj* ponury; srogi, nieubłagany

gri·mace [griˈmeis] *s* grymas; *vi* robić grymasy

grime [graim] *s* brud; *vt* brudzić, brukać

grim·y [ˈgraimi] *adj* brudny

grin [grin] *vi* szczerzyć zęby, uśmiechać się (szeroko); *s* (szeroki) uśmiech, szczerzenie zębów

*grind [graind], **ground**, **ground** [graund] *vt* mleć, ucierać, miażdżyć; ostrzyć; szlifować; toczyć; *vi* dać się zemleć; *pot.* wkuwać; harować

grind·stone [ˈgraindstəun] *s* kamień szlifierski

grip [grip] *vt* chwycić (dłonią), ująć; ścisnąć; opanować; działać (sb na kogoś); *s* chwyt; ujęcie; uścisk; *przen.* władza, szpony; opanowanie, oddziaływanie

grit [grit] *s* piasek, żwir; *przen.* stanowczość, wytrwałość

griz·zled [ˈgrizld] *adj* posiwiały

griz·zly [ˈgrizli] *s zool.* grizzly

groan [grəun] *vi* jęczeć; *s* jęk

groats [grəuts] *s pl* krupy, kasza

gro·cer [ˈgrəusə(r)] *s* właściciel sklepu spożywczego ⟨kolonialnego⟩

gro·cer·y [ˈgrəusri] *s* sklep z towarami spożywczymi ⟨kolonialnymi⟩

groom [grum] *s* stajenny; szambelan; pan młody

groove [gruv] *s* rowek, bruzda; wpust; *przen.* szablon, rutyna; *vt* żłobić

grope [grəup] *vt vi* szukać ⟨iść⟩ po omacku

gross [grəus] *adj* gruby, duży; ordynarny; całkowity; *handl.* brutto; *s* gros (= 12 tuzinów); **in** ⟨by⟩ **the ~** hurtem, ogółem

gro·tesque [grəuˈtesk] *adj* groteskowy; *s* groteska

ground 1. *zob.* **grind**

ground 2. [graund] *s* podstawa, podłoże; grunt, ziemia; dno (morza); tło; teren, plac; **~ floor** parter; *vt* gruntować; opierać; uczyć (podstaw); *elektr.* uziemić

group [grup] *s* grupa; *vt vi* grupować (się)

grove [grəuv] *s* gaj, lasek

grov·el [ˈgrovl] *vi* pełzać, płaszczyć się

*grow [grəu], **grew** [gru], **grown** [grəun] *vi* rosnąć; wzrastać; stawać się; wzmagać się; *vt* hodować, sadzić; zapuszczać (np. brodę); **to ~ old** starzeć się; **it is ~ing dark** ściemnia się; **~ up** wyrastać, dorastać, dojrzewać

growl [graul] *vi* warczeć, mruczeć, burczeć; *s* warczenie, pomruk

grown-up [ˈgrəunʌp] *adj* dorosły; *s* dorosły człowiek

growth [grəuθ] *s* rośnięcie; wzrost; rozwój; hodowla; porost; narośl

grub [grʌb] *vt vi* ryć, grzebać; karczować; *s* robak, czerw

grudge [grʌdʒ] *s* złość, niechęć, uraza; *vt* czuć urazę, zazdrościć; skąpić, żałować (sb, sth komuś czegoś); **to bear sb a ~** czuć urazę do kogoś

gru·el [ˈgruəl] *s* kaszka, kleik

grue·some [ˈgrusəm] *adj* straszny, budzący zgrozę

grum·ble [ˈgrʌmbl] *vt vi* szemrać, gderać, narzekać (at sb, sth na kogoś, coś)

grum·bler [ˈgrʌmblə(r)] *s* gderacz, zrzęda

grunt [grʌnt] *vt vi* chrząkać; *s* chrząkanie

guar·an·tee [ˌgærənˈti] *s* poręczyciel; gwarancja; *vt* gwarantować, ręczyć

guar·an·ty [ˈgærənti] *s prawn.* = **guarantee**

guard [gad] *s* straż, warta; baczność; stróż, wartownik, strażnik; ochrona, osłona; *bryt.* konduktor

(kolejowy); *pl* ~s gwardia; *vt*
pilnować, osłaniać, ochraniać; *vi*
strzec się; zabezpieczać się (a-
gainst sth przed czymś)

guard·i·an [ˈɡɑdiən] *s* opiekun,
stróż

gue·ril·la [ɡəˈrilə] *s* partyzantka;
partyzant

guess [ɡes] *vt vi* zgadywać; przypuszczać, domyślać się, sądzić; *s*
zgadywanie; przypuszczenie, domysł; **to give ⟨make⟩ a ~** zgadnąć; **at ~** na chybił trafił, na
oko

guest [ɡest] *s* gość

guid·ance [ˈɡaidns] *s* kierownictwo; informacja

guide [ɡaid] *s* kierownik; (*także*
o *książce*) przewodnik; poradnik;
doradca; *vt* kierować, prowadzić

guild [ɡild] *s* gildia, cech

guile [ɡail] *s* podstęp, oszustwo

guile·less [ˈɡailləs] *adj* otwarty,
szczery

guil·lo·tine [ˈɡiləˈtin] *s* gilotyna

guilt·y [ˈɡilti] *adj* winny; **~ conscience** nieczyste sumienie

guin·ea [ˈɡini] *s* gwinea (= 21 szy-
lingów)

gui·tar [ɡiˈta(r)] *s* gitara

gulf [ɡʌlf] *s* zatoka; otchłań; wir

gull [ɡʌl] *s* mewa

gul·let [ˈɡʌlit] *s* przełyk; gardziel

gul·li·ble [ˈɡʌləbl] *adj* naiwny, łatwowierny

gul·ly [ˈɡʌli] *s* ściek, kanał; żleb

gulp [ɡʌlp] *vt* chłeptać, łykać (*także* łzy); powstrzymywać (łzy); *s*
łyk; **at one ~** jednym haustem

gum 1. [ɡʌm] *s* dziąsło

gum 2. [ɡʌm] *s* guma; klej roślinny; *vt* lepić, gumować

gun [ɡʌn] *s* działo; strzelba, karabin; rewolwer; strzelec

gun·boat [ˈɡʌnbəut] *s wojsk.* kanonierka

gun·ner [ˈɡʌnə(r)] *s* kanonier

gun·pow·der [ˈɡʌnpaudə(r)] *s* proch
strzelniczy

gur·gle [ˈɡɜɡl] *vi* bulgotać; *s* bul-
gotanie

gush [ɡʌʃ] *vi* wylewać, tryskać; *s*
wylew, wytrysk

gust [ɡʌst] *s* poryw wiatru; gwałtowna ulewa; *przen.* wybuch u-
czucia

gut [ɡʌt] *pl* ~s wnętrzności, jelita;
pot. odwaga, energia

gut·ter [ˈɡʌtə(r)] *s* ściek, rynna

gut·ter·snipe [ˈɡʌtəsnaip] *s* dziecko
ulicy

gut·tur·al [ˈɡʌtərl] *adj* gardłowy
(dźwięk)

guy [ɡai] *s* kukła, straszydło; *am.
pot.* typ, facet

gym·na·si·um [dʒimˈneiziəm] *s* sala gimnastyczna

gym·nas·tic [dʒimˈnæstik] *adj* gimnastyczny; *s pl* ~s gimnastyka

gynae·colo·gist [ˈɡainiˈkolədʒist] *s*
ginekolog

gyp·sy [ˈdʒipsi] *s* = gipsy

h

hab·er·dash·er [ˈhæbədæʃə(r)] *s* kupiec pasmanteryjny i galanteryj-
ny

hab·it [ˈhæbit] *s* zwyczaj; nawyk,
przyzwyczajenie; nałóg; budowa
ciała; habit (zakonny); † (*zw.* ~

of mind) usposobienie; **to be in
the ~ of** mieć zwyczaj ⟨nałóg⟩;
to fall ⟨get⟩ into the ~ of popaść w nawyk ⟨nałóg⟩; **to break
off the ~** odzwyczaić się; *vt*
odziewać

hand

hab·i·ta·tion [ˌhæbɪˈteɪʃn] s mieszkanie, zamieszkiwanie; miejsce zamieszkania

ha·bit·u·al [həˈbɪtʃuəl] adj zwykły, zwyczajny; nałogowy; notoryczny

hack 1. [hæk] s oskard, kilof; cięcie; vt ciosać, rąbać, siekać

hack 2. [hæk] s koń wynajęty; szkapa; przen. pot. wyrobnik, murzyn; ~ writer pismak; vt wynajmować; banalizować; vi pracować jak wyrobnik

hack·ney [ˈhæknɪ] s koń wynajęty; dorożka; vt banalizować, pospolitować

hack·neyed [ˈhæknɪd] pp i adj oklepany, banalny, szablonowy

had zob. have

hadn't [hædnt] = had not; zob. have

haem·or·rhage [ˈhemərɪdʒ] s krwawienie, krwotok

hag [hæg] s wiedźma; jędza

hag·gard [ˈhægəd] adj wynędzniały, wychudzony; (o wzroku) nieprzytomny

hail 1. [heɪl] s grad; vi (o gradzie) padać

hail 2. [heɪl] vt witać; wołać; obwołać; vi pochodzić, przybywać (skądś); s powitanie

hair [heə] s włos; zbior. włosy

hair·cut [ˈheəkʌt] s strzyżenie

hair·dress·er [ˈheədresə(r)] s fryzjer

hair·y [ˈheərɪ] adj włochaty, owłosiony

hale [heɪl] adj (zw. ~ and hearty) (o starszych ludziach) czerstwy, krzepki

half [haf] s (pl halves [havz]) połowa; one and a ~ półtora; to go halves dzielić się (z kimś) na pół; adj pół; ~ a mile pół mili; adv na pół, po połowie

half-back [ˈhafbæk] s sport. obrońca, pomocnik

half-broth·er [ˈhafbrʌðə(r)] s przyrodni brat

half-crown [ˈhafkraun] s półkoronówka (= dwa i pół szylinga)

half-heart·ed [ˈhafhatɪd] adj niezdecydowany, bez zapału

half-pen·ny [ˈheɪpnɪ] s (pl half-pence [ˈheɪpəns]) pół pensa

half-sis·ter [ˈhafsɪstə(r)] s przyrodnia siostra

half-time [ˈhafˈtaɪm] s system pracy na pół dniówki; ~ worker półetatowy pracownik

half-way [ˈhafˈweɪ] adv w połowie drogi; adj attr znajdujący się w połowie drogi; przen. połowiczny

hall [hɔl] s hall; sala; hala; westybul; dwór, gmach

hall·mark [ˈhɔlmak] s stempel probierczy; przen. znamię

hal·lo! [həˈləu] int halo!; cześć!, czołem!

hal·low [ˈhæləu] vt święcić, poświęcać

hal·lu·ci·na·tion [həˈlusɪˈneɪʃn] s halucynacja

ha·lo [ˈheɪləu] s aureola; obwódka

halt [hɔlt] vt vi zatrzymać (się); wahać się; † chromać; s zatrzymanie się, postój

hal·ter [ˈhɔltə(r)] s stryczek; postronek

halves zob. half

ham [hæm] s szynka

ham·burg·er [ˈhæmbɜgə(r)] s mielony kotlet wołowy (zw. podawany w przekrojonej bułce)

ham·let [ˈhæmlət] s wioska

ham·mer [ˈhæmə(r)] s młot, młotek; vt bić młotem, kuć, wbijać; przen. zadać klęskę; vi walić ⟨tłuc⟩ (at sth w coś)

ham·mock [ˈhæmək] s hamak

ham·per [ˈhæmpə(r)] vt przeszkadzać, hamować, krępować

hand [hænd] s ręka, dłoń; pracownik; pl ~s siły robocze, obsługa; załoga; pismo; legible ~ czytelne pismo; at ~ pod ręką; blisko; wkrótce; by ~ ręcznie; in ~ w posiadaniu; w robocie; pod kontrolą; on ~ w ręku; w posiadaniu; on all ~s ze wszystkich stron; on the one ⟨other⟩ ~ z jednej ⟨drugiej⟩ strony; out of

~ z miejsca, bezzwłocznie; poza kontrolą; to be a good ~ at sth umieć coś dobrze zrobić; to bear ⟨lend, give⟩ sb a ~ przyjść komuś z pomocą; to get sth off one's ~s pozbyć się czegoś; uwolnić się od czegoś; to have a ~ in sth maczać palce w czymś; to live from ~ to mouth żyć z dnia na dzień; to shake ~s ściskać dłoń (na powitanie); *vt* (*także* ~ in) włączyć; ~ on podać dalej; ~ out wydać, wypłacić; ~ over przekazać, dostarczyć

hand-bag [ˈhændbæg] *s* torebka damska

hand·bill [ˈhændbɪl] *s* ulotka

hand·book [ˈhændbʊk] *s* podręcznik; poradnik

hand·cuff [ˈhændkʌf] *s zw. pl* ~s kajdany; *vt* zakuć w kajdany

hand·ful [ˈhændfʊl] *s* garść (pełna czegoś); garstka (np. osób)

hand·i·cap [ˈhændɪkæp] *s* zawada, przeszkoda, obciążenie; *sport* handicap; *vt sport* dodatkowo obciążać (zawodnika), (obciążeniem) wyrównywać szanse (zawodników); przeszkadzać, utrudniać (sb komuś); upośledzać, stawiać w gorszym położeniu

hand·i·craft [ˈhændɪkrɑːft] *s* rękodzieło; rzemiosło

hand·i·work [ˈhændɪwɜːk] *s* robota ręczna

hand·ker·chief [ˈhæŋkətʃɪf] *s* chustka (*także* na szyję); chusteczka (do nosa)

han·dle [ˈhændl] *vt* trzymać w ręku, dotykać ręką ⟨palcami⟩ (sth czegoś); obracać, manipulować (sth czymś); kierować (sth czymś); mieć do czynienia, traktować, obchodzić się (sb, sth z kimś, czymś); załatwiać (np. orders zamówienia); handlować (sth czymś); *s* rączka, rękojeść, uchwyt, trzonek; klamka (u drzwi); ucho (garnka itp.)

han·dle-bar [ˈhændlbɑː(r)] *s* kierownica (roweru)

hand-made [ˈhændˈmeɪd] *adj* ręcznie zrobiony ⟨wykonany⟩

hand·rail [ˈhændreɪl] *s* poręcz

hand·some [ˈhænsəm] *adj* ładny, przystojny; hojny

hand·work [ˈhændwɜːk] *s* praca ręczna ⟨fizyczna⟩

hand·writ·ing [ˈhændraɪtɪŋ] *s* charakter pisma, pismo

hand·y [ˈhændɪ] *adj* będący pod ręką; podręczny; zręczny, sprytny; wygodny, poręczny

*hang [hæŋ], hung, hung [hʌŋ] (*gdy mowa o egzekucji, samobójstwie:* hanged, hanged [hæŋd]) *vt* wieszać, zwieszać; vi wisieć, zwisać; zależeć (on sb, sth od kogoś, czegoś); ~ about ⟨*am. także* around⟩ trzymać się w pobliżu, wałęsać się, *pot.* obijać się; ~ back wahać się, ociągać się; ~ on uporczywie trzymać się, czepiać się (to sth czegoś); ~ out zwisać na zewnątrz, wychylać się; wywieszać; ~ together trzymać się razem; ~ up powiesić, zawiesić; wstrzymać (np. plan)

hang·er [ˈhæŋə(r)] *s* wieszak, wieszadło

hang·er-on [ˈhæŋər ˈɒn] *s (pl* ~s-on) pochlebca, pieczeniarz; intruz

hang·ing [ˈhæŋɪŋ] *s (zw. pl* ~s) draperia, kotara

hang·man [ˈhæŋmən] *s (pl* hangmen [ˈhæŋmən]) kat

hang·over [ˈhæŋəʊvə(r)] *s* przeżytek; *pot.* kac

hank·er [ˈhæŋkə(r)] *vi* pożądać ⟨pragnąć⟩ (after ⟨for⟩ sth czegoś); tęsknić (after ⟨for⟩ sth, sb za czymś, kimś, do czegoś, kogoś)

hap·haz·ard [hæpˈhæzəd] *s* czysty przypadek, los szczęścia; at ⟨by⟩ ~ na chybił trafił; *adj* przypadkowy; *adv* przypadkowo, na ślepo

hap·less [ˈhæpləs] *adj* nieszczęśliwy, nieszczęsny

hap·pen [ˈhæpn] *vi* zdarzyć się, trafić się, stać się, dziać się; ~ to do sth przypadkowo coś zrobić; natknąć się ⟨natrafić⟩ (on ⟨upon⟩ sth na coś)

hatch

hap·pen·ing [ˈhæpnɪŋ] s wydarzenie; przedstawienie, happening

hap·pi·ness [ˈhæpɪnəs] s szczęście

hap·py [ˈhæpɪ] s szczęśliwy; radosny; zadowolony; (o *pomyśle* *itp.*) trafny, udany

ha·rangue [həˈræŋ] s przemowa, tyrada, oracja; *vt vi* przemawiać **(sb do kogoś)**, wygłaszać tyradę ⟨orację⟩

har·ass [ˈhærəs] *vt* niepokoić, dręczyć

har·bin·ger [ˈhabɪndʒə(r)] s zwiastun; *vt* zwiastować

har·bour [ˈhabə(r)] s *dosł. i przen.* przystań; port; schronienie; *vi* zawijać (do portu); chronić się; *vt* przygarnąć, dać przytułek; być siedliskiem (np. brudu); żywić (np. uczucie)

hard [had] *adj* twardy; surowy, srogi; ostry; trudny, ciężki; silny, mocny; ~ **worker** człowiek ciężko pracujący; ~ **and fast** bezwzględny, surowy; nienaruszalny; *adv* mocno, twardo; wytrwale, usilnie; ciężko, z trudem; intensywnie; nadmiernie ⟨bez umiaru⟩; ~ **by** ⟨upon⟩ tuż (obok); ~ **on** ⟨after, behind⟩ śladem, tuż za; to be ~ **up** być bez pieniędzy

hard·en [ˈhadn] *vt* hartować, wzmacniać; znieczulać; *techn.* utwardzać; *vi* twardnieć; hartować się; *pot.* (o *cenach*) stabilizować się, ustalać się

har·di·hood [ˈhadɪhud] s odwaga; zuchwalstwo, bezczelność

hard·ly [ˈhadlɪ] *adv* surowo, twardo; z trudem; ledwo; **I can ~** **say** trudno mi powiedzieć; ~ **anybody** mało kto; ~ **ever** rzadko, prawie nigdy; **I ~ know** nie bardzo wiem

hard·ness [ˈhadnəs] s twardość; wytrzymałość, odporność; trudność; surowość, ostrość

hard·ship [ˈhadʃɪp] s męka, znój, trud; ciężkie doświadczenie; nędza, niedostatek

hard·ware [ˈhadweə(r)] s *zbior.* towary żelazne

har·dy [ˈhadɪ] *adj* śmiały; wytrzymały

hare [heə(r)] s zając

hark [hak] *vi* uważnie słuchać; *int.* słuchaj!, uwaga!

har·le·quin [ˈhaləkwɪn] s arlekin

harm [ham] s szkoda, krzywda; skaleczenie; to do ~ zaszkodzić; *vt* szkodzić, krzywdzić; skaleczyć

harm·ful [ˈhamfl] *adj* szkodliwy

har·mo·ni·ous [haˈməunɪəs] *adj* harmonijny, zgodny; melodyjny

har·mo·ny [ˈhamənɪ] s (*także muz.*) harmonia, zgodność

har·ness [ˈhanɪs] s uprząż, zaprzęg; *vt* zaprzęgać

harp [hap] s harfa; *vi* grać na harfie; uporczywie powtarzać jedno i to samo **(on sth na ten sam temat)**

har·poon [ˈhaˈpun] s harpun; *vt* ugodzić harpunem

har·row [ˈhærəu] s brona; *vt* bronować; *przen.* dręczyć, ranić (uczucia)

har·ry [ˈhærɪ] *vt* pustoszyć, grabić; dręczyć

harsh [haʃ] *adj* szorstki; opryskliwy, nieuprzejmy; przykry (dla oka, ucha itp.); (o *opinii, klimacie itd.*) surowy

har·vest [ˈhavɪst] s żniwo; *dosł. i przen.* żniwo, plon; *vt* zbierać (zboże, plon)

has zob. **have**

hash [hæʃ] *vt* siekać (mięso); s siekane mięso; *przen. pot.* bigos, galimatias

hasn't [ˈhæznt] = **has not**; zob. **have**

hasp [hæsp] s skobel, zasuwka; klamra

haste [heɪst] s pośpiech; to make ~ śpieszyć się

has·ten [ˈheɪsn] *vt* przyśpieszać; ponaglać; *vi* śpieszyć się

hast·y [ˈheɪstɪ] *adj* pośpieszny; porywczy; nie przemyślany, pochopny

hat [hæt] s kapelusz

hatch 1. [hætʃ] s *mors.* luk; klapa; właz

hatch 2. [hætʃ] *vt vi* wysiadywać (jaja), wylęgać (pisklęta); *vi* wylegać się; *s* wylęganie; wyląg

hatch·et [ˈhætʃɪt] *s* toporek; *am.* to bury the ~ pogodzić się

hate [heɪt] *vt* nienawidzić; nie znosić; *s* nienawiść

hath [hæθ] *†* = has

ha·tred [ˈheɪtrɪd] *s* nienawiść

haugh·ty [ˈhɔtɪ] *adj* wyniosły, pyszny

haul [hɔl] *vt vi* ciągnąć; wlec; *mors.* holować; przewozić; *s* ciągnienie; holowanie; połów; przewóz

haunch [hɔntʃ] *s* biodro

haunt [hɔnt] *vt* nawiedzać; (*o duchach*) straszyć; odwiedzać, bywać (a place w jakimś miejscu); (*o myślach*) prześladować; *s* miejsce częstych odwiedzin; kryjówka; spelunka

*have [hæv, həv], **had, had** [hæd, həd], 3 *pers sing praes* **has** [hæz] *vt* mieć; miewać, posiadać; otrzymać, nabyć; kazać ⟨dać⟩ (coś zrobić); spowodować ⟨sprawić⟩; kazać (sb do sth komuś coś zrobić); twierdzić; życzyć sobie, chcieć; znosić,* pozwalać na coś; *przed bezokolicznikiem z* to: musieć; to ~ a good time dobrze się bawić; to ~ dinner jeść obiad; to ~ a bath wykąpać się; to ~ a drink napić się; to ~ a walk przejść się; do you ~ tea for breakfast? czy pijasz herbatę na śniadanie?; do you often ~ colds? czy często się zaziębiasz?; I must ~ my watch repaired muszę dać zegarek do naprawy; I had my watch stolen ukradziono mi zegarek; let me ~ it daj mi to; G. B. Shaw has it G. B. Shaw twierdzi; I ~ to go muszę iść; I would ~ you know chciałem, żebyś wiedział; I won't ~ such conduct nie zniosę takiego zachowania; ~ on mieć na sobie; mieć w planie; ~ out dać sobie usunąć (np.

zęby); ~ up wprowadzić na górę; wezwać do sądu (na przesłuchanie)

ha·ven [ˈheɪvn] *s dosł. i przen.* przystań

haven't [ˈhævnt] = have not

hav·oc [ˈhævək] *s* spustoszenie; **to play** ~ pustoszyć, szerzyć zniszczenie

hawk 1. [hɔk] *s* jastrząb

hawk 2. [hɔk] *vt* sprzedawać na ulicy (lub krążąc od domu do domu)

hawk 3. [hɔk] *vi* chrząkać

hawk·er [ˈhɔkə(r)] *s* sprzedawca uliczny; domokrążca

haw·thorn [ˈhɔθɔn] *s* głóg

hay [heɪ] *s* siano; **to make** ~ kosić, grabić i suszyć siano; *przen.* robić bałagan; szerzyć zamieszanie (of sth w czymś)

hay·cock [ˈheɪkɔk] *s* kopa siana

hay·stack [ˈheɪstæk] *s* stóg siana

haz·ard [ˈhæzəd] *s* hazard, ryzyko, niebezpieczeństwo; traf; *vt* ryzykować, narażać (się) na niebezpieczeństwo

haz·ard·ous [ˈhæzədəs] *adj* hazardowy, ryzykowny, niebezpieczny

haze [heɪz] *s* lekka mgła, mgiełka; *przen.* niepewność

ha·zel [ˈheɪzl] *s bot.* leszczyna; *adj attr* leszczynowy; ~ **nut** orzech laskowy

ha·zy [ˈheɪzɪ] *adj* zamglony, *dosł. i przen.* mglisty

H-bomb [ˈeɪtʃ bɔm] *s* bomba wodorowa

he [hɪ] *pron* on

head [hed] *s* głowa; główka (np. szpilki, sałaty itd.); łeb (zwierzęcia); szef, kierownik, naczelnik; nagłówek; rubryka, dział, punkt, dziedzina; *prawn.* paragraf; szczyt, góra, górna część; przód, czoło (listy, pochodu); **at the** ~ na czele; **to bring to a** ~ doprowadzić do rozstrzygającego ⟨kulminacyjnego⟩ momentu; **to keep one's** ~ nie tracić głowy; **to**

make ~ against sth stawić czoło
⟨opór⟩ czemuś; *vt* prowadzić,
przewodzić, stać ⟨być, iść⟩ na
czele; *sport* (*w piłce nożnej*) uderzyć głową; nadawać kierunek;
zatytułować (np. rozdział); stawiać czoło, sprzeciwiać się (sth
czemuś); *vi* zdążać, brać kurs (for
sth na coś), zmierzać (for sth ku
czemuś)

head·ache [ˈhedeɪk] *s* ból głowy
head·ing [ˈhedɪŋ] *s* nagłówek; dział;
rubryka; *mors.* kurs
head·land [ˈhedlənd] *s* przylądek,
cypel
head·light [ˈhedlaɪt] *s* przednie
światło ⟨reflektor⟩ (lokomotywy,
samochodu itp.)
head·line [ˈhedlaɪn] *s.* nagłówek,
tytuł (w gazecie); *pl* ~s *radio*
wiadomości w skrócie
head·long [ˈhedlɒŋ] *adj* gwałtowny,
nagły; nierozważny; *adv* nagle,
na łeb na szyję, na oślep; (*upaść
itd.*) głową naprzód
head·man [ˈhedmən] *s* (*pl* headmen
[ˈhedmən]) przewodnik; przywódca, wódz
head·mas·ter [ˈhedˈmɑːstə(r)] *s* dyrektor szkoły
head·phones [ˈhedfəunz] *s* *pl* słu-
chawki (do radia itp.)
head·quar·ters [ˈhedˈkwɔːtəz] *s* *pl*
wojsk. kwatera główna; dowództwo
heads·man [ˈhedzmən] *s* (*pl* heads-
men [ˈhedzmən]) kat
head·way [ˈhedweɪ] *s* ruch naprzód,
postęp
head·y [ˈhedɪ] *adj* gwałtowny; (*o
trunku itp.*) oszałamiający
heal [hiːl] *vt* *vi* leczyć (się); goić
(się); łagodzić
health [helθ] *s* zdrowie; ~ insurance ubezpieczenie na wypadek
choroby; ~ resort uzdrowisko
health·y [ˈhelθɪ] *adj* zdrowy
heap [hiːp] *s* stos, kupa; *pot.* masa,
mnóstwo; *vt* (*także* ~ up) ułożyć ⟨usypać⟩ stos ⟨kopiec⟩ (sth z

czegoś); (*także* ~ up) gromadzić;
ładować
*hear [hɪə(r)], heard, heard [hɜːd]
vt *vi* słuchać, słyszeć; przesłu-
chać, przepytać; dowiedzieć się,
otrzymać wiadomość
hear·er [ˈhɪərə(r)] *s* słuchacz
hear·ing [ˈhɪərɪŋ] *ppraes* i *s* słuch;
posłuchanie; przesłuchanie; sły-
szenie (czegoś); it was said in
my ~ powiedziano to w mojej
obecności
hear·say [ˈhɪəseɪ] *s* wieść; pogłoska; from ~ ze słyszenia
hearse [hɜːs] *s* karawan
heart [hɑːt] *s* serce; *przen.* dusza;
rdzeń; środek, sedno; *przen.* o-
tucha, męstwo, odwaga; *pl* ~s
kier (w kartach); ~ to ~ szczerze; to have sth at ~ mieć coś
na sercu; I cannot find it in
my ~ nie mogę się na to zdobyć,
nie mam odwagi; by ~ na pamięć
heart-break·ing [ˈhɑːtbreɪkɪŋ] *adj*
rozdzierający serce
heart-brok·en [ˈhɑːtbrəukn] *adj* ze
złamanym sercem, zgnębiony
heart·burn [ˈhɑːtbɜːn] *s* zgaga
heart·en [ˈhɑːtn] *vt* (*także* ~ up)
dodać otuchy ⟨serca, odwagi⟩; *vi*
(*także* ~ up) nabrać odwagi
hearth [hɑːθ] *s* palenisko; kominek;
przen. ognisko domowe
heart·sick [ˈhɑːtsɪk] *adj* przygnębiony, przybity, strapiony
heart·y [ˈhɑːtɪ] *adj* serdeczny, szczery (*o posiłku*) solidny; krzepki;
(*o glebie*) żyzny
heat [hiːt] *s* gorąco, żar, upał; *fiz.*
ciepło; *przen.* zapał; ogień; pasja;
at a ~ naraz, za jednym zamachem; trial ⟨preliminary⟩ ~s zawody eliminacyjne; *vt* *vi* grzać
⟨ogrzewać, rozgrzewać⟩ (się); palić ⟨rozpalić⟩ (się)
heat·er [ˈhiːtə(r)] *s* ogrzewacz, grzejnik, grzałka, piec, kaloryfer
heath [hiːθ] *s* wrzosowisko
hea·then [ˈhiːðn] *adj* pogański; *s* (*pl*
the ~) poganin

heath·er [ˈheðə(r)] s wrzos

heat·ing [ˈhiːtɪŋ] s ogrzewanie

*****heave** [hiːv], **hove, hove** [həuv] lub **heaved, heaved** [hiːvd] vt vi podnosić (się), dźwigać (się); (o falach itp.) unosić (się) i opadać; wydać (a groan jęk); wydymać (się); s podniesienie ⟨dźwignięcie⟩ (się); nabrzmienie

heav·en [ˈhevn] s niebo, niebiosa; **for ∼'s sake!** na miłość boską!; **good ∼(s)!** wielkie nieba!

heav·i·ness [ˈhevɪnəs] s ciężkość; ociężałość

heav·y [ˈhevɪ] adj ciężki; ociężały; (o ciosie itd.) silny, mocny; (o stracie itd.) duży, wielki; (o śnie) głęboki; (o posiłku) obfity; (o kobiecie) ciężarna; (o morzu) wzburzony; (o niebie) zachmurzony; (o deszczu) rzęsisty; **to lie** ⟨hang⟩ **∼** ciążyć; (o czasie) dłużyć się

heav·y-weight [ˈhevɪweɪt] s sport waga ciężka; bokser ciężkiej wagi

He·brew [ˈhiːbruː] adj hebrajski; s Izraelita; język hebrajski

heck·le [ˈhekl] vt dręczyć ⟨przerywać mówcy⟩ (pytaniami, okrzykami)

hec·tic [ˈhektɪk] adj gorączkowy, rozgorączkowany; niszczący

he'd [hiːd] = **he had; he would**

hedge [hedʒ] s żywopłot, ogrodzenie; vt ogradzać

hedge·hog [ˈhedʒhɒg] s zool. jeż

heed [hiːd] vt uważać ⟨baczyć⟩ (sb, sth na kogoś, coś); s uwaga; baczenie; **to take ∼** zważać (of sth na coś)

heed·ful [ˈhiːdfl] adj baczny, uważny, dbały

heed·less [ˈhiːdləs] adj nieuważny, niedbały, nieostrożny

heel [hiːl] s pięta; obcas; **to take to one's ∼s** uciec, pot. wziąć nogi za pas

heel-tap [ˈhiːltæp] s flek

he·ge·mo·ny [hiˈgeməni] s hegemonia

heif·er [ˈhefə(r)] s jałówka

height [haɪt] s wysokość; wzrost (człowieka); szczyt; pełnia, punkt kulminacyjny; wzniesienie (terenu)

height·en [ˈhaɪtn] vt vi podwyższyć (się), podnieść (się), wzmóc, powiększyć

hei·nous [ˈheɪnəs] adj (o zbrodni itp.) potworny, ohydny

heir [eə(r)] s dziedzic, spadkobierca

heir·ess [ˈeəres] s dziedziczka

heir·loom [ˈeəluːm] s coś dziedziczonego w rodzinie, scheda (klejnot, talent itp.)

held zob. **hold**

hell [hel] s piekło; int do diabła!

he'll [hiːl] = **he will, he shall**

hel·lo [heˈləu] int halo!

helm [helm] s dosł. i przen. ster

hel·met [ˈhelmɪt] s hełm (żołnierza, policjanta itp.); kask

helms·man [ˈhelmzmən] s (pl **helmsmen** [ˈhelmzmən]) sternik

help [help] s pomoc; rada, ratunek; pomocnik; służący; **to be of ∼** być pomocnym; **to be past ∼** być w beznadziejnym stanie; **there is no ∼ for it** na to nie ma rady; vt pomagać, wspierać, ratować; częstować (to sth czymś); wstrzymać się; zapobiec; dać radę; **∼ yourself** poczęstuj się (to sth czymś); **I can't ∼ laughing** nie mogę się powstrzymać od śmiechu; **I can't ∼ it** nic na to nie poradzę

help·ful [ˈhelpfl] adj pomocny, użyteczny

help·less [ˈhelpləs] adj bez oparcia, bezradny

help·mate [ˈhelpmeɪt] s towarzysz, partner; współmałżonek

hem [hem] vt rąbek, obwódka; vt obrębić, obszyć; **∼ in** otoczyć, okrążyć

hem·i·sphere [ˈhemɪsfɪə(r)] s półkula

hemp [hemp] s konopie

hem·stitch [ˈhemstɪtʃ] s mereżka; vt mereżkować

hen [hen] s kura; samica (ptaków)

hence [hens] adv a więc; stąd, od- tąd

hence·forth [ˈhensˈfɔθ], **hence·for- ward** [ˈhensˈfɔwəd] adv odtąd, na przyszłość

hench·man [ˈhentʃmən] s (pl hench- men [ˈhentʃmən]) stronnik, śle- po oddany zwolennik

her [hɜ(r), ʒ(r)] pron ją, jej; pot. ona

her·ald [ˈherld] s herold; zwiastun; vt zwiastować

her·ald·ry [ˈheldrɪ] s heraldyka

herb [hɜb] s zioło

herd [hɜd] s stado; motłoch; vt vi żyć w stadach, gromadzić (się)

herds·man [ˈhɜdzmən] s (pl herds- men [ˈhɜdzmən]) pastuch, pa- sterz

here [hɪə(r)] adv tu, tutaj; oto; from ~ stąd; in ~ tu (wewnątrz); near ~ niedaleko stąd, tuż obok; up to ~ dotąd

here·a·bout(s) [ˈhɪərəˈbaut(s)] adv w pobliżu, gdzieś tutaj

here·af·ter [hɪərˈaftə(r)] adv na- stępnie, w przyszłości; poniżej

here·by [hɪəˈbaɪ] adv przez to; przy tym; tym sposobem

he·red·i·ta·ry [hɪˈredɪtrɪ] adj dzie- dziczny

he·red·i·ty [hɪˈredətɪ] s dziedzicz- ność

here·in [ˈhɪərˈɪn] adv w tym; tu (wewnątrz)

here·of [ˈhɪərˈɔv] adv tego, niniej- szego (np. dokumentu)

here's [hɪəz] = here is; here has

her·e·sy [ˈherəsɪ] s herezja

her·e·tic [ˈherətɪk] s heretyk

he·ret·i·cal [hɪˈretɪkl] adj heretyc- ki

here·up·on [ˈhɪərəˈpɔn] adv na to co do tego; następnie

here·with [ˈhɪəˈwɪð] adv niniej- szym, z niniejszym

her·i·table [ˈherɪtəbl] adj dzie- dziczny

her·i·tage [ˈherɪtɪdʒ] s dziedzictwo, spadek

her·met·ic [hɜˈmetɪk] adj herme- tyczny

her·mit [ˈhɜmɪt] s pustelnik

he·ro [ˈhɪərəu] s (pl ~es [ˈhɪərəuz]) bohater

he·ro·ic [hɪˈrəuɪk] adj bohaterski, heroiczny

her·o·ine [ˈherəuɪn] s bohaterka

her·o·ism [ˈherəuɪzm] s bohater- stwo

her·on [ˈherən] s zool. czapla

her·ring [ˈherɪŋ] s zool. śledź

hers [hɜz] pron jej

her·self [hɜˈself] pron ona sama; (ona) sobie ⟨siebie, się⟩; by ~ sama ⟨jedna⟩, samodzielnie

he's [hɪz] = he is; he has

hes·i·tant [ˈhezɪtənt] adj niezdecy- dowany, niepewny

hes·i·tate [ˈhezɪteɪt] vi wahać się, być niezdecydowanym

hes·i·ta·tion [ˈhezɪˈteɪʃn] s wahanie, niezdecydowanie

***hew** [hju], **hewed** [hjud], **hewn** [hjun] vt rąbać, ciosać; wyrąbać sobie (np. ścieżkę)

hew·er [ˈhjuə(r)] s drwal; kamie- niarz; rębacz

hey·day [ˈheɪdeɪ] s punkt szczyto- wy; pełny rozkwit

hi·ber·nate [ˈhaɪbəneɪt] vi zimo- wać, znajdować się w śnie zi- mowym

hic·cup, hic·cough [ˈhɪkʌp] s czkaw- ka; vi mieć czkawkę

hid, hid·den zob. hide 2.

hide 1. [haɪd] s (nie wyprawiona) skóra

***hide** 2. [haɪd], **hid** [hɪd], **hidden** [ˈhɪdn] vt vi ukrywać ⟨się⟩, cho- wać ⟨się⟩

hide-and-seek [ˈhaɪdəndˈsik] s za- bawa w chowanego

hid·e·ous [ˈhɪdɪəs] adj wstrętny, ohydny, odrażający

hi·er·arch·y [ˈhaɪərakɪ] s hierar- chia

hi·er·o·glyph [ˈhaɪərəglɪf] s hiero- glif

high [haɪ] adj wysoki; wybitny;

skrajny, szczytowy; górny; **główny**; wzniosły; (o głosie) cienki; (o opinii) pochlebny; (o wietrze) silny; (o barwach) żywy; ~ affairs ważne sprawy; ~ day jasny dzień; ~ hand arbitralne postępowanie, wyniosłość; ~ life życie wyższych sfer, wytworny świat; ~ seas pełne morze; ~ spirits radosny nastrój; ~ tide przypływ; ~ water najwyższy stan wody; ~ words gwałtowne ⟨ostre⟩ słowa; to run ~ (o cenach) iść w górę; (o morzu, uczuciach) być wzburzonym

high·brow [ˈhaɪbrau] s (zw. pretensjonalny) intelektualista

high·flown [ˈhaɪˈfləun] adj górnolotny

high-hand·ed [ˈhaɪˈhændɪd] adj władczy, despotyczny, arbitralny

High·land·er [ˈhaɪləndə(r)] s góral szkocki

high·ly [ˈhaɪlɪ] adv wysoko; wysoce, w wysokim stopniu; wielce, w dużej mierze; wyniośle

high·ness [ˈhaɪnəs] s wysokość; **Your Highness** Wasza Wysokość

high·road [ˈhaɪrəud] s gościniec, szosa

high·way [ˈhaɪweɪ] s szosa, główny szlak

high·way·man [ˈhaɪweɪmən] s (pl **highwaymen** [ˈhaɪweɪmən]) rozbójnik

hike [haɪk] vi odbywać pieszą wycieczkę ⟨wędrówkę⟩; s piesza wycieczka, wędrówka

hik·er [ˈhaɪkə(r)] s turysta (pieszy)

hi·la·ri·ous [hɪˈleərɪəs] adj wesoły

hi·lar·i·ty [hɪˈlærɪtɪ] s wesołość

hill [hɪl] s wzgórze, pagórek

hill-side [ˈhɪlsaɪd] s stok, zbocze

hill·y [ˈhɪlɪ] adj pagórkowaty

hilt [hɪlt] s rękojeść

him [hɪm] pron jemu, mu, jego, go; pot. on

him·self [hɪmˈself] pron on sam, jego samego, (on) sobie ⟨siebie, się⟩; by ~ sam (jeden), samodzielnie

hind 1. [haɪnd] s łania

hind 2. [haɪnd] adj tylny

hin·der [ˈhɪndə(r)] vt przeszkadzać; powstrzymywać (sb from doing sth kogoś od zrobienia czegoś)

hin·drance [ˈhɪndrns] s przeszkoda

hinge [hɪndʒ] s zawias(a); przen. punkt zaczepienia, oś (przen. itp.); vt umocować na zawiasach; vi obracać się (on sth dookoła czegoś); przen. zależeć (on sth od czegoś)

hint [hɪnt] s aluzja, przytyk, docinek; napomknienie, wzmianka; vt vi napomknąć (sth ⟨at sth⟩ o czymś), zrobić aluzję (at sth do czegoś)

hip [hɪp] s biodro

hire [ˈhaɪə(r)] s najem; opłata za najem; vt najmować

hire·ling [ˈhaɪəlɪŋ] s najmita, najemnik

his [hɪz] pron jego

hiss [hɪs] vi syczeć; vt wygwizdać; s syk; wygwizdanie

his·to·ri·an [hɪˈstɔrɪən] s historyk

his·tor·ic(al) [hɪˈstɔrɪk(l)] adj historyczny

his·to·ry [ˈhɪstrɪ] s historia, dzieje

his·tri·on·ic [ˈhɪstrɪˈonɪk] adj aktorski, teatralny; komediancki

*hit, hit, hit [hɪt] vt vi uderzyć (się); trafić; ugodzić (at sth w coś); ~ off uchwycić (np. podobieństwo); s uderzenie; celny strzał; traf; aluzja, przytyk; trafna uwaga; sukces, udana próba

hitch [hɪtʃ] vt szarpnąć, przyciągnąć, podciągnąć; posunąć; przymocować, przyczepić; vi przyczepić ⟨zaczepić⟩ się; s nerwowy ruch; szarpnięcie; zaciśnięcie; zatrzymanie; zwłoka; przeszkoda; komplikacja

hitch-hike [ˈhɪtʃ haɪk] s podróż autostopem; vi podróżować autostopem

hitch-hik·er [ˈhɪtʃ haɪkə(r)] s autostopowicz

hith·er [ˈhɪðə(r)] adv tu, do tego miejsca, dotąd

hith·er·to [ˈhɪðəˈtuː] *adv* dotychczas, dotąd

hive [haɪv] *s* ul; *przen.* mrowisko (ludzkie); *vt* umieszczać (pszczoły) w ulu; *przen.* gromadzić; *vi* wchodzić do ula; *przen.* żyć w gromadzie

hoar [hɔ(r)] *adj* siwy

hoard [hɔd] *s* zapas; skarb; *vt* gromadzić ⟨zbierać⟩ (np. zapasy), ciułać, odkładać (pieniądze)

hoard·ing [ˈhɔdɪŋ] *s* płot, parkan; deski do naklejania afiszów

hoar·frost [ˈhɔfrost] *s* szron

hoarse [hɔs] *adj* ochrypły, chrapliwy

hoar·y [ˈhɔrɪ] *adj* oszroniony; siwy; sędziwy

hoax [həuks] *s* mistyfikacja, oszustwo, *pot.* kawał; *vt* mistyfikować, *pot.* nabierać

hob·ble [ˈhobl] *vi* kuleć, utykać; *vt* pętać (konia); *s* utykanie, kuśtykanie, pęta (dla konia)

hob·by [ˈhobɪ] *s* ulubione zajęcie, rozrywka, konik, pasja, hobby; † konik, kucyk

hob·nail [ˈhobneɪl] *s* ćwiek

hob·nailed [ˈhobneɪld] *adj* podbity ćwiekami

hock·ey [ˈhokɪ] *s* hokej; field ⟨ice⟩ ~ hokej na trawie ⟨na lodzie⟩

hoe [həu] *s* motyka; graca; *vt vi* kopać motyką; gracować

hog [hog] *s* wieprz, świnia

hoist [hɔɪst] *vt* (*także* ~ up) podnieść, podciągnąć w górę, wywiesić (flagę)

***hold 1.** [həuld], **held, held** [held] *vt vi* trzymać (się); zawierać, mieścić; utrzymywać (się); odbywać (np. zebranie); obchodzić (np. święto); twierdzić, uważać (sb guilty kogoś za winnego, sth to be good że coś jest dobre); obstawać (to sth przy czymś); powstrzymać, hamować; to ~ good ⟨true⟩ utrzymywać się w mocy; to ~ one's ground trzymać się mocno, nie ustępować; to ~ one's own stać na

swoim, nie poddawać się; to ~ true być nadal ważnym; to ~ one's tongue milczeć; z *przysłówkami*: ~ back powstrzymywać (się); taić; ociągać się; ~ in hamować (się); ~ off trzymać (się) z dala, powstrzymywać (się); ~ on trzymać (się) mocno, trwać (to sth przy czymś); wytrzymywać; ~ out wyciągać; ofiarowywać, dawać; wytrzymywać; ~ over odkładać, odraczać; ~ up podtrzymywać; podnosić; zatrzymywać; hamować; wystawiać (np. to derision na pośmiewisko); *s* chwyt, uchwyt; trzymanie; wpływ (over sb na kogoś); to catch ⟨get, lay⟩ ~ pochwycić, opanować (of sth coś); to keep ~ mocno trzymać (of sth coś); to lose ⟨leave⟩ one's ~ stracić panowanie (of sth nad czymś)

hold 2. [həuld] *s* ładownia (statku)

hold·er [ˈhəuldə(r)] *s* posiadacz; właściciel; dzierżawca; okaziciel; rączka (pióra), oprawka, obsadka; naczynie, zbiornik

hold·ing [ˈhəuldɪŋ] *ppraes i s* władanie; posiadłość; dzierżawa; *handl.* portfel (papierów wartościowych)

hold-up [ˈhəuldʌp] *s* zatrzymanie (ruchu); napad (rabunkowy)

hole [həul] *s* dziura, dół, otwór; nora, jama; *vt* dziurawić, wiercić, drążyć

hol·i·day [ˈholədɪ] *s* święto; dzień wolny od pracy; (*zw. pl* ~s) wakacje; urlop; ferie

hol·low [ˈholəu] *s* puste miejsce, dziura, wydrążenie, jama; kotlina, dolina; *adj* pusty, wydrążony, wklęsły; (*o policzkach, oczach*) zapadnięty; (*o zębie*) dziurawy; *przen.* czczy; nieszczery, fałszywy; (*o dźwięku*) głuchy; *vt* wydrążyć, wyżłobić; *adv pot.* całkowicie

holm [həum] *s* ostrów, kępa

hol·ster [ˈhəulstə(r)] *s* kabura, olstro

ho·ly [ˈhəulɪ] *adj* święty, poświęcony; ~ orders święcenia

hom·age [ˈhɔmɪdʒ] *s* hołd; **to pay ~** składać hołd

home [həum] *s* dom (rodzinny), ognisko domowe; mieszkanie; przytułek; kraj (rodzinny), ojczyzna; **at ~** w domu; w kraju; **to make oneself ~** rozgościć się, nie krępować się; *adj* domowy, rodzinny; miejscowy; wewnętrzny, krajowy; **Home Office** ministerstwo spraw wewnętrznych; **Home Secretary** minister spraw wewnętrznych; **Home Rule** autonomia; *adv* do domu; do kraju; w domu, w kraju; **to bring ~** unaocznić, wyjaśnić

home·less [ˈhəumləs] *adj* bezdomny

home·ly [ˈhəumlɪ] *adj* przytulny, swojski; prosty, pospolity; *(np. o rysach twarzy)* nieładny

home-made [ˈhəumˈmeɪd] *adj* domowego ⟨krajowego⟩ wyrobu

home·sick [ˈhəumsɪk] *adj* cierpiący na nostalgię

home·spun [ˈhəumspʌn] *adj* przędzony ⟨tkany⟩ ręcznie (w domu); prosty, domowy; *s* samodział

home·stead [ˈhəumsted] *s* zabudowania gospodarskie; gospodarstwo rolne

home·ward(s) [ˈhəumwəd(z)] *adv* ku domowi

home·work [ˈhəumwɜːk] *s* praca domowa *(zw. szkolna)*

hom·i·cide [ˈhɔmɪsaɪd] *s* zabójca; zabójstwo

ho·mo·ge·ne·ous [ˌhəuməˈdʒɪnɪəs] *adj* jednorodny, homogeniczny

hom·o·nym [ˈhɔmənɪm] *s* homonim

ho·mun·cule [hɔˈmʌŋkjul], **ho·mun·cu·lus** [hɔˈmʌŋkjuləs] *s* człowieczek, karzeł

hon·est [ˈɔnɪst] *adj* uczciwy, prawy; szczery; porządny

hon·es·ty [ˈɔnɪstɪ] *s* uczciwość, prawość; szczerość

hon·ey [ˈhʌnɪ] *s* miód; *(mówiąc do kogoś)* kochanie

hon·our [ˈɔnə(r)] *s* honor, cześć; zaszczyt, odznaczenie; **to pass the exam with ~s** zdać egzamin z odznaczeniem; **in ~ of** na cześć; *vt* honorować; czcić;. zaszczycać

hon·our·a·ble [ˈɔnrbl] *adj* szanowny, czcigodny; honorowy, zaszczytny; prawy

hood [hud] *s* kaptur; nakrycie, osłona, daszek

hood·wink [ˈhudwɪŋk] *vt* zawiązać oczy; *przen.* zmylić

hoof [huf] *s* (*pl* ~s [hufs] *lub* **hooves** [huvz]) kopyto; **cattle on the ~** żywiec

hook [huk] *s* hak; haczyk; sierp; ostry zakręt; *geogr.* cypel; ~ **and eye** konik i haftka; *vt vi* zahaczyć ⟨się⟩, zaczepić ⟨się⟩; zagiąć ⟨się⟩; złapać (męża), złowić (rybę)

hoop [hup] *s* obręcz; *vt* otoczyć ⟨ścisnąć⟩ obręczą

hoop·ing-cough [ˈhupɪŋkɔf] *s* koklusz

hoot [hut] *vi* huczeć, hukać (**at** na kogoś); *(o syrenie)* wyć; *(o klaksonie)* trąbić; wygwizdać (**at sb** kogoś); *vt* wygwizdać (**an actor** aktora); ~ **down** zagłuszyć gwizdaniem

hoot·er [ˈhutə(r)] *s* syrena; klakson; gwizdek

hooves *zob.* **hoof**

hop 1. [hop] *s* skok; *pot.* potańcówka; *vi* skakać, podskakiwać

hop 2. [hop] *s* (*także pl* ~s) chmiel; *vt vi* zbierać chmiel

hope [həup] *s* nadzieja; *vi* mieć ⟨żywić⟩ nadzieję; spodziewać się (**for sth** czegoś)

hope·ful [ˈhəupfl] *adj* pełen nadziei, ufny; obiecujący

hope·less [ˈhəupləs] *adj* beznadziejny; zrozpaczony

horde [hɔd] *s* horda

ho·ri·zon [həˈraɪzn] *s* horyzont, widnokrąg

hor·i·zon·tal [ˌhɔrɪˈzɔntl] *adj* horyzontalny, poziomy

housemaid

horn [hɔn] s róg, rożek; klakson

horn·y ['hɔnɪ] adj rogowy; rogowaty

hor·ri·ble ['hɔrəbl] adj straszny, okropny

hor·rid ['hɔrɪd] adj straszny, odrażający; pot. niemiły

hor·ri·fy ['hɔrəfaɪ] vt przerażać

hor·ror ['hɔrə(r)] s odraza; przerażenie; okropność

horse [hɔs] s koń; zbior. konnica, jazda

horse·back ['hɔsbæk] s grzbiet koński; on ~ konno

horse-pow·er ['hɔspauə(r)] s techn. koń parowy (miara mocy)

horse-race ['hɔsreɪs], horse-rac·ing ['hɔsreɪsɪŋ] s wyścigi konne

horse-rad·ish ['hɔsrædɪʃ] s chrzan

horse·shoe ['hɔʃʃu] s podkowa

hor·ti·cul·ture ['hɔtɪkʌltʃə(r)] s ogrodnictwo

hose [həuz] s wąż (gumowy, do polewania itp.); zbior. wyroby pończosznicze; pończochy; trykoty; vt polewać z węża

ho·sier ['həuzɪə(r)] s handlarz wyrobami trykotarskimi, pończosznik

ho·sier·y ['həuzɪərɪ] s zbior. artykuły ⟨wyroby⟩ trykotarskie, trykotaże; pończochy i skarpetki

hos·pice ['hɔspɪs] s schronisko; przytułek

hos·pi·ta·ble [hə'spɪtəbl] adj gościnny

hos·pi·tal ['hɔspɪtl] s szpital

hos·pi·tal·i·ty ['hɔspɪ'tælətɪ] s gościnność

host 1. [həust] s orszak, zastęp; masa, mnóstwo; tłum (np. przyjaciół)

host 2. [həust] s gospodarz, pan domu; właściciel gospody

hos·tage ['hɔstɪdʒ] s zakładnik

hos·tel ['hɔstl] s dom akademicki, bursa; dom noclegowy

host·ess ['həustɪs] s gospodyni, pani domu

hos·tile ['hɔstaɪl] adj wrogi (to sb, sth komuś, czemuś)

hos·til·i·ty [hɔ'stɪlətɪ] s wrogość; pl hostilities działania ⟨kroki⟩ wojenne

hot [hɔt] adj gorący, palący; świeżo upieczony; (także o tropie) świeży; (także o anegdocie) pieprzny; namiętny, pobudliwy; (także o sporze) zawzięty; a ~ temper gwałtowne usposobienie; to get ~ over sth roznamiętnić się czymś

hot·bed ['hɔtbed] s inspekty

hotch·potch ['hɔtʃpɔtʃ] s mieszanina; przen. bigos, groch z kapustą

ho·tel [həu'tel] s hotel

hot·house ['hɔthaus] s cieplarnia, oranżeria

hound [haund] s pies myśliwski; vt szczuć (psami), ścigać, tropić

hour [auə(r)] s godzina; office ~s godziny urzędowe; small ~s wczesne godziny po północy; after ~s czas po godzinach urzędowania; at the eleventh ~ w ostatniej chwili

hour·ly ['auəlɪ] adj godzinny, cogodzinny; ciągły; adv co godzina; ciągle

house [haus] s dom; gospodarstwo (domowe); izba (w parlamencie); dom handlowy, firma, zakład; dynastia; teatr, widownia; to keep ~ prowadzić dom ⟨gospodarstwo⟩; vt [hauz] przyjąć do domu, gościć, umieścić pod dachem; dać mieszkanie; zaopatrzyć w mieszkania (people ludzi); magazynować, przechowywać (sth coś)

house-break·er ['hausbreɪkə(r)] s włamywacz; robotnik zatrudniony przy rozbiórce starych domów

house·hold ['haushəuld] s zbior. domownicy; gospodarstwo domowe; ~ goods artykuły gospodarstwa domowego

house·keep·er ['hauskipə(r)] s pani domu; gospodyni (służąca); kierownik działu gospodarczego

house·maid ['hausmeɪd] s pomocnica domowa, pokojówka

house·wife [ˈhauswaif] s gospodyni

hove zob. heave v

hov·el [ˈhovl] s rudera; buda, szopa

hov·er [ˈhovə(r)] vi unosić się ⟨wisieć⟩ w powietrzu; krążyć, kręcić się (about sb, sth dokoła kogoś, czegoś); przen. wahać się

how [hau] adv jak, w jaki sposób; ~ much ⟨many⟩ ile; przed przymiotnikiem: jaki; ~ nice he is! jaki(ż) on miły!

how·ev·er [hauˈevə(r)] adv jakkolwiek, jakimkolwiek sposobem; jednakowoż, jednak, tym niemniej; natomiast; conj chociaż, choćby, żeby

howl [haul] vi wyć; s wycie, ryk

hub [hʌb] s piasta (u koła); przen. centrum, ośrodek

huck·ster [ˈhʌkstə(r)] s kramarz; vi kupczyć, targować się

hud·dle [ˈhʌdl] vt vi nagromadzić, zwalić na kupę; ~ together stłoczyć (się); ~ up zwinąć (się) w kłębek; s kupa, tłum; natłok

hue 1. [hju] s zabarwienie, odcień

hue 2. [hju] s w zwrocie: ~ and cry krzykliwa pogoń za ściganym człowiekiem ⟨zwierzęciem⟩; przen. larum

hug [hʌg] vt tulić, ściskać, obejmować; trzymać się blisko (sth czegoś); s objęcie, uścisk

huge [hjudʒ] adj olbrzymi, ogromny

hull 1. [hʌl] s kadłub, ząb

hull 2. [hʌl] s łuska, łupina, strąk; vt łuszczyć, łuskać

hum [hʌm] vt vi brzęczeć, buczeć, warkotać; mruczeć; s brzęczenie, warkot, pomruk

hu·man [ˈhjumən] adj ludzki; ~ being człowiek; s istota ludzka

hu·mane [hjuˈmein] adj humanitarny, ludzki; humanistyczny

hu·man·ism [ˈhjumənizm] s humanizm

hu·man·i·tar·i·an [hjuˈmænɪˈteəriən] adj humanitarny, filantropijny; s filantrop

hu·man·i·ty [hjuˈmænəti] s ludzkość; humanitarność; pl humanities humanistyka

hum·ble [ˈhʌmbl] adj pokorny; skromny; niskiego stanu; vt upokarzać, poniżać

hum·bug [ˈhʌmbʌg] s oszustwo, blaga; oszust, blagier; brednie; vt vi blagować, oszukiwać

hum·drum [ˈhʌmdrʌm] adj jednostajny, banalny, nudny; s jednostajność, banalność; nudziarz, nieciekawy człowiek

hu·mid [ˈhjumid] adj wilgotny

hu·mid·i·ty [hjuˈmidəti] s wilgoć, wilgotność

hu·mil·i·ate [hjuˈmilieit] vt upokarzać, poniżać

hu·mil·i·ty [hjuˈmiləti] s pokora

hu·mor·ist [ˈhjumərist] s humorysta

hu·mor·ous [ˈhjumərəs] adj humorystyczny, zabawny, śmieszny

hu·mour [ˈhjumə(r)] s humor; nastrój; out of ~ w złym nastroju ⟨humorze⟩; vt dogadzać, pobłażać, folgować

hump [hʌmp] s garb; pot. chandra; vt zgarbić; wygiąć ⟨w łuk⟩; vr ~ oneself zgarbić się; wygiąć się w łuk

hump·back [ˈhʌmpbæk] s garb; garbus

hunch [hʌntʃ] s garb; pajda (chleba itp.)

hun·dred [ˈhʌndrəd] num sto; s setka

hun·dredth [ˈhʌndrədθ] adj setny; s jedna setna

hun·dred·weight [ˈhʌndrədweit] s cetnar

hung zob. hang

Hun·ga·ri·an [hʌŋˈgeəriən] adj węgierski; s Węgier; język węgierski

hun·ger [ˈhʌŋgə(r)] s głód (for sth czegoś); vi głodować; pożądać (after ⟨for⟩ sth czegoś)

hun·gry [ˈhʌŋgri] adj głodny, wygłodzony; to be ~ for sth pragnąć ⟨pożądać⟩ czegoś

hunt [hʌnt] *vt vi* polować **(animals na zwierzynę)**; ścigać **(sb ⟨for sb⟩** kogoś); poszukiwać **(after ⟨for⟩ sb, sth** kogoś, czegoś); ~ **down** dopaść, pojmać **(sb** kogoś); ~ **out** wygnać; wyszukać; *s* polowanie; pościg; poszukiwanie

hunt·er [ˈhʌntə(r)] *s* myśliwy

hunt·ing [ˈhʌntɪŋ] *s* polowanie, pościg; *attr* myśliwski

hur·dle [ˈhɜdl] *s* płot, płotek; *sport pl* ~**s (także** ~-**race)** bieg przez płotki

hurl [hɜl] *vt* miotać; ciskać; *s* rzut

hur·ri·cane [ˈhʌrɪkən] *s* huragan

hur·ried [ˈhʌrɪd] *pp i adj* pośpieszny

hur·ry [ˈhʌrɪ] *s* pośpiech; *vt vi* przyspieszać, ponaglić; *(także* ~ **up)** spieszyć się

***hurt** [hɜt], **hurt, hurt** [hɜt] *vt vi* skaleczyć, zranić; zaszkodzić, uszkodzić; urazić, dotknąć; boleć; *s* skaleczenie, rana; ból; uszkodzenie, krzywda, szkoda, uraz (psychiczny)

hus·band [ˈhʌzbənd] *s* mąż, małżonek; *vt* oszczędnie gospodarować **(sth** czymś)

hus·band·ry [ˈhʌzbəndrɪ] *s* gospodarka; uprawa roli

hush [hʌʃ] *vt vi* uciszyć; ucichnąć; ~ **up** zataić, zatuszować; *s* cisza; *int* cicho! sza!

husk [hʌsk] *s* łuska, łupina; *vt* łuszczyć, łuskać

husk·y [ˈhʌskɪ] *adj* pokryty łupiną; łuskowaty; krzepki, czerstwy; (*o głosie*) ochrypły

hus·tle [ˈhʌsl] *s* rwetes, krzątanina, bieganina, popychanie (się);

vt vi tłoczyć (się), popychać (się), szturchać

hut [hʌt] *s* chata, szałas

hy·a·cinth [ˈhaɪəsɪnθ] *s* hiacynt

hy·ae·na [haɪˈinə] *s* hiena

hy·brid [ˈhaɪbrɪd] *s* hybryda, hybryd, krzyżówka

hy·drau·lic [haɪˈdrɔlɪk] *adj* hydrauliczny

hy·dro·gen [ˈhaɪdrədʒən] *s chem.* wodór; ~ **bomb** bomba wodorowa

hy·dro·plane [ˈhaɪdrəpleɪn] *s lotn.* wodnopłatowiec

hy·e·na = **hyaena**

hy·giene [ˈhaɪdʒin] *s* higiena

hy·gi·en·ic [ˈhaɪdʒɪnɪk] *adj* higieniczny

hymn [hɪm] *s* hymn

hy·per·bo·le [haɪˈpɜbəlɪ] *s* hiperbola, przesadnia

hy·phen [ˈhaɪfn] *s gram.* łącznik

hyp·no·sis [hɪpˈnəʊsɪs] *s* hipnoza

hyp·not·ic [hɪpˈnotɪk] *adj* hipnotyczny

hyp·no·tize [ˈhɪpnətaɪz] *vt* hipnotyzować

hy·poc·ri·sy [hɪˈpokrəsɪ] *s* hipokryzja, obłuda

hyp·o·crite [ˈhɪpəkrɪt] *s* hipokryta

hy·po·der·mic [ˌhaɪpəˈdɜmɪk] *adj* podskórny

hy·poth·e·sis [haɪˈpoθəsɪs] *s (pl* **hypotheses** [haɪˈpoθəsiz]) hipoteza

hys·te·ri·a [hɪˈstɪərɪə] *s* histeria

hys·ter·ical [hɪˈsterɪkl] *adj* histeryczny

hys·ter·ics [hɪˈsterɪks] *s* napad histerii

i

I [aɪ] *pron* ja

ice [aɪs] *s* lód; = **ice-cream**

ice·berg [ˈaɪsbɜːɡ] *s* góra lodowa

ice·bound [ˈaɪsbaʊnd] *adj* skuty lodem; uwięziony w lodach

ice-break·er [ˈaɪsbreɪkə(r)] *s* łamacz lodów, lodołamacz

ice-ci·cle [ˈaɪskrɪm] *s* lody

i·ci·cle [ˈaɪsɪkl] *s* sopel

icon [ˈaɪkɒn] *s* ikona

i·cy [ˈaɪsɪ] *adj* lodowaty

I'd [aɪd] = **I had; I should; I would**

i·de·a [aɪˈdɪə] *s* idea; pojęcie, myśl, pomysł; **I don't get the ~** nie rozumiem; **I have the ⟨an⟩ ~ that ...** mam wrażenie ⟨wydaje mi się⟩, że ...

i·de·al [aɪˈdɪəl] *adj* idealny; *s* ideał

i·de·al·ism [aɪˈdɪəlɪzəm] *s* idealizm

i·de·al·ize [aɪˈdɪəlaɪz] *vt* idealizować

i·den·ti·c(al) [aɪˈdentɪk(l)] *adj* identyczny

i·den·ti·fy [aɪˈdentɪfaɪ] *vt* utożsamiać, identyfikować; rozpoznać

i·den·ti·ty [aɪˈdentətɪ] *s* identyczność, tożsamość; **~ card** dowód osobisty, legitymacja

i·de·o·log·i·cal [ˈaɪdɪəˈlɒdʒɪkl] *adj* ideologiczny

i·de·ol·o·gy [ˈaɪdɪˈɒlədʒɪ] *s* ideologia

id·i·o·cy [ˈɪdɪəsɪ] *s* idiotyzm; niedorozwój umysłowy

id·i·om [ˈɪdɪəm] *s* idiom, wyrażenie idiomatyczne; język danego kraju; dialekt, narzecze; właściwość językowa, styl

id·i·o·mat·ic [ˈɪdɪəˈmætɪk] *adj* idiomatyczny

id·i·ot [ˈɪdɪət] *s* idiota

id·i·ot·ic [ˈɪdɪˈɒtɪk] *adj* idiotyczny

i·dle [ˈaɪdl] *adj* leniwy; bezczynny; bez pracy; daremny; próżny; bezpodstawny; błahy; bezwartościowy; *vi* leniuchować, próżno-

wać; *vt (także* **~ away**) marnować

i·dler [ˈaɪdlə(r)] *s* próżniak, leń, nierób, wałkoń

i·dol [ˈaɪdl] *s* bożyszcze, bożek

i·dol·a·try [aɪˈdɒlətrɪ] *s* bałwochwalstwo

i·dol·ize [ˈaɪdlaɪz] *vt* ubóstwiać, czcić bałwochwalczo

i·dyll [ˈɪdl] *s* sielanka

if [ɪf] *conj* jeżeli, jeśli, o ile; gdyby, jeśli by; *w zdaniach pytających zależnych*: czy; **I wonder if he is there** ciekaw jestem, czy on tam jest; **if I knew** gdybym wiedział; **if necessary** w razie potrzeby; **if not** w przeciwnym wypadku ⟨razie⟩; **as if** jak gdyby

ig·ni·tion [ɪɡˈnɪʃn] *s* palenie się, zapalenie; zapłon

ig·no·ble [ɪɡˈnəʊbl] *adj* podły, haniebny

ig·no·min·i·ous [ˈɪɡnəˈmɪnɪəs] *adj* haniebny, sromotny

ig·no·min·y [ˈɪɡnəmɪnɪ] *s* podłość, hańba

ig·no·ra·mus [ˈɪɡnəˈreɪməs] *s* nieuk, ignorant

ig·no·rance [ˈɪɡnərəns] *s* ignorancja; nieznajomość (**of sth** czegoś)

ig·no·rant [ˈɪɡnərənt] *adj* nie wiedzący (**of sth** o czymś), nieświadomy (**of sth** czegoś); niewykształcony, ciemny

ig·nore [ɪɡˈnɔː(r)] *vt* ignorować, nie zwracać uwagi, nie zważać

ill [ɪl] *adj* (*comp* **worse** [wɜːs], *sup* **worst** [wɜːst]) zły, niedobry, szkodliwy; *praed adv* źle; **to fall ⟨get, be taken⟩ ~** zachorować; *adv* źle; niedostatecznie, niewłaściwie; ledwo, z trudem; *s* zło

I'll [aɪl] = **I shall, I will**

immense

il·le·gal [ɪˈliːgl] *adj* bezprawny, nieprawny, nielegalny

il·leg·i·ble [ɪˈledʒəbl] *adj* nieczytelny

il·le·git·i·mate [ˌɪlɪˈdʒɪtɪmət] *adj* nieprawny; (*o dziecku*) nieślubny

ill-fated [ˈɪlˈfeɪtɪd] *adj* nieszczęsny, nieszczęśliwy

il·lib·er·al [ɪˈlɪbrl] *adj* nieliberalny; ograniczony (umysłowo); skąpy

il·lic·it [ɪˈlɪsɪt] *adj* nielegalny, zakazany

il·lit·er·a·cy [ɪˈlɪtrəsɪ] *s* analfabetyzm, nieuctwo

il·lit·er·ate [ɪˈlɪtrət] *adj* niepiśmienny; *s* analfabeta

ill·ness [ˈɪlnəs] *s* choroba

il·log·i·cal [ɪˈlɒdʒɪkl] *adj* nielogiczny

ill-tem·pered [ˈɪlˈtempəd] *adj* zły, rozdrażniony; o złym usposobieniu

ill-timed [ˈɪlˈtaɪmd] *adj* będący nie na czasie ⟨nie w porę⟩; niefortunny

ill-treat [ˈɪlˈtriːt] *vt* źle traktować, maltretować

il·lu·mi·nate [ɪˈluːmɪneɪt] *vt* oświetlać; oświecać, rozjaśniać; iluminować

il·lu·mi·na·tion [ɪˌluːmɪˈneɪʃn] *s* oświetlenie; oświecenie, rozjaśnienie; iluminacja

il·lu·mine [ɪˈluːmɪn] = **illuminate**

il·lu·sion [ɪˈluːʒn] *s* złudzenie, iluzja

il·lu·sive [ɪˈluːsɪv] *adj* złudny, zwodniczy

il·lu·so·ry [ɪˈluːsərɪ] *adj* iluzoryczny, nierzeczywisty

il·lus·trate [ˈɪləstreɪt] *vt* ilustrować; objaśniać

il·lus·tra·tion [ˌɪləˈstreɪʃn] *s* ilustracja

il·lus·tra·tive [ˈɪləstrətɪv] *adj* ilustrujący (*of sth* coś)

il·lus·tri·ous [ɪˈlʌstrɪəs] *adj* wybitny, znamienity

I'm [aɪm] **= I am**

im·age [ˈɪmɪdʒ] *s* obraz, podobizna, posąg; wyobrażenie

im·age·ry [ˈɪmɪdʒrɪ] *s* obrazowość (opisu itp.); zbior. obrazy, wizerunki

im·ag·i·na·ble [ɪˈmædʒnəbl] *adj* dający się wyobrazić, wyobrażalny

im·ag·i·nar·y [ɪˈmædʒnrɪ] *adj* urojony, wyimaginowany

im·ag·i·na·tion [ɪˌmædʒɪˈneɪʃn] *s* imaginacja, wyobraźnia

im·ag·i·na·tive [ɪˈmædʒnətɪv] *adj* obdarzony wyobraźnią, pomysłowy

im·ag·ine [ɪˈmædʒɪn] *vt* wyobrażać sobie; przypuszczać; mieć wrażenie

im·be·cile [ˈɪmbəsiːl] *adj* niedorozwinięty umysłowo; *s* imbecyl, idiota

im·bibe [ɪmˈbaɪb] *vt* wchłaniać, absorbować, wsysać, wdychać

im·bro·glio [ɪmˈbrəʊliəʊ] *s* powikłanie, zawikłana sytuacja

im·bue [ɪmˈbjuː] *vt* napawać; nasycać; wpajać

im·i·tate [ˈɪmɪteɪt] *vt* naśladować, imitować

im·i·ta·tion [ˌɪmɪˈteɪʃn] *s* imitacja, naśladownictwo

im·i·ta·tive [ˈɪmɪtətɪv] *adj* naśladowczy, naśladujący (*of sth* coś)

im·mac·u·late [ɪˈmækjulət] *adj* niepokalany, nieskazitelny

im·ma·te·ri·al [ˌɪməˈtɪərɪəl] *adj* niematerialny; nieistotny

im·ma·ture [ˌɪməˈtjʊə(r)] *adj* niedojrzały, nierozwinięty

im·meas·ur·a·ble [ɪˈmeʒrəbl] *adj* niezmierzony, niezmierny, bezgraniczny

im·me·di·ate [ɪˈmiːdɪət] *adj* bezpośredni; najbliższy; natychmiastowy; bezzwłoczny; pilny

im·me·di·ate·ly [ɪˈmiːdɪətlɪ] *adv* bezpośrednio; natychmiast; tuż obok

im·me·mo·ri·al [ˌɪməˈmɔːrɪəl] *adj* odwieczny; **from time ~** od niepamiętnych czasów

im·mense [ɪˈmens] *adj* ogromny, niezmierny

im·merse [ɪˈmɜs] *vt* zanurzyć; pogrążyć

im·mi·grant [ˈɪmɪɡrənt] *s* imigrant; *adj* imigrujący

im·mi·grate [ˈɪmɪɡreɪt] *vi* imigrować

im·mi·gra·tion [ˌɪmɪˈɡreɪʃn] *s* imigracja

im·mi·nence [ˈɪmɪnəns] *s* bezpośrednia bliskość (w czasie), bezpośrednie zagrożenie

im·mi·nent [ˈɪmɪnənt] *adj* zbliżający się, bezpośrednio zagrażający

im·mo·bile [ɪˈməʊbaɪl] *adj* nieruchomy, unieruchomiony

im·mo·bil·i·ty [ˌɪməˈbɪlətɪ] *s* nieruchomość, bezruch

im·mod·er·ate [ɪˈmɒdrət] *adj* nieumiarkowany, nadmierny

im·mod·est [ɪˈmɒdɪst] *adj* nieskromny, nieprzyzwoity

im·mor·al [ɪˈmɒrl] *adj* niemoralny

im·mo·ral·i·ty [ˌɪməˈrælətɪ] *s* niemoralność

im·mor·tal [ɪˈmɔtl] *adj* nieśmiertelny

im·mor·tal·i·ty [ˌɪmɔˈtælətɪ] *s* nieśmiertelność

im·mov·a·ble [ɪˈmuvəbl] *adj* nieruchomy, niewzruszony; *s pl* ~s nieruchomości

im·mune [ɪˈmjun] *adj* odporny (from ⟨against⟩ sth na coś); wolny (np. od obowiązku)

im·mu·ni·ty [ɪˈmjunətɪ] *s* odporność; immunitet, nietykalność; wolność (np. od obowiązku)

im·mu·nize [ˈɪmjunaɪz] *vt* uodpornić, immunizować

im·mu·ta·ble [ɪˈmjutəbl] *adj* niezmienny, stały

imp [ɪmp] *s* diabełek, chochlik; (o dziecku) diablę

im·pact [ˈɪmpækt] *s* uderzenie, zderzenie; wpływ, oddziaływanie, działanie

im·pair [ɪmˈpeə(r)] *vt* uszkodzić; osłabić, nadwątlić

im·pal·pa·ble [ɪmˈpælpəbl] *adj* niewyczuwalny; nieuchwytny, niepojęty

im·part [ɪmˈpat] *vt* użyczyć, udzielić; przekazać

im·par·tial [ɪmˈpɑʃl] *adj* bezstronny

im·par·ti·al·i·ty [ˌɪmˈpɑʃɪˈælətɪ] *s* bezstronność

im·pas·sioned [ɪmˈpæʃnd] *adj* namiętny, roznamiętniony

im·pas·sive [ɪmˈpæsɪv] *adj* beznamiętny; nieczuły

im·pa·tience [ɪmˈpeɪʃns] *s* niecierpliwość, zniecierpliwienie (of sth czymś)

im·pa·tient [ɪmˈpeɪʃnt] *adj* niecierpliwy, zniecierpliwiony (of sth czymś)

im·peach [ɪmˈpitʃ] *vt* kwestionować; podać w wątpliwość; oskarżyć

im·pec·ca·ble [ɪmˈpekəbl] *adj* bezgrzeszny; nienaganny

im·pe·cu·ni·ous [ˌɪmpɪˈkjunɪəs] *adj* niezamożny, ubogi, bez pieniędzy

im·pede [ɪmˈpid] *vt* zatrzymywać; przeszkadzać, krępować

im·ped·i·ment [ɪmˈpedɪmənt] *s* przeszkoda, zawada

im·pel [ɪmˈpel] *vt* zmusić, skłonić; poruszyć, uruchomić

im·pend [ɪmˈpend] *vi* bezpośrednio zagrażać; *dosł. i przen.* wisieć (over sb nad kimś)

im·pen·e·tra·ble [ɪmˈpenɪtrəbl] *adj* nieprzenikliwy, nieprzepuszczalny; niezgłębiony; niedostępny

im·per·a·tive [ɪmˈperətɪv] *adj* rozkazujący; naglący, niezbędny; władczy; *s gram.* tryb rozkazujący

im·per·cep·ti·ble [ˌɪmpəˈseptəbl] *adj* niedostrzegalny; nieuchwytny

im·per·fect [ɪmˈpɜfɪkt] *adj* niedoskonały, wadliwy; *gram.* niedokonany; *s gram.* czas przeszły niedokonany

im·per·fec·tion [ˌɪmpəˈfekʃn] *s* niedoskonałość, wadliwość; wada

im·pe·ri·al [ɪmˈpɪərɪəl] *adj* cesarski; majestatyczny, królewski

im·pe·ri·al·ism [ɪmˈpɪərɪəlɪzm] s
imperializm
im·pe·ri·al·ist [ɪmˈpɪərɪəlɪst] s imperialista; *attr* imperialistyczny
im·per·il [ɪmˈperl] *vt* narażać na
niebezpieczeństwo
im·pe·ri·ous [ɪmˈpɪərɪəs] *adj* rozkazujący, władczy; naglący, naka-
zujący
im·per·ish·a·ble [ɪmˈperɪʃəbl] *adj*
wieczny, trwały, niezniszczalny
im·per·me·a·ble [ɪmˈpɜmɪəbl] *adj*
nieprzenikniony, nieprzepuszczalny
im·per·son·al [ɪmˈpɜsnl] *adj* nieosobowy, bezosobowy
im·per·so·nate [ɪmˈpɜsneɪt] *vt* ucieleśniać, personifikować, uosabiać; odgrywać (rolę)
im·per·so·na·tion [ɪmˈpɜsnˈeɪʃn] s
ucieleśnienie, uosobienie; odgry-
wanie (roli)
im·per·ti·nence [ɪmˈpɜtɪnəns] s impertynencja; niestosowność
im·per·ti·nent [ɪmˈpɜtɪnənt] s impertynencki; niestosowny, nie
na miejscu
im·per·turb·a·ble [ˈɪmpəˈtɜbəbl] *adj*
niewzruszony
im·per·vi·ous [ɪmˈpɜvɪəs] *adj* nieprzepuszczalny; nieczuły ⟨głuchy⟩
(to sth na coś)
im·pet·u·os·i·ty [ɪmˈpetʃʊˈɒsətɪ] s
porywczość, impulsywność, popędliwość
im·pet·u·ous [ɪmˈpetʃʊəs] *adj* porywczy, impulsywny, popędliwy
im·pe·tus [ˈɪmpɪtəs] s bodziec, pęd,
impuls; rozpęd, impet
im·pi·ous [ˈɪmpɪəs] *adj* bezbożny
im·pla·ca·ble [ɪmˈplækəbl] *adj* nieubłagany, nieugięty
im·plant [ɪmˈplant] *vt* sadzić;
przen. wpajać, wszczepiać
im·ple·ment [ˈɪmpləmənt] s narzędzie, sprzęt; *pl* ~s przybory
im·pli·cate [ˈɪmplɪkeɪt] *vt* wplątać,
wciągnąć, uwikłać; włączać; zawierać; pociągać za sobą; implikować
im·pli·ca·tion [ˈɪmplɪˈkeɪʃn] s włączenie; wplątanie, uwikłanie; su-

gestia, (ukryte) znaczenie, impli-
kacja
im·plic·it [ɪmˈplɪsɪt] *adj* dający się
wywnioskować, domniemany;
niezaprzeczalny, bezwzględny
im·plore [ɪmˈplɔ(r)] *vt* błagać
im·ply [ɪmˈplaɪ] *vt* mieścić ⟨kryć,
zawierać⟩ w sobie; oznaczać, implikować; dawać do zrozumienia;
zakładać
im·po·lite [ˈɪmpəˈlaɪt] *adj* nieuprzejmy, niegrzeczny
im·po·li·tic [ɪmˈpɒlətɪk] *adj* niepolityczny; niezręczny; nierozsądny
im·port [ɪmˈpɔt] *vt* importować;
znaczyć, oznaczać; s [ˈɪmpɔt]
import; znaczenie, treść; doniosłość
im·por·tance [ɪmˈpɔtns] s znaczenie, ważność
im·por·tant [ɪmˈpɔtnt] *adj* ważny,
znaczący, doniosły
im·por·ta·tion [ˈɪmpɔˈteɪʃn] s im-
portowanie, przywóz
im·por·tu·nate [ɪmˈpɔtʃunət] s natarczywy, natrętny; naglący
im·por·tune [ɪmˈpɔtʃun] *vt* dokuczać, molestować; nudzić **(sb for
sth** kogoś o coś)
im·por·tu·ni·ty [ˈɪmpəˈtjunətɪ] s
natarczywość, natręctwo, na-
przykrzanie się
im·pose [ɪmˈpəuz] *vt* nakładać, nakazywać, narzucać **(sth on sb**
coś komuś); *vi* oszukiwać, naciągać **(on** ⟨**upon**⟩ **sb** kogoś)
im·pos·ing [ɪmˈpəuzɪŋ] *ppraes i adj*
imponujący, okazały
im·po·si·tion [ˈɪmpəˈzɪʃn] s nałożenie, narzucenie; okpienie, nacią-
ganie
im·pos·si·bil·i·ty [ɪmˈposəˈbɪlətɪ] s
niemożliwość
im·pos·si·ble [ɪmˈposəbl] *adj* niemożliwy
im·post [ˈɪmpəust] s podatek, cło;
sport dodatkowe obciążenie konia
im·pos·tor [ɪmˈpostə(r)] s oszust
im·pos·ture [ɪmˈpostʃə(r)] s oszustwo

im·po·tence [`ɪmpətəns] s niemoc, impotencja; nieudolność

im·po·tent [`ɪmpətənt] adj bezsilny; nieudolny; s impotent

im·pov·er·ish [ɪm`povərɪʃ] vt doprowadzić do ubóstwa, zubożyć; wyniszczyć; osłabić

im·prac·ti·ca·ble [ɪm`præktɪkəbl] adj niewykonalny; (o drodze, terenie) nie do przebycia; krnąbrny

im·pre·cate [`ɪmprɪkeɪt] vt przeklinać; złorzeczyć

im·preg·na·ble [ɪm`pregnəbl] adj nie do zdobycia, niepokonany; niezachwiany, niewzruszony

im·preg·nate [`ɪmpregneɪt] vt impregnować; zaszczepić, wpoić, wdrożyć

im·press [ɪm`pres] vt pozostawić, odcisnąć, wycisnąć (odbicie); zrobić ⟨wywrzeć⟩ wrażenie (sb na kimś); wryć ⟨wbić⟩ (w pamięć); wpoić, zasugerować; przymusowo wcielić do wojska; rekwirować; s [`ɪmpres] odbicie, odcisk; piętno

im·pres·sion [ɪm`preʃn] s odbicie, odcisk; znak, piętno; wrażenie; druk, odbitka; nakład

im·pres·sive [ɪm`presɪv] adj robiący ⟨wywołujący⟩ wrażenie, uderzający, imponujący

im·press·ment [ɪm`presmənt] s przymusowe wcielenie do wojska; rekwizycja

im·print [ɪm`prɪnt] vt odbijać, wytłaczać, wyciskać, pozostawić odbitkę ⟨odcisk⟩; wryć ⟨wbić⟩ (w pamięć; s [`ɪmprɪnt] odbicie, odcisk; piętno; nadruk (firmowy)

im·pris·on [ɪm`prɪzn] vt uwięzić

im·pris·on·ment [ɪm`prɪznmənt] s uwięzienie

im·prob·a·bil·i·ty [`ɪm`probə`bɪlətɪ] s nieprawdopodobieństwo

im·prob·a·ble [ɪm`probəbl] adj nieprawdopodobny

im·promp·tu [ɪm`promptju] adj improwizowany; adv (robić coś) improwizując

im·prop·er [ɪm`propə(r)] adj niewłaściwy, nieodpowiedni; nieprzyzwoity

im·pro·pri·e·ty [`ɪmprə`praɪətɪ] s niewłaściwość; nieprzyzwoitość

im·prove [ɪm`pruv] vt vi poprawić ⟨udoskonalić, ulepszyć⟩ (się); ulepszyć, upiększyć (on ⟨upon⟩ sth coś); podnieść (wartość, jakość itd.); zyskać na wartości ⟨jakości itd.⟩

im·prove·ment [ɪm`pruvmənt] s poprawa; ulepszenie, udoskonalenie; podniesienie wartości ⟨jakości itd.⟩

im·prov·i·dent [ɪm`provɪdənt] adj nieprzezorny, lekkomyślny

im·pro·vise [`ɪmprəvaɪz] vt vi improwizować

im·pru·dence [ɪm`prudəns] s nieopatrzność, nieroztropność

im·pu·dence [`ɪmpjudəns] s bezwstyd, zuchwalstwo

im·pugn [ɪm`pjun] vt kwestionować, zbijać (twierdzenie)

im·pulse [`ɪmpʌls] s impuls, bodziec, odruch

im·pul·sive [ɪm`pʌlsɪv] adj impulsywny; (o sile) napędowy

im·pu·ni·ty [ɪm`pjunətɪ] s bezkarność

im·pure [ɪm`pjuə(r)] adj nieczysty; zanieczyszczony

im·pu·ri·ty [ɪm`pjuərətɪ] s nieczystość; zanieczyszczenie

im·pu·ta·tion [`ɪmpju`teɪʃn] s przypisywanie (np. winy), zarzut

im·pute [ɪm`pjut] vt przypisywać (np. winę), zarzucać

in [ɪn] praep określa miejsce: w, we, wewnątrz, na, do; czas: w ciągu, w czasie, za; in a month za miesiąc; in a word jednym słowem; in fact faktycznie; in honour ku czci; in ink atramentem; in order that ażeby; in pairs parami; in short pokrótce ⟨krótko mówiąc⟩; in so far as o tyle, o ile; in that w tym, że; o tyle, że; in the morning rano; written in my hand pisane moją ręką; in writing na piśmie ⟨pisemnie⟩; adv w środku, wewnątrz, w domu; do środka, do wewnątrz ⟨wnętrza⟩; **to be in** być wewnątrz ⟨w domu⟩; **the train** ⟨bus etc.⟩ **is in** pociąg ⟨autobus itd.⟩ przyjechał; **to be in for sth** stać przed czymś (spodziewanym), oczekiwać czegoś; **to come in** wejść; **s** *polit.* (*zw. pl*) **the ins** partia rządząca; **the ins and outs** wszystkie dane ⟨szczegóły, tajniki⟩ (sprawy)

in·a·bil·i·ty [ˌɪnəˈbɪlɪtɪ] s niezdolność, niemożność

in·ac·ces·si·ble [ˌɪnækˈsesəbl] *adj* niedostępny, nieprzystępny

in·ac·cu·ra·cy [ɪnˈækjərəsɪ] s niedokładność

in·ac·cu·rate [ɪnˈækjərət] *adj* niedokładny

in·ac·tion [ɪnˈækʃn] s bezczynność

in·ac·tive [ɪnˈæktɪv] *adj* bezczynny, bierny

in·ac·tiv·i·ty [ˌɪnækˈtɪvətɪ] s bezczynność, bierność

in·ad·e·qua·cy [ɪnˈædɪkwəsɪ] s nieodpowiedniość, niewystarczalność

in·ad·e·quate [ɪnˈædɪkwət] *adj* nieodpowiedni, niedostateczny

in·ad·mis·si·ble [ˌɪnədˈmɪsəbl] *adj* niedopuszczalny

in·ad·vert·ent [ˌɪnədˈvɜːtnt] *adj* niebaczny, nieuważny, niedbały

in·a·li·en·a·ble [ɪnˈeɪlɪənəbl] *adj* *prawn.* niepozbywalny, nieprzenośny

in·ane [ɪˈneɪn] *adj* próżny; głupi; bezmyślny

in·an·i·mate [ɪnˈænɪmət] *adj* nieożywiony, bezduszny, martwy

in·a·ni·tion [ˌɪnəˈnɪʃn] s wyczerpanie, wycieńczenie (*zw.* z głodu)

in·an·i·ty [ɪnˈænətɪ] s próżność; głupota, bezmyślność

in·ap·pli·ca·ble [ɪnˈæplɪkəbl] *adj* nie dający się zastosować, nieodpowiedni

in·ap·pro·pri·ate [ˌɪnəˈprəʊprɪət] *adj* niestosowny, niewłaściwy

in·apt [ɪnˈæpt] *adj* niezdolny, niezdatny; nieodpowiedni

in·ar·tic·u·late [ˌɪnɑːˈtɪkjulət] *adj* niewyraźny; nieartykułowany; mówiący niewyraźnie

in·as·much [ˌɪnəzˈmʌtʃ] *adv* w połączeniu z as: ~ **as** o tyle, że; o tyle, o ile; jako, że; ponieważ; wobec tego, że

in·at·ten·tive [ˌɪnəˈtentɪv] *adj* nieuważny, niebaczny

in·au·di·ble [ɪnˈɔːdəbl] *adj* niesłyszalny

in·au·gu·ral [ɪˈnɔːgjurl] *adj* inauguracyjny, wstępny

in·au·gu·rate [ɪˈnɔːgjureɪt] *vt* inaugurować; wprowadzać, intronizować; rozpoczynać

in·au·gu·ra·tion [ɪˌnɔːgjuˈreɪʃn] s inauguracja; wprowadzenie

in·born [ˈɪnˈbɔːn] *adj* wrodzony

in·bred [ˈɪnˈbred] *adj* wpojony

in·cal·cu·la·ble [ɪnˈkælkjuləbl] *adj* nieobliczalny; nie dający się przewidzieć

in·can·des·cent [ˌɪnkænˈdesnt] *adj* żarzący się; ~ **lamp** żarówka

in·can·ta·tion [ˌɪnkænˈteɪʃn] s zaklęcie, formuła czarodziejska

in·ca·pa·ble [ɪnˈkeɪpəbl] *adj* niezdolny (**of sth** do czegoś)

in·ca·pac·i·tate [ˌɪnkəˈpæsɪteɪt] *vt* uczynić niezdolnym (**from** ⟨**for**⟩ **sth** do czegoś)

in·ca·pac·i·ty [ˌɪnkəˈpæsətɪ] s niezdolność, nieudolność

in·car·nate [ɪnˈkɑːnət] *adj* wcielony; *vt* wcielić

in·car·na·tion [ˌɪnkɑːˈneɪʃn] s wcielenie

in·cen·di·a·ry [ɪnˈsendɪərɪ] *adj* zapalający; palny; podżegający; s podpalacz; podżegacz

in·cense 1. [ˈɪnsens] s kadzidło; *przen.* pochlebstwo; *vt vi* okadzić; palić kadzidło

in·cense 2. [ɪnˈsens] *vt* rozdrażnić, rozzłościć

in·cen·tive [ɪnˈsentɪv] *adj* podniecający; s podnieta

in·cep·tion [ɪnˈsepʃn] s początek, zapoczątkowanie

in·cep·tive [ɪnˈseptɪv] *adj* początkowy

in·cer·ti·tude [ɪnˈsɜːtɪtjud] *s* niepewność

in·ces·sant [ɪnˈsesnt] *adj* nieprzerwany, nieustający

in·cest [ˈɪnsest] *s* kazirodztwo

in·ces·tu·ous [ɪnˈsestʃuəs] *adj* kazirodczy

inch [ɪntʃ] *s* cal; by ~es po trochu; ~ by ~ stopniowo

in·ci·dent [ˈɪnsɪdənt] *adj* związany (to sth z czymś), wynikający (to sth z czegoś); *fiz.* padający (np. promień); *s* zajście, wypadek, incydent

in·ci·den·tal [ɪnsɪˈdentl] *adj* przypadkowy, przygodny, uboczny; związany (to sth z czymś), wynikający (to sth z czegoś)

in·cin·er·ate [ɪnˈsɪnəreɪt] *vt* spalić na popiół

in·cip·i·ence [ɪnˈsɪpɪəns] *s* początek, zaczątek

in·cip·i·ent [ɪnˈsɪpɪənt] *adj* zaczynający się, początkowy

in·ci·sion [ɪnˈsɪʒn] *s* wcięcie, nacięcie

in·ci·sive [ɪnˈsaɪsɪv] *adj* tnący, ostry; przenikliwy; cięty

in·ci·sor [ɪnˈsaɪzə(r)] *s* siekacz (ząb)

in·cite [ɪnˈsaɪt] *vt* pobudzać, podniecać; namawiać, podburzać

in·cite·ment [ɪnˈsaɪtmənt] *s* podnieta, bodziec; namowa, podburzanie

in·ci·vil·i·ty [ɪnsɪˈvɪlətɪ] *s* niegrzeczność

in·clem·en·cy [ɪnˈklemənsɪ] *s* surowość, ostrość

in·cli·na·tion [ˈɪnklɪˈneɪʃn] *s* nachylenie; pochyłość; skłonność

in·cline [ɪnˈklaɪn] *vt vi* nachylać (się), przychylać (się), skłaniać (się); *s* [ˈɪnklaɪn] nachylenie, pochyłość, stok

in·close [ɪnˈkləuz] = enclose

in·clude [ɪnˈklud] *vt* włączać, zawierać

in·clu·sion [ɪnˈkluʒn] *s* włączenie

in·clu·sive [ɪnˈklusɪv] *adj* zawierający w sobie; obejmujący; (o sumie) globalny; from ... to ... ~

od ... do ... włącznie; ~ of ... łącznie z ...; liczony włącznie (sth z czymś)

in·co·her·ent [ˈɪnkəuˈhɪərnt] *adj* nie powiązany, bez związku; chaotyczny, bezładny, niesystematyczny

in·com·bus·ti·ble [ɪnkəmˈbʌstəbl] *adj* niepalny

in·come [ˈɪnkəm] *s* dochód

in·com·ing [ɪnˈkʌmɪŋ] *adj* przybywający, nadchodzący; *s* nadejście, przybycie; dopływ; *pl* ~s dochody, wpływy

in·com·men·su·rate [ˈɪnkəˈmenʃərət] *adj* niewspółmierny, nieproporcjonalny

in·com·pa·ra·ble [ɪnˈkɒmpərəbl] *adj* nie do porównania (to 〈with〉 sb, sth z kimś, czymś); niezrównany

in·com·pat·i·ble [ɪnkəmˈpætəbl] *adj* nie dający się pogodzić, sprzeczny

in·com·pe·tence, **in·com·pe·ten·cy** [ɪnˈkɒmpɪtəns(ɪ)] *s* niekompetencja; nieudolność; niezdolność

in·com·plete [ˈɪnkəmˈplɪt] *adj* niepełny, nie zakończony; niedoskonały

in·com·pre·hen·si·ble [ˈɪnˈkɒmprɪ ˈhensəbl] *adj* niezrozumiały

in·con·ceiv·a·ble [ˈɪnkənˈsivəbl] *adj* niepojęty

in·con·gru·i·ty [ˈɪnkɒŋˈgruətɪ] *s* brak związku; niezgodność; niestosowność, niewłaściwie

in·con·gru·ous [ɪnˈkɒŋgruəs] *adj* nie mający związku; niezgodny; niestosowny, niewłaściwy; dziwaczny; bezsensowny

in·con·se·quent [ɪnˈkɒnsɪkwənt] *adj* niekonsekwentny, nielogiczny

in·con·sid·er·a·ble [ˈɪnkənˈsɪdrəbl] *adj* nieznaczny

in·con·sid·er·ate [ˈɪnkənˈsɪdrət] *adj* nierozważny, lekkomyślny; nie okazujący względów 〈szacunku〉; nieuprzejmy

in·con·sist·ence, **in·con·sist·en·cy** [ɪnkənˈsɪstəns(ɪ)] *s* niekonsekwencja; niezgodność, sprzeczność in·con·sist·ent [ˌɪnkənˈsɪstənt] *adj* niekonsekwentny; niezgodny, sprzeczny

in·con·sol·a·ble [ˌɪnkənˈsəʊləbl] *adj* niepocieszony

in·con·spic·u·ous [ˌɪnkənˈspɪkjuəs] *adj* niepokaźny, nie rzucający się w oczy, niepozorny

in·con·stan·cy [ɪnˈkɒnstənsɪ] *s* niestałość, zmienność

in·con·test·a·ble [ˌɪnkənˈtestəbl] *adj* niezaprzeczalny, bezsporny

in·con·ti·nence [ɪnˈkɒntɪnəns] *s* niewstrzemięźliwość, niepowściągliwość

in·con·tro·vert·i·ble [ˌɪnkɒntrəˈvɜːtəbl] *adj* niezbity, bezsporny

in·con·ven·ience [ˌɪnkənˈviːnɪəns] *s* niewygoda; kłopot; *vt* sprawiać kłopot, przeszkadzać ⟨sb komuś⟩

in·con·ven·ient [ˌɪnkənˈviːnɪənt] *adj* niewygodny; kłopotliwy, uciążliwy

in·cor·po·rate [ɪnˈkɔːpəreɪt] *vt* wcielić, włączyć; łączyć ⟨się w sobie⟩; nadać samorząd; zarejestrować, zalegalizować; *vi* złączyć się, zjednoczyć się; *adj* [ɪnˈkɔːpərət] wcielony; zarejestrowany; zrzeszony; ~ **body** korporacja

in·cor·po·ra·tion [ɪnˌkɔːpəˈreɪʃn] *s* wcielenie; zrzeszenie; *handl.* rejestracja, zalegalizowanie; nadanie samorządu

in·cor·rect [ˌɪnkəˈrekt] *adj* nieprawidłowy, błędny, mylny, wadliwy; niestosowny

in·cor·ri·gi·ble [ɪnˈkɒrɪdʒəbl] *adj* niepoprawny

in·cor·rupt·i·ble [ˌɪnkəˈrʌptəbl] *adj* nie ulegający zepsuciu; nieprzekupny

in·crease [ɪnˈkriːs] *vt* zwiększać, wzmagać; podnosić, podwyższać; *vi* wzrastać; zwiększać ⟨wzmagać⟩ się; *s* [ˈɪnkriːs] wzrost, przyrost; powiększenie się; podwyżka; **to be on the ~** wzrastać

in·creas·ing·ly [ɪnˈkriːsɪŋlɪ] *adv* coraz ⟨to⟩ więcej ⟨bardziej⟩

in·cred·i·ble [ɪnˈkredəbl] *adj* niewiarygodny, nieprawdopodobny

in·cre·du·li·ty [ˌɪnkrɪˈdjuːlətɪ] *s* niedowierzanie, nieufność

in·cred·u·lous [ɪnˈkredjuləs] *adj* niedowierzający, nieufny

in·cre·ment [ˈɪnkrəmənt] *s* wzrost, powiększenie się; (*także mat.*) przyrost; dochód

in·crim·i·nate [ɪnˈkrɪmɪneɪt] *vt* inkryminować, obwiniać

in·croach [ɪnˈkrəʊtʃ] = **encroach**

in·crust [ɪnˈkrʌst] = **encrust**

in·cu·ba·tion [ˌɪnkjuˈbeɪʃn] *s* inkubacja, wylęganie

in·cu·bus [ˈɪnkjubəs] *s* (*pl* incubi [ˈɪnkjubaɪ] *lub* ~es) zmora, zły duch; *przen.* udręka, koszmar

in·cul·cate [ˈɪnkʌlkeɪt] *vt* wpajać, wdrażać

in·cul·pate [ˈɪnkʌlpeɪt] *vt* obwiniać, oskarżać

in·cum·bent [ɪnˈkʌmbənt] *adj* ciążący ⟨on sb na kimś⟩; obowiązujący ⟨kogoś⟩; **it is ~ on me** to jest moim obowiązkiem

in·cur [ɪnˈkɜː(r)] *vt* narazić się ⟨sth na coś⟩; ściągnąć na siebie ⟨gniew itd.⟩; zaciągnąć ⟨dług⟩

in·cur·a·ble [ɪnˈkjʊərəbl] *adj* nieuleczalny

in·cur·sion [ɪnˈkɜːʃn] *s* najazd, napad, wtargnięcie

in·debt·ed [ɪnˈdetɪd] *adj* zadłużony; zobowiązany

in·de·cent [ɪnˈdiːsnt] *adj* nieprzyzwoity

in·de·ci·sion [ˌɪndɪˈsɪʒn] *s* niezdecydowanie, chwiejność

in·de·ci·sive [ˌɪndɪˈsaɪsɪv] *adj* niezdecydowany, chwiejny; nie rozstrzygnięty, nie rozstrzygający

in·deed [ɪnˈdiːd] *adv* rzeczywiście, faktycznie, naprawdę; *dla podkreślenia:* **I am very glad ~** ogromnie się cieszę; **yes, ~** jeszcze jak!; **no, ~** bynajmniej!; żadną miarą!; *dla wyrażenia zdziwienia, oburzenia, ironii:* czyżby?; gdzież tam?!; nie ma mowy!

in·de·fat·i·ga·ble [ˌɪndɪˈfætɪɡəbl] *adj* niezmordowany

in·de·fen·si·ble [ˌɪndɪˈfensəbl] *adj*
nie dający się obronić

in·def·i·nite [ɪnˈdefɪnɪt] *adj* nieokreślony, niewyraźny; nieograniczony

in·del·i·ble [ɪnˈdeləbl] *adj* nie dający się zetrzeć (zmazać, zmyć); niezatarty; *(o ołówku)* chemiczny

in·dem·ni·fy [ɪnˈdemnɪfaɪ] *vt* wynagrodzić, dać odszkodowanie **(sb for sth** komuś za coś); zabezpieczyć **(sb from ⟨against⟩ sth** kogoś przed czymś)

in·dem·ni·ty [ɪnˈdemnətɪ] *s* odszkodowanie; zabezpieczenie; wynagrodzenie, kompensata; *prawn.* zwolnienie (od kary)

in·dent 1. [ɪnˈdent] *vt* nacinać, wycinać, wyrzynać (w ząbki); wcinać, karbować; *handl.* zamawiać (towar); *druk.* wcinać (wiersz); *s* [ˈɪndent] wcięcie, nacięcie; karbowanie; *handl.* zamówienie

in·dent 2. [ɪnˈdent] *vt* wgnieść, zrobić wgłębienie; wtłoczyć; *s* [ˈɪndent] wgłębienie

in·den·ta·tion [ˌɪndenˈteɪʃn] *s* nacięcie, wcięcie

in·den·tion [ɪnˈdenʃn] *s* wcięcie wiersza, akapit

in·den·ture [ɪnˈdentʃə(r)] *s* obustronna umowa (pisemna), kontrakt; dokument (handlowy); *vt* zakontraktować, związać umową

in·de·pend·ence [ˌɪndɪˈpendəns] *s* niezależność, niepodległość; **Independence Day** święto narodowe USA (4 lipca)

in·de·pend·ent [ˌɪndɪˈpendənt] *adj* niezależny, niepodległy, niezawisły

in·de·scrib·a·ble [ˌɪndɪˈskraɪbəbl] *adj* nie do opisania

in·de·ter·mi·nate [ˌɪndɪˈtɜːmɪnət] *adj* nieokreślony, niewyraźny

in·de·ter·mi·na·tion [ˈɪndɪˌtɜːmɪˈneɪʃn] *s* nieokreślony charakter; niezdecydowanie

in·dex [ˈɪndeks] *s* (*pl* ~**es** [ˈɪndeksɪz] *lub* **indices** [ˈɪndɪsiːz]) wskaź-

nik; wykaz, rejestr, indeks; palec wskazujący; *mat.* wykładnik potęgowy; *fiz.* współczynnik

In·di·an [ˈɪndɪən] *adj* indyjski, hinduski; indiański; ~ **corn** kukurydza; ~ **ink** tusz; ~ **summer** babie lato; ~ **weed** tytoń; in ~ **file** rzędem, gęsiego; *s* Indianin; Hindus

in·di·a-rub·ber [ˈɪndɪəˈrʌbə(r)] *s* kauczuk, guma; guma ⟨gumka⟩ do wycierania

in·di·cate [ˈɪndɪkeɪt] *vt* wskazywać **(sth** na coś)), oznaczać; wykazywać; zalecać

in·di·ca·tion [ˈɪndɪˈkeɪʃn] *s* wskazanie, wskazówka, oznaka

in·dic·a·tive [ɪnˈdɪkətɪv] *adj* wskazujący **(of sth** na coś); *s gram.* tryb oznajmujący

in·di·ca·tor [ˈɪndɪkeɪtə(r)] *s* informator; *techn.* wskazówka

in·dict [ɪnˈdaɪt] *vt* oskarżać

in·dict·ment [ɪnˈdaɪtmənt] *s* oskarżenie

in·dif·fer·ence [ɪnˈdɪfrns] *s* obojętność; błahość, marność

in·dif·fer·ent [ɪnˈdɪfrnt] *adj* obojętny **(to sb, sth** dla kogoś, na coś); błahy, marny

in·di·gence,   in·di·gen·cy [ˈɪndɪdʒəns(ɪ)] *s* ubóstwo

in·di·gent [ˈɪndɪdʒənt] *adj* ubogi

in·di·gest·i·ble [ˈɪndɪdʒestəbl] *adj* niestrawny

in·di·ges·tion [ˈɪndɪdʒestʃn] *s* niestrawność

in·dig·nant [ɪnˈdɪgnənt] *adj* oburzony **(with sb** na kogoś, **at sth** na coś)

in·dig·na·tion [ˈɪndɪgˈneɪʃn] *s* oburzenie **(with sb** na kogoś, **at sth** na coś) ɔ

in·dig·ni·ty [ɪnˈdɪgnətɪ] *s* obelga, zniewaga

in·di·rect [ˈɪndɪˈrekt] *adj* pośredni; nieuczciwy, wykrętny; okrężny; *gram.* zależny; ~ **object** *gram.* dopełnienie dalsze

in·dis·creet [ˈɪndɪˈskriːt] *adj* niedyskretny; nieroztropny; nieostrożny

in·dis·cre·tion [͵ındı'skreʃn] s niedyskrecja; nieroztropność, nieostrożność

in·dis·crim·i·nate [͵ındı'skrımınət] adj niewymagający, niewybredny; pomieszany, bezładny; (robiony) na oślep ⟨bez wyboru⟩

in·dis·pen·sa·ble [͵ındı'spensəbl] adj niezbędny, konieczny, niezastąpiony

in·dis·pose [͵ındı'spəuz] vt źle usposobić ⟨zrazić⟩ (towards sb, sth do kogoś, czegoś); zniechęcić (sb towards sth ⟨to do sth⟩ do czegoś ⟨do zrobienia czegoś⟩)

in·dis·posed [͵ındı'spəuzd] adj niedysponowany, niezdrów; niechętny

in·dis·po·si·tion [͵ın'dıspə'zıʃn] s niedyspozycja; niechęć

in·dis·pu·ta·ble [͵ındı'spjutəbl] adj niewątpliwy, bezsporny

in·dis·so·lu·ble [͵ındı'soljubl] adj nierozpuszczalny; nierozerwalny

in·dis·tinct [͵ındı'stıŋkt] adj niewyraźny, niejasny

in·dis·tin·guish·a·ble [͵ındı'stıŋgwıʃəbl] adj nie dający się odróżnić, nieuchwytny (np. dla oka)

in·di·vid·u·al [͵ındı'vıdʒuəl] adj indywidualny; pojedynczy, poszczególny; s jednostka; indywiduum

in·di·vid·u·al·ism [͵ındı'vıdʒuəlızm] s indywidualizm

in·di·vid·u·al·i·ty [͵ındı'vıdʒu'ælətı] s indywidualność

in·di·vis·i·ble [͵ındı'vızəbl] adj niepodzielny

in·doc·ile [ın'dəusaıl] adj nieuległy, nieposłuszny, niesforny; niepojętny

in·do·lence [`ındələns] s lenistwo, opieszałość

in·dom·i·ta·ble [ın'domıtəbl] adj nieposkromiony

In·do·ne·sian [͵ındəu'nızıən] adj indonezyjski; s Indonezyjczyk

in·door [ın'dɔ(r)] adj znajdujący

się ⟨robiony⟩ w domu, domowy; ~ care opieka ⟨leczenie⟩ w zakładzie ⟨przytułku⟩

in·doors [ın'dɔz] adv w ⟨wewnątrz⟩ domu; pod dachem; (wchodzić) do domu

in·dorse [ın'dɔs] = endorse

in·du·bi·ta·ble [ın'djubitəbl] adj niewątpliwy

in·duce [ın'djus] vt skłonić, namówić; wnioskować; wywołać, powodować; elektr. indukować

in·duce·ment [ın'djusmənt] s pobudka; powab

in·duc·tion [ın'dʌkʃn] s indukcja; wstęp; wprowadzenie (na urząd); med. wywołanie (choroby)

in·dulge [ın'dʌldʒ] vt pobłażać, dogadzać, folgować (sb in sth komuś w czymś); vi oddawać się ⟨ulegać, dawać upust⟩ (in sth czemuś), zażywać (in sth czegoś); zaspokoić (in sth coś)

in·dul·gence [ın'dʌldʒəns] s pobłażanie, folgowanie, uleganie; zaspokojenie; oddawanie się (in sth czemuś), dogadzanie sobie; rel. odpust

in·dul·gent [ın'dʌldʒənt] adj pobłażliwy, ulegający

in·dus·tri·al [ın'dʌstrıəl] adj przemysłowy; s = industrialist

in·dus·tri·al·ist [ın'dʌstrıəlıst] s przemysłowiec; człowiek pracujący w przemyśle

in·dus·tri·al·i·za·tion [ın'dʌstrıəlaı'zeıʃn] s industrializacja

in·dus·tri·al·ize [ın'dʌstrıəlaız] vt uprzemysłowić

in·dus·tri·ous [ın'dʌstrıəs] adj pracowity, skrzętny

in·dus·try [`ındəstrı] s przemysł; pracowitość, skrzętność

in·e·bri·ate [ı'nibrıət] adj oszołomiony alkoholem; vt [ı'nibrıeıt] upić, odurzyć

in·ed·i·ble [ın'edəbl] adj niejadalny

in·ef·fa·ble [ın'efəbl] adj niewypowiedziany, niewysłowiony

in·ef·fec·tive [͵ını'fektıv] adj bezskuteczny, daremny; nieefektywny

in·ef·fec·tu·al ['ını'fektʃuəl] = ineffective

in·ef·fi·ca·cious ['ınefı'keıʃəs] adj nie działający, nieskuteczny

in·ef·fi·cient ['ını'fıʃnt] adj nieudolny; niewydajny, nieefektywny

in·el·i·gi·ble [ın'elıdʒəbl] adj niewybieralny; nie do przyjęcia; nie nadający się, nieodpowiedni

in·ept [ı'nept] adj niedorzeczny, głupi; nie na miejscu; nietrafny

in·e·qual·i·ty ['ını'kwolətı] s nierówność

in·eq·ui·ty [ın'ekwətı] s niesprawiedliwość

in·ert [ı'nɜt] adj bezwładny; bez ruchu; chem. obojętny

in·er·tia [ı'nɜʃə] s bezwład, bezczynność, inercja; fiz. bezwładność

in·es·cap·a·ble ['ını'skeıpəbl] adj nieunikniony

in·es·ti·ma·ble [ın'estıməbl] adj nieoceniony

in·ev·i·ta·ble [ın'evıtəbl] adj nieunikniony

in·ex·act ['ınıg'zækt] adj niedokładny, nieścisły

in·ex·act·i·tude ['ınıg'zæktıtjud] s niedokładność, nieścisłość

in·ex·cus·a·ble ['ınık'skjuzəbl] adj niewybaczalny

in·ex·haust·i·ble ['ınıg'zɔstəbl] adj niewyczerpany

in·ex·o·ra·ble [ı'negzərəbl] adj nieubłagany

in·ex·pen·sive ['ınık'spensıv] adj niedrogi

in·ex·pe·ri·enced ['ınık'spıərıənst] adj niedoświadczony

in·ex·pert [ın'ekspɜt] adj niewprawny

in·ex·pli·ca·ble ['ınık'splıkəbl] adj niewytłumaczalny, niewyjaśniony

in·ex·plic·it ['ınık'splısıt] adj niewyraźny, niejasny

in·ex·press·i·ble ['ınık'spresəbl] adj

niewypowiedziany, niewymowny, niewysłowiony

in·ex·pres·sive ['ınık'spresıv] adj pozbawiony wyrazu

in·ex·tri·ca·ble [ın'ekstrıkəbl] adj nie dający się rozwikłać, bez wyjścia

in·fal·li·bil·i·ty ['ın'fælə'bılətı] s nieomylność; niezawodność

in·fal·li·ble [ın'fæləbl] adj nieomylny; niezawodny

in·fa·mous ['ınfəməs] adj mający złą sławę; nikczemny, haniebny

in·fa·my ['ınfəmı] s niesława; infamia; nikczemność; hańba

in·fan·cy ['ınfənsı] s dzieciństwo, niemowlęctwo; prawn. niepełnoletność

in·fant ['ınfənt] s niemowlę; dziecko (do 7 lat); prawn. niepełnoletni; ~ school przedszkole

in·fan·tile ['ınfəntaıl] adj infantylny; dziecięcy, niemowlęcy

in·fan·try ['ınfəntrı] s wojsk. piechota

in·fat·u·ate [ın'fætʃueıt] vt pozbawić rozsądku, zawrócić głowę, zaślepić; rozkochać; to be ~d mieć zawróconą głowę, szaleć (with sb, sth za kimś, czymś)

in·fat·u·a·tion [ın'fætʃu'eıʃn] s szaleńcza miłość; zaślepienie ⟨odurzenie⟩ (kimś, czymś)

in·fect [ın'fekt] vt zarazić; zakazić; zatruć

in·fec·tion [ın'fekʃn] s zaraza; zakażenie; zatruwanie

in·fec·tious [ın'fekʃəs] adj zaraźliwy, zakaźny

in·fec·tive [ın'fektıv] = infectious

in·fer [ın'fɜ(r)] vt wnioskować; zawierać ⟨nasuwać⟩ pojęcie (sth czegoś)

in·fer·ence ['ınfərəns] s wniosek, wywód

in·fe·ri·or [ın'fıərıə(r)] adj niższy, gorszy (to sb, sth od kogoś, czegoś); s podwładny

in·fe·ri·or·i·ty ['ınfıərı'orətı] s niższość, słabość; ~ complex kompleks niższości

in·fer·nal [ɪnˈfɜnl] *adj* piekielny

in·fest [ɪnˈfest] *vt* niepokoić, trapić; nawiedzać; (*o robactwie*) roić się **(sth w czymś)**

in·fi·del [ˈɪnfɪdl] *adj* rel. niewierny; *s* rel. niewierny

in·fi·del·i·ty [ˈɪnfɪˈdelətɪ] *s* niewierność (*zw.* małżeńska); *rel.* niewiara

in·fil·trate [ˈɪnfɪltreɪt] *vt vi* przesączać (się); nasycać; przenikać

in·fi·nite [ˈɪnfənɪt] *adj* nieograniczony, bezkresny, bezmierny, nieskończony; niezliczony

in·fin·i·tes·i·mal [ˈɪnfɪnˈtesɪml] *adj* nieskończenie mały

in·fin·i·tive [ɪnˈfɪnɪtɪv] *adj* nieokreślony; *s gram.* bezokolicznik

in·fin·i·ty [ɪnˈfɪnətɪ] *s* (*także mat.*) nieskończoność; bezkres, bezgraniczność

in·firm [ɪnˈfɜm] *adj* bezsilny, słaby, niedołężny

in·fir·ma·ry [ɪnˈfɜmərɪ] *s* szpital; izba chorych; lecznica

in·fir·mi·ty [ɪnˈfɜmətɪ] *s* niemoc, ułomność, niedołęstwo

in·flame [ɪnˈfleɪm] *vt vi* rozpalić (się); podniecić (się), rozdrażnić (się); rozbudzić **(sb with sth coś w kimś)**

in·flam·ma·ble [ɪnˈflæməbl] *adj* zapalny, łatwo palny; *przen.* zapalczywy; *s* materiał łatwo palny

in·flam·ma·tion [ˈɪnfləˈmeɪʃn] *s* zapalenie (się), rozniecenie

in·flam·ma·to·ry [ɪnˈflæmətrɪ] *adj* zapalny, zapalający; *przen.* podżegający

in·flate [ɪnˈfleɪt] *vt* wydymać, nadymać; napompować (dętkę itp.); podnosić (np. ceny)

in·fla·tion [ɪnˈfleɪʃn] *s* nadymanie, napompowanie; *fin.* inflacja

in·flect [ɪnˈflekt] *vt* zginać; *fiz.* załamywać; *gram.* odmieniać (części mowy); modulować (głos)

in·flec·tion [ɪnˈflekʃn] = **inflexion**

in·flex·i·ble [ɪnˈfleksəbl] *adj* nieugięty; sztywny

in·flex·ion [ɪnˈflekʃn] *s* zgięcie; *fiz.*

załamanie; *gram.* fleksja; modulacja (głosu)

in·flict [ɪnˈflɪkt] *vt* zadać (np. cios); nałożyć (np. karę); narzucić **(sth on ⟨upon⟩ sb coś komuś)**

in·flu·ence [ˈɪnfluəns] *s* wpływ; działanie, oddziaływanie; *vt* wpływać ⟨działać, oddziaływać⟩ **(sb, sth na kogoś, coś)**

in·flu·en·tial [ˈɪnfluˈenʃl] *adj* wpływowy

in·flux [ˈɪnflʌks] *s* napływ, dopływ, przypływ; wlot

in·form [ɪnˈfɔm] *vt* informować, zawiadomić **(sb of sth kogoś o czymś)**; natchnąć ⟨ożywić⟩ **(sb with sth kogoś czymś)**; *vi* denuncjować **(against sb kogoś)**

in·for·mal [ɪnˈfɔml] *adj* nieoficjalny, nieurzędowy, swobodny; nieformalny, nieprzepisowy

in·form·ant [ɪnˈfɔmənt] *s* informator; donosiciel

in·for·ma·tion [ˈɪnfəˈmeɪʃn] *s* informacja, wiadomość; doniesienie, denuncjacja; **a piece of ~** wiadomość; **to get ~** poinformować się

in·form·a·tive [ɪnˈfɔmətɪv] *adj* informacyjny; pouczający

in·fra-red [ˈɪnfrəˈred] *adj* podczerwony

in·fre·quent [ɪnˈfrikwənt] *adj* nieczęsty

in·fringe [ɪnˈfrɪndʒ] *vt* naruszyć, przekroczyć (*także vi* **~ on ⟨upon⟩ sth coś**)

in·fu·ri·ate [ɪnˈfjuərɪeɪt] *vt* doprowadzać do szału, rozjuszyć

in·fuse [ɪnˈfjuz] *vt* natchnąć **(sb with sth kogoś czymś)**; wlać; zaparzyć (np. herbatę)

in·fu·sion [ɪnˈfjuʒn] *s* wlewanie; napar; nalewka; domieszka; natchnięcie ⟨napełnienie⟩ **(of sth into sb kogoś czymś)**

in·gen·ious [ɪnˈdʒiniəs] *adj* pomysłowy, wynalazczy

in·ge·nu·i·ty [‚ɪndʒɪ'njuətɪ] s pomysłowość, wynalazczość

in·gen·u·ous [ɪn'dʒenjuəs] adj otwarty, szczery; niewinny, naiwny

in·got [`ɪŋgət] s sztaba (kruszcu)

in·grain [`ɪn`greɪn] vt utrwalić, trwale ufarbować

in·grained [ɪn`greɪnd] pp i adj zakorzeniony, zatwardziały

in·gra·ti·ate [ɪn`greɪʃɪeɪt] vr ~ oneself zyskać sobie łaskę (with sb czyjąś), ująć sobie (with sb kogoś)

in·grat·i·tude [ɪn`grætɪtjud] s niewdzięczność

in·gre·di·ent [ɪn`gridɪənt] s składnik

in·gress [`ɪngrəs] s wejście; prawo wstępu

in·hab·it [ɪn`hæbɪt] vt zamieszkiwać

in·hab·it·ant [ɪn`hæbɪtənt] s mieszkaniec

in·ha·la·tion [‚ɪnhə`leɪʃn] s inhalacja; wdychanie

in·hale [ɪn`heɪl] vt wdychać, wchłaniać, wciągać (np. zapach)

in·her·ent [ɪn`hɪərnt] adj tkwiący, wrodzony, nieodłączny (in sth od czegoś); właściwy (in sb, sth komuś, czemuś)

in·her·it [ɪn`herɪt] vt vi dziedziczyć, być spadkobiercą

in·her·it·ance [ɪn`herɪtəns] s dziedzictwo, spadek, spuścizna

in·hib·it [ɪn`hɪbɪt] vt powstrzymywać, hamować, zakazywać (sb from doing sth komuś zrobienia czegoś)

in·hi·bi·tion [‚ɪnɪ`bɪʃn] s zahamowanie, powstrzymanie; zakaz; hamulec (psychiczny)

in·hos·pi·ta·ble [‚ɪnhɒ`spɪtəbl] adj niegościnny

in·hu·man [ɪn`hjumən] adj nieludzki

in·hu·mane [‚ɪnhju`meɪn] adj niehumanitarny

in·hu·ma·tion [‚ɪnhju`meɪʃn] s po

chowanie, pogrzebanie, pogrzeb

in·im·i·cal [ɪ`nɪmɪkl] adj wrogi; szkodliwy

in·im·i·ta·ble [ɪ`nɪmɪtəbl] adj nie do naśladowania; niezrównany

in·iq·ui·tous [ɪ`nɪkwɪtəs] adj niesprawiedliwy; niegodziwy

in·iq·ui·ty [ɪ`nɪkwətɪ] s niesprawiedliwość; niegodziwość

in·i·tial [ɪ`nɪʃl] adj początkowy, wstępny; s pl ~s inicjały; parafa; vt podpisywać inicjałami; parafować

in·i·ti·ate [ɪ`nɪʃɪeɪt] vt inicjować, zapoczątkować; wprowadzać (wtajemniczać, wdrażać) (sb into sth kogoś w coś); adj [ɪ`nɪʃɪət] wtajemniczony; świeżo wprowadzony; s nowicjusz

in·i·ti·a·tion [ɪ‚nɪʃɪ`eɪʃn] s zainicjowanie, zapoczątkowanie; wprowadzenie; wtajemniczenie

in·i·ti·a·tive [ɪ`nɪʃɪətɪv] adj początkowy, wstępny; s inicjatywa; przedsiębiorczość; on one's ~ z czyjejś inicjatywy

in·ject [ɪn`dʒekt] vt zastrzyknąć, wstrzykiwać

in·jec·tion [ɪn`dʒekʃn] s zastrzyk

in·ju·di·cious [‚ɪndʒu`dɪʃəs] adj nierozsądny; nieoględny

in·junc·tion [ɪn`dʒʌŋkʃn] s nakaz, zalecenie

in·jure [`ɪndʒə(r)] vt uszkodzić; skrzywdzić; skaleczyć; zranić; obrazić

in·ju·ri·ous [ɪn`dʒuərɪəs] adj szkodliwy, krzywdzący; obraźliwy

in·ju·ry [`ɪndʒərɪ] s uszkodzenie; obraza; krzywda, szkoda

in·jus·tice [ɪn`dʒʌstɪs] s niesprawiedliwość

ink [ɪŋk] s atrament; farba drukarska; vt plamić, znaczyć atramentem; powlekać farbą drukarską

ink·ling [`ɪŋklɪŋ] s domysł, przeczucie, podejrzenie

ink·pad [`ɪŋkpæd] s poduszka do stempli

ink·pot [`ɪŋkpɒt] = inkstand

ink·stand [ˈɪŋkstænd] s kałamarz

ink-well [ˈɪŋk wel] s kałamarz w ławce szkolnej

in·laid [ɪnˈleɪd] *adj* wyłożony (czymś), inkrustowany

in·land [ˈɪnlənd] *adj attr* znajdujący się ⟨położony⟩ w głębi kraju (z dala od morza); wewnętrzny, krajowy; s wnętrze ⟨głąb⟩ kraju

in·let [ˈɪnlet] s wstawka, wpustka; mała zatoka; wlot, wejście; otwór

in·mate [ˈɪnmeɪt] s lokator, mieszkaniec, domownik; pensjonariusz; (*w więzieniu*) więzień; (*w szpitalu*) pacjent

in·most [ˈɪnməʊst] *adj* ukryty ⟨utajony⟩ w głębi; najskrytszy

inn [ɪn] s gospoda, zajazd

in·nate [ɪˈneɪt] *adj* wrodzony, przyrodzony

in·ner [ˈɪnə(r)] *adj* wewnętrzny

in·ner·most [ˈɪnəməʊst] = inmost

inn·keep·er [ˈɪn kipə(r)] s właściciel gospody ⟨zajazdu⟩

in·no·cence [ˈɪnəsns] s niewinność; prostoduszność, naiwność; nieszkodliwość

in·no·cent [ˈɪnəsnt] *adj* niewinny; prostoduszny, naiwny; nieszkodliwy; s niewiniątko; prostaczek; półgłówek

in·noc·u·ous [ɪˈnɒkjuəs] *adj* nieszkodliwy

in·no·va·tion [ˈɪnəˈveɪʃn] s innowacja

in·no·va·tor [ˈɪnəveɪtə(r)] s innowator

in·nu·en·do [ˈɪnjuˈendəʊ] s insynuacja

in·nu·mer·a·ble [ɪˈnjumrəbl] *adj* niezliczony

in·oc·u·late [ɪˈnɒkjuleɪt] *vt* szczepić, zaszczepiać

in·oc·u·la·tion [ɪˈnɒkjuˈleɪʃn] s szczepienie, zaszczepianie

in·o·dor·ous [ɪnˈəʊdərəs] *adj* bezwonny

in·of·fen·sive [ˈɪnəˈfensɪv] *adj* nieszkodliwy; nie drażniący

in·op·por·tune [ˈɪnˈɒpətʃun] *adj*

niewczesny, nieodpowiedni, nie na czasie

in·or·di·nate [ɪˈnɔdɪnət] *adj* nie uporządkowany; nieumiarkowany; przesadny, nadmierny

in·or·gan·ic [ˈɪnɔˈgænɪk] *adj* nieorganiczny

in·quest [ˈɪnkwest] s badanie, śledztwo

in·quire [ɪnˈkwaɪə(r)] *vi* pytać ⟨informować⟩ się (**about** ⟨after, for⟩ sth o coś); dowiadywać się (**of** sb od kogoś); badać, śledzić (**into** sth coś); dochodzić, dociekać (**into** sth czegoś); *vt* pytać (sth o coś)

in·quir·er [ɪnˈkwaɪərə(r)] s pytający; prowadzący śledztwo

in·quir·y [ɪnˈkwaɪərɪ] s pytanie; badanie, śledztwo; zasięganie informacji; **to make inquiries** zasięgać informacji

in·qui·si·tion [ˈɪnkwɪˈzɪʃn] s badanie, śledztwo; *hist.* inkwizycja

in·quis·i·tive [ɪnˈkwɪzətɪv] *adj* ciekawy, wścibski

in·road [ˈɪnrəʊd] s najazd, napad

in·rush [ˈɪnrʌʃ] s wdarcie się; napór

in·sane [ɪnˈseɪn] *adj* umysłowo chory, obłąkany

in·san·i·ty [ɪnˈsænətɪ] s obłęd, szaleństwo; choroba umysłowa

in·sa·tia·ble [ɪnˈseɪʃəbl] *adj* nienasycony

in·scribe [ɪnˈskraɪb] *vt* wpisać, zapisać; wyryć (napis); zadedykować (sth to sb coś komuś)

in·scrip·tion [ɪnˈskrɪpʃn] s napis; dedykacja

in·scru·ta·ble [ɪnˈskrutəbl] *adj* niezbadany, nieprzenikniony

in·sect [ˈɪnsekt] s owad, insekt

in·sec·ti·cide [ɪnˈsektɪsaɪd] s środek owadobójczy

in·se·cure [ˈɪnsɪˈkjuə(r)] *adj* niepewny

in·sen·sate [ɪnˈsenseɪt] *adj* nieczuły; nierozumny

in·sen·si·bil·i·ty [ɪnˈsensəˈbɪlətɪ] s omdlenie, nieprzytomność; nieczułość ⟨niewrażliwość⟩ (to sth na coś)

in·sen·si·ble [ɪnˈsensəbl] *adj* nieprzytomny, bez zmysłów; niewrażliwy, nieczuły; niedostrzegalny

in·sen·si·tive [ɪnˈsensətɪv] *adj* nieczuły ⟨niewrażliwy⟩ (to sth na coś)

in·sep·a·ra·ble [ɪnˈseprəbl] *adj* nierozłączny, nieodłączny

in·sert [ɪnˈsɜt] *vt* wstawić, włożyć, wsunąć, wprowadzić; zamieścić

in·ser·tion [ɪnˈsɜʃn] *s* wstawka, wkładka; wstawienie, włożenie; wsunięcie; ogłoszenie (w gazecie); dopisek

in·set [ˈɪnset] *s* wstawka, wkładka; *vt* [ˈɪnset] wstawić, wkleić

in·side [ɪnˈsaɪd] *s* wnętrze; ∼ out wewnętrzną stroną na wierzch; na lewą stronę; *adj attr* wewnętrzny; *adv* i *praep* wewnątrz, do wnętrza

in·sid·i·ous [ɪnˈsɪdɪəs] *adj* podstępny, zdradziecki, zdradliwy

in·sight [ˈɪnsaɪt] *s* wgląd (into sth w coś); intuicja

in·sig·ni·a [ɪnˈsɪgnɪə] *s pl* insygnia

in·sig·nif·i·cant [ˌɪnsɪgˈnɪfɪkənt] *adj* nic nie znaczący, nieistotny, mało ważny

in·sin·cere [ˌɪnsɪnˈsɪə(r)] *adj* nieszczery

in·sin·cer·i·ty [ˌɪnsɪnˈserətɪ] *s* nieszczerość

in·sin·u·ate [ɪnˈsɪnjueɪt] *vt* insynuować; *vr* ∼ oneself wkraść ⟨wśliznąć⟩ się

in·sin·u·a·tion [ɪnˌsɪnjuˈeɪʃn] *s* insynuacja; wśliznięcie się

in·sip·id [ɪnˈsɪpɪd] *adj* bez smaku, mdły; tępy (umysłowo); bezbarwny

in·sist [ɪnˈsɪst] *vi* nalegać, nastawać; upierać się, obstawać; kłaść nacisk; domagać się (on ⟨upon⟩ sth czegoś)

in·sist·ence [ɪnˈsɪstəns] *s* naleganie; uporczywość; domaganie się

in·sist·ent [ɪnˈsɪstənt] *adj* uporczywy; naglący

in·so·lence [ˈɪnsələns] *s* zuchwalstwo, bezczelność

in·sol·u·ble [ɪnˈsɒljubl] *adj* nierozpuszczalny; nierozwiązalny

in·sol·ven·cy [ɪnˈsɒlvənsɪ] *s* niewypłacalność

in·sol·vent [ɪnˈsɒlvənt] *adj* niewypłacalny; *s* bankrut

in·som·ni·a [ɪnˈsɒmnɪə] *s* bezsenność

in·so·much [ˌɪnsəʊˈmʌtʃ] *adv* o tyle, do tego stopnia

in·spect [ɪnˈspekt] *vt* doglądać, dozorować; badać, kontrolować; wizytować

in·spec·tion [ɪnˈspekʃn] *s* inspekcja, dozór; badanie, kontrola

in·spi·ra·tion [ˌɪnspəˈreɪʃn] *s* natchnienie; wdech

in·spire [ɪnˈspaɪə(r)] *vt* natchnąć, pobudzić (sb with sth kogoś do czegoś); wzbudzić (sth coś, sb with sth coś w kimś); inspirować (sb with sth kogoś czymś); wdychać

in·sta·bil·i·ty [ˌɪnstəˈbɪlətɪ] *s* niestałość

in·stall [ɪnˈstɔl] *vt* wprowadzać na urząd; instalować, urządzać

in·stal·la·tion [ˌɪnstəˈleɪʃn] *s* wprowadzenie na urząd; instalacja, urządzenie

in·stall·ment [ɪnˈstɔlmənt] *s* rata; felieton; odcinek (powieści); zeszyt (publikacji)

in·stance [ˈɪnstəns] *s* wypadek; przykład; instancja; naleganie, żądanie; for ∼ na przykład

in·stant [ˈɪnstənt] *adj* natychmiastowy, nagły, naglący; bieżący (miesiąc); *s* chwila

in·stan·ta·ne·ous [ˌɪnstənˈteɪnɪəs] *adj* momentalny; natychmiastowy

in·stant·ly [ˈɪnstəntlɪ] *adv* natychmiast

in·stead [ɪnˈsted] *adv* na miejsce ⟨zamiast⟩ tego; *praep* ∼ of zamiast ⟨w miejsce⟩ (sb, sth kogoś, czegoś)

in·sti·gate [ˈɪnstɪgeɪt] *vt* podżegać, podjudzać; wywołać (np. bunt)

in·sti·ga·tion [ˌɪnstɪˈgeɪʃn] *s* podżeganie, prowokacja, namowa

in·stil [ɪnˈstɪl] *vt* wsączać; wpajać (np. zasady)

in·stinct [ˈɪnstɪŋkt] *s* instynkt; *adj* ożywiony ⟨przepojony⟩ (czymś)

in·stinc·tive [ɪnˈstɪŋktɪv] *adj* instynktowny

in·sti·tute [ˈɪnstɪtjut] *s* instytut; *vt* zakładać; urządzać; ustanawiać; zaprowadzać; wszczynać

in·sti·tu·tion [ˌɪnstɪˈtjuʃn] *s* instytucja, zakład; związek, towarzystwo; ustanowienie, założenie; zwyczaj (powszechny)

in·struct [ɪnˈstrʌkt] *vt* instruować, informować; zlecać; uczyć (**in sth** czegoś)

in·struc·tion [ɪnˈstrʌkʃn] *s* instrukcja; wskazówka; polecenie; nauka, szkolenie

in·struc·tive [ɪnˈstrʌktɪv] *adj* pouczający

in·struc·tor [ɪnˈstrʌktə(r)] *s* instruktor, nauczyciel

in·stru·ment [ˈɪnstrumənt] *s* instrument; przyrząd, aparat; *dosł. i przen.* narzędzie

in·stru·men·tal [ˌɪnstruˈmentl] *adj* służący za narzędzie; pomocny; **to be** ∼ **in sth** doprowadzić ⟨przyczynić się⟩ do czegoś; *s gram.* narzędnik

in·sub·or·di·nate [ˌɪnsəˈbɔdɪnət] *adj* nieposłuszny, niekarny

in·sub·or·di·na·tion [ˌɪnsəˈbɔdɪˈneɪʃn] *s* niesubordynacja, niekarność, nieposłuszeństwo

in·suf·fer·a·ble [ɪnˈsʌfrəbl] *adj* nieznośny

in·suf·fi·cien·cy [ˌɪnsəˈfɪʃnsɪ] *s* niedostatek; *med.* niedomoga

in·suf·fi·cient [ˌɪnsəˈfɪʃnt] *adj* niewystarczalny, niedostateczny

in·su·lar [ˈɪnsjulə(r)] *adj* wyspiarski; *przen.* mający ograniczony światopogląd

in·su·late [ˈɪnsjuleɪt] *vt* izolować

in·su·la·tion [ˌɪnsjuˈleɪʃn] *s* izolacja

in·sult [ɪnˈsʌlt] *vt* lżyć, znieważać, obrażać; *s* [ˈɪnsʌlt] obraza, zniewaga

in·su·per·a·ble [ɪnˈsjuprəbl] *adj* niepokonany, niezwyciężony; nie do przezwyciężenia

in·sup·port·a·ble [ˌɪnsəˈpɔtəbl] *adj* nie do zniesienia

in·sur·ance [ɪnˈʃuərns] *s* ubezpieczenie

in·sure [ɪnˈʃuə(r)] *vt vi* ubezpieczać (się)

in·sur·gence [ɪnˈsɜdʒəns] *s* powstanie, insurekcja

in·sur·gent [ɪnˈsɜdʒənt] *adj* powstańczy; *s* powstaniec

in·sur·mount·a·ble [ˌɪnsəˈmauntəbl] *adj* nie do pokonania, nieprzezwyciężony

in·sur·rec·tion [ˌɪnsəˈrekʃn] *s* powstanie

in·sur·rec·tion·ist [ˌɪnsəˈrekʃnɪst] *s* powstaniec

in·sus·cep·ti·ble [ˌɪnsəˈseptəbl] *adj* nieczuły (**to sth na** coś); niepodatny ⟨odporny⟩ (**of sth na** coś)

in·tact [ɪnˈtækt] *adj* nietknięty, nienaruszony, dziewiczy

in·take [ˈɪnteɪk] *s* wsysanie, pobieranie (np. wody); ilość spożyta ⟨zużyta, pobrana⟩; wlot; napływ, dopływ

in·tan·gi·ble [ɪnˈtændʒəbl] *adj* niedotykalny; nieuchwytny

in·te·ger [ˈɪntɪdʒə(r)] *s* całość; *mat.* liczba całkowita

in·te·gral [ˈɪntɪgrəl] *adj* integralny; *s mat.* całka; całość

in·te·grate [ˈɪntɪgreɪt] *vt* scalić, uzupełnić; *mat.* całkować

in·te·gra·tion [ˌɪntɪˈgreɪʃn] *s* scalenie, integracja; *mat.* całkowanie

in·teg·ri·ty [ɪnˈtegrətɪ] *s* integralność; rzetelność, prawość

in·tel·lect [ˈɪntəlekt] *s* intelekt, umysł

in·tel·lec·tu·al [ˌɪntəˈlektʃuəl] *adj* intelektualny, umysłowy; *s* intelektualista, pracownik umysłowy

in·tel·li·gence [ɪnˈtelɪdʒəns] *s* inte-

ligencja; informacja; wywiad; ~
service służba wywiadowcza

in·tel·li·genc·er [ɪnˈtelɪdʒənsə(r)] s
agent obcego wywiadu, szpieg

in·tel·li·gent [ɪnˈtelɪdʒənt] adj inteligentny

in·tel·li·gent·si·a [ɪnˈtelɪˈdʒentsɪə] s
zbior. inteligencja, warstwy wykształcone

in·tel·li·gi·ble [ɪnˈtelɪdʒəbl] adj zrozumiały

in·tem·per·ance [ɪnˈtemprəns] s
nieumiarkowanie, niepowściągliwość

in·tem·per·ate [ɪnˈtempərət] adj
nieumiarkowany, niepohamowany

in·tend [ɪnˈtend] vt zamierzać, zamyślać; przeznaczać; mieć na
myśli ⟨na celu⟩; chcieć

in·tense [ɪnˈtens] adj intensywny;
napięty; silny; usilny; wytężony; (o uczuciu) żywy

in·ten·si·fi·ca·tion [ɪnˈtensɪfɪˈkeɪʃn]
s intensyfikacja, wzmacnianie,
wzmaganie

in·ten·si·fy [ɪnˈtensɪfaɪ] vt vi
wzmocnić (się), napiąć, pogłębiać
(się), wzmagać (się)

in·ten·si·ty [ɪnˈtensətɪ] s intensywność

in·ten·sive [ɪnˈtensɪv] adj wzmożony, intensywny

in·tent [ɪnˈtent] adj uważny; zajęty, zaprzątnięty; zdecydowany,
zawzięty (on ⟨upon⟩ sth na coś);
s zamiar, intencja, plan; to all
~s and purposes w istocie, faktycznie

in·ten·tion [ɪnˈtenʃn] s zamiar, cel

in·ten·tion·al [ɪnˈtenʃnl] adj celowy, umyślny

in·ter [ɪnˈtɜ(r)] vt grzebać, chować
(zmarłego)

in·ter·act [ˈɪntərˈækt] vt oddziaływać (na siebie) wzajemnie

in·ter·cede [ˈɪntəˈsid] vi interweniować, wstawiać się (with sb for
sb, sth u kogoś za kimś, czymś)

in·ter·cept [ˈɪntəˈsept] vt prze-

chwycić, przejąć; przerwać, zagrodzić; odciąć

in·ter·ces·sion [ˈɪntəˈseʃn] s wstawiennictwo

in·ter·change [ˈɪntəˈtʃeɪndʒ] vt vi
wymieniać (między sobą); zamieniać (coś na coś); zmieniać (się)
kolejno; s [ˈɪntətʃeɪndʒ] wzajemna wymiana, kolejna zmiana

in·ter·course [ˈɪntəkɔs] s obcowanie, stosunek (wzajemny), związek; to have ⟨hold⟩ ~ utrzymywać stosunki (with sb z kimś)

in·ter·dict [ˈɪntəˈdɪkt] vt zabronić,
zakazać; s [ˈɪntədɪkt] = interdiction

in·ter·dic·tion [ˈɪntəˈdɪkʃn] s zakaz;
hist. interdykt

in·ter·est [ˈɪntrəst] s interes, zysk,
udział (np. w zyskach); dobro
(publiczne itd.); handl. odsetki;
zainteresowanie; to take an ~
interesować się (in sth czymś);
vt interesować; vr ~ oneself interesować się (in sth czymś)

in·ter·est·ing [ˈɪntrəstɪŋ] ppraes i
adj interesujący, zajmujący, ciekawy

in·ter·fere [ˈɪntəˈfɪə(r)] vi mieszać
⟨wtrącać, wdawać⟩ się (with sth
w coś); przeszkadzać ⟨zawadzać⟩
(with sth czemuś), kolidować

in·ter·fer·ence [ˈɪntəˈfɪərns] s mieszanie ⟨wtrącanie⟩ się, ingerencja, wkraczanie; przeszkoda, kolizja

in·ter·im [ˈɪntərɪm] s okres przejściowy; adj przejściowy

in·te·ri·or [ɪnˈtɪərɪə(r)] adj wewnętrzny; ~ design architektura
wnętrz; s wnętrze; środek ⟨głąb⟩
kraju

in·ter·jec·tion [ˈɪntəˈdʒekʃn] s okrzyk; gram. wykrzyknik

in·ter·lace [ˈɪntəˈleɪs] vt vi przeplatać (się)

in·ter·lock [ˈɪntəˈlok] vt vi spleść
(się), sprząc ⟨złączyć⟩ (się)

in·ter·loc·u·tor [ˈɪntəˈlokjutə(r)] s
rozmówca

in·ter·lude [ˈɪntəlud] *s (także muz.)*
interludium; przerwa

in·ter·mar·riage [ˈɪntəˈmærɪdʒ] *s*
małżeństwo mieszane; małżeństwo w obrębie rodu ⟨plemienia⟩

in·ter·me·di·a·ry [ˈɪntəˈmidɪərɪ] *adj*
pośredni; pośredniczący; *s* pośrednik

in·ter·me·di·ate [ˈɪntəˈmidɪət] *adj*
pośredni; ~ **examination** egzamin składany w połowie studiów uniwersyteckich; *s* etap ⟨produkt itd.⟩ pośredni; stadium pośrednie

in·ter·ment [ɪnˈtɜmənt] *s* pogrzeb

in·ter·mi·na·ble [ɪnˈtɜmɪnəbl] *adj*
nie kończący się

in·ter·min·gle [ˈɪntəˈmɪŋgl] *vt vi*
mieszać (się), splatać (się)

in·ter·mis·sion [ˈɪntəˈmɪʃn] *s* przerwa, pauza

in·ter·mit·tent [ˈɪntəˈmɪtnt] *adj*
przerywany, sporadyczny

in·ter·mix [ˈɪntəˈmɪks] *vt vi* mieszać (się)

in·tern 1. [ɪnˈtɜn] *vt* internować

in·tern 2. [ˈɪntɜn] *s am.* lekarz-stażysta (mieszkający na terenie kliniki); student **w internacie**

in·ter·nal [ɪnˈtɜnl] *adj* wewnętrzny; krajowy, domowy

in·ter·na·tion·al [ˈɪntəˈnæʃnl] *adj*
międzynarodowy; *s sport* zawody międzynarodowe; uczestnik zawodów międzynarodowych; **the International** Międzynarodówka

In·ter·na·tio·nale [ˈɪntəˈnæʃənˈal]
s Międzynarodówka (hymn)

in·ter·na·tion·al·ism [ˈɪntəˈnæʃn-lɪzm] *s* internacjonalizm

in·ter·na·tion·al·ize [ˈɪntəˈnæʃnə-laɪz] *vt* umiędzynarodowić

in·ter·ne·cine [ˈɪntəˈnisaɪn] *adj*
morderczy

in·tern·ment [ɪnˈtɜnmənt] *s* internowanie; ~ **camp** obóz koncentracyjny

in·ter·pel·late [ɪnˈtɜpɪleɪt] *vt* interpelować

in·ter·play [ˈɪntəpleɪ] *s* obustronna gra; wzajemne oddziaływanie

in·ter·po·late [ɪnˈtɜpəleɪt] *vt* wstawić (do tekstu); *mat.* interpolować

in·ter·pose [ˈɪntəˈpəuz] *vt vi* wstawiać, wtrącać (się); użyć (autorytetu itp.); interweniować

in·ter·pret [ɪnˈtɜprɪt] *vt* tłumaczyć, objaśniać; interpretować; *vi* tłumaczyć ustnie (np. na odczycie)

in·ter·pre·ta·tion [ɪnˈtɜprɪˈteɪʃn] *s*
tłumaczenie; objaśnienie, interpretacja

in·ter·pret·er [ɪnˈtɜprɪtə(r)] *s* tłumacz (ustny)

in·ter·ro·gate [ɪnˈterəgeɪt] *vt* pytać, indagować, przesłuchiwać

in·ter·ro·ga·tion [ɪnˈterəˈgeɪʃn] *s*
pytanie, indagacja, przesłuchanie; *gram.* **note of ~** pytajnik

in·ter·rog·a·tive [ˈɪntəˈrogətɪv] *adj*
(także gram.) pytający

in·ter·rupt [ˈɪntəˈrʌpt] *vt* przerywać

in·ter·sect [ˈɪntəˈsekt] *vt* przecinać

in·ter·sperse [ˈɪntəˈspɜs] *vt* rozsypać ⟨rozrzucić⟩ (między czymś), przemieszać; urozmaicić

in·ter·twine [ˈɪntəˈtwaɪn] *vt vi*
przeplatać (się)

in·ter·val [ˈɪntəvl] *s* przerwa, odstęp; *muz.* interwał; **at ~s** z przerwami, tu i ówdzie

in·ter·vene [ˈɪntəˈvin] *vi* interweniować; ingerować ⟨wdawać się, wkraczać⟩ (w coś); wydarzyć się; upłynąć

in·ter·ven·tion [ˈɪntəˈvenʃn] *s* interwencja, wkroczenie (w coś)

in·ter·view [ˈɪntəvju] *s* wywiad (zw. dziennikarski); *vt* przeprowadzić wywiad (sb z kimś)

in·ter·weave [ˈɪntəˈwiv], **interwove** [ˈɪntəˈwəuv], **interwoven** [ˈɪntəˈwəuvən] *vt vi* tkać, przeplatać (się), przetykać

in·tes·tine [ɪnˈtestɪn] *adj* wewnętrzny; *s pl* **~s** wnętrzności, jelita

in·ti·ma·cy [ˈɪntɪməsɪ] *s* poufałość, intymność

in·ti·mate [ˈɪntɪmət] *adj* poufały, intymny, zażyły; gruntowny; *vt* [ˈɪntɪmeɪt] podać do wiadomości; dać do zrozumienia

in·ti·ma·tion [ˌɪntɪˈmeɪʃn] *s* podanie do wiadomości; zasugerowanie; napomknięcie

in·tim·i·date [ɪnˈtɪmɪdeɪt] *vt* zastraszyć, onieśmielić

in·tim·i·da·tion [ɪnˌtɪmɪˈdeɪʃn] *s* zastraszenie, onieśmielenie

in·to [ˈɪntu, ˈɪntə] *praep dla oznaczenia ruchu i kierunku*: w, do; **far ~ the night** do późna w nocy; *dla oznaczenia przemiany i podziału*: na, w; **to turn ~ gold** zmienić w złoto; **to divide ~ groups** dzielić na grupy

in·tol·er·a·ble [ɪnˈtɒlrəbl] *adj* nieznośny

in·tol·er·ance [ɪnˈtɒlərns] *s.* nietolerancja

in·tol·er·ant [ɪnˈtɒlərnt] *adj* nietolerancyjny

in·to·na·tion [ˌɪntəˈneɪʃn] *s* intonacja

in·tone [ɪnˈtəʊn] *vt* intonować

in·tox·i·cant [ɪnˈtɒksɪkənt] *adj* odurzający, alkoholowy; *s* środek odurzający, napój alkoholowy

in·tox·i·cate [ɪnˈtɒksɪkeɪt] *vt* odurzyć, upić

in·tox·i·ca·tion [ɪnˌtɒksɪˈkeɪʃn] *s* odurzenie, upicie; *med.* zatrucie

in·trac·ta·ble [ɪnˈtræktəbl] *adj* krnąbrny; oporny, niepodatny

in·tran·si·gent [ɪnˈtrænsɪdʒənt] *adj* nieprzejednany; *s* człowiek nieprzejednany

in·tran·si·tive [ɪnˈtrænsɪtɪv] *adj gram.* nieprzechodni

in·tra·ve·nous [ˌɪntrəˈviːnəs] *adj* dożylny

in·trench = entrench

in·trep·id [ɪnˈtrepɪd] *adj* nieustraszony

in·tri·ca·cy [ˈɪntrɪkəsɪ] *s* zawiłość, gmatwanina

in·tri·cate [ˈɪntrɪkət] *adj* skomplikowany, zawiły

in·trigue [ɪnˈtriːg] *s* intryga; *vt vi* intrygować

in·trin·sic [ɪnˈtrɪnsɪk] *adj* wewnętrzny, głęboki; istotny, faktyczny

in·tro·duce [ˌɪntrəˈdjuːs] *vt* wprowadzić; przedstawić (**sb to sb** kogoś komuś); przedłożyć (np. wniosek)

in·tro·duc·tion [ˌɪntrəˈdʌkʃn] *s* wprowadzenie; przedstawienie; przedłożenie; wstęp, przedmowa

in·tro·duc·to·ry [ˌɪntrəˈdʌktrɪ] *adj* wstępny, wprowadzający; polecający

in·tro·spect [ˌɪntrəˈspekt] *vi* obserwować samego siebie, oddawać się introspekcji

in·trude [ɪnˈtruːd] *vi* wtrącać się ⟨wkraczać⟩ (**into sth** do czegoś); przeszkadzać, narzucać się (**on** ⟨**upon**⟩ **sb** komuś); zakłócać (**on** ⟨**upon**⟩ **sth** coś); *vt* narzucać (**sth on** ⟨**upon**⟩ **sb** komuś coś)

in·trud·er [ɪnˈtruːdə(r)] *s* intruz, natręt

in·tru·sion [ɪnˈtruːʒn] *s* bezprawne wkroczenie ⟨wtargnięcie⟩ (w coś ⟨gdzieś⟩); narzucanie (się); wciśnięcie

in·tru·sive [ɪnˈtruːzɪv] *adj* narzucający się, natrętny; wtrącony

in·trust = entrust

in·tu·i·tion [ˌɪntjuˈɪʃn] *s* intuicja

in·tu·i·tive [ɪnˈtjuːɪtɪv] *adj* intuicyjny

in·un·date [ˈɪnəndeɪt] *vt* zalać, zatopić

in·un·da·tion [ˌɪnənˈdeɪʃn] *s* zalew, powódź

in·ure [ɪˈnjuə(r)] *vt* przyzwyczajać, zaprawiać, hartować

in·vade [ɪnˈveɪd] *vt* najechać, wtargnąć (**a country** do kraju)

in·va·lid 1. [ˈɪnvəlɪd] *adj* chory, ułomny, niezdolny do pracy; *s* człowiek chory, kaleka, inwalida

in·va·lid 2. [ɪnˈvælɪd] *adj* nieważny, nieprawomocny

in·val·i·date [ɪnˈvælɪdeɪt] *vt* unieważnić

in·val·u·a·ble [ɪn`væljubl] *adj* bezcenny, nieoceniony

in·var·i·a·ble [ɪn`veərɪəbl] *adj* niezmienny

in·va·sion [ɪn`veɪʒn] *s* inwazja

in·vec·tive [ɪn`vektɪv] *s* inwektywa, obelga

in·veigh [ɪn`veɪ] *vi* gromić, kląć (against sb, sth kogoś, coś)

in·vei·gle [ɪn`viːgl] *vt* uwodzić; wabić

in·vent [ɪn`vent] *vt* wynajdować, wymyślić; zmyślić

in·ven·tion [ɪn`venʃn] *s* wynalazek; wymysł

in·ven·tive [ɪn`ventɪv] *adj* wynalazczy, pomysłowy

in·ven·tor [ɪn`ventə(r)] *s* wynalazca

in·ven·to·ry [`ɪnvəntrɪ] *s* inwentarz

in·verse [`ɪn`vɜs] *adj* odwrotny; *s* odwrotność

in·ver·sion [ɪn`vɜʃn] *s* odwrócenie, inwersja

in·vert [ɪn`vɜt] *vt* odwrócić, przestawić

in·ver·te·brate [ɪn`vɜtəbreɪt] *adj* zool. bezkręgowy; *przen.* bez kręgosłupa; *s* zool. bezkręgowiec

in·vest [ɪn`vest] *vt* odziewać, ubierać (in sth w coś); otaczać (with sth czymś); inwestować, wkładać; wyposażyć, obdarzyć (with sth w coś); nadać (sb with sth komuś coś — np. przywilej, władzę)

in·ves·ti·gate [ɪn`vestɪgeɪt] *vt* badać; dochodzić ⟨dociekać⟩ (sth czegoś); prowadzić śledztwo

in·ves·ti·ga·tion [ɪn`vestɪ`geɪʃn] *s* badanie, dociekanie, śledztwo

in·vest·ment [ɪn`vestmənt] *s* inwestycja, lokata; odzianie, szata; *wojsk.* oblężenie

in·vet·er·ate [ɪn`vetərət] *adj* zastarzały; głęboko zakorzeniony; uporczywy; nałogowy

in·vid·i·ous [ɪn`vɪdɪəs] *adj* nienawistny, budzący zawiść

in·vig·i·late [ɪn`vɪdʒɪleɪt] *vt* nadzorować przy egzaminie ⟨egzamin⟩

in·vig·o·rate [ɪn`vɪgəreɪt] *vt* wzmacniać, pokrzepiać, orzeźwić

in·vin·ci·ble [ɪn`vɪnsəbl] *adj* niezwyciężony

in·vi·o·la·ble [ɪn`vaɪələbl] *adj* nienaruszalny, nietykalny

in·vi·o·late [ɪn`vaɪələt] *adj* nienaruszony, nietknięty

in·vis·i·ble [ɪn`vɪzəbl] *adj* niewidzialny, niewidoczny

in·vi·ta·tion [ɪnvɪ`teɪʃn] *s* zaproszenie

in·vite [ɪn`vaɪt] *vt* zapraszać; zachęcać (sth do czegoś); wywoływać, powodować

in·voice [`ɪnvɔɪs] *s* handl. faktura

in·voke [ɪn`vəuk] *vt* wzywać, zaklinać

in·vol·un·tar·y [ɪn`vɔləntrɪ] *adj* mimowolny

in·vo·lu·tion [`ɪnvə`luʃn] *s* powikłanie, zawiłość

in·volve [ɪn`vɔlv] *vt* obejmować; zwijać; wciągać, pociągać za sobą; wmieszać, wplątać; uwikłać; komplikować, gmatwać

in·volved [ɪn`vɔlvd] *pp i adj* zawiły; wplątany

in·vul·ner·a·ble [ɪn`vʌlnrəbl] *adj* nie do zranienia, niewrażliwy (na ciosy itp.); nienaruszalny

in·ward [`ɪnwəd] *adj* wewnętrzny; duchowy; skryty; skierowany do wewnątrz; *adv* (*także* ~s) do wnętrza, w głąb, w głębi; w duchu

i·o·dine [`aɪədiːn] *s* chem. jod; *pot.* jodyna (*zw.* tincture of ~)

i·o·ta [aɪ`əutə] *s* (*litera*) jota; odrobina

I·ra·ni·an [ɪ`reɪnɪən] *adj* irański, perski; *s* Irańczyk, Pers

i·ras·ci·ble [ɪ`ræsəbl] *adj* drażliwy, skłonny do gniewu

I·rish [`aɪərɪʃ] *adj* irlandzki

I·rish·man [`aɪərɪʃmən] (*pl* Irishmen [`aɪərɪʃmən]) *s* Irlandczyk

irk·some [`ɜksəm] *adj* nużący, przykry

i·ron [`aɪən] *s* żelazo; żelazko (do prasowania); *pl* ~s kajdanki; cast ~ żeliwo; *vt* okuć, podkuć;

prasować (np. bieliznę); zakuć w kajdany

i·ron·clad [ˈaɪənklæd] *adj* opancerzony, pancerny; *s mors.* pancernik

i·ron-found·ry [ˈaɪənfaundrɪ] *s* huta, odlewnia żelaza

i·ron·ic(al) [aɪˈrɒnɪk(l)] *adj* ironiczny

i·ron-mon·ger [ˈaɪənmʌŋgə(r)] *s* handlarz towarami żelaznymi

i·ron·side [ˈaɪənsaɪd] *s przen.* człowiek „z żelaza"; *hist.* żołnierz armii Cromwella

i·ron-work [ˈaɪənwək] *s* konstrukcja żelazna; *zbior.* wyroby żelazne; *pl* ~s huta

i·ro·ny [ˈaɪərənɪ] *s* ironia

ir·ra·di·ate [ɪˈreɪdɪeɪt] *vt* oświetlać; naświetlać (promieniami); wyjaśniać (kwestię, sprawę itd.); *vi* promieniować

ir·ra·tion·al [ɪˈræʃnl] *adj* irracjonalny; nierozumny

ir·rec·on·cil·a·ble [ɪˈrekənˈsaɪləbl] *adj* nieprzejednany; nie dający się pogodzić

ir·re·cov·er·a·ble [ˈɪrɪˈkʌvrəbl] *adj* bezpowrotnie stracony, nie do odzyskania; nie do naprawienia

ir·ref·u·ta·ble [ˈɪrɪˈfjutəbl] *adj* niezbity, nieodparty

ir·reg·u·lar [ɪˈregjulə(r)] *adj* nieregularny, nieprawidłowy, nierówny; nieporządny; nielegalny

ir·reg·u·lar·i·ty [ɪˈregjuˈlærətɪ] *s* nieregularność, nieprawidłowość, nierówność; nieporządek; naruszanie norm ⟨przepisów itd.⟩

ir·rel·e·vant [ɪˈreləvənt] *adj* nie należący do rzeczy, nie odnoszący się do danej sprawy, nie mający związku z tematem

ir·re·li·gious [ˈɪrɪˈlɪdʒəs] *adj* niewierzący, bezbożny

ir·re·me·di·a·ble [ˈɪrɪˈmidɪəbl] *adj* nie do naprawienia

ir·re·mov·a·ble [ˈɪrɪˈmuvəbl] *adj* nieusuwalny, nie do usunięcia

ir·rep·a·ra·ble [ɪˈreprəbl] *adj* nie do

naprawienia, niepowetowany

ir·re·press·i·ble [ˈɪrɪˈpresəbl] *adj* niepowstrzymany, nie do opanowania; nieodparty

ir·re·proach·a·ble [ˈɪrɪˈprəutʃəbl] *adj* nienaganny

ir·re·sist·i·ble [ˈɪrɪˈzɪstəbl] *adj* nieodparty

ir·res·o·lute [ɪˈrezəlut] *adj* niezdecydowany

ir·re·spec·tive [ˈɪrɪˈspektɪv] *adj* nie biorący pod uwagę; niezależny; *adv* niezależnie; ~ of bez względu na, niezależnie od

ir·re·spon·si·ble [ˈɪrɪˈsponsəbl] *adj* nieodpowiedzialny, lekkomyślny

ir·re·triev·a·ble [ˈɪrɪˈtrivəbl] *adj* niepowetowany, bezpowrotny

ir·rev·er·ent [ɪˈrevərənt] *adj* nie okazujący szacunku, lekceważący

ir·rev·o·ca·ble [ɪˈrevəkəbl] *adj* nieodwołalny

ir·ri·gate [ˈɪrɪgeɪt] *vt* nawadniać; *med.* przepłukiwać

ir·ri·ga·tion [ˈɪrɪˈgeɪʃn] *s* nawodnienie; *med.* przepłukiwanie, irygacja

ir·ri·ta·ble [ˈɪrɪtəbl] *adj* skłonny do gniewu, drażliwy

ir·ri·tate [ˈɪrɪteɪt] *vt* irytować, rozdrażniać

ir·ri·ta·tion [ˈɪrɪˈteɪʃn] *s* irytacja, rozdrażnienie

is [ɪz] *zob.* be

is·land [ˈaɪlənd] *s* wyspa

is·land·er [ˈaɪləndə(r)] *s* wyspiarz

isle [aɪl] *s* wyspa

is·let [ˈaɪlət] *s* wysepka

isn't [ɪznt] = is not; *zob.* be

i·so·late [ˈaɪsəleɪt] *vt* izolować ⟨odosobnić, wyodrębnić⟩ (from sth od czegoś)

i·so·la·tion [ˈaɪsəˈleɪʃn] *s* izolacja, odosobnienie

i·sos·ce·les [aɪˈsɒsliz] *adj mat.* równoramienny (trójkąt)

i·so·tope [ˈaɪsətəup] *s fiz.* izotop

Is·ra·el·ite [ˈɪzrɪəlaɪt] *s* Izraelita

is·sue [ˈɪʃu] *s* wyjście; ujście, upływ; wynik, rezultat; potomstwo; kwestia, zagadnienie; emisja; przydział; nakład, wydanie; wydawanie; in the ~ w końcu; matter at ~ sprawa sporna; to bring to an ~ doprowadzić do końca; to join ⟨take⟩ ~ zacząć się spierać; *vt* wypuszczać; wydawać; emitować; *vi* wychodzić; uchodzić; wypadać; pochodzić; wynikać, wypływać

isth·mus [ˈɪsməs] s przesmyk

it [ɪt] *pron* ono, to; *(gdy zastępuje rzeczowniki nieżywotne i nazwy zwierząt)* on, ona

I·tal·ian [ɪˈtæliən] *adj* włoski; s Włoch; język włoski

i·tal·ics [ɪˈtæliks] s pl kursywa, pismo pochyle

itch [ɪtʃ] *vi* swędzieć; s swędzenie; *med.* świerzb; *pot.* chętka

i·tem [ˈaɪtəm] s przedmiot; punkt; szczegół; pozycja (w rachunku

itd.); *adv* podobnie, tak samo

i·tem·ize [ˈaɪtəmaɪz] *vt* wyszczególniać

it·er·ate [ˈɪtəreɪt] *vt* powtarzać

i·tin·er·ant [aɪˈtɪnərənt] *adj* wędrowny

i·tin·er·ar·y [aɪˈtɪnərərɪ] *adj* wędrowny; s trasa ⟨plan⟩ podróży; przewodnik (książka); dziennik podróży

i·tin·er·ate [aɪˈtɪnəreɪt] *vi* wędrować

its [ɪts] *pron (w odniesieniu do dziecka, zwierząt i rzeczy)* jego, jej, swój

it's [ɪts] = **it is**; zob. **be**

it·self [ɪtˈself] *pron* samo, sobie, siebie, się; by ~ samo (jedno)

I've [aɪv] = **I have**

i·vo·ry [ˈaɪvrɪ] s kość słoniowa

i·vy [ˈaɪvɪ] s bluszcz

j

jab·ber [ˈdʒæbə(r)] *vt vi* trajkotać, paplać; s paplanie, trajkotanie

Jack, jack [dʒæk] s *zdrob.* od **John** Jaś; chłopak; *(także* **jack tar)** (prosty) marynarz; służący; walet (w kartach); lewar, podnośnik; *mors.* bandera; **Jack of all trades** majster do wszystkiego; **Jack in office** biurokrata; *pot.* ważniak; **cheap Jack** wędrowny przekupień; **Union Jack** narodowa flaga brytyjska; **everyman jack** każdy bez wyjątku

jack·al [ˈdʒækəl] s *zool.* szakal

jack·ass [ˈdʒækæs] s *dosł. i przen.* osioł

jack·boot [ˈdʒækbut] s but z wysoką cholewką

jack·daw [ˈdʒækdɔ] s *zool.* kawka

jack·et [ˈdʒækɪt] s żakiet, kurtka, marynarka, kaftan; obwoluta; teczka (na akta); skórka, łupina;

okładzina, koszulka, osłona

jack-o'-lantern [ˈdʒækəˈlæntən] s błędny ognik

jade [dʒeɪd] s szkapa; *vt vi* zmordować **(się)**, zmęczyć **(się)**

jad·ed [ˈdʒeɪdɪd] *pp i adj* sterany

jag [dʒæg] s szczerba, wyrwa; cypel; ząb (np. piły); strzęp (materiału, kartki itd.); występ (skalny); *vt* karbować; szczerbić; wyrzynać; strzępić

jag·ged [ˈdʒægɪd] *pp i adj* szczerbaty; strzępiasty, ząbkowany

jag·uar [ˈdʒægjuə(r)] s *zool.* jaguar

jail [dʒeɪl] s *am.* więzienie

jail·er [ˈdʒeɪlə(r)] s *am.* dozorca więzienny

jam 1. [dʒæm] s dżem, konfitura

jam 2. [dʒæm] *vt* zaciskać, wciskać; stłoczyć; zatykać, blokować; zagłuszać (transmisję radiową); *vi* zaklinować się; zaciąć

się; s ucisk, ścisk; zator; zacię-
cie się

jam·bo·ree [ˈdʒæmbəˈri] s zlot harcerski; jamboree

jan·gle [ˈdʒæŋgl] s brzęk; klekot;
vt vi brzęczeć, dzwonić, klekotać

jan·i·tor [ˈdʒænɪtə(r)] s odźwierny,
dozorca, portier

Jan·u·ar·y [ˈdʒænjuərɪ] s styczeń

Jap·a·nese [ˈdʒæpəˈniːz] adj japoński; s Japończyk; język japoński

jar 1. [dʒɑ(r)] s słój, słoik, dzban

jar 2. [dʒɑ(r)] vi zgrzytać, brzęczeć; kłócić się; vt drażnić ⟨ra-
zić⟩ (np. ucho); szarpać ⟨działać
na⟩ nerwy; wstrząsać; s zgrzyt;
wstrząs; kłótnia

jas·mine [ˈdʒæzmɪn] s jaśmin

jas·per [ˈdʒæspə(r)] s miner. jas-
pis

jaun·dice [ˈdʒɔndɪs] s med. żółtaczka; przen. zazdrość, zawiść

jaunt [dʒɔnt] vi wybrać się na
wycieczkę; s (krótka) wycieczka

jaun·ty [ˈdʒɔntɪ] s żwawy, wesoły,
beztroski

jave·lin [ˈdʒævlɪn] s sport oszczep

jaw [dʒɔ] s szczęka

jaw·bone [ˈdʒɔ bəun] s kość szczę-
kowa

jazz [dʒæz] s dżez, jazz; muzyka
dżezowa ⟨jazzowa⟩

jeal·ous [ˈdʒeləs] adj zazdrosny (of
sb, sth o kogoś, coś), zawistny

jeal·ous·y [ˈdʒeləsɪ] s zazdrość, zawiść

jeep [dʒiːp] s dżip, jeep, łazik (samochód wojskowy)

jeer [dʒɪə(r)] vi szydzić (at sb, sth
z kogoś, czegoś); s szyderstwo

jel·ly [ˈdʒelɪ] s galareta, kisiel

jel·ly·fish [ˈdʒelɪ fɪʃ] s zool. meduza

jen·ny [ˈdʒenɪ] s techn. przędzar-
ka (maszyna)

jeop·ard·ize [ˈdʒepədaɪz] vt narazić
na niebezpieczeństwo, ryzykować
(sth coś, czymś)

jeop·ard·y [ˈdʒepədɪ] s niebezpieczeństwo, ryzyko

jerk [dʒɜk] vt szarpnąć, targnąć;

cisnąć, pchnąć; vt szarpać się,
nagle poruszyć się; s szarpnięcie,
targnięcie, pchnięcie; skurcz,
drgawka

jerk·y [ˈdʒɜkɪ] adj szarpiący, szar-
pany; konwulsyjny

jer·sey [ˈdʒɜzɪ] s sweter, golf

jest [dʒest] s żart; pośmiewisko; vi
żartować (about sb, sth z kogoś,
czegoś)

jest·er [ˈdʒestə(r)] s żartowniś; błazen

jet [dʒet] s struga, wytrysk; dysza; odrzutowiec; adj attr odrzutowy; vt vi tryskać

jet-plane [ˈdʒetpleɪn] s odrzutowiec

jet-pro·pelled [ˈdʒet prəˈpeld] adj
odrzutowy; ~ plane odrzutowiec

jet·sam [ˈdʒetsəm] s części ładun-
ku wyrzucane za burtę (z powodu awarii); przen. flotsam and
~ wyrzutki społeczeństwa, roz-
bitki życiowe; rzeczy bez wartości

jet·ti·son [ˈdʒetɪsn] s zrzut poza
burtę; vt wyrzucać za burtę

jet·ty [ˈdʒetɪ] s molo; falochron

Jew [dʒu] s Żyd

jew·el [ˈdʒuːl] s klejnot; vt zdobić
klejnotami

jew·el·ler [ˈdʒuːlə(r)] s jubiler

jew·el·ler·y [ˈdʒuːlrɪ] s biżuteria;
handel biżuterią

Jew·ess [ˈdʒuˈes] s Żydówka

Jew·ish [ˈdʒuɪʃ] adj żydowski

jib [dʒɪb] vi (o koniu) płoszyć się
⟨stawać dęba⟩; przen. wzbraniać
się (at sth przed czymś)

jibe = **gibe**

jif·fy [ˈdʒɪfɪ] s pot. chwilka

jig [dʒɪg] s skoczny taniec (giga)

jig-saw [ˈdʒɪgsɔ] s laubzega; ~ puzzle układanka

jin·gle [ˈdʒɪŋgl] vt vi dźwięczeć,
brzęczeć, pobrzękiwać; s dzwonienie, brzęk, dźwięczenie

jin·go [ˈdʒɪŋgəu] s szowinista

jin·go·ism [ˈdʒɪŋgəuɪzm] s szowinizm

job [dʒob] s robota, zajęcie, praca;

sprawa; interes; **by the** ~ **na akord; odd** ~s okazyjna ⟨dorywcza⟩ praca; **out of a** ~ bezrobotny; **to make a good** ~ **of sth** dobrze sobie z czymś poradzić; *vt vi* pracować na akord; pracować· dorywczo; nadużywać władzy; uprawiać machinacje handlowe; wynajmować (konia, wóz)

job·ber [ˈdʒɔbə(r)] s wyrobnik, robotnik akordowy; drobny spekulant (handlowy, giełdowy); aferzysta; pośrednik

job·less [ˈdʒɔbləs] *adj* bezrobotny

jock·ey [ˈdʒɔkɪ] s dżokej; szachraj; *vt vi* oszukiwać, szachrować

jo·cose [dʒəuˈkəus] *adj* zabawny, dowcipkujący, wesoły

joc·u·lar [ˈdʒɔkjulə(r)] *adj* figlarny, wesoły

joc·und [ˈdʒɔkənd] *adj* wesoły, pogodny

jog [dʒɔg] *vt* potrącać, popychać; potrząsać; *vi* ⟨zw. ~ **on** ⟨along⟩⟩ posuwać się ⟨jechać⟩ naprzód; s popchnięcie; szturchnięcie; wolny kłus

jog·gle [ˈdʒɔgl] *vt* potrząsać; podrzucać; *vi* trząść się

join [dʒɔɪn] *vt vi* połączyć, przyłączyć (się) ⟨sb **do kogoś⟩**; wstąpić (np. **the party do partii**); spoić; związać (się), zetknąć się; **to** ~ **hands** wziąć się za ręce; przystąpić do wspólnego dzieła; ~ **up** zaciągnąć się (do wojska)

join·er [ˈdʒɔɪnə(r)] s stolarz

joint [dʒɔɪnt] *adj* łączny, wspólny; s połączenie, spojenie, pieczeń, udziec; *anat.* staw; **out of** ~ zwichnięty; *przen.* zepsuty; *vt* złożyć, zestawić, spoić; rozczłonkować

joint·ly [ˈdʒɔɪntlɪ] *adv* łącznie

joint-stock [ˈdʒɔɪntˈstɔk] *adj attr:* ~ **company** spółka akcyjna

joke [dʒəuk] s żart, dowcip; **to crack a** ~ *pot.* palnąć dowcip; *vi* żartować ⟨about⟩ ⟨at⟩ sb, sth z kogoś, czegoś

jol·ly [ˈdʒɔlɪ] *adj* wesoły; podo-

chocony; przyjemny; *pot.* nie lada; *adv pot.* bardzo, szalenie

jolt [dʒəult] *vt* wstrząsać, podrzucać; *vi* ⟨o *wozie⟩* jechać z turkotem, trząść się; s wstrząs, szarpnięcie, podrzucanie

jos·tle [ˈdʒɔsl] *vt vi* popychać, rozpychać (się), potrącać; s popchnięcie, potrącenie

jot [dʒɔt] s jota, odrobina; *vt* ⟨zw. ~ **down**⟩ **skreślić w paru słowach, pośpiesznie zapisać**

jour·nal [ˈdʒɜnl] s dziennik; żurnal

jour·nal·ese [ˈdʒɜnlˈiz] s język ⟨styl⟩ dziennikarski

jour·nal·ism [ˈdʒɜnlɪzm] s dziennikarstwo

jour·nal·ist [ˈdʒɜnlɪst] s dziennikarz

jour·ney [ˈdʒɜnɪ] s podróż ⟨zw. lądowa⟩; *vi* podróżować

jour·ney·man [ˈdʒɜnɪmən] s czeladnik

jo·vi·al [ˈdʒəuvɪəl] *adj* jowialny, wesoły

jowl [dʒəul] s szczęka; policzek

joy [dʒɔɪ] s radość, uciecha; *vt vi* radować (się)

joy·ful [ˈdʒɔɪfl] *adj* radosny

ju·bi·lant [ˈdʒubɪlənt] *adj* radujący się, rozradowany

ju·bi·late [ˈdʒubɪleɪt] *vi* radować się, triumfować

ju·bi·lee [ˈdʒubɪliː] s jubileusz

judge [dʒʌdʒ] *vt vi* sądzić, osądzać; uważać; s sędzia

judge·ment [ˈdʒʌdʒmənt] s sąd; wyrok; osąd; opinia, zdanie; rozsądek; **to pass** ~ wyrokować, osądzać (on ⟨upon⟩ sb, sth kogoś, coś)

ju·di·ca·ture [ˈdʒudɪkətʃə(r)] s sądownictwo, wymiar sprawiedliwości

ju·di·cial [dʒuˈdɪʃl] *adj* sądowy, sędziowski; rozsądny, krytyczny

ju·di·cious [dʒuˈdɪʃəs] *adj* rozsądny, rozważny

jug [dʒʌg] s dzban, garnek; *pot.* ⟨o *więzieniu⟩* paka

jug·ful [ˈdʒʌgful] s pełny dzban ⟨garnek⟩

jug·gle [`dʒʌgl] vi żonglować; manipulować **(with sth czymś)**; vt zwodzić, mamić; wyłudzić **(sb out of sth coś od kogoś)**; s sztuczka, kuglarstwo, żonglerka

jug·gler [`dʒʌglə(r)] s kuglarz, żongler; oszust

juice [dʒus] s sok; przen. treść, istota

juic·y [`dʒusɪ] adj soczysty

Ju·ly [dʒuˈlaɪ] s lipiec

jum·ble [`dʒʌmbl] s mieszanina, bałagan; przen. „groch z kapustą"; vt vi pomieszać (się), narobić bałaganu, wprowadzić zamęt

jump [dʒʌmp] vi skakać, podskakiwać; skoczyć **⟨napaść⟩ (on ⟨upon⟩ sb na kogoś)**; to ~ at ⟨to⟩ **a conclusion** wyciągnąć pochopny wniosek; vt przeskoczyć; wstrząsnąć; s skok, podskok; wstrząs

jump·er 1. [`dʒʌmpə(r)] s skoczek

jump·er 2. [`dʒʌmpə(r)] s damska bluzka; damski sweterek; mors. bluza

junc·tion [`dʒʌŋkʃn] s połączenie; węzeł kolejowy; stacja węzłowa; skrzyżowanie

junc·ture [`dʒʌŋktʃə(r)] s połączenie, spojenie; stan rzeczy ⟨spraw⟩; krytyczna chwila; zbieg okoliczności; **at this ~** w tych okolicznościach

June [dʒun] s czerwiec

jun·gle [`dʒʌŋgl] s dżungla

jun·ior [`dʒunɪə(r)] adj młodszy (wiekiem, stanowiskiem); s junior; młodszy student ⟨uczeń⟩; podwładny

junk 1. [dʒʌŋk] s zbior. pot. rupiecie, złom; przen. nonsens; mors. stara lina okrętowa; solone mięso

junk 2. [dʒʌŋk] s dżonka

ju·ris·dic·tion [ˌdʒuərɪsˈdɪkʃn] s jurysdykcja

jury [`dʒuərɪ] s sąd przysięgłych; jury

just [dʒʌst] adj sprawiedliwy; słuszny; właściwy; adv właśnie; w sam raz; po prostu; zaledwie

jus·tice [`dʒʌstɪs] s sprawiedliwość; (w tytułach) sędzia

jus·ti·fi·ca·tion [ˌdʒʌstɪfɪˈkeɪʃn] s usprawiedliwienie

jus·ti·fy [`dʒʌstɪfaɪ] vt usprawiedliwić; uzasadnić

jut [dʒʌt] vi sterczeć, wystawać; s występ (np. muru)

jute [dʒut] s bot. juta

ju·ve·nile [`dʒuvənaɪl] adj młodzieńczy, młodociany, małoletni; młodzieżowy; s młodzieniec, wyrostek

jux·ta·pose [ˌdʒʌkstəˈpəuz] vt ustawić obok siebie, zestawić

jux·ta·po·si·tion [ˌdʒʌkstəpəˈzɪʃn] s ustawienie obok siebie, zestawienie

k

kan·ga·roo [ˌkæŋgəˈru] s kangur

keel [kil] s mors. kil

keen [kin] adj ostry; tnący; przejmujący, przenikliwy; gorliwy, zapalony, gwałtownie pożądający **(on sth czegoś)**; bystry, żywy; pot. to be ~ on sb, sth przepadać za kimś, czymś

***keep** [kip], **kept**, **kept** [kept] vt trzymać (się); utrzymywać; dotrzymywać; przechowywać; przestrzegać (np. zasady); prowadzić (np. księgi); obchodzić (np. święto); pilnować; hodować; powstrzymywać; zachowywać (pozory, tajemnicę); chronić (sb from sth kogoś przed czymś); pozostawać (the house, one's bed w domu, w łóżku); z *przymiotnikiem*: to ~ a door ⟨eyes⟩ open trzymać ⟨mieć⟩ drzwi ⟨oczy⟩ otwarte; z *imiesłowem*: to ~ sb waiting kazać komuś czekać; *vi* trzymać ⟨mieć⟩ się; ściśle stosować się (at ⟨to⟩ sth do czegoś); pozostawać; zachowywać się; stale ⟨wciąż⟩ coś robić; uporczywie kontynuować (at sth coś); to ~ clear trzymać się z dala (of sth od czegoś); to ~ to the right ⟨left⟩ iść ⟨jechać, płynąć⟩ na prawo ⟨lewo⟩; to ~ to one's bed pozostawać w łóżku; to ~ to one's room nie wychodzić z pokoju; to ~ cool zachowywać zimną krew; to ~ working ⟨studying⟩ ciągle pracować ⟨uczyć się⟩; to ~ silent milczeć; to ~ smiling stale się uśmiechać, zachowywać pogodę ducha; z *przysłówkami*: ~ away trzymać (się) z dala; nie dawać się zbliżyć; ~ back powstrzymywać (się); nie ujawniać; nie zbliżać się; ~ down trzymać w ryzach; tłumić; utrzymywać na niskim poziomie; ~ off trzymać (się) na uboczu, nie dopuszczać; ~ on kontynuować; he ~s on working on w dalszym ciągu pracuje; ~ out trzymać (się) na zewnątrz, nie puszczać do środka; ~ under = ~ down; ~ up podtrzymywać; trzymać do góry; utrzymywać (się); trzymać (się) na odpowiednim poziomie; nie tracić ducha; dotrzymywać kroku (with sb komuś), nadążać

keep·er [ˈkipə(r)] *s* stróż, dozorca; opiekun; kustosz; prowadzący (sklep, zakład)

keep·ing [ˈkipiŋ] *s* utrzymanie, opieka; przechowanie; to be in ~ zgadzać się, harmonizować; to be out of ~ nie zgadzać się, nie

licować

keep·sake [ˈkipseik] *s* upominek, pamiątka

keg [keg] *s* beczułka

ken·nel [ˈkenl] *s* psia buda; psiarnia

kept *zob.* keep

kerb [kɜb] *s* krawężnik

ker·chief [ˈkɜtʃif] *s* chustka (na głowę)

ker·nel [ˈkɜnl] *s* jądro ⟨ziarno⟩ ⟨owocu⟩; sedno (sprawy)

ket·tle [ˈketl] *s* kocioł; imbryk

ket·tle-drum [ˈketldrʌm] *s muz.* kocioł

key [ki] *s* klucz; klawisz; *arch.* klin; *muz.* klucz, tonacja; *vt* ~ up nastroić (instrumenty, kogoś do czegoś)

key·board [ˈkibɔd] *s* klawiatura

key·hole [ˈkihəul] *s* dziurka od klucza

key·note [ˈkinəut] *s muz.* tonika; *przen.* myśl przewodnia

khak·i [ˈkaki] *s* tkanina o barwie ochronnej; mundur o barwie khaki; żołnierz w mundurze khaki; *adj* ⟨o kolorze⟩ khaki

kick [kik] *vt vi* kopać, wierzgać; *pot.* buntować się, opierać się (against ⟨at⟩ sth czemuś); *pot.* ~ away odpędzić; *pot.* ~ out wypędzić; ~ up podnieść ⟨wzniecić, narobić⟩ (a dust ⟨noise, fuss⟩ kurzu ⟨hałasu, wrzawy⟩); *s* kopniak; uderzenie; skarga, protest

kick-off [ˈkik ɔf] *s sport* pierwszy strzał (początek gry w piłkę nożną)

kid [kid] *s* koźlę; skóra koźla; *pot.* dziecko, smyk

kid·dy [ˈkidi] *s pot.* (o dziecku) mały, brdząc

kid-glove [ˈkid ˈglʌv] *s* rękawiczka z koźlej skóry

kid·nap [ˈkidnæp] *vt* porywać (dziecko), uprowadzić

kid·nap·per [ˈkidnæpə(r)] *s* kidnaper

kid·ney [ˈkidni] *s* nerka; *pot.* ro-

kill

dzaj, natura, pokrój (człowieka)

kill [kɪl] *vt* zabijać; kasować ⟨wyrzucać⟩ (część tekstu)

kiln [kɪln] *s* piec przemysłowy (do suszenia, wypalania)

kil·o·gramme [ˈkɪləgræm] *s* kilogram

kil·o·me·tre [ˈkɪləmɪtə(r)] *s* kilometr

kil·o·watt [ˈkɪləwɒt]. *s* kilowat

kilt [kɪlt] *s* męska spódnica szkocka

kin [kɪn] *s* † ród; *zbior.* krewni; next of ~ najbliższy krewny; *adj* spokrewniony

kind [kaɪnd] *s* rodzaj; gatunek; natura; jakość; a ~ of coś w rodzaju; nothing of the ~ nic podobnego; what ~ of...? jakiego rodzaju...?, co za...?; to pay in ~ płacić w naturze (w towarze); *adj* miły, uprzejmy, łaskawy; very ~ of you bardzo uprzejmie z pańskiej ⟨twojej⟩ strony; *adv* pot. ~ of poniekąd, do pewnego stopnia

kin·der·gar·ten [ˈkɪndəgatn] *s* przedszkole

kin·dle [ˈkɪndl] *vt vi* rozpalić (się), rozżarzyć (się), rozniecić (się), podniecić

kind·ly [ˈkaɪndlɪ] *adj* dobry, dobrotliwy, uczynny, łaskawy, miły

kind·ness [ˈkaɪndnəs] *s* uprzejmość, dobroć; przysługa

kin·dred [ˈkɪndrəd] *s* pokrewieństwo; *zbior.* krewni; *adj attr* pokrewny

king [kɪŋ] *s* król

king·dom [ˈkɪŋdəm] *s* królestwo

kins·folk [ˈkɪnzfəuk] *s* zbior. krewni, rodzeństwo

kins·man [ˈkɪnzmən] *s* (*pl* **kinsmen** [ˈkɪnzmən]) krewny

kins·wom·an [ˈkɪnzwumən] *s* (*pl* **kinswomen** [ˈkɪnzwɪmɪn]) krewna

kip·per [ˈkɪpə(r)] *s* ryba wędzona (*zw.* śledź)

kirk [kɜk] *s* szkoc. kościół

kiss [kɪs] *s* pocałunek; *vt vi* całować (się)

kit [kɪt] *s* wyposażenie, ekwipunek; komplet narzędzi; plecak, worek ⟨torba⟩ (na rzeczy, narzędzia); cebrzyk; paczka

kit·bag [ˈkɪt bæg] *s* torba podróżna, plecak

kitch·en [ˈkɪtʃɪn] *s* kuchnia; ~ garden ogród warzywny

kite [kaɪt] *s* zool. kania; latawiec; to fly a ~ puszczać latawca

kith [kɪθ] *s w zwrocie:* ~ and kin *zbior.* przyjaciele i krewni

kit·ten [ˈkɪtn] *s* kotek

kit·ty [ˈkɪtɪ] = **kitten**

knack [næk] *s* sztuka (robienia czegoś), spryt, zręczność

knag [næg] *s* sęk

knap·sack [ˈnæpsæk] *s* plecak

knave [neɪv] *s* nikczemnik, łajdak; walet (w kartach)

knav·er·y [ˈneɪvərɪ] *s* nikczemność, łajdactwo

knav·ish [ˈneɪvɪʃ] *adj* nikczemny, łajdacki

knead [nid] *vt* miesić, ugniatać; mieszać

knee [ni] *s* kolano

*kneel [nil], knelt, knelt [nelt] *vi* klękać, klęczeć

knell [nel] *s* podzwonne; *vi* dzwonić (umarłemu); *vt* dzwonić (**sth** obwieszczając coś)

knelt zob. **kneel**

knew zob. **know**

knick·er·bock·ers [ˈnɪkəbɒkəz], pot. **knick·ers** [ˈnɪkəz] *s pl* spodnie spięte pod kolanami; pumpy

knife [naɪf] *s* (*pl* **knives** [naɪvz]) nóż

knight [naɪt] *s* rycerz; szlachcic; kawaler orderu; koń (w szachach); *vt* nadać szlachectwo ⟨tytuł, order⟩

knight·hood [ˈnaɪthud] *s* rycerstwo; tytuł szlachecki

*knit, knit, knit [nɪt] *lub* knitted,

lace

knitted [`nıtıd] vt dziać, robić
na drutach; składać, wiązać,
spajać, łączyć; ściągać (brwi)

knives zob. knife

knob [nob] s gałka; guz; sęk; kawałek (np. cukru)

knock [nok] vt pukać, stukać (at
the door do drzwi), uderzyć się
(against sth o coś); vt uderzyć,
walnąć; ~ about pot. rozbijać
⟨wałęsać⟩ się; ~ down powalić,
zwalić z nóg; przejechać (kogoś); ~ off strącić; strzepnąć; potrącić (sumę pieniężną); skończyć
(pracę); ~ out wybić, wytrząsnąć; pokonać; ~ over przewrócić; ~ together zbić (np. deski);
sklecić; uderzać o siebie; ~ up
podbić ku górze; pot. zmajstro-
wać; znużyć się; zderzyć się (against
sb, sth z kimś; czymś); s stuk,
uderzenie

knock-out [`nokaut] s nokaut (w
boksie)

knoll [nəul] s pagórek

knot [not] s węzeł, pętla; sęk;
guz, narośl; przen. powikłanie;
vt robić węzeł; wiązać; przen.
komplikować

knot·ty [`notı] adj węzłowaty;
przen. zawiły, kłopotliwy

*know [nəu], knew [nju], known
[nəun] vt vi znać; rozpoznać, poznać; wiedzieć, dowiedzieć się
(about ⟨of⟩ sb, sth o kimś,
czymś); doświadczać, zaznać (czegoś); umieć, potrafić (coś zrobić); to get to ~ dowiedzieć się

know·ing [`nəuıŋ] ppraes i adj ro-
zumny, bystry, chytry, zręczny

know·ing·ly [`nəuıŋlı] adv ze zna-
jomością rzeczy; naumyślnie;
chytrze, zręcznie

knowl·edge [`nolıdʒ] s wiedza,
znajomość; wiadomość, świadomość; to my ~ o ile mi wiadomo

known zob. know

knuck·le [`nʌkl] s kostka (palca);
vi ~ down ⟨under⟩ ulec, ustąpić

ko·dak [`kəudæk] s kodak; vt fo-
tografować kodakiem

kohl·ra·bi [`kəul`rabı] s kalarepa

I

---

la·bel [`leıbl] s napis, naklejka,
etykieta; vt nakleić ⟨zaopatrzyć
w⟩ etykietę ⟨nalepkę, naklej-
kę⟩; przen. określić (mianem),
nazwać

la·bi·al [`leıbıəl] adj wargowy

la·bor·a·to·ry [lə`borətrı] s labora-
torium, pracownia

la·bo·ri·ous [lə`borıəs] adj praco-
wity; żmudny; wypracowany

la·bour [`leıbə(r)] s praca, trud;
klasa pracująca, świat pracy; siła
robocza; bóle porodowe, poród;
Labour Party Partia Pracy (w
Anglii); vi ciężko pracować, mozolić się (at sth nad czymś), ponosić trudy; uginać się (under
sth pod ciężarem czegoś); cierpieć (under sth z powodu czegoś); z trudem poruszać się; (o
kobiecie) rodzić; vt starannie o-
pracować, wypielęgnować; szczegółowo rozważać, dokładnie omawiać

la·bour·er [`leıbərə(r)] s robotnik,
wyrobnik

la·bour·ite [`leıbəraıt] s członek
Partii Pracy

lab·y·rinth [`læbərınθ] s labirynt

lace [leıs] s lamówka; sznurowadło; koronka; vt sznurować; ob-

lacerate

szyć lamówką; ozdobić koron-
ką

lac·er·ate [ˈlæsəreɪt] *vt* szarpać,
rwać, rozrywać, rozdrapywać;
kaleczyć; *przen.* zranić (uczucia)

lack [læk] *s* brak, niedostatek;
for ~ z braku; *vt vi* brakować;
odczuwać brak, nie posiadać, nie
mieć; I ~ money brak mi pieniędzy

lack·ey [ˈlækɪ] *s* lokaj

la·con·ic [ləˈkɒnɪk] *adj* lakoniczny

lac·quer [ˈlækə(r)] *s* lakier; *vt*
lakierować

lac·tic [ˈlæktɪk] *adj* mleczny

lad [læd] *s* chłopiec, chłopak

lad·der [ˈlædə(r)] *s* drabina; spuszczone oczko (w pończosze);
przen. drabina społeczna; *vi* (o
pończosze) puszczać oczko

*lade [leɪd], laded [ˈleɪdɪd],
laded *lub* laden [ˈleɪdn] *vt* ładować; czerpać, wygarniać

lad·en [ˈleɪdn] *pp i adj* obciążo-
ny, obarczony; pogrążony (w
smutku)

la·dle [ˈleɪdl] *s* łyżka wazowa,
chochla; *vt* rozlewać ⟨czerpać⟩
(chochlą)

la·dy [ˈleɪdɪ] *s* dama, pani; tytuł
szlachecki; lady's ⟨ladies'⟩ man
kobieciarz

la·dy·bird [ˈleɪdɪbɜːd] *s* biedronka

lag [læg] *vi* zwlekać, opóźniać się,
(także ~ behind) wlec. się z tyłu

lag·gard [ˈlægəd] *adj* powolny,
ospały; *s* maruder, człowiek o-
pieszały

laid *zob.* lay 1.

lain *zob.* lie 1.

lair [leə(r)] *s* legowisko, nora,
matecznik; *przen.* melina

lake [leɪk] *s* jezioro

lamb [læm] *s* jagnię, baranek

lame [leɪm] *adj* chromy, ułomny; wadliwy; nieprzekonywają-
cy, mętny; ~ duck pechowiec;
bankrut życiowy ⟨giełdowy⟩; *vt*
uczynić kaleką, okaleczyć; popsuć, sparaliżować

la·ment [ləˈment] *s* skarga, la-

ment; *vt vi* opłakiwać (sb, sth
⟨over sb, sth⟩ kogoś, coś), lamentować

lam·en·ta·ble [ˈlæməntəbl] *adj* o-
płakany, godny pożałowania

lam·i·na [ˈlæmɪnə] *s* (*pl* ~e
[ˈlæmɪnɪ]) blaszka

lamp [læmp] *s* lampa

lam·poon [læmˈpuːn] *s* pamflet,
paszkwil; *vt* napisać paszkwil
(sb, sth na kogoś, coś)

lamp-post [ˈlæmp pəʊst] *s* słup la-
tarni, latarnia (uliczna)

lamp·shade [ˈlæmp ʃeɪd] *s* abażur

lance [lɑːns] *s* lanca, kopia; *med.*
lancet

land [lænd] *s* ziemia, ląd; kraj;
własność ziemska, rola; by ~
drogą lądową; *vt* wysadzać ⟨wy-
ładowywać⟩ na ląd; zdobyć (nagrodę itp.); *pot.* wpakować (kogoś w kłopot itd.); *vi* lądować;
wysiadać, przybywać; trafić
(gdzieś)

land·ed [ˈlændɪd] *pp i adj* ziemski; ~ proprietor właściciel
ziemski

land·hold·er [ˈlændhəʊldə(r)] *s* właściciel gruntu, gospodarz

land·ing [ˈlændɪŋ] *s* lądowanie;
zejście (ze statku) na ląd; po-
dest; *wojsk.* desant

land·ing-place [ˈlændɪŋpleɪs] *s*
przystań

land·la·dy [ˈlændleɪdɪ] *s* właści-
cielka domu czynszowego ⟨pen-
sjonatu, hotelu, gospody⟩; gospodyni; dziedziczka

land·lord [ˈlændlɔːd] *s* dziedzic,
właściciel domu czynszowego
⟨pensjonatu, hotelu, gospody⟩

land·mark [ˈlændmɑːk] *s* kamień
graniczny; *przen.* znak orientacyjny; wydarzenie epokowe,
punkt zwrotny

land·own·er [ˈlændəʊnə(r)] *s* właściciel ziemski

land·scape [ˈlændskeɪp] *s* krajobraz, pejzaż

lane [leɪn] *s* droga polna, droży-
na; uliczka, zaułek

lather

lan·guage [ˈlæŋgwɪdʒ] s język, mowa; styl

lan·guid [ˈlæŋgwɪd] adj osłabiony, znużony; powolny; tęskny

lan·guish [ˈlæŋgwɪʃ] vi więdnąć, słabnąć, marnieć; usychać z tęsknoty (after ⟨for⟩ sb, sth za kimś, czymś)

lan·guor [ˈlæŋgə(r)] s osłabienie, znużenie, powolność; tęsknota

lank [læŋk] adj chudy; cienki i długi; mizerny; (o włosach) prosty

lan·tern [ˈlæntən] s latarnia

lap 1. [læp] s poła; łono; in ⟨on⟩ sb's ~ na kolanach u kogoś; sport okrążenie (bieżni); vt otoczyć; objąć; owinąć, otulić; nakładać (over sth na coś); sport zdystansować

lap 2. [læp] vt vi mlaskać; chłeptać; chluptać

lap-dog [ˈlæp dog] s piesek pokojowy

la·pel [ləˈpel] s klapa (marynarki)

lapse [læps] s upływ ⟨odstęp⟩ (czasu); błąd, omyłka; odstępstwo; uchybienie; obniżenie; vi opadać; wpadać ⟨zapadać, popadać, wdawać się⟩ (w coś); odstępować (od wiary itp.); mijać; upływać; mylić się; zaniedbywać (coś)

lar·ce·ny [ˈlɑsnɪ] s (drobna) kradzież

lard [lɑd] s smalec, słonina; vt szpikować

lard·er [ˈlɑdə(r)] s spiżarnia

large [lɑdʒ] adj duży, rozległy, obszerny; liczny; obfity; szeroki, swobodny; s tylko z przyimkiem: at ~ na wolności; na szerokim świecie; w pełnym ujęciu; adv w zwrocie: by and ~ w ogóle, ogólnie biorąc

large·ly [ˈlɑdʒlɪ] adv wielce, w dużej mierze, przeważnie

lark 1. [lɑk] s skowronek

lark 2. [lɑk] s pot. figiel, żart; vi pot. figlować

lash 1. [læʃ] s bicz, bat; uderzenie biczem; kara chłosty; vt vi uderzać biczem, chłostać ⟨smagać⟩ (także biczem satyry)

lash 2. [læʃ] = eyelash

lass [læs] s szkoc. i poet. dziewczę, dziewczyna

las·si·tude [ˈlæsɪtjud] s znużenie

last 1. [lɑst] s kopyto (szewskie), prawidło

last 2. [lɑst] vi trwać, utrzymywać się; przetrwać; starczyć (na pewien czas)

last 3. [lɑst] adj ostatni; miniony, zeszły, ubiegły; ostateczny, końcowy; ~ but one przedostatni; ~ but not least rzecz nie mniej ważna; s ostatnia rzecz, ostatek, koniec; at ~ na koniec, wreszcie; to breathe one's ~ wyzionąć ducha; to the very ~ do samego końca; adv po raz ostatni; ostatnio; ostatecznie

last·ing [ˈlɑstɪŋ] ppraes i adj trwały

latch [lætʃ] s klamka; zatrzask, zasuwka

latch-key [ˈlætʃki] s klucz (zw. od zatrzasku)

late [leɪt] adj późny, spóźniony; niedawny, świeżo miniony; dawny, były; (o zmarłym) świętej pamięci; to be ~ spóźnić się; of ~ ostatnimi czasy; adv późno, do późna; ostatnio; przedtem, niegdyś

late·ly [ˈleɪtlɪ] adv ostatnio, niedawno temu

la·tent [ˈleɪtnt] adj ukryty, utajony

lat·er [ˈleɪtə(r)] adj (comp od late) późniejszy; adv później; ~ on później, w dalszym ciągu, poniżej

lat·er·al [ˈlætrl] adj boczny

lat·est [ˈleɪtəst] adj (sup od late) najpóźniejszy; najnowszy

lath [lɑθ] s listwa; deszczułka

lathe [leɪð] s tokarka, tokarnia

lath·er [ˈlɑðə(r)] s piana mydlana; vt vi mydlić (się), pienić się

Lat·in [ˈlætɪn] *adj* łaciński: *s* łacina

lat·i·tude [ˈlætɪtjud] *s geogr.* szerokość; *przen.* swoboda, tolerancja, liberalizm

lat·ter [ˈlætə(r)] *adj* (ten) ostatni ⟨drugi⟩ (z dwóch); późniejszy, nowszy; końcowy

lat·tice [ˈlætɪs] *s* krata; *vt* okratować

laud·a·ble [ˈlɔdəbl] *adj* godny pochwały

laugh [laf] *vt* śmiać się (**at sth** z czegoś); wyśmiewać (**at sb** kogoś); *s* śmiech; **to break into a ~** roześmiać się; **to raise a ~** wywołać wesołość

laugh·ing-stock [ˈlafɪŋstok] *s* pośmiewisko

laugh·ter [ˈlaftə(r)] *s* śmiech; **to cry with ~** uśmiać się do łez

launch [lontʃ] *vt* puszczać, spuszczać; zrzucać; ciskać, miotać; uruchamiać; lansować; wodować; wszczynać ⟨śledztwo⟩; *vi* zapędzić się, puścić się (dokądś); (*także* ~ **out**) wypłynąć na morze; zaangażować się (w coś); *s* wodowanie; łódź motorowa, szalupa

laun·dress [ˈlondrəs] *s* praczka

laun·dry [ˈlondrɪ] *s* pralnia; bielizna do prania ⟨z pralni⟩

lau·re·ate [ˈlorɪət] *s* laureat

lau·rel [ˈlorl] *s* wawrzyn

lav·a·to·ry [ˈlævətrɪ] *s* umywalnia (*zw.* z ustępem)

lav·en·der [ˈlævəndə(r)] *s* lawenda

lav·ish [ˈlævɪʃ] *adj* rozrzutny, hojny; suty, obfity; *vt* hojnie darzyć, szafować

law [lo] *s* prawo; zasada, ustawa; system prawny; wiedza prawnicza; **~ court** sąd; **to go to ~** wnosić skargę sądową; **a man of ~** prawnik

law·ful [ˈlofl] *adj* prawny, legalny; sprawiedliwy

law·less [ˈloləs] *adj* bezprawny; samowolny

lawn [lon] *s* murawa, trawnik

law·suit [ˈlosut] *s* sprawa sądowa, proces

law·yer [ˈlojə(r)] *s* prawnik; adwokat

lax [læks] *adj* luźny; swobodny; rozwiązły; niedbały

lax·a·tive [ˈlæksətɪv] *s med.* środek przeczyszczający

*lay 1. [leɪ], laid, laid [leɪd] *vt* kłaść, ułożyć, nałożyć; uciszyć, uspokoić; założyć się (**on** coś); przedłożyć, przedstawić (np. prośbę); **to ~ bare** obnażyć; **to ~ claim** zgłaszać roszczenie; **to ~ open** wyjawić; **to ~ siege** oblegać; **to ~ stress** ⟨emphasis⟩ kłaść nacisk; **to ~ the table** nakryć do stołu; **to ~ waste** spustoszyć; *z przyimkami:* ~ **aside** ⟨away, by⟩ odłożyć; ~ **down** składać; ~ **in** odkłaⱼać (na zapas), magazynować; ~ **on** nakładać; powlekać; zakładać (np. instalację); ~ **out** wykładać, wydawać; ułożyć; planować, zaprojektować; ~ **up** zbierać, gromadzⱼć, ciułać, przechowywać; **to be laid up** być złożonym chorobą

lay 2. [leɪ] *adj* świecki, laicki

lay 3. [leɪ] *s* pieśń

lay 4. *zob.* **lie** 1.

lay·er [ˈleɪə(r)] *s* warstwa, pokład; instalator

lay·man [ˈleɪmən] *s* (*pl* **laymen** [ˈleɪmən]) człowiek świecki; laik

lay-out [ˈleɪ aut] *s* plan; układ (topograficzny)

la·zi·ness [ˈleɪzɪnəs] *s* lenistwo

la·zy [ˈleɪzɪ] *adj* leniwy

la·zy-bones [ˈleɪzɪ bəunz] *s* leniuch

*lead 1. [lid], led, led [led] *vt* prowadzić, dowodzić, kierować; namówić, zasugerować, przekonać, nasunąć (przypuszczenie); wieść ⟨pędzić⟩ ⟨życie⟩; *vi* przewodzić; prowadzić (np. do celu); *s* kierownictwo, przewodnictwo; przykład; smycz; wyjście (w kartach)

legal

lead 2. [led] s ołów; grafit (w o-
łówku); ~ **pencil** ołówek

lead·en [`ledn] adj ołowiany

lead·er [`lidə(r)] s kierownik,
przywódca, lider; artykuł wstępny (w gazecie)

lead·er·ship [`lidəʃɪp] s przywódz-
two

lead·ing [`lidɪŋ] ppraes i adj kie-
rowniczy, przewodzący, główny

leaf [lif] s (pl leaves [livz]) liść;
kartka

leaf·let [`liflət] s listek; ulotka

league 1. [lig] s liga

league 2. [lig] s mila

leak [lik] vt ciek nąć, przeciekać,
sączyć się; s wyciek, upływ;
nieszczelność

leak·age [`likɪdʒ] s przeciekanie,
upływ

leak·y [`likɪ] adj nieszczelny

lean 1. [lin] adj dosł. i przen.
chudy

*lean 2. [lin], leant, leant [lent]
lub ~ed, ~ed vt vi nachylać się,
pochylać się, opierać (się); ~
out wychylać się

*leap [lip], leapt, leapt [lept] lub
~ed, ~ed vi skakać; vt przeskoczyć; s skok, podskok

leap-year [`lip jɜ(r)] s rok prze-
stępny

*learn [lɜn], learnt, learnt [lɜnt] lub
~ed, ~ed [lɜnt], vt vi uczyć
się; dowiadywać się

learn·ed [`lɜnɪd] adj uczony

learn·ing [`lɜnɪŋ] s nauka, wiedza,
erudycja

learnt zob. learn

lease [lis] s dzierżawa, najem; vt
dzierżawić, najmować

lease·hold [`lishəuld] s dzierżawa;
adj dzierżawny, wydzierżawio-
ny

leash [liʃ] s smycz

least [list] adj (sup od little) najmniejszy; adv najmniej; s
najmniejsza rzecz; at ~ przynajmniej; not in the ~ bynajmniej; ~ common multiple najmniejsza wspólna wielokrotna

leath·er [`leðə(r)] s skóra (wy-
prawiona)

*leave 1. [liv], left, left [left] vt
zostawiać, opuszczać; to ~ sb
alone dać komuś spokój; to ~
behind pozostawić za sobą, zapomnieć (coś) wziąć; ~ off przerwać, zaniechać, zaprzestać; ~
out opuścić; przeoczyć; zaniedbać; ~ over odłożyć na później,
pozostawić; vi odchodzić, odjeżdżać (for a place dokądś)

leave 2. [liv] s pozwolenie; rozstanie, pożegnanie; zwolnienie;
urlop; to take French ~ ulotnić
się po angielsku, odejść bez po-
żegnania; to take ~ pożegnać się
(of sb z kimś)

leav·en [`levn] s drożdże; zaczyn;
przen. ferment; vt zakwasić

leaves zob. leaf

lec·ture [`lektʃə(r)] s odczyt, wy-
kład; vi wygłaszać odczyt, wykładać (on sth coś); vi odbywać
⟨mieć⟩ wykłady; robić wymówki, udzielić nagany

lec·tur·er [`lektʃərə(r)] s prelegent,
wykładowca

led zob. lead 1.

ledge [ledʒ] s występ (np. muru),
gzyms, krawędź; listwa

ledg·er [`ledʒə(r)] s handl. księga
główna, rejestr

leech [litʃ] s pijawka

leek [lik] s bot. por

leer [lɪə(r)] vi patrzeć z ukosa,
łypać okiem (at sb na kogoś)

lees [liz] s pl fusy, osad, męty

left 1. zob. leave 1.

left 2. [left] adj lewy; adv na lewo; s lewa strona; on the ~
po lewej stronie

left·ist [`leftɪst] s lewicowiec; adj
lewicowy

left-o·ver [`left`əuvə(r)] adj attr
pozostały; s pozostałość

leg [leg] s noga, nóżka

leg·a·cy [`legəsɪ] s spadek, legat

le·gal [`ligl] adj prawny; prawni-
czy; ustawowy; legalny

le·gal·ize [`liglaız] *vt* legalizować

le·ga·tion [lı`geıʃn] *s* poselstwo

leg·end [`ledʒənd] *s* legenda

leg·ging [`legıŋ] *s* sztylpa

leg·i·ble [`ledʒəbl] *adj* czytelny

le·gion [`lidʒən] *s* legion, legia

le·gion·ary [`lidʒənrı] *s* legionista

leg·is·la·tion [,ledʒıs`leıʃn] *s* ustawodawstwo, prawodawstwo

leg·is·la·tive [`ledʒıslətıv] *adj* ustawodawczy, prawodawczy

leg·is·la·ture [`ledʒısleıtʃə(r)] *s* władza ustawodawcza

le·git·i·mate [lı`dʒıtımət] *adj* prawny; prawowity, ślubny; prawidłowy; *vt* [lı`dʒıtımeıt] legalizować; uzasadniać; uznać ⟨wykazać⟩ ślubne pochodzenie

lei·sure [`leʒə(r)] *s* czas wolny od pracy; at ~ bez pośpiechu; to be at ~ mieć wolny czas, nie pracować

lei·sured [`leʒəd] *adj* nie pracujący, bezczynny

lei·sure·ly [`leʒəlı] *adj* powolny; mający wolny czas; *adv* powoli, bez pośpiechu

lem·on [`lemən] *s* cytryna

**lend [lend], lent, lent [lent] *vt* pożyczać, użyczać; udzielać; nadawać, przydawać; to ~ an ear posłuchać; to ~ a hand przyjść z pomocą

lend·ing-li·brar·y [`lendıŋ laıbrərı] *s* wypożyczalnia książek

length [leŋθ] *s* długość; odległość; trwanie; at ~ na koniec; szczegółowo, obszernie; at full ~ na całą długość, w całej rozciągłości; at some ~ dość szczegółowo, dość obszernie; to go to the ~ of ... posunąć się aż do ...

length·en [`leŋθən] *vt vi* przedłużyć (się), wydłużać (się), rozciągnąć (się)

length·ways [`leŋθweız] *adv* na długość, wzdłuż

length·wise = lengthways

length·y [`leŋθı] *adj* przydługi, rozwlekły

le·ni·ent [`lınıənt] *adj* łagodny, pobłażliwy

Len·in·ism [`lenınızm] *s* leninizm

Len·in·ist [`lenınıst] *adj* leninowski

lens [lenz] *s* soczewka

lent 1. zob. **lend**

Lent 2. [lent] *s* rel. Wielki Post; ~ **term** semestr wiosenny (na uczelni)

len·til [`lentl] *s* soczewica

leop·ard [`lepəd] *s* zool. lampart

lep·er [`lepə(r)] *s* trędowaty

lep·ro·sy [`leprəsı] *s* trąd

lese-maj·es·ty [`liz `mædʒəstı] *s* prawn. obraza majestatu

less [les] *adj* (comp od little) mniejszy; *adv* mniej; none the ~ tym niemniej, niemniej jednak; *s* coś mniejszego; the ~ the better im mniej, tym lepiej

les·see [le`si] *s* dzierżawca

less·en [`lesn] *vt vi* zmniejszać (się), obniżać, osłabiać, maleć, ubywać

less·er [`lesə(r)] *adj* mniejszy, pomniejszy

les·son [`lesn] *s* lekcja; nauczka; to do one's ~s odrabiać lekcje

lest [lest] *conj* ażeby nie

let, let, let [let] *vt* pozwalać; dopuszczać, puszczać; dawać; zostawiać; najmować; to ~ alone zostawić w spokoju, dać spokój; to ~ fall upuścić; to ~ go wypuścić, zwolnić; to ~ know dać znać, zawiadomić; to ~ oneself go pofolgować sobie, dać się ponieść; z przyimkami: ~ down spuścić; porzucić; pozostawić własnemu losowi; obniżyć; ~ in wpuścić; ~ off wypuścić; wystrzelić; wybaczyć; ~ out wypuścić; wynająć; ~ through przepuścić; zob. **alone

le·thar·gic [lı`θadʒık] *adj* letargiczny

leth·ar·gy [ˈleθədʒɪ] s letarg
let·ter [ˈletə(r)] s litera; list; **to
the ~ dosłownie; pl ~s litera-
tura piękna, beletrystyka; man
of ~s literat, pisarz; vt oznaczyć literami
let·ter-box [ˈletəboks] s skrzynka
na listy
let·tered [ˈletəd] pp i adj wykształcony, oczytany
let·tuce [ˈletɪs] s sałata ogrodo-
wa
leu·kae·mi·a [luˈkimɪə] s med. białaczka
lev·el [ˈlevl] s poziom, płaszczyzna; **on a ~ with** ... na tym samym poziomie co ...; adj poziomy; równy; zrównoważony; vt
wyrównywać; spoziomować; kierować, nastawiać
lev·er [ˈlivə(r)] s dźwignia; lewar
lev·i·ty [ˈlevɪtɪ] s lekkość; lekkomyślność
lev·y [ˈlevɪ] s ściąganie ⟨nakłada-
nie⟩ (podatków itp.); pobór (rekruta), zaciąg; vt ściągać ⟨na-
kładać⟩ (podatki itp.); zaciągnąć
(rekruta), werbować
lewd [lud] adj sprośny, lubieżny
lex·i·cal [ˈleksɪkl] adj leksykalny
li·a·bil·i·ty [ˌlaɪəˈbɪlətɪ] s zobowiązanie, obowiązek; prawn. odpowiedzialność; skłonność; pl liabilities handl. pasywa, obciążenie
li·a·ble [ˈlaɪəbl] adj zobowiązany;
odpowiedzialny; podlegający (to
sth czemuś); narażony (to sth
na coś); skłonny, podatny (to
sth na coś); the weather is ~
to change pogoda może się zmienić
li·ai·son [lɪˈeɪzn] s stosunek (miłosny), romans; wojsk. łączność;
~ officer oficer łącznikowy
li·ar [ˈlaɪə(r)] s kłamca
li·bel [ˈlaɪbl] s paszkwil, potwarz;
vt napisać paszkwil, zniesławić,
rzucić potwarz

lib·er·al [ˈlɪbrl] adj liberalny;
swobodny; wyrozumiały; hojny;
obfity; s liberał
lib·er·al·ism [ˈlɪbrlɪzm] s liberalizm
lib·er·al·i·ty [ˌlɪbəˈrælətɪ] s wielkoduszność, tolerancja, wyrozumiałość; szczodrość
lib·er·ate [ˈlɪbəreɪt] vt uwolnić,
wyzwolić
lib·er·a·tion [ˌlɪbəˈreɪʃn] s uwolnienie, wyzwolenie
lib·er·tine [ˈlɪbətɪn] s libertyn, wolnomyśliciel; rozpustnik
lib·er·ty [ˈlɪbətɪ] s wolność; to be
at ~ być wolnym; to set sb at ~
uwolnić kogoś; to take the ~ of
doing sth pozwolić sobie na zrobienie czegoś; to take liberties
pozwolić sobie (with sth na coś);
nie krępować się
li·bra·ri·an [laɪˈbreərɪən] s bibliotekarz
li·brar·y [ˈlaɪbrɪ] s biblioteka; seria wydawnicza
lice zob. louse
li·cence [ˈlaɪsns] s licencja, koncesja; pozwolenie; rozwiązłość;
driving ~ prawo jazdy; vt (także license) dawać licencję, ⟨pa-
tent, koncesję⟩, zezwalać
li·cense zob. licence vt
li·cen·tious [laɪˈsenʃəs] adj rozwiązły
li·chen [ˈlaɪkən] s med. liszaj; bot.
porost
lick [lɪk] vt lizać, oblizywać; pot.
sprawić lanie, pobić; przen. to
~ into shape wykształcić, okrzesać (kogoś); s lizanie; odrobina;
pot. uderzenie
lid [lɪd] s wieko, pokrywa; powieka
*lie 1. [laɪ], lay [leɪ], lain [leɪn]
vi leżeć; być (idle, under suspicion bezczynnym, podejrza-
nym; (o widoku, dolinie itd.)
rozciągać się; rozpościerać się; (o
statku) stać na kotwicy; it ~s
to zależy (with sb od kogoś); to

lie   206

~ heavy ciążyć; ~ down poło
żyć się; ~ over być w zawieszeniu, zostać odroczonym; ~ up le
żeć w łóżku, chorować

lie 2. [laɪ], lied, lied [laɪd] *vi* kłamać; okłamywać (to sb kogoś);
s kłamstwo; to give the ~ zarzucać kłamstwo, zadać kłam (sb
komuś)

liege [liʤ] *adj* lenny, lenniczy; *s*
lennik, wasal

li·en [liən] *s prawn.* prawo zastawu

lieu·ten·ant [lef`tenənt], *mors.* [le
`tenənt], *am.* [lu`tenənt] *s* porucznik; zastępca; second ~ podporucznik

life [laɪf] *s* (*pl* lives [laɪvz]) życie; ożywienie, werwa; żywot,
życiorys; **Life Guards** straż przyboczna (królewska); ~ **insurance**
ubezpieczenie na życie; **true to**
~ wierny rzeczywistości, naturalny; **for** ~ na całe życie, dożywotnio

life-belt [`laɪf belt] *s* pas ratunkowy

life-boat [`laɪf bəut] *s* łódź ratunkowa

life·long [`laɪf lɔŋ] *adj* trwający ca
łe życie

life-sen·tence [`laɪf sentəns] *s* wyrok dożywotniego więzienia

life-size [`laɪf saɪz] *adj* naturalnej
wielkości

life·time [`laɪftaɪm] *s* (całe) życie; **in sb's** ~ w przeciągu ⟨za⟩
czyjegoś życia

lift [lɪft] *vt vi* podnieść (się); ukraść, *pot.* ściągnąć; *s* podniesienie; winda; **air** ~ most powietrzny; **to give sb a** ~ podwieźć kogoś (autem itp.)

lig·a·ment [`lɪgəmənt] *s anat.* wiązadło

lig·a·ture [`lɪgətʃə(r)] *s* związanie,
podwiązanie, przewiązanie; *muz.*
druk. ligatura

light 1. [laɪt] *adj* lekki; nie obcią
żony; mało ważny, błahy; lekkomyślny, beztroski; *adv* lekko

light 2. [laɪt], lit, lit [lɪt] *lub*
~ed, ~ed [`laɪtɪd] *vt vi* zaświecić, świecić, zapalić (się), oświetlać; rozjaśnić (się); ~ up za
świecić; zapłonąć; rozjaśnić się;
s światło, oświetlenie; światło
dzienne; jasność; ogień; to bring
to ~ wydobyć na światło dzienne; to come to ~ wyjść na jaw;
adj jasny

light 3. [laɪt], lighted, lighted
[`laɪtɪd] *lub* lit, lit [lɪt] *vi* natknąć się ⟨natrafić⟩ (upon sb, sth
na kogoś, coś); zstąpić; (o *ptaku*) osiąść; (o *wzroku*) paść

light·en 1. [`laɪtn] *vt vi* oświetlać,
rozjaśniać (się); błyskać się

light·en 2. [`laɪtn] *vt vi* ulżyć, uczynić lżejszym; odciążyć, złagodzić;
vi pozbyć się ciężaru ⟨ładunku⟩;
stać się lżejszym

light·er 1. [`laɪtə(r)] *s* zapalniczka;
mors. lichtuga

light·er 2. [`laɪtə(r)] *s* galar

light-heart·ed [`laɪt`hatɪd] *adj* wesoły, niefrasobliwy

light·house [`laɪt haus] *s* latarnia
morska

light-mind·ed [`laɪt`maɪndɪd] *adj*
lekkomyślny

light·ning [`laɪtnɪŋ] *s* piorun, błyskawica

light·ning-con·duc·tor [`laɪtnɪŋ kəndʌktə(r)], **light·ning-rod** [`laɪtɪŋ
rod] *s* piorunochron

light-weight [`laɪt weɪt] *s* człowiek
bez znaczenia; *adj* (o *bokserze*)
wagi lekkiej

like 1. [laɪk] *adj* podobny; **in** ~
manner podobnie; **it is just** ~
him to na niego wygląda, to do
niego pasuje; **it looks** ~ **rain**
będzie padać; **I don't feel** ~
working nie chce mi się pracować; *adv w zwrotach:* ~ **enough,**
very ~ prawdopodobnie; *conj*
podobnie, podobnie jak to be
~ ... wyglądać jak ...; **people** ~
you ludzie tacy, jak wy; *s* rzecz
podobna ⟨taka sama⟩; coś po

dobnego; **and the** ~ i tym po-
dobne rzeczy
like 2. [laɪk] *vt* lubić; ~ **better**
woleć; **~** mieć upodobanie ⟨przy-
jemność, zamiłowanie⟩; **I ~ this**
lubię to; to mi się podoba; **I
should ~ to go** chciałbym pójść;
**I should ~ you to do this for
me** chciałbym, ażebyś to dla
mnie zrobił
like·li·hood [ˈlaɪklɪhud] *s* prawdopodobieństwo
like·ly [ˈlaɪklɪ] *adj* możliwy ⟨od-
powiedni, nadający się⟩ (kandydat, plan itd.); prawdopodobny;
he is ~ to come so prawdopodobnie przyjdzie; *adv* prawdopodobnie, pewnie (*zw.* **most ~, very
~**); **as ~ as not** prawie na pewno
lik·en [ˈlaɪkən] *vt* upodabniać; porównywać
like·ness [ˈlaɪknəs] *s* podobieństwo;
podobizna, portret; **in the ~ of...**
na podobieństwo...
like·wise [ˈlaɪkwaɪz] *adv* podobnie,
również; ponadto
lik·ing [ˈlaɪkɪŋ] *ppraes i s* gust,
upodobanie, pociąg (**for sth** do
czegoś)
li·lac [ˈlaɪlək] *s bot.* bez; *adj* (*o
kolorze*) lila
li·ly [ˈlɪlɪ] *s bot.* lilia; **~ of the
valley** konwalia
limb [lɪm] *s* kończyna; członek
(ciała)
lime 1. [laɪm] *s* wapno
lime 2. [laɪm] *s* lipa (drzewo i
kwiat)
lime 3. [laɪm] *s* limona (drzewo i
owoc)
lime·light [ˈlaɪmlaɪt] *s* światło wa-
pienne; *przen.* in the ~ na widoku (publicznym), w świetle reflektorów
lim·er·ick [ˈlɪmərɪk] *s* limeryk,
fraszka
lime·stone [ˈlaɪmstəʊn] *s* wapień
lim·it [ˈlɪmɪt] *s* granica; limit; *vt*
ograniczać
lim·i·ta·tion [ˌlɪmɪˈteɪʃn] *s* ograni-

czenie; zastrzeżenie; *prawn.* pre-
kluzja
limp 1. [lɪmp] *adj* wiotki, słaby,
bez energii
limp 2. [lɪmp] *vi* chromać, utykać
na nogę, kuśtykać
lim·pid [ˈlɪmpɪd] *adj* przezroczysty, klarowny
lim·y [ˈlaɪmɪ] *adj* wapnisty; kleisty
lin·den [ˈlɪndən] *s bot.* lipa
line 1. [laɪn] *s* linia; lina, sznur;
sznurek u wędki; szereg, rząd,
pot. kolejka; granica; kurs, kierunek; zajęcie, rodzaj zaintere-
sowania; linia postępowania, **wytyczna**; wiersz, linia, linijka;
dziedzina, specjalność; *handl.*
branża; *vt* liniować; kreślić; u-
stawiać w rząd ⟨szpaler⟩; *vi* (*także ~* **up**) stawać ⟨ustawiać się⟩
w rzędzie
line 2. [laɪn] *vt* wyścielić, wyłożyć; podszyć (podszewką)
lin·e·age [ˈlɪnɪɪdʒ] *s* rodowód, pochodzenie
lin·e·al [ˈlɪnɪəl] *adj* pochodzący w
prostej linii
line·man [ˈlaɪnmən] *s* dróżnik (kolejowy); monter (linii telegrafi-
cznej ⟨telefonicznej⟩)
lin·en [ˈlɪnɪn] *s* płótno; *zbior.* bielizna
lin·er [ˈlaɪnə(r)] *s* liniowiec, statek żeglugi liniowej; samolot re-
gularnej linii pasażerskiej
lines·man [ˈlaɪnzmən] *s* (*pl* **lines-
men** [ˈlaɪnzmən]) żołnierz linio-
wy; dróżnik (kolejowy); *sport* sędzia liniowy
lin·ger [ˈlɪŋgə(r)] *vi* zwlekać, o-
ciągać się; zasiedzieć się, przeciągać pobyt; (*także ~* **on**)
trwać, przeciągać się
lin·gual [ˈlɪŋgwl] *adj* językowy
lin·guist [ˈlɪŋgwɪst] *s* lingwista
lin·i·ment [ˈlɪnɪmənt] *s* płyn (leczniczy), maść
lin·ing [ˈlaɪnɪŋ] *s* podszewka, pod-

kład, podbicie; okładzina, obudowa

link [lıŋk] *s* ogniwo; więź; *vt vi* łączyć (się), wiązać (się), przyłączyć (się)

lin·seed [ˈlınsid] *s* siemię lniane; ~ **oil** olej lniany

lint [lınt] *s* szarpie, płótno opatrunkowe

li·on [ˈlaıən] *s* lew

li·on·ize [ˈlaıənaız] *vt* traktować kogoś jako znakomitość, ubóstwiać; oglądać ⟨pokazywać⟩ osobliwości miasta

lip [lıp] *s* warga; brzeg, skraj; *pl* ~**s** usta

lip·stick [ˈlıp stık] *s* kredka do ust, szminka

li·queur [lıˈkjʊə(r)] *s* likier

liq·uid [ˈlıkwıd] *adj* płynny; *s* płyn, ciecz

liq·ui·date [ˈlıkwıdeıt] *vt vi* likwidować (się)

liq·uor [ˈlıkə(r)] *s* napój alkoholowy

lisp [lısp] *vi* seplenić; *s* seplenienie

list [lıst] *s* lista, spis; *vt* umieszczać na liście, spisywać

lis·ten [ˈlısn] *vi* słuchać (to sb, sth kogoś, czegoś), przysłuchiwać się (to sb, sth komuś, czemuś), nadsłuchiwać (for sth czegoś); ~ **in** słuchać radia

lis·ten·er [ˈlısnə(r)] *s* słuchacz; radiosłuchacz

list·less [ˈlıstləs] *adj* obojętny, apatyczny

lit *zob.* **light 2.,** 3

lit·er·a·cy [ˈlıtrəsı] *s* umiejętność czytania i pisania

lit·er·al [ˈlıtrļ] *adj* literalny, dosłowny; literowy

lit·er·ar·y [ˈlıtrı] *adj* literacki

lit·er·ate [ˈlıtrət] *adj* (o człowieku) piśmienny

lit·er·a·ture [ˈlıtrətʃə(r)] *s* literatura, piśmiennictwo

lithe [laıð] *adj* giętki, gibki

lit·i·gant [ˈlıtıgənt] *adj* procesujący się; *s* strona procesująca się

lit·i·gate [ˈlıtıgeıt] *vi* procesować się; *vt* kwestionować

lit·i·ga·tion [ˈlıtıˈgeıʃn] *s* spór, sprawa sądowa

lit·mus [ˈlıtməs] *s chem.* lakmus

lit·ter [ˈlıtə(r)] *s* śmiecie, odpadki; nieporządek; wyściółka; miot, młode; *vt* podścielać; zaśmiecać

lit·tle [ˈlıtl] *adj* (*comp* **less** [les], *sup* **least** [list]) mały, drobny; krótki; mało, niewiele; ~ **bread** mało ⟨trochę⟩ chleba; *adv* mało; **he sees me very** ~ **on** mnie mało ⟨rzadko⟩ widuje; *s* mała ilość, mało, niewiele; **a** ~ niewiele, trochę; ~ **by** ~ stopniowo, po trochu

lit·tle·ness [ˈlıtlnəs] *s* małość, mały rozmiar

live 1. [lıv] *vi* żyć; mieszkać, przebywać; przetrwać; ~ **on** żyć nadal, przetrwać; ~ **on** sth żyć z czegoś ⟨czymś⟩; ~ **through** ⟨**over**⟩ przeżyć (war wojnę); **to** ~ **to be** ⟨**to see**⟩ doczekać (się); **to** ~ **up to** sth żyć stosownie do czegoś ⟨zgodnie z czymś⟩; **long** ~! niech żyje!; *vt* prowadzić ⟨pędzić⟩ (a **happy life** szczęśliwe życie itd.)

live 2. [laıv] *adj attr* żywy; ~ **coal** żarzące się węgle

live·li·hood [ˈlaıvlıhud] *s pl* środki utrzymania ⟨do życia⟩

live·long [ˈlıvloŋ] *adj* (o dniu, roku itp.) cały, długi

live·ly [ˈlaıvlı] *adj* żywy, ożywiony

liv·en [ˈlaıvn] *vt vi* (także ~ **up**) ożywiać (się)

liv·er [ˈlıvə(r)] *s* wątroba

liv·er·y [ˈlıvərı] *s* liberia

live·stock [ˈlaıvstok] *s* żywy inwentarz

liv·id [ˈlıvıd] *adj* siny

liv·ing [ˈlıvıŋ] *ppraes i adj* żyjący, żywy; **within** ~ **memory** za ludzkiej pamięci; *s* życie, tryb życia; ~ **conditions** warunki ży-

cia; ~ **standard** stopa życiowa;
utrzymanie; **to make ⟨earn one's⟩**
~ **zarabiać na życie;** ~ **wage**
płaca wystarczająca na utrzymanie

liz·ard [ˈlɪzəd] s zool. jaszczurka

lla·ma [ˈlɑːmə] s zool. lama

load [ləud] s ciężar, obciążenie, ładunek; vt ładować, obciążać; obsypać (dárami, pochwałami); obrzucać (obelgami)

loaf 1. [ləuf] s (pl loaves [ˈləuvz]) bochenek (chleba); główka ⟨głowa⟩ (cukru, sałaty itd.)

loaf 2. [ləuf] vi wałęsać się; s wałęsanie się, próżniactwo

loaf·er [ˈləufə(r)] s włóczęga, próżniak, nierób

loan [ləun] s pożyczka; zapożyczenie; vt pożyczyć (sth to sb coś komuś)

loath [ləuθ] adj niechętny; **to be** ~ **to do** sth z niechęcią coś robić; **nothing** ~ chętnie

loathe [ləuð] vt czuć wstręt, ⟨obrzydzenie⟩ (sb, sth do kogoś, czegoś)

loath·some [ˈləuðsəm] adj wstrętny, ohydny

loaves zob. **loaf 1.**

lob·by [ˈlɔbɪ] s westybul, hall; poczekalnia; kuluar (w parlamencie); vt urabiać posłów w kuluarach

lobe [ləub] s płat, płatek

lob·ster [ˈlɔbstə(r)] s zool. homar

lo·cal [ˈləukl] adj miejscowy; ~ **government** samorząd

lo·cal·i·ty [ləuˈkælətɪ] s miejscowość; położenie; rejon

lo·cal·ize [ˈləukəlaɪz] vt lokalizować

lo·cate [ləˈkeɪt] vt umieścić, ulokować; zlokalizować; osiedlić; am. **to be** ~**d** mieszkać

lo·ca·tion [ləuˈkeɪʃn] s zlokalizowanie, umiejscowienie; ulokowanie, umieszczenie; miejsce zamieszkania; położenie

lock 1. [lɔk] s zamek, zamknięcie; śluza; vt vi zamykać (się) na

klucz; otaczać (np. o górach); przen. więzić; unieruchomić; zaciskać (się), zwierać (się); przechodzić (przeprowadzać) przez śluzę (up, down w górę, w dół); ~ **in** zamykać wewnątrz; ~ **out** wykluczyć; nie puścić (kogoś) do wewnątrz, zastosować lokaut; ~ **up** zamknąć (na klucz); uwięzić; trzymać pod kluczem

lock 2. [lɔk] s lok, kędzior

lock·er [ˈlɔkə(r)] s kabina; szafka

lock·out [ˈlɔkaut] s lokaut

lock·smith [ˈlɔksmɪθ] s ślusarz

lock·up [ˈlɔkʌp] s zamknięcie na klucz (zw. bramy na noc); areszt, pot. koza

lo·co·mo·tion [ˌləukəˈməuʃn] s lokomocja

lo·co·mo·tive [ˌləukəˈməutɪv] s lokomotywa; adj ruchomy

lo·cust [ˈləukəst] s szarańcza

lo·cu·tion [ləˈkjuʃn] s powiedzenie, zwrot

lodge [lɔdʒ] vt umieszczać, przyjmować pod dach, zakwaterować; deponować, dawać na przechowanie; wnosić (np. protest, skargę); składać (np. oświadczenie); wbić, wsadzić; vi mieszkać, znaleźć nocleg, ulokować się; s domek (dozorcy, służbowy, myśliwski); loża (masońska); stróżówka, portiernia; kryjówka, nora

lodg·er [ˈlɔdʒə(r)] s lokator

lodg·ing [ˈlɔdʒɪŋ] s zakwaterowanie, pomieszczenie; pl ~s wynajmowane mieszkanie ⟨umeblowane⟩

loft [lɔft] s poddasze, strych

loft·i·ness [ˈlɔftɪnəs] s wysokość; wzniosłość; wyniosłość

lof·ty [ˈlɔftɪ] adj wysoki; wzniosły; wyniosły

log [lɔg] s kłoda, kloc; mors. log

log·book [ˈlɔgbuk] s mors. dziennik okrętowy

log·ger·head [ˈlɔgəhed] s bałwan, tępak; pot. **to be at** ~**s** kłócić się, brać się za łby

log·ic [ˈlodʒɪk] s logika

log-roll·ing [ˈlogrəulɪŋ] s popieranie siebie nawzajem; kumoterstwo; *am.* wzajemna pomoc (finansowa lub polityczna)

loin [lɔɪn] s, pl ~s lędźwie; (*także* ~ **chop**) polędwica

loi·ter [ˈlɔɪtə(r)] vi wałęsać się, włóczyć się

loi·ter·er [ˈlɔɪtərə(r)] s włóczęga, łazik

loll [lol] vi (*także* ~ **about** ⟨a-round⟩) rozwalać się, przybierać niedbałą pozę; (*o psie*) wywieszać (it's tongue język)

lone [ləun] adj attr samotny; odludny

lone·li·ness [ˈləunlɪnəs] s samotność, osamotnienie

lone·ly [ˈləunlɪ] adj samotny; odludny

lone·some [ˈləunsəm] = **lonely**

long 1. [loŋ] adj długi; **he is** ~ **in doing that on** to długo robi; **he won't be** ~ **on** niedługo przyjdzie; adv długo; dawno; **before** ~ wkrótce; **so** ~! do widzenia!; ~ **ago** (**since**) dawno temu; s długi (dłuższy) czas; **for** ~ na długo; **it won't take** ~ **to** nie potrwa długo

long 2. [loŋ] vi pragnąć, łaknąć (**for sth** czegoś); tęsknić (**after** ⟨**for**⟩ **sb, sth** za kimś, czymś), mieć wielką chęć

lon·gev·i·ty [lonˈdʒəvətɪ] s długowieczność

long·ing [ˈloŋɪŋ] ppraes i s chęć, pragnienie; tęsknota

lon·gi·tude [ˈlondʒɪtjud] s długość geograficzna

long-leg·ged [ˈloŋlegd] adj długonogi

long-range [ˈloŋreɪndʒ] adj attr dalekosiężny; długofalowy

long·shore·man [ˈloŋ ʃomən] s tragarz, robotnik portowy

long-sight·ed [ˈloŋˈsaɪtɪd] adj dalekowzroczny

long-wave [ˈloŋweɪv] adj attr długofalowy

long·ways [ˈloŋ weɪz], **long·wise** [ˈloŋ waɪz] adv wzdłuż; na długość

look [luk] s spojrzenie; wygląd; mina, wyraz (twarzy); **to have a** ~ **at sth** spojrzeć na coś; **to give sb a kind** ~ spojrzeć na kogoś życzliwie; **good** ~s piękna twarz, uroda; vi patrzeć; wyglądać; ~ **about** rozglądać się; ~ **after** doglądać, pilnować (**sb, sth** kogoś, czegoś); ~ **ahead** patrzeć przed siebie, przewidywać; ~ **at** patrzeć (**sb, sth na** kogoś, coś); ~ **for** szukać (**sb, sth** kogoś, czegoś); ~ **forward** oczekiwać, wypatrywać (**to sth** czegoś); ~ **in** wpaść (**on** ⟨**upon**⟩ **sb** do kogoś); oglądać (**to the TV** telewizję); ~ **into** zaglądać (**a room** do pokoju itd.); badać (**sth** coś); ~ **like** wyglądać jak (**sb, sth** ktoś, coś); **it** ~s **like rain** zanosi się na deszcz; ~ **on** przypatrywać się (**sb, sth** komuś, czemuś); ~ **on** ⟨**upon**⟩ patrzeć na (**sb, sth as** ... kogoś, coś jak na ...); uważać ⟨mieć⟩ (**sb, sth as** ... kogoś, coś za ...); ~ **out** wyglądać; mieć się na baczności; wypatrywać (**for sb** kogoś); ~ **over** przeglądać (**sth** coś); ~ **round** rozglądać się; ~ **through** przejrzeć (**a book** książkę); patrzeć przez (**a window** oknno); przezierać; **his greed** ~ed **through his eyes** chciwość wyzierała mu z oczu; ~ **to** pilnować (**sth** czegoś), uważać (**sth na** coś); ~ **to it that** ... uważać, ażeby ...; ~ **up** patrzeć w górę; szukać (**czegoś w książce** itp.); ~ **up to sb** traktować kogoś z szacunkiem; vt patrzeć, spojrzeć (**sb in the face** komuś w oczy); wyglądać (**sb, sth na** kogoś, coś)

look·er-on [ˈlukəron] s (pl ~s-on [ˈlukəzon]) widz

look·ing-glass [ˈlukɪŋ glas] s lustro, lusterko

look-out [ˈlukaut] s widok, perspektywa; czujność; **to be on the** ~ pilnować, czatować

loom 1. [lum] *s* warsztat tkacki

loom 2. [lum] *vi* majaczyć, zarysowywać się (np. na horyzoncie); wyłaniać się; *przen.* zagrażać; **to ~ large** wywołać ⟨budzić⟩ niepokój

loop [lup] *s* pętla; węzeł; *vt* robić pętlę ⟨węzeł⟩; **to ~ the ~** (*o samolocie*) wykonać pętlę

loop·hole [ˈlup həul] *s* otwór ⟨strzelnica⟩ w murze; *przen.* wykręt, furtka

loose [lus] *adj* luźny, swobodny; niedbały; rozwiązły; **at a ~ end** zaniedbany; bez zajęcia; **to break ~** zerwać ⟨urwać, uwolnić⟩ (się); **to come ~** rozluźnić się; **to let ~** puścić na wolność; *przen.* dać upust; *vt* rozluźnić, rozwiązać, puścić

loos·en [ˈlusn] *vt vi* rozluźnić (się), popuścić, rozwiązać; działać rozwalniająco

loot [lut] *vt vi* grabić; *s* grabież; łupy

lop 1. [lop] *vt* obcinać, obrzynać

lop 2. [lop] *vt* zwieszać, opuszczać; *vi* zwisać

lope [ləup] *s* skok, sus; *vi* biec susami

lo·qua·cious [ləuˈkweiʃəs] *adj* gadatliwy

lord [lod] *s* lord; pan, dziedzic

lord·ly [ˈlodli] *adj* wielkopański; wyniosły

lore [lo(r)] *s* wiedza, nauka

lor·ry [ˈlori] *s* ciężarówka; platforma kolejowa

*lose [luz] *lost, lost* [lost] *vt* stracić, zgubić; **to ~ heart** upaść na duchu; **to ~ one's heart to sb** oddać komuś serce, zakochać się w kimś; **~ oneself, to ~ one's way** zabłądzić, zabłąkać się; **to ~ sight** stracić z oczu (**of sth** coś); **to ~ weight** stracić na wadze; **to be ⟨to go⟩ lost** zaginąć; pójść na marne; **to be lost to all sense of honour** stracić wszelkie poczucie honoru; *vi* przyprawić o stratę; zmarnować (okazję itp.); przegrać (mecz itp.); (*o zegarku*)

spóźniać się

loss [los] *s* strata, zguba; utrata, ubytek; **to be at a ~** być w kłopocie, nie wiedzieć, co robić

lost *zob.* **lose**

lot [lot] *s* los, dola; udział; część; partia (towaru); parcela, działka; wielka ilość; *pot.* banda, paczka; **a ~ of people** gromada ludzi; **a ~ of money** (*także pl* **~s** of money) masa pieniędzy; **a good ⟨quite a⟩ ~** sporo; **a ~ more** znacznie więcej

lo·tion [ˈləuʃən] *s* płyn leczniczy

lot·ter·y [ˈlotəri] *s* loteria

lo·tus [ˈləutəs] *s* *bot.* lotos

loud [laud] *adj* głośny; *adv* głośno

loud-speak·er [ˈlaudˈspikə(r)] *s* głośnik, megafon

lounge [laundʒ] *vi* bezczynnie spędzać czas; wygodnie siedzieć ⟨leżeć⟩; wałęsać się, próżnować; *s* wypoczynek, relaks; wałęsanie się; pokój klubowy; świetlica; kanapa, tapczan

lounge-suit [ˈlaundʒ sut] *s* garnitur na co dzień

louse [laus] *s* (*pl* **lice** [lais]) wesz

lous·y [ˈlauzi] *adj* wszawy, zawszony; *pot.* wstrętny

lout [laut] *s* gbur, prostak

love [lʌv] *s* miłość; zamiłowanie; ukochany; **to fall in ~** zakochać się (**with sb** w kimś); **to make ~** kochać się ⟨*pot.* spać⟩ (**to sb** z kimś); **for ~** bezinteresownie; dla zabawy ⟨przyjemności⟩; **in ~** zakochany; *vt vi* kochać, lubić (bardzo); **I should ~** bardzo bym chciał (**to do this** to zrobić)

lov·a·ble [ˈlʌvəbl] *adj* dający się lubić ⟨kochać⟩; miły

love-af·fair [ˈlʌv əfeə(r)] *s* romans

love·ly [ˈlʌvli] *adj* miły; uroczy

lov·er [ˈlʌvə(r)] *s* kochanek; amator, wielbiciel

low 1. [ləu] *adj* niski; nizinny; słaby; skromny; marny; przygnębiony; (*o głosie*) cichy; pospolity, wulgarny; podły; *adv* nisko; cicho; podle, marnie

low 2. [ləu] *vi* ryczeć; *s* ryk

low·er 1. *adj comp* od **low 1.**

low·er 2. [ˈləuə(r)] *vt vi* zniżyć (się), opuścić (się); zmniejszyć (się); poniżyć

low-grade [ˈləugreɪd] *adj attr* niskogatunkowy, niskoprocentowy

low·land [ˈləulənd] *s* nizina

low·ly [ˈləulɪ] *adj* korny, skromny; *adv* kornie; skromnie; nisko

loy·al [ˈlɔɪl] *adj* lojalny

loy·al·ty [ˈlɔɪltɪ] *s* lojalność

lub·ber [ˈlʌbə(r)] *s* ślamazara, niedołęga

lu·bri·cant [ˈlubrɪkənt] *s* smar; *adj* smarujący

lub·ri·cate [ˈlubrɪkeɪt] *vt* smarować, oliwić

lu·cent [ˈlusnt] *adj* lśniący; przezroczysty

lu·cid [ˈlusɪd] *adj* jasny; lśniący; przezroczysty

lu·cid·i·ty [luˈsɪdətɪ] *s* jasność; blask; przezroczystość

luck [lʌk] *s* szczęście, traf; **good ~** szczęście; **bad ~** pech

luck·y [ˈlʌkɪ] *adj* szczęśliwy, pomyślny

lu·cra·tive [ˈlukrətɪv] *adj* dochodowy, intratny

lu·di·crous [ˈludɪkrəs] *adj* śmieszny, niedorzeczny

lug [lʌg] *vt* ciągnąć, wlec, szarpać (**at sth** czymś)

lug·gage [ˈlʌgɪdʒ] *s* bagaż

lu·gu·bri·ous [luˈgubrɪəs] *adj* ponury, żałobny

luke·warm [ˈlukˈwɔm] *adj* letni, ciepławy; *przen.* obojętny

lull [lʌl] *vt vi* usypiać; uśmierzać; uspokajać (się); *s* okres spokoju, chwila ciszy

lull·a·by [ˈlʌləbaɪ] *s* kołysanka

lum·ber [ˈlʌmbə(r)] *s* drewno, budulec; *zbior.* stare meble, *pot.* graty, rupiecie

lum·ber-room [ˈlʌmbərum] *s* ru-

pieciarnia

lu·mi·nar·y [ˈlumɪnərɪ] *s* ciało świetlne; luminarz

lu·mi·nous [ˈlumɪnəs] *adj* świetlny, lśniący; jasny, zrozumiały

lump [lʌmp] *s* kawałek; bryła; *pot.* niedołęga, mazgaj; **~ sugar** cukier w kostkach; **~ sum** suma globalna, ryczałt; **by ⟨in⟩ the ~** hurtem; *vt* zwalać na stos ⟨kupę⟩; scalić; *vi* zbić się

lu·na·cy [ˈlunəsɪ] *s* szaleństwo, obłęd

lu·nar [ˈlunə(r)] *adj* księżycowy; *chem.* **~ caustic** lapis

lu·na·tic [ˈlunətɪk] *adj* obłąkany, szalony; *s* obłąkaniec, wariat

lunch [lʌntʃ] *s* drugie śniadanie, lunch; *vi* spożywać lunch

lunch·eon [ˈlʌntʃən] = **lunch** *s*

lung [lʌŋ] *s* płuco

lurch 1. [lɜtʃ] *s w zwrocie:* **to leave sb in the ~** opuścić kogoś w ciężkiej sytuacji

lurch 2. [lɜtʃ] *vi* przechylić ⟨zachwiać⟩ się; słaniać się; *s* przechylenie się; chwiejny chód

lure [luə(r)] *vt* nęcić, wabić; *s* przynęta; pułapka; powab

lu·rid [ˈluərɪd] *adj* ponury, upiorny, niesamowity

lurk [lɜk] *vi* czaić się, czyhać (**for sb** na kogoś); *s* ukrycie; **to be on the ~** czaić się

lus·cious [ˈlʌʃəs] *adj* przesłodzony, ckliwy; soczysty

lust [lʌst] *vi* pożądać (**after ⟨for⟩ sth** czegoś); *s* pożądliwość, lubieżność, żądza

lus·tre [ˈlʌstə(r)] *s* blask, połysk; *przen.* świetność

lus·trous [ˈlʌstrəs] *adj* połyskujący, lśniący

lust·y [ˈlʌstɪ] *adj* tęgi; żwawy, pełen wigoru

lute [lut] *s muz.* lutnia

lux·u·ri·ant [lʌgˈʒuərɪənt] *adj* obfity, bujny; (*o stylu*) kwiecisty lux·u·ri·ous [lʌgˈʒuərɪəs] *adj* luksusowy, bogaty

lux·u·ry [ˈlʌkʃərɪ] *s* przepych, zbytek, luksus; obfitość; *adj attr* luksusowy

lye [laɪ] *s* ług

ly·ing [ˈlaɪɪŋ] *ppraes* i *adj* kłamliwy

lynch [lɪntʃ] *vt* linczować; *s* lincz

lynx [lɪŋks] *s zool.* ryś

ly·oph·i·li·za·tion [ˈlaɪɒfələˈzeɪʃn] *s* liofilizacja

ly·oph·i·lize [laɪˈɒfəˈlaɪz] *vt* liofilizować

lyre [ˈlaɪə(r)] *s muz.* lira

lyr·ic [ˈlɪrɪk] *adj* liryczny; *s* utwór liryczny

lyr·i·cal [ˈlɪrɪkl] *adj* liryczny

ly·sol [ˈlaɪsɒl] *s chem.* lizol

m

ma'am [mæm] *s* proszę pani, słucham panią (*służba do pani domu, personel sklepu do klientki itd.*)

mace [meɪs] *s* maczuga; buława

mach·i·na·tion [ˈmækɪˈneɪʃn] *s* machinacja, intryga, knowanie

ma·chine [məˈʃin] *s* maszyna; agricultural ~s maszyny rolnicze; *vt* wykonywać maszynowo; *adj attr* maszynowy

ma·chine-gun [məˈʃɪŋgʌn] *s* karabin maszynowy

ma·chin·er·y [məˈʃinrɪ] *s* maszyneria, mechanizm

mack·er·el [ˈmækrl] *s* makrela

mack·in·tosh [ˈmækɪntɒʃ] *s* płaszcz nieprzemakalny

mad [mæd] *adj* szalony, obłąkany; zwariowany (after ⟨about, for, on⟩ sth na punkcie czegoś); wściekły; to go ~ zwariować; to drive ~ doprowadzić do szaleństwa

mad·am [ˈmædəm] *s w zwrotach grzecznościowych:* (Szanowna) Pani!

mad·cap [ˈmædkæp] *s* narwaniec, człowiek postrzelony

mad·den [ˈmædn] *vt* doprowadzić do szaleństwa ⟨szału⟩; *vi* szaleć

made *zob.* make

mad·ness [ˈmædnəs] *s* szaleństwo,

obłęd, furia

mag·a·zine [ˈmægəˈzin] *s* magazyn, skład; *wojsk.* skład broni; periodyk, czasopismo

mag·got [ˈmægət] *s* larwa; chimera; kaprys

ma·gi *zob.* magus

mag·ic [ˈmædʒɪk] *adj* magiczny, czarodziejski; *s* magia, czary

ma·gi·cian [məˈdʒɪʃn] *s* czarodziej, magik, iluzjonista

mag·is·trate [ˈmædʒɪstreɪt] *s* sędzia pokoju

mag·na·nim·i·ty [ˈmægnəˈnɪmətɪ] *s* wspaniałomyślność

mag·nate [ˈmægneɪt] *s* magnat

mag·ne·sia [mægˈnɪʃə] *s* magnezja

mag·net [ˈmægnɪt] *s* magnes

mag·net·ic [mægˈnetɪk] *adj* magnetyczny

mag·net·ize [ˈmægnɪtaɪz] *vt* magnetyzować

mag·nif·i·cence [mægˈnɪfɪsns] *s* wspaniałość; świetność

mag·nif·i·cent [mægˈnɪfɪsnt] *adj* wspaniały

mag·ni·fi·er [ˈmægnɪfaɪə(r)] *s* wzmacniacz; szkło powiększające

mag·ni·fy [ˈmægnɪfaɪ] *vt* wzmacniać; powiększać

mag·ni·tude [ˈmægnɪtjud] *s* ogrom, wielkość

mag·pie [ˈmægpaɪ] s sroka; *przen.* gaduła

ma·gus [ˈmeɪgəs] s (*pl* **magi** [ˈmeɪdʒaɪ]) mag, mędrzec Wschodu

ma·hog·a·ny [məˈhogənɪ] s mahoń

maid [meɪd] s *lit.* dziewczyna; † panna; służąca; ~ **of honour** dama dworu

maid·en [ˈmeɪdn] s *lit.* dziewica, panna; *adj* dziewiczy; panieński

maid-serv·ant [ˈmeɪd sɜːvənt] s służąca, pokojówka

mail 1. [meɪl] s poczta; *vt* wysyłać pocztą

mail 2. [meɪl] s pancerz; **coat of** ~ kolczuga; ~ed **fist** *przen.* zbrojna pięść ⟨siła⟩

maim [meɪm] *vt* okaleczyć

main [meɪn] *adj* główny, przeważający, najważniejszy; s główna rura (wodociągu, gazu); *pl* ~s kanalizacja; *elektr.* główna linia; *poet.* pełne morze; **in the** ~ głównie, przeważnie; **with might and** ~ z całych sił

main·land [ˈmeɪnlænd] s ląd stały

main·spring [ˈmeɪnsprɪŋ] s główna sprężyna (zegara); *przen.* główny motyw (działania)

main·stay [ˈmeɪnsteɪ] s *mors.* sztag grotmasztu; *przen.* ostoja

main·tain [meɪnˈteɪn] *vt* podtrzymywać; utrzymywać; zachowywać; twierdzić

main·te·nance [ˈmeɪntɪnəns] s utrzymanie; utrzymywanie; konserwacja; podtrzymywanie, podpora

maize [meɪz] s kukurydza

ma·jes·tic [məˈdʒestɪk] *adj* majestatyczny

maj·es·ty [ˈmædʒɪstɪ] s majestat

ma·jor [ˈmeɪdʒə(r)] *adj* większy, ważniejszy; główny; starszy; pełnoletni; *muz.* durowy, majorowy; s człowiek pełnoletni; *wojsk.* major

ma·jor·i·ty [məˈdʒorətɪ] s większość; pełnoletność

*****make** [meɪk], **made, made** [meɪd]

vt vi robić, tworzyć, produkować, sporządzać; szyć (ubranie), piec (chleb itd.); zrobić ⟨ugotować, przygotować⟩ coś do jedzenia ⟨picia⟩; narobić (hałasu, kłopotu itd.); ustalić, ustanowić; powodować, doprowadzać, kazać; posłać (**a bed** łóżko); zawrzeć (**peace** pokój); wygłaszać (**a speech** mowę), okazać się (**a good soldier** dobrym żołnierzem); wybierać się; udawać się, kierować się (**for a place** dokądś); zrozumieć, wywnioskować; zrobić, przetworzyć (**sth into sth** coś na coś); *mat.* wynosić; **to** ~ **acquainted** zaznajomić; **to** ~ **believe** udawać, stwarzać pozory; wmawiać; **to** ~ **friends** zaprzyjaźnić się; **to** ~ **good** naprawić; **to** ~ **hay** przewracać siano; *przen.* wprowadzać zamieszanie (**of sth do czegoś**); **to** ~ **known** podać do wiadomości; **to** ~ **little** lekceważyć (**of sth coś**); **to** ~ **merry** zabawiać się, weselić się; **to** ~ **much of sth** wysoko coś cenić, przywiązywać wagę do czegoś; **to** ~ **ready** przygotowywać się; **to** ~ **sure** upewnić się; **to** ~ **understood** dać do zrozumienia; **to** ~ **oneself understood** porozumieć się; **I cannot** ~ **either head or tail of it** w żaden sposób nie mogę tego pojąć; **that** ~s **me think** w to mi daje do myślenia, to mnie zastanawia; **what do you** ~ **the time?** która może być godzina?; **to** ~ **it** uzgadniać, umawiać się (5 **o'clock na godzinę piątą**); *pot.* **I made it** udało mi się; zdążyłem; *z przyimkami i przysłówkami:* ~ **away** oddalić się, uciec; usunąć, skończyć z czymś; sprzeniewierzyć; zaprzepaścić (**with sth coś**); ~ **off** zwiać, uciec; ~ **out** wystawić (np. rachunek), sporządzić (np. spis); zrozumieć, odgadnąć; odczytać; rozpoznać; ~ **over** przenieść; przekazać (np. własność); ~ **up** sporządzić; szminkować

mangle

(się); odrobić, powetować (komuś, sobie) (for sth coś); załagodzić, pogodzić; ~ it up pogodzić się (with sb z kimś); ~ up one's mind postanowić; s wyrób; budowa, forma; fason, krój

make·be·lieve [ˈmeɪk bɪliːv] s pozór, symulowanie; adj attr pozorny, udany; zmyślony

mak·er [ˈmeɪkə(r)] s twórca; wytwórca, konstruktor; sprawca

make·shift [ˈmeɪkʃɪft] s środek zastępczy; namiastka; adj attr tymczasowy, zastępczy, prowizoryczny

make-up [ˈmeɪk ʌp] s makijaż, charakteryzacja; struktura

mak·ing [ˈmeɪkɪŋ] ppraes i s zrobienie, tworzenie; przetwarzanie, produkcja; skład; pl ~s zarobek, dochody; pl ~s zadatki (np. of a writer na pisarza)

mal·ad·just·ment [ˈmæləˈdʒʌstmənt] s złe przystosowanie, niedopasowanie

mal·ad·min·is·tra·tion [ˈmælədmɪnɪˈstreɪʃn] s zły zarząd; zła ⟨wadliwa⟩ gospodarka

mal·a·dy [ˈmælədɪ] s choroba

mal·con·tent [ˈmælkəntent] s malkontent; adj niezadowolony

male [meɪl] adj męski, płci męskiej; zool. samczy; s mężczyzna; zool. samiec

mal·e·dic·tion [ˈmælɪˈdɪkʃn] s przekleństwo

ma·lev·o·lence [məˈlevləns] s zła wola, nieżyczliwość •

mal·fea·sance [mælˈfiːzns] s prawn. wykroczenie (zw. służbowe)

mal·ice [ˈmælɪs] s złość, złośliwość, złe zamiary

ma·li·cious [məˈlɪʃəs] adj złośliwy

ma·lign [məˈlaɪn] adj złośliwy; szkodliwy; vt oczerniać (sb kogoś)

ma·lig·nant [məˈlɪɡnənt] adj złośliwy, jadowity

ma·lig·ni·ty [məˈlɪɡnɪtɪ] s złośliwość, jadowitość

ma·lin·ger [məˈlɪŋɡə(r)] vi udawać chorego, symulować

mal·let [ˈmælɪt] s drewniany młotek

mal·nu·tri·tion [ˈmælnjuːˈtrɪʃn] s niedożywienie

mal·prac·tice [mælˈpræktɪs] s postępowanie niezgodne z prawem, nadużycie

malt [mɔːlt] s słód

mal·treat [mælˈtriːt] vt maltretować; źle traktować

mam·mal [ˈmæml] s zool. ssak

mam·moth [ˈmæməθ] s mamut

mam·my [ˈmæmɪ] s zdrob. mamusia, mateczka

man [mæn] s (pl men [men]) człowiek; mężczyzna; mąż; prosty żołnierz; robotnik; (w szachach) pionek, figura; best ~ drużba; ~ in the street szary ⟨przeciętny⟩ człowiek; to a ~ do ostatniego człowieka, co do jednego, wszyscy; vt obsadzić (np. załogą)

man·a·cle [ˈmænəkl] s (zw. pl ~s) kajdany

man·age [ˈmænɪdʒ] vt zarządzać, kierować, prowadzić; poskromić, utrzymywać w karności; zdołać ⟨potrafić⟩ (coś zrobić), dać sobie radę (sth z czymś); posługiwać się (sth czymś), obchodzić się (sb, sth z kimś, czymś); vi poradzić sobie; gospodarować

man·age·ment [ˈmænɪdʒmənt] s zarząd; umiejętne postępowanie, kierowanie; posługiwanie się

man·ag·er [ˈmænɪdʒə(r)] s zarządca; kierownik; impresario

man·da·rin [ˈmændərɪn] s mandaryn

man·date [ˈmændeɪt] s mandat; vt powierzać zarząd (terytorium) na podstawie mandatu

man·do·lin [ˈmændəlɪn] s muz. mandolina

mane [meɪn] s grzywa

man·ful [ˈmænfl] adj mężny, nieustraszony

man·ger [ˈmeɪndʒə(r)] s żłób

man·gle 1. [ˈmæŋɡl] s magiel; vt maglować

man·gle 2. [`mæŋgl] *vt* krajać; kaleczyć; szarpać; zniekształcać

man·gy [`meɪndʒɪ] *adj* (*o zwierzętach*) parszywy; *przen.* plugawy, nędzny

man·hood [`mænhud] *s* męskość; wiek męski; męstwo; *zbior.* mężczyźni, ludność płci męskiej

ma·ni·a [`meɪnɪə] *s* mania

ma·ni·ac [`meɪnɪæk] *s* maniak

man·i·fest [`mænɪfest] *adj* oczywisty, jawny; *vt* ujawniać, manifestować

man·i·fes·to [´mænɪ`festəu] *s* (*pl* ~s, ~es) manifest

man·i·fold [`mænɪfəuld] *adj* różnorodny, wieloraki; *vt* powielać

ma·nip·u·late [mə`nɪpjuleɪt] *vt* manipulować (sth czymś); zręcznie urabiać (sb kogoś); zręcznie pokierować (sth czymś)

man·kind [`mæn`kaɪnd] *s* ludzkość, rodzaj ludzki; [`mænkaɪnd] *zbior.* mężczyźni

man·like [`mænlaɪk] *adj* męski, właściwy mężczyźnie

man·ly [`mænlɪ] *adj* męski; mężny, dzielny

man·ner [`mænə(r)] *s* sposób; rodzaj; zwyczaj, sposób bycia, maniera; in a ~ poniekąd; do pewnego stopnia; *pl* ~s obyczaje, maniery, zachowanie się

ma·noeu·vre [mə`nuvə(r)] *s* manewr, posunięcie; *vi* manewrować; *vt* manipulować

man-of-war [´mæn əv `wɔ(r)] † *s* (*pl* men-of-war [´mæn əv `wɔ(r)]) okręt wojenny

man·or [`mænə(r)] *s* dwór z majątkiem ziemskim

man·pow·er [`mænpauə(r)] *s* ludzka siła robocza; rezerwy ⟨zasoby⟩ ludzkie (np. dla armii)

man·sion [`mænʃn] *s* pałac, dwór; (*zw. pl* ~s) dom czynszowy

man·slaugh·ter [`mænslɔtə(r)] *s* zabójstwo

man·tel [`mæntl], **man·tel·piece** [`mæntlpis] *s* obramowanie ⟨okap⟩ kominka

man·tle [`mæntl] *s* płaszcz; okrycie, pokrycie; *vt vi* otulić płaszczem; okryć (się), pokryć (się)

man·trap [`mæntræp] *s* potrzask, zasadzka

man·u·al [`mænjuəl] *adj* ręczny; (*o pracy*) fizyczny; *s* podręcznik

man·u·fac·ture [´mænju`fæktʃə(r)] *s* produkcja; fabrykat; *vt* fabrykować; wytwarzać

man·u·fac·tur·er [´mænju`fæktʃərə(r)] *s* fabrykant

ma·nure [mə`njuə(r)] *s* nawóz; *vt* nawozić

man·u·script [`mænjuskrɪpt] *s* rękopis

man·y [`menɪ] *adj* (*comp* more [mɔ(r)], *sup* most [məust]) dużo, wiele, wielu, liczni; ~ a niejeden; ~ a time nieraz; a good ⟨great⟩ ~ liczni, wielka ilość; as ~ tyle; as ~ as nie mniej niż; aż; how ~? ile?; *s pl* the ~ wielka ilość, masa, tłum

man·y-sid·ed [´menɪ `saɪdɪd] *adj* wszechstronny; wielostronny

map [mæp] *s* mapa; *vt* sporządzać mapę (sth czegoś), znaczyć na mapie; ~ out planować

ma·ple [`meɪpl] *s* klon

mar [mɑ(r)] *vt* psuć, niszczyć

ma·raud [mə`rɔd] *vi* włóczyć się w celach rabunkowych, grasować; *vt* rabować, łupić

ma·raud·er [mə`rɔdə(r)] *s* maruder

mar·ble [`mɑbl] *s* marmur; kulka (do gier)

march 1. [mɑtʃ] *s* marsz, pochód; ~ past defilada; *vi* maszerować; ~ past defilować; *vt* prowadzić

March 2. [mɑtʃ] *s* marzec

mar·chion·ess [´mɑʃə`nes] *s* markiza

mare [`meə(r)] *s* klacz

mar·ga·rine [´mɑdʒə`rin] *s* margaryna

marge [mɑdʒ] = **margarine**, **margin**

mar·gin [`mɑdʒɪn] *s* margines; krawędź; luz, rezerwa

mar·gin·al [`mɑdʒɪnl] *adj* marginesowy

mass

mar·i·gold [ˈmærigəuld] s *bot.* no-
gietek
ma·rine [məˈriːn] s flota, marynarka (handlowa); marynarz (na o-
kręcie wojennym); pejzaż morski; *adj* morski, dotyczący marynarki
mar·i·ner [ˈmærinə(r)] s marynarz
mar·i·tal [ˈmæritl] *adj* małżeński
mar·i·time [ˈmæritaim] *adj* morski; nadmorski
mark 1. [maːk] s marka (pieniądz)
mark 2. [maːk] s znak, oznaka; ślad,
piętno; oznakowanie; ocena
(szkolna), nota; cel; wyróżnienie;
man of ~ wybitny człowiek; to
be up to ⟨below⟩ the ~ być ⟨nie
być⟩ na wysokości zadania ⟨na
poziomie⟩; to miss the ~ chybić
celu; wide of the ~ daleki od
celu, nietrafny, od rzeczy; *vt* o-
znaczać, określać; oceniać; zwracać uwagę (sth na coś); notować;
wyznaczać; cechować; ~ off oddzielać, wydzielać; ~ out wyznaczać, wyróżniać; przeznaczać
marked [maːkt] *pp* i *adj* wybitny,
wyraźny
mark·ed·ly [ˈmaːkidli] *adv* wybitnie, wyraźnie, dobitnie
mar·ket [ˈmaːkit] s rynek, targ;
zbyt; *vi vt* znajdować zbyt, wystawiać na sprzedaż, sprzedawać
mar·ket·a·ble [ˈmaːkitəbl] *adj* pokupny, sprzedażny
marks·man [ˈmaːksmən] s wybitny
strzelec
ma·roon 1. [məˈruːn] *vt* wysadzić
ze statku i pozostawić na odludnej wyspie, odosobnić; *vt* kręcić
się, *pot.* pętać się; s człowiek
pozostawiony na odludnej wyspie; zbiegły z niewoli Murzyn
ma·roon 2. [məˈruːn] *adj* kasztanowy; s kolor kasztanowy
marque [maːk] s *w zwrocie:* letters
of ~s *pl* list kaperski
mar·quee [maːˈkiː] s markiza, daszek
ogrodowy; duży namiot
mar·riage [ˈmæridʒ] s małżeństwo;
ślub

mar·ried [ˈmærid] *pp* i *adj* żonaty; zamężna; małżeński
mar·row [ˈmærəu] s szpik, rdzeń;
przen. istota rzeczy
mar·ry [ˈmæri] *vt* żenić się (sb z
kimś), wychodzić za mąż (sb za
kogoś), wydawać za mąż, żenić;
kojarzyć
marsh [maːʃ] s bagno
mar·shal [ˈmaːʃl] s marszałek;
mistrz ceremonii; *vt* formować
(szyki); ustawiać, uporządkować;
wprowadzić (uroczyście)
marsh·y [ˈmaːʃi] *adj* bagnisty
mar·tial [ˈmaːʃl] *adj* wojenny; wojowniczy, wojskowy
mar·tyr [ˈmaːtə(r)] s męczennik
mar·vel [ˈmaːvl] s cud, cudo; fenomen; *vi* zdumiewać się (at sb,
sth kimś, czymś)
mar·vel·lous [ˈmaːvləs] *adj* cudowny, zdumiewający
Marx·ism [ˈmaːksizm] s marksizm
Marx·ist [ˈmaːksist] *adj* marksistowski; s marksista
mas·cu·line [ˈmæskjulin] *adj* męski, rodzaju męskiego, płci męskiej
mash [mæʃ] s papka, miazga; mieszanka pokarmowa; zacier; *vt*
tłuc; gnieść; ~ed potatoes karto-
fle purée
mask [maːsk] s maska; *przen.* pozór, pretekst; *vt vi* maskować
(się)
ma·son [ˈmeisn] s murarz, kamieniarz; mason; *vt* murować, budować (z kamienia)
ma·son·ry [ˈmeisnri] s murarska
⟨kamieniarska⟩ robota; obmuro-
wanie; masoneria
masque [maːsk] s maska (utwór
sceniczny)
mas·quer·ade [ˌmæskəˈreid] s maskarada
mass 1. [mæs] s masa; *pl* ~es ma-
sy (pracujące); *adj attr* maso-
wy; *vt vi* masować, gromadzić
(się)
mass 2. [mæs] s msza; high ~ suma

mas·sa·cre [`mæsəkə(r)] s masak-
ra; vt masakrować

mas·sage [`mæsɑʒ] s masaż; vt ma-
sować

mas·seur [mæ`sɜ(r)] s masażysta

mas·seuse [mæ`sɜz] s masażystka

mas·sive [`mæsɪv] adj masywny

mass·y [`mæsɪ] adj masywny, so-
lidny, ciężki

mast [mɑst] s maszt

mas·ter [`mɑstə(r)] s mistrz (także
w rzemiośle, sztuce); majster;
nauczyciel; pan, gospodarz, szef;
magister (stopień naukowy);
(także ~ mariner) kapitan statku handlowego; panicz (z doda-
niem imienia); vt panować, opanować; poskramiać; kierować

mas·ter·ful [`mɑstəfl] adj wład-
czy

mas·ter·hood [`mɑstəhud] s mis-
trzostwo

mas·ter·ly [`mɑstəlɪ] adj mistrzo-
wski

mas·ter·piece [`mɑstəpis] s arcy-
dzieło

mas·ter·ship [`mɑstəʃɪp] s mistrzo-
stwo; władza, panowanie, zwierzchnictwo; stanowisko nauczycie-
la

mas·ter·y [`mɑstərɪ] s władza, wła-
danie, panowanie; mistrzostwo

mas·ti·cate [`mæstɪkeɪt] vt żuć;
miażdżyć

mas·tiff [`mæstɪf] s brytan

mat 1. [mæt] s mata, słomianka;
vt vi spleść (się), splątać (się)

mat 2. [mæt] adj matowy

match 1. [mætʃ] s zapałka

match 2. [mætʃ] s odpowiedni dobór ⟨zestawienie⟩ osób ⟨rzeczy⟩;
rzecz lub osoba dobrana ⟨dopa-
sowana⟩; małżonek, małżonka;
para małżeńska, małżeństwo;
sport zawody, mecz; to be a
good ~ dorównywać, dobrze pasować ⟨for sb, sth do kogoś, cze-
goś⟩; to be no ~ nie dorównywać; to be more than a ~ przewyższać, mieć przewagę ⟨for sb
nad kimś⟩; to find ⟨meet⟩ one's
~ znaleźć równego sobie; to

make a good ~ dobrze się ożenić; vt dobierać rzeczy sobie od-
powiadające, zestawiać, łączyć;
kojarzyć ⟨małżeństwo⟩; dorównywać ⟨sb, sth komuś, czemuś⟩;
być dobrze dobranym; pasować
⟨sb, sth do kogoś, czegoś⟩; tie
and dress to ~ krawat i ubranie dobrane (do koloru)

match·less [`mætʃləs] adj niezrów-
nany, nieprześcigniony

mate 1. [meɪt] s (w szachach) mat;
vt dać mata

mate 2. [meɪt] s towarzysz, kolega; małżonek; pomocnik; mors.
niższy oficer, mat

ma·te·ri·al [mə`tɪərɪəl] adj mate-
rialny; cielesny; istotny, rzeczowy; ważny; s materiał; raw ~
surowiec; pl ~s przybory

ma·te·ri·al·ism [mə`tɪərɪəlɪzm] s
materializm

ma·te·ri·al·is·tic [mə`tɪərɪə`lɪstɪk]
adj materialistyczny

ma·te·ri·al·ize [mə`tɪərɪəlaɪz] vt vi
zmaterializować (się), ucieleśnić
(się), urzeczywistnić (się)

ma·ter·ni·ty [mə`tɜnətɪ] s macie-
rzyństwo; ~ hospital szpital po-
łożniczy

math·e·mat·i·cal [`mæθ`mætɪkl] adj
matematyczny

math·e·ma·ti·cian [`mæθəmə`tɪʃn] s
matematyk

math·e·mat·ics [`mæθə`mætɪks] s
matematyka

mat·i·née [`mætɪneɪ] s popołudnio-
we przedstawienie teatralne

ma·tric [mə`trɪk] s pot. = matric-
ulation

ma·tric·u·late [mə`trɪkjuleɪt] vt vi
immatrykulować (się), zapisywać
(się) na wyższą uczelnię; zdawać
egzamin wstępny na wyższą u-
czelnię

ma·tric·u·la·tion [mə`trɪkju`leɪʃn] s
immatrykulacja; egzamin wstępny na wyższą uczelnię

mat·ri·mo·ni·al [`mætrɪ`məunɪəl]
adj matrymonialny, małżeński

mat·ri·mo·ny [`mætrɪmənɪ] s stan

małżeński; małżeństwo, ślub; mariasz (w kartach)

ma·tron [ˈmeɪtrən] *s* matrona; przełożona

mat·ter [ˈmætə(r)] *s* materia; substancja; istota; sprawa; rzecz; kwestia, temat; *med.* ropa; a ~ of course rzecz zrozumiała sama przez się; as a ~ of fact w istocie rzeczy; for that ~ jeśli o to chodzi; in the ~ of co do, co się tyczy; it's no laughing ~ to nie żarty; no ~ mniejsza o to, to nie ma znaczenia; printed ~ druki; reading ~ lektura; to make much ~ of sth robić z czegoś wielką sprawę; what's the ~? o co chodzi?; what's the ~ with him? co się z nim dzieje?; *vi* mieć znaczenie; it does not ~ to nie ma znaczenia; mniejsza o to

mat·ter-of-fact [ˈmætərəvˈfækt] *adj attr* rzeczowy, realny, praktyczny, prozaiczny

mat·ting [ˈmætɪŋ] *s* materiał na maty, mata; rogoża

mat·tock [ˈmætək] *s* kilof

mat·tress [ˈmætrəs] *s* materac

ma·ture [məˈtʃʊə(r)] *adj* dojrzały; *handl.* płatny; *vi* dojrzewać; *vt* przyspieszać dojrzewanie

ma·tu·ri·ty [məˈtʃʊərətɪ] *s* dojrzałość; *handl.* termin płatności

maud·lin [ˈmɔdlɪn] *adj* ckliwy, rzewny

maul [mɔl] *vt* tłuc; kaleczyć; zniekształcać; miażdżyć krytyką

mau·so·le·um [ˈmɔsəˈlɪəm] *s* mauzoleum

mauve [məʊv] *adj* różowoliliowy; *s* kolor różowoliliowy

mawk·ish [ˈmɔkɪʃ] *adj* ckliwy, sentymentalny

max·im [ˈmæksɪm] *s* maksyma

max·i·mum [ˈmæksɪməm] *s* (*pl* maxima [ˈmæksɪmə], ~s) maksimum; *adj attr* maksymalny

may 1. [meɪ] *v aux* (*p* might [maɪt]) I ~ mogę, wolno mi; he ~ be back soon może szybko

wróci; long ~ he live oby długo żył

May 2. [meɪ] *s* maj

may·be [ˈmeɪbɪ] *adv* być może

May-Day [ˈmeɪ deɪ] *s* święto 1 Maja; ~ watchwords hasła pierwszomajowe

may·or [meə(r)] *s* mer, burmistrz

maze [meɪz] *s* labirynt, gmatwanina; oszołomienie; wprowadzenie w błąd; *vt* sprowadzić na manowce, wprowadzić w błąd; oszołomić

mazy [ˈmeɪzɪ] *adj* powikłany; zdezorientowany

me [mi] *pron* mi, mnie; *pot.* ja; with ~ ze mną; *pot.* it's me to ja

mead 1. [mid] *s* miód (pitny)

mead 2. [mid] *s poet.* łąka

mead·ow [ˈmedəʊ] *s* łąka

mea·gre [ˈmiːɡə(r)] *adj* chudy, cienki; *pot.* marny

meal 1. [mil] *s* mąka (nie pytlowana)

meal 2. [mil] *s* posiłek; jedzenie

mean 1. [min] *adj* podły, niski, nędzny, marny

mean 2. [min] *adj* średni, pośredni; *s* przeciętna, średnia; *pl* ~s środki utrzymania, zasoby pieniężne (*zw. pl* ~s, *w znacz. sing*) środek; by this ~s tym sposobem; by ~s of za pomocą; by no ~s w żaden sposób; man of ~s człowiek zamożny

***mean** 3. [min] *v* meant, meant [ment] *vt vi* myśleć (coś), mieć na myśli; znaczyć, mieć znaczenie; mieć zamiar, zamierzać; przeznaczać (sth for sb coś dla kogoś); to ~ business poważnie traktować sprawę; to ~ well mieć dobrą wolę, odnosić się życzliwie

me·an·der [mɪˈændə(r)] *s* kręta linia, zakręt; *vi* tworzyć zakręty, wić się

mean·ing [ˈminɪŋ] *s* znaczenie, sens, treść

meant *zob.* **mean**

mean·time [ˈmin-taɪm] *adv* tymczasem; w międzyczasie; *s w zwrocie:* in the ~ tymczasem; w międzyczasie

mean·while ['min`waɪl] = meantime

mea·sles ['mizlz] *s med.* odra

meas·ure ['meʒə(r)] *s* miara; miarka; środek, sposób, zabieg; *lit.* metrum; *muz.* takt; stopień; to ~ na miarę; in a ⟨some⟩ ~ do pewnego stopnia; in great ⟨large⟩ ~ w znacznym stopniu; out of ~ nadmiernie; *mat.* the greatest common ~ największy wspólny dzielnik; *vt* mierzyć, mieć wymiar; szacować; ~ off ⟨out⟩ odmierzać

meas·ure·ment ['meʒəmənt] *s* pomiar; miara, wymiar, rozmiar

meat [mit] *s* mięso (jadalne); † posiłek, potrawa

me·chan·ic [mɪ`kænɪk] *s* mechanik; technik

me·chan·i·cal [mɪ`kænɪkl] *adj* mechaniczny; maszynowy

me·chan·ics [mɪ`kænɪks] *s* mechanika

mech·an·ism [mekənɪzm] *s* mechanizm

med·al ['medl] *s* medal

med·dle [`medl] *vi* mieszać się; wtrącać się (with ⟨in⟩ sth do czegoś)

med·dle·some ['medlsm] *adj* wścibski

me·di·ae·val ['medɪ`ivl] = medieval

me·di·al [`midɪəl] *adj* środkowy; średni; pośredni

me·di·ate ['midɪeɪt] *vi vt* pośredniczyć; doprowadzić pośrednictwem (sth do czegoś)

me·di·a·tor ['midɪeɪtə(r)] *s* pośrednik, rozjemca

med·i·cal ['medɪkl] *adj* lekarski, medyczny

me·dic·a·ment [mɪ`dɪkəmənt] *s* lek, lekarstwo

med·i·cine ['medsn] *s* medycyna; lekarstwo

med·i·cine-man ['medsn mæn] *s* znachor, czarownik

me·di·e·val ['medɪ`ivl] *adj* średniowieczny

me·di·o·cre ['midɪ`əʊkə(r)] *adj* przeciętny, mierny

me·di·oc·ri·ty ['midɪ`okrətɪ] *s* przeciętność, mierność

med·i·tate ['medɪteɪt] *vt vi* rozmyślać, rozważać; planować

med·i·ta·tive ['medɪtətɪv] *adj* oddany rozmyślaniom, medytacyjny, kontemplacyjny

med·i·ter·ra·ne·an ['medɪtə`reɪnɪən] *adj* śródziemny; śródziemnomorski

me·di·um ['midɪəm] *s* (*pl* media ['midɪə], ~s) środek; sposób; ośrodek; środowisko; medium; through ⟨by⟩ the ~ of za mocą ⟨pośrednictwem⟩; *adj attr* środkowy, średni

med·ley ['medlɪ] *s* mieszanina; rozmaitość; *muz.* potpourri; *adj* różnorodny; pstry

meek [mik] *adj* łagodny; potulny

*meet** [mit], **met**, **met** [met] *vt vi* spotykać (się); zobaczyć się (with sb z kimś); zbierać ⟨gromadzić⟩ się; stykać ⟨łączyć⟩ się; odpowiadać (gustom, wymaganiom), zgadzać się; spełniać, zaspokajać; stawić czoło, spojrzeć w oczy (np. niebezpieczeństwu); stosować się; *handl.* honorować ⟨spłacić⟩ (np. weksel); natknąć się, natrafić (sb, sth ⟨with sb, sth⟩ na kogoś, coś); wyjść naprzeciw (komuś); *s* styk; spotkanie ⟨zbiórka⟩ (myśliwych itd.)

meet·ing ['mitɪŋ] *s* spotkanie, zejście się, zetknięcie się; zebranie, wiec, zbiórka

meg·a·phone ['megəfəʊn] *s* megafon

mel·an·chol·y ['melənkolɪ] *s* melancholia; *adj* melancholijny

mel·io·rate ['miljəreɪt] *vt vi* ulepszać (się), uszlachetniać (się)

mel·low ['meləʊ] *adj* dojrzały; soczysty; pełny; miękki; (*o człowieku*) pogodny; *vt* zmiękczyć;

łagodzić; *vi* mięknąć, łagodnieć; (np. *o winie, owocu*) dojrzewać

me·lo·di·ous [məˈləudɪəs] *adj* melodyjny

mel·o·dra·ma [ˈmelədrɑmə] *s* melodramat

mel·o·dy [ˈmelədɪ] *s* melodia

melt [melt] *vt* topić, roztapiać, przetapiać; rozpuszczać; *vi* top-nieć, rozpuszczać się; *przen.* roz-pływać się; *s* stop, wytop

melt·ing-point [ˈmeltɪŋ pɔɪnt] *s* temperatura topnienia

mem·ber [ˈmembə(r)] *s* członek (np. organizacji); człon

mem·ber·ship [ˈmembəʃɪp] *s* człon-kostwo

mem·brane [ˈmembreɪn] *s* błona

mem·oir [ˈmemwɑ(r)] *s* rozprawa (naukowa); *pl* ~s życiorys; pa-miętnik; seria (wydawnicza ⟨roz-praw naukowych⟩)

mem·o·ra·ble [ˈmemrəbl] *adj* pa-miętny

mem·o·ran·dum [ˌmeməˈrændəm] *s* memorandum; notatka

me·mo·ri·al [məˈmɔrɪəl] *adj* pa-mięciowy; pamiątkowy; *s* pety-cja; pomnik; *pl* ~s pamiętnik, kronika

mem·o·rize [ˈmeməraɪz] *vt* zapa-miętać, nauczyć się na pamięć

mem·o·ry [ˈmemrɪ] *s* pamięć; wspomnienie

men *zob.* man

men·ace [ˈmenəs] *s* groźba; *vt vi* grozić, zagrażać

me·nag·er·ie [məˈnædʒərɪ] *s* mena-żeria

mend [mend] *vt vi* naprawiać, po-prawiać (się); *s* poprawa; na-prawa

men·da·cious [menˈdeɪʃəs] *adj* kła-mliwy, zakłamany

men·dac·i·ty [menˈdæsətɪ] *s* kła-mliwość, zakłamanie

men·di·cant [ˈmendɪkənt] *adj* że-braczy, żebrzący; *s* żebrak; mnich żebrzący

me·ni·al [ˈmɪnɪəl] *adj* służebny; ~ work czarna robota; *s* służący, popychadło

men·in·gi·tis [ˌmenɪnˈdʒaɪtɪs] *s* za-palenie opon mózgowych

men·su·ra·tion [ˌmensjuˈreɪʃn] *s* pomiar

men·tal [ˈmentl] *adj* umysłowy; chory umysłowo; (*o szpitalu*) psychiatryczny

men·tal·i·ty [menˈtælətɪ] *s* umy-słowość, mentalność

men·tion [ˈmenʃn] *s* wzmianka; *vt* wspominać, nadmieniać; don't ~ it! nie ma o czym mówić, nie ma za co, proszę bardzo!

mer·can·tile [ˈmɜkəntaɪl] *adj* han-dlowy

mer·ce·nar·y [ˈmɜsnrɪ] *adj* najem-ny; interesowny; *s* najemnik

mer·cer [ˈmɜsə(r)] *s* kupiec bła-watny

mer·cer·y [ˈmɜsərɪ] *s* towary bła-watne; handel towarami bławat-nymi

mer·chan·dise [ˈmɜtʃəndaɪz] *s* zbior. towar(y)

mer·chant [ˈmɜtʃənt] *s* kupiec, handlowiec; *adj* kupiecki, han-dlowy; ~ service marynarka handlowa

mer·chant·man [ˈmɜtʃəntmən] *s* sta-tek handlowy

mer·ci·ful [ˈmɜsɪfl] *adj* litościwy, miłosierny

mer·ci·less [ˈmɜsɪləs] *adj* bezlitos-ny

mer·cu·ry [ˈmɜkjurɪ] *s* rtęć, żywe srebro; *przen.* żywość

mer·cy [ˈmɜsɪ] *s* miłosierdzie, li-tość; łaska; at the ~ of na łas-ce (czegoś)

mere [mɪə(r)] *adj* czczy, zwykły, zwyczajny; ~ words puste sło-wa; he is a ~ child on jest tyl-ko ⟨po prostu⟩ dzieckiem

mere·ly [ˈmɪəlɪ] *adv* po prostu, je-dynie; zaledwie

merge [mɜdʒ] *vt vi* łączyć (się), zlewać (się), stapiać (się)

merg·er [ˈmɜdʒə(r)] *s* fuzja, połą-czenie (się)

me·rid·i·an [məˈrɪdɪən] *adj* połu-dniowy; *przen.* szczytowy; *s* po-łudnik; zenit; *przen.* szczyt

mer·it [ˈmerɪt] s zasługa; zaleta;
vt zasłużyć (sth na coś)

mer·i·to·ri·ous [ˌmerɪˈtɔrɪəs] *adj*
zasłużony; chwalebny

mer·maid [ˈmɜːmeɪd] s syrena (z
baśni)

mer·ri·ment [ˈmerɪmənt] s wesołość, uciecha

mer·ry [ˈmerɪ] *adj* wesoły; miły;
to make ~ weselić ⟨bawić⟩ się

mer·ry-go-round [ˈmerɪ gəu raund]
s karuzela

me·seems [mɪˈsiːmz] *v impers* †
zdaje mi się

mesh [meʃ] s oko ⟨oczko⟩ (w sieci); *pl* ~**es** sieci; *vt vi* (dać się)
złapać w sieci; zazębiać (się)

mess [mes] s *wojsk.* kasyno; *mors.*
mesa; zamieszanie, nieporządek,
pot. bałagan; kłopot; *vt vi* zabrudzić; *pot.* zabałaganić; zaprzepaścić (sprawę); spartaczyć
(coś); żywić (np. wojsko); *vi*
wspólnie jadać

mes·sage [ˈmesɪdʒ] s posłanie, o-
rędzie; wiadomość, pismo; zlecenie

mes·sen·ger [ˈmesɪndʒə(r)] s posłaniec; zwiastun

mess·mate [ˈmesmeɪt] s *wojsk.*
mors. towarzysz przy stole

mess·y [ˈmesɪ] *adj* nieporządny,
brudny

mes·ti·zo [meˈstiːzəu] s Metys

met *zob.* **meet**

met·al [ˈmetl] s metal

me·tal·lic [məˈtælɪk] *adj* metaliczny

me·tal·lur·gy [mɪˈtælədʒɪ] s metalurgia

met·a·mor·pho·sis [ˌmetəˈmɔfəsɪs] s
⟨*pl* **metamorphoses** [ˌmetəˈmɔfə-
siːz]⟩ metamorfoza

met·a·phor [ˈmetəfə(r)] s metafo-
ra

met·a·phys·ics [ˌmetəˈfɪzɪks] s metafizyka

mete [miːt] *vt* zmierzyć; (*także* ~
out) wymierzyć (np. karę)

me·te·or [ˈmiːtɪə(r)] s meteor

me·te·or·ol·o·gy [ˌmiːtɪəˈrɒlədʒɪ] s
meteorologia

me·ter [ˈmiːtə(r)] s licznik (np. gazowy)

me·thinks [mɪˈθɪŋks] *v impers* (*p*
methought) † zdaje mi się

meth·od [ˈmeθəd] s metoda

me·thod·i·cal [məˈθɒdɪkl] *adj* metodyczny

Meth·od·ist [ˈmeθədɪst] s metodys-
ta

me·thought *zob.* **methinks**

meth·yl·at·ed [ˈmeθɪleɪtɪd] *pp i adj*
denaturowany, skażony

me·tic·u·lous [mɪˈtɪkjuləs] *adj* drobiazgowy, skrupulatny

me·tre [ˈmiːtə(r)] s metr; metrum
(miara wiersza)

met·ric [ˈmetrɪk] *adj* metryczny

me·trop·o·lis [məˈtrɒpəlɪs] s stolica, metropolia

met·ro·pol·i·tan [ˌmetrəˈpɒlɪtən] *adj*
stołeczny

met·tle [ˈmetl] s charakter, temperament; odwaga; zapał

mew 1. [mjuː] *vi* miauczeć

mew 2. [mjuː] s mewa

Mex·i·can [ˈmeksɪkən] *adj* meksykański; s Meksykanin

mice [maɪs] *zob.* **mouse**

mi·crobe [ˈmaɪkrəub] s mikrob

mi·cro·phone [ˈmaɪkrəfəun] s mikrofon

mi·cro·scope [ˈmaɪkrəskəup] s mikroskop

mid [mɪd] *adj* środkowy; **in ~
summer** w połowie lata; **in ~
air** w powietrzu

mid·day [ˈmɪdˈdeɪ] s południe

mid·dle [ˈmɪdl] s środek, połowa;
adj środkowy, średni

mid·dle-aged [ˈmɪdl ˈeɪdʒd] *adj* w
średnim wieku

mid·dle·man [ˈmɪdlmæn] s pośrednik

mid·dle-weight [ˈmɪdl weɪt] s *sport*
waga średnia

mid·dling [ˈmɪdlɪŋ] *adj* średni,
przeciętny; *adv* średnio, przeciętnie; *pot.* tak sobie, nieźle

midge [mɪdʒ] s *zool.* muszka

midg·et [ˈmɪdʒɪt] s karzełek; *przen.* maleństwo

mid·land [ˈmɪdlənd] adj środkowy, znajdujący się wewnątrz kraju, śródlądowy; s środkowa część kraju

mid·night [ˈmɪdnaɪt] s północ; at ~ o północy; adj attr północny

mid·ship·man [ˈmɪdʃɪpmən] s *mors. bryt.* podchorąży marynarki; *am.* kadet marynarki

midst [mɪdst] s środek; in the ~ of w środku; pośród; wśród; między, pomiędzy

mid·sum·mer [ˈmɪdˈsʌmə(r)] s środek lata; ~ night noc świętojańska

mid·way [ˈmɪdˈweɪ] adv w połowie ⟨w pół⟩ drogi; adj attr leżący w połowie drogi

mid·wife [ˈmɪdwaɪf] s (pl midwives [ˈmɪdwaɪvz]) akuszerka

mid·win·ter [ˈmɪdˈwɪntə(r)] s środek zimy

might 1. zob. may 1.

might 2. [maɪt] s potęga, moc

might·y [ˈmaɪtɪ] adj potężny; adv *pot.* bardzo, wielce

mi·grant [ˈmaɪɡrənt] adj wędrowny, koczowniczy; s wędrowiec, tułacz, koczownik; emigrant

mi·grate [maɪˈɡreɪt] vi wędrować, koczować; przesiedlać się; emigrować

mi·gra·to·ry [ˈmaɪɡrətərɪ] = **migrant** adj

mike [maɪk] s *pot.* = **microphone**

mil·age = **mileage**

mild [maɪld] adj łagodny, delikatny

mil·dew [ˈmɪldju] s pleśń

mile [maɪl] s mila

mile·age [ˈmaɪlɪdʒ] s odległość w milach

mile·stone [ˈmaɪlstəun] s kamień milowy

mi·lieu [ˈmɪlɪɜ] s środowisko, otoczenie

mil·i·tant [ˈmɪlɪtənt] adj bojowy, wojowniczy

mil·i·tar·y [ˈmɪlɪtrɪ] adj wojskowy; s zbior. the ~ wojskowi, wojsko

mil·i·tate [ˈmɪlɪteɪt] vi walczyć (against sb, sth z kimś, czymś)

mi·li·tia [mɪˈlɪʃə] s milicja

milk [mɪlk] s mleko; vt vi doić

milk·maid [ˈmɪlk meɪd] s dojarka; mleczarka

milk·man [ˈmɪlkmən] s mleczarz

milk·tooth [ˈmɪlk tuθ] s ząb mleczny

milk·y [ˈmɪlkɪ] adj mleczny

mill [mɪl] s młyn; fabryka; walcownia; vt mleć; obrabiać; ubijać, ucierać; walcować; karbować

mil·len·ni·um [mɪˈlenɪəm] s tysiąclecie

mil·er [ˈmɪlə(r)] s młynarz

mil·let [ˈmɪlɪt] s proso

mill·hand [ˈmɪl hænd] s robotnik fabryczny

mil·li·me·tre [ˈmɪlimitə(r)] s milimetr

mil·li·ner [ˈmɪlɪnə(r)] s modystka

mil·lion [ˈmɪlɪən] s milion

mil·lion·aire [ˈmɪlɪəˈneə(r)] s milioner

mill·stone [ˈmɪl stəun] s kamień młyński

mime [maɪm] s mim (aktor i sztuka); vt grać mimicznie

mim·e·o·graph [ˈmɪmɪəuɡraf] s powielacz; vt powielać

mim·ic [ˈmɪmɪk] adj mimiczny; naśladowczy; s mimik; naśladowca; vt (p i pp mimicked [ˈmɪmɪkt]) naśladować

mim·ic·ry [ˈmɪmɪkrɪ] s mimika; naśladownictwo; *bot.* mimetyzm

mince [mɪns] vt krajać (drobno), siekać, kruszyć; ~ one's words mówić z afektacją ⟨sztucznie⟩; not to ~ one's words mówić bez ogródek ⟨prosto z mostu⟩; s siekanina

mince·meat ['mɪnsmiːt] s legumina
z mieszanych owoców i bakalii

minc·er ['mɪnsə(r)] s maszynka do
mięsa

mind [maɪnd] s umysł, rozum,
świadomość; myśl(i); pamięć;
zdanie, opinia; skłonność, ochota,
zamiar; decyzja; duch, psychika; **absence of** ~ roztargnienie;
presence of ~ przytomność umysłu; **peace of** ~ spokój ducha;
state ⟨frame⟩ of ~ stan ducha, nastrój; **turn of** ~ mentalność; **sound in** ~ zdrowy na umyśle; **to be of unsound** ~ nie
być przy zdrowych zmysłach;
to be of sb's ~ podzielać czyjeś
zdanie; **to bring ⟨to call⟩ to** ~
przypomnieć sobie; **to change**
one's ~ zmienić zdanie ⟨zamiar⟩;
to enter sb's ~ przyjść komuś
na myśl; **to go out of** ~ wyjść
z pamięci; **to have ⟨to keep, to**
bear⟩ sb ⟨sth⟩ in ~ pamiętać o
kimś ⟨o czymś⟩; **to have a good**
⟨great⟩ ~ **to ... mieć ⟨wielką⟩**
ochotę ...; **to make up ⟨to set⟩**
one's ~ postanowić; **to speak**
one's ~ wypowiedzieć się, wygarnąć prawdę; **to my** ~ moim
zdaniem; vt vi uważać, baczyć,
zwracać uwagę; starać się; pamiętać; brać sobie do serca,
przejmować się **(sth czymś)**;
sprzeciwiać się, mieć coś przeciw **(sth czemuś)**; **do you** ~ **if**
I smoke?, do you ~ **my smoking?**
czy masz coś przeciwko temu,
żebym zapalił?, czy pozwolisz, że
zapalę?; **I don't** ~ jest mi obojętne, nie przeszkadza mi; **never**
~ mniejsza o to

mind·ful ['maɪndfl] adj uważający **(of sth na coś)**; troskliwy

mine 1. [maɪn] pron mój, moja,
moje, moi

mine 2. [maɪn] s kopalnia; mina;
vt kopać, wydobywać (rudę itd.);
zaminować

min·er ['maɪnə(r)] s górnik

min·er·al ['mɪnrl] s minerał; pl

~**s wody mineralne;** adj mineralny

min·er·al·o·gy [ˌmɪnə'rælədʒɪ] s
mineralogia

mine·sweep·er ['maɪn swiːpə(r)] s
poławiacz min, mors. trałowiec

mine·throw·er ['maɪn θrəʊə(r)] s
wojsk. moździerz

min·gle ['mɪŋgl] vt vi mieszać (się);
obracać się (w towarzystwie)

min·ia·ture ['mɪnɪtʃə(r)] s miniatura

min·i·mal ['mɪnɪml] adj minimalny

min·i·mize ['mɪnɪmaɪz] vt sprowadzić ⟨zredukować⟩ do minimum,
pomniejszać

min·i·mum ['mɪnɪməm] s (pl mi
nima ['mɪnɪmə]) minimum; adj
attr minimalny

min·ing ['maɪnɪŋ] s górnictwo; zaminowanie

min·is·ter ['mɪnɪstə(r)] s minister;
poseł; pastor; vi służyć **(to sb**
komuś**); przyczyniać się (to sth**
do czegoś**); dbać (to sb's wants**
⟨pleasures⟩ o czyjeś potrzeby
⟨przyjemności⟩**); odprawiać nabożeństwo (w kościele protestanckim); vt udzielać (np. pomocy)

min·is·te·ri·al [ˌmɪnɪ'stɪərɪəl] adj
ministerialny; usłużny; pomocny; kościelny, duszpasterski

min·is·try ['mɪnɪstrɪ] s ministerstwo; pomoc, usługa; stan duchowny, kler, obowiązki duszpasterskie

mink [mɪŋk] s norka; norki (futro)

mi·nor ['maɪnə(r)] adj mniejszy;
podrzędny, drugorzędny; młodszy (z rodzeństwa); s niepełnoletni

mi·nor·i·ty [maɪ'norətɪ] s mniejszość (np. narodowa); niepełnoletność

min·ster ['mɪnstə(r)] s kościół klasztorny; katedra

min·strel [ˈmɪnstrəl] s minstrel, bard

min·strel·sy [ˈmɪnstrlsɪ] s zbiór pieśni ⟨ballad⟩; zbiór. minstrelowie; sztuka minstrelska

mint 1. [mɪnt] s mennica; vt bić monetę; adj czysty, nie używany

mint 2. [mɪnt] s bot. mięta

mi·nus [ˈmaɪnəs] praep minus, mniej

min·ute 1. [ˈmɪnɪt] s minuta; notatka, zapisek; pl ~s protokół; to keep the ~s protokołować; any ~ lada chwila; wait a ~!, zaraz, zaraz!

mi·nute 2. [maɪˈnjuːt] adj drobny, nieznaczny; szczegółowy

mir·a·cle [ˈmɪrəkl] s cud; (także ~ play) misterium (dramat średniowieczny)

mi·rac·u·lous [mɪˈrækjuləs] adj cudowny

mire [ˈmaɪə(r)] s błoto; vt vi pogrążyć (się) w błocie, ublocić

mir·ror [ˈmɪrə(r)] s lustro, zwierciadło; vt odzwierciedlać, odbijać obraz

mirth [mɜːθ] s radość, wesołość

mis·ad·ven·ture [ˈmɪsədˈventʃə(r)] s nieszczęście, nieszczęśliwy wypadek, niepowodzenie

mis·al·li·ance [ˈmɪsəˈlaɪəns] s mezalians

mis·an·thrope [ˈmɪsnθrəup] s mizantrop

mis·an·thro·py [mɪsˈænθrəpɪ] s mizantropia

mis·ap·ply [ˈmɪsəˈplaɪ] vt źle zastosować

mis·ap·pre·hend [ˈmɪsˈæprɪˈhend] vt źle ⟨fałszywie⟩ zrozumieć

mis·be·have [ˈmɪsbɪˈheɪv] vi (także vr ~ oneself) źle ⟨nieodpowiednio⟩ prowadzić ⟨zachowywać⟩ się

mis·cal·cu·late [ˈmɪsˈkælkjuleɪt] vt źle obliczyć; vi przeliczyć się

mis·car·riage [mɪsˈkærɪdʒ] s niepowodzenie; zaginięcie (np. listu); poronienie; pomyłka

mis·car·ry [mɪsˈkærɪ] vi nie udać się; chybić; doznać niepowodze-

nia; (o statku, liście) nie dojść; poronić

mis·cel·la·ne·ous [ˈmɪsəˈleɪnɪəs] adj rozmaity; różnorodny

mis·cel·la·ny [mɪˈselənɪ] s zbieranina, zbiór rozmaitości

mis·chance [mɪsˈtʃɑːns] s niepowodzenie, pech, nieszczęście

mis·chief [ˈmɪstʃɪf] s niegodziwość; szkoda; psota

mis·chie·vous [ˈmɪstʃɪvəs] adj złośliwy; szkodliwy; psotny

mis·con·cep·tion [ˈmɪskənˈsepʃn] s błędne pojęcie ⟨zrozumienie⟩

mis·con·duct [mɪsˈkɒndʌkt] s złe prowadzenie się; złe kierownictwo; vt [ˈmɪskənˈdʌkt] źle prowadzić ⟨kierować⟩; vr ~ oneself źle się prowadzić

mis·con·strue [ˈmɪskənˈstruː] vt mylnie objaśniać ⟨rozumieć⟩

mis·cre·ant [ˈmɪskrɪənt] adj nikczemny; s nikczemnik, łajdak

mi·ser [ˈmaɪzə(r)] s skąpiec

mis·er·a·ble [ˈmɪzrəbl] adj godny litości, żałosny, nieszczęśliwy; nędzny, godny pogardy; przykry, wstrętny

mi·ser·ly [ˈmaɪzəlɪ] adj skąpy

mis·er·y [ˈmɪzərɪ] s nędza; nieszczęście; cierpienie

misfit [ˈmɪsfɪt] s źle dobrane ubranie, zły krój; przen. człowiek nie przystosowany (do otoczenia)

mis·for·tune [ˈmɪsˈfɔːtʃən] s nieszczęście, zły los, pech

*mis·give [ˈmɪsˈgɪv], **mis·gave** [ˈmɪsˈgeɪv], **mis·given** [ˈmɪsˈgɪvn] vt wzbudzić obawę ⟨złe przeczucie⟩ (sb w kimś)

mis·giv·ing [ˈmɪsˈgɪvɪŋ] ppraes i s niepokój; złe przeczucie

mis·gov·ern [ˈmɪsˈgʌvən] vt źle rządzić

mis·guide [ˈmɪsˈgaɪd] vt fałszywie kierować, wprowadzać w błąd

mis·han·dle [ˈmɪsˈhændl] vt źle ⟨nieumiejętnie⟩ obchodzić się (sb, sth z kimś, czymś)

mis·hap [ˈmɪshæp] s niepowodzenie, nieszczęście, nieszczęśliwy wypadek

mis·in·form ['mɪsɪn'fɔm] *vt* źle poinformować

***mis·lay** ['mɪs'leɪ], **mislaid, mislaid** ['mɪs'leɪd] *vt* położyć nie na swoim miejscu, zapodziać

***mis·lead** ['mɪs'liːd], **misled, misled** ['mɪs'led] *vt* wprowadzić w błąd, zmylić

mis·man·age ['mɪs'mænɪdʒ] *vt* źle zarządzać ⟨kierować⟩

mi·sog·y·nist [mɪ'sɒdʒɪnɪst] *s* wróg kobiet

mis·place [mɪs'pleɪs] *vt* źle umieścić ⟨ulokować⟩, położyć nie na swoim miejscu

mis·print ['mɪsprɪnt] *s* błąd drukarski; *vt* [mɪs'prɪnt] błędnie wydrukować

mis·pro·nounce ['mɪsprə'naʊns] *vt* błędnie wymawiać

mis·rep·re·sent ['mɪs'reprɪ'zent] *vt* fałszywie przedstawić, przekręcać

mis·rule [mɪs'ruːl] *s* złe rządy; *vt* źle rządzić

miss 1. [mɪs] *vt* chybić, nie trafić; opuścić, przepuścić; stracić (okazję); nie zastać (**sb** kogoś); spóźnić się (**the bus** ⟨**train**⟩ na autobus ⟨pociąg⟩); tęsknić (**sb za** kimś); odczuwać brak; zawodzić; nie dostrzec (**sth** czegoś, nie rozumieć) (**sth** czegoś); *s* chybiony strzał; nieudany krok

miss 2. [mɪs] *s* (*przed imieniem* ⟨*nazwiskiem*⟩) panna; panienka

mis·sha·pen [mɪs'ʃeɪpən] *adj* zniekształcony, niekształtny

mis·sile ['mɪsaɪl] *s* pocisk

mis·sion ['mɪʃn] *s* misja, posłannictwo, zlecenie

mis·sion·a·ry ['mɪʃnrɪ] *s* misjonarz

***mis·spell** [mɪs'spel], **mis·spelt, mis·spelt** [mɪs'spelt] *vt* napisać z błędem ortograficznym

mist [mɪst] *s* mgła, mgiełka; *vt vi* pokrywać (się) mgiełką, zamglić (się); zajść parą; mżyć

***mis·take** [mɪ'steɪk], **mis·took**

[mɪ'stʊk], **mis·tak·en** [mɪ'steɪkn] *vt* brać ⟨wziąć⟩ (**sb for sb else** kogoś za kogoś innego, **sth for sth else** coś za coś innego); pomylić się (**sth** co do czegoś); źle zrozumieć; *s* omyłka, błąd; **to make a ~** popełnić błąd

mis·tak·en [mɪ'steɪkən] *pp i adj* mylny, błędny; **to be ~** mylić się, być w błędzie

mis·ter ['mɪstə(r)] *s* (*przed nazwiskiem*) Pan; (*w piśmie*) *skr.* = Mr.

mis·tle·toe ['mɪsltəʊ] *s bot.* jemioła

mis·took *zob.* **mistake**

mis·tress ['mɪstrəs] *s* pani, pani domu; nauczycielka, guwernantka; kochanka; **Mistress** ['mɪsɪz] (*przed nazwiskiem mężatki*) Pani; (*w piśmie*) *skr.* = **Mrs.**

mis·trust ['mɪs'trʌst] *s* niedowierzanie, nieufność; *vt* niedowierzać, nie ufać

mist·y ['mɪstɪ] *adj* mglisty

***mis·un·der·stand** ['mɪsʌndə'stænd], **misunderstood, misunderstood** ['mɪsʌndə'stʊd] *vt* źle rozumieć

mis·un·der·stand·ing ['mɪsʌndə'stændɪŋ] *s* złe zrozumienie, nieporozumienie

mis·un·der·stood *zob.* **misunderstand**

mis·use [mɪs'juːz] *vt* niewłaściwie używać; źle traktować; nadużywać; *s* [mɪs'juːs] niewłaściwe użycie, nadużycie

mite [maɪt] *s* drobna rzecz, kruszynka; grosz (wdowi)

mit·i·gate ['mɪtɪgeɪt] *vt* łagodzić, uspokajać

mi·tre ['maɪtə(r)] *s* infuła

mitt [mɪt] = **mitten**

mit·ten ['mɪtn] *s* rękawica (z jednym palcem); rękawiczka (bez palców), mitenka; *sport* rękawica bokserska

mix [mɪks] *vt vi* mieszać (się); preparować, przyrządzać (np. napoje); obcować (towarzysko); **~**

money

up zmieszać, pomieszać; wplątać, uwikłać

mix·er [ˈmɪksə(r)] s barman; mikser; a good ~ człowiek towarzyski

mix·ture [ˈmɪkstʃə(r)] s mieszanina, mieszanka, mikstura

mix-up [ˈmɪks ʌp] s pomieszanie, zamieszanie, gmatwanina

moan [məun] vt vi jęczeć, lamentować, opłakiwać (sb kogoś); s jęk

moat [məut] s fosa

mob [mɒb] s tłum, pospólstwo, tłuszcza; vt (o tłumie) rzucać się (sb, sth na kogoś, coś); vi gromadzić się tłumnie

mo·bile [ˈməubaɪl] adj ruchomy; ruchliwy

mo·bil·i·ty [məuˈbɪlətɪ] s ruchliwość

mo·bil·ize [ˈməubɪlaɪz] vt vi mobilizować (się)

mo·cha [ˈmɒkə] s (kawa) mokka

mock [mɒk] vt vi szydzić, wyśmiewać, żartować sobie (at sb, sth z kogoś, czegoś); s pośmiewisko, kpiny; adj attr podrobiony, udany, pozorny

mock·er·y [ˈmɒkərɪ] s szyderstwo; pośmiewisko

mock-he·ro·ic [ˈmɒkhɪˈrəuɪk] adj heroikomiczny

mode [məud] s sposób; obyczaj; tryb (życia, postępowania); moda; gram. tryb

mod·el [ˈmɒdl] s model, wzór; modelka; vt modelować, kształtować, kopiować; vr ~ oneself wzorować się (on ⟨upon, after⟩ sb na kimś)

mod·er·ate [ˈmɒdəreɪt] vt vi poskramiać, hamować, powściągać, uspokajać (się); łagodzić; powstrzymywać (się); adj [ˈmɒdrət] umiarkowany, wstrzemięźliwy; przeciętny

mod·er·a·tion [ˈmɒdəˈreɪʃn] s umiarkowanie

mod·ern [ˈmɒdn] adj nowoczesny, nowożytny

mod·est [ˈmɒdɪst] adj skromny

mod·es·ty [ˈmɒdɪstɪ] s skromność

mod·i·fy [ˈmɒdɪfaɪ] vt modyfikować, zmieniać

mod·u·late [ˈmɒdjuleɪt] vt modulować

moiety [ˈmɔɪətɪ] s prawn. połowa

moist [mɔɪst] adj wilgotny

mois·ten [ˈmɔɪsn] vt zwilżyć; vi wilgotnieć

mois·ture [ˈmɔɪstʃə(r)] s wilgoć

mo·lar [ˈməulə(r)] adj trzonowy (ząb); s ząb trzonowy

mo·las·ses [məˈlæsɪz] s pl melasa

mold, molder = mould, moulder

mole 1. [məul] s zool. kret

mole 2. [məul] s molo, grobla

mole 3. [məul] s pieprzyk (na skórze)

mol·e·cule [ˈmɒlɪkjul] s fiz. cząsteczka

mole-hill [ˈməul hɪl] s kretowisko

mo·lest [məˈlest] vt molestować, dokuczać

mol·li·fy [ˈmɒlɪfaɪ] vt miękczyć; łagodzić

molt zob. **moult**

mol·ten [ˈməultən] adj stopiony, lity

mo·ment [ˈməumənt] s moment, chwila; znaczenie, ważność; at the ~ w tej ⟨właśnie⟩ chwili; for the ~ na razie; in a ~ za chwilę, po chwili; to the ~ co do minuty; of great ⟨little⟩ ~ bardzo ⟨nie bardzo⟩ ważny

mo·men·ta·ry [ˈməuməntrɪ] adj chwilowy

mo·men·tous [məˈmentəs] adj ważny, doniosły

mo·men·tum [məˈmentəm] s pęd, rozpęd; fiz. ilość ruchu

mon·arch [ˈmɒnək] s monarcha

mon·ar·chy [ˈmɒnəkɪ] s monarchia

mon·as·ter·y [ˈmɒnəstrɪ] s klasztor

Mon·day [ˈmʌndɪ] s poniedziałek

mon·e·ta·ry [ˈmʌnɪtrɪ] adj monetarny

mon·ey [ˈmʌnɪ] s zbior. pieniądze; ready ~ gotówka

mon·ger [ˈmʌŋgə(r)] *s* handlarz, przekupień

mon·grel [ˈmʌŋgrəl] *s* kundel; mieszaniec; *adj attr* (*o krwi, rasie*) mieszany

mon·i·tor [ˈmɔnitə(r)] *s* monitor; najstarszy uczeń w klasie pilnujący porządku; urządzenie kontrolne; *vi vt* nasłuchiwać, kontrolować

mon·i·tor·ing [ˈmɔnitəriŋ] *s* (*w radiu*) nasłuch

monk [mʌŋk] *s* mnich

mon·key [ˈmʌŋki] *s* małpa

mon·key·ish [ˈmʌŋkiiʃ] *adj* małpi

monk·ish [ˈmʌŋkiʃ] *adj* mnisi

mo·nog·a·my [məˈnɔgəmi] *s* monogamia

mon·o·logue [ˈmɔnəlɔg] *s* monolog

mo·nop·o·lize [məˈnɔpəlaiz] *vt* monopolizować

mo·nop·o·ly [məˈnɔpəli] *s* monopol

mo·not·o·nous [məˈnɔtənəs] *adj* monotonny

mon·ster [ˈmɔnstə(r)] *s* potwór; *adj attr* potworny; monstrualny

mon·stros·i·ty [mɔnˈstrɔsəti] *s* potworność

mon·strous [ˈmɔnstrəs] *adj* potworny; monstrualny

mon·tage [ˈmɔntaʒ] *s* *fot. kino* montaż

month [mʌnθ] *s* miesiąc

month·ly [ˈmʌnθli] *adj* miesięczny; *adv* miesięcznie; co miesiąc; *s* miesięcznik

mon·u·ment [ˈmɔnjumənt] *s* pomnik

mood 1. [mud] *s* nastrój, humor

mood 2. [mud] *s* *gram.* tryb; *muz.* tonacja

mood·y [ˈmudi] *adj* nie w humorze, markotny; o zmiennym usposobieniu

moon [mun] *s* księżyc; **full ~** pełnia; **once in a blue ~** bardzo rzadko, raz od wielkiego święta

moon·beam [ˈmunbim] *s* promień księżyca

moon·light [ˈmunlait] *s* światło księżyca

moon·lit [ˈmunlit] *adj* oświetlony światłem księżyca

moon·shine [ˈmunʃain] *s* światło księżyca; *przen.* rojenia

moon·shin·er [ˈmunʃainə(r)] *s* *pot. am.* nielegalny producent ⟨przemytnik⟩ napojów alkoholowych

moor 1. [muə(r)] *s* otwarty teren, błonie; wrzosowisko; torfowisko

moor 2. [muə(r)] *vt mors.* cumować

Moor 3. [muə(r)] *s* Maur

moor·ings [ˈmuəriŋz] *s pl mors.* cumy; miejsce cumowania

moor·land [ˈmuələnd] *s* pustynna okolica (*zw.* pokryta wrzosem, torfem itp.)

moot [mut] *vt* rozważać, poddać pod dyskusję (**sth** coś); *s hist.* zgromadzenie, narada; *adj attr* sporny

mop 1. [mɔp] *s* zmywak na kiju (do podłogi, okien itd.); *vt* wycierać, zmywać

mop 2. [mɔp] *s w zwrocie:* **~s and mows** grymasy, miny; *vt w zwrocie:* **~ and mow** stroić miny, robić grymasy

mope [məup] *vi* być przygnębionym; *s* człowiek przygnębiony

mor·al [ˈmɔrl] *adj* moralny; *s* morał; *pl* **~s** moralność

mo·rale [məˈral] *s* morale, duch (np. wojska)

mor·al·ist [ˈmɔrlist] *s* moralista

mo·ral·i·ty [məˈræləti] *s* moralność; moralitet (dramat)

mor·al·ize [ˈmɔrlaiz] *vi* moralizować; *vt* umoralniać

mo·rass [məˈræs] *s* bagno, trzęsawisko

mor·bid [ˈmɔbid] *adj* chorobliwy; chorobowy

more [mɔə(r)] *adj* (*comp od* **much, many**) więcej; *adv* więcej, bardziej; *s* więcej; **~ and ~** coraz więcej; **~ or less** mniej więcej; **~ than** ponad; **never ~** już nigdy; **no ~** już nie, więcej nie;

dość; once ~ jeszcze raz; **so much the ~** o tyle więcej; **the ~ tym bardziej; the ~ ... the ~** im więcej ... tym więcej

more·o·ver [mɔr'əuvə(r)] *adv* co więcej, prócz tego, ponadto

morn [mɔn] *s poet.* = **morning**

morn·ing ['mɔnɪŋ] *s* rano, poranek; przedpołudnie; **good ~!** dzień dobry!; **in the ~** rano; **this ~** dziś rano; **~ call** wizyta przedpołudniowa; **~ coat** żakiet

mo·roc·co [mə'rokəu] *s* marokin (safian)

mo·rose [mə'rəus] *adj* ponury, markotny

mor·phol·o·gy [mɔ'folədʒɪ] *s* morfologia

mor·row ['morəu] *s †* następny dzień; **on the ~** nazajutrz

mor·sel ['mɔsl] *s* kąsek

mor·tal ['mɔtl] *adj* śmiertelny; *s* śmiertelnik

mor·tal·i·ty [mɔ'tælətɪ] *s* śmiertelność

mor·tar ['mɔtə(r)] *s* moździerz; zaprawa murarska

mort·gage ['mɔgɪdʒ] *s* zastaw; hipoteka; *vt* zastawić; obciążyć hipotecznie

mor·ti·fy ['mɔtɪfaɪ] *vt* umartwiać, dręczyć, upokarzać; *vi* zamierać; ulegać gangrenie

mor·tu·ar·y ['mɔtʃuərɪ] *adj* pogrzebowy; *s* kostnica

mo·sa·ic [məu'zeɪɪk] *s* mozaika

Mos·lem ['mozləm] *adj* muzułmański; *s* muzułmanin

mosque [mosk] *s* meczet

mos·qui·to [mə'skitəu] *s* (*pl* ~es) moskit

moss [mos] *s* mech

most [məust] *adj* (*sup od* **much, many**) najwięcej, najbardziej; *adv* najbardziej, najwięcej; *s* największa ilość, przeważająca większość, maksimum; **at (the) ~** najwyżej, w najlepszym razie; **to make the ~ of sth** wykorzystać coś maksymalnie; najkorzystniej przedstawić

most·ly ['məustlɪ] *adv* najczęściej, przeważnie

mote [məut] *s* pyłek

ʀᴉo·tel [məu'tel] *s* motel

moth [moθ] *s* mól; ćma

moth·er ['mʌðə(r)] *s* matka; **~ country** ojczyzna; **~ of pearl** macica perłowa; **~ tongue** mowa ojczysta

moth·er·hood ['mʌðəhud] *s* macierzyństwo

mother-in-law ['mʌðr ɪn lɔ] *s* (*pl* **mothers-in-law** ['mʌðz ɪn lɔ]) teściowa, świekra

moth·er·ly ['mʌðəlɪ] *adj* macierzyński

motif [məu'tif] *s* motyw

mo·tion ['məuʃn] *s* ruch; chód ⟨bieg⟩ (silnika); skinienie; gest; wniosek; **~ picture** film; **to carry a ~** przeprowadzić ⟨przyjąć⟩ wniosek; **to put ⟨set⟩ in ~** wprawić w ruch; *vt vi* dać znak (ręką), skinąć

mo·ti·vate ['məutɪveɪt] *vt* być bodźcem (**sb, sth** dla kogoś, czegoś); powodować; motywować

mo·tive ['məutɪv] *adj* napędowy; *s* motyw; bodziec

mot·ley ['motlɪ] *s* pstrokacizna; rozmaitości; strój błazeński; *adj* pstry; rozmaity

mo·tor ['məutə(r)] *s* motor; silnik; *adj* ruchowy, motoryczny; *vt vi* jechać ⟨wieźć⟩ samochodem ⟨motocyklem⟩

mo·tor·bi·cy·cle ['məutəbaɪsɪkl] *s* motocykl

mo·tor·bike ['məutəbaɪk] *s pot.* motocykl

mo·tor·boat ['məutəbəut] *s* łódź motorowa

mo·tor-bus ['məutəbʌs] *s* autobus

mo·tor-car ['muətəka(r)] *s* samochód

mo·tor-coach ['məutəkəutʃ] *s* autokar

mo·tor·cycle ['məutəsaɪkl] *s* motocykl

mo·tor·ist ['məutərɪst] *s* automobilista

mo·tor·man [ˈməutəmən] s (pl mo·tormen [ˈməutəmən]) motorniczy

mo·tor-scoot·er [ˈməutə skutə(r)] s skuter

mo·tor·way [ˈməutəweɪ] s autostrada

mot·tle [ˈmotl] vt pstrzyć, cętkować, nakrapiać; s cętka, (barwna) plamka

mot·to [ˈmotəu] s (pl ~es, ~s) motto

mould 1. [məuld] s czarnoziem, ziemia ⟨gleba⟩ (luźna)

mould 2. [məuld] s pleśń; vi pleśnieć

mould 3. [məuld] s forma, odlew; typ ⟨pokrój⟩ (człowieka); vt odlewać; kształtować

mould·er [ˈməuldə(r)] vi butwieć, rozpadać się

moult [məult] vi linieć; s linienie

mound [maund] s nasyp, kopiec

mount 1. [maunt] s góra, szczyt (zw. przed nazwą)

mount 2. [maunt] vt vi wznosić (się), podnosić (się); wsiadać, sadzać (na konia, rower itp.); wspinać się, wchodzić do góry (a ladder, the stairs etc. po drabinie; schodach itd.); montować; ustawiać; oprawiać (np. klejnot); to ~ guard zaciągnąć wartę, stanąć na warcie; ~ed troops oddziały konne

moun·tain [ˈmauntɪn] s góra

moun·tain·eer [ˌmauntɪˈnɪə(r)] s góral; alpinista

moun·tain·eer·ing [ˌmauntɪˈnɪərɪŋ] s sport alpinistyka, wspinaczka wysokogórska

moun·tain·ous [ˈmauntɪnəs] adj górzysty

moun·te·bank [ˈmauntɪbæŋk] s szarlatan

mourn [mɔn] vt opłakiwać; vi być w żałobie; płakać ⟨lamentować⟩ (for ⟨over⟩ sb nad kimś)

mourn·ful [ˈmɔnfl] adj żałobny

mourn·ing [ˈmɔnɪŋ] s żałoba; przen. smutek; in deep ~ w głębokiej żałobie

mouse [maus] s (pl mice [maɪs]) mysz

mouse-trap [ˈmaus træp] s pułapka na myszy

mous·tache [məˈstaʃ] s wąsy

mouth [mauθ] s usta; pysk; ujście (rzeki), wylot

mouth·ful [ˈmauθful] s kęs, łyk

mouth·piece [ˈmauθpis] s ustnik (np. instrumentu); wyraziciel, rzecznik; muszla mikrofonu

mov·a·ble [ˈmuvəbl] adj ruchomy; s pl ~s ruchomości

move [muv] vt vi ruszać ⟨poruszać⟩ (się), być w ruchu, posuwać (się); przeprowadzać (się); rozczulać, wzruszać; zachęcać, pobudzać; stawiać wniosek; ~ in wnieść; wprowadzić (się); ~ out wynieść; wyprowadzić (się); s posunięcie, ruch; przeprowadzka; to be on the ~ być w ruchu ⟨w marszu⟩

move·ment [ˈmuvmənt] s ruch; chód, bieg; muz. część utworu, fraza

mov·ies [ˈmuvɪz] s pl pot. kino; let's go to the ~ chodźmy do kina

*mow [məu], mowed [məud], mown [mɔun] vt kosić

mow·er [ˈməuə(r)] s kosiarz; (maszyna) kosiarka

mown zob. mow

much [matʃ] adj i adv dużo, wiele; bardzo, wielce; ~ the same mniej więcej taki sam ⟨samo⟩; as ~ tyleż; as ~ as tyle samo, co; so ~ tyle; so ~ the better ⟨worse⟩ tym lepiej ⟨gorzej⟩; he is not ~ of a poet on jest słabym poetą; how ~? ile?

muck [mak] s gnój, nawóz; błoto; pot. paskudztwo; szmira

mud [mad] s błoto, muł

mud-bath [ˈmadbaθ] s kąpiel borowinowa

mud·dle [ˈmadl] vt mącić, gmatwać, bałaganić; zamroczyć; vi ~ on ⟨along⟩ radzić sobie jakoś; ~

must

through wybrnąć z ciężkiej sytuacji; *s* powikłanie; bałagan, nieład; trudne położenie

mud·dy [ˈmʌdɪ] *adj* błotnisty; mętny, brudny

mud·guard [ˈmʌdgɑd] *s* błotnik

muff 1. [mʌf] *s* zarękawek, mufka

muff 1. [mʌf] *vt* fuszerować; *s* fuszerka; fuszer; mazgaj

muf·fin [ˈmʌfɪn] *s* bułeczka (*zw.* na gorąco z masłem)

muf·fle [ˈmʌfl] *vt* owijać, otulać; tłumić

muf·fler [ˈmʌflə(r)] *s* szalik; tłumik; *sport* rękawica bokserska

mug [mʌg] *s* kubek, kufel; *pot.* gęba

mu·lat·to [mjuˈlætəu] *s* (*pl* ~es, ~s) Mulat

mul·ber·ry [ˈmʌlbrɪ] *s* morwa (owoc i drzewo)

mule [mjul] *s zool.* muł

mul·ti [ˈmʌltɪ] *praef* wielo-

mul·ti·form [ˈmʌltɪfəm] *adj* wielokształtny

mul·ti·lat·er·al [ˈmʌltɪˈlætrl] *adj* wielostronny

mul·ti·ple [ˈmʌltɪpl] *adj* wieloraki; wielokrotny; złożony; *s mat.* wielokrotna; least common ~ najmniejsza wspólna wielokrotna

mul·ti·plex [ˈmʌltɪpleks] = **multiple** *adj*

mul·ti·pli·ca·tion [ˈmʌltɪplɪˈkeɪʃn] *s* mnożenie (się); *mat.* ~ table tabliczka mnożenia

mul·ti·pli·er [ˈmʌltɪplaɪə(r)] *s mat.* mnożnik; *fiz.* powielacz

mul·ti·ply [ˈmʌltɪplaɪ] *vt vi* mnożyć (się); rozmnażać się; ~ 4 by 6 pomnóż 4 przez 6

mul·ti·tude [ˈmʌltɪtjud] *s* mnóstwo; tłum

mum 1. [mʌm] *adj* niemy, cichy; to keep ~ milczeć; *int* sza!

mum 2. [mʌm] *vi* grać w pantomimie

mum 3. [mʌm] *s pot.* mamusia

mum·ble [ˈmʌmbl] *vt vi* mruczeć,

mamrotać, bełkotać

mum·my 1. [ˈmʌmɪ] *s* mamusia

mum·my 2. [ˈmʌmɪ] *s* mumia

mumps [mʌmps] *s med.* świnka

munch [mʌntʃ] *vt vi* głośno żuć, chrupać

mun·dane [mʌndeɪn] *adj* ziemski; światowy

mu·nic·i·pal [mjuˈnɪsɪpl] *adj* komunalny, miejski

mu·nic·i·pal·i·ty [mjuˈnɪsɪˈpælətɪ] *s* gmina samorządowa, zarząd miejski

mu·nif·i·cence [mjuˈnɪfɪsns] *s* hojność, szczodrość

mu·ni·tion [mjuˈnɪʃn] *s* (*zw.* ~s) sprzęt wojenny, amunicja

mu·ral [ˈmjuərl] *adj* ścienny; *s* malowidło ścienne

mur·der [ˈmɜdə(r)] *s* morderstwo; *vt* mordować

mur·der·er [ˈmɜdərə(r)] *s* morderca

murk·y [ˈmɜkɪ] *adj* mroczny

mur·mur [ˈmɜmə(r)] *vt vi* szeptać, mruczeć; szemrać; szumieć; *s* szept, szmer; szum; pomruk, mruczenie

mus·cle [ˈmʌsl] *s* mięsień

mus·cu·lar [ˈmʌskjulə(r)] *adj* muskularny; mięśniowy

muse 1. [mjuz] *vi* rozmyślać ⟨dumać⟩ (on ⟨about, upon⟩ sth o czymś)

muse 2. [mjuz] *s* muza

mu·se·um [mjuˈzɪəm] *s* muzeum

mush [mʌʃ] *s* kleik, papka

mush·room [ˈmʌʃrum] *s* grzyb; of ~ growth rosnący jak grzyby po deszczu

mu·sic [ˈmjuzɪk] *s* muzyka; *zbior.* nuty

mu·si·cal [ˈmjuzɪkl] *adj* muzyczny; muzykalny; dźwięczny; *s* komedia muzyczna

mu·sic-hall [ˈmjuzɪk hɔl] *s* teatr rewiowy ⟨rozmaitości⟩

mu·si·cian [mjuˈzɪʃn] *s* muzyk

musk [mʌsk] *s* piżmo

mus·lin [ˈmʌzlɪn] *s* muślin

must 1. [mʌst, məst] *v aux* nie-

odm. muszę, musisz itd.; **I** ~ muszę; **I** ~ not nie wolno mi, nie mogę

must 2. [mʌst] *s* pleśń

must 3. [mʌst] *s* moszcz

mus·tard [ˈmʌstəd] *s* musztarda

mus·ter [ˈmʌstə(r)] *vt vi* gromadzić (się); zbierać (się); *wojsk.* robić przegląd; *s wojsk.* przegląd; apel; zgromadzenie

mus·ty [ˈmʌstɪ] *adj* zapleśniały, stęchły

mu·ta·ble [ˈmjuːtəbl] *adj* zmienny

mute [mjuːt] *adj* niemy; *s* niemowa; *teatr* statysta

mu·ti·late [ˈmjuːtɪleɪt] *vt* kaleczyć; okroić, zniekształcić (tekst itp.)

mu·ti·neer [mjuːtɪˈnɪə(r)] *s* buntownik

mu·ti·ny [ˈmjuːtɪnɪ] *s* bunt

mut·ter [ˈmʌtə(r)] *vt vi* mruczeć, mamrotać; szemrać (at ⟨against⟩ sb, sth na kogoś, coś)

mut·ton [ˈmʌtn] *s* baranina

mu·tu·al [ˈmjuːtʃʊəl] *adj* wzajemny

muz·zle [ˈmʌzl] *s* pysk; kaganiec; wylot lufy; *vt* nałożyć kaganiec

my [maɪ] *pron* mój, moja, moje, moi

my·ope [ˈmaɪəup] *s* krótkowidz

my·o·pi·a [maɪˈəupɪə] *s* krótkowzroczność

myr·i·ad [ˈmɪrɪəd] *s* miriada

myr·tle [ˈmɜːtl] *s bot.* mirt

my·self [maɪˈself] *pron* sam, ja sam; się; siebie, sobą, sobie; by ~ ja sam, sam jeden

mys·te·ri·ous [mɪˈstɪərɪəs] *adj* tajemniczy

mys·ter·y [ˈmɪstrɪ] *s* tajemnica

mys·tic [ˈmɪstɪk] *adj* mistyczny; *s* mistyk

mys·ti·fy [ˈmɪstɪfaɪ] *vt* mistyfikować

myth [mɪθ] *s* mit

myth·o·log·i·cal [ˈmɪθəˈlodʒɪkl] *adj* mitologiczny

my·thol·o·gy [mɪˈθolədʒɪ] *s* mitologia

n

nag [næg] *vt* dokuczać (komuś), dręczyć; *vi* gderać (at sb na kogoś)

nai·ad [ˈnaɪæd] *s* rusałka, najada

nail [neɪl] *s* paznokieć; pazur; gwóźdź; *vt* przybić gwoździem podbić gwoździami, przygwoździć; *przen.* przykuć (np. uwagę); *pot.* przydybać; ~ **down** przybić gwoździem; *przen.* trzymać (kogoś) za słowo

na·ive [naɪˈiːv] *adj* naiwny

na·ked [ˈneɪkɪd] *adj* nagi, goły

name [neɪm] *s* imię, nazwisko, nazwa; **family** ~ nazwisko; **first** ⟨Christian⟩ ~ imię; **full** ~ imię i nazwisko; **by** ~ na imię, po nazwisku; **to call sb** ~s obrzucać kogoś wyzwiskami; *vt* dawać imię, nazywać; wyznaczać, wymieniać

name-day [ˈneɪmdeɪ] *s* imieniny

name·less [ˈneɪmləs] *adj* bezimienny; nieznany; niewysłowiony; *uj.* niesłychany

name·ly [ˈneɪmlɪ] *adv* mianowicie

name·sake [ˈneɪmseɪk] *s* imiennik

nap [næp] *s* drzemka; **to take a** ~ zdrzemnąć się; *vi* drzemać

na·palm [ˈneɪpɑːm] *s* napalm

nape [neɪp] *s* kark

nap·kin ['næpkın] *s* serwetka; pieluszka

nar·cot·ic [na'kotık] *adj* narkotyczny; *s* narkotyk

nar·co·tize ['nakətaız] *vt* narkotyzować

nar·rate [nə'reıt] *vt* opowiadać

nar·ra·tion [nə'reıʃn] *s* opowiadanie

nar·ra·tive ['nærətıv] *adj* narracyjny; *s* opowiadanie, opowieść

nar·row ['nærəʊ] *adj* wąski, ciasny, ścisły; **to have a ~ escape** ledwo umknąć; *vt vi* zwężać (się); ściągać ⟨kurczyć⟩ (się)

nar·row-gauge ['nærəʊgeıdʒ] *adj attr* wąskotorowy

nar·row-mind·ed ['nærəʊ 'maındıd] *adj* (umysłowo) ograniczony

na·sal ['neızl] *adj* nosowy; *s gram.* głoska nosowa

nas·ty ['nastı] *adj* wstrętny, przykry; groźny; złośliwy; plugawy; *pot.* świński

na·tal ['neıtl] *adj* rodzinny; (*o dniu, miejscu*) urodzenia

na·ta·tion [neı'teıʃn] *s* pływanie

na·tion ['neıʃn] *s* naród; państwo

na·tion·al ['næʃnl] *adj* narodowy; państwowy; **~ service** obowiązkowa służba wojskowa; *s* poddany, obywatel państwa

na·tion·al·ism ['næʃnlızm] *s* nacjonalizm

na·tion·al·i·ty ['næʃn'ælətı] *s* narodowość; państwowość; przynależność państwowa, obywatelstwo

na·tion·al·i·za·tion ['næʃnlaı'zeıʃn] *s* upaństwowienie, nacjonalizacja; naturalizacja

na·tion·al·ize ['næʃnlaız] *vt* unarodowić; nacjonalizować, upaństwowić; naturalizować

na·tive ['neıtıv] *adj* rodzimy, rodzinny, ojczysty; wrodzony; krajowy, tubylczy; **~ land** ojczyzna; *s* tubylec, autochton; **a ~ of Warsaw** rodowity warszawianin

na·tiv·i·ty [nə'tıvətı] *s* narodzenie (zw. Chrystusa)

nat·ty ['nætı] *adj* schludny, czysty

nat·u·ral ['nætʃərl] *adj* naturalny; dziki, pierwotny; przyrodniczy; przyrodzony, wrodzony; (*o dziecku*) nieślubny; **~ history** przyroda; *s muz.* nuta naturalna; *muz.* kasownik; idiota

nat·u·ral·ism ['nætʃrlızm] *s* naturalizm

nat·u·ral·ize ['nætʃrlaız] *vt vi* naturalizować (się)

na·ture ['neıtʃə(r)] *s* natura, przyroda; istota; charakter; rodzaj; **by ~** z natury

naught [nɔt] *s i pron* nic; zero

naugh·ty ['nɔtı] *adj* (*o dziecku*) niegrzeczny; nieprzyzwoity

nau·sea ['nɔsıə] *s* nudności, mdłości; obrzydzenie

nau·se·ate ['nɔsıeıt] *vt* przyprawiać o mdłości, budzić wstręt; czuć wstręt (sth do czegoś); *vi* dostawać mdłości

nau·seous ['nɔsıəs] *adj* przyprawiający o mdłości, obrzydliwy

nau·ti·cal ['nɔtıkl] *adj* morski

na·val ['neıvl] *adj* morski; dotyczący marynarki wojennej; okrętowy

nave 1. [neıv] *s* nawa

nave 2. [neıv] *s* piasta (u koła)

na·vel ['neıvl] *s anat.* pępek

nav·i·ga·ble ['nævıgəbl] *adj* spławny, nadający się do żeglugi

nav·i·gate ['nævıgeıt] *vt vi* żeglować, kierować statkiem ⟨samolotem⟩; pilotować

nav·i·ga·tion ['nævı'geıʃn] *s* żegluga, nawigacja

nav·vy ['nævı] *s* robotnik drogowy, wyrobnik

na·vy ['neıvı] *s* marynarka wojenna; **~ cut** tytoń fajkowy (drobno krajany)

navy-blue ['neıvı'blu] *adj* granatowy; *s* kolor granatowy

nay [neı] *adv †* nie; nawet, co więcej; **to say ~** zaprzeczyć; *s* sprzeciw (w głosowaniu)

near

near [nɪə(r)] *adj* bliski, blisko spokrewniony; trafny; dokładny; **to have a ~ escape** ledwo uciec, uniknąć o włos; *adv i praep* blisko, niedaleko, obok; **~ by** tuż obok; **~ upon** blisko; tuż przed ⟨po⟩ czymś; prawie; **to come ~** zbliżyć się; *vt* zbliżać się ⟨sth do czegoś⟩

near·by [ˈnɪəbaɪ] *adj* bliski, sąsiedni

near·ly [ˈnɪəlɪ] *adv* blisko; prawie (że)

neat [nit] czysty, schludny; gustowny; grzeczny; miły; staranny, porządny

neb·u·lous [ˈnebjuləs] *adj* mglisty, zamglony

nec·es·sar·y [ˈnesəsrɪ] *adj* konieczny, niezbędny; **if ~** w razie potrzeby; *s* rzecz konieczna; *pl* **necessaries of life** artykuły pierwszej potrzeby

ne·ces·si·tate [nɪˈsesɪteɪt] *vt* czynić koniecznym ⟨niezbędnym⟩; wymagać

ne·ces·si·ty [nɪˈsesətɪ] *s* konieczność, potrzeba; bieda; **of ~ z** konieczności; **to be under the ~ of doing sth** być zmuszonym coś zrobić

neck [nek] *s* szyja, kark; szyjka (np. flaszki); przesmyk; cieśnina; *vt vi am.* *pot.* obejmować (się) za szyję; pieścić się

neck·lace [ˈnekləs] *s* naszyjnik

neck·tie [ˈnektaɪ] *s* krawat

ne·crol·o·gy [nɪˈkrolədʒɪ] *s* nekrolog; lista zgonów

need [nid] *s* potrzeba; ubóstwo, bieda; **to have ⟨stand in, be in⟩ ~ of** potrzebować czegoś; *vt* potrzebować, wymagać (czegoś); *vi* być w potrzebie; **I ~ not** nie muszę

need·ful [ˈnidfl] *adj* potrzebny, konieczny

nee·dle [ˈnidl] *s* igła; iglica

need·less [ˈnidləs] *adj* niepotrzebny, zbędny

nee·dle·work [ˈnidlwɜk] *s* robótka (szycie, haftowanie)

need·n't [nidnt] = **need not**

need·y [ˈnidɪ] *adj* będący w potrzebie

ne'er [neə(r)] *poet.* = **never**

ne·ga·tion [nɪˈgeɪʃn] *s* przeczenie, negacja

neg·a·tive [ˈnegətɪv] *adj* przeczący, negatywny; *mat.* ujemny; *s* zaprzeczenie; odmowa; *gram.* forma przecząca; *mat.* wartość ujemna; *fot.* negatyw; **in the ~** negatywnie, przecząco

neg·lect [nɪˈglekt] *vt* zaniedbywać, lekceważyć; nie zrobić ⟨sth czegoś⟩; *s* zaniedbanie, lekceważenie, pominięcie

neg·li·gence [ˈneglɪdʒəns] *s* niedbalstwo, zaniedbanie

neg·li·gent [ˈneglɪdʒənt] *adj* niedbały, lekceważący; zaniedbany

neg·li·gi·ble [ˈneglɪdʒəbl] *adj* niegodny uwagi, mało znaczący

ne·go·ti·a·ble [nɪˈgəuʃəbl] *adj* *handl.* sprzedażny, możliwy do spieniężenia; dający się opanować ⟨pokonać⟩

ne·go·ti·ate [nɪˈgəuʃieɪt] *vt vi* załatwiać ⟨omawiać⟩ (sprawy polityczne, handlowe); prowadzić rokowania ⟨pertraktować⟩ ⟨sth w sprawie czegoś⟩; *handl.* puszczać w obieg (np. weksel); realizować, spieniężać; przezwyciężać, pokonywać

ne·go·ti·a·tion [nɪˈgəuʃieɪʃn] *s* rokowania ⟨pertraktacje⟩ (polityczne, handlowe); *handl.* spieniężenie, realizowanie; pokonanie (trudności)

Ne·gress [ˈnigrəs] *s* Murzynka

Ne·gro [ˈnigrəu] *s* (*pl* ~**es**) Murzyn

neigh [neɪ] *vi* rżeć

neigh·bour [ˈneɪbə(r)] *s* sąsiad; *vt vi* sąsiadować

neigh·bour·hood [ˈneɪbəhud] *s* sąsiedztwo; okolica

nei·ther [ˈnaɪðə(r), *am.* ˈniðə(r)] *pron* ani jeden, ani drugi, żaden z dwóch; *adv* ani; **~ ... nor**

nicety

ani ..., ani; he could ~ eat nor
drink nie mógł jeść, ani pić;
conj też nie; he doesn't like it,
~ do I on tego nie lubi, i ja
też nie

ne·on [`nion] s *fiz.* neon (gaz); ~
sign neon (reklama); ~ lamp
lampa neonowa

neph·ew [`nevju] s siostrzeniec;
bratanek

nerve [nɜv] s nerw; *przen.* siła,
energia; opanowanie; tupet; to
get on sb's ~s działać komuś
na nerwy; *vt* wzmocnić, dodać
otuchy; *vr* ~ oneself zebrać siły
(for sth do czegoś), wziąć się w
garść

nerv·ous [`nɜvəs] *adj* nerwowy;
niespokojny

nest [nest] s gniazdo; *vi* wić gniazdo; gnieździć się

nes·tle [`nesl] *vt* przycisnąć, przy-
tulić; *vi* gnieździć się; tulić się,
wygodnie się usadowić

net 1. [net] *adj* (o *zysku itp.*) czysty; netto; *vt* zarobić na czysto

net 2. [net] s *dosł. i przen.* sieć,
siatka; *sport* net; *vt* łowić sie-
cią (np. ryby)

net·tle [`netl] s pokrzywa; *vt* pa-
rzyć pokrzywą; *przen.* drażnić,
irytować, docinać

net·work [`netwɜk] s sieć (kolejo-
wa, radiowa itp.)

neu·ras·the·ni·a [`njuərəs`θiniə] s
neurastenia

neu·rol·o·gy [njuə`rolədʒi] s neu-
rologia

neu·ro·sis [njuə`rəusis] s (*pl* neu-
roses [njuə`rousiz]) *med.* nerwi-
ca

neu·ter [`njutə(r)] *adj gram.* nija-
ki (rodzaj); nieprzechodni (czasownik); neutralny; to stand ~
zachowywać neutralność

neu·tral [`njutrl] *adj* neutralny;
nieokreślony

neu·tral·i·ty [nju`træləti] s neu-
tralność

neu·tral·ize [`njutrlaiz] *vt* neutra-

lizować

neu·tron [`njutron] s *fiz.* neutron

nev·er [`nevə(r)] *adv* nigdy; bynaj-
mniej

nev·er·more [`nevə`mɔ(r)] *adv* już
nigdy, nigdy więcej

nev·er·the·less [`nevəðə`les] *adv* mimo wszystko ⟨tego, to⟩; (tym)
niemniej

new [nju] *adj* nowy; świeży

new·com·er [`njukʌmə(r)] s przy-
bysz

news [njuz] s nowość; nowina;
wiadomość; kronika, aktualności

news·a·gent [`njuzeidʒənt] s właś-
ciciel kiosku z czasopismami

news·boy [`njuzbɔi] s gazeciarz

news·cast [`njuskast] s dziennik
radiowy

news·pa·per [`njuspeipə(r)] s ga-
zeta

news·reel [`njuzril] s kronika fil-
mowa

news·ven·dor [`njuzvendə(r)] s
sprzedawca gazet

news·y [`njuzi] *adj pot.* pełen naj-
świeższych wiadomości, plotkarski

next [nekst] *adj* najbliższy; 'następny; ~ of kin najbliższy krewny; ~ to nothing prawie nic;
adv następnie, z kolei, zaraz potem; *praep* tuż obok ⟨przy⟩; po
(kimś, czymś)

nib [nib] s kolec; koniuszek, o-
strze, szpic; stalówka

nib·ble [`nibl] *vt vi* gryźć, obgry-
zać, nadgryzać (sth ⟨at sth⟩ coś)

nice [nais] *adj* ładny; miły, przyjemny; wrażliwy; delikatny,
subtelny; wybredny; skrupulatny

nice-look·ing [`naislukiŋ] *adj* przy-
stojny; ładny

ni·ce·ty [`naisəti] s delikatność,
subtelność; precyzja, dokładność;
to a ~ możliwie najdokładniej;
starannie, *przen.* na ostatni guzik;
pl niceties drobiazgi, subtelno-
ści

niche [nɪtʃ] s nisza
nick [nɪk] s nacięcie, wcięcie; odpowiednia chwila; in the ~ of time w samą porę; in the ~ of doing sth w momencie robienia czegoś; vt nacinać, karbować; trafić, zgadnąć; to ~ a train zdążyć w ostatniej chwili na pociąg; to ~ the time zdążyć ⟨przyjść⟩ w samą porę
nick·el [`nɪkl] s nikiel; am. pot. pięciocentówka
nick·name [`nɪkneɪm] s przezwisko; przydomek; vt przezywać
niece [nis] s siostrzenica; bratanica
nig·gard [`nɪgəd] s skąpiec, sknera; adj skąpy
nig·ger [`nɪgə(r)] s pog. Murzyn
nigh [naɪ] adj i adv poet. = near
night [naɪt] s noc; wieczór; by ⟨at⟩ ~ nocą, w nocy; at ~ wieczorem; last ~ ubiegłej nocy; wczoraj wieczorem; the ~ before last przedostatniej nocy; przedwczoraj wieczorem; first ~ teatr premiera
night·fall [`naɪtfɔl] s zmierzch
night·in·gale [`naɪtɪŋgeɪl] s słowik
night·ly [`naɪtlɪ] adj nocny, conocny; wieczorny; powtarzający się co wieczór; adv co noc; co wieczór
night·mare [`naɪtmeə(r)] s koszmar (nocny)
night-time [`naɪttaɪm] s noc, pora nocna
ni·hil·ism [`naɪhɪlɪzm] s nihilizm
nil [nɪl] s nic; sport zero
nim·ble [`nɪmbl] adj zwinny, zgrabny; rączy; (o umyśle) bystry
nine [naɪn] num dziewięć; s dziewiątka
nine·pins [`naɪnpɪnz] s pl kręgle
nine·teen [`naɪn`tin] num dziewiętnaście; s dziewiętnastka
nine·teenth [`naɪn`tinθ] adj dziewiętnasty
nine·ti·eth [`naɪntɪəθ] adj dziewięćdziesiąty
nine·ty [`naɪntɪ] num dziewięćdzie-

siąt; s dziewięćdziesiątka
ninth [naɪnθ] adj dziewiąty
nip [nɪp] vt szczypnąć; ścisnąć; ucinać; zwarzyć ⟨zmrozić⟩ (rośliny); ~ sth in the bud zdusić coś w zarodku
nip·ple [`nɪpl] s sutka; smoczek
ni·tric [`naɪtrɪk] adj azotowy
ni·tro·gen [`naɪtrədʒən] s azot
no [nəʊ] adj nie; żaden; ~ doubt niewątpliwie; ~ entrance wstęp wzbroniony; ~ end bez końca; to ~ end bez celu; ~ smoking nie wolno palić; adv nie; s przecząca odpowiedź; odmowa
no·bil·i·ty [nəʊ`bɪlətɪ] s szlachectwo; szlachetność; szlachta, arystokracja
no·ble [`nəʊbl] adj szlachetny; szlachecki; s = nobleman
no·ble·man [`nəʊblmən] s szlachcic (wysokiego rodu), arystokrata
no·bod·y [`nəʊbədɪ] pron nikt; s nic nie znaczący człowiek, zero
noc·tur·nal [nɒk`tɜnl] adj nocny
nod [nɒd] vt skinąć (to sb na kogoś); ukłonić się, kiwnąć głową; drzemać; vt kiwnąć ⟨skinąć⟩ (one's head głową); s skinienie, ukłon, kiwnięcie głową; drzemka
noise [nɔɪz] s hałas; odgłos; szum
noi·some [`nɔɪsəm] adj szkodliwy, niezdrowy; wstrętny
nois·y [`nɔɪzɪ] adj hałaśliwy
no·mad [`nəʊmæd] s koczownik; adj koczowniczy
no·mad·ic [nəʊ`mædɪk] adj koczowniczy
nom·i·nal [`nɒmɪnl] adj nominalny; imienny
nom·i·nate [`nɒmɪneɪt] vt mianować; wyznaczyć; wysunąć jako kandydata
nom·i·na·tion [`nɒmɪ`neɪʃn] s nominacja; wyznaczenie; wysunięcie kandydatury
nom·i·na·tive [`nɒmnətɪv] s gram. mianownik
non- [nɒn] praef nie-; bez-
non·age [`nəʊnɪdʒ] s niepełnoletność

notation

non·ag·gres·sion [ˈnɒnəˈgreʃn] *s* nieagresja; ~ **pact** pakt o nieagresji

non·cha·lant [ˈnɒnʃələnt] *adj* nonszalancki

non·com·ba·tant [ˈnɒnˈkɒmbətənt] *adj* nie walczący; *s* żołnierz nieliniowy (np. sanitariusz)

non·com·mis·sioned [ˈnɒn kəˈmɪʃnd] *adj* nie mający stopnia oficerskiego; ~ **officer** podoficer

non·con·form·ist [ˈnɒn kənˈfɔːmɪst] *s hist.* dysydent

non·co·op·er·a·tion [ˈnɒnkəʊˈɒpəˈreɪʃn] *s* brak współdziałania, bierny opór

non·de·script [ˈnɒndɪskrɪpt] *adj* nie dający się opisać ⟨określić⟩; dziwaczny; *s* osoba ⟨rzecz⟩ nieokreślonego wyglądu; człowiek bez określonego zajęcia; dziwak

none [nʌn] *pron* nikt, żaden, nic; ~ **of this** ⟨that⟩ nic z tego; ~ **of that!** dość tego!; *adv* wcale ⟨bynajmniej⟩ nie; **I feel** ~ **the better** wcale nie czuję się lepiej; ~ **the less** tym niemniej

non·en·ti·ty [nɒnˈentətɪ] *s* nicość; fikcja; człowiek bez znaczenia, zero

none·such = **nonsuch**

non·i·ron [ˈnɒnˈaɪən] *adj* nie wymagający prasowania

non·par·ty [ˈnɒnˈpɑːtɪ] *adj attr* bezpartyjny

non·plus [nɒnˈplʌs] *s* zakłopotanie; impas; *vt* zakłopotać; zapędzić w kozi róg

non·res·i·dent [ˈnɒnˈrezɪdənt] *adj* (uczeń, lekarz itp.) dojeżdżający, zamiejscowy

non·sense [ˈnɒnsns] *s* niedorzeczność, nonsens

non·smok·er [ˈnɒnˈsməʊkə(r)] *s* niepalący; wagon ⟨przedział⟩ dla niepalących

non·stop [ˈnɒnˈstɒp] *adj attr* bezpośredni, bez postoju, bez lądowania; nieprzerwany

non·such [ˈnʌnsʌtʃ] *s* unikat; osoba ⟨rzecz⟩ niezrównana

noo·dle 1. [ˈnuːdl] *s* makaron

noo·dle 2. [ˈnuːdl] *s* głuptas

nook [nʊk] *s* kąt, zakątek

noon [nuːn] *s* południe (pora dnia)

noon·day [ˈnuːndeɪ] *s* = **noon**; *adj attr* południowy

noon·tide [ˈnuːntaɪd] = **noonday**

noose [nuːs] *s* lasso, pętla; *przen.* sidła; *vt* złapać w pętlę ⟨w sidła⟩; wiązać na pętlę; *przen.* usidlić

nor [nɔː(r)] *adv* ani; także ⟨też⟩ nie; **he doesn't know her**, ~ **do I** on jej nie zna, ani ja ⟨i ja też nie⟩

norm [nɔːm] *s* norma

nor·mal [ˈnɔːml] *adj* normalny

north [nɔːθ] *s geogr.* północ; *adj* północny; *adv* na północ, w kierunku północnym; na północy

north·er·ly [ˈnɔːðəlɪ] *adj* północny

north·ern [ˈnɔːðən] *adj* północny

north·ward [ˈnɔːθwəd] *adj* (o kierunku) północny; *adv* (także ~s) ku północy, na północ

north·west·er [ˈnɔːθˈwestə(r)] *s* wiatr północno-zachodni

Nor·we·gian [nɔːˈwiːdʒən] *adj* norweski; *s* Norweg; język norweski

nose [nəʊz] *s* nos; *vt vi* czuć zapach ⟨sth czegoś⟩, wąchać (at sth coś); węszyć (sth ⟨after sth⟩ za czymś); ~ **down** *lotn.* pikować; ~ **out** wywęszyć

nose·dive [ˈnəʊzdaɪv] *vi* (o samolocie) pikować; spadać prosto w dół; *s lotn.* pikowanie; nurkowanie

nose·gay [ˈnəʊzgeɪ] *s* bukiet

nos·tril [ˈnɒstrɪl] *s* nozdrze

not [nɒt] *adv* nie; ~ **at all** ⟨a bit⟩ ani trochę, wcale nie; ~ **a word** ani słowa

no·ta·bil·i·ty [ˈnəʊtəˈbɪlətɪ] *s* (o człowieku) znakomitość; znaczenie, sława

no·ta·ble [ˈnəʊtəbl] *adj* godny uwagi; wybitny, sławny

no·ta·ry [ˈnəʊtərɪ] *s* notariusz

no·ta·tion [nəʊˈteɪʃn] *s* oznaczanie

symbolami ⟨znakami⟩; system znaków

notch [nɒtʃ] s wcięcie, nacięcie; znak; *vt* nacinać, robić znaki ⟨nacięcia, karby⟩

note [nəut] s notatka, uwaga; bilecik, list; nota (dyplomatyczna); uwaga; znaczenie, sława; banknot; rachunek; znak, piętno; nuta; **to make a ~** zanotować (of sth coś); **to take a ~** zanotować sobie (of sth coś); zwrócić uwagę (of sth na coś); przyjąć do wiadomości (of sth coś); *vt* (*także ~ down*) notować, zapisywać; robić adnotacje; zwracać uwagę (na coś)

note·book [ˈnəutbuk] s notatnik, notes

not·ed [ˈnəutɪd] *pp i adj* znany, wybitny

note·pa·per [ˈnəut ˌpeɪpə(r)] s papier listowy

note·wor·thy [ˈnəutwɜːðɪ] *adj* godny uwagi, wybitny

noth·ing [ˈnʌθɪŋ] s nic; **all to ~** wszystko na nic; **for ~** bezpłatnie; bez powodu; na próżno; **~ at all** w ogóle nic; (*grzecznościowo*) proszę, nie ma za co; **~ but ...** nic (jak) tylko ...; nic oprócz ...; **~ much** nic ważnego; **~ to speak of** nie ma o czym mówić; nie warto wspominać; **to say ~ of** nie mówiąc o; pomijając; **a co dopiero;** **there's ~ for it but...** nie ma innej rady ⟨nic mi nie pozostaje⟩ jak tylko ...; *adv* wcale ⟨bynajmniej⟩ nie; **this will help you ~** to ci wcale nie pomoże; **I'm ~ the better for it** wcale mi nie lepiej z tego powodu, nic na tym nie zyskuję

no·tice [ˈnəutɪs] s notatka, wiadomość, ogłoszenie; uwaga; spostrzeżenie; ostrzeżenie; wypowiedzenie; termin; **at one month's ~** w terminie jednomiesięcznym; z jednomiesięcznym wypowiedzeniem; **to bring**

sth **to sb's ~** zwrócić komuś na coś uwagę, powiadomić kogoś o czymś; **to come to sb's ~** dojść do czyjejś wiadomości; **to come into ~** zwrócić na siebie uwagę, stać się znanym; **to take ~** zwrócić uwagę, zauważyć (of sth coś); *vt* zauważyć, spostrzec; robić uwagi, komentować; wypowiedzieć (posadę itd.)

no·tice·a·ble [ˈnəutɪsəbl] *adj* widoczny, dostrzegalny; godny uwagi

no·tice-board [ˈnəutɪsbɔːd] s tablica ogłoszeń

no·ti·fi·ca·tion [ˌnəutɪfɪˈkeɪʃn] s zawiadomienie ⟨ogłoszenie⟩ (of sth o czymś)

no·ti·fy [ˈnəutɪfaɪ] *vt* obwieścić (sth to sb coś komuś), zawiadomić (sb of sth kogoś o czymś)

no·tion [ˈnəuʃn] s pojęcie, wyobrażenie; myśl, pogląd; zamiar; kaprys

no·to·ri·e·ty [ˌnəutəˈraɪətɪ] s (*zw. uj.*) sława, rozgłos

no·tor·i·ous [nəuˈtɔːrɪəs] *adj* notoryczny; osławiony

not·with·stand·ing [ˌnɒtwɪðˈstændɪŋ] *praep* mimo, nie bacząc na; *adv* mimo to, niemniej jednak, jednakże

nought [nɔːt] = **naught**

noun [naun] s *gram.* rzeczownik

nour·ish [ˈnʌrɪʃ] *vt* karmić, żywić (*także* uczucie); podtrzymywać

nour·ish·ment [ˈnʌrɪʃmənt] s pokarm; żywienie

nov·el [ˈnɒvl] s powieść; *adv* nowy, nieznany; oryginalny

nov·el·ist [ˈnɒvlɪst] s powieściopisarz

nov·el·ty [ˈnɒvltɪ] s nowość; oryginalność

No·vem·ber [nəuˈvembə(r)] s listopad

nov·ice [ˈnɒvɪs] s nowicjusz

now [nau] *adv* obecnie, teraz; **~ and again** od czasu do czasu; **every ~ and again** co chwilę; **just ~** dopiero co, przed chwi-

lą; otóż, przecież; no; s chwila
obecna; **before** ~ już; przedtem;
by ~ już; do tego czasu; **from**
~ **on** odtąd; w przyszłości; **till**
⟨until, up to⟩ ~ dotąd, dotychczas; *conj* ~ **(that)** teraz gdy;
skoro ⟨już⟩

now·a·days [ˈnauədeiz] *adv* obecnie, w dzisiejszych czasach

no·where [ˈnəuweə(r)] *adv* nigdzie

nox·ious [ˈnɔkʃəs] *adj* szkodliwy,
niezdrowy

noz·zle [ˈnɔzl] *s* dziobek (np. imbryka); wylot (np. rury)

nu·cle·ar [ˈnjuklɪə(r)] *adj* biol. fiz.
jądrowy, nuklearny

nu·cle·us [ˈnjuklɪəs] *s* biol. fiz.
jądro; zawiązek

nude [njud] *adj* nagi; *s* akt (w
malarstwie, rzeźbie)

nudge [nʌdʒ] *vt* trącić łokciem
(dla zwrócenia czyjejś uwagi); *s*
trącenie łokciem

nug·get [ˈnʌgit] *s* bryłka (np. złota)

nui·sance [ˈnjusns] *s* przykrość;
dokuczliwość; osoba ⟨rzecz⟩ do-
kuczliwa ⟨uciążliwa⟩; **to be a** ~
zawadzać, dokuczać; dawać się
we znaki; **what a** ~ **that child
is!** jakie to dziecko jest nieznoś-
ne!

null [nʌl] *adj* nie istniejący, niebyły; *prawn.* nieważny; *prawn.*
~ **and void** nie mający praw-
nego znaczenia

nul·li·fy [ˈnʌlifai] *vt* unieważnić

numb [nʌm] *adj* zdrętwiały, bez
czucia

num·ber [ˈnʌmbə(r)] *s* liczba; numer; *gram.* liczebnik; **a** ~ **of**
dużo; **in** ~**s** w wielkich iloś-
ciach, gromadnie; **without** ~ bez

liku; *vt* liczyć; liczyć sobie; za-
liczyć **(among** ⟨in⟩ **do)**; numerować

num·ber·less [ˈnʌmbələs] *adj* niezliczony

nu·mer·al [ˈnjumərl] *s* cyfra;
gram. liczebnik; *adj* liczbowy

nu·mer·a·tor [ˈnjuməreitə(r)] *s*
mat. licznik

nu·mer·ous [ˈnjumərəs] *adj* liczny

nun [nʌn] *s* zakonnica

nun·ci·o [ˈnʌnsiəu] *s* nuncjusz

nup·tial [ˈnʌpʃl] *adj* ślubny, małżeński

nurse [nɜs] *s* niańka, mamka; pielęgniarz, pielęgniarka; bona; *vt*
niańczyć, pielęgnować; karmić;
hodować; żywić (uczucie)

nurse·ling [ˈnɜslɪŋ] *s* osesek

nurs·er·y [ˈnɜsri] *s* pokój dziecinny; szkółka drzew; (*także* **day**
~) żłobek; ~ **school** przedszkole

nur·ture [ˈnɜtʃə(r)] *vt* karmić; wychowywać; kształcić; *s* opieka,
wychowanie; kształcenie; pożywienie

nut [nʌt] *s* orzech

nut·meg [ˈnʌtmeg] *s* gałka muszkatołowa

nu·tri·ment [ˈnjutrimənt] *s* pokarm, środek odżywczy

nu·tri·tion [njuˈtriʃn] *s* odżywianie

nu·tri·tious [njuˈtriʃəs] *adj* pożywny, odżywczy

nu·tri·tive [ˈnjutritiv] *adj* odżywczy; *s* środek odżywczy

nut·shell [ˈnʌtʃel] *s* łupina orzecha; **in a** ~ jak najkrócej, w
paru słowach

ny·lon [ˈnailon] *s* nylon; *pl* ~**s** ny-
lony (pończochy)

nymph [nimf] *s* nimfa

O

oak [əuk] s (*także* ~ **tree**) dąb

oak·en [ˈəukən] *adj* dębowy

oak·um [ˈəukəm] s pakuły

oar [ɔ(r)] s wiosło; **to pull a good** ~ dobrze wiosłować; *przen.* **to put in one's** ~ wtrącać się w nieswoje sprawy; *vt vi* wiosłować

oars·man [ˈɔzmən] s wioślarz

o·a·sis [əuˈeɪsɪs] s (*pl* **oases** [əuˈeɪsiz]) oaza

oat [əut] s (*zw. pl* ~s) owies

oath [əuθ] s przysięga; przekleństwo; **to take ⟨make, swear⟩ an** ~ przysięgać

oat·meal [ˈəutmiːl] s owsianka

ob·du·rate [ˈɔbdjuərət] *adj* nieczuły; zatwardziały; uparty

o·be·dience [əˈbiːdɪəns] s posłuszeństwo

o·be·dient [əˈbiːdɪənt] *adj* posłuszny

o·bei·sance [əuˈbeɪsns] s głęboki ukłon; hołd; **to make ⟨pay⟩** ~ złożyć hołd

ob·e·lisk [ˈɔbəlɪsk] s obelisk

o·bese [əuˈbiːs] *adj* otyły

o·bes·i·ty [əuˈbisəti] s otyłość

o·bey [əˈbeɪ] *vt vi* słuchać, być posłusznym, przestrzegać (praw itp.)

o·bit·u·ar·y [əˈbɪtjuəri] *adj* pośmiertny, żałobny; s nekrolog; ~ **notice** klepsydra

ob·ject 1. [ˈɔbdʒɪkt] s przedmiot; rzecz; cel; *gram.* dopełnienie

ob·ject 2. [əbˈdʒekt] *vt vi* zarzucać ⟨mieć do zarzucenia⟩ (coś komuś); protestować, oponować; sprzeciwiać się (**to sth** czemuś)

ob·jec·tion [əbˈdʒekʃn] s zarzut; sprzeciw; przeszkoda, trudność; **I have no** ~ **to** it to nie mam nic przeciwko temu

ob·jec·tion·a·ble [əbˈdʒekʃnəbl] *adj* budzący sprzeciw; niewłaściwy; niepożądany; naganny; wstrętny

ob·jec·tive [ɔbˈdʒektɪv] *adj* obiektywny, bezstronny; przedmiotowy; *gram.* ~ **case** biernik; s cel; obiektyw

ob·jec·tiv·i·ty [ˈɔbdʒekˈtɪvəti] s obiektywność

ob·ject·les·son [ˈɔbdʒɪkt lesn] s lekcja poglądowa

ob·jec·tor [əbˈdʒektə(r)] s wnoszący sprzeciw, oponent; **conscientious** ~ człowiek uchylający się od służby wojskowej z powodu nakazów sumienia

ob·li·ga·tion [ˈɔblɪˈgeɪʃn] s zobowiązanie; obligacja, dług; **to be under an** ~ być zobowiązanym; **to undertake an** ~ zobowiązać się

ob·lig·a·to·ry [əˈblɪgətri] *adj* obowiązujący, obowiązkowy, wiążący

o·blige [əˈblaɪdʒ] *vt* zobowiązywać; zmuszać; obowiązywać; mieć moc wiążącą; sprawić przyjemność, wyświadczyć grzeczność, usłużyć (**sb with sth** komuś czymś)

o·blig·ing [əˈblaɪdʒɪŋ] *adj* uprzejmy

ob·lique [əˈbliːk] *adj* skośny, nachylony; pośredni; *przen.* wykrętny, nieszczery; *gram.* zależny

ob·liq·ui·ty [əˈblɪkwəti] s pochyłość, nachylenie; *przen.* nieszczerość, dwulicowość

ob·lit·er·ate [əˈblɪtəreɪt] *vt* zatrzeć, zetrzeć, wykreślić; zniszczyć

ob·liv·i·on [əˈblɪvɪən] s zapomnienie, niepamięć

ob·liv·i·ous [əˈblɪvɪəs] *adj* zapominający, niepomny; **to be** ~ nie pamiętać (**of sth** o czymś)

ob·long [ˈɔblɒŋ] *adj* podłużny; prostokątny

ob·lo·quy [ˈobləkwɪ] *s* obmowa, zniesławienie; hańba

ob·nox·ious [əbˈnokʃəs] *adj* wstrętny, odpychający, przykry

o·boe [ˈəubəu] *s muz.* obój

ob·scene [əbˈsin] *adj* nieprzyzwoity, obsceniczny

ob·scen·i·ty [əbˈsenətɪ] *s* niemoralność, sprośność

ob·scure [əbˈskjuə(r)] *adj* ciemny; niezrozumiały; nieznany; niejasny; niewyraźny; *fiz.* ~ **rays** promienie niewidzialne; *vt* zaciemniać; przyćmiewać

ob·scu·ri·ty [əbˈskjuərətɪ] *s* ciemność; niezrozumiałość; zapomnienie; **to live in** ~ żyć z dala od świata

ob·se·quies [ˈobsɪkwɪz] *s pl* uroczystości żałobne, uroczysty pogrzeb

ob·se·qui·ous [əbˈsikwɪəs] *adj* służalczy, uległy

ob·serv·ance [əbˈzɜvəns] *s* przestrzeganie ⟨poszanowanie⟩ (prawa, zwyczaju itp.); obchodzenie (świąt); obrzęd, rytuał

ob·serv·ant [əbˈzɜvənt] *adj* przestrzegający; uważny, spostrzegawczy

ob·ser·va·tion [ˌobzəˈveɪʃn] *s* obserwacja, spostrzeganie; spostrzegawczość; uwaga, spostrzeżenie

ob·serv·a·to·ry [əbˈzɜvətrɪ] *s* obserwatorium

ob·serve [əbˈzɜv] *s* obserwować; spostrzegać; zauważyć, zrobić uwagę ⟨spostrzeżenie⟩; przestrzegać (ustaw itd.); zachowywać (zwyczaj itp.); obchodzić (święta itp.)

ob·serv·er [əbˈzɜvə(r)] *s* obserwator; człowiek przestrzegający (prawa, zwyczaju itp.)

ob·sess [əbˈses] *vt* (*o myślach*) prześladować; (*o duchach*) nawiedzać; nie dawać spokoju (**sb** komuś)

ob·ses·sion [əbˈseʃn] *s* obsesja, opętanie; natręctwo (myślowe)

ob·so·lete [ˈobsəlit] *adj* przesta-

rzały, nie będący (już) w użyciu

ob·sta·cle [ˈobstəkl] *s* przeszkoda; ~ **race** bieg z przeszkodami

ob·stet·rics [obˈstetrɪks] *s* położnictwo

ob·sti·na·cy [ˈobstɪnəsɪ] *s* upór, zawziętość

ob·sti·nate [ˈobstɪnət] *adj* uparty, zawzięty; uporczywy

ob·struct [əbˈstrʌkt] *vt* zagradzać; wywoływać zator; przeszkadzać; hamować; wstrzymywać; zatykać, zapychać; powodować zaparcie

ob·struc·tion [əbˈstrʌkʃn] *s* przeszkoda; zator; zatamowanie; obstrukcja, zaparcie; utrudnienie

ob·tain [əbˈteɪn] *vt* otrzymać, uzyskać, osiągnąć; *vi* utrzymywać się, trwać; być w użyciu ⟨w mocy⟩; panować

ob·tain·a·ble [əbˈteɪnəbl] *adj* osiągalny, możliwy do nabycia

ob·trude [əbˈtrud] *vt* narzucać (**sth on** ⟨**upon**⟩ **sb** coś komuś); *vi* narzucać się (**on** ⟨**upon**⟩ **sb** komuś)

ob·tru·sion [əbˈtruʒn] *s* narzucanie się (**on sb** komuś); natręctwo

ob·tru·sive [əbˈtrusɪv] *adj* narzucający się, natrętny

ob·tuse [əbˈtjus] *adj* przytępiony; tępy, głupi; *mat.* (*o kącie*) rozwarty

ob·vi·ate [ˈobvɪeɪt] *vt* zapobiec (**sth** czemuś); ustrzec się; ominąć (przeszkodę)

ob·vi·ous [ˈobvɪəs] *adj* oczywisty

oc·ca·sion [əˈkeɪʒn] *s* okazja, sposobność; powód, przyczyna; **on** ~ okazyjnie, przy sposobności; **to rise to the** ~ stanąć na wysokości zadania; **to tɪke** ~ skorzystać ze sposobności; *vt* spowodować, wywołać, wzbudzić

oc·ca·sion·al [əˈkeɪʒnl] *adj* okolicznościowy; przypadkowy, nieregularny; rzadki

Oc·ci·dent [ˈoksɪdənt] *s* Zachod

oc·cult [oˈkʌlt] *adj* tajemny; okultystyczny

oc·cult·ism [o`kʌltɪzm] s okultyzm

oc·cu·pant [`okjupənt] s posiadacz; mieszkaniec, lokator, użytkownik; pasażer (w pojeździe); ckupant

oc·cu·pa·tion [`okju`peɪʃn] s okupacja; zajęcie, zawód; zajmowanie ⟨zamieszkiwanie⟩ (lokalu itd.)

oc·cu·pa·tion·al [`okju`peɪʃnl] adj (o ryzyku, chorobie itp.) zawodowy

oc·cu·py [`okjupaɪ] vt okupować; zajmować; posiadać

oc·cur [ə`kɜ(r)] vi zdarzać się; trafiać się, występować; przychodzić na myśl

oc·cur·rence [ə`kʌrns] s wydarzenie, wypadek; występowanie

o·cean [`əʊʃn] s ocean

o'clock [ə`klok] : six ~ szósta godzina; zob. clock

Oc·to·ber [ok`təʊbə(r)] s październik

oc·to·pus [`oktəpəs] s (pl ~es, octopi [`oktəpaɪ]) zool. ośmiornica

oc·u·lar [`okjulə(r)] adj oczny; naoczny; s okular

oc·u·list [`okjulɪst] s okulista

odd [od] adj dziwny, dziwaczny; (o liczbie) nieparzysty; dodatkowy, ponad normę, z okładem; zbywający; przypadkowy; ~ jobs drobne ⟨dorywcze⟩ zajęcia; an ~ shoe (jeden) but nie do pary

odd·i·ty [`odətɪ] s dziwactwo, osobliwość

odd·ments [`odmənts] s pl odpadki, resztki

odds [odz] s pl nierówność; nierówna ilość; nierówna szansa; przewaga; różnica; niezgoda; prawdopodobieństwo, możliwość; it is no ~ to obojętne; it makes no ~ to nie stanowi różnicy; what's the ~? jaka różnica?; czy to nie wszystko jedno?; to be at ~ kłócić się, być w sprzeczności; ~ and ends = oddments

ode [əʊd] s oda

o·di·ous [`əʊdɪəs] adj wstrętny,

nienawistny, ohydny

o·dour [`əʊdə(r)] s zapach, woń; posmak; reputacja

o'er [ə(r)] poet. = over

of [ov, əv] praep od, z, ze, na; służy do tworzenia dopełniacza i przydawki: author of the book autor książki; a friend of mine mój przyjaciel; the city of London miasto Londyn; a man of tact człowiek taktowny; określa miejsce lub pochodzenie: a man of London człowiek z Londynu, londyńczyk; czas: a nice day pewnego pięknego dnia; of late ostatnio; przyczynę: to die of typhus umrzeć na tyfus; tworzywo: made of wood zrobiony z drewna; zawartość: a bottle of milk butelka mleka; przynależność, podział, udział: to be one of the party należeć do towarzystwa; one of us jeden z nas; odległość: within one mile of the school w obrębie jednej mili od szkoły; stosunek: regardless of his will bez względu na jego wolę; it is kind of you to uprzejmie z twojej strony; wiek: a man of forty człowiek czterdziestoletni; po przymiotniku ⟨przysłówku⟩ w stopniu najwyższym: the best of all najlepszy ze wszystkich

off [of] praep od, z, ze; od strony; spoza; z dala; na boku; w odległości; to take the picture ~ the wall zdjąć obraz ze ściany; to stand ~ the road stać w pewnej odległości od drogi; to take 10% ~ the price potrącić 10% z ceny; ~ the mark nietrafny, chybiony (strzał); to be ~ duty nie być na służbie; adv precz, hen daleko, daleko od (środka, celu, głównego tematu itd.); hands ~! precz z rękami!; the button is ~ guzik się urwał; the electricity is ~ elektryczność jest wyłączona; I must be ~ muszę odejść; you ought to keep ~ powinieneś trzymać się na uboczu ⟨z dala⟩; this dish is ~ to danie jest skreślone z karty; ~ and on, on and ~ od czasu do czasu; z przerwami; *adj* dalszy, odległy; leżący obok; ~ **street** boczna u- lica; ~ **day, day** ~ dzień wolny od pracy; **well** ~ zamożny

of·fal [ˈɔfl] *s zbior.* odpadki; mię- so ⟨ryby⟩ najniższego gatunku (np. podroby)

of·fence [əˈfens] *s* obraza; zaczep- ka; przestępstwo, przekroczenie; **to take** ~ obrażać się (at sth z powodu czegoś); **to give** ~ obra- zić ⟨dotknąć⟩ (to sb kogoś)

of·fend [əˈfend] *vt* obrazić, ura- zić; *vi* wykroczyć (**against sth** przeciwko czemuś)

of·fend·er [əˈfendə(r)] *s* obrażają- cy, winowajca, popełniający wy- kroczenie, przestępca; **first** ~ przestępca karany po raz pierw- szy

of·fen·sive [əˈfensɪv] *adj* zaczep- ny, napastliwy; obraźliwy; odra- żający; *s* ofensywa; **to be on the** ~ być w ofensywie; **to take the** ~ przejść do ofensywy

of·fer [ˈɔfə(r)] *vt* ofiarować, ofe- rować; przedkładać; proponować; okazywać gotowość; wystawiać na sprzedaż ⟨**goods** towary⟩; **to** ~ **resistance** stawiać opór; *vi* wystąpić z propozycją; oświad- czyć się; (o okazji itp.) trafić się; *s* propozycja, oferta (także handl.)

of·fer·ing [ˈɔfərɪŋ] *ppraes i s* ofia- ra; propozycja, oferta

off·hand [ɔf ˈhænd] *adv* szybko, z miejsca, bez przygotowania; bez- ceremonialnie; *adj attr* szybki; improwizowany, zrobiony od rę- ki; bezceremonialny

of·fice [ˈɔfɪs] *s* urząd, biuro; mi- nisterstwo; urzędowanie, służba, posada, obowiązek służbowy; na- bożeństwo; przysługa; **to be in** ~ piastować urząd, sprawować rzą-

dy; **to be out of** ~ być w opozy- cji (np. o partii); **to take** ⟨**enter upon**⟩ ~ objąć urząd

of·fi·cer [ˈɔfɪsə(r)] *s* oficer; urzęd- nik; funkcjonariusz

of·fi·cial [əˈfɪʃl] *adj* oficjalny, u- rzędowy; *s* urzędnik

of·fi·ci·ate [əˈfɪʃɪeɪt] *vi* urzędować; pełnić obowiązki (urzędowe, re- ligijne itd.)

of·fi·cious [əˈfɪʃəs] *adj* półurzędo- wy; natrętny, narzucający się; nadgorliwy

off-li·cence [ˈɔf laɪsns] *s bryt.* kon- cesja na sprzedaż alkoholu na wynos

off·print [ˈɔf prɪnt] *s* odbitka (ar- tykułu)

off·set [ˈɔfset] *s* odgałęzienie, od- noga; potomek; wynagrodzenie, wyrównanie (straty, długu); *druk.* offset; *vt* wyrównać, zró- wnoważyć, wynagrodzić; druko- wać offsetem

off·shoot [ˈɔfʃuːt] *s* odgałęzienie, odrośl; potomek z bocznej li- nii

off·spring [ˈɔfsprɪŋ] *s* potomek

of·ten [ˈɔfn] *adv* często

o·gle [ˈəʊgl] *vt* zerkać ⟨patrzeć za- lotnie⟩ ⟨**sb** na kogoś⟩; *vi* robić o- ko (**at sb** do kogoś); *s* zerkanie

o·gre [ˈəʊgə(r)] *s* ludożerca (w baj- kach)

oil [ɔɪl] *s* oliwa, olej; farba olej- na; nafta; **to strike** ~ trafić na źródło nafty; *przen.* mieć szczę- ście; *przen.* **to pour** ~ **on the flame** dolać oliwy do ognia; *vt* smarować, oliwić

oil·cloth [ˈɔɪlklɔθ] *s* cerata

oil-col·our [ˈɔɪl kʌlə(r)] *s* farba o- lejna

oil-field [ˈɔɪl fiːld] *s* pole naftowe

oil-paint·ing [ˈɔɪl peɪntɪŋ] *s* malar- stwo olejne; obraz olejny

oil·skin [ˈɔɪl skɪn] = oilcloth; *pl* ~s ubranie nieprzemakalne

oil·y [ˈɔɪlɪ] *adj* oleisty; natłuszczony; *przen.* gładki, pochlebczy, służalczy

oint·ment [ˈɔɪntmənt] *s* maść

O.K., okay [ˈəuˈkeɪ] *adv pot.* dobrze, w porządku; *interj* dobrze!; *adj praed* (będący) w porządku ⟨w dobrym stanie, na miejscu⟩; *vt pot.* zaaprobować

old [əuld] *adj* stary; dawny; były; ~ age starość; ~ age pension renta starcza; ~ hand stary praktyk; ~ pupil były uczeń, absolwent; times of ~ dawno minione czasy

old-fash·ioned [ˈəuldˈfæʃnd] *adj* staromodny; niemodny

ol·ive [ˈɔlɪv] *s* oliwka; (*także* ~--tree*) drzewo oliwne

olive-branch [ˈɔlɪvbrɑːntʃ] *s* gałązka oliwna

Olym·pic [əˈlɪmpɪk] *adj* olimpijski; the ~ Games igrzyska olimpijskie

o·men [ˈəumen] *s* zły znak, wróżba, omen

om·i·nous [ˈɔmɪnəs] *adj* złowieszczy, fatalny

o·mis·sion [əˈmɪʃn] *s* opuszczenie, przeoczenie; zaniedbanie

o·mit [əˈmɪt] *adj* opuścić, pominąć, przeoczyć

om·ni·bus [ˈɔmnɪbəs] *s* omnibus

om·nip·o·tent [ɔmˈnɪpətənt] *adj* wszechmocny

om·nis·cient [ɔmˈnɪʃnt] *adj* wszechwiedzący

on [ɔn] *praep* na, nad, u, przy, po, w; on foot piechotą; on horseback konno; on Monday w poniedziałek; on my arrival po moim przybyciu; *adv* dalej, naprzód; na sobie; and so on i tak dalej; from now on od tej chwili (na przyszłość); read on czytaj dalej; with my overcoat on w palcie; the light is on światło jest zapalone; the play is on sztuka jest grana na scenie

once [wʌns] *adv* raz, jeden raz; kiedyś (w przyszłości); (*także* ~ upon a time) pewnego razu; nie-

gdyś; ~ again ⟨more⟩ jeszcze raz; ~ and again raz po raz; ~ for all raz na zawsze; all at ~ nagle; at ~ naraz, od razu, zaraz, natychmiast; równocześnie; *conj* skoro, skoro już, skoro tylko; *s* raz; for this ~ tylko tym razem

one [wʌn] *num adj* jeden, jedyny, niejaki, pewien; *pron* ktoś; no ~ nikt; *w połączeniu z* the, this, that *i przymiotnikami:* ten; this ~ ten; the red ~ ten czerwony; *pron impers* ~ lives żyje się; ~ never knows nigdy nie wiadomo; *pron zastępczy:* I don't want this book, give me another ~ nie chcę tej książki, daj mi inną

one-armed [ˈwʌnˈɑːmd] *adj* jednoręki

one-eyed [ˈwʌnˈaɪd] *adj* jednooki

one·self [wʌnˈself] *pron* sam, sam jeden, bez pomocy; (samego) siebie, się, sobie, sobą

one-sid·ed [ˈwʌnˈsaɪdɪd] *adj* jednostronny

on·ion [ˈʌnɪən] *s* cebula

on·look·er [ˈɔnlukə(r)] *s* widz

on·ly [ˈəunlɪ] *adj* jedyny; *adv* tylko, jedynie; dopiero

on·rush [ˈɔnrʌʃ] *s* napad; napór; poryw

on·set [ˈɔnset] *s* najście; zryw; początek

on·ward [ˈɔnwəd] *adj* idący ⟨skierowany⟩ naprzód ⟨ku przodowi⟩; *adv* naprzód, dalej, ku przodowi

on·wards [ˈɔnwədz] = **onward** *adv*

ooze [uz] *s* muł, szlam; *vi* (*także* ~ out ⟨away⟩) przeciekać, sączyć się

o·pen [ˈəupən] *adj* otwarty; odsłonięty, obnażony; publiczny; szczery; skłonny; ~ air wolne ⟨świeże⟩ powietrze; ~ to doubt wątpliwy; to lay ~ odsłonić, ujawnić; *vt vi* otwierać (się); ujawniać, ogłaszać; rozpoczynać (się); *s* wolna przestrzeń, otwarte pole, świeże powietrze

o·pen-heart·ed [ˈəupənˈhɑːtɪd] *adj* szczery, serdeczny

o·pen·ing [ˈəupnɪŋ] *ppraes i s* otwór; otwarcie; początek; wolna przestrzeń; wakans; okazja, szansa

o·pen-mind·ed [ˈəupənˈmaɪndɪd] *adj* mający szerokie poglądy; bez uprzedzeń, bezstronny

op·er·a [ˈɔprə] *s* opera

op·e·ra-glass [ˈɔprəglɑːs] *s* (*zw.* pl ~es) lornetka teatralna

op·er·ate [ˈɔpəreɪt] *vt vi* działać; powodować działanie; oddziaływać; operować (**on** ⟨**upon**⟩ **sb** kogoś); wprawiać w ruch, obsługiwać (np. maszynę); spekulować (**na** giełdzie); *am.* kierować (czymś), eksploatować (coś)

op·er·at·ic [ˌɔpəˈrætɪk] *adj* operowy

op·er·a·tion [ˌɔpəˈreɪʃn] *s* operacja; działanie; *am.* kierownictwo, eksploatacja

op·er·a·tive [ˈɔprətɪv] *adj* czynny, skuteczny, działający; obowiązujący; praktyczny; techniczny; operacyjny; *s* robotnik obsługujący maszynę

op·er·a·tor [ˈɔpəreɪtə(r)] *s* operator; robotnik (pracownik) obsługujący maszynę, aparat itd.; telefonista; *am.* kierownik

op·er·et·ta [ˌɔpəˈretə] *s* operetka

o·pin·ion [əˈpɪnɪən] *s* opinia, zdanie, pogląd; **in my ~** moim zdaniem; **public ~** opinia publiczna; **~ poll** badanie opinii (publicznej)

op·por·tune [ˈɔpətjuːn] *adj* dogodny; pomyślny; odpowiedni

op·por·tun·ism [ˈɔpətjuːnɪzm] *s* oportunizm

op·por·tu·ni·ty [ˌɔpəˈtjuːnəti] *s* sposobność; **to take** ⟨**seize**⟩ **the ~** skorzystać ze sposobności

op·pose [əˈpəuz] *vt* przeciwstawiać ⟨sprzeciwiać⟩ się (**sb, sth** komuś, czemuś); oponować; **to be ~d** sprzeciwiać się (**to sb, sth** ko-

muś, czemuś); stanowić przeciwieństwo (**to sb, sth** kogoś, czegoś)

op·po·site [ˈɔpəzɪt] *adj* przeciwległy, przeciwny; (znajdujący się) naprzeciwko; *s* przeciwieństwo; *adv praep* naprzeciwko

op·po·si·tion [ˌɔpəˈzɪʃn] *s* opozycja, opór; przeciwstawienie

op·press [əˈpres] *vt* uciskać, gnębić; męczyć

op·pres·sion [əˈpreʃn] *s* ucisk; znużenie

op·pres·sive [əˈpresɪv] *adj* uciskający, gnębiący; ciążący; męczący; (*o pogodzie*) duszny

op·pro·bri·um [əˈprəubrɪəm] *s* hańba, niesława

op·tic [ˈɔptɪk] *adj* optyczny

op·tics [ˈɔptɪks] *s* optyka

op·ti·mism [ˈɔptɪmɪzm] *s* optymizm

op·ti·mis·tic [ˌɔptɪˈmɪstɪk] *adj* optymistyczny

op·tion [ˈɔpʃn] *s* prawo wyboru, wybór

op·tion·al [ˈɔpʃnl] *adj* dowolny; nadobowiązkowy, fakultatywny

op·u·lence [ˈɔpjuləns] *s* zamożność, bogactwo, obfitość

or [ə(r)] *conj* lub, albo; bo inaczej; czy; czyli

o·ra·cle [ˈɔrəkl] *s* wyrocznia

o·ral [ˈɔːrl] *adj* ustny; *med.* doustny

or·ange [ˈɔrɪndʒ] *s* pomarańcza; *adj attr* (*o kolorze*) pomarańczowy

or·ange·ade [ˌɔrɪnˈdʒeɪd] *s* oranżada

o·rang-ou·tang [əˈræŋ uˈtæŋ] *s* orangutan

o·ra·tion [əˈreɪʃn] *s* mowa, uroczyste przemówienie

or·a·tor [ˈɔrətə(r)] *s* mówca, orator

or·bit [ˈɔbɪt] *s* orbita

or·chard [ˈɔtʃəd] *s* sad

or·ches·tra [ˈɔkɪstrə] *s* orkiestra; *teatr.* parter

or·chid [ˈɔkɪd] *s bot.* storczyk

or·dain [əˈdeɪn] *vt* zarządzić; mia-

nować; (o *losie itd.*) zrządzić;
rel. wyświęcić (na księdza)

or·deal [ɔˈdil] *s* sąd Boży; próba
(życiowa, ognia); ciężkie przeżycie

or·der [ˈɔdə(r)] *vt* rozkazywać; zarządzać; zamawiać; porządkować; ~ **away** odprawić; ~ **out**
kazać wyjść (**sb** komuś); *s* rozkaz; dekret, zarządzenie; porządek; zamówienie; cel, zamiar;
order; *bank.* zlecenie; *biol. mat.*
rząd; *pl* ~s święcenia kapłańskie;
in working ~ zdatny do użytku;
działający; **out of** ~ nie w porządku, zepsuty; **made to** ~ zrobiony na zamówienie; **money**
⟨**postal**⟩ ~ przekaz pieniężny; **in**
~ **that, in** ~ **to** ażeby

or·der·ly [ˈɔdəlɪ] *adj* porządny; systematyczny; spokojny, zdyscyplinowany; *wojsk.* służbowy; *s*
posługacz (w szpitalu); *wojsk.*
ordynans

or·di·nal [ˈɔdɪnl] *adj* porządkowy;
s gram. liczebnik porządkowy

or·di·nance [ˈɔdnəns] *s* zarządzenie; *rel.* obrzęd

or·di·na·ry [ˈɔdnrɪ] *adj* zwyczajny;
s rzecz zwyczajna; norma, przeciętność; **in** ~ stały, etatowy;
physician in ~ lekarz nadworny

ord·nance [ˈɔdnəns] *s* *zbior.* armaty, artyleria; intendentura (wojskowa); uzbrojenie (broń i amunicja)

ord·nance-map [ˈɔdnəns mæp] *s*
mapa sztabu generalnego

ore [ɔ(r)] *s* *geol.* ruda; kruszec

or·gan [ˈɔgən] *s* organ; *muz.* organy

or·gan·ic [ɔˈgænɪk] *adj* organiczny

or·gan·ism [ˈɔgənɪzm] *s* organizm

or·gan·i·za·tion [ˌɔgənaɪˈzeɪʃn] *s* organizacja

or·gan·ize [ˈɔgənaɪz] *vt* organizować

or·gy [ˈɔdʒɪ] *s* orgia

o·ri·ent [ˈɔrɪənt] *s* *lit.* wschód;
vt = orientate

o·ri·en·tal [ˌɔrɪˈentl] *adj* orientalny, wschodni; *s* mieszkaniec Bliskiego Wschodu

o·ri·en·tate [ˈɔrɪənteɪt] *vt* orientować, nadawać kierunek; *vr* ~
oneself orientować się (w terenie według stron świata)

o·ri·en·ta·tion [ˌɔrɪənˈteɪʃn] *s* orientacja

or·i·fice [ˈɔrɪfɪs] *s* otwór, ujście,
wylot

or·i·gin [ˈɔrədʒɪn] *s* pochodzenie,
początek, geneza

o·rig·i·nal [əˈrɪdʒnl] *adj* oryginalny; początkowy, pierwotny; *s* oryginał

o·rig·i·nal·i·ty [əˌrɪdʒəˈnælətɪ] *s* oryginalność

o·rig·i·nate [əˈrɪdʒɪneɪt] *vt* dawać
początek, zapoczątkowywać, tworzyć; *vi* powstawać (**in sth** z czegoś); pochodzić (**from sth** od czegoś)

o·rig·i·na·tion [əˌrɪdʒɪˈneɪʃn] *s* pochodzenie; powstawanie

o·rig·i·na·tor [əˈrɪdʒɪneɪtə(r)] *s*
twórca, sprawca

or·na·ment [ˈɔnəmənt] *s* ornament,
ozdoba; *vt* [ˈɔnəment] zdobić, upiększać

or·nate [ɔˈneɪt] *adj* zdobny; (*o
stylu*) kwiecisty

or·phan [ˈɔfən] *s* sierota; *adj* sierocy, osierocony

or·phan·age [ˈɔfənɪdʒ] *s* sieroctwo;
sierociniec

or·tho·dox [ˈɔθədoks] *adj* ortodoksyjny; *rel.* prawosławny

or·thog·ra·phy [ɔˈθɒgrəfɪ] *s* ortografia

os·cil·late [ˈɔsɪleɪt] *vt* oscylować;
wahać się

os·su·ar·y [ˈɔsjərɪ] *s* kostnica

os·ten·si·ble [ɒˈstensəbl] *adj* pozorny, rzekomy

os·ten·ta·tion [ˌɒstenˈteɪʃn] *s* ostentacja

os·ten·ta·tious [ˌɒstenˈteɪʃəs] *adj*
ostentacyjny

ost·ler [ˈɔslə(r)] s stajenny

os·trich [ˈɔstritʃ] s zool. struś

oth·er [ˈʌðə(r)] adj pron inny, drugi, jeszcze jeden; each ~ jeden drugiego, nawzajem; every ~ day co drugi dzień; on the ~ hand z drugiej strony; the ~ day onegdaj

oth·er·wise [ˈʌðəwaɪz] adv inaczej, w inny sposób; skądinąd, poza tym, z innych powodów; pod innym względem; w przeciwnym razie, bo inaczej

ot·ter [ˈɔtə(r)] s zool. wydra

ought [ɔt] v aux powinienem, powinieneś itd.; it ~ to be done powinno się ⟨należy⟩ to zrobić

ounce [auns] s uncja (jednostka ciężaru)

our [ˈauə(r)] pron nasz (przed rzeczownikiem)

ours [ˈauəz] pron nasz (bez rzeczownika); this house is ~ ten dom jest nasz

our·selves [aˈselvz] pron sami, my sami; się, (samych) siebie, sobie, sobą

oust [aust] vt wyrzucić, usunąć, wyrugować

out [aut] adv na zewnątrz; hen; precz; poza domem, na dworze; ~ with him! precz z nim!; he is ~ nie ma go w domu; the ministers are ~ ministrowie nie są u władzy; the fire is ~ ogień zgasł; the week is ~ tydzień minął; my patience is ~ moja cierpliwość się wyczerpała; the book is ~ książka wyszła drukiem; the secret is ~ tajemnica wyszła na jaw; the flowers are ~ kwiaty rozkwitły; praep w połączeniu z of poza; bez; z, przez; ~ of curiosity przez ciekawość; ~ of date przestarzały, niemodny; ~ of doors na świeżym powietrzu; ~ of doubt bez wątpienia; ~ of favour w niełasce; ~ of place nie na miejscu; ~ of reach poza zasięgiem; ~ of sight poza zasięgiem wzroku, niewidoczny; ~

of spite ze złości; ~ of work bez pracy, bezrobotny; adj zewnętrzny; sport nie na własnym boisku; s pl ~s nieobecni, ci, których już nie ma (w urzędzie, grze itd.); vt wyrzucić; sport znokautować

out·bal·ance [autˈbæləns] vt przeważyć

•**out·bid** [autˈbɪd], **outbade** [autˈbeɪd], **outbidden** [autˈbɪdn] lub **outbid, outbid** vt przelicytować

out·break [ˈautbreɪk] s wybuch (wojny, epidemii, gniewu)

out·burst [ˈautbɜst] s wybuch (także śmiechu, gniewu itd.);

out·cast [ˈautkast] adj wypędzony, odepchnięty; s wyrzutek; banita

out·caste [ˈautkast] s człowiek wykluczony z kasty (w Indiach)

out·come [ˈautkʌm] s wynik

out·cry [ˈautkraɪ] s okrzyk, krzyk; wrzask

•**out·do** [autˈdu], **outdid** [autˈdɪd], **outdone** [autˈdʌn] vt przewyższyć, prześcignąć

out·door [autˈdɔ(r)] adj attr będący poza domem; (np. o sportach) na świeżym powietrzu; pozazakładowy; (o ubraniu) wyjściowy

out·doors [autˈdɔz] adv na zewnątrz (domu), na świeżym powietrzu

out·er [ˈautə(r)] adj zewnętrzny; the ~ man zewnętrzny wygląd człowieka

out·er·most [ˈautəməust] adj najdalszy od centrum ⟨środka⟩

out·fit [ˈautfɪt] s wyposażenie, sprzęt, ekwipunek; komplet narzędzi

out·flow [ˈautfləu] s odpływ (np. wody)

•**out·go** [autˈgəu], **outwent** [autˈwent], **outgone** [autˈgon] vt prześcignąć, wyprzedzić

out·go·ing [autˈgəuɪŋ] s wyjście, odejście; pl ~s wydatki; adj odchodzący; (o rządzie itp.) ustępujący

out·gone zob. outgo

*out·grow [aut'grəu], outgrew [aut 'gru], outgrown [aut'grəun] *vt* przerastać (kogoś); wyrastać (np. z ubrania)

out·growth ['autgrəuθ] *s* wyrostek, narośl; wynik, następstwo

out·ing ['autɪŋ] *s* wycieczka, wypad

out·land·ish [aut'lændɪʃ] *adj* cudzoziemski, obcy; odległy

out·last [aut'last] *vt* trwać dłużej (sth niż coś); przetrwać, przeżyć

aut·law ['autlɔ] *s* banita, człowiek wyjęty spod prawa; *vt* wyjąć spod prawa; zakazać

out·lay ['autleɪ] *s* wydatek

out·let ['autlet] *s* wylot, ujście

out·line ['autlaɪn] *s* zarys, szkic; *vt* zarysować, naszkicować

out·live [aut'lɪv] *vt* przeżyć, przetrwać

out·look ['autluk] *s* widok, pogląd; obserwacja, punkt obserwacyjny; to be on the ~ rozglądać się (for sth za czymś), czatować

out·ly·ing ['autlaɪɪŋ] *adj* leżący na uboczu, oddalony

out·most ['autməust] *adj* = outermost; *s w zwrocie*: at the ~ najwyżej

out·num·ber [aut'nʌmbə(r)] *vt* przewyższać liczebnie

out-of-date ['aut əv deɪt] *adj* przestarzały, niemodny

out-of-doors ['aut əv dɔz] *adj* = outdoor; *adv* = outdoors

out-of-the-way ['aut əv ðə 'weɪ] *adj attr* leżący z dala od drogi, odległy, oddalony; niezwykły, dziwny

out·pa·tient ['autpeɪʃnt] *s* pacjent ambulatoryjny

out·post ['autpəust] *s* posterunek (wysunięty), przednia placówka

out·pour [aut'pɔ(r)] *vt vi* wylewać (się); *s* ['autpɔ(r)] wylew

out·put ['autput] *s* produkcja, wydajność; plon; *górn.* wydobycie

out·rage ['aut·reɪdʒ] *s* obraza (ciężka), zniewaga; pogwałcenie; *vt* [aut'reɪdʒ] znieważyć; pogwałcić;

zhańbić; urągać (przyzwoitości itd.)

out·ra·geous [aut'reɪdʒəs] *adj* obrażający, znieważający; skandaliczny, niesłychany

out·ran *zob.* outrun

*out·ride [aut'raɪd], out·rode [aut 'rəud], out·rid·den [aut'rɪdn] *vt* prześcignąć (w jeździe), wyprzedzić; *(o statku)* przetrzymać (burzę)

out·right ['aut·raɪt] *adj* otwarty, szczery, uczciwy; całkowity, zupełny; *adv* [aut'raɪt] otwarcie, szczerze, wprost; całkowicie, w pełni; natychmiast, z miejsca

*out·run [aut'rʌn], out·ran [aut 'ræn], out·run [aut'rʌn] *vt* wyprzedzić w biegu, prześcignąć; wykroczyć (sth poza coś)

out·set ['autset] *s* początek

out·side [aut'saɪd] *adv* zewnątrz, na zewnątrz; *praep (także ~ of)* poza ⟨przed⟩ czymś; na zewnątrz (czegoś); *s* zewnętrzna strona; zewnętrzny wygląd; *adj attr* ['autsaɪd] zewnętrzny; *(leżący, robiony itd.)* poza domem

out·sid·er [aut'saɪdə(r)] *s* (człowiek) postronny, obcy; laik; outsider

out·size [aut'saɪz] *adj (o rozmiarze)* nietypowy; *(o sklepie)* dla nietypowych

out·skirts ['autskɜts] *s pl* kraniec; peryferie, kresy

out·spo·ken [aut'spəukən] *adj* szczery, otwarty; mówiący szczerze; powiedziany otwarcie

out·spread [aut'spred] *adj* rozpostarty

out·stand·ing [aut'stændɪŋ] *adj* wybitny; wystający; zaległy, nie załatwiony

out·stay [aut'steɪ] *vt* pozostać dłużej (sb niż ktoś), przetrzymać (sb kogoś)

out·stretch [aut'stretʃ] *vt* rozciągać, rozpościerać

out·strip [aut'strɪp] *vt* prześcignąć; przewyższyć

overdue

out·vote [aut'vəut] *vt* przegłosować
out·ward ['autwəd] *adj* zewnętrzny; skierowany na zewnątrz; widoczny; powierzchowny; odjeżdżający (*zw.* za granicę); (*o podróży, bilecie zw. za granicę*) do-
celowy; *s* strona zewnętrzna; powierzchowność; *adv* = outwards
out·wards ['autwədz] *adv* po stronie zewnętrznej, na zewnątrz;
poza granice (kraju, miasta)
out·weigh [aut'wei] *vt* przeważyć;
przewyższać
out·went *zob.* outgo
out·wit [aut'wit] *vt* przechytrzyć,
podstępnie podejść (sb kogoś)
out·work ['autwз:k] *s* praca wyko-
nywana poza domem ⟨poza za-
kładem pracy⟩; praca chałupni-
cza; *wojsk.* umocnienie zewnę-
trzne
out·worn [aut'wɔn] *adj* znoszony;
przestarzały; znużony
o·val ['əuvl] *adj* owalny; *s* owal
o·va·ry ['əuvəri] *s anat.* jajnik
o·va·tion [əu'veiʃn] *s* owacja
ov·en ['ʌvn] *s* piec
o·ver 1. ['əuvə(r)] *praep* nad, ponad, powyżej; na, po, w; przez,
poprzez; po drugiej stronie, za,
poza, aż ~ wszędzie, po całym
(np. pokoju); *adv* na drugą stronę, po drugiej stronie; po powierzchni; całkowicie; od początku do końca; więcej, zbytnio, z
okładem; ponownie, jeszcze raz,
znowu; all ~ wszędzie, po całym ⟨świecie, mieście itd.⟩; od
początku ⟨końca⟩ do końca; to
be ~ minąć; it is ~ with him on
jest skończony; ~ again raz jeszcze; ~ and again co jakiś czas
o·ver 2. ['əuvə(r)] *praef* nad-, na-,
prze-
o·ver·all ['əuvərɔl] *adj* ogólny,
kompletny; *s pl* ~s ['əuvərəls]
kombinezon; kitel
o·ver·ate *zob* overeat
o·ver·awe ['əuvər'ɔ] *vt* trwożyć,
przejmować strachem

o·ver·bal·ance ['əuvə'bæləns] *vt*
przeważyć, przewrócić; *vi* stracić równowagę, przewrócić się;
s przewaga
*o·ver·bear ['əuvə'beə(r)], **o·ver·bore**
['əuvə'bɔ(r)], **o·ver·borne** ['əuvə
'bɔn] *vt* przemóc, pokonać; ciemiężyć; przewyższyć; lekceważyć
o·ver·bear·ing ['əuvə'beəriŋ] *adj*
dumny, wyniosły, butny; wład-
czy; despotyczny
o·ver·board ['əuvəbɔd] *adv* za burtę; to throw ~ *przen.* porzucić,
poniechać
o·ver·bore *zob.* overbear
o·ver·borne *zob.* overbear
o·ver·bur·den ['əuvə'bɜdn] *vt* przeciążyć
o·ver·came *zob.* overcome
*o·ver·cast, overcast, overcast ['əu
və'kast] *vt* pokryć; zasłonić; zaciemnić; przygnębić; *adj* pochmurny, posępny
o·ver·charge ['əuvə'tʃadʒ] *vt* przeładować, przeciążyć; zażądać
zbyt wysokiej ceny; *s* przeciążenie; nałożenie ⟨żądanie⟩ nadmiernej ceny
o·ver·coat ['əuvəkəut] *s* palto,
płaszcz
*o·ver·come ['əuvə'kʌm], **overcame**
['əuvə'keim], **overcome** *vt* przemóc, opanować, pokonać, przezwyciężyć
o·ver·crowd ['əuvə'kraud] *vt* przepełnić (ludźmi), zatłoczyć
*o·ver·do ['əuvə'du], **overdid** ['əu
və'did], **overdone** ['əuvə'dʌn] *vt*
przebrać miarę; przekroczyć
(granice przyzwoitości itd.); prze-
sadzić (w czymś); przegotować,
przesmażyć itp.; przeciążyć pracą
o·ver·draft ['əuvədraft] *s handl.*
przekroczenie konta; czek bez
pokrycia
over·dress ['əuvə'dres] *vt vi* stroić
(się); ubierać (się) zbyt strojnie
⟨drogo⟩
o·ver·due ['əuvə'dju] *adj* opóźnio-

ny; *handl.* (*o terminie*) przekro-
czony; (*o rachunku*) zaległy
*o·ver·eat ['əuvər'it], overate ['əu
vər'et], overeaten ['əuvər'itn] *vr*
~ oneself przejeść się

o·ver·es·ti·mate ['əuvər'estɪmeɪt] *vt*
przecenić wartość ⟨znaczenie⟩
(**sb, sth** kogoś, czegoś); *s* ['əuvər-
'estɪmət] zbyt wysokie oszacowanie

o·ver·flow ['əuvə'fləu] *vt vi* przelewać się (**sth przez coś**); przepełniać, zalewać; (*o rzece*) wylewać; obfitować (**with sth w
coś**); *s* ['əuvəfləu] zalew, wylew;
nadmiar

*o·ver·grow ['əuvə'grəu], overgrew
['əuvə'gru], overgrown ['əuvə
'grəun] *vt* porastać, zarastać;
przerastać; *vi* szybko ⟨nadmier-
nie⟩ rosnąć

o·ver·growth ['əuvəgrəuθ] *s* pokrywa roślinna; zbyt szybki ⟨bujny⟩
wzrost; rozrost, przerost

*o·ver·hang ['əuvə'hæŋ], overhung,
overhung ['əuvə'hʌŋ] *vt vi* zwisać, wisieć, wystawać; zagrażać,
wisieć nad głową

o·ver·haul ['əuvə'hɔl] *vt* gruntownie przeszukać, dokładnie zbadać; poddać kapitalnemu remon-
towi; *s* ['əuvəhɔl] gruntowny
przegląd; **general ~** remont kapitalny

o·ver·head ['əuvə'hed] *adv* nad
głową, u góry; powyżej; *adj attr*
['əuvəhed] znajdujący się u góry
⟨nad głową⟩; górny; napowietrz-
ny; *handl.* **~ charges** ⟨**costs**⟩ koszty ogólne; *s pl* ~**s** ['əuvəhedz]
koszty ogólne

*o·ver·hear ['əuvə'hɪə(r)] over-
heard, overheard ['əuvə'hɜd] *vt*
podsłuchać

o·ver·hung *zob.* overhang

o·ver·land ['əuvə'lænd] *adv* lądem,
adj attr ['əuvəlænd] lądowy

o·ver·lap ['əuvə'læp] *vt vi* zachodzić jedno na drugie ⟨na siebie⟩
(np. *o dachówkach*); (*częściowo*)

pokrywać się

o·ver·load ['əuvə'ləud] *vt* przeciążyć, przeładować; *s* ['əuvələud]
przeciążenie, przeładowanie

o·ver·look ['əuvə'luk] *vt* przeoczyć,
pominąć; zamykać oczy (**sth na**
coś); wystawać ⟨wznosić się⟩ (**sth**
ponad coś); (*o oknie*) wychodzić
(**the street** etc. **na ulicę** itd.);
nadzorować

o·ver·night ['əuvə'naɪt] *adv* przez
noc, na noc; (*od*) poprzedniego
wieczoru

o·ver·paid *zob.* overpay

o·ver·pass ['əuvə'pas] *vt* przejść,
przejechać; przekroczyć; przezwyciężyć; pominąć; *s am.* wiadukt

*o·ver·pay ['əuvə'peɪ], o·ver·paid,
o·ver·paid ['əuvə'peɪd] *vt* przepła-
cić, nadpłacić

o·ver·pop·u·late ['əuvə'pɔpjuleɪt] *vt*
przeludnić

o·ver·pow·er ['əuvə'pauə(r)] *vt* przemóc, pokonać; przytłoczyć, zmóc
(kogoś czymś)

o·ver·print ['əuvəprɪnt] *s* nadruk;
vt ['əuvə'prɪnt] nadrukować

o·ver·pro·duc·tion ['əuvəprə'dʌkʃn]
s nadprodukcja

o·ver·ran *zob.* overrun

o·ver·rate ['əuvə'reɪt] *vt* przecenić

*o·ver·ride ['əuvə'raɪd], overrode
['əuvə'rəud], overridden ['əuvə
'rɪdn] *vt* przejechać; podeptać;
zajeździć (konia); *przen.* potraktować z góry; odrzucić (np. propozycję); przełamać (np. opór)

o·ver·rule ['əuvə'rul] *vt* opanować;
wziąć górę (**sb, sth** nad kimś,
czymś); *prawn.* unieważnić, odrzucić, uchylić; zlekceważyć

*o·ver·run ['əuvə'rʌn], overran
['əuvə'ræn], overrun ['əuvə'rʌn]
vt najechać (np. kraj); pokonać;
spustoszyć; przekroczyć granice
(**sth** czegoś); (*o wodzie*) zalewać
(okolicę itd.)

o·ver·sea(s) ['əuvə'si(z)] *adv* za morzem, za morze; *adj attr* zamorski

o·ver·se·er [ˈəuvəsiə(r)] s nadzorca

o·ver·shad·ow [ˈəuvəˈʃædəu] vt dosł.
i przen. rzucać cień (sth na coś);
przyciemnić; zaćmić

o·ver·shoe [ˈəuvəʃu] s kalosz, bot

o·ver·sight [ˈəuvəsait] s przeoczenie; nadzór

o·ver·size [ˈəuvəˈsaiz] adj zbyt ⟨za⟩
duży

*o·ver·sleep [ˈəuvəˈslip], overslept,
overslept [ˈəuvəˈslept] vt prze-
spać; vi (także vr ~ oneself) zaspać

*o·ver·spread, overspread, over-
spread [ˈəuvəˈspred] vt pokrywać

o·ver·state [ˈəuvəˈsteit] vt przesa-
dzić (sth w czymś)

o·ver·step [ˈəuvəˈstep] vt przekroczyć

o·ver·stock [ˈəuvəˈstok] vt przepełnić (zapasami), zapchać (towarem itd.)

o·ver·strain [ˈəuvəˈstrein] vt naciągnąć; dosł. i przen. przeciągnąć (strunę); przeciążyć (np. pracą); s [ˈəuvəstrein] wyczerpanie
(nadmierną pracą), przemęczenie

o·vert [ˈəuvət] adj otwarty, jawny

*o·ver·take [ˈəuvəˈteik], overtook
[ˈəuvəˈtuk], overtaken [ˈəuvəˈtei
kən] vt dopędzić, dosięgnąć; (zw.
o samochodzie) wyprzedzić; zaskoczyć; odrobić (zaległości)

o·ver·tax [ˈəuvəˈtæks] vt przeciążyć (podatkami); przecenić;
przen. przeliczyć się (z siłami
itd.)

*o·ver·throw [ˈəuvəˈθrəu], overthrew
[ˈəuvəˈθru], overthrown [ˈəuvə
ˈθrəun] vt przewrócić; obalić; pobić; zniweczyć; s [ˈəuvəθrəu] obalenie, przewrót

o·ver·time [ˈəuvətaim] s czas pracy nadprogramowej, godziny
nadliczbowe; adj attr nadliczbo-
wy; adv nadliczbowo, nadprogra-
mowo

o·ver·took zob. overtake

o·ver·ture [ˈəuvətʃə(r)] s muz. u-
wertura; (zw. pl ~s) rokowania

wstępne; zabieganie o czyjeś
względy

o·ver·turn [ˈəuvəˈtɜn] vt vi przewrócić (się), obalić; s [ˈəuvətɜn]
obalenie, przewrót

o·ver·weigh [ˈəuvəˈwei] vt vi przeważać, więcej ważyć

o·ver·weight [ˈəuvəweit] s nadwyżka wagi

o·ver·whelm [ˈəuvəˈwelm] vt zalać,
zasypać; przygnieść; pognębić;
dosł. i przen. przytłoczyć; zakłopotać (hojnością itd.); (o uczuciach) ogarnąć

o·ver·work [ˈəuvəˈwɜk] vt zmuszać
do nadmiernej pracy, przeciążać
pracą; vt przepracowywać się; s
[ˈouvəwɜk] przemęczenie, przepracowanie

o·ver·wrought [ˈəuvəˈrɔt] adj przemęczony; wyczerpany nerwowo;
(o stylu) mozolnie wypracowany

owe [əu] vt być winnym ⟨dłuż-
nym⟩; zawdzięczać (sth to sb coś
komuś)

ow·ing [ˈəuiŋ] adj należny; dłużny;
wynikający (to sth z czegoś);
praep ~ to dzięki, na skutek, z
powodu

owl [aul] s sowa

owl·ish [ˈauliʃ] adj sowi

own 1. [əun] adj własny; to be on
one's ~ być samodzielnym ⟨nie-
zależnym⟩; to have sth for one's
~ mieć coś na własność; to hold
one's ~ trzymać się, nie poddawać się

own 2. [əun] vt vi posiadać; wyznawać (winę itd.); przyznawać
(się); uznawać; ~ up pot. przyznawać się

own·er [ˈəunə(r)] s właściciel

own·er·ship [ˈəunəʃip] s posiadanie,
własność

ox [oks] s (pl oxen [ˈoksn]) wół

ox·ide [ˈoksaid] s chem. tlenek

ox·i·dize [ˈoksidaiz] vt vi utleniać
⟨oksydować⟩ się

Ox·o·ni·an [okˈsəuniən] adj oks-
fordzki; s Oksfordczyk

ox·tail [ˈɔks teɪl] *s* ogon wołowy;
~ **soup** zupa ogonowa
ox·y·gen [ˈɔksɪdʒən] *s* tlen
oys·ter [ˈɔɪstə(r)] *s* ostryga
oys·ter-knife [ˈɔɪstə naɪf] *s* nóż do

otwierania (muszli) ostryg
oz = **ounce** (*pl* **ozs** = **ounces**)
o·zone [ˈəʊzəun] *s chem.* ozon;
pot. świeży luft, świeże powietrze

p

pa [pɑ] *s pot.* tatuś
pace [peɪs] *s* krok; chód; **to keep
~ with** sb dotrzymywać komuś
kroku; *vt vi* kroczyć, stąpać
pa·ci·fic [pəˈsɪfɪk] *adj* spokojny;
pokojowy; *s* **the Pacific (Ocean)**
Ocean Spokojny, Pacyfik
pac·i·fism [ˈpæsɪfɪzm] *s* pacyfizm
pac·i·fist [ˈpæsɪfɪst] *s* pacyfista
pac·i·fy [ˈpæsɪfaɪ] *vt* uspokajać;
pacyfikować
pack [pæk] *s* pakiet; wiązka; pakunek, paczka; tłumok, bela;
handl. partia towaru; gromada;
sfora (psów), stado; *pot.* banda;
talia (kart); *vt vi* (*także ~ up*)
pakować (się); gromadzić ⟨tło-
czyć, ścieśnić⟩ (się); zbierać (się)
w stado ⟨sforę⟩; ~ **in** zapakować; ~ **off** odprawić, wyprawić
(sb kogoś); zabrać się (skądś);
~ **out** wypakować, wyładować;
~ **up** spakować (się); *pot. przen.*
przerwać pracę
pack·age [ˈpækɪdʒ] *s* pakiet, paczka, pakunek; opakowanie
pack-an·i·mal [ˈpækænəml] *s* zwierzę juczne
pack·et [ˈpækɪt] *s* pakiet, paczka,
plik; (*także ~-boat*) statek pocztowy
pack·ing [ˈpækɪŋ] *s* pakowanie;
opakowanie; materiał do pako-
wania ⟨uszczelnienia itp.⟩; u-
szczelka; *med.* tampon; zawijanie
pack·man [ˈpækmən] *s* domokrążca
pact [pækt] *s* pakt, umowa

pad 1. [pæd] *s* podkładka, wyściółka; poduszka (palca, łapy, ło-
żyska maszyny, do pieczątek, do
igieł); bibularz, blok (papieru,
rysunkowy); *vt* wypychać, wyściełać; nabijać, obijać
pad 2. [pæd] *s* droga, ścieżka;
wierzchowiec; *vi* chodzić pieszo,
wędrować
pad·ding [ˈpædɪŋ] *s* wyściółka;
podbicie; podszycie (płaszcza
itd.); obicie
pad·dle 1. [ˈpædl] *s* wiosło; *vt vi*
wiosłować
pad·dle 2. [ˈpædl] *vi* brodzić, tap-
lać się w wodzie
pad·dle-wheel [ˈpædlwil] *s* łopat-
kowe koło napędowe (statku)
pad·dock [ˈpædɔk] *s* wybieg dla
koni, wygon
pad·lock [ˈpædlɔk] *s* kłódka; *vt* zamykać na kłódkę
pa·gan [ˈpeɪgən] *adj* pogański; *s*
poganin
page 1. [peɪdʒ] *s* stronica
page 2. [peɪdʒ] *s* paź
pag·eant [ˈpædʒənt] *s* pokaz, widowisko; parada, korowód
paid *zob.* pay
pail [peɪl] *s* wiadro
pain [peɪn] *s* ból; troska; przykrość; † kara; *pl* ~s trud; bóle
porodowe; **to take** ~s zadawać
sobie trud; **to give** ~ zadawać
ból, sprawiać przykrość; *vt vi*
boleć, zadawać ból; gnębić, dręczyć; smucić; **I am** ~**ed to learn
it** przykro mi, że się o tym do-
wiaduję

panic

pain·ful [ˈpeɪnfl] *adj* bolesny, przykry

pains·tak·ing [ˈpeɪnzteɪkɪŋ] *adj* pracowity, dbały, staranny

paint [peɪnt] *s* farba; szminka; *vt* malować; szminkować; opisywać ⟨przedstawiać⟩ obrazowo

paint·er [ˈpeɪntə(r)] *s* (artysta) malarz

paint·ing [ˈpeɪntɪŋ] *s* malarstwo; obraz, malowidło

pair [peə(r)] *s* para; in ~s parami; *vt vi* łączyć (się) w pary, dobierać (się) do pary; (o zwierzętach) parzyć się; ~ off rozbijać się na pary, odchodzić parami; pobrać się

pa·jam·as [pəˈdʒɑːməz] *s am.* = **pyjamas**

pal [pæl] *s pot.* towarzysz, kompan; *vt* (także ~ up) zaprzyjaźnić się (with sb z kimś)

pal·ace [ˈpælɪs] *s* pałac

pal·at·a·ble [ˈpælətəbl] *adj* smaczny, przyjemny

pal·a·tal [ˈpælətəl] *adj* podniebienny

pal·ate [ˈpælət] *s* podniebienie; gust

pa·lav·er [pəˈlɑːvə(r)] *s pot.* gadanina; *vt* paplać

pale 1. [peɪl] *s* pal; granica; zakres; **within the ~ of** w granicach ⟨w obrębie⟩ (czegoś); *vt* (także ~ in) ogrodzić, otoczyć

pale 2. [peɪl] *adj* blady; **to turn ~** zblednąć; *vi* blednąć; *vt* powodować bladość

pal·ette [ˈpælɪt] *s* paleta

pal·i·sade [ˈpælɪseɪd] *s* palisada; *vt* otoczyć palisadą

pall 1. [pɔl] *s* całun; *vt* okryć całunem

pall 2. [pɔl] *vt* sprzykrzyć się ⟨obrzydnąć⟩ (on sb komuś)

pal·let 1. [ˈpælɪt] *s* siennik; nędzne łoże, barłóg

pal·let 2. [ˈpælɪt] = **palette**

pal·li·a·tive [ˈpælɪətɪv] *adj* uśmierzający, łagodzący; *s* środek łagodzący; półśrodek; wymówka, usprawiedliwienie

pal·lid [ˈpælɪd] *adj* blady

pal·lor [ˈpælə(r)] *s* bladość

palm 1. [pɑm] *s* palma; **Palm Sunday** Niedziela Palmowa

palm 2. [pɑm] *s* dłoń

palm·is·try [ˈpɑmɪstrɪ] *s* chiromancja

palm·y [ˈpɑmɪ] *adj* palmowy; pomyślny

pal·pa·ble [ˈpælpəbl] *adj* namacalny, wyczuwalny dotykiem

pal·pi·tate [ˈpælpɪteɪt] *vi* (o sercu) bić, kołatać; drżeć

pal·pi·ta·tion [ˈpælpɪˈteɪʃn] *s* silne bicie serca, palpitacja; drżenie

pal·sy [ˈpɔlzɪ] *s* paraliż; *vt* sparaliżować

pal·try [ˈpɔltrɪ] *adj* nędzny, lichy

pam·per [ˈpæmpə(r)] *vt* rozpieszczać, dogadzać

pam·phlet [ˈpæmflət] *s* broszura; pamflet

pam·phlet·eer [ˈpæmfləˈtɪə(r)] *s* autor broszur; pamflecista

pan [pæn] *s* (także frying-~) patelnia; (także sauce-~) rondel

pan·cake [ˈpænkeɪk] *s* naleśnik

pan·cre·as [ˈpænkrɪəs] *s anat.* trzustka

pan·der [ˈpændə(r)] *vi* stręczyć; stręczyciel, rajfur

pane [peɪn] *s* szyba; (kwadratowa) płaszczyzna; kratka (wzoru)

pan·e·gyr·ic [ˈpænɪˈdʒɪrɪk] *s* panegiryk

pan·el [ˈpænl] *s* płyta; filunek, kaseton; wstawka ⟨klin⟩ (w sukni); poduszka (u siodła); urzędowy wykaz lekarzy; *prawn.* skład sędziów przysięgłych; komisja (np. konkursowa); ~ **discussion** dyskusja rzeczoznawców; ~ **patient** pacjent korzystający z ubezpieczeń społecznych; *vt* zdobić płytkami, kasetonami itp.; wszywać wstawkę (do sukni)

pang [pæŋ] *s* ostry ból, spazm bólu; ~s **of conscience** wyrzuty sumienia

pan·ic [ˈpænɪk] *adj* paniczny; *s* panika

pan·ick·y [ˈpænɪkɪ] *adj pot.* paniczny, łatwo ulegający panice; alarmistyczny

pan·o·ram·a [ˌpænəˈrɑmə] *s* panorama

pan·sy [ˈpænzɪ] *s bot.* bratek

pant [pænt] *vi* dyszeć; sapać; (*o sercu*) kołatać; (*o piersi*) falować; pożądać ⟨łaknąć⟩ (**for** ⟨**after**⟩ **sth** czegoś); *s* dyszenie; sapanie; kołatanie (serca)

pan·ther [ˈpænθə(r)] *s* pantera

pan·to·mime [ˈpæntəmaɪm] *s* pantomima

pan·try [ˈpæntrɪ] *s* spiżarnia

pants [pænts] *s pl pot.* kalesony; *am.* spodnie

pa·pa [pəˈpɑ] *s zdrob.* tatuś

pa·pa·cy [ˈpeɪpəsɪ] *s* papiestwo

pa·pal [ˈpeɪpl] *adj* papieski

pa·per [ˈpeɪpə(r)] *s* papier; gazeta, czasopismo; tapeta; praca pisemna; referat, rozprawa; *pl* ~s papiery, dokumenty; *adj* papierowy; *vt* wyłożyć papierami; pakować ⟨zawijać⟩ w papier; tapetować

pa·per·back [ˈpeɪpə bæk] *s* książka broszurowana ⟨w papierowej okładce⟩

pa·per·clip [ˈpeɪpə klɪp] *s* spinacz do papieru

pa·per·weight [ˈpeɪpəweɪt] *s* przycisk

pa·pist [ˈpeɪpɪst] *s* papista

pap·ri·ka [ˈpæprɪkə] *s* papryka

par [pɑ(r)] *s handl.* parytet; równość; **at** ~ na równi; **above** ⟨**below**⟩ ~ powyżej ⟨poniżej⟩ parytetu ⟨przeciętnej⟩; **to be on a** ~ dorównywać (**with sb, sth** komuś, czemuś)

par·a·ble [ˈpærəbl] *s* przypowieść

pa·rab·o·la [pəˈræbələ] *s* parabola

par·a·chute [ˈpærəʃut] *s* spadochron; *adj attr* spadochronowy; *vt* zrzucić na spadochronie; *vi* spadać na spadochronie

par·a·chut·ist [ˈpærəʃutɪst] *s* spadochroniarz

pa·rade [pəˈreɪd] *s* parada; popis,

pokaz; *wojsk.* apel, przegląd; *vt* wystawiać na pokaz; *wojsk.* robić przegląd; *vi* paradować

par·a·dise [ˈpærədaɪs] *s* raj

par·a·dox [ˈpærədoks] *s* paradoks

par·af·fin [ˈpærəfɪn] *s* parafina; (*także* ~ **oil**) nafta

par·a·gon [ˈpærəgən] *s* wzór (np. cnoty)

par·a·graph [ˈpærəgrɑf] *s* paragraf; ustęp (w książce), akapit

par·al·lel [ˈpærəlel] *adj* równoległy; analogiczny; ~ **bars** *sport* drążki; *s* (linia) równoległa; odpowiednik; porównanie; *geogr.* równoleżnik

par·a·lyse [ˈpærəlaɪz] *vt* paraliżować

pa·ral·y·sis [pəˈræləsɪs] *s* paraliż

par·a·mount [ˈpærəmaunt] *adj* najważniejszy, główny

par·a·mour [ˈpærəmɔ(r)] *s* kochanek, kochanka

par·a·phrase [ˈpærəfreɪz] *s* parafraza

par·a·site [ˈpærəsaɪt] *s* pasożyt

par·a·sit·ic [ˌpærəˈsɪtɪk] *adj* pasożytniczy

par·a·sol [ˈpærəsol] *s* parasolka (od słońca)

par·a·troops [ˈpærətrups] *s pl* wojska spadochronowe

par·cel [ˈpɑsl] *s* paczka; przesyłka; partia (towaru); parcela; *vt* paczkować; dzielić; (*także* ~ **out**) parcelować

parch [pɑtʃ] *vt* suszyć, prażyć, palić (kawę); *vi* schnąć

parch·ment [ˈpɑtʃmənt] *s* pergamin

par·don [ˈpɑdn] *s* przebaczenie; **I beg your** ~ przepraszam; *rel.* odpust; *vt* przebaczać; ~ **me** przepraszam

par·don·a·ble [ˈpɑdnəbl] *adj* wybaczalny

par·ent [ˈpeərnt] *s* ojciec, matka; *pl* ~s rodzice

par·ent·age [ˈpeərntɪdʒ] *s* pochodzenie, ród

pa·ren·tal [pə'rentl] adj rodzicielski

pa·ren·the·sis [pə'renθəsis] s nawias

par·ish ['pærɪʃ] s parafia; gmina;
~ register księga metrykalna

Pa·ri·sian [pə'rɪzɪən] adj paryski;
s paryżanin

par·i·ty ['pærətɪ] s równość; parytet

park [pak] s park; parking; wojsk.
park (artyleryjski itd.); vt parkować

park·ing ['pakɪŋ] s parkowanie;
parking; ~ lot miejsce do par-
kowania; ~ meter licznik par-
kingowy

par·lance ['paləns] s mowa, język

par·ley ['palɪ] s narada, rokowania; vi paktować, pertraktować

par·lia·ment ['paləmənt] s parlament

par·lia·men·tar·i·an ['paləmen'teə-
rɪən] adj parlamentarny; s par-
lamentarz

par·lour ['palə(r)] s salon, pokój
przyjęć

par·lour-car ['paləkə(r)] s am. salonka (w pociągu)

par·lour-maid ['palə meɪd] s pokojówka

pa·ro·chi·al [pə'rəukɪəl] adj parafialny; przen. ograniczony

par·o·dy ['pærədɪ] s parodia

pa·role [pə'rəul] s słowo honoru;
wojsk. hasło; vt zwolnić z are-
sztu na słowo honoru ⟨warunko-
wo⟩

par·quet ['pakeɪ] s parkiet

par·ri·cide ['pærɪsaɪd] s ojcobój-
stwo; ojcobójca

par·rot ['pærət] s papuga; vi mówić jak papuga; vt powtarzać
⟨coś⟩ jak papuga

par·ry ['pærɪ] vt odparować, odpierać; s odparcie, odparowanie
(np. ciosu)

parse [paz] vt gram. zrobić rozbiór ⟨a sentence zdania⟩

par·si·mo·ny ['pasɪmənɪ] s oszczęd-

ność; skąpstwo

pars·ley ['paslɪ] s pietruszka

pars·nip ['pasnɪp] s pasternak

par·son ['pasn] s proboszcz, pastor

par·son·age ['pasnɪdʒ] s probostwo;
plebania

part [pat] s część; udział, rola;
strona; pl ~s okolica, strony;
zdolności, talent; for my ~ co
do mnie; for the most ~ przeważnie, po większej części; in
great ~ w znacznej mierze; in
~ częściowo; on my ~ z mojej
strony, co do mnie; to do one's
~ zrobić swoje; to take ~ brać
udział ⟨pomagać⟩ (in sth w
czymś); to take sth in good ~
brać coś za dobrą monetę; this
is not my ~ to nie moja rzecz;
vt dzielić, rozdzielać; rozrywać;
to ~ company rozstawać się; vi
rozdzielić się; rozłączyć się; rozejść się; rozstąpić się; rozstać
się (from sb z kimś, with sth z
czymś)

*par·take [pa'teɪk], partook [pa-
'tuk], partaken [pa'teɪkən] vi u-
czestniczyć (in ⟨of⟩ sth w czymś);
spożywać (of sth coś); mieć w
sobie (of sth coś); trącić (of sth
czymś); vt podzielać ⟨czyjś los
itd.⟩

par·tial ['paʃl] adj częściowy;
stronniczy; to be ~ to sth lubić
coś, mieć słabość do czegoś

par·tial·i·ty ['paʃɪ'ælətɪ] s stronniczość; upodobanie (for sth do
czegoś)

par·tic·i·pant [pa'tɪsɪpənt] s uczestnik

par·tic·i·pate [pa'tɪsɪpeɪt] vi uczestniczyć (in sth w czymś); podzielać (in sth coś)

par·ti·ci·ple ['patəspl] s gram. i-
miesłów

par·ti·cle ['patɪkl] s cząstka; gram.
partykuła

par·tic·u·lar [pə'tɪkjulə(r)] adj
szczególny, specjalny, specyficzny; szczegółowy, dokładny; wy-

bredny; grymaśny, wymagający (**about** sth pod względem czegoś); nadzwyczajny, osobliwy; uważny, staranny; in ~ w szczególności; s szczegół

par·tic·u·lar·ity [pəˈtɪkjuˈlærətɪ] *s* osobliwość; szczegół; szczegółowość, dokładność; wybredność

part·ing [ˈpɑtɪŋ] *ppraes i s* rozdział; przedział; *geogr.* dział wodny; rozstanie, pożegnanie, odejście

par·ti·san [ˈpɑtɪˈzæn] *s* zwolennik, stronnik; partyzant

par·ti·tion [pɑˈtɪʃn] *s* podział; rozbiór (państwa); (oddzielona) część; przedział; przepierzenie; *vt* dzielić; ~ **off** oddzielać, odgradzać

part·ner [ˈpɑtnə(r)] *s* partner, wspólnik, współuczestnik; *vt* być czyimś partnerem (np. w tańcu)

part·ner·ship [ˈpɑtnəʃɪp] *s* współudział, współuczestnictwo; spółka

par·took *zob.* **partake**

par·tridge [ˈpɑ-trɪdʒ] *s zool.* kuropatwa

part·time [ˈpɑttaɪm] *adj attr zw. w połączeniach:* ~ **worker** (**work**) pracownik (praca) na niepełnym etacie; *adv* na niepełnym etacie

par·ty [ˈpɑtɪ] *s* partia; towarzystwo; grupa; zespół; przyjęcie towarzyskie, zabawa; strona (np. w sądzie); współuczestnik; **to be a** ~ współuczestniczyć (**to** sth w czymś)

pass [pas] *vt vi* przechodzić (przebiegać, przejeżdżać itd.) (obok (prźez coś)); mijać; przekraczać; przewyższać; spędzać (czas); przeżywać (**through** sth coś); pominąć, przeoczyć, przepuścić; zaniedbać; zdać (egzamin); zatwierdzić, przeprowadzić (uchwałę); (o *uchwale*) przejść; podać dalej, posłać; (*także* ~ **on**) przekazać; wydać (wyrok, opinię); zdarzyć się; być uważanym, uchodzić (**for** sth za coś); zacho-

dzić, dziać się; ~ **away** minąć, zniknąć; umrzeć; ~ **off** mijać, przemijać; ~ **oneself off** podawać się (as (**for**) sb, sth za kogoś, coś); ~ **out** wyjść; zemdleć; ~ **over** przepuścić, pominąć; przejść (np. na drugą stronę); przeminąć; s przejście; przepustka, paszport; złożenie (egzaminu); krytyczna sytuacja; przesmyk; przełęcz; *sport* podanie piłki; **to bring to** ~ dokonać (sth czegoś); **to come to** ~ zdarzyć się

pass·a·ble [ˈpɑsəbl] *adj* nadający się do przejścia (przebycia, przeprawy, przejazdu); znośny; (*o stopniu*) dostateczny

pas·sage [ˈpæsɪdʒ] *s* przejście, przejazd, przeprawa; korytarz; ustęp (w książce); pasaż

pas·sen·ger [ˈpæsndʒə(r)] *s* pasażer

pass·er·by [ˈpɑsə ˈbaɪ] *s* (*pl* **passers·by** [ˈpɑsəz ˈbaɪ]) przechodzień

pas·sing [ˈpɑsɪŋ] *adj* przemijający, przelotny; rzucony mimochodem

pas·sion [ˈpæʃn] *s* namiętność (passja) (**for** sth do czegoś)

pas·sion·ate [ˈpæʃnət] *adj* namiętny; zapalczywy; żarliwy

pas·sive [ˈpæsɪv] *adj* bierny; *gram.* ~ **voice** strona bierna

pass·port [ˈpɑspɔt] *s* paszport

pass·word [ˈpɑswɜd] *s* hasło

past [pɑst] *adj* miniony, przeszły; ubiegły, ostatni (tydzień itd.); *s* przeszłość; *gram.* czas przeszły; *praep* za (czymś); obok; po; ~ **all belief** nie do wiary; ~ **comparison** nie do porównania; ~ **hope** beznadziejny; **ten** ~ **two** dziesięć (minut) po drugiej; ~ **work** niezdolny (już) do pracy; **a man** ~ **forty** mężczyzna po czterdziestce; *adv* obok, mimo; **march** ~ defilować

paste [peɪst] *s* ciasto; klej; pasta; *vt* kleić, lepić; ~ **up** naklejać; smarować pastą

paste·board [ˈpeɪstbɔd] s tektura.
karton

pas·tel [ˈpæstl] s pastel (kredka i
obraz)

pas·time [ˈpastaɪm] s rozrywka

pas·tor [ˈpastə(r)] s pastor, duszpasterz

pas·to·ral [ˈpastərl] adj pasterski;
s sielanka (utwór); list pasterski

pas·try [ˈpeɪstrɪ] s ciasto; zbior.
wyroby cukiernicze

pas·tur·a·ble [ˈpastʃərəbl] adj pastewny

pas·ture [ˈpastʃə(r)] s pastwisko;
pasza; vt vi paść (się)

past·y 1. [ˈpæstɪ] s pasztet, pasztecik, pierożek

past·y 2. [ˈpeɪstɪ] adj ciastowaty,
papkowaty

pat [pæt] s klepnięcie, klaps; tupot; krążek (np. masła); vt po-
klepywać; vi postukiwać, tupać;
adj pot. szczęśliwy, trafny; adv
pot. trafnie, w sam raz, akurat,
w samą porę

patch [pætʃ] s łata, łatka; plaster;
opatrunek na oku; skrawek; płat
(np. ziemi); grządka; vt (także ~
up) łatać, naprawiać

patch·work [ˈpætʃwɜk] s łatanina;
mieszanina (kawałków, skraw-
ków); szachownica (np. pól)

pat·ent [ˈpeɪtənt] s patent; przywilej; adj patentowy, opatento-
wany; otwarty, jawny, oczywisty; ~ leather skóra lakierowa-
na; letters ~ patent (dokument);
vt opatentować

pa·ter·nal [pəˈtɜnl] adj ojcowski;
(o krewnym) po ojcu

pa·ter·ni·ty [pəˈtɜnətɪ] s ojcostwo;
pochodzenie

path [paθ] s (pl ~s [paðz]) ścieżka,
droga (dla pieszych i przen.); tor
(pocisku itd.)

pa·thet·ic [pəˈθetɪk] adj patetyczny

pa·thol·o·gy [pəˈθɔlədʒɪ] s patologia

pa·thos [ˈpeɪθɔs] s patos

pa·tience [ˈpeɪʃns] s cierpliwość

pa·tient [ˈpeɪʃnt] adj cierpliwy; s
pacjent

pa·tri·ot [ˈpeɪtrɪət] s patriota

pa·tri·ot·ic [ˌpeɪtrɪˈɔtɪk] adj patriotyczny

pa·trol [pəˈtrəul] s patrol; vt vi patrolować

pa·trol·man [pəˈtrəulmən] s am. policjant

pa·tron [ˈpeɪtrən] s patron, opiekun; stały klient

pat·ron·age [ˈpætrənɪdʒ] s patronat, opieka; protekcjonalność

pat·ron·ize [ˈpætrənaɪz] vt patronować, otaczać opieką; okazywać
łaskę; traktować protekcjonal-
nie; być stałym klientem

pat·ter 1. [ˈpætə(r)] vt vi (lekko)
stukać, tupotać; s (lekkie) stukanie, tupot

pat·ter 2. [ˈpætə(r)] vt vi klepać
(np. pacierz); trajkotać; s żargon,
gwara (środowiskowa); trajkotanie

pat·tern [ˈpætn] s wzór; próbka;
szablon, wykrój; model, forma;
vt ozdabiać wzorem; to ~ sth
after ⟨on⟩ sth wzorować się na
czymś

pat·ty [ˈpætɪ] s pasztecik

pau·ci·ty [ˈpɔsətɪ] s mała ilość,
szczupłość

pau·per [ˈpɔpə(r)] s żebrak; ubogi
(człowiek)

pau·per·ize [ˈpɔpəraɪz] vt spaupe-
ryzować

pause [pɔz] s pauza, przerwa; vi
pauzować, robić przerwę, zatrzymać się

pave [peɪv] vt brukować; przen.
torować (drogę)

pave·ment [ˈpeɪvmənt] s bruk, nawierzchnia; chodnik

pa·vil·ion [pəˈvɪliən] s duży namiot; pawilon

paw [pɔ] s łapa; vt uderzać ⟨skro-
bać⟩ łapą; pot. obłapiać; vi (o
koniu) grzebać nogą

pawn 1. [pɔn] s *dosł. i przen.* pionek

pawn 2. [pɔn] s zastaw, fant; *vt* dawać w zastaw

pawn·broker [ˈpɔnbrəukə(r)] s właściciel lombardu

pawn·shop [ˈpɔnʃop] s lombard

*pay [peɪ] **paid, paid** [peɪd] *vt vi* płacić, wynagradzać, opłacać (się); **to ~ attention** uważać (**to sth** na coś); **to ~ (sb) a compliment** powiedzieć (komuś) komplement; **to ~ one's respects to sb** złożyć komuś uszanowanie; **to ~ a visit** złożyć wizytę; **to ~ one's way** pokrywać koszty ⟨zobowiązania⟩; *z przysłówkami:* **~ back** odpłacić; zwrócić pieniądze; **~ down** wypłacić gotówką; **~ in** wpłacić; **~ off** spłacić; **~ out** wypłacić; **~ up** całkowicie spłacić; s wypłata, zapłata; wynagrodzenie, płaca; **to be in sb's ~** być zatrudnionym u kogoś; być na czyimś żołdzie

pay·a·ble [ˈpeɪəbl] *adj* płatny; opłacalny

pay·ing [ˈpeɪɪŋ] *ppraes i adj* płacący; opłatny, dochodowy

pay·ment [ˈpeɪmənt] s zapłata, wypłata, wynagrodzenie, wpłata

pay·roll [ˈpeɪrəul], **pay·sheet** [ˈpeɪʃɪt] s lista płac

pea [pi] s groch, ziarnko grochu

peace [pis] s pokój; spokój; **at ~** w spokoju; **na stopie pokojowej**

peace·ful [ˈpisful] *adj* spokojny; pokojowy

peace·mak·er [ˈpismeɪkə(r)] s pojednawca, arbiter

peach [pitʃ] s brzoskwinia (owoc i drzewo)

pea·cock [ˈpikok] s paw

peak [pik] s szczyt (góry), wierzchołek; szpic; daszek (u czapki); *adj attr* szczytowy

peal [pil] s melodia ⟨bicie⟩ dzwonów, kurant; huk; *vi* rozbrzmiewać; huczeć

pea·nut [ˈpinʌt] s orzech ziemny

pear [peə(r)] s gruszka (owoc i drzewo)

pearl [pɜl] s perła

peas·ant [ˈpeznt] s chłop, wieśniak, rolnik

peas·ant·ry [ˈpezntrɪ] s chłopstwo

pease [piz] s groch

peat [pit] s torf

peat·bog [ˈpitbog] s torfowisko

peb·ble [ˈpebl] s kamyk; *geol.* otoczak

peck 1. [pek] s garniec (miara); *pot.* wielka ilość, masa

peck 2. [pek] *vt vi* dziobać (**sth, sth** coś); s dziobanie

pe·cul·iar [prˈkjulɪə(r)] *adj* szczególny, specyficzny; osobliwy, dziwny; właściwy (**to sb, sth** komuś, czemuś)

pe·cu·li·ar·i·ty [prˈkjulɪˈærətɪ] s osobliwość; właściwość

pe·cu·ni·ar·y [prˈkjunɪərɪ] *adj* pieniężny, finansowy

ped·a·gog·ic(al) [ˈpedəˈgodʒɪk(l)] *adj* wychowawczy, pedagogiczny

ped·a·gog·ics [ˈpedəˈgodʒɪks] s pedagogika

ped·a·gogue [ˈpedəgog] s *zw. uj.* wychowawca, belfer

ped·al [ˈpedl] s pedał; *vt* naciskać pedał; *vi* pedałować (na rowerze)

ped·ant [ˈpednt] s pedant

pe·dan·tic [prˈdæntɪk] *adj* pedantyczny

ped·dle [ˈpedl] *vi* uprawiać handel domokrążny; *vt* kolportować (towary, plotki)

ped·es·tal [ˈpedɪstl] s piedestał

pe·des·tri·an [prˈdestrɪən] *adj* pieszy; *przen.* przyziemny, nudny; s pieszy, przechodzień, piechur

ped·i·gree [ˈpedɪgri] s rodowód, pochodzenie

ped·lar [ˈpedlə(r)] s domokrążca

peel [pil] s łupina, skórka; *vt* obierać (ziemniaki, owoce); zdzierać (korę, skórę); *vi* (*także* **~ off**) łuszczyć się; zrzucać skórę

peep 1. [pip] *vi* zaglądać z ciekawości (**into sth** do czegoś), zer-

kać (at sb, sth na kogoś, coś);
podglądać (at sb, sth kogoś, coś);
s ukradkowe spojrzenie, zerk-
nięcie

peep 2. [pi:p] *vi* ćwierkać; *s* ćwier-
kanie

peep-hole ['pi:phəul] *s* otwór do za-
glądania; judasz (w drzwiach)

peer 1. [piə(r)] *s* par, lord; (człowiek) równy drugiemu; **to be
sb's** ~ dorównywać komuś

peer 2. [piə(r)] *vi* (badawczo) patrzeć ⟨spoglądać⟩ (at sb, sth na
kogoś, coś); wyzierać, wyglądać

peer·less ['piələs] *adj* niezrównana-
ny, bezkonkurencyjny

pee·vish ['pi:viʃ] *adj* skłonny do
irytacji, drażliwy

peg [peg] *s* kołek, czop, szpunt;
vt kołkować, przytwierdzać koł-
kami; *vi* ~ **away** zawzięcie pracować

pel·i·can ['pelikən] *s* zool. pelikan

pell-mell ['pel 'mel] *adv* bezładnie, chaotycznie; *adj* bezładny,
chaotyczny; *s* chaos, bałagan

pelt 1. [pelt] *s* skóra (zwierzęca),
skórka (na futro)

pelt 2. [pelt] *vt* obrzucić (obelgami, kamieniami itd.); *vi* gęsto
padać, (np. o gradzie) bębnić; *s*
grad (np. kul)

pel·vis ['pelvis] *s* (*pl* **pelves**
['pelvi:z]) *anat.* miednica

pen 1. [pen] *s* zagroda (dla bydła,
drobiu itd.); *vt* zamknąć w zagrodzie; uwięzić

pen 2. [pen] *s* pióro; *vt* pisać,
kreślić; zapisywać

pe·nal ['pi:nl] *adj* prawn. karny,
karalny

pe·nal·ize ['pi:nlaiz] *vt* prawn. karać sądownie

pen·al·ty ['penlti] *s* prawn. kara
sądowa, grzywna

pen·ance ['penəns] *s* rel. pokuta

pence zob. **penny**

pen·cil ['pensl] *s* ołówek; *vt* szkicować, rysować

pen·dant ['pendənt] *s* wisząca o-
zdoba, wisiorek; para ⟨pendant⟩
(to sth do czegoś); odpowiednik
(to sth czegoś)

pend·ent ['pendənt] *adj* wiszący;
będący w toku; *s* = **pendant**

pend·ing ['pendiŋ] *adj* nie rozstrzygnięty; *praep* w oczekiwa-
niu, do (czasu)

pen·du·lum ['pendjuləm] *s* wahadło

pen·e·trate ['penitreit] *vt vi* przeniknąć, przebić; zanurzyć (się),
wcisnąć się, wtargnąć

pen·e·tra·tion ['penitreiʃn] *s* pe-
netracja, przenikanie; przenikliwość

pen·hold·er ['penhəuldə(r)] *s* obsadka (do pisania)

pen·i·cil·lin ['penisilin] *s* penicylina

pe·nin·su·la [pə'ninsjulə] *s* półwysep

pen·i·tent ['penitənt] *adj* skruszony; *s* pokutnik

pen·i·ten·tial ['peni'tenʃl] *adj* po-
kutny

pen·i·ten·tia·ry ['peni'tenʃəri] *adj*
poprawczy; *prawn.* penitencjar-
ny; *s* dom poprawczy; *am.* więzienie

pen·knife ['pennaif] *s* (*pl* **pen-
knives** ['pennaivz]) scyzoryk

pen·man ['penmən] *s* pisarz, autor

pen-name ['penneim] *s* pseudonim (autora)

pen·ni·less ['peniləs] *adj* bez grosza

pen·ny ['peni] *s* (*pl* **pence** [pens])
pens (kwota); (*pl* **pennies** ['pen-
iz]) moneta jednopensowa; *przen.*
grosz

pen·sion ['penʃn] *s* emerytura,
renta; ['pãsiõ] pensjonat; *vt*
przyznawać emeryturę, wypłacać
rentę; ~ **off** przenieść na emeryturę

pen·sion·a·ry ['penʃnəri] *adj* eme-
rytalny; *s* emeryt, rencista

pensioner

pen·sion·er [ˈpenʃnə(r)] = **pension-ary** s

pen·sive [ˈpensɪv] *adj* zadumany

pen·ta·gon [ˈpentəgən] s pięciokąt, pięciobok

pen·tath·lon [penˈtæθlən] s *sport* pięciobój

pent·house [ˈpenthaus] s przybu-dówka, nadbudówka; wystający dach ochronny, okap

pe·nul·ti·mate [penˈʌltɪmət] *adj* przedostatni

pe·nu·ri·ous [prˈnjuərɪəs] *adj* bied-ny, ubogi; skąpy

pen·u·ry [ˈpenjuərɪ] s bieda; brak; skąpstwo

pe·on [ˈpiən] s (*w Indiach*) żoł-nierz pieszy; policjant; posła-niec; służący; *am.* wyrobnik

peo·ple [ˈpiːpl] s naród, lud; *zbior.* osoby, ludzie, obywatele; lud-ność; członkowie rodziny; pra-cownicy (zakładu); *vt* zaludniać

pep [pep] s *pot.* wigor, werwa

pep·per [ˈpepə(r)] s pieprz; *vt* pie-przyć

per [pɜː(r)] *praep łac.* przez, za po-średnictwem; ~ **day** za dzień, na dzień, dziennie; ~ **post** pocz-tą; ~ **cent** od sta; 5 ~ **cent**, **5 p.c.** 5 procent

per·am·bu·late [pəˈræmbjuleɪt] *vt* wędrować (**fields** po polach); *vi* przechadzać się

per·am·bu·la·tor [pəˈræmbjuleɪtə(r)] s wózek dziecięcy

per·ceive [pəˈsiːv] *vt* odczuć, za-uważyć, spostrzec; postrzegać

per·cent·age [pəˈsentɪdʒ] s pro-cent, odsetek

per·cep·ti·ble [pəˈseptəbl] *adj* da-jący się odczuć; dostrzegalny

per·cep·tion [pəˈsepʃn] s percepcja

perch [pɜːtʃ] s żerdź; grzęda; *vi* siadać, usadowić się; *vt* sadzać; usadowić

per·co·late [ˈpɜːkəleɪt] *vt vi* prze-sączać (się); filtrować; przecie-kać

per·cuss [pəˈkʌs] *vt* wstrząsać; *med.* opukiwać

per·cus·sion [pəˈkʌʃn] s wstrząs,

uderzenie; *muz.* perkusja; *med.* opukiwanie

per·di·tion [pəˈdɪʃn] s zatracenie, potępienie

per·emp·to·ry [pəˈremptərɪ] *adj* ostateczny, stanowczy; apodyk-tyczny

per·en·ni·al [pəˈrenɪəl] *adj* wiecz-ny; trwały; s *bot.* bylina

per·fect [ˈpɜːfɪkt] *adj* doskonały; skończony; zupełny; *gram.* do-konany; s *gram.* czas. przeszły dokonany; *vt* [pəˈfekt] dosko-nalić; kończyć, dokonać (cze-goś)

per·fec·tion [pəˈfekʃn] s dosko-nałość; dokonanie ⟨ukończenie⟩ (czegoś)

per·fid·i·ous [pəˈfɪdɪəs] *adj* wia-rołomny, przewrotny, perfidny

per·fi·dy [ˈpɜːfɪdɪ] s wiarołomność, przewrotność, perfidia

per·fo·rate [ˈpɜːfəreɪt] *vt* perforo-wać, dziurkować

per·fo·ra·tion [ˌpɜːfəˈreɪʃn] s dziur-kowanie, perforacja, przekłucie

per·force [pəˈfɔːs] *adv* z koniecz-ności

per·form [pəˈfɔːm] *vt* dokonywać, wykonywać, spełniać; grać (sztu-kę); *vi* występować (na scenie)

per·form·ance [pəˈfɔːməns] s doko-nanie, wykonanie, spełnienie; wyczyn; wystawienie (sztuki), przedstawienie; odegranie (roli)

per·fume [ˈpɜːfjuːm] s perfumy; za-pach; *vt* [pəˈfjuːm] perfumować, rozsiewać zapach

per·func·to·ry [pəˈfʌŋktərɪ] *adj* po-wierzchowny; niedbały

per·haps [pəˈhæps] *adv* może, być może

per·il [ˈperl] s niebezpieczeństwo

per·il·ous ⸜ [ˈperləs] *adj* niebez-pieczny, ryzykowny

per·im·e·ter [pəˈrɪmɪtə(r)] s pe-rymetr, obwód

pe·ri·od [ˈpɪərɪəd] s okres, cykl; *gram.* kropka; **to put a** ~ posta-wić kropkę; położyć kres

perspicuous

pe·ri·od·i·cal [ˌpɪərɪˈodɪkl] *adj* o-
kresowy; *s* czasopismo, periodyk

per·ish [ˈperɪʃ] *vi* ginąć, niszczeć;
vt niszczyć

per·ish·a·ble [ˈperɪʃəbl] *adj* (łatwo)
psujący się; *s pl* ~s łatwo psu-
jące się towary

per·i·wig [ˈperɪwɪg] *s* peruka

per·jure [ˈpɜːdʒə(r)] *vr* ~ oneself
krzywoprzysięgać

per·ju·ry [ˈpɜːdʒərɪ] *s* krzywoprzysięstwo

perk [pɜːk] *vt vi* ożywiać (się);
(*także* ~ up) zadzierać nosa;
nabierać ⟨dodawać⟩ animuszu;
rozzuchwalać się

perk·y [ˈpɜːkɪ] *adj* buńczuczny

perm [pɜːm] *s pot.* trwała ondulacja; *vt* trwale ondulować

per·ma·nent [ˈpɜːmənənt] *adj* stały, ciągły, trwały; ~ wave trwała ondulacja

per·me·a·ble [ˈpɜːmɪəbl] *adj* prze-
nikalny, przepuszczalny

per·me·ate [ˈpɜːmɪeɪt] *vt vi* przenikać, przesiąkać (**through sth**
przez coś)

per·mis·si·ble [pəˈmɪsəbl] *adj* dopuszczalny, dozwolony

per·mis·sion [pəˈmɪʃn] *s* pozwolenie

per·mit [pəˈmɪt] *vt* pozwalać (sth
na coś); *vi* dopuszczać ⟨znosić⟩
(**of sth** coś); *s* [ˈpɜːmɪt] zezwolenie (pisemne), przepustka

per·ni·cious [pəˈnɪʃəs] *adj* zgubny

per·pen·dic·u·lar [ˌpɜːpənˈdɪkjulə(r)]
adj pionowy; *s* linia prostopadła;
pion

per·pe·trate [ˈpɜːpɪtreɪt] *vt* popełnić (przestępstwo, błąd itd.)

per·pe·tra·tor [ˈpɜːpɪtreɪtə(r)] *s*
sprawca, przestępca

per·pet·u·al [pəˈpetʃuəl] *adj* wieczny;. bezustanny

per·pet·u·ate [pəˈpetʃueɪt] *vt* unie-
śmiertelnić, uwiecznić

per·pe·tu·i·ty [ˌpɜːpɪˈtjuːətɪ] *s* wieczność; dożywotnia renta

per·plex [pəˈpleks] *vt* zakłopotać,
zmieszać

per·plex·i·ty [pəˈpleksətɪ] *s* zakłopotanie; dylemat; zamieszanie

per·se·cute [ˈpɜːsɪkjut] *vt* prześladować

per·se·cu·tion [ˌpɜːsɪˈkjuʃn] *s* prześladowanie

per·se·cu·tor [ˈpɜːsɪkjutə(r)] *s* prze-
śladowca

per·se·ver·ance [ˌpɜːsɪˈvɪərns] *s* wytrwałość

per·se·vere [ˌpɜːsɪˈvɪə(r)] *vi* trwać
(**in sth** przy czymś), uporczywie
robić (**in sth** coś)

Per·sian [ˈpɜːʃn] *adj* perski; *s* Pers;
język perski

per·sist [pəˈsɪst] *vi* upierać się
⟨obstawać⟩ (**in sth** przy czymś);
wytrwać; utrzymywać się

per·sist·ence [pəˈsɪstəns] *s* uporczywość, wytrwałość; trwałość

per·son [ˈpɜːsn] *s* osoba, osobnik;
in ~ osobiście

per·son·age [ˈpɜːsnɪdʒ] *s* osobistość, (wielka) figura; postać (u-
tworu itd.)

per·son·al [ˈpɜːsnl] *adj* osobisty,
prywatny, własny; osobowy

per·son·al·i·ty [ˌpɜːsəˈnælətɪ] *s* osobistość; indywidualność; prezencja

per·son·al·ty [ˈpɜːsnltɪ] *s* osobiste
mienie; *zbior.* ruchomości

per·son·ate [ˈpɜːsneɪt] *vt* przedstawiać; odgrywać rolę; uosabiać

per·son·i·fi·ca·tion [pəˌsonɪfɪˈkeɪʃn]
s uosobienie, personifikacja

per·son·i·fy [pəˈsonɪfaɪ] *vt* uosabiać

per·son·nel [ˌpɜːsnˈel] *s* personel

per·spec·tive [pəˈspektɪv] *adj* per-
spektywiczny; *s* perspektywa

per·spi·ca·cious [ˌpɜːspɪˈkeɪʃəs] *adj*
bystry, przenikliwy

per·spi·cu·i·ty [ˌpɜːspɪˈkjuːətɪ] *s*
jasność, zrozumiałość, wyrazistość

per·spic·u·ous [pəˈspɪkjuəs] *adj*
jasny, wyraźny, zrozumiały

per·spi·ra·tion [ˈpɜspəˈreɪʃn] s pot. pocenie się

per·spire [pəˈspaɪə(r)] vi pocić się; vt wypacać

per·suade [pəˈsweɪd] vt przekonywać, namawiać (sb into sth kogoś do czegoś); I was ~d that... byłem przekonany, że...

per·sua·sion [pəˈsweɪʒn] s przekonywanie, perswazja, namowa; przekonanie; rel. wyznanie

per·sua·sive [pəˈsweɪsɪv] adj przekonywający

pert [pɜt] adj bezczelny, wyzywający

per·tain [pəˈteɪn] vi należeć (to sth do czegoś); odnosić się (to sb, sth do kogoś, czegoś); mieć związek (to sth z czymś); być właściwym (to sth czemuś)

per·ti·na·cious [ˈpɜtɪˈneɪʃəs] adj uporczywy, uparty; wytrwały

per·ti·nac·i·ty [ˈpɜtɪˈnæsɪtɪ] s uporczywość, wytrwałość

per·ti·nent [ˈpɜtɪnənt] adj stosowny, trafny; związany z tematem, celowy

per·turb [pəˈtɜb] vt niepokoić, zakłócać (porządek), wzburzyć

per·tur·ba·tion [ˈpɜtəˈbeɪʃn] s niepokój, zamieszanie, zamęt, zakłócenie (porządku)

pe·ru·sal [pəˈruzl] s uważne czytanie, dokładne przeglądanie

pe·ruse [pəˈruz] vt uważnie czytać, dokładnie przeglądać

per·vade [pəˈveɪd] vt przenikać, nurtować, ogarniać

per·va·sive [pəˈveɪsɪv] adj przenikający, ogarniający; dominujący

per·verse [pəˈvɜs] adj przewrotny; perwersyjny

per·ver·sion [pəˈvɜʃn] s przewrotność; zboczenie, perwersja

per·vert [pəˈvɜt] vt psuć, deprawować, wypaczać; odciągać, odwodzić; s [ˈpɜvɜt] zboczeniec; odstępca

pes·si·mism [ˈpesɪmɪzm] s pesymizm

pest [pest] s zaraza, plaga; szkodnik (chwast, insekt)

pes·ter [ˈpestə(r)] vt dręczyć, dokuczać, dawać się we znaki

pes·ti·lence [ˈpestɪləns] s zaraza, epidemia

pes·ti·lent [ˈpestɪlənt], **pes·ti·len·tial** [ˈpestɪˈlenʃl] adj zaraźliwy; szkodliwy; zabójczy

pes·tle [ˈpesl] s tłuczek (do moździerza)

pet [pet] vt pieścić; s (także o zwierzęciu) pieszczoch, ulubieniec; adj attr pieszczotliwy; ulubiony

pet·al [ˈpetl] s płatek (kwiatu)

pe·ti·tion [prˈtɪʃn] s prośba, petycja, podanie; vt zwracać się z prośbą (zw. pisemną), wnosić petycję; vi błagać (for sth o coś)

pe·ti·tion·er [prˈtɪʃnə(r)] s petent

pet·ri·fy [ˈpetrɪfaɪ] vt petryfikować; przen. wprawić w osłupienie; vi skamienieć; przen. osłupieć

pet·rol [ˈpetrl] s benzyna (mieszanka); adj benzynowy ~ station stacja benzynowa

pe·tro·le·um [prˈtrəʊlɪəm] s ropa naftowa

pet·ti·coat [ˈpetɪkəʊt] s halka; przen. kobieta, dziewczyna

pet·tish [ˈpetɪʃ] adj drażliwy, opryskliwy

pet·ty [ˈpetɪ] adj drobny, mało znaczący

pet·u·lance [ˈpetjʊləns] s drażliwość; rozdrażnienie

pew [pju] s ławka (w kościele)

pe·wit [ˈpiwɪt] s zool. czajka

pew·ter [ˈpjutə(r)] s naczynie cynowe

pha·lanx [ˈfælæŋks] s (pl ~es [ˈfælæŋksɪz] lub phalanges [fæˈlændʒɪz]) falanga

phan·tasm [ˈfæntæzm] s zjawa, przywidzenie, urojenie

phan·ta·sy [ˈfæntəsɪ] s = fantasy

phan·tom [ˈfæntəm] s widmo, zjawa, fantom; złudzenie

Phar·i·see [ˈfærɪsi] *s* faryzeusz, hipokryta

phar·ma·cy [ˈfaməsɪ] *s* apteka; farmacja

phase [feɪz] *s* faza

pheas·ant [ˈfeznt] *s zool.* bażant

phe·nom·e·non [fɪˈnomɪnən] *s* (*pl* **phenomena** [fɪˈnomɪnə]) fenomen, zjawisko

phi·al [ˈfaɪəl] *s* fiolka, flaszeczka

phi·lan·thro·pist [fɪˈlænθrəpɪst] *s* filantrop

phi·late·list [fɪˈlætəlɪst] *s* filatelista

phi·late·ly [fɪˈlætəlɪ] *s* filatelistyka

Phi·lis·tine [ˈfɪlɪstaɪn] *s* wróg (sztuki, literatury itd.); filister

phil·o·log·i·cal [ˌfɪləˈlodʒɪkl] *adj* filologiczny

phi·lol·o·gist [fɪˈlolədʒɪst] *s* filolog

phi·lol·o·gy [fɪˈlolədʒɪ] *s* filologia

phi·los·o·pher [fɪˈlosəfə(r)] *s* filozof

phil·o·soph·ic(al) [ˌfɪləˈsofɪk(l)] *adj* filozoficzny

phi·los·o·phy [fɪˈlosəfɪ] *s* filozofia

phiz [fɪz] *s pot.* gęba, facjata

phlegm [flem] *s* flegma

phleg·mat·ic [flegˈmætɪk] *adj* flegmatyczny

phone 1. [fəun] *s gram.* głoska

phone 2. [fəun] *s pot.* = **telephone**; *vt vi* dzwonić, telefonować

pho·net·ic [fəˈnetɪk] *adj* fonetyczny

pho·net·ics [fəˈnetɪks] *s* fonetyka

pho·ney [ˈfəunɪ] *adj pot.* fałszywy, udawany

phos·phate [ˈfosfeɪt] *s chem.* fosfat, fosforan; *miner.* fosforyt

phos·phor·us [ˈfosfərəs] *s chem.* fosfor

photo [ˈfəutəu] *s skr.* = **photograph** *s*

pho·to·graph [ˈfəutəgrɑːf] *s* fotografia, zdjęcie; *vt* fotografować

pho·tog·ra·pher [fəˈtogrəfə(r)] *s* fotograf

pho·tog·ra·phy [fəˈtogrəfɪ] *s* foto-

grafia (sztuka fotografowania)

phrase [freɪz] *s* zwrot, fraza

phra·se·ol·o·gy [ˌfreɪzɪˈolədʒɪ] *s* frazeologia

phthi·sis [ˈθaɪsɪs] *s med.* gruźlica

phys·ic [ˈfɪzɪk] *s* lekarstwo; *vt* leczyć (lekarstwami)

phys·i·cal [ˈfɪzɪkl] *adj* fizyczny

phy·si·cian [fɪˈzɪʃn] *s* lekarz

phys·i·cist [ˈfɪzɪsɪst] *s* fizyk

phys·ics [ˈfɪzɪks] *s* fizyka

phys·i·og·no·my [ˌfɪzɪˈonəmɪ] *s* fizjonomia

phys·i·o·log·i·cal [ˌfɪzɪəˈlodʒɪkl] *adj* fizjologiczny

phys·i·ol·o·gy [ˌfɪzɪˈolədʒɪ] *s* fizjologia

phy·sique [fɪˈziːk] *s* budowa ciała

pi·an·ist [ˈpɪənɪst] *s* pianista

pi·an·o [pɪˈænəu] *s* fortepian; **cottage** ⟨**upright**⟩ ~ pianino

pick [pɪk] *vt* wybierać, sortować; kopać (motyką, kilofem); przetykać; skubać; dłubać (w zębach, w nosie); okradać; zbierać ⟨przebierać⟩ (np. owoce); **to ~ sb's pocket** wyciągnąć coś komuś z kieszeni; *vi* kraść; **to ~ at one's food** jeść małymi kęsami; dłubać w talerzu; **to ~ at sb** czepiać się kogoś; ~ **off** zrywać, zdzierać; powystrzelać; ~ **out** wybierać; wyrywać; wyśledzić; ~ **up** podnosić; zbierać; zgarniać; nauczyć się (**sth** czegoś); natrafić ⟨natknąć się⟩ (**sth** na coś); (*o taksówce, kierowcy*) zabrać (**sb** kogoś); złapać (w radiu); ~ **up courage** zebrać się na odwagę; ~ **up an acquaintance** zawrzeć okolicznościową znajomość; ~ **up a quarrel** wywołać kłótnię; *s* motyka, kilof; uderzenie kilofem ⟨motyką⟩; wybór, elita, *przen.* śmietanka; zbiór (owoców itd.)

pick·a·back [ˈpɪk ə bæk] *adv* (*nieść*) na plecach, (*o dziecku*) na barana

pick·axe [ˈpɪkæks] *s* oskar, kilof, motyka

pick·et [ˈpɪkɪt] *s* kół, pal; pikieta;

vt vi otaczać palami; obstawiać pikietami, pikietować

pick·le [`pɪkl] *s* marynata; *pl* ~s marynowane jarzyny, pikle; *vt* marynować

pick·pock·et [`pɪkpokɪt] *s* złodziej kieszonkowy

pick-up [`pɪkʌp] *s* przygodna znajomość; adapter; *sport* odbicie piłki; *am.* mały samochód półciężarowy

pic·nic [`pɪknɪk] *s* piknik; *vi* urządzać piknik

pic·to·ri·al [pɪk`tɔrɪəl] *adj* malowniczy; malarski; ilustrowany; *s* pismo ilustrowane

pic·ture [`pɪktʃə(r)] *s* obraz, rycina, rysunek; portret; zdjęcie; to take a ~ zrobić zdjęcie; *pl* ~s film, kino; *vt* wyobrażać, przedstawiać, malować

pic·ture-house [`pɪktʃəhaus] *s* kino (budynek)

pic·tur·esque [ˌpɪktʃə`resk] *adj* malowniczy

pidg·in [`pɪdʒɪn] *s* (*także* ~ **English**) łamana angielszczyzna

pie 1. [paɪ] *s* sroka

pie 2. [paɪ] *s* pasztecik, pierożek; ciastko, placek

piece [pis] *s* kawałek; część; sztuka; utwór (sceniczny, muzyczny); moneta; *wojsk.* robota akordowa; in ~s w kawałkach; ~ by ~ po kawałku; to go to ~s rozlecieć się na kawałki; stracić panowanie nad sobą; to take to ~s rozebrać na części; *vt* sztukować, łatać; ~ on nałożyć, dosztukować; ~ out uzupełnić; zestawić; ~ together złożyć w całość; ~ up połatać

piece·meal [`pismil] *adj* częściowy, robiony częściami ⟨po kawałku⟩; *adv* częściami, po kawałku; na części

piece-work [`piswɜk] *s* praca akordowa

pier [pɪə(r)] *s* molo, falochron

pierce [pɪəs] *vt* przebić, przeszyć, przekłuć; przeniknąć; wbić się

pi·e·ty [`paɪətɪ] *s* pobożność

pig [pɪg] *s* prosiak, świnia

pig·eon [`pɪdʒən] *s* gołąb

pig·eon-hole [`pɪdʒən həul] *s* przegródka, szufladka (w biurku itd.); wejście do gołębnika; *vt* umieszczać w przegródkach, segregować (papiery); *przen.* odłożyć (sprawę) do szuflady

pig·gish [`pɪgɪʃ] *adj* świński, brudny; ordynarny, wstrętny

pig·head·ed [ˈpɪg `hedɪd] *adj* głupi; uparty

pig-iron [`pɪg aɪən] *s* żeliwo, surówka (metalu)

pig·my = **pygmy**

pig·sty [`pɪgstaɪ] *s* chlew

pig·tail [`pɪgteɪl] *s* warkocz; tytoń pleciony

pike 1. [paɪk] *s* pika, włócznia; kilof; ostrze

pike 2. [paɪk] *s* szczupak

pile 1. [paɪl] *s* kupa, sterta, stos; *elektr.* bateria, stos; gmach; blok; *vt* rzucać na kupę; (*także* ~ on ⟨up⟩) gromadzić; piętrzyć

pile 2. [paɪl] *s* pal; *vt* wbijać pale

pile 3. [paɪl] *s* meszek (na tkaninie), wełna

pil·fer [`pɪlfə(r)] *vt* ukraść, *pot.* zwędzić

pil·grim [`pɪlgrɪm] *s* pielgrzym

pil·grim·age [`pɪlgrɪmɪdʒ] . *s* pielgrzymka

pill [pɪl] *s* pigułka

pil·lage [`pɪlɪdʒ] *s* grabież, rabunek; *vt* rabować, grabić

pil·lar [`pɪlə(r)] *s* słup, filar

pill-box [`pɪl boks] *s* pudełko na pigułki; mała okrągła czapeczka; *wojsk.* schron betonowy

pil·lar-box [`pɪlə boks] *s* skrzynka pocztowa (stojąca)

pil·lion [`pɪlɪən] *s* tylne siodełko (motocykla)

pil·lo·ry [`pɪlərɪ] *s* pręgierz; *vt* postawić pod pręgierzem

pil·low [`pɪləu] *s* poduszka

pil·low-case [`pɪləu keɪs] *s* poszewka

pi·lot ['paɪlət] s pilot; vt pilotować

pi·lot·age ['paɪlətɪdʒ] s pilotaż

pim·ple ['pɪmpl] s pryszcz

pim·pled ['pɪmpld], **pim·ply** ['pɪmplɪ] adj pryszczaty

pin [pɪn] s szpilka; vt przyszpilić, przymocować, przygwoździć

pin·a·fore ['pɪnəfɔ(r)] s fartuszek (dziecinny)

pin·cers ['pɪnsəz] s pl szczypce, kleszcze, obcążki

pinch [pɪntʃ] vt vi szczypać; przycisnąć; (o bucie) uciskać, uwierać; pot. porwać, buchnąć; s uszczypnięcie, szczypanie; ucisk; nagły ból; szczypta

pine 1. [paɪn] s sosna; pot. bot. a-nanas

pine 2. [paɪn] vi schnąć, marnieć; bardzo tęsknić (after ⟨for⟩ sb, sth za kimś, czymś); ~ away marnieć, ginąć

pine·ap·ple ['paɪnæpl] s bot. ananas

pin·ion ['pɪnɪən] s koniec (ptasiego) skrzydła, lotka; kółko zębate; vt podciąć skrzydła; związać ręce, skrępować

pink 1. [pɪŋk] s bot. goździk; kolor różowy; adj różowy; vt zaróżowić

pink 2. [pɪŋk] vt przebijać; dziurkować, ząbkować

pin·na·cle ['pɪnəkl] s szczyt, wierzchołek; wieżyczka

pin·point ['pɪn pɔɪnt] s koniec szpilki; vt dokładnie określić, ustalić położenie; zbombardować

pint [paɪnt] s pół kwarty

pi·o·neer [paɪə'nɪə(r)] s pionier; vt vi wykonywać pionierską pracę, torować drogę

pi·ous ['paɪəs] adj pobożny

pip [pɪp] s ziarnko ⟨pestka⟩ owocu; gwiazdka (oficerska); oczko (w grze)

pipe [paɪp] s rura, rurka; przewód; fujarka; fajka; pl ~s kobza; (także **bagpipe**) dudy; vt vi grać na fujarce (piszczałce, kobzie) świstać, gwizdać; świergotać; skanalizować (a house dom)

pipe·line ['paɪplaɪn] s rurociąg

pip·er ['paɪpə(r)] s grający na fujarce; kobziarz; to pay the ~ ponosić konsekwencje

pip·ing ['paɪpɪŋ] ppraes i s instalacja rurowa; sieć wodociągowa ⟨gazowa itd.⟩; gra na fujarce ⟨kobzie itp.⟩; świst; świergot

pi·quant ['pikənt] adj pikantny

pique [pik] vt dół, dotknąć ⟨kogoś⟩; obrazić; zaciekawić; s uraza, żal

pi·rate ['paɪərət⟩ s pirat, korsarz; plagiator; vt vi rabować, uprawiać korsarstwo

pis·til ['pɪstl] s bot. słupek

pis·tol ['pɪstl] s pistolet

pis·ton ['pɪstn] s techn. tłok

pit [pɪt] s dół, jama; kopalnia, szyb; pułapka, wilczy dół; am. miejsce transakcji giełdowych

pitch 1. [pɪtʃ] s smoła; vt smołować

pitch 2. [pɪtʃ] vt ustawiać, lokować; wystawiać (towary); rozbijać (namiot, obóz); wojsk. ustawiać w szyku bojowym; stroić (instrument); nadziewać (np. na widły); sport rzucać (oszczepem itd.); vi rzucić się (into sb na kogoś); opaść, zapaść się; s szczyt, wierzchołek; stopień, natężenie; wysokość głosu ⟨tonu⟩; poziom lotu; spadek, upadek; rzut; miejsce (przekupnia, żebraka itd.); stanowisko

pitch·er ['pɪtʃə(r)] s dzban; sport (w baseballu) zawodnik rzucający piłkę; kamień brukowy

pitch·fork ['pɪtʃfɔk] s widły

pit·e·ous ['pɪtɪəs] adj żałosny

pit·fall ['pɪtfɔl] s pułapka

pith [pɪθ] s rdzeń, szpik; przen. wigor

pit·head ['pɪthed] s wejście do szybu, nadszybie

pith·y ['pɪθɪ] adj rdzeniowy; przen. pełen wigoru ⟨energii⟩, jędrny; treściwy

pit·i·a·ble ['pɪtɪəbl] adj żałosny

pit·i·ful [ˈpɪtɪfl] *adj* litościwy, współczujący; żałosny, nędzny

pit·i·less [ˈpɪtɪləs] *adj* bezlitosny

pit·man [ˈpɪtmən] *s* górnik

pit·tance [ˈpɪtns] *s* nędzne wynagrodzenie; nędzna porcja, ochłap

pit·y [ˈpɪtɪ] *s* litość, politowanie; szkoda; **to take ⟨have⟩ ~** litować się **(on ⟨upon⟩ sb** nad kimś); **what a ~!** jaka szkoda!; **a thousand pities** wielka szkoda; *vt* litować się **(sb** nad kimś); żałować **(sb** kogoś)

piv·ot [ˈpɪvət] *s* oś; czop (osi); *przen.* oś ⟨sedno⟩ (sprawy)

plac·ard [ˈplækad] *s* plakat, afisz; *vt* rozlepiać afisze, ogłaszać

pla·cate [pləˈkeɪt] *vt* łagodzić, zjednywać sobie

place [pleɪs] *s* miejsce; miejscowość; siedziba; lokal; ulica, plac; dom, posiadłość; lokal, zakład; posada, zawód; to give — ustąpić; **to take ~** odbyć ⟨wydarzyć, zdarzyć⟩ się; **to take the ~ of sb, sth** zastąpić kogoś, coś; in ~ na miejscu; stosowny; in ~ of zamiast; out of ~ nie na miejscu, nieodpowiedni; in the first ~ przede wszystkim; *vt* umieścić, pomieścić; kłaść, stawiać; określić miejsce, umiejscowić

plac·id [ˈplæsɪd] *adj* spokojny, łagodny

pla·gi·a·rize [ˈpleɪdʒəraɪz] *vt* popełniać plagiat

pla·gi·a·ry [ˈpleɪdʒərɪ] *s* plagiat; plagiator

plague [pleɪg] *s* zaraza, plaga; *vt* dotknąć plagą; *przen.* dręczyć

plaid [plæd] *s* pled (*zw.* w kratę)

plain [pleɪn] *adj* gładki, prosty; zrozumiały, jasny; wyraźny; otwarty, szczery; pospolity, zwyczajny; ~ dealing uczciwe postępowanie; ~ living prosty tryb życia; in ~ clothes w cywilnym ubraniu; ~ clothes man policjant w cywilnym ubraniu, *pot.* tajniak

plain·tiff [ˈpleɪntɪf] *s prawn.* oskarżyciel, powód

plain·tive [ˈpleɪntɪv] *adj* żałosny

plait [plæt] *s* fałda; warkocz; plecionka; *vt* układać w fałdy; splatać

plan [plæn] *s* plan, projekt, zamiar; *vt* planować, zamierzać

plane 1. [pleɪn] *s* samolot; *vi* lecieć samolotem, szybować

plane 2. [pleɪn] *adj* płaski, równy; *s* płaszczyzna; poziom; hebel, strug; *vt* gładzić, wyrównywać; heblować

plan·et [ˈplænɪt] *s* planeta

plank [plæŋk] *s* deska; (główny) punkt programu politycznego; *vt* obijać deskami, szalować

plant [plant] *s* roślina; instalacje, warsztaty, urządzenie fabryki; fabryka; *vt* sadzić; siać; wsadzać, wtykać; wszczepić, wpoić; osiedlać; umieszczać, ustawiać; założyć (miasto itd.)

plan·ta·tion [plænˈteɪʃn] *s* plantacja

plant·er [ˈplæntə(r)] *s* plantator; maszyna do flancowania sadzonek

plaque [plak] *s* plakietka; płyta pamiątkowa

plash [plæʃ] *vt vi* pluskać; *s* plusk

plas·ter [ˈplastə(r)] *s* gips; tynk; *med.* plaster; *vt* gipsować; tynkować; przyłożyć plaster

plas·tic [ˈplæstɪk] *adj* plastyczny; plastykowy; *s* plastyk, tworzywo sztuczne

plas·tron [ˈplæstrən] *s* gors; napierśnik

plate [pleɪt] *s* płyta; tafla; talerz; klisza; sztych; *zbior.* naczynia metalowe, platery; *vt* platerować, pokryć metalem; opancerzyć

pla·teau [ˈplætəʊ] *s* płaskowzgórze; taca, patera

plat·form [ˈplætfɔm] *s* platforma; peron; trybuna, estrada

plat·i·num [ˈplætnəm] *s* platyna

plat·i·tude [ˈplætɪtjud] s płytkość (wypowiedzi itd.); banał

pla·toon [pləˈtun] s wojsk. pluton

plau·si·ble [ˈplɔzəbl] adj możliwy do przyjęcia, prawdopodobny, pozornie uzasadniony

play [pleɪ] vt vi bawić się (at sth w coś; with sth czymś); igrać, swawolić; grać (at sth w coś); grać ⟨odgrywać⟩ rolę; udawać; sport rozegrać (mecz); (o świetle, kolorach) mienić się; to ~ cards ⟨football⟩ grać w karty ⟨w piłkę nożną⟩; to ~ fair grać przepisowo; przen. postępować uczciwie; to ~ (on) the violin grać na skrzypcach; to ~ tricks płatać figle; to ~ the fool udawać głupiego; ~ away przegrać (majątek itd.); ~ down lekceważyć, nie doceniać; ~ off symulować; żartować sobie (sb z kogoś); ~ out grać do końca; ~ed out zgrany, zużyty, przebrzmiały; s gra, zabawa, rozrywka; figiel, żart; sztuka sceniczna; sport rozgrywka

play·er [ˈpleɪə(r)] s gracz; aktor; muzyk; sport zawodowiec

play·fel·low [ˈpleɪfeləu] s towarzysz zabaw dziecinnych

play·ful [ˈpleɪfl] adj figlarny, wesoły; żartobliwy

play·ground [ˈpleɪgraund] s boisko

play·house [ˈpleɪhaus] s teatr

play·ing-field [ˈpleɪɪŋ fild] s boisko

play·mate [ˈpleɪmeɪt] = playfellow

play·off [ˈpleɪɔf] s sport dogrywka

play·thing [ˈpleɪθɪŋ] s zabawka

play·wright [ˈpleɪraɪt] s dramaturg

plea [pli] s usilna prośba; usprawiedliwienie; pretekst; prawn. obrona (wygłaszana przez oskarżonego)

plead [plid] vt vi ujmować się (for sb ⟨in sb's favour⟩ za kimś); błagać (with sb for sth o kogoś o coś); usprawiedliwiać się; powoływać się (sth na coś); prawn. bronić (w sądzie), wygłaszać mowę obrończą; to ~ ignorance tłumaczyć się nieświadomością; to ~ guilty przyznać się do winy

plead·er [ˈplidə(r)] s prawn. obrońca

pleas·ant [ˈpleznt] adj miły, przyjemny; figlarny

pleas·ant·ry [ˈplezntrɪ] s żartobliwość, figlarność; żart

please [pliz] vt vi podobać się, sprawiać przyjemność, być miłym; uznać ⟨uważać⟩ za stosowne ⟨odpowiednie⟩; zadowolić, zaspokoić; vr ~ oneself znajdować upodobanie; robić po swojemu; ~ come in! proszę wejść!; if you ~ proszę bardzo; ~ not to go out proszę nie wychodzić; to be ~d być zadowolonym (with sth z czegoś); mieć przyjemność (at sth w czymś); raczyć; I am ~d to say z przyjemnością stwierdzam ⟨mówię⟩; do as you ~ rób, jak chcesz

pleas·ing [ˈplizɪŋ] ppraes i adj miły, ujmujący

pleas·ure [ˈpleʒə(r)] s przyjemność; to take ~ in doing sth mieć ⟨znajdować⟩ przyjemność w czymś; at ~ do woli; at your ~ według twego upodobania

pleas·ure-boat [ˈpleʒəbəut] s łódź spacerowa

pleas·ure-ground [ˈpleʒəgraund] s park przeznaczony do zabaw ⟨gier⟩

pleat [plit] s fałda, zakładka, plisa; vt układać w fałdy, plisować

ple·be·ian [plɪˈbiən] adj plebejski; s plebejusz

pleb·i·scite [ˈplebɪsɪt] s plebiscyt

pledge [pledʒ] s zastaw, gwarancja; ślubowanie; zobowiązanie; to take the ~ ślubować wstrzemięźliwość (od alkoholu); vt dawać w zastaw, zastawiać; ślubować; zobowiązywać się pod słowem honoru (sth do czegoś); to ~ one's word dawać słowo honoru;

vr ~ oneself zobowiązywać się pod słowem honoru

ple·na·ry [ˈplinərɪ] *adj* plenarny; całkowity

plen·i·po·ten·ti·ar·y [ˈplenɪpəˈten ʃərɪ] *adj* pełnomocny; *s* pełnomocnik

plen·i·tude [ˈplenɪtjud] *s* pełnia ⟨obfitość⟩ (of sth czegoś)

plen·ti·ful [ˈplentɪfl] *adj* obfity, liczny

plen·ty [ˈplentɪ] *s* obfitość, duża ilość; ~ of dużo

ple·num [ˈplinəm] *s* plenum

pli·a·ble [ˈplaɪəbl] *adj* giętki, podatny, ustępliwy

pli·ant [ˈplaɪənt] = pliable

pli·ca [ˈplaɪkə] *s* (*pl* ~e [ˈplaɪsiː]) *med.* kołtun; *anat.* fałda

pli·ers [ˈplaɪəz] *s pl* szczypce, kleszcze

plight 1. [plaɪt] *s* położenie (*zw.* trudne), sytuacja

plight 2. [plaɪt] *s* przyrzeczenie, ślubowanie; *vt* przyrzekać, ślubować; *vr* ~ oneself ślubować wierność

plod [plod] *vi* wlec się z trudem; (*także* ~ along) ciężko pracować, harować (at sth nad czymś); wkuwać (lekcje itd.)

plod·der [ˈplodə(r)] *s* człowiek wytrwale ⟨ciężko⟩ pracujący

plot 1. [plot] *s* kawałek gruntu, działka

plot 2. [plot] *s* spisek, intryga; temat ⟨fabuła, akcja⟩ (powieści, dramatu); *vt vi* spiskować, intrygować, knuć

plot·ter [ˈplotə(r)] *s* intrygant, spiskowiec

plough [plaʊ] *s* pług; *vt vi* orać; pruć (fale, powietrze); *pot.* oblać egzamin; ~ up przeorać, zorać

plough·man [ˈplaʊmən] *s* oracz

plow, plow·man *am.* = plough, ploughman

pluck [plʌk] *vt* skubać, rwać, szarpać, pociągać; wyrywać; *pot.* ścinać przy egzaminie; ~ up one's courage zebrać się na odwagę;

vi szarpać (at sth coś); *s* skubanie, szarpnięcie; *zbior.* podróbki; *pot.* oblanie egzaminu; odwaga, śmiałość

pluck·y [ˈplʌkɪ] *adj* odważny, śmiały

plug [plʌg] *s* szpunt, czop, wtyczka; sztyft; tampon; świeca (w silniku); *dent.* plomba; *vt* szpuntować, zatykać; ~ in wetknąć wtyczkę (do kontaktu)

plum [plʌm] *s* śliwka; rodzynek (w cieście)

plum·age [ˈplumɪdʒ] *s* upierzenie; *zbior.* pióra

plumb [plʌm] *s* kulka ołowiana (u pionu); (*także* ~-line) pion; out of ~ nie w pionie, nie prostopadle; *adj* pionowy; *adv* pionowo, prosto; *pot.* całkowicie, dokładnie; *vt* badać ⟨ustalać⟩ pion, sondować; *przen.* zgłębiać, przenikać

plumb·er [ˈplʌmə(r)] *s* monter, hydraulik

plume [plum] *s* pióro; pióropusz; *vt* zdobić w pióra ⟨pióropuszem⟩; *vr* ~ oneself pysznić się

plump 1. [plʌmp] *adj* pulchny, tłusty; *vt* tuczyć; *vi* nabierać ciała

plump 2. [plʌmp] *vt* cisnąć, rzucić; *vi* ciężko upaść; *s* (ciężki) upadek; *adj* kategoryczny, bez ogródek; *adv* prosto z mostu, otwarcie; nagle; ciężko

plum-pud·ding [ˈplʌmˈpudɪŋ] *s* budyń z rodzynkami

plun·der [ˈplʌndə(r)] *vt vi* plądrować, grabić; *s* grabież; łup

plunge [plʌndʒ] *vt vi* zanurzać ⟨pogrążać, zagłębiać⟩ (się) (into sth w coś); nurkować, rzucać się, wpadać; wsadzać, wtykać; *s* zanurzenie (się), skok do wody, nurkowanie

plung·er [ˈplʌndʒə(r)] *s* nurek

plu·per·fect [ˈpluˈpɜːfɪkt] *adj gram.* zaprzeszły; *s gram.* czas zaprzeszły

plu·ral [`pluərl] *adj* pluralny; *gram.* mnogi; *s gram.* liczba mnoga

plu·ral·i·ty [pluə`rælətɪ] *s* wielość, mnogość; większość

plus [plʌs] *adv i praep* plus; i; *adj* dodatkowy, dodatni; *s* plus, znak dodawania

plus-fours [`plʌs`foz] *s pl* pumpy

plush [plʌʃ] *s* plusz

ply 1. [plaɪ] *s* fałda; skłonność; warstwa; zwój, pasmo

ply 2. [plaɪ] *vt vi* wykonywać, uprawiać (sth coś); bez przerwy ⟨pilnie⟩ pracować; regularnie kursować; natarczywie częstować; zasypywać (pytaniami, faktami itd.)

ply·wood [`plaɪwud] *s* dykta, sklejka

pneu·mat·ic [nju`mætɪk] *adj* pneumatyczny

pneu·mat·ics [nju`mætɪks] *s* pneumatyka

pneu·mo·ni·a [nju`məunɪə] *s* zapalenie płuc

poach 1. [pəutʃ] *vt* uprawiać kłusownictwo; (o ziemi) rozmiękać; *vt* rozdeptywać

poach 2. [pəutʃ] *vt* gotować (jajko) bez skorupy

poach·er [`pəutʃə(r)] *s* kłusownik

pock·et [`pokɪt] *s* kieszeń; *vt* włożyć do kieszeni; *adj attr* kieszonkowy; ~ edition wydanie kieszonkowe

pock·et-book [`pokɪtbuk] *s* notatnik; portfel

pock·et-knife [`pokɪtnaɪf] (*pl* **pock·et-knives** [`pokɪtnaɪvz]) *s* scyzoryk

pock·et-mon·ey [`pokɪt mʌnɪ] *s* kieszonkowe

pock-marked [`pokmakt] *adj* dziobaty, ospowaty

pod [pod] *s* strączek; kokon

podg·y [`podʒɪ] *adj* pękaty, przysadzisty

po·em [`pəuɪm] *s* poemat, wiersz

po·et [`pəuɪt] *s* poeta

po·et·ic(al) [pəu`etɪk(l)] *adj* poetyczny, poetycki

po·et·ry [`pəuɪtrɪ] *s* poezja

poign·ant [`pɔɪnjənt] *adj* przejmujący, chwytający za serce; dojmujący; ostry; cierpki; sarkastyczny

point [pɔɪnt] *s* punkt; cel, zamiar; istota rzeczy, sedno sprawy; sens; kwestia, sprawa; pozycja, szczegół; chwila, moment; punkt widzenia, teza; ostry koniec, ostrze; stopień (np. napięcia); kreska (na termometrze); cecha charakterystyczna; ~ of **exclamation** *gram.* wykrzyknik; ~ of **interrogation** *gram.* pytajnik; **full** ~ *gram.* kropka; **to carry** ⟨**win**⟩ **one's** ~ osiągnąć cel ⟨swoje⟩; **in** ~ trafny, w sam raz; **the case in** ~ odpowiedni ⟨stosowny⟩ wypadek; **to, o co chodzi; this is not the** ~ to nie należy do rzeczy, nie o to chodzi; **in** ~ **of** pod względem, odnośnie do; **in** ~ **of fact** faktycznie; **to the** ~ do rzeczy; **off the** ~ nie na temat; **to make a** ~ **of sth** uważać coś za rzecz konieczną; **at** ⟨**in**⟩ **all** ~s całkowicie; **to be on the** ~ **of doing sth** mieć właśnie coś zrobić; **I see your** ~ rozumiem, o co ci chodzi; **to make a** ~ uważać za rzecz zasadniczą; *vt* punktować; kropkować; ostrzyć; wskazywać; nastawiać, celować (np. **the revolver at sb** z rewolweru do kogoś); *vi* wskazywać (**at** ⟨**to**⟩ **sb,** sth na kogoś, coś); ukazywać (**to sth** coś); zwracać uwagę (**at sth** na coś); zmierzać ⟨dążyć⟩ (**at** ⟨**towards**⟩ **sth** do czegoś); ~ **out** wykazywać, uwydatniać, zaznaczać

point-blank [`pɔɪnt `blæŋk] *adv* bezpośrednio, wprost; kategorycznie

point-du·ty [`pɔɪnt djutɪ] *s* służba na posterunku

point·ed [`pɔɪntɪd] *pp i adj* zaostrzony; spiczasty; ostry; dosadny, dobitny; cięty, zjadliwy

poise [pɔɪz] *vt* ważyć, równoważyć, utrzymywać w równowadze; trzymać w powietrzu; *przen.* rozważać; *vi* wisieć ⟨unosić się⟩ w powietrzu; być zrównoważonym; *s* równowaga; spokój; zrównoważona postawa; postawa, sposób trzymania głowy, stan zawieszenia

poi·son [ˈpɔɪzn] *s* trucizna; *vt* truć

poi·son·ous [ˈpɔɪznəs] *adj* trujący

poke [pəʊk] *vt* wtykać, wpychać, szturchać; grzebać (np. w piecu); to ~ fun żartować sobie (at sb, sth z kogoś, czegoś); *vi* szperać, myszkować; szturchać, trącać (at sb, sth kogoś, coś)

pok·er 1. [ˈpəʊkə(r)] *s* pogrzebacz

pok·er 2. [ˈpəʊkə(r)] *s* poker (gra)

po·lar [ˈpəʊlə(r)] *adj* polarny; *mat. geogr.* biegunowy

pole 1. [pəʊl] *s* biegun

pole 2. [pəʊl] *s* drąg, słup, tyka, maszt; *sport* ~ jump skok o tyczce

Pole 3. [pəʊl] *s* Polak, Polka

pole·cat [ˈpəʊlkæt] *s* zool. tchórz

po·lem·ic [pəˈlemɪk] *adj* polemiczny; *s* polemista; polemika

po·lem·ics [pəˈlemɪks] *s* polemika

po·lice [pəˈliːs] *s* policja; zbior. policjanci; *vt* utrzymywać porządek za pomocą policji; patrolować

po·lice·man [pəˈliːsmən] *s* policjant

po·lice-sta·tion [pəˈliːs steɪʃn] *s* posterunek policji

pol·i·cy 1. [ˈpɒləsɪ] *s* polityka (jako racja stanu), mądrość polityczna; kierunek; kurs, linia, taktyka; dyplomacja

pol·i·cy 2. [ˈpɒləsɪ] *s* polisa (ubezpieczeniowa)

po·li·o [ˈpəʊlɪəʊ], **pol·i·o·my·e·li·tis** [ˈpəʊlɪəʊˌmaɪəˈlaɪtɪs] *s* med. paraliż dziecięcy, Heine-Medina

pol·ish 1. [ˈpɒlɪʃ] *s* połysk; politura; pasta; ogłada; *vt* politurować; nadawać połysk; czyścić

Pol·ish 2. [ˈpəʊlɪʃ] *adj* polski; *s* język polski

pol·ished [ˈpɒlɪʃt] *adj* wytworny, z ogładą

po·lite [pəˈlaɪt] *adj* grzeczny, uprzejmy

pol·i·tic [ˈpɒlɪtɪk] *adj* przezorny, rozsądny, zręczny; † the body ~ państwo (jako organizm państwowy)

po·lit·i·cal [pəˈlɪtɪkl] *adj* polityczny

pol·i·ti·cian [ˌpɒləˈtɪʃn] *s* polityk

pol·i·tics [ˈpɒlətɪks] *s* polityka (jako praktyczna umiejętność rządzenia państwem), taktyka polityczna

pol·i·ty [ˈpɒlətɪ] *s* polityka administracyjna, forma rządzenia, ustrój

poll [pəʊl] *s* spis wyborców; głosowanie (wyborcze); obliczanie głosów; ankieta; *vt* obcinać rogi; przycinać (np. drzewo); oddawać (głos); liczyć głosy; otrzymać (głosy); *vi* głosować

pol·lute [pəˈluːt] *vt* zanieczyścić, skazić

pol·lu·tion [pəˈluːʃn] *s* zanieczyszczenie, skażenie; polucja

pol·y·gon [ˈpɒlɪgən] *s* wielokąt

pol·y·syl·lab·ic [ˌpɒlɪsɪˈlæbɪk] *adj* wielozgłoskowy

pol·y·tech·nic [ˌpɒlɪˈteknɪk] *s* politechniczny; *s* zawodowa szkoła techniczna

pome·gran·ate [ˈpɒmɪgrænət] *s* bot. granat (owoc i drzewo)

po·mi·cul·ture [ˈpɒmɪˌkʌltʃə(r)] *s* sadownictwo

pomp [pɒmp] *s* pompa, wystawność, parada

pom·pous [ˈpɒmpəs] *adj* pompatyczny, nadęty; paradny, okazały

pond [pɒnd] *s* staw

pon·der [ˈpɒndə(r)] *vt* rozważać; *vi* rozmyślać, zastanawiać się ⟨on over⟩ sth nad czymś)

portmanteau

pon·der·a·bil·i·ty ['pondərə`bɪlɪtɪ] s
ważkość

pon·der·ous ['pondərəs] adj ciężki;
ważny

pon·iard ['ponjəd] s sztylet

pon·tiff ['pontɪf] s arcykapłan; biskup

pon·tif·i·cate [pon`tɪfɪkeɪt] s pon-
tyfikat

pon·toon 1. [pon`tun] s ponton

pon·toon 2. [pon`tun] s gra hazar-
dowa w „oko"

pon·y ['pəʊnɪ] s kucyk

poo·dle ['pudl] s pudel

pool 1. [pul] s kałuża; sadzawka;
basen (pływacki)

pool 2. [pul] s pula (w grze);
wspólny fundusz; totalizator;
handl. rodzaj kartelu; vt gromadzić wspólny kapitał; gospoda-
rzyć wspólnym kapitałem

poor [pʊə(r)] adj ubogi; lichy; nie
mający znaczenia; nędzny; bied-
ny, nieszczęśliwy

poor·ly ['pʊəlɪ] adv ubogo; licho;
adj niezdrów, mizerny

pop [pop] vt trzasnąć; rozerwać;
wystrzelić; cisnąć; vi rozrywać
się z trzaskiem, pęknąć; pot. ~
in zajrzeć (wpaść) (on sb do kogoś); ~ off zwiać, uciec; s trzask,
wystrzał; adv pot. z trzaskiem
⟨hukiem⟩

pope 1. [pəʊp] s papież

pope 2. [pəʊp] s pop (prawosławny)

pop·ish ['pəʊpɪʃ] adj uj. papieski

pop·lar ['poplə(r)] s topola

pop·lin ['poplɪn] s popelina

pop·py ['popɪ] s mak

pop·u·lace ['popjʊləs] s tłum, pospólstwo, lud

pop·u·lar ['popjʊlə(r)] adj ludowy;
popularny; potoczny

pop·u·lar·i·ty ['popju`lærətɪ] s po-
pularność

pop·u·lar·ize ['popjʊləraɪz] vt popularyzować

pop·u·late ['popjʊleɪt] vt zaludniać

pop·u·la·tion ['popjʊ`leɪʃn] s zalud-
nienie, ludność

pop·u·lous ['popjʊləs] adj ludny,
gęsto zaludniony

porce·lain ['poslɪn] s porcelana

porch [potʃ] s portyk; ganek; am.
weranda

pore 1. [pɔ(r)] s anat. por; otworek

pore 2. [pɔ(r)] vi ślęczeć (over sth
nad czymś); zamyślać się (upon
⟨at⟩ sth nad czymś)

pork [pɔk] s wieprzowina

por·nog·ra·phy [pɔ`nogrəfɪ] s por-
nografia

po·ros·i·ty [pɔ`rosətɪ] s porowatość

po·rous ['pɔrəs] adj porowaty

por·ridge ['porɪdʒ] s kasza owsia-
na, owsianka

port 1. [pɔt] s mors. port

port 2. [pɔt] s techn. otwór, wlot;
brama miejska; mors. otwór ła-
dunkowy; (także ~hole) ilumina-
tor; lewa burta

port 3. [pɔt] s postawa, wygląd

port 4. [pɔt] s (także ~-wine) port-
wajn (rodzaj słodkiego wina)

port·a·ble ['pɔtəbl] adj przenośny

por·tal ['pɔtl] s arch. portal

por·tend [pɔ`tend] vt zapowiadać,
przepowiadać

por·tent ['pɔtent] s zapowiedź ⟨o-
znaka⟩ (np. burzy); omen

por·ten·tous [pɔ`tentəs] adj zło-
wróżbny; nadzwyczajny, cudowny

por·ter 1. ['pɔtə(r)] s portier

por·ter 2. ['pɔtə(r)] s bagażowy

por·ter 3. ['pɔtə(r)] s porter (gatunek piwa)

port·fo·li·o ['pɔtfəʊlɪəʊ] s teka, ak-
tówka; handl. portfel wekslowy

port·hole ['pɔthəʊl] s mors. ilumi-
nator; mors. † otwór strzelniczy

por·tion ['pɔʃn] s porcja, udział,
cząstka; partia (czegoś); los, dola; posag; vt dzielić (na porcje
⟨części⟩); (także ~ out) wydzielać

port·ly ['pɔtlɪ] adj pełen godności; okazały; korpulentny

port·man·teau [pɔt`mæntəʊ] s wa-
lizka

por·trait [ˈpɔtrɪt] *s* portret

por·tray [pɔˈtreɪ] *vt* portretować; odtwarzać, przedstawiać

por·tray·al [pɔˈtreɪl] *s* portret; portretowanie, opis, przedstawienie

Por·tu·guese [ˌpɔtʃuˈgiz] *adj* portugalski; *s* Portugalczyk

pose [pəuz] *s* poza, postawa; *vi* pozować; *vt* stawiać (pytanie), wygłaszać (opinię)

pos·er [ˈpəuzə(r)] *s* łamigłówka, trudne pytanie

po·si·tion [pəˈzɪʃn] *s* pozycja, położenie; pozycja społeczna; możność, stan; stanowisko; *vt* umieszczać; ustalać położenie

pos·i·tive [ˈpozətɪv] *adj* pozytywny; twierdzący; pewny, przekonany; dodatni; bezwzględny, stanowczy; *gram.* równy; *s fot.* pozytyw

pos·sess [pəˈzes] *vt* posiadać; **to be ~ed** of sth posiadać coś na własność; władać (sth czymś); opętać

pos·sessed [pəˈzest] *pp i adj* opanowany (*także* self-~); opętany (by the devil przez diabła)

pos·ses·sion [pəˈzeʃn] *s* posiadanie; władanie (of sth czymś); posiadłość, posiadany przedmiot; panowanie nad sobą; **to take ~** of sth objąć coś w posiadanie, zawładnąć czymś

pos·ses·sive [pəˈzesɪv] *adj* dotyczący posiadania; (o chęci itd.) posiadania; *gram.* dzierżawczy; **~ case** dopełniacz; *s gram.* dopełniacz; zaimek dzierżawczy

pos·ses·sor [pəˈzesə(r)] *s* właściciel, posiadacz

pos·si·bil·i·ty [ˌposəˈbɪlətɪ] *s* możliwość, możność

pos·si·ble [ˈposəbl] *adj* możliwy; ewentualny; **as soon as ~** jak najszybciej

post 1. [pəust] *s* słup; *vt* naklejać na słupie, rozlepiać afisze, ogłaszać za pomocą afiszów, wywieszać (afisz, kartkę itp.)

post 2. [pəust] *s* poczta; **by ~** pocz-

tą; **by return of ~** odwrotną pocztą; *vt* posłać pocztą, wrzucić (list) do skrzynki pocztowej

post 3. [pəust] *s* posterunek; stanowisko, posada; *vt* umieścić na stanowisku, wyznaczyć (zadania, obowiązki)

post·age [ˈpəustɪdʒ] *s* opłata pocztowa

post·age·stamp [ˈpəustɪdʒ stæmp] *s* znaczek pocztowy

post·al [ˈpəustl] *adj* pocztowy; **~ card** (*am.* ~) pocztówka

post·card [ˈpəustkɑd] *s* kartka pocztowa; **picture ~** widokówka

post·er [ˈpəustə(r)] *s* afisz

pos·te·ri·or [poˈstɪərɪə(r)] *adj* późniejszy, następny; tylny; *s* tył, tylna część

pos·ter·i·ty [poˈsterətɪ] *s* potomność, potomkowie

post-free [ˈpəust ˈfri] *adj* wolne od opłaty pocztowej

post-grad·u·ate [ˈpəust ˈgrædʒuət] *adj* dotyczący studiów po uzyskaniu stopnia uniwersyteckiego; *s* student kontynuujący naukę po uzyskaniu stopnia uniwersyteckiego, doktorant

post·hu·mous [ˈpostjuməs] *adj* pośmiertny

post·man [ˈpəustmən] *s* listonosz

post·mark [ˈpəustmɑk] *s* stempel pocztowy

post·mas·ter [ˈpəustmɑstə(r)] *s* naczelnik poczty

post-mor·tem [pəust ˈmɔtem] *adj attr* pośmiertny; **~ examination** obdukcja; *s* obdukcja

post-of·fice [ˈpəust ofɪs] *s* urząd pocztowy

post-paid [ˈpəust ˈpeɪd] *adj* (o przesyłce pocztowej) opłacony

post·pone [pəˈspəun] *vt* odraczać, odwlekać; podporządkowywać (sth to sth coś czemuś)

post·script [ˈpəusskrɪpt] *s* postscriptum

pos·tu·late [ˈpostjuleɪt] *vt* domagać się; postulować; *s* postulat

pos·ture [ˈpostʃə(r)] s położenie; postawa, poza

post-war [ˈpəustwɔ(r)] adj powojenny

po·sy [ˈpəuzɪ] s bukiet, wiązanka

pot [pot] s garnek; dzban; wazon; doniczka; czajniczek (do herbaty, kawy); nocnik; pot. sport puchar; to make the ~ boil z trudem zarabiać na kawałek chleba; vt włożyć do garnka; przechowywać ⟨konserwować⟩ w garnku; sadzić w doniczce

po·ta·to [pəˈteɪtəu] s (pl ~es) ziemniak, kartofel

po·ta·to-bee·tle [pəˈteɪtəu bitl] s stonka ziemniaczana

pot-boil·er [ˈpotbɔɪlə(r)] s mierna praca autorska pisana dla zarobku, szmira, chałtura

po·tent [ˈpəutnt] adj silny, potężny; przekonywający; skuteczny

po·ten·tate [ˈpəutnteɪt] s potentat

po·ten·tial [pəˈtenʃl] adj potencjalny

po·tion [ˈpəuʃn] s napój (zw. leczniczy)

pot-lid [ˈpotlɪd] s pokrywka, przykrywka

pot·ter [ˈpotə(r)] s garncarz

pot·ter·y [ˈpotərɪ] s garncarstwo; wyroby garncarskie; garncarnia

pouch [pautʃ] s woreczek; kapciuch (na tytoń); kieszeń; wojsk. ładownica; vt włożyć do woreczka ⟨kieszeni⟩; wydymać

pouf [puf] s puf, miękki taboret

poul·tice [ˈpəultɪs] s gorący okład

poul·try [ˈpəultrɪ] s drób

pounce [pauns] s pazur, szpon; gwałtowny ruch (ptaka drapieżnego); vt chwycić w szpony; vi błyskawicznie spaść ⟨skoczyć, rzucić się⟩ (upon sth na coś)

pound 1. [paund] s funt; (także ~ sterling) funt szterling

pound 2. [paund] vt vi tłuc ⟨walić⟩ (sth coś; at ⟨on⟩ sth w coś)

pound 3. [paund] s zagroda (dla zwierząt); vt zamknąć w zagrodzie

pour [pɔ(r)] vt vi nalewać, rozlewać, lać; ~ in napływać; ~ out wylewać (się); s ulewa

pout [paut] vt vi wydymać wargi; przen. robić kwaśną minę

pov·er·ty [ˈpovətɪ] s ubóstwo

pow·der [ˈpaudə(r)] s proch; proszek; puder; vt posypać (proszkiem itd.); sproszkować; pudrować

pow·er [ˈpauə(r)] s potęga, moc, władza; możność, zdolność; mocarstwo; elektr. energia, siła; mat. potęga

pow·er·ful [ˈpauəfl] adj potężny, mocny; wpływowy

pow·er-nouse [ˈpauə haus] s elektrownia; pot. osoba pełna energii

pow·er·less [ˈpauəlɪs] adj bezsilny

pow·er-sta·tion [ˈpauə steɪʃən] s = power-house

prac·ti·ca·ble [ˈpræktɪkəbl] adj możliwy, do przeprowadzenia, wykonalny; nadający się do użytku

prac·ti·cal [ˈpræktɪkl] adj praktyczny; realny; faktyczny

prac·ti·cal·ly [ˈpræktɪklɪ] adv praktycznie; faktycznie, w istocie rzeczy, właściwie

prac·tice [ˈpræktɪs] s praktyka, ćwiczenie; to be out of ~ wyjść z wprawy; to put in ⟨into⟩ ~ zrealizować

prac·tise [ˈpræktɪs] vt praktykować; ćwiczyć (się)

prac·ti·tion·er [præk`tɪʃnə(r)] s (zw. o lekarzu) praktyk; general ~ lekarz praktykujący ogólnie

prai·rie [ˈpreərɪ] s preria

praise [preɪz] vt chwalić, sławić; s chwała, pochwała

praise-wor·thy [ˈpreɪzwɜðɪ] adj godny pochwały, chwalebny

pram [præm] s pot. skr. = perambulator

prance [prans] vi (o koniu) stawać dęba; harcować; pot. (o człowieku) dumnie kroczyć; zadzierać nosa

prank 1. [præŋk] s psota, figiel, wybryk; **to play** ~s dokazywać; płatać figle (on sb komuś)

prank 2. [præŋk] vt stroić, zdobić

prate [preɪt] vt vi paplać; s paplanina

prat·tle [ˈprætl] vt vi paplać, bajdurzyć; szczebiotać; s paplanina; szczebiot

pray [preɪ] vt vi prosić ⟨błagać, modlić się⟩ (for sth o coś); ~! proszę!

prayer [ˈpreə(r)] s modlitwa; prośba; [ˈpreɪə(r)] modlący się

pre [priː] praef łac. przed-

preach [priːtʃ] vi wygłaszać kazanie; vt głosić, wygłaszać (kazanie)

preach·er [ˈpriːtʃə(r)] s kaznodzieja

pre·am·ble [priːˈæmbl] s wstęp, wstępna uwaga

pre·ca·ri·ous [prɪˈkeərɪəs] adj niepewny, wątpliwy; niebezpieczny

pre·cau·tion [prɪˈkɔːʃn] s ostrożność, środek ostrożności; **to take** ~s zastosować środki ostrożności

pre·cede [prɪˈsiːd] vt vi poprzedzać (w czasie); iść przodem; mieć pierwszeństwo (sb, sth` przed kimś, czymś)

pre·ced·ence [ˈpresɪdəns] s pierwszeństwo

prec·e·dent 1. [ˈpresɪdənt] s precedens

pre·ced·ent 2. [prɪˈsiːdənt] adj poprzedzający, uprzedni

pre·ced·ing [prɪˈsiːdɪŋ] ppraes i adj poprzedzający, poprzedni; powyższy

pre·cept [ˈpriːsept] s reguła; nauka moralna, przykazanie; prawn. nakaz

pre·cep·tor [prɪˈseptə(r)] s nauczyciel, instruktor

pre·cinct [ˈpriːsɪŋkt] s obręb, zakres, granica; pl ~s najbliższe otoczenie, okolice; am. okręg wyborczy

pre·cious [ˈpreʃəs] adj drogocenny, wartościowy, cenny; (o kamieniu itd.) szlachetny; afektowany; ukochany; pot. skończony, kompletny (np. dureń); adv pot. bardzo, szalenie

prec·i·pice [ˈpresəpɪs] s przepaść

pre·cip·i·tate [prɪˈsɪpɪteɪt] vt zrzucić, strącić; przyspieszyć; chem. strącić; vi spaść; osadzić się; vr ~ **oneself** rzucić się (on ⟨upon⟩ sb, sth na kogoś, coś); adj [prəˈsɪpɪtət] spadzisty; gwałtowny, pośpieszny, nagły; s [prəˈsɪpɪtət] osad

pre·cip·i·ta·tion [prəˈsɪpɪteɪʃn] s zepchnięcie, zrzucenie; upadek; pośpiech, nagłość; chem. strącenie, osad

pre·cip·i·tous [prəˈsɪpɪtəs] adj przepastny; stromy, urwisty

pré·cis [ˈpreɪsiː] s streszczenie

pre·cise [prɪˈsaɪs] adj dokładny, ścisły; (o człowieku) skrupulatny

pre·ci·sion [prɪˈsɪʒn] s precyzja, ścisłość

pre·clude [prɪˈkluːd] vt uniemożliwiać, zapobiegać

pre·clu·sion [prɪˈkluːʒn] s wykluczenie; zapobieżenie (from sth czemuś)

pre·clu·sive [prɪˈkluːsɪv] adj uniemożliwiający, wykluczający

pre·co·cious [prɪˈkəuʃəs] adj przedwcześnie rozwinięty ⟨dojrzały⟩; przedwczesny

pre·coc·i·ty [prɪˈkɒsətɪ] s przedwczesny rozwój

pre·con·ceive [ˈpriːkənˈsiːv] vt powziąć z góry (sąd, opinię), uprzedzić się (sth do czegoś)

pre·con·cep·tion [ˈpriːkənˈsepʃn] s z góry powzięty sąd; uprzedzenie

pre·cur·sor [prɪˈkɜːsə(r)] s poprzednik, prekursor

pred·a·to·ry [ˈpredətərɪ] adj drapieżny; łupieżczy

pre·de·ces·sor [ˈpriːdɪsesə(r)] s poprzednik; przodek, antenat

pre·des·ti·nate [priːˈdestɪneɪt] vt predestynować

pre·des·ti·na·tion [ˈpriːˈdestɪˈneɪʃn] s predestynacja

prepaid

pre·des·tine [priˈdestɪn] = **predestinate**

pre·dic·a·ment [priˈdɪkəmənt] s ciężkie położenie, kłopot

pred·i·cate [ˈpredɪkeɪt] vt orzekać, twierdzić; s [ˈpredɪkət] gram. orzeczenie

pre·dic·a·tive [priˈdɪkətɪv] adj orzekający; gram. orzecznikowy; s gram. orzecznik

pre·dict [priˈdɪkt] vt przepowiadać, prorokować

pre·di·lec·tion [ˌpridɪˈlekʃn] s szczególne upodobanie (for sth do czegoś)

pre·dis·po·si·tion [ˌpriˈdɪspəˈzɪʃn] s skłonność ⟨predyspozycja⟩ (to sth do czegoś)

pre·dom·i·nant [priˈdɒmɪnənt] adj dominujący, przeważający

pre·dom·i·nate [priˈdɒmɪneɪt] vi przeważać, dominować; przewyższać (over sb, sth kogoś, coś)

pre·em·i·nent [priˈemɪnənt] adj górujący, wybitny

pre·fab [ˈprifæb] s pot. skr. dom z prefabrykatów

pre·fab·ri·cate [priˈfæbrɪkeɪt] vt prefabrykować

pref·ace [ˈprefɪs] s przedmowa; vt poprzedzić przedmową

pre·fect [ˈprifekt] s prefekt

pre·fer [priˈfɜ(r)] vt woleć (sb, sth to ⟨rather than⟩ sb, sth kogoś, coś od kogoś, czegoś); wnosić, przedkładać (np. skargę); awansować

pref·er·a·ble [ˈprefrəbl] adj bardziej wskazany ⟨lepszy, milszy⟩ (to sb, sth aniżeli ktoś, coś)

pref·er·ence [ˈprefrəns] s pierwszeństwo; preferencja, przedkładanie (of sth to ⟨over⟩ sth czegoś nad coś)

pre·fix [priˈfɪks] vt umieścić na wstępie, poprzedzić (sth to sth coś czymś); s [ˈprifɪks] gram. przedrostek

preg·nan·cy [ˈpregnənsɪ] s ciąża, brzemienność

preg·nant [ˈpregnənt] adj ciężarna, brzemienna; przen. brzemienny;

pełen treści, ważki; sugestywny

pre·his·tor·ic [ˌprihɪˈstɒrɪk] adj prehistoryczny

prej·u·dice [ˈpredʒədɪs] s uprzedzenie, złe nastawienie (against sb, sth do kogoś, czegoś); przychylne nastawienie (in favour of sb, sth do kogoś, czegoś); przesąd; szkoda, uszczerbek; to the ~ of sb ze szkodą dla kogoś; vt uprzedzić (fakt itd.); uprzedzić, z góry źle usposobić (sb against sb, sth kogoś do kogoś, czegoś); przychylnie nastawić (sb in favour of sb, sth kogoś do kogoś, czegoś); zaszkodzić, przynieść uszczerbek

prej·u·di·cial [ˌpredʒuˈdɪʃl] adj szkodliwy (to sb, sth dla kogoś, czegoś)

prel·ate [ˈprelət] s prałat, dostojnik kościelny

pre·lim·i·na·ry [priˈlɪmɪnərɪ] adj wstępny, przygotowawczy; s (zw. pl preliminaries) preliminaria, wstępne kroki ⟨rozmowy⟩

prel·ude [ˈpreljud] s wstęp; muz. preludium; vt zapowiadać; wprowadzić, poprzedzić wstępem; vi stanowić wstęp (to sth do czegoś)

pre·ma·ture [ˈpremətʃə(r)] adj przedwczesny

pre·med·i·tate [priˈmedɪteɪt] vt z góry obmyślić

pre·med·i·ta·tion [ˌpriˈmedɪˈteɪʃn] s premedytacja

pre·mi·er [ˈpremɪə(r)] adj pierwszy; s premier

prem·ise [ˈpremɪs] s filoz. przesłanka; założenie; pl ~s lokal; parcela z zabudowaniami

pre·mi·um [ˈprimɪəm] s premia

pre·oc·cu·pa·tion [ˌpriˈɒkjuˈpeɪʃn] s zaabsorbowanie, troska; uprzednie zajęcie (np. miejsca); uprzedzenie, przesąd

pre·oc·cu·py [priˈɒkjupaɪ] vt absorbować, pochłaniać uwagę; uprzednio zająć

pre·paid [ˈpriˈpeɪd] adj z góry opłacony

prep·a·ra·tion ['prepə`reɪʃn] s przygotowanie; sporządzenie

pre·par·a·to·ry [prɪ`pærətərɪ] adj przygotowawczy

pre·pare [prɪ`peə(r)] vt vi przygotowywać ⟨naszykować⟩ (się); sporządzić

pre·pared [prɪ`peəd] pp i adj gotowy

pre·pon·der·ance [prɪ`pondərəns] s przewaga

pre·pon·der·ate [prɪ`pondəreɪt] vi przeważać ⟨mieć przewagę⟩ (over sb, sth nad kimś, czymś)

prep·o·si·tion ['prepə`zɪʃn] s gram. przyimek

pre·pos·sess [pripə`zes] vt uprzedzać, usposabiać (zw. przychylnie), ujmować (zachowaniem itd.); natchnąć (sb with sth kogoś czymś)

pre·pos·ter·ous [prɪ`postərəs] adj absurdalny, niedorzeczny

pres·age [`presɪdʒ] s przepowiednia, zapowiedź; przeczucie; vt [prɪ`seɪdʒ] przepowiadać; zapowiadać

pre·scribe [prɪ`skraɪb] vt przepisywać, zarządzać, zalecać; prawn. unieważnić z powodu przedawnienia

pre·scrip·tion [prɪ`skrɪpʃn] s przepis, zarządzenie; recepta; prawn. positive ~ nabycie przez zasiedzenie; negative ~ przedawnienie

pres·ence [`prezns] s obecność; prezencja, powierzchowność; ~ of mind przytomność umysłu

pres·ent 1. [`preznt] adj obecny, teraźniejszy, niniejszy; s teraźniejszość; gram. czas teraźniejszy; at ~ teraz, obecnie; for the ~ na razie; up to ⟨until⟩ the ~ dotychczas

pre·sent 2. [`preznt] s prezent; vt [prɪ`zent] robić prezent, podarować (sb with sth komuś coś); prezentować, przedstawiać, przedkładać; ~ compliments ⟨regards⟩ pozdrawiać, składać uszanowanie; vr ~ oneself zgłosić ⟨stawić⟩ się

pre·sent·a·ble [prɪ`zentəbl] adj (o człowieku) mający dobrą prezencję

pres·en·ta·tion [`preznˈteɪʃn] s przedstawienie; przedłożenie; podarowanie; ~ copy egzemplarz autorski

pre·sen·ti·ment [prɪ`zentɪmənt] s przeczucie

pres·en·tly [`prezntlɪ] adv wkrótce, zaraz

pres·er·va·tion ['prezə`veɪʃn] s zachowywanie, przechowanie; ochrona

pre·serve [prɪ`zɜːv] vt zachowywać, przechowywać; zabezpieczać, ochraniać; konserwować (owoce itp.); s konserwa; rezerwat

pre·side [prɪ`zaɪd] vi przewodniczyć (at ⟨over⟩ the meeting zebraniu)

pres·i·dent [`prezɪdənt] s prezydent; prezes, przewodniczący; rektor

press [pres] vt vi cisnąć (się), ściskać, uciskać, naciskać; nalegać; naglić; prasować; tłoczyć; wymuszać, narzucać; gnębić, ciążyć; ~ in wciskać (się); wdzierać się; ~ on pędzić naprzód; popędzać; ~ out wyciskać; ~ through przeciskać się; to be ~ed for money mieć trudności pieniężne; s nacisk; ścisk, tłok, napór; nawał; opresja; ciężkie położenie; prasa (także drukarska); in ⟨the⟩ ~ pod prasą, w druku; to go to ~ iść do druku; a good ~ dobra recenzja (w prasie)

press-clip·ping [`pres klɪpɪŋ], **press-cut·ting** [`pres kʌtɪŋ] s wycinek prasowy

press·ing [`presɪŋ] ppraes i adj naglący, pilny; natarczywy

pres·sure [`preʃə(r)] s ciśnienie; nacisk; ucisk; elektr. napięcie; presja; nawał (spraw, pracy); to put ~ wywierać nacisk (on ⟨upon⟩ sth na coś)

pres·tige [pre'stiʒ] s prestiż

pre·sume [pri'zjum] vt vi przypuszczać, domyślać się, zakładać; pozwalać sobie, ośmielać się; wykorzystywać, nadużywać (on ⟨upon⟩ sth czegoś); polegać (on ⟨upon⟩ sth na czymś)

pre·sumed [pri'zjumd] pp i adj przypuszczalny, domniemany

pre·sump·tion [pri'zʌmpʃn] s przypuszczenie, domniemanie; zarozumiałość

pre·sump·tive [pri'zʌmptiv] adj przypuszczalny

pre·sump·tu·ous [pri'zʌmptʃuəs] adj zarozumiały, pewny siebie

pre·sup·pose [‚prisə'pəuz] vt przyjmować ⟨zakładać⟩ z góry

pre·tence [pri'tens] s pretensja; roszczenie; udawanie; pretekst; pozory

pre·tend [pri'tend] vt vi pozorować, udawać; wysuwać jako pretekst; rościć pretensje, pretendować (to sth do czegoś)

pre·tend·er [pri'tendə(r)] s udający, symulant; pretendent

pre·ten·sion [pri'tenʃn] s pretensja, roszczenie; aspiracja; pretensjonalność

pre·ten·tious [pri'tenʃəs] adj pretensjonalny

pret·er·ite ['pretərit] adj gram. przeszły; s gram. czas przeszły

pre·text ['pritekst] s pretekst

pret·ty ['priti] adj ładny, śliczny; dobry; spory; adv pot. sporo, dość

pre·vail [pri'veil] vi przeważać; brać górę (over ⟨against⟩ sb nad kimś); skłonić (kogoś); wymóc (on ⟨upon⟩ sb to do sth na kimś, aby coś zrobił); być powszechnie przyjętym, panować

prev·a·lent ['prevələnt] adj przeważający; powszechny, panujący

pre·vent [pri'vent] vt przeszkadzać (sth czemuś; sb from doing sth

komuś w robieniu czegoś); powstrzymywać; zapobiegać (sth czemuś)

pre·ven·tion [pri'venʃn] s profilaktyka, zapobieganie; przeszkoda

pre·ven·tive [pri'ventiv] adj zapobiegawczy; s środek zapobiegawczy

pre·vi·ous ['priviəs] adj poprzedni, uprzedni; poprzedzający (to sth coś); adv w zwrocie: ~ to sth przed czymś

pre·war ['pri 'wɔ(r)] adj przedwojenny

prey [prei] s łup, ofiara; to fall a ~ paść ofiarą (to sth czegoś); beast ⟨bird⟩ of ~ drapieżnik; vi grabić; żerować (on ⟨upon⟩ sb, sth na kimś, czymś); polować (on ⟨upon⟩ sth na coś); przen. trawić, dręczyć (on sb's mind kogoś)

price [prais] s cena; at the ~ po cenie, za cenę; vt ocenić, wycenić

price·less ['praisləs] adj bezcenny

price-list ['prais list] s cennik

prick [prik] s ukłucie; ~s of conscience wyrzuty sumienia; vt ukłuć, przekłuć, nakłuć; ~ up one's ears nadstawiać uszu

prick·le ['prikl] s kolec, cierń; vt kłuć; szczypać

pride [praid] s duma; to take ~ szczycić się (in sth czymś); vr ~ oneself szczycić się ⟨pysznić się⟩ (on ⟨upon⟩ sth czymś)

priest [prist] s kapłan, duchowny

prig [prig] s pedant; zarozumialec

prim [prim] adj pot. schludny; afektowany; wyszukany; pedantyczny

pri·ma·cy ['praiməsi] s prymat

pri·ma·ry ['praiməri] adj początkowy, pierwotny; pierwszorzędny, zasadniczy, główny; ~ school szkoła podstawowa

pri·mate ['praimeit] s prymas

prime [praim] adj pierwszy, najważniejszy, główny; at ~ cost po kosztach własnych; **Prime Minister** premier; s początek, zara-

nie; *przen.* wiosna, rozkwit; **in
the ~ of life** w kwiecie wieku

prim·er [ˈpraɪmə(r)] *s* elementarz,
podręcznik dla początkujących

prim·i·tive [ˈprɪmɪtɪv] *adj* prymitywny; początkowy, pierwotny

prim·rose [ˈprɪmrəʊz] *s bot.* pierwiosnek

prince [prɪns] *s* książę

prin·cess [ˈprɪnˈses] *s* księżna,
księżniczka

prin·ci·pal [ˈprɪnsəpl] *adj* główny;
s kierownik, szef, dyrektor; kapitał (bez procentów)

prin·ci·pal·i·ty [ˈprɪnsəˈpælətɪ] *s*
księstwo

prin·ci·ple [ˈprɪnsəpl] *s* zasada; podstawa

print [prɪnt] *s* druki, druk; sztych;
odbicie, ślad, odcisk; odbitka;
perkal; (*o książce*) **in ~** wydrukowany; będący w sprzedaży;
out of ~ wyczerpany; *vt* drukować; wytłaczać, wycisnąć

print·er [ˈprɪntə(r)] *s* drukarz

print·ing [ˈprɪntɪŋ] *s* drukowanie,
druk; nakład

print·ing-house [ˈprɪntɪŋ haʊs] *s*
drukarnia

print·ing-of·fice [ˈprɪntɪŋ ɒfɪs] =
printing-house

pri·or [ˈpraɪə(r)] *adj* poprzedni,
wcześniejszy, uprzedni; ważniejszy (**to sb, sth** od kogoś, czegoś);
adv w zwrocie: **~ to sth** przed
czymś; *s* przeor

pri·or·i·ty [praɪˈorətɪ] *s* pierwszeństwo, priorytet

prism [prɪzm] *s fiz.* pryzmat; *mat.*
graniastosłup

pris·on [ˈprɪzn] *s* więzienie

pris·on·er [ˈprɪznə(r)] *s* więzień,
jeniec; **~ of war** jeniec wojenny; **to take ~** wziąć do niewoli

pri·va·cy [ˈprɪvəsɪ] *s* samotność,
odosobnienie, izolacja; skrytość;
utrzymywanie w tajemnicy

pri·vate [ˈpraɪvɪt] *adj* osobisty,
własny, prywatny; tajny, poufny;
keep sth ~ trzymać coś w tajemnicy; odosobniony; *wojsk.* sze

regowy; *s wojsk.* szeregowiec

pri·va·teer [ˈpraɪvɪˈtɪə(r)] *s* statek
korsarski; kaper, korsarz

pri·va·tion [praɪˈveɪʃn] *s* pozbawienie; niedostatek, brak

priv·i·lege [ˈprɪvlɪdʒ] *s* przywilej;
nietykalność (poselska); *vt* uprzywilejować, nadać przywilej

priv·y [ˈprɪvɪ] *adj* tajny; wtajemniczony (**to sth** w coś); *s* ustęp,
ubikacja

prize 1. [praɪz] *s* nagroda, premia;
wygrana (na loterii); *vt* wysoko
cenić

prize 2. [praɪz] *s* łup wojenny
(zdobyty na morzu); *pot.* gratka;
to make a ~ zdobyć ⟨zająć⟩ (**of
sth** coś)

pro [prəʊ] *praep łac.* za, na, pro;
adv w zwrocie: **~ and con** za
i przeciw; *s w zwrocie:* **~s and
cons** (fakty itd.) za i przeciw

prob·a·bil·i·ty [ˈprobəˈbɪlətɪ] *s*
prawdopodobieństwo; **in all ~**
według wszelkiego prawdopodobieństwa

prob·a·ble [ˈprobəbl] *adj* prawdopodobny

pro·ba·tion [prəˈbeɪʃn] *s* staż; próba; nowicjat; *prawn.* warunkowe
zwolnienie z więzienia i oddanie
pod nadzór sądowy; **on ~** na
stażu; pod nadzorem sądowym

pro·ba·tion·a·ry [prəˈbeɪʃnrɪ] *adj*
(*o okresie*) próbny

pro·ba·tion·er [prəˈbeɪʃnə(r)] *s*
pracownik w okresie próby, praktykant, stażysta; nowicjusz;
prawn. zwolniony więzień oddany pod nadzór sądowy

probe [prəʊb] *s* sonda; *vt* sondować; *przen.* badać; *vi* zagłębiać
się (**into sth** w coś)

pro·bi·ty [ˈprəʊbətɪ] *s* rzetelność

prob·lem [ˈprobləm] *s* problem

prob·lem·at·ic(al) [ˈprobləˈmætɪk(l)]
adj problematyczny

pro·ce·dure [prəˈsɪdʒə(r)] *s* procedura, postępowanie

pro·ceed [prəˈsɪd] *vi* podążać, posuwać się naprzód; udać się (dokądś); kontynuować (**with sth**

coś); wynikać ⟨pochodzić⟩ **(from sth** z czegoś); przystąpić ⟨zabrać **się⟩ (to sth** do czegoś); z kolei ⟨następnie⟩ zrobić **(to sth** coś); toczyć się, ciągnąć się, przebiegać; wytoczyć proces **(against sb** komuś)

pro·ceed·ing [prəˈsiːdɪŋ] *s* postępowanie; poczynanie; *pl* ~s sprawozdanie ⟨z działalności⟩, protokóły; debaty ⟨obrady⟩; *prawn.* **legal** ~s przewód sądowy

pro·ceeds [ˈprəʊsiːdz] *s pl* dochód, zysk

pro·cess [ˈprəʊses] *s* przebieg, tok, proces; **in** ~ **w** toku; **in** ~ **of time** z biegiem czasu; *vt* obrabiać, poddawać procesowi ⟨działaniu⟩

pro·ces·sion [prəˈseʃn] *s* procesja, pochód

pro·claim [prəˈkleɪm] *vt* proklamować; zakazywać **(sth** czegoś)

proc·la·ma·tion [ˌprɒkləˈmeɪʃn] *s* proklamacja; zakaz

pro·cliv·i·ty [prəʊˈklɪvəti] *s* skłonność, inklinacja **(to ⟨towards⟩ sth** do czegoś)

pro·cras·ti·nate [prəʊˈkræstɪneɪt] *vt* odwlekać; *vi* ociągać się

pro·cre·ate [ˈprəʊkrieɪt] *vt* rodzić, wydawać na świat

pro·cure [prəˈkjʊə(r)] *vt* dostarczyć **(sth for sb** coś komuś); sprawić ⟨sobie⟩, postarać się **(sth** o coś); dostać; *vi* stręczyć (do nierządu)

pro·cur·er [prəˈkjʊərə(r)] *s* pośrednik; stręczyciel

prod [prɒd] *s* szturchnięcie; bodziec; *vt* szturchać; popędzać

prod·i·gal [ˈprɒdɪgl] *adj* rozrzutny, marnotrawny

pro·dig·ious [prəˈdɪdʒəs] *adj* zdumiewający, cudowny; ogromny

prod·i·gy [ˈprɒdɪdʒɪ] *s* cudo, cud; cudowne dziecko; nadzwyczajny talent

pro·duce [prəˈdjuːs] *vt* produkować, wytwarzać; wydobywać; powodować; wywoływać; wydawać

(książkę, plony, potomstwo itd.); przynieść (np. zysk), dawać (rezultaty); okazywać, przedkładać, przedstawiać (np. dowody); wystawiać (sztukę); *s* [ˈprɒdjuːs] wynik; plon, zbiór; płody, produkty; produkcja, wydobycie

pro·duc·er [prəˈdjuːsə(r)] *s* producent; *am.* dyrektor teatru

prod·uct [ˈprɒdʌkt] *s* produkt, wyrób; wynik; *mat.* iloczyn

pro·duc·tion [prəˈdʌkʃn] *s* produkcja, wytwórczość; utwór (literacki itd.); wystawienie (sztuki)

pro·duc·tive [prəˈdʌktɪv] *adj* produktywny; płodny, żyzny

pro·fane [prəˈfeɪn] *vt* profanować; *adj* bluźnierczy; podgański; nieczysty; pospolity; świecki

pro·fess [prəˈfes] *vt* wyznawać (wiarę); oświadczać, twierdzić; uprawiać (zawód)

pro·fessed [prəˈfest] *pp i adj* jawny; zawodowy; rzekomy

pro·fes·sion [prəˈfeʃn] *s* zawód, zajęcie; wyznanie (wiary); oświadczenie; **by** ~ z zawodu

pro·fes·sion·al [prəˈfeʃnl] *adj* zawodowy, fachowy; *s* fachowiec

pro·fes·sor [prəˈfesə(r)] *s* profesor

prof·fer [ˈprɒfə(r)] *vt* proponować ⟨oferować⟩ (swoje usługi itd.)

pro·fi·cien·cy [prəˈfɪʃnsɪ] *s* biegłość, sprawność

pro·fi·cient [prəˈfɪʃnt] *adj* biegły, sprawny

pro·file [ˈprəʊfaɪl] *s* profil

prof·it [ˈprɒfɪt] *s* korzyść, pożytek; dochód; **to turn to** ~ wykorzystać; *vt* przynosić korzyść ⟨pożytek⟩; *vi* korzystać **(by ⟨from⟩ sth** z czegoś); zyskać **(by sth** na czymś)

prof·it·a·ble [ˈprɒfɪtəbl] *adj* korzystny, pożyteczny; zyskowny

prof·it·eer [ˌprɒfɪˈtɪə(r)] *s* spekulant, *pot.* paskarz; *vi* spekulować, *pot.* paskować

prof·li·gate [ˈprɒflɪgət] *adj* rozpustny; rozrzutny; *s* rozpustnik; rozrzutnik

pro·found [prə`faund] *adj* (*o ukło-
nie, zainteresowaniu itp.*) głęboki; (*o wiedzy itp.*) gruntowny

pro·fun·di·ty [prə`fʌndətɪ] *s* głębo-
kość, głębia

pro·fuse [prə`fjus] *adj* hojny, roz-
rzutny; obfity

pro·fu·sion [prə`fjuʒn] *s* hojność,
rozrzutność; obfitość

pro·gen·i·tor [prəʊ`dʒenɪtə(r)] *s*
przodek, antenat

prog·e·ny [`prodʒɪnɪ] *s* potomstwo,
zbiór. potomkowie

prog·nos·tic [prog`nostɪk] *s* progno-
styk, oznaka

pro·hib·i·tive [prə`hɪbətɪv] *adj* pro-
gram; *vt* układać program

prog·ress [`prəʊgres] *s* postęp; roz-
wój; bieg; *vi* [prə`gres] posuwać
się naprzód; robić postępy; być w
toku

pro·gres·sion [prə`greʃn] *s* postęp,
progresja

pro·gres·sive [prə`gresɪv] *adj* po-
stępowy; progresywny; *gram.*
ciągły; *s* postępowiec

pro·hib·it [prə`hɪbɪt] *vt* zakazywać;
wstrzymywać

pro·hi·bi·tion [`prəʊɪ`bɪʃn] *s* zakaz;
prohibicja

pro·hib·i·tive [prə`hɪbətɪv] *adj* pro-
hibicyjny; (*o cenach*) nieprzystępny

pro·ject [`prodʒekt] *s* projekt; *vt*
[prə`dʒekt] projektować; rzucać,
wyrzucać; rzutować; wyświetlać
(*na ekranie*); *vi* wystawać, sterczeć

pro·jec·tile [prə`dʒektaɪl] *adj* da-
jący się wyrzucić; *s* pocisk

pro·jec·tion [prə`dʒekʃn] *s* rzut,
wyrzucenie; rzutowanie; wyświetlanie, projekcja; projektowanie,
planowanie; występ, wystawanie; wyświetlony obraz

pro·jec·tion·ist [prə`dʒekʃnɪst] *s*
operator kinowy (*wyświetlający
film*)

pro·le·ta·ri·an [`prəʊlɪ`teərɪən] *adj*
proletariacki; *s* proletariusz

pro·le·ta·ri·at [`prəʊlɪ`teərɪət] *s* pro-

letariat

pro·lif·ic [prə`lɪfɪk] *adj* płodny

pro·lix [`prəʊlɪks] *adj* rozwlekły

pro·logue [`prəʊlog] *s* prolog

pro·long [prə`loŋ] *vt* przedłużać,
prolongować

pro·longed [prə`loŋd] *pp i adj* dłu-
gotrwały, przedłużający się

prom·e·nade [`promə`nad] *s* przechadzka; promenada; *vt vi* przechadzać się

prom·i·nent [`promɪnənt] *adj* wy-
stający; wybitny, sławny; widoczny

prom·is·cu·i·ty [`promɪ`skjuətɪ] *s*
mieszanina, bezład; stosunek pozamałżeński

pro·mis·cu·ous [prə`mɪskjuəs] *adj*
mieszany, różnorodny; nie czy-
niący różnicy; pozamałżeński

prom·ise [`promɪs] *s* obietnica; to
keep a ~ dotrzymać obietnicy;
to show ~ dobrze się zapowiadać; *vt vi* obiecywać (sb sth ⟨sth
to sb⟩ komuś coś); zapowiadać
(się)

prom·on·to·ry [`proməntrɪ] *s* przy-
lądek

pro·mote [prə`məʊt] *vt* posuwać
naprzód; popierać, sprzyjać, zachęcać; promować; dawać awans;
to be ~d awansować

pro·mo·tion [prə`məʊʃn] *s* promo-
cja, awans; poparcie

prompt [prompt] *adj* szybki; gotowy, zdecydowany; natychmiasto-
wy; *vt vi* pobudzić, dodać bodźca; nakłonić; podpowiadać, *teatr*
suflerować

prompt·er [`promptə(r)] *s teatr* su-
fler

promp·ti·tude [`promptɪtjud] *s*
szybkość; gotowość (of sth do
czegoś)

prompt·ness [`promptnəs] **=**
promptitude

prom·ul·gate [`promlgeɪt] *vt* pu-
blicznie ogłaszać; szerzyć (poglądy itd.)

prom·ul·ga·tion [`proml`geɪʃn] *s* o-
głoszenie, opublikowanie; szerze-
nie (poglądów itd.)

prone [prəun] *adj* pochyły, pochylony, stromy; leżący twarzą na dół; skłonny ⟨to do sth do zrobienia czegoś⟩

prong [prɔŋ] *s* ząb (np. widelca); kolec, ostrze

pro·noun [ˈprəunaun] *s gram.* zaimek

pro·nounce [prəˈnauns] *vt* wymawiać; wypowiadać, oświadczać; *vi* wypowiadać się ⟨on sth w jakiejś sprawie; for sb, sth za kimś, czymś; against sb, sth przeciwko komuś, czemuś⟩

pro·nounced [prəˈnaunst] *pp i adj* wyraźnie zaznaczony; zdecydowany (kolor itd.)

pro·nounce·ment [prəˈnaunsmənt] *s* wypowiedź, oświadczenie

pro·nun·ci·a·tion [prəˌnʌnsɪˈeɪʃn] *s* wymowa

proof [pruf] *s* dowód; badanie, próba; korekta; *adj* mocny, trwały, odporny

proof-read·er [ˈpruf riːdə(r)] *s* korektor

proof-sheet [ˈpruf ʃit] *s* korekta (szpalta, arkusz)

prop [prɔp] *s* podpórka; podpora; *vt* (także ~ up) podpierać, podtrzymywać

prop·a·gan·da [ˌprɔpəˈgændə] *s* propaganda

prop·a·gate [ˈprɔpəgeɪt] *vt* mnożyć, krzewić; propagować

pro·pel [prəˈpel] *vt* wprawiać w ruch, poruszać; napędzać; popędzać; pchnąć ⟨rzucić⟩ naprzód

pro·pel·ler [prəˈpelə(r)] *s lotn.* śmigło; *mors.* śruba okrętowa; siła napędowa

pro·pen·si·ty [prəˈpensəti] *s* skłonność ⟨popęd⟩ ⟨to sth do czegoś⟩

prop·er [ˈprɔpə(r)] *adj* właściwy, odpowiedni, należyty, stosowny; (*o imieniu*) własny

prop·er·ty [ˈprɔpəti] *s* własność, posiadłość; posiadanie; własność, właściwość; *teatr zbior.* rekwizyty

proph·e·cy [ˈprɔfɪsɪ] *s* proroctwo

proph·e·sy [ˈprɔfɪsaɪ] *vt vi* prorokować

proph·et [ˈprɔfɪt] *s* prorok

pro·phy·lac·tic [ˌprɔfɪˈlæktɪk] *adj* profilaktyczny

pro·pin·qui·ty [prəˈpɪŋkwətɪ] *s* bliskość; pokrewieństwo

pro·pi·ti·ate [prəˈpɪʃɪeɪt] *vt* jednać sobie względy; przejednywać

pro·pi·tious [prəˈpɪʃəs] *adj* pomyślny; sprzyjający; łaskawy

pro·por·tion [prəˈpɔʃn] *s* proporcja; udział; out of ~ nieproporcjonalny; *vt* dostosować; proporcjonalnie rozdzielić

pro·por·tion·al [prəˈpɔʃnl] *adj* proporcjonalny

pro·por·tion·ate [prəˈpɔʃnət] *adj* proporcjonalny

pro·pos·al [prəˈpəuzl] *s* propozycja; oświadczyny

pro·pose [prəˈpəuz] *vt* proponować; wysunąć (wniosek, kandydaturę); zamierzać, zaplanować; *vi* oświadczyć się

prop·o·si·tion [ˌprɔpəˈzɪʃn] *s* propozycja; wniosek; *mat.* twierdzenie

pro·pound [prəˈpaund] *vt* przedkładać, proponować, zgłaszać

pro·pri·e·tar·y [prəˈpraɪətrɪ] *adj* własnościowy; (*o prawie*) posiadania; posiadający

pro·pri·e·tor [prəˈpraɪətə(r)] *s* właściciel, posiadacz

pro·pri·e·ty [prəˈpraɪətɪ] *s* słuszność, stosowność, właściwość, trafność; przyzwoitość, dobre wychowanie

pro·rogue [prəuˈrəug] *vt* odraczać

pro·sa·ic [prəuˈzeɪɪk] *adj* prozaiczny

pro·scribe [prəuˈskraɪb] *vt* wyjąć spod prawa; skazać na banicję ⟨na wygnanie⟩

pro·scrip·tion [prəuˈskrɪpʃn] *s* proskrypcja, wyjęcie spod prawa

prose [prəuz] *s* proza; *vi* nudno mówić ⟨pisać⟩

pros·e·cute [ˈprɔsɪkjut] *vt* prowadzić (np. badania); wykonywać (np. pracę); kontynuować; sprawować, pełnić (np. obowiązki); ścigać sądownie

pros·e·cu·tion [‚prosɪ'kjuʃn] s wykonywanie ⟨kontynuowanie⟩ (np. pracy); pełnienie ⟨sprawowanie⟩ ⟨obowiązków⟩; dochodzenie sądowe

pros·e·cu·tor [‚prosɪkjutə(r)] s oskarżyciel sądowy; public ~ prokurator

pros·o·dy [‚prosədɪ] s prozodia

pros·pect [‚prospekt] s perspektywa; widok; działka złotonośna; vt vi [prə'spekt] przeszukiwać (teren złotodajny itp.), poszukiwać (for gold ⟨oil⟩ złota, nafty itd.)

pro·spec·tive [prə'spektɪv] adj odnoszący się do przyszłości; przewidywany

pro·spec·tor [prə'spektə(r)] s poszukiwacz (złota, nafty itd.)

pro·spec·tus [prə'spektəs] s prospekt

pros·per [‚prospə(r)] vi prosperować

pros·per·i·ty [pro'sperɪtɪ] s pomyślność; dobrobyt; dobra koniunktura

pros·per·ous [‚prospərəs] adj cieszący się pomyślnością ⟨dobrobytem⟩, kwitnący; pomyślny

pros·ti·tute [‚prostɪtjut] s prostytutka; vt prostytuować; marnować (np. zdolności); vr ~ oneself uprawiać prostytucję

pros·trate [‚prostreɪt] adj leżący plackiem ⟨twarzą ku ziemi⟩; przen. będący w prostracji, zgnębiony; vt [pro'streɪt] powalić na ziemię; przen. skrajnie wyczerpać, zgnębić, doprowadzić do prostracji

pro·tect [prə'tekt] vt chronić ⟨bronić, osłaniać, zabezpieczać⟩ (from ⟨against⟩ sb, sth przed kimś, czymś)

pro·tec·tion [prə'tekʃn] s ochrona, obrona, zabezpieczenie (against

sth przed czymś); protekcja, opieka; system ochrony celnej

pro·tec·tion·ism [prə'tekʃnɪzm] s polityka ochrony celnej

pro·tec·tive [prə'tektɪv] adj ochronny, zabezpieczający

pro·tec·tor [prə'tektə(r)] s obrońca, opiekun; techn. osłona

pro·tec·tor·ate [prə'tektərət] s protektorat

pro·tein [‚prəutɪn] s białko, proteina

pro·test [‚prəutest] s protest; uroczyste zapewnienie, oświadczenie; vt vi [prə'test] protestować; uroczyście zapewniać, oświadczać

Prot·es·tant [‚protɪstənt] s protestant; adj protestancki

prot·es·ta·tion [‚protɪ'steɪʃn] s protestowanie; uroczyste zapewnienie

pro·to·col [‚prəutəkol] s protokół (dyplomatyczny)

pro·to·type [‚prəutətaɪp] s prototyp

pro·tract [prə'trækt] vt przewlekać, przedłużać

pro·trac·tor [prə'træktə(r)] s mat. kątomierz

pro·trude [prə'trud] vi wystawać, sterczeć; vt wysuwać

pro·tru·sion [prə'truʒn] s wysunięcie; wystawanie

proud [praud] adj dumny (of sth z czegoś); wspaniały

prove [pruv] vt udowadniać; badać, próbować; sprawdzać; vi (także vr ~ oneself) okazywać się

prov·erb [‚provɜb] s przysłowie

pro·ver·bi·al [prə'vɜbɪəl] adj przysłowiowy

pro·vide [prə'vaɪd] vt vi dostarczać (sb with sth ⟨sth for sb⟩ komuś czegoś); zaspokoić potrzeby, zaopatrywać; (o ustawie) postanawiać, zarządzać; przedsiębrać kroki (w przewidywaniu czegoś), zabezpieczyć się (for sth na wypadek czegoś); prawn. postanawiać (for sth coś)

pro·vid·ed [prə'vaɪdɪd] pp i conj

public

o ile, pod warunkiem, byle (tylko)

prov·i·dence [ˈprovɪdns] s przezorność; oszczędność; opatrzność

prov·i·dent [ˈprovɪdənt] adj przezorny; oszczędny

prov·i·den·tial [ˌprovɪˈdenʃl] adj o-
patrznościowy

prov·ince [ˈprovɪns] s prowincja;
zakres, dziedzina

pro·vin·cial [prəˈvɪnʃl] adj prowincjonalny; rejonowy; s pro-
wincjał

pro·vi·sion [prəˈvɪʒn] s zaopatrzenie (of sth w coś); zabezpieczenie (for ⟨against⟩ sth przed
czymś); zastosowanie środków,
podjęcie kroków; klauzula, zastrzeżenie; warunek; zarządzenie,
postanowienie; pl ∼s zapasy żywności, prowianty; vt zaprowian-
tować

pro·vi·sion·al [prəˈvɪʒnl] adj tymczasowy, prowizoryczny

pro·vi·sion-mer·chant [prəˈvɪʒn ˈmɜ
tʃənt] s sprzedawca artykułów
spożywczych

pro·vi·so·ry [prəˈvaɪzərɪ] adj prowizoryczny; warunkowy

prov·o·ca·tion [ˌprovəˈkeɪʃn] s prowokacja; rozdrażnienie; powód

pro·voke [prəˈvəʊk] vt prowokować, podburzać; wywoływać, powodować; rozdrażniać, irytować,
złościć

prov·ost [ˈprovəst] s przełożony;
rektor; (w Szkocji) burmistrz

prow [prau] s dziób (okrętu)

prow·ess [ˈprauɪs] s waleczność,
męstwo

prowl [praul] vi grasować, polować
na zdobycz

prowl·er [ˈpraulə(r)] s maruder

prox·im·i·ty [prokˈsɪmətɪ] s bliskość (sąsiedztwo) (of ⟨to⟩ sth
czegoś)

prox·y [ˈproksɪ] s zastępstwo; pełnomocnictwo; strona upełnomoc-
niona; handl. prokura; by ∼ na
podstawie pełnomocnictw, w za-
stępstwie

prude [prud] s kobieta pruderyj-
na, świętoszka

pru·dence [ˈprudns] s roztropność;
ostrożność; rozwaga

pru·dent [ˈprudnt] adj roztropny;
ostrożny; rozważny

pru·den·tial [pruˈdenʃl] adj podyk-
towany roztropnością ⟨rozwagą⟩

prud·er·y [ˈprudərɪ] adj pruderia

prune 1. [prun] vt czyścić drzewa
(obcinając gałęzie); okrawać

prune 2. [prun] s suszona śliwka

Prus·sian [ˈprʌʃn] adj pruski; s
Prusak

prus·sic [ˈprʌsɪk] adj chem. (o
kwasie) pruski

pry [praɪ] vi podpatrywać; wścibiać nos (into sth w coś); szperać

psalm [sam] s psalm

psal·ter [ˈsɔltə(r)] s psałterz

pseu·do [ˈsjudəu] praef pseudo-;
adj rzekomy

pseu·do·nym [ˈsjudənɪm] s pseudonim

psy·che [ˈsaɪkɪ] s psyche, dusza;
usposobienie; mentalność

psy·chi·a·try [saɪˈkaɪətrɪ] s psychiatria

psy·chic [ˈsaɪkɪk] adj psychiczny,
duchowy; metapsychiczny; s
medium

psy·chi·cal [ˈsaɪkɪkl] adj psychiczny, duchowy

psy·cho·a·nal·y·sis [ˈsaɪkəu əˈnælə
sɪs] s psychoanaliza

psy·cho·log·i·c(al) [ˌsaɪkəˈlodʒɪk(l)]
adj psychologiczny

psy·chol·o·gy [saɪˈkolədʒɪ] s psychologia

psy·cho·sis [saɪˈkəusɪs] s psychoza

pub [pʌb] s pot. piwiarnia, knajpa, bar

pu·ber·ty [ˈpjubətɪ] s okres dojrzewania płciowego

pub·lic [ˈpʌblɪk] adj publiczny; o-
gólny, powszechny; jawny; obywatelski, społeczny; urzędowy;
∼ debt dług państwowy; ∼ house
szynk, piwiarnia, knajpa; ∼

school *bryt.* ekskluzywna szkoła średnia z internatem; *am.* państwowa szkoła średnia; ~ **service** służba państwowa; *s* publiczność; **in** ~ publicznie

pub·li·ca·tion [ˌpʌblɪ'keɪʃn] *s* publikacja; ogłoszenie

pub·lic·i·ty [pʌb'lɪsətɪ] *s* reklama, rozgłos

pub·lish [`pʌblɪʃ] *vt* publikować, wydawać; ogłaszać; ~**ing house** firma wydawnicza, wydawnictwo

pub·lish·er [`pʌblɪʃə(r)] *s* wydawca

puck [pʌk] *s* chochlik

pud·ding [`pudɪŋ] *s* pudding

pud·dle [`pʌdl] *s* kałuża; *pot.* bałagan; *vt vi* chlapać (się), babrać (się); *pot.* bałaganić

puff [pʌf] *vt vi* dmuchać; pykać; sapać; *przen.* przesadnie zachwalać; *(także ~ up)* nadymać się; *s* podmuch, dmuchnięcie; kłąb (dymu itd.); bufa (rękawa); przesadna pochwała; hałaśliwa reklama; puszek (do pudru)

puff-ball [`pʌfbɔl] *s bot.* purchawka

puff·y [`pʌfɪ] *adj* porywisty; pękaty; nadęty; napuszony

pu·gil·ist [`pjudʒɪlɪst] *s* pięściarz

pug·na·cious [pʌg'neɪʃəs] *adj* wojowniczy

pull [pul] *vt vi* ciągnąć, szarpać; wyrywać, zrywać; wiosłować; ~ **away** ⟨**back**⟩ odciągnąć; ~ **down** ściągnąć; rozebrać (dom); osłabić; ~ **in** wciągnąć; powściągnąć (np. konia); zatrzymać się; ograniczyć (wydatki); ~ **off** ściągnąć, zdjąć; zdobyć (np. nagrodę); przeprowadzić (plan, przedsięwzięcie), dokonać (czegoś); ~ **out** wyciągnąć, wyrwać; odejść, wycofać się; ~ **through** wyciągnąć (kogoś) z trudnego położenia; przebrnąć przez trudności; powracać powoli do zdrowia; ~ **(oneself) together** zebrać siły, przyjść do siebie; opamiętać się;

~ **up** podciągnąć; wyrwać z korzeniami; zatrzymać (się); dogonić ⟨**with** ⟨**to**⟩ **sb, sth** kogoś, coś⟩ *s* pociągnięcie, szarpnięcie; przyciąganie, ciąg; uchwyt; wysiłek; wpływ (oth sb na kogoś); przewaga ⟨**of** ⟨**over**⟩ **sb** nad kimś⟩

pul·let [`pulɪt] *s* kurczę; pularda

pul·ley [`pulɪ] *s techn.* rolka (linowa), blok (do podnoszenia), koło transmisyjne

pull-over [`pul əuvə(r)] *s* pulower

pul·lu·late [`pʌljuleɪt] *vi* kiełkować; krzewić się; roić się

pulp [pʌlp] *s* miękka masa; miazga; miększz; papka

pul·pit [`pulpɪt] *s* ambona; *przen.* kaznodziejstwo; *zbior.* kaznodzieje

pul·sate [pʌl'seɪt] *vi* pulsować, tętnić

pulse [pʌls] *s* puls, tętno; **to feel sb's** ~ badać komuś puls; *vi* pulsować

pul·ver·ize [`pʌlvəraɪz] *vt vi* sproszkować (się); zetrzeć (się) na proch; *przen.* zniszczyć

puma [`pjumə] *s zool.* puma

pump [pʌmp] *s* pompa; *vt* pompować; *przen.* wypytywać, wyciągać wiadomości

pump·kin [`pʌmpkɪn] *s bot.* dynia

pun [pʌn] *s* kalambur, gra słów; dwuznacznik; *vi* bawić się kalamburami ⟨dwuznacznikami⟩

punch 1. [pʌntʃ] *vt* bić pięścią; poganiać (bydło); *s* uderzenie pięścią, kułak

punch 2. [pʌntʃ] *vt* dziurkować, przebijać; kasować (np. bilet); *s* dziurkacz, przebijak

punch 3. [pʌntʃ] *s* poncz

punc·tu·al [`pʌŋktʃuəl] *adj* punktualny

punc·tu·ate [`pʌŋktʃueɪt] *vt* stosować interpunkcję; podkreślać

punc·tu·a·tion [ˌpʌŋktʃu'eɪʃn] *s* interpunkcja

punc·ture [`pʌŋktʃə(r)] *s* przekłucie, przebicie; *vt* przekłuwać; *vi* przedziurawić się

pun·gent [ˈpʌŋdʒənt] *adj* kłujący;
(*o smaku, zapachu*) ostry; pikantny; zgryźliwy

pun·ish [ˈpʌnɪʃ] *vt* karać

pun·ish·a·ble [ˈpʌnɪʃəbl] *adj* karalny

pun·ish·ment [ˈpʌnɪʃmənt] *s* kara

pu·ni·tive [ˈpjunɪtɪv] *adj* karny;
karzący

punt [pʌnt] *s* łódź płaskodenna

pup [pʌp] *s* szczenię

pu·pil 1. [ˈpjupl] *s* uczeń

pu·pil 2. [ˈpjupl] *s* źrenica

pup·pet [ˈpʌpɪt] *s* kukiełka, marionetka

pup·py [ˈpʌpɪ] *s* szczenię

pur·chase [ˈpɜtʃəs] *s* kupno, nabytek; *vt* kupować, nabywać

pure [pjuə(r)] *adj* czysty; szczery; nie fałszowany; bez domieszki

pur·ga·tion [pɜˈgeɪʃn] *s* oczyszczenie (się); *med.* przeczyszczenie

pur·ga·tive [ˈpɜgətɪv] *adj* przeczyszczający; *lit.* oczyszczający; *s*
środek przeczyszczający

pur·ga·to·ry [ˈpɜgətrɪ] *s* czyściec

purge [pɜdʒ] *vt* oczyszczać; *s* o-
czyszczanie; czystka

pu·ri·fy [ˈpjuərɪfaɪ] *vt vi* oczyszczać (się)

Pu·ri·tan [ˈpjuərɪtən] *adj* purytań-
ski; *s* purytanin

pu·ri·ty [ˈpjuərɪtɪ] *s* czystość

pur·loin [pɜˈlɔɪn] *vt* ukraść

pur·ple [ˈpɜpl] *s* purpura; *vt* barwić na purpurowo

pur·port [ˈpɜpət] *s* treść, sens, znaczenie; doniosłość; *vt* świadczyć,
znaczyć, oznaczać; wydawać się;
to ~ to be wydawać się być, rzekomo być

pur·pose [ˈpɜpəs] *s* cel, plan, zamiar; wola, stanowczość; on ~
umyślnie, celowo; to little ~ z
małą korzyścią, z niewielkim
skutkiem; to no ~ bezcelowo, na
darmo; bezcelowy; with the ~ of
celem, w celu; *vt* zamierzać,
mieć na celu

purr [pɜ(r)] *vi* (*o kocie*) mruczeć;

warkotać; *s* mruczenie; warkot

purse [pɜs] *s* portfel, portmonetka;
sakiewka; *vt* włożyć do portfelu
⟨portmonetki, sakiewki⟩; ściągnąć (brwi), zacisnąć (usta),
zmarszczyć (czoło)

pur·su·ance [pəˈsjuəns] *s* wykonywanie; pójście w ślady; in ~ of
zgodnie z (planem itd.), stosownie do (instrukcji itd.)

pur·sue [pəˈsju] *vt* prześladować,
ścigać; dążyć; uprawiać, wykonywać; kontynuować

pur·suit [pəˈsjut] *s* ściganie, pościg (of sb, sth za kimś, czymś);
dążenie; *pl* ~s interesy, sprawy,
zajęcia

pur·vey [pɜˈveɪ] *vt* zaopatrzyć, dostarczyć; *vi* robić zapasy; być
dostawcą (for sb czyimś)

pur·vey·or [pɜˈveɪə(r)] *s* dostawca

pus [pʌs] *s med.* ropa

push [puʃ] *vt vi* popychać; ~ along
pośpieszyć się; ~ in wepchnąć;
~ off odepchnąć; ~ out wypchnąć; posuwać (się) naprzód;
popędzić, nakłonić (sb to sth kogoś do czegoś); przeć (sb, sth
kogoś, coś); *s* pchnięcie; posunięcie; wysiłek; poparcie

puss [pus] *s* kot

pus·sy 1. [ˈpʌsɪ] *adj* ropny

pus·sy 2. [ˈpusɪ] *s* (*także* ~-cat)
kotek

* **put, put, put** [put] *vt vi* stawiać,
kłaść, umieszczać; zadawać (pytania); wypowiadać, wyrażać;
skazać (to death na śmierć); nastawić (np. zegarek); zaprząc (sb
to work kogoś do pracy; a horse
to the cart konia do wozu); poddać (to the test próbie); to ~
right naprawić; to ~ a stop położyć kres, przerwać; *z przysłówkami i przyimkami:* ~ away
⟨aside⟩ odłożyć; ~ back odłożyć;
powstrzymać; cofnąć (zegarek);
~ by odkładać (np. pieniądze);
uchylać się (sth od czegoś); zbywać (sb kogoś); ~ down złożyć;
stłumić (np. powstanie); ukrócić,

poskromić; wysadzić (np. pasażerów); zapisać; zmniejszyć (wydatki); przypisywać (**sth to sb** coś komuś); ~ **forth** wytężać (np. siły); puszczać (pąki); wydać (książkę); ~ **forward** wysuwać, przedkładać, przedstawiać; posuwać naprzód; ~ **in** wkładać, wsuwać; wtrącać; wnosić (np. skargę); wprowadzać; ~ **in mind** przypominać (**sb of sth** komuś o czymś); ~ **in order** doprowadzić do porządku; ~ **off** odłożyć; zdjąć (np. ubranie); zbyć, odprawić; odroczyć; ~ **on** nakładać, wdziewać; przybierać (np. postać); wystawiać (sztukę); ~ **out** wysuwać (wyciągać) (np. rękę); gasić; *sport* eliminować; wywiesić (np. bieliznę); wybić; wydać (drukiem); ~ **out of countenance** skonfundować; ~ **out of doors** wyrzucić za drzwi; ~ **out of order** wprowadzić nieład; ~ **over** przeprowadzić; zapewnić uznanie (np. a film dla filmu); ~ **through** przepchnąć (przeprowadzić) (np. sprawę); połączyć się telefonicznie (**to sb** z kimś); ~ **together** zestawić, zmontować; zebrać, zsumować; ~ **up** podnieść, dźwignąć; ustawiać, instalować; wywieszać (np. ogłoszenie); zaplanować, ukartować (podstępnie); schować, wetknąć (np. do kieszeni); zapakować; podnieść

(np. cenę); wystawić (np. towar na sprzedaż); wysunąć (kandydaturę); wnieść (prośbę); dać nocleg (**sb** komuś); zatrzymać się (at a hotel w hotelu); pogodzić się (**with sb** z kimś); ścierpieć (**with sth** coś); zadowolić się (**with sth** czymś); namawiać ⟨nakłaniać⟩ (**sb to sth** kogoś do czegoś); *s* rzut

pu·ta·tive [`pjutətɪv] *adj* domniemany

pu·tre·fac·tion [`pjutrɪ`fækʃn] *s* gnicie

pu·tre·fy [`pjutrɪfaɪ] *vi* psuć się, gnić; *vt* powodować gnicie ⟨rozkład⟩

pu·trid [`pjutrɪd] *adj* zgniły, zepsuty

put·ty [`pʌtɪ] *adj* kit

put-up [`put `ʌp] *adj attr* zaplanowany, ukartowany (podstępnie)

puz·zle [`pʌzl] *s* zagadka; *vt* zaintrygować; wprawić w zakłopotanie

puz·zle·ment [`pʌzlmənt] *s* zaintrygowanie; zakłopotanie

pyg·my [`pɪgmɪ] *s* pigmej

py·ja·mas [pə`dʒɑməz] *s pl* piżama

pyr·a·mid [`pɪrəmɪd] *s* piramida; *mat.* ostrosłup

pyre [`paɪə(r)] *s* stos (*zw.* pogrzebowy)

py·ro·tech·nics [`paɪərəu`tekniks] *s* pirotechnika

py·thon [`paɪθən] *s zool.* pyton

q

quack 1. [kwæk] *s* znachor, szarlatan

quack 2. [kwæk] *vi* kwakać; *s* kwakanie

quad·ran·gle [`kwodræŋgl] *s* dziedziniec; *mat.* czworokąt

quad·ri·lat·er·al [`kwodrɪ`lætərl]

adj czworoboczny; *s mat.* czworokąt

quad·ru·ped [`kwodruped] *s zool.* czworonóg; *adj* czworonożny

quad·ru·ple [`kwodrupl] *adj* poczwórny, czterokrotny

quaff [kwof] *vt vi* wychylać jednym haustem, pić wielkimi łykami

quag [kwæg] *s* bagno

quag·gy [ˈkwægɪ] *adj* bagnisty, grząski

quag·mire [ˈkwægmaɪə(r)] *s* bagno, trzęsawisko

quail 1. [kweɪl] *vi* ociągać się, lękać się; cofać się (**before sth** przed czymś)

quail 2. [kweɪl] *s* (*pl* ~) *zool.* przepiórka

quaint [kweɪnt] *adj* dziwny, dziwaczny

quake [kweɪk] *vi* trząść się, drżeć; *s* drżenie; *pot.* trzęsienie ziemi

Quak·er [ˈkweɪkə(r)] *s* kwakier

qual·i·fi·ca·tion [ˈkwolɪfɪˈkeɪʃn] *s* kwalifikacja; określenie; zastrzeżenie

qual·i·fy [ˈkwolɪfaɪ] *vt* kwalifikować; określać; warunkować; modyfikować; łagodzić; *vi* zdobyć kwalifikacje zawodowe; otrzymać dyplom

qual·i·ta·tive [ˈkwolɪtətɪv] *adj* jakościowy

qual·i·ty [ˈkwolətɪ] *s* jakość; gatunek; cecha, właściwość, zaleta; charakter

qualm [kwam] *s* mdłości; skrupuł; niepewność, niepokój

quan·da·ry [ˈkwondərɪ] *s* ciężkie położenie, kłopot, dylemat

quan·ti·ta·tive [ˈkwontɪtatɪv] *adj* ilościowy

quan·ti·ty [ˈkwontətɪ] *s* ilość; iloczas; *pl* **quantities** masa, obfitość

quar·rel [ˈkworl] *s* kłótnia; *vi* kłócić się

quar·rel·some [ˈkworlsəm] *adj* kłótliwy

quar·ry 1. [ˈkworɪ] *s* kamieniołom

quar·ry 2. [ˈkworɪ] *s* zwierzyna (upolowana); łup

quart [kwɔt] *s* kwarta

quar·ter [ˈkwɔtə(r)] *s* ćwierć, czwarta część; kwadrans; kwartał; strona świata; kwadra (księ-

życa); dzielnica, rewir; źródło (informacji); *am.* moneta 25-centowa; *pl* ~s sfery; apartamenty, mieszkanie; *wojsk.* kwatery; **at close** ~s z bliska; (*o walce*) wręcz; **to take up** ~s zamieszkać; *vt* ćwiartować; *wojsk.* zakwaterować; *vi wojsk.* kwaterować, stacjonować

quar·ter·ly [ˈkwɔtəlɪ] *adj* kwartalny; *adv* kwartalnie; *s* kwartalnik

quartz [kwɔts] *s miner.* kwarc

quash [kwoʃ] *vt* zgnieść, stłumić; skasować, unieważnić

qua·si [ˈkweɪsaɪ] *adj, adv i praef* prawie, niemal; niby

quat·rain [ˈkwotreɪn] *s* czterowiersz

qua·ver [ˈkweɪvə(r)] *vi* (*zw. o głosie*) drżeć, drgać; śpiewać tremolando; *s* wibrujący głos, tremolo; *muz.* tryl; *muz.* ósemka

quay [ki] *s* nabrzeże

quea·sy [ˈkwizɪ] *adj* wrażliwy; grymaśny; skłonny do mdłości; przyprawiający o mdłości

queen [kwin] *s* królowa; żona króla; dama (w kartach)

queer [kwiə(r)] *adj* dziwaczny; podejrzany, wątpliwy; nieswój; **to feel** ~ czuć się niedobrze ⟨kiepsko⟩

quell [kwel] *vt* tłumić, dławić

quench [kwentʃ] *vt* gasić; tłumić; studzić (np. zapał)

quer·u·lous [ˈkwerələs] *adj* gderliwy, zrzędny

que·ry [ˈkwɪərɪ] *s* pytanie; znak zapytania; *vt vi* zapytywać; badać; stawiać znak zapytania

quest [kwest] *s* poszukiwanie; *vt vi* poszukiwać (**sth** ⟨**for sth, after sth**⟩ czegoś)

ques·tion [ˈkwestʃən] *s* .pytanie; zastrzeżenie, kwestia; **to ask** ⟨**put**⟩ **a** ~ zadać pytanie; **to call in** ~ zakwestionować; **in** ~ będący przedmiotem rozważań, to, o co chodzi; **out of the** ~ nie wchodzący w rachubę; **beyond**

⟨past, without, out of the⟩ ~
niewątpliwie; *vt* zadawać pytania, pytać; indagować; badać;
kwestionować

ques·tion·a·ble [ˈkwestʃənəbl] *adj*
wątpliwy, sporny

ques·tion-mark [ˈkwestʃən mɑk] *s*
znak zapytania

ques·tion·naire [ˌkwestʃəˈneə(r)] *s*
kwestionariusz

queue [kju] *s* szereg ludzi, kolejka (w sklepie itd.); warkocz; =
cue; *vi* (*także* ~ **up**) stać w
kolejce

quib·ble [ˈkwibl] *s* gra słów; wykręt, wybieg (w rozmowie); *vi*
uprawiać grę słów; mówić wy-
krętnie

quick [kwik] *adj* szybki; bystry;
zwinny; (*o zmysłach*) zaostrzo-
ny; *adv* szybko, żwawo; zaraz; *s*
żywe ciało; czuły punkt; *przen.*
to sting to the ~ dotknąć do żywego

quick·en [ˈkwikən] *vt vi* przyśpie-
szyć; ożywić (się); wracać do
życia

quick-lime [ˈkwik laim] *s* nie ga-
szone wapno

quick·sand [ˈkwiksænd] *s* lotne
⟨ruchome⟩ piaski

quick·sil·ver [ˈkwiksilvə(r)] *s* rtęć;
przen. żywe srebro

quick-tem·pered [ˈkwik ˈtempəd]
adj nieopanowany, porywczy

quid [kwid] *s* *pot.* funt szterling

qui·es·cent [kwaiˈesnt] *adj* spokojny, nieruchomy; bierny

qui·et [ˈkwaiət] *adj* spokojny; cichy; *s* spokój; cisza; *vt* uspokajać; uciszać; *vi* (*zw.* ~ **down**) u-
spokajać, uciszać się

qui·et·ism [ˈkwaiətizm] *s* *filoz.*
kwietyzm

qui·e·tude [ˈkwaiətjud] *s* spokój

quill [kwil] *s* lotka; gęsie pióro
(do pisania); kolec (np. jeża)

quilt [kwilt] *s* kołdra; *vt* pikować

qui·nine [kwiˈnin] *s* chinina

quin·tuple [ˈkwintjupl] *adj* pięciokrotny

quirk [kwɜk] *s* gra słów, kalambur;
wykręt; kaprys

quit [kwit] *vt vi* opuszczać (miejsce, posadę itd.); rezygnować;
odejść, odjechać; *lit.* odpłacać;
adj wolny (**of sth** od czegoś)

quite [kwait] *adv* zupełnie, całkiem; całkowicie; wcale; ~ **a**
treat istna biesiada; **it's** ~ **the**
thing to jest właśnie to, o co
chodzi; to ostatni krzyk mody;
~ **so!** zupełna racja! właśnie!

quiv·er 1. [ˈkwivə(r)] *vi* drżeć,
drgać; *s* drżenie, drganie

quiv·er 2. [ˈkwivə(r)] *s* kołczan

quiz [kwiz] *vt* nabierać, kpić; żartować sobie (**sb, sth** z kogoś,
czegoś); *am.* egzaminować, badać
(inteligencję); *s* nabieranie, żarty; *am.* egzamin, test; kwiz;
kpiarz

quo·ta [ˈkwəutə] *s* określony u-
dział; kontyngent

quo·ta·tion [kwəuˈteiʃn] *s* cytat;
cytowanie; *handl.* notowanie kur-
su (na giełdzie)

quo·ta·tion-marks [kwəuˈteiʃn mɑks]
s pl cudzysłów

quote [kwəut] *vt* cytować, powoływać się (**sth** na coś); *handl.*
notować ⟨podawać⟩ kurs (na
giełdzie)

quo·tient [ˈkwəuʃnt] *s* *mat.* iloraz

r

R, r [ɑ(r)]: **the three R's** wykształcenie elementarne **(reading,
(w)riting, (a)rithmetic** czytanie,
pisanie, arytmetyka)

rab·bi [ˈræbaɪ] s rabin

rab·bit [ˈræbɪt] s królik

rab·ble [ˈræbl] s motłoch

rab·id [ˈræbɪd] adj wściekły, roz-
wścieczony, szalony

ra·bies [ˈreɪbiːz] s med. wścieklizna

race 1. [reɪs] s rasa, ród

race 2. [reɪs] s bieg, gonitwa, wyścig; nurt, prąd; **armaments ~**
wyścig zbrojeń; **to run a ~** sport
brać udział w biegu, biec; pl **~s**
wyścigi konne; vt vi gonić (ścigać) (się); brać udział w wyścigach, iść w zawody; puszczać w
zawody (np. konia); popędzać
(konia)

race·course [ˈreɪs kɔːs], **race-track**
[ˈreɪs træk] s tor wyścigowy

ra·cial [ˈreɪʃl] adj rasowy

ra·cial·ism [ˈreɪʃlizm] s rasizm

rac·ing [ˈreɪsɪŋ] s wyścigi (konne),
biegi, regaty, zawody; adj attr
wyścigowy

rac·ism [ˈreɪsɪzm] s rasizm

rack 1. [ræk] s wieszak (na pal-
ta); stojak; półka (np. w wagonie); drabinka stajenna

rack 2. [ræk] s koło tortur; vt
łamać kołem, torturować; **to ~
one's brains for sth** łamać sobie
głowę nad czymś

rack 3. [ræk] s zniszczenie; **to go
to ~ and ruin** ulec zniszczeniu;
wykoleić się

rack·et 1. [ˈrækɪt] s sport rakieta

racket 2. [ˈrækɪt] s hałas, huk,
wrzawa; hulanka; pot. szantaż,
wymuszanie, granda; vi hałasować; hulać

rack·et·eer [ˌrækɪˈtɪə(r)] s pot.
szantażysta, grandziarz; vi uprawiać szantaż ⟨grandę⟩

rac·y [ˈreɪsɪ] adj pełen życia; do-

sadny; pikantny; (bardzo) charakterystyczny, typowy

ra·dar [ˈreɪdɑː(r)] s radar

ra·di·al [ˈreɪdɪəl] adj promienio-
wy

ra·di·ance [ˈreɪdɪəns] s promieniowanie; blask

ra·di·ant [ˈreɪdɪənt] adj promie-
niujący; promienny

ra·di·ate [ˈreɪdɪeɪt] vt vi promieniować; **wysyłać** ⟨emitować⟩ **(promienie, światło, energię, ciepło)**

ra·di·a·tion [ˌreɪdɪˈeɪʃn] s promieniowanie; napromienienie

ra·di·a·tor [ˈreɪdɪeɪtə(r)] s radiator; kaloryfer, grzejnik; techn.
chłodnica

rad·i·cal [ˈrædɪkl] adj radykalny;
s radykał; mat. pierwiastek

ra·di·o [ˈreɪdɪəʊ] s radio; vt nadawać przez radio

ra·di·o·ac·tive [ˌreɪdɪəʊˈæktɪv] adj
promieniotwórczy, radioaktywny

ra·di·o·ac·tiv·i·ty [ˌreɪdɪəʊ æk'tɪvə-
tɪ] s promieniotwórczość, radio-
aktywność

ra·di·o·gram [ˈreɪdɪəʊɡræm] s depesza radiowa; zdjęcie **rentgenowskie**

ra·di·o·graph [ˈreɪdɪəʊɡrɑːf] s zdjęcie rentgenowskie; vt robić zdjęcie rentgenowskie

ra·di·ol·o·gy [ˌreɪdɪˈɒlədʒɪ] s radio-
logia; rentgenologia

rad·ish [ˈrædɪʃ] s rzodkiewka

ra·di·um [ˈreɪdɪəm] s chem. rad

ra·di·us [ˈreɪdɪəs] s (pl **radii** [ˈreɪ-
dɪaɪ]) promień

raf·fle [ˈræfl] s loteria (fantowa);
vt sprzedawać na loterii; vi grać
na loterii

raft [rɑːft] s tratwa; vt spławiać
tratwą; vi przeprawiać się tratwą

rag [ræɡ] s szmata, gałgan

rag·a·muf·fin [ˈræɡəmʌfɪn] s obdartus

rage [reɪdʒ] s wściekłość, gniew, pasja, furia; mania (**for** sth czegoś); pasja (**for** sth do czegoś); (najnowsza) moda; *vi* szaleć; wściekać się (**at** ⟨**against**⟩ sb na kogoś)

rag·ged [ˈrægɪd] *adj* obszarpany, obdarty; poszarpany, nierówny, szorstki

rag·time [ˈrægtaɪm] *s* ragtime (wczesna forma jazzu o rytmie synkopowanym); synkopowana muzyka murzyńska

raid [reɪd] s najazd, napad; nalot; obława; *vt* najeżdżać (np. kraj), robić napad ⟨nalot⟩; urządzać obławę

rail 1. [reɪl] s balustrada, poręcz; listwa; szyna; sztacheta; kolej żelazna; **by ~** koleją; **to get off the ~s** wykoleić się; *vt* (*także* **~ in** ⟨**off, round**⟩) ogrodzić; okratować; przewozić koleją; *vi* jechać koleją

rail 2. [reɪl] *vi* złorzeczyć, uskarżać się (**at** sb, sth na kogoś, coś); szydzić (**at** sb z kogoś); urągać (**at** sb komuś)

rail·ing [ˈreɪlɪŋ] *ppraes i s* ogrodzenie; okratowanie; poręcz

rail·road [ˈreɪlrəʊd] *am.* = **railway**

rail·way [ˈreɪlweɪ] s kolej żelazna; *vi* jechać ⟨podróżować⟩ koleją

rain [reɪn] s deszcz; *vi* (*o deszczu*) padać

rain·bow [ˈreɪnbəʊ] s tęcza

rain·coat [ˈreɪnkəʊt] s płaszcz nieprzemakalny

rain·fall [ˈreɪnfɔl] s opad (deszczu); ulewa

rain·y [ˈreɪnɪ] *adj* deszczowy, dżdżysty; *przen.* **~ day** czarna godzina

raise [reɪz] *vt* podnosić, dźwignąć, podwyższać; wznosić (budynek itd.); budzić, wywoływać; ożywiać; poruszać (sprawę); ściągać (podatki itp.); werbować; mobilizować; hodować, uprawiać; wychowywać (dzieci)

rai·sin [ˈreɪzn] s rodzynek

rake 1. [reɪk] s grabie; pogrzebacz; *vt vi* grabić, zgarniać; grzebać (się), szperać; **~ out** wygrzebać; **~ up** zgrzebywać, zgarniać; rozgrzebywać

rake 2. [reɪk] s łajdak, hulaka

ral·ly 1. [ˈrælɪ] s zjazd, zlot, zbiórka; poprawa (zdrowia itd.); *vt vi* zbiegać się, zbierać (się), gromadzić (się); zebrać siły (np. po chorobie); otrząsnąć się, przyjść do siebie

ral·ly 2. [ˈrælɪ] *vt* wyszydzać, wykpiwać

ram [ræm] s baran; taran; dźwig hydrauliczny; tłok; *vt* uderzać (taranem); ubijać, wbijać, tłuc, wtłaczać

ram·ble [ˈræmbl] s wędrówka, przechadzka; *vi* wałęsać ⟨włóczyć⟩ się; wędrować; (np. *o ścieżce*) wić się; zbaczać (z tematu)

ram·bler [ˈræmblə(r)] s wędrowiec, włóczęga; pnącze, roślina pnąca

ram·i·fi·ca·tion [ˈræmɪfɪˈkeɪʃn] s rozgałęzienie

ram·i·fy [ˈræmɪfaɪ] *vt vi* rozgałęziać ⟨rozwidlać⟩ (się)

ram·mer [ˈræmə(r)] s kafar; ubijak

ramp [ræmp] s pochyłość; nachylenie (muru itd.); pochyła droga, podjazd w górę; rampa; *vi* wznosić się ⟨opadać⟩ pochyło; *pot.* wściekać się

ram·pant [ˈræmpənt] *adj* obficie krzewiący się, bujny; szerzący ⟨srożący, panoszący⟩ się; nieokiełznany, gwałtowny

ram·part [ˈræmpɑt] s wał (obronny), szaniec; *przen.* obrona, osłona

ram·shack·le [ˈræmʃækl] *adj* rozpadający się, rozklekotany, w ruinie

ran *zob.* **run**

ranch [rɑntʃ] s *am.* ranczo, gospodarstwo hodowlane; *vi* prowadzić gospodarstwo hodowlane ranch·er [ˈrɑntʃə(r)] s właściciel rancza ⟨farmy hodowlanej⟩

ran·cid [ˈrænsid] adj zjełczały

ran·cor·ous [ˈræŋkərəs] adj rozgoryczony; zawzięty, zajadły

ran·cour [ˈræŋkə(r)] s rozgoryczenie, uraza; złośliwość

ran·dom [ˈrændəm] s w zwrocie: at ~ na chybił trafił; adj przypadkowy, pierwszy lepszy

randy [ˈrændi] adj hałaśliwy, krzykliwy

rang zob. ring

range [reindʒ] s szereg, rząd; zasięg, rozpiętość; zakres, sfera; teren ⟨pole⟩ (badań itd.); wędrówka; łańcuch (gór); piec kuchenny; strzelnica; vt szeregować, porządkować; ciągnąć się ⟨biec⟩ (sth wzdłuż czegoś); przemierzać (kraj itd.); vi rozciągać ⟨ciągnąć⟩ się (from sth to sth od czegoś do czegoś); wałęsać się, wędrować (over ⟨through⟩ po czymś, przez coś); (o temperaturze, cenach) wahać się; zaliczać się (np. among the rebels do buntowników); (o roślinach, zwierzętach) spotykać ⟨trafiać⟩ się; sięgać; the prices ~d from £5 to £7 ⟨beween £5 and £7⟩ ceny wahały się od pięciu do siedmiu funtów

rang·er [ˈreindʒə(r)] s włóczęga, wędrowiec; strażnik lasu; żołnierz ⟨policjant⟩ konny; am. komandos

rank 1. [ræŋk] s rząd; szereg; klasa, sfera; ranga, stopień, kategoria; the ~ and file, the ~s szeregowi żołnierze; przen. szara masa (społeczeństwa); to join the ~s wstąpić do wojska; vt ustawić w szeregu; zaszeregować; sklasyfikować; nadać rangę ⟨sb komuś⟩; vi zajmować rangę; mieć ⟨zajmować⟩ stanowisko ⟨pozycję⟩; liczyć się (as sb jako ktoś)

rank 2. [ræŋk] adj bujny, wybujały; żywotny; (o glebie) zbyt żyzny; zgniły, cuchnący; istny, wierutny, skończony

ran·kle [ˈræŋkl] vi jątrzyć (się), ropieć; przen. drażnić, dręczyć

ran·sack [ˈrænsæk] vt przewrócić do góry nogami, przetrząsnąć; plądrować

ran·som [ˈrænsəm] s okup; vt odkupić, wykupić

rant [rænt] s napuszona mowa, tyrada; vt vi mówić stylem napuszonym

rap [ræp] vt lekko uderzać; vi stukać (at ⟨on⟩ the door do drzwi); s lekkie uderzenie, kuksaniec; stukanie

ra·pa·cious [rəˈpeiʃəs] adj drapieżny, zachłanny

rape 1. [reip] vt porwać (kobietę); zgwałcić; pogwałcić (np. prawa); s porwanie (kobiety); zgwałcenie, gwałt; pogwałcenie (np. praw)

rape 2. [reip] s rzepa

rap·id [ˈræpid] adj szybki; wartki, rwący; s (zw. pl ~s) bystry nurt rzeki (na progach), katarakta

ra·pi·er [ˈreipiə(r)] s rapier

rap·ine [ˈræpain] s rabunek

rap·proche·ment [ræˈprɔʃmɔ̃] s pojednanie, przywrócenie dobrych stosunków (zw. między państwami)

rapt [ræpt] adj pochłonięty, zaabsorbowany; zachwycony, urzeczony

rap·ture [ˈræptʃə(r)] s zachwyt, upojenie

rare [reə(r)] adj rzadki

rar·i·ty [ˈreərəti] s rzadkość, niezwykłość

ras·cal [ˈrɑskl] s łotr, łajdak, łobuz

rash 1. [ræʃ] adj pospieszny, nieroztropny, nie przemyślany

rash 2. [ræʃ] s med. wysypka, nalot

rasp [rɑsp] s raszpla; zgrzyt; vt skrobać raszplą; drażnić; vi zgrzytać

rasp·ber·ry [ˈrɑzbri] s malina

rat [ræt] s szczur; *przen.* to smell a ~ podejrzewać coś

rate [reɪt] s stosunek (ilościowy), proporcja; ustalona cena, taryfa, taksa; norma; tempo; stawka; podatek (samorządowy itd.); kurs (wymiany itd.); stopa; wskaźnik; ocena, oszacowanie; at any ~ w każdym razie; za każdą cenę; birth ~ wskaźnik urodzeń; death ~ śmiertelność; ~ of exchange kurs dewizowy; giełdowy kurs wymiany pieniędzy; ~ of interest stopa procentowa; ~ of living stopa życiowa; *vt* szacować, taksować, oceniać; klasyfikować; opodatkować; *vi* być zaliczanym

rate-pay·er [ˈreɪt ˌpeɪə(r)] s płatnik podatku samorządowego

rath·er [ˈrɑːðə(r)] adv raczej; dość; właściwie; poniekąd; oczywiście; I had ⟨would⟩ ~ go wolałbym pójść; the ~ that ... tym bardziej, że ...

rat·i·fi·ca·tion [ˌrætɪfɪˈkeɪʃn] s ratyfikacja

rat·i·fy [ˈrætɪfaɪ] vt ratyfikować

ra·ti·o [ˈreɪʃɪəʊ] s stosunek (liczbowy, ilościowy), proporcja

ra·tion [ˈræʃn] s racja, przydział; *vt* racjonować, wydzielać

ra·tion·al [ˈræʃnl] adj racjonalny, rozumny; rozumny; *mat.* wymierny; s stworzenie rozumne; *mat.* liczba wymierna

ra·tion·al·ism [ˈræʃnəlɪzm] s racjonalizm

rat·tle [ˈrætl] s klekot, grzechot; brzęk; stukot, turkot; grzechotka; gaduła; *vt vi* klekotać, grzechotać; stukotać, turkotać; szczękać, brzęczeć; terkotać; rzęzić; paplać, trajkotać

rat·tle-snake [ˈrætlsneɪk] s *zool.* grzechotnik

rav·age [ˈrævɪdʒ] vt pustoszyć, plądrować; s spustoszenie, zniszczenie

rave [reɪv] vi szaleć; bredzić; zachwycać się (about sb, sth kimś, czymś)

rav·el [ˈrævl] vt vi wikłać ⟨plątać, gmatwać⟩ (się); (zw. ~ out) strzępić; s powikłanie; plątanina; strzępy

ra·ven [ˈreɪvn] s *zool.* kruk

rav·en·ous [ˈrævnəs] adj zachłanny; drapieżny

ra·vine [rəˈviːn] s wąwóz, parów

rav·ish [ˈrævɪʃ] vt zachwycić, oczarować; porwać; zgwałcić (kobietę)

raw [rɔː] adj surowy; nie wykończony, niewyrobiony; (o człowieku) niedoświadczony; (o ranie) otwarty; ~ material surowiec; ~ świeża rana; otarcie (skóry); żywe ciało; *przen.* czułe miejsce

ray [reɪ] s promień; *vt vi* (także ~ forth ⟨off, out⟩) promieniować

ray·on [ˈreɪɒn] s sztuczny jedwab

raze [reɪz] vt zetrzeć, wykreślić; zburzyć, zrównać z ziemią

ra·zor [ˈreɪzə(r)] s brzytwa; ~ blade żyletka; safety ~ maszynka do golenia

re- [riː] praef ponownie, po raz drugi

reach [riːtʃ] vt vi sięgać; dosięgnąć, osiągnąć; dojść, dojechać, dogonić; rozciągać się; wyciągać rękę, sięgać (for ⟨after⟩ sth po coś); s zasięg, zakres; beyond ⟨out of⟩ ~ poza zasięgiem; within ~ w zasięgu; within easy ~ łatwo osiągalny; dostępny

re·act [rɪˈækt] vi reagować (to sth na coś); oddziaływać (upon sth na coś); przeciwdziałać (against sth czemuś)

re·ac·tion [rɪˈækʃn] s reakcja; oddziaływanie; przeciwdziałanie

re·ac·tion·ar·y [rɪˈækʃnərɪ] adj reakcyjny; s reakcjonista

re·ac·tor [rɪˈæktə(r)] s reaktor

* read [riːd]. [rid], read, read [red] *vt vi* czytać; studiować; (o tekście) brzmieć; (o ustawie) głosić; przygotowywać się (for an examina-

tion do egzaminu); **this book** ~s
well tę książkę dobrze się czyta;
~ **over** ⟨through⟩ przeczytać (od
początku do końca); ~ **up** zaznajomić się z tematem na podstawie lektury; *s* [rid] lektura; **to
have a** ~ poczytać sobie

read 2. [red] *adj w zwrocie:* **well**
⟨**deeply**⟩ ~ oczytany

read·er [ˈriːdə(r)] *s* czytelnik; lektor, wykładowca; korektor; wybór czytanek, wypisy

read·i·ly [ˈrediliː] *adv* chętnie, z
gotowością; z łatwością

read·i·ness [ˈredinəs] *s* gotowość;
chęć; łatwość, obrotność; bystrość

read·ing [ˈriːdiŋ] *ppraes* i *s* czytanie; oczytanie; lektura; odczytywanie

read·ing-book [ˈriːdiŋ buk] *s* książka do czytania; wypisy

read·ing-room [ˈriːdiŋ ruːm] *s* czytelnia

re·ad·just [ˈriːəˈdʒʌst] *vt* ponownie
uporządkować ⟨dopasować⟩

read·y [ˈrediː] *adj* gotowy; skłonny, chętny; łatwy; szybki; bystry; ~ **money** gotówka; **to get**
⟨**make**⟩ ~ przygotować się; *vt*
przygotować

ready-to-wear *am.* = **ready-made**

ready-made [ˈredi ˈmeid] *adj* (o
ubraniu) gotowy, nie na miarę;
przen. banalny, oklepany

re·a·gent [riˈeidʒənt] *s chem.* odczynnik

re·al [riəl] *adj* rzeczywisty, istotny, prawdziwy; ~ **estate** ⟨**property**⟩ nieruchomość; *s* rzecz realnie istniejąca, autentyk; *adv
am.* naprawdę; bardzo

re·al·ism [ˈriəl-izm] *s* realizm

re·al·ist [ˈriəlist] *adj* realistyczny

re·al·i·ty [riˈæləti] *s* rzeczywistość;
realność, prawdziwość

re·al·i·za·tion [ˈriəlaiˈzeiʃn] *s* realizacja; uświadomienie sobie,
zrozumienie; *handl.* spieniężenie,
upłynnienie (kapitału)

re·al·ize [ˈriəlaiz] *vt* urzeczywist-

nić; uświadomić sobie, zrozumieć; *handl.* spieniężyć, upłynnić
(kapitał); zrealizować (np. czek)

re·al·ly [ˈriəli] *adv* naprawdę, rzeczywiście; istotnie

realm [relm] *s* królestwo; *przen.*
dziedzina, sfera

re·al·tor [ˈriəltə(r)] *s am.* pośrednik
w handlu nieruchomościami

re·al·ty [ˈriəlti] *s* nieruchomość,
własność gruntowa, realność

reap [riːp] *vt vi* zbierać (plon, żniwo); żąć, kosić

reap·er [ˈriːpə(r)] *s* żniwiarz; żniwiarka (maszyna)

re·ap·pear [ˈriːəˈpiə(r)] *vi* pojawić
⟨ukazać⟩ się ponownie

rear 1. [riə(r)] *vt* hodować, uprawiać; wychowywać; budować,
wznosić; *vi* (o *koniu*) stawać dęba

rear 2. [riə(r)] *s* tył, tylna strona;
wojsk. tyły; **in the** ~ w tyle;
wojsk. na tyłach

rear·guard [ˈriəgɑːd] *s wojsk.* tylna straż

re·arm [riˈɑːm] *vt vi* ponownie
zbroić (się), dozbrajać (się)

re·ar·ma·ment [riˈɑːməmənt] *s* ponowne zbrojenie, dozbrojenie

re·ar·range [ˈriːəˈreindʒ] *vt* na nowo uporządkować, przegrupować,
przestawić, przemienić

rear·ward [ˈriəwəd] *adj* zwrócony
ku tyłowi, tylny, końcowy;
wsteczny; *adv* (*także* ~s) ku
tyłowi, wstecz

rea·son [ˈriːzn] *s* rozum, intelekt;
rozwaga; powód (**of sth** czegoś,
for sth do czegoś); uzasadnienie;
by ~ **of**, **for** ~s **of** z powodu; **to
bring to** ~ przywodzić do rozsądku; **to hear** ⟨**to listen to**⟩ ~
słuchać głosu rozsądku, dać **się**
przekonać; **it stands to** ~ **to jest**
zrozumiałe ⟨oczywiste⟩, nie można temu zaprzeczyć; **out of** ~
nierozsądnie; *vt vi* rozumować;
rozważać; uzasadniać; wnioskować; wyperswadować (**sb out of
sth** komuś coś); przekonać, na-

mówić (**sb into sth** kogoś do czegoś)

rea·son·a·ble [`riznəbl] *adj* rozsądny; (np. *o cenach*) umiarkowany

re·as·sem·ble [`riə`sembl] *vt vi* ponownie zebrać (się)

re·as·sume [`riə`sjum] *vt* na nowo podjąć (objąć)

re·as·sure [`riə`ʃuə(r)] *vt* przywrócić zaufanie, rozproszyć obawy

re·bate [ri`beit] *vt* zmniejszyć; *handl.* potrącić; udzielić rabatu; *s* [`ribeit] *handl.* rabat

reb·el [`rebl] *s* buntownik; *adj* buntowniczy; *vi* [ri`bel] buntować się

re·bel·lion [ri`beliən] *s* bunt, rebelia

re·bel·lious [ri`beliəs] *adj* buntowniczy, zbuntowany

re·bound [ri`baund] *vi* odskakiwać, odbijać się

re·buff [ri`baf] *vt* odepchnąć, odtrącić; dać odprawę; odmówić; *s* odmowa; odepchnięcie, odprawa

* re·build [`ri`bild], **rebuilt**, **rebuilt** [`ri`bilt] *vt* odbudować, przebudować, odnowić

re·buke [ri`bjuk] *s* wymówka, zarzut, nagana; *vt* robić wymówki, ganić, karcić

re·cal·ci·trant [ri`kælsitrənt] *adj* oporny, krnąbrny

re·call [ri`kɔl] *vt* odwoływać (np. ambasadora); cofać (np. obietnicę); przypominać sobie; wskrzeszać (wspomnienia); kasować; *s* odwołanie; nakaz powrotu

re·cant [ri`kænt] *vt* odwołać, cofnąć, wyprzeć się

re·ca·pit·u·late [`ri-kə`pitʃuleit] *vt* rekapitulować, podsumować, streścić

re·cast [`ri`kast] *vt* przetopić (przelać) (metal); przekształcić, przerobić; *s* przeróbka

re·cede [ri`sid] *vi* cofnąć (wycofać) się, odstąpić

re·ceipt [ri`sit] *s* odbiór; potwierdzenie odbioru, pokwitowanie; recepta; przepis; *pl* ~s przychód,

wpływy; *vt* kwitować

re·ceive [ri`siv] *vt* otrzymywać, odbierać; przyjmować; zawierać; doznawać

re·ceived [ri`sivd] *pp i adj* uznany, powszechnie przyjęty

re·ceiv·er [ri`sivə(r)] *s* odbiorca; poborca; odbiornik (radiowy); słuchawka (telefoniczna); paser

re·cent [`risnt] *adj* świeży, niedawny, świeżej daty; nowoczesny

re·cent·ly [`risntli] *adv* ostatnio, niedawno

re·cep·ta·cle [ri`septəkl] *s* naczynie, zbiornik

re·cep·tion [ri`sepʃn] *s* recepcja, przyjęcie; odbiór (radiowy); ~ office recepcja, portiernia

re·cep·tive [ri`septiv] *adj* podatny, chłonny, wrażliwy

re·cess [ri`ses] *s* odejście, ustąpienie, odwrót; ferie (*zw.* sądowe lub parlamentarne); zakątek, zakamarek, ustronie; wgłębienie; nisza, alkowa; *am.* wakacje; *vt* ustawić we wgłębieniu; *vi* zrobić wgłębienie; zaprzestać działalności

re·ces·sion [ri`seʃn] *s* recesja, cofnięcie się; *handl.* zastój

rec·i·pe [`resəpi] *s* przepis (kulinarny); *med.* recepta

re·cip·ro·cal [ri`siprəkl] *adj* wzajemny; *s mat.* odwrotność

re·cip·ro·cate [ri`siprəkeit] *vt vi* odwzajemniać (się); odpłacać (rewanżować się) (**sth za coś**)

rec·i·proc·i·ty [`resi`prosəti] *s* wzajemność

re·cit·al [ri`saitl] *s* recytacja; wyłożenie (przedstawienie) (faktów itp.); *muz.* recital

rec·i·ta·tion [`resi`teiʃn] *s* recytacja, deklamacja

re·cite [ri`sait] *vt* recytować, deklamować; wyliczać

reck·less [`rekləs] *adj* beztroski, lekkomyślny; niebaczny (**of** danger etc.) na niebezpieczeństwo itd.)

reck·on [`rekən] *vt vi* liczyć (się);

rachować; być zdania, sądzić; zaliczać **(sb, sth among ⟨with⟩** ...
kogoś, coś do ...); ~ **in** wliczyć,
włączyć, uwzględnić; ~ **off** odliczyć

reck·on·ing [`reknɪŋ] *ppraes i s* ra-
chunek, obliczenie, rozliczenie;
rachuba, kalkulacja

re·claim [rɪ`kleɪm] *vt* zażądać
zwrotu; wnieść reklamację; poprawiać, reformować; meliro-
wać (grunt), użyźniać (pustkowie); cywilizować

rec·la·ma·tion [ˌreklə`meɪʃn] *s* re-
klamacja; poprawienie, reforma;
melioracja; wzięcie pod uprawę
(nieużytków); cywilizowanie

re·cline [rɪ`klaɪn] *vt* złożyć ⟨po-
łożyć, oprzeć⟩ (głowę); *vi* wyciągnąć się; spoczywać (pół) le-
żąc

re·cluse [rɪ`klus] *adj* samotny, od-
osobniony; *s* samotnik; pustelnik

rec·og·ni·tion [ˌrekəg`nɪʃn] *s* roz-
poznanie; uznanie (zasług itd.)

rec·og·nize [`rekəgnaɪz] *vt* rozpoz-
nać; uznać; przyznać się **(sb,
sth do** kogoś, czegoś)

re·coil [rɪ`kɔɪl] *vi* cofnąć się; od-
skoczyć, odbić się; wzdragać
⟨wzbraniać⟩ się **(from sth przed
czymś)**

rec·ol·lect [ˌrekə`lekt] *vt* przypo-
minać sobie, wspominać

rec·ol·lec·tion [ˌrekə`lekʃn] *s* przy-
pomnienie, pamięć, wspomnie-
nie

re·com·mence [ˌrikə`mens] *vt vi*
zacząć (się) na nowo

rec·om·mend [ˌrekə`mend] *vt* pole-
cić

rec·om·men·da·tion   [ˌrekəmən-
`deɪʃn] *s* polecenie, rekomendacja

rec·om·pense [`rekəmpens] *vt* wy-
nagradzać; kompensować (np.
stratę); *s* wynagrodzenie; rekompensata

rec·on·cile [`rekənsaɪl] *vt* pojed-
nać; pogodzić, uzgodnić; **to become ~d** pogodzić się **(with sb z**

kimś, **to sth z** czymś)

rec·on·cil·i·a·tion [ˌrekən`sɪlɪ`eɪʃn] *s*
pojednanie

re·con·nais·sance [rɪ`kɔnɪsns] *s*
wojsk. rekonesans; *przen.* zo-
rientowanie się w sytuacji

rec·on·noi·tre [ˌrekə`nɔɪtə(r)] *vt vi*
badać (np. sytuację); rozpozna-
wać (teren); *wojsk.* robić rekonesans

re·con·sid·er [ˌrikən`sɪdə(r)] *vt* na
nowo rozważyć ⟨rozpatrzyć⟩

re·con·struct [ˌrikən`strʌkt]   *vt*
przebudować, odtworzyć, zrekonstruować

re·cord [`rekɔd] *s* zarejestrowanie,
zapisanie; spis, zapis, rejestr; akta (personalne); świadectwo; protokół; notatka, wzmianka; rekord
(np. sportowy); płyta (gramofonowa); *pl* ~**s** archiwa; zapiski;
kroniki; **on** ~ zanotowany, zapisany; **to have a good** ~ być dobrze notowanym, mieć nieskazi-
telną przeszłość; **to break ⟨beat⟩
the** ~ pobić rekord; *vt* [rɪ`kɔd]
notować, zapisywać; rejestrować;
nagrywać (na płycie ⟨taśmie⟩)

re·cord·ing [rɪ`kɔdɪŋ] *s* nagranie

re·count 1. [ˌrɪ`kaunt] *vt* opowia-
dać, relacjonować

re·count 2. [`rikaunt] *s* przeliczenie
(zw. głosów); *vt* [ri`kaunt] prze-
liczyć

re·course [rɪ`kɔs] *s* zwrócenie ⟨u-
ciekanie⟩ się **(to sth do** czegoś);
have ~ uciekać się **(to sth do**
czegoś)

re·cov·er [rɪ`kʌvə(r)] *vt* odzyskać;
otrzymać zwrot ⟨rekompensatę⟩;
wynagrodzić sobie; ocucić; wyleczyć; *vi* przyjść do siebie, o-
przytomnieć; wyzdrowieć; wrócić do normy

re·cov·er·y [rɪ`kʌvrɪ] *s* odzyskanie;
rekompensata, zwrot; powrót do
zdrowia; poprawa; **past ~** w beznadziejnym stanie

rec·re·a·tion [ˌrekrɪ`eɪʃn] *s* odpo-
czynek (po pracy), rozrywka;
przerwa (między lekcjami)

recrimination

re·crim·i·na·tion [rɪ'krɪmɪˋneɪʃn] s
wzajemne oskarżanie się

re·cruit [rɪ'kruːt] s rekrut; nowicjusz; vt vi rekrutować; wracać
do zdrowia, odzyskiwać siły

rec·tan·gle [ˋrektæŋgl] s prostokąt

rec·tan·gu·lar [rek'tæŋgjulə(r)] adj
prostokątny

rec·ti·fi·ca·tion [ˌrektɪfɪˋkeɪʃn] s
sprostowanie, poprawka; chem.
rektyfikacja

rec·ti·fy [ˋrektɪfaɪ] vt prostować,
poprawiać; chem. rektyfikować

rec·ti·tude [ˋrektɪtjuːd] s prostolinijność, uczciwość

rec·tor [ˋrektə(r)] s rektor; dyrektor (szkoły średniej); proboszcz
(anglikański)

re·cum·bent [rɪˋkʌmbənt] adj leżący, w pozycji leżącej

re·cu·per·ate [rɪˋkjuːpəreɪt] vt
przywracać siły, regenerować; vi
odzyskiwać siły, wracać do zdrowia

re·cur [rɪˋkɜ(r)] vi powtarzać się;
powracać (na myśl)

re·cur·rence [rɪˋkʌrns] s powtarzanie się; powrót (to sth do czegoś)

re·cur·rent [rɪˋkʌrnt] adj powtarzający się, periodyczny; powrotny

red [red] adj czerwony; rudy, ry
ży; przen. krwawy; rewolucyjny, lewicowy; to see ~ dostać
uderzenia krwi do głowy; szaleć
z gniewu; s czerwień; radykał,
rewolucjonista, komunista

red·den [ˋredn] vt vi czerwienić
(się)

red·dish [ˋredɪʃ] adj czerwonawy

re·deem [rɪˋdiːm] vt wykupić, spłacić; odkupić, zbawić; uratować
(np. honor); skompensować (np.
wady); uwolnić; odpokutować

re·deem·a·ble [rɪˋdiːməbl] adj odkupny, zwrotny

re·deem·er [rɪˋdiːmə(r)] s zbawca,
zbawiciel

re·demp·tion [rɪˋdempʃn] s wykup,
spłacenie; uwolnienie; zbawie

nie; odpokutowanie

red-hand·ed [ˋred ˋhændɪd] adj
mający ręce splamione krwią; to
be caught ~ być złapanym na
gorącym uczynku

red-hot [ˋred ˋhot] adj rozpalony
do czerwoności

red-let·ter [ˋred ˋletə(r)] adj attr
świąteczny, odświętny; pamiętny (np. dzień)

red·o·lent [ˋredələnt] adj wonny,
pachnący ⟨zalatujący⟩ (of sth
czymś)

re·dou·ble [rɪˋdʌbl] vt vi podwoić
(się); rekontrować (w kartach)

re·doubt·a·ble [rɪˋdautəbl] adj straszny, groźny

re·dress [rɪˋdres] vt naprawić, wyrównać, wynagrodzić; przywrócić
(równowagę); ulżyć; s naprawa,
rekompensata

red·skin [ˋredskɪn] s i adj czerwonoskóry

re·duce [rɪˋdjuːs] vt pomniejszać,
redukować; obniżać (np. cenę);
osłabiać; sprowadzać ⟨doprowadzać⟩ (np. sth to an absurdity
coś do absurdu); pokonać; ujarzmić; degradować; vi zmniejszyć się; pot. chudnąć; odchudzać się

re·duc·tion [rɪˋdʌkʃn] s redukcja;
zmniejszenie; obniżka (np. cen);
osłabienie; zdegradowanie; doprowadzenie, sprowadzenie (kogoś ⟨czegoś⟩ do jakiegoś stanu)

re·dun·dant [rɪˋdʌndənt] adj nadmierny; zbyteczny; rozwlekły

reed [riːd] s trzcina, szuwar; piszczałka

reef [riːf] s rafa

reek [riːk] vi dymić, kopcić; śmierdzieć; s dym; zbior. opary; fetor, smród

reel [riːl] s zataczanie ⟨kręcenie⟩
się; wir; szpulka, cewka; rolka
(papieru, filmu); przen. off the
~ gładko, jednym tchem; vt
(także ~ in ⟨up⟩) nawijać, motać; (także ~ off) odwijać, roz

wijać; *vi* kręcić się, wirować;
zataczać się; chwiać się

re·en·ter [ri ˈentə(r)] *vt vi* ponownie wejść, wrócić; ponownie wprowadzić ⟨zgłosić⟩

re·es·tab·lish [ˈri ısˈtæblıʃ] *vt* zrekonstruować, przywrócić

re·fer [rıˈfɜ(r)] *vt vi* odsyłać, kierować; odnosić (się), wiązać (się), nawiązywać; powoływać się; zwracać się, udawać się; **to ~ to the dictionary** zajrzeć do słownika

ref·er·ee [ˈrefəˈri] *s* arbiter; *sport* sędzia; *vi* sędziować

ref·er·ence [ˈrefrns] *s* powołanie się (**to sth na coś**); odesłanie ⟨odniesienie⟩ (**to sth do czegoś**); polecenie, referencja; adnotacja; wzmianka; sprawdzanie ⟨szukanie⟩ (w słowniku, encyklopedii); informacja; ~ **book, a book of ~** książka podręczna (słownik, encyklopedia, informator itp.); **with ⟨in⟩ ~ to** odnośnie do, co się tyczy

re·fill [rıˈfıl] *vt vi* ponownie napełnić (się); *s* [ˈrifıl] zapas ⟨wkład⟩ (do ołówka automatycznego, długopisu, latarki itd.)

re·fine [rıˈfaın] *vt* oczyszczać, rafinować; uszlachetniać; nadawać polor; *vi* oczyszczać ⟨rafinować⟩ się; wyszlachetnieć; nabrać poloru

re·fine·ment [rıˈfaınmənt] *s* oczyszczanie, rafinowanie; wyrafinowanie (np. smaku); wytworność

re·fin·er·y [rıˈfaınrı] *s* rafineria

re·flect [rıˈflekt] *vt* odbijać (np. fale); odzwierciedlać; *vi* rozważać (**on ⟨upon⟩ sth** nad czymś); zastanawiać się (**on sth** nad czymś); robić uwagi (**on sb, sth** o kimś, o czymś), krytykować; czynić zarzuty

re·flec·tion [rıˈflekʃn] *s* odbicie (np. fal); odzwierciedlenie; namysł, zastanowienie, refleksja; **on ~** po namyśle; krytyka (**on sb, sth** kogoś, czegoś)

re·flec·tive [rıˈflektıv] *adj* odbijający (np. fale); myślący, refleksyjny; *gram.* = **reflexive**

re·flec·tor [rıˈflektə(r)] *s* reflektor

re·flex [ˈrifleks] *s* odbicie (się); odruch, refleks; *adj* (o świetle itp.) odbity; odruchowy

re·flex·ion = **reflection**

re·flex·ive [rıˈfleksıv] *adj gram.* zwrotny

re·form [rıˈfɔm] *vt vi* reformować; poprawiać (się); *s* reforma; poprawa

ref·or·ma·tion [ˈrefəˈmeıʃn] *s* nawrócenie, poprawa; *hist.* **the Reformation** Reformacja

re·form·er [rıˈfɔmə(r)] *s* reformator

re·fract [rıˈfrækt] *vt fiz.* załamywać (promienie)

re·frac·to·ry [rıˈfræktərı] *adj* oporny, uparty; *techn.* ogniotrwały

re·frain 1. [rıˈfreın] *vt* powstrzymywać, hamować; *vi* powstrzymywać się (**from sth** od czegoś)

re·frain 2. [rıˈfreın] *s* refren

re·fresh [rıˈfreʃ] *vt* odświeżać; pokrzepiać, posilać

re·fresh·er [rıˈfreʃə(r)] *s* środek odświeżający; odświeżenie; napój orzeźwiający; ~ **course** kurs odświeżający (zdobyte) wiadomości; powtórka

re·fresh·ment [rıˈfreʃmənt] *s* odświeżenie; pokrzepienie; wypoczynek; lekki posiłek, przekąska; ~ **room** bufet

re·frig·er·ate [rıˈfrıdʒəreıt] *vt vi* chłodzić ⟨zamrażać⟩ (się)

re·frig·er·a·tor [rıˈfrıdʒəreıtə(r)] *s* chłodnia; lodówka

ref·uge [ˈrefjudʒ] *s* schronienie; azyl; przytułek; wysepka bezpieczeństwa (na jezdni); **to take ~** schronić się

ref·u·gee [ˈrefjuˈdʒi] *s* zbieg, uchodźca

re·fund [rıˈfʌnd] *vt* zwracać pieniądze; *s* [ˈrifʌnd] zwrot ⟨spłata⟩ (pieniędzy)

re·fu·sal [rıˈfjuzl] *s* odmowa

re·fuse 1. [rɪˈfjuz] *vt vi* odmówić, odrzucić (propozycję), dać odpowiedź odmowną

ref·use 2. [ˈrefjus] *s zbior.* odpadki, nieczystości, śmieci

ref·u·ta·tion [ˌrefjuˈteɪʃn] *s* zaprzeczenie, obalenie (teorii), odparcie (zarzutów)

re·fute [rɪˈfjut] *vt* zaprzeczyć, obalić (teorię), odeprzeć (zarzuty)

re·gain [rɪˈgeɪn] *vt* odzyskać

re·gal [ˈrigl] *adj* królewski

re·gale [rɪˈgeɪl] *vt* gościć, raczyć, wystawnie przyjmować; być rozkoszą (dla oka, ucha); *vr* ~ oneself uraczyć (cieszyć) się (with sth czymś); *vi* ucztować; delektować się (on sth czymś)

re·ga·li·a [rɪˈgeɪlɪə] *s pl* insygnia królewskie

re·gard [rɪˈgad] *s* wzgląd; spojrzenie; uwaga, baczenie; szacunek; *pl* ~s ukłony, pozdrowienia; in ⟨with⟩ ~ w odniesieniu (to ⟨of⟩ sth do czegoś); in ⟨with⟩ this ~ pod tym względem; *vt* oglądać, patrzeć; uważać (sb, sth as... kogoś, coś za...); dotyczyć ⟨odnosić się do⟩ (sb, sth kogoś, czegoś); brać pod uwagę; ~ing, as ~s co się tyczy, co do, odnośnie do

re·gard·less [rɪˈgadləs] *adj* niebaczny, nieuważny; niedbały; nie liczący się (of sth z czymś); *adv* bez względu, nie bacząc (of sth na coś); nie licząc się (of sth z czymś)

re·gen·er·ate [rɪˈdʒenəreɪt] *vt vi* regenerować (się), odnawiać (się), odradzać (się)

re·gent [ˈridʒənt] *s* regent

reg·i·cide [ˈredʒɪsaɪd] *s* królobójca; królobójstwo

ré·gime [reɪˈʒim] *s* ustrój, reżim

reg·i·ment [ˈredʒɪmənt] *s* pułk; *przen.* zastęp; *vt* [ˈredʒɪment] organizować (w pułki, grupy); trzymać w dyscyplinie

re·gion [ˈridʒən] *s* rejon, zakres; okolica; strefa

re·gion·al [ˈridʒənl] *adj* regionalny; rejonowy

reg·is·ter [ˈredʒɪstə(r)] *s* rejestr; wykaz, spis; ~ office urząd stanu cywilnego; *vt vi* rejestrować (się); meldować się; notować; (*o liście, bagażu*) nadawać jako polecony

reg·is·tra·tion [ˌredʒɪˈstreɪʃn] *s* rejestracja, zapis, meldowanie

reg·is·try [ˈredʒɪstrɪ] *s* rejestracja; (*także* ~ office) urząd stanu cywilnego

re·gress [ˈrigres] *s* regres, cofanie się; *vi* [rɪˈgres] cofać się

re·gres·sion [rɪˈgreʃn] *s* powrót, regresja, cofanie się

re·gret [rɪˈgret] *s* żal; *vt* żałować; boleć (sth nad czymś), opłakiwać

re·gret·ta·ble [rɪˈgretəbl] *adj* godny pożałowania, opłakany

reg·u·lar [ˈregjulə(r)] *adj* regularny, prawidłowy; systematyczny, uporządkowany; przepisowy; *pot.* istny, skończony

reg·u·lar·i·ty [ˌregjəˈlærətɪ] *s* prawidłowość, regularność; systematyczność; reguła

reg·u·late [ˈregjəleɪt] *vt* regulować; porządkować

reg·u·la·tion [ˌregjəˈleɪʃn] *s* regulacja; przepis, zarządzenie

re·ha·bil·i·tate [ˈriəˈbɪlɪteɪt] *vt* rehabilitować; przywrócić do normalnego stanu; uzdrowić

re·ha·bil·i·ta·tion [ˈriəˈbɪlɪˈteɪʃn] *s* rehabilitacja; przywrócenie do normalnego stanu; uzdrowienie

re·hears·al [rɪˈhɜsl] *s* próba (przedstawienia, występu); powtórka; recytowanie, wyliczanie; dress ~ próba generalna

re·hearse [rɪˈhɜs] *vt* zrobić próbę (teatralną); powtarzać (np. lekcję); recytować, wyliczać

reign [reɪn] *vi* władać, panować; *s* panowanie, władza

re·im·burse [ˌriɪmˈbɜs] *vt* zwrócić (pieniądze)

rein [reɪn] *s* cugiel, lejc; to give the ~s popuścić cugli; *przen.* puszczać wodze; *vt* trzymać (konia) za lejce; *przen.* trzymać na wodzy ⟨w ryzach⟩, kierować

re·in·car·na·tion [ˈriːinkɑːˈneɪʃn] *s* reinkarnacja

rein·deer [ˈreɪndɪə(r)] *s zool.* renifer

re·in·force [ˈriːinˈfɔːs] *vt* wzmocnić, zasilić; poprzeć, podeprzeć; ~d concrete żelazobeton

re·in·force·ment [ˈriːinˈfɔːsmənt] *s* wzmocnienie, zasilenie; (*zw. pl* ~s) *wojsk.* posiłki; podpora; poparcie

re·in·state [ˈriːinˈsteɪt] *vt* przywracać (np. na poprzednie stanowisko)

re·in·sure [ˈriːinˈʃʊə(r)] *vt vi* reasekurować (się), ponownie (się) zabezpieczyć

re·it·er·ate [riːˈɪtəreɪt] *vt* stale powtarzać

re·ject [rɪˈdʒekt] *vt* odrzucać

re·jec·tion [rɪˈdʒekʃn] *s* odrzucenie, odmowa

re·joice [rɪˈdʒɔɪs] *vt* cieszyć, sprawiać przyjemność (sb komuś); *vi* radować ⟨cieszyć⟩ się (in ⟨at, over⟩ sth czymś)

re·join 1. [rɪˈdʒɔɪn] *vi* odpowiadać, replikować

re·join 2. [rɪˈdʒɔɪn] *vt* złożyć na nowo; połączyć się na nowo (sb z kimś); powrócić (sb do kogoś), na nowo nawiązać stosunki (sb z kimś); *vi* połączyć się na nowo, zejść się ponownie

re·join·der [rɪˈdʒɔɪndə(r)] *s* odpowiedź, replika

re·ju·ve·nate [rɪˈdʒuːvəneɪt] *vt* odmładzać; *vi* odmłodnieć

re·lapse [rɪˈlæps] *s* nawrót (into sth do czegoś); recydywa; *vi* ponownie popaść (into silence etc. w milczenie itd.); powrócić (into vice etc. na drogę grzechu itd.); ~ into illness ponownie zachorować

re·late [rɪˈleɪt] *vt* opowiadać, relacjonować; wiązać, nawiązywać, łączyć; *vt* odnosić się (to sb, sth do kogoś, czegoś), wiązać się (to sb, sth z kimś, czymś)

re·lat·ed [rɪˈleɪtɪd] *pp i adj* wiążący się ⟨związany⟩ (to sth z czymś); spokrewniony (to sb z kimś)

re·la·tion [rɪˈleɪʃn] *s* opowiadanie, relacja; związek, stosunek; pokrewieństwo; krewny

re·la·tion·ship [rɪˈleɪʃnʃɪp] *s* związek; pokrewieństwo

rel·a·tive [ˈrelətɪv] *adj* względny, stosunkowy; dotyczący (to sth czegoś); *s* krewny; *gram.* zaimek względny; *adv* odnośnie (to sth do czegoś)

re·lax [rɪˈlæks] *vt vi* osłabić; osłabnąć; rozluźnić (się), odprężyć (się)

re·lax [rɪˈlæks] *vt vi* osłabić; osłabienie, rozluźnienie; odprężenie, relaks

re·lay [rɪˈleɪ] *vt* luzować; zmieniać; retransmitować; przekazywać; *s* luzowanie; zmiana; szychta; konie rozstawne; jazda rozstawna; retransmisja; *sport* sztafeta; *elektr.* przekaźnik; ~ race bieg sztafetowy

re·lease [rɪˈliːs] *vt* zwolnić, wyzwolić; wypuścić (z rąk, z druku, na wolność itd.); *s* zwolnienie, wyzwolenie; wypuszczenie (na rynek, na wolność itd.)

rel·e·gate [ˈrelɪgeɪt] *vt* przenosić (np. na niższe stanowisko); relegować, wydalać; oddalać; przekazywać ⟨kierować⟩ (dalej)

re·lent [rɪˈlent] *vi* łagodnieć, mięknąć, ustępować

rel·e·vant [ˈreləvənt] *adj* stosowny, na miejscu, trafny; dotyczący (to sth czegoś), związany (to sth z czymś)

re·li·a·bil·i·ty [rɪˌlaɪəˈbɪlətɪ] *s* niezawodność, solidność, pewność

re·li·a·ble [rɪˈlaɪəbl] *adj* godny zaufania; solidny, pewny, niezawodny

re·li·ance [rɪˈlaɪəns] *s* zaufanie; to have ⟨place, feel⟩ ~ in ⟨on, upon⟩ sb, sth mieć zaufanie do kogoś, czegoś; polegać na kimś, czymś

relic

rel·ic [ˈrelɪk] s relikwia; pozostałość; pamiątka

re·lief 1. [rɪˈliːf] s ulga; odciążenie; obniżenie (grzywny itd.); zapomoga; zmiana (np. warty), nowa szychta; odsiecz

re·lief 2. [rɪˈliːf] s płaskorzeźba; uwypuklenie; **to bring into ~** uwypuklić; uwydatnić

re·lieve [rɪˈliːv] vt ulżyć; uśmierzyć (np. ból); pomóc; odciążyć, zmniejszyć; zastąpić, zluzować; uwolnić (**sb of sth** kogoś od czegoś)

re·li·gion [rɪˈlɪdʒən] s religia

re·li·gious [rɪˈlɪdʒəs] adj religijny; kościelny, zakonny

re·lin·guish [rɪˈlɪŋkwɪʃ] vt opuścić, porzucić, zaniechać; zrezygnować; odstąpić (**sth od czegoś**)

rel·ish [ˈrelɪʃ] s smak, posmak; urok, powab; przyjemność; upodobanie ⟨pociąg⟩ (**for sth do czegoś**); przysmak; przyprawa; vt lubić; rozkoszować się (**sth czymś**); jeść ze smakiem; dodawać smaku; vi smakować, mieć posmak

re·luc·tance [rɪˈlʌktəns] s niechęć, opór

re·luc·tant [rɪˈlʌktənt] adj niechętny, oporny

re·ly [rɪˈlaɪ] vi polegać (**on sb, sth na kimś, czymś**)

re·main [rɪˈmeɪn] vi pozostawać; s pl ~s pozostałość; resztki; zwłoki

re·maind·er [rɪˈmeɪndə(r)] s pozostałość, reszta

re·mand [rɪˈmɑːnd] vt odesłać do więzienia

re·mark [rɪˈmɑːk] vt zauważyć; zanotować; vi zrobić uwagę (**on ⟨upon⟩ sb, sth o kimś, czymś**); s uwaga; spostrzeżenie; notatka

re·mark·a·ble [rɪˈmɑːkəbl] adj godny uwagi, niepospolity, wybitny

rem·e·dy [ˈremədɪ] s lekarstwo, środek; naprawa; vt naprawić, zaradzić

re·mem·ber [rɪˈmembə(r)] vt pa-

miętać; przypominać (sobie), wspominać; **~ me to your sister** przekaż siostrze ukłony ode mnie

re·mem·brance [rɪˈmembrns] s pamiątka; pozdrowienia, ukłony

re·mind [rɪˈmaɪnd] vt przypominać (**sb of sth coś komuś**)

re·mind·er [rɪˈmaɪndə(r)] s pamiątka; przypomnienie; upomnienie

rem·i·nis·cence [ˈremɪˈnɪsns] s wspomnienie, reminiscencja

rem·i·nis·cent [ˈremɪˈnɪsnt] adj wspominający, pamiętający, przypominający (sobie); **to be ~** przypominać ⟨przypominać sobie⟩ (**of sth coś**)

re·miss [rɪˈmɪs] adj opieszały; niedbały

re·mis·sion [rɪˈmɪʃn] s osłabienie, zmniejszenie, złagodzenie; przebaczenie ⟨odpuszczenie⟩ (grzechów itd.); umorzenie (długu)

re·mit [rɪˈmɪt] vt osłabić, zmniejszyć, złagodzić; przebaczyć; odpuścić (grzechy); umorzyć (dług); przekazać (sprawę, pieniądze itd.); vi osłabnąć, zelżeć, złagodnieć, zmniejszyć się

re·mit·tance [rɪˈmɪtns] s przesyłka pieniężna, należność, wpłata, przekaz

rem·nant [ˈremnənt] s reszta, pozostałość

re·mon·strance [rɪˈmonstrəns] s wystąpienie protestacyjne, skarga publiczna; napomnienie

re·mon·strate [ˈremənstreɪt] vi (publicznie) protestować, występować ze skargą; robić wymówki (**with sb on ⟨upon⟩ sth komuś z powodu czegoś**)

re·morse [rɪˈmɔːs] s wyrzut sumienia; skrucha

re·mote [rɪˈməʊt] adj odległy, daleki; obcy

re·mov·al [rɪˈmuːvl] s usunięcie; zdjęcie; zniesienie; przeprowadzka

re·move [rɪˈmuːv] vt vi usunąć (się); oddalić (się); zdjąć; sprząt-

repeated

nąć; odwołać, zwolnić (np. ze służby); pozbyć się; przenieść ⟨przeprowadzić⟩ (się); *s* oddalenie, odstęp; przejście do wyższej klasy, promocja

re·mu·ner·ate [rɪ'mjunəreɪt] *vt* wynagradzać

re·mu·ner·a·tion [rɪ'mjunə'reɪʃn] *s* wynagrodzenie

re·mu·ner·a·tive [rɪ'mjunrətɪv] *adj* dochodowy, opłacalny, korzystny

Re·nais·sance [rɪ'neɪsns] *s* Odrodzenie, Renesans

re·nas·cence [rɪ'næsns] *s* odrodzenie, powrót do życia; = **Renaissance**

* **rend** [rend], **rent, rent** [rent] *vt vi* rozrywać ⟨rwać⟩ (się); drzeć (się); rozszczepiać ⟨rozłupać⟩ (się)

ren·der ['rendə(r)] *vt* zrobić, sprawić, wyświadczyć; oddać, zwrócić, odpłacić; przedstawić, odtworzyć; przetłumaczyć (**into English** na angielski); okazać (pomoc itd.); przedkładać, składać

ren·dez·vous ['rɒndɪvu] *s* spotkanie (umówione), *pot.* randka

ren·e·gade ['renɪgeɪd] *s* renegat, odstępca; zdrajca

re·new [rɪ'nju] *vt* odnowić; wznowić; odświeżyć; prolongować

re·new·al [rɪ'njul] *s* odnowienie; wznowienie; odświeżenie; prolongata

re·nounce [rɪ'naʊns] *vt* zrzekać ⟨wyrzekać⟩ się (**sth** czegoś); wypowiedzieć (np. umowę); odmówić uznania (np. władzy); wyprzeć się

ren·o·vate ['renəveɪt] *vt* odnawiać, naprawiać; remontować

ren·o·va·tion ['renə'veɪʃn] *s* odnowienie; naprawa; remont

re·nown [rɪ'naʊn] *s* sława, rozgłos

re·nowned [rɪ'naʊnd] *adj* sławny, głośny

rent 1. *zob.* **rend**

rent 2. [rent] *s* renta (dzierżawna), czynsz, dzierżawa; *vt* wynajmować, dzierżawić; *vi* być do wynajęcia (**at the price** za cenę)

rent 3. [rent] *s* dziura, rozdarcie; szczelina; rozłam

rent·al ['rentl] *s* czynsz, komorne

re·nun·ci·a·tion [rɪ'nʌnsɪ'eɪʃn] *s* zrzeczenie ⟨wyrzeczenie⟩ się (**of sth** czegoś); rezygnacja (**of sth** z czegoś); wypowiedzenie (umowy itp.); wyparcie się

re·o·pen ['ri'əʊpən] *vt vi* ponownie otworzyć (się); wznowić (np. działalność)

re·or·gan·i·za·tion ['ri'ɔːgənaɪ'zeɪʃn] *s* reorganizacja

re·or·gan·ize ['ri'ɔːgənaɪz] *vt vi* reorganizować (się)

rep [rep] *s* ryps

re·pair 1. [rɪ'peə(r)] *vt* naprawiać, reperować; wynagrodzić, rekompensować; *s* naprawa, reperacja, remont; **in good** ⟨**bad**⟩ ∼ w dobrym ⟨złym⟩ stanie; **out of** ∼ w złym stanie; **under** ∼ w reperacji

re·pair 2. [rɪ'peə(r)] *vi* udawać się, iść

rep·a·ra·tion ['repə'reɪʃn] *s* remont, naprawa; odszkodowanie; reparacja

rep·ar·tee ['repɑː'tiː] *s* ostra odpowiedź, odcięcie się

re·par·ti·tion ['repɑː'tɪʃn] *s* repartycja; *vt* dokonać podziału ⟨repartycji⟩

re·past [rɪ'pɑːst] *s* jedzenie, posiłek

re·pat·ri·ate [riː'pætrɪeɪt] *vt* repatriować

re·pay [rɪ'peɪ] *vt vi* spłacić ⟨zwrócić⟩ (pieniądze, dług); odpłacić ⟨zrewanżować⟩ się; dać odszkodowanie, wynagrodzić

re·pay·a·ble [rɪ'peɪəbl] *adj* zwrotny

re·peal [rɪ'piːl] *vt* odwołać, unieważnić, uchylić; *s* odwołanie, unieważnienie

re·peat [rɪ'piːt] *vt vi* powtarzać (się)

re·peat·ed [rɪ'piːtɪd] *pp i adj* stale powtarzający się

re·pel [rɪ'pel] vt odpychać, odrzucać, odpierać

re·pel·lent [rɪ'pelənt] adj odpychający, wstrętny; s płyn ⟨środek⟩ przeciw komarom itp.

re·pent [rɪ'pent] vt żałować (sth czegoś); vi odczuwać żal (of sth z powodu czegoś), okazywać skruchę

re·pent·ance [rɪ'pentəns] s żal, skrucha

re·pent·ant [rɪ'pentənt] adj skruszony, żałujący

re·per·cus·sion [ˌriːpə'kʌʃn] s odbicie się, odgłos, echo; przen. następstwo; oddźwięk; muz. reperkusja

re·per·cus·sive [ˌriːpə'kʌsɪv] adj muz. fiz. reperkusyjny

rep·er·toire [ˈrepətwɑː(r)] s repertuar

rep·er·to·ry [ˈrepətrɪ] s zbiór (dokumentów, materiałów itp.); teatr. repertuar; ~ theatre teatr stały

rep·e·ti·tion [ˌrepə'tɪʃn] s powtórzenie; kopia (obrazu); repetycja

re·pine [rɪ'paɪn] vi szemrać; narzekać (at ⟨against⟩ sb, sth na kogoś, coś)

re·place [rɪ'pleɪs] vt postawić (położyć) na tym samym miejscu; przywrócić (kogoś na dawne stanowisko); zastąpić (sb, sth with ⟨by⟩ sb, sth kogoś, coś kimś, czymś)

re·plen·ish [rɪ'plenɪʃ] vt napełnić ponownie, uzupełnić; zaopatrzyć

re·plete [rɪ'pliːt] adj wypełniony ⟨przepełniony⟩ (with sth czymś)

re·ple·tion [rɪ'pliːʃn] s wypełnienie; nasycenie; przesyt, nadmiar

re·ply [rɪ'plaɪ] vi odpowiadać (to a question na pytanie); s odpowiedź

re·port [rɪ'pɔːt] vt vi zdawać sprawę (relację), referować; donosić, informować; meldować (się), zgłaszać (się); s raport, sprawozdanie; doniesienie; protokół; komunikat; reputacja; świadectwo szkolne; pogłoska, plotka; detonacja

re·port·age [rɪ'pɔːtɪdʒ] s reportaż

re·port·ed [rɪ'pɔːtɪd] adj gram. zależny; ~ speech mowa zależna

re·pose [rɪ'pəʊz] vt opierać (np. głowę na czymś); vi odpoczywać, spoczywać; opierać się (on sb, sth na kimś, czymś); s odpoczynek, wytchnienie

re·pos·i·to·ry [rɪ'pɒzɪtrɪ] s skład, przechowalnia, magazyn

rep·re·hend [ˌreprɪ'hend] vt ganić, robić wymówki

rep·re·sent [ˌreprɪ'zent] vt opisywać; symbolizować, oznaczać; reprezentować; występować w ⟨czyimś⟩ imieniu; przedstawiać, wyobrażać

rep·re·sen·ta·tion [ˌreprɪzen'teɪʃn] s reprezentacja, przedstawicielstwo; przedstawienie, wyobrażenie

rep·re·sent·a·tive [ˌreprɪ'zentətɪv] adj reprezentatywny; charakterystyczny; okazowy; s reprezentant; przedstawiciel

re·press [rɪ'pres] vt tłumić; uciskać; poskramiać

re·pres·sion [rɪ'preʃn] s tłumienie; ucisk, represja; poskromienie

re·pres·sive [rɪ'presɪv] adj represyjny

re·prieve [rɪ'priːv] vt odroczyć wykonanie wyroku (a convict skazańcowi); przynieść tymczasową ulgę (sb komuś); udzielić zwłoki (np. a debtor dłużnikowi); s zwłoka (w terminie); odroczenie wyroku; ulga

rep·ri·mand [ˈreprɪmɑːnd] vt ganić, karcić; s [ˈreprɪmɑːnd] nagana, besztanie, bura

re·print [rɪ'prɪnt] vt przedrukować, wznowić (książkę); s [ˈriː prɪnt] przedruk, wznowienie

re·pris·al [rɪ'praɪzl] s represja, odwet

re·proach [rɪ'prəʊtʃ] vt wyrzucać ⟨wymawiać, zarzucać⟩ (sb with

⟨**for**⟩ sth komuś coś); s zarzut, wyrzut; hańba

re·proach·ful [rɪˈprəutʃfl] *adj* pełen wyrzutu

rep·ro·bate [ˈreprəbeɪt] *vt* potępiać; *adj* rozpustny; zatwardziały w grzechu; s rozpustnik, nikczemnik; potępieniec

re·pro·duce [ˈriprəˈdjus] *vt* reprodukować, odtwarzać; rozmnażać

re·pro·duc·tion [ˈriprəˈdʌkʃn] s reprodukcja, odtworzenie; rozmnożenie (się)

re·pro·duc·tive [ˈriprəˈdʌktɪv] *adj* reprodukcyjny; rozrodczy

re·proof [rɪˈpruf] s wyrzut, zarzut, nagana

re·prove [rɪˈpruv] *vt* ganić, czynić wyrzuty

reps = **rep**

rep·tile [ˈreptaɪl] *adj* (*o gadzie*) pełzający; s zool. gad

re·pub·lic [rɪˈpʌblɪk] s republika, rzeczpospolita

re·pub·li·can [rɪˈpʌblɪkən] *adj* republikański; s republikanin

re·pu·di·ate [rɪˈpjudɪeɪt] *vt* odrzucić; wyrzec się; odmówić zapłaty; rozwieść się (**sb** z kimś); wyprzeć się; odmówić uznania

re·pu·di·a·tion [rɪˈpjudɪˈeɪʃn] s odrzucenie; wyrzeczenie się; wyparcie się; odmowa; rozwód (**of** **sb** z kimś)

re·pug·nance [rɪˈpʌgnəns] s wstręt, odraza

re·pug·nant [rɪˈpʌgnənt] *adj* wstrętny, odrażający, odpychający

re·pulse [rɪˈpʌls] *vt* odpierać, odtrącać; s odparcie; odprawa; odmowa

re·pul·sion [rɪˈpʌlʃn] s wstręt; *fiz.* odpychanie

re·pul·sive [rɪˈpʌlsɪv] *adj* wstrętny; *fiz.* odpychający

rep·u·ta·ble [ˈrepjutəbl] *adj* szanowany; cieszący się poważaniem

rep·u·ta·tion [ˈrepjuˈteɪʃn] s reputacja

re·pute [rɪˈpjut] *vt* uważać (kogoś za coś); **to be** ~**d** mieć reputację, być uważanym ⟨uchodzić⟩ (**an honest man za uczciwego człowieka**); s sława, reputacja; **of** ~ słynny

re·put·ed [rɪˈpjutɪd] *adj* słynny, powszechnie znany; rzekomy

re·quest [rɪˈkwest] s prośba; życzenie; popyt; ~ **stop** przystanek na żądanie; **by** ~ na życzenie; **in great** ~ pożądany, cieszący się popytem; *vt* prosić (**sth** o coś); **as** ~**ed** według życzenia; **the public is** ~**ed** ... uprasza się publiczność o ...

re·quire [rɪˈkwaɪə(r)] *vt* żądać, wymagać, potrzebować (**sth of sb** czegoś od kogoś)

re·quire·ment [rɪˈkwaɪəmənt] s wymaganie, żądanie

req·ui·site [ˈrekwɪzɪt] *adj* niezbędny, konieczny, wymagany; s rzecz niezbędna; rekwizyt

req·ui·si·tion [ˈrekwɪˈzɪʃn] s żądanie, zapotrzebowanie; rekwizycja; *vt* rekwirować

re·quit·al [rɪˈkwaɪtl] s zapłata, wynagrodzenie; odpłata, odwet

re·quite [rɪˈkwaɪt] *vt* wynagrodzić; odwzajemnić się; (**sth with, for sth** czymś za coś); odpłacić; ~ **like for like** odpłacić się tym samym ⟨tą samą monetą⟩

res·cue [ˈreskju] s ratunek, ocalenie; *vt* ratować, ocalić

re·search [rɪˈsɜtʃ] s badanie (**into sth** czegoś); praca badawcza (**on sth** nad czymś); poszukiwanie (**after, for sth** czegoś); ~ **work** praca naukowa; *vi* prowadzić badania (**into sth** nad czymś)

re·search·er [rɪˈsɜtʃə(r)] s badacz

re·sem·blance [rɪˈzembləns] s podobieństwo

re·sem·ble [rɪˈzembl] *vt* być podobnym (**sb, sth** do kogoś, czegoś)

re·sent [rɪˈzent] *vt* czuć się urażonym (**sth** z powodu czegoś), mieć za złe

re·sent·ful [rɪˈzentfl] *adj* urażony, rozżalony, dotknięty (**of sth** czymś)

re·sent·ment [rɪˈzentmənt] s uraza, przykrość, rozżalenie

res·er·va·tion [ˌrezəˈveɪʃn] s zastrzeżenie; ograniczenie; *am.* rezerwacja (miejsca, pokoju itd.); rezerwat (np. przyrody)

re·serve [rɪˈzɜv] *vt* mieć w zapasie ⟨w rezerwie⟩; rezerwować (pokój, bilet itp.); zastrzegać (sobie); s rezerwa; zapas; zastrzeżenie, ograniczenie; *am.* rezerwat; zarezerwowane miejsce; **without ~** bez zastrzeżeń

re·served [rɪˈzɜvd] *adj* zastrzeżony; zarezerwowany; (*o człowieku*) zachowujący się z rezerwą; ostrożny

re·side [rɪˈzaɪd] *vi* rezydować; przebywać

res·i·dence [ˈrezɪdəns] s rezydencja; miejsce stałego pobytu; mieszkanie

res·i·dent [ˈrezɪdənt] *adj* mieszkający, zamieszkały; s rezydent; stały mieszkaniec

res·i·den·tial [ˌrezɪˈdenʃl] *adj* mieszkaniowy; **~ area** ⟨**district**⟩ dzielnica mieszkaniowa

re·sid·u·al [rɪˈzɪdjuəl] *adj* pozostały; s *mat.* reszta

res·i·due [ˈrezɪdju] s pozostałość; *chem.* osad

re·sign [rɪˈzaɪn] *vt* rezygnować (**sth z czegoś**); zrzekać się; ustąpić (**sth to sb coś komuś**); *vr* **~ oneself** poddać się z rezygnacją, pogodzić się (**to sth z czymś**)

res·ig·na·tion [ˌrezɪgˈneɪʃn] s rezygnacja, dymisja; zrzeczenie się; pogodzenie się z losem, rezygnacja

re·sil·i·ence [rɪˈzɪlɪəns] s elastyczność, sprężystość; zdolność odbijania

res·in [ˈrezɪn] s żywica

re·sist [rɪˈzɪst] *vt* opierać się (**sth czemuś**), przeciwstawiać się

re·sist·ance [rɪˈzɪstəns] s opór, przeciwstawienie się; *elektr.* oporność, opornik; **~ movement** ruch oporu

res·o·lute [ˈrezəlut] *adj* zdecydowany

res·o·lu·tion [ˌrezəˈluʃn] s rezolucja; postanowienie; zdecydowana postawa; rozwiązanie (np. zadania); rozłożenie, rozkład

re·solve [rɪˈzolv] *vt* *vi* rozwiązać; rozpuścić (się); rozłożyć (się); postanowić (**on, upon sth coś**), zdecydować się; s postanowienie, decyzja; stanowczość

re·solved [rɪˈzolvd] *adj* stanowczy, zdecydowany

res·o·nance [ˈrezənəns] s rezonans, odgłos

res·o·nant [ˈrezənənt] *adj* dźwięczny, brzmiący; akustyczny

re·sort [rɪˈzɔt] *vi* uciekać się; często odwiedzać (np. **to the seaside** wybrzeże); s resort; kurort; ucieczka; zwrócenie się; ratunek; **health ~** uzdrowisko; **summer ~** letnisko; **the last ~** ostateczność; **without ~** bez uciekania się, bez stosowania

re·sound [rɪˈzaund] *vi* dźwięczeć, rozbrzmiewać; odbijać się echem

re·source [rɪˈsɔs] s środek zaradczy; źródło, zapas, pomysłowość; **natural ~s** bogactwa naturalne

re·source·ful [rɪˈsɔsfl] *adj* pomysłowy, wynalazczy

re·spect [rɪˈspekt] s szacunek; wzgląd; odniesienie; związek; *pl* **~s** pozdrowienia, ukłony; **with ~** w odniesieniu (**to sth do czegoś**); **in ~** pod względem (**of sth czegoś**); *vt* szanować; mieć wzgląd (**sth na coś**), dotyczyć

re·spect·a·bil·i·ty [rɪˌspektəˈbɪlətɪ] s ogólne poważanie, szacunek

re·spect·a·ble [rɪˈspektəbl] *adj* godny szacunku, szanowny; poważny, znaczny

re·spect·ful [rɪˈspektfl] *adj* pełen szacunku

re·spect·ing [rɪˈspektɪŋ] *praep* odnośnie do, co do

re·spec·tive [rɪˈspektɪv] *adj* odnośny; poszczególny

res·pi·ra·tion [ˌrespəˈreɪʃn] s oddychanie

retaliation

re·spir·a·to·ry [rɪˈspaɪərətrɪ] *adj*
oddechowy

re·spire [rɪˈspaɪə(r)] *vi* oddychać

res·pite [ˈrespaɪt] *s* przerwa; odroczenie, zwłoka; *vt* odroczyć
(ogłoszenie wyroku); sprolongo-
wać (termin wykonania)

re·splend·ent [rɪˈsplendənt] *adj*
lśniący

re·spond [rɪˈspond] *vi* odpowiadać;
reagować (to sth na coś)

re·sponse [rɪˈspons] *s* odpowiedź;
reakcja, *przen.* echo

re·spon·si·bil·i·ty [rɪˈsponsəˈbɪlətɪ]
s odpowiedzialność

re·spon·si·ble [rɪˈsponsəbl] *adj* odpowiedzialny

re·spon·sive [rɪˈsponsɪv] *adj* odpo-
wiadający; reagujący, wrażliwy
(to sth na coś)

rest 1. [rest] *s* odpoczynek, spokój;
podpora, podstawa; *muz.* pauza;
to be at ~ spoczywać; to have
⟨take⟩ a ~ wypocząć; to lay to
~ złożyć do grobu; to retire ⟨go⟩
to ~ udać się na spoczynek, położyć się spać; to set to ~ uspokoić, dać spocząć; to set a question at ~ załatwić sprawę; *vt*
uspokoić, dać spocząć; podpierać, opierać; *vi* wypoczywać, leżeć; polegać; opierać się, wspierać się; *vr* to ~ oneself zażywać
wypoczynku

rest 2. [rest] *s* reszta; for the ~
co do reszty, poza tym, zresztą;
vi pozostawać; zależeć; this ~s
with you to od ciebie zależy; to
(jest) w twoich rękach; to ~
assured być pewnym

res·tau·rant [ˈrestrõ] *s* restauracja

rest-cure [ˈrest kjuə(r)] *s* kuracja
wypoczynkowa

rest·ful [ˈrestfl] *adj* spokojny, u-
spokajający

rest·ing-place [ˈrestɪŋpleɪs] *s* miejsce wypoczynku

res·ti·tu·tion [ˈrestɪˈtjuʃn] *s* restytucja; zwrot; przywrócenie; odszkodowanie

rest·less [ˈrestləs] *adj* niespokojny

res·to·ra·tion [ˈrestəˈreɪʃn] *s* restauracja, odbudowa; przywrócenie

re·store [rɪˈstɔ(r)] *vt* odrestauro-
wać, odbudować; przywrócić (do
zdrowia, do życia itp.); odnowić,
wznowić

re·strain [rɪˈstreɪn] *vt* powstrzymywać, hamować

re·straint [rɪˈstreɪnt] *s* zahamowanie; ograniczenie; powściągliwość; without ~ swobodnie; bez
skrępowania

re·strict [rɪˈstrɪkt] *vt* ograniczać;
zastrzegać

re·stric·tion [rɪˈstrɪkʃn] *s* ograniczenie; zastrzeżenie

re·sult [rɪˈzʌlt] *vt* wynikać (from
sth z czegoś); kończyć się (in sth
czymś); *s* wynik, skutek; as a ~
w następstwie, na skutek; in the
~ ostatecznie; *gram.* ~ clause
zdanie skutkowe

re·sult·ant [rɪˈzʌltənt] *adj* wynikający; *fiz.* wypadkowy; *s* fiz.
wypadkowa

re·sume [rɪˈzjum] *vt* odzyskać;
podjąć na nowo; streścić

ré·su·mé [ˈrezumeɪ] *s* streszczenie

re·sump·tion [rɪˈzʌmpʃn] *s* podjęcie na nowo, wznowienie

res·ur·rect [ˈrezəˈrekt] *vt* wskrzesić; wznowić; *vt vi* powstać z
martwych

res·ur·rec·tion [ˈrezəˈrekʃn] *s*
wskrzeszenie; *rel.* zmartwychwstanie

re·tail [ˈriteɪl] *s* sprzedaż deta-
liczna; *adj attr* detaliczny; *adv*
detalicznie; *vt* [rɪˈteɪl] sprzedawać detalicznie

re·tain [rɪˈteɪn] *vt* zatrzymywać;
najmować, zatrudniać; zachowywać w pamięci

re·tain·er [rɪˈteɪnə(r)] *s* zaliczka;
hist. służący, lokaj (w liberii);
członek świty, wasal; *pl* ~s orszak, świta; czeladź

re·tal·i·ate [rɪˈtælɪeɪt] *vt vi* odpłacać (się), odwzajemniać (się)

re·tal·i·a·tion [rɪˈtælɪˈeɪʃn] *s* odpłata, odwet

retard

re·tard [rɪˈtad] *vt vi* opóźnić (się);
s opóźnienie

re·ten·tion [rɪˈtenʃn] *s* zatrzymanie; wstrzymywanie

re·ten·tive [rɪˈtentɪv] *adj* (*o glebie*)
nie przepuszczający; (*o pamięci*)
trwały

ret·i·cence [ˈretɪsns] *s* powściągliwość w słowach

ret·i·cent [ˈretɪsnt] *adj* powściągliwy w słowach, milczący, skryty

ret·i·na [ˈretɪnə] *s* (*pl* retinae
[ˈretɪni]) *anat.* siatkówka oka

ret·i·nue [ˈretɪnju] *s* orszak, świta

re·tire [rɪˈtaɪə(r)] *vt vi* odchodzić,
wychodzić, cofać (się), usuwać
(się); iść na emeryturę; rezygnować ze stanowiska; podać się
do dymisji; to ~ to rest ⟨to bed,
for the night⟩ iść spać, udać się
na spoczynek

re·tired [rɪˈtaɪəd] *adj* samotny, o-
samotniony; emerytowany; ~
pay emerytura

re·tire·ment [rɪˈtaɪəmənt] *s* odwrót, cofanie się; emerytura; dymisja; osamotnienie

re·tort [rɪˈtɔt] *vt vi* ostro odpo-
wiedzieć, dać odprawę, odciąć się;
odpłacić (się); odeprzeć; *s* ostra
odpowiedź, odcięcie się

re·touch [ˈriˈtʌtʃ] *vt* retuszować;
s retusz

re·trace [rɪˈtreɪs] *vt* cofnąć się
(sth do czegoś); zawrócić; odtworzyć; przypominać sobie

re·tract [rɪˈtrækt] *vt vi* ciągnąć z
powrotem, wciągać; cofać (się),
wycofać (się); odwołać

re·trac·ta·tion [ˈriˈtrækˈteɪʃn], re-
·trac·tion [rɪˈtrækʃn] *s* retrakcja,
cofnięcie; odwołanie

re·treat [rɪˈtrit] *vi* cofać się; *s* odwrót; usunięcie się; *rel.* rekolekcje

re·trench [rɪˈtrentʃ] *vt* obciąć, skrócić; zredukować; *wojsk.* okopać,
oszańcować

re·trench·ment [rɪˈtrentʃmənt] *s*
obcięcie, skrócenie, redukcja;

wojsk. szaniec

ret·ri·bu·tion [ˈretrɪˈbjuʃn] *s* kara,
odpłata, odwet

re·trieve [rɪˈtriv] *vt* odzyskać; naprawić, powetować (np. stratę);
przywrócić; wynagrodzić

ret·ro·ac·tive [ˈretrəʊˈæktɪv] *adj*
prawn. z mocą retroaktywną,
działający wstecz

ret·ro·grade [ˈretrəgreɪd] *adj* (*o
ruchu*) wsteczny; (*o polityce*) reakcyjny

ret·ro·spect [ˈretrəspekt] *s* spojrzenie wstecz, retrospekcja

re·turn [rɪˈtɜn] *vt vi* wracać; zwracać, oddawać; odpowiadać; wybrać (posła); przynosić (dochody); odpłacić (się); *s* powrót;
zwrot; dochód; wynik (głosowania); *pl* ~s wpływy (kasowe);
by ~ of post odwrotną pocztą;
in ~ w zamian (for sth za coś);
adj attr powrotny; ~ ticket bilet
powrotny

re·veal [rɪˈvil] *vt* odsłonić, odkryć,
objawić, ujawnić

rev·el [ˈrevl] *s* uczta, zabawa; *vi*
ucztować, zabawiać się; hulać;
rozkoszować się (in sth czymś)

rev·e·la·tion [ˈrevəˈleɪʃn] *s* wyja-
wienie, ujawnienie; rewelacja;
odkrycie; *rel.* objawienie

rev·el·ler [ˈrevlə(r)] *s* biesiadnik;
hulaka

rev·el·ry [ˈrevlrɪ] *s* uczta (hałaśliwa), pohulanka

re·venge [rɪˈvendʒ] *vt* mścić; to
be ~d mścić się; *vr* to ~ oneself
mścić się (on sb na kimś); *s*
zemsta; to take one's ~ zemścić
się

re·venge·ful [rɪˈvendʒfl] *adj* mściwy

rev·e·nue [ˈrevənju] *s* dochód (państwowy); urzędy skarbowe

re·ver·ber·ate [rɪˈvɜbəreɪt] *vt vi*
odbijać (światło); rozlegać się, (*o
głosie*) brzmieć echem; promieniować, odbijać się

re·vere [rɪˈvɪə(r)] *vt* szanować,
czcić

rev·er·ence [ˈrevərəns] s szacunek; vt czcić

rev·er·end [ˈrevərənd] adj czcigodny; (o duchownym) the Reverend Wielebny

rev·er·ent [ˈrevərənt] adj pełen szacunku

rev·er·en·tial [ˌrevəˈrenʃl] adj pełen szacunku

rev·er·ie [ˈrevərɪ] s marzenie, zaduma

re·ver·sal [rɪˈvɜsl] s odwrócenie, zwrot

re·verse [rɪˈvɜs] vt odwrócić (przedmiot, kierunek itd.), przewrócić na drugą stronę; cofać; przemieścić; s odwrotna strona; przeciwieństwo; odwrotny kierunek; strata (finansowa); porażka, niepowodzenie; adj odwrotny; przeciwny

re·vers·i·ble [rɪˈvɜsəbl] adj odwracalny; odwołalny

re·vert [rɪˈvɜt] vt vi odwracać, zawracać, powracać

re·view [rɪˈvju] s inspekcja, rewia; czasopismo, przegląd wydarzeń; recenzja; vt przeglądać; odbywać rewię; rewidować; recenzować

re·view·er [rɪˈvjuə(r)] s recenzent, krytyk

re·vile [rɪˈvaɪl] vt vi lżyć, wymyślać (sb, against ⟨at⟩ sb komuś)

re·vise [rɪˈvaɪz] vt rewidować, przeglądać, poprawiać

re·vi·sion [rɪˈvɪʒn] s rewizja, przegląd

re·viv·al [rɪˈvaɪvl] s odżycie, powrót do życia; wznowienie (np. sztuki w teatrze); odrodzenie, ożywienie, odnowienie

re·vive [rɪˈvaɪv] vt ożywiać, przywracać do życia; odnawiać; vi odżyć, odrodzić się, ożywić się

re·vo·ca·tion [ˌrevəˈkeɪʃn] s odwołanie; unieważnienie

re·voke [rɪˈvəuk] vt odwołać; skasować; unieważnić

re·volt [rɪˈvəult] s rewolta, bunt;

to rise in ∼ zbuntować się; vt vi buntować (się); czuć odrazę; (at sth z powodu czegoś); budzić odrazę

rev·o·lu·tion [ˌrevəˈluʃn] s rewolucja; obracanie się, pełny obrót (ziemi, koła itd.)

rev·o·lu·tion·ar·y [ˌrevəˈluʃnrɪ] adj rewolucyjny; s rewolucjonista

rev·o·lu·tion·ist [ˌrevəˈluʃnɪst] s rewolucjonista

rev·o·lu·tion·ize [ˌrevəˈluʃnaɪz] vt rewolucjonizować

re·volve [rɪˈvɒlv] vt vi obracać (się), krążyć

re·volv·er [rɪˈvɒlvə(r)] s rewolwer

re·vue [rɪˈvju] s teatr. rewia

re·vul·sion [rɪˈvʌlʃn] s zwrot (w opinii, reakcji)

re·ward [rɪˈwɔd] s nagroda; vt nagradzać

re·write [ˈriˈraɪt] vt przepisać; przerobić (tekst)

rhet·o·ric [ˈretərɪk] s retoryka

rhe·tor·i·cal [rɪˈtorɪkl] adj retoryczny

rheu·mat·ic [ruˈmætɪk] adj reumatyczny

rheu·ma·tism [ˈrumətɪzm] s reumatyzm

rhi·no [ˈraɪnəu] s pot. nosorożec

rhi·noc·er·os [raɪˈnosərəs] s zool. nosorożec

rhomb [rom] s mat. romb

rhyme [raɪm] s rym; wiersz; neither ⟨without⟩ ∼ nor ⟨or⟩ reason bez sensu; vt vi rymować (się)

rhythm [ˈrɪðm] s rytm

rib [rɪb] s żebro

rib·ald [ˈrɪbld] adj sprośny, ordynarny; s człowiek sprośny ⟨ordynarny⟩

rib·bon [ˈrɪbən] s wstążka, tasiemka; taśma

rice [raɪs] s ryż

rich [rɪtʃ] adj bogaty; obfity

rich·es [ˈrɪtʃɪz] s pl bogactwo

rick [rɪk] s stóg, sterta (np. siana)

rick·ets [ˈrɪkɪts] s med. krzywica

rick·et·y [ˈrɪkɪtɪ] adj słaby, rachityczny; rozwalający się, pokrzywiony, rozklekotany

ric·o·chet [ˈrɪkəʃeɪ] s rykoszet

*rid, rid, rid [rɪd] vt uwolnić, oczyścić (of sth z czegoś); to get ~ uwolnić się, pozbyć się (of sth czegoś)

rid·dance [ˈrɪdns] s uwolnienie, pozbycie się

rid·den zob. ride

rid·dle 1. [ˈrɪdl] s zagadka

rid·dle 2. [ˈrɪdl] s sito (duże); vt przesiewać; podziurawić (jak sito)

* ride [raɪd], rode [rəʊd], ridden [ˈrɪdn] vt vi jeździć (na koniu, rowerem, autem itp.); przejeżdżać (np. the street ulicą); ~ a race brać udział w wyścigach konnych; ~ down vi zjechać w dół; vt stratować; przen. źle potraktować; ~ over vi wygrać na wyścigach; vt przen. zlekceważyć; s jazda, przejażdżka

rid·er [ˈraɪdə(r)] s jeździec; (w pojeździe) pasażer

ridge [rɪdʒ] s grzbiet; krawędź, brzeg; skiba

rid·i·cule [ˈrɪdɪkjul] s śmieszność; pośmiewisko; szyderstwo, kpiny; vt wyśmiewać, ośmieszać

ri·dic·u·lous [rɪˈdɪkjələs] adj śmieszny; absurdalny

rife [raɪf] adj praed rozpowszechniony; pełny, obfity, znajdujący się w wielkiej ilości; to grow ~ wzmagać się

riff-raff [ˈrɪfræf] s motłoch, hołota

ri·fle 1. [ˈraɪfl] vt ograbić, zrabować, obrabować

ri·fle 2. [ˈraɪfl] s karabin; wojsk. pl ~s strzelcy, pułk strzelecki

ri·fle·man [ˈraɪflmən] s strzelec

rift [rɪft] s szczelina; vt vi rozszczepić (się), rozłupać (się)

rig [rɪg] s mors. takielunek; przen. strój, powierzchowność; vt mors. otaklować; przen. to ~ sb out (with sth) wyekwipować, zaopatrzyć (kogoś w coś); pot. wy-

stroić

right [raɪt] adj (o stronie) prawy; prawidłowy, słuszny; ~ angle kąt prosty; to be ~ mieć rację; to get ~ doprowadzić do porządku, dojść do normalnego stanu; to set ⟨to put⟩ ~ uporządkować, uregulować; all ~ wszystko w porządku ⟨dobrze⟩; int. dobrze!; zgoda!; on the ~ ⟨side⟩ po prawej stronie; adv słusznie, prawidłowo; prosto; am. ~ away ⟨off⟩ w tej chwili, natychmiast; ~ out wprost, natychmiast; całkowicie; s prawo; słuszność; to be in the ~ mieć rację; to do ~ sprawiedliwie potraktować, oddać sprawiedliwość (sb komuś); by ~ prawnie; na podstawie, z tytułu (of sth czegoś); vt nadać prawidłowe położenie; naprawić; wymierzyć sprawiedliwość

right-an·gled [ˈraɪt æŋgld] ddj prostokątny; mat. ~ triangle trójkąt prostokątny

right·eous [ˈraɪtʃəs] adj sprawiedliwy, prawy

right·ful [ˈraɪtfl] adj legalny, słuszny, sprawiedliwy

right-mind·ed [ˈraɪt ˈmaɪndɪd] adj zrównoważony; pot. zdrowy na umyśle

rig·id [ˈrɪdʒɪd] adj sztywny; (o człowieku) nieugięty; bezwzględny

rig·ma·role [ˈrɪgmərəʊl] s bzdury, pot. koszałki opałki

rig·or·ous [ˈrɪgərəs] adj rygorystyczny, surowy

rig·our [ˈrɪgə(r)] s. rygor, surowość

rill [rɪl] s strumyczek, struga

rim [rɪm] s obwódka; obręcz; brzeg; oprawa (okularów); vt otoczyć obręczą; oprawić

rime 1. [raɪm] s szron

rime 2. [raɪm] s = rhyme

rind [raɪnd] s skórka; kora; łupina

ring 1. [rɪŋ] s pierścień, krąg, ko-

rob

ło; arena; *handl. i sport.* ring;
klika, szajka; *vt* tworzyć koło;
obrączkować; ~ in ⟨round, about⟩
okrążyć

* **ring** 2. [rɪŋ], **rang** [ræŋ], **rung**
[rʌŋ] *vt vi* dzwonić, dźwięczeć;
~ up telefonować (sb do kogoś);
s dźwięk, brzmienie dzwonka,
dzwonienie; dzwonek (telefonu)

ring-fin-ger [ˈrɪŋ fɪŋgə(r)] *s* palec serdeczny

ring-leader [ˈrɪŋ liːdə(r)] *s* prowodyr

ring-let [ˈrɪŋlət] *s* mały pierścionek, kółeczko

rink [rɪŋk] *s* ślizgawka, lodowisko; tor do jazdy na wrotkach

rinse [rɪns] *vt* (*także* ~ out) płukać, przemywać; ~ down popijać
(przy jedzeniu)

ri-ot [ˈraɪət] *s* bunt, rozprzężenie;
to run ~ *przen.* brykać, szaleć;
vi wszczynać rozruchy; szaleć,
hulać

ri-ot-ous [ˈraɪətəs] *adj* burzliwy;
buntowniczy, niesforny

rip [rɪp] *vt vi* rwać, rozrywać;
trzaskać, pękać; to ~ open rozpruć, rozerwać (np. kopertę); ~
off odpruć, oderwać; ~ up
spruć, rozgrzebać

ripe [raɪp] *adj* dojrzały; to grow
~ dojrzeć

rip-en [ˈraɪpn] *vi* dojrzewać; *vt*
przyspieszać dojrzewanie

rip-ple [ˈrɪpl] *s* zmarszczka (na powierzchni wody), mała fala;
plusk; szmer; *vi* (*o powierzchni
wody*) marszczyć się; pluskać;
szemrać

* **rise** [raɪz], **rose** [rəʊz], **risen**
[ˈrɪzn] *vi* wstawać, podnosić się;
powstawać; wzrastać; to ~ (up)
in arms chwytać za broń; to ~
to the occasion stanąć na wysokości zadania; the House of Commons rose Izba Gmin zakończyła
obrady; *s* wzrost; podniesienie
się; wzniesienie; wschód (słońca); to give ~ dać początek, za-

początkować; dać powód

ris-ing [ˈraɪzɪŋ] *s* powstanie (zbrojne); podniesienie się; wzrost,
rozwój; zamknięcie (obrad)

risk [rɪsk] *s* ryzyko; to run ⟨to
take⟩ the ~ ⟨~s⟩ ryzykować; *vt*
ryzykować

risk-y [ˈrɪskɪ] *adj* ryzykowny

rite [raɪt] *s* obrzęd

rit-u-al [ˈrɪtʃʊəl] *adj* rytualny; *s*
rytuał, obrządek

ri-val [ˈraɪvl] *s* rywal; *adj attr* ry-
walizujący, konkurencyjny; *vt*
rywalizować, iść w zawody; równać się (sb z kimś)

ri-val-ry [ˈraɪvlrɪ] *s* rywalizacja

riv-er [ˈrɪvə(r)] *s* rzeka

riv-er-basin [ˈrɪvə beɪsn] *s* dorzecze

riv-er-bed [ˈrɪvə bed] *s* koryto rzeki

riv-er-side [ˈrɪvəsaɪd] *s* brzeg rzeki

riv-et [ˈrɪvɪt] *s techn.* nit; *vt* ni-
tować; wzmocnić; przykuć

riv-u-let [ˈrɪvjʊlət] *s* rzeczka, strumień

road [rəʊd] *s* droga, jezdnia; podróż; *pl mors.* ~s reda; by ~
drogą lądową; on the ~ w drodze, w podróży

road-hog [ˈrəʊd hɒg] *s* pirat drogowy

road-side [ˈrəʊdsaɪd] *s* pobocze
(drogi); *attr* przydrożny (np. zajazd)

road-stead [ˈrəʊdsted] *s mors.* reda

road-way [ˈrəʊdweɪ] *s* szosa, jezdnia

roam [rəʊm] *vi vt* wędrować, wałęsać się; *s* wędrówka

roar [rɔː(r)] *vi* huczeć, ryczeć,
grzmieć; *s* huk, ryk, grzmot

roast [rəʊst] *vt vi* piec, smażyć
(się); *s* pieczeń; *adj* pieczony,
smażony; ~ beef rostbef; ~ mutton pieczeń barania; ~ veal pieczeń cielęca

rob [rɒb] *vt* okradać (sb of sth

kogoś z czegoś); *vt* uprawiać rabunek

rob·ber [ˈrobə(r)] *s* rozbójnik, rabuś

rob·ber·y [ˈrobərı] *s* rozbój, grabież

robe [rəub] *s* suknia; toga; *vt* ubierać w suknię ⟨togę⟩

rob·in [ˈrobın] *s* *zool.* rudzik

ro·bot [ˈrəubot] *s* robot

ro·bust [rəuˈbʌst] *adj* mocny, krzepki

rock 1. [rok] *s* skała; kamień; twardy cukierek

rock 2. [rok] *vt vi* kołysać (się)

rock·et [ˈrokıt] *s* rakieta (pocisk, ogień sztuczny)

rock·ing-chair [ˈrokıŋ tʃeə(r)] *s* krzesło ⟨fotel⟩ na biegunach, bujak

rock-salt [ˈrok ˈsolt] *s* sól kamienna

rock·y [ˈrokı] *adj* skalisty

rod [rod] *s* pręt, rózga; **fishing-~** wędka

rode *zob.* **ride**

ro·dent [ˈrəudnt] *s* *zool.* gryzoń

roe 1. [rəu] *s* *zool.* sarna

roe 2. [rəu] *s* ikra; **soft ~** mlecz rybi

rogue [rəug] *s* łajdak, szelma

ro·gu·ish [ˈrəugıʃ] *adj* łajdacki, szelmowski

role [rəul] *s* rola

roll 1. [rəul] *s* zwój; zawiniątko; walec; rolka; bułka (okrągła); spis, lista; **to call the ~** odczytać listę (obecności)

roll 2. [rəul] *vt vi* obracać (się), toczyć (się); falować, kołysać (się); rolować; skręcać, zwijać; **~ down** stoczyć (się); **~ over** przewalić (się); **~ up** zwinąć; zakasać (rękawy)

roll-call [ˈrəul kol] *s* odczytanie nazwisk; *wojsk.* apel

roll·er [ˈrəulə(r)] *s* walec; wałek; duża fala, bałwan (morski)

roll·er-skate [ˈrəulə skert] *vi* jeździć na wrotkach; *s pl* **~s** wrotki

roll·ick [ˈrolık] *vi* hałaśliwie się bawić; swawolić; *s* hałaśliwa zabawa; swawola

roll·ing-mill [ˈrəulıŋ mıl] *s* walcownia

roll·ing-pin [ˈrəulıŋ pın] *s* wałek do ciasta

roll·ing-stock [ˈrəulıŋ stok] *s* tabor kolejowy

Ro·man [ˈrəumən] *adj* rzymski; *s* Rzymianin

ro·mance [rəˈmæns] *s* romans; romanca; romantyka; romantyczność; **Romance (languages)** języki romańskie; *adj attr* romański, romanistyczny

ro·man·tic [rəˈmæntık] *adj* romantyczny

ro·man·ti·cism [rəˈmæntısızm] *s* romantyzm

romp [romp] *s* hałaśliwa zabawa, wybryki, swawola; sowizdrzał; *vi* bawić się hałaśliwie, brykać, swawolić

rood [rud] *s* krzyż; krucyfiks

roof [ruf] *s* dach; *lotn.* pułap

rook 1. [ruk] *s* *zool.* gawron; szuler, oszust; *vt* oszukiwać

rook 2. [ruk] *s* wieża (w szachach)

rook·er·y [ˈrukərı] *s* kolonia gawronia; kolonia pingwinów; *zbior.* rudery

room [rum, rum] *s* pokój, izba; miejsce, przestrzeń; zakres możliwości; **in my ~** na moim miejscu; zamiast mnie; **to make ~** ustąpić miejsca, zrobić miejsce; *vi* mieszkać; najmować mieszkanie; *vt* dawać mieszkanie, przyjąć pod dach

room-mate [ˈrum mert] *s* współlokator

room·y [ˈrumı] *adj* przestronny

roost [rust] *s* grzęda, żerdź (dla kur); *vi* siedzieć na grzędzie

roost·er [ˈrustə(r)] *s* kogut

root [rut] *s* korzeń; podstawa; sedno; *mat.* pierwiastek; *gram.* rdzeń, źródłosłów; **~ and branch** z korzeniem, gruntownie, całkowicie; **to get at the ~ of the matter** dotrzeć do sedna sprawy;

to strike ⟨take⟩ ~ zapuścić korzenie; *vt* głęboko sadzić, przytwierdzić do ziemi; *vi* zakorzenić się; *vt* ~ **out** wykorzenić; wyrywać z korzeniami

rope [rəup] *s* lina, sznur; *vt* przywiązywać; ciągnąć po linie

rope-danc·er [`rəup dɑnsə(r)] *s* tancerz na linie, linoskoczek

rope-lad·der [`rəup `lædə(r)] *s* drabina sznurowa

rope-mak·er [`rəup meikə(r)] *s* powroźnik

ro·sace [`rəuzeis] *s* rozeta

ro·sa·ry [`rəuzəri] *s* różaniec; rozarium

rose 1. [rəuz] *zob.* **rise**

rose 2. [rəuz] *s* róża; kolor róży; rozeta; **a bed of** ~s przyjemności życia; *hist.* **the Wars of the Roses** wojna Dwu Róż; *adj attr* różowy, różany; *vt* barwić na różowo

rose·mary [`rəuzməri] *s bot.* rozmaryn

ros·in [`rɔzin] *s* żywica, kalafonia

ros·y [`rəuzi] *adj* różowy, różany

rot [rɔt] *vi* gnić; *vt* powodować gnicie; *s* gnicie; zgnilizna; *pot.* (*także* **tommy-rot**) bzdury, brednie

ro·ta·ry [`rəutəri] *adj* obrotowy

ro·tate [rəu`teit] *vt vi* obracać (się), wirować; zmieniać (się) kolejno

ro·ta·tion [rəu`teiʃn] *s* obrót, obieg; kolejność, rotacja; płodozmian; **by** ⟨**in**⟩ ~ po kolei, na przemian

rot·ten [`rɔtn] *adj* zgniły, cuchnący, zepsuty

ro·tund [rəu`tʌnd] *adj* okrągły; (*o człowieku*) pękaty; (*o stylu itp.*) napuszony

rouge [ruʒ] *s* czerwona szminka, róż; *vt* szminkować

rough [rʌf] *adj* szorstki, nierówny; (*o morzu*) wzburzony; zrobiony z grubsza, grubo ciosany; brutalny; gruboskórny; surowy, nie obrobiony; ~ **copy** brulion; ~ **sketch** szkic; *vt* grubo ciosać;

z grubsza opracowywać; szorstko traktować; **to** ~ **it** pędzić życie pełne trudów i niewygód

rough-cast [`rʌf kɑst] *s* szkic, zarys; tynk; *vt* naszkicować; otynkować

rough·en [`rʌfən] *vt vi* stawać się szorstkim, gruboskórnym

* **rough-hew** [`rʌf `hju] *vt* (pp **rough-hewn** [`rʌf`hjun]) ociosać (z grubsza); naszkicować (powierzchownie)

round [raund] *adj* okrągły, zaokrąglony; (*o podróży*) okrężny; otwarty, szczery, uczciwy; należyty; dosadny; *s* krąg, cykl; obieg; (*przy częstowaniu*) kolejka; kolejność; bieg (*życia itp.*) przechadzka; objazd; obchód służbowy, inspekcja; *muz.* kanon; *sport* runda; *adv* naokoło, kołem; ~ **about** dookoła; naokoło; **all** ~ ogółem, w całości; *praep* wokół, dookoła; ~ **the corner** za węgłem ⟨rogiem⟩; *vt vi* zaokrąglić (się); okrążać; ~ **off** zaokrąglić, wykończyć; zakończyć; ~ **up** spędzić (*np.* bydło); zrobić obławę

round·a·bout [`raundəbaut] *adj attr* okólny, okrężny; rozwlekły; *s* okrężna droga; karuzela; (*w ruchu ulicznym*) rondo

round-up [`raundʌp] *s* spędzenie (bydła); obława, łapanka; *am.* przegląd (wiadomości itp.)

rouse [rauz] *vt* wstrząsnąć, pobudzić, podniecić; podburzyć; obudzić; *s wojsk.* pobudka

rout 1. [raut] *s* raut; wesołe towarzystwo

rout 2. [raut] *vt* rozgromić; *s* rozgromienie; rozsypka, bezładny odwrót

route [rut] *s* droga, trasa, marszruta; *wojsk.* **column of** ~ kolumna marszowa

rou·tine [ru`tin] *s* rutyna; **the** ~ **procedure** normalna ⟨zwykła⟩ procedura, normalne ⟨zwykłe⟩ postępowanie

rove [rəuv] *vt vi* wędrować, błąkać się

rov·er [ˈrəuvə(r)] *s* wędrowiec,
włóczęga; pirat; starszy harcerz

row 1. [rəu] *s* rząd, szereg

row 2. [rəu] *vt vi* wiosłować; **to
~ a race** brać udział w zawodach
wioślarskich; *s* wiosłowanie,
przejażdżka łodzią

row 3. [rau] *s* pot. hałas, burda,
zamieszanie; **to kick up a ~** narobić hałasu, wywołać awanturę;
vi pot. hałasować, kłócić się; *vt*
skrzyczeć, zbesztać

row·dy [ˈraudɪ] *adj* hałaśliwy, a-
wanturniczy; *s* awanturnik

row·er [ˈrauə(r)] *s* wioślarz

row·lock [ˈrolək] *s* sport dulka

roy·al [ˈrɔɪəl] *adj* królewski; wspaniały

roy·al·ty [ˈrɔɪəltɪ] *s* królewskość;
osoba królewska; władza królewska; opłata na rzecz króla; honorarium (np. autorskie); *pl* **royal-
ties** rodzina królewska

rub [rʌb] *vt vi* trzeć, ocierać (się);
wycierać, czyścić; **~ down** wycierać, zeskrobywać; **~ in** wcierać; **~ off** wycierać; **~ on** przedzierać się, przebijać się; **~ out**
wykreślać, ścierać; usuwać z
drogi; **~ up** polerować; *s* tarcie;
nacieranie, masaż; pociągnięcie
(np. szczotką); cios; przeszkoda

rub·ber [ˈrʌbə(r)] *s* guma; rober
(w brydżu); *pl* **~s** kalosze

rub·bish [ˈrʌbɪʃ] *s* śmieci, graty;
tandeta; **to talk ~** pleść bzdury

rub·ble [ˈrʌbl] *s* tłuczeń; gruz

ru·by [ˈrubɪ] *s* rubin; kolor rubi-
nowy

ruck·sack [ˈrʌksæk] *s* plecak

rud·der [ˈrʌdə(r)] *s* ster (statku, samolotu)

rud·dy [ˈrʌdɪ] *adj* rumiany; rudy;
(o cerze) świeży

rude [rud] *adj* gruboskórny, ordynarny; nie ociosany, prymityw-
ny; szorstki; **to be ~** być nie-
grzecznym (**to sb** dla kogoś)

ru·di·ment [ˈrudɪmənt] *s* szczątek;
pl **~s** podstawy, podstawowe

wiadomości

ru·di·ment·al [ˈrudɪˈmentl], **ru·di-
·men·ta·ry** [ˈrudɪˈmentrɪ] *adj*
szczątkowy; podstawowy, zasadniczy

rue [ru] *vt* żałować; *s* żal, smutek

rue·ful [ˈrufl] *adj* żałosny, smutny; pełen skruchy

ruff [rʌf] *s* kreza

ruf·fian [ˈrʌfɪən] *s* awanturnik;
brutal

ruf·fle [ˈrʌfl] *vt vi* marszczyć (się),
mierzwić, wichrzyć (się); rozdrażnić, wzburzyć (się), zamącić

rug [rʌg] *s* dywanik, kilim; ko-
cyk

rug·by [ˈrʌgbɪ] *s* (także ~ **football**)
sport rugby

rug·ged [ˈrʌgɪd] *adj* chropowaty,
nierówny; (o charakterze) szorstki, surowy

ru·in [ˈruɪn] *s* ruina; *vt* rujnować

ru·in·ous [ˈruɪnəs] *adj* zrujnowany,
leżący w gruzach; zgubny

rule [rul] *s* prawidło, reguła, zasada; rząd(y); przepis; linia, linijka; prawn. zarządzenie, orzeczenie; **as a ~** zasadniczo; **by ~**
według zasady, przepisowo; **to
make it a ~** przyjąć za zasadę;
~s and regulations regulamin;
vt vi rządzić, panować, kierować;
prawn. orzekać, stanowić; liniować; **~ out** wykluczyć, wykreślić; **~ off** oddzielić linią; handl.
prices ~ high ceny utrzymują
się na wysokim poziomie

rul·er [ˈrulə(r)] *s* rządca, władca;
linijka, liniał

rul·ing [ˈrulɪŋ] *s* prawn. zarządzenie, orzeczenie

rum [rʌm] *s* rum

rum·ble [ˈrʌmbl] *s* grzmot, huk; *vi*
grzmieć, huczeć

ru·mi·nant [ˈrumɪnənt] *s* zool. prze-
żuwacz; *adj* przeżuwający

ru·mi·nate [ˈrumɪneɪt] *vt vi* przeżuwać; przen. przemyśliwać
(over ⟨about, on, of⟩ sth o czymś,
nad czymś)

rum·mage [ˈrʌmɪdʒ] *vt vi* przeszu-

313 **rye**

kiwać, szperać; s szperanie
ru·mour [ˈruːmə(r)] s pogłoska; vt
puszczać pogłoskę (sth o czymś);
it is ~ed krążą wieści
rum·ple [ˈrʌmpl] vt miąć; mierzwić
rump·steak [ˈrʌmp steɪk] s rumsztyk
* run [rʌn], ran [ræn], run [rʌn]
vi biec; (o pojazdach) jechać,
kursować; (o płynie) ciec; (o
zdaniu) brzmieć; funkcjonować;
być w ruchu; upływać; trwać; (o
rozmowie) toczyć się; vt prowadzić (np. interes); kierować (np.
maszyną); przebiegać (np. pole,
ulicę); skłonić do biegu (np. konia); uruchomić; pędzić, wpędzać; przesuwać; wbijać; ~ up
against sb natknąć się na kogoś;
to ~ dry wyschnąć, wyczerpać
się; to ~ errands biegać na posyłki; to ~ for sth ubiegać się o
coś; to ~ high podnosić się; ożywiać się; to ~ short kończyć się,
wyczerpywać się; to ~ wild
dziczeć; ~ down upływać; przemóc; wyczerpać; ~ in dotrzeć
(samochód); ~ out wybiec, upływać, kończyć się; niszczeć; być
na wyczerpaniu, wyczerpać się;
~ over przebiec na drugą stronę;
przejechać; powierzchownie przeglądnąć; ~ through przebiegać,
przeszukiwać, badać (np. przekłuciem), przenikać; s bieg; rozbieg, rozpęd; przejażdżka, przejazd; trasa, tor; zjazd (dla narciarzy); nieprzerwana seria, ciąg;
(o urzędowaniu itp.) okres; typ;
pokrój; norma; handl. run; in
the long ~ ostatecznie, w końcu;
had a long ~ (o sztuce) długo
szła; (o filmie) długo był wyświetlany; ~ of bad luck seria ⟨pasmo⟩ nieszczęść; the ~
of events bieg wypadków; at a
~ biegiem
run·a·way [ˈrʌnəweɪ] adj attr zbiegły; s zbieg, uciekinier
rung 1. zob. ring 2.
rung 2. [rʌŋ] s szczebel

run·ner [ˈrʌnə(r)] s biegacz; goniec; koń wyścigowy; (spuszczone) oczko w pończosze
run·ning [ˈrʌnɪŋ] adj kolejny;
bieżący; ciągły; płynny; ~ in
(o samochodzie) niedotarty; six
months ~ sześć miesięcy z rzędu
run·way [ˈrʌnweɪ] s bieżnia; lotn.
pas startowy
rup·ture [ˈrʌptʃə(r)] s zerwanie;
med. przepuklina; pęknięcie; vt
vi zrywać, przerywać (się)
ru·ral [ˈruərl] adj wiejski; rolny
ruse [ruːz] s podstęp, przebiegłość
rush 1. [rʌʃ] vi pędzić; mknąć;
gwałtownie pchać się; rzucić się;
nagle upaść; vt popędzać, gwałtownie przyspieszać; ~ to a conclusion pochopnie wyciągnąć
wniosek; s pęd, napływ, tłok;
gold ~ gorączka złota; ~ hours
godziny szczytu (w tramwajach
itp.); be in a ~ bardzo się spieszyć
rush 2. [rʌʃ] s sitowie
rusk [rʌsk] s sucharek
rus·set [ˈrʌsɪt] s brunatny samodział; adj brunatny, rdzawy
Rus·sian [ˈrʌʃn] adj rosyjski; s Rosjanin; język rosyjski
rust [rʌst] s rdza; vi rdzewieć
rus·tic [ˈrʌstɪk] adj wiejski; nieokrzesany, prosty
rus·ti·cate [ˈrʌstɪkeɪt] vt relegować
(z uniwersytetu); vi zamieszkać
na wsi; przybrać chłopskie maniery
rus·tle [ˈrʌsl] vi szeleścić; s szelest
rust·less [ˈrʌstləs] adj nierdzewny
rust·y 1. [ˈrʌstɪ] adj zardzewiały;
rdzawy; znoszony, zniszczony; (o
człowieku) zaniedbany
rust·y 2. [ˈrʌstɪ] adj zjełczały
rut 1. [rʌt] s koleina, wyżłobienie;
przen. rutyna, nawyki
rut 2. [rʌt] s ruja; vi być w okresie rui, parzyć się
ruth [ruːθ] s litość
ruth·less [ˈruːθləs] adj bezlitosny
rye [raɪ] s żyto; żytniówka

s

`s skr. = is; has; us; końcówka Saxon Genitive

Sab·bath [ˈsæbəθ] s szabas; dzień świąteczny; sabat

sa·ble 1. [ˈseɪbl] s zool. soból

sa·ble 2. [ˈseɪbl] s poet. czarny kolor, czerń; pl ~s poet. czarna odzież, żałoba; adj czarny, ciemny

sab·o·tage [ˈsæbətaʒ] s sabotaż; vt vi sabotować

sa·bre [ˈseɪbə(r)] s szabla

sac·cha·rine [ˈsækərɪn] s sacharyna

sack 1. [sæk] s worek; pot. zwolnienie z pracy; † płaszcz (szeroki, luźny); pot. **give the ~** wyrzucić z pracy; vt włożyć do worka; pot. wyrzucić z pracy

sack 2. [sæk] s grabież; łupy; vt grabić; splądrować (miasto)

sack·cloth [ˈsækkloθ] s materiał na worki

sac·ra·ment [ˈsækrəmənt] s sakrament

sa·cred [ˈseɪkrəd] adj święty, poświęcony

sac·ri·fice [ˈsækrɪfaɪs] s poświęcenie; ofiara; vt poświęcać; ofiarować

sac·ri·fi·cial [ˈsækrɪˈfɪʃl] adj ofiarny, ofiarniczy

sac·ri·lege [ˈsækrɪlɪdʒ] s świętokradztwo

sad [sæd] adj smutny; przygnębiony; żałosny; (o barwie) ciemny, ponury

sad·den [ˈsædn] vt vi smucić (się)

sad·dle [ˈsædl] s siodło; siodełko; comber (barani); vt siodłać; obciążać

sad·dler [ˈsædlə(r)] s siodlarz, rymarz

safe [seɪf] adj pewny, bezpieczny, nie narażony na niebezpieczeństwo; ~ **and sound** zdrowo, bez szwanku; s bezpieczny schowek,

kasa ogniotrwała, sejf; ~ **conduct** list żelazny

safe·guard [ˈseɪf gad] s ochrona; gwarancja; vt chronić, zabezpieczać

safe·keep·ing [ˈseɪf ˈkiːpɪŋ] s bezpieczne przechowanie

safe·ty [ˈseɪftɪ] s bezpieczeństwo

safe·ty-belt [ˈseɪftɪ belt] s pas bezpieczeństwa

safe·ty-hel·met [ˈseɪftɪ helmɪt] s kask ochronny

safe·ty-lamp [ˈseɪftɪ læmp] s lampa bezpieczeństwa

safe·ty-match [ˈseɪftɪ mætʃ] s zapałka szwedzka

safe·ty-pin [ˈseɪftɪ pɪn] s agrafka

safe·ty razor [ˈseɪftɪ reɪzə(r)] s maszynka do golenia

safe·ty-valve [ˈseɪftɪ vælv] s klapa bezpieczeństwa

sag [sæg] vi opadać, zwisać; s opadanie; wygięcie

sa·ga·cious [səˈgeɪʃəs] adj rozumny, bystry

sa·gac·i·ty [səˈgæsətɪ] s bystrość, przenikliwość; roztropność, mądrość

sage [seɪdʒ] adj mądry; s mędrzec

sago [ˈseɪgəʊ] s sago

said zob. say

sail [seɪl] s żagiel; skrzydło wiatraka; przejażdżka żaglówką, podróż morska; **to have a ~** odbywać przejażdżkę morską; **to set ~** wyruszyć w podróż morską; vt vi żeglować, podróżować morzem

sail-cloth [ˈseɪl kloθ] s płótno żaglowe

sail·ing-boat [ˈseɪlɪŋ bəʊt] s żaglówka

sail·or [ˈseɪlə(r)] s żeglarz, marynarz

saint [seɪnt] adj święty; skr. **St** [snt]; s święty

sake [seɪk] *s w wyrażeniach*: for the ~ of sb dla ⟨na rzecz⟩ kogoś; for my ~ dla mnie, ze względu na mnie; for Heaven's ~! niebal, na Boga!; na miłość Boską!

sal·ad [ˈsæləd] *s* sałata, sałatka (np. jarzynowa, owocowa)

sal·a·ry [ˈsælərɪ] *s* uposażenie, pensja, płaca

sale [seɪl] *s* sprzedaż, zbyt; on ⟨for⟩ ~ na sprzedaż, do sprzedania

sale·able [ˈseɪləbl] *adj* pokupny

sales·man [ˈseɪlzmən] *s* sprzedawca, ekspedient; komiwojażer

sa·lient [ˈseɪlɪənt] *adj* wystający; wybitny, wydatny; *s* występ

sa·line [ˈseɪlaɪn] *adj* słony; *s chem.* salina

sa·li·va [səˈlaɪvə] *s* ślina

sal·low 1. [ˈsæləʊ] *adj* blady, ziemisty

sal·low 2. [ˈsæləʊ] *s bot.* iwa, wiklina

sal·ly [ˈsælɪ] *s* wypad, wyskok; błyskotliwa myśl, dowcipny pomysł; *vt* robić wypad, wyruszyć (na wycieczkę, spacer itd.)

salm·on [ˈsæmən] *s* łosoś

sa·loon [səˈluːn] *s bryt.* bar 1. klasy, *am.* knajpa; zakład (z apartamentem); salonka

salt [sɒlt] *s* sól; *adj* słony; *vt* solić

salt·cel·lar [ˈsɒlt selə(r)] *s* solniczka

salt·pe·tre [sɒltˈpiːtə(r)] *s chem.* saletra

salty [ˈsɒltɪ] *adj* słony

sa·lu·bri·ous [səˈluːbrɪəs] *adj* zdrowy, zdrowotny

sal·u·tar·y [ˈsæljutrɪ] *adj* zbawienny, dobroczynny

sal·u·ta·tion [ˌsæljuˈteɪʃn] *s* pozdrowienie, powitanie

sa·lute [səˈluːt] *s* ukłon, powitanie; salut; *vt* kłaniać się, witać; salutować

sal·vage [ˈsælvɪdʒ] *s* ratowanie (tonącego statku, płonącego mie-

nia); uratowane mienie; *vt* ratować

sal·va·tion [sælˈveɪʃn] *s* zbawienie

salve 1. [sælv] *s* maść (lecznicza), balsam; *vt* smarować maścią, łagodzić (np. ból)

salve 2. [sælv] *vt* ratować

sal·ver [ˈsælvə(r)] *s* tacka

same [seɪm] *adj*, *pron* i *adv* sam; równy; wyżej wspomniany; jednolity; all the ~ wszystko jedno; much the ~ prawie jedno i to samo, prawie taki sam; the very ~ zupełnie ten sam

same·ness [ˈseɪmnəs] *s* identyczność; monotonia

sam·ple [ˈsæmpl] *s* wzór, próbka

san·a·to·ri·um [ˌsænəˈtɔːrɪəm] *s* (*pl* sanatoria [ˌsænəˈtɔːrɪə]) sanatorium

sanc·ti·fy [ˈsæŋktɪfaɪ] *vt* święcić, uświęcać

sanc·tion [ˈsæŋkʃn] *s* sankcja; *vt* sankcjonować

sanc·tu·ar·y [ˈsæŋktʃʊərɪ] *s* sanktuarium; azyl

sand [sænd] *s* piasek; *vt* posypać piaskiem

san·dal [ˈsændl] *s* sandał

sand·glass [ˈsænd glɑːs] *s* zegar piaskowy, klepsydra

sand·pa·per [ˈsændpeɪpə(r)] *s* papier ścierny

sand·stone [ˈsændstəʊn] *s* piaskowiec

sand·wich [ˈsænwɪdʒ] *s* sandwicz, kanapka

sand·y [ˈsændɪ] *adj* piaszczysty, piaskowy

sane [seɪn] *adj* zdrowy na umyśle, rozumny; rozsądny

sang *zob.* sing

san·gui·nar·y [ˈsæŋgwɪnərɪ] *adj* krwawy

san·guine [ˈsæŋgwɪn] *adj* pełnokrwisty, sangwiniczny; (*o cerze*) rumiany; pewny, pełen nadziei

san·i·tar·y [ˈsænɪtrɪ] *adj* sanitarny, higieniczny

san·i·ty [ˈsænətɪ] *s* zdrowie (psychiczne); zdrowy rozsądek

sank zob. **sink**

sap 1. [sæp] s wojsk. okop, podkop; vt vi dosł. i przen. podkopywać; podminowywać

sap 2. [sæp] s sok (roślin); przen. żywotność, werwa; vt pozbawiać soku; przen. wycieńczać

sap 3. [sæp] vt pot. kuć, wkuwać; s pot. kujon

sap·ling [ˈsæplɪŋ] s drzewko, młode drzewo; przen. młodzik

sap·per [ˈsæpə(r)] s wojsk. saper

sap·phire [ˈsæfaɪə(r)] s szafir

sap·py [ˈsæpɪ] adj soczysty; przen. pełen energii

sar·cas·tic [saˈkæstɪk] adj sarkastyczny

sar·dine [saˈdin] s sardynka

sar·don·ic [saˈdonɪk] adj sardoniczny

sash 1. [sæʃ] s rama okna zasuwanego (pionowo)

sash 2. [sæʃ] s szarfa; pas

sash-win·dow [ˈsæʃ wɪndəu] s okno zasuwane (pionowo)

sat zob. **sit**

satch·el [ˈsætʃl] s tornister (szkolny)

sate [seɪt] vt nasycić, zaspokoić

sa·teen [sæˈtin] s satyna

sat·el·lite [ˈsætəlait] s satelita

sa·ti·ate [ˈseɪʃɪeɪt] vt nasycić, zaspokoić

sat·in [ˈsætɪn] s atłas; satyna; adj attr atłasowy; satynowy

sat·ire [ˈsætaɪə(r)] s satyra

sa·tir·i·cal [saˈtɪrɪkl] vt satyryczny

sat·i·rize [ˈsætəraɪz] vt satyryzować

sat·is·fac·tion [ˈsætɪsˈfækʃn] s satysfakcja; zaspokojenie; zadośćuczynienie, wynagrodzenie

sat·is·fac·to·ry [ˈsætɪsˈfæktrɪ] adj zadowalający, dostateczny

sat·is·fy [ˈsætɪsfaɪ] vt zadowolić, dać satysfakcję; zaspokoić; wyrównać (dług); przekonać

sat·u·rate [ˈsætʃəreɪt] vt nasycić

Sat·ur·day [ˈsætədɪ] s sobota

sauce [sɔs] s sos; pot. bezczelność, tupet; vt przyprawić sosem; pot. bezczelnie potraktować

sauce·pan [ˈsɔspən] s rondel

sau·cer [ˈsɔsə(r)] s spodek

sau·cy [ˈsɔsɪ] adj impertynencki; pot. szykowny, zgrabny

sau·er·kraut [ˈsauəkraut] s kiszona kapusta

saun·ter [ˈsɔntə(r)] vi chodzić powoli, powłóczyć nogami; s przechadzka

sau·sage [ˈsosɪdʒ] s kiełbasa

sav·age [ˈsævɪdʒ] adj dziki; s dzikus

save [seɪv] vt ratować, chronić; zbawiać; oszczędzać; zachować, odłożyć; vi robić oszczędności (także ~ up); praep wyjąwszy, oprócz; all ~ him wszyscy oprócz niego

sav·ing [ˈseɪvɪŋ] adj zbawczy; oszczędny; prawn. zastrzegający; s ratunek; oszczędność, oszczędzanie; praep oprócz, wyjąwszy

sav·ings-bank [ˈseɪvɪŋz bæŋk] s kasa oszczędności

sav·iour [ˈseɪvɪə(r)] s zbawca, zbawiciel

sa·vour [ˈseɪvə(r)] s smak, posmak; vi mieć smak (of sth czegoś); pachnąć, zalatywać (of sth czymś)

sa·vour·y [ˈseɪvərɪ] adj smakowity, wonny

*****saw** 1. [sɔ], **sawed** [sɔd], **sawn** [sɔn]) vt vi piłować, przecinać; s piła

saw 2. zob. **see**

saw·dust [ˈsɔdʌst] s trociny

saw·mill [ˈsɔmɪl] s tartak

sawn zob. **saw** 1.

saw·yer [ˈsɔjə(r)] s tracz

Sax·on [ˈsæksn] adj saksoński

* **say** [seɪ], **said** [sed], **said** [sed] vt vi mówić, powiedzieć (to sb komuś); przypuszczać; wygłaszać; I ~! słuchaj! halo!; (ze zdziwieniem) no wiesz!; I should ~ rzekłbym, myślę, przypuszczam; ~ dajmy na to, przypuśćmy; ~ over (again) powtórzyć; so to ~ że tak powiem; that is to ~ to znaczy; s powiedzenie, zdanie, głos; it is my ~ now teraz ja mam głos

say·ing [ˈseɪɪŋ] s powiedzenie; as

scepticism

the ~ goes jak to się mówi; that goes without ~ to się rozumie samo przez się; nie ma co o tym mówić; there is no ~ trudno powiedzieć

scab [skæb] s świerzb; *pot.* łamistrajk

scab·bard [ˈskæbəd] s pochwa (miecza itp.)

scaf·fold [ˈskæfld] s estrada; szafot; ʰrusztowanie; *vt* otoczyć rusztowaniem, podeprzeć

scaf·fold·ing [ˈskæfldɪŋ] s rusztowanie

scald 1. [skɔld] *vt* sparzyć; wyparzyć; s oparzenie

scald 2. [skɔld] s skald (pieśniarz nordycki)

scale 1. [skeɪl] s łuska, łupina; *vt vi* łuszczyć (się); skrobać, oczyszczać z łusek

scale 2. [skeɪl] s szala (wagi); *przen.* to tip ⟨turn⟩ `the ~ przeważyć; *pl* ~s (*także* pair of ~s) waga; *vt* ważyć

scale 3. [skeɪl] s skala; gama; stopniowanie; *vt* wspinać się (a mountain na górę); rysować według skali

scalp [skælp] s skalp; *vt* skalpować

scamp 1. [skæmp] *vt* źle wykonywać robotę, fuszerować

scamp 2. [skæmp] s łajdak, szubrawiec

scamp·er 1. [ˈskæmpə(r)] s fuszer

scamp·er 2. [ˈskæmpə(r)] *vi* (*zw. o zwierzętach*) pierzchać, uciekać w popłochu; *przen.* przelecieć galopem; s szybka ucieczka, gonitwa; pobieżne przeczytanie, przejrzenie

scamp·ish [ˈskæmpɪʃ] *adj* łajdacki

scan [skæn] *vt* dokładnie badać, oglądać, pilnie się przyglądać; skandować

scan·dal [ˈskændl] s skandal; oszustwo, obmowa; zgorszenie

scan·dal·ize [ˈskændəlaɪz] *vt* gorszyć; obmawiać; zniesławiać

scan·dal·mon·ger [ˈskændlmʌŋgə(r)]

s plotkarz, oszczerca

scan·dal·ous [ˈskændələs] *adj* skandaliczny; oszczerczy; gorszący

scant [skænt] *adj* skąpy, niestateczny, ograniczony; *vt* skąpić

scant·y [ˈskæntɪ] *adj* ledwo wystarczający, skąpy, ograniczony

scape·goat [ˈskeɪpgəʊt] s *przen.* kozioł ofiarny

scar [skɑ(r)] s blizna; *vt* kiereszować, kaleczyć; *vi* (*także* ~ over) zabliźniać się

scarce [skeəs] *adj* skąpy, niestateczny; rzadki

scarce·ly [ˈskeəslɪ] *adv* ledwo, zaledwie

scar·ci·ty [ˈskeəsətɪ] s niedobór, brak

scare [skeə(r)] *vt* straszyć; ~ away ⟨off⟩ odstraszyć, wypłoszyć; s strach; panika

scare·crow [ˈskeəkrəʊ] s strach na wróble

scarf [skɑf] s (*pl* scarves [skɑvz]) szarfa, szal

scar·let [ˈskɑlət] s szkarłat; *adj attr* szkarłatny; *med.* ~ fever szkarlatyna

scarp [skɑp] s skarpa

scat·ter [ˈskætə(r)] *vt vi* rozsypać (się), rozproszyć (się)

scav·en·ger [ˈskævɪndʒə(r)] s zamiatacz ulic

sce·na·ri·o [sɪˈnɑrɪəʊ] s scenariusz

scene [sin] s scena; widownia; widok, obraz; *pl* ~s kulisy; behind the ~s *dosł. i przen.* za kulisami

scene-paint·er [ˈsin peɪntə(r)] s dekorator teatralny

scen·er·y [ˈsinərɪ] s sceneria, krajobraz; dekoracja teatralna

scent [sent] *vt* wąchać, węszyć, wietrzyć; perfumować; s węch; zapach; perfumy; trop

scep·tic [ˈskeptɪk] *adj* sceptyczny; s sceptyk

scep·ti·cal [ˈskeptɪkl] = sceptic *adj*

scep·ti·cism [ˈskeptɪsɪzm] s sceptycyzm

scep·tre [ˈseptə(r)] s berło

sched·ule [ˈʃedjul] s spis, lista, tabela, plan; rozkład jazdy; **on ~** na czas, punktualnie; vt wpisać na listę, umieścić w planie, zanotować

scheme [skim] s schemat, zarys, plan; intryga; vt planować; knuć

schism [ˈsɪzm] s schizma

schis·mat·ic [sɪzˈmætɪk] s schizmatyk; adj schizmatycki

schol·ar [ˈskɒlə(r)] s uczeń; uczony; stypendysta

schol·ar·ship [ˈskɒləʃɪp] s wiedza, erudycja; stypendium

scho·las·tic [skəˈlæstɪk] adj nauczycielski, szkolny; scholastyczny

school [skul] s szkoła, nauka (w szkole); vt szkolić

school-board [ˈskul bɔd] s rada szkolna

school-book [ˈskul buk] s podręcznik szkolny

school·boy [ˈskulbɔɪ] s uczeń

school-fel·low [ˈskul feləʊ] s kolega szkolny

school·girl [ˈskulgɜl] s uczennica

school·mas·ter [ˈskulmɑstə(r)] s nauczyciel

school·mate [ˈskulmeɪt] s kolega szkolny

school·mis·tress [ˈskulmɪstrəs] s nauczycielka

school·room [ˈskulrum] s sala szkolna, klasa

schoo·ner [ˈskunə(r)] s mors. szkuner

sci·at·i·ca [saɪˈætɪkə] s med. ischias

sci·ence [ˈsaɪəns] s wiedza, nauka; **natural ~** nauki przyrodnicze; **~ fiction** literatura fantastyczno-naukowa

sci·en·tif·ic [ˌsaɪənˈtɪfɪk] adj naukowy

sci·en·tist [ˈsaɪəntɪst] s naukowiec

scin·til·late [ˈsɪntɪleɪt] vi iskrzyć się

scion [ˈsaɪən] s latorośl; bot. pęd

scis·sors [ˈsɪzəz] s pl nożyce

scoff [skɒf] s szyderstwo; vi szydzić (**at sth** z czegoś)

scoff·er [ˈskɒfə(r)] s kpiarz, szyderca

scold [skəʊld] vt vi łajać, złorzeczyć (**sb, sth, at sb, sth** komuś, czemuś); gderać; s zrzęda, jędza, sekutnica

scoop [skup] s chochla, szufelka, czerpak; vt czerpać, wygarniać

scoot·er [ˈskutə(r)] s (także motor-~) skuter; hulajnoga; ślizgacz (np. na wodzie)

scope [skəʊp] s cel; zakres; pole działania; **to be within the ~** wchodzić w zakres; **to be beyond one's ~** przechodzić czyjeś możliwości

scorch [skɔtʃ] vt vi przypiekać, spalać (się), prażyć (się); s oparzenie

score [skɔ(r)] s nacięcie; rysa; znak; rachunek; dwudziestka; sport ilość zdobytych punktów; muz. partytura; **three ~** sześćdziesiąt; **to keep the ~** notować punkty w grze; **on that ~** pod tym względem; **on what ~?** z jakiej racji?; vt nacinać; liczyć; sport rachować punkty (w grze); zdobywać (punkty); osiągać; notować; **~ out** wykreślić; **~ under** podkreślić

scorn [skɔn] s pogarda, lekceważenie; vt pogardzać, lekceważyć

scorn·ful [ˈskɔnfl] adj lekceważący, pogardliwy

scor·pion [ˈskɔpɪən] s zool. skorpion

Scot [skɒt] s Szkot

Scotch 1. [skɒtʃ] adj szkocki; n **the ~** Szkoci; szkocka whisky

scotch 2. [skɒtʃ] s nacięcie; vt naciąć; przen. udaremnić

Scotch·man [ˈskɒtʃmən] s Szkot

scot-free [ˈskɒt ˈfri] adj cały, bez szwanku, nietknięty; **to get off ~** wyjść cało (z jakiejś sytuacji); ujść bezkarnie

Scots [skɒts] adj szkocki

Scots·man [ˈskɒtsmən] s Szkot

Scot·tish [ˈskɒtɪʃ] *adj poet.* szkocki

scoun·drel [ˈskaundrl] *s* łajdak

scour 1. [ˈskauə(r)] *vt* czyścić, szorować; *s* czyszczenie, szorowanie

scour 2. [ˈskauə(r)] *vt vi* biegać (w poszukiwaniu czegoś); przeszukać; grasować

scourge [skɜdʒ] *s* bicz; kara; plaga; *vt* biczować; karać, nękać

scout 1. [skaut] *s* zwiadowca; harcerz; zwiady; *lotn.* samolot wywiadowczy; *vi* robić rekonesans

scout 2. [skaut] *vt* odrzucić z pogardą, zlekceważyć

scow [skau] *s* łódź płaskodenna

scowl [skaul] *vi* patrzeć wilkiem, ⟨spode łba⟩; *s* groźne spojrzenie

scram·ble [ˈskræmbl] *vi* wspinać się, gramolić się (na czworakach); usilnie zabiegać ⟨for sth o coś⟩; nawzajem sobie wydzierać ⟨for sth coś⟩; *vt* bezładnie rzucać; bełtać; ~**d eggs** jajecznica; *s* gramolenie się; ubieganie się; dobijanie się ⟨for sth o coś⟩

scrap [skræp] *s* kawałek, ułamek; świstek; wycinek; złom, szmelc; *pl* ~**s** resztki, odpadki; *vt* wyrzucić, przeznaczyć na szmelc, wybrakować

scrap·book [ˈskræp buk] *s* album (wycinków, obrazków itp.)

scrape [skreip] *vt vi* skrobać, drapać; szurać, ocierać (się); zgrzytać; to ~ **a living** jako tako zarabiać na życie; ~ **away** ⟨off, out⟩ wyskrobać, wykreślić; ~ **through** z trudem przedostać się; ~ **up** ⟨together⟩ z trudem nagromadzić, uciułać (pieniądze); *s* skrobanie, szuranie; trudne położenie, tarapaty

scrap·er [ˈskreipə(r)] *s* drapacz; **skrobak;** zgarniak; sknera; **shoe ~** wycieraczka do butów

scrap-heap [ˈskræp hip] *s* stos szmelcu

scrap-iron [ˈskræp aiən] *s* złom żelazny

scratch [skrætʃ] *vt* drapać, skro-

bać; bazgrać (piórem); skreślić ⟨*także* ~ **off** ⟨out⟩⟩; *s* skrobanie, draśnięcie; *sport* linia startu; **to come to** ~ stanąć na linii startu

scrawl [skrɔl] *vt vi* bazgrać, gryzmolić; *s* bazgranina

scream [skrim] *vi* piszczeć, wrzeszczeć, wyć; *vt* powiedzieć krzykliwym tonem; *s* pisk, wrzask, wycie

screech [skritʃ] *vi* skrzeczeć, piszczeć; *vt* powiedzieć wrzaskliwym głosem; *s* wrzask, pisk

screen [skrin] *s* osłona, zasłona; parawan; ekran; *techn.* sito; *fot.* przesłona; *vt* osłaniać, chronić; maskować; wyświetlać (na ekranie); filmować; przesiewać; ~ **off** odgrodzić (np. parawanem)

screw [skru] *s* śruba; zwitek papieru; *pot.* sknera; *vt* śrubować; przyciskać, naciskać, ugniatać; wykręcać, skręcać; ~ **down** przyśrubować; ~ **out** odśrubować; wycisnąć, wydobyć; ~ **up** zaśrubować; zwijać (np. papier); *pot.* śrubować w górę (np. ceny)

screw·driv·er [ˈskru draivə(r)] *s* śrubokręt

scrib·ble [ˈskribl] *vt vi* gryzmolić, bazgrać; *s* bazgranina; szmira

scribe [skraib] *s* skryba, pisarz (niższy urzędnik)

scrim·mage [ˈskrimidʒ] *s* bijatyka, bójka

scrimp [skrimp] *vt vi* skąpić

script [skript] *s* pismo odręczne; skrypt; scenariusz filmowy; tekst audycji radiowej

scrip·tur·al [ˈskriptʃərl] *adj* biblijny

scrip·ture [ˈskriptʃə(r)] *s* (*także* **the Holy Scripture**) Pismo Święte, Biblia

scroll [skrəul] *s* zwój papieru; spirala; *arch.* woluta; *vt vi* zwijać (się); ozdabiać wolutą

scrub 1. [skrʌb] *s* krzak (karłowaty), zarośle; wiecheć

scrub

scrub 2. [skrʌb] *vt* szorować, ścierać

scru·ple [`skrupl] *s* skrupuł; drobnostka; *vi* mieć skrupuły, wahać się

scru·pu·lous [`skrupjələs] *adj* drobiazgowy, skrupulatny, sumienny

scru·ti·nize [`skrutɪnaɪz] *vt* dokładnie badać

scru·ti·ny [`skrutɪnɪ] *s* badanie, dokładne sprawdzenie

scud [skʌd] *vi* biec, mknąć; *s* bieg, ucieczka

scuf·fle [`skʌfl] *s* bójka; *vi* bić się, szamotać się

scull [skʌl] *s* krótkie wiosło; mała łódka; *vi* wiosłować

scul·ler·y [`skʌlərɪ] *s* pomywalnia (naczyń)

sculp·tor [`skʌlptə(r)] *s* rzeźbiarz

sculp·ture [`skʌlptʃə(r)] *s* rzeźba; rzeźbiarstwo; *vt* rzeźbić

scum [skʌm] *s* piana; *dosł. i przen.* szumowiny, męty; *vt* zbierać pianę; *vt* pienić się

scur·ril·ous [`skʌrɪləs] *adj* ordynarny, nieprzyzwoity, sprośny

scur·ry [`skʌrɪ] *vi* biegać, pędzić; *s* bezładna ucieczka

scur·vy [`skʌvɪ] *s* med. szkorbut; *adj* nikczemny, podły

scutch·eon [`skʌtʃən] *s* tarcza (z herbem); tabliczka, płytka (np. na drzwiach z nazwiskiem)

scut·tle 1. [`skʌtl] *s* kosz, wiadro na węgiel

scut·tle 2. [`skʌtl] *s* mors. właz, otwór (zamykany klapą); techn. wlot

scut·tle 3. [`skʌtl] *vi* umykać; *s* ucieczka

scythe [saɪð] *s* kosa; *vt* kosić

sea [si] *s* morze; ocean; at ~ na morzu; *przen.* w kłopocie, zdezorientowany; by ~ morzem; on the high ~s, na pełnym morzu; to follow the ~ być marynarzem; to go to ~ wypłynąć na morze; obrać zawód marynarza; to put to ~ odpłynąć, zacząć rejs

sea-board [`sibɔd] *s* brzeg morski

sea-borne [`si bɔn] *adj* (o towarze) przewożony morzem, zamorski

sea-coast [`si kəust] *s* brzeg morski

sea-dog [`si dog] *s* zool. foka; *przen.* wilk morski

sea-far-ing [`si feərɪŋ] *s* żegluga morska; *adj* podróżujący morzem; żeglarski

sea-go-ing [`si gəuɪŋ] *adj* (o statku) służący do żeglugi morskiej

sea-gull [`si gʌl] *s* zool. mewa

seal 1. [sil] *s* zool. foka

seal 2. [sil] *s* pieczęć, stempel; opieczętowanie; plomba; under ~ of secrecy w tajemnicy; *vt* pieczętować, stemplować; lakować, plombować, zatykać

seal·ing-wax [`silɪŋ wæks] *s* lak (do pieczęci)

seam [sim] *s* szew; geol. żyła minerału, złoże; *vt* zszywać

sea·man [`simən] *s* żeglarz, marynarz

sea·mew [`si mju] *s* zool. mewa

seam·less [`simləs] *adj* bez szwu

seam·stress [`semstrəs] *s* szwaczka

seam·y [`simɪ] *adj* pokryty szwami; ~ side odwrotna strona (ubrania); *przen.* druga strona medalu

sea·plane [`si pleɪn] *s* hydroplan, wodnopłat

sea·port [`si pɔt] *s* port morski

sear [sɪə(r)] *adj* suchy, zwiędły; *vt* wysuszyć, wypalić; zwarzyć (np. liście)

search [sɜtʃ] *vt vi* szukać, przeszukiwać; badać; poszukiwać (after, for sth czegoś); rewidować; dociekać (into sth czegoś); *s* szukanie, przeszukiwanie; badanie; rewizja; in ~ w poszukiwaniu (of sth czegoś); to make ~ poszukiwać (after, for sth czegoś)

search·ing [`sɜtʃɪŋ] *adj* badawczy; dokładny

sedate

search-light [`sɜtʃlaɪt] s reflektor

search-war·rant [`sɜtʃ wɒrnt] s nakaz rewizji

sea-rov·er [`si rəuvə(r)] s pirat; statek piracki

sea·shore [`si-ʃɔ(r)] s brzeg morski

sea·sick [`si-sɪk] adj cierpiący na chorobę morską

sea·side [`si-saɪd] s wybrzeże morskie; at the ~ nad morzem

sea·son [`sizn] s pora (roku), sezon; in ~ w porę; vt przyzwyczajać, hartować; przyprawiać; powodować dojrzewanie; suszyć (np. drewno); vi dojrzewać; przyzwyczajać się

sea·son·a·ble [`siznəbl] adj będący na czasie, trafny, stosowny

sea·son·al [`siznl] adj sezonowy

seat [sit] s siedzenie, miejsce siedzące; krzesło; siedziba; to keep one's ~ siedzieć na miejscu; to take a ~ usiąść; vt posadzić, usadowić; to be ~ed usiąść, siedzieć; vr ~ oneself usiąść

sea·ward [`siwəd] adj skierowany ku morzu; adv (także ~s) w stronę morza

sea·weed [`siwid] s wodorost

sea·wor·thy [`siwɜðɪ] adj (o statku) nadający się do żeglugi

se·cede [sɪ`sid] vi odstąpić, oderwać się

se·ces·sion [sɪ`seʃn] s odstępstwo, secesja

se·clude [sɪ`klud] vt oddzielić, odosobnić

se·clu·sion [sɪ`kluʒn] s oddzielenie, odosobnienie

sec·ond [`sekənd] adj drugi, następny; uboczny, drugorzędny; every ~ day co drugi dzień; ~ best drugiej jakości; ~ floor drugie piętro, am. pierwsze piętro; on ~ thoughts po rozważeniu sprawy; ~ to none nikomu nie ustępujący; s sekunda; drugi zwycięzca; druga nagroda; sekundant; vt sekundować, wtórować, popierać

sec·on·dar·y [`sekəndrɪ] adj drugorzędny, pochodny; (o szkole) średni

sec·ond-hand [`sekənd `hænd] adj attr pochodzący z drugiej ręki, używany

sec·ond·ly [`sekəndlɪ] adv po drugie

sec·ond-rate [`sekənd `reɪt] adj attr drugorzędny

se·cre·cy [`sikrəsɪ] s tajemnica; dyskrecja

se·cret [`sikrət] s sekret; adj tajny

sec·re·tar·iat [`sekrə`teərɪæt] s sekretariat

sec·re·tar·y [`sekrətrɪ] s sekretarz, sekretarka; minister, sekretarz (np. stanu)

se·crete [sɪ`krit] vt ukrywać; biol. wydzielać

se·cre·tion [sɪ`kriʃn] s wydzieliny; biol. wydzielina

se·cre·tive [`sikrətɪv] adj skryty, milczący; [sɪ`kritɪv] biol. wydzielający

sect [sekt] s sekta

sec·tar·i·an [sek`teərɪən] adj sekciarski; s sekciarz

sec·tion [`sekʃn] s sekcja; przekrój; cięcie; rozdział; oddział; odcinek; część; paragraf; cross ~ przekrój poprzeczny; vt przecinać, rozkładać na części

sec·tion·al [`sekʃnl] adj sekcyjny; klasowy

sec·tor [`sektə(r)] s sektor, odcinek; gałąź (np. przemysłu)

sec·u·lar [`sekjulə(r)] adj stuletni; wieczny; świecki

se·cure [sɪ`kjuə(r)] adj bezpieczny; pewny; solidny; vt zabezpieczyć, zapewnić; upewnić się; zapewnić sobie; osiągnąć

se·cu·ri·ty [sɪ`kjuərətɪ] s bezpieczeństwo; pewność; gwarancja, kaucja; solidność; pl securities papiery wartościowe; Security Council Rada Bezpieczeństwa

se·date [sɪ`deɪt] adj opanowany, spokojny, ustatkowany

sedative

sed·a·tive [`sedətɪv] adj uspokajający; s środek uspokajający

sed·en·tar·y [`sedntrɪ] adj (o trybie życia) siedzący; zool. osiadły

sed·i·ment [`sedɪmənt] s osad

se·di·tion [sɪ`dɪʃn] s bunt

se·di·tious [sɪ`dɪʃəs] adj buntowniczy

se·duce [sɪ`djus] vt uwodzić

se·duc·tion [sɪ`dʌkʃn] s uwiedzenie; powab

se·duc·tive [sɪ`dʌktɪv] adj uwodzicielski

sed·u·lous [`sedjuləs] adj skrzętny, pilny

*see 1. [si], saw [sɔ], seen [sin] vt vi widzieć, zobaczyć, oglądać; pojmować; doświadczać; baczyć, uważać; odwiedzić; odprowadzać; I ∼ rozumiem; to ∼ a thing done dopilnować, żeby coś zostało zrobione; to ∼ about sth postarać się o coś; to ∼ after sth doglądać czegoś; to ∼ to sth pilnować czegoś; ∼ off odprowadzić; ∼ through przeprowadzić; doczekać się; doprowadzić do końca; przejrzeć

see 2. [si] s biskupstwo; the Holy See Stolica Apostolska

seed [sid] s nasienie; vt vi ·siać, rozsiewać się; obsiewać; drylować

seed·ling [`sidlɪŋ] s sadzonka

seed·y [`sidɪ] adj (o roślinie) z nasieniem; pot. marny, zużyty; niedysponowany; to feel ∼ czuć się niedobrze

*seek [sik], sought, sought [sɔt] vt szukać; potrzebować; pożądać; vi ubiegać się, dążyć (after, for sth do czegoś); przeszukać (through the pockets kieszenie)

seem [sim] vi wydawać się; wyglądać; mieć ⟨robić⟩ wrażenie; it ∼s to me wydaje mi się; he ∼s to be ill wygląda na chorego

seem·ly [`simlɪ] adj przyzwoity, odpowiedni

seen zob. see

seer [sɪə(r)] s jasnowidz

see·saw [`si-sɔ] s huśtawka (na desce); vt vi huśtać (się)

seethe [sið] vi wrzeć, kipieć; vt gotować

seg·ment [`segmənt] s segment, odcinek (np. koła), człon; vt vi dzielić (się) na człony, rozczłonkowywać

seg·re·gate [`segrɪgeɪt] vt vi segregować, oddzielać (się)

seg·re·ga·tion [ˌsegrɪ`geɪʃn] s segregacja, oddzielenie

seize [siz] vt chwycić, złapać; zająć; opanować, pojąć; vi zawładnąć, skwapliwie chwycić się (on, upon, sth czegoś); to ∼ the opportunity wykorzystać okazję ⟨sposobność⟩

sei·zure [`siʒə(r)] s konfiskata; porwanie; aresztowanie; atak (choroby)

sel·dom [`seldəm] adv rzadko

se·lect [sɪ`lekt] vt wybierać, dobierać; adj wybrany, doborowy

se·lec·tion [sɪ`lekʃn] s wybór, dobór

se·lec·tive [sɪ`lektɪv] adj selekcyjny

self [self] s (pl selves [selvz]) jaźń, osobowość, własna osoba; pron sam

self-ac·cu·sa·tion [ˌself ækju`zeɪʃn] s samooskarżenie

self-ad·ver·tise·ment [ˌself əd`vɜtɪsmənt] s autoreklama

self-com·mand [ˌself kə`mɑnd] s panowanie nad sobą

self-com·pla·cen·cy [ˌself kəm`pleɪsnsɪ] s zadowolenie z samego siebie

self-con·ceit [ˌself kən`sit] s zarozumiałość

self-con·scious [ˌself `kɒnʃəs] adj nieśmiały, zakłopotany

self-con·trol [ˌself kən`trəʊl] s panowanie nad sobą, opanowanie

self-de·fence [ˌself dɪ`fens] s samoobrona

self-den·i·al [ˌself dɪ`naɪəl] s samozaparcie

self-de·ter·mi·na·tion ['self dɪ'tɜmɪ
 'neɪʃn] s samookreślenie
self-dis·ci·pline ['self 'dɪsəplɪn] s
 dyscyplina wewnętrzna
self-ed·u·cat·ed ['self 'edjukeɪtɪd]
 adj ~ man samouk
self-em·ployed ['self ɪm'plɔɪd] adj
 zatrudniony we własnym przed-
 siębiorstwie
self-es·teem ['self ɪ'stim] s poczucie własnej godności, ambicja
self-ev·i·dent ['self 'evɪdənt] s o-
 czywisty
self-ig·ni·tion ['self ɪg'nɪʃən] s
 techn. samozapłon
self-gov·ern·ment ['self 'gʌvnmənt]
 s samorząd
self·ish ['selfɪʃ] adj egoistyczny
self-made ['self 'meɪd] adj za-
 wdzięczający wszystko samemu
 sobie
self-por·trait ['self 'pɔtrət] s autoportret
self-pos·sessed ['self pə'zest] adj o-
 panowany, panujący nad sobą
self-pres·er·va·tion ['self'prezə'veɪ
 ʃn] s instynkt samozachowawczy,
 samoobrona
self-re·li·ant ['self rɪ'laɪənt] adj
 polegający na samym sobie
self-re·spect ['self rɪ'spekt] s poczucie własnej godności
self-sac·ri·fice ['self 'sækrɪfaɪs] s
 samopoświęcenie
self-same ['self 'seɪm...] adj ten
 sam, identyczny
self-seek·er ['self 'sikə(r)] s egoista
self-seek·ing ['self 'sikɪŋ] adj egoistyczny
self-ser·vice ['self 'sɜvɪs] s samo-
 obsługa
self-styled ['self 'staɪld] adj samozwańczy
self-suf·fi·cien·cy ['self sə'fɪʃnsɪ] s
 samowystarczalność
self-suf·fi·cient ['self sə'fɪʃnt] adj
 samowystarczalny
self-will ['self 'wɪl] s narzucanie
 własnej woli, upór
self-willed ['self 'wɪld] adj uparty;
 nieusłuchany

* sell [sel], sold [səuld], sold
 [səuld] vt sprzedawać; vi iść,
 mieć zbyt; ~ out ⟨off⟩ wyprzedawać
sell·er ['selə(r)] s sprzedawca
selves zob. self
sem·a·phore ['seməfɔ(r)] s kolej.
 semafor
sem·blance ['sembləns] s wygląd;
 pozór
semi- ['semɪ] praef pół-
sem·i·cir·cle ['semɪsɜkl] s półkole
sem·i·co·lon ['semɪ 'kəulən] s gram.
 średnik
semi-fi·nal ['semɪ 'faɪnl] s sport
 półfinał
sem·i·nar ['semɪnɑ(r)] s seminarium (na uniwersytecie)
sem·i·nar·ist ['semɪnərɪst] s uczestnik ćwiczeń seminaryjnych; kleryk
sem·i·na·ry ['semɪnərɪ] s seminarium (instytut wychowawczy,
 zw. teologiczny)
sem·i·nude ['semɪ 'njud] adj pół-
 nagi
semi-of·fi·cial ['semɪ ə'fɪʃl] adj
 półurzędowy
Sem·ite ['simaɪt] s Semita
Se·mit·ic [sɪ'mɪtɪk] adj semicki
sem·o·li·na ['seməlinə] s kasza
 manna, grysik
sen·ate ['senət] s senat
sen·a·tor ['senətə(r)] s senator
* send [send], sent, sent [sent] vt
 posyłać; sprawiać, zrządzić; to ~
 flying zmusić do ucieczki; rozpędzić, rozproszyć; to ~ mad doprowadzić do szaleństwa; to ~
 word posłać wiadomość; ~ away
 odsyłać; ~ forth wydawać, wydzielać; wydobywać na światło
 dzienne; wypuszczać; ~ in wpuścić; nadesłać; złożyć; ~ off odsyłać; ~ on posłać dalej; prze-
 adresować (np. list); ~ out wysyłać; wyrzucać; ~ up podnieść,
 podrzucić (do góry), wypuścić (w
 górę); zgłosić; podać (np. do stołu); vi posyłać (for sb po kogoś)
se·nile ['sinaɪl] adj starczy

sen·ior [ˈsiːniə(r)] *adj* starszy (rangą, studiami); ~ **forms** wyższe klasy (w szkole); *s* senior, człowiek starszy; **my** ~ **by ten years** starszy ode mnie o dziesięć lat

sen·ior·i·ty [ˈsiːniˈɔrəti] *s* starszeństwo

sen·sa·tion [senˈseiʃn] *s* uczucie, wrażenie; sensacja

sense [sens] *s* uczucie, poczucie; zmysł; świadomość; rozsądek; znaczenie, sens; **common** ~ zdrowy rozsądek; **a man in his** ~**s** człowiek przy zdrowych zmysłach; **a man of** ~ człowiek rozsądny; **to come to one's** ~**s** odzyskać przytomność; opamiętać się; **to make** ~ mieć sens; **to talk** ~ mówić do rzeczy; *vt* odczuwać, wyczuwać, rozeznać; *am.* rozumieć

sense·less [ˈsensləs] *adj* bezmyślny, niedorzeczny; nieprzytomny; nieczuły

sen·si·bil·i·ty [ˈsensəˈbiləti] *s* wrażliwość, uczuciowość

sen·si·ble [ˈsensəbl] *adj* dający się uchwycić zmysłami; świadomy; uczuciowy, wrażliwy; rozsądny; znaczny, poważny; **to become** ~ uzmysławiać sobie (**of sth** coś)

sen·si·tive [ˈsensətiv] *adj* zmysłowy; uczuciowy, czuły, wrażliwy; łatwo obrażający się; *bot.* ~ **plant** mimoza

sen·si·tize [ˈsensətaiz] *vt med.* uczulać; *fot.* uczulać na światło

sen·su·al [ˈsenʃuəl] *adj* zmysłowy

sen·su·al·i·ty [ˈsenʃuˈæləti] *s* zmysłowość

sen·su·ous [ˈsenʃuəs] *adj* zmysłowy, czuciowy

sent *zob.* **send**

sen·tence [ˈsentəns] *s* sentencja, powiedzenie; wyrok, decyzja; *gram.* zdanie; **to pass a** ~ wydać wyrok; **to serve a** ~ odbywać karę sądową; *vt* osądzić, skazać

sen·ti·ment [ˈsentimənt] *s* sentyment, uczucie, odczucie; zdanie, opinia

sen·ti·men·tal [ˈsentiˈmentl] *adj* sentymentalny

sen·ti·nel [ˈsentinl] *s* placówka, posterunek; wartownik; **to stand** ~ stać na warcie

sen·try [ˈsentri] *s* placówka, posterunek

sep·a·ra·ble [ˈseprəbl] *adj* rozdzielny, rozłączny

sep·a·rate [ˈsepəreit] *vt vi* oddzielić (się), rozłączyć (się); *adj* [ˈseprət] oddzielny

sep·a·ra·tion [ˈsepəˈreiʃn] *s* separacja, rozłączenie; ~ **allowance** dodatek (do pensji) za rozłąkę; *prawn. judicial* ⟨legal⟩ ~ separacja (małżonków)

Sep·tem·ber [sepˈtembə(r)] *s* wrzesień

sep·tic [ˈseptik] *adj* septyczny

se·pul·chral [siˈpʌlkrl] *adj* grobowy, ponury

sep·ul·chre [ˈseplkə(r)] *s lit. rel.* grób

se·quel [ˈsikwl] *s* następstwo, ciąg dalszy

se·quence [ˈsikwəns] *s* następstwo, kolejność; **in** ~ kolejno; *gram.* ~ **of tenses** następstwo czasów

se·ques·ter [siˈkwestə(r)] *vt* oddzielić, odosobnić; konfiskować

sere [siə(r)] *adj* = **sear**

ser·e·nade [ˈserəˈneid] *s* serenada; *vt vi* śpiewać serenadę

se·rene [siˈrin] *adj* pogodny, jasny; spokojny

se·ren·i·ty [siˈrenəti] *s* pogoda, spokój

serf [sɜːf] *s* niewolnik; *hist.* chłop pańszczyźniany

serf·dom [ˈsɜːfdəm] *s* niewolnictwo; *hist.* poddaństwo, pańszczyzna

ser·geant [ˈsɑːdʒənt] *s wojsk.* sierżant

se·ri·al [ˈsiəriəl] *adj* seryjny, kolejny; *s* serial; powieść drukowana w odcinkach (w gazecie); periodyk

se·ries [ˈsiəriz] *s* (*pl* ~) seria, szereg; **in** ~ seryjnie; *elektr.* szeregowo

se·ri·ous [ˈsiəriəs] *adj* poważny

ser·jeant s = sergeant
ser·mon [ˈsəːmən] s kazanie
ser·mon·ize [ˈsəːmənaɪz] vi wygłaszać kazanie; vt napominać, strofować
ser·pent [ˈsəːpənt] s wąż
ser·pen·tine [ˈsəːpəntaɪn] adj wężowy; wężowaty, wijący się; s serpentyna
ser·ried [ˈserɪd] adj stłoczony, zwarty
se·rum [ˈsɪərəm] s surowica
serv·ant [ˈsəːvənt] s służący, sługa; civil ⟨public⟩ ~ urzędnik państwowy
serve [səːv] vt vi służyć, obsługiwać; podawać (przy stole); wyrządzić; odpowiadać (celowi); odbywać (karę, służbę, praktykę itp.); traktować; sport serwować; it ~s you right dobrze ci tak, masz za to; to ~ one's time odbyć kadencję; to ~ time odsiedzieć karę; ~ out rozdzielić; odpłacić się; s sport serwis, serw
serv·ice [ˈsəːvɪs] s służba, obsługa; pomoc; przysługa; nabożeństwo; (zastawa) serwis; sport serwis; civil ~ służba państwowa ⟨urzędnicza⟩; train ~ komunikacja kolejowa; public ~s instytucje użyteczności publicznej; social ~s świadczenia społeczne; ~ area (radio) zasięg odbioru; ~ station stacja benzynowa ⟨obsługi⟩; sklep ⟨warsztat⟩ usługowy; to be of ~ przydać się; to do one's ~ odbywać służbę; to do ⟨to render⟩ ~ oddać przysługę
serv·i·ette [ˈsəːvɪˈet] s serwetka
serv·ile [ˈsəːvaɪl] adj niewolniczy; służalczy
ses·sion [ˈseʃn] s posiedzenie; sesja; okres posiedzeń; am. (także w Szkocji) rok akademicki; am. summer ~ letni kurs uniwersytecki
* set [set] vt vi (set, set [set]) stawiać, kłaść, ustawiać, zastawiać (stół); montować; wzmacniać; kierować; nastawiać; nakłaniać; zapędzać (np. to work do robo-

ty); podjudzać; (o słońcu) zachodzić; zanikać, kończyć się; opadać; regulować (np. zegarek); (o pogodzie) ustalić się; (o organizmie) rozwinąć się; (o cieczy) krzepnąć; nastroić (fortepian); zadać (pytanie); zabierać się (about, to sth do czegoś); skłaniać się (towards, to ku czemuś); to ~ an example dać przykład; to ~ the fashion ustanowić modę; to ~ fire podłożyć ogień, podpalić (to sth coś); to ~ on fire podpalić (sth coś); to ~ free uwolnić; to ~ in motion uruchomić; to ~ at rest uspokoić; to ~ sail odpłynąć; to ~ sb a task dać komuś zadanie; z ppraes wprawić w ruch, spowodować; to ~ flying wypuścić w powietrze; to ~ going nadać bieg; to ~ thinking dać do myślenia; z adv: ~ about rozpowszechnić; ~ apart oddzielić, odsunąć; ~ aside odłożyć na bok; zignorować; prawn. anulować; ~ back cofnąć; ~ by odłożyć na bok; ~ down położyć, złożyć; wyłożyć na piśmie; przypisać; zsadzić, wysadzić; ustalić (np. regułę); ~ forth wyłożyć, wykazać; uwydatnić; przedstawić (np. projekt); wyruszyć; ~ forward posunąć się naprzód; wyruszyć; podsunąć, wysunąć; ~ in sprawić; nastać, nastąpić; ~ off wyruszyć w drogę; oddzielić, odłożyć, usunąć; uwydatnić; wyodrębnić; wyrównać; ~ on podjudzać; rozpoczynać; napadać; wyruszać w dalszą drogę; ~ out rozpoczynać, przedsiębrać; wykładać, przedstawiać, wystawiać; zdobić; wyruszać; ~ up ustawiać, nastawiać, instalować, montować; założyć; podnieść; ustanowić; urządzić (życiowo); zaopatrzyć; osiedlić się; ~ up for sth podawać się za coś; ~ up in business założyć przedsiębiorstwo; to be ~ up być dobrze zaopatrzonym; ~ to zabrać się do czegoś; zacząć (walczyć, kłócić się); s seria, asortyment, komplet, kolekcja, wybór; serwis (stołowy); zaprząg; gatunek; grupa; zachód (słońca); postawa, budowa ciała; układ; kierunek; próba; *sport* set; (radio) ~ aparat radiowy; *adj* uporządkowany, ustalony, zdecydowany; nieruchomy; (*o ciele ludzkim*) zbudowany; to be hard ~ być w ciężkim położeniu; of ~ purpose z mocnym postanowieniem

set-back [`set bæk] s cofnięcie się; niepowodzenie

set-off [`set ɔf] s kontrast; przeciwwaga; wyrównanie; dekoracja, tło (ozdobne); *handl.* kompensata

set-out [set`aut] s początek; wyjazd

set-square [`set skweə(r)] s ekierka

set-tee [se`ti] s sofa

set-ting [`setɪŋ] s oprawa, obramowanie; układ, ustawienie; tło, otoczenie; inscenizacja; ilustracja; ilustracja muzyczna

set-tle [`setl] *vt vi* posadzić, osadzić, ułożyć; (*także* ~ down) osiąść, osiedlić się; ustalić (się); rozstrzygnąć; uporządkować, uregulować; uspokoić; ustanowić; zdecydować (się); *vr* ~ oneself osiąść; dostosować się; zabrać się, zasiąść (to sth do czegoś); ustatkować się; ~ up uregulować (zobowiązania)

set-tled [`setld] *adj* stały, ustalony; ~ weather ustabilizowana ⟨stała⟩ pogoda; a man of ~ convictions człowiek o stałych przekonaniach; (*na rachunku*) „~" „zapłacono"

set-tle-ment [`setlmənt] s ustalenie, załatwienie, rozstrzygnięcie; układ; uspokojenie; wyrównanie, rozliczenie; osiadanie; osiedlenie się; osiedle, osada; założenie (interesu)

set-tler [`setlə(r)] s osadnik, osiedleniec

sev-en [`sevn] *num* siedem; s siódemka

sev-en-teen [`sevn`tin] *num* siedemnaście; s siedemnastka

sev-en-teenth [`sevn`tinθ] *adj* siedemnasty; s siedemnasta część

sev-enth [`sevnθ] *adj* siódmy; s siódma część

sev-en-ti-eth [`sevntɪəθ] *adj* siedemdziesiąty; s siedemdziesiąta część

sev-en-ty [`sevntɪ] *num* siedemdziesiąt; s siedemdziesiątka

sev-er [`sevə(r)] *vt vi* oddzielić (się), oderwać (się); *przen.* rozstać się; zerwać

sev-er-al [`sevrl] *adj* oddzielny; różny; poszczególny; podzielny; liczny; *pron* kilka, kilkanaście

sev-er-al-ly [`sevrlɪ] *adv* poszczególnie; różnie, indywidualnie; jointly and ~ zbiorowo i indywidualnie

sev-er-ance [`sevərəns] s oddzielenie, oderwanie; zerwanie

se-vere [sə`vɪə(r)] *adj* surowy, bezwzględny, srogi; ostry; poważny; obowiązujący

se-ver-i-ty [sə`verətɪ] s bezwzględność, surowość, srogość; ciężki stan

* **sew** [səu], sewed [səud] sewn [səun] *vt vi* szyć; ~ on naszywać, przyszywać; ~ up zszywać, łatać

sew-age [`suɪdʒ] s woda ściekowa, nieczystości; ~ system kanalizacja

sew-er [`suə(r)] s ściek, rynsztok; *vt* kanalizować

sew-er-age [`suərɪdʒ] s kanalizacja; wody ściekowe

sew-ing-ma-chine [`səuɪŋ məʃin] s maszyna do szycia

sewn *zob.* sew

sex [seks] s płeć

sex-ap-peal *zob.* appeal

sex-ton [`sekstn] s zakrystian

sex-u-al [`sekʃuəl] *adj* płciowy

sex-y [`seksɪ] *adj* zmysłowy, pociągający

shab·by [`ʃæbɪ] *adj* lichy, zniszczo-
ny, stargany, nędznie ubrany;
nędzny, podły

shack [ʃæk] *s* chata, rudera

shack·le [`ʃækl] *s* ogniwo łańcu-
chowe; sprzęgło, klamra; *pl* ~s
(*także przen.*) kajdany; *vt* skuć,
spętać

shade [ʃeɪd] *s* cień, mrok; odcień;
abażur; parasolka; *am.* roleta,
stora; a ~ coś niecoś, odrobinę;
vt vi zaciemnić; cieniować; zasłaniać; stopniowo zmieniać (odcień); (*także* ~ off ⟨away⟩) tuszować; łagodzić

shad·ow [`ʃædəʊ] *s* cień (odbicie
kształtu człowieka, drzewa itp.);
mrok; ułuda; zjawa, widmo; *vt*
zacieniać; śledzić

shad·ow·y [`ʃædəʊɪ] *adj* cienisty;
ciemny, niejasny

shad·y [`ʃeɪdɪ] *adj* cienisty; ciem-
ny, mętny, dwuznaczny; podejrzany

shaft [ʃɑft] *s* trzon, łodyga; drzewce; dyszel; promień; błyskawica;
ostrze; strzała; *górn.* szyb

shag [ʃæg] *s* zmierzwione włosy;
kudły; włochaty materiał; gatunek tytoniu

shag·gy [`ʃægɪ] *adj* włochaty, ku-
dłaty

• **shake** [ʃeɪk] *vt vi* (**shook** [ʃʊk],
shaken [`ʃeɪkn]) trząść (się), po-
trząsnąć, wstrząsnąć; drżeć,
chwiać się; **to ~ hands** podawać
sobie ręce; ~ **down** strząsnąć; ~
off odrzucić, zrzucić, pozbyć się;
~ **out** wytrząsnąć, wyrzucić, wysypać; ~ **up** potrząsnąć, rozruszać; *s* potrząsanie, trzęsienie,
drżenie; *pl* ~s dreszcze

shake-up [`ʃeɪkʌp] *s* wstrząs, po-
ruszenie; przetasowanie, reorganizacja

shak·y [`ʃeɪkɪ] *adj* drżący; chwiej-
ny, niepewny

shall [ʃæl, ʃl] *v aux* służy do tworzenia *fut*: **I** ~ **be there** będę
tam; **you** ~ **not see him** nie zo-
baczysz go; powinien; ~ **he**
wait? czy ma czekać?

shal·low [`ʃæləʊ] *adj* płytki; *przen.*
niepoważny, powierzchowny; *s*
płycizna, mielizna

sham [ʃæm] *vt vi* udawać, symulować, pozorować; *s* udawanie,
symulowanie, fikcja; *adj* udawany, fałszywy, rzekomy, pozorny

sham·ble [`ʃæmbl] *vi* powłóczyć
nogami; *s* niezgrabny chód

shame [ʃeɪm] *s* wstyd; *vt* zawstydzić; wymóc (**sb into sth** coś na
kimś); odwieść (**out of sth** od
czegoś); ~ **on you!** wstydź się!
jak ci nie wstyd!

shame-faced [`ʃeɪmfeɪst] *adj* wsty-
dliwy, nieśmiały

shame·ful [`ʃeɪmfl] *adj* haniebny,
sromotny

shame·less [`ʃeɪmləs] *adj* bezwstyd-
ny

sham·poo [ʃæm`puː] *s* szampon; *vt*
myć szamponem

sham·rock [`ʃæmrok] *s bot.* biała
koniczyna

shank [ʃæŋk] *s* goleń

shan't [ʃɑnt] = **shall not**

shan·ty [`ʃæntɪ] *s* buda, szałas

shape [ʃeɪp] *s* kształt, wygląd; obraz, rysunek; **in (the)** ~ **of** w
postaci; **out of** ~ zniekształcony;
in good ⟨poor⟩ ~ w dobrej ⟨złej⟩
formie; *vt vi* kształtować (się);
tworzyć; wyobrażać sobie

shape·ly [`ʃeɪplɪ] *adj* ładnie zbu-
dowany, kształtny, zgrabny

share [ʃeə(r)] *vt vi* dzielić, podzielać; uczestniczyć; ~ **out** rozdzielać; *s* część; udział; działka;
przyczynek; *handl.* akcja; **to go**
~s podzielić się (**in sth** czymś);
uczestniczyć; **to have a** ~ przyczynić się (**in sth** do czegoś); **to**
hold ~s *handl.* być akcjonariu-
szem; **to take** ~ brać udział

share-bro·ker [`ʃeə brəʊkə(r)] *s* ma-
kler

share-hold·er [`ʃeə həʊldə(r)] *s* ak-
cjonariusz

shark [ʃɑk] *s* rekin; *przen.* oszust;
vt oszukiwać

sharp [ʃap] *adj* ostry, spiczasty; przenikliwy, bystry; przebiegły; *adv* bystro; punktualnie; *s muz.* krzyżyk

sharp·en [ˈʃapn] *vt vi* ostrzyć (się)

shat·ter [ˈʃætə(r)] *vt* roztrzaskać, rozbić; *vi* rozlecieć się; *s zw. pl* ~s odłamki, strzępy

shave [ʃeɪv] *vt vi* golić (się); strugać; *s* golenie; **to have a ~** ogolić się; **close ⟨near⟩ ~** sytuacja o włos od niebezpieczeństwa

shav·en [ˈʃeɪvn] *adj* (*także* clean ~) wygolony

shav·ing [ˈʃeɪvɪŋ] *s* golenie; struganie; *pl* ~s wióry, odpadki

shawl [ʃɔl] *s* szal

she [ʃɪ] *pron* ona

sheaf [ʃif] *s* (*pl* sheaves [ʃivz]) snop, wiązka

* shear [ʃɪə(r)] *vt* (sheared [ʃɪəd], shorn [ʃɔn]) strzyc; *przen.* ogołacać, pozbawiać; *s* strzyżenie

shears [ʃɪəz] *s pl* nożyce (np. krawieckie, ogrodnicze)

sheath [ʃiθ] *s* (*pl* sheaths [ʃiðz]) pochwa, futerał

sheathe [ʃið] *vt* wkładać do pochwy ⟨futerału⟩

sheath·ing [ˈʃiðɪŋ] *s* ochronne pokrycie, powłoka

sheave [ʃiv] *vt* wiązać w snopy

sheaves *zob.* sheaf

she'd [ʃid] *skr.* = she had, she would

* shed 1. shed, shed [ʃed] *vt* ronić, gubić, zrzucać; wylewać, przelewać; rozsiewać

shed 2. [ʃed] *s* szopa; zajezdnia

sheep [ʃip] *s* (*pl* ~) owca, baran

sheep-hook [ˈʃip huk] *s* kij pasterski

sheep·ish [ˈʃipɪʃ] *adj* bojaźliwy; zakłopotany; zbaraniały; nieśmiały

sheep·skin [ˈʃipskɪn] *s* owcza skóra; pergamin; dyplom

sheep·walk [ˈʃipwɔk] *s* pastwisko dla owiec

sheer [ʃɪə(r)] *adj* zwyczajny; czysty; istny; prosty; pionowy; ~

nonsense istny nonsens; **by ~ force** po prostu siłą; *adv* całkowicie; wprost; pionowo

sheet [ʃit] *s* prześcieradło; arkusz; kartka (papieru); powierzchnia, tafla, płyta; *mors.* szot; *vt* nakryć prześcieradłem

sheet-iron [ˈʃit aɪən] *s* blacha

shelf [ʃelf] *s* (*pl* shelves [ʃelvz]) półka; wystająca skała, rafa; listwa

shell [ʃel] *s* skorupa, łupina, muszla; nabój armatni; *vt vi* wyłuskiwać; *wojsk.* ostrzelać

she'll [ʃil] *skr.* = she will

shel·ter [ˈʃeltə(r)] *s* schronienie, schron, przytułek; *vt vi* chronić (się), osłaniać; udzielić przytułku; znaleźć przytułek

shelve [ʃelv] *vt* położyć na półce; odłożyć, odstawić; oddalić, zwolnić (np. ze służby)

shelves *zob.* shelf

shep·herd [ˈʃepəd] *s* pastuch; *przen. i lit.* pasterz; *vt vi* strzec; paść owce

sher·ry [ˈʃerɪ] *s* gatunek wina (Xeres)

she's [ʃiz] = she is, she has

shield [ʃild] *s* tarcza, osłona; *vt* ochraniać, osłaniać

shift [ʃift] *vt vi* przesuwać (się), przestawiać (się); zmieniać miejsce pobytu, przenosić się; zmieniać (np. ubranie); *s* zmiana; przesunięcie; sposób, środek, zabieg; szychta; **to make (a) ~** uporać się, dać sobie radę; **to work in ~s** pracować na zmiany

shift·y [ˈʃiftɪ] *adj* przebiegły, przemyślny

shil·ling [ˈʃilɪŋ] *s* szyling; **a ~'s worth** za szylinga

shim·mer [ˈʃimə(r)] *vi* migotać; *s* migotanie

shin [ʃin] *s* goleń; *vt* ~ up wspinać się, wdrapywać się (the tree na drzewo)

*shine [ʃaɪn], shone, shone [ʃon] *vi* świecić, jaśnieć; *vt* nadawać

shoot

blask, czyścić do połysku; *s*
blask, połysk

shin·gle 1. [`ʃɪŋgl] *s* gont; *am.* ta-
bliczka; krótko strzyżone wło-
sy; *vt* kryć gontami; krótko
strzyc włosy

shin·gle 2. [`ʃɪŋgl] *s* kamyk; *zw.*
zbior. kamyki, żwir

shin·y [`ʃaɪnɪ] *adj* błyszczący

ship [ʃɪp] *s* statek; okręt; *vt* przewozić okrętem; ładować na o-
kręt; *vi* zaokrętować się

ship·board [`ʃɪpbɔd] *s* pokład; on ~
na statku

ship·build·ing [`ʃɪpbɪldɪŋ] *s* budo-
wnictwo okrętowe

ship·car·riage [`ʃɪp kærɪdʒ] *s*
transport okrętowy

ship·mas·ter [`ʃɪp mastə(r)] *s* kapi-
tan statku (handlowego)

ship·ment [`ʃɪpmənt] *s* załadowa-
nie na okręt, przewóz okrętem

ship·own·er [`ʃɪp əunə(r)] *s* arma-
tor

ship·ping [`ʃɪpɪŋ] *s* żegluga; trans-
port okrętem; załadowanie na o-
kręt; marynarka (handlowa)

ship·shape [`ʃɪpʃeɪp] *adj i adv* we
wzorowym porządku; to put ~
doprowadzić do wzorowego stanu

ship·wreck [`ʃɪp-rek] *s* rozbicie o-
krętu; *przen.* katastrofa, klęska;
vt spowodować rozbicie okrętu;
przen. rozbić, zniweczyć; to be
~ed (o *okręcie*) ulec rozbiciu,
rozbić się; *przen.* ulec zniszczeniu

ship·yard [`ʃɪp-jad] *s* stocznia

shirt [ʃɜt] *s* koszula męska; bluzka damska

shirt-sleeves [`ʃɜt slivz] *s pl* ręka-
wy koszuli; in one's ~ bez marynarki, w samej koszuli

shiv·er 1. [`ʃɪvə(r)] *vi* trząść się,
drżeć; *s* drżenie, dreszcz

shiv·er 2. [`ʃɪvə(r)] *s* kawałek, uła-
mek; *vt vi* rozbić (się) na kawałki

shoal 1. [ʃəul] *s* ławica (ryb); *przen.*
tłum, gromada, masa

shoal 2. [ʃəul] *s* mielizna; *adj* płytki; *vi* stawać się płytkim

shock 1. [ʃɔk] *s* gwałtowne uderzenie, cios; wstrząs, szok; *wojsk.*
~ troops oddziały szturmowe; *vt*
gwałtownie uderzyć, zadać cios;
gwałtownie wstrząsnąć; urazić,
zgorszyć

shock 2. [ʃɔk] *s* bróg, kopka

shock-ab·sorb·er [`ʃɔk əbsɔbə(r)] *s*
amortyzator

shock-proof [`ʃɔk pruf] *adj* odpor-
ny na wstrząsy

shock-work·er [`ʃɔk wɜkə(r)] *s*
przodownik pracy

shod *zob.* shoe *vt*

shod·dy [`ʃɔdɪ] *s* licha wełna (z
odpadków); tandeta; *adj* tandetny

shoe [ʃu] *s* but, trzewik; podkowa; okucie; *vt* *shoe (shod, shod
[ʃɔd]) obuć; okuć (konia); obić
żelazem

shoe·black [`ʃublæk] *s* czyścibut,
pucybut

shoe·horn [`ʃu hɔn] *s* łyżka do bu-
tów

shoe·lace [`ʃu leɪs] *s* sznurowadło

shoe·mak·er [`ʃumeɪkə(r)] *s* szewc

shone *zob.* shine

shook *zob.* shake

* shoot [ʃut] *vt* *vi* (shot, shot
[ʃɔt]) strzelać (at sb do kogoś);
zastrzelić, rozstrzelać; ciskać,
miotać; fotografować, (o *filmie*)
nakręcać; wystawać; wypędzać,
wyrzucać (także ~ out); wyskoczyć; wpaść; wypuszczać (pącz-
ki); (o *bólu*) rwać; mknąć; prze-
mykać; to ~ dead zastrzelić; to
~ past szybko przelecieć (koło
czegoś); ~ down zestrzelić;
gwałtownie spadać; ~ forth kiełkować; rozciągać się; ~ off wystrzelić; odstrzelić; pomknąć; ~
out wystawać, sterczeć; wypaść,
wylecieć; wyrzucić; (o *pączkach*)
wypuścić; wystrzelać; ~ up
strzelać w górę; szybko rosnąć;
podnosić się, podskoczyć; *przen.*
~ Niagara ryzykować życie; *s*

strzelanie; polowanie; wodotrysk; kiełek, pęd; ostry ból

shoot·er [ˈʃuːtə(r)] s strzelec; broń palna, rewolwer

shoot·ing-star [ˈʃuːtɪŋ staː(r)] s spadająca gwiazda

shop [ʃɒp] s sklep; warsztat; interes; zakład; *przen.* profesja, zawód, sprawy zawodowe; *vi* robić zakupy, załatwiać sprawunki w sklepach; to go ~ping chodzić po zakupy, załatwiać sprawunki

shop·as·sis·tant [ˈʃɒp əsɪstənt] s ekspedient (sklepowy)

shop·keep·er [ˈʃɒpkiːpə(r)] s drobny kupiec, sklepikarz

shop·man [ˈʃɒpmən] s drobny kupiec; sklepikarz; ekspedient, sprzedawca

shop·win·dow [ˈʃɒp ˈwɪndəu] s okno wystawowe

shore [ʃɔː(r)] s brzeg (morza, jeziora), wybrzeże

shorn zob. shear

short [ʃɔːt] *adj* krótki; niski, mały; niedostateczny, szczupły, będący na wyczerpaniu; ~ circuit krótkie spięcie; ~ cut skrót, najkrótsza droga, droga na przełaj; ~ story nowela; ~ weight niepełna waga; ~ of breath zadyszany; little ~ of a miracle prawie cud; to be ~ of sth odczuwać brak czegoś; pozostawać w tyle za czymś; nie być na poziomie czegoś; to come ~ chybić, nie osiągnąć (of sth czegoś); to fall ~ zawieść, nie dopisać (of sth pod względem czegoś); to get ⟨become, grow⟩ ~ ulegać skróceniu, stawać się krótszym, zbliżać się do końca; to make ~ work of sth szybko załatwić się z czymś; to run ~ wyczerpywać się, kończyć się (np. o zapasach); odczuwać brak, mieć już niewiele (of sth czegoś); to stop ~ nagle zatrzymać (się), nagle przerwać (się); at ~ range z bliska, na krótką metę; s skrócenie, skrót; *kino* (także ~ sub-

ject) film krótkometrażowy; *pl* ~s krótkie spodnie; in ~ pokrótce, krótko mówiąc

short·age [ˈʃɔːtɪdʒ] s niedostateczna ilość, niedobór, brak

short-cir·cuit [ˈʃɔːt ˈsɜːkɪt] s *elektr.* krótkie spięcie; *vt* wywołać krótkie spięcie

short·com·ing [ˈʃɔːtkʌmɪŋ] s brak, wada, uchybienie; *handl.* manko

short·en [ˈʃɔːtn] *vt vi* skracać (się), zmniejszać (się)

short·hand [ˈʃɔːthænd] s stenografia

short-lived [ˈʃɔːt ˈlɪvd] *adj* krótkotrwały

short·ly [ˈʃɔːtlɪ] *adv* pokrótce; wkrótce

short-sight·ed [ˈʃɔːt ˈsaɪtɪd] *adj* krótkowzroczny

shot 1. zob. shoot; *adj* lśniący, mieniący się

shot 2. [ʃɒt] s strzał; strzelec; pocisk, kula; *fot. kino* zdjęcie migawkowe; *pot.* zastrzyk, dawka; big ~ gruba ryba; to make a good ~ trafić; *przen.* zgadnąć

should [ʃud] p od shall; oznacza *warunek:* I ~ go poszedłbym; *powinność:* you ~ work powinieneś pracować; *przypuszczenie:* I should say so chyba tak

shoul·der [ˈʃəuldə(r)] s ramię, bark; to give ⟨show, turn⟩ the cold ~ traktować oziębie; ~ to ~ ramię w ramię; *vt* wziąć na ramię; popychać; potrącać ramionami; *przen.* (także ~ up) brać na swoje barki

shouldn't [ˈʃudnt] *skr.* = should not

shout [ʃaut] *vi* krzyczeć (at sb na kogoś); s krzyk, wołanie; okrzyk

shove [ʃʌv] *vt vi* posuwać (się), popychać (się); *pot.* wpakować, wsadzić; ~ down zepchnąć; ~ off odepchnąć; odbić (np. od brzegu); s posunięcie (się), pchnięcie

shov·el [ˈʃʌvl] s szufla, łopata; *vt* szuflować

* **show** [ʃəu] vt vi (showed [ʃəud], shown [ʃəun]) pokazywać (się), wykazywać, okazywać; ukazać się, zjawić się; prowadzić, pokazywać drogę, oprowadzać (round the town po mieście); ~ down sprowadzić na dół; wyłożyć karty na stół; ~ in wprowadzić; ~ off wystawić na pokaz; popisywać się (sth czymś), paradować; ~ out wyprowadzić; ~ up zdemaskować, obnażyć; uwydatniać (się); zjawiać się; vr ~ oneself pokazywać się publicznie; s widok; wystawa; pokaz; parada; widowisko; teatr przedstawienie

show-case [ʃəu keɪs] s gablotka

show-down [ʃəu daun] s wyłożenie kart na stół; przen. gra w otwarte karty

show-er [ʃauə(r)] s przelotny deszcz; przen. powódź (np. listów); vi (o deszczu) padać, lać; vt zalewać strumieniem

show-er-bath [ʃauə baθ] s tusz, prysznic

show-er-y [ʃauərɪ] adj ulewny

show-girl [ʃəu gɜl] s piosenkarka ⟨tancerka⟩ w rewii, klubie nocnym itd.

shown zob. **show**

show-room [ʃəu rum] s lokal wystawowy

show-win-dow [ʃəu wɪndəu] s okno wystawowe

show-y [ʃəuɪ] adj okazały, paradny, ostentacyjny

shrank zob. **shrink**

shrap-nel [ʃræpnl] s szrapnel

shred [ʃred] s strzęp; skrawek; odrobina; vt strzępić, ciąć na strzępy

shrew [ʃru] s sekutnica, jędza

shrewd [ʃrud] adj bystry, przenikliwy; chytry; ostry; dotkliwy

shrew-ish [ʃruɪʃ] adj swarliwy, złośliwy

shriek [ʃrik] vt vi krzyczeć, piszczeć, wykrzykiwać; s krzyk, pisk, przeraźliwy gwizd

shrill [ʃrɪl] adj przeraźliwy, przenikliwy

shrimp [ʃrɪmp] s krewetka

shrine [ʃraɪn] s sanktuarium; relikwiarz

* **shrink** [ʃrɪŋk] vt vi (**shrank** [ʃræŋk], **shrunk** [ʃrʌŋk]) ściągać (się), kurczyć (się), dekatyzować; marszczyć się; cofać się; zanikać; wzdragać się (from sth przed czymś); s ściągnięcie; zmarszczka; skurcz

shrink-age [ʃrɪŋkɪdʒ] s skurczenie, ściągnięcie; ubytek, zanik

* **shrive** [ʃraɪv], **shrove** [ʃrəuv], **shriven** [ʃrɪvn] vt wyspowiadać i rozgrzeszyć

shriv-el [ʃrɪvl] vt vi ściągać (się), marszczyć (się)

shriv-en zob. **shrive**

shroud [ʃraud] s całun; przen. okrycie, osłona; vt owijać całunem, przen. okrywać

shrove zob. **shrive**

Shrove Tues-day [ʃrəuv tjuzdɪ] s tłusty wtorek

shrub [ʃrʌb] s krzak

shrub-ber-y [ʃrʌbərɪ] s zarośla, krzaki

shrug [ʃrʌg] vt vi wzruszać ramionami; s wzruszenie ramionami

shrunk-en [ʃrʌŋkən] adj skurczony; pp od **shrink**

shud-der [ʃʌdə(r)] vi drżeć, wzdrygać się

shuf-fle [ʃʌfl] vt vi szurać, powłóczyć (nogami); suwać; tasować (karty), mieszać; kręcić, wykręcać się; ~ off strząsnąć z siebie; odejść powłócząc nogami; ~ out wykręcić się; s szuranie nogami; włóczenie; posunięcie; wykręt; chwyt; tasowanie

shun [ʃʌn] vt unikać

shunt [ʃʌnt] vt vi przetaczać (wagony); przesunąć na bok; odłożyć (do szuflady)

* **shut, shut, shut** [ʃʌt] vt vi zamykać (się); ~ in zamknąć (w środku), otoczyć; ~ off odgrodzić; wyłączyć (np. prąd); ~ out wykluczyć; zostawić na zewnątrz; przesłonić (widok); ~ up zamy-

kać (dokładnie); więzić; *pot.* zamykać usta; *pot.* ~ up! cicho
bądź! zamknij się!

shut·ter [ˈʃʌtə(r)] *s* pokrywa; o-
kiennica; zasłona; okienko (np.
w kasie); *fot.* migawka

shut·tle [ˈʃʌtl] *s* czółenko (tkackie)

shy 1. [ʃaɪ] *adj* bojaźliwy, nieśmiały; ostrożny; to be ~ of sth
unikać czegoś; to fight ~ unikać,
wystrzegać się (of sth czegoś);
vi bać się (at sth czegoś), płoszyć się

shy 2. [ʃaɪ] *vt vi pot.* cisnąć, rzucić; *s* rzut

sick [sɪk] *adj* czujący się niedobrze, mający mdłości; *attr* chory
(of sth na coś); to be ~ uprzykrzyć sobie, mieć powyżej uszu
(of sth czegoś); tęsknić (for sth
za czymś); to feel ⟨to be⟩ ~
mieć mdłości

sick·en [ˈsɪkn] *vt* przyprawiać o
mdłości, napełniać obrzydzeniem;
vi chorować; słabnąć; marnieć;
zrażać się (of sth do czegoś);
czuć obrzydzenie (at sth do czegoś)

sick·le [ˈsɪkl] *s* sierp

sick-leave [ˈsɪk liv] *s* urlop chorobowy

sick-list [ˈsɪk lɪst] *s* lista chorych

sick·ly [ˈsɪklɪ] *adj* chorowity; (o
powietrzu, okolicy) niezdrowy;
powodujący mdłości

sick·ness [ˈsɪknəs] *s* choroba; niedomaganie, złe samopoczucie;
mdłości

side [saɪd] *s* strona, bok; brzeg;
~ by ~ jeden przy drugim, w
jednym rzędzie; by the ~ po
stronie (of sth czegoś); *sport.*
off ~ na pozycji spalonej; on
my ~ po mojej stronie, z mojej
strony; on all ~s ze wszystkich
stron; on this ~ the barricade
po tej stronie barykady; on the
safe ~ bezpiecznie; to change
~s przejść do przeciwnej grupy;
to take ~s stanąć po stronie
(with sb kogoś); *vi* stać po stro-

nie (with sb kogoś)

side-arms [ˈsaɪdɑmz] *s* broń boczna (szabla, bagnet)

side·board [ˈsaɪdbɔd] *s* kredens

side·car [ˈsaɪd kɑ(r)] *s* przyczepa
motocyklowa

side-glance [ˈsaɪd glɑns] *s* spojrzenie z ukosa

side-is·sue [ˈsaɪd iʃu] *s* sprawa u-
boczna

side-light [ˈsaɪd laɪt] *s* światło bo-
czne

side·long [ˈsaɪdlɒŋ] *adj* boczny,
skośny; *adv* bokiem, na ukos

side-track [ˈsaɪd træk] *s* boczny
tor; *vt* przesunąć na boczny tor;
pot. zmienić temat rozmowy

side·view [ˈsaɪd vju] *s* widok z
boku

side-walk [ˈsaɪdwɔk] *s am.* chodnik

side·wards [ˈsaɪdwɜdz], **side·ways**
[ˈsaɪdweɪz] *adv* bokiem; na bok

side-whis·kers [ˈsaɪd wɪskəz] *s pl*
bokobrody

side·wise [ˈsaɪdwaɪz] = **sidewards**

sid·ing [ˈsaɪdɪŋ] *s* bocznica

siege [sidʒ] *s* oblężenie; to lay ~
przystąpić do oblężenia (to a
town miasta); to raise the ~
zaprzestać oblężenia

sieve [sɪv] *s* sito; *vt* przesiewać

sift [sɪft] *vt* przesiewać; *przen.*
selekcjonować; dokładnie badać

sigh [saɪ] *vi* wzdychać; tęsknić
(after, for sth do czegoś); *s* westchnienie

sight [saɪt] *s* widok; wzrok; *pot.*
wielka ilość, masa; at first ~
na pierwszy rzut oka; at ~ natychmiast, bez przygotowania;
handl. za okazaniem; by ~ z widzenia; in ⟨within⟩ ~ w polu
widzenia; out of ~ poza zasięgiem wzroku; to catch ⟨get⟩ ⟨a⟩
~ zobaczyć (of sth coś); spostrzec; to come into ~ ukazać
się; to keep out of ~ ukrywać
(się), chować (się); to lose ~
stracić z oczu (of sth coś); to

see ~s oglądać osobliwości (miasta); *vt* zobaczyć, obserwować; celować (z broni palnej)

sight·ly [ˈsaɪtlɪ] *adj* przyjemny dla oka, ujmujący; widoczny

sight·see·ing [ˈsaɪtsiːɪŋ] *s* zwiedzanie (np. miasta)

sight·seer [ˈsaɪtsiə(r)] *s* turysta, zwiedzający

sign [saɪn] *s* znak, objaw, symbol; szyld; skinienie; **by** ~s na migi; **in** ~ **na** znak; *vt vi* znaczyć, znakować, dawać znak; podpisywać; ~ **away** przepisać (własność, prawa); ~ **up** zapisać się (**for** sth na coś)

sig·nal [ˈsɪgnl] *s* sygnał; *vt vi* dawać sygnały, sygnalizować; *adj* znakomity, wybitny

sig·nal·ize [ˈsɪgnlaɪz] *vt* wyróżniać, uświetniać

sig·na·to·ry [ˈsɪgnətrɪ] *adj* podpisujący (np. umowę); *s* sygnatariusz

sig·na·ture [ˈsɪgnətʃə(r)] *s* sygnatura, podpis; ~ **tune** *radio* melodia rozpoczynająca program; *muz.* oznaczenie tonacji

sign·board [ˈsaɪnbɔd] *s* szyld, wywieszka

sig·nif·i·cance [sɪgˈnɪfɪkəns] *s* znaczenie, doniosłość

sig·nif·i·cant [sɪgˈnɪfɪkənt] *adj* mający znaczenie, doniosły, ważny

sig·ni·fi·ca·tion [ˌsɪgnɪfɪˈkeɪʃn] *s* znaczenie, sens

sig·nif·i·ca·tive [sɪgˈnɪfɪkətɪv] *adj* znaczący, oznaczający (**of** sth coś)

sig·ni·fy [ˈsɪgnɪfaɪ] *vt* znaczyć, oznaczać; *vi* znaczyć, mieć znaczenie, dawać do zrozumienia

sign·post [ˈsaɪnpʊəst] *s* drogowskaz

si·lence [ˈsaɪləns] *s* milczenie, cisza; **in** ~ milcząco; **to keep** ~ zachować ciszę; **to pass over in** ~ pominąć ⟨zbyć⟩ milczeniem; **to put to** ~ zmusić do milczenia; *vt* skłonić do milczenia; uspokoić, uciszyć; ~! proszę o spokój!; cisza!

si·lenc·er [ˈsaɪlənsə(r)] *s* tłumik

si·lent [ˈsaɪlənt] *adj* milczący

sil·hou·ette [ˈsɪluˈet] *s* sylweta

sil·i·ca [ˈsɪlɪkə] *s chem.* krzemionka

sil·i·con [ˈsɪlɪkən] *s chem.* krzem

silk [sɪlk] *s* jedwab

silk·en [ˈsɪlkən], **silk·y** [ˈsɪlkɪ] *adj* jedwabisty; delikatny, miękki

sill [sɪl] *s* próg; parapet

sil·ly [ˈsɪlɪ] *adj* głupi, niedorzeczny

si·lo [ˈsaɪləʊ] *s techn.* silos

silt [sɪlt] *s* osad, muł; *vt vi* zamulić (się)

sil·ver [ˈsɪlvə(r)] *s* srebro; *adj attr* srebrny, srebrzysty; *vt vi* srebrzyć (się)

sil·ver-plate [ˈsɪlvə ˈpleɪt] *s zbior.* srebro stołowe

sil·ver·smith [ˈsɪlvəsmɪθ] *s* wytwórca ⟨sprzedawca⟩

sim·i·lar [ˈsɪmɪlə(r)] *adj* podobny

sim·i·lar·i·ty [ˌsɪmɪˈlærətɪ] *s* podobieństwo

sim·i·le [ˈsɪmɪlɪ] *s* porównanie

si·mil·i·tude [sɪˈmɪlɪtjud] *s* podobieństwo

sim·mer [ˈsɪmə(r)] *vi* gotować się; *przen.* być podnieconym; *vt* gotować na wolnym ogniu

sim·per [ˈsɪmpə(r)] *vi* uśmiechać się sztucznie ⟨obłudnie⟩; *s* wymuszony uśmiech

sim·ple [ˈsɪmpl] *adj* prosty; naturalny; naiwny

sim·ple·ton [ˈsɪmpltən] *s* prostak, głuptas

sim·plic·i·ty [sɪmˈplɪsətɪ] *s* prostota; naiwność

sim·pli·fy [ˈsɪmplɪfaɪ] *vt* upraszczać, ułatwiać

sim·ply [ˈsɪmplɪ] *adv* prosto; po prostu

sim·u·late [ˈsɪmjuleɪt] *vt* symulować; naśladować

si·mul·ta·ne·ous [ˈsɪmlˈteɪnɪəs] *adj* równoczesny

sin [sɪn] *s* grzech; *vi* grzeszyć

since [sɪns] *adv* (także **ever** ~) od owego ⟨tego⟩ czasu; ... temu;

long ~ dawno temu; many years ~ wiele lat temu; *praep* od (o-kreślonego czasu); ~ Sunday od niedzieli; ~ **when?** od kiedy?; *conj* odkąd; ponieważ, skoro; ~ I last saw you odkąd cię widziałem

sin·cere [sın`sıə(r)] *adj* szczery

sin·cer·i·ty [sın`serətı] *s* szczerość

sine [saın] *s mat.* sinus

sin·ew [`sınjuː] *s* ścięgno; *przen.* tężyzna, energia

sin·ew·y [`sınjuːı] *adj* muskularny, silny

sin·ful [`sınfl] *adj* grzeszny

*sing [sıŋ], sang [sæŋ], sung [sʌŋ] *vt vi* śpiewać

singe [`sındʒ] *vt vi* (*p praes* singeing [`sındʒıŋ]) przypalić (się), przypiec (się); opalić (się)

sing·er [`sıŋə(r)] *s* śpiewak

sin·gle [`sıŋgl] *adj* pojedynczy; sam jeden; oddzielny; jedyny w swym rodzaju; nieżonaty; niezamężna; *s* bilet w jedną stronę; *sport* gra pojedyncza; *vt* ~ out wyróżnić, wydzielić

sin·gle·ness [`sıŋglnəs] *s* jedność; prostota, szczerość; stan bezżenny

sing·song [`sıŋsɒŋ] *s* monotonny śpiew, monotonna recytacja

sin·gu·lar [`sıŋgjulə(r)] *adj* pojedynczy; szczególny, niezwykły, dziwny; *s gram.* liczba pojedyncza

sin·gu·lar·i·ty [ˌsıŋgjuˈlærətı] *s* niezwykłość, osobliwość

sin·is·ter [`sınıstə(r)] *adj* złowieszczy, ponury

*sink [sıŋk], sank [sæŋk], sunk [sʌŋk] *vt vi* zanurzyć (się); topić (się), tonąć; opadać; pogrążać (się); zanikać, słabnąć; *handl. i prawn.* umarzać; *s* zlew; ściek

sink·ing-fund [`sıŋkıŋ fʌnd] *s* fundusz amortyzacyjny

sin·ner [`sınə(r)] *s* grzesznik

sin·u·ate [`sınjuət] *adj* kręty

sin·u·os·i·ty [ˌsınjuˈɒsətı] *s* zakręt; linia falista

sin·u·ous [`sınjuəs] *adj* kręty, wijący się

sip [sıp] *vt* wolno pić, sączyć (np. kawę); *s* łyczek

si·phon [`saıfən] *s* syfon

sir [sɜ(r)] *s* (*bez imienia i nazwiska*) pan(ie), proszę pana!; (*przed imieniem lub imieniem z nazwiskiem*) tytuł szlachecki: np. **Sir Winston Churchill**; **Yes, Sir** tak, proszę pana!; **Sir, it is my duty... Panie, moim obowiązkiem jest...**; (*w listach*) **(Dear) Sir!** Szanowny Panie

si·ren [`saıərən] *s* syrena

sis·kin [`sıskın] *s zool.* czyżyk

sis·ter [`sıstə(r)] *s* siostra

sis·ter-in-law [`sıstr ın lɔ] *s* szwagierka, bratowa

*sit [sıt], sat, sat [sæt] *vi* siedzieć; zasiadać; (*o ubraniu*) leżeć; mieć sesję, obradować; studiować (under sb pod czyimś kierunkiem); pozować (to a painter for one's portrait malarzowi do portretu); to ~ for an examination zasiadać do egzaminu; to ~ in judgment wyrokować; to ~ on a committee zasiadać w komitecie; ~ down siadać, usiąść; ~ out siedzieć na zewnątrz; wysiedzieć do końca; ~ through siedzieć przez cały czas, przesiedzieć; ~ up podnieść się (w łóżku); nie spać, czuwać, przesiadywać do późna

sit-down [`sıtdaun] *adj attr:* ~ strike strajk okupacyjny

site [saıt] *s* położenie; miejscowość; działka, parcela; miejsce

sit·ting [`sıtıŋ] *s* siedzenie; posiedzenie

sit·ting-room [`sıtıŋ rum] *s* bawialnia, salonik

sit·u·ate [`sıtʃueıt] *vt* umieszczać

sit·u·at·ed [`sıtʃueıtıd] *adj* położony; sytuowany; badly ~ (znajdujący się) w ciężkiej sytuacji

sit·u·a·tion [ˌsıtʃuˈeıʃn] *s* sytuacja, położenie; stanowisko

six [sıks] *num* sześć; *s* szóstka;

slake

at ~es and sevens w zupełnym
zamieszaniu

six·pence [ˈsɪkspəns] s sześciopen-
sówka (moneta)

six·teen [ˈsɪkˈstiːn] *num* szesna-
cie; szesnastka

six·teenth [ˈsɪkˈstiːnθ] *adj* szesnasty

sixth [ˈsɪksθ] *adj* szósty

six·ti·eth [ˈsɪkstɪəθ] *adj* sześćdziesiąty

six·ty [ˈsɪkstɪ] *num* sześćdziesiąt

siz·able [ˈsaɪzəbl] *adj* wielki, po-
kaźnych rozmiarów

size 1. [saɪz] s rozmiar, wielkość;
format; wymiar; *vt* szacować według rozmiaru

size 2. [saɪz] s klej; *vt* kleić

skate [skeɪt] *vi* ślizgać się (na
łyżwach); s łyżwa; (*także* roller-
-~) wrotka

skat·ing-ground [ˈskeɪtɪŋ ɡraʊnd],
skat·ing-rink [ˈskeɪtɪŋ rɪŋk] s lodowisko; tor łyżwiarski

skein [skeɪn] s motek, pasmo (przędzy); *przen.* plątanina

skel·e·ton [ˈskelɪtən] s *dosł.* i
przen. szkielet, kościotrup; zarys; ~ key wytrych

sketch [sketʃ] s rysunek, szkic;
skecz; *vt* kreślić, szkicować

sketch-book [ˈsketʃ buk] s szkicownik

sketch·er [ˈsketʃə(r)] s kreślarz

sketch·y [ˈsketʃɪ] *adj* zrobiony w
zarysie, szkicowy, pobieżny

ski [skiː] s narty; *vi* jeździć na
nartach

skid [skɪd] s podpórka; klocek ha-
mulcowy; pochylnia; ześlizg; poślizg; *lotn.* płoza; *vt* hamować;
vi pośliznąć się; (*o samochodzie*) zarzucić, wpaść w poślizg

ski·er [ˈskiːə(r)] s narciarz

ski·ing [ˈskiːɪŋ] s narciarstwo

skil·ful [ˈskɪlfl] *adj* zręczny; to
be ~ at sth dobrze coś umieć

skill [skɪl] s zręczność, sprawność,
umiejętność

skilled [skɪld] *adj* wprawny; (*o
pracy*) fachowy; (*o robotniku*)

wykwalifikowany

skim [skɪm] *vt* zbierać (śmietanę);
szumować; *vt* lekko dotykać powierzchni; przerzucać (książkę)

skim-milk [ˈskɪmmɪlk] s mleko
zbierane

skin [skɪn] s skóra (na ciele), skórka (rośliny); *vt* zdjąć skórę,
obedrzeć ze skóry

skin·ny [ˈskɪnɪ] *adj* chudy

skip [skɪp] *vt* *vi* skakać, przeska-
kiwać; opuszczać, pomijać; s
skok

skip·per [ˈskɪpə(r)] s kapitan statku handlowego

skip·ping-rope [ˈskɪpɪŋ rəʊp] s skakanka

skir·mish [ˈskɜːmɪʃ] s potyczka

skirt [skɜːt] s spódnica; poła

skit·tle [ˈskɪtl] s (*także* ~-pin) krę-
giel; *pl* ~s ⟨~-pins⟩ gra w kręgle

skulk [skʌlk] *vi* czaić się, kryć
się

skull [skʌl] s czaszka

skunk [skʌŋk] s *zool.* skunks;
skunksy (futro)

sky [skaɪ] s niebo; under the open
~ pod gołym niebem

sky·lark [ˈskaɪlɑːk] s skowronek;
vt psocić, swawolić

sky·light [ˈskaɪ laɪt] s okno w su-
ficie, świetlik

sky·line [ˈskaɪ laɪn] s linia hory-
zontu; sylweta (np. miasta) na
tle nieba

sky·scrap·er [ˈskaɪ skreɪpə(r)] s
drapacz chmur, wieżowiec

sky·wards [ˈskaɪwədz] *adv* ku nie-
bu, wzwyż

sky·way [ˈskaɪweɪ] s droga powietrzna

slab [slæb] s płyta

slack [slæk] *adj* wiotki, słaby; o-
spały, leniwy; s zastój, bezczynność; miał węglowy; *pl* ~s spodnie

slack·en [ˈslækən] *vt* *vi* słabnąć,
maleć; popuszczać, rozluźniać;
zwalniać (tempo)

slain *zob.* slay

slake [sleɪk] *vt* gasić, lasować

(wapno); gasić (pragnienie); o-
paść, osłabnąć

slam [slæm] *vt vi* trzaskać (np.
drzwiami), zatrzaskiwać (się),
gwałtownie zamykać; *s* trzaśnięcie, trzask; (*w kartach*) szlem

slan·der ['slɑndə(r)] *s* potwarz; *vt*
rzucać oszczerstwa

slan·der·er ['slɑndərə(r)] *s* oszczerca

slan·der·ous ['slɑndərəs] *adj* oszczerczy

slang [slæŋ] *s* slang, żargon

slant [slɑnt] *vi* skośnie padać, być
nachylonym; *vt* nadawać skośny kierunek, nachylać; *adj* skośny, nachylony; *s* skośny kierunek, skos, nachylenie

slap [slæp] *vt* klepać, uderzać dłonią; ~ down położyć z trzaskiem; *s* klaps, uderzenie dłonią;
przen. ~ in the face policzek

slap·dash ['slæpdæʃ] *adv* niedbale, byle jak; *adj attr* niedbały,
byle jaki; *s* fuszerka, robota
na kolanie; *vt* robić coś na kolanie, fuszerować

slash [slæʃ] *vt* ciąć, smagać, kaleczyć; *s* cięcie, szrama

slash·ing ['slæʃɪŋ] *adj* cięty, zjadliwy; okrutny

slat 1. [slæt] *s* deszczułka, listew-
ka

slat 2. [slæt] *vi* trzepotać, łopotać

slate 1. [sleɪt] *vt pot.* besztać, ganić

slate 2. [sleɪt] *s* łupek; dachówka
z łupku; *vt* pokrywać łupkiem

slaugh·ter ['slɔtə(r)] *s* rzeź; ubój;
vt zarzynać; mordować

slaugh·ter-house ['slɔtə haʊs] *s* rzeźnia

Slav [slɑv] *s* Słowianin; *adj* słowiański

slave [sleɪv] *s* niewolnik; *vi* pracować niewolniczo, harować ponad siły; *vt* zmuszać do pracy
niewolniczej

slave-driv·er ['sleɪv draɪvə(r)] *s*
nadzorca niewolników

slav·er 1. ['sleɪvə(r)] *s* handlarz

niewolnikami

slav·er 2. ['sleɪvə(r)] *vi* ślinić się;
vt poślinić; *s* ślina

slav·e·ry ['sleɪvərɪ] *s* niewolnictwo

Slav·ic ['slɑvɪk] *adj* słowiański

slav·ish ['sleɪvɪʃ] *adj* niewolniczy

Sla·von·ic [slə'vɒnɪk] *adj* słowiański; *s* język słowiański

*slay [sleɪ], slew [slu], slain [sleɪn]
vt zabijać

sled [sled] *s* sanie, sanki; *vi* jechać
saniami; saneczkować się; *vt*
przewozić saniami

sledge 1. [sledʒ] = sled

sledge 2. [sledʒ], sledge-hammer
['sledʒ hæmə(r)] *s* młot kowalski

sleek [slik]' *adj* gładki; *vt* gładzić;
łagodzić

*sleep [slip], slept, slept [slept], *vi*
spać; *s* sen

sleep·er ['slipə(r)] *s* człowiek śpiący; wagon sypialny; miejsce sy-
pialne; podkład

sleep·ing-car ['slipɪŋ kɑ(r)] *s* wagon
sypialny

sleep·less ['sliplas] *adj* bezsenny

sleep-walk·er ['slip wɔkə(r)] *s* lunatyk

sleep·y ['slipɪ] *adj* senny, śpiący;
ospały

sleep·y·head ['slipɪ hed] *s* śpioch

sleet [slit] *s* deszcz ze śniegiem; *v
imp* it ~s pada deszcz ze śniegiem

sleeve [sliv] *s* rękaw; *przen.* to
laugh up one's ~ śmiać się w
kułak

sleigh [sleɪ] *s* sanie, sanki; *vi*
jechać saniami; saneczkować się

slen·der ['slendə(r)] *adj* wysmukły,
szczupły; cienki

slept *zob.* sleep

sleuth [sluθ] *s* pies policyjny; detektyw, szpicel

slew *zob.* slay

slice [slaɪs] *s* kromka, płat, płatek (np. szynki); *vt* cienko krajać

slick [slɪk] *adj* gładki, zręczny, układny; *adv* gładko; wprost; od razu; całkowicie

* **slide** [slaɪd], **slid**, **slid** [slɪd] *vi* poślizgnąć się, ślizgać się, sunąć; *vt* posuwać, zsuwać; *s* poślizgnięcie się; śliski zjazd; tor saneczkowy; suwak; przeźrocze; szkiełko w mikroskopie; *fot.* slajd

slide-rule [ˈslaɪd ruːl] *s mat.* suwak logarytmiczny

slight [slaɪt] *adj* nieznaczny, drobny, niegodny uwagi; cienki, szczupły; *s* lekceważenie; *vt* lekceważyć, pogardliwie traktować

slight·ness [ˈslaɪtnəs] *s* słabość, delikatność; małe znaczenie

slim [slɪm] *adj* cienki; smukły; nieistotny, mało znaczący

slime [slaɪm] *s* muł; *vt* zamulić

slim·y [ˈslaɪmɪ] *adj* mulisty, grząski; *przen.* płaszczący się; służalczy

* **sling** [slɪŋ], **slung**, **slung** [slʌŋ], [slʌŋ] *vt* rzucać, miotać; zawiesić (np. na ramieniu), zarzucić (na ramię); *s* cios, rzut; rzemień, temblak

* **slink** [slɪŋk], **slunk**, **slunk** [slʌŋk] *vi* skradać się, przekradać się

slip 1. [slɪp] *vi* poślizgnąć się; wśliznąć się, niepostrzeżenie wpaść; przemówić się, zrobić przypadkowy błąd; *vt* niepostrzeżenie wsunąć, ukradkiem włożyć; to let ~ spuścić, wypuścić (z rąk); to ~ one's notice ujść czyjejś uwagi; ~ in wkraść się; ~ off ześliznąć się; ujść; zrzucić (z siebie ubranie); ~ out wymknąć się, wyrwać się; ~ over wciągnąć, naciągnąć (np. koszulę przez głowę); *s* poślizgnięcie się; wykolejenie; błąd, omyłka, lapsus; świstek (papieru), kartka; pasek; kawałek; *pl* ~s kąpielówki, slipy

slip·per [ˈslɪpə(r)] *s* pantofel (domowy)

slip·per·y [ˈslɪpərɪ] *adj* śliski; chwiejny, niestały; nierzetelny

slip·shod [ˈslɪpʃɒd] *adj* niedbały, nieporządny

* **slit, slit, slit** [slɪt] *vt* rozszczepić (podłużnie), rozłupać, rozpłatać, rozpruć; *vi* rozedrzeć się, pęknąć; *s* szczelina, szpara

slob·ber [ˈslɒbə(r)] *vt vi* ślinić (się); roztkliwiać się; partaczyć; *s* ślina (na ustach); rozczulenie się

slo·gan [ˈsləʊɡən] *s* slogan, hasło

slop 1. [slɒp] *vt vi* rozlać (się), przelać (się), przelewać się (przez wierzch), zalać; *s* rozlana ciecz, mokra plama; *pl* ~s pomyje

slop 2. [slɒp] *s* (*zw pl* ~s) luźna odzież, chałat; tania konfekcja

slope [sləʊp] *s* pochyłość, nachylenie; zbocze; *vt vi* nachylać (się), opadać pochyło, być pochylonym

sloped [sləʊpt] *adj* pochyły, spadzisty

slop·py [ˈslɒpɪ] *adj* błotnisty; niechlujny, zaniedbany

slop·shop [ˈslɒpʃɒp] *s* sklep z tanią konfekcją

slop·work [ˈslɒpwɜːk] *s* wyrób taniej konfekcji, tania konfekcja

slot [slɒt] *s* szczelina, szpara

sloth [sləʊθ] *s* lenistwo, ospałość; *zool.* leniwiec

slot-ma·chine [ˈslɒt məʃiːn] *s* automat (sprzedający bilety, papierosy itp.)

slouch [slaʊtʃ] *vt* opuścić (np. rondo kapelusza); niedbale zwiesić (np. głowę); *vi* zwisać; chodzić ociężale; *s* zaniedbana powierzchowność; ociężały chód; przygarbienie; *pot.* niedołęga

slough 1. [slaʊ] *s* bagno, trzęsawisko

slough 2. [slʌf] *s* zrzucona skóra (węża); *vt* zrzucać (skórę); *vi* linieć

slov·en [ˈslʌvn] *s* brudas

slov·en·ly [ˈslʌvnlɪ] *adj* niechlujny, niedbały

slow [sləʊ] *adj* wolny, powolny; spóźniony, spóźniający się; to be ~ ociągać się, zwlekać; (*o ze-*

garku) późnić się; *vt vi (zw. ~* **down** ⟨**up, off**⟩) zwalniać, zmniejszać szybkość; *adv* wolno, powoli

slow-worm [ˈsləuwɜːm] *s* zool. padalec

sludge [slʌdʒ] *s* gęste błoto, muł

slug·gard [ˈslʌɡəd] *s* próżniak

slug·gish [ˈslʌɡiʃ] *adj* leniwy, ociężały; ciężko myślący

sluice [sluːs] *s* śluza; *vt* puszczać przez śluzę, zalewać

slum [slʌm] *s (zw. pl ~s)* dzielnica ruder

slum·ber [ˈslʌmbə(r)] *vi* drzemać; *s* drzemka

slump [slʌmp] *s* gwałtowny spadek cen, krach; *vi (o cenach)* gwałtownie spaść

slung zob. **sling**

slunk zob. **slink**

slur [slɜː(r)] *vt* zacierać, tuszować; oczerniać; niewyraźnie wymawiać; *muz.* grać legato; *s* plama; nagana; oszczerstwo; *muz.* legato

slush [slʌʃ] *s* śnieg z błotem, chlapa

slush·y [ˈslʌʃi] *adj* błotnisty, grząski

slut [slʌt] *s* niechlujna kobieta, flejtuch

sly [slai] *adj* chytry

smack 1. [smæk] *s* przedsmak; posmak; *vi* mieć posmak, trącić (of sth czymś)

smack 2. [smæk] *vt* trzaskać (z bicza); mlaskać, cmokać; chlastać; *s* trzaśnięcie; cmoknięcie; trzepnięcie

small [smɔːl] *adj* mały, drobny; bardzo młody; nieważny; małostkowy; **~ change** drobne (pieniądze); **~ hours** wczesne godziny ranne; **~ talk** rozmowa o byle czym

small-pox [ˈsmɔːlpɒks] *s* med. ospa

smart [smɑːt] *vi* boleć; cierpieć; czuć ból; *s* ostry ból; *adj* bolesny, dotkliwy; ostry, bystry;

sprytny; elegancki, modny

smash [smæʃ] *vt vi* rozbić (się), potłuc, pogruchotać, zniszczyć; *sport* ściąć (piłkę tenisową); *s* gwałtowne uderzenie, rozbicie, zniszczenie, katastrofa; *sport* smecz

smat·ter·ing [ˈsmætəriŋ] *s* powierzchowna wiedza

smear [smiə(r)] *vt* smarować, mazać; *s* plama

***smell** [smel], **smelt, smelt** [smelt] *vi* pachnieć (of sth czymś); *vt* wąchać, węszyć, wietrzyć; czuć zapach (sth czegoś); *s* zapach; węch, powonienie

smell·y [ˈsmeli] *adj* pot. śmierdzący

smelt 1. zob. **smell**

smelt 2. [smelt] *vt* topić, wytapiać (metal)

smile [smail] *s* uśmiech; *vi* uśmiechać się (on, upon sb do kogoś, at sth do czegoś); *vt* wyrazić uśmiechem; **~ away** rozproszyć uśmiechem

smirch [smɜːtʃ] *vt* plamić, brudzić; *s* brudne miejsce, plama

smirk [smɜːk] *vi* uśmiechać się nieszczerze ⟨niemądrze⟩; *s* uśmiech nieszczery ⟨niemądry⟩

***smite** [smait], **smote** [sməut], **smit·ten** [ˈsmitn] *vt* uderzać, walić, porazić; **~ off** odtrącić, strącić; ściąć (głowę); **to be smitten** doznać wstrząsu, przejąć się (with sth czymś); zadurzyć się

smith [smiθ] *s* kowal; *vt* kuć

smith·er·eens [ˈsmiðəˈriːnz] *s pl* pot. kawałeczki, drzazgi, strzępy

smith·y [ˈsmiθi] *s* kuźnia

smit·ten zob. **smite**

smock [smɒk] *s* chałat, kitel; † koszula damska

smock-frock [ˈsmɒkfrɒk] *s* chałat, kitel, ubranie robocze

smog [smɒg] *s* mgła zmieszana z dymem, smog

smoke [sməuk] *s* dym; kopeć; palenie (papierosa); **to have a ~** zapalić papierosa ⟨cygaro⟩; *vt vi*

snob

dymić, kopcić; palić (tytoń); wędzić

smok·er [`sməukə(r)] s palacz; *kolej.* przedział dla palących

smoke-screen [`sməuk skrin] s zasłona dymna

smoke·stack [`sməuk stæk] s komin (fabryczny, lokomotywy)

smok·y [`sməukɪ] adj dymiący, dymny

smooth [smuð] adj gładki, równy; vt *(także* smoothe) gładzić, wyrównywać

smote zob. **smite**

smoth·er [`smʌðə(r)] vt vi dusić (się), dławić (się); tłumić; s dławiący dym; chmura dymu ⟨kurzu⟩; *przen.* from the smoke into the ~ z deszczu pod rynnę

smoul·der [`sməuldə(r)] vi tlić się; s tlący się ogień

smudge 1. [smʌdʒ] vt plamić, brudzić; s plama, brudne miejsce

smudge 2. [smʌdʒ] s dławiący dym

smug [smʌg] adj dufny, zadowolony z siebie, próżny

smug·gle [`smʌgl] vt przemycać; vi uprawiać przemyt

smug·gler [`smʌglə(r)] s przemytnik

smut [smʌt] s sadza; brud, plama; vt zanieczyścić ⟨zabrudzić⟩ sadzą

smut·ty [`smʌtɪ] adj zabrudzony ⟨poplamiony⟩ sadzą

snack [snæk] s zakąska, przekąska; ~ bar bufet; to have a ~ przekąsić

snaf·fle [`snæfl] s uzda; vt nałożyć uzdę; *pot.* porwać, zwędzić

snag [snæg] s pieniek; przeszkoda, zapora

snag·gy [`snægɪ] adj sękaty

snail [sneɪl] s *zool.* ślimak

snake [sneɪk] s *zool.* wąż

snap [snæp] vt vi chwycić, porwać; trzasnąć, uderzyć; zatrzasnąć się; *fot.* zrobić migawkowe zdjęcie; rozerwać (się), rozłupać (się); ugryźć; ~ off odgryźć; nagle oderwać; przerwać; s trzaśnięcie; porwanie; zatrzask; *fot.* zdjęcie migawkowe; adj nagły,

niespodziewany; zaskakujący

snap-fas·ten·er [`snæp fasnə(r)] s zatrzask (do ubrania)

snap-lock [`snæp lok] s zatrzask (u drzwi)

snap·py [`snæpɪ] adj zgryźliwy, zjadliwy; żywy, energiczny

snap-roll [`snæp rəul] s *lotn.* beczka

snap·shot [`snæpʃot] s *fot.* zdjęcie migawkowe

snare [sneə(r)] s pułapka, sidła; vt złapać w sidła, usidlić

snarl 1. [snal] vi warczeć; s warczenie

snarl 2. [snal] s węzeł; plątanina; vt zaplątać, zagmatwać

snatch [snætʃ] vt porwać, urwać; vi chwytać się (at sth czegoś); s szybki chwyt; kęs; urywek

sneak [snik] vi wkradać się; *pot.* skarżyć (on sb na kogoś); s nikczemnik; *pot.* donosiciel, skarżypyta

sneer [snɪə(r)] vi szyderczo się śmiać (at sb, sth z kogoś, czegoś); s szyderczy uśmiech

sneer·ing·ly [`snɪərɪŋlɪ] adv szyderczo

sneeze [sniz] vi kichać; s kichnięcie

snick·er [`snɪkə(r)] = **snigger**

sniff [snɪf] vt wąchać, węszyć; vi pociągać nosem

snif·fle [`snɪfl] vi = **snuffle**

snif·fy [`snɪfɪ] adj *pot.* pogardliwy; śmierdzący

snig·ger [`snɪgə(r)] vi chichotać; s chichot

snip [snɪp] vt ciąć nożycami; s cięcie; skrawek; *pot.* okazja

snipe[1] [snaɪp] s (pl ~) *zool.* bekas

snipe[2] [snaɪp] vi strzelać z ukrycia ⟨z dalekiej odległości⟩ (at sb, sth do kogoś, czegoś)

snip·er [`snaɪpə(r)] s strzelec wyborowy, snajper

sniv·el [`snɪvl] vi pociągać nosem; biadolić; pochlipywać; s pochlipywanie

snob [snob] s snob

snob·ber·y [`snobəri] s snobizm

snooze [snuz] s *pot.* drzemkᵃ; *vi pot.* drzemać; zdrzemnąć się

snore [snɔ(r)] *vi* chrapać; s chrapanie

snort [snɔt] *vi* parskać, sapać

snout [snaut] s pysk; *techn.* wlot, dysza

snow [snəu] s śnieg; *vi* (*o śniegu*) padać; *vt* przysypać śniegiem

snow·ball [`snəubɔl] s kula śniegowa; to play at ~s bawić się w śnieżki

snow·drop [`snəudrop] s *bot.* śnieżyczka; przebiśnieg

snow·flake [`snəufleɪk] s płatek śniegu

snow·man [`snəumæn] s bałwan śniegowy

snow·slide [`snəu slaɪd] s lawina śnieżna

snow·storm [`snəu stɔm] s burza śnieżna; zadymka

snow·y [`snəuɪ] *adj* śnieżny, śnieżysty

snub [snʌb] *vt* zrobić afront, *pot.* dać po nosie; s ofuknięcie; afront

snub·nose [`snʌb `nəuz] s perkaty nos

snuff [snʌf] *vt vi* pociągać nosem, wąchać; zażywać tabaki; s tabaka, szczypta tabaki

snuff-box [`snʌf boks] s tabakiera

snuf·fle [`snʌfl] *vi* ciężko oddychać (przez nos), sapać; mówić przez nos

snug [snʌg] *adj* miły, wygodny; przytulny; (*o ubraniu*) przylegający; *vt vi* tulić (się), wygodnie ułożyć (się)

so [səu] *adv* tak, w ten sposób; **so as** to ażeby, żeby; **so far** dotąd, na razie; **so far as** o ile; **so long as** jak długo; o ile; **so much for that** dość tego; **so much more** tym więcej; **so much the better** o tyle lepiej; **not so much** nie tak wiele; ani nawet; he would not so much as talk to me on nawet mówić ze mną nie chciał; *zastępuje wyrażoną*

poprzednio *myśl*: he is honest but his partner is not so on jest uczciwy, ale jego wspólnik nie jest (uczciwy); or so mniej więcej; **5 pounds or so** mniej więcej 5 funtów; so so tak sobie; so and so taki a taki, ten a ten; so to say że tak powiem; so long! tymczasem!; do widzenia!; just ⟨quite⟩ so! tak właśnie!, racja!; *conj* więc, a więc; she asked me to go, so I went prosiła żebym poszedł, więc poszedłem

soak [səuk] *vt* zmoczyć, zamoczyć, przemoczyć, namoczyć; *vi* zamoknąć, nasiąknąć wilgocią; *pot.* chlać; to get a nice ~ing przemoknąć do nitki

soap [səup] s mydło; *vt vi* namydlić, mydlić (się)

soap·y [`səupɪ] *adj* mydlany

soar [sɔ(r)] *vi* unosić się, wzbijać się, ulatać

sob [sob] *vi* łkać, szlochać; s szloch

so·ber [`səubə(r)] *adj* trzeźwy; trzeźwo myślący, rozumny; as ~ as a judge zupełnie trzeźwy; śmiertelnie poważny; *vt* otrzeźwić; *vi* wytrzeźwieć; ~ down opamiętać się

so·bri·e·ty [sə`braɪətɪ] s trzeźwość, rozsądek

soc·cer [`sokə(r)] s *pot. sport* piłka nożna

so·cia·ble [`səuʃəbl] *adj* towarzyski; przyjacielski, miły

so·cial [`səuʃl] *adj* socjalny, społeczny; towarzyski; ~ welfare worker społecznik, działacz społeczny; ~ security ubezpieczenia społeczne

so·cial·ism [`səuʃɪzm] s socjalizm

so·cial·ist [`səuʃlɪst] *adj* socjalistyczny; s socjalista

so·cial·is·tic [`səuʃə`lɪstɪk] *adj* socjalistyczny

so·cial·ize [`səuʃlaɪz] *vt* socjalizować, uspołeczniać

so·ci·e·ty [sə`saɪətɪ] s społeczeństwo; towarzystwo

so·ci·o·log·i·cal [ˌsəʊsɪə'lodʒɪkl] *adj* socjologiczny

so·ci·ol·o·gist [ˌsəʊsɪ'olədʒɪst] *s* socjolog

so·ci·ol·o·gy [ˌsəʊsɪ'olədʒɪ] *s* socjologia

sock [sok] *s* skarpetka; *przen.* **to pull up one's ~s** wziąć się w garść

sock·et ['sokɪt] *s* wgłębienie, jama; *techn.* gniazdko; oprawka

sod [sod] *s* darnina, gruda darniny

so·da ['səʊdə] *s* soda; **~ water** woda sodowa

so·di·um ['səʊdɪəm] *s chem.* sód

so·fa ['səʊfə] *s* sofa

soft [soft] *adj* miękki, łagodny, przyjemny, delikatny; cichy; **~ drink** napój bezalkoholowy

soft-boiled ['soft 'bɔɪld] *adj* (*o jajku*) ugotowany na miękko

soft·en ['sofn] *vt* zmiękczyć, złagodzić; *vi* mięknąć, łagodnieć

sog·gy ['sogɪ] *adj* rozmokły, mokry

soil 1. [sɔɪl] *s* gleba, ziemia

soil 2. [sɔɪl] *vt vi* plamić (się), brudzić (się); *s* plama, brud

so·journ ['sodʒən] *s* pobyt; *vi* przebywać

so·lace ['solɪs] *vt* pocieszać; *s* pocieszenie, pociecha

so·lar ['səʊlə(r)] *adj* słoneczny

sold *zob.* **sell**

sol·der ['soldə(r)] *vt* lutować, spawać; *s* lut

sol·der·ing-iron ['soldrɪŋ aɪən] *s* kolba lutownicza

sol·dier ['səʊldʒə(r)] *s* żołnierz; *vi* służyć w wojsku, być żołnierzem

sole 1. [səʊl] *s* podeszwa, zelówka; *vt* zelować

sole 2. [səʊl] *adj* jedyny, wyłączny

sole 3. [səʊl] *s zool.* sola (ryba)

so·le·cism ['solɪsɪzm] *s* błąd językowy

sol·emn ['soləm] *adj* uroczysty

so·lem·ni·ty [sə'lemnətɪ] *s* uroczystość

sol·em·nize ['soləmnaɪz] *vt* święcić, uroczyście obchodzić

so·lic·it [sə'lɪsɪt] *vt* ubiegać się (**sth** o coś), usilnie prosić (**sb for sth, sth from sb** kogoś o coś)

so·lic·i·ta·tion [səˌlɪsɪ'teɪʃn] *s* molestowanie, nagabywanie, starania, zabiegi

so·lic·i·tor [sə'lɪsɪtə(r)] *s* adwokat (występujący w niższych instancjach); *am. handl.* akwizytor; *bryt.* **Solicitor General** zastępca rzecznika Korony (najwyższy radca prawny)

so·lic·i·tous [sə'lɪsɪtəs] *adj* troskliwy; zatroskany (**about, for sth** o coś); chcący, pragnący (**of sth** czegoś)

so·lic·i·tude [sə'lɪsɪtjud] *s* troska, troskliwość

sol·id ['solɪd] *adj* solidny; masywny; stały, trwały; poważny; pewny; *mat.* trójwymiarowy; **~ geometry** stereometria; *s* ciało stałe; *mat.* bryła

sol·i·dar·i·ty ['solɪ'dærətɪ] *s* solidarność

so·lid·i·ty [sə'lɪdətɪ] *s* solidność, masywność, trwałość

so·lil·o·quy [sə'lɪləkwɪ] *s* monolog

sol·i·tar·y ['solɪtrɪ] *adj* samotny; *s* samotnik

sol·i·tude ['solɪtjud] *s* samotność

sol·stice ['solstɪs] *s* przesilenie dnia z nocą

sol·u·ble ['soljubl] *adj* rozpuszczalny

so·lu·tion [sə'luʃn] *s* rozwiązanie (*np.* problemu); rozłączenie; przerwanie; rozpuszczenie; *chem.* roztwór

solve [solv] *vt* rozwiązać

sol·ven·cy ['solvənsɪ] *s* wypłacalność

sol·vent ['solvənt] *adj chem.* rozpuszczający; *handl.* wypłacalny; *s chem.* rozpuszczalnik

som·bre ['sombə(r)] *adj* ciemny; ponury

some [sʌm] *adj pron* pewien, jakiś, niejaki; trochę, nieco, kilka; część; *adv* około, mniej więcej

some·bod·y [ˈsʌmbədɪ] *pron* ktoś

some·way [ˈsʌmweɪ] *adv* jakoś

some·one [ˈsʌmwʌn] *pron* ktoś

som·er·sault [ˈsʌməsɔlt] *s* koziołek; **to turn a ~** przekoziołkować, wywrócić koziołka

some·thing [ˈsʌmθɪŋ] *pron* coś; *adv* trochę, nieco; (*także* **~ like**) mniej więcej

some·time [ˈsʌmtaɪm] *adv* niegdyś, kiedyś; *adj attr* były

some·times [ˈsʌmtaɪmz] *adv* czasem, niekiedy

some·way [ˈsʌmweɪ] *adv* jakoś

some·what [ˈsʌmwɒt] *adv* nieco, poniekąd

some·where [ˈsʌmweə(r)] *adv* gdzieś; **~ else** gdzieś indziej

son [sʌn] *s* syn

song [sɒŋ] *s* śpiew; pieśń

song·ster [ˈsɒŋstə(r)] *s* śpiewak

son-in-law [ˈsʌn ɪn lɔ] *s* zięć

son·net [ˈsɒnɪt] *s* sonet

son·ny [ˈsʌnɪ] *s* synek

so·no·rous [səˈnɔrəs] *adj* dźwięczny, donośny

soon [sun] *adv* wkrótce; wcześnie; szybko; **as ~ as** skoro tylko; **as ~ as possible** możliwie najwcześniej; **as ~** chętnie; **I would as ~ ...** chętnie bym ...; **~er** chętniej; **I would ~er ...** chętniej (*raczej*) bym ...; **no ~er than** natychmiast potem jak, ledwo

soot [sʊt] *s* sadza; *vt* zabrudzić sadzą

sooth [suθ] *s lit.* prawda; **in (good) ~** naprawdę

soothe [suð] *vt* łagodzić, koić; pochlebiać

sooth·say·er [ˈsuθ seɪə(r)] *s* wróżbita

sop [sɒp] *s* maczanka; *przen.* łapówka; *vt* maczać, rozmoczyć; *vi* być przemoczonym; **~ up** zbierać (*wycierać*) płyn (np. gąbką)

so·phis·ti·cate [səˈfɪstɪkeɪt] *vt* używać sofizmatów; *vt* przekręcać (np. tekst); fałszować

so·phis·ti·cat·ed [səˈfɪstɪkeɪtɪd] *adj* wyszukany, wymyślny, przemądrzały, wyrafinowany

soph·ist·ry [ˈsɒfɪstrɪ] *s* sofistyka

so·po·rif·ic [ˈsɒpəˈrɪfɪk] *adj* nasenny; *s* środek nasenny

sorb [sɔb] *s bot.* jarzębina

sor·cer·er [ˈsɔsərə(r)] *s* czarodziej, czarnoksiężnik

sor·cer·y [ˈsɔsərɪ] *s* czarnoksięstwo

sor·did [ˈsɔdɪd] *adj* brudny; podły; skąpy

sor·dine [sɔˈdin] *s muz.* tłumik

sore [sɔ(r)] *adj* bolesny, wrażliwy; rozdrażniony, zmartwiony; drażliwy; **he has a ~ throat** ⟨head⟩ boli go gardło ⟨głowa⟩; *s* bolesne miejsce, otarcie, rana; *przen.* bolesne ⟨przykre⟩ wspomnienie

sor·rel [ˈsɔrl] *s bot.* szczaw

sor·row [ˈsɔrəʊ] *s* smutek; *vi* smucić się (**at** ⟨**for, over**⟩ **sth** czymś)

sor·row·ful [ˈsɔrəʊfl] *adj* smutny; żałosny

sor·ry [ˈsɔrɪ] *adj* smutny; zmartwiony; **to be ~** żałować (**for sb, sth** kogoś, czegoś); **to be ~** martwić się (**about sth** czymś); **(I am) ~** przykro mi, przepraszam; **I am ~ for you** żal mi ciebie; **I am ~ to tell you that ...** z przykrością muszę ci powiedzieć, że ...

sort [sɔt] *s* rodzaj, jakość, gatunek; **in a ~** w pewnej mierze, w pewnym sensie; **nothing of the ~** nic podobnego; **of all ~s** wszelkiego rodzaju; **out of ~s** w złym nastroju; *pot.* **~ of** coś w tym rodzaju, jakiś tam; **what ~ of ...?** jaki to ...?; **he is the right ~** to jest odpowiedni człowiek; *vt* sortować; *vi* zgadzać się; być stosowanym (**with sth** do czegoś)

sor·tie [ˈsɔtɪ] *s wojsk.* wypad; *lotn.* lot bojowy

so-so [ˈsəʊ səʊ] *adj* taki sobie; *adv* tak sobie, jako tako

sot [sɒt] *s* pijaczyna; *vi* pić nałogowo

sot·tish [`sotıʃ] *adj* ogłupiony alkoholem, głupi

sought *zob.* seek

soul [səul] *s* dusza; poor ~ biedaczysko; All Souls' Day Zaduszki; heart and ~ całą duszą; in my ~ of ~s w głębi duszy; to keep body and ~ together żyć jako tako, wegetować

sound 1. [saund] *adj* zdrowy; cały; tęgi; rozsądny; solidny; słuszny; *adv* zdrowo; mocno

sound 2. [saund] *s* dźwięk; *vt vi* dźwięczeć, wydawać dźwięki, brzmieć, dzwonić, wydzwaniać; głośno ogłaszać; dawać sygnał (sth do czegoś); zagrać (the horn na rogu)

sound 3. [saund] *s geogr.* cieśnina

sound 4.[saund] *s med. mors.* sonda; *vt* sondować

sound-box [`saund boks] *s* głowica (gramofonu)

sound-film [`saund fılm] *s* film dźwiękowy

sound-head·ed [`saund hedıd] *adj* rozsądny

soup [sup] *s* zupa

sour [`sauə(r)] *adj* kwaśny; zgorzkniały; cierpki; ~ milk zsiadłe mleko; *vt* kwasić; rozgoryczać; psuć humor; *vi* kwaśnieć

source [sɔs] *s dosł. i przen.* źródło; pochodzenie

sour·dine [suə`din] *s muz.* tłumik, surdyna

souse [saus] *s* peklowane mięso, marynata; zanurzenie; *vt* peklować; zanurzać, moczyć; *vi* zanurzać się, moknąć; *pot.* upijać się

south [sauθ] *s geogr.* południe; *adj* południowy; *adv* na południe

south·er·ly [`sʌðəlı] *adj* zwrócony ku południowi, południowy

south·ern [`sʌðən] *adj* południowy

south·ward [`sauθwəd] *adj* zwrócony ku południowi; *adv* = southwards

south·wards [`sauθwədz] *adv* ku południowi

sou·ve·nir [`suvə`nıə(r)] *s* pamiątka

sov·er·eign [`sovrın] *s* suweren; monarcha; złoty funt angielski; *adj* suwerenny, zwierzchni, najwyższy

sov·er·eign·ty [`sovrəntı] *s* suwerenność

So·vi·et [`səuvıət] *s* rada; obywatel radziecki; *adj* radziecki; the Union of ~ Socialist Republics Związek Socjalistycznych Republik Rad; the ~ Union Związek Radziecki

*sow 1. [səu], sowed [səud], sown [səun] *vt* siać, zasiewać

sow 2. [sau] *s zool.* locha, maciora

sow·er [`səuə(r)] *s* siewca

sow·ing-ma·chine [`səuıŋ mə`ʃın] *s* siewnik

sox [soks] *s pl handl.* skarpety, skarpetki

spa [spa] *s* zdrojowisko, miejscowość uzdrowiskowa (ze zdrojem)

space [speıs] *s* przestrzeń, obszar; okres czasu; *druk.* spacja, odstęp; outer ~ przestrzeń kosmiczna; *vt* rozstawiać; *druk. (także* ~ out) spacjować

space-ship [`speıʃʃıp], space-craft [`speıs kraʃt] *s* statek kosmiczny

spa·cious [`speıʃəs] *adj* obszerny

spade [speıd] *s* łopata; *pl* ~s piki (*w kartach*); to call a ~ a ~ nazwać rzecz po imieniu; *vt* kopać łopatą

spall [spɔl] *s* odłamek; *vt vi* odłamać (się), rozbić (się)

span [spæn] *s* piędź; rozpiętość; przęsło; okres; zasięg; zaprzęg; *vt vi* sięgać, pokrywać, obejmować; rozciągać się; łączyć brzegi (mostem); mierzyć (odległość)

span·gle [`spæŋgl] *s* błyskotka; *vt* pokryć błyskotkami

Span·iard [`spænıəd] *s* Hiszpan

span·iel [`spænıəl] *s zool.* spaniel

Span·ish [`spænıʃ] *adj* hiszpański; *s* język hiszpański

spank [spæŋk] s uderzenie dłonią, klaps; vt dać klapsa; popędzać

span·ner [ˈspænə(r)] s techn. klucz do nakrętek

spar 1. [spa(r)] s mors. drąg, część omasztowania

spar 2. [spa(r)] vi kłócić się, bić się; sport boksować się, ćwiczyć boks; s kłótnia; sport mecz sparringowy

spar 3. [spa(r)] miner. szpat

spare [speə(r)] vt oszczędzić, zaoszczędzić, skąpić; mieć na zbyciu; móc obejść się; odstąpić; użyczyć; łagodnie traktować; enough and to ~ w nadmiarze; aż zanadto; I have some bread to ~ mam ⟨zostało mi⟩ trochę chleba; I have no time to ~ nie mam ani chwili wolnego czasu; vi o-szczędnie żyć, robić oszczędności; adj szczupły, skąpy, zbywający; zapasowy; ~ cash wolna gotówka; ~ parts części zapasowe ⟨za-mienne⟩; ~ time wolny czas; s część zapasowa ⟨zamienna⟩

spar·ing [ˈspeərɪŋ] adj oszczędny; wstrzemięźliwy

spark [spak] s iskra; odrobina; przen. żywość, witalność; inteligencja; ślad; modniś, elegant; lekkoduch; vt krzesać iskry; vi iskrzyć ⟨się⟩

spark·ing-plug [ˈspakɪŋ plʌg] s techn. świeca ⟨zapłonowa⟩

spar·kle [ˈspakl] vi iskrzyć się; s iskrzenie się, migotanie

spark·ling [ˈspaklɪŋ] adj (o winie) musujący

spark-plug [ˈspak plʌg] s = sparking-plug

spar·ring [ˈsparɪŋ] s sport sparring

spar·row [ˈspærəʊ] s wróbel

sparse [spas] adj rzadki; rzadko rosnący; rozsypany, rozsiany

spasm [ˈspæzm] s spazm, skurcz

spas·mod·ic [spæzˈmodɪk] adj spazmatyczny

spat 1. zob. **spit**

spat 2. [spæt] s (zw pl ~s) getry pl

spate [speɪt] s zalew, powódź, ule-wa

spa·tial [ˈspeɪʃl] adj przestrzenny

spat·ter [ˈspætə(r)] vt vi bryzgać, chlapać

spawn [spɔn] s ikra; pog. nasie-nie; vt vi składać ikrę; przen. mnożyć się

*****speak** [spik], **spoke** [spəʊk], **spo-ken** [ˈspəʊkn] vt vi mówić ⟨about ⟨of⟩ sb, sth o kimś, o czymś⟩; roz-mawiać; przemawiać; świadczyć, dowodzić; ~ for sb wstawić się ⟨przemawiać⟩ za kimś; ~ out głośno powiedzieć; otwarcie wy-powiedzieć się; ~ up głośno po-wiedzieć; ~ one's mind powie-dzieć, co się ma na myśli; no-thing to ~ of nic ważnego ⟨szcze-gólnego⟩, nic godnego wzmianki

speak·er [ˈspikə(r)] s mówiący, mówca; głośnik (radiowy); Speaker przewodniczący Izby Gmin ⟨am. Reprezentantów⟩

speak·ing [ˈspikɪŋ] p praes adj mówiący; wiele mówiący, pełen znaczenia; a ~ likeness uderza-jące podobieństwo; to be on ~ terms with sb znać się na tyle, aby z kimś rozmawiać

spear [spɪə(r)] s dzida, włócznia, harpun; vt przebić dzidą; złowić harpunem

spear·head [ˈspɪə hed] s ostrze włóczni; wojsk. czołówka

spe·cial [ˈspeʃl] adj specjalny; szczególny, osobliwy; nadzwy-czajny

spe·cial·ist [ˈspeʃlɪst] s specjalista

spe·ci·al·i·ty [ˌspeʃɪˈælɪtɪ] s spe-cjalność; szczególny wypadek

spe·cial·ize [ˈspeʃlaɪz] vt vi spe-cjalizować ⟨się⟩; przeznaczyć, przystosować

spe·cie [ˈspiʃi] s bilon, moneta

spe·cies [ˈspiʃiz] s (pl ~) rodzaj; biol. gatunek; the origin of ~ pochodzenie gatunków

spe·cif·ic [spəˈsɪfɪk] adj swoisty; ściśle określony; charakterysty-czny; gatunkowy

spec·i·fi·ca·tion [ˌspesɪfɪˈkeɪʃn] s
specyfikacja, wyszczególnienie;
dokładny opis
spec·i·fy [ˈspesɪfaɪ] vt specyfiko-
wać, wyszczególniać; dokładnie
określać, precyzować
spec·i·men [ˈspesɪmən] s wzór, o-
kaz; próbka; pot. dziwak
spe·cious [ˈspiːʃəs] adj łudzący, pozornie prawdziwy, na pozór słuszny
speck 1. [spek] s plamka; kruszynka, odrobina; vt pstrzyć, pokrywać plamkami
speck 2. [spek] s am. słonina;
tłuszcz (wielorybi)
speck·le [ˈspekl] s plamka; vt znaczyć plamkami, pstrzyć
spec·ta·cle [ˈspektəkl] s dosł. i
przen. widowisko; niezwykły widok; pl ~s (także a pair of ~s)
okulary
spec·ta·tor [spekˈteɪtə(r)] s widz
spec·tral [ˈspektrəl] adj widmowy;
fiz. spektralny
spec·tre [ˈspektə(r)] s widmo, zjawa
spec·trum [ˈspektrəm] s (pl spec-
tra [ˈspektrə]) fiz. widmo
spec·u·late [ˈspekjuleɪt] vi spekulować (in sth czymś); rozważać
(on, upon sth coś)
spec·u·la·tion [ˌspekjuˈleɪʃn] s rozważanie; spekulacja
spec·u·la·tive [ˈspekjulətɪv] adj teoretyczny; badawczy; spekulacyj-
ny
spec·u·la·tor [ˈspekjuleɪtə(r)] s spekulant
sped zob. speed
speech [spiːtʃ] s mowa; przemówienie; to deliver ⟨to make⟩ a ~
wygłosić mowę
speech·less [ˈspiːtʃləs] adj milczący
***speed** [spiːd], sped, sped [sped]
vi spieszyć się, pospieszać; vt żegnać, życzyć powodzenia; ~ up
przyspieszać; s pośpiech, szybkość
speed·y [ˈspiːdɪ] adj pospieszny,
szybki

spell 1. [spel] s urok, czar
spell 2. [spel] s okres czasu; krótki okres; a cold ~ okres zimna;
vt zastąpić ⟨zmienić⟩ (w pracy)
* **spell 3.** [spel], spelt, spelt [spelt]
vt sylabizować, literować, poda-
wać (pisownie) litera po literze;
przen. znaczyć, oznaczać
spell·bound [ˈspelbaʊnd] adj ocza-
rowany, urzeczony
spell·ing [ˈspelɪŋ] s pisownia; ortografia
spelt zob. spell 3.
* **spend** [spend], spent, spent
[spent] vt wydawać (pieniądze),
trwonić; wyczerpywać; spędzać
(czas)
spend·thrift [ˈspendθrɪft] s rozrzutnik, marnotrawca
spent zob. spend
sphere [ˈsfɪə(r)] s (także astr.) kula; sfera, zakres
spherical [ˈsferɪkl] adj sferyczny,
kulisty
spice [spaɪs] s zbior. korzenie;
przyprawa; pikanteria; vt przyprawiać (korzeniami)
spick [spɪk] adj tylko w zwrocie:
~ and span nowiuteńki, czyściut-
ki
spic·y [ˈspaɪsɪ] adj pieprzny; pikantny
spi·der [ˈspaɪdə(r)] s zool. pająk
spike [spaɪk] s długi gwóźdź, żelazny kolec; vt przymocować
⟨zabić⟩ gwoździami
spile [spaɪl] s szpunt, kołek
* **spill** [spɪl], spilt, spilt [spɪlt] vt
vi rozlewać (się), rozsypywać
(się), wysypywać (się)
* **spin** [spɪn], spun, spun [spʌn] vt
vi prząść; kręcić (się), wiercić
(się), wprawiać w ruch obrotowy, wirować; lotn. opadać kor-
kociągiem; ~ along toczyć się;
mknąć; ~ out rozciągać; spędzać (czas); s kręcenie się, ruch
obrotowy; lotn. korkociąg
spin·ach [ˈspɪnɪdʒ] s szpinak
spi·nal [ˈspaɪnl] adj krzyżowy, pacierzowy; ~ column kręgosłup

spin·dle [`spɪndl] s wrzeciono

spine [spaɪn] s anat. kręgosłup; grzbiet (np. książki)

spin·ner [`spɪnə(r)] s przędzarz, prządka

spin·ster [`spɪnstə(r)] s stara panna

spin·y [`spaɪnɪ] adj kolczasty

spi·ral [`spaɪərl] adj spiralny; s spirala

spire [`spaɪə(r)] s wieża spiczasta, iglica

spir·it [`spɪrɪt] s duch; charakter; męstwo; zapał, energia; spirytus; pl ~s nastrój; napoje alkoholowe; animal ~s zapał, radość życia; in high ⟨in low⟩ ~s w doskonałym ⟨w złym⟩ nastroju; vt dodać otuchy

spir·it·ed [`spɪrɪtɪd] adj pełen polotu ⟨zapału⟩, ożywiony

spir·i·tu·al [`spɪrɪtʃʊəl] adj duchowy; duchowny; s (także Negro ~) religijna pieśń murzyńska

spir·i·tu·al·ism [`spɪrɪtʃʊlɪzm] s spirytyzm; spirytualizm

spit 1. [spɪt] s rożen; geogr. cypel

spit 2. [spɪt], spat, spat [spæt] vt vi pluć; pot. ~ it out! mów!, gadaj!; s plucie; plwocina

spite [spaɪt] s złość, gniew; in ~ of sth pomimo czegoś; na złość ⟨na przekór⟩ czemuś; vt gniewać, drażnić, robić na złość

spite·ful [`spaɪtfl] adj złośliwy, pełen złości

spit·fire [`spɪtfaɪə(r)] s człowiek porywczy, raptus; lotn. typ myśliwca

spit·tle [`spɪtl] s plwocina

spit·toon [spɪ`tun] s spluwaczka

spiv [spɪv] s pot. niebieski ptak, spekulant (na czarnym rynku)

splash [splæʃ] vt vi bryzgać, pluskać ⟨się⟩, chlapać ⟨się⟩; s bryzganie, plusk; szum, sensacja; to make a ~ wzbudzić sensację

spleen [splin] s anat. śledziona; przen. zły humor, chandra; zgryźliwość

splen·did [`splendɪd] adj wspaniały, doskonały

splen·dour [`splendə(r)] s wspaniałość, splendor

splice [splaɪs] vt splatać, łączyć; pot. kojarzyć (pary)

splint [splɪnt] s drzazga; łyko, deszczułka; med. szyna

splin·ter [`splɪntə(r)] s drzazga, odłamek; vt vi rozszczepić ⟨się⟩, rozłupać ⟨się⟩

* **split** [splɪt], split, split [splɪt] vt vi rozszczepić ⟨się⟩, rozłupać ⟨się⟩, rozerwać ⟨się⟩, rozbić ⟨się⟩, przepołowić; ~ open rozewrzeć ⟨się⟩; pęknąć; s rozłam, rozbicie; pl ~s szpagat (w tańcu, gimnastyce akrobatycznej)

splut·ter [`splʌtə(r)] s = sputter

* **spoil** [spɔɪl], spoilt, spoilt [spɔɪlt] vt psuć, niszczyć, unicestwiać; psuć ⟨rozpieszczać⟩ (dziecko itp.); rabować; vi psuć się, niszczeć; s (zw. pl ~s) łupy wojenne, trofea; zdobycz

spoil·age [`spɔɪlɪdʒ] s zbior. odpadki; makulatura

spoilt zob. spoil

spoke 1. zob. speak

spoke 2. [spəʊk] s szprycha; szczebel; drąg (do hamowania)

spo·ken zob. speak

spokes·man [`spəʊksmən] s rzecznik

spo·li·ate [`spəʊlɪeɪt] vt rabować

sponge [spʌndʒ] s gąbka; pasożyt, darmozjad; vt myć gąbką; wchłaniać; vi pasożytować (on sb na kimś), wyłudzać (on sb for sth coś od kogoś)

spon·sor [`sponsə(r)] s poręczyciel; ojciec chrzestny, matka chrzestna; handl. opłacający reklamę (np. radiową)

spon·ta·ne·ous [spon`teɪnɪəs] adj spontaniczny, samorzutny; ~ combustion samozapalenie się

spool [spul] s szpulka; vt nawijać

spoon [spun] s łyżka; vt czerpać łyżką

spoon·ful [`spunfl] s zawartość łyżki, pełna łyżka (czegoś)

spo·rad·ic [spə`rædɪk] adj sporadyczny

sport [spɔt] s sport; żart; pot. porządny chłop; pl ~s zawody lekkoatletyczne; **athletic** ~s lekkoatletyka; **in** ⟨for⟩ ~ w żarcie, dla żartu; **to make** ~ żartować sobie, zabawiać się (**of sb, sth** kimś, czymś); vt wystawiać na pokaz, popisywać się (**sth** czymś); vi uprawiać sport; bawić się, żartować (**with sb, sth** z kogoś, czegoś)

sport·ive [ˈspɔtɪv] adj wesoły, zabawny; sportowy

sports·man [ˈspɔtsmən] s sportowiec

spot [spɔt] s miejsce; plama; kropka; krosta; handl. ~ cash zapłata gotówką; **on the** ~ na miejscu; od razu; attr natychmiastowy, na miejscu; vt nakrapiać, pstrzyć; plamić; rozpoznać, wykryć; plamić się

spot·less [ˈspɔtləs] adj nieskazitelny, nienaganny

spot·ted [ˈspɔtɪd] adj nakrapiany, pstry; poplamiony

spouse [spauz] s małżonek, małżonka

spout [spaut] vt vi trysnąć, wyrzucić z siebie; wypowiedzieć; s dziobek (np. imbryka); kurek; otwór wylotowy; strumień (np. wody)

sprain [spreɪn] vt zwichnąć; s zwichnięcie

sprang zob. **spring**

sprat [spræt] s zool. szprot, szprotka

sprawl [sprɔl] vi wyciągać się, rozwalać się, leżeć jak długi; rozprzestrzeniać się, rozrastać się; s rozwalanie się

spray 1. [spreɪ] s gałązka

spray 2. [spreɪ] s pył wodny; rozpylacz; vt vi rozpylać (się), opryskiwać

• **spread** [spred], **spread, spread** [spred] vt vi rozpościerać (się), rozprzestrzeniać (się); rozkładać (się), rozwijać (się); rozpowszechniać (się); powlekać; roz-

lewać (się); s rozprzestrzenienie, przestrzeń; rozłożenie; rozłożystość; rozpiętość; rozstęp; rozpowszechnienie; pot. uczta

spree [spri] s wesoła zabawa, hulanka; vi bawić się, hulać

sprig [sprɪg] s gałązka; latorośl; pot. młodzieniaszek

spright·ly [ˈspraɪtlɪ] adj żywy, wesoły

* **spring** [sprɪŋ], **sprang** [spræŋ], **sprung** [sprʌŋ] vi skakać, podskakiwać; tryskać, buchać; wyrastać; pochodzić; pękać; padać się; vt spowodować pęknięcie, rozbić; płoszyć; zaskoczyć; wysadzić w powietrze; ~ **up** podskakiwać; wyrastać; wypływać; ukazywać się; s skok; wiosna; źródło; sprężyna; elastyczność; pęknięcie; pl ~s resory, resorowanie

spring-board [ˈsprɪŋ bɔd] s trampolina; przen. odskocznia

sprin·kle [ˈsprɪŋkl] vt vi pryskać, spryskiwać; s kropienie, spryskiwanie; szczypta; drobny deszcz

sprin·kling [ˈsprɪŋklɪŋ] s drobna ilość, szczypta

sprint [sprɪnt] s sport sprint; vi sprintować

sprint·er [ˈsprɪntə(r)] s sprinter

sprite [spraɪt] s chochlik

sprout [spraut] s kiełek, pęd; vi kiełkować, puszczać pędy

spruce 1. [sprus] adj schludny; elegancki

spruce 2. [sprus] s bot. świerk

sprung zob. **spring**

spry [spraɪ] adj żywy, żwawy

spun zob. **spin**

spur [spɜ(r)] s ostroga; odnoga (górska); przen. podnieta; vt spinać ostrogami; przen. popędzać, podniecać

spu·ri·ous [ˈspjuərɪəs] adj nieautentyczny, podrobiony

spurn [spɜn] vt vi odepchnąć, odtrącić; pogardliwie traktować; s odepchnięcie, odtrącenie; pogardliwe traktowanie

spurt [spɜːt] *vt vi* tryskać; *s* wytrysk; zryw

sput·ter [ˈspʌtə(r)] *vi* bryzgać śliną (przy mówieniu); *vt* mówić bełkocąc

spy [spaɪ] *s* szpieg; *vi* szpiegować (on, upon sb kogoś); dokładnie badać (into sth coś); *vt* dostrzegać

spy·glass [ˈspaɪ glɑːs] *s* luneta, mały teleskop

squab·ble [ˈskwɒbl] *s* sprzeczka; *vi* sprzeczać się

squad [skwɒd] *s wojsk.* oddział; grupa, brygada (robocza); **firing** ~ pluton egzekucyjny

squad·ron [ˈskwɒdrən] *s wojsk.* szwadron; *lotn. mors.* eskadra

squal·id [ˈskwɒlɪd] *adj* brudny; nędzny

squall 1. [skwɔːl] *s mors.* szkwał

squall 2. [skwɔːl] *s* wrzask; *vt vi* wrzeszczeć, wykrzykiwać

squal·or [ˈskwɒlə(r)] *s* brud; nędza

squan·der [ˈskwɒndə(r)] *vt* trwonić, marnować

squan·der·er [ˈskwɒndərə(r)] *s* marnotrawca

square [skweə(r)] *s* kwadrat; czworobok; (kwadratowy) plac, skwer; blok budynków; *mat.* druga potęga liczby; *adj* kwadratowy; czworokątny; szczery, uczciwy; załatwiony, uporządkowany; solidny; jasno postawiony; kompletny; ~ **deal** uczciwe postępowanie; *mat.* ~ **root** pierwiastek; *vt* nadać kształt kwadratu; wyrównać (rachunek); uzgodnić; dostosować; *mat.* podnieść do kwadratu; rozprostować (ramiona); *vi* pasować; zgadzać się; ~ **up** rozliczyć się; przybrać postawę bojową (to sb wobec kogoś); *adv* pod kątem prostym; rzetelnie, uczciwie; wprost, w sam środek

squash [skwɒʃ] *vt vi* gnieść (się), wyciskać; *s* zgnieciona masa; **lemon** ~ napój z (wyciśniętej) cytryny

squat [skwɒt] *vi* kucać, przykucnąć; nielegalnie się osiedlić; *s* przysiad

squat·ter [ˈskwɒtə(r)] *s* nielegalny osadnik; dziki lokator

squaw [skwɔː] *s* Indianka (zw. zamężna)

squeak [skwiːk] *vi* piszczeć; *s* pisk

squeal [skwiːl] *vi* skomleć, kwiczeć; *s* skomlenie, kwiczenie

squeam·ish [ˈskwiːmɪʃ] *adj* drażliwy, wrażliwy; grymaśny

squeeze [skwiːz] *vt vi* cisnąć (się), ściskać, pchać się; ~ **out** wycisnąć; ~ **through** przeciskać (się); ~ **up** ścisnąć; *s* ścisk; u-ścisk; odcisk

squib [skwɪb] *s* fajerwerk; *przen.* paszkwil, satyra polityczna

squint [skwɪnt] *s* zez; *adj* zezowaty; *vi* patrzeć zezem

squire [ˈskwaɪə(r)] *s* obywatel ziemski

squir·rel [ˈskwɪrl] *s zool.* wiewiórka

squirt [skwɜːt] *vi* tryskać; *vt* strzykać; *s* wytrysk; strzykawka; *pot.* zarozumialec

stab [stæb] *vt* pchnąć sztyletem, zasztyletować; *vi* (o bólu) rwać; *s* pchnięcie sztyletem; *pot.* próba

sta·bil·i·ty [stəˈbɪlətɪ] *s* stałość, trwałość

sta·bi·lize [ˈsteɪblaɪz] *vt* stabilizować

sta·ble 1. [ˈsteɪbl] *adj* stały, trwały

sta·ble 2. [ˈsteɪbl] *s* stajnia; stadnina

stack [stæk] *s* stóg, sterta; komin (okrętowy lub fabryczny)

sta·di·um [ˈsteɪdɪəm] *s* (*pl* **sta·di·a** [ˈsteɪdɪə]) *sport* stadion; stadium

staff [stɑːf] *s* (*pl* **staves** [steɪvz] *lub* ~s [stɑːfs]) kij, drąg, drzewce (flagi); *muz.* pięciolinia; (*pl* **staffs**) sztab, personel

stag [stæg] *s zool.* jeleń; *pot.* spekulant giełdowy; *am.* samotny mężczyzna

stage [steɪdʒ] s scena, estrada; rusztowanie; stadium, etap, o- kres; ~ **manager** reżyser; vt wy- stawiać na scenie

stage-coach [`steɪdʒ kəʊtʃ] s dy- liżans

stag·ger [`stægə(r)] vi chwiać się; zataczać się; wahać się; vt oszo- łomić; s chwiejny chód; waha- nie; pl ~s zawrót głowy

stag·nant [`stægnənt] adj stojący w miejscu; (będący) w zastoju, martwy

stag·na·tion [stæg`neɪʃn] s zastój

stag·y [`steɪdʒɪ] adj teatralny; afektowany

staid [steɪd] adj zrównoważony, stateczny

stain [steɪn] s plama; zabarwie- nie; vt plamić; zabarwiać; ~ed glass witraż

stain·less [`steɪnləs] adj nie spla- miony; nienaganny; (o stali) nie- rdzewny

stair [steə(r)] s stopień (schodów); pl ~s schody

stair·case [`steəkeɪs] s klatka scho- dowa

stake [steɪk] s pal, słup; stawka, ryzyko; wkład, udział; stos cało- palny; to be at ~ wchodzić w grę; life is at ~ tu chodzi o ży- cie; vt wzmacniać palami; ryzy- kować; zakładać się (sth o coś; przywiązać do pala; wbić na pal

sta·lac·tite [`stæləktaɪt] s miner. stalaktyt

sta·lag·mite [`stæləgmaɪt] s miner. stalagmit

stale [steɪl] adj suchy; (o chlebie) czerstwy, nieświeży; pozbawiony smaku; zużyty; stary; vi zużyć się, zestarzeć się

stale·mate [`steɪlmeɪt] s pat (w szachach); przen. martwy punkt

stalk 1. [stɔk] s łodyga, szypułka, źdźbło

stalk 2. [stɔk] vi kroczyć (z du- mą); przen. (o epidemii itp.) panować; vt podkradać się, pod- chodzić (the game do zwierzy- ny); s wyniosły chód

stall [stɔl] s stragan, buda, stois- ko, kiosk; przegroda w stajni; pl ~s teatr miejsca na parterze

stal·lion [`stæljən] s zool. ogier

stal·wart [`stɔlwət] adj mocny, sil- ny; wierny, lojalny

sta·men [`steɪmən] s bot. pręcik

stam·i·na [`stæmɪnə] s zbior. siły życiowe, energia, wytrzymałość

stam·mer [`stæmə(r)] vi jąkać się; vt (także ~ out) wyjąkać; s ją- kanie się

stam·mer·er [`stæmərə(r)] s jąkała

stamp [stæmp] vt vi stemplować, pieczętować; nalepić znaczek po- cztowy; przen. wbić (w pamięć); deptać, tupać; ~ out zgnieść, zmiażdżyć; przen. zniszczyć; s stempel, pieczęć; znaczek pocz- towy; tupanie, deptanie, tętent; przen. piętno, cecha

stamp-album [`stæmp ælbəm] s album na znaczki pocztowe, kla- ser

stamp-col·lec·tor [`stæmp kəlek- tə(r)] s filatelista

stam·pede [stæm`piːd] s paniczna ucieczka, popłoch; vi pędzić w popłochu; vt siać popłoch

stanch 1. [stɑntʃ], **staunch** [stɔntʃ] vt tamować, zatrzymywać (krew)

stanch 2. [stɑntʃ] adj = **staunch** 2.

stan·chion [`stɑnʃən] s podpora; vt podpierać

* **stand** [stænd], **stood**, **stood** [stʊd] vi stać; stawiać się; pozosta- wać; znajdować się (w pewnej sytuacji); vt stawiać; wytrzymy- wać, znosić; podtrzymywać; to ~ to sth trzymać się czegoś, dotrzymywać; trwać przy czymś; it ~s to reason to się rozumie samo przez się, to jest oczy- wiste; to ~ firm trzymać się, nie odstępować (od swego zdania; to ~ good być w mocy, obowią- zywać; to ~ prepared być goto- wym; to ~ for sth popierać coś; zastępować coś; występować w obronie czegoś; to ~ for Parlia- ment kandydować do parlamen-

tu; ~ on sth nalegać na coś, polegać na czymś; ~ back cofać się, być cofniętym; ~ forth ⟨forward⟩ występować, wystawać; to ~ out wystawać, występować; opierać się (against sth czemuś); kontrastować (against sth z czymś); odznaczać się, wyróżniać się; ~ over ulec zwłoce, zalegać; ~ up powstać, podnieść się; opierać się, stawiać czoło (to sb, sth komuś, czemuś); s miejsce, stanowisko; stoisko; podstawa, podstawka; stojak; pulpit (do nut); trybuna; zastój, przerwa; postój; okres pobytu; opór; to bring to a ~ zatrzymać, unieruchomić; to come to a ~ zatrzymać się; to make a ~ zatrzymać się; stawiać opór (against sb, sth komuś, czemuś); stanąć w obronie (for sth czegoś); to take a ~ zająć stanowisko

stand·ard [ˈstændəd] s sztandar, flaga; norma, przeciętna miara; poziom; gatunek; wzór; standard; stopa (życiowa); ~ time urzędowy czas miejscowy; up to (the) ~ zgodnie z wzorem; na odpowiednim poziomie

stand·ard·ize [ˈstændədaɪz] vt normalizować, ujednolicać

stand·ing [ˈstændɪŋ] s stanie; miejsce; stanowisko; trwanie; adj stojący; trwający; obowiązujący; ~ corn zboże na pniu; ~ orders regulamin

stand·point [ˈstænd pɔɪnt] s punkt widzenia, stanowisko

stand·still [ˈstænd stɪl] s zastój; martwy punkt

stand·up [ˈstænd ʌp] attr stojący, na stojąco

stank zob. stink

stan·za [ˈstænzə] s zwrotka

sta·ple 1. [ˈsteɪpl] s skład towarów; magazyn; podstawowy towar; główny temat; attr główny

sta·ple 2. [ˈsteɪpl] s hak, klamra; vt spinać klamrą

star [stɑ(r)] s gwiazda; shooting ~

gwiazda spadająca; the Stars and Stripes flaga St. Zjednoczonych; vt zdobić gwiazdami; vi teatr występować w głównej roli

star·board [ˈstɑbɔd] s mors. sterbort, prawa burta

starch [stɑtʃ] s krochmal; vt krochmalić

stare [steə(r)] vt vi uporczywie patrzeć, wytrzeszczać oczy (at sb, sth na kogoś, coś); s uporczywy wzrok

stark [stɑk] adj całkowity; istny; poet. sztywny; adv całkowicie

star·light [ˈstɑlaɪt] s światło gwiazd

star·ling [ˈstɑlɪŋ] s zool. szpak

star·ry [ˈstɑrɪ] adj gwiaździsty

star·span·gled [ˈstɑ spæŋgld] adj usiany gwiazdami; the ~ banner gwiaździsta flaga USA

start [stɑt] vi wyruszyć, wystartować; wybierać się (on a journey w drogę); wzdrygać się; zrywać się; płoszyć się; skoczyć, podskoczyć; zacząć; podjąć się (on sth czegoś); vt wprowadzić w ruch; poruszyć; ustanowić; rozpocząć; przerazić; spłoszyć; założyć (np. przedsiębiorstwo); spowodować, wywołać (np. pożar); ~ back nagle cofnąć się; wyruszyć w drogę powrotną; ~ off wyruszyć, odjechać, zacząć się (with sth od czegoś); ~ out wystąpić, ukazać się; odjechać; ~ up podskoczyć, zerwać się; wszcząć; to ~ with na początek; po pierwsze; s start; podskok; odjazd; wstrząs; początek; pierwszeństwo; zryw; at the ~ na początku; to get the ~ wyprzedzać (of sb kogoś); to make a new ⟨fresh⟩ ~ rozpocząć na nowo

star·tle [ˈstɑtl] vt vi przerazić (się), zaskoczyć; wstrząsnąć

star·va·tion [stɑˈveɪʃn] s głodowanie, głód

starve [stɑv] vi głodować, umierać

steady

z głodu; *vt* głodzić; tęsknić, przepadać (for sth za czymś)

starve·ling [ˈstɑvlɪŋ] *s* głodomór

state [steɪt] *s* stan; stanowisko;
położenie; państwo; uroczystość,
pompa; in ~ uroczyście, ceremonialnie; z całym ceremoniałem;
the United States Stany Zjednoczone; *am.* **Secretary of State**
minister spraw zagranicznych; *vt*
stwierdzać; oświadczać; przedstawiać (np. sprawę); *attr* państwowy; stanowy; urzędowy; paradny; *am.* **State Department**
ministerstwo spraw zagranicznych

state·craft [ˈsteɪtkrɑft] *s* umiejętność rządzenia państwem

state·ly [ˈsteɪtlɪ] *adj* okazały, wspaniały; wzniosły, pełen godności

state·ment [ˈsteɪtmənt] *s* stwierdzenie; oświadczenie; zeznanie

states·man [ˈsteɪtsmən] *s* mąż stanu

states·man·ship [ˈsteɪtsmənʃɪp] *s* u-
miejętność kierowania sprawami
państwa, działalność męża stanu

stat·ic [ˈstætɪk] *adj* statyczny

stat·ics [ˈstætɪks] *s* statyka

sta·tion [ˈsteɪʃn] *s* stacja; miejsce,
położenie; posterunek; stan; u-
rząd; *vt* umieścić, osadzić; rozlokować

sta·tion·ar·y [ˈsteɪʃnrɪ] *adj* stacjo-
narny, nieruchomy; niezmienny;
stały

sta·tion·er [ˈsteɪʃnə(r)] *s* właściciel sklepu z artykułami piśmien-
nymi

sta·tion·er·y [ˈsteɪʃnrɪ] *s* zbiór. artykuły piśmienne; papier listo-
wy

sta·tion·mas·ter [ˈsteɪʃn ˈmɑstə(r)]
s zawiadowca stacji

sta·tis·tic [stəˈtɪstɪk], **sta·tis·ti·cal**
[stəˈtɪstɪkl] *adj* statystyczny

stat·is·ti·cian [ˈstætɪˈstɪʃn] *s* statystyk

sta·tis·tics [stəˈtɪstɪks] *s* statystyka

stat·u·ar·y [ˈstætʃʊərɪ] *adj* rzeź-

biarski; *s* rzeźbiarstwo posągo-
we; rzeźba, zbiór rzeźb; rzeźbiarz

stat·ue [ˈstætʃu] *s* statua

stat·ure [ˈstætʃə(r)] *s* postawa,
wzrost

sta·tus [ˈsteɪtəs] *s* stan (prawny
itp.); położenie; stanowisko

stat·ute [ˈstætʃut] *s* ustawa; statut; ~ **law** ustawy parlamentar-
ne

staunch 1. *zob.* stanch 1.

staunch 2. [stɔntʃ] *adj* mocny, niewzruszony; lojalny, pewny, wierny

stave 1. [steɪv] *s* kij; klepka; *muz.*
takt; zwrotka

*****stave** 2. [steɪv], ~**d**, ~**d** [steɪvd]
lub **stove, stove** [stəuv] *vt* (także
~ **in**) wgniatać; robić dziurę; ~
off zapobiegać (np. niebezpieczeństwu)

staves *zob.* staff

stay [steɪ] *vt* zatrzymać się, przebywać, pozostawać, mieszkać;
wstrzymywać się; *vt* zatrzymywać, powstrzymywać, hamować;
podpierać; wytrzymywać; **to** ~
with sb gościć u kogoś; ~**ing
power** wytrzymałość; ~ **away**
trzymać się z dala, nie zjawiać
się; ~ **in** pozostawać w domu;
~ **out** pozostawać poza domem;
~ **up** nie siadać, nie kłaść się
spać; *s* przebywanie, pobyt; postój; zwłoka; zastój; hamowanie;
podpora, podpórka; *pl* ~**s** gorset

stay-at-home [ˈsteɪ ət həum] *s* domator

stay-in [ˈsteɪ ɪn] *attr* ~ **strike**
strajk okupacyjny

stead [sted] *s lit.* miejsce; korzyść;
in my ~ na moim miejscu; **to
stand in good** ~ wyjść na korzyść

stead·fast [ˈstedfɑst] *adj* trwały,
solidny, niezachwiany

stead·y [ˈstedɪ] *adj* mocny, silny;
niezachwiany, stały; zrównowa-

żony; spokojny; *vt* utwierdzić,
wzmocnić; uspokoić; doprowadzić do równowagi; *vi* okrzepnąć; ustalić się; dojść do równowagi; *adv* spokojnie; *pot.* (o
chłopcu, dziewczynie) to go ~
chodzić ze sobą

steak [steɪk] *s* kawałek mięsa; stek
* steal [stil], stole [stəul], stolen
['stəuln] *vt* kraść; *vi* skradać się;
~ away wymknąć się; ~ in
wkraść się; ~ out wyśliznąć się

stealth [stelθ] *s w zwrocie:* in ⟨by⟩
~ ukradkiem

stealth·y ['stelθɪ] *adj* tajemny,
skryty

steam [stim] *s* para (wodna); *vt*
parować, gotować na parze; *vi*
wytwarzać parę; (o *pociągu, pa-
rowcu*) jechać

steam·boat ['stimbəut] *s* parowiec
steam·boil·er ['stim bɔɪlə(r)] *s* kocioł parowy

steam·er ['stimə(r)] *s* parowiec;
maszyna parowa

steam·pow·er ['stim pauə(r)] *s* siła parowa

steam·ship ['stimʃɪp] *s* = steamboat

steed [stid] *s lit.* rumak
steel [stil] *s* stal; *vt* hartować
steel·on ['stilon] *s* stylon
steel·works ['stil wɜːks] *s* stalownia

steep 1. [stip] *adj* stromy; *pot.* (o
wymaganiach) wygórowany

steep 2. [stip] *vt* zanurzyć, zamoczyć, zmiękczyć

stee·ple ['stipl] *s* iglica; wieża
strzelista

stee·ple·chase ['stipl tʃeɪs] *s sport*
wyścigi konne z przeszkodami

steer ['stɪə(r)] *vt vi* sterować; dążyć (for sth w stronę czegoś);
to ~ clear unikać (of sth czegoś)

steer·age ['stɪərɪdʒ] *s* sterowanie;
przedział najtańszej klasy na
statku

steer·ing-wheel ['stɪərɪŋ wil] *s* koło
sterowe; kierownica

steers·man ['stɪəzmən] *s* sternik

stem 1. [stem] *s* trzon; pień, łodyga; *gram.* temat

stem 2. [stem] *vt* tamować, wstrzymywać; wybudować tamę (a river na rzece)

stench [stentʃ] *s* smród

sten·cil ['stensl] *s* szablon, patron,
matryca; *vt* malować szablonem;
matrycować

ste·nog·ra·pher [stə'nɔgrəfə(r)] *s*
stenograf

sten·o·graph·ic ['stenə'græfɪk] *adj*
stenograficzny

step [step] *s* krok; stopień; próg;
flight of ~s kondygnacja schodów; ~ by ~ krok za krokiem;
stopniowo; to keep ~ dotrzymywać kroku (with sb komuś); to
take ~s przedsięwziąć kroki;
vi kroczyć; deptać; ~ back cofnąć się; ~ down schodzić na
dół; ~ forth ⟨forward⟩ wystąpić; ~ in wkroczyć

step·daugh·ter ['step dɔːtə(r)] *s* pasierbica

step·fa·ther ['step fɑːðə(r)] *s* ojczym
step·moth·er ['step mʌðə(r)] *s* macocha

step·ping-stone ['stepɪŋ stəun] *s
przen.* środek wiodący do celu,
odskocznia

step·son ['step sʌn] *s* pasierb

ster·e·o·metry ['stɪərɪ'ɔmɪtrɪ] *s* stereometria

ster·e·o·phon·ic ['stɪərɪə'fɔnɪk] *adj*
stereofoniczny

ster·ile ['steraɪl] *adj* bezpłodny

ster·i·lize ['sterɪaɪz] *vt* sterylizować

ster·ling ['stɜːlɪŋ] *s* (funt) szterling;
adj przen. prawdziwy; solidny;
nieskazitelny

stern 1. [stɜːn] *adj* surowy, groźny
stern 2. [stɜːn] *s mors.* rufa; tył

stew [stjuː] *vt* dusić (potrawę); *vi*
dusić się; *s* duszona potrawa
mięsna, gulasz

stew·ard ['stjuəd] *s* zarządca, gospodarz; steward

stew·ard·ess ['stjuə'des] *s* stewar-
desa

• **stick** [stɪk], **stuck, stuck** [stʌk] *vt* wetknąć, wepchnąć; przebić; przymocować; przykleić; *vi* tkwić; przyczepić się (**to sth** czegoś); trzymać się; trwać (**to sth** przy czymś); ~ **around** *pot.* kręcić się w pobliżu; ~ **out** wysunąć; wystawać; ~ **up** podnieść do góry; sterczeć; *s* laska, pałka, kij; baton; mydło do golenia; *pot.* nudziarz, człowiek nadęty ⟨napuszony⟩

stick·y [ˈstɪkɪ] *adj* lepki, kleisty

stiff [stɪf] *adj* sztywny; uparty; (*o egzaminie*) trudny; silny, mocny (wiatr, trunek itd.); *s pot.* trup

stiff·en [ˈstɪfn] *vt* usztywnić; utwierdzić w uporze; utrudnić (np. egzamin); *vi* zesztywnieć; uprzeć się

sti·fle [ˈstaɪfl] *vt vi* dusić (się); dławić (się), tłumić

stig·ma [ˈstɪgmə] (*pl* **stigmata** [stɪgˈmatə]) *s* piętno, stygmat

stig·ma·tize [ˈstɪgmətaɪz] *vt* piętnować

still 1. [stɪl] *adj* cichy, spokojny; ~ **life** martwa natura; *s* cisza, spokój; fotografia; *vt vi* uciszyć (się), uspokoić (się); *adv* ciągle, jeszcze, stale, nadal; mimo wszystko, przecież

still 2. [stɪl] *vt* destylować; *s* aparat destylacyjny

still-born [ˈstɪl bɔn] *adj* martwo urodzony

stilt [stɪlt] *s* szczudło

stilt·ed [ˈstɪltɪd] *adj* nienaturalny, afektowany

stim·u·lant [ˈstɪmjulənt] *adj* podniecający; *s* środek podniecający; bodziec

stim·u·late [ˈstɪmjuleɪt] *vt* podniecać; zachęcać, pobudzać

• **sting** [stɪŋ], **stung, stung** [stʌŋ] *vt* użądlić, kłuć; sparzyć (pokrzywą); podniecać; przypiekać; *vi* piec, boleć

stin·gi·ness [ˈstɪndʒɪnəs] *s* sknerstwo

stin·gy [ˈstɪndʒɪ] *adj* skąpy

• **stink** [stɪŋk], **stunk, stunk** [stʌŋk] *vi* śmierdzieć (**of sth** czymś); *s* smród

stint [stɪnt] *vt* ograniczyć; skąpić (**sb of sth** komuś czegoś); *s* ograniczenie; wyznaczona ilość pracy, norma

sti·pend [ˈstaɪpend] *s* pensja (zw. duchownego)

stip·u·late [ˈstɪpjuleɪt] *vt vi* żądać; ustalać warunki, zastrzegać sobie (**for sth** coś)

stip·u·la·tion [ˌstɪpjuˈleɪʃn] *s* uzgodnienie warunków, warunek (układu), zastrzeżenie

stir [stɜ(r)] *vt vi* ruszać (się); wzruszać (się); wprawiać w ruch; podniecać; pomieszać; krzątać się; *s* poruszenie; podniecenie; krzątanina

stir·rup [ˈstɪrəp] *s* strzemię

stitch [stɪtʃ] *s* ścieg; oczko (np. w pończosze); kłucie (w boku); *vt vi* robić ścieg; szyć

stock [stɔk] *s* trzon, pień; ród; zapas, zasób; inwentarz; (*także* **live** ~) żywy inwentarz; majątek; *handl.* kapitał zakładowy, akcja, obligacja; *teatr* repertuar; **rolling** ~ tabor kolejowy; ~ **exchange** giełda; *teatr* ~ **piece** sztuka repertuarowa; ~ **tale** ciągle powtarzana historyjka; **to take** ~ robić inwentarz ⟨remanent⟩ (**of sth** czegoś); **in** ~ w zapasie; **out of** ~ wyprzedany; *vt* robić zapas, zaopatrzyć; trzymać na składzie; osadzać (narzędzie itp.); *handl.* prowadzić sprzedaż

stock·ade [stoˈkeɪd] *s* palisada; *vt* otoczyć palisadą

stock-bro·ker [ˈstɔkbrəʊkə(r)] *s* makler giełdowy

stock-ex·change [ˈstɔk ɪkstʃeɪndʒ] *s* giełda

stock·ing [ˈstɔkɪŋ] *s* pończocha

stock-in-trade [ˈstɔk ɪn ˈtreɪd] *s* zapas towarów w sklepie

stock-tak·ing [ˈstɔk teɪkɪŋ] *s* inwentaryzacja, remanent

stock·y [ˈstokɪ] *adj* krępy

stock·yard [ˈstokjad] *s* zagroda dla bydła (na targu, w rzeźni)

sto·ic [ˈstəʊɪk] *s* stoik

sto·i·cal [ˈstəʊɪkl] *adj* stoicki

stoke [stəʊk] *vt* palić (w lokomotywie, piecu hutniczym)

stoke·hold [ˈstəʊk həʊld] *s mors.* kotłownia (na statku)

stole 1. [stəʊl] *s rel.* stuła

stole 2. *zob.* steal

sto·len *zob.* steal

stol·id [ˈstolɪd] *adj* obojętny; flegmatyczny; bierny

stom·ach [ˈstʌmək] *s anat.* żołądek, *pot.* brzuch; chętka; *vt* jeść z apetytem; znosić, ścierpieć

stom·ach-ache [ˈstʌmək eɪk] *s* ból brzucha

stone [stəʊn] *s* kamień; ziarnko (owocu), pestka; *bryt.* miara ciężaru; *vt* ukamienować; drylować (owoce)

stone-ma·son [ˈstəʊnmeɪsn] *s* kamieniarz

stone·ware [ˈstəʊnweə(r)] *s zbior.* naczynia ⟨wyroby⟩ kamionkowe

ston·y [ˈstəʊnɪ] *adj* kamienisty; kamienny

stood *zob.* stand

stool [stul] *s* stołek; *med.* stolec

stoop [stup] *vt vi* schylić (się), zgiąć (się); poniżyć (się); raczyć; być przygarbionym; *s* pochylenie; przygarbienie

stop [stop] *vt* zatkać, zatrzymać, zahamować; zaprzestać, skończyć; napełnić, zaplombować; powstrzymać; *vi* zatrzymać się, stanąć; przestać, skończyć (się), ustać; ~ **short** urwać, nagle przerwać; *s* zatrzymanie (się); postój; przystanek; przerwa; koniec; zatyczka; *gram.* głoska zwarta; *gram.* full ~ kropka; **to come to a** ~ stanąć; ustać; **to put a** ~ położyć kres

stop-light [ˈstop laɪt] *s* światło stopowe; sygnał zatrzymania

stop·page [ˈstopɪdʒ] *s* zatrzymanie; wstrzymanie (np. pracy); zawie-

szenie (np terminu płatności); zastój

stop·per [ˈstopə(r)] *s* szpunt, korek

stop-press [ˈstop ˈpres] *attr* ~ **news** wiadomości (z ostatniej chwili)

stor·age [ˈstorɪdʒ] *s* magazynowanie, gromadzenie, zapas; **cold** ~ przechowywanie w chłodni; chłodnia

store [stɔ(r)] *s* zapas; skład; magazyn; *am.* sklep; *pl* ~s dom towarowy; **to set** ~ przykładać wagę, przywiązywać znaczenie (**by sth** do czegoś); *vt* zaopatrywać, ekwipować; (*także* ~ **up**) magazynować, przechowywać, gromadzić (np. zapasy)

store-house [ˈstɔ haʊs] *s* magazyn

store·keep·er [ˈstɔ kipə(r)] *s* magazynier; *am.* kupiec

sto·rey, sto·ry [ˈstorɪ] *s* piętro

stork [stɔk] *s* bocian

storm [stɔm] *s* burza; *mors.* sztorm; szturm; *vi* krzyczeć, złościć się; **it** ~s burza szaleje; *vt* szturmować

storm·y [ˈstomɪ] *adj* burzliwy, gwałtowny; zapowiadający burzę

sto·ry 1. [ˈstorɪ] *s* historia; opowiadanie, opowieść; fabuła; **short** ~ nowela; **the** ~ **goes that ...** mówią, że ...; **podobno ...**

sto·ry 2. *zob.* storey

stout [staʊt] *adj* mocny, mocno zbudowany; tęgi; otyły; solidny; stanowczy; *s* mocny porter

stove [stəʊv] *s* piec

stow [stəʊ] *vt* umieścić; zapakować; (*także* ~ **away**) schować, usunąć; *vi* ukryć się; jechać bez biletu (*zw.* na statku)

stow·age [ˈstəʊɪdʒ] *s mors.* pakownia; pakowanie; ładunek ułożony; opłaty za ładunek

stow·a·way [ˈstəʊ əweɪ] *s* pasażer na gapę (na statku)

strad·dle [ˈstrædl] *vt vi* stać z rozkraczonymi nogami; siedzieć okrakiem

strag·gle [ˈstrægl] *vi* rozejść się;

rozproszyć się, być rozproszonym ⟨rozciągniętym⟩

strag·gler [ˈstræglə(r)] s włóczęga, maruder

straight [streɪt] *adj* prosty, sztywny; prostolinijny; uporządkowany; pewny; rzetelny; **to put ~** uporządkować, poprawić, wyrównać; *adv* prosto; **~ away** natychmiast; z miejsca; **~ out** wprost, bez wahania

straight·en [ˈstreɪtn] *vt vi* wyprostować (się); uporządkować; wyrównać

straight·for·ward [streɪtˈfɔwəd] *adj* prosty; prostolinijny, szczery

strain 1. [streɪn] *vt* napinać, wytężać, forsować; przesadzać; przekraczać; cedzić, filtrować; *vi* wysilać się, wytężać się; usilnie dążyć (**after** sth do czegoś); s napięcie, natężenie; wysiłek; (*zw.* *pl* ~s) *poet.* melodia, ton

strain 2. [streɪn] *s* ród, rasa, pochodzenie

strait [streɪt] *adj* † wąski, ciasny; **~ jacket** kaftan bezpieczeństwa; *s* (*zw.* *pl* ~s) cieśnina; ciężkie położenie, kłopoty

strand 1. [strænd] *s* brzeg, nabrzeże; *vt* osadzić na brzegu ⟨na mieliźnie⟩; osiąść na brzegu ⟨na mieliźnie⟩

strand 2. [strænd] *s* skręcona nitka (przędzy, sznura); splot (włosów), warkocz

strange [streɪndʒ] *adj* dziwny, niezwykły; obcy; **to feel ~** czuć się nieswojo ⟨obco⟩; **~ to say** ... dziwne, że ...

strang·er [ˈstreɪndʒə(r)] *s* obcy człowiek; nieznajomy, przybysz; człowiek nie obeznany (**to** sth z czymś)

stran·gle [ˈstræŋgl] *vt* dusić, dławić

stran·gu·late [ˈstræŋgjʊleɪt] *vt* dusić; *med.* podwiązywać (np. żyłę)

strap [stræp] *s* rzemień; uchwyt (np. w tramwaju); *vt* opasać rze-

mieniem, przewiązać; sprawić lanie

stra·ta *zob.* stratum

strat·a·gem [ˈstrætədʒəm] *s* podstępny plan, fortel

stra·te·gic [strəˈtidʒɪk] *adj* strategiczny

strat·e·gy [ˈstrætɪdʒɪ] *s* strategia

strato·sphere [ˈstrætəsfɪə(r)] *s* stratosfera

stra·tum [ˈstrɑtəm] *s* (*pl* **strata** [ˈstrɑtə]) *geol.* warstwa; *przen.* grupa ⟨warstwa⟩ społeczna

straw [strɔ] *s* słoma;/*przen.* **I don't care a ~** nic mnie to nie obchodzi, nie dbam o to; **it isn't worth a ~** to nie ma żadnej wartości

straw·ber·ry [ˈstrɔbrɪ] *s* truskawka; (*także* **wild ~**) poziomka

stray [streɪ] *vt* błąkać się, błądzić; odłączyć się (od grupy); zejść z właściwej drogi; *adj attr* zabłąkany; przypadkowy; *s* przybłęda; *pl* ~s zakłócenia atmosferyczne

streak [strik] *s* pasmo; smuga; rys; **like a ~ of lightning** błyskawicznie, z szybkością błyskawicy

stream [strim] *s* strumień; prąd; **a ~ of people** masa ludzi; tłum; **to go with the ~** iść z prądem ⟨duchem⟩ czasu; *lit.* **~ of consciousness** strumień świadomości; **down ~** z prądem; **up ~** pod prąd; *vi* uciec, płynąć, spływać

stream·let [ˈstrimlət] *s* strumyk

stream·line [ˈstrim laɪn] *s* linia opływowa

street [strit] *s* ulica; **the man in the ~** szary ⟨przeciętny⟩ człowiek

street·car [ˈstrit kɑ(r)] *s* am. tramwaj

street·walk·er [ˈstrit wɔkə(r)] *s* ulicznica, prostytutka

strength [streŋθ] *s* siła, moc

strength·en [ˈstreŋθn] *vt vi* wzmocnić (się)

stren·u·ous [ˈstrenjʊəs] *adj* gorliwy; usilny; wymagający wysiłku

stress [stres] s nacisk, przycisk; presja, ciśnienie; *gram.* akcent; *vt* naciskać; podkreślać; *gram.* akcentować

stretch [stretʃ] *vt vi* wyciągać (się), rozciągać (się), naciągać (się); s rozpostarcie; napięcie; rozpiętość; elastyczność; przeciąg czasu; jednolita przestrzeń; **at a ~** jednym ciągiem

stretch·er [`stretʃə(r)] s nosze; rama do napinania

***strew** [stru], **strewed** [strud], **strewn** [strun] *vt* sypać, rozsypywać

strick·en [`strikən] *adj* trafiony, dotknięty; **~ in years** w podeszłym wieku

strict [strikt] *adj* ścisły, dokładny

stric·ture [`striktʃə(r)] s *med.* zwężenie, skurcz; (*zw. pl* ~s) ostra krytyka

***stride** [`strid], **strode** [strəud], **strid·den** [`stridn] *vt vi* kroczyć; przekroczyć; siedzieć okrakiem (**sth** na czymś); s krok; rozkrok; **to take sth in one's ~** zrobić coś bez wysiłku

stri·dent [`straidnt] *adj* (*o dźwięku*) zgrzytający, piskliwy

strife [straif] s walka, spór

***strike** [straik], **struck**, **struck** [strʌk] *vt vi* uderzyć, ugodzić; strajkować; (*o zegarze*) bić; krzesać (*ogień*); zapalać (zapałkę); zadać (cios); wybijać (np. monetę); kończyć, zamykać (np. bilans); natknąć się (**sth** na coś); skreślić (np. **off a list** z listy); **to ~ a bargain** ubić interes; to **~ blind** oślepić; to **~ dead** uśmiercić; **to ~ root** zapuścić korzenie; to **~ the tent** zwinąć namiot; **~ down** powalić; zbić; **~ off** odciąć; odejść; potrącić (np. procent); skreślić; **~ out** wykreślić; szybko ruszyć ⟨rzucić się⟩ (**for sth** ku czemuś); **~ up** zawrzeć (znajomość); zacząć grać ⟨śpiewać⟩; s strajk; trafienie; **to be on ~** strajkować

strike-break·er [`straik breikə(r)] s łamistrajk

strik·er [`straikə(r)] s strajkujący

***string** [striŋ], **strung**, **strung** [strʌŋ] *vt* naciągać, napinać; nawlekać; zaopatrzyć w struny; wiązać sznurem; *vi* napinać się; (np. **o kleju**) ciągnąć się; **~ up** powiesić (człowieka); napinać; s sznur, szpagat; struna; cięciwa; *muz.* **~ instruments** instrumenty smyczkowe

stringed [striŋd] *adj* zaopatrzony w struny; smyczkowy

strin·gent [`strindʒənt] *adj* ścisły, surowy; ograniczony (np. brakiem pieniędzy); ciasny (rynek)

strip 1. [strip] s pasek, skrawek

strip 2. [strip] *vt* zdejmować, zrywać; obdzierać (**sb of sth** kogoś z czegoś); obnażać; *vi* rozebrać się, obnażyć się

stripe [straip] s pasek, kreska, smuga

striped [straipt] *adj* pasiasty, w pasy, prążkowany

strip·ling [`stripliŋ] s wyrostek, młokos

strip-tease [`strip `tiz] s strip-tease

***strive** [straiv], **strove** [strəuv], **striv·en** [`strivn] *vi* dążyć (**for** ⟨**after**⟩ **sth** do czegoś); walczyć, zmagać się (**with** ⟨**against**⟩ **sb**, **sth** z kimś, czymś)

strode *zob.* stride

stroke 1. [strəuk] *vt* głaskać, gładzić; s głaskanie

stroke 2. [strəuk] s uderzenie, cios; pociągnięcie; kreska; nagły pomysł, przebłysk; atak (choroby); *sport* styl (pływania); ruch (ramion, wiosła itp.)

stroll [strəul] *vi* wędrować, przechadzać się; s przechadzka

strong [stroŋ] *adj* silny, mocny, energiczny; **~ drink** napój alkoholowy; **~ language** przekleństwa

strong-box [`stroŋ boks] s sejf

strong-hold [`stroŋ həuld] s forteca

strop [strop] s pasek do ostrzenia brzytwy; vt ostrzyć na pasku

strove zob. **strive**

struck zob. **strike**

struc·tur·al [ˈstrʌktʃərl] adj strukturalny; budowlany

struc·ture [ˈstrʌktʃə(r)] s struktura; budowa

strug·gle [ˈstrʌgl] s walka; vi walczyć; zmagać się, usiłować; ~ **in** z wysiłkiem wtargnąć do wnętrza; ~ **through** z wysiłkiem przedostać się

strum [strʌm] vt vi rzępolić, brzdąkać

strum·pet [ˈstrʌmpɪt] s ulicznica

strung zob. **string**; adj ~ **up** znajdujący się w napięciu nerwowym

strut [strʌt] vi dumnie kroczyć, chodzić z nadętą miną

stub [stʌb] s pień; niedopałek (papierosa); pieniek (zęba); kikut; odcinek (czeku, biletu); vt (także ~ **out** (up)) trzebić, karczować; trącić (**against sth** o coś)

stub·ble [ˈstʌbl] s ściernisko; szczecina; broda nie golona

stub·born [ˈstʌbən] adj uparty

stuc·co [ˈstʌkəʊ] s sztukateria

stuck zob. **stick**

stud 1. [stʌd] s stadnina

stud 2. [stʌd] s gwóźdź z płaską główką, ćwiek; mały krążek; spinka; vt nabić gwoździami

stu·dent [ˈstjuːdnt] s student; człowiek studiujący; uczony

stud·ied [ˈstʌdɪd] adj oczytany; przemyślany; wyrafinowany; udawany

stu·dio [ˈstjuːdɪəʊ] s atelier, studio

stu·di·ous [ˈstjuːdɪəs] adj pilny, pracowity, oddany studiom; przemyślany

stud·y [ˈstʌdɪ] s studium; badanie; dążenie, staranie; pracownia, gabinet; vt studiować, badać; vi odbywać studia; przygotowywać się (**for an exam** do egzaminu); starać się

stuff [stʌf] s materiał, tworzywo, tkanina; istota, rzecz; pl **food** ~**s** artykuły żywnościowe; **green** ~ warzywa; vt napychać, wypychać; nabijać; faszerować

stuff·ing [ˈstʌfɪŋ] s nabicie; wypchanie; nadzienie, farsz

stuff·y [ˈstʌfɪ] adj duszny; nudny; am. pot. zły, skwaszony

stul·ti·fy [ˈstʌltɪfaɪ] vt udaremnić; ośmieszyć

stum·ble [ˈstʌmbl] vi potykać się; przen. robić błędy; jąkać się; natknąć się; s potknięcie; błąd

stum·bling-block [ˈstʌmblɪŋ blok] s zapora, przeszkoda, trudność

stump [stʌmp] s pniak; niedopałek (papierosa); pieniek (zęba); kikut; ~ **orator** okolicznościowy mówca; agitator polityczny; vt zapędzić w kozi róg; szerzyć agitację; vi iść sztywnym krokiem

stump·y [ˈstʌmpɪ] adj krępy

stun [stʌn] vt ogłuszyć (uderzeniem)

stung zob. **sting**

stunt 1. [stʌnt] s pot. pokaz, popis; wyczyn; vi dokonać czegoś sensacyjnego; popisać się (np. akrobatyką lotniczą)

stunt 2. [stʌnt] vt hamować (w rozwoju); s zahamowanie (w rozwoju)

stunt·ed [ˈstʌntɪd] adj karłowaty

stu·pe·fac·tion [ˈstjuːpɪˈfækʃn] s osłupienie; oszołomienie, otępienie

stu·pe·fy [ˈstjuːpɪfaɪ] vt oszołomić, otępić; wprawić w osłupienie

stu·pen·dous [stjuːˈpendəs] adj zdumiewający

stu·pid [ˈstjuːpɪd] adj głupi

stu·pid·i·ty [stjuːˈpɪdətɪ] s głupota; głupstwo; nonsens

stu·por [ˈstjuːpə(r)] s osłupienie; odrętwienie

stur·dy [ˈstɜːdɪ] adj mocny, krzepki; nieugięty

stur·geon [ˈstɜːdʒən] s zool. jesiotr

stut·ter [ˈstʌtə(r)] vi jąkać się

sty 1. [staɪ] s chlew

sty(e) 2. [staɪ] s *med.* jęczmień (na oku)

style [staɪl] s styl; moda; sposób tytułowania; szyk; wzór; sztyft; rylec; *vt* nazywać, tytułować

styl·ish [ˈstaɪlɪʃ] *adj* stylowy, modny

suave [swɑv] *adj* przyjemny, uprzejmy

sub- [sʌb] *praef* pod-

sub·al·tern [ˈsʌbltən] *adj* (o oficerze) niższy rangą; s *wojsk.* oficer poniżej kapitana

sub·com·mit·tee [ˈsʌb kəmɪtɪ] s podkomisja, podkomitet

sub·con·scious [ˈsʌbˈkonʃəs] *adj* podświadomy

sub·cu·ta·ne·ous [ˈsʌbkjuˈteɪnɪəs] *adj* podskórny

sub·di·vi·sion [ˈsʌbdɪˈvɪʒn] s poddział

sub·due [səbˈdju] *vt* pokonać, ujarzmić, przytłumić

sub·ject [ˈsʌbdʒɪkt] s podmiot (*także gram.*); temat; poddany; przedmiot (np. nauki); *adj* podległy; podlegający; narażony (**to sth** na coś); skłonny (**to sth** do czegoś); *adv* z zastrzeżeniem, pod warunkiem (**to sth** czegoś); *vt* [səbˈdʒekt] podporządkować; ujarzmić; poddać; narazić (**to sth** na coś)

sub·jec·tion [səbˈdʒekʃn] s podporządkowanie (się); ujarzmienie; uzależnienie

sub·jec·tive [səbˈdʒektɪv] *adj* subiektywny; *gram.* ~ **case** mianownik

sub·ject-mat·ter [ˈsʌbdʒɪkt mætə(r)] s temat; treść; tematyka

sub·join [sʌbˈdʒɔɪn] *vt* dołączyć, załączyć

sub·ju·gate [ˈsʌbdʒugeɪt] *vt* ujarzmić

sub·junc·tive [səbˈdʒʌŋktɪv] *adj gram.* łączący; s *gram.* tryb łączący

sub·lime [səˈblaɪm] *adj* wzniosły; wspaniały; najwyższy

sub·ma·rine [ˈsʌbməˈrɪn] *adj* podwodny; s łódź podwodna

sub·merge [səbˈmɜdʒ] *vt vi* zatopić, zanurzyć (się)

sub·mis·sion [səbˈmɪʃn] s podporządkowanie; uległość, posłuszeństwo

sub·mis·sive [səbˈmɪsɪv] *adj* uległy, posłuszny

sub·mit [səbˈmɪt] *vt* poddawać pod rozwagę; pozostawiać do decyzji; przedkładać, proponować; *vi* podporządkować się, ulegać

sub·or·di·nate [səˈbɔdnət] *adj* podporządkowany, podwładny; *gram.* ~ **clause** zdanie podrzędne; s podwładny; *vt* [səˈbɔdɪneɪt] podporządkować, uzależnić

sub·or·di·na·tion [səˈbɔdɪˈneɪʃn] s podporządkowanie; uległość, posłuszeństwo, subordynacja

sub·scribe [səbˈskraɪb] *vt* podpisać; dopisać; pisemnie złożyć, zaofiarować (np. sumę pieniężną); *vi* podpisać się (**to sth** pod czymś); popierać (**to sth** coś); prenumerować (**for** ~ **to** coś)

sub·scrib·er [səbˈskraɪbə(r)] s subskrybent; abonent

sub·scrip·tion [səbˈskrɪpʃn] s podpis; abonament; subskrypcja; składka członkowska

sub·se·quent [ˈsʌbsɪkwənt] *adj* następny, późniejszy; ~ **to sth** wynikający z czegoś

sub·serve [səbˈsɜv] *vt* służyć (sprawie), przynosić korzyść

sub·side [səbˈsaɪd] *vi* opadać; zapadać się; dzięki czemuś; uspokajać się

sub·sid·i·ar·y [səbˈsɪdɪərɪ] *adj* pomocniczy; dodatkowy; s pomocnik

sub·si·dy [ˈsʌbsɪdɪ] s subwencja

sub·sist [səbˈsɪst] *vi* istnieć, żyć (**by sth** z czegoś, dzięki czemuś); żywić się (**on sth** czymś); utrzymywać się (w mocy, w zwyczaju itp.)

sub·sist·ence [səbˈsɪstəns] s istnienie; życie; utrzymywanie się; utrzymanie

sub·stance [`sʌbstəns] s substancja; istota, treść, znaczenie; trwałość; posiadłość, majątek

sub·stan·tial [səb`stænʃl] adj istotny; rzeczywisty; konkretny; solidny

sub·stan·tive [səb`stæntɪv] adj rzeczywisty, konkretny; s gram. rzeczownik

sub·sti·tute [`sʌbstɪtjut] s zastępca; substytut, namiastka; vt podstawić, użyć zastępczo (sth for sth czegoś zamiast czegoś), zastąpić

sub·sti·tu·tion [ˌsʌbstɪ`tjuʃn] s substytucja; podstawienie; zastępowanie

sub·ter·fuge [`sʌbtəfjudʒ] s podstęp

sub·ter·ra·ne·an [ˌsʌbtə`reɪnɪən] adj podziemny

sub·title [`sʌbtaɪtl] s podtytuł

sub·tle [`sʌtl] adj subtelny; misterny

sub·tract [səb`trækt] vt mat. odejmować

sub·trac·tion [səb`trækʃn] s mat. odejmowanie

sub·trop·i·cal [ˌsʌb`trɒpɪkl] adj podzwrotnikowy

sub·urb [`sʌbɜb] s przedmieście; pl ~s peryferie

sub·ur·ban [sə`bɜbən] adj podmiejski

sub·ven·tion [səb`venʃn] s subwencja

sub·ver·sion [səb`vɜʃn] s przewrót, akcja wywrotowa

sub·ver·sive [səb`vɜsɪv] adj wywrotowy

sub·vert [sʌb`vɜt] vt przewrócić, obalić

sub·way [`sʌbweɪ] s przejście podziemne; am. kolej podziemna, metro

suc·ceed [sək`sid] vi mieć powodzenie, z powodzeniem coś robić; odziedziczyć (to an estate posiadłość); I ~ed in finishing my work udało mi się skończyć pracę; vt nastąpić (sb, sth po kimś, po czymś)

suc·cess [sək`ses] s powodzenie; po-

myślność; sukces; człowiek, który ma powodzenie (w życiu)

suc·cess·ful [sək`sesfl] adj mający powodzenie, udany, pomyślny; I was ~ in doing that udało mi się to zrobić

suc·ces·sion [sək`seʃn] s następstwo, kolejność; seria; sukcesja, dziedziczenie; in ~ kolejno; in quick ~ raz za razem, szybko po sobie

suc·ces·sive [sək`sesɪv] adj kolejny

suc·ces·sor [sək`sesə(r)] s następca (to sb czyjś); sukcesor, dziedzic

suc·cinct [sək`sɪŋkt] adj krótki, zwięzły

suc·cour [`sʌkə(r)] s pomoc; vt wspomagać, przyjść z pomocą

suc·cu·lent [`sʌkjulənt] adj soczysty

suc·cumb [sə`kʌm] vi ulec, poddać się (to sth czemuś); umrzeć

such [sʌtʃ] adj pron taki; no, some, any, every, another, many, all poprzedzają such; rodzajnik a następuje po such, np.: no ~ thing nic takiego, ~ a thing coś takiego; ~ a nice day taki piękny dzień; ~ as taki, jak ...; ~ that ... taki ⟨tego rodzaju⟩, że ...

such·like [`sʌtʃlaɪk] adj podobny (do tego), tego rodzaju

suck [sʌk] vt ssać, wysać; przen. czerpać (np. korzyść); s ssanie

suck·er [`sʌkə(r)] s osesek; zool. ssak; ssawka; techn. tłok ssący; bot. odrost, kiełek; pot. oszust, szantażysta; naiwniak; pot. młokos

suck·le [`sʌkl] vt karmić piersią

suck·ling [`sʌklɪŋ] s osesek

suc·tion [`sʌkʃn] s ssanie

suc·tion-pump [`sʌkʃn pʌmp] s pompa ssąca

sud·den [`sʌdn] adj nagły; s tylko w zwrocie: all of a ~ nagle

suds [sʌdz] s pl mydliny

sue [su] vt ścigać sądownie, procesować się (sb z kimś, for sth o coś); vi błagać (for sth o coś);

prosić (kobietę o rękę); wnosić skargę (**to a court** do sądu)-

su·et [ˈsuɪt] s łój

suf·fer [ˈsʌfə(r)] vt cierpieć (**from sth na coś, for sth za coś**); chorować; cierpieć (**sth z powodu czegoś**); ~ **hunger** cierpieć głód; vt znosić, tolerować; ponosić (np. karę); pozwalać (**sth na coś**)

suf·fer·a·ble [ˈsʌfrəbl] adj znośny, dopuszczalny

suf·fer·ance [ˈsʌfrəns] s tolerowanie; cierpliwość, wytrzymałość; **to be on** ~ być tolerowanym; **beyond** ~ nie do wytrzymania

suf·fer·er [ˈsʌfrə(r)] s człowiek cierpiący; ponoszący szkodę (**from sth z powodu czegoś**)

suf·fer·ing [ˈsʌfrɪŋ] s cierpienie

suf·fice [səˈfaɪs] vt vi wystarczać; zadowalać; ~ **it to say** wystarczy powiedzieć

suf·fi·cien·cy [səˈfɪʃnsɪ] s dostateczna ilość; wystarczające środki do życia

suf·fi·cient [səˈfɪʃnt] adj wystarczający, dostateczny

suf·fix [ˈsʌfɪks] s gram. przyrostek

suf·fo·cate [ˈsʌfəkeɪt] vt vi dusić (się)

suf·frage [ˈsʌfrɪdʒ] s prawo głosowania; głosowanie; głos

suf·fuse [səˈfjuz] vt zalać (np. łzami); pokryć (np. farbą)

sug·ar [ˈʃʊgə(r)] s cukier; vt cukrzyć

sug·ar-ba·sin [ˈʃʊgə beɪsn] s cukiernica

sug·ar-beet [ˈʃʊgə bit] s bot. burak cukrowy

sug·ar-cane [ˈʃʊgə keɪn] s bot. trzcina cukrowa

sug·ar-loaf [ˈʃʊgə ləʊf] s głowa cukru

sug·gest [səˈdʒest] vt sugerować, podsuwać myśl, dawać do zrozumienia; proponować

sug·ges·tion [səˈdʒestʃən] s sugestia; propozycja

sug·ges·tive [səˈdʒestɪv] adj sugestywny, nasuwający myśl (**of sth o czymś**); wiele mówiący; dwu-

znaczny

su·i·cide [ˈsuɪsaɪd] s samobójca; samobójstwo

suit [sut] s podanie; sprawa sądowa, proces; zachody; zaloty; seria; garnitur, ubranie; kostium (damski); zestaw, komplet; kolor (w kartach); **to follow** ~ dodać do koloru; przen. pójść w ślady; vt vi odpowiadać, nadawać się, pasować (**sth do czegoś**); dostosowywać; być do twarzy; zadowolić, dogodzić; ~ **yourself** rób, jak uważasz; **this dress** ~**s you** do twarzy ci w tej sukni

suit·a·ble [ˈsutəbl] adj odpowiedni, stosowny; należyty

suit-case [ˈsutkeɪs] s walizka

suite [swit] s świta, orszak; seria; muz. suita; ~ **of rooms** amfilada (pokoi), apartamenty

suit·or [ˈsutə(r)] s zalotnik, konkurent; petent; prawn. powód (strona w sądzie)

sulk [sʌlk] vi dąsać się; s pl ~**s** dąsy, fochy

sulk·y [ˈsʌlkɪ] adj nadąsany

sul·len [ˈsʌlən] adj ponury

sul·ly [ˈsʌlɪ] vt kalać, plamić; zaciemniać

sul·phate [ˈsʌlfeɪt] s chem. siarczan

sul·phur [ˈsʌlfə(r)] s chem. siarka

sul·phu·ric [sʌlˈfjʊərɪk] adj chem. siarkowy

sul·phur·ous [ˈsʌlfərəs] adj chem. siarkawy

sul·tan [ˈsʌltən] s sułtan

sul·tan·a [slˈtanə] s sułtanka; [səlˈtanə] rodzynek

sul·try [ˈsʌltrɪ] adj duszny, parny

sum [sʌm] s suma, wynik; treść; sedno; zadanie arytmetyczne; pl ~**s** rachunki (w szkole); **in** ~**s** krótko mówiąc; vt sumować; ~ **up** dodawać; podsumowywać; streszczać

sum·ma·rize [ˈsʌmraɪz] vt streścić, zreasumować

sum·ma·ry [ˈsʌmrɪ] adj krótki; pobieżny; *prawn.* sumaryczny; *s* streszczenie, zwięzłe ujęcie

sum·mer [`sʌmə(r)] *s* lato; Indian ~ babie lato; ~ school kurs wakacyjny; *vt* spędzać lato

sum·mer·y [`sʌmərɪ] *adj* letni

sum·mit [`sʌmɪt] *s (także przen.)* szczyt

sum·mon [`sʌmən] *vt* wezwać, zawezwać; zwołać; zebrać; ~ up powołać; zebrać się, zdobyć się (sth na coś)

sum·mons [`sʌmənz] *s* wezwanie, nakaz; *vt* wezwać (do sądu)

sump·tu·ous [`sʌmptʃuəs] *adj* pełen przepychu, wspaniały, wystawny

sun [sʌn] *s* słońce; in the ~ na słońcu; *vt* wystawiać na słońce; *vt* wygrzewać się na słońcu

sun·beam [`sʌn biːm] *s* promień słońca

sun·burn [`sʌnbən] *s* opalenizna

sun·burnt [`sʌnbənt] *adj* opalony, ogorzały

sun·dae [`sʌndeɪ] *s* lody z owocami i śmietaną

Sun·day [`sʌndɪ] *s* niedziela; *attr* niedzielny; *pot.* ~ best odświętne ubranie

sun·dial [`sʌn daɪl] *s* zegar słoneczny

sun·dry [`sʌndrɪ] *adj* różny, rozmaity; all and ~ wszyscy bez wyjątku; *s pl* sundries rozmaitości

sun·flow·er [`sʌnflauə(r)] *s bot.* słonecznik

sung *zob.* **sing**

sunk *zob.* **sink**

sunk·en [`sʌŋkən] *pp* od sink; *adj* zanurzony, zatopiony; zapadnięty, zapadły; leżący poniżej poziomu

sun·kissed [`sʌnkɪst] *adj* nasłoneczniony; dojrzewający w słońcu

sun·light [`sʌn laɪt] *s* światło słoneczne

sun·ny [`sʌnɪ] *adj* słoneczny; (*o usposobieniu*) pogodny, wesoły

sun·ray [`sʌn reɪ] *s* promień słońca

sun·rise [`sʌnraɪz] *s* wschód słońca; at ~ o świcie

sun·set [`sʌnset] *s* zachód słońca; at ~ o zachodzie słońca

sun·shade [`sʌnʃeɪd] *s* parasolka (od słońca); markiza

sun·shine [`sʌnʃaɪn] *s* światło słoneczne; słoneczna pogoda

sun·stroke [`sʌnstrəuk] *s* udar słoneczny

sup [sʌp] *vt* jeść kolację

su·per 1. [`sʌpə(r)] *adj pot.* wspaniały, pierwszorzędny; *s pot.* teatr statysta; *pot.* kierownik, przełożony; *pot.* szlagier

su·per 2. [`sʌpə(r)] *praef* nad-; prze-, *np.*: superman nadczłowiek; to superheat przegrzewać

su·per·a·bound [´supərə`baund] *vi* być w nadmiarze

su·per·a·bun·dant [´supərə`bʌndənt] *adj* będący w nadmiarze

su·per·an·nu·ate [´supər`ænjueɪt] *vt* zarzucić (coś przestarzałego); przenieść w stan spoczynku; usunąć (ucznia ze szkoły)

su·per·an·nu·at·ed [´supər`ænjueɪtɪd] *adj* emerytowany; przestarzały, zużyty

su·perb [su`pɜb] *adj* wspaniały

su·per·cil·i·ous [´supə`sɪlɪəs] *adj* zarozumiały, wyniosły

su·per·e·roga·to·ry [´supərə`rogətrɪ] *adj* zbyteczny, nadobowiązkowy

su·per·fi·cial [´supə`fɪʃl] *adj* dotyczący powierzchni; (*o uczuciach, wiedzy*) powierzchowny

su·per·fi·ci·es [´supə`fɪʃɪz] *s* powierzchnia

su·per·flu·i·ty [´supə`fluətɪ] *s* zbędność; nadmiar; zbędna rzecz

su·per·flu·ous [su`pɜfluəs] *adj* zbędny; nadmierny

su·per·high·way [´supə `haɪweɪ] *s am.* autostrada

su·per·hu·man [´supə`hjumən] *adj* nadludzki

su·per·in·tend·ent [´suprɪn`tendənt]

s nadzorca; inspektor; kierownik

su·pe·ri·or [sə'pɪərɪə(r)] *adj* wyższy; przeważający; starszy rangą; wyniosły; zwierzchni; przedni; to be ~ przewyższać; wznosić się (**to sb, sth** ponad kogoś, coś); *s* zwierzchnik, przełożony; człowiek górujący; **he has no ~ in ...** nikt go nie przewyższa pod względem ...

su·pe·ri·or·i·ty [sə'pɪərɪ'orətɪ] *s* wyższość; starszeństwo; przewaga

su·per·la·tive [su'pələtɪv] *adj* nieprześcigniony, najlepszy; *gram.* (*o stopniu*) najwyższy; *s gram.* stopień najwyższy; *przen.* wyraz najwyższego uznania, superlatyw

su·per·man [`supəmæn] *s* nadczłowiek

su·per·nat·u·ral ['supə`nætʃərl] *adj* nadprzyrodzony

su·per·nu·mer·a·ry ['supə`njumərərɪ] *adj* nadliczbowy; zbędny; nieetatowy; rzecz zbędna; *teatr* statysta; pracownik nieetatowy

su·per·scribe ['supə`skraɪb] *vt* napisać u góry, umieścić napis; adresować

su·per·scrip·tion [`supəskrɪpʃn] *s* napis; adres

su·per·sede ['supə`sid] *vt* wyprzeć, usunąć, zastąpić

su·per·son·ic ['supə`sonɪk] *s fiz.* ultradźwiękowy

su·per·sti·tion ['supə`stɪʃn] *s* przesąd, zabobon

su·per·sti·tious ['supə`stɪʃəs] *adj* przesądny, zabobonny

su·per·struc·ture [`supəstrʌktʃə(r)] *s* nadbudowa

su·per·vene ['supə`vin] *vi* niespodziewanie nadejść, nastąpić

su·per·vise [`supəvaɪz] *vt* dozorować, kontrolować

su·per·vi·sion ['supə`vɪʒn] *s* dozór, nadzór, kontrola

su·per·vi·sor [`supəvaɪzə(r)] *s* nad-

zorca, kontroler; kierownik

sup·per ['sʌpə(r)] *s* kolacja

sup·plant [sə'plɑnt] *vt* wyprzeć, zająć miejsce

sup·ple [`sʌpl] *adj* giętki, uległy

sup·ple·ment [`sʌplɪmənt] *s* uzupełnienie, dodatek; *vt* uzupełnić, zaopatrzyć w suplement

sup·ple·men·ta·ry ['sʌplɪ`mentrɪ] *adj* uzupełniający

sup·pli·cate [`sʌplɪkeɪt] *vt* błagać (**sb for sth** kogoś o coś)

sup·plier [sə'plaɪə(r)] *s* dostawca

sup·ply [sə'plaɪ] *vt* dostarczyć (**sb with sth** komuś, czegoś), dostawić; zaopatrzyć (**sb with sth** kogoś w coś); uzupełnić; zastąpić; ~ **the demand** zaspokoić popyt; *s* dostawca; podaż; zaopatrzenie; zastępca; *pl* **supplies** kredyty (*zw.* państwowe); zasiłki; *handl.* artykuły; *wojsk.* zaopatrzenie; posiłki; **food** ~ aprowizacja; **short** ~ niedostateczne zaopatrzenie, niedobór; ~ **and demand** podaż i popyt

sup·port [sə'pɔt] *vt* podpierać; popierać, pomagać, utrzymywać; podtrzymywać; znosić, cierpieć; *s* podpora; poparcie, pomoc; utrzymanie; **in** ~ na poparcie (**of sth** czegoś); *wojsk.* w rezerwie

sup·pose [sə'pəuz] *vt vi* przypuszczać, zakładać; **he is ~ed to be ...** przypuszcza się, że on jest (powinien być) ...; ~ **przypuśćmy,** dajmy na to; **I ~ so** ⟨**not**⟩ myślę, że tak ⟨że nie⟩, chyba tak ⟨nie⟩

sup·pos·ing [sə'pəuzɪŋ] *conj* o ile, jeśli

sup·po·si·tion ['sʌpə`zɪʃn] *s* przypuszczenie; **on the** ~ przypuszczając

sup·pos·i·to·ry [sə'pozɪtrɪ] *s med.* czopek

sup·press [sə'pres] *vt* stłumić; znieść; zakazać; powstrzymać; ukryć, zataić

sup·pres·sion [sə'preʃn] *s* stłumienie; zniesienie; zakaz; powstrzymanie; ukrycie, zatajenie

sup·pu·rate [ˈsʌpjʊreɪt] *vt med.* ropieć, jątrzyć się

su·prem·a·cy [səˈpreməsɪ] *s* supremacja, zwierzchnictwo

su·preme [səˈpriːm] *adj* najwyższy; ostateczny

sur·charge [ˈsɜːtʃɑːdʒ] *vt* dodatkowo obciążyć, przeciążyć; zażądać zbyt wysokiej ceny; *s* przeciążenie; nadwaga; dopłata; *filat.* nadruk

surd [sɜːd] *adj mat.* niewymierny; *gram.* bezdźwięczny; *s mat.* liczba niewymierna; *gram.* głoska bezdźwięczna

sure [ʃʊə(r)] *adj* pewny, niezawodny; **be ~ to come** przyjdź koniecznie ⟨na pewno⟩; **he is ~ to do it** on na pewno to zrobi; **for ~** na pewno tak, oczywiście; **to make ~** upewnić się; *adv* na pewno

sure·ly [ˈʃʊəlɪ] *adv* pewnie, niezawodnie

surf [sɜːf] *s* fale rozbijające się o brzeg; piana na falach

sur·face [ˈsɜːfɪs] *s* powierzchnia; wygląd zewnętrzny

sur·feit [ˈsɜːfɪt] *s* przesyt; nadmiar; *vt* przesycić

surge [sɜːdʒ] *vi* (*o falach*) podnosić się; *s* wysoka fala

sur·geon [ˈsɜːdʒən] *s* chirurg; lekarz wojskowy ⟨okrętowy⟩

sur·ger·y [ˈsɜːdʒərɪ] *s* chirurgia; zabieg chirurgiczny; sala operacyjna; pokój przyjęć pacjentów

sur·gi·cal [ˈsɜːdʒɪkl] *adj* chirurgiczny

sur·ly [ˈsɜːlɪ] *adj* ponury, nieprzyjazny; gburowaty

sur·mise [ˈsɜːmaɪz] *s* przypuszczenie; podejrzenie; *vt* [sɜːˈmaɪz] przypuszczać; podejrzewać

sur·mount [səˈmaʊnt] *vt* wznosić się (sth ponad coś); opanować, przezwyciężyć

sur·name [ˈsɜːneɪm] *s* nazwisko; przydomek

sur·pass [səˈpɑːs] *vt* przewyższać, przekraczać (oczekiwania itd.)

sur·plus [ˈsɜːpləs] *s* nadwyżka, dodatek; *adj attr* dodatkowy; **~ value** wartość dodatkowa

sur·prise [səˈpraɪz] *s* zaskoczenie; niespodzianka; zdziwienie; **by ~** niespodziewanie; *vt* zaskoczyć; zdziwić

sur·ren·der [səˈrendə(r)] *vt* poddać, wydawać; przekazać; zrzec się, zrezygnować (sth z czegoś); *vi* poddać się, ulec, oddać się; *s* poddanie się; kapitulacja; oddanie (się); rezygnacja; wykup (np. polisy)

sur·rep·ti·tious [ˌsʌrəpˈtɪʃəs] *adj* skryty, tajny

sur·round [səˈraʊnd] *vt* otaczać

sur·round·ings [səˈraʊndɪŋz] *s pl* otoczenie; okolica

sur·veil·lance [sɜːˈveɪləns] *s* nadzór (zw. policyjny)

sur·vey [ˈsɜːveɪ] *s* przegląd, inspekcja; pomiar (terenu); mapa (terenowa); *vt* [sɜːˈveɪ] przeglądać, dokładnie badać; lustrować; mierzyć (grunty), dokonywać pomiarów

sur·vey·or [sɜːˈveɪə(r)] *s* nadzorca; kontroler, inspektor; mierniczy

sur·viv·al [səˈvaɪvl] *s* przeżycie, przetrwanie, utrzymanie się przy życiu; pozostałość, resztka; przeżytek; *biol.* **the ~ of the fittest** ewolucja drogą doboru naturalnego

sur·vive [səˈvaɪv] *vt vi* przeżyć, przetrwać, utrzymać się przy życiu

sus·cep·ti·bil·i·ty [səˌseptəˈbɪlətɪ] *s* podatność (to sth na coś), wrażliwość

sus·cep·ti·ble [səˈseptəbl] *adj* wrażliwy, podatny (to sth na coś); nadający się, dopuszczający możliwość (of sth czegoś)

sus·pect [səˈspekt] *vt vi* podejrzewać (sb of sth kogoś o coś); obawiać się; *s* [ˈsʌspekt] człowiek podejrzany; *adj* podejrzany

sus·pend [səˈspend] *vt* zawiesić, wstrzymać

sus·pend·ers [səˈspendəz] s pl podwiązki; am. szelki

sus·pense [səˈspens] s stan zawieszenia; niepewność

sus·pen·sion [səˈspenʃn] s zawieszenie; wstrzymanie; zwłoka; ~ **bridge** most wiszący

sus·pi·cion [səˈspiʃn] s podejrzenie

sus·pi·cious [səˈspiʃəs] adj podejrzliwy; podejrzany

sus·tain [səˈsteɪn] vt podtrzymywać; utrzymywać; przetrzymywać; znosić; ponosić

sus·te·nance [ˈsʌstɪnəns] s utrzymanie, wyżywienie; zbior. środki utrzymania

swad·dle [ˈswodl] vt owijać, przewijać (niemowlę)

swag·ger [ˈswægə(r)] vi przechwalać się, zadzierać nosa; s chełpliwość, zarozumiałość

swal·low 1. [ˈswoləʊ] s zool. jaskółka; sport ~ **dive** skok do wody jaskółką

swal·low 2. [ˈswoləʊ] vt połykać; pochłaniać; s łyk

swam zob. swim

swamp [swomp] s bagno, trzęsawisko; vt zanurzyć, pogrążyć; zasypać

swamp·y [ˈswompɪ] adj bagnisty

swan [swon] s zool. łabędź

swap [swop] = swop

sward [swoːd] s darń

swarm [swoːm] s rój; vi roić się

swarth·y [ˈswoːðɪ] adj śniady

swash·buck·ler [ˈswoʃbʌklə(r)] s zawadiaka

swathe [sweɪð] vt owijać, bandażować; s bandaż

sway [sweɪ] vt vi kołysać (się); przechylać (się); wahać się; mieć władzę, panować, przeważać; s kołysanie, przerzucanie się; władza, panowanie

* **swear** [sweə(r)], **swore** [swoː(r)], **sworn** [swoːn] vt przysięgać (**by sth** na coś); kląć (**at sb, sth** na kogoś, na coś); vt zaprzysięgać; **to ~ an oath** złożyć przysięgę; ~ **in** zaprzysięgać; ~ **off** odwołać,

wyrzec się pod przysięgą

swear·ing [ˈsweərɪŋ] s przysięga, zaprzysiężenie; przekleństwo, przeklinanie

sweat [swet] s pot, pocenie się; trud; **in the ~ of one's brow** w pocie czoła; vi pocić się; trudzić się, ciężko pracować; vt wywoływać poty; wydzielać; zmuszać do pracy w pocie czoła, wyzyskiwać; ~**ed industry** przemysł oparty na wyzysku; ~**ing system** system eksploatacji pracownika; wyzysk

sweat·er [ˈswetə(r)] s sweter; wyzyskiwacz (robotników)

Swede [swiːd] s Szwed

Swed·ish [ˈswiːdɪʃ] adj szwedzki; s język szwedzki

* **sweep** [swiːp], **swept**, **swept** [swept] vt zamiatać, wymiatać, zmiatać; przesuwać, przeciągać; vi wędrować, przebiegać, mknąć; s zamiatanie; rozmach, zamaszysty ruch; rozległość; **to make a clean ~ (of sth)** pozbyć się (czegoś) za jednym zamachem

sweep·er [ˈswiːpə(r)] s zamiatacz; zamiatarka (mechaniczna)

sweep·ing [ˈswiːpɪŋ] adj zamaszysty; gwałtowny, radykalny; rozległy; stanowczy

sweep·stake [ˈswiːpsteɪk] s (także pl ~s) rodzaj totalizatora (na wyścigach konnych)

sweet [swiːt] adj słodki; delikatny; miły, ujmujący; melodyjny; łagodny; **it's ⟨how⟩ ~ of you** to miło z twojej strony; pot. **to be ~ on sb** kochać się w kimś; s cukierek; legumina, deser; kochana osoba; pl ~s słodycze; rozkosze

sweet·en [ˈswiːtn] vt słodzić; vi stać się słodkim

sweet·heart [ˈswiːthaːt] s kochana osoba, kochanie

sweet·meat [ˈswiːtmiːt] s cukierek

sweet·shop [ˈswiːt ʃop] s sklep ze słodyczami

***swell** [swel], **swelled** [sweld],

swollen [ˈswəulən] *vi* puchnąć, nabrzmiewać; wzbierać; wzmagać się; *vt* nadymać; powiększać; wzmagać; *s* nabrzmienie, obrzęk; wzniesienie; wzmaganie się; *pot.* modniś, elegant; *przen.* gruba ryba; mistrz (**at sth** w czymś); *adj pot.* elegancki, modny; ważny, nadzwyczajny; ~ **society** lepsze towarzystwo, wyższa sfera

swell·ing [ˈswelɪŋ] *s* nabrzmienie, obrzęk, opuchlina; wypukłość; *adj* nadęty; (*o stylu*) napuszony

swel·ter [ˈsweltə(r)] *vi* omdlewać od upału; *s* upał, skwar

swept *zob.* sweep

swerve [swɜːv] *vt vi* odchylić (się), zboczyć; *s* odchylenie

swift [swɪft] *adj* szybki, prędki; *adv* szybko, prędko

* **swim** [swɪm], **swam** [swæm], **swum** [swʌm] *vi* pływać, płynąć; kręcić się (w głowie); *vt* przepłynąć; *s* pływanie; zawrót głowy

swim·ming-bath [ˈswimɪŋ baθ] *s* pływalnia

swim·ming-match [ˈswimɪŋ mætʃ] *s* zawody pływackie

swim·ming-pool [ˈswimɪŋ puːl] *s* basen pływacki, pływalnia

swin·dle [ˈswindl] *vt* oszukiwać, wyłudzać (**sb of sth** od kogoś coś); *s* oszustwo

swin·dler [ˈswindlə(r)] *s* oszust

swine [swaɪn] *s* świnia

* **swing** [swiŋ], **swung**, **swung** [swʌŋ] *vt vi* kołysać (się), huśtać (się); zakręcać; wymachiwać; *s* kołysanie; rozmach; ruch wahadłowy; huśtawka; rytm (wiersza, muzyki itd.); **in full** ~ w pełnym toku

swing-door [ˈswiŋ dɔː(r)] *s* drzwi wahadłowe

swin·ish [ˈswaɪnɪʃ] *adj* świński

swirl [swɜːl] *s* wir; zwój; *vi* wirować

swish 1. [swiʃ] *s* świst, szmer; *vi* świszczeć; *vt pot.* chłostać

swish 2. [swiʃ] *adj pot.* elegancki, modny

Swiss [swis] *adj* szwajcarski; *s* Szwajcar

switch [switʃ] *s* wyłącznik; pręt; zwrotnica; *vt* bić prętem; trzaskać (np. z bata); *elektr.* połączyć; wyrwać; porwać; skierować (np. pociąg); ~ **off** wyłączyć (światło, prąd itp.); ~ **on** włączyć (światło); połączyć (telefonicznie); ~ **over** przełączyć

switch-board [ˈswitʃbɔːd] *s* tablica rozdzielcza

switch-man [ˈswitʃmæn] *s* zwrotniczy

swol·len *zob.* swell

swoon [swuːn] *s* omdlenie; *vi* (*także* ~ **away**) zemdleć

swoop [swuːp] *vi* rzucać się (z góry); (*o ptakach drapieżnych*) nagle spaść; *lotn.* pikować

swop [swɔp], **swap** [swɔp] *vt pot.* wymienić, przehandlować (**sth for sth** coś na coś); *s* wymiana

sword [sɔːd] *s* miecz, szabla, szpada; (*o pochodzeniu*) **on the** ~ **side** po mieczu

swore *zob.* swear

sworn *zob.* swear

swum *zob.* swim

swung *zob.* swing

syc·o·phant [ˈsikəfənt] *s* służalczy pochlebca

syl·lab·ic [sɪˈlæbik] *adj* sylabowy, zgłoskowy

syl·la·ble [ˈsiləbl] *s* zgłoska, sylaba

syl·la·bus [ˈsiləbəs] *s* (*pl* **syllabi** [ˈsiləbai] *lub* ~**es**) kompendium, konspekt; program studiów, spis wykładów

sym·bol·ic·(al) [simˈbɔlik(l)] *adj* symboliczny

sym·met·ric [siˈmetrik] *adj* symetryczny

sym·me·try [ˈsimitri] *s* symetria

sym·pa·thet·ic [ˈsimpəˈθetik] *adj* współczujący, pełen sympatii, życzliwy; pełen zrozumienia (dla drugich); *med.* współczulny; (*o atramencie*) sympatyczny, niewidoczny; (*o działaniu*) solidarny

sym·pa·thize [´simpəθaiz] *vi* sympatyzować, współczuć, wyrażać współczucie; wzajemnie się rozumieć

sym·pa·thy [´simpəθi] *s* współczucie, sympatia; wzajemne zrozumienie; **letter of** ~ list kondolencyjny; **in** ~ na znak współczucia; harmonijnie, solidarnie

sym·pho·ny [´simfəni] *s* symfonia

sym·po·si·um [sim´pəuziəm] *s* sympozjum; sesja, konferencja

symp·tom [´simptəm] *s* symptom, objaw

symp·to·mat·ic [´simptə´mætik] *adj* symptomatyczny

syn·a·gogue [´sinəgog] *s* synagoga

syn·chro·nize [´siŋkrənaiz] *vt* synchronizować; *vi* zbiegać się w czasie, przebiegać równocześnie

syn·co·pe [´siŋkəpi] *s gram. muz.* synkopa

syn·di·cate [´sindikət] *s* syndykat

syn·o·nym [´sinənim] *s* synonim

syn·on·y·mous [si´noniməs] *adj* synonimiczny

syn·op·sis [si´nopsis] *s* (*pl* **synopses** [si´nopsiz]) zwięzły przegląd, zarys; zestawienie; *film* skrót scenariusza

syn·tac·tic·(al) [sin´tæktik(l)] *adj gram.* składniowy

syn·tax [´sintæks] *s gram.* składnia

syn·the·sis [´sinθəsis] *s* (*pl* **syntheses** [´sinθəsiz]) synteza

syn·thet·ic [sin´θetik] *adj* syntetyczny

sy·phon [´saifən] = **siphon**

syr·inge [si´rindʒ] *s* strzykawka; *vt* wstrzykiwać, przepłukać strzykawką

syr·up [´sirəp] *s* syrop

sys·tem [´sistəm] *s* system; metoda; organizm (człowieka); ustrój

sys·tem·at·ic [´sistə´mætik] *adj* systematyczny

t

tab [tæb] *s* pętelka, wieszak (np. płaszcza); język (buta); etykietka

table [´teibl] *s* stół; tablica, tabela; płyta; **at** ~ przy stole; *mat.* **multiplication** ~ tabliczka mnożenia; ~ **of contents** spis rzeczy; *vt* kłaść na stół; układać w tabelę, tabularyzować; poddawać pod dyskusję ⟨do rozpatrzenia⟩

table·cloth [´teibl kloθ] *s* obrus

table·land [´teibl lænd] *s* płaskowzgórze

tab·let [´tæblət] *s* tabliczka; tabletka, pastylka; bloczek (do notatek)

ta·boo [tə´bu] *s* tabu; świętość nietykalna; *adj* zakazany, nietykalny; *vt* objąć nakazem nietykal-

ności, zakazać

tab·ou·ret [´tæbərət] *s* taboret

tac·it [´tæsit] *adj* milczący, cichy

tac·i·turn [´tæsitən] *adj* milczący, małomówny

tack [tæk] *s* sztyft, gwóźdź tapicerski, pluskiewka; *pl* ~**s** fastryga; *przen.* linia postępowania, taktyka; *vt* przytwierdzić (sztyftem), przymocować; fastrygować; *vi* lawirować; zmieniać postępowanie

tack·le [´tækl] *vt* borykać się (**sb, sth** z kimś, czymś); uporać się; zatrzymać; zebrać się, przystąpić (**sth do** czegoś); przymocować; *vi pot.* energicznie wziąć się (**to sth do** czegoś); *s mors.* takielu-

take

nek; sprzęt (zw. rybacki); sport
złapanie i przytrzymanie przeciwnika

tack·ling [`tæklɪŋ] s sprzęt (zw. ry-
backi); mors. takielunek

tact [tækt] s takt

tact·ful [`tæktfl] adj taktowny

tac·ti·cal [`tæktɪkl] adj taktyczny;
zręczny

tac·tics [`tæktɪks] s taktyka

tact·less [`tæktləs] adj nietaktow-
ny

tad·pole [`tædpəul] s zool. kijan-
ka

tag [tæg] s uchwyt; ucho (buta);
pętelka; przyczepka; przyczepio-
na kartka, nalepka, etykieta; dodatek (np. do przemówienia, tekstu itp.), końcówka; okolicznościowy frazes; gra w berka; vt
oznaczyć etykietą; dołączyć, do-
czepić (coś na końcu); śledzić,
chodzić za kimś; vi pot. deptać
po piętach (after, behind sb komuś)

tail [teɪl] s ogon; warkocz (długi);
tył; orszak; vt sztukować; vi na-
trętnie włóczyć się (after sb za
kimś)

tail-coat [`teɪl kəut] s frak

tai·lor [`teɪlə(r)] s krawiec

tai·lor·ing [`teɪlərɪŋ] s krawiectwo

taint [teɪnt] s plama, skaza; here-
ditary = dziedziczne obciążenie;
vt splamić, skazić; vi ulec skaże-
niu, zepsuć się

* **take** [teɪk], **took** [tuk], **taken**
[`teɪkən] vt brać, przyjmować;
powziąć; spożywać (pokarm), zażywać (lekarstwo); uważać, wychodzić z założenia; wsiadać (do
pociągu, tramwaju); zdejmować,
robić zdjęcie (fotograficzne); pochwycić, zająć; zarazić się, dostać (kataru, gorączki itd.); o-
brać (kurs, drogę); to ~ account
wziąć pod uwagę, uwzględnić (of
sth coś); to ~ advantage wykorzystać (of sth coś); to ~ sb's
advice zasięgnąć czyjejś rady;
to ~ the air zaczerpnąć powie-

trza, odetchnąć; to ~ care troszczyć się (of sth o coś); to ~ the
chair objąć przewodnictwo; to
~ courage nabrać odwagi; to ~
one's degree otrzymać stopień
naukowy; to ~ effect nabrać
mocy, wejść w życie; to ~ an
examination zdawać egzamin; to
~ a fancy znaleźć upodobanie,
polubić (to sth coś); to ~ fright
przestraszyć się (at, of sth czegoś); to ~ a glance spojrzeć
(at sth na coś); to ~ heart nabrać ducha; to ~ hold pochwycić (of sth coś); to be ~n ill zachorować; to ~ interest interesować się (in sth czymś); ~ it
easy nie przejmuj się, nie wy-
silaj się; to ~ liberties pozwalać
sobie, nie krępować się (with sb,
sth kimś, czymś); to ~ notes ⟨a
note⟩ notować (of sth coś); to ~
notice zauważyć (of sth coś); to
~ an oath przysiąc; to ~ offence
obrazić się (at sth o coś); to ~
the offensive przejść do ofensywy; to ~ orders przyjąć święcenia kapłańskie; to ~ pains zadać
sobie trud; to ~ part brać udział;
to ~ a picture ⟨a photograph⟩
zrobić zdjęcie; to ~ pity litować się (on sb nad kimś); to ~
place odbywać się; to ~ pleasure
znajdować przyjemność; to ~
possession brać w posiadanie (of
sth coś); to ~ pride szczycić się
(in sth czymś); to ~ prisoner
wziąć do niewoli; to ~ root zapuścić korzenie; to ~ a seat u-
siąść; to ~ sides opowiedzieć się
⟨stanąć⟩ (with sb po czyjejś stronie); to ~ steps przedsięwziąć
kroki, zastosować środki; to ~
stock inwentaryzować; przen. zaopatrywać; badać (of sth coś); it
~s time na to trzeba trochę czasu; it took me two hours to
do this to zajęło mi dwie godziny
czasu; to ~ trouble zadawać sobie trud, robić sobie kłopot; z
przysłówkami i przyimkami: ~
aback zaskoczyć, przerazić; ~ af-

take-in

ter kształtować się według, u-
podabniać się do; ~ **away** zabrać, uprowadzić; ~ **down** zdjąć,
zerwać; poniżyć; zapisać; zdemontować, rozebrać (np. maszy-
nę); ~ **for** uważać za; **to** ~ **for
granted** uważać za rzecz oczywistą, przesądzać; ~ **in** wziąć
⟨wprowadzić⟩ do środka, włączyć; objąć; wciągnąć; przyjmować do domu, wprowadzać, brać
do siebie; abonować (gazetę); naciągać, oszukiwać; **to** ~ **into account** brać pod uwagę; **to** ~ **into
one's head** ubzdurać sobie; ~
off zdjąć; zabrać; odjąć; usunąć; naśladować; wyruszyć; odprowadzić; odbić się (od ziemi,
wody); *lotn.* startować; ~ **on**
przybrać; przyjąć; wziąć na siebie; podjąć się; ~ **out** wyjąć;
wyprowadzić; wywabić; wyciągnąć, wydostać; ~ **over** przejąć;
przewieźć; następować z kolei,
luzować (**from sb** kogoś); ~ **to**
zabrać się do; oddać się (np. na-
łogowi), poświęcić się czemuś; u-
stosunkować się; **to** ~ **to the
stage** poświęcić się sztuce sceni-
cznej; ~ **up** podnieść; wziąć na
siebie, podjąć (się); zająć się
(**sth** czymś); wchłaniać; przyjąć
(np. zakład); zająć (miejsce,
czas); zaprzątać (np. umysł); obcować, zadawać się; zadowalać
się (**with sth** czymś)

take-in [ˈteɪk ɪn] *s* oszustwo, na-
ciąganie

taken *zob.* **take**

take-off [ˈteɪk ɔf] *s* naśladownictwo; parodia; *lotn.* start; *sport*
odbicie się, odskok

tak·ing [ˈteɪkɪŋ] *s* wzięcie, pobieranie; *pl* ~**s** dochód, wpływy kasowe; *adj* pociągający; (*o chorobie*) zaraźliwy

talc [tælk], **talcum** [ˈtælkəm] *s*
talk

tale [teɪl] *s* opowiadanie, powiastka; bajka; † ilość, liczba, rachu-

nek; **fairy** ~**s** bajki; **to tell** ~**s**
plotkować; skarżyć

tal·ent [ˈtælənt] *s* talent, uzdolnienie

tal·ent·ed [ˈtæləntɪd] *adj* utalentowany, zdolny

tal·is·man [ˈtælɪzmən] *s* talizman

talk [tɔk] *vt vi* mówić, rozmawiać, gadać; **to** ~ **big** chwalić
się; ~ **down** nie dać przyjść do
słowa (**sb** komuś); ~ **into sth** namówić do czegoś; ~ **over** omówić; ~ **round** omówić wyczer-
pująco, wyczerpać temat; przekonać; ~ **sense** mówić do
rzeczy; **to** ~ **shop** mówić o spra-
wach zawodowych; *s* rozmowa,
gadanie, pogadanka; prelekcja;
pogłoska; **small** ~ rozmowa o
niczym

talk·a·tive [ˈtɔkətɪv] *adj* gadatliwy

talk·er [ˈtɔkə(r)] *s* gawędziarz; gaduła

talk·ie [ˈtɔkɪ] *s pot.* film dźwiękowy

talk·ing-pic·ture [ˈtɔkɪŋ ˈpɪktʃə(r)] *s*
film dźwiękowy

tall [tɔl] *adj* wysoki, wysokiego
wzrostu; *pot.* nieprawdopodobny;
niesłychany; przesadny; ~ **talk**
przechwałki; **to talk** ~ przechwalać się

tal·low [ˈtæləʊ] *s* łój, tłuszcz

tal·ly [ˈtælɪ] *s* karb; znak; kartka; rachunek; odpowiednik; duplikat; *vt* oznaczać; liczyć; zestawiać; *vi* zgadzać się, odpowiadać sobie

tal·on [ˈtælən] *s* szpon

tame [teɪm] *adj* oswojony; łagodny; uległy; *vt* oswoić; poskromić

tame·less [ˈteɪmləs] *adj* nieokiełznany, dziki

tam·er [ˈteɪmə(r)] *s* poskramiacz

tam·per [ˈtæmpə(r)] *vi* wtrącać się
(**with sth** do czegoś); dobierać
się; manipulować

tam·pon [ˈtæmpən] *s* tampon; *vt*
tamponować

tatter

tan [tæn] s opalenizna; garbnik;
kolor żółtobrązowy; *vt* garbować; brązowić; opalać (się)

tan·dem ['tændəm] *s* tandem

tang 1. [tæŋ] *s* posmak; ostry zapach

tang 2. [tæŋ] *s* brzęk, dźwięk; *vi*
brzęczeć, dźwięczeć

tan·gent ['tændʒənt] *adj* styczny;
s mat. styczna

tan·gi·ble ['tændʒəbl] *adj* dotykalny, namacalny

tan·gle ['tæŋgl] *vt vi* gmatwać
(się), wikłać (się); *s* gmatwanina,
plątanina

tank [tæŋk] *s* basen, cysterna;
wojsk. czołg; *vt* gromadzić w
basenie; tankować

tank·ard ['tæŋkəd] *s* kufel, dzban
(z pokrywą)

tan·ner 1. ['tænə(r)] *s* garbarz

tan·ner 2. ['tænə(r)] *s pot.* sześcio-
pensówka

tan·ner·y ['tænəri] *s* garbarnia

tan·ta·lize ['tæntəlaiz] *vt* dręczyć,
kusić

tan·ta·mount ['tæntəmaunt] *adj*
równoznaczny (**to sth** z czymś),
równowartościowy

tap 1. [tæp] *s* kran; szpunt, kurek; zawór; napój z beczki; bar;
vt otwierać (beczkę), puszczać
płyn (kurkiem), czerpać (ze źró-
dła); zaopatrywać w kurek; nawiązać stosunek; napocząć; podsłuchiwać rozmowę telefoniczną

tap 2. [tæp] *vt vi* pukać, lekko
stukać (**at the door** do drzwi);
podkuć (obcas); *s* pukanie, lekkie uderzenie; podkucie (obcasa),
flek

tape [teip] *s* wstążka, taśma;
przen. **red ~** biurokracja; *vt*
związać taśmą

ta·per ['teipə(r)] *s* cienka świeczka; słabe światło; stożek; *vi* kończyć się ostro, zwężać się ku
końcowi

tape-re·cord·er ['teip rikɔdə(r)] *s*
magnetofon

tape-re·cord·ing ['teip rikɔdiŋ] *s*
nagrywanie na taśmę

tap·es·try ['tæipistri] *s* dekoracyj-
ne obicie, gobelin

tape-worm ['teipwɜm] *s med.* tasiemiec

ta·pir ['teipə(r)] *s zool.* tapir

tap·room ['tæp rum] *s* bar, bufet

tar [ta(r)] *s* smoła; *pot.* (*także*
Jack ~) marynarz; *vt* smarować
smołą

tar·dy ['tɑdi] *adj* powolny, ociężały

tare [teə(r)] *s* tara, waga opakowa-
nia

tar·get ['tɑgit] *s* tarcza, cel

tar·iff ['tærif] *s* taryfa, system ceł

tar·nish ['tɑniʃ] *vt* przyciemnić,
zrobić matowym; *vi* ściemnieć,
zmatowieć; *s* utrata połysku,
zmatowienie

tar·pau·lin [tɑ'pɔlin] *s* płótno żaglowe, brezent

tar·ry ['tæri] *vi* zwlekać, ociągać
się

tart 1. [tɑt] *s* ciastko ⟨placek⟩ z
owocami

tart 2. [tɑt] *adj* uszczypliwy, cierpki

tar·tan ['tɑtn] *s* materiał w szkoc-
ką kratę, tartan

Tar·tar ['tɑtə(r)] *s* Tatar

task [tɑsk] *s* zadanie, praca, zajęcie; **to set a ~** dać zadanie (**sb**
komuś); **to take to ~** zrobić wy-
mówkę (**sb** komuś); *vt* dać pracę do wykonania, obarczyć pracą; zmusz·ć do wysiłku, męczyć

tas·sel ['tæsl] *s* pęk ozdobnych frę-
dzli, chwast; zakładka (w książce)

taste [teist] *s* smak; zamiłowanie;
vt vi próbować (smaku); smakować; mieć smak (**of sth** czegoś);
zaznawać, czuć smak

taste·ful ['teistfl] *adj* gustowny

taste·less ['teistləs] *adj* niesmaczny; niegustowny

tast·y ['teisti] *adj* smaczny

tat·ter ['tætə(r)] *s* (*zw. pl* **~s**)
szmata, łachman

tat·tered [ˈtætəd] *adj* obdarty, obszarpany

tat·too 1. [təˈtu] *s* capstrzyk

tat·too 2. [təˈtu] *s* tatuaż; *vt* tatuować

taught zob. **teach**

taunt [tɔnt] *s* złośliwa uwaga, urąganie; *vt* docinać, urągać (**sb with sth** komuś za coś)

taut [tɔt] *adj* napięty, mocno naciągnięty

taut·en [ˈtɔtn] *vt* napinać

tav·ern [ˈtævn] *s* tawerna, karczma

taw·dry [ˈtɔdrɪ] *adj* niegustowny; (*o ubiorze*) krzykliwy

tax [tæks] *s* podatek (państwowy); cło; ciężar; *vt* szacować; obciążać (podatkiem, cłem itp.); obarczać ciężarem, przemęczać; obciążać winą; wystawiać na próbę

tax·a·tion [tækˈseɪʃn] *s* opodatkowanie

tax-col·lec·tor [ˈtæks kəlektə(r)] *s* poborca podatkowy; **~'s office** urząd skarbowy

tax·i [ˈtæksɪ] *s* taksówka; *vi* jechać taksówką

tax·i-cab [ˈtæksɪ kæb] *s* taksówka

tax-pay·er [ˈtæks peɪə(r)] *s* podatnik

tea [ti] *s* herbata; herbatka (przyjęcie); podwieczorek

* **teach** [titʃ], **taught**, **taught** [tɔt] *vt* uczyć (**sb sth** kogoś czegoś)

teach·er [ˈtitʃə(r)] *s* nauczyciel

tea·cup [ˈti kʌp] *s* filiżanka do herbaty

tea-ket·tle [ˈti ketl] *s* czajnik, imbryk

team [tim] *s* zaprzęg; zespół, drużyna; *vt* zaprzęgać; *vi* **~ up** zespolić się (do wspólnej pracy), pracować zespołowo

team-work [ˈtimwɜk] *s* praca zespołowa

tea-par·ty [ˈti patɪ] *s* zebranie towarzyskie przy herbacie, herbatka

tea-pot [ˈtipot] *s* imbryk, czajniczek

tear 1. [tɪə(r)] *s* łza

* **tear** 2. [teə(r)], **tore** [tɔ(r)], **torn** [tɔn] *vt vi* rwać (się), szarpać, targać, drzeć (się); **~ along** umykać; **~ away** oderwać; zmykać; **~ in** wpaść; **~ off** oderwać, zerwać; **~ open** rozerwać; **~ out** wyrwać; **~ up** porwać, potargać; wyrwać; rozkopać; *s* rozdarcie, pęknięcie

tear·ful [ˈtɪəfl] *adj* zalany łzami

tea-room [ˈti rum] *s* herbaciarnia, cukiernia

tease [tiz] *vt* drażnić, docinać (**sb** komuś)

teas·er [ˈtizə(r)] *s* kpiarz; człowiek dokuczający; *pot.* trudne zadanie, trudne pytanie

tea-spoon [ˈtispun] *s* łyżeczka do herbaty

teat [tit] *s* sutka, brodawka sutkowa

tech·ni·cal [ˈteknɪkl] *adj* techniczny

tech·nics [ˈteknɪks] *s* technika, nauki techniczne

tech·nique [tekˈnik] *s* technika, sprawność, sposób wykonywania

tech·nol·o·gy [tekˈnolədʒɪ] *s* technologia; technika

ted·dy-bear [ˈtedɪ beə(r)] *s* miś (zabawka)

ted·dy boy [ˈtedɪ bɔɪ] *s* bikiniarz; rozrabiacz

te·di·ous [ˈtidɪəs] *adj* nudny, męczący

te·di·um [ˈtidɪəm] *s* nuda, nudy

tee [ti] *s* cel, tarcza (w grze)

teem [tim] *vi* roić się (**with sth** od czegoś), obfitować

teen-ag·er [ˈtineɪdʒə(r)] *s* nastolatek

teens [tinz] *s pl* wiek od 13 do 19 lat; **she is in her ~** ona jeszcze nie ma 20 lat; **to be in one's ~** mieć naście lat

teeth zob. **tooth**

tee·to·tal·ler [tiˈtəutlə(r)] *s* abstynent

tel·e·cast [ˈtelɪkast] *vt* = **televise**

tel·e·gram [ˈtelɪgræm] *s* telegram

tel·e·graph [`teligraf] s telegraf;
vt vi telegrafować

te·lep·a·thy [ti`lepəθi] s telepatia

tel·e·phone [`teləfəun] s telefon; by
~ telefonicznie; vt vi telefonować

tel·e·pho·to [`teli`fəutəu] s fotografia zdalna

tel·e·pho·tog·ra·phy [`telifə`togrəfi]
s telefotografia

tel·e·scope [`teliskəup] s teleskop

te·le·type [`telitaip] s dalekopis

tel·e·view·er [`telivjuə(r)] s tele-
widz

tel·e·vise [`telivaiz] vt nadawać w
telewizji ⟨drogą telewizyjną⟩

tel·e·vi·sion [`teliviʒn] s telewizja;
~ set telewizor, aparat telewizyj-
ny

tel·ex [`teleks] s dalekopis, teleks

* tell [tel], told, told [təuld] vt vi
mówić, powiadać, powiedzieć, o-
powiadać; poznawać, odróżniać;
wywierać wpływ, robić wrażenie; kazać (sb to do sth komuś
coś zrobić); mieć znaczenie; liczyć; all told wszystkiego ⟨wszy-
stkich⟩ razem; ~ over opowiedzieć na nowo; przeliczyć

tell·er [`telə(r)] s narrator; kasjer
(bankowy)

tell·ing [`teliŋ] adj znaczący, wpły-
wowy; skuteczny; s mówienie, o-
powiadanie; nakaz

tell·tale [`telteil] s plotkarz; licz-
nik; wskaźnik; attr plotkarski;
zdradziecki; ostrzegawczy; kontrolny

tell·y [`teli] s pot. telewizja

te·mer·i·ty [ti`merəti] s śmiałość,
zuchwalstwo

tem·per [`tempə(r)] s usposobienie,
natura, nastrój, humor; irytacja;
opanowanie; stopień twardości
(stali); zaprawa (murarska), domieszka; to get into a ~ wpaść
w złość; to lose one's ~ stracić
panowanie nad sobą, rozgniewać
się; out of ~ w gniewie, w stanie irytacji; vt vi temperować,
łagodzić (się), hamować (się); u-

rabiać (np. glinę); techn. hartować (się)

tem·per·a·ment [`temprəmənt] s
temperament, usposobienie

tem·per·a·men·tal [`temprə`mentl]
adj z temperamentem; wrodzony; pobudliwy, wybuchowy

tem·per·ance [`temprəns] s umiar-
kowanie, wstrzemięźliwość, trzeźwość; ~ restaurant restauracja
bezalkoholowa

tem·per·ate [`temprət] adj umiar-
kowany, trzeźwy

tem·per·a·ture [`temprətʃə(r)] s
temperatura; to take one's ~
zmierzyć komuś gorączkę

tem·pest [`tempist] s burza

tem·ple 1. [`templ] s świątynia

tem·ple 2. [`templ] s anat. skroń

tem·po [`tempəu] s tempo

tem·po·ral [`tempərl] adj czasowy;
doczesny; świecki

tem·po·rar·y [`tempri] adj tymcza-
sowy, przejściowy

tempt [tempt] vt kusić, wabić; to
be ~ed by⟨to⟩ skłonnym, mieć o-
chotę (to do sth coś zrobić)

temp·ta·tion [temp`teiʃn] s poku-
sa, kuszenie

ten [ten] num dziesięć; s dziesiątka

ten·a·ble [`tenəbl] adj dający się u-
trzymać; (o urzędzie) piastowa-
ny

te·na·cious [tə`neiʃəs] adj trwały,
wytrzymały, uporczywy

te·nac·i·ty [tə`næsəti] s trwałość,
wytrzymałość, uporczywość

ten·an·cy [`tenənsi] s dzierżawa

ten·ant [`tenənt] s dzierżawca; lo-
kator; vt dzierżawić

tend 1. [tend] vi zmierzać, dążyć;
skłaniać się

tend 2. [tend] vt pilnować, strzec;
pielęgnować (chorego)

tend·en·cy [`tendənsi] s tendencja,
kierunek, skłonność

ten·der 1. [`tendə(r)] adj delikatny,
łagodny, czuły; młodociany

ten·der 2. [`tendə(r)] vt podawać,
wręczać, przekazywać, oferować,

przedkładać; s oferta; legal ~ środek płatniczy

ten·der 3. [`tendə(r)] s kolej. mors. tender; dozorca (np. maszyny)

ten·don [`tendən] s anat. ścięgno

ten·e·ment [`tenəmənt] s parcela dzierżawna; mieszkanie czynszowe; dom czynszowy

ten·e·ment-house [`tenəmənt haus] s dom czynszowy, kamienica

ten·et [`tenət] s zasada; dogmat

ten·fold [`tenfəuld] adj dziesięciokrotny; adv dziesięciokrotnie

ten·ner [`tenə(r)] s pot. banknot dziesięciofuntowy, dziesiątka

ten·nis [`tenɪs] s sport tenis

ten·or [`tenə(r)] s treść, istota; brzmienie; przebieg; muz. tenor

tense 1. [tens] s gram. czas

tense 2. [tens] adj napięty

ten·sion [`tenʃn] s napięcie, naprężenie

tent [tent] s namiot; vt nakryć namiotem; vi obozować pod namiotem

ten·ta·cle [`tentəkl] s zool. macka

ten·ta·tive [`tentətɪv] adj próbny; s próba; propozycja

ten·ta·tive·ly [`tentətɪvlɪ] adv próbnie, tytułem próby

tenth [tenθ] adj dziesiąty; s dziesiąta (część)

ten·u·ous [`tenjuəs] adj cienki, delikatny, nieznaczny

ten·ure [`tenjuə(r)] s posiadanie, tytuł własności; okres posiadania ⟨użytkowania, urzędowania⟩

tep·id [`tepɪd] adj letni, ciepławy

ter·e·ben·thene [`terə`benθin] s chem. terpentyna

term [tɜm] s termin; semestr (akademicki); kadencja (sądowa, urzędowa itp.); termin, wyraz fachowy; (zw. pl ~s) stosunek; warunek; to be on good ~s być w dobrych stosunkach; to be on speaking ~s with sb znać się z kimś powierzchownie, ograniczać

znajomość do okolicznościowej rozmowy; to come to ~s dojść do porozumienia; in ~s of money przeliczywszy na pieniądze; vt określać, nazywać

ter·mi·nal [`tɜmɪnl] adj końcowy; s kres, koniec; stacja końcowa; gram. końcówka

ter·mi·nate [`tɜmɪneɪt] vt vi kończyć (się), zakończyć (się)

ter·mi·nol·o·gy [`tɜmɪ`nolədʒɪ] s terminologia

ter·mi·nus [`tɜmɪnəs] s (pl termini [`tɜmɪnaɪ]) stacja końcowa

ter·race [`terəs] s taras

ter·res·tri·al [tə`restrɪəl] adj ziemski; lądowy

ter·ri·ble [`terəbl] adj straszny, okropny

ter·rif·ic [tə`rɪfɪk] adj straszliwy, budzący strach; pot. cudowny, wspaniały

ter·ri·fy [`terɪfaɪ] vt napędzić strachu, przerazić

ter·ri·to·ri·al [`terɪ`tɔrɪəl] adj terytorialny

ter·ri·to·ry [`terɪtrɪ] s terytorium

ter·ror [`terə(r)] s terror, groza, przerażenie

ter·ror·ize [`terəraɪz] vt terroryzować

terse [tɜs] adj zwięzły

ter·ti·ar·y [`tɜʃərɪ] adj trzeciorzędny

test [test] s próba, test, sprawdzian, egzamin; vt próbować, poddawać próbie, badać (for sth na coś)

tes·ta·ment [`testəmənt] s testament

tes·ti·fy [`testɪfaɪ] vt vi świadczyć (to sth o czymś); deklarować (się); stwierdzać

tes·ti·ly [`testɪlɪ] adv w rozdrażnieniu, z gniewem

tes·ti·mo·ni·al [`testɪ`məunɪəl] s zaświadczenie, świadectwo

tes·ti·mo·ny [`testɪmənɪ] s świadectwo, dowód; zeznanie

test-tube [`test tjub] s chem. probówka

tes·ty [ˈtestɪ] *adj* łatwy do rozdrażnienia, gniewny

teth·er [ˈteðə(r)] *s* łańcuch, postronek; *przen.* **to be at the end of one's** ~ być u kresu wytrzymałości (sił); *vt* przywiązać (np. kozę, krowę), spętać

text [tekst] *s* tekst

text-book [ˈtekstbuk] *s* wypisy, podręcznik

tex·tile [ˈtekstaɪl] *adj* tekstylny; *s* wyrób tekstylny

tex·ture [ˈtekstʃə(r)] *s* tkanina; struktura

than [ðæn; ðən] *conj* niż, aniżeli

thank [θæŋk] *vt* dziękować; *s* (*zw. pl* ~s) dzięki, podziękowanie; *praep* ~s to ... dzięki ..., zawdzięczając ...

thank·ful [ˈθæŋkfl] *adj* wdzięczny

thank·less [ˈθæŋkləs] *adj* niewdzięczny

thanks·giv·ing [θæŋksˈgɪvɪŋ] *s* dziękczynienie

that [ðæt] *pron* (*pl* **those** [ðəuz]) ów, tamten; który, którzy; *conj* że; ażeby

thatch [θætʃ] *s* strzecha; *vt* kryć strzechą

thau·ma·turge [ˈθɔːmətɜːdʒ] *s* cudotwórca

thaw [θɔː] *vi* tajać, topnieć; *vt* topić, roztapiać; *s* odwilż

the {ðə, przed samogłoską, w pozycji akcentowanej: ðɪ} *rodzajnik* ⟨*przedimek*⟩ *określony:* **what was** ~ **result?** jaki był wynik?; ~ **best way** najlepszy sposób; *w funkcji zaimka wskazującego:* **call** ~ **man** zawołaj tego człowieka; *adv przed przymiotnikiem lub przysłówkiem w comp:* **all** ~ **better** tym lepiej; ~ **shorter** ~ **days** ~ **longer** ~ **nights** im krótsze dni, tym dłuższe noce; ~ **more he gets,** ~ **more he wants** im więcej ma, tym więcej chce mieć

the·a·tre [ˈθɪətə(r)] *s* teatr

the·at·ri·cal [θɪˈætrɪkl] *adj* teatralny; *s pl* ~s przedstawienie teatralne (*zw.* amatorskie)

theft [θeft] *s* kradzież

their [ðeə(r)] *adj* ich

theirs [ðeəz] *pron* ich

them *zob.* **they**

theme [θiːm] *s* temat, przedmiot; wypracowanie szkolne; ~ **song** *muz. film radio* melodia przewodnia; *am.* sygnał stacji radiowej

them·selves [ðəmˈselvz] *pron* oni sami, ich samych, się, sobie, siebie

then [ðen] *adv* wtedy; następnie; zresztą; *conj* a więc, zatem; **but** ~ ale przecież; **by** ~ już przedtem; **now** ~ otóż; *adj attr* ówczesny

thence [ðens] *adv* dlatego, skutkiem tego; † stamtąd, stąd

the·o·lo·gian [θɪəˈləudʒən] *s* teolog

the·ol·o·gy [θɪˈɒlədʒɪ] *s* teologia

the·o·rem [ˈθɪərəm] *s* teoremat; *mat.* twierdzenie

the·o·ret·i·cal [θɪəˈretɪkl] *adj* teoretyczny

the·o·ry [ˈθɪərɪ] *s* teoria; przypuszczenie

ther·a·peu·tic [ˈθerəˈpjuːtɪk] *adj* terapeutyczny; *s* ~s terapia

there [ðeə(r), ðə(r)] *adv* tam; ~ **is,** ~ **are** jest, są; istnieje, istnieją; **from** ~ stamtąd; **over** ~ tam, po drugiej stronie; *int* **no!,** otóż to!; ~ **now!** otóż to!; *s* to miejsce; ta miejscowość; **near** ~ w pobliżu tego miejsca

there·a·bout(s) [ˈðeərəbaut(s)] *adv* gdzieś tam, w tamtych okolicach; (*po wymienieniu liczby itp.*) coś koło tego, mniej więcej

there·af·ter [ðeərˈaːftə(r)] *adv* następnie, później; według tego

there·by [ðeəˈbaɪ] *adv* przez to, przy tym; skutkiem tego

there·fore [ˈðeəfɔː(r)] *adv* dlatego

there·of [ðeərˈɒv] † *adv* tego, z tego, o tym

there·with [ðeəˈwɪθ] *adv* z tym

ther·mal [ˈθɜːml] *adj* cieplny

ther·mic [ˈθɜːmɪk] *adj* termiczny

ther·mom·e·ter [θəˈmɒmɪtə(r)] s
termometr
ther·mos [ˈθɜmɒs] s (także ~ flask)
termos
ther·mo·stat·ics [ˈθɜməˈstætɪks] s
termostatyka
the·sau·rus [θɪˈsɔrəs] s (pl the·sau·ri
[θɪˈsɔraɪ], ~es) skarbiec; leksy-
kon; zbiór (wyrazów, wyrażeń,
cytatów itp.)
these zob. this
the·sis [ˈθisɪs] s (pl theses [ˈθisiz])
teza; rozprawa, praca pisemna
they [ðeɪ] pron oni, one; (przypadek zależny) them [ðem, ðəm,
əm]) im, ich, je
they'd [ðeɪd] = they had; they
should; they would
they'll [ðeɪl] = they shall; they
will
they're [ðeə(r)] = they are
they've [ðeɪv] = they have
thick [θɪk] adj gruby, tłusty; gęsty; głupi, tępy; s gruba część
czegoś; in the ~ of a forest w
gąszczu leśnym; przen. in the ~
of the fight w wirze walki
thick·en [ˈθɪkən] vi grubieć; gęstnieć; vt zagęszczać
thick·et [ˈθɪkɪt] s gąszcz, gęstwina
thick·ness [ˈθɪknəs] s grubość; gęstość
thick·set [ˈθɪkˈset] adj gęsto sa-
dzony; (o człowieku) przysadzi-
sty
thick·skinned [ˈθɪk ˈskɪnd] adj
przen. gruboskórny
thief [θif] s (pl thieves [θivz]) złodziej
thieve [θiv] vi vt kraść
thieves zob. thief
thigh [θaɪ] s anat. udo
thill [θɪl] s dyszel
thim·ble [ˈθɪmbl] s naparstek;
techn. tulejka
thin [θɪn] adj cienki; szczupły; słaby; rzadki, rzadko rosnący; vt
rozcieńczyć; rozrzedzić; pomniejszyć; zwęzić; vi (także ~ away,
~ down) zeszczupleć, zmniejszyć
się, zrzednąć

thing [θɪŋ] s rzecz, sprawa, przedmiot; istota; pl ~s prawn. własność; poor (little) ~! biedactwo!;
all ~s English wszystko to, co
angielskie; how are ~s (going)?
co słychać; I don't feel quite the
~ nie czuję się dobrze, marnie
się czuję; that's the ~ o to chodzi, w tym rzecz; for one ~ po
pierwsze
* think [θɪŋk], thought, thought
[θɔt] vi myśleć (about, of sth o
czymś), sądzić, uważać; zamierzać; to ~ much wysoko cenić,
być dobrego zdania (of sb, sth
o kimś, czymś); to ~ little nie
cenić wysoko, mieć niepochlebne
zdanie (of sb, sth o kimś, czymś);
vt mieć na myśli; uważać; to ~
no harm nie mieć na myśli nic
złego; to ~ sb silly uważać kogoś za głupca; ~ out wymyślić;
przemyśleć do końca; ~ over obmyślić; rozważyć ponownie; ~
through przemyśleć
think·er [ˈθɪŋkə(r)] s myśliciel
think·ing [ˈθɪŋkɪŋ] s myślenie; zdanie, opinia
thin·ness [ˈθɪnnəs] s cienkość;
szczupłość, chudość; rzadkość
third [θɜd] adj trzeci; ~ degree
trzeci stopień przesłuchania (w
sądzie, na policji); s trzecia
część; techn. trzeci bieg
third·ly [ˈθɜdlɪ] adv po trzecie
third-rate [ˈθɜd ˈreɪt] adj trzecio-
rzędny
thirst [θɜst] s pragnienie; vi pragnąć (after, for sth czegoś)
thirst·y [ˈθɜstɪ] adj spragniony,
pragnący
thir·teen [ˈθɜˈtin] num trzynaście;
s trzynastka
thir·teenth [ˈθɜˈtinθ] adj trzynasty;
s trzynasta część
thir·ti·eth [ˈθɜtɪəθ] adj trzydziesty;
s trzydziesta część
thir·ty [ˈθɜtɪ] num trzydzieści; s
trzydziestka; the thirties lata
trzydzieste
this [ðɪs] pron (pl these [ðiz]) ten,

ta, to; ~ morning ⟨evening⟩ dziś rano ⟨wieczór⟩; ~ way tędy

this·tle [ˈθɪsl] s bot. oset

thith·er [ˈðɪðə(r)] adv † tam, w ową stronę, do tamtego miejsca

tho' [ðəu] = **though**

thong [θɒŋ] s rzemień, kańczug

thorn [θɔn] s cierń, kolec

thorn·y [ˈθɔnɪ] adj ciernisty, kolący

thor·ough [ˈθʌrə] adj całkowity, gruntowny

thor·ough·bred [ˈθʌrəbred] adj rasowy; s koń czystej krwi, zwierzę rasowe

thor·ough·fare [ˈθʌrəfeə(r)] s przejazd, wolna droga; arteria komunikacyjna

thor·ough·go·ing [ˈθʌrə ˈɡəuɪŋ] adj stanowczy, bezkompromisowy; gruntowny

thor·ough·ly [ˈθʌrəlɪ] adv gruntownie

those zob. **that**

though [ðəu] conj chociaż; as ~ jak gdyby; adv jednak, przecież

thought 1. zob. **think**

thought 2. [θɔt] s myśl; namysł; pomysł; zamiar; **on second ~s** po rozważeniu, po namyśle; **he had no ~ of** ... nie miał wcale zamiaru ...

thought·ful [ˈθɔtfl] adj myślący, głęboki, rozważny

thought·less [ˈθɔtləs] adj bezmyślny, lekkomyślny, nierozważny

thou·sand [ˈθauznd] num tysiąc

thou·sandth [ˈθauznθ] adj tysięczny; s tysięczna część

thral·dom [ˈθrɔldəm] s niewolnictwo, niewola

thrall [θrɔl] s niewolnik (**of sb** czyjś; **to sth** czegoś)

thrash [θræʃ] vt młócić; chłostać, bić; ~ **out** debatować; dokładnie przedyskutować

thrash·ing [ˈθræʃɪŋ] s młócenie; lanie, chłosta; **to give sb a good ~** sprawić komuś solidne lanie

thread [θred] s nić, nitka; wątek (opowiadania, rozmowy itp.); vt nizać, nawlekać; przesuwać się, przeciskać się (**sth przez coś**)

thread·bare [ˈθredbeə(r)] adj wytarty, przeświecający

threat [θret] s groźba

threat·en [ˈθretn] vt grozić; vi zagrażać, zapowiadać się groźnie

three [θri] num trzy; s trójka

three-cor·ner·ed [ˈθri ˈkɒnəd] adj trójkątny

three-deck·er [ˈθri ˈdekə(r)] s statek trójpokładowy

three·fold [ˈθri-fəuld] adj trzykrotny; adv trzykrotnie

three-mas·ter [ˈθri ˈmɑstə(r)] s statek trójmasztowy

three·pence [ˈθrepəns] s trzy pensy (moneta trzypensowa)

three·score [ˈθri ˈskɔ(r)] num sześćdziesiąt

thresh [θreʃ] = **thrash**

thresh·old [ˈθreʃhəuld] s próg; przen. przedsionek, próg, początek

threw zob. **throw**

thrift [θrɪft] s oszczędność, gospodarność

thrift·y [ˈθrɪftɪ] adj oszczędny, gospodarny

thrill [θrɪl] s dreszcz, drżenie; vt przejmować dreszczem, mocno wzruszać; vi drżeć, dygotać

thrill·er [ˈθrɪlə(r)] s sensacyjny film; przejmująca sztuka ⟨powieść⟩, dreszczowiec

* **thrive** [θraɪv], **throve** [θrəuv], **thriven** [ˈθrɪvən] vi pięknie się rozwijać, prosperować, kwitnąć

thro' [θru] = **through**

throat [θrəut] s gardło; gardziel; **sore ~** ból gardła; **to clear one's ~** odchrząknąć

throb [θrɒb] vi (o sercu, pulsie) bić, drgać, tętnić; s bicie (serca, pulsu); drganie, dreszcz

throe [θrəu] s gwałtowny ból; pl ~s bóle porodowe; (także ~s **of death**) agonia

throne [θrəun] s tron; **to come to the ~** wstąpić na tron

throng [θroŋ] s tłum, tłok; vt vi tłoczyć (się), tłumnie gromadzić (się)

thros·tle [`θrosl] s zool. drozd

throt·tle [`θrotl] s gardziel; techn. przepustnica; vt dusić, dławić, tłumić

through [θru] praep przez, poprzez; z powodu, dzięki; adv na wskroś, dokładnie, na wylot, od początku do końca; ~ and ~ całkowicie, najzupełniej; to be ~ skończyć (with sb, sth z kimś, czymś); to get ~ przebyć; doprowadzić do końca, skończyć; połączyć się telefonicznie; adj bezpośredni, tranzytowy; a ~ train to ... pociąg bezpośredni do ...

through·out [θru`aut] praep przez, poprzez; ~ his life przez całe jego życie; ~ the year przez cały rok; adv wszędzie; od początku do końca; pod każdym względem

throve zob. thrive

* **throw** [θrəu], **threw** [θru], **thrown** [θrəun] vt rzucać, zrzucać, narzucać; to ~ a glance rzucić okiem (at sb na kogoś); ~ away odrzucać, wyrzucać; ~ **down** porzucić, zrzucić, obalić; ~ **in** wrzucić, wtrącić, dorzucić; to ~ **in** one's lot with sb podzielić czyjś los; związać się; ~ **off** zrzucić; pozbyć się (sth czegoś); ~ **on** narzucić, nałożyć; ~ **open** rozewrzeć, szeroko otworzyć; udostępnić; ~ **out** wyrzucić, wypędzić; wydać; ~ **over** porzucić, zarzucić; przewrócić; ~ **up** podrzucić, rzucić w górę; podwyższyć; porzucić, zrezygnować; s rzut; obalenie

throw-out [`θrəu aut] s rzecz odrzucona; odsiew; odpadki

thru [θru] am. = through

thrum [θrʌm] vt vi bębnić, rzepolić; s bębnienie, rzępolenie

thrush [θrʌʃ] s zool. drozd

* **thrust** [θrʌst], **thrust**, **thrust** [θrʌst] vt pchnąć, wbić; wtrącić; przebić; vi ~ **past** przepychać się obok; s pchnięcie; wojsk. atak, wypad

thud [θʌd] s głuche stuknięcie, głuchy łomot; vi ciężko zwalić się, głucho stuknąć

thug [θʌg] s skrytobójca, bandyta

thumb [θʌm] s kciuk; rule of ~ praktyczna zasada; ~s up! brawo!; **Tom Thumb** Tomcio Paluch; vt przewracać kartki (książki), wertować; brzdąkać

thump [θʌmp] vi głucho stukać, grzmocić (np. pięścią); s głuche stukanie, ciężkie uderzenie

thun·der [`θʌndə(r)] s grzmot; vi grzmieć; vt ciskać (np. groźbę)

thun·der·bolt [`θʌndə bəult] s piorun, grom

thun·der·clap [`θʌndə klæp] s trzask piorunu, przen. piorunująca wiadomość

thun·der·ous [`θʌndərəs] adj grzmiący

thun·der·storm [`θʌndə stɔm] s burza z piorunami

thun·der·struck [`θʌndə strʌk] adj rażony piorunem; oszołomiony

Thurs·day [`θɜzdɪ] s czwartek

thus [ðʌs] adv tak, w ten sposób; ~ **far** dotąd, dotychczas; do tego stopnia; ~ **much** tyle

thwart [θwɔt] vt krzyżować, udaremniać

thy [ðaɪ] pron twój

tick 1. [tɪk] vt vi (o zegarze) tykać; robić znak kontrolny; odfajkować; s tykanie; znak kontrolny; chwilka

tick 2. [tɪk] s pot. kredyt; on ~ na kredyt

tick·et [`tɪkɪt] s bilet, karta wstępu; etykieta, znaczek; licencja (np. pilota); am. polit. lista kandydatów

tick·le [`tɪkl] vt łaskotać; zabawiać; vi swędzić; s łaskotanie

tick·lish [`tɪklɪʃ] adj łaskotliwy; drażliwy

timely

tid·dly-winks [ˈtɪdlɪ wɪŋks] s (gra w) pchełki

tide [taɪd] s przypływ i odpływ morza; prąd, bieg; *przen.* fala; pora, czas; **high ~** przypływ; **low ~** odpływ; *vi* płynąć z prądem; **~ over** przepłynąć; *przen.* przezwyciężyć (np. trudności)

ti·dings [ˈtaɪdɪŋz] s pl wiadomości

ti·dy [ˈtaɪdɪ] *adj* czysty, schludny, porządny; *vt (także ~ up)* doprowadzić do porządku, oczyścić

tie [taɪ] s więź, węzeł; krawat; sznurowadło; *sport* remis; *vt (p praes* tying) wiązać, łączyć; krępować; zobowiązywać (**sb to sth** kogoś do czegoś)

tier [tɪə(r)] s rząd; piętro; kondygnacja; *teatr* rząd krzeseł

ti·ger [ˈtaɪgə(r)] s zool. tygrys

tight [taɪt] *adj* napięty; obcisły, ciasny; szczelny, spoisty; niewystarczający, skąpy; *pot.* pijany, wstawiony; **to be in a ~ corner** być przyciśniętym do muru; **to sit ~** *przen.* obstawać przy swoim; s pl **~s** trykoty; rajstopy; *adv* ciasno, szczelnie

tight·en [ˈtaɪtn] *vt vi* ściągnąć (się), ścieśnić (się); napiąć; zacisnąć

tight-fist·ed [ˈtaɪt ˈfɪstɪd] *adj* skąpy

ti·gress [ˈtaɪgrəs] s tygrysica

tike [taɪk] = **tyke**

tile [taɪl] s dachówka; kafel; płyta; *vt* kryć dachówką, wykładać (kaflami itp.)

till 1. [tɪl] *praep* do, aż do; *conj* aż, dopóki nie

till 2. [tɪl] s kasa sklepowa

till 3. [tɪl] *vt* uprawiać (ziemię), orać

till·age [ˈtɪlɪdʒ] s uprawa ziemi

till·er 1. [ˈtɪlə(r)] s rolnik

till·er 2. [ˈtɪlə(r)] s *mors.* rączka steru, sterownica

tilt 1. [tɪlt] *vt vi* przechylać (się); rzucić się, atakować (np. lancą);

przen. napadać (**at sb** na kogoś); s nachylenie, przechył; napaść

tilt 2. [tɪlt] s nakrycie, osłona (z brezentu)

tim·ber [ˈtɪmbə(r)] s drewno, budulec; belka; *am.* las

time [taɪm] s czas, pora; termin; rʌz; tempo; takt; okres kary więziennej; okres służby wojskowej; **a long ~ ago** dawno temu; **at a ~** naraz; **at ~s** czasami; **at any ~** kiedykolwiek; **at one ~** swego czasu, niegdyś; **at the same ~** równocześnie; pomimo tego; **behind one's ~** spóźniony; **behind the ~s** konserwatywny, zacofany; **for the ~ being** na razie, chwilowo; **in due ~** we właściwym czasie, w porę; **in ~** na czas; w takt, do taktu; **in no ~** wkrótce, zaraz, natychmiast; **many a ~** niejednokrotnie; **many ~s** wielokrotnie, często; **most of the ~** przeważnie; najczęściej; **once upon a ~** pewnego razu; dawno temu; **out of ~** nie w porę, nie na czasie; **some ~ or other** kiedyś tam (w przyszłości), przy sposobności; **~ after ~** raz za razem; **~ and again** od czasu do czasu; **~ is up** czas upłynął; **to do ~** odsiadywać karę więzienia; **to gain ~** zyskać na czasie; *(o zegarze)* spieszyć się; **to have a good ~** dobrze się bawić; używać sobie; **to keep ~** tańczyć ⟨grać itp.⟩ do taktu; **to serve one's ~** odbywać (służbę, wyrok, praktykę itp.); **to take one's ~** nie spieszyć się; **what ~ is it?, what is the ~?** która godzina?; *vt* wyznaczać według czasu, dostosować do czasu; określać czas, regulować; zrobić w odpowiedniej chwili; *vi* dostosowywać się, dotrzymywać kroku (**with sb, sth** komuś, czemuś); *adj praed* czasowy; terminowy

time-bomb [ˈtaɪm bɒm] s bomba zegarowa

time·ly [ˈtaɪmlɪ] *adj* będący na czasie, aktualny; dogodny ti·mer ['taɪmə(r)] s stoper; regulator czasu

time·serv·er ['taɪm sɜːvə(r)] s oportunista

time·serv·ing ['taɪm sɜːvɪŋ] adj oportunistyczny; s oportunizm

time·ta·ble ['taɪm teɪbl] s rozkład zajęć; rozkład jazdy

time·work ['taɪm wɜːk] s praca dniówkowa

time·worn ['taɪm wɔːn] adj zużyty, sfatygowany; przestarzały; starodawny

tim·id ['tɪmɪd] adj bojaźliwy, nieśmiały

ti·mid·i·ty [tɪ'mɪdətɪ] s bojaźliwość

tim·or·ous ['tɪmərəs] adj lękliwy

tin [tɪn] s cyna, blacha; naczynie blaszane; puszka konserwowa; vt pobielać; konserwować w puszkach, pakować do puszek

tinc·ture ['tɪŋktʃə(r)] s nalewka; domieszka; odcień, zabarwienie

ting [tɪŋ] vt vi dzwonić, dźwięczeć; s dźwięczenie, dzwonienie

tinge [tɪndʒ] s lekki odcień, zabarwienie; vt zabarwiać, nadawać odcień

tin·gle ['tɪŋgl] vt dźwięczeć, brzmieć; świerzbieć, swędzić; powodować ciarki; s dźwięczenie, brzęk; swędzenie; ciarki

tink·er ['tɪŋkə(r)] s naprawiacz kotłów; druciarz

tin·kle ['tɪŋkl] vi dzwonić; s dzwonienie

tin·ned [tɪnd] pp zob. tin; adj konserwowy; ~ food artykuły żywnościowe w konserwach

tin-opener ['tɪn əʊpnə(r)] s klucz do konserw

tin-plate ['tɪn pleɪt] s blacha cynowa

tin·sel ['tɪnsl] s zbior. błyskotki; świecidełka; przen. fałszywy blask, blichtr

tint [tɪnt] s zabarwienie, odcień; vt lekko barwić, cieniować

tin·ware ['tɪnweə(r)] s zbior. wyroby cynowe ⟨blaszane⟩

ti·ny ['taɪnɪ] adj drobny, bardzo mały

tip 1. [tɪp] s koniuszek; szpic (np. buta); skuwka; on the ~ of one's tongue na końcu języka; vt pokryć koniuszek; obić, okuć

tip 2. [tɪp] vt vi dotknąć; przechylić ⟨się⟩; skinąć, dać znak; poczęstować; dać napiwek; s przechylenie, nachylenie; lekkie dotknięcie; znak, aluzja, wskazówka; napiwek

tip-car ['tɪp ka(r)] s wóz-wywrotka

tip·sy ['tɪpsɪ] adj pijany, wstawiony

tip-toe ['tɪptəʊ] adv (zw. on ~) na czubkach palców; vi chodzić na czubkach palców

tip-top ['tɪp tɒp] s pot. szczyt doskonałości; adj doskonały, pierwszorzędny

ti·rade [taɪ'reɪd] s tyrada

tire 1. ['taɪə(r)] vt vi męczyć ⟨się⟩; to be ~d of sth mieć czegoś dosyć; to be ⟨get⟩ ~d zmęczyć się ⟨of sth czymś⟩; mieć czegoś dość; uprzykrzyć sobie ⟨of sth coś⟩; ~ out krańcowo wyczerpać

tire 2. ['taɪə(r)] s obręcz ⟨koła⟩; opona; guma ⟨rowerowa⟩; vt nałożyć obręcz; nałożyć oponę ⟨gumę⟩

tire·less ['taɪələs] adj niezmordowany

tire·some ['taɪəsm] adj męczący; nudny

'tis [tɪz] = it is

tis·sue ['tɪʃu] s tkanina (delikatna); biol. tkanka

tis·sue-pa·per ['tɪʃu peɪpə(r)] s bibułka

tit [tɪt] s w zwrocie: ~ for tat pięknym za nadobne, wet za wet

tit-bit ['tɪtbɪt] s smakołyk; przen. interesująca plotka ⟨nowina⟩

tithe [taɪð] s dziesięcina

ti·tle ['taɪtl] s tytuł

ti·tled ['taɪtld] adj utytułowany

tit·ter ['tɪtə(r)] vi chichotać; s chichot

tit·u·lar ['tɪtjʊlə(r)] adj tytularny

to [tu, tə] praep (kierunek) do, ku;

(granica przestrzeni lub czasu)
aż, do, po; *(zgodność)* ku, według; to a man do ostatniego
człowieka; to my mind moim
zdaniem, według mnie; to perfection doskonale; to this day
po dzień dzisiejszy; to the right
(w kierunku) na prawo; *(porównanie)* od, niż: **inferior to me**
niższy (np. służbowo) ode mnie;
(stosunek) dla, na, wobec: he has
been very good to me był dla
mnie bardzo dobry; ten to one
dziesięć do jednego; za dziesięć
minut pierwsza; *(wynik)* ku: to
my surprise ku memu zdziwie-
niu; *cel:* man eats to live człowiek je, ażeby żyć; *tłumaczy się
przez 3. przypadek:* give it to
me not to him daj to mnie, nie
jemu; *kwalifikator bezokolicznt-
ka:* to see widzieć; *zastępuje bezokolicznik:* he was to have come
but forgot to miał przyjść, ale
zapomniał (przyjść); *adv w wyrażeniach:* to and fro tu i tam;
the door is to drzwi są zamknię-
te

toad [təud] *s zool.* ropucha

toad·y [ˈtəudɪ] *s* pochlebca, lizus;
vt płaszczyć się (sb przed kimś),
wkradać się w łaski (sb czyjeś)

toast [təust] *s* grzanka, tost; toast;
vt przypiekać; wznosić toast (sb
na czyjąś cześć)

to·bac·co [təˈbækəu] *s* tytoń

to·bac·co·nist [təˈbækənɪst] *s* właściciel sklepu tytoniowego

to·bog·gan [təˈbogən] *s sport* toboggan; *vi* jeździć na tobogga-
nie

to·bog·gan-shoot [təˈbogən ʃut], **to-
·bog·gan-slide** [təˈbogən slaɪd] *s
sport* tor saneczkowy

to·day, to-day [təˈdeɪ] *adv* dziś; *s*
dzień dzisiejszy

tod·dle [ˈtodl] *vi* chodzić chwiej-
nym krokiem; *s* chwiejny krok

tod·dy [ˈtodɪ] *s* sok z palmy; rodzaj grogu

to-do [tə ˈdu] *s* hałas, zamieszanie, krzątanina

toe [təu] *s* palec u nogi; **from top
to ~** od stóp do głów; *vt w
zwrocie:* **to ~ the line** *sport* stanąć na starcie; *przen.* podporządkować się ogółowi, być solidar-
nym

tof·fee [ˈtofɪ] *s* toffi, karmelek

to·geth·er [təˈgeðə(r)] *adv* razem;
na raz; **for weeks ~** całymi ty-
godniami; **to get ~** zbierać (się)

toil [tɔɪl] *s* trud; *vi* trudzić się,
ciężko pracować; *(także* **~ along**)
wlec się z trudem

toil·er [ˈtɔɪlə(r)] *s* ciężko pracujący człowiek

toil·et [ˈtɔɪlət] *s* toaleta

to·ken [ˈtəukən] *s* znak; pamiątka;
bon; żeton

told *zob.* **tell**

tol·er·a·ble [ˈtolərəbl] *adj* znośny,
możliwy

tol·er·ance [ˈtolərəns] *s* tolerancja,
pobłażliwość

tol·er·ate [ˈtoləreɪt] *vt* tolerować,
znosić

toll 1. [təul] *s* myto, opłata; *przen.*
~ of lives żniwo śmierci

toll 2. [təul] *vt vi* dzwonić (prze-
ciągle); *s* głos dzwonu *(zw.* pogrzebowego)

toll-bar [ˈtəul bɑ(r)] *s* rogatka

tom·a·hawk [ˈtoməhɔk] *s* indiański
topór bojowy, tomahawk

to·ma·to [təˈmatəu] *s* pomidor

tomb [tum] *s* grobowiec; grób

tom·boy [ˈtombɔɪ] *s* (dziewczyna)
urwis ⟨trzpiot⟩

tomb·stone [ˈtumstəun] *s* kamień
grobowy

tom·fool [tomˈful] *s* głupiec; błazen; *vi* błaznować

tom·my [ˈtomɪ] *s* żołnierz brytyjski; szeregowiec; *pot.* **~ rot**
głupstwa, brednie

tom·my-gun [ˈtomɪ gʌn] *s* ręczny
karabin maszynowy

to·mor·row, to-mor·row [təˈmorəu]
adv jutro; *s* dzień jutrzejszy;
the day after ~ pojutrze

ton [tʌn] *s* tona; *zw. pl* ~s *pot.* mnóstwo, niezliczona ilość

tone [təun] *s* ton, dźwięk; *gram.* akcent toniczny; *vt* stroić, nastrajać; tonować; harmonizować; ~ **down** tonować, łagodzić; tonować się, łagodnieć; ~ **up** podnieść, wzmocnić; wzmagać się, potężnieć

tongs [tɔŋz] *s pl* szczypce, obcęgi

tongue [tʌŋ] *s* język; mowa; sposób mówienia; języczek; serce (dzwonu); **mother ~** język ojczysty; **to find one's ~ again** odzyskać mowę; **to have lost one's ~** zapomnieć języka w gębie; **to hold one's ~** trzymać język za zębami

ton·ic [ˈtɔnɪk] *adj* wzmacniający, toniczny; *gram.* tonalny, akcentowany; *s* środek wzmacniający ⟨tonizujący⟩

to·night, to-night [təˈnaɪt] *adv* dziś w nocy ⟨wieczorem⟩; *s* dzisiejsza noc, dzisiejszy wieczór; ~**'s paper** dzisiejsza gazeta wieczorna

too [tu] *adv* także, prócz tego, w dodatku; doprawdy; wielce, bardzo, aż nadto; **all ~** aż nadto; **none ~ good** niezbyt dobry, nieszczególny; **I'm only ~ glad** jestem bardzo rad

took *zob.* take

tool [tul] *s* narzędzie

toot [tut] *s* dźwięk (rogu, klaksonu itp.), sygnał; *vt vi* dąć w róg, buczeć

tooth [tuθ] *s* (*pl* **teeth** [tiθ]) ząb; **in the teeth of sth** wbrew czemuś, nie zważając na coś; ~ **and nail** energicznie, zawzięcie

tooth·ache [ˈtuθeɪk] *s* ból zębów

tooth-brush [ˈtuθbrʌʃ] *s* szczoteczka do zębów

tooth-paste [ˈtuθpeɪst] *s* pasta do zębów

tooth-pick [ˈtuθpɪk] *s* wykałaczka

top 1. [tɔp] *s* szczyt, najwyższy punkt; wierzch, powierzchnia, górna część; głowa (stołu); *mors.* kosz, bocianie gniazdo; pierwsze miejsce w klasie; *adj attr* górny, szczytowy; ~ **boy** najlepszy uczeń w klasie; *vt vi* pokrywać od góry; wznosić się; przewyższać; ~ **off** zakończyć; ~ **up** dopełnić

top 2. [tɔp] *s* bąk (zabawka); **to sleep like a ~** spać jak suseł

top-hat [ˈtɔp hæt] *s* cylinder

to·pi, to·pee [ˈtəupɪ] *s* hełm tropikalny

top·ic [ˈtɔpɪk] *s* przedmiot, temat

top·i·cal [ˈtɔpɪkl] *adj* miejscowy; dotyczący tematu, aktualny

top·most [ˈtɔpməust] *adj* najwyższy

to·pog·ra·phy [təˈpɔgrəfɪ] *adj* topografia

top·ping [ˈtɔpɪŋ] *adj* wybitny; *pot.* świetny, kapitalny

top·ple [ˈtɔpl] *vt* (*także* ~ **down** ⟨over⟩) powalić; *vi* zwalić się

top·sy-tur·vy [ˈtɔpsɪ ˈtəvɪ] *adv* do góry nogami; *adj* przewrócony do góry nogami

torch [tɔtʃ] *s* pochodnia; latarka elektryczna

tore *zob.* tear 2.

tor·ment [ˈtɔment] *s* męka, tortury; *vt* [tɔˈment] męczyć, dręczyć

torn *zob.* tear 2.

tor·na·do [tɔˈneɪdəu] *s* tornado

tor·pe·do [tɔˈpidəu] *s* torpeda; *vt* torpedować

tor·pedo-boat [tɔˈpidəu bəut] *s* *wojsk.* kuter torpedowy

tor·pid [ˈtɔpɪd] *adj* zesztywniały, zdrętwiały

tor·por [ˈtɔpə(r)], **tor·pid·i·ty** [tɔˈpɪdətɪ] *s* zesztywnienie, odrętwienie

tor·rent [ˈtɔrənt] *s* potok (rwący); ulewa

tor·ren·tial [tɔˈrenʃl] *adj* wartki; ulewny

tor·rid [ˈtɔrɪd] *adj* wypalony (słońcem); skwarny

tor·sion [ˈtɔʃn] *s* skręt, skręcenie; *mat.* torsja

tor·toise [ˈtɔtəs] *s* *zool.* żółw

tor·toise-shell [ˈtɔtəs ʃel] s szylkret

tor·tu·qus [ˈtɔtʃuəs] adj kręty, wijący się

tor·ture [ˈtɔtʃə(r)] s tortury, męczarnia; vt torturować, dręczyć; przekręcać (np. słowa)

To·ry [ˈtɔri] s polit. torys

toss [tos] vt rzucać w górę, podrzucać, potrząsać; niepokoić; vi przewracać się, wiercić się; (o morzu, drzewie) kołysać się; ~ off wypić duszkiem; załatwić od ręki; s rzucanie, rzut; potrząsanie

to·tal [ˈtəutl] adj całkowity, totalny; s suma globalna, ogólny wynik; vt vi sumować; wynosić w całości

to·tal·i·ty [təuˈtæləti] s całość, ogół

to·tal·i·za·tor [ˈtəutlaizeitə(r)], pot. **tote** [təut] s totalizator

tot·ter [ˈtɔtə(r)] vi chwiać się, iść na niepewnych nogach

touch [tʌtʃ] vt vi dotknąć; poruszyć, wspomnieć (on, upon sth coś); wzruszyć; (także ~ off) zarysować, naszkicować; dorównać; natknąć się; to ~ to the quick dotknąć do żywego; ~ up poprawić (np. obraz), wyretuszować; to ~ wood odpukiwać; s dotyk, dotknięcie; kontakt; lekki atak (choroby); pociągnięcie (np. pędzlem); posmak; powierzchowna próba; to get in ~ skontaktować się; to keep in ~ utrzymywać kontakt; finishing ~ ostatnie pociągnięcie

touch·ing [ˈtʌtʃiŋ] adj wzruszający; praep odnośnie do, co się tyczy

touch·stone [ˈtʌtʃstəun] s kamień probierczy; przen. standard, kryterium

touch·y [ˈtʌtʃi] adj drażliwy

tough [tʌf] adj twardy, oporny, trudny; (o mięsie) łykowaty, żylasty; tęgi, mocny, wytrzymały

tour [tuə(r)] s podróż (zw. okrężna), objazd; wycieczka; on ~ w podróży; to make a ~ of the world objechać świat; vt vi ob-

jeżdżać, zwiedzać

tour·ism [ˈtuərizm] s turystyka

tour·ist [ˈtuərist] s turysta

tour·na·ment [ˈtuənəmənt] s zawody, rozgrywki; hist. turniej

tou·sle [ˈtauzl] vt targać, mierzwić

tout [taut] vi kaptować, nachodzić (for sb kogoś); czynić starania (for sth o coś)

tow [təu] vt holować, ciągnąć na linie, wlec za sobą; s holowany statek; lina do holowania; to have in ~ holować; to take in ~ wziąć na hol

to·ward(s) [tuˈwɔdz] praep ku, w kierunku; w stosunku do; (o czasie) pod, około; na; ~ expenses na wydatki

tow·el [ˈtaul] s ręcznik (z materiału, papieru itd.)

tow·er [ˈtauə(r)] s wieża; baszta; the Tower (of London) zamek londyński (średniowieczne więzienie); vi wznosić się, piętrzyć się

town [taun] s miasto; out of ~ na prowincji, (wyjechać itd.) z miasta, za miasto, na wieś

town·let [ˈtaunlət] s miasteczko

towns·folk [ˈtaunzfəuk] s zbior. mieszkańcy miasta, mieszczanie

towns·peo·ple [ˈtaunzpipl] = townsfolk

tox·ic [ˈtoksik] adj trujący

toy [tɔi] s zabawka; vi bawić się; igrać

trace 1. [treis] s ślad; vt śledzić; iść śladem; zrekonstruować; szkicować, kreślić; ~ back wywodzić (sth to sth coś od czegoś); ~ over kalkować

trace 2. [treis] s postronek; pl ~s uprząż

trac·er [ˈtreisə(r)] s traser; kreślarz; (także ~ bullet ⟨shell⟩) pocisk smugowy

track [træk] s ślad, trop; ścieżka, szlak, trakt; tor (kolejowy, wyścigowy); the beaten ~ wydeptana droga; utarty szlak; to leave ⟨to come off⟩ the ~ wykoleić się; **to lose** ~ zgubić się (**of** sth w czymś); stracić kontakt (**of sb,** sth z kimś, czymś); *vt* śledzić; znaczyć śladami; ~ **down** ⟨out⟩ wyśledzić

trac·ta·ble [`træktəbl] *adj* uległy, podatny

trac·tion [`trækʃn] *s* trakcja

trac·tor [`træktə(r)] *s* traktor, ciągnik

trade [treɪd] *s* rzemiosło; handel; przemysł (budowlany, hotelowy itd.); branża; zawód, zawodowe zajęcie; **home** ⟨**foreign**⟩ ~ handel wewnętrzny ⟨zagraniczny⟩; ~ **mark** ochrony znak fabryczny; ~ **union** związek zawodowy; **Board of Trade** ministerstwo przemysłu i handlu; *vi* handlować (**in** sth czymś); **with** sb z kimś)

trad·er [`treɪdə(r)] *s* handlowiec; statek handlowy

trades·man [`treɪdzmən] *s* kupiec

trade-wind [`treɪdwɪnd] *s* pasat

tra·di·tion [trə`dɪʃn] *s* tradycja

tra·di·tion·al [trə`dɪʃnl] *adj* tradycyjny

traf·fic [`træfɪk] *s* komunikacja; ruch uliczny; transport; handel; ~ (**control**) **lights** światła regulujące ruch uliczny; ~ **regulations** przepisy drogowe; *vi* handlować (**in** sth czymś)

tra·ge·di·an [trə`dʒɪdɪən] *s* autor tragedii; aktor tragiczny

trag·e·dy [`trædʒədɪ] *s* tragedia

trag·i·cal [`trædʒɪk(l)] *adj* tragiczny

trail [treɪl] *s* szlak, ślad, trop; wlokący się ogon, smuga (np. dymu); *vt* wlec za sobą; tropić; deptać; *vi* wlec się

trail·er [`treɪlə(r)] *s* tropiciel; przyczepa (do samochodu itd.)

train [treɪn] *s* pociąg; wlokący się ogon, tren; sznur (ludzi, wozów); orszak; *vt vi* trenować, uczyć (**się**), tresować; kształcić, zaprawiać (**for** sth do czegoś)

train·er [`treɪnə(r)] *s* trener, in-

struktor

train·ing [`treɪnɪŋ] *s* trening, ćwiczenia, tresura

trait [treɪt] *s* rys (np. charakteru)

trai·tor [`treɪtə(r)] *s* zdrajca

trai·tor·ous [`treɪtərəs] *adj* zdradziecki

tram [træm] *s* tramwaj

tram-car [`træm ka(r)] *s* wóz tramwajowy

tram·mel [`træml] *s* (długa) sieć; pętla (dla konia); przeszkoda; (*także pl* ~s) więzy; *vt* łapać, pętać, plątać, przeszkadzać

tramp [træmp] *vi vt* włóczyć się; deptać, ciężko stąpać; *s* włóczęga, łazik; wędrówka; ciężkie stąpanie

tramp·er [`træmpə(r)] *s* włóczęga

tram·ple [`træmpl] *vt* deptać, tratować

tram·way [`træmweɪ] *s* tramwaj

trance [trans] *s* trans

tran·quil [`træŋkwɪl] *adj* spokojny

tran·quil·i·ty [træŋ`kwɪlətɪ] *s* spokój

trans·act [træn`zækt] *vt* przeprowadzić, doprowadzić do skutku; *vi* układać się, pertraktować

trans·ac·tion [træn`zækʃn] *s* transakcja

tran·scribe [træn`skraɪb] *vt* transkrybować; przepisywać; *radio* nagrywać na taśmę

tran·scrip·tion [træn`skrɪpʃn] *s* transkrypcja; przepisywanie; *radio* nagranie ⟨odtwarzanie⟩ na taśmie

trans·fer [træns`fɜ(r)] *vt vi* przenosić (się); przekazywać; przewozić; przesiadać się; *handl.* cedować; *s* [`trænsʃз(r)] przeniesienie; przewóz; przekazanie; przelew; *handl.* cesja

trans·fig·ure [træns`fɪgə(r)] *vt* przekształcać

trans·fix [træns`fɪks] *vt* przebić, przeszyć, przekłuć; unieruchomić, sparaliżować

travesty

trans·form [træns`fɔm] vt prze-
kształcać

trans·form·er [træns`fɔmə(r)] s
elektr. transformator

trans·fuse [træns`fjuz] vt przele-
wać, przetaczać; przepoić

trans·fu·sion [træns`fjuʒn] s trans-
fuzja

trans·gress [træns`gres] vt vi prze-
kroczyć, naruszyć (np. ustawę);
popełnić przekroczenie

trans·gres·sion [træns`greʃn] s
przekroczenie

tran·ship zob. trans-ship

tran·sient [`trænziənt] adj prze-
mijający, przejściowy

tran·sis·tor [træn`zistə(r)] s tranzy-
stor

tran·sit [`trænsit] s tranzyt; prze-
jazd

tran·si·tion [træn`ziʃn] s przejście;
okres przejściowy

tran·si·tion·al [træn`ziʃnl] adj
przejściowy

tran·si·tive [`trænsətiv] adj gram.
przechodni

tran·si·to·ry [`trænsitri] adj przejś-
ciowy, efemeryczny, przemijają-
cy

trans·late [trænz`leit] vt tłumaczyć
(**into English** na angielski)

trans·la·tion [trænz`leiʃn] s tłuma-
czenie

trans·la·tor [trænz`leitə(r)] s tłu-
macz

trans·lit·er·ate [trænz`litəreit] vt
transliterować

trans·mis·sion [trænz`miʃn] vt
transmisja

trans·mit [trænz`mit] vt przeka-
zywać, doręczać; przenosić;
transmitować

trans·mit·ter [trænz`mitə(r)] s apa-
rat transmitujący, przekaźnik;
nadajnik

trans·par·en·cy [træn`spærənsi] s
przeźroczystość

trans·par·ent [træn`speərnt] adj
przeźroczysty

tran·spi·ra·tion [ˌtrænspi`reiʃn] s
parowanie; pocenie się

tran·spire [træn`spaiə(r)] vt vi wy-
dzielać (się); parować; pocić się;
wydychać; przen. wychodzić na
jaw, okazywać się; zdarzać się

trans·plant [træns`plant] vt przesa-
dzać, przenosić, przeszczepiać

trans·plan·ta·tion [ˌtrænsplan`teiʃn]
s med. przeszczep, transplanta-
cja

trans·port [træn`spɔt] vt transpor-
tować, przewozić, przenosić; porwać, zachwycić, unieść; hist. zesłać (zbrodniarza); s [`transpɔt]
transport, przewóz, przeniesienie;
zachwyt, poryw, uniesienie

trans·por·ta·tion [ˌtrænspɔ`teiʃn] s
transport, przewóz, przeniesienie; zesłanie

trans·pose [træn`spəuz] vt przesta-
wiać; muz. transponować

trans·ship [træns`ʃip] vt przełado-
wywać

trans·ver·sal [trænz`vɜsl] adj po-
przeczny; s linia poprzeczna

trans·verse [trænz`vɜs] adj poprze-
czny

trap [træp] s pułapka, potrzask,
zasadzka; przen. podstęp; vt łapać w potrzask, zastawiać pułapkę

trap-door [træp`dɔ(r)] s zapadnia,
klapa

tra·peze [trə`piz] s trapez (w gi-
mnastyce)

tra·pe·zi·um [trə`piziəm] s mat.
trapez

trap·e·zoid [`træpizɔid] s mat. tra-
pezoid

trap·per [`træpə(r)] s traper

trash [træʃ] s tandeta; szmira;
bzdury; am. śmieci; am. hołota

trav·el [`trævl] vi podróżować, jeź-
dzić, jechać; s podróż

trav·el·ler, am. **trav·el·er** [`træv
lə(r)] s podróżny; podróżnik; komiwojażer

trav·erse [`trævɜs] s trawers, po-
przeczka; vt przecinać w poprzek, przejeżdżać; krzyżować
(plany); dokładnie badać

trav·es·ty [`trævisti] s trawestacja; vt trawestować

trawl [trɔl] s niewód; vt łowić niewodem

trawl·er [ˈtrɔlə(r)] s `mors.` trawler

tray [treɪ] s taca

treach·er·ous [ˈtretʃərəs] adj zdradziecki

treach·er·y [ˈtretʃərɪ] s zdrada

trea·cle [ˈtrikl] s melasa, syrop

***tread** [tred] vi vt (trod [trod], trod·den [ˈtrodn]) stąpać, kroczyć (on sth po czymś); deptać (on the grass trawę); ~ a measure tańczyć; ~ out zadeptać, zgnieść; s chód, kroki

tread·mill [ˈtred mɪl] s kierat; `przen.` monotonna praca, kierat

trea·son [ˈtrizn] s zdrada; high ~ zdrada stanu

trea·son·able [ˈtriznəbl] adj zdradziecki

treas·ure [ˈtreʒə(r)] s skarb; vt wysoko szacować; (zw. ~ up) chować jak skarb; `fin.` tezauryzować

treas·ur·er [ˈtreʒərə(r)] s skarbnik

treas·ure-trove [ˈtreʒə ˈtrəuv] s znaleziony skarb

treas·ur·y [ˈtreʒrɪ] s skarbiec; the Treasury skarb państwa; `am.` ministerstwo skarbu

treat [trit] vt traktować, uważać (as sth za coś); rozpatrywać; leczyć (sb for sth kogoś na coś); poddawać działaniu; fundować, częstować (sb to sth kogoś czymś); gościć, przyjmować; vi prowadzić pertraktacje (with sb for sth z kimś w sprawie czegoś); rozprawiać (of sth o czymś); s przyjemność, rozkosz; poczęstunek

trea·tise [ˈtritiz] s traktat, rozprawa naukowa

treat·ment [ˈtritmənt] s traktowanie, obchodzenie się; leczenie; under ~ w leczeniu

trea·ty [ˈtritɪ] s traktat, umowa

tre·ble [ˈtrebl] adj potrójny; `muz.` sopranowy; vt vi potroić (się)

tree [tri] s drzewo; prawidło (do butów)

tre·foil [ˈtriˈfɔɪl] s `bot.` koniczyna

trel·lis [ˈtrelɪs] s krata drewniana (dla pnączy); altanka (z kraty)

trem·ble [ˈtrembl] vi drżeć; s drżenie

tre·men·dous [trɪˈmendəs] adj ogromny, kolosalny; `pot.` wspaniały

trem·or [ˈtremə(r)] s drżenie; trzęsienie

trem·u·lous [ˈtremjuləs] adj drżący

trench [trentʃ] s rów; `wojsk.` okop; ~ coat trencz; vt kopać rowy; wkraczać, wdzierać się (on sth w coś); graniczyć (on sth z czymś); vt przekopywać, przecinać rowem

trend [trend] s skłonność, kierunek, tendencja; vi skłaniać się; dążyć (towards ⟨to⟩ sth ku czemuś); objawiać tendencję

trep·i·da·tion [ˈtrepɪˈdeɪʃn] s drżenie

tres·pass [ˈtrespəs] vi popełnić przekroczenie, naruszyć (on ⟨upon⟩ the law prawo); zgrzeszyć (against sth przeciwko czemuś); wkroczyć (na zakazany teren); nadużyć (on ⟨upon⟩ sth czegoś); s przekroczenie; grzech; wina

tres·pass·er [ˈtrespəsə(r)] s winny przekroczenia; winowajca; nieprawnie wkraczający na zakazany teren

tri·al [ˈtraɪl] s próba, doświadczenie; badanie; przesłuchanie; rozprawa sądowa; `sport` rozgrywka eliminacyjna; on ~ na próbę; to put to ~ poddać próbie

tri·an·gle [ˈtraɪæŋgl] s trójkąt

tri·an·gu·lar [traɪˈæŋgjulə(r)] adj trójkątny

trib·al [ˈtraɪbl] adj plemienny

tribe [traɪb] s plemię, szczep

trib·u·la·tion [ˈtrɪbjuˈleɪʃn] s udręka, wielkie zmartwienie

tri·bu·nal [traɪˈbjunl] s trybunał

trib·une [ˈtrɪbjun] s trybuna; `hist.` trybun

trib·u·tar·y [`trɪbjutərɪ] *adj* zobowiązany do płacenia należności (czynszu, podatku); pomocniczy, wspomagający; poddany; hołdowniczy; (*o rzece*) wpadający; *s* płatnik; hołdownik; dopływ (rzeki)

trib·ute [`trɪbjut] *s* przyczynek; danina, podatek, należność; uznanie, hołd; **to pay** ~ płacić daninę; wyrażać uznanie, składać hołd

trick [trɪk] *s* figiel, sztuczka, chwyt; przyzwyczajenie, *uj.* nawyk; spryt; lewa (w kartach); **to play a** ~ spłatać figla (**on sb** komuś); **to play** ~**s** pokazywać sztuczki; *vt* podejść, oszukać, zwieść; *vi* figlować

trick·er·y [`trɪkərɪ] *s* nabieranie, oszustwo

trick·le [`trɪkl] *vt* kapać, sączyć się; *vt* przesączać

trick·ster [`trɪkstə(r)] *s* kawalarz; oszust, naciągacz

tri·col·our [`trɪkələ(r)] *adj* trójbarwny; *s* flaga trójbarwna

tri·cy·cle [`traɪsɪkl] *s* rower na trzech kółkach

tried [traɪd] *pp zob.* **try**; *adj* wypróbowany, wierny

tri·fle [`traɪfl] *s* drobnostka, bagatela; *vi* żartować sobie; swawolić; postępować niepoważnie; *vt* (*zw.* ~ **away**) marnować, trwonić

tri·fling [`traɪflɪŋ] *adj* mało znaczący, drobny, błahy

trig·ger [`trɪgə(r)] *s* cyngiel, spust

trill [trɪl] *s* trel; *vt* wywodzić trele; *vi* wymawiać z wibracją

tril·lion [`trɪliən] *num* trylion

tri·lo·gy [`trɪlədʒɪ] *s* trylogia

trim [trɪm] *adj* schludny, utrzymany w porządku, prawidłowy; *vt* czyścić, porządkować; wygładzać, wyrównywać; przycinać; przybierać; *s* stan, kondycja; porządek

trim·ming [`trɪmɪŋ] *s* uporządkowanie; wykończenie; przycięcie;

(*zw. pl* ~**s**) przyprawa, dodatek (do potrawy); obszywka; dodatkowa ozdoba

trin·i·ty [`trɪnətɪ] *s* trójca, trójka

trin·ket [`trɪŋkɪt] *s* błyskotka, ozdóbka

trip [trɪp] *s* lekki chód; (krótka) wycieczka, przejażdżka; potknięcie; *vt* iść drobnym, szybkim krokiem; potknąć się; pomylić się; odbyć krótką podróż; (*także* ~ **up**) podstawić nogę

tripe [traɪp] *s* wnętrzności wołowe; flaki; *pot.* bzdura; lichota; szmira

tri·ple [`trɪpl] *adj* potrójny; *vt vi* potroić (się)

tri·plet [`trɪplɪt] *s* zespół trzech jednakowych rzeczy ⟨osób⟩; *pl* ~**s** trojaczki

tri·pod [`traɪpod] *s* trójnóg; *fot.* statyw

trip·ping [`trɪpɪŋ] *adj* lekki, zwinny

trite [traɪt] *adj* oklepany, banalny

tri·umph [`traɪʌmf] *s* triumf; *vt* triumfować

tri·um·phant [traɪ`ʌmfnt] *adj* triumfujący

triv·et [`trɪvɪt] *s* trójnożna podstawka żelazna

triv·i·al [`trɪvɪəl] *adj* nieważny, błahy; pospolity, banalny

trod, trod·den *zob.* **tread**

trol·ley [`trolɪ] *s* drezyna, wózek; odbierak krążkowy (tramwaju, trolejbusu)

trol·ley-bus [`trolɪ bʌs] *s* trolejbus

trom·bone [trom`bəun] *s muz.* puzon

troop [trup] *s* grupa, gromadka; oddział wojskowy; *teatr* trupa; *pl* ~**s** wojsko; *vi* iść grupą, gromadzić się; ~**ing the colour** parada wojskowa

troop·er [`trupə(r)] *s* kawalerzysta; *am.* policjant konny

tro·phy [`trəufɪ] *s* łup wojenny,

trofeum; *sport* nagroda, pamiątka honorowa

trop·ic ['trɔpɪk] *s* zwrotnik; *adj* tropikalny

trop·i·cal ['trɔpɪkl] *adj* tropikalny, podzwrotnikowy

trot [trɔt] *s* kłus; *am. pot.* bryk; *przen.* **to keep on the ~** popędzać, utrzymywać w ruchu; *vi* kłusować; *vt także ~* **out** puszczać kłusem; popisywać się **(sth czymś)**

troth [trəʊθ] *s †* wierność; słowo honoru; **to plight one's ~** ręczyć słowem honoru

trou·ble ['trʌbl] *s* niepokój, kłopot, troska, trud; zakłócenie; dolegliwość; **to ask for ~** szukać kłopotu, narażać się na kłopoty; **to get into ~** popaść w tarapaty; **to take the ~** zadać sobie trud; *vt vi* niepokoić (się), dręczyć (się); przeszkadzać; fatygować (się); martwić (się); mącić

trou·ble·some ['trʌblsəm] *adj* niepokojący, kłopotliwy, uciążliwy

trough [trɔf] *s* koryto

troupe [trup] *s teatr* trupa

trou·sers ['traʊzəz] *s pl* spodnie

trout [traʊt] *s zool.* pstrąg

trow·el ['traʊl] *s* kielnia, łopata

tru·an·cy ['truənsɪ] *s* absencja; wagary

tru·ant ['truənt] *s* opuszczający pracę; uczeń na wagarach; **to play ~** chodzić na wagary

truce [trus] *s* rozejm

truck 1. [trʌk] *s* wózek ciężarowy, wózek ręczny; lora, platforma; samochód ciężarowy; *vt* przewozić wózkiem ⟨platformą itp.⟩; ładować na wózek ⟨platformę itp.⟩

truck 2. [trʌk] *s* wymiana; handel wymienny; wynagrodzenie w naturze; drobne artykuły codziennego użytku; *am.* jarzyny; *vt vi* wymieniać; prowadzić handel wymienny ⟨domokrążny⟩

truc·u·lent ['trʌkjulənt] *adj* srogi,

dziki, barbarzyński, gwałtowny

trudge [trʌdʒ] *vi* wlec się, iść z trudem; *s* uciążliwy marsz

true [tru] *adj* prawdziwy; wierny; rzetelny; zgodny (np. z rzeczywistością); **to come ~** sprawdzić się; **(it's) ~!**; **quite ~!** słusznie!, racja!

true-blue ['tru 'blu] *adj* lojalny

tru·ly ['trulɪ] *adv* prawdziwie, wiernie; szczerze; rzeczywiście

trump [trʌmp] *s* atut; *vt* przebić atutem; **~ up** zmyślić, sfingować

trump·er·y ['trʌmpərɪ] *s zbior.* tandeta, bezwartościowe błyskotki; bzdury; paplanina; *adj* tandetny

trum·pet ['trʌmpɪt] *s* trąbka; trąba; dźwięk trąby; **to blow the ~** grać na trąbce; *przen.* **to blow one's own ~** chwalić się; *vt vi* trąbić

trun·cate [trʌŋ'keɪt] *vt* obciąć, okaleczyć

trun·cheon ['trʌntʃn] *s* pałka (policjanta); buława; *vt* bić pałką

trun·dle ['trʌndl] *s* rolka; wózek na rolkach; *vt vi* toczyć (się)

trunk [trʌŋk] *s* pień; tułów; kadłub; trąba słonia; kufer, skrzynka; (*także* **~-line**) (telefoniczna) linia międzymiastowa

trunk-call ['trʌŋk kɔl] *s* (telefoniczna) rozmowa międzymiastowa

trunk-line ['trʌŋk laɪn] *s* (telefoniczna) linia międzymiastowa; magistrala kolejowa

trunk-road ['trʌŋk rəʊd] *s* główna droga

truss [trʌs] *s* wiązka; *mors.* więźba; pęk; *med.* pas przepuklinowy; *vt vi* wiązać; pakować (się)

trust [trʌst] *s* zaufanie, wiara; trust; *vi* ufać, wierzyć (**sb** komuś); pokładać ufność (**in sb w** kimś); polegać (**to sb, sth na** kimś, czymś); *vi* powierzyć (**sb with sth, sth to sb coś** komuś)

trus·tee [trʌ'sti] *s* powiernik; kurator; członek zarządu

trust·ful ['trʌstfl] *adj* ufny

trust·wor·thy [`trʌst-wɜði] *adj* godny zaufania, pewny

trust·y [`trʌstɪ] *adj* † wierny

truth [truθ] *s* prawda, prawdziwość; wierność; rzetelność

truth·ful [`truθfl] *adj* prawdziwy; prawdomówny

try [traɪ] *vt* próbować; doświadczać; sądzić (*sb* kogoś, *for sth* za coś); badać; *vi* starać się (*for sth* o coś); usiłować; ~ **on** przymierzać; ~ **out** wypróbować; *s* próba; usiłowanie; **to have a** ~ spróbować

try·cycle [`traɪsɪkl] *s* rower na trzech kołach

try·ing [`traɪɪŋ] *adj* męczący; przykry

tsar, tsarina *zob.* tzar, tzarina

tub [tʌb] *s* kadź; wanna; (*także* wash-~) balia

tuba [`tjubə] *s muz.* tuba

tube [tjub] *s* rura; dętka (roweru, opony); tubka; przewód; *pot.* (*w Londynie*) kolej podziemna, metro

tu·ber·cu·lar [tju`bɜkjulə(r)] *adj* gruźliczy

tu·ber·cu·lo·sis [tju`bɜkju`ləusɪs] *s* gruźlica

tuck [tʌk] *s* fałda, zakładka; *zbior. pot.* łakocie; *vt* składać w fałdy, podwijać; wtykać, chować; ~ **away** schować; ~ **in** wpychać; zbierać; owijać; ~ **up** podwijać, zakasywać

Tues·day [`tjuzdɪ] *s* wtorek

tuft [tʌft] *s* kiść, pęk

tug [tʌg] *vt vi* ciągnąć; holować; szarpać; wysilać się; *s* pociągnięcie; zmaganie; holownik

tug·boat [`tʌg bəut] *s* holownik

tu·i·tion [tju`ɪʃn] *s* szkolenie, nauka; opłata za naukę

tu·lip [`tjulɪp] *s bot.* tulipan

tum·ble [`tʌmbl] *vt vi* przewrócić (się), wywrócić (się); upaść; potoczyć się; *s* upadek; nieład

tum·bler [`tʌmblə(r)] *s* akrobata; kuglarz; szklanka, kubek

tum·brel [`tʌmbrəl] *s* wózek, wywrotka

tu·me·fy [`tjumɪfaɪ] *vi* obrzęknąć; *vt* powodować obrzęk

tu·mid [`tjumɪd] *adj* nabrzmiały

tu·mour [`tjumə(r)] *s med.* guz, tumor, nowotwór

tu·mult [`tjumʌlt] *s* tumult, hałas; zamęt

tu·mu·lus [`tjumjuləs] *s* (*pl* tumuli [`tjumjulaɪ]) kurhan, kopiec

tu·na [`tjunə] *s* = tunny

tune [tjun] *s* ton; melodia, pieśń; harmonia; *vt vi* harmonizować; stroić; ~ **in** nastawić radio (*to a wave* na daną *fałę*); ~ **up** nastroić się; zacząć grać, zaintonować; **out of** ~ (*o instrumencie*) rozstrojony; (*o dźwięku*) fałszywy

tune·ful [`tjunfl] *adj* melodyjny

tu·nic [`tjunɪk] *s* tunika; bluza (wojskowa)

tun·ing-fork [`tjunɪŋ fɔk] *s muz.* kamerton

tun·nel [`tʌnl] *s* tunel; przewód, rura

tun·ny [`tʌnɪ] *s zool.* tuńczyk

tur·ban [`tɜbən] *s* turban

tur·bid [`tɜbɪd] *adj* mętny

tur·bine [`tɜbaɪn] *s* turbina

tur·bu·lent [`tɜbjulənt] *adj* burzliwy; buntowniczy

tu·reen [tju`rin] *s* waza (na zupę)

turf [tɜf] *s* murawa, darń; torf; **the** ~ tor wyścigowy; wyścigi konne

tur·gid [`tɜdʒɪd] *adj* nabrzmiały; *przen.* (*o stylu*) napuszony

Turk [tɜk] *s* Turek

tur·key [`tɜkɪ] *s zool.* indyk

Turk·ish [`tɜkɪʃ] *adj* turecki; *s* język turecki

tur·moil [`tɜmɔɪl] *s* zamieszanie, wrzawa

turn [tɜn] *vt vi* obracać (się), przewracać (się), zwracać (się); zmieniać (się), przeistaczać (się); stawać się; tłumaczyć; nicować; ~ **the corner** skręcić na rogu (ulicy), minąć zakręt; *przen.* przeżyć kryzys; **to** ~ **loose** wypuścić

na wolność; to ~ a deaf ear
puszczać mimo uszu, nie słuchać;
to ~ one's coat zmienić przekonania, przejść do przeciwnej partii; to ~ pale zblednąć; to ~ soldier zostać żołnierzem, wstąpić do wojska; *przen. z przysłówkami*: ~ aside odbić (np. cios); odchylić się; ~ away uchylić; usunąć, wypędzić; odstąpić; ~ back odwrócić (się); powrócić; ~ down zagiąć; obalić; ~ in zawinąć, założyć do środka; wejść, wstąpić; pójść spać; ~ off odwrócić (się); odkręcić (się); usunąć (się), odsunąć (się); poniechać; to ~ off the light zgasić światło; ~ on nakręcić; nastawić; to ~ on the light zapalić światło, zaświecić; ~ out wywrócić, wyrzucić, wypędzić; wytrącić; zostać wytrąconym; wypłacić, ukazać się; okazać się; to ~ out well wyjść na dobre, dobrze się skończyć; ~ over przewracać; przekazywać; przejść na drugą stronę; przemyśleć; ~ round obrócić (się); przekręcić (się); kręcić (się); *przen.* zmienić przekonania; ~ up przywracać ku górze; podnosić (się); działać się, stawać się; zdarzać się; odkrywać (np. zakopany skarb); zjawić się; *s* obrót, zwrot, skręt; skłonność; kierunek; uzdolnienie; właściwość; kształt; kolejność, kolej; turnus; wyczyn, uczynek; cel, korzyść; *pot.* kawał; ~ of mind mentalność; to give ~ for ~ odpłacić pięknym za nadobne; to take a ~ wyjść na przechadzkę; skręcić; to take a ~ of work popracować jakiś czas; it is my ~ teraz na mnie kolej; does it serve your ~? czy to ci się na coś przyda?; at every ~ przy każdej sposobności; in ~, by ~s po kolei

turn·a·bout [ˈtɜːnəbaut] *s* zwrot, obrót

turn·coat [ˈtɜːnkəut] *s* renegat, sprzeniewierca

turn·er [ˈtɜːnə(r)] *s* tokarz

turn·ing [ˈtɜːnɪŋ] *s* zakręt, zwrot; to take a ~ skręcić

turn·ing-point [ˈtɜːnɪŋ pɔɪnt] *s* punkt zwrotny, przesilenie

tur·nip [ˈtɜːnɪp] *s bot.* rzepa; *pot.* (*zegarek*) cebula

turn·key [ˈtɜːnkɪ] *s* dozorca więzienny, klucznik

turn·out [ˈtɜːn aut] *s* zgromadzenie, publiczność; mundur (*zw.* wojskowy); strajk; zaprzęg; rozjazd (kolejowy); stawienie się; ekwipunek; produkcja, wydajność

turn·o·ver [ˈtɜːnəuvə(r)] *s handl.* obrót; zwrot (w stanowisku, poglądach); kapotaż

turn·pike [ˈtɜːnpaɪk] *s* rogatka, szlaban

turn·sole [ˈtɜːnsəul] *s* roślina heliotropiczna

turn·up [ˈtɜːnʌp] *s* mankiet u spodni; *przen.* bijatyka

tur·pen·tine [ˈtɜːpəntaɪn] *s* terpentyna

tur·pi·tude [ˈtɜːpɪtjuːd] *s* nikczemność

tur·quoise [ˈtɜːkwɔɪz] *s* turkus

tur·ret [ˈtʌrət] *s* wieżyczka

tur·tle [ˈtɜːtl] *s zool.* żółw (morski)

tur·tle-dove [ˈtɜːtl ˈdʌv] *s zool.* turkawka

tusk [tʌsk] *s* kieł (słonia)

tu·te·lage [ˈtjuːtlɪdʒ] *s* kuratela

tu·tor [ˈtjuːtə(r)] *s* guwerner; korepetytor; wychowawca; kierujący pracą studentów

tux·e·do [takˈsiːdəu] *s am.* smoking

twad·dle [ˈtwɒdl] *vi* paplać, gadać; *s* paplanie

twain [tweɪn] *num poet. dial.* dwa

twang [twæŋ] *vt vi* brzdąkać; brzęczeć; mówić przez nos; *s* brzdęk; wymowa nosowa

'twas [twəz] = it was

tweed [twiːd] *s* tweed

tweed·le [ˈtwiːdl] *vi* brzdąkać

'tween [twiːn] *praep poet.* = between

tweez·ers [ˈtwiːzəz] *s pl* szczypczyki, pincetka

twelfth [twelfθ] *adj* dwunasty

Twelfth-night ['twelfθ `naɪt] *s* wigilia Trzech Króli

twelve [twelv] *num* dwanaście; *s* dwunastka

twelve-month ['twelvmʌnθ] *s* rok; this day ~ od dziś za rok; od roku

twen·ti·eth ['twentɪəθ] *adj* dwudziesty

twen·ty ['twentɪ] *num* dwadzieścia

'twere [twɜ(r), twə(r)] *poet.* = it were

twice [twaɪs] *adv* dwa razy

twid·dle ['twɪdl] *vt* kręcić, przebierać (palcami)

twig [twɪg] *s* gałązka; różdżka; *anat.* żyłka

twi·light ['twaɪlaɪt] *s* brzask, zmierzch, półmrok

'twill [twɪl] = it will

twin [twɪn] *s* bliźniak; *attr* bliźniaczy

twine [twaɪn] *s* sznur, szpagat; zwój; *vt vi* zwijać (się), splatać (się)

twinge [twɪndʒ] *vi* rwać, kłuć, silnie boleć; *s* rwanie, kłucie, silny ból; ~ of conscience ⟨remorse⟩ wyrzuty sumienia

twin·kle ['twɪŋkl] *vi* migotać; *s* migotanie

twirl [twɜl] *vt vi* wiercić (się), szybko kręcić (się); *s* wirowanie, kręcenie (się)

twist [twɪst] *s* skręt, zakręt, skręcenie; splot; zwitek; skłonność, nastawienie; *(taniec)* twist; *vt vi* kręcić (się), wić (się), wikłać (się), splatać (się); wykręcać; przekręcać; ~ off odkręcić; ~ up skręcić, zwinąć

twitch [twɪtʃ] *vt vi* szarpać, rwać; nerwowo drgać; wykrzywiać (się); *s* szarpnięcie; drgawka

twit·ter ['twɪtə(r)] *vi* ćwierkać, świergotać; *s* świergot

'twixt [twɪkst] *poet.* = betwixt

two [tu] *num* dwa; *s* dwójka; ~ and ~, by ~s, in ~s dwójkami, parami

two-deck·er ['tu dekə(r)] *s mors.* dwupokładowiec

two-fold ['tu-fəuld] *adj* podwójny

two-pence ['tʌpns] *s* dwupensówka, moneta wartości dwóch pensów

two-piece ['tu'pis] *s* zestaw dwuczęściowy (np. kostium); *adj attr* dwuczęściowy

ty·coon [taɪ`kun] *s pot.* magnat, przemysłowiec

ty·ing ['taɪɪŋ] *p praes* od tie *vt*

tyke [taɪk] *s* kundel

type [taɪp] *s* typ; wzór; czcionka, zbiór, czcionki; druk; bold ~ tłuste czcionki, tłusty druk; to be in ~ być złożonym; to appear in ~ ukazać się w druku; *vt* pisać na maszynie

type·script ['taɪpskrɪpt] *s* maszynopis

• type·write ['taɪp-raɪt], typewrote ['taɪp-rəut], typewritten ['taɪp-rɪtn] *vt vi* pisać na maszynie

type·writ·er ['taɪp-raɪtə(r)] *s* maszyna do pisania

type·writ·ten *zob.* typewrite

type·wrote *zob.* typewrite

ty·phoid ['taɪfɔɪd] *adj med.* tyfoidalny; ~ fever tyfus, dur brzuszny

ty·phoon [taɪ`fun] *s* tajfun

ty·phus ['taɪfəs] *s med.* tyfus plamisty

typ·i·cal ['tɪpɪkl] *adj* typowy (of sth dla czegoś)

typ·i·fy ['tɪpɪfaɪ] *vt* stanowić typ, być wzorem

typ·ist ['taɪpɪst] *s* maszynistka, osoba pisząca na maszynie

ty·pog·ra·phy [taɪ`pogrəfɪ] *s* typografia; szata graficzna

ty·ran·ni·cal [tɪ`rænɪkl] *adj* tyrański

tyr·an·nize ['tɪrənaɪz] *vi* być tyranem; *vt* tyranizować

tyr·an·ny ['tɪrənɪ] *s* tyrania

ty·rant ['taɪərənt] *s* tyran

tyre *zob.* tire 2.

tzar [za(r)] *s* car

tza·ri·na [za`rinə] *s* caryca

u

u·biq·ui·tous [juˈbɪkwətəs] *adj* wszędzie obecny; (*o człowieku*) wszędobylski

ud·der [ˈʌdə(r)] *s* wymię

ug·li·fy [ˈʌglɪfaɪ] *vt* szpecić, zeszpecić

ug·li·ness [ˈʌglɪnəs] *s* brzydota

ug·ly [ˈʌglɪ] *adj* brzydki

U·krain·i·an [juˈkreɪnɪən] *adj* ukraiński; *s* język ukraiński

ul·cer [ˈʌlsə(r)] *s med.* wrzód

ul·cer·ate [ˈʌlsəreɪt] *vt* spowodować owrzodzenie; rozjątrzyć; *vi* owrzodzieć

ul·te·ri·or [ʌlˈtɪərɪə(r)] *adj* dalszy

ul·ti·mate [ˈʌltɪmət] *adj* ostateczny; podstawowy

ul·ti·ma·tum [ˈʌltɪˈmeɪtəm] *s* ultimatum

ul·tra 1. [ˈʌltrə] *adj* krańcowy

ul·tra- 2. [ˈʌltrə] *praef* ponad-, poza-

um·brage [ˈʌmbrɪdʒ] *s* uraza; obraza; to take ~ at sth obrazić się o coś

um·brel·la [ʌmˈbrelə] *s* parasol, parasolka

um·pire [ˈʌmpaɪə(r)] *s* arbiter; *sport* sędzia; *vi vt* sędziować, rozstrzygać

un- [ʌn-] *praef* nie-, od-, roz-

un·a·bat·ed [ˈʌnəˈbeɪtɪd] *adj* nie zmniejszony, nie słabnący

un·a·ble [ʌnˈeɪbl] *adj* niezdolny; to be ~ nie móc

un·a·bridged [ˈʌnəˈbrɪdʒd] *adj* nie skrócony

un·ac·cept·a·ble [ˈʌnəkˈseptəbl] *adj* nie do przyjęcia

un·ac·count·a·ble [ˈʌnəˈkauntəbl] *adj* niewytłumaczalny; nieodpowiedzialny

un·af·fect·ed [ˈʌnəˈfektɪd] *adj* niewymuszony, niekłamany; niewzruszony

un·al·loyed [ˈʌnəˈlɔɪd] *adj* nie zmieszany, czysty; bez domieszki

un·al·ter·a·ble [ʌnˈɔltərəbl] *adj* niezmienny

u·na·nim·i·ty [ˈjunəˈnɪmətɪ] *s* jednomyślność

u·nan·i·mous [juˈnænɪməs] *adj* jednomyślny

un·an·swer·a·ble [ʌnˈansrəbl] *adj* wykluczający odpowiedź; bezsporny

un·ap·peas·a·ble [ˈʌnəˈpizəbl] *adj* nienasycony; nie zaspokojony; nieubłagany

un·ap·proach·a·ble [ˈʌnəˈprəutʃəbl] *adj* niedostępny; niedościgniony

un·as·sail·a·ble [ˈʌnəˈseɪləbl] *adj* nie do zdobycia; nienaruszalny; bezsporny

un·as·sum·ing [ˈʌnəˈsjumɪŋ] *adj* bezpretensjonalny, skromny

un·at·tain·a·ble [ˈʌnəˈteɪnəbl] *adj* nieosiągalny

un·a·vail·ing [ˈʌnəˈveɪlɪŋ] *adj* bezużyteczny; bezskuteczny

un·a·void·a·ble [ˈʌnəˈvɔɪdəbl] *adj* nieunikniony

un·a·ware [ˈʌnəˈweə(r)] *adj* nieświadomy, nie wiedzący (of sth o czymś)

un·a·wares [ˈʌnəˈweəz] *adv* nieświadomie; niespodziewanie

un·bal·ance [ʌnˈbæləns] *vt* wytrącić z równowagi; *s* brak równowagi

un·bar [ʌnˈba(r)] *vt* odryglować, otworzyć

un·bear·a·ble [ʌnˈbeərəbl] *adj* nieznośny, nie do wytrzymania

un·be·com·ing [ˈʌnbɪˈkʌmɪŋ] *adj* nie na miejscu, nielicujący, niestosowny; it is ~ of you to ... nie wypada ci ...

un·be·liev·a·ble [ˈʌnbɪˈlivəbl] *adj* niewiarygodny, nie do wiary

un·be·liev·er [ˈʌnbɪˈlivə(r)] *s* człowiek niewierzący, ateista

un·bend [ʌnˈbend] *vt vi* (*formy zob.* bend) odgiąć (się), odprężyć (się); wyprostować (się)

un·bend·ing [ˈʌnˈbendɪŋ] *adj* nieugięty

un·bent *zob.* unbend

un·bi·assed [ʌnˈbaɪəst] *adj* bezstronny, nieuprzedzony

un·bid·den [ʌnˈbɪdn] *adj* nieproszony; spontaniczny

un·bind [ʌnˈbaɪnd] *vt* (*formy zob.* bind) rozwiązać, odwiązać; zwolnić (z więzów), rozkuć

un·blem·ished [ʌnˈblemɪʃt] *adj* nieskazitelny

un·born [ˈʌnˈbɔn] *adj* nie urodzony; (*o pokoleniu*) przyszły

un·bos·om [ʌnˈbuzəm] *vt vi* wywnętrzyć (się), wynurzyć (się)

un·bound [ʌnˈbaund] *pp zob.* unbind; *adj* (*o książce*) nie oprawiony

un·bound·ed [ʌnˈbaundɪd] *adj* nieograniczony, bezgraniczny

un·bred [ʌnˈbred] *adj* bez wychowania

un·bri·dled [ʌnˈbraɪdld] *adj* nieokiełznany; wyuzdany, rozwydrzony

un·bro·ken [ʌnˈbrəukən] *adj* nie złamany; niezłomny; nieprzerwany

un·bur·den [ʌnˈbɜdn] *vt* zdjąć ciężar (*sb, sth z kogoś, czegoś*); odciążyć

un·but·ton [ʌnˈbʌtn] *vt* rozpiąć

un·called [ʌnˈkɔld] *adj* nie wołany; ~ **for** niepożądany; nie na miejscu; nie sprowokowany; bezpodstawny

un·can·ny [ʌnˈkænɪ] *adj* niesamowity

un·cer·tain [ʌnˈsɜtn] *adj* niepewny, wątpliwy

un·chain [ʌnˈtʃeɪn] *vt* uwolnić z więzów, rozkuć, rozpętać; spuścić z łańcucha

un·chart·ed [ʌnˈtʃɑtɪd] *adj* nie oznaczony na mapie; nie zbadany

un·checked [ʌnˈtʃekt] *adj* niepowstrzymany, nieposkromiony; nie kontrolowany

un·civ·il [ʌnˈsɪvl] *adj* nieuprzejmy; niekulturalny

un·claimed [ʌnˈkleɪmd] *adj* nie żądany; nie poszukiwany; (*o przedmiocie itp.*) do którego nikt nie rości pretensji

un·clasp [ʌnˈklɑsp] *vt* rozewrzeć; uwolnić z uścisku; otworzyć (np. scyzoryk)

un·cle [ˈʌŋkl] *s* wuj; stryj

un·close [ʌnˈkləuz] *vt vi* otworzyć (się); ujawnić (tajemnicę itp.)

un·cloud [ʌnˈklaud] *vt* rozproszyć chmury; *przen.* rozchmurzyć (twarz)

un·cocked [ʌnˈkɒkt] *adj* (*o strzelbie*) ze spuszczonym kurkiem

un·coil [ʌnˈkɔɪl] *vt vi* odwinąć (się), rozwinąć (się)

un·com·fort·a·ble [ʌnˈkʌmftəbl] *adj* niewygodny, nieprzytulny; nieprzyjemny; czujący się niedobrze ⟨nieswojo⟩

un·com·mon [ʌnˈkɒmən] *adj* niezwykły

un·com·pro·mis·ing [ʌnˈkɒmprəmaɪzɪŋ] *adj* bezkompromisowy

un·con·cern [ˈʌnkənˈsɜn] *s* obojętność, beztroska

un·con·cerned [ˈʌnkənˈsɜnd] *adj* obojętny, beztroski, nie zainteresowany

un·con·di·tion·al [ˈʌnkənˈdɪʃnl] *adj* bezwarunkowy

un·con·quer·a·ble [ʌnˈkɒŋkərəbl] *adj* niepokonany

un·con·scious [ʌnˈkɒnʃəs] *adj* nieświadomy; nieprzytomny

un·con·sid·ered [ˈʌnkənˈsɪdəd] *adj* nierozważny

un·con·solable [ˈʌnkənˈsəuləbl] *adj* niepocieszony

un·con·trol·la·ble [ˈʌnkənˈtrəuləbl] *adj* nie do opanowania, niepohamowany

un·cork [ʌnˈkɔk] *vt* odkorkować

un·count·a·ble [ʌnˈkauntəbl] *adj* niezliczony, nie dający się policzyć; *gram.* niepoliczalny

un·coup·le [ʌnˈkʌpl] *vt* rozłączyć, odpiąć; spuścić ze smyczy (psa)

un·couth [ʌn`kuːθ] *adj* nieokrzesany; niezgrabny; dziwny

un·cov·er [ʌn`kʌvə(r)] *vt vi* odsłonić (się), odkryć (się); zdjąć (pokrywę, kapelusz)

unc·tion [`ʌŋkʃn] *s rel.* namaszczenie; balsam, ukojenie

unc·tu·ous [`ʌŋktjuəs] *adj* tłusty; *przen.* namaszczony, napuszony

un·daunt·ed [ʌn`dɔntɪd] *adj* nieustraszony

un·de·ceive [`ʌndɪ`siːv] *vt* wyprowadzić z błędu

un·de·cid·ed [`ʌndɪ`saɪdɪd] *adj* niezdecydowany

un·de·liv·ered [`ʌndɪ`lɪvəd] *adj* nie uwolniony; nie dostarczony, nie doręczony

un·de·mon·stra·tive [`ʌndɪ`mɒnstrətɪv] *adj* pełen rezerwy, opanowany

un·de·ni·a·ble [`ʌndɪ`naɪəbl] *adj* niezaprzeczalny

un·der 1. [`ʌndə(r)] *praep* pod, poniżej; według (np. umowy); w trakcie (np. naprawy); *adv* poniżej, u dołu; *adj* poniższy, dolny

un·der- 2. [`ʌndə(r)] *praef* pod-

un·der·brush [`ʌndəbrʌʃ] *s* zarośla; podszycie (lasu)

un·der·car·riage [`ʌndəkærɪdʒ] *s* podwozie (np. samochodu)

un·der·clothes [`ʌndəkləʊðz] *s pl,* **un·der·cloth·ing** [`ʌndəkləʊðɪŋ] *s* bielizna

un·der·cur·rent [`ʌndəkʌrənt] *s* prąd podwodny; *przen.* nurt

un·der·de·vel·oped [`ʌndədɪ`veləpt] *adj* niedostatecznie rozwinięty; gospodarczo zacofany

un·der·done [`ʌndə`dʌn] *adj* (o mięsie) nie dosmażony

un·der·es·ti·mate [`ʌndər`estɪmeɪt] *vt* nie doceniać

un·der·fed [`ʌndə`fed] *adj* niedożywiony

un·der·foot [`ʌndə`fut] *adv* pod nogami, u dołu

un·der·go [`ʌndə`gəʊ] *vt* (*formy zob.* go) poddać się, doświadczyć, doznać; być poddanym próbie; przechodzić; (o *egzaminie*) składać

un·der·grad·u·ate [`ʌndə`grædʒuət] *s* student

un·der·ground [`ʌndə`graund] *adv* pod ziemią; the ∼ movement podziemny ruch oporu; *s* [`ʌndəgraund] podziemie; kolej podziemna; metro; *adj* podziemny

un·der·growth [`ʌndəgrəʊθ] *s* niepełny wzrost, niedorozwój; podszycie (lasu)

un·der·hand [`ʌndə`hænd] *adj* potajemny, skryty, zakulisowy, podstępny; *adv* potajemnie, skrycie

un·der·laid *zob.* underlay 2.

un·der·lain *zob.* underlie

un·der·lay 1. *zob.* underlie

un·der·lay 2. [`ʌndə`leɪ] *vt* (*formy zob.* lay) podkładać

un·der·lie [`ʌndə`laɪ] *vt* (*formy zob.* lie) leżeć (sth pod czymś); leżeć u podstaw (sth czegoś); znajdować się poniżej (sth czegoś)

un·der·line [`ʌndə`laɪn] *vt* podkreślać; *s* [`ʌndəlaɪn] podkreślenie; podpis

un·der·ly·ing *p praes od* underlie; *adj* podstawowy; ukryty

un·der·mine [`ʌndə`maɪn] *vt* podkopać (fundament, zaufanie itd.)

un·der·most [`ʌndəməust] *adj* najniższy, znajdujący się u samego dołu

un·der·neath [`ʌndə`niːθ] *praep* pod; *adv* poniżej, u dołu

un·der·paid *zob.* underpay

un·der·pay [`ʌndə`peɪ] *vt* (*formy zob.* pay) niedostatecznie opłacać, źle wynagradzać

un·der·plot [`ʌndəplɒt] *s lit.* wątek uboczny

un·der·rate [`ʌndə`reɪt] *vt* nie doceniać

un·der·score [`ʌndə`skɔ(r)] *vt* podkreślać

un·der·sec·re·tar·y [`ʌndə`sekrətrɪ] *s* podsekretarz (stanu), wiceminister

un·der·sell [ˌʌndəˈsel] *vt (formy zob.* **sell)** sprzedawać poniżej ceny

un·der·sign [ˌʌndəˈsaɪn] *vt* podpisać

un·der·sized [ˌʌndəsaɪzd] *adj* wzrostu ⟨rozmiarów⟩ poniżej normy, drobny

un·der·sold *zob.* **undersell**

un·der·stand [ˌʌndəˈstænd] *vt vi (formy zob.* **stand)** rozumieć; słyszeć, dowiadywać się; znać się (sth na czymś); **to make oneself understood** porozumieć się; **it is understood** zakłada się; rozumie się samo przez się

un·der·stand·ing [ˌʌndəˈstændɪŋ] *s* rozum; rozumienie; porozumienie; założenie; *adj* rozumny; wyrozumiały

un·der·state·ment [ˌʌndəˈsteɪtmənt] *s* niedomówienie

un·der·stood *zob.* **understand**

un·der·stud·y [ˌʌndəstʌdɪ] *s teatr* aktor dublujący rolę ⟨zastępujący innego aktora⟩

un·der·take [ˌʌndəˈteɪk] *vt vi (formy zob.* **take)** brać na siebie, zobowiązywać się, podejmować się

un·der·tak·er [ˌʌndəteɪkə(r)] *s* właściciel zakładu pogrzebowego

un·der·tak·ing [ˌʌndəˈteɪkɪŋ] *s* przedsięwzięcie; przedsiębiorstwo; zobowiązanie

un·der·tone [ˌʌndətəun] *s* przytłumiony ton, półgłos

un·der·took *zob.* **undertake**

un·der·val·ue [ˌʌndəˈvælju] *vt* nie doceniać, nisko cenić

un·der·wear [ˌʌndəweə(r)] *s* bielizna

un·der·went *zob.* **undergo**

un·der·world [ˌʌndəwɜld] *s* świat zmarłych, zaświaty; podziemie (przestępcze)

un·der·write [ˌʌndəˈraɪt] *vt (formy zob.* **write)** podpisywać; podpisywać polisę, ubezpieczać

un·der·writ·er [ˌʌndəraɪtə(r)] *s*

agent ubezpieczeniowy, asekurator

un·der·writ·ten *zob.* **underwrite**

un·der·wrote *zob.* **underwrite**

un·de·sir·a·ble [ˌʌndɪˈzaɪərəbl] *adj* niepożądany; *s* człowiek niepożądany

un·did *zob.* **undo**

un·dig·ni·fied [ʌnˈdɪgnɪfaɪd] *adj* niegodny; bez godności

un·di·vid·ed [ˌʌndɪˈvaɪdɪd] *adj* niepodzielny, całkowity

un·do [ˈʌnduː] *vt (formy zob.* **do)** rozewrzeć, otworzyć; rozpuścić; rozpiąć; zniweczyć; skasować

un·doubt·ed [ʌnˈdautɪd] *adj* niewątpliwy

un·dreamed [ʌnˈdrimd], **un·dreamt** [ʌnˈdremt] *adj (zw.* ~-of) niesłychany, nieprawdopodobny, nie do pomyślenia

un·dress [ʌnˈdres] *vt vi* rozbierać (się); zdejmować opatrunek; *s* strój domowy; negliż

un·due [ʌnˈdju] *adj* nie należący; niesłuszny; niewłaściwy; nadmierny

un·du·late [ˈʌndjuleɪt] *vi* falować; być falistym; *vt* powodować falowanie, nadawać wygląd falisty

un·du·la·tion [ˌʌndjuˈleɪʃn] *s* falowanie

un·dy·ing [ʌnˈdaɪɪŋ] *adj* nieśmiertelny

un·earth [ʌnˈɜθ] *vt* odkopać, odgrzebać; wydobyć na światło dzienne

un·earth·ly [ʌnˈɜθlɪ] *adj* nieziemski

un·eas·y [ʌnˈizɪ] *adj* niewygodny; przykry; niespokojny; nieswój

un·em·ployed [ˌʌnɪmˈpləɪd] *adj* bezrobotny; nie wykorzystany

un·em·ploy·ment [ˌʌnɪmˈpləɪmənt] *s* bezrobocie

un·end·ing [ʌnˈendɪŋ] *adj* nie kończący się, wieczny

un·e·qual [ʌnˈikwəl] *adj* nierówny; niewyrównany

un·e·quiv·o·cal [ˌʌnɪˈkwɪvəkl] *adj* niedwuznaczny

un·err·ing [ʌnˈɜriŋ] *adj* nieomylny

un·es·sen·tial [ˈʌnɪˈsenʃ] *adj* nieistotny

un·e·ven [ʌnˈivən] *adj* nierówny; nieparzysty

un·ex·am·pled [ˈʌnɪɡˈzampld] *adj* bezprzykładny

un·ex·cep·tion·a·ble [ˈʌnɪkˈsepʃnəbl] *adj* nienaganny, bez zarzutu

un·fail·ing [ʌnˈfeɪlɪŋ] *adj* niezawodny

un·fair [ʌnˈfeə(r)] *adj* nieuczciwy; niesprawiedliwy; (*o grze*) nieprzepisowy

un·faith·ful [ʌnˈfeɪθfl] *adj* niewierny (**to sb** komuś)

un·fa·mil·iar [ˈʌnfəˈmɪliə(r)] *adj* nie zaznajomiony, nie przyzwyczajony; obcy, nieznany

un·fash·ion·a·ble [ʌnˈfæʃnəbl] *adj* niemodny

un·fas·ten [ʌnˈfɑsn] *vt* rozluźnić; rozpiąć, otworzyć

un·fath·omed [ʌnˈfæðəmd] *adj* niezgłębiony, niezbadany

un·fa·vour·a·ble [ʌnˈfeɪvrəbl] *adj* nieprzychylny, niepomyślny

un·feas·i·ble [ʌnˈfizəbl] *adj* niewykonalny

un·feel·ing [ʌnˈfilɪŋ] *adj* nieczuły, bez serca

un·fet·ter [ʌnˈfetə(r)] *vt* uwolnić z więzów, rozpętać

un·fit [ʌnˈfɪt] *adj* nieodpowiedni, nie nadający się; niezdolny (**for sth** do czegoś)

un·flinch·ing [ʌnˈflɪntʃɪŋ] *adj* niezachwiany

un·fold [ʌnˈfəuld] *vt* rozwijać, rozchylać, odsłaniać; ujawniać

un·for·get·ta·ble [ˈʌnfəˈgetəbl] *adj* niezapomniany

un·for·giv·able [ˈʌnfəˈgɪvəbl] *adj* niewybaczalny

un·for·tu·nate [ʌnˈfɔtʃunət] *adj* niefortunny, nieszczęśliwy

un·found·ed [ʌnˈfaundɪd] *adj* bezpodstawny

un·fre·quent·ed [ˈʌnfrɪˈkwentɪd] *adj* nie odwiedzany, samotny

un·fruit·ful [ʌnˈfrutfl] *adj* bezpłodny; daremny; bezowocny

un·furl [ʌnˈfɜl] *vt* rozwijać, rozpościerać

un·gain·ly [ʌnˈgeɪnlɪ] *adj* niezgrabny

un·gov·ern·a·ble [ʌnˈgʌvnəbl] *adj* niesforny, nie do opanowania

un·grate·ful [ʌnˈgreɪtfl] *adj* niewdzięczny

un·grudg·ing [ʌnˈgrʌdʒɪŋ] *adj* hojny, szczodry

un·guard·ed [ʌnˈgɑdɪd] *adj* nie strzeżony; niebaczny; nierozważny

un·hand·y [ʌnˈhændɪ] *adj* niezgrabny; nieporęczny; niezdarny

un·hap·py [ʌnˈhæpɪ] *adj* nieszczęśliwy; niepomyślny; nieudany

un·harmed [ʌnˈhɑmd] *adj* nie uszkodzony, nietknięty, bez szwanku

un·health·y [ʌnˈhelθɪ] *adj* niezdrowy

un·heard [ʌnˈhɜd] *adj* nie słyszany; ~ **of** niesłychany, niebywały

un·heed·ing [ʌnˈhidɪŋ] *adj* nieuważny, niebaczny (**of sth** na coś)

un·hes·i·tat·ing [ʌnˈhezɪteɪtɪŋ] *adj* nie wahający się, stanowczy

un·hinge [ʌnˈhɪndʒ] *vt* wysadzić z zawiasów, wyważyć; wytrącić z równowagi

uni- [ˈjunɪ] *praef* jedno-

u·ni·cel·lu·lar [ˈjunɪˈseljulə(r)] *adj* biol. jednokomórkowy

u·ni·corn [ˈjunɪkɔn] *s* (mityczny) jednorożec

u·ni·form [ˈjunɪfɔm] *adj* jednolity; *s* mundur

u·ni·form·i·ty [ˈjunɪˈfɔmətɪ] *s* jednolitość

u·ni·fy [ˈjunɪfaɪ] *vt* jednoczyć, ujednolicać

u·ni·lat·er·al [ˈjunɪˈlætrl] *adj* jednostronny

un·im·por·tant [ˈʌnɪmˈpɔtənt] *adj* mało ważny

un·in·vit·ing [ˈʌnɪnˈvaɪtɪŋ] *adj* nie zachęcający, nie ujmujący un·ion ['juniən] s unia, związek, zjednoczenie; **the Union Jack** narodowa flaga brytyjska; **the Union of Soviet Socialist Republics** Związek Socjalistycznych Republik Radzieckich; **trade** ~ związek zawodowy

un·ion·ist ['juniənist] s członek związku zawodowego

u·nique [ju'nik] adj jedyny (w swoim rodzaju); s unikat

u·ni·son ['junizn] s zgodne brzmienie, zgoda

u·nit ['junit] s jednostka; techn. zespół

u·nite [ju'nait] vt vi jednoczyć (się), łączyć (się)

u·ni·ty ['junəti] s jedność

u·ni·ver·sal ['juni'vɜsl] adj uniwersalny, powszechny

u·ni·verse ['junivɜs] s wszechświat

u·ni·ver·si·ty ['juni'vɜsəti] s uniwersytet

un·just [ʌn'dʒʌst] adj niesprawiedliwy, niesłuszny

un·jus·ti·fi·a·ble [ʌn'dʒʌstifaiəbl] adj nieuzasadniony

un·kempt [ʌn'kempt] adj nieuczesany; zaniedbany, niechlujny

un·kind [ʌn'kaind] adj nieuprzejmy; nieżyczliwy

un·lace [ʌn'leis] vt rozsznurować

un·lade [ʌn'leid] vt (formy zob. lade) rozładować, wyładować

un·learn [ʌn'lɜn] vt (formy zob. learn) oduczyć się

un·leash [ʌn'liʃ] vt spuścić (psa) ze smyczy; przen. rozpętać

un·less [ʌn'les] conj jeśli nie, chyba, że

un·let·tered [ʌn'letəd] adj niewykształcony

un·like [ʌn'laik] adj niepodobny; praep niepodobnie, nie tak, jak

un·like·ly [ʌn'laikli] adj nieprawdopodobny; **he is ~ to come** on prawdopodobnie nie przyjdzie

un·load [ʌn'ləud] vt rozładować, wyładować

un·lock [ʌn'lok] vt otworzyć (zamek)

un·loose [ʌn'lus], **unloosen** [ʌn'lusn] vt rozluźnić (się), rozwiązać (się)

un·luck·y [ʌn'lʌki] adj nieszczęśliwy, niefortunny

un·mask [ʌn'mask] vt demaskować

un·matched [ʌn'mæʃt] adj niezrównany

un·mean·ing [ʌn'minin] adj nie mający znaczenia, nic nie mówiący

un·meant [ʌn'ment] adj mimowolny, nie zamierzony

un·mis·tak·a·ble ['ʌnmi'steikəbl] adj niewątpliwy, oczywisty

un·moved [ʌn'muvd] adj niewzruszony

un·named [ʌn'neimd] adj nie nazwany, bezimienny

un·nat·u·ral [ʌn'nætʃərl] adj nienaturalny

un·nec·es·sary [ʌn'nesəsri] adj niepotrzebny, zbyteczny

un·nerve [ʌn'nɜv] vt zniechęcić, odebrać odwagę

un·no·ticed [ʌn'nəutist] adj nie zauważony; zlekceważony

un·ob·jec·tion·a·ble ['ʌnəb'dʒekʃnəbl] adj nienaganny, bez zarzutu

un·of·fend·ing ['ʌnə'fendin] adj nieszkodliwy, niewinny

un·pack [ʌn'pæk] vt vi rozpakować (się)

un·paid [ʌn'peid] adj nie zapłacony; nieodpłatny

un·pal·at·a·ble [ʌn'pælətəbl] adj niesmaczny; nieprzyjemny

un·par·al·leled [ʌn'pærəleld] adj niezrównany; bezprzykładny

un·par·don·a·ble [ʌn'padnəbl] adj niewybaczalny

un·pen·e·tra·ble [ʌn'penitrəbl] adj nie do przebycia

un·pleas·ant [ʌn'pleznt] adj nieprzyjemny

un·prec·e·dent·ed [ʌn'presidəntid] adj bez precedensu

un·prej·u·diced [ʌn'predʒədist] adj nieuprzedzony, bezstronny un·pre·ten·tious [ˌʌnprɪˈtenʃəs] *adj* bezpretensjonalny

un·pro·duc·tive [ˌʌnprəˈdʌktɪv] *adj* nieproduktywny

un·prof·it·a·ble [ʌnˈprɒfɪtəbl] *adj* niekorzystny

un·qual·i·fied [ʌnˈkwɒlɪfaɪd] *adj* nie mający kwalifikacji; bezwarunkowy, bezwzględny

un·ques·tion·a·ble [ʌnˈkwestʃənəbl] *adj* nie ulegający wątpliwości, bezsporny

un·quote [ʌnˈkwəʊt] *vt* skończyć cytat

un·rav·el [ʌnˈrævl] *vt vi* rozpleść; rozplątać (się); strzępić (się)

un·read [ʌnˈred] *adj* nie przeczytany; nieoczytany, niewykształcony

un·rea·son·a·ble [ʌnˈriːznəbl] *adj* nierozsądny; niedorzeczny; (*o cenie*) wygórowany, nadmierny

un·re·mit·ting [ˌʌnrɪˈmɪtɪŋ] *adj* nie słabnący; nieustanny

un·re·served [ˌʌnrɪˈzɜːvd] *adj* nie zastrzeżony; nieograniczony; bezwzględny; otwarty, szczery

un·rest [ʌnˈrest] *s* niepokój; wzburzenie

un·rid·dle [ʌnˈrɪdl] *vt* rozwiązać zagadkę, wyjaśnić

un·ri·valled [ʌnˈraɪvld] *adj* niezrównany, bezkonkurencyjny

un·roll [ʌnˈrəʊl] *vt vi* rozwinąć (się), odsłonić (się)

un·ru·ly [ʌnˈruːlɪ] *adj* niesforny

un·safe [ʌnˈseɪf] *adj* niebezpieczny, niepewny

un·said [ʌnˈsed] *adj* nie powiedziany

un·say [ʌnˈseɪ] *vt* (*formy zob.* say) cofnąć słowo, odwołać

un·scru·pu·lous [ʌnˈskruːpjələs] *adj* nie mający skrupułów, bez skrupułów

un·seal [ʌnˈsiːl] *vt* odpieczętować

un·sea·son·a·ble [ʌnˈsiːznəbl] *adj* nie będący na czasie, niewczesny; niestosowny

un·seem·ly [ʌnˈsiːmlɪ] *adj* niestosowny, nieprzyzwoity

un·seen [ʌnˈsiːn] *adj* nie widziany; nie oglądany; **s** tłumaczenie tekstu (bez przygotowania)

un·set·tle [ʌnˈsetl] *vt* zdezorganizować, zakłócić, zachwiać

un·set·tled [ʌnˈsetld] *adj* zakłócony; niespokojny; niepewny; bezdomny; nie załatwiony

un·sew [ʌnˈsəʊ] *vt* (*formy zob.* sew) rozpruć

un·shak·en [ʌnˈʃeɪkn] *adj* niewzruszony

un·sight·ly [ʌnˈsaɪtlɪ] *adj* brzydki

un·skilled [ʌnˈskɪld] *adj* nie mający wprawy; niewykwalifikowany (robotnik)

un·so·phis·ti·cat·ed [ˌʌnsəˈfɪstɪkeɪtɪd] *adj* naturalny, prostolinijny, szczery; nieskomplikowany, prosty

un·sound [ʌnˈsaʊnd] *adj* niezdrowy; zepsuty; wadliwy; niepewny

un·spar·ing [ʌnˈspeərɪŋ] *adj* nie szczędzący; bezlitosny (**of sb** dla kogoś)

un·speak·a·ble [ʌnˈspiːkəbl] *adj* niewypowiedziany

un·stead·y [ʌnˈstedɪ] *adj* nietrwały, chwiejny, niepewny

un·stick [ʌnˈstɪk] *vt* (*formy zob.* stick) odkleić, rozkleić

un·stitch [ʌnˈstɪtʃ] *vt* rozpruć

un·stuck zob. unstick

un·suc·cess·ful [ˌʌnsəkˈsesfl] *adj* nie mający powodzenia; nieudany, niepomyślny

un·suit·a·ble [ʌnˈsjuːtəbl] *adj* nieodpowiedni, nie nadający się

un·sur·passed [ˌʌnsəˈpɑːst] *adj* nieprześcigniony

un·ten·a·ble [ʌnˈtenəbl] *adj* (*o teorii, pozycji itp.*) nie do utrzymania

un·think·a·ble [ʌnˈθɪŋkəbl] *adj* nie do pomyślenia

un·thought [ʌnˈθɔt] *adj* nie pomyślany; ∼ **of** przechodzący wszelkie wyobrażenie, nieoczekiwany, nieprzewidziany

un·ti·dy [ʌnˈtaɪdɪ] *adj* nieporządny; niechlujny

un·tie [ʌn'taɪ] *vt vi* rozwiązać (się), odwiązać (się)

un·til [ʌn'tɪl] = till

un·time·ly [ʌn'taɪmlɪ] *adj* nie na czasie, nie w porę, niewczesny; przedwczesny

un·tir·ing [ʌn'taɪərɪŋ] *adj* niezmordowany

un·to [`ʌntu] *praep* = to

un·told [ʌn'təuld] *adj* niewypowiedziany, niesłychany; niepoliczony

un·to·ward [`ʌntu'wɔd] *adj* niepomyślny, niefortunny; niewczesny, niestosowny; oporny

un·true [ʌn'tru] *adj* niezgodny z prawdą

un·truth [ʌn'truθ] *s* nieprawda

un·truth·ful [ʌn'truθfl] *adj* nieprawdziwy, kłamliwy

un·u·su·al [ʌn'juʒuəl] *adj* niezwykły

un·ut·ter·a·ble [ʌn'ʌtrəbl] *adj* niewypowiedziany; nie do wymówienia

un·veil [ʌn'veil] *vt* odsłonić; wyjawić (np. tajemnicę)

un·voic·ed [ʌn'vɔist] *adj* nie wypowiedziany; *gram.* bezdźwięczny

un·wel·come [ʌn'welkəm] *adj* niepożądany, niemile widziany

un·well [ʌn'wel] *adj praed* niezdrowy

un·wield·y [ʌn'wildɪ] *adj* nieporadny; nieporęczny

un·will·ing [ʌn'wɪlɪŋ] *adj* niechętny

un·wise [ʌn'waɪz] *adj* niemądry

un·wit·ting [ʌn'wɪtɪŋ] *adj* nieświadomy (of sth czegoś)

un·wom·an·ly [ʌn'wumənlɪ] *adj* niekobiecy

un·wont·ed [ʌn'wəuntɪd] *adj* nieprzywykły; niezwykły

un·world·ly [ʌn'wɜdlɪ] *adj* nie z tego świata, nieziemski

un·wor·thy [ʌn'wɜðɪ] *adj* niegodny, niewart

un·wrap [ʌn'ræp] *vt* rozwinąć, rozpakować

un·yield·ing [ʌn'jildɪŋ] *adj* nieustępliwy

up [ʌp] *adv* w górze, w górę; do góry; w pozycji stojącej ⟨podniesionej⟩; up and down w górę i w dół; ze zmiennym szczęściem; up there tam, w górze; up to aż do, do samego ⟨szczytu itp.⟩, po (np. kolana); do (czasów, okresu itp.); up to date na czasie, w modzie; this side up tą stroną do góry; up with sth na równi, na równym poziomie; to be up być na nogach; ~ być w stanie wzburzenia ⟨wrzenia, buntu⟩; to be up against sth mieć trudności z czymś; to be up for sth sprostać czemuś; zajmować się czymś; być skłonnym do czegoś; to be up for an examination zdawać egzamin; there is sth up coś się dzieje; what's up? co się dzieje?; what are you up to here? co porabiasz?; the road is up droga jest rozkopana; up (with you)! wstawaj!; up with ...! niech żyje ...!; *po niektórych czasownikach oznacza zakończenie czynności*, np.: to burn up spalić doszczętnie; to eat up zjeść; our time is up nasz czas upłynął; *praep* w górę (po czymś) up the stairs w górę po schodach; up the river w górę rzeki; up the stream przeciw prądowi; *adj* idący ⟨prowadzący⟩ w górę; up train pociąg w kierunku stolicy; *s pl* ups and downs wzniesienia i spadki, góry i doliny; *przen.* wzloty i upadki, powodzenia i klęski

up·braid [ʌp'breɪd] *vt* ganić, robić wyrzuty

up·bring·ing [`ʌpbrɪŋɪŋ] *s* wychowanie

up·heav·al [ʌp'hivl] *s* wstrząs; *polit.* przewrót

up·held *zob.* uphold

up·hill [`ʌp'hɪl] *adv* w górę; *adj* [`ʌphɪl] prowadzący w górę, stromy; *przen.* żmudny

up·hold [ʌpˈhəuld] *vt (formy zob.* hold) podtrzymywać; popierać

up·hol·ster [ʌpˈhəulstə(r)] *vt* wyściełać (meble), tapetować (pokój), zdobić (np. firankami)

up·hol·ster·er [ʌpˈhəulstərə(r)] *s* tapicer

up·hol·ster·y [ʌpˈhəulstəri] *s* tapicerstwo

up·keep [ˈʌpkiːp] *s* utrzymanie, koszty utrzymania

up·land [ˈʌplənd] *s* wyżyna; okolice górskie; **the ~s** okolice górskie; podhale

up·lift [ʌpˈlift] *vt* podnieść; *s* [ˈʌplift] wzniesienie, podniesienie

up·on [əˈpɔn] = **on**

up·per [ˈʌpə(r)] *adj* górny, wyższy; **~ hand** przewaga **(of sb nad** kimś)

up·per·most [ˈʌpəməust] *adj* najwyższy, górujący; *adv* na (samej) górze, na górę

up·raise [ʌpˈreiz] *vt* podnieść

up·right [ˈʌprait] *adj praed* prosty, wyprostowany, pionowy; *przen.* prostolinijny, rzetelny; **~ piano** pianino; *s* pion; *adv* prosto, pionowo

up·rise [ʌpˈraiz] *vi (formy zob.* rise) powstać, podnieść się; *s* [ʌpˈraiz] podniesienie się; wschód; awans

up·ris·en zob. uprise

up·ris·ing [ˈʌpˈraiziŋ] *s* podniesienie się; *polit.* powstanie

up·roar [ˈʌprɔː(r)] *s* hałas, zamieszanie, rozruchy

up·root [ʌpˈruːt] *vt* wyrwać z korzeniem, wykorzenić

up·rose zob. uprise

up·set [ˈʌpˈset] *vt vi (formy zob.* set) przewrócić (się); zdezorganizować (się); wyprowadzić z równowagi; zdenerwować; udaremnić; *s* [ʌpˈset] przewrócenie; dezorganizacja; nieporządek; niepokój; rozstrój (żołądka); *adj* [ˈʌpˈset] przewrócony; zaniepokojony; zdenerwowany; **to become ⟨to get⟩ ~** zdenerwować się

up·shot [ˈʌpʃɔt] *s* wynik, rezultat

up·side [ˈʌpsaid] *s* górna strona; **~ down** do góry nogami

up·stairs [ˈʌpˈstɛəz] *adv* w górę (po schodach); na górze; na piętrze

up·start [ˈʌpstɑːt] *s* parweniusz

up·stream [ˈʌpˈstriːm] *adv* pod prąd

up-to-date [ˈʌp tə ˈdeit] *adj* nowoczesny, modny, aktualny

up·turn [ˈʌpˈtɜːn] *vt* przewrócić; *s* [ˈʌptɜːn] przewrót

up·ward [ˈʌpwəd] *adj* zwrócony ku górze; *adv* = upwards

up·wards [ˈʌpwədz] *adv* w górę, ku górze; **~ of** ponad, powyżej

u·ra·ni·um [juˈreiniəm] *s chem.* uran

ur·ban [ˈɜːbən] *adj* miejski

ur·bane [ɜːˈbein] *adj* wytworny, grzeczny, uprzejmy

ur·ban·i·ty [ɜːˈbænəti] *s* ogłada, wytworność, uprzejmość

ur·chin [ˈɜːtʃin] *s* urwis

urge [ɜːdʒ] *vt* nalegać, przynaglać, popędzać, uprzejmy; mocno podkreślać; *s* popęd, bodziec

ur·gen·cy [ˈɜːdʒənsi] *s* naleganie; nagła potrzeba, nagląca konieczność, nagłość

ur·gent [ˈɜːdʒənt] *adj* nagły, naglący; natarczywy

u·rine [ˈjuərin] *s* mocz

urn [ɜːn] *s* urna; dzbanek (na herbatę itp.)

us zob. we

us·age [ˈjuːzidʒ] *s* zwyczaj; sposób używania; stosowanie (np. wyrazu); traktowanie

use [juːz] *vt* używać, stosować; traktować; **~ up** zużyć, wyczerpać; zniszczyć; **~d** [ˈjuːst]+*bezokolicznik* oznacza *powtarzanie się czynności, np.:* I **~d** to miałem zwyczaj; he **~d** to say miał zwyczaj mówić, mawiał; *s* [juːs] użytek, zastosowanie, używalność, użyteczność; zwyczaj; **to be of ~** być pożytecznym, przydać się; **to have no ~ for a thing** nie potrzebować czegoś; **it's no ~ (of) going there** nie ma sensu tam

chodzić; what's the ~ (of) doing it? na co się to przyda?; in
~ w użyciu; out of ~ nie używany, wycofany z użycia, przestarzały
used adj [`juzd] używany; ~ up
zużyty, wyczerpany, skończony;
[`just] przyzwyczajony (to sth do
czegoś); to get ⟨to become⟩ ~
przyzwyczaić się
use·ful [`jusfl] adj pot. pożyteczny
use·less [`jusləs] adj bezużyteczny
ush·er [`ʌʃə(r)] s odźwierny, woź-
ny sądowy; bileter; uj. belfer;
vt (zw. ~ in) wprowadzać, inicjować
u·su·al [`juʒuəl] adj zwyczajny,
zwykły
u·su·rer [`juʒərə(r)] s lichwiarz
u·surp [ju`zɜp] vt uzurpować;
przywłaszczać sobie
u·su·ry [`juʒərɪ] s lichwa
u·ten·sil [ju`tensl] s naczynie; na-
rzędzie; pl ~s naczynia, przybo-

ry, utensylia
u·til·i·tar·i·an [juˈtɪlɪˈteərɪən] adj
utylitarny
u·til·i·ty [juˈtɪlətɪ] s użyteczność;
(także public ~) zakład użyteczności publicznej
u·til·i·za·tion [ˈjutɪlaɪˈzeɪʃn] s u-
żytkowanie
u·ti·lize [`jutɪlaɪz] vt użytkować
ut·most [`ʌtməust] adj krańcowy,
najdalszy; najwyższego stopnia;
s kraniec; ostateczna możliwość;
najwyższy stopień; I'll do my ~
uczynię, co w mej mocy
u·to·pi·a [ju`təupɪə] s utopia
ut·ter 1. [`ʌtə(r)] adj krańcowy;
całkowity
ut·ter 2. [`ʌtə(r)] vt wydawać (np.
okrzyk), wyrażać, wypowiadać;
puszczać w obieg
ut·ter·ance [`ʌtərəns] s wypowie-
dzenie, wypowiedź; wyrażenie
(np. uczuć), wyraz; wymowa
ut·ter·most [`ʌtəməust] = utmost

V

va·can·cy [`veɪkənsɪ] s próżnia,
pustka; bezmyślność; wolny etat
va·cant [`veɪkənt] adj próżny, wol-
ny, wakujący; bezmyślny
va·cate [və`keɪt] vt opróżnić, zwol-
nić, opuścić
va·ca·tion [və`keɪʃn] s opróżnienie,
zwolnienie; wakacje
vac·ci·nate [`væksɪneɪt] vt med.
szczepić
vac·ci·na·tion [ˈvæksɪˈneɪʃn] s med.
szczepienie
vac·cine [`væksin] s med. szcze-
pionka
vac·il·late [`væsəleɪt] vi chwiać
się, wahać się
vac·il·la·tion [ˈvæsəˈleɪʃn] s chwia-
nie się, wahanie się
vac·u·um [`vækjuəm] s próżnia; ~
bottle ⟨flask⟩ termos; ~ cleaner

odkurzacz
vag·a·bond [`vægəbond] adj włó-
częgowski, wędrowny; s włóczęga
va·gar·y [`veɪgərɪ] s grymas, kap-
rys
va·grant [`veɪgrənt] adj włóczęgo-
wski, wędrowny; s włóczęga
vague [veɪg] adj nieokreślony, niejasny, mglisty
vain [veɪn] adj próżny; daremny;
in ~ na próżno
vale [veɪl] s poet. dolina
val·et [`vælɪt] s służący; vt usłu-
giwać
val·e·tu·di·nar·i·an [ˈvælɪˈtjudɪˈneə-
rɪən] adj chorowity, słabowity;
s cherlak; chuchro
val·iant [`vælɪənt] adj dzielny

val·id [ˈvælɪd] *adj* ważny; mający prawne ⟨naukowè⟩ podstawy

va·lid·i·ty [vəˈlɪdəti] *s* ważność; moc prawna ⟨naukowa⟩

va·lise [vəˈliz] *s* waliza

val·ley [ˈvælɪ] *s* dolina

val·or·ous [ˈvælərəs] *adj* waleczny

val·our [ˈvælə(r)] *s* waleczność

val·u·a·ble [ˈvæljubl] *adj* cenny, wartościowy; *s pl* ~s kosztowności

val·ue [ˈvælju] *s* wartość, cena; **of little** ~ małowartościowy; **of no** ~ bezwartościowy; *vt* cenić, szacować

valve [vælv] *s techn.* zawór; klapa, wentyl; *elektr.* lampa elektronowa

vamp [væmp] *s* wamp, uwodzicielka; *vt* uwodzić

vam·pire [ˈvæmpaɪə(r)] *s* wampir

van 1. [væn] *s* wóz ciężarowy (kryty); *kolej.* wagon (służbowy); **luggage** ~ wagon bagażowy

van 2. [væn] *s wojsk.* straż przednia; *przen.* awangarda

vane [veɪn] *s* chorągiewka (na dachu)

van·guard [ˈvængɑd] *s wojsk.* awangarda

va·nil·la [vəˈnɪlə] *s* wanilia

van·ish [ˈvænɪʃ] *vi* znikać

van·i·ty [ˈvænəti] *s* próżność, marność; ~ **bag** ⟨**case**⟩ kosmetyczka

van·quish [ˈvæŋkwɪʃ] *vt* zwyciężyć

van·tage [ˈvɑntɪdʒ] *s* korzystna pozycja; *sport* przewaga

van·tage-ground [ˈvɑntɪdʒ graʊnd] *s* korzystna pozycja (*zw.* obserwacyjna)

vap·id [ˈvæpɪd] *adj* zwietrzały; mdły; jałowy; bezduszny

va·por·ize [ˈveɪpəraɪz] *vt* (wy)parować; *vt* odparowywać

va·pour [ˈveɪpə(r)] *s* para; mgła; *vi* parować; *przen.* przechwalać się

var·i·a·ble [ˈveərɪəbl] *adj* zmienny; *s mat.* zmienna; *mors.* wiatr zmienny

var·i·ance [ˈveərɪəns] *s* niezgodność, sprzeczność; zmienność; **to be at** ~ nie zgadzać się, być w sprzeczności

var·i·ant [ˈveərɪənt] *s* odmiana, wariant

var·i·a·tion [ˌveərɪˈeɪʃn] *s* zmiana, zmienność; odchylenie

var·i·ces *zob.* varix

va·ried [ˈveərɪd] *adj* różnorodny

var·i·e·gate [ˈveərɪgeɪt] *vt* urozmaicać; rozmaicie barwić, pstrzyć

va·ri·e·ty [vəˈraɪəti] *s* rozmaitość; wybór; bogactwo (np. towarów); odmiana (np. rośliny); **a** ~ **of books** rozmaite książki

var·i·ous [ˈveərɪəs] *adj* różny, rozmaity; **at** ~ **times** kilkakrotnie

var·ix [ˈveərɪks] *s* (*pl* **varices** [ˈveə rɪsɪz]) *med.* żylak

var·nish [ˈvɑnɪʃ] *s* lakier, politura; werniks; *vt* lakierować, politurować

var·si·ty [ˈvɑsəti] *s pot.* uniwerek, uniwersytet

var·y [ˈveərɪ] *vt vi* zmieniać (się), urozmaicać, różnić się

vase [vɑz] *s* waza, wazon

vas·e·line [ˈvæslɪn] *s* wazelina

vast [vɑst] *adj* obszerny, rozległy

vast·ly [ˈvɑstlɪ] *adv* wybitnie, niezmiernie

vat [væt] *s* kadź

vault 1. [vɔlt] *s* sklepienie; podziemie, piwnica; krypta

vault 2. [vɔlt] *vi* skoczyć; *vt* przeskoczyć

vaunt [vɔnt] *vt* wychwalać; *vi* przechwalać się; *s* samochwalstwo

've [v] = **have**

veal [vil] *s* cielęcina

ve·dette [vɪˈdet] *s wojsk.* czujka

veer [vɪə(r)] *vi* skręcać, zmieniać kierunek; *przen.* zmieniać przekonania

veg·e·ta·ble [ˈvedʒtəbl] *adj* roślinny; *s* roślina; jarzyna

veg·e·tar·i·an [ˌvedʒɪ'teərɪən] adj wegetariański; s wegetarianin

veg·e·tate ['vedʒɪteɪt] vi wegetować; rosnąć

veg·e·ta·tion [ˌvedʒɪ'teɪʃn] s wegetacja; roślinność; med. narośl

veg·e·ta·tive ['vedʒɪtətɪv] adj wegetacyjny; roślinny

ve·he·ment ['vɪəmənt] adj gwałtowny

ve·hi·cle ['viːɪkl] s wóz, pojazd, środek lokomocji; przen. narzędzie, środek; med. nosiciel (choroby)

veil [veɪl] s welon; zasłona; przen. maska; to take the ~ wstąpić do klasztoru (żeńskiego); vt zasłaniać; przen. ukrywać, maskować

vein [veɪn] s żyła; warstwa; przen. wena, nastrój

ve·loc·i·ty [və'ɒsətɪ] s szybkość, prędkość

ve·lum ['vɪləm] s (pl vela ['viːlə]) biol. błona; anat. podniebienie miękkie

vel·vet ['velvɪt] s welwet, aksamit

ve·nal ['viːnl] adj sprzedajny

vend·ing·ma·chine ['vendɪŋ məʃɪn] automat do sprzedaży (np. papierosów)

ven·dor ['vendə(r)] s sprzedawca

ve·neer [vɪ'nɪə(r)] vt fornir; vt fornirować; przen. nadawać polor

ven·er·a·ble ['venrəbl] adj czcigodny

ven·er·a·tion [ˌvenə'reɪʃn] s cześć, szacunek

ve·ne·re·al [vɪ'nɪərɪəl] adj med. weneryczny

venge·ance ['vendʒəns] s zemsta

ve·ni·al ['vɪnɪəl] adj przebaczalny; rel. powszedni (grzech)

ven·i·son ['venɪsn] s dziczyzna

ven·om ['venəm] s jad

ven·om·ous ['venəməs] adj jadowity

vent [vent] s otwór; wentyl, wylot; to give ~ dać folgę ⟨upust⟩ (to sth czemuś); vt wiercić otwór; wypuszczać, dawać upust

vent·hole ['vent həʊl] s lufcik, wywietrznik

ven·ti·late ['ventɪleɪt] vt wentylować; przen. roztrząsać

ven·ti·la·tion [ˌventɪ'leɪʃn] s wentylacja

ven·ture ['ventʃə(r)] s ryzykowny krok, ryzyko; impreza (handlowa), przedsięwzięcie; at a ~ na chybił trafił, na los szczęścia; vt vi ryzykować, odważyć się (sth, on sth na coś)

ve·ra·cious [və'reɪʃəs] adj prawdomówny; zgodny z prawdą

ve·rac·i·ty [və'ræsətɪ] s prawdomówność; zgodność z prawdą

ve·ran·da(h) [və'rændə] s weranda

verb [vɜːb] s gram. czasownik

ver·bal ['vɜːbl] adj słowny; dosłowny; ustny; gram. czasownikowy; ~ noun rzeczownik odsłowny

ver·ba·tim [vɜː'beɪtɪm] adv dosłownie; adj dosłowny

ver·bos·i·ty [vɜː'bɒsətɪ] s wielomówność, rozwlekłość

ver·dict ['vɜːdɪkt] s prawn. werdykt

ver·di·gris ['vɜːdɪgrɪs] s grynszpan

ver·dure ['vɜːdʒə(r)] s zieleń

verge 1. [vɜːdʒ] s kraniec, krawędź; pręt; berło

verge 2. [vɜːdʒ] vi chylić się, zbliżać się (to, towards sth ku czemuś); graniczyć (on, upon sth z czymś)

ver·i·fy ['verɪfaɪ] vt sprawdzić; potwierdzić

ver·i·ta·ble ['verɪtəbl] adj prawdziwy, istny

ver·i·ty ['verətɪ] s prawda, prawdziwość

ver·mil·ion [və'mɪlɪən] s cynober; vt malować na kolor cynobrowy

ver·min ['vɜːmɪn] s zbior. robactwo, szkodniki

ver·nac·u·lar [və'nækjʊlə(r)] adj rodzimy, miejscowy, tubylczy; s język rodzimy, mowa ojczysta ver·sa·tile [ˈvɜːsətaɪl] *adj* (*o umyśle*) bystry; wszechstronny

ver·sa·til·i·ty [ˈvɜːsəˈtɪlətɪ] *s* bystrość (umysłu); wszechstronność

verse [vɜːs] *s* wiersz; poezja; zwrotka

versed [vɜːst] *adj* obeznany (**in sth z czymś**), biegły

ver·si·fy [ˈvɜːsɪfaɪ] *vt vi* układać wierszem; pisać wiersze

ver·sion [ˈvɜːʃn] *s* wersja; przekład

ver·sus [ˈvɜːsəs] *praep łac.* przeciw

ver·te·bra [ˈvɜːtɪbrə] *s* (*pl* **vertebrae** [ˈvɜːtɪbriː]) *anat.* kręg

ver·ti·bral [ˈvɜːtɪbrəl] *adj* kręgowy

ver·tex [ˈvɜːteks] *s* (*pl* **vertices** [ˈvɜːtɪsiːz]) szczyt; *mat.* wierzchołek

ver·ti·cal [ˈvɜːtɪkl] *adj* pionowy; szczytowy; *mat.* wierzchołkowy

ver·y [ˈverɪ] *adv* bardzo; prawdziwie; bezpośrednio, zaraz; **on the ~ next day** zaraz następnego dnia; *adj* istotny, prawdziwy, tenże sam; **to the ~ end** do samego końca; **the ~ thought of it** już sama myśl o tym

ves·i·cle [ˈvesɪkl] *s anat.* pęcherzyk

ves·sel [ˈvesl] *s* naczynie; statek

vest 1. [vest] *s* kamizelka; kaftanik

vest 2. [vest] *vt* nadawać, przekazywać (**sb with sth** komuś coś)

vest·ed [ˈvestɪd] *adj* prawnie nabyty, ustalony; *handl.* inwestowany

ves·tige [ˈvestɪdʒ] *s* ślad

vest·ment [ˈvestmənt] *s* strój (oficjalny, uroczysty)

ves·try [ˈvestrɪ] *s* zakrystia; rada parafialna

vet 1. [vet] *s bryt. pot.* weterynarz; *vt* badać (zwierzę)

vet 2. [vet] *s am. pot.* weteran

vet·er·an [ˈvetərən] *s* weteran; *adj* wysłużony; zahartowany w boju

vet·er·i·nar·y [ˈvetrɪnərɪ] *adj* weterynaryjny; *s* weterynarz

ve·to [ˈviːtəʊ] *s* weto; *vt* zakładać weto (**sth przeciw czemuś**)

vex [veks] *vt* dręczyć

vex·a·tion [vekˈseɪʃn] *s* udręka; strapienie; przykrość

via [ˈvaɪə] *praep łac.* przez (daną miejscowość)

vi·a·duct [ˈvaɪədʌkt] *s* wiadukt

vi·al [ˈvaɪəl] *s* fiolka, flaszeczka

vi·ands [ˈvaɪəndz] *s pl* wiktuały

vi·brant [ˈvaɪbrənt] *adj* wibrujący, drgający

vi·brate [vaɪˈbreɪt] *vt* wibrować, drgać

vi·bra·tion [vaɪˈbreɪʃn] *s* wibracja, drganie

vic·ar [ˈvɪkə(r)] *s* proboszcz (anglikański); wikary (rzymskokatolicki)

vice 1. [vaɪs] *s* wada; nałóg; występek

vice 2. [vaɪs] *s techn.* imadło

vice 3. [vaɪs] *praef* wice-

vice·roy [ˈvaɪsrɔɪ] *s* wicekról

vi·ce·ver·sa [ˈvaɪsɪ ˈvɜːsə] *adv łac.* na odwrót; vice versa

vi·cin·i·ty [vɪˈsɪnətɪ] *s* sąsiedztwo, najbliższa okolica

vi·cious [ˈvɪʃəs] *adj* występny; wadliwy, błędny

vi·cis·si·tude [vɪˈsɪsɪtjuːd] *s* zmienność, nietrwałość

vic·tim [ˈvɪktɪm] *s* ofiara

vic·tim·ize [ˈvɪktɪmaɪz] *vt* składać w ofierze; gnębić; oszukiwać

vic·tor [ˈvɪktə(r)] *s* zwycięzca

vic·to·ri·ous [vɪkˈtɔːrɪəs] *adj* zwycięski

vic·to·ry [ˈvɪktrɪ] *s* zwycięstwo

vic·tuals [ˈvɪtlz] *s pl* wiktuały

vi·de·li·cet [vɪˈdiːlɪset] *adv* mianowicie; to znaczy

vie [vaɪ] *vi* współzawodniczyć (**for sth o coś**)

view [vjuː] *s* widok; pole widzenia; pogląd; przegląd; zamiar; **to be in ~** być widocznym; **to have in ~** mieć na oku ⟨widoku⟩; **the end in ~** powzięty zamiar, zamierzony cel; **point of** ~ punkt widzenia; **on** ~ wystawiony; **private** ~ prapremiera, wernisaż (wystawy); **in my** ~ moim zdaniem; **in** ~ **of** sth biorąc coś pod uwagę, wobec czegoś; **with a** ~ **to** sth w zamiarze czegoś; *vt* oglądać, rozpatrywać

view·er [`vju:ə(r)] *s* widz

view-point [`vju:pɔint] *s* punkt widzenia; zapatrywanie (**of** sth na coś)

vig·il [`vidʒil] *s* czuwanie; wigilia

vig·i·lance [`vidʒiləns] *s* czujność

vig·or·ous [`vigərəs] *adj* pełen wigoru, energiczny

vig·our [`vigə(r)] *s* wigor; siła, energia

vile [vail] *adj* podły; *pot.* wstrętny

vil·i·fy [`vilifai] *vt* oczernić; upodlić

vil·la [`vilə] *s* willa

vil·lage [`vilidʒ] *s* wieś

vil·lag·er [`vilidʒə(r)] *s* wieśniak; prostak

vil·lain [`vilən] *s* łajdak, nikczemnik

vil·lain·y [`viləni] *s* łajdactwo, nikczemność

vin·di·cate [`vindikeit] *vt* brać w obronę; oczyszczać z zarzutu, usprawiedliwiać; dochodzić

vin·dic·tive [vin`diktiv] *adj* mściwy

vine [vain] *s* winna latorośl

vin·e·gar [`vinigə(r)] *s* ocet

vine·yard [`vinjəd] *s* winnica

vin·tage [`vintidʒ] *s* winobranie

vint·ner [`vintnə(r)] *s* winiarz

vi·o·late [`vaiəleit] *vt* naruszyć; pogwałcić

vi·o·la [vi`əulə] *s muz.* altówka

vi·o·la·tion [`vaiə`leiʃn] *s* naruszenie; pogwałcenie

vi·o·lence [`vaiələns] *s* gwałt; gwałtowność; naruszenie; **by** ~ gwałtem

vi·o·let [`vaiələt] *s bot.* fiołek; *adj* fioletowy

vi·o·lin [`vaiə`lin] *s muz.* skrzypce

vi·per [`vaipə(r)] *s zool.* żmija

vir·gin [`vɜdʒin] *s* dziewica; *attr* dziewiczy

vir·ile [`virail] *adj* męski

vir·tu·al [`vɜtʃuəl] *adj* faktyczny, właściwy; potencjalny

vir·tue [`vɜtʃu:] *s* cnota; zaleta; wartość; skuteczność; **by** ⟨**in**⟩ ~ **of** na mocy

vir·tu·os·i·ty [`vɜtʃu`ɔsəti] *s* wirtuozostwo; zamiłowanie do sztuk pięknych

vir·tu·ous [`vɜtʃuəs] *adj* cnotliwy, moralny

vir·u·lent [`virələnt] *adj* jadowity; zjadliwy

vi·rus [`vaiərəs] *s* jad; *med.* wirus; *przen.* trucizna (moralna)

vi·sa [`vizə] *s* wiza; *vt* wizować

vis·age [`vizidʒ] *s* oblicze

vis·cer·a [`visərə] *s pl anat.* wnętrzności

vis·cos·i·ty [vis`kosəti] *s* lepkość

vis·count [`vaikaunt] *s* wicehrabia

visé [`vizei] *s* wiza

vis·i·bil·i·ty [`vizə`biləti] *s* widzialność; widoczność

vis·i·ble [`vizəbl] *adj* widzialny; widoczny

vi·sion [`viʒn] *s* widzenie, wzrok; wizja

vi·sion·ar·y [`viʒnri] *adj* wizjonerski; *s* wizjoner

vis·it [`vizit] *s* wizyta; pobyt; wizytacja; **to be on a** ~ być z wizytą; **to pay a** ~ złożyć wizytę; *vt* odwiedzać, zwiedzać; nawiedzać, doświadczać

vis·it·a·tion [`vizi`teiʃn] *s* odwiedziny, wizytacja; nawiedzenie, dopust

vis·i·tor [`vizitə(r)] *s* gość

vi·sor [`vaizə(r)] *s hist.* przyłbica; daszek (u czapki)

vis·ta [`vistə] *s* widok, perspektywa; aleja

vis·u·al [`vizuəl] *adj* wzrokowy

vis·u·al·ize [`vizuəlaiz] *vt* unaoczniać, uzmysłowić sobie

vi·tal [`vaitl] *adj* życiowy, żywotny; istotny, niezbędny

vitality

vi·tal·i·ty [vaɪˈtælətɪ] s żywotność

vit·a·min [ˈvɪtəmɪn] s witamina

vi·ti·ate [ˈvɪʃɪeɪt] vt zepsuć, skazić; unieważnić

vit·re·ous [ˈvɪtrɪəs] adj szklany, szklisty

vi·tu·per·ate [vɪˈtjupəreɪt] vt lżyć, pomstować (sb na kogoś)

vi·va·cious [vɪˈveɪʃəs] adj żywy, pełen życia

vi·vac·i·ty [vɪˈvæsətɪ] s żywość

viv·id [ˈvɪvɪd] adj żywy

viv·i·sect [ˈvɪvɪˈsekt] vt dokonywać wiwisekcji

vix·en [ˈvɪksn] s jędza; zool. lisica

viz. skr. łac. = videlicet

vo·cab·u·lar·y [vəˈkæbjulərɪ] s słowniczek; słownictwo, zasób słów

vo·cal [ˈvəukl] adj wokalny, głosowy; gram. samogłoskowy

vo·ca·tion [vəuˈkeɪʃn] s powołanie; zawód

vo·cif·er·ate [vəˈsɪfəreɪt] vt vi krzyczeć, wrzeszczeć

vodka [ˈvɒdkə] s wódka

vogue [vəug] s popularność; moda; to be the ~ ⟨in ~⟩ być w modzie; to have a great ~ cieszyć się dużą popularnością

voice [vɔɪs] s głos; gram. strona; vt głosić, wypowiadać

voiced [vɔɪst] adj gram. dźwięczny

voice·less [ˈvɔɪsləs] adj niemy; gram. bezdźwięczny

void [vɔɪd] adj pusty, próżny; bezwartościowy; prawn. nieważny; pozbawiony (of sth czegoś); s próżnia, pustka; vt opróżnić; prawn. unieważnić

vol·a·tile [ˈvɒlətaɪl] adj chem. lotny; przelotny, zmienny

vol·can·ic [vɒlˈkænɪk] adj wulkaniczny

vol·ca·no [vɒlˈkeɪnəu] s wulkan

vo·li·tion [vəˈlɪʃn] s wola

vol·ley [ˈvɒlɪ] s salwa; przen. potok (np. słów, przekleństw); sport wolej

vol·ley·ball [ˈvɒlɪ bɔl] s sport siatkówka

volt·age [ˈvəultɪdʒ] s elektr. woltaż, napięcie

vol·u·ble [ˈvɒljubl] adj (o mowie) płynny, pełen swady

vol·u·me [ˈvɒljum] s tom; objętość; zwój; siła (głosu, dźwięku itd.)

vo·lu·mi·nous [vəˈluminəs] adj wielkich rozmiarów; obszerny

vol·un·tar·y [ˈvɒləntrɪ] adj dobrowolny

vol·un·teer [ˌvɒlənˈtɪə(r)] s ochotnik; attr ochotniczy; vt ochotniczo podjąć się (sth czegoś); vi zgłosić się na ochotnika

vo·lup·tu·ar·y [vəˈlʌptʃuərɪ] s lubieżnik

vo·lup·tu·ous [vəˈlʌptʃuəs] adj lubieżny

vom·it [ˈvɒmɪt] vt vi wymiotować; zwracać; s wymioty

vo·ra·cious [vəˈreɪʃəs] adj żarłoczny

vor·tex [ˈvɔteks] s (pl vortices [ˈvɔtɪsɪz]) wir

vote [vəut] s głosowanie; głos; wotum; vt uchwalać; vi głosować (for sb, sth za kimś, czymś; against sb, sth przeciwko komuś, czemuś)

vot·er [ˈvəutə(r)] s głosujący, wyborca

vouch [vautʃ] vt vi ręczyć, gwarantować

vouch·er [ˈvautʃə(r)] s poręczyciel; poświadczenie, kwit, bon

vouch·safe [vautʃˈseɪf] vi vt raczyć; łaskawie udzielić

vow [vau] s ślub, ślubowanie; to take ⟨to make⟩ a ~ ślubować; to take ~s złożyć śluby zakonne; vt ślubować; vi składać śluby

vow·el [ˈvaul] s gram. samogłoska

voy·age [ˈvɔɪdʒ] s podróż (zw. morska); to go on a ~ wyruszyć w podróż

vul·can·ize [ˈvʌlkənaɪz] vt wulkanizować

vul·gar [ˈvʌlgə(r)] *adj* wulgarny; pospolity

vul·gar·i·ty [vʌlˈgærəti] *s* wulgarność

vul·gar·ize [ˈvʌlgəraiz] *vt* wulgaryzować

vul·ner·a·ble [ˈvʌlnrəbl] *adj* podat-

ny na zranienie, narażony na ciosy; wrażliwy; (*w brydżu*) po partii

vul·ture [ˈvʌltʃə(r)] *s* zool. sęp

vul·tur·ine [ˈvʌltʃərain], **vul·tur·ish** [ˈvʌltʃəriʃ] *adj* sępi

W

wab·ble = wobble

wad [wod] *s* wałek, (miękka) zatyczka, podkład (z miękkiego materiału); *vt* wypychać, upychać, nabijać; podkładać, watować

wad·ding [ˈwodiŋ] *s* wata (do upychania); watolina, podkład

wad·dle [ˈwodl] *vi* chodzić kołysząc się

wade [weid] *vt vi* brnąć, brodzić

wa·fer [ˈweifə(r)] *s* wafel; opłatek

waft [woft] *vi* unosić się, bujać, sunąć (po wodzie, w powietrzu); *vt* nieść, posuwać, *s* powiew, podmuch; śmignięcie

wag 1. [wæg] *s* filut, żartowniś

wag 2. [wæg] *vt vi* kiwać (się), ruszać (się), machać; *s* poruszenie, kiwnięcie

wage [weidʒ] *s* (*zw. pl* ~s) zarobek, płaca (*zw.* tygodniowa); living ~ minimum środków utrzymania; *vt* prowadzić (wojnę)

wa·ger [ˈweidʒə(r)] *s* zakład; to lay ⟨to make⟩ a ~ założyć się; *vt vi* zakładać się

wag·on, **wag·gon** [ˈwægən] *s* wóz, platforma

waif [weif] *s* mienie bezpańskie; zbiór. porzucone rzeczy; porzucone dziecko; zabłąkane zwierzę; ~s and strays bezdomne dzieci

wail [weil] *s* żałosny płacz, la-

ment; *vi* żałośnie płakać, zawodzić; *vt* opłakiwać

wain·scot [ˈweinskət] *s* boazeria; *vt* okładać boazerią

waist [weist] *s* kibić, talia, pas

waist·coat [ˈweistkəut] *s* kamizelka

wait [weit] *vi* czekać (**for sb** na kogoś); usługiwać (**on, upon sb** komuś); czyhać (**for sb** na kogoś); *s* czekanie; zasadzka; *pl* the ~s kolędnicy

wait·er [ˈweitə(r)] *s* kelner; taca

wait·ing-room [ˈweitiŋ rum] *s* poczekalnia

wait·ress [ˈweitrəs] *s* kelnerka

waive [weiv] *vt* zaniechać, zrezygnować

waiv·er [ˈweivə(r)] *s* zrzeczenie się (praw, przywilejów itd.)

* **wake** 1. [weik], **woke** [wəuk] *lub* **waked** [weikt], **woken** [ˈwəukən] *lub* **waked** [weikt] *vt vi* budzić (się); † czuwać, nie spać; *s* (*w Irlandii*) czuwanie (przy zwłokach); *bryt.* odpust

wake 2. [weik] *s mors.* kilwater; *przen.* ślad; **to follow in sb's** ~ iść czyimś śladem; **in the** ~ **of** sth w ślad za czymś

wake·ful [ˈweikfl] *adj* czuwający, czujny

wak·en [ˈweikən] *vt vi* budzić (się); ożywiać (się)

walk [wok] *vi* chodzić, kroczyć, przechadzać się; *vt* przechodzić, chodzić (po czymś); ~ **away** ⟨**off**⟩ odchodzić; *pot.* ~ **away** ⟨**off**⟩

with sth porwać, ukraść coś; ~ out wychodzić; *am.* strajkować; *sport* ~ over wygrać walkowerem; *s* spacer; chód; ~ of life zawód, zajęcie

walk-out [ˈwɔk aut] *s am.* strajk

walk-o·ver [ˈwɔk əuvə(r)] *s sport* walkower

wall [wɔl] *s* ściana, mur; *vt* otoczyć murem; (*także* ~ up) zamurować

wal·let [ˈwɔlit] *s* portfel; † torba

wal·low [ˈwɔləu] *vi* tarzać się

wall·pa·per [ˈwɔlpeipə(r)] *s* tapeta

wal·nut [ˈwɔlnʌt] *s bot.* orzech włoski

wal·rus [ˈwɔlrəs] *s zool.* mors

waltz [wɔls] *s* walc; *vi* tańczyć walca

wan [wɔn] *adj* blady, mizerny

wand [wɔnd] *s* różdżka

wan·der [ˈwɔndə(r)] *vi* wędrować; ~ away odbiegać; *s* wędrówka

wan·der·er [ˈwɔndərə(r)] *s* wędrowiec

wan·der·ing [ˈwɔndəriŋ] *s* wędrówka; *pl* ~s majaki; *adj* wędrowny; wędrujący; tułaczy

wane [wein] *vi* zanikać, ubywać; marnieć

want [wɔnt] *s* potrzeba; brak; *vt vi* potrzebować; chcieć; odczuwać brak; brakować

want-ad [ˈwɔnt æd] *s pot.* drobne ogłoszenie (w gazecie)

want·ing [ˈwɔntiŋ] *adj* brakujący; pozbawiony (in sth czegoś); to be ~ brakować; she is ~ in intelligence brak jej rozumu

wan·ton [ˈwɔntən] *adj* swawolny, wesoły; nieokiełznany; złośliwy

war [wɔ(r)] *s* wojna; at ~ w stanie wojny; to make ~ wojować; **War Office,** *am.* **War Department** ministerstwo wojny; ~ **criminal** przestępca wojenny; *vi* wojować

war·ble [ˈwɔbl] *s* szczebiot; *vi* szczebiotać

ward [wɔd] *s* straż, nadzór, opieka; podopieczny, wychowanek; cela więzienna; sala szpitalna; dzielnica; *vt* opiekować się; umieścić (np. w sali szpitalnej); ~ **off** odbić, odparować (cios); uchylić (niebezpieczeństwo)

ward·en [ˈwɔdn] *s* stróż; opiekun; przełożony; kustosz

ward·er [ˈwɔdə(r)] *s* strażnik więzienny

ward·robe [ˈwɔ-drəub] *s* szafa (na ubranie)

ward·ship [ˈwɔdʃip] *s* kuratela

ware [weə(r)] *s* towar, wyrób

ware·house [ˈweəhaus] *s* magazyn; dom towarowy; *vt* magazynować

war·fare [ˈwɔfeə(r)] *s* prowadzenie wojny, wojna

war·i·ness [ˈweərinəs] *s* ostrożność

war·like [ˈwɔ laik] *adj* wojowniczy, wojenny

warm [wɔm] *adj* ciepły; gorliwy; ożywiony; *vt vi* grzać, nagrzewać (się); ~ up rozgrzać, podgrzać (się); ożywić (się)

war·mong·er [ˈwɔmʌŋgə(r)] *s* podżegacz wojenny

warmth [wɔmθ] *s* ciepło; gorliwość, zapał

warn [wɔn] *vt* ostrzegać, przypominać; uprzedzać (sb of sth kogoś o czymś)

warn·ing [ˈwɔniŋ] *s* ostrzeżenie; uprzedzenie; wypowiedzenie (posady)

warp [wɔp] *vt vi* paczyć (się), wykrzywiać (się), zniekształcać (się); *mors.* holować; *s* wypaczenie, osnowa (tkacka); *mors.* lina holownicza

war·rant [ˈwɔrənt] *s* pełnomocnictwo, uprawnienie; rękojmia; zabezpieczenie; nakaz sądowy; *vt* uprawnić; gwarantować; uzasadnić; usprawiedliwić

war·ri·or [ˈwɔriə(r)] *s* wojak, żołnierz

war·ship [ˈwɔʃip] *s* okręt wojenny

wart [wɔt] *s* brodawka

war·y [ˈweəri] *adj* ostrożny, czujny

was [woz, wəz] *p sing od* **to be**

wash [woʃ] *vt vi* myć (się); prać;
płukać, oblewać; **~ away** zmyć;
~ down spłukać; **~ off** zmyć;
dać się zmyć; **~ out** wymyć,
wypłukać; skasować; zejść (w
praniu); zalać; zatuszować; **~
up** wymyć, zmywać (naczynia);
(*o morzu*) wyrzucić na brzeg;
s mycie (się), pranie; płyn do
płukania; pomyje; namuł

wash·a·ble [ˈwoʃəbl] *adj* nadający
się do prania

wash-basin [ˈwoʃ beɪsn] *s* miednica; umywalka

wash-board [ˈwoʃ bɔd] *s* tara (do
prania)

wash-bowl [ˈwoʃ bəul] *s am.* =
= **wash-basin**

wash·er [ˈwoʃə(r)] *s* pomywacz;
płuczka; *techn.* uszczelka

wash·er·wom·an [ˈwoʃə wumən] *s*
praczka

wash·ing [ˈwoʃɪŋ] *s* mycie, pranie;
bielizna do prania; **~ machine**
pralka

wash-out [ˈwoʃ aut] *s* podmycie
⟨zapadnięcie⟩ terenu; *pot.* pech,
klapa; bankrut życiowy, pechowiec

wash-stand [ˈwoʃ stænd] *s* umywalka

wash-tub [ˈwoʃ tʌb] *s* balia

wasn't [ˈwoznt] = **was not**

wasp [wosp] *s zool.* osa

wast·age [ˈweɪstɪdʒ] *s* marnotrawstwo; *zbior.* straty; wybrakowa-
ny towar; *zbior.* odpadki

waste [weɪst] *adj* pusty, pustynny;
jałowy; zużyty; niepotrzebny; **~
land** teren nieuprawny; nieużyt-
ki; **~ paper** makulatura; **~ products** odpadki; **to go ~** marnować się, niszczeć; **to lie ~** leżeć
odłogiem; **to lay ~** pustoszyć;
s marnowanie, marnotrawstwo;
nieużytek; strata; ubytek; pustynia, pustkowie; *zbior.* odpadki;
vt pustoszyć; marnować, niszczyć; *vi* niszczeć, psuć się; ubywać; **~ away** marnieć, zanikać,

niszczeć

waste·ful [ˈweɪstfl] *adj* marnotrawny

watch [wotʃ] *s* czuwanie; straż;
zegarek; **to be on the ~** wypatrywać, oczekiwać (**for sth** czegoś), czatować; **to keep ~** być na
straży; pilnować (**on, over sth**
czegoś); *vt* czuwać; wyglądać
(**for sth** czegoś); czatować (**for
sth** na coś); pilnować (**over sth**
czegoś); *vt* uważać; obserwować,
oglądać; śledzić

watch·ful [ˈwotʃfl] *adj* czujny, u-
ważny

watch·mak·er [ˈwotʃ meɪkə(r)] *s*
zegarmistrz

watch·man [ˈwotʃmən] *s* stróż

watch·tow·er [ˈwotʃ tauə(r)] *s*
strażnica

watch·word [ˈwotʃwɜd] *s wojsk.*
hasło; slogan

wa·ter [ˈwotə(r)] *s* woda; ślina; *pl*
~s fale; wody lecznicze; **high ~**
przypływ; **low ~** odpływ; **by ~**
drogą wodną; **to get into hot ~**
popaść w tarapaty; **in deep ~s**
w opałach; **still ~s run deep** cicha woda brzegi rwie; *vt* polać,
nawodnić; rozwodnić; poić (zwierzę itp.); *vi* ciec, ślinić się; łza-
wić

wa·ter-clos·et [ˈwotə klozɪt] *s* klozet

wa·ter-col·our [ˈwotə kʌlə(r)] *s* a-
kwarela

wa·ter·fall [ˈwotəfɔl] *s* wodospad

wa·ter·glass [ˈwotə glas] *s* klepsydra wodna

wa·ter·ing-can [ˈwotrɪŋ kæn] *s* polewaczka

wa·ter-li·ly [ˈwotə lɪlɪ] *s bot.* grzy-
bień biały

wa·ter·man [ˈwotəmən] *s* przewoźnik; wioślarz

wa·ter·mark [ˈwotəmak] *s* znak
wodny; wodowskaz

wa·ter·mel·on [ˈwotə melən] *s bot.*
arbuz

wa·ter·proof [ˈwotəpruf] *adj* wodoszczelny, nieprzemakalny; *s* tka-

nina nieprzemakalna, płaszcz nieprzemakalny; *vt* impregnować; uszczelnić

wa·ter·shed [ˈwɔtəʃəd] *s* dział wód

wa·ter·side [ˈwɔtəsaɪd] *s* brzeg

wa·ter·sup·ply [ˈwɔtə səplaɪ] *s* sieć wodociągowa, zaopatrzenie w wodę

wa·ter·tight [ˈwɔtə taɪt] *adj* wodoszczelny

wa·ter·tow·er [ˈwɔtə tauə(r)] *s* wieża ciśnień

wa·ter·wave [ˈwɔtə weɪv] *s* ondulacja wodna; *vt* robić ondulację wodną

wa·ter·way [ˈwɔtəweɪ] *s* droga wodna

wa·ter·works [ˈwɔtəwɜks] *s* zakład wodociągowy; wodociągi

wa·ter·y [ˈwɔtərɪ] *adj* wodnisty

wat·tle [ˈwɔtl] *s* pręt; plecionka z prętów; *bot.* akacja australijska

wave [weɪv] *s* fala; falistość; machnięcie ręką, skinienie; *vi* falować; machnąć, skinąć (to sb na kogoś); *vt* witać, żegnać (one's hand machnięciem ręki), powiewać (one's handkerchief chusteczką)

wave-band [ˈweɪv bænd] *s* (*w radiu*) zakres fal

wa·ver [ˈweɪvə(r)] *vi* chwiać się, wahać się

wav·y [ˈweɪvɪ] *adj* falisty

wax 1. [wæks] *vi* (*o księżycu*) przybywać; † stawać się

wax 2. [wæks] *s* wosk; *vt* woskować

wax·en [ˈwæksn] *adj* woskowy

way [weɪ] *s* droga; kierunek; sposób; właściwość, zwyczaj, sposób postępowania; ~ in wejście; ~ out wyjście; by (the) ~ of London przez Londyn; by ~ of za pomocą; zamiast; w charakterze; w celu; w formie; by the ~ à propos, mówiąc nawiasem; any ~ w jakikolwiek sposób; w każdym razie; this ~ tędy; w ten sposób; that ~ tamtędy; to

clear the ~ usuwać przeszkody; to have one's ~ postawić na swoim; let him have his ~ niech robi, co chce; to keep out of the ~ trzymać się na uboczu; to make ⟨to give⟩ ~ ustąpić; to make one's ~ odbywać drogę; to stand ⟨to be⟩ in the ~ przeszkadzać, zawadzać; over the ~ po drugiej stronie drogi; some ~ or other tym czy innym sposobem; under ~ w trakcie, w przygotowaniu

way·far·er [ˈweɪfeərə(r)] *s* wędrowiec, podróżnik

way·lay [weɪˈleɪ] *vt* (*formy zob.* lay) czaić się, napaść z zasadzki (sb na kogoś)

way·side [ˈweɪ·saɪd] *s* brzeg drogi; *adj attr* przydrożny

way·ward [ˈweɪwəd] *adj* przewrotny; kapryśny; krnąbrny

way·worn [ˈweɪwɔn] *adj* znużony podróżą

we [wi] *pron pl* my; *przypadek zależny*: us [ʌs, əs] nam, nas

weak [wik] *adj* słaby, wątły

weak·en [ˈwikən] *vt* osłabić; *vi* osłabnąć

weak·ling [ˈwiklɪŋ] *s* cherlak, chuchro

weak·ly [ˈwiklɪ] *adj* słabowity

weak·ness [ˈwiknəs] *s* słabość

weal [wil] = wale

wealth [welθ] *s* bogactwo

wealth·y [ˈwelθɪ] *adj* bogaty

wean [win] *vt* odłączyć od piersi (dziecko); odsunąć, odzwyczaić (from sth od czegoś)

weap·on [ˈwepən] *s* broń; nuclear ~ broń nuklearna

* wear [weə(r)], wore [wɔ(r)], worn [wɔn] *vt vi* nosić (na sobie, np. odzież, ozdobę), nosić się; znosić (się); zużyć (się); wyczerpać, zmęczyć; (*o czasie*) upływać; ~ away ⟨off, out⟩ zużyć (się), znosić (się), zniszczyć (się), wyczerpać (się); skończyć (się); ~ down zedrzeć, zniszczyć; *s* noszenie; odzież, strój; trwałość (materia-

well

łu); zużycie; ~ and tear zużycie, zniszczenie

wea·ri·ness ['wɪərɪnəs] s zmęczenie; nuda

wea·ri·some ['wɪərɪsʌm] adj męczący; nudny

wea·ry ['wɪərɪ] adj zmęczony; męczący, nużący; vt vi męczyć (się), nużyć (się)

wea·sel ['wizl] s zool. łasica

weath·er ['weðə(r)] s pogoda; vt wystawiać na działanie atmosferyczne; przetrwać, wytrzymać (burzę); przen. stawić czoło; vi wietrzeć

weath·er-beat·en ['weðə bitn] adj zahartowany; (o cerze) ogorzały

weath·er-cock ['weðɔkok] s chorągiewka (na dachu, wieży itp.), kurek

weath·er-fore·cast ['weðə fɔkɑst] s prognoza pogody

weath·er-glass ['weðəglɑs] s barometr

weath·er-sta·tion ['weðə steɪʃn] s stacja meteorologiczna

* weave [wiv], wove [wəuv], woven ['wəuvn] vt tkać; przen. snuć, układać wątek; knuć (spisek)

weav·er ['wivə(r)] s tkacz

web [web] s tkanina; pajęczyna; tkanka; płetwa

wed [wed] vt poślubić; połączyć, skojarzyć; vi ożenić się, wyjść za mąż

we'd [wid] = we had, we should, we would

wed·ding ['wedɪŋ] s ślub, wesele

wedge [wedʒ] s klin; vt zaklinować; rozbić klinem

wed·lock ['wedlok] s małżeństwo

Wednes·day ['wenzdɪ] s środa

weed [wid] s chwast; pot. tytoń, papieros; vt (także ~ out) plewić, oczyszczać z chwastów

weeds [widz] s pl (zw. widow's ~) żałoba wdowia

week [wik] s tydzień; by the ~ tygodniowo

week·day ['wik deɪ] s dzień powszedni

week-end [wik 'end] s koniec tygodnia, weekend

week·ly ['wiklɪ] adj tygodniowy; adv tygodniowo; s tygodnik

* weep [wip], wept, wept [wept] vi płakać; vt opłakiwać

weft [weft] s wątek (tkaniny)

weigh [weɪ] vt vi ważyć; ~ down przeważać, przygniatać; ~ out rozważać; mors. ~ anchor podnieść kotwicę

weight [weɪt] s (także przen.) waga; znaczenie, doniosłość; ciężar; odważnik; to put on ~ tyć; vt obciążać

weight·y ['weɪtɪ] adj ciężki; ważny, ważki; przekonywający

weir [wɪə(r)] s grobla, tama

weird [wɪəd] adj fatalny; niesamowity, tajemniczy, dziwny; s lit. fatum; niesamowite zdarzenie; czary

wel·come ['welkəm] adj mile widziany; to make ~ gościnnie przywitać (przyjąć); you are ~ to do do as you please rób, co ci się żywnie podoba; to be ~ to do sth mieć swobodę w zrobieniu czegoś, móc korzystać z upoważnienia; you are ~ bardzo proszę; nie ma za co (dziękować); s przywitanie, gościnne przyjęcie; to bid ~ serdecznie witać; to powitać, gościnnie przyjąć; int witaj!, witajcie!

weld [weld] vt vi spawać (się); s spawanie; spoina

wel·fare ['welfeə(r)] s dobrobyt, powodzenie; ~ work dobroczynność; praca społeczna; social ~ opieka społeczna; ~ State państwo z rozbudowanym systemem opieki społecznej

well 1. [wel] adv (comp better, sup best) dobrze; odpowiednio; chętnie; as ~ równie dobrze, również; as ~ as zarówno jak; ~ read oczytany; ~ done! brawo!, doskonale!; adj praed zdrowy; pomyślny; w porządku; to be ~

być zdrowym; mieć się dobrze; **to be ~ off** żyć dostatnio, być zamożnym; **to get ~ ⟨better⟩** wyzdrowieć; **~ up in sth** dobrze z czymś obeznany, dobrze opanowany; *int* no, no!; nareszcie!; a więc, otóż; **~ then?** a więc?

well 2. [wel] *s* studnia, źródło; szyb; *vi (zw.* **~ up, ~ out)** tryskać, buchać

we'll [wil] = we shall, we will

well-ad·vised [ˈwel ədˈvaɪzd] *adj* rozsądny, roztropny

well-bal·anced [ˈwel ˈbælənst] *adj* zrównoważony

well-be·haved [ˈwel bɪˈheɪvd] *adj* dobrze wychowany, układny

well-be·ing [ˈwel ˈbiːɪŋ] *s* powodzenie, pomyślność; dobre samopoczucie

well-bred [ˈwel ˈbred] *adj* dobrze wychowany

well-nigh [ˈwel ˈnaɪ] *adv poet.* nieomal, prawie

well-off [ˈwel ˈɔf] *adj* dobrze sytuowany, zamożny

well-to-do [ˈwel tə ˈduː] *adj* zamożny

well-worn [ˈwel ˈwɔn] *adj* znoszony; oklepany

Welsh [welʃ] *adj* walijski; *s* język walijski

Welsh·man [ˈwelʃmən] *s* Walijczyk

wel·ter [ˈweltə(r)] *vi* przewalać się, tarzać się; *s* zamieszanie, chaos

wench [wentʃ] *s* dziewka

went [went] *zob.* **go**

wept [wept] *zob.* **weep**

were [wɜ(r), wə(r)] *zob.* **be**

we're [wɪə(r)] = we are

weren't [wɜnt] = were not

west [west] *s* zachód; *adj* zachodni; *adv* na zachód

west·er·ly [ˈwestəlɪ] *adj (o kierunku)* zachodni; *(o wietrze)* z zachodu; *adv* na zachód

west·ern [ˈwestən] *adj* zachodni; *s* człowiek z zachodu; film z życia Dzikiego Zachodu, western

west·ward [ˈwestwəd] *adj (o kierunku)* zachodni, zwrócony ku

zachodowi; *adv* ku zachodowi

west·wards [ˈwestwədz] *adv* ku zachodowi, na zachód

wet [wet] *adj* mokry; dżdżysty; *am.* używający alkoholu; *s* wilgoć; dżdżysta pogoda; *vt* moczyć, zwilżać

we've [wiv] = we have

whack [wæk] *vt* grzmotnąć; *s* głośne uderzenie; *pot.* próba; udział, cząstka

whale 1. [weɪl] *s* wieloryb; *vi* polować na wieloryby

whale 2. [weɪl] *vt* bić, grzmocić

whale·bone [ˈweɪlbəun] *s* fiszbin

whal·er [ˈweɪlə(r)] *s* łowca wielorybów; statek do połowu wielorybów

wharf [wɔf] *s (pl ~s lub* **wharves** [wɔvz]*)* przystań, nadbrzeże

what [wɔt] *adj* co; jaki; ile; to co, ten, który; co za; **~ for?** po co?; **~ are these apples?** ile kosztują te jabłka?; **~ is he like?** jak on wygląda?, jaki on jest?; **~ if ... cóż, że ...;** co z tego, że ...; **~'s up?** co się dzieje?; **~ use is it?** na co się to przyda?

what·ev·er [wɔtˈevə(r)] *adj* cokolwiek, jakikolwiek; **not any ~** w ogóle żaden; **i'll tell you ~** coś ci powiem; **not anything ~** w ogóle nic

what's [wɔts] = what is

what·so·ev·er [ˈwɔtsəuˈevə(r)] = whatever

wheat [wit] *s* pszenica

wheat·en [ˈwitn] *adj* pszenny

whee·dle [ˈwidl] *vt* przypochlebiać się, wdzięczyć się; skłonić

wheel [wil] *s* koło; kierownica; *mors.* ster; *vt vi* toczyć (się), kręcić (się); wozić (*np.* na taczkach)

wheel·bar·row [ˈwil bærəu] *s* taczki

wheeze [wiz] *vi* sapać; *s* sapanie

whelp [welp] *s* szczenię; *vi* oszczenić się

when [wen] *adv* kiedy; *pron* gdy, kiedy; **since ~** odkąd; **till ~** dokąd, do czasu, gdy

whence [wens] *adv* skąd; *pron rel.*
skąd, z którego (*także* from ~);
w następstwie czego

where [weə(r)] *adv conj pron*
gdzie, dokąd; from ~ skąd

where·a·bouts [ˈweərəˈbauts] *adv*
gdzie mniej więcej; *s* miejsce
pobytu

where·as [weərˈæz] *conj* podczas
gdy

where·by [weəˈbaɪ] *adv conj* przez
co; *rel.* za pomocą czego (którego)

where·fore [ˈweəfɔ(r)] *adv* dlaczego, dlaczego to; dlatego

wher·ev·er [weərˈevə(r)] *adv* gdziekolwiek, dokądkolwiek

where·with [weəˈwɪð] = **with what,
with which**

whet [wet] *vt* ostrzyć; podniecać,
pobudzać

wheth·er [ˈweðə(r)] *conj* czy

whet·stone [ˈwetstəun] *s* kamień do
ostrzenia

whey [weɪ] *s* serwatka

which [wɪtʃ] *pron* który; co

which·ev·er [ˈwɪtʃˈevə(r)], **which-
·so·ev·er** [ˈwɪtʃsəuˈevə(r)] *pron*
którykolwiek

whiff [wɪf] *s* podmuch, dmuchnięcie; kłąb dymu; *vt vi* pykać

whig [wɪg] *s polit.* wig

while [waɪl] *s* chwila; for a ~ na
chwilę; chwilowo; for the ~
tymczasem; na razie; it's worth
~ warto, opłaci się; *adj conj*
podczas gdy, gdy; it ~ away
spędzać beztrosko (the time czas)

whilst [waɪlst] *conj* (podczas) gdy

whim [wɪm] *s* grymas, zachcianka

whim·per [ˈwɪmpə(r)] *vi* kwilić,
skomleć; *s* kwilenie, skomlenie

whim·si·cal [ˈwɪmzɪkl] *adj* kapryśny; dziwaczny

whim·sy [ˈwɪmzɪ] *s* kaprys; urojenie

whine [waɪn] *vi* jęczeć, skomleć;
jęk, skomlenie

whin·ny [ˈwɪnɪ] *vi* rżeć; *s* rżenie

whip [wɪp] *s* bicz; woźnica; naga-

niacz (w parlamencie); *vt* biczować, bić batem; ubijać; *vi* szybko umknąć

whir [wɜ(r)] *vi* warkotać; *s* warkot

whirl [wɜl] *s* wir; *vt vi* wirować,
krążyć, kręcić się

whirl·pool [ˈwɜpul] *s* wir (wodny)

whirl·wind [ˈwɜlwɪnd] *s* trąba powietrzna

whirr [wɜ(r)] = **whir**

whisk [wɪsk] *s* kosmyk; miotełka;
trzepaczka; machnięcie; śmignięcie; *vt* zmiatać; machać; śmigać;
vi zniknąć, umknąć

whisk·ers [ˈwɪskəz] *s pl* bokobrody, baczki; wąsy (u zwierząt)

whis·ky, **whis·key** [ˈwɪskɪ] *s* whisky, wódka (angielska)

whis·per [ˈwɪspə(r)] *vt vi* szeptać;
s szept

whis·tle [ˈwɪsl] *s* gwizd, świst;
gwizdek; *vt vi* gwizdać, świstać

whit [wɪt] *s †* odrobina; **no ⟨not a⟩
~** ani krzty, wcale

white [waɪt] *adj* biały; *s* biel, biały kolor; biały człowiek; białko;
vt bielić

whit·en [ˈwaɪtn] *vt* bielić; *vi* bieleć

white·wash [ˈwaɪtwoʃ] *s* wapno do
bielenia; wybielanie; *vt* bielić,
wybielać

whith·er [ˈwɪðə(r)] *adv pron* (*zw.
rel.*) dokąd

whit·ing [ˈwaɪtɪŋ] *s* bielidło

whit·tle [ˈwɪtl] *vt* strugać; *przen.*
stopniowo zmniejszać

whiz(z) [wɪz] *vi* świszczeć; *s* świst

who [hu] *pron przypadek dzierżawczy:* **whose** [huz]; *przypadek
zależny:* **whom** [hum] kto, który,
którzy

who·ev·er [huˈevə(r)] *pron* ktokolwiek

whole [həul] *adj* cały; *mat.* całkowity; *s* całość; **as a ~** w całości

whole·sale [ˈhəul-seɪl] *s* hurt, sprzedaż hurtowa; *adj* hurtowy; *adv*
hurtem

whole·some [ˈhəul-səm] *adj* (*o klimacie itp.*) zdrowy

who'll [hul] = **who will**

whol·ly [ˈhəulli] *adv* całkowicie

whom *zob.* **who**

whoop·ing-cough *zob.* = **hooping
cough**

whose *zob.* **who**

why [waɪ] *adv* dlaczego; *int* przecież!, jak to!, oczywiście!

wick [wɪk] *s* knot

wick·ed [ˈwɪkɪd] *adj* zły, niegodziwy

wick·er [ˈwɪkə(r)] *s* łozina; wyrób
koszykarski

wick·et [ˈwɪkɪt] *s* furtka; okienko (kasowe); *sport* bramka (w
krykiecie)

wide [waɪd] *adj* szeroki, obszerny;
daleki (*of sth* od czegoś); *adv*
szeroko; daleko

wide-awake [ˈwaɪd əˈweɪk] *adj*
czujny, uważny

wid·en [ˈwaɪdn] *vt vi* rozszerzyć
(się)

wide-spread [waɪd ˈspred] *adj* rozpowszechniony

wid·ow [ˈwɪdəu] *s* wdowa

wid·ow·er [ˈwɪdəuə(r)] *s* wdowiec

width [wɪtθ] *s* szerokość

wield [wild] *vt* dzierżyć, władać

wife [waɪf] *s* (*pl* **wives** [waɪvz])
żona; † kobieta

wig [wɪg] *s* peruka

wig·wam [ˈwɪgwæm] *s* wigwam,
szałas (indiański)

wild [waɪld] *adj* dziki; szalony;
pustynny; fantastyczny; *pot.* zły,
rozgniewany; *s* dzika okolica;
pustynia

wil·der·ness [ˈwɪldənəs] *s* dzika
przestrzeń; puszcza

wild·fire [ˈwaɪldfaɪə(r)] *s* ogień
grecki; *przen.* (*o wiadomości itp.*)
to spread like ~ szerzyć się lo-
tem błyskawicy

wile [waɪl] *s* podstęp, fortel; *vt*
podstępnie zwabić, zwieść

wil·ful [ˈwɪlfl] *adj* umyślny; samowolny, uparty

will [wɪl] *s* wola; testament; ener-

gia; zapał; *v aux* służy do tworzenia *czasu przyszłego*, *np.:* **he**
~ **do it** on to zrobi; *vt* chcieć

will·ing [ˈwɪlɪŋ] *adj* chętny

will-o'-the-wisp [ˈwɪl ə ðə ˈwɪsp]
s błędny ognik

wil·low [ˈwɪləu] *s bot.* wierzba

wil·low·y [ˈwɪləuɪ] *adj* porosły
wierzbami; giętki

wil·ly-nil·ly [ˈwɪlɪ ˈnɪlɪ] *adv* chcąc
nie chcąc

wil·y [ˈwaɪlɪ] *adj* chytry

* **win** [wɪn], **won, won** [wʌn] *vt vi*
zyskać; wygrać; zwyciężyć; zdo-
być; ~ **over** pozyskać sobie (kogoś); **to** ~ **the day** odnieść zwycięstwo

wince [wɪns] *vi* drgnąć, skrzywić
się (z bólu); *s* drgnięcie

winch [wɪntʃ] *s* dźwig; korba

wind 1. [wɪnd] *s* wiatr; dech; **to
get** ~ zwęszyć (*of sth* coś); *vt*
węszyć; *vt* [waɪnd] dąć (**the horn**
w róg)

* **wind 2.** [waɪnd], **wound, wound**
[waund] *vt vi* wić (się), kręcić
(się), nawijać, nakręcać; ~ **off**
odwinąć (się); ~ **up** nawinąć, nakręcić; zlikwidować

wind·fall [ˈwɪndfɔːl] *s* strącony o-
woc; niespodziewane szczęście,
gratka

wind-in·stru·ment [ˈwɪnd ɪnstru
mənt] *s muz.* instrument dęty

wind·lass [ˈwɪndləs] *s* kołowrót,
wyciąg

wind·mill [ˈwɪndmɪl] *s* wiatrak

win·dow [ˈwɪndəu] *s* okno

win·dow-dres·sing [ˈwɪndəu dresɪŋ]
s urządzenie wystawy sklepowej;
przen. gra pozorów, poza, obłuda

win·dow-pane [ˈwɪndəu peɪn] *s* szyba okienna

win·dow-shop·ping [ˈwɪndəu ʃɒpɪŋ]
s oglądanie wystaw sklepowych

wind·screen [ˈwɪndskrɪn] *s* szyba
ochronna (przed kierownicą)

wind·y [ˈwɪndɪ] *adj* wietrzny

wine [waɪn] *s* wino

wing [wɪŋ] *s* skrzydło; *lotn.* dywizjon; *teatr pl* ~**s** kulisy; *vt* u-

wolf

skrzydlić; *vi* lecieć; ~ **the air**
(*o ptaku*) unosić się w powietrzu

wink [`wɪŋk] *vt vi* mrugać; patrzeć
przez palce (**at sth** na coś); *s*
mrugnięcie

win·ner [`wɪnə(r)] *s* wygrywający,
zwycięzca

win·ning [`wɪnɪŋ] *adj* zwycięski,
wygrywający; ujmujący; *s* wygrana

win·now [`wɪnəu] *vt* wiać (ziarno,
zboże); przesiewać; przebierać

win·ter [`wɪntə(r)] *s* zima; *vi* zi-
mować; *vt* żywić przez zimę

win·try [`wɪntrɪ] *adj* zimowy;
przen. chłodny, nieprzyjazny

wipe [waɪp] *vt* (*także* ~ **off** ⟨**out**⟩)
ścierać, wycierać

wire [`waɪə(r)] *s* drut; *pot.* depe-
sza; **to pull the** ~s wpłynąć na
bieg sprawy, poruszyć wszystkie
sprężyny; *vt* zaopatrzyć w drut;
depeszować

wire·less [`waɪələs] *adj* bez drutu;
radiowy; ~ **station** radiostacja; *s*
radio; *vt* komunikować przez radio

wir·y [`waɪərɪ] *adj* druciany; mu-
skularny, żylasty

wis·dom [`wɪzdəm] *s* mądrość

wise 1. [waɪz] *adj* mądry; *lit. poet.*
~ **man** czarodziej; ~ **woman**
czarownica; to be ⟨get⟩ ~ dowiedzieć się (**to sth** o czymś); zmądrzeć, mądrze postąpić

wise 2. [waɪz] *s* sposób

wise·a·cre [`waɪzeɪkə(r)] *s* mędrek

wise·crack [`waɪzkræk] *s* dowcip

wish [wɪʃ] *vt vi* życzyć (sobie),
pragnąć, czekać z utęsknieniem
(**for sth** na coś); *s* życzenie; o-
chota

wish·ful [`wɪʃfl] *adj* pragnący; ~
thinking pobożne życzenia

wisp [wɪsp] *s* wiązka, kosmyk

wist·ful [`wɪstfl] *adj* zadumany;
tęskny

wit [wɪt] *s* rozum; dowcip; do-
wcipniś; człowiek inteligentny;
pl ~s zdrowy rozum, zdolności;

to be at one's ~**'s end** nie wiedzieć co robić; **to have slow** ~**s**
być tępym; *vt †* wiedzieć; **to** ~
mianowicie, to znaczy

witch [wɪtʃ] *s* czarownica, wiedźma

witch·craft [`wɪtʃkrɑft] *s* czary;
czarnoksięstwo

with [wɪð] *praep* z, przy, u, za pomocą

• **with·draw** [wɪð`drɔ] *vt vi* (*for-
my zob.* draw) cofać (się); odchodzić; odwoływać; odsuwać;
zabierać

with·draw·al [wɪð`drɔl] *s* wycofa-
nie (się); odwołanie; zabranie

with·er [`wɪðə(r)] *vi* usychać, za-
mierać, zanikać; *vt* wysuszać,
powodować zanik

• **with·hold** [wɪð`həuld] *vt* (*formy
zob.* hold) wstrzymać; odmówić;
wycofać

with·in [wɪð`ɪn] *praep* wewnątrz;
w obrębie; w zasięgu; w granicach (czasu, przestrzeni); *adv*
wewnątrz, w środku; w domu

with·out [wɪð`aut] *praep* bez; na
zewnątrz; *adv* na zewnątrz; na
dworze

with·stand [wɪð`stænd] *vt* (*formy
zob.* stand) opierać się, oponować; wytrzymywać

wit·ness [`wɪtnəs] *s* świadectwo;
świadek; zeznanie; **to bear** ~
świadczyć (**to sth** o czymś); *vt*
poświadczać; być świadkiem (**sth**
czegoś); potwierdzać

wit·ti·cism [`wɪtɪsɪzm] *s* dowcip,
bystra uwaga

wit·ty [`wɪtɪ] *adj* dowcipny

wives *zob.* wife

wiz·ard [`wɪzəd] *s* czarodziej

wob·ble [`wobl] *vi* chwiać się, ki-
wać się

woe [wəu] *s poet.* nieszczęście, niedola; ~ **to** ...! biada ...!

woke, woken *zob.* wake

wolf [wulf] *s* (*pl* **wolves** [vulvz])
wilk; **to cry** ~ podnieść **fałszywy alarm**

wolf-cub [ˈwulf kʌb] s wilczę; (w harcerstwie) zuch

wolf·ish [ˈwulfiʃ] adj wilczy

wolves zob. **wolf**

wom·an [ˈwumən] s (pl **women** [ˈwimin]) kobieta

wom·an·hood [ˈwumənhud] s kobiecość; zbior. kobiety

wom·an·ish [ˈwuməniʃ] adj kobiecy; zniewieściały

wom·an·kind [ˈwumənˈkaind] s zbior. kobiety, ród kobiecy

wom·an·ly [ˈwumənli] adj kobiecy

womb [wum] s anat. macica; (także przen.) łono

wom·en zob. **woman**

wom·en·folk [ˈwiminfəuk] s zbior. pot. kobiety

won zob. **win**

won·der [ˈwʌndə(r)] s cud; dziwo; zdziwienie; no ⟨small⟩ ~ nic dziwnego; vt dziwić się (at sth czemuś); być ciekawym, chcieć wiedzieć; I ~ where he is ciekaw jestem, gdzie on jest

won·der·ful [ˈwʌndəfl] adj cudowny; zadziwiający

wont [wəunt] s przyzwyczajenie, zwyczaj; adj praed przyzwyczajony, mający zwyczaj; to be ~ mieć zwyczaj; vi mieć zwyczaj

won't [wəunt] = will not

wont·ed [ˈwəuntid] adj zwyczajny, zwykły

woo [wu] vt zalecać się, umizgać się (sb do kogoś); przen. ubiegać się (sth o coś)

wood [wud] s drzewo, drewno; (także ~s) las; vt zalesiać

wood-cut [ˈwudkʌt] s drzeworyt

wood-cut·ter [ˈwudkʌtə(r)] s drwal; drzeworytnik

wood·en [ˈwudn] adj drewniany; przen. głupi, tępy

wood-en·grav·er [ˈwud ingreivə(r)] s drzeworytnik

wood·land [ˈwudlənd] s lesista okolica

wood·man [ˈwudmən] s gajowy; drwal

wood·peck·er [ˈwudpekə(r)] s zool. dzięcioł

wood-pulp [ˈwudpʌlp] s miazga drzewna; masa papiernicza

wood·work [ˈwudwɜk] s wyroby z drewna

wood·y [ˈwudi] adj lesisty; drzewny

woof [wuf] = **weft**

wool [wul] s wełna; to loose one's ~ rozzłościć się; much cry and little ~ dużo hałasu o nic

wool·len [ˈwulən] adj wełniany

wool·ly [ˈwuli] adj wełnisty; przen. mętny, mglisty

wool·sack [ˈwulˈsæk] s worek z wełną; poduszka z wełny

word [wɜd] s wyraz, słowo; wiadomość; rozkaz; hasło; a play upon ~s gra słów; to keep ⟨break⟩ one's ~ dotrzymywać ⟨nie dotrzymywać⟩ słowa; upon my ~! słowo daję!; by ~ of mouth ustnie; to have a ~ with sb zamienić z kimś parę słów; vt ująć w słowa, wyrazić

word·ing [ˈwɜdiŋ] s słowne ujęcie, sformułowanie

word·y [ˈwɜdi] adj wielosłowny, rozwlekły

wore zob. **wear**

work [wɜk] s praca; dzieło, utwór; uczynek; at ~ czynny; przy pracy; out of ~ nieczynny; bezrobotny; to make short ~ szybko uporać się (of sth z czymś); to set to ~ zabrać się do roboty; zaprząc do roboty; pl ~s fabryka, warsztat; zakłady (przemysłowe); mechanizm; wojsk. fortyfikacja; vt vi pracować, odpracowywać; odrabiać; działać; manipulować; wprawiać w ruch; zmuszać do pracy, eksploatować; ~ off oderwać się; pozbyć się; ~ out wypracować; wyjść, okazać się; rozwiązać (np. zadanie); zrealizować; ~ over przerobić, obrobić; ~ up wypracować; podnosić (się); podniecić

work·a·ble [ˈwɜkəbl] adj nadający się do obróbki; wykonalny

work·day [ˈwɜːkdeɪ] s dzień powszedni

work·er [ˈwɜːkə(r)] s pracownik, robotnik

work·house [ˈwɜːkhaus] s dom dla ubogich, przytułek; *am.* dom poprawczy (z przymusową pracą)

work·ing [ˈwɜːkɪŋ] *adj* pracujący; czynny; the ~ **class** klasa pracująca; świat pracy; in ~ **order** w stanie używalności; ~ **capital** kapitał obrotowy; ~ **costs** koszty eksploatacji; ~ **knowledge of English** praktyczna znajomość angielskiego; s działanie; obróbka; eksploatacja

work·man [ˈwɜːkmən] s robotnik, pracownik (fizyczny)

work·man·ship [ˈwɜːkmənʃɪp] s sztuka, umiejętność; zręczność; wykonanie, wyrób (fachowy)

work·people [ˈwɜːk piːpl] s pl pracownicy, świat pracy

work·shop [ˈwɜːkʃɔp] s warsztat

work·wom·an [ˈwɜːkwumən] s pracownica (fizyczna)

world [wɜːld] s świat; ziemia, kula ziemska; sfery (naukowe itp.); mnóstwo; the next ~, the ~ to come tamten świat; to go out of this ~ zejść z tego świata; a ~ of trouble cała masa kłopotu; not for all the ~ za nic w świecie

world·ly [ˈwɜːldlɪ] *adj* światowy; świecki; ziemski

worm [wɜːm] s robak; dżdżownica; *vt* to ~ one's way przekradać się; *vr* ~ oneself wkręcić się

worm·gear [ˈwɜːm gɪə(r)] s *techn.* przekładnia ślimakowa

worm·wheel [ˈwɜːm wiːl] s *techn.* koło ślimakowe

worm·wood [ˈwɜːmwud] s *bot.* piołun

worm·y [ˈwɜːmɪ] *adj* robaczywy

worn zob. **wear**

wor·ry [ˈwʌrɪ] *vt vi* martwić (się); niepokoić (się), dręczyć (się); s zmartwienie, troska, niepokój

worse [wɜːs] *adj* (*comp od* **bad, ill**) gorszy; bardziej chory; to be ~ czuć się gorzej; *adv* gorzej; s gorsza rzecz, coś gorszego

wors·en [ˈwɜːsn] *vt vi* pogorszyć (się)

wor·ship [ˈwɜːʃɪp] s kult, oddawanie czci, nabożeństwo; *vt* czcić, wielbić; *vi* być na nabożeństwie

worst [wɜːst] *adj* (*sup od* **bad, ill**) najgorszy; *adv* najgorsze; s to, co najgorsze; at the ~ w najgorszym razie; *vt* pokonać

worth [wɜːθ] *adj* wart; zasługujący; it is ~ **reading** warto to przeczytać; it isn't ~ **while** nie warto; to niewarte zachodu; s wartość

wor·thy [ˈwɜːðɪ] *adj* godny, zasługujący (of sth na coś); s człowiek godny, wybitna jednostka

would [wud] *p t conditional od* **will**

would-be [ˈwud biː] *attr* rzekomy; niedoszły

wound 1. *zob.* **wind** 2.

wound 2. [wund] s rana; *vt* ranić

wove, woven *zob.* **weave**

wrack [ræk] = **wreck**; to go to ~ **and ruin** ulec zagładzie; wykoleić się

wran·gle [ˈræŋgl] s kłótnia, spór; *vi* spierać się

wrap [ræp] *vt* (*także* ~ up) owijać, pakować; s szal, chusta

wrap·per [ˈræpə(r)] s opakowanie; narzutka; szlafrok; futerał; obwoluta

wrath [rɔθ] s *lit.* gniew

wreath [riːθ] s (*pl* ~s [riːðz]) wieniec, girlanda; kłąb (np. dymu)

wreathe [riːð] *vt* pleść, zwijać; *vi* kłębić się

wreck [rek] s rozbicie (statku); szczątki, wrak; rozbitek; *vt vi* rozbić (się), zniszczyć

wreck·age [ˈrekɪdʒ] s rozbicie; szczątki rozbitego okrętu

wrench [rentʃ] s skręt; zwichnięcie; szarpnięcie; *techn.* klucz

(nakrętkowy); *vt* skręcić; zwichnąć; szarpnąć; ~ out wyrwać
wrest [rest] *vt* skręcić, przekręcić
(np. fakty); wyrwać (**sth from
sb** coś komuś); *s* wykręcanie;
muz. klucz do strojenia
wres·tle [ˈresl] *vt* wyrywać, wydzierać; *vi* borykać się, zmagać
się (w zapasach); *s* zapasy; zmaganie, walka
wres·tler [ˈrestlə(r)] *s* zapaśnik
wretch [retʃ] *s* nieszczęśliwy człowiek; łajdak, nikczemnik
wretch·ed [ˈretʃɪd] *adj* nieszczęśliwy, godny pożałowania; nędzny;
lichy
wrig·gle [ˈrɪgl] *vt vi* wywijać (się),
skręcać (się), wyginać (się)
* **wring** [rɪŋ], **wrung**, **wrung** [rʌŋ]
vt wyciskać, wyżymać; wymu-
szać; skręcać; **to ~ one's hands**
załamywać ręce
wring·er [ˈrɪŋə(r)] *s* wyżymaczka
wrin·kle [ˈrɪŋkl] *s* zmarszczka,
fałd; *vt vi* marszczyć (się)
wrist [rɪst] *s* przegub
wrist·band [ˈrɪstbænd] *s* mankiet
wrist·watch [ˈrɪst wotʃ] *s* zegarek
na rękę
* **write** [raɪt], **wrote** [rəut], **writ·
ten** [ˈrɪtn] *vt vi* pisać, wypisywać; **to ~ a good hand** mieć ładny charakter pisma; **~ back** odpisać; **~ down** zapisać; **~ out**
napisać w całości, przepisać, wy-
pisać; **~ over** przepisać; **~ up**

doprowadzić do dnia bieżącego
(np. pamiętnik); chwalić, napisać
pochwałę
writ·er [ˈraɪtə(r)] *s* pisarz
writhe [raɪð] *vt vi* wić (się), skręcać (się)
writ·ing [ˈraɪtɪŋ] *s* pismo; utwór;
dokument
writ·ten *zob.* **write**
wrong [roŋ] *adj* niesłuszny; niewłaściwy; fałszywy; niesprawiedliwy; nieodpowiedni, nie w porządku, niedobry; ~ **side** lewa
strona (materiału); **to be ~** nie
mieć racji; **to go ~** chybić; popsuć się; **sth is ~** coś nie w porządku; nie wszystko, źle, nie
w porządku; *s* krzywda, niesprawiedliwość; zło; błąd; wina; wykroczenie; **to be in the ~** nie
mieć racji; być winnym; **to do
sb ~** wyrządzić komuś krzywdę;
to do ~ źle postępować; *vt* krzywdzić, szkodzić, być niesprawie-
dliwym
wrong-doer [ˈroŋ duə(r)] *s* winowajca, grzesznik
wrong·ful [ˈroŋfl] *adj* niesprawiedliwy, szkodliwy, krzywdzący
wrote *zob.* **write**
wrought [rɔt] *adj* obrobiony; (*o
metalu*) kuty
wrung *zob.* **wring**
wry [raɪ] *adj* krzywy, skręcony;
to make a ~ face skrzywić się,
zrobić kwaśną minę

X

xe·rog·ra·phy [zəˈrogrəfɪ] *s* ksero-
grafia
Xmas [ˈkrɪsməs] = **Christmas**
X-ray [ˈeks-reɪ] *vt* prześwietlać
(promieniami Roentgena); *adj*

[ˈeksreɪ] rentgenowski; *s pl* ~**s**
[ˈeksˈreɪz] promienie rentgenowskie
xy·log·ra·phy [zaɪˈlogrəfɪ] *s* drze-
worytnictwo

y

yacht [jot] *s* jacht; *vi* pływać jachtem

Yale-lock [`jeillok] *s* zatrzask, zamek automatyczny

Yan·kee [`jæŋkı], *pot.* Yank [`jæŋk] *s* Jankes

yard 1. [jad] *s* jard, *mors.* reja

yard 2. [jad] *s* dziedziniec

yarn [jan] *s* przędza

yawl [jol] *s* jolka (łódź żaglowa)

yawn [jon] *vi* ziewać; zionąć; *s* ziewanie

yea [jei] = yes; *s* głos za wnioskiem (w głosowaniu); twierdzenie

year [jз(r)] *s* rok; ~ by ~ rok za rokiem; ~ in ~ out jak rok długi, rokrocznie; to grow in ~s starzeć się

year·book [`jabuk] *s* rocznik (np. statystyczny)

year·ly [`jalı] *adj* roczny, coroczny; *adv* corocznie; raz na rok

yearn [jзn] *vi* tęsknić (for ⟨after⟩ sb, sth za kimś, za czymś)

yearn·ing [`jзnıŋ] *s* tęsknota

yeast [jist] *s* drożdże

yell [jel] *vt vi* wyć (with pain z bólu); wykrzykiwać; *s* wycie

yel·low [`jelou] *adj* żółty; *przen.* zazdrosny; *s* żółta barwa; żółtko; *vt* barwić na żółto; *vi* żółknąć

yel·low·back [`jelou bæk] *s* tania powieść sensacyjna

yel·low·ish [`jelouıʃ] *adj* żółtawy

yelp [jelp] *vi* skomleć; *s* skomlenie

yeo·man [`joumən] *s* chłop średniorolny; *hist.* drobny właściciel ziemski; *hist.* konnv ochotnik; Yeoman of the Guard żołnierz królewskiej straży przybocznej

yeo·man·ry [`joumənrı] *s* klasa chłopów średniorolnych; *hist.* drobni właściciele ziemscy; *hist.* królewska gwardia przyboczna; *hist.* konna formacja wojskowa

yes [jes] *adv* tak

yes·ter·day [`jestədı] *adv* wczoraj; *s* dzień wczorajszy; the day before ~ przedwczoraj

yet [jet] *adv* jeszcze; (w pytaniach) już; dotychczas, do tej pory; przecież, jednak; as ~ jak dotąd, na razie; nor ~ ani nawet, także nie

yew [ju] *s bot.* cis

yield [jild] *vt* wytwarzać, wydawać; dostarczać; dać (wynik itd.); przyznawać; oddawać; *vi* ulegać, poddawać się, ustępować; *s* produkcja; wynik; wydajność; plon

yoke [jouk] *s* jarzmo; *przen.* władza; *vt* ujarzmić, zaprzęgnąć

Yo·kel [`joukl] *s uj.* chłopek, kmiotek; prostak

yolk [jouk] *s* żółtko

yon·der [`jondə(r)] *adv lit.* tam, po tamtej stronie; *pron adj* tamten

you [ju] *pron* ty, wy, pan, pani, państwo; *tłumaczy się bezosobowo, np.:* ~ can never tell nigdy nie wiadomo

you'd [jud] = you had, you would

you'll [jul] = you will

young [jʌŋ] *adj* młody, młodzieńczy; niedoświadczony; *s zbior.* (o zwierzętach) młode, potomstwo

young·ster [`jʌŋstə(r)] *s* chłopak, młodzik

your [jə(r), juə(r)] *pron* twój, wasz, pański itd.

you're [jə(r), juə(r)] = you are

yours [jɔz, juəz] *pron* twój, wasz, pański itd.

your·self [jə`self] *pron* ty sam, pan sam itd.; siebie, sobie, się; *pl* yourselves [jə`selvz] wy sami, państwo sami itd.; siebie, sobie, się

youth [ju0] s młodość; młodzież; (pl ~s [ju0z]) młodzieniec
youth·ful [`ju0fl] adj młodzieńczy
you've [juv] = you have

Yu·go·slav [`jugəuslav] s Jugosłowianin; adj jugosłowiański
Yu·go·slav·ian [`jugəu`slaviən] = **Yugoslav** adj

Z

zeal [zil] s gorliwość
zeal·ot [`zelət] s gorliwiec
zeal·ous [`zeləs] adj gorliwy
ze·bra [`zibrə] s zool. zebra
ze·nith [`zeniθ] s zenit
zeph·yr [`zefə(r)] s zefir
ze·ro [`ziərəu] s zero; fiz. absolute ~ zero bezwzględne ⟨absolutne⟩; wojsk. ~ hour godzina rozpoczęcia działania ⟨ataku⟩
zest [zest] s przyprawa, aromat; pikanteria; chęć, zapał
zig·zag [`zigzæg] s zygzak
zinc [ziŋk] s cynk
zip [zip] s suwak, zamek błyska-

wiczny; świszczący dźwięk (np. pocisku)
zip-fas·ten·er [`zip `fasnə(r)], **zip·per** [`zipə(r)], **zip** [zip] s zamek błyskawiczny
zith·er [`ziθə(r)] s muz. cytra
zlo·ty [`zləti] s (pl ~s) złoty (polski)
zo·di·ac [`zəudiæk] s astr. zodiak
zone [zəun] s pas, strefa
zoo [zu] s ogród zoologiczny
zo·o·log·i·cal [`zəuə`lodʒikl] adj zoologiczny; ~ **garden** ogród zoologiczny
zo·ol·o·gy [zəu`olədʒi] s zoologia

A LIST OF IRREGULAR VERBS

CZASOWNIKI Z ODMIANĄ TZW. NIEREGULARNĄ *

Infinitive Bezokolicznik	Past Czas przeszły	Past Participle Imiesłów czasu przeszłego
abide [ə`baɪd]	abode [ə`bəud] abided [ə`baɪdɪd]	abode [ə`bəud] abided [ə`baɪdɪd]
arise [ə`raɪz]	arose [ə`rəuz]	arisen [ə`rɪzn]
awake [ə`weɪk]	awoke [ə`wəuk]	awoke [ə`wəuk]
be [bi]	was [woz, wəz] pl were [wɜ(r), wə(r)]	been [bin]
bear [beə(r)]	bore [bɔ(r)]	borne [bɔn] born [bɔn]
beat [bit]	beat [bit]	beaten [`bitn]
become [bɪ`kʌm]	became [bɪ`keɪm]	become [bɪ`kʌm]
beget [bɪ`get]	begot [bɪ`got]	begotten [bɪ`gotn]
begin [bɪ`gɪn]	began [bɪ`gæn]	begun [bɪ`gʌn]
behold [bɪ`həuld]	beheld [bɪ`held]	beheld [bɪ`held]
bend [bend]	bent [bent]	bent [bent] bended [`bendɪd]
bereave [bɪ`riv]	bereaved [bɪ`rivd] bereft [bɪ`reft]	bereaved [bɪ`rivd] bereft [bɪ`reft]
beseech [bɪ`sitʃ]	besought [bɪ`sɔt]	besought [bɪ`sɔt]
bet [bet]	bet [bet] betted [`betɪd]	bet [bet] betted [`betɪd]
bid [bid]	bade [beɪd, bæd] bid [bɪd]	bidden [`bɪdn] bid [bɪd]
bind [baɪnd]	bound [baund]	bound [baund]
bite [baɪt]	bit [bɪt]	bitten [`bɪtn] bit [bɪt]
bleed [blid]	bled [bled]	bled [bled]
blend [blend]	blended [`blendɪd] blent [blent]	blended [`blendɪd] blent [blent]
blow [bləu]	blew [blu]	blown [bləun]
break [breɪk]	broke [brəuk]	broken [`brəukən]
breed [brid]	bred [bred]	bred [bred]

---

* Czasowników ułomnych (defective verbs) o jednej tylko formie,
jak np. ought, lub dwóch formach, jak np. can, could, należy szukać
w odpowiednich miejscach słownika.

Infinitive Bezokolicznik	Past Czas przeszły	Past Participle Imiesłów czasu przeszłego
bring [brɪŋ]	brought [brɔt]	brought [brɔt]
build [bɪld]	built [bɪlt]	built [bɪlt]
burn [bɜn]	burnt [bɜnt]	burnt [bɜnt]
	burned [bɜnd]	burned [bɜnd]
burst [bɜst]	burst [bɜst]	burst [bɜst]
buy [baɪ]	bought [bɔt]	bought [bɔt]
cast [kast]	cast [kast]	cast [kast]
catch [kætʃ]	caught [kɔt]	caught [kɔt]
chide [tʃaɪd]	chid [tʃɪd]	chid [tʃɪd]
		chidden [ˈtʃɪdn]
choose [tʃuz]	chose [tʃəuz]	chosen [ˈtʃəuzn]
cleave [kliv]	clove [kləuv]	cloven [ˈkləuvn]
	cleft [kleft]	cleft [kleft]
cling [klɪŋ]	clung [klʌŋ]	clung [klʌŋ]
clothe [kləuð]	clothed [kləuðd]	clothed [kləuðd]
	clad [klæd]	clad [klæd]
come [kʌm]	came [keɪm]	come [kʌm]
cost [kost]	cost [kost]	cost [kost]
creep [krip]	crept [krept]	crept [krept]
cut [kʌt]	cut [kʌt]	cut [kʌt]
dare [deə(r)]	dared [deəd]	dared [deəd]
	† durst [dɜst]	
deal [dil]	dealt [delt]	dealt [delt]
dig [dɪg]	dug [dʌg]	dug [dʌg]
do [du]	did [dɪd]	done [dʌn]
draw [drɔ]	drew [dru]	drawn [drɔn]
dream [drim]	dreamt [dremt]	dreamt [dremt]
	dreamed [drimd]	dreamed [drimd]
drink [drɪŋk]	drank [dræŋk]	drunk [drʌŋk]
		drunken [ˈdrʌŋkən]
drive [draɪv]	drove [drəuv]	driven [ˈdrɪvn]
dwell [dwel]	dwelt [dwelt]	dwelt [dwelt]
	dwelled [dweld]	dwelled [dweld]
eat [it]	ate [et, am. eɪt]	eaten [ˈitn]
fall [fɔl]	fell [fel]	fallen [ˈfɔlən]
feed [fid]	fed [fed]	fed [fed]
feel [fil]	felt [felt]	felt [felt]
fight [faɪt]	fought [fɔt]	fought [fɔt]
find [faɪnd]	found [faund]	found [faund]
flee [fli]	fled [fled]	fled [fled]
fling [flɪŋ]	flung [flʌŋ]	flung [flʌŋ]
fly [flaɪ]	flew [flu]	flown [fləun]
forbear [fəˈbeə(r)]	forbore [fɔˈbɔ(r)]	forborne [fɔˈbɔn]
forbid [fəˈbɪd]	forbade [fəˈbeɪd]	forbidden [fəˈbɪdn]
	forbad [fəˈbæd]	
forget [fəˈget]	forgot [fəˈgot]	forgotten [fəˈgotn]
forgive [fəˈgɪv]	forgave [fəˈgeɪv]	forgiven [fəˈgɪvn]

Infinitive Bezokolicznik	Past Czas przeszły	Past Participle Imiesłów czasu przeszłego
forsake [fə'seɪk]	forsook [fə'sʊk]	forsaken [fə'seɪkən]
freeze [friz]	froze [frəʊz]	frozen ['frəʊzn]
get [get]	got [got]	got [got]
		† i am. gotten ['gotn]
gird [gɜd]	girded ['gɜdɪd]	girded ['gɜdɪd]
	girt [gɜt]	girt [gɜt]
give [gɪv]	gave [geɪv]	given ['gɪvn]
go [gəʊ]	went [went]	gone [gon]
grind [graɪnd]	ground [graʊnd]	ground [graʊnd]
grow [grəʊ]	grew [gru]	grown [grəʊn]
hang [hæŋ]	hung [hʌŋ]	hung [hʌŋ]
	hanged [hæŋd]	hanged [hæŋd]
have [hæv]	had [hæd]	had [hæd]
hear [hɪə(r)]	heard [hɜd]	heard [hɜd]
heave [hiv]	heaved [hivd]	heaved [hivd]
	hove [həʊv]	hove [həʊv]
hew [hju]	hewed [hjud]	hewn [hjun]
		hewed [hjud]
hide [haɪd]	hid [hɪd]	hidden ['hɪdn]
		hid [hɪd]
hit [hɪt]	hit [hɪt]	hit [hɪt]
hold [həʊld]	held [held]	held [held]
hurt [hɜt]	hurt [hɜt]	hurt [hɜt]
keep [kip]	kept [kept]	kept [kept]
kneel [nil]	knelt [nelt]	knelt [nelt]
knit [nɪt]	knit [nɪt]	knit [nɪt]
	knitted ['nɪtɪd]	knitted ['nɪtɪd]
know [nəʊ]	knew [nju]	known [nəʊn]
lade [leɪd]	laded ['leɪdɪd]	laden ['leɪdn]
lay [leɪ]	laid [leɪd]	laid [leɪd]
lead [lid]	led [led]	led [led]
lean [lin]	leant [lent]	leant [lent]
	leaned [lind]	leaned [lind]
leap [lip]	leapt [lept]	leapt [lept]
	leaped [lipt, lept]	leaped [lipt, lept]
learn [lɜn]	learnt [lɜnt]	learnt [lɜnt]
	learned [lɜnd]	learned [lɜnd]
leave [liv]	left [left]	left [left]
lend [lend]	lent [lent]	lent [lent]
let [let]	let [let]	let [let]
lie [laɪ]	lay [leɪ]	lain [leɪn]
light [laɪt]	lighted ['laɪtɪd]	lighted ['laɪtɪd]
	lit [lɪt]	lit [lɪt]
lose [luz]	lost [lost]	lost [lost]
make [meɪk]	made [meɪd]	made [meɪd]
mean [min]	meant [ment]	meant [ment]
meet [mit]	met [met]	met [met]

Infinitive Bezokolicznik	Past Czas przeszły	Past Participle Imiesłów czasu przeszłego
mistake [mɪˈsteɪk]	mistook [mɪˈstuk]	mistaken [mɪˈsteɪkn]
mow [məu]	mowed [məud]	mown [məun], am. mowed [məud]
pay [peɪ]	paid [peɪd]	paid [peɪd]
put [put]	put [put]	put [put]
read [riːd]	read [red]	read [red]
rend [rend]	rent [rent]	rent [rent]
rid [rɪd]	rid [rɪd]	rid [rɪd]
	ridded [ˈrɪdɪd]	ridded [ˈrɪdɪd]
ride [raɪd]	rode [rəud]	ridden [ˈrɪdn]
ring [rɪŋ]	rang [ræŋ]	rung [rʌŋ]
rise [raɪz]	rose [rəuz]	risen [ˈrɪzn]
run [rʌn]	ran [ræn]	run [rʌn]
saw [sɔ]	sawed [sɔd]	sawn [sɔn] sawed [sɔd]
say [seɪ]	said [sed]	said [sed]
see [si]	saw [sɔ]	seen [siːn]
seek [siːk]	sought [sɔt]	sought [sɔt]
sell [sel]	sold [səuld]	sold [səuld]
send [send]	sent [sent]	sent [sent]
set [set]	set [set]	set [set]
sew [səu]	sewed [səud]	sewed [səud] sewn [səun]
shake [ʃeɪk]	shook [ʃuk]	shaken [ˈʃeɪkən]
shear [ʃɪə(r)]	sheared [ʃɪəd] shore [ʃɔ(r)]	sheared [ʃɪəd] shorn [ʃɔn]
shed [ʃed]	shed [ʃed]	shed [ʃed]
shine [ʃaɪn]	shone [ʃon]	shone [ʃon]
shoe [ʃu]	shod [ʃod]	shod [ʃod]
shoot [ʃut]	shot [ʃot]	shot [ʃot]
show [ʃəu]	showed [ʃəud]	shown [ʃəun] showed [ʃəud]
shrink [ʃrɪŋk]	shrank [ʃræŋk]	shrunk [ʃrʌŋk]
shrive [ʃraɪv]	shrived [ʃraɪvd] shrove [ʃrəuv]	shrived [ʃraɪvd] shriven [ˈʃrɪvn]
shut [ʃʌt]	shut [ʃʌt]	shut [ʃʌt]
sing [sɪŋ]	sang [sæŋ]	sung [sʌŋ]
sink [sɪŋk]	sank [sæŋk]	sunk [sʌŋk]
sit [sit]	sat [sæt]	sat [sæt]
slay [sleɪ]	slew [slu]	slain [sleɪn]
sleep [slip]	slept [slept]	slept [slept]
slide [slaɪd]	slid [slɪd]	slid [slɪd] slidden [ˈslɪdn]
sling [slɪŋ]	slung [slʌŋ]	slung [slʌŋ]
slink [slɪŋk]	slunk [slʌŋk]	slunk [slʌŋk]
slit [slɪt]	slit [slɪt]	slit [slɪt]

Infinitive Bezokolicznik	Past Czas przeszły	Past Participle Imiesłów czasu przeszłego
smell [smel]	smelt [smelt] smelled [smeld]	smelt [smelt] smelled [smeld]
smite [smaɪt]	smitten [`smɪtn]	smote [sməut]
sow [səu]	sown [səun] sowed [səud]	sown [səun] sowed [səud]
speak [spik]	spoke [`spəukən]	spoke [spəuk]
speed [spid]	sped [sped] speeded [`spidɪd]	sped [sped] speeded [`spidɪd]
spell [spel]	spelt [spelt] spelled [speld]	spelt [spelt] spelled [speld]
spend [spend]	spent [spent]	spent [spent]
spill [spɪl]	spilt [spɪlt] spilled [spɪld]	spilt [spɪlt] spilled [spɪld]
spin [spɪn]	spun [spʌn] span [spæn]	spun [spʌn]
spit [spɪt]	spit [spɪt] spat [spæt]	spit [spɪt] spat [spæt]
split [splɪt]	split [splɪt]	split [splɪt]
spoil [spɔɪl]	spoilt [spɔɪlt] spoiled [spɔɪld]	spoilt [spɔɪlt] spoiled [spɔɪld]
spread [spred]	spread [spred]	spread [spred]
spring [sprɪŋ]	sprang [spræŋ]	sprang [spræŋ] sprung [sprʌŋ]
stand [stænd]	stood [stud]	stood [stud]
stave [steɪv]	staved [steɪvd] stove [stəuv]	staved [steɪvd] stove [stəuv]
steal [stil]	stole [stəul]	stolen [`stəulən]
stick [stɪk]	stuck [stʌk]	stuck [stʌk]
sting [stɪŋ]	stung [stʌŋ]	stung [stʌŋ]
stink [stɪŋk]	stunk [stʌŋk] stank [stæŋk]	stunk [stʌŋk]
strew [stru]	strewed [strud]	strewn [strun] strewed [strud]
stride [straɪd]	strode [strəud]	stridden [`strɪdn]
strike [straɪk]	struck [strʌk]	struck [strʌk] † stricken [`strɪkən]
string [strɪŋ]	strung [strʌŋ] † stringed [strɪŋd]	strung [strʌŋ] † stringed [strɪŋd]
strive [straɪv]	strove [strəuv]	striven [`strɪvn]
swear [sweə(r)]	swore [swɔ(r)]	sworn [swɔn]
sweep [swip]	swept [swept]	swept [swept]
swell [swel]	swelled [sweld]	swelled [sweld] swollen [`swəulən]
swim [swɪm]	swam [swæm]	swum [swʌm] † swam [swæm]
swing [swɪŋ]	swung [swʌŋ]	swung [swʌŋ]
take [teɪk]	took [tuk]	taken [`teɪkən]

Infinitive Bezokolicznik	Past Czas przeszły	Past Participle Imiesłów czasu przeszłego
teach [titʃ]	taught [tɔt]	taught [tɔt]
tear [teə(r)]	tore [tɔ(r)]	torn [tɔn]
tell [tel]	told [təuld]	told [təuld]
think [θɪŋk]	thought [θɔt]	thought [θɔt]
thrive [θraɪv]	throve [θrəuv] thrived [θraɪvd]	thriven [ˋθrɪvən] thrived [θraɪvd]
throw [θrəu]	threw [θru]	thrown [θrəun]
thrust [θrʌst]	thrust [θrʌst]	thrust [θrʌst]
tread [tred]	trod [trod]	trodden [ˋtrodn] trod [trod]
understand [ˈʌndəˋstænd]	understood [ˈʌndəˋstud]	understood [ˈʌndəˋstud]
wake [weɪk]	woke [wəuk] waked [weɪkt]	woken [ˋwəukən] waked [weɪkt]
wear [weə(r)]	wore [wɔ(r)]	worn [wɔn]
weave [wiv]	wove [wəuv]	woven [ˋwəuvn] wove [wəuv]
weep [wip]	wept [wept]	wept [wept]
win [wɪn]	won [wʌn]	won [wʌn]
wind [waɪnd]	wound [waund]	wound [waund]
wring [rɪŋ]	wrung [rʌŋ]	wrung [rʌŋ]
write [raɪt]	wrote [rзut]	written [ˋrɪtn]

GEOGRAPHICAL NAMES

NAZWY GEOGRAFICZNE*

Aden ['eɪdn] Aden

Adriatic [ˌeɪdrɪ'ætɪk] Adriatyk; **Adriatic Sea** [ˌeɪdrɪ'ætɪk 'si] Morze Adriatyckie

Afghanistan [æf'gæni'stæn] Afganistan

Africa ['æfrɪkə] Afryka

Alabama [ˌælə'bæmə] Alabama

Alaska [ə'læskə] Alaska

Albania [æl'beɪnɪə] Albania; **People's Socialist Republic of Albania** ['piplz 'səʊʃlɪst ri'pʌblɪk əv æl'beɪnɪə] Ludowa Socjalistyczna Republika Albanii

Algeria [æl'dʒɪərɪə] Algieria (*kraj*)

Algiers [æl'dʒɪəz] Algier (*miasto*)

Alps [ælps] Alpy

Amazon ['æməzn] Amazonka

America [ə'merɪkə] Ameryka

Amsterdam ['æmstədæm] Amsterdam

Andes ['ændɪz] Andy

Ankara ['æŋkərə] Ankara

Antarctic [æn'taktɪk], **Antarctic Continent** ['kɒntɪnənt] Antarktyda

Antilles [æn'tɪliz] Antyle

Appenines ['æpɪnaɪnz] Apeniny

Arabian Sea [ə'reɪbɪən si] Morze Arabskie

Arctic ['aktɪk] Arktyka; **Arctic Ocean** ['aktɪk əʊʃn] Ocean Lodowaty Północny, Morze Arktyczne

Argentina [ˌadʒən'tinə] Argentyna

Arizona [ˌærɪ'zəʊnə] Arizona

Arkansas ['akənsɔ] Arkansas

Athens ['æθnz] Ateny

Atlantic, **Atlantic Ocean** [ət'læntɪk əʊʃn] Atlantyk, Ocean Atlantycki

Atlas Mts ['ætləs maʊntɪnz] góry Atlas

Auckland ['ɔklənd] Auckland

Australia [ɒ'streɪlɪə] Australia

Austria ['ɒstrɪə] Austria

Azerbaijan [a'zɜbaɪ'dʒan] Azerbejdżan

Azores [ə'zɔz] Azory

Baghdad, Bagdad [bæg'dæd] Bagdad

Balkans ['bɒlkənz] Bałkany; **Balkan Peninsula** ['bɒlkən pənɪnsjulə] Półwysep Bałkański

Baltic ['bɒltɪk], **Baltic Sea** ['bɒltɪk si] Morze Bałtyckie

Bangladesh ['bæŋglə'deʃ] Bangladesz

Barents Sea ['barents si] Morze Barentsa

Bath [baθ] Bath

Beirut [beɪ'rut] Bejrut

Belfast ['belfast] Belfast

Belgium ['beldʒəm] Belgia

Belgrade ['bel'greɪd] Belgrad

Bengal [beŋ'gɔl] Bengalia

Bering Sea ['berɪŋ si] Morze Beringa; **Bering Strait** ['berɪŋ straɪt] Cieśnina Beringa

Berlin [bɜ'lɪn] Berlin; **West Berlin** ['west bɜ'lɪn] Berlin Zachodni

* *Uwaga: skróty „Ils" i „Mts" odpowiadają wyrazom „Islands" i „Mountains".*

Bern, Berne [bɜn] Berno
Birmingham [ˈbɜmɪŋəm] Birmingham
Black Sea [ˈblæk si] Morze Czarne
Bolivia [bəˈlɪvɪə] Boliwia
Bombay [bomˈbeɪ] Bombaj
Bonn [bon] Bonn
Borneo [ˈbɔnɪəu] Borneo
Bosphorus [ˈbosfərəs], Bosporus [ˈbospərəs] Bosfor
Boston [ˈbostən] Boston
Brazil [brəˈzɪl] Brazylia
Brighton [ˈbraɪtn] Brighton
Britain = Great Britain
British Columbia [ˈbrɪtɪʃ kəˈlʌmbɪə] Kolumbia Brytyjska
British Commonwealth (of Nations) [ˈbrɪtɪʃ ˈkomənwelθ (əv ˈneɪʃənz)] Brytyjska Wspólnota Narodów
Brooklyn [ˈbruklɪn] Brooklyn
Brussels [ˈbrʌslz] Bruksela
Bucharest [ˈbjukəˈrest] Bukareszt
Buckingham [ˈbʌkɪŋəm] Buckingham
Budapest [ˈbjudəˈpest] Budapeszt
Buenos Aires [ˈbweɪnəs ˈeəriz] Buenos Aires
Bulgaria [bʌlˈgeərɪə] Bułgaria; People's Republic of Bulgaria [ˈpiplz rɪˈpʌblɪk əv bʌlˈgeərɪə] Ludowa Republika Bułgarii
Burma [ˈbɜmə] Birma

Cairo [ˈkaɪərəu] Kair
Calcutta [kælˈkʌtə] Kalkuta
California [ˈkælɪˈfɔnɪə] Kalifornia
Cambodia [kæmˈbəudɪə] Kambodża
Cambridge [ˈkeɪmbrɪdʒ] Cambridge
Canada [ˈkænədə] Kanada
Canary Ils [kəˈneərɪ aɪləndz] Wyspy Kanaryjskie
Canberra [ˈkænbərə] Canberra
Capetown, Cape Town [ˈkeɪptaun] Kapsztad, Capetown
Cardiff [ˈkɑdɪf] Cardiff
Caribbean Sea [ˈkærɪˈbɪən si] Morze Karaibskie
Carpathians [kɑˈpeɪθɪənz], Carpathian Mts [kɑˈpeɪθɪən mauntɪnz] Karpaty

Caspian Sea [ˈkæspɪən si] Morze Kaspijskie
Caucasus, the [ˈkɔkəsəs] Kaukaz
Celebes [səˈlibɪz] Celebes
Ceylon [sɪˈlon] Cejlon
Channel Ils [ˈtʃænl aɪləndz] Wyspy Normandzkie
Chelsea [ˈtʃelsɪ] Chelsea (w Londynie)
Chicago [ʃɪˈkɑgəu] Chicago
Chile [ˈtʃɪlɪ] Chile
China [ˈtʃaɪnə] Chiny; Chinese People's Republic [tʃaɪˈniz ˈpiplz rɪˈpʌblɪk] Chińska Republika Ludowa
Cleveland [ˈklivlənd] Cleveland
Colorado [ˈkoləˈrɑdəu] Kolorado
Columbia [kəˈlʌmbɪə] Kolumbia
Congo [ˈkoŋgəu] Kongo
Connecticut [kəˈnetɪkət] Connecticut
Constantinople [ˈkonstəntɪˈnəupl] hist. Konstantynopol, Stambuł
Copenhagen [ˈkəupnheɪgən] Kopenhaga
Cordilleras [ˈkɔdɪlˈjeərəz] Kordyliery
Cornwall [ˈkonwl] Kornwalia
Corsica [ˈkɔsɪkə] Korsyka
Cracow [ˈkrɑkəu] Kraków
Crete [krit] Kreta
Crimea [kraɪˈmɪə] Krym
Cuba [ˈkjubə] Kuba
Cyprus [ˈsaɪprəs] Cypr
Czechoslovakia [ˈtʃekəusləˈvækɪə] Czechosłowacja; Socialist Republic of Czechoslovakia [ˈsəuʃəlɪst rɪˈpʌblɪk əv ˈtʃekəusləˈvækɪə] Czechosłowacka Republika Socjalistyczna

Damascus [dəˈmæskəs] Damaszek
Danube [ˈdænjub] Dunaj
Dardanelles [ˈdɑdəˈnelz] Dardanele
Delaware [ˈdeləweə(r)] Delaware
Delhi [ˈdelɪ] Delhi
Denmark [ˈdenmɑk] Dania
Djakarta [dʒəˈkɑtə] Djakarta
Dover [ˈdəuvə(r)] Dover; Strait of Dover [ˈstreɪt əv ˈdəuvə(r)] Cieśnina Kaletańska
Dublin [ˈdʌblɪn] Dublin

Edinburgh [ˈednbrə] Edynburg
Egypt [ˈidʒɪpt] Egipt
Eire [ˈeərə] Irlandia (Republika Irlandzka)
England [ˈɪŋglənd] Anglia
English Channel [ˈɪŋglɪʃ ˈtʃænl] kanał La Manche
Erie [ˈɪəri] Erie
Ethiopia [ˈiːθiˈoupiə] Etiopia
Europe [ˈjuərəp] Europa
Everest [ˈevərɪst] Everest

Federal Republic of Germany [ˈfedr̩l rɪˈpʌblɪk əv ˈdʒɜːmənɪ] Republika Federalna Niemiec
Finland [ˈfɪnlənd] Finlandia
Florida [ˈflorɪdə] Floryda
France [frans] Francja

Geneva [dʒɪˈniːvə] Genewa
Georgia [ˈdʒɔːdʒə] Georgia
German Democratic Republic [ˈdʒɜːmən deməˈkrætɪk rɪˈpʌblɪk] Niemiecka Republika Demokratyczna
Gibraltar [dʒɪˈbrɔːltə(r)] Gibraltar
Glasgow [ˈglɑːzgəu] Glasgow
Great Britain [ˈgreɪt ˈbrɪtn] Wielka Brytania
Greece [griːs] Grecja
Greenland [ˈgrinlənd] Grenlandia
Greenwich [ˈgrɪnɪdʒ] Greenwich
Guinea [ˈgɪnɪ] Gwinea

Hague, the [heɪg] Haga
Haiti [ˈheɪtɪ] Haiti
Hanoi [hæˈnɔɪ] Hanoi
Havana [həˈvænə] Hawana
Hawaii [həˈwaɪɪ], Hawaiian Ils [həˈwaɪən aɪləndz] Hawaje, Wyspy Hawajskie
Hebrides [ˈhebrədɪz] Hebrydy
Helsinki [ˈhelsɪŋkɪ] Helsinki
Himalayas [ˈhiməˈleɪəz] Himalaje
Hiroshima [ˈhɪrəˈʃimə] Hiroszima
Holland [ˈholənd] Holandia
Houston [ˈhjustən] Houston
Hudson Bay [ˈhʌdsn beɪ] Zatoka Hudsona
Hull [hʌl] Hull
Hungary [ˈhʌŋgərɪ] Węgry; Hun-

garian People's Republic [hʌŋˈgeərɪən ˈpiplz rɪˈpʌblɪk] Węgierska Republika Ludowa

Iceland [ˈaɪslənd] Islandia
Idaho [ˈaɪdəhəu] Idaho
Illinois [ˈɪlɪˈnɔɪ] Illinois
India [ˈɪndɪə] Indie (państwo); Półwysep Indyjski
Indiana [ˈɪndɪˈænə] Indiana
Indian Ocean [ˈɪndɪən əuʃn] Ocean Indyjski
Indonesia [ˈɪndəˈniːzɪə] Indonezja
Iowa [ˈaɪəwə] Iowa
Iran [ɪˈrɑːn] Iran
Iraq [ɪˈrɑːk] Irak
Ireland [ˈaɪələnd] Irlandia
Israel [ˈɪzreɪl] Izrael
Italy [ˈɪtəlɪ] Włochy

Jamaica [dʒəˈmeɪkə] Jamajka
Japan [dʒəˈpæn] Japonia
Java [ˈdʒɑːvə] Jawa
Jerusalem [dʒəˈruːsələm] Jerozolima
Jordan [ˈdʒɔːdn] Jordan; Jordania
Jugoslavia = Yugoslavia

Kansas [ˈkænzəs] Kansas
Kentucky [kenˈtʌkɪ] Kentucky
Korea [kəˈrɪə] Korea; Democratic People's Republic of Korea [deməˈkrætɪk ˈpiplz rɪˈpʌblɪk əv kəˈrɪə] Koreańska Republika Ludowo-Demokratyczna; South Korea [ˈsauθ kəˈrɪə] Korea Południowa

Labrador [ˈlæbrədɔː(r)] Labrador
Laos [ˈlɑː-us] Laos
Lebanon [ˈlebənən] Liban
Leeds [lidz] Leeds
Leicester [ˈlestə(r)] Leicester
Leningrad [ˈlenɪngræd] Leningrad
Libya [ˈlɪbɪə] Libia
Lisbon [ˈlɪzbən] Lizbona
Liverpool [ˈlɪvəpul] Liverpool
London [ˈlʌndən] Londyn
Londonderry [ˈlʌndənˈderɪ] Londonderry
Los Angeles [ˈlos ændʒəliz] Los Angeles

Luisiana [lu'ɪzɪ'ænə] Luisiana
Luxemburg ['lʌksmbɜg] Luksemburg

Madagascar ['mædə'gæskə(r)] Madagaskar
Madrid [mə'drɪd] Madryt
Magellan [mə'gelən], Strait of Magellan ['streɪt əv mə'gelən] Cieśnina Magellana
Maine [meɪn] Maine
Malay Archipelago [mə'leɪ ɑkɪ'pel ɪgəʊ] Archipelag Malajski
Malay Peninsula [mə'leɪ pɪ'nɪnsjulə] Półwysep Malajski
Malaysia [mə'leɪzɪə] Malezja
Manchester ['mæntʃɪstə(r)] Manchester
Manitoba ['mænɪ'təʊbə] Manitoba
Maryland ['meərɪlænd] Maryland
Massachusetts ['mæsə'tʃusɪts] Massachussets
Mediterranean Sea ['medɪtə'reɪnɪən sɪ] Morze Śródziemne
Melanesia ['melə'nizɪə] Melanezja
Melbourne ['melbən] Melbourne
Mexico ['meksɪkəʊ] Meksyk
Miami [maɪ'æmɪ] Miami
Michigan ['mɪʃɪgən] Michigan
Minnesota ['mɪnɪ'səʊtə] Minnesota
Mississippi ['mɪsɪ'sɪpɪ] Missisipi
Missouri [mɪ'zʊərɪ] Missouri
Mongolia [mɒŋ'gəʊlɪə] Mongolia; Mongolian People's Republic [mɒŋ'gəʊlɪən 'piplz rɪ'pʌblɪk] Mongolska Republika Ludowa
Montana [mɒn'tænə] Montana
Mont Blanc ['mõ'blõ] Mont Blanc
Montevideo ['mɒntɪvɪ'deɪəʊ] Montevideo
Montreal ['mɒntrɪ'ɔl] Montreal
Morocco [mə'rɒkəʊ] Maroko
Moscow ['mɒskəʊ] Moskwa
Munich ['mjunɪk] Monachium

Nebraska [nɪ'bræskə] Nebraska
Netherlands ['neðələndz] Niderlandy, Holandia
Nevada [nɪ'vɑdə] Nevada
New Delhi ['nju'delɪ] Nowe Delhi
Newfoundland ['njufənd'lænd] Nowa Fundlandia

New Guinea ['nju 'gɪnɪ] Nowa Gwinea
New Hampshire [nju 'hæmpʃə(r)] New Hampshire
New Jersey ['nju 'dʒɜzɪ] New Jersey
New Mexico [nju 'meksɪkəʊ] Nowy Meksyk
New Orleans ['nju ɔ'lɪənz] Nowy Orlean
New South Wales ['nju saʊθ 'weɪlz] Nowa Południowa Walia
New York ['nju 'jɔk] Nowy Jork
New Zealand ['nju 'zilənd] Nowa Zelandia
Niagara Falls [naɪ'ægrə fɔlz] Wodospad Niagara
Niger ['naɪdʒə(r)] Niger
Nigeria [naɪ'dʒɪərɪə] Nigeria
Nile [naɪl] Nil
North America ['nɔθ ə'merɪkə] Ameryka Północna
North Carolina ['nɔθ 'kærə'laɪnə] Karolina Północna
North Dakota ['nɔθ də'kəʊtə] Dakota Północna
Northern Ireland ['nɔðən 'aɪələnd] Irlandia Północna
Northern Territory ['nɔðən 'terɪtərɪ] Terytorium Północne
North Sea ['nɔθ sɪ] Morze Północne
Norway ['nɔweɪ] Norwegia
Nova Scotia ['nəʊvə 'skəʊʃə] Nowa Szkocja

Oder ['əʊdə(r)] Odra
Ohio [əʊ'haɪəʊ] Ohio
Oklahoma ['əʊklə'həʊmə] Oklahoma
Ontario [ɒn'teərɪəʊ] Ontario
Oregon ['ɒrɪgən] Oregon
Oslo ['ozləʊ] Oslo
Ottawa ['ɒtəwə] Ottawa
Oxford ['ɒksfəd] Oksford, Oxford

Pacific Ocean [pə'sɪfɪk əʊʃn] Pacyfik, Ocean Spokojny
Pakistan ['pakɪ'stɑn] Pakistan
Panama ['pænə'mɑ] Panama; Panama Canal ['pænə'mɑ kənæl] Kanał Panamski

Paris [ˈpærɪs] Paryż
Peking [ˈpiˈkɪŋ] Pekin
Pennsylvania [ˈpenslˈveɪnɪə] Pensylwania
Persia [ˈpɔːʃə] Persja; Persian Gulf [ˈpɔːʃən gʌlf] Zatoka Perska
Peru [pəˈruː] Peru
Philadelphia [ˈfɪləˈdelfɪə] Filadelfia
Philippines [ˈfɪlɪpinz] Filipiny
Plymouth [ˈplɪməθ] Plymouth
Poland [ˈpəʊlənd] Polska; Polish People's Republic [ˈpəʊlɪʃ ˈpiːplz rɪˈpʌblɪk] Polska Rzeczpospolita Ludowa
Polynesia [ˈpɔlɪˈniːzɪə] Polinezja
Portugal [ˈpɔːtʃʊgl] Portugalia
Prague [prɑːg] Praga
Pyrenees [ˈpɪrəˈniːz] Pireneje

Quebec [kwɪˈbek] Quebec
Queensland [ˈkwiːnzlənd] Queensland

Reading [ˈredɪŋ] Reading
Red Sea [ˈred siː] Morze Czerwone
Republic of South Africa [rɪˈpʌblɪk əv ˈsaʊθ ˈæfrɪkə] Republika Południowej Afryki
Reykjavik [ˈreɪkɪəvik] Reykjavik
Rhine [raɪn] Ren
Rhode Island [ˈrəʊd aɪlənd] Rhode Island
Rhodesia [rəʊˈdiːʃə] Rodezja
Rio de Janeiro [ˈriːəʊ dɪ dʒəˈneərəʊ] Rio de Janeiro
Rockies [ˈrɔkɪz], Rocky Mts [ˈrɔkɪ maʊntɪnz] Góry Skaliste
Rome [rəʊm] Rzym
Rumania [ruːˈmeɪnɪə] Rumunia; Socialist Republic of Rumania [ˈsəʊʃəlɪst rɪˈpʌblɪk əv ruːˈmeɪnɪə] Socjalistyczna Republika Rumunii
Russia [ˈrʌʃə] Rosja

Sahara [səˈhɑːrə] Sahara
Saigon [saɪˈgɔn] Sajgon
San Francisco [ˈsæn frənˈsɪskəʊ] San Francisco
Santiago [ˈsæntɪˈagəʊ] Santiago
Sardinia [sɑːˈdɪnɪə] Sardynia

Saskatchewan [səsˈkætʃəwən] Saskatchewan
Saudi Arabia [ˈsaʊdɪ əˈreɪbɪə] Arabia Saudyjska
Scandinavia [ˈskændɪˈneɪvɪə] Skandynawia
Scotland [ˈskɔtlənd] Szkocja
Seine [seɪn] Sekwana
Seoul [səʊl] Seul
Shanghai [ʃæŋˈhaɪ] Szanghaj
Siam [saɪˈæm] = Thailand
Sicily [ˈsɪslɪ] Sycylia
Singapore [ˈsɪŋgəˈpɔː(r)] Singapur
Sofia [ˈsəʊfɪə] Sofia
South America [ˈsaʊθ əˈmerɪkə] Ameryka Południowa
Southampton [saʊˈθæmptən] Southampton
South Australia [ˈsaʊθ ɔsˈtreɪlɪə] Australia Południowa
South Carolina [ˈsaʊθ ˈkærəˈlaɪnə] Karolina Południowa
South Dakota [ˈsaʊθ dəˈkəʊtə] Dakota Południowa
Southern Yemen [ˈsʌðən jemən] Jemen Południowy
Spain [speɪn] Hiszpania
Stamboul [stæmˈbuːl] Stambuł
Stockholm [ˈstɔkhəʊm] Sztokholm
Sudan [suːˈdæn] Sudan
Suez [ˈsuːɪz] Suez; Suez Canal [ˈsuːɪz kənæl] Kanał Sueski
Sumatra [suːˈmatrə] Sumatra
Sweden [ˈswiːdn] Szwecja
Switzerland [ˈswɪtsələnd] Szwajcaria
Sydney [ˈsɪdnɪ] Sydney
Syria [ˈsɪrɪə] Syria

Taiwan [ˈtaɪwan] Taiwan
Tatra Mts [ˈtætrə maʊntɪnz] Tatry
Teheran [teəˈran] Teheran
Tel-Aviv [ˈteləviv] Tel-Awiw
Tennessee [ˈtenəˈsiː] Tennessee
Texas [ˈteksəs] Teksas
Thailand [ˈtaɪlænd] Tajlandia; hist. Syjam
Thames [temz] Tamiza
Tiber [ˈtaɪbə(r)] Tyber
Tibet [tɪˈbet] Tybet
Tirana [tɪˈranə] Tirana

Tokyo [ˈtəukɪəu] Tokio
Toronto [təˈrontəu] Toronto
Tunis [ˈtjunɪs] Tunis (miasto)
Tunisia [tjuˈnɪzɪə] Tunezja (kraj)
Turkey [ˈtɜkɪ] Turcja

Ulan-Bator [ˈulɑn bɑtɔ(r)] Ułan Bator
Ulster [ˈʌlstə(r)] Ulster
Union of Soviet Socialist Republics [ˈjunɪən əv ˈsəuvɪət ˈsəuʃəlɪst rɪˈpʌblɪks] Związek Socjalistycznych Republik Radzieckich
United Kingdom of Great Britain and Northern Ireland [juˈnaɪtɪd ˈkɪŋdəm əv ˈgreɪt ˈbrɪtən ənd ˈnɔðən ˈaɪələnd] Zjednoczone Królestwo Wielkiej Brytanii i Północnej Irlandii
United States of America [juˈnaɪtɪd ˈsteɪts əv əˈmerɪkə] Stany Zjednoczone Ameryki
Ural [ˈjuərəl] Ural
Uruguay [ˈjuərəgwaɪ] Urugwaj
Utah [ˈjutə] Utah

Venezuela [ˌvenɪˈzweɪlə] Wenezuela
Venice [ˈvenɪs] Wenecja
Vermont [vəˈmont] Vermont
Victoria [vɪkˈtɔrɪə] Wiktoria
Vienna [vɪˈenə] Wiedeń

Vietnam [vɪətˈnæm] Wietnam; Socialist Republic of Vietnam [ˈsəuʃəlɪst rɪˈpʌblɪk əv vɪətˈnæm] Socjalistyczna Republika Wietnamu
Virginia [vəˈdʒɪnɪə] Wirginia
Vistula [ˈvɪstʃulə] Wisła
Volga [ˈvolgə] Wołga

Wales [weɪlz] Walia
Warsaw [ˈwɔsɔ] Warszawa
Washington [ˈwoʃŋtən] Waszyngton
Wellington [ˈwelɪŋtən] Wellington
Wembley [ˈwemblɪ] Wembley
West Virginia [ˈwest vəˈdʒɪnɪə] Wirginia Zachodnia
Wisconsin [wɪsˈkonsɪn] Wisconsin
Wyoming [waɪˈəumɪŋ] Wyoming

Yangtze-Kiang [ˈjæŋtse kjɑŋ] Jang-cy-ciang, Jangcy
Yemen [ˈjemən] Jemen
Yugoslavia [ˌjugəuˈslavɪə] Jugosławia; Socialist Federative Republic of Yugoslavia [ˈsəuʃəlɪst ˈfedərətɪv rɪˈpʌblɪk əv ˈjugəuˈslavɪə] Socjalistyczna Federacyjna Republika Jugosławii
Yukon [ˈjukon] Yukon

Zaire [zaˈɪə(r)] Zair
Zambia [ˈzæmbɪə] Zambia

A LIST OF PROPER NAMES
SPIS IMION WŁASNYCH

Abigail [ˈæbɪgeɪl] Abigail
Adam [ˈædəm] Adam
Adrian [ˈeɪdrɪən] Adrian
Agatha [ˈægəθə] Agata
Agnes [ˈægnɪs] Agnieszka
Alan [ˈælən] Alan
Alastair [ˈæləstə(r)] Alastair
Albert [ˈælbət] Albert
Alec, Alex [ˈælɪk, ˈælɪks] *zdrob. od* Alexander
Alexander [ˌælɪgˈzandə(r)] Aleksander
Alexandra [ˌælɪgˈzandrə] Aleksandra
Alfred [ˈælfrɪd] Alfred
Alice [ˈælɪs] Alicja
Alison [ˈælɪsn] *zdrob. od* Alice
Amanda [əˈmændə] Amanda
Amelia [əˈmiːlɪə] Amelia
Andrew [ˈændru] Andrzej
Andy [ˈændɪ] *zdrob. od* Andrew
Angus [ˈæŋgəs] Angus
Ann [æn], Anna [ˈænə] Anna
Anthony [ˈæntənɪ] Antoni
Archibald [ˈatʃɪbɔld] Archibald
Arnold [ˈanld] Arnold
Arthur [ˈaθə(r)] Artur
Audrey [ˈɔdrɪ] Audrey

Barbara [ˈbabrə] Barbara
Barry [ˈbærɪ] Barry
Bartholomew [baˈθɔləmju] Bartłomiej
Basil [ˈbæzl] Bazyli
Beatrice [ˈbɪətrɪs] Beatrycze, Beatriks
Becky [ˈbekɪ] *zdrob. od* Rebecca
Belinda [bəˈlɪndə] Belinda
Ben [ben] *zdrob. od* Benjamin
Benjamin [ˈbendʒəmɪn] Beniamin

Bernard [ˈbɜnəd] Bernard
Bert [bɜt] *zdrob. od* Bertram, Albert, Gilbert, Herbert, Robert
Bertram [ˈbɜtrəm] Bertram
Beryl [ˈberl] Beryl
Betty [ˈbetɪ] *zdrob. od* Elisabeth
Bill [bɪl] *zdrob. od* William
Bob [bɔb] *zdrob. od* Robert
Brenda [ˈbrendə] Brenda
Brian, Bryan [ˈbraɪən] Brian
Bridget [ˈbrɪdʒɪt] Brygida
Bruce [brus] Bruce

Carol [ˈkærl] *zdrob. od* Caroline
Caroline [ˈkærəlaɪn] Karolina
Catherine [ˈkæθrɪn] Katarzyna
Cecil [ˈsesl] Cecyl
Cecilia [səˈsɪlɪə], Cecily [ˈsesəlɪ] Cecylia
Charles [tʃalz] Karol
Chris [krɪs] *zdrob. od* Christopher
Christina [krɪˈstinə], Christine [ˈkrɪstin] Krystyna
Christopher [ˈkrɪstəfə(r)] Krzysztof
Clara [ˈkleərə], Clare [kleə(r)] Klara
Clarence [ˈklærəns] Clarence
Clive [klaɪv] Clive
Colin [ˈkolɪn] *zdrob. od* Nicholas
Connie [ˈkonɪ] *zdrob. od* Constance
Constance [ˈkonstəns] Konstancja
Constantine [ˈkonstəntaɪn] Konstanty
Cynthia [ˈsɪnθɪə] Cynthia
Cyril [ˈsɪrl] Cyryl

Daisy [ˈdeɪzɪ] Daisy
Daniel [ˈdænɪəl] Daniel
Danny [ˈdænɪ] *zdrob. od* Daniel

Daphne ['dæfnɪ] Dafne
Dave [deɪv] zdrob. od David
David ['deɪvɪd] Dawid
Deborah ['debərə] Debora
Denis ['denɪs] Denis
Derek ['derɪk] Derek
Diana [daɪ'ænə] Diana
Dick [dɪk] zdrob. od Richard
Dinah ['daɪnə] Dinah
Dolly ['dɔlɪ] zdrob. od Dorothy
Donald ['dɔnld] Donald
Dora ['dɔrə] zdrob. od Dorothy
Doris ['dɔrɪs] zdrob. od Dorothy
Dorothy ['dɔrəθɪ] Dorota
Douglas ['dʌgləs] Douglas

Edgar ['edgə(r)] Edgar
Edith ['idɪθ] Edyta
Edmund ['edmənd] Edmund
Edward ['edwəd] Edward
Eleanor ['elɪnə(r)] Eleonora
Elisabeth, Elizabeth [ɪ'lɪzəbəθ] Elżbieta
Emily ['emɪlɪ] Emilia
Eric ['erɪk] Eryk
Ernest ['ɜnɪst] Ernest
Esther ['estə(r)] Estera
Ethel ['eθəl] Ethel
Eugene [ju'dʒin] Eugeniusz
Eve [iv] Ewa
Evelyn ['ivlɪn] Ewelina

Fanny ['fænɪ] zdrob. od Frances
Felix ['filɪks] Feliks
Florence ['flɔrns] Florentyna
Frances ['frɑnsɪs] Franciszka
Frank [fræŋk] Franciszek
Frieda ['fridə] zdrob. od Winifred

Gabriel ['geɪbrɪəl] Gabriel
Gay [geɪ] Gay
Gene [dʒin] zdrob. od Eugene
Geoffrey ['dʒefrɪ] Geoffrey
George [dʒɔdʒ] Jerzy
Georgie, Georgy ['dʒɔdʒɪ] zdrob. od George
Gerald ['dʒerld] Gerald
Gerard ['dʒerəd] Gerard
Gilbert ['gɪlbət] Gilbert
Giles [dʒaɪlz] Giles, Idzi
Gladys ['glædɪs] Gladys
Gloria ['glɔrɪə] Gloria

Gordon ['gɔdn] Gordon
Grace [greɪs] Gracja
Graham(e) ['greɪəm] Graham
Gregory ['gregərɪ] Grzegorz
Guy [gaɪ] Guy

Harold ['hærld] Harold
Harriet ['hærɪət] Henryka
Harry ['hærɪ] zdrob. od Henry
Hazel ['heɪzl] Hazel
Helen ['helɪn], Helena ['helənə] Helena
Henry ['henrɪ] Henryk
Herbert ['hɜbət] Herbert
Horace ['hɔrɪs] Horacy
Hugh [hju] Hugo
Ian ['iən] zdrob. od John
Irene [aɪə'rini] Irena
Isabel ['ɪzəbel] Izabela
Ivan ['aɪvən] zdrob. od John

Jack [dʒæk] zdrob. od John
James [dʒeɪmz] Jakub
Jane [dʒeɪn] Janina
Janet ['dʒænɪt] zdrob. od Jane
Jean [dʒin] zdrob. od Joan
Jen(n)ifer ['dʒenɪfə(r)] Jennifer
Jenny ['dʒenɪ] zdrob. od Jane
Jessica ['dʒesɪkə] Jessica
Jessie ['dʒesɪ] zdrob. od Jessica
Jill [dʒɪl] zdrob. od Julia
Jim [dʒɪm] zdrob. od James
Joan [dʒəun], Joanna [dʒəu'ænə] Joanna
Jocelyn ['dʒɔslɪn] Jocelyn
Joe [dʒəu] zdrob. od Joseph
John [dʒɔn] Jan
Johnny ['dʒɔnɪ] zdrob. od John
Jonathan ['dʒɔnəθən] Jonatan
Joseph ['dʒəuzɪf] Józef
Josephine ['dʒəuzɪfin] Józefina
Joy [dʒɔɪ] Joy
Joyce [dʒɔɪs] Joyce
Judith ['dʒudɪθ] Judyta
Judy ['dʒudɪ] zdrob. od Judith
Julia ['dʒulɪə] Julia
Julian ['dʒulɪən] Julian
Juliet ['dʒulɪət] zdrob. od Julia
June [dʒun] June

Kate [keɪt] zdrob. od Catherine
Katherine = Catherine

Kathleen [ˈkæθlɪn] zdrob. od Catherine
Keith [kiθ] Keith
Kenneth [ˈkenɪθ] Kenneth
Kit [kɪt] zdrob. od Christopher
Kitty [ˈkɪtɪ] zdrob. od Catherine

Larry [ˈlærɪ] zdrob. od Laurence
Laura [ˈlɔrə] Laura
Laurence, Lawrence [ˈlɔrns] Laurenty, Wawrzyniec
Leonard [ˈlenəd] Leonard
Leslie, Lesley [ˈlezlɪ] Leslie
Lewis [ˈluɪs] Leon
Lil(l)ian [ˈlɪlɪən] Liliana
Linda [ˈlɪndə] Linda
Lionel [ˈlaɪənl] Lionel
Lisa, Liza [ˈlaɪzə], Liz [lɪz] zdrob. od Elisabeth
Lucy [ˈlusɪ] Łucja
Luke [luk] Łukasz
Lydia [ˈlɪdɪə] Lidia

Mabel [ˈmeɪbl] Mabel
Magdalene [ˈmæɡdəlɪn] Magdalena
Margaret [ˈmɑɡrət] Małgorzata
Maria [məˈrɪə] Maria
Marjorie, Marjory [ˈmɑdʒərɪ] zdrob. od Margaret
Mark [mɑk] Marek
Martha [ˈmɑθə] Marta
Martin [ˈmɑtɪn] Marcin
Mary [ˈmeərɪ] Maria
Matthew [ˈmæθju] Mateusz
Maud [mɔd] Maud
Michael [ˈmaɪkl] Michał
Micky [ˈmɪkɪ] zdrob. od Michael
Mike [maɪk] zdrob. od Michael
Miles [ˈmaɪlz] Miles
Moll [mɔl], Molly [ˈmɔlɪ] zdrob. od Mary
Muriel [ˈmjuərɪəl] Muriel

Nan [næn], Nancy [ˈnænsɪ] zdrob. od Ann
Ned [ned] zdrob. od Edgar, Edmund, Edward
Nell [nel], Nelly [ˈnelɪ] zdrob. od Eleonor, Helen
Nicholas [ˈnɪkləs] Mikołaj
Nick [nɪk] zdrob. od Nicholas

Oliver [ˈɒlɪvə(r)] Oliwier
Oscar [ˈɒskə(r)] Oskar
Owen [ˈəʊən] Owen

Pamela [ˈpæmlə] Pamela
Pat [pæt] zdrob. od Patrick
Patricia [pəˈtrɪʃə] Patrycja
Patrick [ˈpætrɪk] Patrycy
Paul [pɔl] Paweł
Pauline [pɔˈlin] Paulina
Pearl [pɜl] Pearl
Peggy [ˈpegɪ] zdrob. od Margaret
Penelope [pəˈneləpɪ] Penelopa
Peter [ˈpitə(r)] Piotr
Phil [fɪl] zdrob. od Philip
Philip [ˈfɪlɪp] Filip
Polly [ˈpɔlɪ] zdrob. od Mary
Prudence [ˈprudəns] Prudence

Quentin [ˈkwentɪn] Quentin

Rachel [ˈreɪtʃl] Rachela
Ralph [rælf] Ralf
Ray [reɪ] zdrob. od Raymond
Raymond [ˈreɪmənd] Rajmund
Rebecca [rəˈbekə] Rebeka
Reginald [ˈredʒɪnld] Reginald
Richard [ˈrɪtʃəd] Ryszard
Rick [rɪk] Rick
Rob [rɔb] zdrob. od Robert
Robert [ˈrɔbət] Robert
Robin [ˈrɔbɪn] zdrob. od Robert
Roger [ˈrɔdʒə(r)] Roger
Roland [ˈrəʊlənd] Roland
Ronald [ˈrɔnld] Ronald
Rose [rəʊz] Róża
Rosemary [ˈrəʊzmərɪ] Rosemary
Ruby [ˈrubɪ] Ruby
Ruth [ruθ] Ruth

Sally [ˈsælɪ] zdrob. od Sarah
Salomon [ˈsɔləmən] Salomon
Sam [sæm], Sammy [ˈsæmɪ] zdrob. od Samuel
Samuel [ˈsæmjuəl] Samuel
Sandra [ˈsændrə] zdrob. od Alexandra
Sara(h) [ˈseərə] Sara
Sean [ʃɔn] Jan
Sheila [ˈʃilə] Sheila
Shirley [ˈʃɜlɪ] Shirley
Sidney [ˈsɪdnɪ] Sidney

Simon [`saɪmən] Szymon
Sophia [sə`faɪə], **Sophie** [`səʊfɪ] Zofia
Stella [`stelə] Stella
Stephen [`stivn] Stefan
Steve [stiv] *zdrob. od* **Stephen**
Stewart [`stjuət] Stewart
Sue [su] *zdrob. od* **Susan**
Susan [`suzn] Zuzanna
Sybil [`sɪbl] Sybilla
Sylvia [`sɪlvɪə] Sylwia

Ted [ted] *zdrob. od* **Theodore, Edward**
Terence [`terns] Terence
Teodore [`θɪədə(r)] Teodor
Teresa [tə`reɪzə] Teresa
Thomas [`toməs] Tomasz
Timothy [`tɪməθɪ] Tymoteusz
Tom [tom], **Tommy** [`tomɪ] *zdrob. od* **Thomas**
Tony [`təʊnɪ] *zdrob. od* **Anthony**

Ursula [`ɜsjulə] Urszula

Valentine [`væləntaɪn] Walenty
Vanessa [və`nesə] Vanessa
Veronica [və`ronɪkə] Weronika
Victor [`vɪktə(r)] Wiktor
Victoria [vɪk`tɔrɪə] Wiktoria
Vincent [`vɪnsnt] Wincenty
Viola [`vaɪələ] Wioletta
Virginia [və`dʒɪnɪə] Wirginia
Vivian, Vivien [`vɪvɪən] Vivian, Vivien

Wa(l)t [wɔt] *zdrob. od* **Walter**
Walter [`wɔltə(r)] Walter
Wendy [`wendɪ] Wendy
Will [wɪl] *zdrob. od* **William**
William [`wɪlɪəm] Wilhelm
Winifred [`wɪnɪfrəd] Winifreda
Winston [`wɪnstən] Winston

Yvonne [ɪ`von] Iwona

A LIST OF ABBREVIATIONS IN COMMON USE

SPIS NAJCZĘŚCIEJ UŻYWANYCH SKRÓTÓW

a/a	for account of — na rachunek
A.A.	Automobile Association — Związek Automobilowy
abbr., abbrev.	abbreviated — skrócony; abbreviation — skrót, skrócenie
ABC	atomic, biological and chemical (weapons) — (broń) atomowa, biologiczna i chemiczna
A.B.C.	the alphabet — abecadło; alphabethical train time-table — alfabetyczny rozkład jazdy pociągów; American Broadcasting Company — Amerykańskie Radio
A-bomb	atomic bomb — bomba atomowa
a/c; A/c, A/C	account/current — bank. rachunek bieżący
A.C.	ante Christum łac. = before Christ — przed narodzeniem Chrystusa
acc.	account — rachunek
A.D.	Anno Domini łac. — w roku Pańskim, po narodzeniu Chrystusa, n.e.
adm., Adm.	Administration — administracja
adv., advt	advertisement — ogłoszenie
Adv.	advance — zaliczka; advice — awiz; advised — awizowany
AEC	Atomic Energy Commission — Komisja do spraw Energii Atomowej
Afr.	Africa — Afryka; African — afrykański
aft.	afternoon — popołudnie
agr., agric.	agricultural — rolny; agriculture — rolnictwo
A.L.P.	Australian Labour Party — Australijska Partia Pracy
a.m.	ante meridiem łac. = before noon — przed południem; above mentioned — wyżej wspomniany
Am.	America — Ameryka; American — amerykański
A.M.	Artium Magister — magister nauk humanistycznych
A.P.	Associated Press — amerykańska agencja prasowa
Apr.	April — kwiecień
arr.	arrives — przyjeżdża (w rozkładzie jazdy pociągów itp.)
AR	Agency Reuter — Agencja Reutera (w Wielkiej Brytanii)
Ass., Assoc.	association — stowarzyszenie, związek
Asst	assistant — asystent
Att.	Attorney — adwokat
Austral.	Australian — australijski

Av., Ave	Avenue — aleja, ulica
avdp.	avoirdupois — system wag handlowych
b.	bachelor — niższy od stopnia magistra naukowy stopień uniwersytecki, bakalaureus; born — urodzony
B.A.	Bachelor of Arts — bakalaureus nauk humanistycznych; British Academy — Akademia Brytyjska; British Airways — Brytyjskie Linie Lotnicze
B.Agr(ic).	Bachelor of Agriculture — bakalaureus rolnictwa
b.b.b.	bed, breakfast and bath — pokój ze śniadaniem i kąpielą
B.B.C.	British Broadcasting Corporation — Brytyjskie Radio
B.C.	Before Christ — przed Chrystusem; p.n.e.; Bachelor of Chemistry — bakalaureus chemii; British Council — Brytyjska Rada Wymiany Kulturalnej
B.Com.	Bachelor of Commerce — bakalaureus nauk ekonomicznych
B.E.	Bachelor of Engineering — bakalaureus nauk technicznych
BEA, B.E.A.	British European Airways — Brytyjskie Europejskie Linie Lotnicze
B.Ed.	Bachelor of Education — bakalaureus nauk pedagogicznych
B/H	Bill of Health — świadectwo zdrowia
B.L.	Bachelor of Law — bakalaureus prawa
bldg, Bldg	building — budynek
B.Litt.	Bachelor of Letters — bakalaureus literatury
blvd, Blvd	boulevard — bulwar
B.M.	Bachelor of Medicine — bakalaureus medycyny
B.O.A.C.	British Overseas Airways Corporation — Towarzystwo Brytyjskich Zamorskich Linii Lotniczych
B.O.T.	Board of Trade — Ministerstwo Handlu
B.P.	Bachelor of Philosophy — bakalaureus filozofii
B.R.	British Railways — Koleje Brytyjskie
Brit.	Britain — Wielka Brytania; British — brytyjski
Bros	Brothers — bracia
B.Sc.	Bachelor of Science — bakalaureus nauk matematyczno-przyrodniczych
bush. (bu., bus.)	bushel — buszel (*miara*)
c.	cent; centime; central; chapter; circa — cent; centym; centralny; rozdział; około
Can.	Canada — Kanada
Care, CARE	Co-operative American Remittance for Europe — Amerykańskie Spółdzielcze Towarzystwo Przesyłek do Europy
c.c.	cubic centimetre — centymetr sześcienny
C.C.	Chamber of Commerce — Izba Handlowa; Consular Corps — Korpus Konsularny; Concentration Camp — obóz koncentracyjny; continuous current — prąd stały
cent.	century — stulecie, wiek
Cent.	centigrade — stopień (*w skali Celsjusza*)

cert.	certificate — zaświadczenie
c.g.s., C.G.S.	centimetre-gramme-second-system — system metryczny centymetr-gram-sekunda
c.h., C.H.	central heating — centralne ogrzewanie
C.H.	Custom House — Urząd Celny
ch., chap.	chapter — rozdział
C.I.	Channel Islands — Wyspy Normandzkie
C/I	Certificate of Insurance — polisa ubezpieczeniowa
CIA	Central Intelligence Agency — Centralna Agencja Wywiadowcza (w USA)
C.I.D.	Criminal Investigation Department — Wydział Śledczy do spraw Kryminalnych (Scotland Yard)
C.-in-C.	Commander-in-Chief — naczelny wódz
cit.	citation — cytat
C.J.	Chief Justice — Prezes Sądu Najwyższego
cm.	centimetre — centymetr
CMEA	Council for Mutual Economic Assistance — Rada Wzajemnej Pomocy Gospodarczej
CN	Commonwealth of Nations — Wspólnota Narodów
Co.	Company — kompania; towarzystwo, spółka
c/o	care of — z listami ... (w adresie)
C.O.	Commanding Officer — dowódca
C.O.D.	Concise Oxford Dictionary — Oksfordzki Słownik Podręczny
Coll.	College — szkoła wyższa; szkoła średnia
Comecon	zob. CMEA
Co.-op.	Co-operative Society — spółdzielnia, towarzystwo spółdzielcze
Corn.	Cornwall — Kornwalia
cp.	compare — porównaj
CP	Conservative and Unionist Party — Partia Konserwatywna (w Wielkiej Brytanii)
CPC	Communist Party of Canada — Komunistyczna Partia Kanady
C.P.S.U.	Communist Party of the Soviet Union — Komunistyczna Partia Związku Radzieckiego
C.P.U.S.	Communist Party of the United States — Komunistyczna Partia Stanów Zjednoczonych
cwt	hundredweight — cetnar (waga)
d.	penny (łac. denarius); died; date; daughter; degree — pens; zmarł; data; córka; stopień
D.	department; deputy; district; doctor — departament; deputowany; okręg; doktor
d.c.	direct current elektr. prąd stały
D.C.	District of Columbia — Okręg Kolumbii (obszar Kolumbii z Waszyngtonem, stolicą St. Zjednoczonych)
d-d	damned — przeklęty
Dec.	December — grudzień
deg.	degree — stopień temperatury
dep.	departs — odjeżdża (w rozkładzie jazdy pociągów itp.)
dept	department — dział, oddział; uniw. katedra

D.M.	Doctor of Medicine — doktor medycyny
doc.	doktor
dol. (dols)	dollar(s) — dolar(y)
doz.	dozen — tuzin
D.P.	Democratic Party — Partia Demokratyczna (w USA)
d.p.	displaced person — wysiedlony uchodźca
D.Phil.	Doctor of Philosophy — doktor filozofii
Dr	Doctor — doktor
D.Sc.	Doctor of Science — doktor nauk przyrodniczych
D.S.O.	Distinguished Service Order — order za wybitne zasługi
E.	East; England; English — wschód, wschodni okręg pocztowy w Londynie; Anglia; angielski
E.C.	East Central — wschodni okręg pocztowy w śródmieściu Londynu
EEC	European Economic Community — Europejska Wspólnota Gospodarcza (EWG)
E.F.T.A.	European Free Trade Association — Europejskie Stowarzyszenie Wolnego Handlu
e.g.	exempli gratia łac. = for example — na przykład
Eng., Engl.	England — Anglia; English — angielski
E.R.	Elizabeth Regina łac. = Queen Elizabeth — Królowa Elżbieta
Esq.	Esquire — Wielmożny Pan (tytuł w adresie, po nazwisku)
etc.	et cetera łac. = and so on — i tak dalej
EURATOM	European Atomic Energy Community — Europejska Wspólnota Energii Atomowej
eve.	evening — wieczorem
exc.	except — z wyjątkiem
ext.	extension (telephone) — telefon wewnętrzny
f.	foot, feet — stopa, stopy; franc — frank
F.A.	Football Association — Związek Piłki Nożnej
FAO, F.A.O.	Food and Agriculture Organization — Organizacja do spraw Wyżywienia i Rolnictwa (ONZ)
F.B.I.	Federal Bureau of Investigation — am. Federalne Biuro Śledcze (kontrwywiad USA); Federation of British Industries bryt. — Związek Przemysłów Brytyjskich
F.C.	Football Club — Klub Piłki Nożnej
Feb.	February — luty
F.I.F.A.	Fédération Internationale de Football Associations fr. = International Football Federation — Międzynarodowa Federacja Związków Piłki Nożnej
F.O.	Foreign Office — Ministerstwo Spraw Zagranicznych (w Wielkiej Brytanii)
fr.	franc(s) — frank(i)
Fr	Father — ksiądz
Fr.	French — francuski
Fr., Fahr.	Fahrenheit — w skali Fahrenheita
FRG, F.R.G.	Federal Republic of Germany — Republika Federalna Niemiec
Fri.	Friday — piątek

g.	gram(me) — gram; guinea — gwinea (21 szylingów)
G.A.	General Assembly — Zgromadzenie Ogólne
gal., gall.	gallon — galon
G.A.T.T.	General Agreement on Tariffs and Trade — Układ Ogólny w sprawie Ceł i Handlu
GB, G.B.	Great Britain — Wielka Brytania
GDR, G.D.R.	German Democratic Republic — Niemiecka Republika Demokratyczna
Ger.	German — niemiecki
G.H.Q.	General Headquarters — główna kwatera
G.I.	government issue — „emisja rządowa" (popularna nazwa żołnierza amerykańskiego)
G.M.T.	Greenwich Mean Time — średni czas zachodnioeuropejski (Greenwich)
gn(s)	guinea(s) — gwinea, gwinee
Gov., Govt.	Government — rząd
G.P.O.	General Post Office — bryt. Główny Urząd Pocztowy
G.S.	General Secretary — Sekretarz Generalny
h.	hour(s) — godzina, godziny
H	hard — twardy (ołówek o twardym graficie)
h. and c.	hot and cold (water) — gorąca i zimna woda
H.C.	House of Commons — Izba Gmin
Hi-Fi, hi-fi	high fidelity — wysoka wierność (odtwarzania)
H.L.	House of Lords — Izba Lordów
H.M.S.	His (Her) Majesty's Service — w służbie Jego ⟨Jej⟩ Królewskiej Mości; His (Her) Majesty's Ship — okręt Jego ⟨Jej⟩ Królewskiej Mości
H.O.	Home Office — Ministerstwo Spraw Wewnętrznych (w Wielkiej Brytanii)
hosp.	hospital — szpital; szpitalny
h.p., H.P.	horse power — techn. koń mechaniczny
H.P.	Houses of Parliament — Parlament Brytyjski
H.R.	House of Representatives — am. Izba Reprezentantów
H.R.H.	His (Her) Royal Highness — Jego ⟨Jej⟩ Królewska Wysokość
I.A.F.	International Automobile Federation — Międzynarodowa Federacja Automobilowa
ib., ibid.	ibidem łac. = in the same place — tamże
I.C.J.	International Court of Justice — Międzynarodowy Trybunał Sprawiedliwości
I.C.R.C.	International Committee of the Red Cross — Międzynarodowy Komitet Czerwonego Krzyża
id.	idem łac. = also, likewise — (o autorze) tenże
I.D.	Intelligence Department — oddział wywiadowczy
i.e.	id est łac. = that is — to jest
IMF	International Monetary Fund — Międzynarodowy Fundusz Walutowy
in.	inch — cal
inc.	incorporated — zarejestrowany; am. (~ company) spółka akcyjna

incl.	**including** — włącznie
I.N.S.	**International News Service** — Międzynarodowa Agencja Informacyjna (*U.S.A.*)
inst.	**instant (of the current month)** — bieżącego miesiąca
INTERPOL	**International Criminal Police Commission** — Międzynarodowa Organizacja Policji Kryminalnej
IOC	**International Olympic Committee** — Międzynarodowy Komitet Olimpijski
IOU	**I owe you** — rewers, *dosł.* jestem ci winien
I.Q.	**Intelligence Quotient** — współczynnik inteligencji
I.R.A.	**Irish Republican Army** — Irlandzka Armia Republikańska
I.R.C.	**International Red Cross** — Międzynarodowy Czerwony Krzyż
I.S.	**Intelligence Service** — Tajna Służba Wywiadowcza
I.S.C.	**International Students' Council** — Międzynarodowa Rada Studencka
I.T.A.	**International Touring Alliance** — Międzynarodowy Związek Turystyczny
I.T.V.	**Independent Television** telewizja niezależna (*w W. Brytanii*)
I.U.S.	**International Union of Students** — Międzynarodowy Związek Studentów
I.U.S.Y.	**International Union of Socialist Youth** — Międzynarodowy Związek Młodzieży Socjalistycznej
I.Y.H.F.	**International Youth Hostel Federation** — Międzynarodowa Federacja Schronisk Młodzieżowych
Jan.	**January** — styczeń
Jul.	**July** — lipiec
Jun.	**June** — czerwiec
jun., junr	**junior** — junior
kg.	**kilogram** — kilogram
K.K.K.	**Ku-Klux-Klan** — tajna organizacja amerykańska (*skrajnie reakcyjna*)
km.	**kilometre** — kilometr
k.o., K.O.	**knock-out; knocked out** — nokaut; znokautowany
kw., kW.	**kilowatt** — kilowat
l.	**litre** — litr
L., Lab.	**Labour** — Partia Pracy; świat pracy
L., £	**libra** *łac.* = **sovereign, pound sterling** — suweren, funt szterling
lb.	**libra** *łac.* = **pound** — funt (*waga*)
Lb.P.	**Liberal Party** — Partia Liberalna (*w Wielkiej Brytanii*)
Ld	**limited** — ograniczony
L.h., L.H.	**left-hand** — lewy, lewostronny
Lon., Lond.	**London** — Londyn
LP	**longplay** — *muz.* płyta długogrająca
L.P.	**Labour Party** — Partia Pracy (*w Wielkiej Brytanii*)

L.P.A.	**Liberal Party of Australia** — Partia Liberalna Australii
Ltd	**Limited (Company)** — spółka (z ograniczoną odpowiedzialnością)
£.s.d., £.S.D.	**librae, solidi, denari** łac. **=** **pounds, shillings and pence** — funty, szylingi i pensy
m, m.	**metre** — metr; **mile** — mila
M.A.	**Master of Arts**.— magister nauk humanistycznych
mar.	**maritime** — morski
Mar.	**March** — marzec
max.	**maximum** — maksimum
M.C.	**Member of Congress** — *am.* Członek Kongresu; **Military Cross** — Krzyż Wojenny
M.D.	**Medicinae Doctor** łac. **=** **Doctor of Medicine** — doktor medycyny
memo.	**memorandum** — memorandum
Messrs	**Messieurs** — Panowie
mg.	**milligram(s)** — miligram(y)
m.g.	**machine gun** — karabin maszynowy
M.G.M.	**Metro Goldwyn Mayer** — nazwa amerykańskiej wytwórni filmowej
M.O.	**money order** — przekaz pieniężny; **Medical Officer** — lekarz wojskowy
Mon.	**Monday** — poniedziałek
M.P.	**Member of Parliament** — członek parlamentu, poseł
m.p.h.	**miles per hour** — mil na godzinę
Mr	**Mister** — pan *(przed nazwiskiem)*
Mrs	**Mistress** — pani *(przed nazwiskiem)*
Ms., MS.	**manuscript** — rękopis
M/S, M.S.	**Motor Ship** — statek motorowy
M.Sc.	**Master of Science** — magister nauk matematyczno-przyrodniczych
Mt.	**mountain** — góra
N.	**North** — północ; północny okręg pocztowy w Londynie
NASA	**National Aeronautics and Space Administration** — Narodowa Agencja do spraw Aeronautyki i Przestrzeni Kosmicznej (*w U.S.A.*)
N.A.T.O.	**North Atlantic Treaty Organization** — Organizacja Paktu Północnego Atlantyku
NBC	**National Broadcasting Company** — Radio Amerykańskie
N.E.	**North East** — północny wschód; **New England** — Nowa Anglia
N.E.D.	**New English Dictionary** — Nowy Słownik Angielski (*wielki słownik oksfordzki*)
No.	**number** — liczba
Nov.	**November** — listopad
N.S.W.	**New South Wales** — Nowa Południowa Walia (*w Australii*)

N.W.	**North-West** — północny zachód; **North-Western** — północno-zachodni okręg pocztowy w Londynie
N.Y.(C)	**New York City** — miasto Nowy Jork
N.Z.	**New Zealand** — Nowa Zelandia
N.Z.L.P.	**New Zealand Labour Party** — Partia Pracy Nowej Zelandii
N.Z.N.P.	**New Zealand National Party** — Nowozelandzka Partia Narodowa
OAS	**Organization of American States** — Organizacja Państw Amerykańskich
Oct.	**October** — październik
O.E.	**Old English** — język staroangielski
O.E.C.D.	**Organization for Economic Co-operation and Development** — Organizacja Współpracy Gospodarczej i Rozwoju
O.E.D.	**Oxford English Dictionary** — (Wielki) Słownik Oksfordzki Języka Angielskiego
O.H.M.S.	**On His (Her) Majesty's Service** — w służbie Jego (Jej) Królewskiej Mości
O.K.	**Okay = all correct** — wszystko w porządku, bardzo dobrze
oz, ozs	**ounce, ounces** — uncja, uncje
p.	**page; pint** — strona; pinta, kwarta (*miara*)
P.	**(car) park; pedestrian (crossing); police; post; president** — postój; parking; przejście dla pieszych; policja; poczta; prezydent
p.c.	**postcard** — karta pocztowa
P.E.N.(-Club)	**International Association of Poets, Playwrights, Essayists, Editors and Novelists** — Pen Club, Międzynarodowy Związek Poetów, Dramaturgów, Eseistów, Wydawców i Powieściopisarzy
ph.	**per hour** — na godzinę
Ph.D.	**Philosophiae Doctor** *łac.* **= Doctor of Philosophy** — doktor filozofii
p.m.	**post meridiem** *łac.* — po południu, po godz. 12 w południe, do północy
P.O.	**Post Office** — urząd pocztowy; **postal order** — przekaz pocztowy
P.O.B.	**post-office box** — skrzynka pocztowa
P.O.S.B.	**Post Office Savings Bank** — Pocztowa Kasa Oszczędności
P.O.W.	**Prisoner of War** — jeniec wojenny
pp.	**pages** — stronice
prof., Prof.	**professor** — profesor
prox.	**proximo** *łac.* **= next month** — następnego miesiąca
p.s.	**per second** — na sekundę
P.S.	**Police Sergeant; postscript** — policjant; dopisek (*w liście*)
pt.	**pint** — pinta, kwarta (*miara*)
P.T.O.	**please turn over** — proszę odwrócić, verte

q., qr.	quarter; quarterly — kwartał; kwartalnik, kwartalny
Q.	Queen — królowa
qual.	quality — jakość
R.	River; Réaumur; **Rex, Regina** — rzeka; **w skali Réau-**mura; król, królowa
R.A.	Royal Academy — Akademia Królewąka
R.A.F.	Royal Air Force — Królewskie Lotnictwo Wojskowe
R.C.	Red Cross — Czerwony Krzyż; **Roman Catholic** — wyznania rzymskokatolickiego
R.C.A.	Radio Corporation of America — Radio Amerykańskie
rd, Rd	road — droga, ulica
reg., regd	registered — zarejestrowany, polecony
r.h.	right hand — prawy, prawostronny
R.N.	Royal Navy — Królewska Marynarka Wojenna
R.P.	Republican Party — Partia Republikańska (*w U.S.A.*)
R.R.	railroad — *am.* kolej
R.S.P.C.A.	Royal Society for the Prevention of Cruelty to Animals — Królewskie Towarzystwo Ochrony Zwierząt
Ry	railway — *bryt.* kolej
s.	second; shilling; singular; son — sekunda; szyling; pojedynczy; syn
S.	South — południe
$	dollar — dolar
S.A.	Salvation Army — Armia Zbawienia
SALT	Strategic Armaments Limitation Talks — Rokowania w sprawie Ograniczenia Zbrojeń Strategicznych
SAS	Scandinavian Airlines System — Skandynawskie Linie Lotnicze
Sat.	Saturday — sobota
sch.	school — szkoła
scil.	scilicet ['sailiset] *łac.* = namely — mianowicie
S.D.	State Department — ministerstwo spraw zagranicznych (*w U.S.A.*)
SE, S.E.	South-East — południowy wschód; **South-Eastern** — południowo-wschodni okręg pocztowy w Londynie
S.E.A.T.O.	South-east Asian Treaty Organization — Organizacja Paktu Południowo-Wschodniej Azji
Sec.	Secretary — sekretarz
Sep., Sept.	September — wrzesień
sh.	shilling(s) — szyling(i)
Soc.	society — towarzystwo
SOS, S.O.S.	save our souls — wezwanie pomocy (*na morzu*)
sq.	square — kwadrat, plac
Sr	Senior — senior
s/s, s.s.	steamship — statek parowy
St	Saint — święty; street — ulica
stg	sterling — szterling
Sov. Un.	Soviet Union — Związek Radziecki
Sun.	Sunday — niedziela

SW, S.W.	**South-West** — południowy zachód; **South-western** — południowo-zachodni okręg pocztowy w Londynie
syn.	synonym — synonim
t.	ton — tona
tel.	telegram; telegraph; telephone — telegram; telegraf; telefon
temp.	temperature — temperatura
Thurs.	Thursday — czwartek
t.m.	trade mark — fabryczna marka ochronna
T.U.	Trade Union — związek zawodowy
T.U.C.	Trades Union Congress — Kongres Związków Zawodowych
Tues.	Tuesday — wtorek
T.V.	television — telewizja
UEFA	Union of European Football Associations — Unia Europejskich Związków Piłki Nożnej
uhf, UHF, U.H.F.	ultra-high frequency — fale ultrakrótkie (UKF) (*o dużych częstotliwościach drgań*)
U.K.	United Kingdom (of Great Britain and Northern Ireland) — Zjednoczone Królestwo (Wielkiej Brytanii i Irlandii Północnej)
ult.	ultimo *łac.* = last month — ostatniego miesiąca
U.N.	United Nations — Narody Zjednoczone
U.N.E.S.C.O.	United Nations Educational Scientific and Cultural Organization — Organizacja Narodów Zjednoczonych do spraw Nauki i Kultury
UNGA	United Nations General Assembly — Zgromadzenie Ogólne Narodów Zjednoczonych
UNICEF	United Nations Children's Fund — Fundusz Narodów Zjednoczonych Pomocy Dzieciom
U.N.O.	United Nations Organization — Organizacja Narodów Zjednoczonych
U.N.R.R.A.	United Nations Relief and Rehabilitation Administration — Organizacja Narodów Zjednoczonych do spraw Pomocy i Odbudowy
U.P.	United Press — *am.* Prasa Zjednoczona (*agencja prasowa*)
U.P.I.	United Press International — *am.* Zjednoczona Prasa Międzynarodowa (*agencja prasowa*)
U.S.A.	United States of America — Stany Zjednoczone Ameryki
U.S.A.F.	United States Air Force — Lotnictwo Wojskowe Stanów Zjednoczonych
U.S.N.	United States Navy — Marynarka Wojenna Stanów Zjednoczonych
U.S.S.R.	Union of Soviet Socialist Republics — Związek Socjalistycznych Republik Radzieckich
usu.	usually — zwykle
v.	versus *łac.* = against — przeciw; verse; volt; volume — wiersz; wolt; tom

V.-Day	Victory Day — Dzień Zwycięstwa
vet.	veterinary surgeon — weterynarz
v.g.	very good — bardzo dobry, bardzo dobrze
V.I.P.	Very Important Person — bardzo ważna osobistość
viz	videlicet *łac.* = namely — mianowicie
vol., vols	volume, volumes — tom, tomy
v.v.	vice versa [ˈvaɪsɪˈvɜːsə] *łac.* — na odwrót
W.	Welsh — walijski; West — zachód; zachodni okręg pocztowy w Londynie
W.C.	West Central — zachodni okręg pocztowy w śródmieściu Londynu
w.c.	water closet — ustęp
W.C.P.	World Council of Peace — Światowa Rada Pokoju
Wed.	Wednesday — środa
W.F.D.Y.	World Federation of Democratic Youth — Światowa Federacja Młodzieży Demokratycznej
W.F.T.U.	World Federation of Trade Unions — Światowa Federacja Związków Zawodowych
W.H.O.	World Health Organization — Światowa Organizacja Zdrowia
wt	weight — ciężar, waga
Xmas	Christmas — Boże Narodzenie
y., yd	yard — jard
Y.H.A.	Youth Hostels Association — Stowarzyszenie Schronisk Młodzieżowych
Y.M.C.A.	Young Men's Christian Association — Chrześcijańskie Stowarzyszenie Młodzieży Męskiej
yr	year — rok; your — wasz
yrs	yours — wasz
Y.W.C.A.	Young Women's Christian Association — Chrześcijańskie Stowarzyszenie Młodzieży Żeńskiej
Z.G.	Zoological Gardens — Ogród Zoologiczny
zl.	zloty — złoty

MONEY

PIENIĄDZE

I. British Brytyjskie
£1 (1 pound) = 100 p (100 pence)

Notes Banknoty

£ 20 — twenty pounds ['twentɪ 'paʊndz]
£ 10 — ten pounds ['ten 'paʊndz]
£ 5 — five pounds ['faɪv 'paʊndz]
£ 1 — a pound [ə'paʊnd]

Coins Monety

50p — fifty pence ['fɪftɪ 'pens]
10p — ten pence ['ten 'pens]
 5p — five pence ['faɪv 'pens]
 2p — twopence ['tʌpəns], two pence ['tu 'pens]
 1p — a penny [ə'penɪ]
1/2p — a halfpenny [ə'heɪpnɪ], half a penny ['haf ə'penɪ]

II. American (USA) Amerykańskie (St. Zjednoczone)
$1 (1 dollar) = 100c (100 cents)

Notes Banknoty

$ 20 — twenty dollars ['twentɪ 'doləz]
$ 10 — ten dollars ['ten 'doləz]
$ 5 — five dollars ['faɪv 'doləz]
$ 1 — a dollar [ə'dolə(r)]

Coins Monety

50 c — half-dollar ['haf dolə(r)]
25 c — twenty five cents ['twentɪ 'faɪv 'sents], pot. a quarter [ə 'kwɔtə(r)]
10 c — ten cents ['ten 'sents], pot. a dime [ə 'daɪm]
 5 c — five cents ['faɪv 'sents], pot. a nickel [ə'nɪkl]
 1 c — a cent [ə 'sent], pot. a penny [ə'penɪ]

WEIGHTS AND MEASURES

MIARY I WAGI

I. British Brytyjskie

a) Measures of length and surface
Miary długości i powierzchni

1 mile [maɪl] = 1 760 yards [jɑdz]		1 609,3 m
1 yard [jɑd] = 3 feet [fit]		91,44 cm
1 foot [fut] = 12 inches [`ɪntʃɪz]		30,48 cm
1 inch [ɪntʃ]		2,54 cm
1 square [skweə(r)] mile = 640 acres [`eɪkəz] . .		258,99 ha
1 acre [`eɪkə(r)] = 4 840 square yards		0,40 ha
1 square yard = 9 square feet		0,836 m²
1 square foot = 144 square inches		929 cm²
1 square inch		6,45 cm²

b) Measures of capacity
Miary pojemności

1 quarter [`kwɔtə(r)] = 8 bushels [`buʃlz] . .		290,941 l
1 bushel [`buʃl] = 8 gallons [`gælənz] . . .		36,368 l
1 gallon [`gælən] = 4 quarts [kwɔts]		4,546 l
1 quart [kwɔt] = 2 pints [paɪnts]		1,136 l
1 pint [paɪnt]		0,568 l

c) Weights (avoirdupois)
Wagi (handlowe, tzw. avoirdupois)

1 ton [tʌn] = 20 hundredweight [`hʌndrədweɪt] . . .		1 016,047 kg
1 hundredweight [`hʌndrədweɪt] = 112 pounds [paundz]		50,802 kg
1 pound [paund] = 16 ounces [`aunsɪz] . . .		453,59 g
1 ounce [auns] = 16 drams [dræmz]		28,35 g
1 dram [dræm] = 3 scruples [skruplz] . . .		1,77 g
1 scruple [skrupl]		0,59 g
1 grain [greɪn]		64,7989 mg

Poza tym istnieją jeszcze następujące układy wag:

1) troy weight, używany w handlu kruszcami oraz
2) apothecaries weight, używany w aptekach. "Grain" we wszystkich powyższych układach jest identyczny.

II. **American** Amerykańskie (U.S.A.)

a) **Measures of length and surface, as British**
Miary długości i powierzchni — jak brytyjskie

b) **Measures of capacity**
Miary pojemności

1 bushel [`buʃl] = 8 gallons [`gælənz]		35,238 l
1 gallon [`gælən] = 4 quarts [kwɔts]		3,785 l
1 quart [kwɔt] = 2 pints [paɪnts]		0,946 l
1 pint [paɪnt]		0,473 l

c) **Weights (avoirdupois)**
Wagi (handlowe, tzw. avoirdupois)

1 ton [tʌn] = 20 hundredweight [`hʌndrədweɪt] . . .		907,185 kg
1 hundredweight [`hʌndrədweɪt] = 100 pounds [paundz]		45,359 kg
1 pound [paund] = 16 ounces [`aunsɪz]		453,59 g
1 ounce [`auns] = 16 drams [dræmz]		28,35 g
1 dram [dræm] = 3 scruples [skruplz]		1,77 g
1 scruple [skrupl]		0,59 g

POLISH-ENGLISH

ADVICE
TO THE USER

WSKAZÓWKI
DLA KORZYSTAJĄCYCH
ZE SŁOWNIKA

1. Headwords

The headwords are printed in bold-faced type in strictly alphabetical order. They are labelled by pertinent abbreviations indicating their grammatical categories, the others denoting the respective branches of learning or the special walks of life.

Homonyms are grouped under separate entries and marked with successive Arabic ciphers, e.g.:

muł 1. *m* s l i m e, o o z e
muł 2. *m zool.* m u l e

If a Polish headword contains various English meanings or denotes different grammatical functions, the particular lexical units on the Polish side are separated by means of a semicolon and, besides, they are provided with a pertinent grammatical label, e.g.:

palący *p praes i adj* b u r n - i n g; (*tytoń*) s m o k i n g; *sm* s m o k e r;...

If an entry, or a part of it, or an explanatory note, is provided with the abbreviation *zob.* the reader is asked to refer to some other entry, or to some information found elsewhere in the Dictionary.

Nouns

Some Polish nouns of feminine gender have been omitted since their masculine and feminine

1. Hasła

Wyrazy hasłowe podano pismem półgrubym w ścisłym porządku alfabetycznym. Objaśniano je, zależnie od przynależności do poszczególnych części mowy lub do specjalnych dziedzin życia, odpowiednimi skrótami umownymi.

Homonimy podano jako osobne hasła oznaczone kolejnymi cyframi arabskimi, np.:

Jeżeli poszczególne wyrazy hasłowe zawierają odpowiedniki o różnych znaczeniach, albo pełnią różne funkcje gramatyczne — oddzielono je średnikiem oraz odpowiednim kwalifikatorem gramatycznym, np.:

Jeżeli wyraz hasłowy opatrzony jest skrótem *zob.* oznacza to, że hasła tego wraz z odpowiednikami należy szukać w artykule hasłowym, do którego wyraz ten odesłano.

Hasła rzeczownikowe

Ze względu na rozmiary słownika pominięto pewną ilość rzeczowników żeńskich, które w języku

equivalents are identical in English, e.g.: **nauczyciel** t e a c h e r, nauczycielka t e a c h e r, **Niemiec German, Niemka German.**

Most Polish diminutives have been omitted as they have no lexical equivalents in English; so their diminutive nouns are usually formed by means of adjectives "l i t t l e" or "s m a l l". '

But if a Polish diminutive has evolved a distinct additional meaning, its inclusion has been considered necessary. E.g.

angielskim mają formę identyczną z odpowiednimi rzeczownikami męskimi, np.: **nauczyciel** t e a c h e r, nauczycielka t e a c h e r, Niemiec G e r m a n, **Niemka** G e r m a n itp.

Pominięto też większość rzeczowników zdrobniałych. W takich wypadkach odpowiedniki angielskie tworzy się zastępczo, stosując przymiotniki „l i t t l e" i „s m a l l".

Uwzględniono jednak te polskie rzeczowniki zdrobniałe, których znaczenia różnią się od form pierwotnych, np.:

> rączka *f* l i t t l e h a n d; (*u-chwyt*) h a n d l e; (*steru*) t i l-l e r; (*obsadka do pióra*) p e n-h o l d e r

Most verbal nouns have been left out, too, e.g.: pisanie, which is' derived from the infinitive pisać, writing ⟨to write⟩ (*zob.* maszyna do pisania, pisanie na maszynie).

But if there are no English derivatives in -ing, other equivalents have been, of necessity, inserted, e.g.:

Dla oszczędności miejsca wyeliminowano większość rzeczowników odsłownych, gdyż znajomość form bezokolicznikowych odpowiedników angielskich wystarcza do utworzenia odpowiednich form rzeczownikowych.

Wyjątek stanowią te wypadki, gdy angielskie odpowiedniki nie posiadają końcówki słowotwórczej, np.:

> głosować *vi* v o t e, (*tajnie*) b a l-l o t; ...
> głosowanie *n* v o t i n g, p o l l, (*tajne*) b a l l o t

Adjectives

Polish adjectives which correspond to English nouns used attributively here are not included, e.g.: the noun **kamień** = t h e s t o n e is being also used as an adjective: **kamienny** = s t o n e. But if there are two variant adjectival forms, both of them are given as equivalents of the Polish headwords, but used in a different meaning. E.g.:

Hasła przymiotnikowe

Ponieważ w języku angielskim zasadniczo nie ma formalnej różnicy pomiędzy przymiotnikiem a rzeczownikiem, np. **kamień** *m* = t h e s t o n e i **kamienny** *adj* = s t o n e, haseł przymiotnikowych nie zamieszczamy. Uwzględniono jednak te formy oboczne, które różnią się pod względem znaczenia, np.:

złoty 1. *adj* g o l d, przen. g o l d -
e n; ~ **wiek** g o l d e n a g e
złoty 2. *m (jednostka monetarna)*
z l o t y

Verbs	**Hasła czasownikowe**

The reader is sometimes faced with very serious difficulties whenever he may occasionally have to deal with verbal aspects we find in English as compared with those in Polish, e.g.: **sia-dać and siedzieć and usiąść —** t o s i t and t o b e s i t t i n g **and** t o s i t d o w n, **padać** and **upaść —** t o b e f a l l i n g and t o f a l l (d o w n), **myć się** and **umyć się —** t o w a s h and t o h a v e a w a s h etc. The above and similar verbs may be rendered by means of a variety of forms.

Brak analogii w tworzeniu postaci dokonanej i niedokonanej czasownika w języku polskim i angielskim nastręcza wiele trudności. Tak np. dokonana postać czasownika **paść, upaść —** t o f a l l zmienia się w niedokonaną przez zastosowanie *Continuous Form —* t o b e f a l l i n g. W innych wypadkach czasownik o postaci niedokonanej **siadać —** t o s i t, zmienia postać przez dodanie przysłówka d o w n: **siąść —** t o s i t d o w n. Stosuje się także formę opisową: **umyć się —** t o h a v e a w a s h itp. Polską formę dokonaną można też czasami oddać przez angielską formę gramatyczną.

Most verbs, with regard to their aspects, are neutral: **pisać —** t o w r i t e, **napisać —** t o w r i t e.

W większości wypadków angielskie postaci czasownikowe są z natury neutralne: **pisać —** t o w r i t e, **napisać —** t o w r i t e.

As a rule, in the present D i c t i o n a r y the verbs ought to be looked up in their imperfect form.

Czasowników należy szukać pod ich formą podstawową w jej postaci zasadniczo niedokonanej.

If the Polish headword is a verb, its syntactic function in a sentence is shown, between round brackets, alongside of the corresponding function of its English equivalent.

Różnice w składni czasowników zaznaczamy za pomocą odpowiednich zaimków i przyimków, umieszczonych w nawiasach okrągłych, tuż po czasowniku.

The same refers to transitive verbs which require the direct object in either language; so their use in a sentence will hardly present any difficulties. E.g.:

Takie przykłady użycia związków składniowych stosuje się zarówno w przypadku, gdy czasownik polski i jego angielski odpowiednik występują w tej samej funkcji przechodniej lub nieprzechodniej, np.:

reagować *vi* r e a c t **(na coś** t o s t h)
darzyć *vt* p r e s e n t **(kogoś czymś** s b w i t h s t h)...

But if the English verb is transitive and its Polish equivalent intransitive or vice versa, grammatical information is a necessity, e.g.:

jak też i wówczas, gdy polskiemu czasownikowi w funkcji przechodniej odpowiada angielski czasownik w funkcji nieprzechodniej, lub odwrotnie. Np.:

> operować *vt* o p e r a t e (kogoś o n, u p o n s b)
> zbliżać ... się *vr* a p p r o a c h (do kogoś s b) ...

2. Equivalents

2. Odpowiedniki

The English equivalents of the Polish headwords and their expressions are given in light type. Their synonyms printed along with them, if any, are separated by commas, those more distant in meaning are marked off by semicolons. In case of need the given synonyms have been provided with explanations, placed in round brackets, concerning their meaning and usage. E.g.:

Angielskie odpowiedniki wyrazów, wyrażeń i zwrotów podano pismem jasnym. Odpowiedniki bliskoznaczne oddzielono przecinkami; odpowiedniki dalsze — średnikami. W wypadkach koniecznych — przed angielskimi odpowiednikami — umieszczono w nawiasach okrągłych objaśnienia, drukowane kursywą, dotyczące zakresu, znaczenia i zastosowania wyrazu, np.:

> chować *vt* (*ukrywać*) h i d e, c o n c e a l; (*przechowywać*) k e e p; (*wkładać, np. do szuflady*) p u t (u p); (*grzebać zwłoki*) b u r y; (*hodować*) b r e e d, r e a r; (*wychowywać*) b r i n g u p, e d u c a t e; ...

EXPLANATORY SIGNS

ZNAKI OBJAŚNIAJĄCE

	The angled stress mark denotes that the syllable following it is the principal stressed syllable.	Pochylony znak akcentu (w formie transkrybowanej wyrazu hasłowego) poprzedza główną akcentowaną sylabę.
[ ]	Square brackets enclose the pronunciation of some Polish words (e.g. marznąć [r-z]) or that of loanwords.	W nawiasach kwadratowych zaznaczono wymowę niektórych wyrazów polskich, np. marznąć [r-z] oraz wymowę wyrazów pochodzenia obcego.
( )	Round brackets enclose the explanatory informations, irregular forms of the headwords, words and letters which can be omitted.	W nawiasach okrągłych umieszczono objaśnienia, nieregularne formy wyrazu hasłowego. wyrazy i litery, które mogą być opuszczone.
‹ ›	Angular brackets enclose words and parts of the expressions which are interchangeable.	W nawiasach trójkątnych umieszczono wymienne wyrazy lub człony związków frazeologicznych.
†	Archaism.	Krzyżykiem oznaczono wyrazy przestarzałe.
~	The tilde replaces the headword, or as much of it as has been cut off by a vertical line.	Tzw. tylda zastępuje w zwrotach hasło lub tę jego część, która jest odcięta pionową kreską.
|	The vertical line separates that part of the headword which has been replaced in phrases by the tilde.	Kreska pionowa oddziela część hasła zastąpioną w zwrotach tyldą.
1., 2. ...	The Arabic ciphers denote the sequence of the headwords having the same spelling, but differing in etymology and meaning.	Cyfry arabskie po hasłach objaśniają odrębność znaczenia i pochodzenia wyrazów o tej samej pisowni, podanych jako osobne hasła.

456

The semicolon is used to denote a distinct shade of difference in the meaning of two or more equivalents of the headword and to separate particular items of grammatical informations.

Średnik oddziela odpowiedniki o całkowicie różnym znaczeniu, związki frazeologiczne oraz objaśnienia gramatyczne.

The comma is used to separate equivalents close in meaning.

Przecinek oddziela odpowiedniki bliskie pod względem znaczeniowym.

ABBREVIATIONS

SKRÓTY

adj	— adjective	przymiotnik
adv	— adverb	przysłówek
am.	— American	amerykański
anat.	— anatomy	anatomia
arch.	— architecture	architektura
astr.	— astronomy	astronomia
attr	— attribute, attributive	przydawka, przydawkowy
bank.	— banking	bankowość
biol.	— biology	biologia
bot.	— botany	botanika
bryt.	— British	brytyjski
chem.	— chemistry	chemia
comp	— comparative (degree)	stopień wyższy
conj	— conjunction	spójnik
dent.	— dentistry	dentystyka
dial.	— dialect	dialekt
dod.	— positive (meaning)	znaczenie dodatnie
dosł.	— literal, literally	dosłowny, dosłownie
druk.	— printing	drukarstwo
elektr.	— electricity	elektryczność
f	— feminine (gender)	(rodzaj) żeński
filat.	— philately	filatelistyka
filoz.	— philosophy	filozofia
fin.	— finances	finansowość
fiz.	— physics	fizyka
fot.	— photography	fotografia
fut	— future tense	czas przyszły
genit	— genitive	dopełniacz

457

geogr.	— geography	geografia
geol.	— geology	geologia
górn.	— mining	górnictwo
gram.	— grammar	gramatyka
handl.	— commerce	handlowość
hist.	— history	historia
imp	— impersonal form	forma nieosobowa
inf	— infinitive	bezokolicznik
itp.	— and so on	i tym podobne
int	— interjection	wykrzyknik
inter	— interrogation, interrogative	pytajnik, pytający
kin.	— cinematography	kinematografia
kolej.	— railway system	kolejnictwo
lit.	— literature	literatura
lotn.	— aviation	lotnictwo
łac.	— Latin word	wyraz łaciński
m	— masculine (gender)	(rodzaj) męski
mal.	— painting	malarstwo
mors.	— marine	morski
mat.	— mathematics	matematyka
med.	— medicine	medycyna
miner.	— mineralogy	mineralogia
muz.	— music	muzyka
n	— neuter (gender)	(rodzaj) nijaki
neg	— negative form	forma przecząca
nieodm.	— indeclinable word	wyraz nieodmienny
np.	— for example	na przykład
num	— numeral	liczebnik
p	— past tense, preterite	czas przeszły
part	— particle	partykuła
pl	— plural	liczba mnoga
poet.	— word used in poetry	wyraz poetycki
polit.	— politics, policy	polityka
pot.	— colloquialism	wyraz potoczny
pp	— past participle	imiesłów przeszły
p praes	— present participle	imiesłów czasu teraźniejszego
praed	— predicative	orzecznik, orzecznikowy
praef	— prefix	przedrostek
praep	— preposition	przyimek
praes	— present tense	czas teraźniejszy
prawn.	— law term	termin prawniczy
pron	— pronoun	zaimek
przen.	— metaphorically	przenośnie
przysł.	— proverb	przysłowie
reg.	— regular	regularny
rel.	— religion	religia
rów.	— also	również
s	— substantive	rzeczownik
sb, sb's	— somebody, somebody's	ktoś, kogoś, komuś
sing	— singular	liczba pojedyncza
skr.	— abbreviation	skrót
s pl	— noun plural	rzeczownik w liczbie mnogiej

sport	— sport, sports	sport, sportowy
sth	— something	coś
suf	— suffix	przyrostek
sup	— superlative	stopień najwyższy
teatr	— theatre	teatr
techn.	— technical	techniczny
uj.	— pejorative	ujemny
uż.	— used	używany
v	— verb	czasownik
v aux	— auxiliary verb	czasownik posiłkowy
vi	— intransitive verb	czasownik nieprzechodni
v imp	— impersonal verb	czasownik nieosobowy
vr	— reflexive verb	czasownik zwrotny
vt	— transitive verb	czasownik przechodni
wojsk.	— military term	termin wojskowy
wyj.	— exception	wyjątek
zam.	— instead of	zamiast
zbior.	— collective word	wyraz zbiorowy
zdrob.	— diminutive	wyraz zdrobniały
znacz.	— meaning	znaczenie
zob.	— see	zobacz
zool.	— zoology	zoologia
zw.	— usually	zwykle

THE POLISH ALPHABET

The order of the letters in the Polish alphabet is as follows:

a [a]	m [m]
ą [ɔ̃]	n [n]
b [b]	ń [ŋ]
c [ts], ch [x], cz [tʃ]	o [ɔ]
ć [tɕ]	ó [u]
d [d], dz [dz], dź [dz], dż [dʒ]	p [p]
e [ɛ, e]	r [r], rz [ʒ, ʃ]
ę [ɛ̃]	s [s], sz [ʃ]
f [f]	ś [ɕ]
g [g]	t [t]
h [x]	u [u]
i [i]	w [v]
j [j]	y [i]
k [k]	z [z]
l [l]	ź [z]
ł [w]	ż [ʒ]

a

A, a pierwsza litera alfabetu; od „a" do „z" from beginning to end; **gdy się powiedziało „a", trzeba powiedzieć i „b"** in for a penny, in for a pound; *conj* and; but; *int* ah!

abażur *m* lampshade

abdykacja *f* abdication (**z czegoś** of sth)

abdykować *vi* abdicate (**z czegoś** sth)

abecadło *n* A.B.C., ABC, alphabet

aberracja *f* aberration

Abisyńczyk *m* Abyssinian

abisyński *adj* Abyssinian

abiturient *m* school-leaving pupil

abnegacja *f* abnegation

abonament *m* subscription (**czegoś, na coś** to sth); (*w teatrze, tramwaju, na kolei*) season-ticket

abonent *m* subscriber (**czegoś** to sth)

abonować *vt* subscribe (**coś** to sth); (*w teatrze*) buy a season-ticket

absencja *f* absence

absolucja *f* absolution (**czegoś** of sth; **od czegoś** from sth)

absolut *m* absolute

absolutny *adj* absolute, complete

absolutorium *n* absolution, release; school-leaving ⟨university-leaving⟩ certificate

absolutyzm *m* absolutism

absolwent *m* school-leaving student ⟨pupil⟩, alumnus

absorbować *vt* absorb

absorpcja *f* absorption

absorpcyjny *adj* absorptive

abstrah|ować *vt* abstract; (*pomijać*)

take no account (**od czegoś** of sth); **~ując od tego, że ...** without counting that ...

abstrakcja *f* abstraction

abstrakcyjny *adj* abstract

abstynencja *f* abstinence, temperance; **~ całkowita (od alkoholu)** teetotalism

abstynent *m* abstainer, teetotaller

absurd *m* absurdity; **sprowadzić do ~u** reduce to absurdity

absurdalność *f* absurdity

absurdalny *adj* absurd

aby *conj* that, in order that; (*przed bezokolicznikiem*) to, in order to; **~ wrócić wcześniej** (in order) to come back soon; **~ nie** lest; in order not to; **~m mógł** so that I may

aceton *m chem.* acetone

acetylen *m chem.* acetylene

ach! *int* ah!, oh!

achromatyczny *adj fiz.* achromatic

a conto *adv handl.* on account

aczkolwiek *conj* though, although

adamaszek *m* damask

adaptacja *f* adaptation

adapter *m* pick-up; record player

adaptować *vt* adapt

adiunkt *m* (*uniwersytecki*) senior assistant ⟨lecturer⟩

adiutant *m wojsk.* adjutant; (*generała*) aide-de-camp

administracja *f* administration, management

administracyjny *adj* administrative

administrator *m* administrator, manager

administrować *vi* administer, manage (czymś sth)
admiralicja *f* admiralty
admirał *m* admiral
adnotacja *f* annotation
adopcja *f* adoption
adoptować *vt* adopt
adoracja *f* adoration
adorator *m* adorer
adorować *vt* adore
adres *m* address; pod ~em to ⟨at⟩ the address
adresat *m* addressee
adresować *vt* address
adwent *m* advent
adwokacki *adj* lawyer's, barrister's, solicitor's
adwokat *m* lawyer, barrister, (*niższy*) solicitor; *przen.* advocate
adwokatura *f* legal profession, bar
aerodynamiczny *adj* aerodynamic
aerodynamika [-'na-] *f* aerodynamics
aeroklub *m* flying club
aerometr *m* aerometer
aeronauta *m* aeronaut
aeronautyczny *adj* aeronautic
aeronautyka [-'nau-] *f* aeronautics
aeroplan *m* aeroplane; *am.* airplane
aerostatyczny *adj* aerostatic
aerostatyka [-'sta-] *f* aerostatics
afek|t *m* affection, emotion; działać w ~cie act in severe mental strain
afektacja *f* affectation
afektowany *adj* affected
afera *f* bad job, shady transaction, scandal
aferzysta *m* swindler, bad jobber
Afgańczyk *m* Afghan
afgański *adj* Afghan
afisz *m* poster, bill
afiszować się *vr* make a show (z czymś of sth), show off
aforyzm *m* aphorism
afront *m* affront, insult; zrobić komuś ~ affront sb
Afrykanin *m* African
afrykański *adj* African
agat *m* *miner.* agate
agencja *f* agency; ~ prasowa news agency
agenda *f* branch of business; (*terminarz*) agenda
agent *m* agent; (*giełdowy*) broker; (*podróżujący*) commercial traveller; ~ obcego wywiadu intelligencer
agentura *f* agency; ~ wywiadu intelligence agency
agitacja *f* agitation; (*wyborcza*) canvassing, campaign
agitator *m* agitator; (*wyborczy*) canvasser
agitować *vi* agitate; (w wyborach) canvass, campaign
agnostycyzm *m* agnosticism
agnostyk *m* agnostic
agonia *f* agony of death, death-agony
agrafka *f* safety-pin, clasp
agrarn|y *adj* agrarian; reforma ~a land reform
agresja *f* aggression
agresor *m* aggressor
agrest *m* gooseberry
agresywny *adj* aggressive
agronom *m* agronomist
agronomia *f* agronomy
agronomiczny *adj* agronomic
agrotechnika *f* agrotechnics
ajencja, ajent *zob.* agencja, agent
akacja *f* *bot.* acacia
akademia *f* academy; (*uroczyste zebranie*) session of celebration, commemorative meeting
akademicki *adj* academic(al); dom ~ students' hostel
akademik *m* (*członek akademii*) academician; (*student*) (university) student; *pot.* (*dom akademicki*) hostel
akcelerator *m* accelerator
akcent *m* accent, stress
akcentować *vt* accent, accentuate, stress
akcentowanie *n* accentuation
akcept *m* *handl.* acceptance, accepted draft
akceptacja *f* acceptance
akceptować *vt* accept
akces *m* accession
akcesoria *s pl* accessories *pl*

akcj|a f action; *handl.* share; ~a
ratunkowa rescue action; ~a powieści, sztuki plot, action; ~a
wyborcza election campaign; ~a
żniwna harvesting campaign; prowadzić ~ę carry on a campaign;
wszcząć ~ę launch a compaign
akcjonariusz m *handl.* sharehold-
er, stockholder
akcyjn|y *adj handl.* bank ~y
joint-stock bank; kapitał ~y
joint stock; spółka ~a joint-
-stock company
akcyza f excise, (*miejska*) toll
aklamacj|a f acclamation; uchwa-
lić przez ~ę carry by acclamation
aklimatyzacja f acclimatization
aklimatyzować *vt* acclimatize; ~
się *vr* become acclimatized
akomodacja f accomodation, adjustment
akomodować *vt* accomodate, adjust
akompaniamen|t m accompani-
ment; przy ~cie accompanied
(*czegoś* by sth)
akompaniator m accompanist
akompaniować *vi* accompany (komuś sb)
akord m *muz.* chord, harmony;
praca na ~ piece-work, job-
-work; pracować na ~ do piece-
-work, work by the job
akordeon m *muz.* accordion
akordow|y *adj muz.* accordant;
praca ~a piece-work, job-work;
robotnik ~y piece-worker, jobber
akr m acre
akredytować *vt* accredit (przy rządzie to a government)
akredytywa f *fin.* letter of credit
akrobata m acrobat
akrobatyczny *adj* acrobatic
akrobatyka f acrobatics
aksamit m velvet
aksjomat m axiom
aksjomatyczny *adj* axiomatic
akt m act, deed; (w *malarstwie,
rzeźbie*) nude; ~ kupna purchase
deed; ~ oskarżenia bill of in-

dictment; ~ zgonu death certificate; *pl* ~a deeds, records
aktor m actor
aktorka f actress
aktorski *adj* histrionic; zespół ~
troupe, company of actors; (*ob-
jazdowy*) touring company
aktorstwo n stage-playing, histrion-
ics; staging
aktualnoś|ć f reality, present-day
interest; ~ci dnia current events
aktualny *adj* current, topical
aktyw m active body, action
group
aktywa s *pl* holdings, *fin.* assets
aktywista m active member, activist
aktywizować *vt* activate
aktywność f activity
aktywny *adj* active
akumulacja f accumulation; ~
pierwotna primary ⟨primitive⟩
accumulation
akumulator m *elektr.* accumula-
tor, (storage) battery
akumulować *vt* accumulate; ~ się
vr accumulate
akurat *adv* just, exactly
akuratny *adj* accurate
akustyczny *adj* acoustic
akustyka [-ˈku-] f acoustics
akuszer m obstetrician
akuszerka f midwife
akuszerstwo n obstetrics, midwife-
ry
akwaforta f etching
akwarela f water colour
akwarium n aquarium
akwatynta f aquatint
akwedukt m aqueduct
akwizycja f (*nabywanie*) acquisition; (*zjednywanie klienteli*) solicitation
akwizytor m solicitor; (*ubezpieczeniowy*) insurance-agent
alabaster m alabaster
alarm m alarm; (*zw. lotn.*) alert;
uderzyć na ~ sound the alarm
alarmować *vt* alarm
alarmowy *adj* alarm *attr*; dzwonek
~ alarm-bell
Albańczyk m Albanian

albański *adj* Albanian

albatros *m zool.* albatross

albinos *m* albino

albo *conj* or; ~, ... ~ ... either ... or ...; ~ ten, ~ tamten either of them ⟨of the two⟩; ~ tędy, ~ tamtędy either this way or that; either way; ~ też or else

albowiem *conj* for, because

album *m* album; ~ do znaczków pocztowych stamp-album

alchemia *f* alchemy

alchemik *m* alchemist

ale *conj* but; however, yet; *int* ~! there now!

alegoria *f* allegory

alegoryczny *adj* allegoric(al)

aleja *f* avenue, alley

alembik *m* alembic

alergia *f med.* allergy

ależ *conj* but; ~ tak! why yes!; why of course!

alfabet *m* alphabet

alfabetyczny *adj* alphabetical

algebra *f* algebra

algebraiczny *adj* algebraic(al)

alians *m* alliance

aliant *m* ally

alibi *n nieodm.* alibi; udowodnić ⟨wykazać⟩ swoje ~ to establish one's alibi

alienacja *f* alienation

alienować *vt* alienate

aligator *m zool.* alligator

alimenty *s pl* alimony

alkalia *s pl chem.* alkali(e)s

alkaliczny *adj chem.* alkaline

alkaloid *m* alkaloid

alkohol *m* alcohol; ~ skażony denaturated alcohol

alkoholik *m* alcoholic

alkoholizm *m* alcoholism

alkoholowy *adj* alcoholic

alkowa *f* alcove

almanach *m* almanac

aloes *m bot.* aloe

alopatia *f* allopathy

al pari *adv handl.* at par

alpejski *adj* alpine; *bot.* fiołek ~ cyclamen

alpinista *m* alpinist

alt *m muz.* alto

altana *f* bower

alternatywa *f* alternative

alternatywny *adj* alternative

altówka *f muz.* viola

altruista *m* altruist

altruistyczny *adj* altruistic

altruizm *m* altruism

aluminium *n* aluminium

aluwialny *adj* alluvial

aluwium *n* alluvium

aluzja *f* allusion, hint; robić ~ę allude (do czegoś to sth), hint (do czegoś at sth)

Alzatczyk *m* Alsatian

ałun *m chem.* alum

amalgamat *m* amalgam

amant *m* lover

amarant *m* amaranth

amator *m* amateur, lover, fan

amatorski *adj* amateurish, amateur; teatr ~ amateur theatricals

amatorstwo *n* amateurism

amazonka *f* Amazon; (ubiór) (woman's) riding-habit

ambaras *m* embarrassment; być w ~ie be embarrassed

ambasada *f* embassy

ambasador *m* ambassador (w Polsce to Poland)

ambicja *f* ambition

ambitny *adj* ambitious

ambona *f* pulpit

ambrozja *f* ambrosia

ambulans *m* ambulance

ambulatorium *n* out-patients' department, dispensary (for out-patients), infirmary

ambulatoryjny *adj*, pacjent ~ out-patient

ameba *f zool.* amoeba

amen *nieodm.* amen; *pot.* na ~ completely, most surely; już ~ it's finished; pewne jak ~ w pacierzu as sure as fate, dead sure

Amerykanin *m* American

amerykanizm *m* Americanism

anoda

Amerykanka *f* American
amerykański *adj* American
ametyst *m* amethyst
amfibia *f zool.* amphibian; (*czołg*) amphibious tank
amfilada *f* suite of rooms
amfiteatr *m* amphitheatre
amfora *f* amphora
amnestia *f* amnesty
amnestiować *vt* amnesty
amon *m chem.* ammonium
amoniak *m chem.* ammonia
amortyzacja *f handl. prawn.* a-mortization, sinking; *techn.* shock-absorption
amortyzacyjny *adj* sinking
amortyzator *m techn.* shock-absorber
amortyzować *vt handl. prawn.* a-mortize, sink; *techn.* absorb shocks
amper *m elektr.* ampere
ampułka *f* ampoule
amputacja *f* amputation
amputować *vt* amputate
amulet *m* amulet
amunicja *f* ammunition, munition
anachroniczny *adj* anachronistic
anachronizm *m* anachronism
analfabeta *m* illiterate
analfabetyzm *m* illiteracy
analityczny *adj* analytical
analityka [-`li-] *f* analytics
analiza *f* analysis
analizować *vt* analyse
analogia *f* analogy; (*odpowiednik*) analogue; przez ~ę by (way of) analogy; przeprowadzić ~ę analogize (*czegoś* sth)
analogiczny *adj* analogous
ananas *m* pineapple
anarchia *f* anarchy
anarchiczny *adj* anarchic(al)
anarchista *m* anarchist
anatom *m* anatomist
anatomia *f* anatomy
anatomiczny *adj* anatomical
androny *pl pot.* foolish talk; pleść ~ talk nonsense
andrus *m pot.* street Arab, urchin
andrut *m* wafer cake

anegdota *f* anecdote
anegdotyczny *adj* anecdotical
aneks *m* annex
aneksja *f* annexation
anektować *vt* annex
anemia *f* anaemia
anemiczny *adj* anaemic
aneroid *m* aneroid
anewryzm *m* aneurism
angażować *vt* engage; ~ się *vr* engage (do czegoś for sth, w coś in sth), be engaged (w czymś in sth), commit oneself (w coś to sth)
angażowanie *n* engagement; ~ się commitment
Angielka *f* Englishwoman
angielsk|i *adj* English; *med.* choroba ~a (*krzywica*) rickets; mówić po ~u speak English; ulotnić się po ~ take French leave
angielszczyzna *f* English
angina *f* angina
Anglik *m* Englishman
anglikanin *m* Anglican
anglikański *adj* Anglican; kościół ~ Church of England
anglista *m* student of English; (*naukowiec*) anglist, anglicist
anglistyka *f* English studies; English philology
Anglosas *m* Anglo-Saxon
anglosaski *adj* Anglo-Saxon
ani *conj* not even, not a, neither; ~ nawet not even; ~ razu not even once; ~ to, ~ tamto neither this nor that; ~ więcej, ~ mniej neither more nor less; ~ żywej duszy not a living soul; ~ jeden człowiek nie widział not a man saw; ~ mi się śni never in my life
anielski *adj* angelic(al)
anilana *f* aniline
animozja *f* animosity
anioł *m* angel
aniżeli *conj* than
ankieta *f* questionnaire; public opinion poll
ano *part* well then, now then
anoda *f elektr.* anode

anomalia f anomaly

anonim m anonym; (*list*) anonymous letter

anonimowy adj anonymous

anons m announcement

anonsować vt announce

anormalność f anomaly, abnormality

anormalny adj abnormal

ans|a f grudge; czuć ~ę do kogoś bear sb a grudge

antagonista m antagonist

antagonistyczny adj antagonistic

antagonizm m antagonism

antałek m barrel, cask

antarktyczny adj Antarctic

antena f (*zewnętrzna*) aerial; ~ pokojowa indoor antenna

antenat m ancestor

antologia f anthology

antracen m anthracene

antracyt m anthracite

antrakt m interval

antresola f entresole

antropolog m anthropologist

antropologia f anthropology

antropologiczny adj anthropological

antropometria f anthropometry

antybiotyk m antibiotic

antyczny adj antique

antydatować vt antedate

antyk m antique, old curiosity, antiquity

antykwa f *druk.* roman (type)

antykwariat m old curiosity shop; (*książkowy*) second-hand bookshop

antykwariusz m antiquary; (*handlujący książkami*) second-hand bookseller

antykwarski adj antiquarian

antykwaryczn|y adj antiquarian; książka ~a second-hand book

antylopa f *zool.* antelope

antymon m *chem.* antimony

antypatia f antipathy

antypatyczny adj repugnant

antysemicki adj anti-Semitic

antysemita m anti-Semite

antysemityzm m anti-Semitism

antyseptyczny adj antiseptic

antyteza f antithesis

anulować vt annul, cancel

anulowanie n annulment

a nuż conj and if

anyż m anise

aorta f *anat.* aorta

apanaż m ap(p)anage

aparat m apparatus; appliance; ~ fotograficzny camera; ~ nadawczy broadcasting apparatus; ~ odbiorczy receiver; ~ radiowy wireless (set), radio set

apartament m apartment, suite of rooms

apatia f apathy

apatyczny adj apathetic

apel m appeal; (*odczytanie obecności*) roll-call, call-over; stanąć do ~u turn out for roll-call

apelacj|a f appeal; wnieść ~ę appeal (do kogoś to sb)

apelacyjny adj appealing; sąd ~ court of appeal

apelować vi appeal (do kogoś to sb, w sprawie czegoś for sth)

apetyczny adj appetizing

apetyt m appetite

aplauz m applause; przyjąć z ~em applaud; spotkać się z ~em meet with applause

aplikacja f application; (*staż*) probation, practice

aplikant m probationer, apprentice

aplikować vt apply; vi (*odbywać staż*) practise, undergo training

apodyktyczny adj peremptory

apolityczny adj non-political

apologia f apology

apopleksja f *med.* apoplexy

apoplektyczny adj *med.* apoplectic

apostolski adj apostolic; Stolica Apostolska Holy See

apostolstwo n apostolate

apostoł m apostle

apostrof m apostrophe

apostrofa f apostrophe

apoteoza f apotheosis

apretura f dressing, finishing

aprioryczny adj a priori

aprobat|a *f* approval; spotkać się z
~ą approve (kogoś, czegoś of
sb, sth)
aprobować *vt* approve (coś sth, of
sth)
aprowizacja *f* provisioning, food
supply
apteczka *f* medicine chest
apteka *f* chemist's (shop), *am.*
druggist's (shop), pharmacy, (*w
szpitalu*) dispensary
aptekarstwo *n* pharmacy
aptekarz *m* chemist, *am.* druggist
Arab *m* Arab
arabski *adj* Arabian, Arabic; język ~ Arabic
arak *m* arrack
aranżer *m* organizer; *muz.* arrang-
er
aranżować *vt* organize, *także muz.*
arrange
arbiter *m* arbiter
arbitralność *f* arbitrariness
arbitralny *adj* arbitrary
arbitraż *m* arbitration
arbitrażowy *adj* arbitral
arbuz *m bot.* watermelon
archaiczny *adj* archaic
archaizm *m* archaism
archaizować *vt* archaize
archanioł *m* archangel
archeolog *m* archaeologist
archeologia *f* archaeology
archeologiczny *adj* archaeological
archipelag *m* archipelago
architekt *m* architect
architektoniczny *adj* architectonic,
architectural
architektonika *f* architectonics
architektura *f* architecture; ~
wnętrz interior decoration
archiwista *m* archivist
archiwum *n* archive(s)
arcy- *praef* arch-
arcybiskup *m* archbishop
arcydzieło *n* masterpiece
arcykapłan *m* high priest
aren|a *f także przen.* arena, ring;
~ polityczna arena of politics;
przen. wkraczać na ~ę come
into prominence

areometr *m* areometer
areszt *m* arrest; (*więzienie*) prison;
położyć ~ seize (na coś sth)
aresztant *m* prisoner
aresztować *vt* arrest, imprison
aresztowani|e *n* arrest, imprison-
ment; nakaz ~a writ of arrest;
capias
Argentyńczyk *m* Argentine
argentyński *adj* Argentine
argument *m* argument; wysuwać,
przytaczać ~y put forward argu-
ments (na coś for sth)
argumentacja *f* argumentation
argumentować *vt* argue
aria *f muz.* aria, air
arianin *m* Arian
ariański *adj* Arian
arka *f* ark
arkada *f* arcade
arkana *s pl* arcana
arktyczny *adj* Arctic
arkusz *m* sheet
armata *f* gun, cannon
armatni *adj* gun; ogień ~ gun-
-fire; *przen.* mięso ~e cannon
fodder
armator *m* shipowner
armatura *f* fitting; *elektr.* arma-
ture
Armeńczyk *m* Armenian
armeński *adj* Armenian
armia *f* army
arogancja *f* arrogance
arogancki *adj* arrogant
arogant *m* arrogant fellow
aromat *m* aroma, flavour
aromatyczny *adj* aromatic, fragrant
arras *m* arras
arsen *m chem.* arsenic
arsenał *m* arsenal
arszenik *m* arsenic trioxide, *pot.*
arsenic
arteria *f* artery
artezyjski *adj* artesian
artretyczny *adj med.* arthritic
artretyzm *m med.* arthritis
artykulacja *f* articulation
artykuł *m* article; commodity; ~
wstępny (*do gazety*) leader,
editorial; ~y spożywcze articles
of consumption

artyleria *f* artillery; ~ przeciwlotnicza anti-aircraft
artylerzysta *m* artillerist, gunner
artysta *m* artist
artystyczn|y *adj* artistic; rzemiosło ~e artistic handicraft
artyzm *m* artistry
Aryjczyk *m* Aryan
aryjski *adj* Aryan
arystokracja *f* aristocracy
arystokrata *m* aristocrat
arystokratyczny *adj* aristocratic
arytmetyczny *adj* arithmetical
arytmetyka *f* arithmetic
arytmometr *m* arithmometer
as *m także przen.* ace; największy ~ the ace of aces
asceta *m* ascetic
ascetyczny *adj* ascetic(al)
ascetyzm *m* asceticism
asekuracja *f* insurance
asekurować *vt* insure; ~ się *vr* insure (oneself)
aseptyczny *adj* aseptic
aseptyka *f* asepsis
asfalt *m* asphalt
asocjacja *f* association
asortyment *m* assortment
aspekt *m* aspect; rozważyć coś we wszystkich ~ach consider a thing in all its bearings; sprawa ma inny ~ the problem has another complexion
aspiracja *f* aspiration
aspirować *vi* aspire (do czegoś to, after sth)
aspiryna *f* aspirin
aster *m bot.* aster
astma *f med.* asthma
astmatyczny *adj* asthmatic
astmatyk *m* asthmatic
astrofizyka *f* astrophysics
astrologia *f* astrology
astrologiczny *adj* astrological
astronauta *m* astronaut
astronautyka [-`nau-] *f* astronautics
astronom *m* astronomer
astronomia *f* astronomy
astronomiczny *adj także przen.* astronomic(al)

asygnata *f* assignation, allocation
asygnować *vt* assign
asymetria *f* asymmetry
asymilacja *f* assimilation
asymilacyjny *adj* assimilative
asymilować *vt* assimilate; ~ się *vr* assimilate, become assimilated
asy|sta *f* attendance, escort, assistance; w ~ście attended by (kogoś sb)
asystent *m* assistant
asystować *vi* assist (komuś sb, przy czymś at sth)
atak *m* attack; (choroby) fit; *sport* (w piłce nożnej) the forwards; *med.* ~ serca heart attack
atakować *vt* attack
atawizm *m* atavism
ateista *m* atheist
ateistyczny *adj* atheistic
ateizm *m* atheism
atlantycki *adj* Atlantic
atlas *m* atlas
atleta *m* athlete; (w zapasach) wrestler; (w cyrku) strong man
atletyczny *adj* athletic
atletyka *f sport zw.* lekka ~ athletics
atłas *m* satin
atmosfera *f* atmosphere
atmosferyczny *adj* atmospheric(al)
atol *m geogr.* atoll
atomow|y *adj* atomic; bomba ~a atomic bomb, A-bomb; broń ~a nuclear weapon; *chem.* ciężar ~y atomic weight; stos ~y atomic pile
atrakcja *f* attraction
atrakcyjny *adj* attractive
atrament *m* ink
atramentowy *adj*, ołówek ~ ink-pencil
atrofia *f med.* atrophy
atrybut *m* attribute
atut *m* trump
atutować *vt* trump
audiencj|a *f* audience; przyjąć na ~i receive in audience
audycja *f* broadcast (service), programme
audytorium *n* (sala) auditorium; (słuchacze) audience

aukcja f auction
aula f hall, aula
aureola f halo, aureole
auspicjle pl auspices; pod ~ami ... under the auspices of ...
Australijczyk m Australian
australijski adj Australian
austriacki adj Austrian
Austriak m Austrian
autentyczność f authenticity
autentyczny adj authentic
auto n auto
autobiografia f autobiography
autobiograficzny adj autobiographical
autobus m bus; coach; jechać ~em go by bus
autochton m native, aboriginal, autochthon
autochtoniczny adj autochthonous
autograf m autograph
autokar m (motor-)coach
autokracja f autocracy
automacja f automation
automat m automatic device ⟨machine⟩; (do sprzedaży biletów itp.) slot-machine; ~ telefoniczny public telephone
automatyczny adj automatic
automatyzacja f automation
automobilista m motorist
autonomia f autonomy, self-government; (miejska) local government
autonomiczny adj autonomous, self-governing
autoportret m self-portrait
autopsja f autopsy
autor m author
autorka f authoress
autorstwo n authorship
autorytatywny adj authoritative
autorytet m authority
autoryzacja f authorization
autoryzować vt authorize
autostop m hitch-hike, hitch-hiking; podróżować ~em hitch-hike
autostopowicz m hitch-hiker
autostrada f motorway; am. super-highway
autożyro m autogyro
awangarda f vanguard

awans m promotion, advancement; (zaliczka) advance; dać ~ promote (komuś sb); dostać ~ be promoted; ~ społeczny social advancement
awansować vt promote; vi be promoted (na wyższe stanowisko to a higher rank)
awanturla f brawl, row; zrobić ~ę make a scene, pot. kick up a row
awanturniczy adj rowdy
awanturnik m brawler, rowdy fellow
awanturować się vr brawl, make a row
awaria f damage
awaryjnly adj damage (report etc.); wyjście ~e emergency exit
awersja f aversion
awionetka f babyplane, aviette
awitaminoza f avitaminosis
awizacja f letter of advice
awizo n advice (note)
awizować vt advice
azalia f bot. azalea
azbest m asbestos
azbestowy adj asbestic
Azjata m Asiatic
azjatycki adj Asiatic
azot m nitrogen
azotan m nitrate
azotawy adj chem. nitrous
azotowy adj chem. nitrogenous, nitric
azyl m asylum, refuge, sanctuary; prawo ~u right of sanctuary; skorzystać z prawa ~u take refuge; szukać ~u seek refuge; udzielić komuś ~u grant asylum
azymut m mat. geogr. azimuth
aż conj till, until; part z praep a) (o czasie) aż do, aż po till, until; as late as; aż do 1965 r. till 1965; aż dotąd ⟨do tej chwili⟩ till now, up to now; b) (o przestrzeni) aż do as far as; aż do Warszawy as far as Warsaw; aż dotąd ⟨do tego miejsca⟩ up to here; c) (o ilości) as much as, as

many as; **aż tysiąc książek** as
many as one thousand books; **aż
za dużo** only too much
ażeby *conj* = aby

ażio *n fin.* agio, premium
ażur *m* open ⟨pierced⟩ work
ażurow|y *adj* open-work, pierced;
~**a robota** open work

b

ba! *int* really!, indeed!, well!
baba *f pot.* old woman; (*wieśniaczka*) peasant woman
babka *f* grandmother; *pot.* old
woman; (*ciasto*) brioche
babrać się *vr* puddle, dabble
babski *adj* womanly, old woman's;
~**e gadanie** old wives' tale
bachor *m pot.* brat
baczność|ć *f* attention; (*ostrożność*)
caution; **mieć się na** ~**ci** stand
on one's guard, look out; **stać na**
~**ć** stand at attention; **stanąć na**
~**ć** come to attention
baczny *adj* attentive (**na coś** to
sth); (*ostrożny*) cautious
baczyć *vi* pay attention (**na coś** to
sth); ~ **ażeby** mind ⟨watch out⟩
that
bać się *vr* be afraid (**kogoś, czegoś**
of sb, of sth), fear (**kogoś, czegoś** sb, sth, **o kogoś, o coś** for
sb, for sth); (*bardzo się bać*)
dread; **nie bój się!** never fear!
badacz *m* investigator, explorer,
research worker
badać *vt* investigate, explore, stud-
y, do research work; (*chorego,
świadka itp.*) examine
badanie *n* investigation, explora-
tion, research, study; (*chorego,
świadka itp.*) examination
badawcz|y *adj* searching, scruti-
nizing; **praca** ~**a** research work;
zakład ~**y** research institution
badyl *m* stalk
bagatela *f* trifle
bagatelizować *vt* slight, disregard;

~ **sobie** make nothing (**coś** of
sth)
bagaż *m* luggage, *am.* baggage;
oddać na ~ register one's luggage; **przechowalnia** ~**u** left-lug-
gage office
bagażnik *m* (luggage-)container;
(*w samochodzie*) boot
bagażowy *adj*, **wagon (wóz)** ~ lug-
gage-van; *m* porter
bagnet *m* bayonet
bagnisty *adj* marshy, swampy, bog-
gy
bagno *n* marsh, swamp, bog
bajdurzyć *vi pot.* twaddle
bajeczka *f* fairy-tale, fable
bajeczny *adj* fabulous
bajka *f* fable, fairy-tale
bajkopisarz *m* fabulist
bajoro *n* puddle
bak *m* tank
bakalie *s pl* sweetmeats, dainties
bakcyl *m* bacillus
baki *s pl* side-whiskers
bakier, na ~ *adv* crossways, slantwise, awry; **w kapeluszu na** ~
with one's hat cocked; *przen.* **być
z kimś na** ~ be cross with sb
bakteria *f* bacterium
bakteriobójczy *adj* bactericidal
bakteriolog *m* bacteriologist
bakteriologia *f* bacteriology
bakteriologiczny *adj* bacteriologi-
cal
bal 1. *m* (*zabawa*) ball; ~ **kostiumowy** fancy-dress ball; ~ **ma-
skowy** masked ball
bal 2. *m* (*belka*) beam, log

balast *m* ballast; **obciążyć** ∼**em**
ballast

baldachim *m* canopy, baldachin

baleron *m* ham in bladder

balet *m* ballet

baletmistrz *m* ballet-master

baletnica *f* ballerina

balia *f* wash-tub

balistyczny *adj* ballistic

balistyka *f* ballistics

balkon *m* balcony

ballada *f* ballad

balon *m* balloon; *(sterowy)* dirigible (balloon); *(wywiadowczy)* blimp; ∼ **na uwięzi** captive balloon

balotować *vi* ballot

balotowanie *n* ballot(ing)

balować *vi* attend balls

balsam *m* balsam, balm

balsamiczny *adj* balsamic

balsamować *vt* embalm

balustrada *f* balustrade, rail

bałagan *m* *pot.* mess, muddle; **narobić** ∼**u** make a mess (*w czymś* of sth)

bałamucić *vt* seduce; confuse; muddle; embarrass; mislead

bałamut *m* seducer; *(kobieciarz)* ladies' man

bałamutny *adj* muddling; misleading; confusing

bałkański *adj* Balcan

bałtycki *adj* Baltic

bałwan *m* *(fala)* billow; *(bożyszcze)* idol; *(głuptec)* blockhead; *(ze śniegu)* snowman

bałwochwalca *m* idolater

bałwochwalczy *adj* idolatrous

bałwochwalstwo *n* idolatry

bambus *m* bamboo

banalność *f* banality

banalny *adj* hackneyed, banal, commonplace, trite

banał *m* banality, commonplace

banan *m* banana

banda *f* *(grupa)* gang, band; *sport* *(krawędź)* border

bandaż *m* bandage

bandażować *vt* bandage, dress

bander|a *f* flag; **podnieść** ⟨**opuścić**⟩ ∼**ę** hoist ⟨haul down⟩ a flag

banderola *f* banderole

bandycki *adj* bandit's; **napad** ∼ robbery with assault

bandyta *m* bandit

bandytyzm *m* banditry

bania *f* *(naczynie)* receptacle; *(kula)* ball, globe; *bot.* gourd

banicj|a *f* banishment; **skazać na** ∼**ę** banish, outlaw

banita *m* outlaw

bank *m* bank; ∼ **emisyjny** bank of issue; ∼ **handlowy** commercial bank

bankier *m* banker

bankrut *m* bankrupt

banknot *m* (bank-)note

bankowiec *m* banker, bank employee

bankowość *f* banking

bankructwo *n* bankruptcy; **ogłosić czyjeś** ∼ to adjudge sb bankrupt

bankrut *m* bankrupt

bankrutować *vi* go bankrupt, fail

bańk|a *f* *(naczynie)* can; *med.* cupping glass, cup; *(powietrzna, mydlana itp.)* bubble; *(kula)* ball, globe; **puszczać** ∼**i** blow bubbles; *med.* **stawiać** ∼**i** cup (*komuś* sb)

bar 1. *m* bar; ∼ **kawowy** coffee bar; ∼ **samoobsługowy** snack--bar

bar 2. *m* *chem.* barium

barak *m* barrack

baran *m* ram; *przen.* **wziąć na** ∼**a** take pick-a-back

baranek *m* lamb

baranina *f* mutton

baraszkować *vi* dally, trifle, frivol

barbarzyńca *m* barbarian

barbarzyński *adj* barbarian, barbarous

barbarzyństwo *n* barbarity

barchan *m* fustian

barczysty *adj* broad-shouldered

barć *f* wild beehive

bardz|o *adv* very; *(z czasownikiem)* much, greatly; ∼**iej** more, better; **coraz** ∼**iej** more and more; **tym** ∼**iej** all the more; **najbar-**

dziej most, best; **nie** ~o not quite, hardly

bariera *f* bar, barrier

bark *m anat.* shoulder

barka *f* barge

barkarola *f muz.* barcarole

barkowy *adj anat.* scapular, shoulder-(joint etc.)

barłóg *m* pallet

barman *m* barman, bartender

barmanka *f* barmaid

barok *m* baroque

barometr *m* barometer

barometryczny *adj* barometric(al); **niż** ~ depression; low pressure; **wyż** ~ high pressure

baron *m* baron

baronowa *f* baroness

baronowski *adj* baronial

barszcz *m* borsch, beetroot soup

bartnictwo *n* wild-bee rearing

bartnik *m* wild-bee keeper

barwa *f* colour, hue; (*farba*) dye; ~ **ochronna** protective colouring

barwić *vt* colour, dye

barwnik *m* colouring matter, dye; pigment

barwny *adj* coloured

barykada *f* barricade

barykadować *vt* barricade

baryłka *f* barrel

baryton *m* baritone

bas *m* bass

basen *m* basin; tank; ~ **pływacki** ⟨**kąpielowy**⟩ swimming pool

basista *m* (*grający*) bass-player; (*śpiewak*) bass-singer

basta! *int* enough! that'll do!

bastion *m* bastion

baszta *f* dungeon

baśniowy *adj* fabulous, fairy

baśń *f* fable, fabulous tale

bat *m* whip; **dać** ⟨**dostać**⟩ ~y give ⟨get⟩ a licking; **trzaskać** ~**em** crack the whip

batalion *m* battalion

batalista *m* battle-painter

bateria *f* battery

batog *m* whip

batut|a *f* baton; **pod** ~**ą** conducted by

batyst *m* cambric, batiste

bawełn|a *f* cotton; *przen.* **owijać w** ~**ę** beat about the bush

bawialnia *f* drawing-room, parlour

bawić *vt* amuse, entertain; ~ **się** *vr* amuse oneself, enjoy oneself; play (**w coś** at sth); toy, trifle (**czymś** with sth); **dobrze się** ~ have a good time; *vi* (*przebywać*) stay

bawół *m* buffalo

baza *f* basis, base

bazalt *m* basalt

bazar *m* bazaar

bazgrać *vt* scrawl, scribble

bazgranina *f* scrawl, scribble

bazia *f bot.* catkin

bazować *vt vi* base, rely (**na czymś** on, upon sth)

bazylika *f* basilica

bazyliszek *m zool.* basilisk

bażant *m zool.* pheasant

bąbel *m* bubble; *med.* blister

bądź *imp od* **być** be; ~ **co** ~ at any rate; ~ ... ~ ... either ... or ...

bąk *m* (*owad*) bumble-bee; (*zabawka*) (humming) top; *pot.* (*dziecko*) brat; *pot.* **strzelić** ~**a** make a bloomer; **zbijać** ~**i** idle time away

bąkać *vt vi* mumble, mutter

beczeć *vi* bleat; *pot.* (*o człowieku*) blubber

beczk|a *f* cask, barrel; *lotn.* barrel-roll; **piwo z** ~**i** beer on draft; ~**a wina** caskful of wine

beczkować *vt* barrel

beczułka *f* keg

bednarstwo *n* coopery

bednarz *m* cooper

befsztyk *m* beefsteak

bejca *f* mordant

bejcować *vt* mordant; (*mięso*) pickle

bek *m* bleat; (*płacz*) blubber

bekas *m zool.* snipe

bekon *m* bacon

beksa *m f pot.* blubberer

bezduszny

bela *f* log; (*materiału*) bale; ~ papieru ten reams of paper
beletrysta *m* belletrist
beletrystyka *f* belles-lettres
belfer *m* pot. usher
Belg *m* Belgian
belgijski *adj* Belgian
belka *f* beam; *pot. wojsk.* (*naszywka*) bar; ~ stropowa tie-beam
bełkot *m* (*o mowie*) gabble; mumble
bełkotać *vi vt* (*o mowie*) gabble; mumble
bełtać *vt* stir
bemol *m muz.* flat
bengalski *adj* Bengal(i)
beniaminek *f* favourite
benzen *m*, benzol *m chem.* benzene
benzyna *f* (*czysta*) benzine; (*paliwo*) petrol, *am.* gasolene
benzynow|y *adj* benzine, petrol, *am.* gasolene; stacja ~a filling-station, *am.* gas station
berek *m* (*zabawa*) tag
beret *m* beret
berlinka *f* barge
berło *n* sceptre; dzierżyć ~ hold the sceptre
bernardyn *m* Bernardine; (*pies*) St. Bernard's dog
bessa *f handl.* slump
bestia *f* beast
bestialski *adj* bestial
bestialstwo *n* bestiality
besztać *vt* scold
beton *m* concrete; ~ zbrojony reinforced concrete
betonować *vt* concrete
bez 1. *m bot.* lilac; (*dziki*) elder
bez 2. *praep* without; ~ butów ⟨kapelusza⟩ with no shoes ⟨hat⟩ on; ~ deszczu, słońca rainless, sunless; ~ grosza penniless; ~ ogródek without mincing words; ~ wątpienia doubtless; ~ względu na coś regardless of sth; ~ ustanku unceasingly, incessantly
beza *f* meringue

bezalkoholowy *adj* non-alcoholic; (*o napoju*) soft
bezapelacyjny *adj* unappealable, beyond appeal
bezbarwny *adj* colourless
bezbłędny *adj* faultless
bezbolesny *adj* painless
bezbożnik *m* atheist
bezbożny *adj* atheistic, impious
bezbronność *f* defencelessness
bezbronny *adj* defenceless
bezbrzeżny *adj* boundless, limitless
bezcelowość *f* aimlessness, uselessness
bezcelowy *adj* aimless, useless, to no purpose
bezcen, za ~ *adv* dirt-cheap, *pot.* for a mere song
bezcenny *adj* priceless, invaluable
bezceremonialnie *adv* in a free and easy way; roughly; off-hand
bezceremonialność *f* free and easy way; unceremoniousness; informality; bluntness
bezceremonialny *adj* free and easy, unceremonious; informal; downright; blunt
bezchmurny *adj* cloudless
bezcielesny *adj* incorporeal, fleshless, immaterial
bezczelność *f* insolence, impertinence, *pot.* cheek
bezczelny *adj* insolent, impertinent, *pot.* cheeky, outrageous
bezcześcić *vt* desecrate, profane
bezczynność *f* inactivity, inaction, idleness
bezczynny *adj* inactive, idle
bezdenny *adj* bottomless, fathomless, abysmal
bezdeszczowy *adj* rainless
bezdomny *adj* homeless
bezdroż|e *n* impassable way, unbeaten track; *przen.* zejść na ~a go astray
bezdrzewny *adj* treeless, woodless; papier ~ rag paper
bezduszny *adj* soulless, lifeless, dull

bezdymny adj smokeless
bezdzietny adj childless
bezdźwięczny adj soundless, hollow; gram. surd, unvoiced
bezecność f villainy, infamy
bezecny adj villainous, infamous
bezgorączkowy adj feverless
bezgraniczny adj boundless, infinite
bezgrzeszny adj sinless, impeccable
bezhołowie n pot. confusion, mess
bezimienność f namelessness, anonymousness
bezimienny adj nameless, anonymous
bezinteresowność f disinterestedness
bezinteresowny adj disinterested
bezkarnie adv with impunity; ujść ~ go unpunished, pot. get off scot-free, get away with it
bezkarność f impunity
bezkarny adj unpunished
bezklasow|y adj classless; społeczeństwo ~e classless society
bezkompromisowy adj uncompromising
bezkonkurencyjny adj unrivalled
bezkresny adj boundless
bezkrólewie n interregnum
bezkrwawy adj bloodless
bezkrwisty adj anaemic
bezkrytyczny adj uncritical, indiscriminate
bezksiężycowy adj moonless
bezkształtność f shapelessness
bezkształtny adj shapeless
bez liku adv no end (czegoś of sth)
bezlitosny adj merciless, ruthless
bezludny adj desolate, uninhabited
bezludzie n wilderness, waste
bezład m confusion, disorder, chaos
bezładny adj confused, disorderly; (np. o mowie) disconnected, incoherent
bez mała adv nearly, almost, all but

bezmiar m immensity, infinity
bezmierny adj immense, infinite, immeasurable
bezmięsny adj fleshless; emaciated; (postny) meatless
bezmyślność f thoughtlessness, carelessness
bezmyślny adj thoughtless, careless
beznadziejnie adv hopelessly, beyond hope
beznadziejność f hopelessness
beznadziejny adj hopeless, desperate
beznamiętny adj dispassionate
beznogi adj legless, footless
bezokolicznik m gram. infinitive
bezosobowy adj impersonal
bezowocny adj fruitless, unproductive, ineffectual
bezpańsk|i adj ownerless, masterless, unclaimed; ~i pies stray dog; ziemia ~a no man's land
bezpartyjny adj non-party attr; independent
bezpieczeństw|o n safety, security; klapa ~a safety-valve; środki ~a measures of precaution, precautionary measures; **Rada Bezpieczeństwa** Security Council
bezpiecznik f safety-cock, safety-tap; elektr. fuse
bezpieczny adj safe, secure
bezpieniężny adj moneyless
bezplanowy adj planless
bezpłatnie adv gratuitously, gratis, free (of charge)
bezpłatny adj gratuitous, free (ticket, instruction etc.)
bezpłciowość f sexlessness
bezpłciowy adj sexless, biol. asexual
bezpłodność f barrenness, sterility, infertility
bezpłodny adj barren, sterile, infertile
bezpodstawność f groundlessness, baselessness
bezpodstawny adj groundless, baseless
bezpostaciowy adj amorphous

bezpośredni *adj* direct, immediate; (*o człowieku*) straightforward; **pociąg** ⟨**bilet**⟩ ∼ through train ⟨ticket⟩

bezpośrednio *adv* directly, immediately

bezpośredniość *f* directness, immediateness

bezpotomnie *adv* without issue ⟨progeny⟩

bezpotomny *adj* heirless, issueless

bezpowrotnie *adv* irretrievably, beyond retrieve

bezpowrotny *adj* irretrievable, irredeemable, irreparable

bezprawie *n* lawlessness; illegal action

bezprawny *adj* lawless, unlawful, illegal

bezpretensjonalny *adj* unpretentious, unpretending, unassuming

bezprocentowy *adj* without interest

bezprzedmiotowy *adj* insubstantial, matterless, purposeless

bezprzykładny *adj* unexampled, unprecedented

bezradność *f* helplessness, perplexity

bezradny *adj* helpless, perplexed

bezręki *adj* handless, armless

bezrobocie *n* unemployment

bezrobotn|y *adj* unemployed, out of work; *pl* ∼i the unemployed

bezrolny *adj* landless

bezruch *m* immobility, standstill; **w** ∼**u** at a standstill

bezsenność *f* sleeplessness

bezsenny *adj* sleepless

bezsens *m* nonsense, absurdity

bezsensowny *adj* absurd

bezsilnikowy *adj* motorless

bezsilność *f* impotence

bezsilny *adj* powerless, impotent

bezskutecznie *adv* to no avail, in vain

bezskuteczność *f* ineffectiveness

bezskuteczny *adj* ineffective, unavailing

bezspornie *adv* undeniably, beyond dispute

bezsporność *f* incontestability

bezsporny, bezsprzeczny *adj* incontestable, undisputed

bezstronnie *adv* impartially, dispassionately

bezstronność *f* impartiality

bezstronny *adj* impartial, dispassionate

bezterminowo *adv* without time-limit

bezterminowy *adj* termless

beztreściowy *adj* void of substance, empty

beztroska *f* unconcern

beztroski *adj* unconcerned, careless

bezustannie *adv* incessantly, without intermission

bezustanny *adj* incessant

bezużyteczność *f* uselessness

bezużyteczny *adj* useless, (of) no use

bezwartościowy *adj* worthless

bezwarunkowo *adv* unconditionally; absolutely

bezwarunkowy *adj* unconditional; absolute

bezwiednie *adv* unknowingly; involuntarily

bezwiedny *adj* unknowing, unconscious; involuntary

bezwład *m* inertia; *med.* paralysis

bezwładnoś|ć *f* inertness, inertia; *fiz.* siła ∼ci force of inertia

bezwładny *adj* inert; (*np. o inwalidzie*) disabled

bezwłasnowolny *adj* (*prawnie*) legally incapable, disabled

bezwodny *adj* waterless; *chem.* anhydrous

bezwolny *adj* involuntary; passive; undecided

bezwonny *adj* inodorous

bezwstyd *m* impudence, shamelessness

bezwstydnie *adv* impudently

bezwstydnik *m* impudent fellow

bezwstydny *adj* impudent, shameless

bezwyznaniowiec *m* irreligionist

bezwyznaniowy *adj* irreligious; (*o szkole*) undenominational

bezwzględność f absoluteness; peremptoriness; positiveness

bezwzględny adj absolute; peremptory; positive

bezzębny adj toothless

bezzwłocznie adv immediately, instantly, without delay

bezzwłoczny adj immediate, instant

bezzwrotny adj unrepayable, unredeemable

bezżenny adj s m celibate

bezżeństwo n celibacy

beż m beige

bezowy adj beige

bęben m drum

bębenek m muz. tambourine; anat. tympanum

bębnić vi drum

bęcwał m dolt, dullard

bękart m bastard

biada int woe!

biadać vi wail, groan and moan; deplore (nad czymś sth)

białaczka f med. leukaemia

białawy adj whitish

białko n (oka, jajka) white; chem. albumen

Białorusin m Byelorussian

białoruski adj Byelorussian

białość f whiteness

białowłosy adj white-haired

biały adj white; ~a broń cold steel; ~y dzień broad daylight; ~y wiersz blank verse; czarno na ~ym black and white

biblia f Bible

biblijny adj biblical

bibliofil m bibliophile

bibliograf m bibliographer

bibliografia f bibliography

biblioteka f library; (szafa) bookcase

bibliotekarz m librarian

bibularz m blotting-pad

bibuła f blotting-paper; pot. (prasa nielegalna) illegal press

bibułka f tissue-paper

bicz m whip; ~ boży scourge; trzaskać z ~a crack the whip

biczować vt lash, whip, flagellate

biczowanie n flagellation

bić vt vi beat, strike; ~ brawo applaud (komuś sb); ~ czołem prostrate oneself; ~ w dzwony ring the bells; ~ kogoś po twarzy slap sb's face; ~ pieniądze mint coins; coin (money); ~ rekordy break records; ~ z działa fire the gun; biją pioruny lightning bolts strike; ~ się vr fight; (na pięści) box; ~ się z myślami be in two minds; ~ się w piersi beat one's breast; to bije w oczy this strikes the eyes

biec zob. biegać

bied|a f poverty, misery; want, need; (zły los) adversity, distress; (kłopot) embarrassment; klepać ~ę pot. bite on the bit; narobić sobie ~y get into a mess

biedactwo n poor devil ⟨soul, thing⟩

biedak m poor man, pauper

biedny adj poor, miserable; s m poor man

biedota f zbior. (biedacy) poor people, the poor, the destitute

biedować vi suffer want, eke out one's existence

biedronka f zool. ladybird

biedzić się vr take pains (nad czymś with, over sth), toil (nad czymś at, on sth)

bieg m run, race; (życia, czasu, rzeki) course; techn. gear; pierwszy ~ first gear; najwyższy ~ top gear; skrzynka ~ów gearbox; włączyć ~ engage the gear; sport krótki ~ sprint; ~ sztafetowy relay-race; ~ z przeszkodami obstacle race; w pełnym ~u at full speed; z ~iem lat in the course of years

biegacz m runner, racer

biegać vi run (za czymś after sth); ~ na posyłki run errands

biegle adv fluently

biegłość f (w mowie) fluency; (zręczność) skill, dexterity; (wprawa) routine

biegły *adj* skilful, skilled, expert (w czymś in sth); *s m* expert

biegnąć *zob.* biegać

biegun *m fiz. geogr.* pole; (*np. kołyski*) rocker; **koń na ~ach** rocking-horse; **krzesło na ~ach** rocking-chair

biegunka *f med.* diarrhoea; **krwawa ~** dysentery

biegunowo *adv* diametrically

biegunowy *adj* polar

biel *f* white; **~ cynkowa** zink white; **~ ołowiowa** white lead; **~ do malowania ścian** whitewash

bielić *vt* whiten; (*naczynia metalowe*) tin; (*ściany*) whitewash; (*bieliznę*) bleach

bielidło *n* whitewash

bielizna *f* linen, underwear; **~ pościelowa** bed-linen; **~ damska** lingerie

bielmo *n med.* leucoma, film; **~ na oku** web eye

biernie *adv* passively

biernik *m gram.* accusative (case)

bierność *f* passivity

bierny *adv* passive; **~ opór** non-cooperation; *handl.* **~ stan** (*rachunków*) liabilities

biesiada *f* feast

biesiadnik *m* feaster

biesiadować *vi* feast, banquet

bieżący *adj* running, current; (*o miesiącu w dacie*) instant; **dług ~** floating debt; **rachunek ~** current account

bieżnia *f* running track; (*na torze wyścigowym*) race-course

bigamia *f* bigamy

bigamista *m* bigamist

bigos *m* sauerkraut stew; *przen.* mess, jumble; **narobić ~u** make a mess (z czymś of sth)

bijatyka *f* scrimmage, scuffle

bikiniarz *m* Teddy boy

bilans *m* balance; **~ handlowy** balance of trade; **~ płatniczy** balance of accounts; **sporządzić ~** make up the balance, balance; **zestawić ~** strike the balance

bilansow|y *adj*, **zestawienie ~e** balance sheet

bilard *m* billiards

bilet *m* ticket; (*wizytowy*) visiting card; **~ ulgowy** reduced ticket; **~ w jedną stronę** ⟨powrotny⟩ single ⟨return⟩ ticket

bileter *m* ticket-collector

bilion *m* billion

bilon *m* coins; small change

binokle *pl* eye-glasses

biochemia *f* biochemistry

biodro *n* hip, haunch

biograf *m* biographer

biografia *f* biography

biograficzny *adj* biographic(al)

biolog *m* biologist

biologia *f* biology

biologiczny *adj* biologic(al)

biret *m* beret; (*księży*) biretta

bis *int* i *s m* encore

biskup *m* bishop

biskupstwo *n* bishopric

bisować *vt vi* encore

biszkopt *m* sponge-cake

bitka *f* scuffle, scrimmage

bitny *adj* warlike, brave

bitw|a *f* battle; **pole ~y** battle-field; **wydać ~ę** give battle

biuletyn *m* bulletin

biuralista *m* official, clerk

biurko *n* writing-table, desk

biuro *n* office; **~ informacyjne** information office; **~ podróży** travel agency

biurokracja *f* bureaucracy, *przen.* red tape

biurokrata *m* bureaucrat, *przen.* red tapist

biust *m* breast; bust

biustonosz *m* brassière, *pot.* bra

biwak *m* bivouac

biwakować *vi* bivouac

bizantyjski *adj* Byzantine

bizmut *m* bismuth

biżuteria *f* jewellery

blacha *f* (*biała*) tin plate; (*ciemna*) sheet iron; (*kuchenna*) (kitchen-) range

blacharnia *f* sheet-iron works ⟨shop⟩

blacharz m tinsmith
bladoczerwony adj pale-red, pink
bladoróżowy adj pale-pink
bladość f paleness
blady adj pale, pallid
blaga f blague, hoax
blagier m liar, hoaxer
blagować vi blague, hoax
blaknąć vi discolour, fade
blamować się vr ridicule oneself, discredit oneself
blankiet m (blank) form
blanko, czek in ~ handl. blank cheque
blask m brilliance, brightness, splendour; (np. słońca) glare
blaszanka f can
blaszany adj tin, tinplate
blaszka f metal plate; bot. lamina, blade
blat m sheet, plate; ~ stołu table top
blednąć vi grow pale; (o barwach) fade
blednica f med. chlorosis, green-sickness
blenda f geol. blende; fot. diaphragm
blichtr m tinsel, false show
bliski adj near, close; (zbliżający się — np. o nieszczęściu) imminent; ~ śmierci on the point ⟨on the verge⟩ of death; ~ znajomy close ⟨intimate⟩ acquaintance; pozostawać w ~ch stosunkach be in close ⟨intimate⟩ relations; ~e podobieństwo close resemblance
blisko adv near(ly), close(ly); ~ spokrewniony closely related; ~ dwa miesiące nearly two months; być ~ czegoś be quite close to sth; daleko i ~ far and near; praep ~ rzeki near the river; ~ siebie close to each other
bliskość f nearness, proximity; (w czasie) imminence
bliskoznaczny adj synonymous
blizna f scar
bliźni m fellow creature, neighbour

bliźniaczy adj twin
bliźniak m twin
bliżej adv nearer, closer, more nearly ⟨closely⟩
bliższy adj nearer, closer
bloczek m pad, (small) notebook; filat. miniature-sheet
blok m block; techn. pulley; ~ kasowy cash-block; ~ mieszkalny block of flats; ~ rysunkowy drawing-block
blokada f blockade
blokować vt block
blond adj nieodm. fair(-haired), blond
blondyn m blond (man)
blondynka f blond woman, blonde
blotka f (w kartach) low card
bluszcz m bot. ivy
bluza f blouse; wojsk. tunic
bluzgać vi spout, squirt
bluzka f blouse
bluźnić vi blaspheme
bluźnierca m blasphemer
bluźnierstwo n blasphemy
błagać vt implore, beseech, supplicate
błagalny adj imploring, beseeching, suppliant
błaganie n imploration; entreaty
błahostka f trifle
błahy adj trifling, futile
błam m fur-lining
bławatek m bot. cornflower
błazen m fool, buffoon, clown
błazeński adj clownish; czapka ~a fool's cap
błazeństwo n foolery, buffoonery
błaznować vi play the fool, fool around
błąd m mistake, error, fault; ~ drukarski misprint
błądzić vi err, blunder; wander, roam
błąkać się vr stray, roam
błędny adj faulty, incorrect, erroneous; ~e koło vicious circle; ~y rycerz knight errant; ~e oczy wild look; ~y ognik jack-o'-lantern, will-o'-the-wisp; na ~ej drodze on the wrong track
błękit m sky-blue, azure

błękitnooki *adj* blue-eyed
błękitny *adj* sky-blue
błogi *adj* blissful, happy
błogosławić *vt* bless
błogosławieństwo *n* blessing
błogostan *m* blissfulness
błona *f* membrane; film
błoniasty *adj* membraneous, filmy
błonica *f* med. diphtheria
błonie *n* pasturage; (*wiejskie*) village green
błonka *f* pellicle, film
błotnik *m* mudguard, wing, *am.* fender
błotnisty *adj* muddy, swampy
błoto *n* mud, muck, dirt
błysk *m* glitter, flash; (*rażący*) glare
błyska|ć *vt* flash, glitter; ~ się it lightens
błyskawica *f* (flash of) lightning
błyskawicznie *adv* like lightning, in no time at all; *pot.* like a streak
błyskawiczn|y *adj* swift, rapid; wojna ~a blitz; zamek ~y zip fastener, zipper
błyskotk|a *f* gewgaw; *zbior.* ~i tinsel
błyskotliwość *f* brightness; *uj.* gaudiness
błyskotliwy *adj* flashy; *uj.* gaudy
błysnąć *vi* flash
błyszczący *adj* brilliant, shining
błyszczeć *vi* shine, glitter
bo *conj* because, for
boazeria *f* wainscot(ing)
bobkow|y *adj* liście ~e bay leaves
bobo *n nieodm. pot.* babe, kiddy
bobslej *m sport.* bobsleigh
bochen(ek) *m* loaf
bocian *m zool.* stork
boczek *m* flank, side; (*wędlina*) flitch of bacon
bocznica *f* siding (track)
boczn|y *adj* lateral, side *attr;* ~e światło side-light; ~a ulica by-street, off street
boczyć się *vr pot.* be sulky (na kogoś with sb)
boćwina *f* red-beet leaves; (*zupa*)

red-beet soup
bodaj *part* may...; ~by tak było may it be so
bodziec *m* stimulus, incentive, goad; dodać bodźca stimulate (komuś sb)
bogacić *vt* enrich; ~ się *vr* enrich oneself, grow rich
bogactwo *n* wealth, riches
bogacz *m* rich man
bogaty *adj* rich, wealthy
bogini *f* goddess
boginka *f* nymph
bogobojny *adj* godly, pious
bohater *m* hero
bohaterka *f* heroine
bohaterski *adj* heroic
bohaterstwo *n* heroism
bohomaz *m* daub
boisko *n sport* sports field, playground; (*szkolne*) close
boja *f* buoy; ~ świetlna beacon-buoy
bojaźliwość *f* shyness, timidity
bojaźliwy *adj* shy, timid
bojaźń *f* awe, fear
bojer *m sport* ice boat
bojkot *m* boycott
bojkotować *vt* boycott
bojler *m* boiler
bojownik *m* fighter; champion; ~ o pokój peace-fighter
bojow|y *adj* pugnacious, combative; gotowość ~a alert; okrzyk ~y battle-cry; szyk ~y battle-array; siły ~e striking force
bojówka *f* fighting group, armed band
bok *m* side, flank; ~iem sidelong; patrzeć ~iem look askance (na kogoś at sb); pod ~iem near by, at hand; przen. to mi ~iem wychodzi I'm fed up with it; zrywać ~i ze śmiechu split one's sides with laughing; robić ~ami be one one's last legs; przy czyimś ~u at sb's side; na ~, na ~u aside, apart; uwaga na ~u side note; zarobić coś na ~u earn sth on the side; kłucie w ~u stitch in the side; stać na ~u

bokobrody

478

stand aloof; z ~u from the side;
widok z ~u side-view; uderzenie z ~u side-blow, by-blow
bokobrody s pl sidewhiskers
boks 1. m (pięściarstwo) boxing
boks 2. m (skóra) box-calf
bokser m boxer
boksować vt box; ~ się vr box
bolący adj painful, aching
bolączka f pain; grief, worry
boleć vi ache, hurt, pain; (żałować) regret, grieve; ~i mnie głowa (ząb) I have a headache (a
toothache); ~i mnie palec my
finger hurts, I have a sore finger; ~i mnie gardło I have a
sore throat; co cię ~i? what ails
(hurts) you?; ~eję nad jego
śmiercią I mourn over his death
bolesny adj painful, sore; (moralnie) grievous
boleść f (moralna) grief; pl ~ci
pains
bolszewicki adj Bolshevist, Bolshevik
bolszewik adj Bolshevik
bolszewizm m Bolshevism
bomba f bomb; (czekoladowa) ball;
(kufel) pint; (sensacja) startling
piece of news, sensation; ~ a-
tomowa atomic bomb, A-bomb;
~ wodorowa hydrogen bomb, H-
-bomb; wpaść jak ~ rush in,
burst in; ~ pękła it has come
off
bombardować vt bombard
bombardowanie n bombardment
bombastyczny adj bombastic
bombonierka f bonbonnière
bombowiec m wojsk. lotn. bomb-
er
bon m bill, bond, ticket, coupon;
fin. ~ skarbowy treasury bond
bonifikacja f compensation, indemnity, allowance
bonifikować vt compensate (komuś coś sb for sth)
boraks m chem. borax
bordo n i adj nieodm. (kolor)
crimson-dark red; (wino) Bor-
deaux

borny adj kwas ~ boric acid
borówka f bilberry, whortleberry
borsuk m zool. badger
borykać się vr wrestle, grapple
bosak m boat-hook; fire-hook; na
~a barefoot
boski adj divine, godlike; oddawać cześć ~ą worship; na litość
~ą! for goodness' sake!; rany
~ie! good heavens!
boskość f divinity
bosman m mors. boatswain
boso adv barefoot
bosy adj barefooted
bot m (high) overshoe
botaniczny adj botanical
botanika f botany
bowiem conj for
bożek m idol, god
boży adj divine; ~a krówka lady-
bird; Boże Ciało Corpus Christi;
Boże Narodzenie Christmas
bożyszcze n idol
bób m (broad) beans
bóbr m beaver; płakać jak ~
melt into tears
Bóg m God; mój Boże! good God!,
dear me!; chwała Bogu! thank
God!; nie daj Boże! God forbid!;
szczęść Boże! God speed you!
bój m fight, battle; prowadzić ~
fight, battle
bójka f scrimmage, scuffle
ból m pain, ache; ~ głowy headache; ~ gardła sore throat; ~
zębów toothache
bór m forest
bóstwo n deity
bóść vt gore
bóżnica f synagogue
bractwo n confraternity

brać vt take; ~ do wojska enlist; ~ górę get the upper hand
(nad kimś, czymś of sb, sth); ~
na serio take seriously; ~ na siebie obowiązek take on duty; ~
pod uwagę take into consideration; ~ ślub get married (z kimś
to sb), wed (z kimś sb); ~ udział
take part; ~ w rachubę take into account; ~ za dobrą monetę

take in good part; ~ za złe take amiss; **bierze mnie chęć** I feel inclined, I have a mind; **bierze mróz** it begins to freeze; ~ **się do dzieła** set about one's work

brak *m* lack, deficiency, absence, want; (*wada*) fault, shortcoming; (*o towarze*) defective article; ~ **mi pieniędzy** I lack money; **cierpieć na** ~ **czegoś** lack sth; **suffer from the lack of sth; nie** ~ **mu odwagi** he abounds in courage; **z** ~**u czasu** for lack of time; **zaspokoić** ~ supply a want

brakarz *m* sorter

brakorób *m* defective worker, bungler

brakoróbstwo *n* defective work, bungling

brakować 1. *vt* (*sprawdzać jakość*) cast off, reject, sort

brak|ować 2. *vi* be wanting, be missing, be deficient; ~**uje wielu książek** many books are missing; ~**uje pieniędzy** there is lack of money, money is lacking; ~**uje mi pieniędzy** I lack money; ~**uje mi słów** words fail me; ~**uje mi sił** my power fails me; **nic mi nie** ~**uje** nothing is the matter with me

brama *f* gate; ~ **wjazdowa** gateway

bramk|a *f* sport goal; **zdobyć** ~**ę** score a goal

bramkarz *m* sport goalkeeper

branka *f* (*pobór*) impressment; *t* (*kobieta*) (female) captive

bransolet(k)a *f* bracelet

branża *f* line (of business); branch; craft

brat *m* brother; (*zakonny*) brother (*pl* brethren); **bracia czescy** Moravian Brethren; ~ **cioteczny** first cousin; ~ **przyrodni** stepbrother; **być za pan** ~ be on easy terms (**z kimś** with sb)

bratać się *vr* fraternize

bratanek *m* nephew

bratanica *f* niece

bratanie się *n* fraternization

bratek *m* bot. pansy

braterski *adj* brotherly, fraternal

braterstwo *n* brotherhood, fraternity; (*brat i bratowa*) brother and his wife

bratni *adj* = braterski

bratowa *f* sister-in-law

brawo *int* bravo; applause; **bić** ~ applaud (**komuś** sb)

brawura *f* gallantry, bravery; *muz.* bravura

Brazylijczyk *m* Brazilian

brazylijski *adj* Brazilian

brąz *m* bronze; (*kolor*) brown

brązownik *m* brazier

brązowy *adj* bronze; (*o kolorze*) brown

bredni|a *f* (*zw. pl* ~e) bosh

bredzić *vi* rave, maunder

brelok *m* trinket

brew *f* brow

brewerie *s pl* uproar, row; **wyprawiać** ~ make a row

brewiarz *m* breviary

brezent *m* canvas, tarpaulin

brnąć *vi* flounder, wade; ~ **w długi** incur debts over head and ears

broczyć *vi* (*ociekać*) ~ **krwią** bleed, drip with blood

brod|a *f* chin; (*zarost*) beard; **zapuścić** ~**ę** grow a beard

brodaty *adj* bearded

brodawka *f* wart; (*sutkowa*) nipple

brodzić *vi* wade

broić *vi* be up to mischief, skylark

brokat *m* brocade

brom *m* chem. bromine

brona *f* harrow

bronchit *m* med. bronchitis

bronić *vt* defend (**przed kimś, czymś** against ⟨from⟩ sb, sth);' (*pokoju, kraju*) guard, protect; (*poglądów, honoru itp.*) vindicate; (*praw, sprawy itp.*) assert; (*orędować*) advocate (**za czymś** sth); ~ **czyjejś sprawy** plead sb's cause; ~ **się** *vr* defend oneself

bronować *vt* harrow

broń *f* weapon, arms; ~ biała cold weapon; ~ boczna side-arms; ~ palna fire-arms; pod bronią in arms; chwycić za ~ take up arms; składać ~ lay down arms

broszka *f* brooch

broszura *f* pamphlet; (*prospekt, ulotka*) folder

broszurowan|y *adj* stitched, unbound; książka ~a paperback

browar *m* brewery

bród *m* ford; przechodzić w ~ ford

bródka *f* little beard; kozia ~ goatee

bróg *m* (hay-)rick

brud *m* dirt; filth; *pl* ~y (*brudna bielizna*) dirty linen

brudas *m* sloven

brudn|y *adj* dirty, filthy; pisać na ~o make a rough copy

brudzić *vt* soil, make dirty; ~ sobie twarz, ręce soil one's face, hands; ~ się *vr* get soiled, become dirty

bruk *m* pavement, paved road; *przen.* szlifować ~i loaf about; wyrzucić na ~ turn out adrift

brukać *vt* soil, make dirty

brukiew *f* *bot.* (Swedish) turnip

brukować *vt* pave, cobble

brukowiec *m* paving-stone, cobble; (*gazeta*) gutter paper

brukow|y *adj* paving; prasa ~a gutter press

brukselka *f* *bot.* Brussels sprouts

brulion *m* rough copy ⟨notebook⟩

brunatny *adj* brown

brunet *m* dark-haired man

brunetka *f* brunette

brusznica *f* *bot.* cranberry

brutal *m* brute

brutalność *f* brutality; (*w grze*) roughness

brutaln|y *adj* brutal; (*o grze*) rough

brutto *adv* (in) gross; cena ~ gross price; waga ~ gross weight

bruzda *f* furrow

bruździć *vt* furrow; *vi* *pot.* make difficulties, muddle, obstruct

bryczka *f* britzka

brydż *m* bridge

brydżysta *m* bridge-player

brygada *f* brigade

brygadier *m* brigadier

brygadzista *m* foreman

brygadzistka *f* forewoman

bryk *m* *pot.* crib; *am.* pony'

brykać *vi* (*o koniu*) rear, kick; (*swawolić*) frolic, gambol, jump about

brykiet *m* briquette; *zbior.* ~y patent fuel

brylant *m* brilliant, diamond

bryła *f* block, lump, (*ziemi*) clod; *mat.* solid

bryłka *f* lump, clot

bryłkowaty *adj* cloddy, clotty

bryłowaty *adj* lumpy, massive

bryndza *f* ewe's cheese

brystol *m* Bristol board

brytan *m* mastiff

brytfanna *f* frying-pan

Brytyjczyk *m* British subject, *am.* Britisher

brytyjski *adj* British

bryza *f* breeze

bryzg *m* splash

bryzgać *vi* splash (wodą water)

brzask *m* dawn, daybreak; z ~iem at daybreak

brzdąc *m* brat

brzdąkać *vi* strum

brzdęk *int* twang!

brzeg *m* bank, riverside; (*morza, jeziora*) shore, coast; seaside; seashore; (*plaża*) beach; (*przepaści*) brink; (*krawędź*) edge; (*strońicy*) margin; (*sukni, lasu*) skirt; (*kapelusza, kubka itp.*) brim; na ~, na ~u ashore; wyrzucić na ~ strand; osiąść na ~u run ashore

brzemienność *f* pregnancy

brzemienny *adj* pregnant

brzemię *n* burden, *lit.* burthen

brzezina *f* birchwood

brzęcz|eć *vi* ring; (*o metalu*) thinkle, clink, chink; (*o pieniądzach*) jingle; (*o owadach*) buzz, hum; (*o talerzach*) clatter; ~ąca moneta hard cash

brzęczyk *m* buzzer

brzęk *m* ring, clink, jingle; buzz

brzmieć *vt* (re)sound, ring; (*o tekście, ustawie itp.*) purport; tekst ~ jak następuje the text runs as follows; to ~ dziwnie this rings ⟨sounds⟩ strange

brzmienie *n* sound; (*tekstu, umowy itp.*) purport, tenor, wording

brzoskwinia *f* peach

brzoza *f* birch

brzuch *m* belly, stomach, *pot.* paunch

brzuchacz *m* *pot.* pot-belly, paunchy man

brzuchaty *adj* big-bellied

brzuchomówca *m* ventriloquist

brzuszny *adj* abdominal; *med.* dur ~ enteric ⟨typhoid⟩ (fever)

brzydactwo *n* ugliness; ugly thing ⟨person⟩

brzydal *m* ugly man

brzydki *adj* ugly

brzydnąć *vi* become ugly

brzydota *f* ugliness

brzydzić się *vr* abhor, loathe (czymś sth), have an aversion (czymś to sth)

brzytw|a *f* razor; *przysł.* tonący ~y się chwyta a drowning man catches at a straw

buchać *vi* (*o płynach*) gush; (*o dymie, ogniu*) belch; *pot.* (*kraść*) pinch, lift, filch; ~ płomieniem blaze forth

buchalter *m* book-keeper

buchalteria *f* book-keeping

bucik *m* shoe, boot

buczeć *vi* buzz, drone

buczyna *f* beech-wood, beech-grove

buda *f* shed, shack; (*jarmarczna*) booth; psia ~ kennel

budka *f* shelter, cabin; (*np. strażnika*) box; ~ telefoniczna telephone ⟨call⟩ box; telephone booth

budow|a *f* construction, structure; building; biuro ~y building-office; plac ~y building-site; ~a ciała structure of the body, build; ~a zdania sentence structure

budować *vt* build, construct; (*moralnie oddziaływać*) edify; *przen.* ~ zamki na lodzie build castles in the air

budowla *f* building, edifice

budowlan|y *adj* building, architectural; przedsiębiorca ~y builder, building contractor; przedsiębiorstwo ~e building enterprise

budownictwo *n* architecture; ~ socjalistyczne socialist public work; ~ wielkopłytowe system-building

budowniczy *m* builder

budulec *m* timber, *am.* lumber

budynek *m* building

budyń *m* pudding

budzić *vt* wake (up), waken, awake, awaken, rouse, call; (*uczucie*) prompt; (*sympatię, podejrzenia*) arouse; (*zaufanie*) inspire; ~ się *vr* wake (up), awake, start up

budzik *m* alarm-clock; nastawić ~ na siódmą (godzinę) set the alarm-clock for seven (o'clock)

budżet *m* budget

budżetowy *adj* budgetary; rok ~ financial year

bufet *m* (*mebel*) sideboard, cupboard; (*w restauracji*) bar; (*w teatrze, szkole itp.*) refreshment room

bufetowa *f* barmaid

bufetowy *m* barman

bufon *m* buffoon

bufonada *f* buffoonery

bufor *m* buffer

buhaj *m* bull

bujać *vi* (*unosić się*) float, hover, soar; (*wałęsać się*) roam; (*kiełkować*) sprout, shoot; pullulate; *vt* (*huśtać*) rock, swing; *pot.* (*nabierać*) spoof, hoax

bujak *m* rocking-chair

bujda *f* *pot.* spoof, hoax

bujny *adj* exuberant, abundant, luxuriant; (*o włosach*) bushy; (*o fantazji, pomyśle*) fertile

buk *m* beech

bukiecik *m* posy, nosegay

bukiet *m* bouquet; bunch of flowers

bukmacher *m* bookmaker

bukmacherstwo *n* booking

bukszpan *m* boxtree, box-wood

buldog *m* bulldog

buldozer, buldożer *zob.* spychacz

bulgot *m* bubble, gurgle

bulgotać *vi* bubble, gurgle

bulier *m techn.* boiler

bulion *m* bouillon, broth, beef-tea

bulla *f* bull

bulwa *f bot.* bulb, tuber

bulwar *m* boulevard, avenue; (*nad rzeką*) embankment

bulwiasty *adj* bulbous, tuberous

bułanek *m* dun horse

buława *f* mace, truncheon; (*marszałkowska*) baton

Bułgar *m* Bulgarian

bułgarski *adj* Bulgarian

bułka *f* roll; ~ tarta (bread) crumbs; słodka ~ bun

bumelanctwo *n* loafing, shirking, absenteeism

bumelant *m* loafer, shirker, absentee; *am. pot.* bummer

bumelować *vi* shirk

bumerang *m* boomerang

bunkier *m wojsk.* pill-box

bunt *m* rebellion, revolt, sedition, mutiny; podnieść ~ rise in revolt

buntować *vt* stir (up), rouse to revolt; ~ się *vr* revolt, rebel

buntowniczy *adj* rebellious, seditious

buntownik *m* rebel, mutineer

buńczuczny *adj* cocky, perky

bur|a *f pot.* reprimand, scolding; dać ~ę reprimand (komuś sb), give a scolding; scold, *pot.* give it hot; dostać ~ę get a scold, *pot.* get it hot

burak *m* beet (root); ~ cukrowy white beet; ~ ćwikłowy red beet

burczeć *vi* rumble; (*gderać*) grumble (na kogoś at sb)

burda *f* brawl

burgund *m* (*wino*) Burgundy

burmistrz *m* mayor

burnus *m* burnoose

bursa *f* pupils' hostel

bursztyn *m* amber

burt|a *f mors.* (ship's) side, (ship) board; lewa ~a port side; prawa ~a starboard side; wyrzucić za ~ę throw overboard

bury *adj* dark-grey, grizzly

burz|a *f* storm, tempest; *przen.* ~ w szklance wody a storm in a teacup

burzliwy *adj* stormy, tempestuous, turbulent

burzyciel *m* destroyer

burzycielski *adj* destructive

burzyć *vt* destroy, demolish; (*rozebrać, np. dom, maszynę*) pull down; (*podburzać*) stir up, raise; ~ się *vr* rebel, rise in revolt

burżuazja *f* bourgeoisie

burżuazyjny *adj* bourgeois

burżuj *m pog.* bourgeois

busola *f* compass

buszować *vi* rummage

but *m* boot, shoe; głupi jak ~ as dull as ditch water

buta *f* haughtiness, insolence

butelka *f* bottle

butelkować *vt* bottle

butla *f* demijohn, (*opleciona*) carboy

butny *adj* haughty, overbearing, insolent

butonierka *f* buttonhole

butwieć *vi* rot, moulder

by *zob.* aby; *part warunkowa*: on by to zrobił he would do it

byczek *m* bull calf

byczy *adj* bull, bull's, taurine; *pot.* capital, glorious; *pot.* ~ chłop brick

być *vi, v aux* be; ~ dobrej myśli be of good cheer; ~ może perhaps, maybe; niech będzie, co chce come what may; niech i tak będzie let it be so; ~ u siebie be at home; co z nim będzie? what will become of him?

bydlę *n* beast, brute

bydło *n* cattle

byk *m* bull; (*gafa*) bloomer, howler; **walka** ~**ów** bullfight; **wziąć** ~**a za rogi** take the bull by the horns; **palnąć** ⟨**strzelić**⟩ ~**a** make a bloomer; **jak czerwona płachta na** ~**a** like a red rag to a bull

byle *adv* ~ **co** anything; ~ **kto** anybody; ~ **jak** anyhow; ~ **gdzie** anywhere; ~ **jaki** any, any... whatever; ~ **jaka odzież** any dress whatever; **to nie** ~ **jaki uczeń** he is no mean pupil; **nie** ~ **jak** in no mean fashion

bylina *f bot.* perennial

były *adj* former, past, old, ex-, late; ~ **prezydent** ex-president, late president

bynajmniej *adv* not at all, by no means, not in the least; (*z oburzeniem*) I should say ⟨think⟩ not

bystrość *f* (*szybkość*) rapidity, quickness; (*bystrość umysłu*) keenness, shrewdness, acuteness

bystry *adj* (*szybki*) rapid, quick; (*umysłowo*) keen, keenwitted, acute; (*o wzroku*) sharp, keen

byt *m* existence; **walka o** ~ struggle for existence ⟨life⟩; **mieć zapewniony** ~ have one's existence ⟨living⟩ secured

bytność *f* sojourn, stay

bytow|y *adj* existential; **warunki** ~**e** living conditions

bywa|ć *vi* frequent (**w pewnym miejscu** some place); to be ⟨to go⟩ often ...; frequently call (**u kogoś** on sb); (*zdarzać się*) happen; ~**j zdrów!** farewell!

bywalec *m* frequenter, habitué

bywały *adj* experienced

bzdur|a *f* nonsense, absurdity, silly talk, rubbish; **pleść** ~**y** talk nonsense

bzdurny *adj* nonsensical, absurd

bzik *m pot.* eccentricity, craze; oddity; (*wariat*) crank, loony; **mieć** ~**a** be crazy, *przen.* have a screw loose, have a bee in one's bonnet

bzykać *vi* buzz, hiss

C

cacko *n* knick-knack, trinket

cal *m* inch

calówka *f* folding rule

całka *f mat.* integral

całkiem *adv* quite, entirely, completely

całować *vt mat.* integrate

całkowicie *adv* altogether, throughout, entirely, completely

całkowit|y *adj* entire, total, complete; **liczba** ~**a** integer

całkowy *adj mat.* integral; **rachunek** ~ integral calculus

cało *adv* safely, unharmed; **wyjść** ~ get off safe and sound

całodzienny *adj* full day's, daylong

całokształt *m* totality, the whole

całonocny *adj* full night's, nightlong

całopalenie *n* holocaust

całoroczny *adj* full year's

całoś|ć *f* totality, entirety, whole, bulk, (complete) body; **w** ~**ci** on the whole

całować *vt* kiss, embrace; ~ **się** *vr* kiss

całun *m* shroud

całus *m* kiss

cał|y *adj* whole, all, entire; (*zdrów*) safe; ~**y rok** all the year (round); ~**a Europa** all ⟨the whole of⟩ Europe; **przez** ~**y**

dzień all day long; ~ymi godzinami for hours and hours; zdrów
i ~y safe and sound

cap *m* male goat, buck
capstrzyk *m* tattoo
car *m* tsar, tzar, czar
carat *m* tsarism, tsardom
carowa *f* tsarina, tzarina, czarina
ceber *m* tub; *przen.* leje jak z
~ra it rains cats and dogs
cebula *f* onion
cebulka *f* onion; (*np. kwiatowa,
włosowa*) bulb
cebulkowaty *adj* bulbous
cech *m* guild, corporation
cecha *f* feature, character, quality;
stamp, seal, mark; (*stempel probierczy*) hallmark
cechować *vt* characterize, brand;
(*znaczyć*) mark, stamp
cedować *vt* cede (*coś na kogoś* sth
to sb), transfer
cedr *m bot.* cedar
ceduła *f* schedule, list; ~ giełdowa
list of quotations
cedzak *m* strainer, cullender
cedzić *vt* filter; *przen.* ~ słówka
drawl one's words
cegielnia *f* brick-yeard, brick-field
cegiełka *f* (little) brick; (*składka*)
share
ceglasty *adj* brick-coloured
cegła *f* brick
cel *m* aim, purpose, end, object,
goal; (*tarcza strzelnicza i przen.*)
target; (*środek tarczy*) bull's eye;
brać na ~ take aim (*coś* at sth);
mieć na ~u have in view; osiągnąć swój ~ gain one's end; trafić do ~u hit the mark; chybić
~u miss the mark; ~em for the
purpose (*czegoś* of sth); w tym
~u for this purpose, with this
end in view; to nie ma ~u that's
of no avail; strzelanie do ~u
target practice; ~ podróży destination; ~ pośmiewiska laughing-stock
cela *f* cell
celebracja *f* celebration

celebrować *vt* celebrate
celibat *m* celibacy
celnik *m* custom-house ⟨customs⟩
officer
celność *f* accuracy (of aiming),
precision; (*dobre strzelanie*)
marksmanship
celny 1. *adj* (*trafny*) accurate, ac-
curately-aimed
celny 2. *adj* custom, relating to
customs; deklaracja ~a custom-
-house declaration; opłata ~a
(customs) duty; rewizja ~a customs inspection; urząd ~y custom-house; odprawa ~a customs
clearance
celofan *m* cellophane
celować *vi* aim, take aim (*do czegoś* at sth); (*z karabinu*) level
one's gun (*do czegoś* at sth);
(*przodować*) excel (*w czymś* in
sth)
celownik *m gram.* dative
celowo *adv* on purpose, intentionally
celowość *f* suitableness, purpose-
fulness, expediency
celowy *adj* suitable, purposeful,
expedient; *gram.* (*o zdaniu*) final
Celsjusz, *x* stopni ~a *x* degrees
centigrade
Celt *m* Celt, Kelt
celtycki *adj* Celtic, Keltic
celujący *adj* excellent
celuloza *f* cellulose
cembrować *vt* board, frame with
boards
cembrowina *f* boarding
cement *m* cement
cementować *vt* cement
cena *f* price, value; ~a stała
fixed price; ~a zniżona reduced
price; po tej ~ie at that price;
za wszelką ~ę at any price
cenić *vt* (*wycenić*) price; (*wysoko sobie cenić*) prize
cennik *m* price-list
cenny *adj* valuable, precious
cent *m* cent
centrala *f* head-office, headquar-

ters; (techniczna) central station; (telefoniczna) exchange

centralizacja f centralization

centralizować vt centralize

centralny adj central

centrum n sing nieodm. centre, am. center; ~ handlowe miasta city (town) centre

centryfuga f centrifugal machine

centymetr m centimetre

cenzor m censor

cenzura f (urząd) censorship; (krytyka) censure; (szkolna) school report

cenzurować vt (przeprowadzać cenzurę) censor; (ganić) censure

cenzus m (spis) census; ~ naukowy degree of education; ~ majątkowy property requirement

cep m flail

cera 1. f (twarzy) complexion

cera 2. f (cerowane miejsce) darn, darning

ceramiczny adj ceramic

ceramika f ceramics, pottery

cerata f oilcloth

ceregiele s pl fuss, ceremony; robić ~ stand on ⟨upon⟩ ceremony (z kimś with sb), make a fuss (z kimś, czymś of sb, sth)

ceremonia f ceremony, fuss

ceremonialny adj ceremonial, ceremonious

ceremoniał m ceremonial

cerkiew f Orthodox church

cerować vt darn

cesarski adj imperial

cesarstwo n empire

cesarz m emperor

cesarzowa f empress

cesja f prawn. cession

cetnar m centner, hundredweight, quintal

cewka f reel, bobbin; techn. spool; elektr. coil; anat. duct; ~ moczowa urethra

cęgi s pl tongs

cętka f speckle, spot

cętkować vt speckle, spot

cętkowany adj spotted

chaber m bot. cornflower

chałupa f hut, cabin

chałupnictwo n outwork, domestic work

chałupnik m outworker

chałwa f halva(h)

cham m cad, boor

chamski adj caddish, boorish

chamstwo n caddishness, boorishness

chan m khan

chandr|a f doldrums, blues; mieć ~ę have ⟨get⟩ the blues

chaos m chaos

chaotyczny adj chaotic

charakte|r m character; (rola, funkcja) capacity; ~r pisma handwriting; człowiek z ~rem man of character; brak ~ru lack of principle, want of backbone; w ~rze dyrektora in the capacity of director

charakterystyczny adj characteristic (dla kogoś, czegoś of sb, sth)

charakterystyka f (description of the) character

charakteryzacja f characterization; teatr make-up

charakteryzować vt characterize; teatr make up (na kogoś for sb); ~ się vr make up

charczeć vi rattle in one's throat

charkać vi cough up, expectorate

charkot m rattling in the throat, rattle

chart m greyhound

charytatywny adj charitable, charity attr

chaszcze s pl brushwood, thicket

chata f hut, cabin

chc|ący adj willing; przysł. dla ~ego nie ma nic trudnego where there's a will there's a way

chcieć vt vi want, be willing, intend, desire, wish; chce mi się I want, I have (half) a mind (czegoś to do sth); chce mi się spać I want to sleep, I feel as if I could sleep, I have (half) a mind to go to sleep; chce mi się pić

I am thirsty; **chciałbym** I should like; **chcę, żeby wrócił** I want him to come back; **on sam nie wie, czego chce** he does not know his own mind

chciwiec m greedy man

chciwość f greed, covetousness

chciwy adj greedy, covetous

chełpić się vr boast (czymś of sth), pride oneself (czymś on sth)

chełpliwy adj boastful

chemia f chemistry

chemiczny adj chemical; **ołówek ~** indelible pencil; **związek ~** chemical compound

chemik m chemist

cherlak m cachectic creature, valetudinarian

cherlawy adj cachectic

cherubin m cherub

chęć f (wola) will, willingness; (życzenie) desire, inclination; (zamiar) intention; **dobre ~ci** good intentions; **mieć ~ć** have a mind; **~ć mnie bierze** I have a mind ⟨a wish⟩; **z miłą ~cią** with pleasure

chętka f fancy, desire; pot. itch; **nabrać ~i** take a fancy (do czegoś for, to sth); **mam ~ę** I itch (na coś for sth)

chętnie adv willingly, readily

chętny adj willing, ready; **~ do nauki** eager to learn

chichot m chuckle, giggle

chichotać vi chuckle, giggle

Chilijczyk m Chilean

chilijski adj Chilean

chimera f (w mitologii) chimera; (przywidzenie) phantom, fancy; (kaprys) caprice, whim

chimeryczny adj chimerical; capricious, whimsical; fanciful

chinina f quinine

Chińczyk m Chinese

chiński adj Chinese

chiromancja f chiromancy, palmistry

chirurg m surgeon

chirurgia f surgery

chirurgiczny adj surgical

chlapać vi splash

chlasnąć vt whack, flap, slap

chleb m bread; **~ z masłem** bread and butter; **~ powszedni** daily bread; **zarabiać na ~** earn one's daily bread

chlebodawca m employer, master

chlew m sty, pigsty

chlipać vt lap up; vi (szlochać) sob

chlor m chem. chlorine

chloran m chem. chlorate

chlorek m chem. chloride

chlorofil m bot. chlorophyll

chloroform m chloroform

chloroformować vt chloroform

chlorować vt chlorinate

chlorowy adj chloric

chluba f glory, pride; **to mu przynosi ~ę** this does him credit

chlubić się vr boast (czymś of sth), glory (czymś in sth)

chlubny adj glorious; (o opinii) honourable, excellent

chlupać vi splash; gurgle

chlustać vi spout, splash

chłeptać vt lap up

chłodnia f refrigerator

chłodnica f radiator

chłodnieć vi cool (down), become cool

chłodnik m cold borsch

chłodno adv coolly; **jest ~** it is cool; **jest mi ~** I am ⟨I feel⟩ cool

chłodny adj cool; (oschły) reserved

chłodzić vt chill, cool; (zamrażać) refrigerate; **~ się** vr cool (down), become cool

chłonąć vt absorb, suck in

chłonność f absorbency, power of absorption

chłonny adj absorbent, absorptive

chłop m peasant; pot. fellow, chap

chłopak, chłopiec m boy, lad

chłopięctwo n boyhood

chłopięcy adj boyish; boy's, boys'

chłopka f peasant (woman)

chłopski adj peasant, rustic

chłopstwo n peasantry

chłost|a *f* flogging, lashing; **kara** ~y lash

chłostać *vt* flog, lash

chłód *m* cool, coolness, cold

chłystek *m* greenhorn

chmara *f* (*wielka ilość*) swarm, (*ludzi*) crowd

chmiel *m bot.* hop; (*artykuł przemysłowy*) hops *pl*

chmur|a *f* cloud; *przysł.* z **wielkiej** ~y **mały deszcz** much cry and little wool

chmurka *f* cloudlet

chmurny *adj* cloudy; *przen.* gloomy

chmurzyć *vt*, ~ **czoło** frown, knit the brow; ~ **się** *vr* become cloudy, cloud up

chochla *f* ladle

chochlik *m* sprite, imp, brownie; ~ **drukarski** the printer's imp

chochoł *m* straw-cover

cho|ciaż, cho|ć *conj* though, although, as; *adv* even so; at least; ~ć **trochę** even so little; ~ć **5 pensów** fivepence at least

choćby *conj* even if; *adv* at the very least; ~ **jeden fakt** a single fact; ~ **nie wiem jak** (się starał) no matter how (hard he tried)

chodak *m* clog

chodnik *m* pavement, footpath, *am.* sidewalk; (*dywan*) carpet, rug

chodzić *vi* walk, go; (*w kartach*) lead; (*o pociągach*) run; ~ **do szkoły** go to school; ~ **na wykłady** attend lectures; ~ **na medycynę** study medicine; ~ **koło czegoś** busy oneself with sth ⟨about sth⟩; ~ **w czymś** (*np. w mundurze*) wear sth (e.g. uniform); ~ **za kimś** follow sb; **o co chodzi?** what is the matter?; **chodzi o twoje życie** your life is at stake; **o ile o mnie chodzi** as far as I am concerned

choina *f* pine

choinka *f* Christmas tree

choler|a *f* cholera; *pot.* idź **do** ~y! go to hell!

cholerny *adj pot.* bloody, damned

choleryczny *adj* choleric

cholewa *f* bootleg; **buty z** ~mi top boots

chomąto *n* horse-collar

chomik *m zool.* hamster

chorągiew *f* banner, flag; (*kościelna*) gonfalon

chorągiewka *f* pennon, banderole; (*na dachu*) weathercock

chorąży *m* standard-bearer; † *wojsk.* ensign

choreografia *f* choreography

chorob|a *f* illness, ailment, (*trwała*) disease; ~a **morska** seasickness; ~a **umysłowa** mental deficiency; **insanity**; **złożony** ~ą bedridden

chorobliwość *f* morbidity

chorobliwy *adj* morbid, sickly

chorobowy *adj* morbid; **urlop** ~ sick leave; **zasiłek** ~ sick benefit

chorować *vi* be ill (na coś with sth), suffer (na coś from sth), be afflicted (na coś with sth)

chorowity *adj* sickly

chory *adj* ill (na coś with sth), sick, unwell; **izba** ~ch sickward; **lista** ~ch sick-list

chować *vt* (*ukrywać*) hide, conceal; (*przechowywać*) keep; (*wkładać, np. do szuflady*) put (up); (*grzebać zwłoki*) bury; (*hodować*) breed, rear; (*wychowywać*) bring up, educate; ~ **do kieszeni** pocket; ~ **się** *vr* hide (przed kimś from sb), conceal oneself (przed kimś from sb); (*rosnąć, dobrze się trzymać*) grow, thrive

chowan|y *pp od* **chować**; *s m* **bawić się w** ~ego play (at) hide-and-seek

chód *m* gait, walk; (*o koniu*) pace; (*o maszynie*) action, going, working order; **na chodzie** in action, in working order; *pot.* **mieć chody** have connexions

chór *m* chorus; (*zespół śpiewaczy*

i *chór kościelny*) choir; ~em in chorus

chóralny *adj* choral

chórzysta *m* chorister

chów *m* rearing, breeding

chrabąszcz *m* zool. chafer

chrapać *vi* snore

chrapliwy *adj* raucous, hoarse

chrobotać *vi* grate

chrom *m* chrome; *chem.* chromium; (*skóra*) box-calf

chromać *vi* † limp, halt

chromatyczny *adj* chromatic

chromow|y *adj* chromic; skóra ~a box-calf

chromy *adj* † limping, lame

chronicznie *adv* chronically

chroniczny *adj* chronic

chronić *vt* protect, preserve, shelter (przed **czymś** from sth), guard (przed czymś against sth);
~ się *vr* protect oneself, guard (oneself); (*chować się*) shelter, take shelter; (*szukać bezpiecznego miejsca*) take refuge

chronologia *f* chronology

chronologiczny *adj* chronological

chronometr *m* chronometer

chropawy *adj* rough, harsh, coarse

chropowaty *adj* rough, rugged

chrupać *vt* crunch

chrupki *adj* crisp

chrupot *m* crunch, crackle

chrust *m* faggots *pl*, brushwood; (*ciasto*) cracknel

chrypieć *vi* speak in a hoarse voice

chrypka *f* hoarseness, hoarse voice

chrypliwy *adj* hoarse, husky

chrystianizm *m* Christianity

chryzantema *f* chrysanthemum

chrzan *m* horse-radish

chrząkać *vi* hawk, (*ironicznie lub znacząco*) hem, (*o świni*) grunt

chrząstka *f* cartilage

chrząstkowy *adj* cartilaginous

chrząszcz *m* beetle, chafer

chrzciciel *m* baptist

chrzcić *vt* baptize, christen; ~ się *vr* be ⟨become⟩ christened

chrzcielnica *f* font

chrzciny *s pl* baptism; christening-party

chrzest *m* baptism, christening

chrzestn|y *adj* baptismal; ojciec ~y godfather; matka ~a godmother; rodzice ~i godparents

chrześcijanin *m* Christian

chrześcijański *adj* Christian

chrześcijaństwo *n* (*religia*) Christianity, Christianism; (*ogół chrześcijan*) Christendom

chrześniaczka *f* goddaughter

chrześniak *m* godson

chrzęst *m* rattle, rattling, clank

chrzęścić *vi* rattle, clank

chuchać *vi* puff, blow

chuchro *n* weakling, valetudinarian

chuć *f* concupiscence, lust

chuderlawy *adj* weakly, sickly, meagre

chudeusz *m* lean fellow

chudnąć *vi* become lean, lose flesh

chudoba *f* live stock; meagre property

chudy *adj* lean, meagre

chuligan *m* hooligan, rowdy

chusta *f* wrap, shawl; zbladł jak ~ he grew pale as death

chustka *f* kerchief; ~ do nosa handkerchief

chwalebny *adj* glorious, praiseworthy

chwalić *vt* praise, extol; ~ się *vr* boast (czymś of sth)

chwała *f* glory; praise

chwast *m* (*ziele*) weed; (*frędzla*) tassel

chwat *m* valiant fellow; pot. brick of a fellow

chwiać *vt* shake, sway; ~ się *vr* shake, sway, totter, reel, rock; (*wahać się*) hesitate; (*o cenach*) fluctuate

chwiejność *f* shakiness, tottering position; unsteadiness; hesitation, indecision; (*cen*) fluctuation

chwiejny *adj* shaky, tottering; unsteady; hesitating

chwil|a *f* moment, instant, while;

co ~a every moment, every now and again; do tej ~i up to this moment, until now; lada ~a, każdej ~i any moment ⟨minute⟩; na ~ę for a moment; od tej ~i from this time onward, from now on; przed ~ą a while ago: przez ~ę for a while; w danej ~i at the given moment; w jednej ~i at once; w ostatniej ~i at the last moment; w wolnych ~ach at one's leisure, in leisure hours; nie mieć wolnej ~i not to have a moment to spare; za ~ę in a moment; z ~ą on, upon; z ~ą jego przybycia on his arrival

chwilowy adj momentary, temporary

chwyt m grip, grasp, seizure; (sposób, zabieg) catch, trick; (w zapasach) grapple, catch; mocny ~ firm grasp

chwytać vt catch, seize; (mocno) grasp, grip; catch ⟨get⟩ hold (coś of sth); ~ za broń take up arms; ~ za serce go to sb's heart; ~ się vr catch (czegoś at sth), seize (czegoś on, upon sth); ~ się za głowę clutch one's head

chyba part i adv probably, maybe; ~ tak I think so; ~ tego nie zrobił he can scarcely have done it; conj ~ że unless

chybić vi miss, fail, miscarry; na ~ł trafił at random, at a venture

chybiony adj abortive; ~ cios ⟨krok⟩ miss

chylić vt incline, bow; ~ czoło do reverence (przed kimś to sb); ~ się vr incline; (ku upadkowi) decline; verge (ku starości towards old age)

chyłkiem adv furtively, sneakingly

chytrość f cunning, slyness, astuteness

chytry adj cunning, sly, astute, crafty

chyży adj swift, brisk

ciałko n little body; biol. corpuscle; białe ~ krwi leucocyte; czerwone ~ krwi erythrocyte

ciało n (korpus) body; (żywe mięso) flesh; przen. (grono) staff; jędrne ~ firm flesh; budowa ciała physique; fiz. ~ stałe solid; astr. ~ niebieskie celestial body

ciarki pl creeps; przechodzą mnie ~ my flesh creeps, it makes my flesh creep

ciasno adv tightly, closely; ~ nam w tym pokoju we are cramped in this room

ciasnota f narrowness, tightness; ~ mieszkaniowa housing shortage; przen. ~ umysłowa narrow-mindedness

ciasny adj narrow, tight; (o mieszkaniu) cramped; (o butach) tight; (o umyśle) narrow

ciastko n cake, (owocowe, z kremem) tart, tarlet

ciast|o n dough, paste; pl ~a pastry

ciąć vt cut (na kawałki into pieces), (posiekać, porozcinać) cut up

ciąg m draught, (pociągnięcie) draw; (bieg) course; (wędrówka ptaków) flight (of birds); mat. sequence; ~ dalszy continuation; ~ dalszy (poprzedniego tekstu) continued; ~ dalszy nastąpi to be continued; jednym ~iem at a stretch; w ~u roku in (the) course of the year; w dalszym ~u coś robić continue to do sth

ciągle adv continually

ciągłość f continuity

ciągły adj continuous, continued

ciągnąć vt draw; pull; (wlec) drag, haul; (pociągać, nęcić) attract; (korzyści) derive; ~ dalej continue, carry ⟨go⟩ on; tu ciągnie there is a draught here; ~ się vr (rozciągać się) extend, stretch; (w czasie) continue, last, drag on

ciągnienie n (loterii) drawing

ciągnik m tractor

ciąż|a f pregnancy; **być w ~y** be pregnant

ciążenie n inclination; fiz. gravitation

ciążyć vi weigh, lie heavy, press heavily; (skłaniać się) incline, lean (**do czegoś** to sth); fiz. gravitate; **na domu ~ą długi** the house is encumbered with debts; **~y na mnie obowiązek** it is incumbent on me; **~y na nim zarzut ...** he is charged with ...

cichaczem adv furtively, stealthily

cichnąć vi calm down, become still

cicho adv in a low voice, softly; **bądź ~!** silence!; pot. hush!; **~ mówić** speak in a low voice; **~ siedzieć ⟨stać⟩** sit ⟨stand⟩ still

cich|y adj still, silent, quiet; **~a zgoda** tacit consent; przysł. **~a woda brzegi rwie** still waters run deep

ciec vi flow, stream; (kapać) drip; (przeciekać) leak

ciecz f liquid, fluid

ciekawość f curiosity; **przez ~** out of curiosity

ciekawy adj curious, inquisitive; (interesujący) interesting, curious; **jestem ~** I wonder

ciekły adj liquid, fluid

cieknąć zob. ciec

cielec m, przen. **złoty ~** golden calf

cielesny adj carnal, bodily, corporeal; (o karze) corporal

cielę n calf; pot. (głuptas) fool, simpleton

cielęcina f veal

cielęc|y adj calf, calf's; **pieczeń ~a** roast veal; **skóra ~a** calf skin

cielisty adj flesh-coloured

ciemię n crown (of the head), anat. top, vertex; przen. **on jest nie w ~ bity** he is nobody's fool, he is no fool

ciemięga m gawk, lout

ciemięzca m oppressor

ciemiężyć vt oppress

ciemnia f dark chamber

ciemnica f dark cell

ciemnieć vi darken, grow dark

ciemno adv darkly; **jest ~** it is dark; **robi się ~** it's getting dark

ciemnobłękitny adj dark-blue

ciemnoskóry adj dark-skinned, swarthy

ciemność f darkness, dark

ciemnota f obscurity; ignorance

ciemnowłosy adj dark-haired

ciemny adj dark; obscure; (o chlebie) brown; przen. **~ typ** shady person

cieniować vt shade off, gradate

cienisty adj shady, shadowy

cienki adj thin, slender, (o tkaninie) fine

cienkość f thinness, fineness

cie|ń m shade; (odbicie człowieka, drzewa itp.) shadow; **chodzić za kimś jak ~ń** to shadow sb; **pozostawać w ~niu** keep in the background

cieplarnia f hothouse

ciepleć vi grow warm

ciepln|y adj thermic, thermal; **energia ~a** thermal ⟨heat⟩ energy

ciepło n warmth, heat; fiz. **~ utajone** latent heat; **trzymać w cieple** keep warm; adv warmly; **jest ~** it is warm; **jest mi ~** I am warm; **ubierać się ~** dress warmly

ciepłota f temperature

ciepły adj warm

ciernisty adj thorny

cierń m thorn

cierpi|eć vt vi suffer (**coś** sth, **na coś**, **z powodu czegoś** from sth); (znosić) bear; **~eć głód** starve; **~eć na ból zębów** have a toothache; **nie ~ę tego** I cannot bear it

cierpienie n suffering, pain; (dolegliwość) ailment

cierpki adj tart, acrid, harsh; **~e słowa** harsh words

cierpkość *f* tartness, acridness; harshness

cierpliwość *f* patience; straciłem ~ I'm out of patience (do niego with him)

cierpliwy *adj* patient

cierpnąć *vi* grow numb, become torpid

ciesielstwo *n* carpentry

cieszyć *vt* gladden, delight, give pleasure; ~ się *vr* be glad (czymś of sth), rejoice (czymś at sth); ~ się dobrym zdrowiem enjoy good health

cieśla *m* carpenter

cieśnina *f* strait (*zw.* pl straits)

cietrzew *m* zool. black-cock

cięcie *n* cut, cutting; *med.* cesarskie ~ caesarean section

cięciwa *f* (*łuku*) string; *mat.* chord

cięgi *pl* sound cudgelling, licking; dostać ~ get a licking

cięt|y *pp* cut; *adj* (*ostry, bystry*) smart, quick-witted; (*zgryźliwy*) pungent, caustic; ~y dowcip ready wit; ~e pióro ready pen

ciężar *m* burden, load, weight; ~ właściwy ⟨gatunkowy⟩ specific gravity; ~ własny dead load; *lotn.* ~ całkowity all-up weight; być ~em encumber (dla kogoś sb), be a burden (dla kogoś to sb)

ciężar|ek *m* weight; *pl* ~ki gimnastyczne dumb-bells

ciężarna *adj f* pregnant

ciężarowy *adj*, wóz ~ goods van; samochód ~ lorry, *am.* truck

ciężarówka *f* lorry, *am.* truck

ciężki *adj* heavy, weighty; (*o pracy, sytuacji*) hard; (*o chorobie*) serious; (*o ranie*) dangerous; (*trudny*) difficult; ~e roboty hard labour; (*o bokserze*) ~ej wagi heavy-weight

ciężko *adv* heavily; hard; with difficulty; ~ pracować work hard; ~ strawny hard to digest, indigestible; ~ mi na sercu I have a heavy heart; ~ mu idzie

w życiu it goes hard with him; ~ mu idzie praca he finds it hard to work; ~ myślący slow of wit; ~ chory seriously ill

ciężkoś|ć *f* heaviness, weight; siła ~ci gravity; środek ~ci centre of gravity

ciołek *m* bull-calf

cios *m* blow, stroke; zadać ~ strike ⟨deal⟩ a blow

ciosać *vt* hew

cioteczn|y *adj*, brat ~y, siostra ~a first cousin

ciotka *f* aunt

cis *m* yew

ciskać *vt* hurl, throw; ~ się *vr* fret and fume

cisnąć *vt* press; (*o bucie*) pinch; ~ się *vr* press, crowd; *zob.* ciskać

cisz|a *f* stillness, calm, peace; głęboka ~a dead silence; proszę o ~ę! silence, please!

ciśnienie *n* pressure; ~ krwi blood pressure

ciuciubabk|a *f* blindman's buff; bawić się w ~ę play blindman's buff

ciułać *vt* scrape together, economize

ciupaga *f* hatchet; (*kij alpinistyczny*) alpenstock

ciura *m* lout, bumpkin

ciżba *f* throng, crowd·

ckliwość *f* mawkishness, nausea

ckliwy *adj* mawkish, nauseating

clić *vt* lay duty (coś on, upon sth)

cło *n* duty, customs, custom-duty; opłacanie cła clearance; wolny od cła duty-free; podlegający clu dutiable

cmentarz *m* cemetery, burial-ground, graveyard; (*przy kościele*) churchyard

cmokać *vi* smack; ~ językiem smack one's tongue

cnota *f* virtue

cnotliwość *f* virtuousness

cnotliwy *adj* virtuous

co *pron* what; co do as regards; co do mnie as for me; co mie-

siąc every month; **dopiero co**
just now; **co za pożytek z tego?** what's the use of it?, what
use is it?; **co za widok!** what a
sight!; **co z tego?** what of that?;
co mu jest? what's the matter
with him?

codziennie adv every day, daily

codzienny adj everyday, daily;
(powszedni) commonplace

cofać vt retire, withdraw; (odwoływać) repeal, recall, retract;
(zegarek) put back; ~ słowo go
back on one's word; ~ się vr
draw back, withdraw, retreat,
retire

cofnięcie (się) n withdrawal, re-
traction

cokolwiek pron anything; whatever; (nieco) some, something;
~ bądź no matter what; ~ on
zrobi whatever he may do; ~
się stanie whatever may happen

cokół m socle, base

comber m saddle (of venison)

coraz adv, ~ lepiej better and
better; ~ więcej more and more

corocznie adv every year, yearly,
annually

coroczny adj yearly, annual

coś pron something, anything; ~
w tym rodzaju something like
that; ~ niecoś a little, something,
somewhat

córka f daughter

cóż pron what; ~ to? what is it?;
no i ~? what now?; więc ~ z
tego? well, what of it?; ~ z tego, że what if, what though

cuchnąć vi stink (czymś of sth),
smell nasty

cucić vt bring back to consciousness, try to revive

cud m miracle, wonder, prodigy;
dokazywać ~ów work wonders;
~em by a miracle, miraculously

cudaczny adj queer, odd

cudak m odd man, crank

cudny adj wonderfully fine, wonderful

cudo n wonder, marvel, prodigy

cudotwórca m miracle worker,
thaumaturge

cudotwórstwo n thaumaturgy

cudown|y adj prodigious, miracu-
lous; (niezwykle piękny, dobry)
wonderful, marvellous; ~y obraz
miraculous image; ~e dziecko
prodigy

cudzołożyć vi commit adultery

cudzołóstwo n adultery

cudzoziemiec m foreigner, alien

cudzoziemski adj foreign, alien

cudzy adj somebody else's; other's,
another's, others'; alien; strange

cudzysłów m inverted commas pl,
quotation marks pl

cugl|e s pl reins; **popuścić** ~i give
reins

cukier m sugar; ~ **kryształowy**
crystal sugar; ~ **miałki** caster
sugar; ~ **w kostkach** lump sugar; głowa cukru loaf of sugar;
kostka cukru lump of sugar

cukierek m sweet, sweetmeat, am.
candy

cukiernia f confectioner's (shop),
confectionery

cukiernica f sugar-basin

cukiernik m confectioner

cukrownia f sugar-works

cukrownictwo n sugar industry

cukrzyca f med. diabetes

cukrzyć vt sugar

cumować vt mors. moor

cumy s pl mors. moorings

cwał m full gallop

cwałować vi ride at full gallop

cwaniak m pot. slyboots

cybernetyka f cybernetics

cyfra f cipher, digit

Cygan m gipsy; **cygan** (oszust)
cheat, trickster

cyganeria f Bohemia

cyganić vt vi pot. cheat, trick

cygański adj gipsy; Bohemian

cygarniczka f cigarette holder

cygaro n cigar

cyjanek m cyanide

cykl m cycle

cykliczny adj cyclic

cyklista *m* cyclist

cyklon *m* cyclone

cykoria *f* chicory

cykuta *f bot.* (water) hemlock

cylinder *m* (*walec*) cylinder; (*kapelusz*) top hat

cymbał *m* *pot.* (*dureń*) duffer, blockhead; *muz. pl* ~y dulcimer

cyna *f* tin

cynadry *s pl* kidneys

cynamon *m* cinnamon

cynfolia *f* tin-foil

cyngiel *m* trigger

cyniczny *adj* cynical

cynik *m* cynic

cynizm *m* cynicism

cynk *m* zinc

cynkować *vt* zinc, coat with zinc

cynober *m* cinnabar, Chinese red, vermillion

cynować *vt* tin, coat with tin

cypel *m* jut, point; (*przylądek*) promontory; (*wierzchołek*) peak

cyprys *m bot.* cypress

cyrk *m* circus

cyrkiel *m* a pair of compasses, compasses *pl*

cyrkowiec *m*, **cyrkówka** *f* circus performer

cyrkulacja *f* circulation

cyrkulacyjny *adj* circulatory

cysterna *f* cistern, tank; **statek** ⟨**samochód**⟩ ~ tanker

cytadela *f* citadel

cytat *m* quotation

cytować *vt* quote, cite

cytra *f muz.* zither

cytryna *f* lemon

cywilizacja *f* civilization

cywilizować *vt* civilize

cywiln|y *adj* civil; civilian; **stan** ~y status; **urząd stanu** ~ego registry office

czyzelować *vt* chase, chisel; *przen.* smooth

czad *m* coal smoke; *chem.* carbon oxide

czaić się *vr* lurk

czajka *f zool.* pe(e)wit

czajnik *m* tea-kettle; (*do zaparza-*

nia herbaty) teapot

czako *n* shako

czambuł, w ~ *adv* altogether, in the bulk, wholesale

czapka *f* cap

czapla *f zool.* heron

czapnik *m* capmaker

czaprak *m* horse-rug

czar *m* charm, spell; *pl* ~y witchcraft, sorcery, magic

czara *f* bowl

czarci *adj* diabolical, devilish, devil's

czarno *adv* blackly; **ubierać się na** ~ dress in black; **malować na** ~ paint black; ~ **na białym** down in black and white

czarnobrunatny *adj* brownish black

czarnogiełdziarz *m* black marketeer

czarnoksięsk|i *adj* magic; **różdżka** ~a sorcerer's wand

czarnoksiężnik *m* sorcerer

czarnooki *adj* black-eyed

czarnowłosy *adj* black-haired

czarnoziem *m* humus, (black) mould

czarn|y *adj* black; *przen.* ~y **rynek** black market; **na** ~ą **godzinę** against a rainy day

czarodziej *m* sorcerer, wizard

czarodziejka *f* sorceress

czarodziejski *adj* magic(al)

czarować *vt* charm

czarownica *f* witch, hag

czarownik *m* sorcerer, wizard

czarowny *adj* charming, enchanting

czart *m* † devil

czarujący *adj* charming, fascinating

czas *m* time; *gram.* tense; ~ **przeszły** preterite, past; ~ **przyszły** future; ~ **teraźniejszy** present; ~ **miejscowy** ⟨**lokalny**⟩ local time; **wolny** ~ leisure ⟨spare⟩ time; ~**em** sometimes; **do** ~**u aż** till, until; **na** ~ in (good) time; **na** ~**ie** timely, well-timed; **nie na** ~**ie** untimely, ill-timed; **na jakiś** ~ for a time; **od** ~**u do** ~**u** from time to time; **od** ~**u jak...**

since...; **od jakiegoś** ~**u** for some time now; **od owego** ~**u** ever since; **po pewnym** ~**ie** after a while; **przez cały ten** ~ all the time; **w sam** ~ just in time; **z** ~**em** in course of time; **za** ~**ów** at the time; **za moich** ~**ów** at my time

czasem adv sometimes

czasopismo n periodical

czasownik m gram. verb

czasowy adj temporal; temporary

czasza f bowl

czaszka f skull

czatować vi lurk (**na kogoś** for sb), lie in wait (**na kogoś** for sb)

czat|y s pl lying in wait, look-out; **być na** ~**ach** be on the look-out; keep (a good) watch

cząsteczka f particle; chem. fiz. molecule

cząstka f particle, small part; share

cząstkowy adj partial, fractional

czciciel m adorer, worshipper

czcić vt adore, worship; (np. rocznicę) celebrate; (pamięć) commemorate

czcigodny adj venerable, honourable

czcionk|a f letter, type; pl ~**i** letters, zbior. type

czczo, na czczo adv on ⟨with⟩ an empty stomach; **jestem na** ~ I have not had my breakfast

czczość f emptiness of the stomach; (daremność) vanity, futility

czczy adj (pusty) empty; (daremny) vain, futile

Czech m Czech

czek m cheque, am. check; ~**iem** by cheque; **honorować** ~ meet a cheque

czekać vi wait (**na kogoś** for sb), expect (**na kogoś** sb)

czekolada, czekoladka f chocolate

czekow|y adj, **książka** ~**a** cheque-book; **rachunek** ~**y** cheque account, am. checking account; **obrót** ~**y** cheque system, transactions in cheques

czeladnik m journeyman

czeladź f † domestics pl, household

czelność f insolence, impudence

czelny adj insolent, impudent

czeluść f chasm, abyss, gulf

czemu adv why

czep|ek m bonnet, cap; przen. u-**rodzić się w** ~**ku** be born with a silver spoon in one's mouth

czepiać się vr cling, hang on (**czegoś** to sth), catch (**czegoś at** sth); (szykanować, zaczepiać) pick (**kogoś** at sb)

czepiec m hood, cap

czerep m shell, sherd; pot. (czaszka) skull

czereśnia f cherry; (drzewo) cherry-tree

czernić vt blacken, black; paint black

czernidło n blacking; druk. printing-ink

czernić vt blacken, become black

czernina f black soup

czerń f blackness, black (colour); (motłoch) mob, rabble

czerpać vt draw; (wygarniać) scoop

czerpak m scoop

czerstwieć vi (o chlebie) become stale; (krzepnąć) become ruddy, grow vigorous

czerstwość f staleness; vigour

czerstwy adj (o chlebie) stale; (krzepki) hale, ruddy; **mieć** ~ **wygląd** look hale

czerwiec m June

czerwienić się vr redden, become red; (na twarzy) blush

czerwienieć vi redden, turn red

czerwień f red (colour), redness; (w kartach) hearts pl

czerwonka f med. dysentery

czerwony adj red

czesać vt comb; (len) hackle; (wełnę) card; ~ **się** vr to comb one's hair

czesanka f worsted, carded wool

czeski adj Czech

czesne n school-fees pl, tuition fee

cześć f honour, reverence; **odda-wać** ~ **do** honour, pay reverence; **ku czci, na** ~ in honour (kogoś of sb)

często adv often, frequently

częstokół m palisade

częstokroć adv frequently, repeatedly

częstokrotny adj frequent, repeated

częstotliwość f frequency

częstotliwy adj frequent; reiterative; gram. frequentative

częstować vt treat (kogoś czymś sb to sth); ~ **się** vr treat oneself (czymś to sth); help oneself (czymś to sth)

częsty adj frequent

częściowo adv partly, in part

częściow|y adj partial, part attr; ~y **etat part-time** work; ~a **spłata** part-payment

część| f part, portion; (udział) share; ~ć **składowa** component (part); ~ć **zamienna** spare (part); lwia ~ć lion's share; pięć ~ci świata five continents; po ~ci partly; po największej ~ci for the most part, mostly; gram. ~ci **mowy** parts of speech

czkawka f hiccup

człek m = **człowiek**

człon m member

członek m member; (kończyna) limb

członkini f woman member

członkostwo n membership

człowieczek m little fellow, homuncule

człowieczeństwo n humanity; human nature

człowieczy adj human

człowiek m (pl **ludzie**) man (pl **people**), human being

czmychać vi pot. scamper off, bolt

czołg m tank

czołgać się vr crawl, creep

czoło n forehead, brow; (pochodu, oddziału wojskowego) head; **marszczyć** ~o frown; **stawić** ~o

face, brave; **wysunąć się na** ~o come to the front; **na czele** at the head; **w pocie** ~a in the sweat of the brow

czołobitny m servile

czołowy adj frontal; (przodujący) leading, chief

czołówka f forefront; wojsk. spearhead

czop m tap, plug

czopek m stopper; techn. spigot; med. suppository

czopować vt stop up, plug; tampon

czosnek m garlic

czółenko n small boat; (tkackie) shuttle

czółno n boat, canoe

czterdziestka f forty

czterdziestoletni adj (o wieku) forty years old; (o okresie czasu) forty years'

czterdziesty num fortieth

czterdzieści num forty

czternasty num fourteenth

czternaście num fourteen

czterokrotny adj fourfold

czteroletni adj (o wieku) four years old; (o okresie czasu) four years'

czterowiersz m quatrain

cztery num four

czterysta num four hundred

czub m tuft; (hełmu, koguta) crest; przen. **brać się za** ~y come to blows; pot. **mieć w** ~ie be tipsy

czubaty adj tufted, crested

czubić się vr bicker, squabble

czucie n feeling; **paść bez** ~a fall senseless

czuć vt feel; smell; ~ **do kogoś urazę** bear sb a grudge; ~ **czosnkiem** it smells of garlic; ~ **się** vr feel; ~ **się dobrze** feel well ⟨all right⟩; ~ **się szczęśliwym** feel happy

czujka f wojsk. vedette

czujność f vigilance, watchfulness; **zmylić (czyjąś)** ~ put (sb) off guard

czujny adj vigilant, watchful

czule *adv* tenderly, affectionately

czułość *f* tenderness, sensitiveness

czuły *adj* tender, affectionate; sensitive (na coś to sth)

czupryna *f* crop of hair

czupurny *adj* pugnacious

czuwać *vi* watch (nad kimś, czymś over sb, sth); keep vigilance; (*nie spać*) wake; sit up (przy chorym by a sick person)

czuwanie *n* watch, wake

czwartek *m* Thursday; **Wielki Czwartek** Maundy Thursday

czwart|y *num* fourth; **jedna ~a** one fourth; **wpół do ~ej** half past three; **o ~ej** at four

czworak *m*, **na ~ach** on all fours

czworaki *adj* fourfold

czworo *num* four (children etc.)

czworobok *m* quadrilateral

czworokąt *m* quadrangle

czworonożny *adj* quadrupedal

czworonóg *m* quadruped

czwórka *f* four

czy *conj w zdaniach pytających podrzędnych*: if, whether; *w zdaniach pytających głównych nie tłumaczy się*: ~ wierzysz w to? do you believe that?; ~ ... ~ whether ... or; ~ tu ~ tam whether here or there; ~ chcesz tego ~ nie? do you want it or not?

czyhać *vi* lurk, lie in wait (na kogoś for sb)

czyj *pron* whose

czyjś *pron* somebody's, anybody's

czyli *conj* or

czyn *m* deed, act, action, feat; ~ bohaterski heroic deed, exploit; ~ pierwszomajowy First-May deed; wprowadzić w ~ carry into effect; człowiek ~u man of action

czynić *vt* do, act

czynieni|e *n* doing, acting; **mieć z kimś do ~a** have to do with sb

czynnik *m* factor, agent; ~ mia-rodajny competent authority

czynność *f* activity, function, action; operation

czynn|y *adj* active; (*pełniący obowiązki*) acting; (*o maszynie, automacie*) in operation; **sklep jest ~y** the shop is open; *gram.* **strona ~a** active voice

czynsz *m* rent

czynszowy *adj*, **dom ~** tenement-house

czyrak *m* furuncle

czystka *f* purge

czysto *adv* cleanly, purely, neatly; **dochód na ~** net profit; **mówić ~ po polsku** speak good Polish; **przepisać na ~** make a fair copy (coś of sth); **wyjść na ~** get off clear

czystopis *m* fair copy

czystość *f* purity, cleanness, tidiness; (*moralna*) chastity

czyst|y *adj* clean, pure, neat; (*schludny*) tidy; (*moralnie*) chaste; *handl.* net; *filat.* mint; **~a angielszczyzna** good English; **~a prawda** plain truth; **~e sumienie** clear conscience; **~y arkusz** blank sheet; **~y dochód** net profit

czyszczenie *n* cleaning; *med.* purgation; (*biegunka*) diarrhoea

czyścibut *m* shoeblack

czyścić *vt* clean; purify; *przen. i med.* purge; (*rafinować*) refine

czyściec *m* purgatory

czytać *vt vi* read (coś sth, o czymś of, about sth); ~ po angielsku read English

czytani|e *n* reading; **książka do ~a** reading-book; **nauka ~a** instruction in reading

czytanka *f* piece for reading, piece of reading-matter; (*podręcznik*) reader

czytelnia *f* reading-room

czytelnik *m* reader

czytelny *adj* legible

czyż *conj* = czy

czyżyk *m zool.* siskin

ć

ćma *f zool.* moth
ćmi|ć *vt* (*przyciemniać*) obscure, darken; *vt* (*dymić*) reek, smoke; ~ **mi się w oczach** my head swims
ćwiartka *f* quarter, one fourth (part); (*mięsa*) joint
ćwiartować *vt* quarter
ćwiczenie *n* exercise, drill; (*na fortepianie, skrzypcach itp.*) practising; (*trening*) training; (*na wyższej uczelni*) class
ćwiczyć *vt vi* exercise, drill, instruct; (*na fortepianie, skrzypcach itp.*) practise; (*trenować*) train; (*bić*) flog
ćwiek *m* nail
ćwierć *f* quarter, one fourth (part)
ćwierkać *vi* twitter, chirp
ćwikła *f* beetroot salad

d

dach *m* roof; **bez** ~**u nad głową** without shelter; **mieć** ~ **nad głową** have a shelter
dachówka *f* tile
da|ć *vt* give; ~ **do zrozumienia** give to understand; ~ **komuś spokój** let ⟨leave⟩ sb alone; ~ **komuś w twarz** slap sb's face; ~ **możność** enable (*komuś sb*); ~ **wiarę** give credit; ~ **za wygraną** give up; ~ **znać** give information, inform; **daj mi znać o sobie** let me hear from you; **dano mi znać** word came to me; ~ **żyć** let live; ~ **przykład** set an example; ~ **ognia** fire; ~ **ognia do papierosa** give a light; **dajmy na to** suppose
daktyl *m bot.* date; (*miara wiersza*) dactyl
daktyloskopia *f* finger-printing
dal *f* distance, remoteness; **w** ~**i** far away, in the distance; **z** ~**a** from afar; **z** ~**a od** off, away from
dalece *adv* greatly, by far; **tak** ~, **że ...** so far ⟨so much⟩ that ...; to such an extent that ...
dalej *adv* farther, further; **i tak** ~ and so on

daleki *adj* far, far-off, distant, remote
daleko *adv* far (off), a long way off; **tak** ~, **że** so far as; ~ **idący** far-reaching
dalekobieżny *adj* long-distance *attr*
dalekonośny *adj* long-range *attr*
dalekowidz *m* far-sighted person; *med.* presbyope
dalekowzroczność *f* far-sightedness; *med.* prebyopia
dalekowzroczny *adj* far-sighted
dalia *f bot.* dahlia
dalszy *adj comp* farther, further; (*następny*) next, following
daltonizm *m* daltonism
dama *f* lady; dame; (*w kartach*) queen; ~ **serca** lady-love
damasceński *adj* damask
damski *adj* ladies'
dane *s pl* data *pl*, evidence; (*możliwości, kwalifikacje*) makings, chance; **bliższe** ~ description; ~ **osobiste** personal details; **mieć wszelkie** ~ have every chance
danie *n* dish, course
danina *f* tribute
danser *m*, danserka *f* dancer
dansing *m* dancing

dantejski *adj* Dantean

dany *adj i pp* given; w ~ch warunkach under the given conditions

dar *m* gift, present; w darze as a gift

darcie *n* tearing, rending; (*w kościach*) pains; (*pierza*) picking

daremnie *adv* in vain

daremny *adj* vain, futile

darmo *adv* gratis, gratuitously, for nothing; (*bezpłatnie*) free of charge; na ~ in vain

darmozjad *m* sponger

darnina *f* turf; *poet.* sward, sod

darować *vt* give; present (*komuś coś* sb with sth); (*przebaczyć*) pardon, forgive; ~ komuś dług remit sb's debt; ~ komuś winę (*grzechy*) absolve sb from guilt ⟨sins⟩; ~ komuś życie spare sb's life

darowizna *f* donation, gift

darwinizm *m* Darwinism

darzyć *vt* present (*kogoś czymś* sb with sth); (*względami*) favour; ~ kogoś zaufaniem put one's trust in sb

daszek *m* rooflet; (*osłona*) screen; (*u czapki*) peak

dat|a *f* date; świeżej ~y of recent date; *pot.* być pod dobrą ~ą be in one's cups, be tipsy

datować *vt*, ~ się *vr* date

datownik *m* date-stamp, dater; *filat.* postmark

dawać *zob.* dać

dawca *m* giver, donor; ~ krwi blood donor

dawka *f* dose

dawkować *vt* dose

dawniej *adv* formerly, in former times

dawno *adv* long ago, in times past; jak ~ tu jesteś? how long have you been here?

dawny *adj* old, old-time *attr*; (*poprzedni*) former; za ~ch dni in the old days; od dawna for ⟨since⟩ a long time

dąb *m* oak; stawać dęba (*o ko-*

niu) rear; *jib*; *przen.* włosy stają mu dęba his hair stands on end

dąć *vi* blow; ~ w róg blow a horn

dąsać się *vr* sulk (*na kogoś* with sb), be in the sulks

dąsy *pl* sulks

dążenie *n* aspiration, endeavour, pursuit

dążność *f* tendency

dążyć *vi* aspire (*do czegoś* to sth, after sth), strive (*do czegoś* after sth), aim (*do czegoś* at sth); (*podążać*) make one's way, proceed

dbać *vi* care (*o coś* for sth), take care (*o coś* of sth), be concerned (*o coś* about sth), look (*o coś* after sth)

dbałość *f* care, solicitude (*o coś* for sth)

dbały *adj* careful (*o coś* of sth), solicitous (*o coś* for, about sth)

debata *f* debate

debatować *vi* debate (*nad czymś* sth, on sth)

debet *m handl.* debit

debit *m* the right to sell (*periodicals*)

debiut *m* début

debiutant *m* débutant

debiutantka *f* débutante

debiutować *vi* make one's début

decentralizacja *f* decentralization

decentralizować *vt* decentralize

dech *m* breath; bez tchu out of breath; co tchu as fast as possible, in all haste; wypić jednym tchem drink at one gulp; zaczerpnąć tchu draw one's breath

decydować *vi* determine, decide (*o czymś* sth); ~ na korzyść kogoś, czegoś decide in favour of sb, sth; ~ się *vr* determine; decide (*na coś* on sth)

decydujący *adj* decisive; ~ moment decisive moment

decyzj|a *f* decision; powziąć ~ę come to ⟨arrive at⟩ a decision

dedykacja *f* dedication

dedykować *vt* dedicate

defekt *m* defect

defensyw|a *f* defensive; w ~ie on the defensive

deficyt *m* deficit

defilada *f* march past

defilować *vi* march past (przed kimś sb)

definicja *f* definition

definiować *vt* define

definitywny *adj* decisive, final

deformować *vt* deform, disfigure

defraudacja *f* embezzlement

defraudant *m* embezzler

degeneracja *f* degeneration

degenerować się *vr* degenerate

degradacja *f* degradation

degradować *vt* degrade

deka *n nieodm. zob.* dekagram

dekada *f* decade

dekadencja *f* decadence

dekagram *m·* decagramme

dekatyzować *vt* shrink

deklamacja *f* declamation, recitation

deklamator *m* reciter

deklamować *vt* recite, declaim

deklaracja *f* declaration

deklarować *vt* declare

deklinacja *f gram.* declension

deklinować *vt gram.* decline

dekompletować *vt* render incomplete

dekoracja *f* decoration; *teatr* scenery; (*wystawy sklepowej*) window-dressing

dekoracyjny *adj* decorative

dekorator *m* decorator; *teatr* scene-painter

dekorować *vt* decorate

dekret *m* decree

dekretować *vt* decree

delegacja *f* delegation; (*z pełno-mocnictwem*) commission; *pot.* (*wyjazd służbowy*) business trip

delegat *m* delegate

delegować *vt* delegate, depute

delektować się *vr* relish (czymś sth), delight (czymś in sth)

delfin *m zool.* dolphin

delicje *s pl* delicacies, dainties; pleasures

delikatesy *s pl* dainties; (*sklep*) delicatessen

delikatność *f* delicacy, subtlety

delikatny *adj* delicate, subtle

delikwent *m* delinquent

demagog *m* demagogue

demagogia *f* demagogy

demarkacyjn|y *adj*, linia ~a line of demarcation

demaskować *vt* unmask, show up, expose

demobilizacja *f* demobilization

demobilizować *vt* demobilize

demokracja *f* democracy

demokrata *m* democrat

demokratyczny *adj* democratic

demokratyzować *vt* democratize

demolować *vt* demolish

demon *m* demon

demoniczny *adj* demonic

demonstracja *f* demonstration

demonstracyjny *adj* demonstrative

demonstrować *vt* demonstrate

demontować *vt* dismantle

demoralizacja *f* demoralization

demoralizować *vt* demoralize; ~ się *vr* become demoralized

denat *m* defunct

denaturat *m* methylated spirit

denerwować *vt* get on sb's nerves, irritate, excite; ~ się *vr* get excited, become flustered (czymś about sth)

denko *n* (*kapelusza*) crown

dentysta *m* dentist

dentystyczny *adj* dental, dentist's

dentystyka *f* dentistry

denuncjacja *f* denunciation, information

denuncjant *m*, denuncjator *m* informer, denouncer

denuncjować *vt* inform (kogoś against sb), denounce (kogoś sb)

departament *m* department

depesza *f* telegram, wire; ~ radiowa radiogram

depeszować *vi* telegraph, wire

deponować *vt prawn.* deposit

deportacja *f* deportation

deportować *vt* deport

depozyt *m* deposit; **do** ~**u** on deposit

deprawacja *f* depravation

deprawować *vt* deprave

deprecjacja *f* depreciation

deprecjonować *vt* depreciate; ~ **się** *vr* become depreciated

depresja *f* depression

deprymować *vt* depress

deptać *vt vi* trample, tread (**coś** sth, **po czymś** upon sth)

deptak *m* promenade

deputacja *f* deputation

deputat *m* (*przydział*) allowance, ration

derka *f* rug, blanket

dermatolog *m* dermatologist

dermatologia *f* dermatology

desant *m* descent; *wojsk.* landing, landing-operation

desantowy *adj wojsk.* landing; oddział ~ landing party

deseń *m* design, pattern; (*szablon*) stencil

deser *m* dessert

desk|a *f* board, plank; *pot.* **od** ~**i do** ~**i** from cover to cover, from beginning to end; **do grobowej** ~**i** till death itself

desperować *vi* despair

despota *m* despot

despotyczny *adj* despotic

despotyzm *m* despotism

destrukcja *f* destruction

destrukcyjny *adj* destructive

destylacja *f* distillation

destylarnia *f* distillery

destylować *vt* distil

desygnować *vt* designate

desygnat *m* referent, designation

deszcz *m* rain; **pada** ~ it rains; *przen.* **z** ~**u pod rynnę** out of the frying pan into the fire

deszczówka *f* rain-water

deszczułka *f* lath

detal *m* detail

detalicznie *adv handl.* by ⟨at⟩ retail; **sprzedawać** ~ sell by retail

detaliczny *adj* retail *attr*; **handel** ~ retail trade; **kupiec** ~ retailer

detektyw *m* detective

detektywistyczny *adj* detective

determinować *vt* determine

detonacja *f* detonation

detonować *vt* abash, disconcert; *vi* (*eksplodować*) detonate; ~ **się** *vr* lose countenance

detronizacja *f* dethronement

detronizować *vt* dethrone

dewaluacja *f* devaluation

dewaluować *vt* devaluate; ~ **się** *vr* become devaluated

dewiz|a *f* device, motto; *pl* ~**y** *fin.* foreign bills ⟨exchange⟩

dewocja *f* devotion, piety

dewotka *f* devotee, bigot

dezercja *f* desertion

dezerter *m* deserter

dezerterować *vi* desert

dezorganizacja *f* disorganization

dezorganizować *vt* disorganize

dezorientacja *f* disorientation, confusion

dezorientować *vt* disorientate, confuse; ~ **się** *vr* become confused, lose one's way

dezynfekcja *f* disinfection

dezynfekować *vt* disinfect

dębczak *m* oakling

dębieć *vi* be taken aback, stand dumbfounded

dębina *f* oakwood

dętka *f* tire, tyre

dęt|y *adj* blown; hollow; **instrument** ~**y** wind-instrument; **orkiestra** ~**a** brass band

diabelski *adj* diabolical, devilish

diabeł *m* devil

diabełek *m* devilkin, imp

diagnostyka *f* diagnosis

diagnoz|a *f* diagnosis; **postawić** ~**ę** to diagnose, to make a diagnosis

diagram *m* diagram

dialekt *m* dialect

dialektyczny *adj* dialectical; **materializm** ~ dialectical materialism

dialektyk *m* dialectician

dialektyka *f* dialectics

dialog *m* dialogue

diament *m* diamond

diametralny *adj* diametrical

diatermia *f* diathermy

diecezja *f* diocese

diecezjalny *adj* diocesan

diet|a *f* diet; *(pieniężna)* zw. *pl* ~y expense ⟨travelling⟩ allowance

dietetyczny *adj* dietetic

dla *praep* for, in favour of, for the sake of; uprzejmy ⟨dobry⟩ ~ kogoś kind ⟨good⟩ to sb

dlaczego *adv* why, what for

dlatego *adv* therefore, for that reason, that's why; ~ że *conj* because, for

dławić *vt* strangle, suffocate, choke; *techn.* throttle; ~ się *vr* suffocate

dławik *m techn.* throttle

dło|ń *f* palm; jasne jak na ~ni as clear as daylight

dłubać *vt vi* dig, bore; *(w zębach)* pick

dług *m* debt; wpaść w ~i incur debts; zaciągnąć ~ contract a debt; spłacić ~ pay off a debt

długi *adj* long; upadł jak ~ he fell down flat

długodystansowiec *m sport* long-distance runner

długo *adv* long, for a long time; jak ~ as long as; jak ~? how long?

długofalowy *adj* long-wave *attr*; *przen.* long-range *attr*

długoletni *adj* long-time, of long standing

długonogi *adj* long-legged

długopis *m* ball-point pen

długoś|ć *f* length; *geogr.* longitude; mieć *x* metrów ~ci be *x* meters long

długoterminowy *adj* long-term *attr*

długotrwały *adj* lasting, durable

długowieczność *f* longevity

długowieczny *adj* longeval; long-lived

dłuto *n* chisel

dłużnik *m* debtor

dłużny *adj* owing; jestem mu ~ I owe him

dłużyć się *vr (o czasie)* pass slowly

dmuchać *vi* blow, puff

dnieć *vi* dawn

dniówk|a *f* daywork, day's work; pracować na ~ę work by the day

dno *n* bottom

do *praep* to, into; *(o czasie)* till, until; aż do granicy as far as the frontier; co do mnie as for me; do cna through and through; do piątku till ⟨until⟩ Friday; łyżeczka do herbaty teaspoon; raz do roku once a year; idę do apteki I go to the chemist's; idę do przyjaciela I go to see my friend; iść do domu go home; przybyć do Londynu arrive at ⟨in⟩ London; wyjechać do Londynu leave for London; wejść do pokoju enter the room; wsadzić do więzienia put into prison

dob|a *f* day (and night), twenty-four hours; całą ~ę the clock round; w dzisiejszej ~ie at present, at the present time

dobiegać *vi* approach, be coming near

dobierać *vt* select, choose; assort (coś do czegoś sth with sth); być dobranym match (do czegoś sth); ~ się *vr* try to get (do czegoś at sth); dobrali się they are well matched

dobijać *vt* deal (kogoś sb) a death-blow; ~ targu strike a bargain; *vi* ~ do lądu reach land; ~ się *vr* try to enter; *(osiągnąć)* contend, scramble (czegoś for sth); ~ się do drzwi batter the door

dobitk|a *f*, na ~ę on top of all that

dobitny *adj* distinct, emphatic

doborowy *adj* choice, select

dobosz *m* drummer

dobór *m* selection, assortment; *biol.* ~ naturalny natural selection

dobrać *zob.* dobierać

dobranoc *int* good night!

dobrnąć *vi* wade through (do czegoś to sth)

dobr|o *n* good; ~o społeczne public welfare; *handl.* na moje ~o to my credit; dla mojego ~a for my good; *pl* ~a fortune, riches; (*ziemskie*) landed property; ~a ruchome movable property, personalty

dobrobyt *m* well-being, prosperity

dobroczynność *f* beneficence, charitableness; charity

dobroczynn|y *adj* beneficent, charitable; cele ~e charities

dobroczyńca *m* benefactor

dobroć *f* goodness

dobroduszność *f* kind-heartedness, good nature

dobroduszny *adj* kind-hearted, good-natured

dobrodziej *m* benefactor

dobrodziejstwo *n* benefaction, boon; *prawn.* benefit (of the law)

dobrotliwy *adj* kind-hearted, good-natured

dobrowolnie *adv* of one's own free will, voluntarily

dobrowoln|y *adj* voluntary; free-will *attr*; umowa ~a amicable agreement

dobr|y *adj* good, kind; nie wyjdzie z tego nic ~ego no good will come of it; to jest warte ~e 10 tysięcy it is well worth 10 thousand; to wyjdzie na ~e this will come to good, this will take a good turn; to mu nie wyjdzie na ~e it will turn out badly for him; w tej sprawie jedno jest ~e there is one good part in this; życzyć wszystkiego ~ego to give one's best wishes; a to ~e! I like this!; co ~ego? what is the best news?; przez ~e dwie godziny for a good two hours

dobrze *adv* well, all right; czuję się ~ I'm (feeling) well; ~ czy źle right or wrong; to ci ~ zrobi this will do you good; ~ ci tak! it has served you right

dobudować *vt* build an annex, build on

dobudówka *f* annex

dobyć *zob.* dobywać

dobytek *m sing* property, goods (and chattels); (*inwentarz*) cattle

dobywać *vt* take out, get out, produce

doceniać *vt* (duly) appereciate

docent *m* docent

dochodowy *adj* profitable, payable; podatek ~ income tax

dochodzenie *n* investigation, research, inquiry

dochodzi|ć *vi* approach, get near, reach; come about; (*badać*) investigate (czegoś sth), inquire (czegoś into sth), claim; (*ścigać sądownie*) prosecute; ~ trzecia godzina it is getting on to three o'clock; on ~ siedemdziesiątki he is getting on for seventy, he is close on seventy; rachunek ~ do 100 funtów the bill amounts to £ 100; jak do tego doszło? how did it come about?

dochować *vt* preserve; (*tajemnicy, wiary*) keep; ~ się *vr* (*dzieci*) manage to bring up; (*inwentarza*) manage to rear (breed)

dochód *m* income, profit, proceeds *pl*; ~ państwowy revenue

dociągać *vt vi* draw (do czegoś as far as sth); reach; tighten; ~ do końca reach the end

dociekać *vt* investigate (czegoś sth), inquire (czegoś into sth)

dociekanie *n* investigation, inquiry, enquiry

dociekliwy *adj* inquisitive

docierać *vi* reach (dokądś a place), advance (dokądś to a place); get (do czegoś at sth); reach (do czegoś sth); *vt* (*silnik, samochód*) run in, *am.* break in

docinać *vi* taunt, sting (komuś sb)

docinek *m* taunt

doczeka|ć się *vr* live to see; nie ~sz się go no use waiting for him; ~ć się późnej starości live to an old age; **nie mogę się** ~**ć** ... I can hardly wait to ...

doczepiać *vt* attach, append

doczesny *adj* temporal, earthly

dodać *zob.* dodawać

dodatek *m* addition; appendix, supplement; *pl* **dodatki** accessories; (*krawieckie ttp.*) materials, furnishings; ~ **do pensji, wynagrodzenia** extra pay; ~ **drożyźniany** cost-of-living bonus; ~ **mieszkaniowy** residence allowance; ~ **nadzwyczajny** (*do gazety*) extra edition; ~ **rodzinny** family bonus; **na** ~ in addition, besides

dodatkowo *adj* additionally, in addition, extra

dodatkowy *adj* additional, supplementary, extra

dodatni *adj* positive, advantageous; *fin.* (*o bilansie*) favourable, active; **strona** ~**a** good side

dodawać *vt* add; (*sumować*) add up, sum up; give in addition; ~ **ducha** cheer up; ~ **odwagi** encourage

dodawanie *n* addition

dogadać się *vr* come to an understanding; (*w obcym języku*) make oneself understood

dogadzać *vi* gratify, satisfy; pamper; indulge; ~**ć sobie** indulge oneself, do oneself well; **to mi** ~ this suits me, this is convenient to me

doglądać *vi* look (*kogoś, czegoś* after sb, sth), watch (*kogoś, czegoś* over sb, sth); (*pielęgnować chorego*) tend, nurse; (*pilnować trzody*) tend

dogmat *m* dogma

dogmatyczny *adj* dogmatic

dogmatyka *f* dogmatics

dogmatyzm *m* dogmatism

dogodnie *adv* conveniently; **jak ci będzie** ~ at your convenience

dogodność *f* convenience

dogodny *adj* convenient; **na** ~**ch warunkach** on easy terms

dogodzić *zob.* dogadzać

dogonić *vt* catch up (**kogoś** sb, **with sb**), overtake

dogorywać *vi* be in death-agony, be dying away, be breathing one's last

dogrzewa|ć *vi* warm additionally; scorch; **słońce** ~ the sun is scorching

doić *vt* milk

dojadać *zob.* dojeść; **nie** ~ starve, not eat enough

dojazd *m* approach, access; (*przed domem*) drive; (*dojeżdżanie*) regular travel

dojechać *vi* arrive (**dokądś** at ⟨in⟩ a place), reach (**dokądś** a place), (*konno, na motorze*) come riding (**dokądś** to a place)

dojeść *vt* finish eating, eat up the rest; **nie** ~ not to eat up one's fill

dojeżdżać *vi* travel regularly; *zob.* dojechać

dojeżdżający *adj i m* non-resident

dojmujący *adj* painful, penetrating; (*o bólu*) acute

dojn|y *adj*, **krowa** ~**a** milch cow

dojrzałoś|ć *f* maturity; **egzamin** ~**ci** secondary school-leaving examination

dojrzały *adj* ripe, mature

dojrzeć 1. *zob.* dojrzewać

dojrzeć 2. *vt* (*zobaczyć*) catch sight (**kogoś, coś** of sb, sth); *lit.* behold

dojrzewać *vi* ripen, grow ripe, mature; (*osiągnąć dojrzałość*) reach the age of manhood ⟨womanhood⟩

dojście *n* access, approach; (*do władzy*) accession

dojść *vi* arrive (**dokądś** at ⟨in⟩ a place), reach (**dokądś** a place); ~ **do skutku** come off ⟨about⟩; ~ **do sławy** win fame; ~ **do władzy** arrive at a power; ~ **do wniosku** arrive at ⟨to⟩ a conclusion; ~ **w czymś do doskonałości** bring sth to perfection; **doszedłem do przekonania** I came to believe; **doszło do porozumienia** an understanding has been established, an agreement has been reached; **jak do tego doszło?** how did this come about?; *zob.* **dochodzić**

dok *m* dock

dokarmiać *vt* nourish additionally

dokazać *vi* achieve, perform; ~ **cudu** work a miracle; ~ **swego** accomplish one's design, have one's way

dokazywać *vi* (*swawolić*) skylark, romp; *zob.* **dokazać**

dokąd *adv* where; *†* whither; ~ **bądź** anywhere, wherever

doker *m* docker

dokładać *vt* add, throw in; ~ **do interesu** have a losing business; ~ **wszelkich starań** do one's best

dokładnie *adv* exactly, precisely

dokładność *f* exactitude, precision

dokładn|y *adj* exact, precise; ~e **badanie** close examination

dokoła *adv praep* round (about), around

dokonać *vt* achieve, accomplish, bring about; ~ **żywota** end one's days; ~ **się** *vr* take place (effect), come off (about)

dokonanie *n* achievement

dokonany *adj* (*o fakcie*) accomplished; *gram.* perfect

dokończenie *n* conclusion, end(ing)

dokończyć *vt* finish up, conclude

dokształca|ć *vt* impart further instruction; ~**ć się** *vr* acquire (receive) further instruction; **szkoła** ~**jąca** continuation school

doktor *m* doctor

doktorat *m* doctorate; **zrobić** ~ take the doctor's degree

doktorsk|i *adj* doctor's, doctoral; **praca** ~**a** doctor's thesis

doktoryzować się *vr* take one's doctor's degree

doktryna *f* doctrine

dokuczać *vi* vex, harass, annoy

dokuczliwy *adj* vexing, annoying, grievous

dokument *m* document; record; ~ **urzędowo poświadczony** legalized deed

dokumentalny, dokumentarny *adj* documentary

dokumentować *vt* document

dol|a *f* lot, destiny; **w** ~**i i niedoli** through thick and thin

dolat|ywać *vi* come flying, reach; ~**uje zapach** the smell makes itself felt

dolega|ć *vi* pain, ail; **co ci** ~? what's the matter with you?, what ails you?; ~ **mi artretyzm** I am troubled with arthritis; **nic mi nie** ~ nothing is the matter with me

dolegliwość *f* suffering, pain, ailment

dolewać *vt* pour additionally; ~ **sobie herbaty** help oneself to more tea

dolicz|yć *vt* add; throw in, include (in a sum); *vr* ~**łem się tylko pięciu** I could count five only; **nie mogłem się** ~**ć** I could not make up the sum

dolina *f* valley; *lit.* dale

dolny *adj* lower

dołączyć *vt* annex, attach, enclose; ~ **się** *vr* join (**do kogoś** sb)

dołek *m* pit, hole; (*na twarzy*) dimple

dołożyć *zob.* **dokładać**

dom *m* house; home; **do** ~**u** home; **poza** ~**em** abroad, away from home, out of doors; **w** ~**u** at home; **czuć się jak u siebie w** ~**u** feel at home

domagać się *vr* demand, claim

domator *m* stay-at-home

domek *m* little house; ~ **jednorodzinny** cottage, bungalow

domena *f* domain

domiar *m* (*podatkowy*) supertax; **na** ~ **wszystkiego** to crown all

domierzyć *vt* fill the measure; (*podatek*) assess additionally

domieszać *vt* admix

domieszka *f* admixture

dominium *n sing nieodm.* dominion

domino *n* domino; *(gra)* dominoes *pl*

dominować *vi* prevail, predominate (nad kimś, czymś over sb, sth)

dominujący *adj* predominant

domniemany *adj* conjectural

domokrążca *m* pedlar, hawker

domorosły *adj* homeborn

domostwo *n* homestead

domownik *m* housemate

domow|y *adj* domestic, home ⟨house, indoor⟩ *attr*; gospodarstwo ~e housekeeping; **wojna ~a** a civil war

domysł *m* conjecture, presumption

domyślać się *vr* conjecture, surmise; guess

domyślny *adj* quick to understand, quick-witted

doniczka *f* flower-pot

doniesienie *n* *(wiadomość)* report, communication; *(denuncjacja)* denunciation; *handl.* *(komunikat)* advice

donieść *vt* comunicate, report, announce; denounce (na kogoś sb), inform (na kogoś against sb); *handl.* advise; **donoszą nam, że ...** we are informed that ...

doniosłość *f* importance, weightiness

doniosły *adj* important, weighty

donosiciel *m* denunciator, denouncer, informer

donosić *zob.* **donieść**

donośność *f* *(głosu)* sonority; *(strzału)* range

donośny *adj* *(o głosie)* sonorous; *(o strzale)* of long range

dookoła = **dokoła**

dopadać *vi* get (czegoś at sth), reach (czegoś sth)

dopalać *vt* burn the rest, finish burning; ~ **się** *vr* be burning out

dopasować *vt* fit, adapt, adjust; ~ **się** *vr* adapt oneself, conform oneself

dopasowanie *n* adjustment, adaptation

dopełniacz *m* *gram.* genitive (case)

dopełniać *vt* complete, fill up; ful-

fil; ~ **zobowiązań** meet one's obligations; ~ **ślubu** keep one's vow

dopełniający *adj* complementary, supplementary

dopełnienie *n* completion; fulfilment; *gram.* object; ~ **bliższe** ⟨dalsze⟩ direct ⟨indirect⟩ object

dopędzić *vt* catch up (kogoś sb, with sb), overtake

dopiąć *vt* buckle up, button up; *(osiągnąć)* attain, achieve; ~ **swego** gain one's end

dopiero *adv* only; ~ **co** only just, just now; ~ **wtedy** not till then; a co ~ let alone

dopiln|ować *vi* see (czegoś to sth); ~**uj, żeby to było zrobione** see that it is done

dopingować *vt* spur on, incite, stimulate

dopis|ać *vt* write in addition, add in writing; *vi* *(sprzyjać)* favour, be favourable; **pogoda ~uje** the weather is fine; **szczęście mu ~ało** he met with success; he was successful ⟨lucky⟩; **zdrowie mi ~uje** I'm well; **pamięć mi nie ~uje** my memory fails me; **szczęście mi nie ~ało** I have failed

dopisek *m* postscript, footnote

dopłacać *vt* pay in addition

dopłata *f* additional payment, extra charge; *(do biletu)* excess fare; *filat.* postage due

dopłynąć *vi* reach (swimming, sailing, floating)

dopływ *m* *(rzeki)* tributary, affluent; *(ludzi, pieniędzy)* influx, inflow; *(krwi)* afflux; *(towarów, prądu)* supply

dopływać *vi* flow in; *zob.* **dopłynąć**

dopomagać *vi* help, aid, assist

dopominać się *vr* claim (o coś sth, u kogoś from sb)

dopóki *conj* as long as; **dopóty** ~ as long as, till

doprawdy *adv* really, truly

doprowadzać *vt* conduct, conduce,

dopuszczać

lead, bring; ~ do doskonałości
bring to perfection; ~ do nędzy
reduce to misery; ~ do końca
bring to an end; ~ do rozpaczy
drive into despair; ~ do skutku
carry into effect; ~ do porządku put in order; ~ do szału
drive (sb) mad

dopuszczać *vt vi* admit; permit;
~ **się** *vr* commit (czegoś sth)

dopuszczalny *adj* admissible; per-
missible

dopuszczenie *n* admission

dopytywać się *vr* inquire, make
inquiries (o **kogoś,** coś after ⟨for,
about⟩ sb, sth)

dorabiać *vt vi* work in addition,
make additionally; ~ **muzykę**
do słów set the words to music;
~ **się** *vr* make one's way; grow
more prosperous

doradca *m* adviser

doradczy *adj* advisory

doradzać *vi* advise (komuś sb)

dorastać *vi* grow up; rise (do za-
dania, sytuacji to the task, situation)

doraźnie *adv* immediately, on the
spot

doraźny *adj* immediate; extem-
porary; (o **postępowaniu sądowym**) summary

doręczać *vt* hand, deliver

doręczenie *n* delivery

dorob|ek *m* acquisition, property;
(*np. naukowy*) attainments *pl*,
production; być na ~ku make
one's way

dorobkiewicz *m* upstart, parvenu

doroczny *adj* annual, yearly

dorodny *adj* handsome

dorosły *adj i m* adult, grown-up

dorożka *f* cab

dorożkarz *m* cabman

dorównywać *vi* equal (komuś sb),
be equal, come up (komuś to sb)

dorsz *m* zool. cod

dorywczo *adv* occasionally, irreg-
ularly, by fits and starts

dorywcz|y *adj* occasional, impro-
vised; ~**a praca** odd job

dorzecze *n* (river-)basin

dorzucać *vt* throw in, add

dosadny *adj* forcible, emphatic

dosiadać *vi* mount (konia a horse,
on a horse)

dosięgać *vi* reach

doskonale *adv* perfectly, splendidly

doskonalić *vt* perfect; ~ **się** *vr*
perfect oneself

doskonałość *f* perfection

doskonały *adj* perfect, excellent

dosłowny *adj* literal

dosłużyć się *vr* gain through service; be promoted (stopnia puł-
kownika to the rank of colonel)

dosłyszalny *adj* audible

dosłyszeć *vt* hear, catch; **nie** ~
mishear; be hard of hearing

dostać *vt* get, receive, obtain,
attain, reach; ~ **kataru** catch
cold; ~ **się** *vr* get; ~ **się do domu** get home; ~ **się do środka**
get in; ~ **się do niewoli** be taken
prisoner; ~ **się gdzieś** arrive at
a place; ~ **się w czyjeś ręce** fall
⟨get⟩ into sb's hands; ~ **się do
czegoś** get at sth

dostarczać *vt* supply, provide (komuś czegoś sb with sth)

dostateczny *adj* sufficient; satisfactory; (o **stopniu**) passable;
fair; stopień ~ passing grade

dostat|ek *m* abundance; **pod ~kiem**
in abundance, in plenty, enough

dostatni *adj* abundant; (zamożny)
wealthy, well-to-do

dostawa *f* supply, delivery

dostawca *m* supplier, provider;
purveyor

dostawiać *vt* supply, deliver; (np.
więźnia) convoy, escort

dostąpić *vi* approach (do kogoś
sb); ~ **łaski** find favour (czyjejś with sb); ~ **zaszczytów** gain
⟨obtain⟩ honours

dostęp *m* access, approach

dostępny *adj* accessible, easy of
approach; (o **książce, wykładzie**)
popular

dostojeństwo *n* dignity

dostojnik *m* dignitary

dostojny *adj* dignified, worthy

dostosować *vt* adapt, adjust, fit; ~ **się** *vr* adapt oneself, conform

dostosowanie *n* adaptation, adjustment

dostroić *vt* tune (up), attune; ~ **się** *vr* adapt oneself, conform

dostrzec *vt* catch sight (**coś** of sth), perceive

dostrzegalny *adj* perceptible

dostrzeganie *m* perception

dosyć *adv* enough, sufficiently; ~ **tego** enough of it, that's enough, that will do

dosypać *vt* add, strew additionally

do syta *adv* amply; **najeść się** ~ eat one's fill

doszczętnie *adv* completely, utterly, down to the ground

doszczętny *adj* through, complete

dosztukować *vt* piece on, eke out

doścignąć *vt* overtake, catch up

dość zob. **dosyć**

dośrodkowy *adj* centripetal

doświadczać *vt* (*doznawać*) experience (**czegoś** sth), go (**czegoś** through sth); (*próbować, robić doświadczenie*) test, put to the test, try; ~**yć nieszczęścia** undergo a misfortune; **los go ciężko** ~**ył** fate has severely tried him

doświadczalny *adj* experimental

doświadczenie *n* (*życiowe*) experience; (*naukowe*) experiment; **robić** ~ experiment, make an experiment

doświadczony *adj* experienced, expert

doświadczyć zob. **doświadczać**

dotacja *f* donation, endowment; allowance

dotąd *adv* (*o miejscu*) up to here; thus far; (*o czasie*) up to now, so far

dotkliwy *adj* keen, acute, severe

dotknąć *vt* touch, feel; affect; (*urazić*) hit, hurt; ~ **ważnej sprawy** touch upon an important question

dotknięcie *n* touch

dotrwać *vi* persevere, hold out

dotrzeć zob. **docierać**

dotrzymywać *vt* keep (**obietnicy, słowa, tajemnicy** a promise, one's word, a secret); ~ **komuś kroku** keep pace with sb, keep up with sb; ~ **komuś towarzystwa** keep sb company; ~ **placu** hold one's ground; ~ **warunków** stand by ⟨keep⟩ the terms

dotychczas *adv* up to now, so far

dotychczasow|y *adj* hitherto prevailing; ~**e wiadomości** the news received up to now

dotycz|yć *vi* concern (**kogoś, czegoś** sb, sth), relate (**kogoś, czegoś** to sb, to sth), regard (**kogoś, czegoś** sb, sth); **co** ~**y** with regard to, in respect of, relative to; as far as sth is concerned; **co mnie** ~**y** as for me; **to mnie nie** ~**y** it is no concern of mine; ~**ący** relative (**kogoś, czegoś** to sb, to sth), concerning

dotyk *m* feeling, touch

dotykać zob. **dotknąć**

dotykalny *adj* tangible, palpable

douczać zob. **dokształcać**

dowcip *m* joke, witticism; (*humor, bystrość*) wit

dowcipkować *vi* display one's wit

dowcipniś *m* wit

dowcipny *adj* witty

dowiadywać się *vr* inquire (**o kogoś, coś** after sb, sth, **od kogoś** of sb)

do widzenia *int* good-bye!

dowiedzieć się *vr* get to know, learn

dowierzać *vi* trust (**komuś** sb, in sb); (*polegać*) rely, trust (**komuś, czemuś** to sb, sth); **nie** ~ **to** distrust, to mistrust (**komuś** sb)

dowieść *vt* (*doprowadzić*) bring, lead; (*udowodnić*) prove; zob. **dowodzić**

dowlec *vt* drag as far as; ~ **się** *vr* come dragging along

dowodowy *adj* evidential, demonstrative, conclusive; **materiał** ~ evidence

dowodzenie n demonstration; (*dowództwo*) command

dowodzić *vi* prove, demonstrate (*czegoś* sth), be demonstrative (*czegoś* of sth); (*argumentować*) argue; (*komenderować*) command

dowolnie *adv* (*samowolnie*) arbitrarily; (*według woli*) at will, at discretion

dowolność *f* (*samowola*) arbitrariness; (*własne uznanie*) discretion

dowolny *adj* (*samowolny*) arbitrary; (*do uznania*) discretional, optional; (*bezpodstawny*) unfounded; (*jakikolwiek*) any, whatever; **w ~m kolorze** of any colour you choose; **w ~m kierunku** in any direction

dowozić *vt* bring, supply

dowód *m* proof, evidence; (*pamięci, wdzięczności*) token, sign; (*dokument*) certificate; **na ~ in** proof ⟨token⟩; **~ osobisty** identity card; **~ odbioru** receipt; **~ rzeczowy** legal instrument

dowódca *m* commander

dowództwo *n* command; **objąć ~** take command

dowóz *m* supply

doza *f* dose

dozbroić *vt* rearm

dozbrojenie *n* rearmament

dozgonny *adj* lifelong

doznać *vi* experience, go through; (*straty, krzywdy*) suffer; **~ rozczarowania** meet with disappointment; **~ wrażenia** get an impression

dozorca *m* guard, overseer; (*domowy*) housekeeper, doorkeeper, porter; (*więzienny*) gaoler, jailer

dozorować *vt* oversee, supervise

dozować *vt* doze

dozór *m* supervision; (*policyjny*) surveillance

dozwalać *vi* allow, permit

dożycie *n*, **ubezpieczenie na ~** life insurance

dożyć *vi* live till, live to see; **~**

późnego wieku live to an old age; **~ stu lat** live to be a hundred years old

dożynki *s pl* harvest home

dożywiać *vt* give supplementary alimentation

dożywienie *n* supplementary alimentation; extra food

dożywocie *n* life-estate; (*renta*) life-annuity; **na ~** for life

dożywotni *adj* lifelong; **kara ~ego więzienia** imprisonment for life, life sentence

dół *m* pit, hole; lower part; bottom; **na dole** below, down; **z dołu** from below; **na ~, w ~** downstairs; down hill; **schodzić na ~** go down ⟨downstairs, downhill⟩

drab *m pot.* rascal, scoundrel

drabina *f* ladder; **~ sznurowa** rope-ladder

dragon *m wojsk.* dragoon

dramat *m* drama

dramaturg *m* dramatist, playwright

dramaturgia *f* dramaturgy

dramatyczny *adj* dramatic

dramatyzować *vt* dramatize

drań *m pot.* scoundrel, rascal

drapacz *m* scraper; **~ chmur** skyscraper

drapać *vt* scrape, scratch; **~ się** *vr*, **~ się w głowę** scratch one's head; (*piąć się*) clamber, scramble

draperia *f* drapery; (*ścienna*) hanging(s)

drapichrust *m* scamp

drapieżnik *m* beast ⟨bird⟩ of prey

drapieżność *f* rapacity

drapieżn|y *adj* rapacious; **zwierzę ~e** beast of prey

drapować *vt* drape

drasnąć *vt* scratch, graze; *przen.* (*dotknąć*) hurt

drastyczny *adj* drastic; (*drażliwy*) ticklish; indecent

dratwa *f* (shoemaker's) thread

drażetka *f* dragée; *farm.* dragée, pill

drażliwość f susceptibility, ticklishness

drażliwy adj susceptible, ticklish, touchy

drażnić vt irritate, gall, tease

drąg m pole, bar

drąg|ek m bar, rod; ~**ki gimnastyczne** bars

drążyć vt hollow out

drelich m drill(ing)

dren m drain

drenować vt drain

dreptać vi trip

dreszcz m shudder; pl ~**e** fit of shivers, cold fits

dreszczyk m thrill

drewniak m (but) clog; (budynek) wooden house

drewniany adj wooden

drewnieć vi lignify

drewno n log, piece of wood; timber

drezyna f trolley

dręczyć vt torment, harass, vex; ~ **się** vr worry, be vexed

drętwieć vi stiffen, grow stiff

drętwy adj stiff, numb, rigid

drgać vi shiver, tremble; (o sercu, pulsie) palpitate; (o głosie, strunie itp.) vibrate; (o mięśniach, twarzy) twitch

drganie n trembling; palpitation; vibration

drgawka f spasm, convulsion

drobiazg m trifle, detail

drobiazgowość f pedantry, punctiliousness

drobiazgowy adj pedantic, punctilious

drobić vt (kruszyć) crumble; (drobno siekać) mince; (nogami) trip

drobina f particle; fiz. molecule

drobnica f piece-goods

drobnostka f trifle

drobnostkowy adj punctilious, pedantic

drobnoustrój m microbe, microorganism

drobn|y adj tiny, minute; (kupiec, rolnik) small; (pomniejszy) petty; ~**e wydatki** pocket expenses;

~**a suma** petty sum; ~**e** s pl small change

droczyć się vr tease (z kimś sb)

dro|ga f way, road, track, route; ~**ga dla pieszych** footpath; ~**ga powietrzna** airway; ~**ga wodna** waterway; **krótsza** ~**ga** (na przełaj) short cut; **wolna** ~**ga** the way is clear; **rozstajne** ~**gi** cross-roads; **być na dobrej** ~**dze** be on the right path; **iść tą samą** ~**gą** go the same way; **wejść komuś w** ~**gę** get in sb's way; **wybrać się w** ~**gę** set out on one's way; **zejść z** ~**gi** (ustąpić) give way; ~**gą lądową** by land; ~**gą na ⟨przez⟩ Warszawę** by way of Warsaw; ~**gą wodną** by water, by sea; ~**gą służbową** through official channels; **nie po** ~**dze** out of the way; **po** ~**dze** on the way; **pół godziny** ~**gi** half-an-hour's walk ⟨drive, ride⟩; **w pół** ~**gi** half-way; **w** ~**dze wyjątku** by way of exception; **szczęśliwej** ~**gi!** good-bye!; † farewell!

drogeria f druggist's (shop), am. drugstore

drogista m druggist

drogo adv dear(ly), at a high price

drogocenny adj precious

drogowskaz m signpost, guidepost

drogow|y adj road attr; **przepisy** ~**e** traffic regulations; **przewodnik** ~**y** road-book; **znaki** ~**e** road signs

dromader m zool. dromedary

drozd m zool. thrush

drożdże s pl leaven, yeast

drożeć vi grow dear

drożyć się vr sell at a high price; (robić ceremonie) stand on ⟨upon⟩ ceremony

drożyzna f dearness, high prices, expensive cost of living

drożyźniany adj, **dodatek** ~ cost-of-living bonus

drób m poultry

dróżka f path

dróżnik m lineman, railway watchman

druczek *m* (blank) form; (*ulotka*) leaflet; (*drobny druk*) small print

drugi *num* second, other; **książka z ~ej ręki** second-hand book; **kupować z ~ej ręki** buy second-hand; **co ~** every other ⟨second⟩; **co ~ dzień** every other ⟨second⟩ day; **~e tyle** twice as much; **jeden po ~m** one after another, one after each other; **po ~e** in the second place; **po ~ej stronie** on the other side; **z ~ej strony** ... on the other hand ...

drugorzędny *adj* second-class, second-rate, secondary

druh *m* friend, *pot.* crony; (*harcerz*) boy scout

druhna *f* bridesmaid; (*harcerka*) Girl Guide

druk *m* print(ing); (*przesyłka pocztowa*) printed matter; **w ~u** in the press; **drobny ~** small type; **tłusty ~** bold type; **omyłka ~u** misprint

drukarnia *f* printing-office

drukarskii *adj* printer's; typographical; **farba ~a** printer's ⟨printing⟩ ink; **błąd ~i** misprint; **maszyna ~a** printing machine

drukarz *m* printer

drukować *vt* print

drut *m* wire; *elektr.* (*sznur*) cord; **telegraf bez ~u** wireless; **~ do robienia pończoch** itp. knitting-needle; **robić na ~ach** knit

drutować *vt* wire; fasten with wire

druzgotać *vt* smash, shatter

drużba *m* bridesman, best man

drużyna *f* team, crew, troop; **~ ratownicza** relief party

drużynowy *m* group leader

drwa *s pl* wood, firewood

drwal *m* woodcutter

drwić *vi* mock (*z czegoś* at sth)

drwiny *s pl* mockery, raillery

dryblas *m pot.* tall fellow

dryfować *vi mors.* drift

dryg *m pot.* knack (*do czegoś* of sth); inclination

dryl *m* drill

drylować *vt* (*owoce*) seed, stone

drynda *f pot.* hackney, cab

dryndziarz *m pot.* cabby

drzazga *f* splinter

drzeć *vt* (*rwać*) tear; (*ubranie, buty*) wear out, use; **~ się** *vr* (*o ubraniu, butach*) wear out; (*krzyczeć*) scream

drzemać *vi* doze, nap

drzemka *f* doze, nap

drzewce *n* shaft

drzewko *n* little tree; (*choinka*) Christmas tree

drzewny *adj* wooden, wood-; **papier ~** wood-paper; **spirytus ~** wood-spirit; **węgiel ~** charcoal

drzewo *n* tree; (*ścięte*) wood, timber

drzeworyt *m* woodcut

drzwi *s pl* door; (*podnoszone*) trap; **~ wejściowe** front door

drzwiczki *s pl* little door; (*u pieca*) fire-door; (*u powozu, samochodu*) door

drżeć *vi* tremble, shiver; **~ o kogoś** tremble for sb; **~ z zimna** shiver with cold

drżenie *n* trembling, tremor

dubeltówka *f* double-barrelled gun

dublet *m* duplicate; double

dublować *vt* double

duch *m* ghost, spirit; **dodać ~a** cheer up, encourage; **podnosić na ~u** encourage, brisk up; **upadać na ~u** lose heart; **wyzionąć ~a** breathe one's last; expire; **nie ma żywego ~a** there is not a living soul; **zły ⟨dobry⟩ ~** evil ⟨good⟩ genius

duchowieństwo *n* clergy

duchowny *adj* spiritual; ecclesiastical; **stan ~** clerical state; *s m* clergyman

duchowy *adj* spiritual, mental, psychical

dudlek *m zool.* hoopoe; *przen.* dupe; **wystrychnąć na ~ka** make a dupe (*kogoś* of sb), dupe

dudnić *vi* resound, drone; (*o wodzie*) brawl

dudy *s pl muz.* bagpipes

dukat *m* ducat

duma *f* pride, haughtiness

dumka *f* lit. elegiac ditty

dumny *adj* proud (z **czegoś** of sth)

Duńczyk *m* Dane

duński *adj* Danish

duplikat *m* duplicate

dur 1. *m med.* typhus; ~ brzuszny typhoid fever

dur 2. *m nieodm. muz.* major

dureń *m* fool

durny *adj* silly, foolish

durszlak *m* colander

durzyć się *vr pot.* be infatuated (w kimś with sb)

dusiciel *m* strangler; *zool.* boa ~ boa constrictor

dusić *vt* strangle, stifle; ~ się *vr* stifle, suffocate; (*o potrawie*) stew

dusz|a *f* soul; (*do żelazka*) heater; z całej ~y with all my soul; nie ma tu żywej ~y there is not a living soul here; *pot.* nie mam grosza przy ~y I have not a farthing to bless myself with

duszkiem *adv* at a draught

dusznica *f med.* asthma

duszn|ość *f* sultriness; *pl* ~ci oppression

duszny *adj* sultry, close

duszpasterski *adj* pastoral

duszpasterstwo *n* pastoral office

duszpasterz *m* pastor, clergyman

dużo *adv* much, many

duży *adj* great, big, large

dwa *num* two

dwadzieścia *num* twenty

dwakroć *num* twice

dwieście *num* two hundred

dwoj|ć *vt* double; ~ć się *vr* double; ~ mu się w oczach he sees double

dwoistość *f* doubleness, duality

dwoisty *adj* double, dual

dwojaczki *s pl* twins

dwanaście *num* twelve

dwoje *num* two

dworak *m* courtier

dworek *m* country house, cottage

dworować *vi* make fun (sobie z kogoś, czegoś of sb, sth)

dworski *adj* courtlike, courtly, court *attr*

dworskość *f* courtliness, courtly manners

dworzanin *m* courtier

dworzec *m* railway station

dwója *f pot.* (*nota szkolna*) bad mark

dwójka *f* couple, pair, two; = dwója

dwójnasób, w ~ *adv* doubly

dwór *m* court; (*wiejski, szlachecki*) manor-house, country-house; (*dziedziniec*) yard; na dworze out, outside, out of doors; na ~ out

dwudniowy *adj* two days'

dwudziestka *f* twenty, score

dwudziesty *num* twentieth

dwugłoska *f gram.* diphthong

dwugodzinny *adj* two hours'

dwujęzyczny *adj* bilingual

dwukropek *m* colon

dwukrotnie *adv* twice

dwukrotny *adj* twofold

dwuletni *adj* two years'

dwulicowość *f* duplicity

dwulicowy *adj* double-faced, hypocritical

dwumasztowiec *m mors.* two-master

dwumasztowy *adj mors.* two-masted

dwumian *m mat.* binomial

dwumiesięcznik *m* bimonthly

dwumiesięczny *adj* bimonthly

dwunastka *f* twelve

dwunastnica *f anat.* duodenum

dwunasty *num* twelfth

dwunożn|y *adj* two-legged; ~e stworzenie biped

dwuosobowy *adj* for two persons; (*o grze*) two-handed

dwupiętrowy *adj* three-storied

dwupłatowiec *m* biplane

dwuręczny *adj* two-handed

dwurzędowy *adj* double-rowed; (*o marynarce*) double-breasted

dwustronny *adj* two-sided; (*o umowie*) bilateral

dwutlenek *m chem.* dioxide
dwutomowy *adj* two-volume *attr*
dwutorowy *adj* double-track *attr*
dwutygodnik *m* biweekly
dwutygodniowy *adj* fortnightly
dwuwiersz *m* couplet
dwuzgłoskowy *adj gram.* disyllabic
dwuznacznik *m* quibble, equivoke
dwuznaczność *f* ambiguity
dwuznaczny *adj* equivocal, ambiguous
dwużeństwo *n* bigamy
dychawica *f med.* asthma
dychawiczny *adj med.* asthmatic
dydaktyczny *adj* didactic
dydaktyka *f* didactics
dyfteryt *m med.* diphtheria
dyfuzja *f fiz.* diffusion
dyg *m* curtsy
dygnitarz *m* dignitary (*zw. kościelny*); *pot.* topman
dygotać *vi* shiver
dygresja *f* digression
dykcja *f* diction
dykta *f* plywood
dyktando *n* dictation
dyktator *m* dictator
dyktatorski *adj* dictatorial
dyktatura *f* dictatorship; ~ proletariatu dictatorship of the proletariat
dykteryjka *f* anecdote
dyktować *vt* dictate
dylemat *m* dilemma
dyletancki *adj* dilettantish
dyletant *m* dilettante
dyliżans *m* stage-coach
dym *s* smoke; puścić z ~em send up in smoke; pójść z ~em go up in smoke ⟨flames⟩
dymić *vi* smoke, reek
dymisj|a *f* dismissal; resignation; podać się do ~i hand in one's resignation, resign
dymisjonować *vt* dismiss
dymny *adj* smoky
dynamiczny *adj* dynamic
dynamika *f* dynamics
dynamit *m* dynamite
dynia *f bot.* pumpkin
dyplom *m* diploma

dyplomacja *f* diplomacy
dyplomata *m* diplomat
dyrekcja *f* management
dyrektor *m* director, manager
dyrygent *m* conductor
dyscyplina *f* discipline
dysk *m* disc; *sport* discus
dyskretny *adj* discreet
dyskryminacja *f* discrimination
dyskusja *f* discussion
dyskwalifikować *vt* disqualify
dyspozycj|a *f* disposition; disposal; być do czyjejś ~i be at sb's disposal
dysproporcja *f* disproportion
dysputa *f* dispute, disputation
dysputować *vi* dispute (o czymś on, about sth)
dystans *m* distance
dystansować *vt* outdistance
dystrakcja *f* distraction, distractedness
dystrybucja *f* distribution
dystyngowany *adj* distinguished
dystynkcja *f* distinction
dysydent *m* dissident, dissenter
dyszeć *vi* gasp, pant
dyszel *m* thill
dyszkant *m muz.* treble
dywan *m* carpet, rug
dywersja *f* diversion
dywidenda *f* dividend
dywizja *f* division
dywizjon *m lotn.* wing
dyzenteria *f med.* dysentery
dyżu|r *m* duty; mieć ~r be on duty; nie być na ~rze be off duty
dyżurny *adj* on duty; *s m* officer ⟨clerk etc.⟩ on duty
dzban *m* jug, pitcher
dzbanek *m* jug
dziać *vt vi* knit
dziać się *vi* go on, happen, take place, occur; co się tu dzieje? what's up here?; niech się dzieje, co chce happen ⟨come⟩ what may; co się z nim dzieje? what's happening to him?
dziad *m* grandfather; old man; (*żebrak*) beggar; zejść na ~y go to the dogs

dziadek *m* grandpapa; (*żebrak*) beggar; ~ **do orzechów** nut-cracker(s)

dziadowski *adj* (*żebraczy*) beggarly; (*tandetny*) rotten

dział *m* section, division, part, sphere; *geogr.* ~ **wód** watershed

działacz *m* man of action; ~ **społeczny** social worker; ~ **polityczny** activist; ~ **partyjny** party worker

działać *vt* act, be active, operate; (*o leku*) be effective; (*o wrażeniu*) affect; ~ **komuś na nerwy** get on sb's nerves; **zacząć** ~ come into operation; ~ **cuda** work wonders

działalność *f* activity

działanie *n* activity; effect; operation; *mat.* rule

działka *f* lot, allotment, parcel

działo *n* cannon, gun

dzian|y *adj* knitted; **wyroby** ~**e** knitted goods

dziarski *adj* brisk, brave

dziąsło *n* gum

dzicz *f* savages, rabble, riff-raff

dziczeć *vi* become savage, grow wild

dziczyzna *f* venison

dzida *f* spear

dzieciak *m* kid

dzieciarnia *f* children, *zbior.* small fry

dziecięcy *adj* child's, children's; *med.* **paraliż** ~ infantile paralysis

dziecinada *f* childishness

dziecinnieć *vi* become childish

dziecinny *adj* childish

dzieciństwo *n* childhood

dziecko *n* child; (*do 7 lat*) infant; (*niemowlę*) baby

dziedzic *m* heir

dziedzictwo *n* inheritance, heritage

dziedziczka *f* heiress

dziedziczn|y *adj* hereditary; **obciążenie** ~**e** taint

dziedziczyć *vt* inherit

dziedzina *f* domain, sphere

dziedziniec *m* court, yard, court-yard

dziegieć *m* tar

dzieje *s pl* history

dziejopisarstwo *n* historiography

dziejopisarz *m* historian

dziejowy *adj* historic(al)

dziekan *m* dean

dziekanat *m* dean's office, deanery

dzielenie *n* division

dzielić *vt* divide; distribute; separate; (*podzielić*) share; *mat.* ~**ć przez** divide by; ~ **się** *vr* be divided; share (*czymś z kimś* sth with sb); **15** ~ **się przez 3 15** can be divided by 3; **ta książka** ~ **się na 3 części** this book is divided into 3 parts

dzielna *f mat.* dividend

dzielnica *f* quarter; district

dzielnik *m mat.* divisor

dzielność *f* bravery

dzielny *adj* brave

dzieło *n* work, act, deed

dziennie *adv* daily, a day; **2 razy** ~ twice a day

dziennik *m* (*gazeta*) daily; (*pamiętnik*) diary; ~ **buchalteryjny** day-book; ~ **lekcyjny** class book ⟨register⟩

dziennikarski *adj* journalistic

dziennikarstwo *n* journalism

dziennikarz *m* journalist

dzienn|y *adj* daily, day's; **praca** ~**a** (*całodzienna*) day's work, (*wykonywana w dzień*) day-work; **światło** ~**e** daylight

dzień *m* day; ~ **po dniu** day by day; ~ **powszedni** workday, weekday; **cały** ~ the whole day long; **co drugi** ~ every other day; **na drugi** ~ on the next day; **raz na** ~ once a day; **z dnia na** ~ from day to day; **za dnia** by day, in the day-time; **pewnego dnia** one day; **któregoś dnia** some day, the other day

dzierżawa *f* lease, tenancy

dzierżawca *m* tenant, leaseholder, lessee

dzierżawczy *adj gram.* possessive

dzierżawić *vt* lease, take on lease, hold by lease

dzierżawn|y adj, czynsz ~y rental, rent-charge; umowa ~a leasehold deed
dzierżyć vt hold, keep
dziesiątka f ten
dziesiątkować vt decimate
dziesiąty num tenth
dziesięcina f tithe
dziesięciokrotny adj tenfold
dziesięciolecie n tenth anniversary
dziesięć num ten
dziesięciokroć num ten times
dziesiętny adj decimal
dziewczę n girl, maiden
dziewczęcy adj girl's, girlish, maidenly
dziewczyna f girl
dziewczynka f girl, pot. (podlotek) flapper
dziewiątka f nine
dziewiąty num ninth
dziewica f virgin, maiden
dziewictwo n virginity, maidenhood
dziewicz|y adj virgin(al), maiden; ~a gleba virgin soil; las ~y virgin forest
dziewięć num nine
dziewięćdziesiąt num ninety
dziewięćdziesiąty num ninetieth
dziewięćset num nine hundred
dziewiętnastka f nineteen
dziewiętnasty num nineteenth
dziewiętnaście num nineteen
dziewka f maid; uj. wench
dzięcioł m woodpecker
dziękczynienie n thanksgiving
dziękczynny adj thankful; list ~ letter of thanks
dzięki s pl thanks; praep thanks to, owing to
dziękować vi thank
dzik m (wild) boar
dziki adj wild, savage; s m savage
dziobać vt peck
dziobaty adj (po ospie) pock-marked
dziobek m (np. imbryka) spout, nozzle
dziób m beak, bill; (okrętu) prow
dzisiaj, dziś adv today; ~ rano this morning; ~ wieczór this

evening; od ~ za tydzień this day week
dzisiejszy adj today's, present, present-day; w ~ch czasach nowadays, these days
dziura f hole, opening, cavity
dziurawić vt hole, make holes
dziurawy adj leaky, full of holes
dziurkować vt perforate
dziw m marvel, wonder
dziwactwo n eccentricity, peculiarity
dziwaczeć vi become eccentric
dziwaczny adj eccentric, odd
dziwak m eccentric
dziwić vt astonish; ~ się vr wonder, be astonished (komuś, czemuś at sb, sth); nie ma się czemu ~ it is no wonder
dziwn|y adj strange, queer; nic ~ego, że ... no wonder that ...; cóż ~ego, że ... what wonder that
dziwo n marvel, wonder; prodigy
dziwoląg m monster, deformed creature, monstrosity, oddity
dzwon m bell; bić w ~y ring the bells
dzwonek m (hand-)bell; (dzwonienie) ring; (telefoniczny) call
dzwoni|ć vi ring; (telefonować) ring up (do kogoś sb); ~ć do drzwi ring at the door; ~ mi w uszach my ears tingle
dzwonko n (ryby) slice
dzwonnica f belfry
dzwonnik m bell-ringer
dźwięczeć vi sound, resound, ring
dźwięczność f sonority
dźwięczny adj sonorous
dźwięk m sound
dźwiękowy adj sound; film ~ sound film; pot. talkies
dźwig m (winda) lift, am. elevator; (żuraw) crane
dźwigać vt (nosić) carry; (podnosić) lift, heave; ~ się vr raise oneself, rise
dźwignia f lever
dżdżownica f zool. rainworm

dżdżysty adj rainy
dżem m jam
dżentelmen m gentleman
dżinsy s pl jeans, denims

dżokej m jockey
dżonka f junk
dżuma f med. plague
dżungla f jungle

e

ebonit m ebonite
echo n echo; przen. response
edukacja f education, instruction
edycja f edition
edykt m edict
efekt m effect
efektowny adj effective, showy
efektywny adj efficient, effective
efemeryczny adj ephemeral
efemeryda f ephemera
Egipcjanin m Egyptian
egipski adj Egyptian
egoista m egoist
egoistyczny adj egoistic, selfish
egoizm m egoism
egzaltacja f exaltation
egzaltować się vr go into ecstasies (czymś over sth)
egzamin m examination, pot. exam; zdawać ~ sit for an examination; zdać ~ pass an examination; nie zdać ~u fail in an examination
egzaminując|y adj examinational; komisja ~a a board of examiners
egzaminator m examiner
egzaminować vt examine
egzekucja f execution
egzekucyjny adj executive; pluton ~ firing squad
egzekutor m executor
egzekutywa f executive (power)
egzekwować vt execute; (pieniądze, należność itp.) exact (coś od kogoś sth from sb)
egzema f med. eczema
egzemplarz m copy
egzotyczność f exotism
egzotyczny adj exotic
egzystencja f existence

egzystencjalizm m existentialism
egzystować vi exist
ekierka f set-square
ekipa f crew, team
eklektyczny adj eclectic
ekonom m (land) steward
ekonomia f economy; (nauka) economics
ekonomiczny adj economic(al)
ekonomika f economics
ekonomista m economist
ekran m screen
ekscelencja f excellency
ekscentryczność f eccentricity
ekscentryczny adj eccentric, quaint
eksces m (zw. pl ~y) excesses, disturbances
ekshumacja f exhumation
ekshumować vt exhume
ekskluzywny adj exclusive
ekskomunika f excommunication
eksmisja f eviction
eksmitować vt evict
ekspansja f expansion
ekspansywny adj expansive
ekspedient m (w sklepie) shop-assistant, salesman
ekspediować vt dispatch, forward; sell
ekspedycja f dispatch; expedition; (biuro) forwarding department
ekspedycyjny adj expeditionary
ekspedytor m forwarding agent
ekspert m expert (w czymś at, in sth)
ekspertyza f expert's report ⟨inquiry⟩
eksperyment m experiment

eksperymentować *vi* experiment
eksploatacja *f* exploitation
eksploatować *vt* exploit; (*robot-
nika*) sweat
eksplodować *vi* explode
eksplozja *f* explosion
eksponat *m* exhibit
eksponować *vt* expose, exhibit
eksport *m* export, exportation
eksporter *m* exporter
eksportować *vt* export
ekspress *m* express (train); (*list*)
express letter
ekspresja *f* expression
ekstaza *f* ecstasy
eksterminacja *f* extermination
eksternista *m* extramural student
⟨pupil⟩
eksterytorialny *adj* extraterrito-
rial
ekstrakt *m* extract
ekstrawagancja *f* extravagance
ekstrawagancki *adj* extravagant
ekwipować *vt* equip, fit out
ekwipunek *m* equipment, outfit
ekwiwalent *m* equivalent
elastyczność *f* elasticity
elastyczny *adj* elastic
elegancja *f* elegance
elegancki *adj* elegant, smart
elegant *m* dandy
elegia *f* elegy
elektroda *f* electrode
elektroliza *f* electrolysis
elektroluks *m* vacuum-cleaner;
Hoover
elektromagnes *m* electromagnet
elektrometr *m* electrometer
elektron *m* *fiz.* electron
elektronika *f* electronics
elektrotechnik *m* electrician
elektrotechnika *f* electrical engineering
elektrownia *f* power-station
elektryczność *f* electricity
elektryczny *adj* electric
elektryfikacja *f* electrification
elektryfikować *vt* electrify
elektryk *m* electrician
elektryzacja *f* electrisation

elektryzować *vt* electrify; *przen.*
galvanize
element *m* element
elementarny *adj* elementary
elementarz *m* primer, ABC
elewacja *f* elevation
elewator *m* elevator, grain elevator
eliksir *m* elixir
eliminacja *f* elimination
eliminacyjn|y *adj* eliminating; za-
wody ∼e trial heats
eliminować *vt* eliminate
elipsa *f* *mat.* ellipse; *gram.* ellip-
sis
elita *f* élite
emalia *f* enamel
emaliować *vt* enamel
emancypacja *f* emancipation
emancypantka *f* suffragette, *pot.*
new woman
emancypować *vt* emancipate
emblemat *m* emblem
embrion *m* embryo
emeryt *m* pensioner, retired (officer, teacher etc.)
emerytować *vt* pension off
emerytowany *adj* retired
emerytur|a *f* retiring pension, re-
tired pay; przejść na ∼ę retire
emfatyczny *adj* emphatic
emfaza *f* emphasis
emigracja *f* emigration, exile
emigracyjny *adj* emigration *attr*;
rząd ∼ government in exile
emigrant *m* emigrant; (*polityczny*)
émigré
emigrować *vi* emigrate
eminencja *f* eminence
emisariusz *m* emissary
emisja *f* emission, issue; *radio*
broadcast
emitować *vt* emit, issue; *radio*
broadcast
emocja *f* emotion
empiryczny *adj* empirical
empiryzm *m* empiricism
emulsja *f* emulsion
encyklika *f* encyclical

encyklopedia *f* encyclopaedia
encyklopedyczny *adj* encyclopaedic
energetyka *f* energetics
energia *f* energy
energiczny *adj* energetic, active, vigorous
entuzjastyczny *adj* enthusiastic
entuzjazm *m* enthusiasm
entuzjazmować się *vr* be enthusiastic (czymś about sth)
enuncjacja *f* enunciation
epiczny, epicki *adj* epic(al)
epidemia *f* epidemic
epika *f* epic poetry
epilepsja *f* med. epilepsy
epileptyk *m* epileptic
epilog *m* epilogue
episkopat *m* episcopate
epitet *m* epithet
epizod *m* episode
epoka *f* epoch
epokowy *adj* epoch-making
epopeja *f* epic, epopee
epos *m* epos
era *f* era
erotyczny *adj* erotic
erotyzm *m* eroticism
erudycja *f* erudition
erudyta *m* erudite (person)
erupcja *f* geol. med. eruption
esencja *f* essence
eskadra *f* mors. lotn. squadron
eskapada *f* escapade
eskorta *f* escort
eskortować *vt* escort
esteta *m* aesthete
estetyczny *adj* aesthetic
estetyka *f* aesthetics
Estończyk *m* Estonian
estoński *adj* Estonian
estrada *f* platform
etap *m* stage
eta|t *m* permanency, permanent

post; być na ~cie hold a regular post
etatowy *adj* permanent
etatyzm *m* State control
etażerka *f* what-not, shelf; (na książki) bookstand
eter *m* ether
etniczny *adj* ethnic
etnograf *m* ethnographer
etnografia *f* ethnography
etnograficzny *adj* ethnographic
etnolog *m* ethnologist
etnologia *f* ethnology
etyczny *adj* ethical
etyka *f* ethics
etykieta *f* etiquette; (napis, kartka) label, tag
etymologia *f* etymology
etymologiczny *adj* etymologic(al)
eugenika *f* eugenics
eukaliptus *m* bot. eucalyptus
Europejczyk *m* European
europejski *adj* European
ewakuacja *f* evacuation
ewakuować *vt* evacuate
ewangelia *f* gospel
ewangelicki *adj* Protestant
ewangeliczny *adj* evangelic(al)
ewangelik *m* Protestant
ewentualnie *adv* possibly, in case
ewentualność *f* contingency, eventuality
ewentualny *adj* contingent, possible, likely
ewidencj|a *f* register, registry; record; file; biuro ~i registry office
ewolucja *f* evolution; ~ drogą doboru naturalnego the survival of the fittest
ewolucjonizm *m* evolutionism
ewolucyjny *adj* evolutionary

f

fabryczny *adj* manufactured, *attr* factory; znak ~ trade mark
fabryka *f* factory, works, (*tekstylna, papieru*) mill, plant
fabrykant *m* manufacturer
fabrykat *m* manufacture, manufactured article
fabrykować *vt* manufacture, make, produce
fabularny *adj*: film ~ feature film
fabuła *f* contents, plot
facet *m pot.* fellow, guy
fach *m* occupation, profession
fachowiec *m* expert, specialist
fachowy *adj* professional, expert
facjata *f* garret, attic; *pot.* (*twarz*) phiz
fagot *m muz.* bassoon
fajans *m* common china, faience
fajerka *f* fire-disk, fire-pan
fajerwerk *m* firework (*zw. pl*)
fajka *f* pipe
fajny *adj pot.* tip-top
fajtłapa *m pot.* galoot
fakt *m* fact
faktor *m* agent, broker
faktura *f handl.* invoice
faktycznie *adv* in fact, actually
faktyczny *adj* actual, real
fakultatywny *adj* optional
fakultet *m* faculty
fal|a *f* wave; (*bałwan*) billow; (*duża i długa*) roller; ~a zimna ⟨gorąca⟩ cold ⟨heat⟩ wave; (*radio*) zakres ~ wave-band
falanga *f* (*szyk*) phalanx; *polit.* Falange
falbana *f* flounce
falisty *adj* wavy, undulating
falochron *m* breakwater
falować *vi* wave, undulate
falset *m muz.* falsetto
falsyfikat *m* forgery, counterfeit
falsyfikować *vt* falsify, forge, counterfeit
fałda *f* fold, pleat
fałsz *m* falsehood, deceit

fałszerstwo *n* falsification, forgery
fałszerz *m* falsifier, forger
fałszować *vt* falsify, forge, counterfeit
fałszywy *adj* false; (*podrobiony*) spurious, forged
fanatyczny *adj* fanatical
fanatyk *m* fanatic
fanatyzm *m* fanaticism
fanfara *f* flourish (of trumpets)
fanfaron *m* swaggerer
fant *m* pawn, pledge; gra w ~y game of forfeits
fantasta *m* dreamer, visionary
fantastyczny *adj* fantastic(al)
fantazja *f* fantasy, phantasy; fancy
fara *f* parish church
faraon *m* Pharaoh
farba *f* dye, paint, colour; ~ drukarska printer's ink; ~ olejna oil-colour; ~ wodna water-colour
farbiarnia *f* dyer's, dye-works
farbować *vt* dye, paint, colour; ~ na czarno dye black
farmaceuta *m* pharmacist
farmacja *f* pharmacy
farmakologia *f* pharmacology
farmakopea *f* pharmacopoeia
farsa *f* farce
farsz *m* stuffing
fartuch *m* apron
fartuszek *m* pinafore
faryzeusz *m rel.* Pharisee
fasada *f* façade
fascynować *vt* fascinate, charm
fasola *f* bean (*zw. pl* beans); ~ szparagowa French beans
fason *m* pattern, fashion; (*szyk*) style, chic
fastryga *f* tacks
fastrygować *vt* tack
faszerować *vt* stuff
faszyna *f* fascine

faszysta *m* fascist
fatalista *m* fatalist
fatalizm *m* fatalism
fatalny *adj* fatal
fatyg|a *f* fatigue, trouble; zadać
sobie ~ę take the trouble
fatygować *vt* fatigue, trouble; ~
się *vr* take trouble, trouble
fauna *f* fauna; ~ wodna aquatic
fauna
faworek *m* crisped cake
faworyt *m* favourite
faworyzować *vt* favour
faza *f* phase
febra *f med.* ague, fever
federacja *f* federation
federacyjny *adj* federal
felczer *m* assistant surgeon
felieton *m* feuilleton
feminista *m* feminist
feniks *m* phoenix
fenomen *m* phenomenon
fenomenalny *adj* phenomenal
feralny *adj* disastrous, ominous
ferie *s pl* holiday, vacation
ferma *f* farm
ferment *m* ferment
fermentacja *f* fermentation
fermentować *vi* ferment
festiwal *m* festival
festyn *m* festive garden-party,
feast
fetor *m* stench
fetysz *m* fetish
feudalizm *m* feudalism
feudalny *adj* feudal
fiask|o *n* fiasco; skończyć się ~iem
come to grief, go by the board
figa *f* fig
figiel *m* joke, trick; spłatać ~la
play a trick (komuś on sb)
figlarz *m* jester, joker
figlować *vi* joke, play tricks; (*o
dzieciach*) romp
figow|y *adj* fig *attr*; drzewo ~e
fig-tree; listek ~y fig-leaf
figura *f* figure; statue; shape; ~
przydrożna roadside image;
przen. wielka ~ big shot
fikać *vi vt* strike out (legs), gambol, kick up; ~ koziołki turn
somersaults

fikcj|a *f* fiction, sham; podtrzy-
mywać ~ę keep up the sham
fikcyjny *adj* fictitious
fiksować *vt* † (*utrwalać*) fix; *vi*
(*wariować*) go mad
filantrop *m* philanthropist
filantropia *f* philanthropy
filar *m* pillar
filatelista *m* stamp-collector, phi-
latelist
filatelistyka *f* philately
filc *m* felt
filharmonia *f* Philharmonic Hall
filia *f* branch (office)
filister *m* Philistine
filisterstwo *m* Philistinism
filiżanka *f* cup
film *m* film, moving picture; mov-
ie; ~ dokumentalny documentary; ~ długometrażowy full-
-length film; ~ fabularny feature
film; ~ krótkometrażowy short
subject, short film; ~ rysunkowy cartoon film; nakręcać ~
shoot a film; wyświetlanie ~u
projection, screening
filmow|y *adj* film *attr*; atelier ~e
film-studio; gwiazda ~a film
star; kronika ~a news-reel
filolog *m* philologist
filologia *f* philology
filologiczny *adj* philological
filozof *m* philosopher
filozofia *f* philosophy
filozoficzny *adj* philosophic(al)
filtr *m* filter
filtrować *vt* filter
filut *m* wag, jester
filuterny *adj* waggish
Fin *m* Finn
finalizować *vt* finish (up)
finał *m* final; *muz.* finale
finans|e *s pl* finances; minister
~ów *bryt.* Chancellor of the Exchequer, *am.* Secretary of the
Treasury; ministerstwo ~ów
bryt. Exchequer, *am.* Treasury
finansista *m* financier
finansować *vt* finance
finansowy *adj* financial
fiński *adj* Finnish

fiolet m violet
fioletowy adj violet
fiołek m bot. violet
fiord m geogr. fiord
firanka f curtain
firma f firm
firmament m firmament
fisharmonia f muz. harmonium
fiszbin m whalebone
fiszka f label, slip; (żeton) counter; (w kartotece) card
fizjolog m physiologist
fizjologia f physiology
fizjologiczny adj physiological
fizjonomia f physiognomy
fizyczn|y adj physical; pracownik ~y manual worker; wychowanie ~e physical training
fizyk m physicist
fizyka f physics
flaga f flag, banner
flak m (zw. pl ~i) intestines, guts; (potrawa) tripe
flakon m bottle, phial; (do kwiatów) flower-glass
Flamandczyk m Fleming
flamandzki adj Flemish
flanca f seedling
flanela f flannel
flank|a f wojsk. flank; uderzyć z ~i flank
flaszeczka f phial; (na ocet, oliwę) cruet
flaszka f bottle
flądra f zool. flounder
flegma f phlegm
flegmatyczny adj phlegmatic
flek m heel-tap
flet m muz. flute
flirciarka f, flirciarz m flirt
flirt m flirt, flirtation
flirtować vi flirt
flisak m raftsman
flora f flora
flota f fleet; ~ wojenna navy; ~ handlowa merchant marine
flotylla f flotilla
fluid m fluid
fluktuacja f fluctuation
fochy s pl pot. sulks; stroić ~ sulk, be in the sulks

foka f zool. seal
foksterier m fox-terrier
fokstrot m foxtrot
folgować vi indulge (komuś w jego kaprysach sb in his whims); slacken, relax; (np. o deszczu, chłodzie) abate; (zelżeć) ease off; ~ swym namiętnościom indulge one's passions
foliał m folio
folklor m folklore
folwark m (manorial) farm
fonem m phoneme
fonetyczny adj phonetic(al)
fonetyka f phonetics
fonoteka f record ⟨tape⟩ library
fontanna f fountain
foremny adj well-shaped, shapely
form|a f shape; (w odlewnictwie) mould; ~y towarzyskie good form, conventions; zbior. być w ~ie be in due form; nie być w ~ie be out of form
formacja f formation
formalista m formalist
formalizm m formalism
formalność f formality
formaln|y adj formal; kwestia ~a point of order
format m size
formować vt form, shape, mould; ~ się vr form
formularz m form
formuł(k)a f formula
formułować vt formulate, word
fornir m veneer
fornirować vt veneer
forsa f pot. (pieniądze) dough
forsować vt force; ~ się vr exert oneself
forsowny adj forced, intense
fort m wojsk. fort
forteca f wojsk. fortress
fortel m subterfuge
fortepian m (grand) piano
fortuna f fortune
fortyfikacja f wojsk. fortification
fortyfikować vt wojsk. fortify
fosa f ditch; wojsk. moat
fosfor m chem. phosphorus
fotel m arm-chair
fotogeniczny adj photogenic

fotograf *m* photographer
fotografia *f* (*technika*) photography; (*zdjęcie*) photograph, picture
fotograficzny *adj* photographic
fotografować *vt* photograph
fotokomórka *f* photo-cell
fotokopia *f* photocopy
fotometr *m* photometer
fotomontaż *m* (*technika*) photo-montage; (*obraz*) montage (photograph)
fotoreporter *m* camera-man
fotos *m* photo
fracht *m* freight
fragment *m* fragment
fragmentaryczny *adj* fragmentary
frak *m* dress-coat, tail-coat
frakcja *f* fraction; *polit.* faction
francuski *adj* French
Francuz *m* Frenchman
Francuzka *f* Frenchwoman
frank *m* franc
franko *adj adv* post-paid
frant *m* sly-boots; sly dog playing a fool
frasobliwy *adj* uneasy, sorrowful
fraszka *f* trifle; *lit.* limerick
fraza *f* phrase
frazeologia *f* phraseology
frazeologiczny *adj* phraseological
frazes *m* hollow phrase, cliché; *zbior.* ∼y claptrap
fregata *f* *mors.* frigate
frekwencja *f* (*w szkole, na zebraniu itp.*) attendance
fresk *m* fresco
frędzla *f* fringe
front *m* front; *wojsk.* front, fighting line; **pójść na** ∼ to go ⟨to be sent⟩ to the front; *przen.* zmiana ∼u change of front
froterować *vt* polish
fruwać *vi* flitter, flutter; (*latać*) fly
frykas *m* delicacy, dainty (bit)
frywolny *adj* frivolous

fryz *m* *arch.* frieze
fryzjer *m* hairdresser, barber
fujara *f* pipe; *przen.* (*niedołęga*) galoot
fujarka *f* (rural) pipe
fundacja *f* foundation
fundament *m* foundation; (*podstawa*) groundwork
fundamentalny *adj* fundamental
fundator *m* founder
fundować *vt* found, establish; (*częstować*) treat (komuś coś sb to sth), stand (szklankę piwa glass of beer)
fundusz *m* fund
funkcja *f* function
funkcjonalny *adj* functional
funkcjonariusz *m* functionary
funkcjonować *vi* function, act
funt *m* pound; ∼ szterling pound sterling
fura *f* cart
furażerka *f* forage-cap
furgon *m* baggage-cart
furia *f* fury, rage; dostać ∼i fly into a fury
furiat *m* raging fellow
furman *m* carter
furora *f* furore; zrobić ∼ę make a furore
furta *f* gate
furtka *f* wicket
fusy *s pl* (*np. w kawie*) grounds
fuszer *m* bungler, botcher
fuszerka *f* bungle, botch
fuszerować *vt vi* bungle, botch; make a bungle (coś of sth)
futbol *m* (association) football, soccer
futbolista *m* football player, footballer
futerał *m* case, cover
futro *n* fur
futryna *f* window-frame, door-frame
fuzja *f* fusion; (*strzelba*) rifle, gun

g

gabardyna *f* gabardine

gabinet *m* cabinet; (*pokój do pracy*) study

gablota *f* glass-case, show-case

gad *m zool.* reptile

gadać *vt vi pot.* talk, prattle; ~ od rzeczy talk nonsense

gadanie *n pot.* talk, prattle

gadatliwość *f* talkativeness

gadatliwy *adj* talkative

gaduła *m pot.* clapper

gadzina *f* reptile, viper

gafa *f* bloomer

gaj *m* grove

gajowy *m* gamekeeper

galaktyka *f* galaxy

galanteria *f* fancy-goods; (*uprzejmość*) gallantry

galar *m* scow

galaret(k)a *f* jelly

galera *f hist.* galley

galeria *f* gallery; ~ obrazów picture-gallery, gallery of pictures

galernik *m* galley-slave

galimatias *m pot.* muddle, jumble

galon *m* (*miara*) gallon; (*ozdoba*) galloon

galop *m* gallop; ~em at a gallop

galopować *vi* gallop

galowy *adj* gala; strój ~ gala-suit, gala-dress, gala-uniform

galwanizować *vt* galvanize

gałązka *f* twig

gałąź *f* branch

gałgan *m* rag; *pot.* (*łajdak*) rascal, scamp

gałganiarz *m* rag-and-bone man

gałka *f* ball, globe; (*u drzwi, laski*) knob

gama *f muz. i przen.* gamut, scale

gamoń *m pot.* lout, galoot

ganek *m* porch, veranda(h)

gangrena *f* gangrene

gangrenować *vt* gangrene

ganić *vt* blame

gap *m* gaper

gap|a *m f* gull, dupe; pasażer na ~ę stowaway; jechać na ~ę stow away

gapić się *vr* gape (na coś at sth)

garaż *m* garage

garb *m* hunch, hump

garbarnia *f* tannery

garbarz *m* tanner

garbaty *adj* hunch-backed

garbić się *vr* stoop

garbnik *m* tannin

garbować *vt* tan

garbus *m* hunchback

garderoba *f* (*szafa*) wardrobe; (*szatnia*) cloakroom; (*odzież*) stock of clothes, clothing

gardlany *adj* throat *attr*

gard|ło *n* throat; *przen.* wąskie ~ło bottle-neck; mieć ból ~ła have a sore throat; mieć nóż na ~le have the knife at one's throat

gardzić *vi* despise, scorn (czymś sth)

gardziel *f* gullet

garkuchnia *f* soup-kitchen

garnąć *vt* gather up; ~ do siebie hug; ~ się *vr* cling (do kogoś, czegoś to sb, sth); strive (do czegoś after sth); hunger (do nauki itd. after learning etc.); apply oneself (do czegoś to sth)

garncarnia *f* pottery

garncarstwo *n* pottery, ceramics

garncarz *m* potter

garnek *m* pot

garnirować *vt* trim, garnish

garnitur *m* (*ubranie*) suit (of clothes), clothes; *zbior.* set, fittings, mountings

garnizon *m* garrison; stać ⟨obsadzić⟩ ~em garrison

garnuszek *m* little pot, mug

garstka *f* handful; small number

garś|ć *f* handful; *przen.* trzymać w ~ci hold under one's thumb; wziąć się w ~ć pull oneself together gasić *vt* extinguish, put out; (*pragnienie*) quench; (*wapno*) slake

gasnąć *vi* go out; (*umierać*) die away, expire

gastronomia *f* gastronomy

gastronomiczny *adj* gastronomical, catering

gaśnica *f* (fire-)extinguisher

gatunek *m* kind, sort; *biol.* species

gatunkowy *adj* specific, generic; ciężar ~ specific gravity

gawęda *f* chat; story, tale

gawędziarz *m* story-teller

gawędzić *vt* chat

gawiedź *f* rabble

gawron *m zool.* rook

gaz *m* gas; ~ świetlny lighting gas; ~ trujący poison-gas; ~ ziemny natural gas; zatruć ~em gas; zatruć się ~em be gassed

gaza *f* gauze

gazda *m* highland farmer

gaziarz *m* newsman, newspaper--boy

gazela *f zool.* gazelle

gazeta *f* newspaper

gazetka *f* news-sheet; (*tajna*) underground paper

gazolina *f techn.* gasolene

gazomierz *m* gas-meter

gazownia *f* gas-works

gazow|y *adj* gaseous, gas *attr*; maska ~a gas-mask; kuchenka ~a gas-range

gaźnik *m* carburettor

gaża *f* salary, pay

gąbczasty *adj* spongy

gąbka *f* sponge

gąsienica *f zool.* caterpillar

gąsienicow|y *adj*, koło ~e caterpillar-wheel

gąsior *m zool.* gander; (*butla*) demijohn

gąszcz *m* (*gęstwina*) thicket; (*gęsty osad*) sediment

gbur *m* rude fellow, boor

gburowaty *adj* rude, coarse, boorish

gdakać *vi* cackle

gderać *vi* grumble (na kogoś, coś at sb, sth)

gdy *conj* when, as

gdyby *conj* if; jak ~ as if; ~ nie to but for that

gdyż *conj* for, because

gdzie *adv conj* where; ~ indziej elsewhere

gdziekolwiek *adv* anywhere

gdzieniegdzie *adv* here and there

gdzieś *adv* somewhere, someplace

gejzer *m* geyser

gen *m biol.* gene

genealogia *f* genealogy

genealogiczny *adj* genealogic(al)

generacja *f* generation

generalizować *vt vi* generalize

generał *m* general

generator *m elektr.* generator

genetyczny *adj* genetic

genetyka *f* genetics

geneza *f* genesis, origin

genialn|y *adj* full of genius; człowiek ~y man of genius; myśl ~a stroke of genius

geniusz *m* genius, man of genius

geodezja *f* geodesy

geograf *m* geographer

geografia *f* geography

geograficzny *adj* geographic(al)

geolog *m* geologist

geologia *f* geology

geologiczny *adj* geological

geometra *m* geometrician, (land) surveyor

geometria *f* geometry; ~ wykreślna descriptive geometry

geometryczny *adj* geometric(al)

georginia *f bot.* dahlia

germanista *m* student of German philology; Germanist

germanizm *m* germanism

germański *adj* Germanic

gerontologia *f* gerontology

gest *m* gesture

gestykulacja *f* gesticulation

gestykulować *vi* gesticulate

getry *s pl* (*długie*) gaiters, (*krótkie*) spats

getto *n* ghetto

gęb|a *f pot.* mug; *wulg.* stulić ~ę shut up

gęgać *vi* gaggle

gęsi *adj* goose *attr*; ~e pióro

goose quill; iść ~ego walk in Indian file

gęsina f roast goose

gęstnieć vi thicken

gęstość f thickness, density

gęstwina f thicket

gęsty adj thick, dense; (np. o tkaninie) close

gęś f zool. goose

gęślarz m rebeck player

gęśle s pl rebeck

giąć vt bend, bow; ~ się vr bend, bow (down)

gibki adj flexible, pliant

gibkość f flexibility, pliability

giełda f stock exchange; czarna ~ black market

giełdow|y adj, cedula ~a list of quotations, stock-exchange list; makler ~y stock-broker

giełdziarz m stock-exchange operator, stock-jobber

giemza f chamois-leather

giermek m hist. shield-bearer, squire; (w szachach) bishop

giez m gadfly

giętki adj flexible, pliant

giętkość f flexibility, pliability

gięt|y adj, meble ~e bentwood furniture

gigant m giant

gigantyczny adj gigantic, giant

gilotyna f guillotine

gimnastyczny adj gymnastic

gimnastyk m gymnast

gimnastyka f gymnastics

gimnastykować się vr do gymnastics

gimnazjalista m grammar-school boy

gimnazjum n sing nieodm. grammar school

ginąć vi perish; go lost

ginekolog m gynaecologist

ginekologia f gynaecology

gips m plaster

gipsować vt plaster

girlanda f garland

giser m founder, moulder

gisernia f foundry

gitara f muz. guitar

glansować vt glaze

glazura f glaze; (materiał) glazing

glazurować vt glaze

gleba f soil

ględzić vi pot. twaddle

gliceryna f glycerine

glin m chem. aluminium

glina f clay

glinianka f clay-pit

glinian|y adj earthen; naczynia ~e earthenware zbior.

gliniasty adj clayey

glinka f potter's clay, argil

glista f (earth-)worm; (ludzka) ascarid

glob m globe

globalnie adv in the gross, in bulk

globalny adj total

globus m globe

gloria f glory; (aureola) halo

gloryfikować vt glorify

glosa f gloss

glukoza f chem. glucose

gładki adj smooth; plain; (o włosach, futrze) sleek; (o manierach) polished, refined; ~ materiał (bez wzoru) plain fabric

gładkość f smoothness, ease; (obejścia) refinement

gładzić vt smoothe, polish

głaskać vt stroke

głaz m rock; (otoczak) boulder

głąb 1. f = głębia

głąb 2. m (np. kapusty) stump

głębi|a f depth, deep; przen. profundity; w ~ lasu in the heart of the forest; z ~ serca from the bottom of one's heart

głębinowy adj deep-sea attr

głębok|i adj deep; przen. profound; w ~ą noc in the dead of night

głębokość f depth; profundity

głodny adj hungry

głodomór m starveling

głodować vi starve, hunger

głodow|y adj hunger attr; kuracja ~a hunger-cure; strajk ~y hunger-strike

głodówka f (protestacyjna) hunger-strike; (lecznicza) hunger-cure głodzić *vt* starve, famish; ~ się *vr* starve, famish; ~ się na śmierć starve oneself to death

głos *m* voice; (*w głosowaniu*) vote; (*dzwonka*) sound; prawo ~u right of vote; większość ~ów majority of votes; czytać na ~ read aloud; dopuścić do ~u give permission to speak; mieć ~ have a voice; oddać ~ na kogoś give sb one's vote; prosić o ~ ask for permission to speak; u- dzielić ~u give permission to speak, give the floor; zabrać ~ begin to speak, stand up to speak, take the floor

głosiciel *m* proclaimer

głosić *vt* proclaim, propagate

głoska *f* *gram.* sound

głosować *vi* vote, (*tajnie*) ballot; ~ nad czymś put sth to the vote; ~ na kogoś vote for sb

głosowanie *n* voting, poll, (*tajne*) ballot

głosownia *f* *gram.* phonetics

głosowy *adj* vocal

głosujący *m* voter

głośnia *f* *anat.* glottis

głośnik *m* megaphone, loud-speak- er

głośno *adv* loud(ly), aloud, in loud voice

głośny *adj* loud; (*sławny*) famous

głow|a *f* head; ~a kapusty head of cabbage; w kapeluszu na ~ie with one's hat on; z obnażoną ~ą bare-headed; *przen.* łamać sobie ~ę rack one's brains (nad czymś about sth); mieć coś na ~ie have sth on one's hands; on ma przewrócone w ~ie he has a queer head; on ma źle w ~ie there is sth wrong in his head; pobić na ~ę rout, defeat thor- oughly; przychodzi mi do ~y it occurs to me; zmyć komuś ~ę take sb to task; co ~a to ro- zum so many men, so many minds; od stóp do głów from top to toe

głowica *f* head; *arch.* capital

głowić się *vr* rack one's brains (nad czymś about sth)

głownia *f* firebrand

głód *m* hunger (czegoś for sth); (*powszechny*) famine; poczuć ~ become hungry; *przen.* ~ mie- szkaniowy scarcity of lodgings; ~ ziemi land hunger

głóg *m* *bot.* hawthorn

główka *f* (small) head; ~ maku poppy-head

głównodowodzący *m* commander- -in-chief

głów|ny *adj* main, chief, principal, cardinal; (*o stacji, zarządzie*) central; (*o poczcie*) general; ~a wygrana first prize

głuchnąć *vi* grow deaf

głuchoniemy *adj* deaf and dumb, deaf-mute

głuchota *f* deafness

głuch|y *adj* deaf (na lewe ucho in the left ear); (*o dźwięku*) hollow, dull; ~a cisza dead silence; ~a wieść vague news; być ~ym na prośby turn a deaf ear to en- treaties

głupi *adj* silly, stupid, foolish

głupiec *m* fool, blockhead

głupieć *vi* grow stupid

głupkowaty *adj* half-witted, dull

głupota *f* stupidity

głupstw|o *n* silly stuff, nonsense; (*drobnostka*) trifle; pleść ~a talk nonsense ⟨rot⟩

głusz|a *f* solitude, dead silence

głuszec *m* *zool.* capercaillie, wood- -grouse

głuszyć *vt* deafen; (*przyciszać*) damp; zob. zagłuszać

gmach *m* edifice

gmatwać *vt* tangle, embroil

gmatwanina *f* tangle, imbroglio

gmerać *vi* fumble (w czymś at, in, with sth; za czymś after, for sth)

gmina *f* community; (*wiejska*) parish; (*miejska*) municipality, municipal corporation; Izba Gmin House of Commons

gminn|y *adj* communal; (*pospolity*) vulgar; rada ~a parish council

gnać vt drive; vi run

gnat m pot. bone

gnębiciel m oppressor

gnębić vt oppress; (dręczyć) worry; (dokuczać) harass

gniady adj bay

gniazdko n (little) nest; elektr. socket

gniazdo n nest; przen. ~ rodzinne hearth, home

gnicie n rotting, decay, putrefaction; **podlegający** ~u liable to decay

gnić vt rot, decay, putrefy

gnida f nit

gnieść vt press, squeeze; (ciasto) knead; ~ się vr press, crush

gniew m anger; wpaść w ~ get angry, burst out in anger

gniewać vt anger; ~ się vr be angry (na kogoś with sb, na coś at sth)

gniewliwy adj irritable, irascible

gniewny adj angry, irritated

gnieździć się vr nest, nestle (down)

gnoić vt (nawozić) dung, manure; ~ się vr (jątrzyć się) fester

gnojówka f liquid manure

gnom m gnome

gnój m dung, manure

gnuśnieć vi stagnate, be slothful

gnuśność f stagnation, sloth

gnuśny adj stagnant, slothful

gobelin m gobelin

godło n device; ~ **Polski** Polish ensign

godność f dignity

godny adj worthy; (pełen godności) dignified; ~ **podziwu** admirable; ~ **polecenia** recommendable; ~ **pożałowania** lamentable; ~ **szacunku** respectable; ~ **widzenia** worth seeing

gody s pl feast; (weselne) nuptials

godzić vt (najmować) engage, hire; (jednać) conciliate; vi hit (w coś sth), aim (w coś at sth); ~ **na czyjeś życie** attempt sb's life; ~ **się** vr agree, consent (na coś to sth); reconcile oneself (np. z losem to one's lot)

godzin|a f hour; ~y **nadliczbowe** overtime; ~y **przyjęć** reception, office-hours, consulting-hours; ~y **urzędowe** office hours; **pracować poza** ~ami **urzędowymi** work overtime; **pół** ~y half-an-hour; **która** ~? what time is it?; **jest** ~a **trzecia** it is three o'clock; **co dwie** ~y every second hour; przen. **na czarną** ~ę for a rainy day; **całymi** ~ami by the hours

godziwy adj suitable, fair

goić vt heal, cure; ~ **się** vr heal (up), be cured

golenie n shave; **maszynka do** ~a safety-razor

goleń m shin(-bone), anat. tibia

golić vt shave; ~ **się** vr shave, have a shave

golonka f pig's feet, pettitoes

gołąb m pigeon; **siwy jak** ~ snow-white

gołąbek m (także przen.) dove

gołębi adj dove-like

gołębiarz m pigeon-keeper

gołębica f dove

gołębnik m pigeon-house

gołoledź f glazed frost

gołosłowny adj unfounded, groundless

gołowąs m youngster

goł|y adj naked; (ogołocony) bare; (obnażony) nude; ~ym **okiem** with the naked eye; **na** ~ej **ziemi** on the bare ground; **z** ~ą **głową** bare-headed; **pod** ~ym **niebem** under the open sky; **z** ~ymi **rękoma** empty-handed; pot. ~y **jak święty turecki** as poor as a church mouse

gomółka f lump

gondola f gondola; lotn. nacelle

gong m gong

gonić vt chase, drive, pursue; vi run, chase, be after; ~ **ostatkami** be short (czegoś of sth); ~ **się** vr chase one another; race

goniec m messenger; (w hotelu) bell-boy; (w szachach) bishop

goniometr m goniometer

gonitwa f run, chase

gont *m* shingle

gończy *adj*, list ~ warrant of arrest; pies ~ hound

gorąco 1. *adv* hot(ly); jest mi ~ I am ⟨feel⟩ hot; ~ dziękować thank warmly; *przen.* na ~ without a moment's delay

gorąco 2. *n* heat

gorąc|y *adj* hot; (*o strefie*) torrid; *przen.* (*płomienny*) ardent, (*żarliwy*) fervent; przen. w ~ej wodzie kąpany hot-blooded; złapać na ~ym uczynku catch red-handed ⟨in the very act⟩

gorączka *f* fever; *przen.* excitement, passion; biała ~ delirium tremens; ~ złota gold fever ⟨rush⟩

gorączkować *vi* have a fever; ~ się *vr* be excited

gorączkowy *adj* feverish; stan ~ temperature

gorczyca *f bot.* mustard

gorczyczny *adj* mustard *attr*

gordyjski *adj* Gordian; *przen.* przeciąć węzeł ~ cut the Gordian knot

gorliwiec *m* zealot

gorliwość *f* zeal, fervour

gorliwy *adj* zealous, fervent

gors *m* breast; plastron

gorset *m* corset; stays *pl*

gorszy *adj comp* worse

gorszyć *vt* scandalize, demoralize; ~ się *vr* be scandalized (czymś at sth)

gorycz *f* bitterness

goryczka *f* bitter taste; *bot.* gentian

goryl *m zool.* gorilla

gorzałka *f* vodka

gorzeć *vi* burn, be ablaze

gorzej *adv comp* worse; tym ~ so much the worse; ~ się czuję I am worse

gorzelnia *f* distillery

gorzki *adj* bitter

gorzknieć *vi* become bitter

gospoda *f* inn, public house, tavern

gospodarczy *adj* economic

gospodarka *f* economy; (*domowa*) housekeeping, management

gospodarny *adj* economical

gospodarować *vi* farm; manage, administer; (*w domu*) keep house

gospodarstwo *n* (*rolne*) farm, farming; (*domowe*) household

gospodarz *m* (*rolnik*) farmer; landlord; (*właściciel*) master (of the house); (*pan domu*) host; (*zarządca*) manager

gospodyni *f* mistress (of the house); (*pani domu*) hostess; manageress; landlady

gosposia *f* housekeeper

gościć *vt* receive, entertain; (*przyjąć na nocleg*) put up; *vi* stay (u kogoś with sb)

gościec *m med.* gout

gościna *f* stay, visit

gościniec *m* highroad; † (*podarunek*) present, gift

gościnność *f* hospitality

gościnny *adj* hospitable; pokój ~ guest-room

gość *m* guest, visitor; (*klient*) customer, patron; (*w pensjonacie*) boarder

gotować *vt* cook, boil; (*przygotowywać*) prepare; ~ się *vr* (*o wodzie, mleku*) boil, (*o potrawach*) be cooking; (*przygotowywać się*) prepare (do czegoś, na coś for sth)

gotowość *f* readiness

gotow|y *adj* ready, prepared (na coś, do czegoś for sth); finished; ~e ubranie ready-made clothes

gotówk|a *f* cash, ready money; płacić ~ą pay (in) cash

gotycki *adj* Gothic

gotyk *m* Gothic (style); (*pismo*) Gothic letters

goździk *m bot.* carnation, pink

gór|a *f* mountain; (*szczyt, górna część*) top; ~a lodowa iceberg; do ~y nogami upside down; na górze up, above, at the top, (*na piętrze*) upstairs; z ~y down, downwards, downstairs, from above; u ~y stronicy at the top of the page; płacić z ~y pay in

advance; **ręce do ~y!** hands up!;
traktować z ~y look down (kogoś upon sb); z ~ą *(ponad)* over;
brać ~ę get the upper hand
(nad kimś of sb); w ~ę rzeki
upstream; zbocze ~y hillside;
pod ~ę uphill

góral *m* mountaineer, highlander

górka *f* hill

górnictwo *n* mining (industry)

górniczy *adj* mining

górnik *m* miner; inżynier ~ mining-engineer

górnolotny *adj* highflown

górn|y *adj* upper, superior; ~a
granica upper ⟨top⟩ limit

górować *vi* prevail **(nad kimś** over
sb), be superior **(nad kimś** to sb)

górski *adj* mountain *attr*; **łańcuch
. ~** mountain-chain

górujący *adj* prevalent, predominant

górzysty *adj* mountainous

gra *f* play; game; *teatr* acting;
(hazard) gamble; ~ **słów** play
upon words, pun; **wchodzić w
grę** come into play

grab *m bot.* hornbeam

grabarz *m* grave-digger

grabić *vt (np. siano)* rake; *(rabować)* rob, plunder

grabie *s pl* rake

grabieć *vi* grow numb

grabież *f* plunder

grabieżca *m* plunderer

grabieżczy *adj* rapacious

graca *f* hoe

gracja *f* grace, charm

gracować *vt* hoe

gracz *m* player; *(hazardowy)* gambler; ~ **na giełdzie** stock-exchange speculator; ~ **na wyścigach** betting-man; *(w tenisie)* ~
podający server, ~ **przyjmujący**
striker

grać *vi* play; ~ **na giełdzie** operate
on Change; ~ **na loterii** play in
the lottery; ~ **na skrzypcach**
play (on) the violin; ~ **na wyścigach** bet in horse-racing; ~ **w
karty** ⟨**w szachy**⟩ play cards
⟨chess⟩

grad *m* hail; ~ **pada** it hails

gradacja *f* gradation

gradobicie *n* hailstorm

graficzny *adj* graphic

grafik *m* graphic artist

grafika *f* graphic art

grafit *m miner.* graphite

grafologia *f* graphology

grafoman *m* scribbler

grafomania *f* mania for scribbling

grajek *m* player, fiddler

gram *m* gram, gramme

gramatyczny *adj* grammatical

gramatyka *f* grammar

gramofon *m* gramophone

granat *m (kolor)* navy-blue; *(owoc)* pomegranate; *(pocisk)* grenade, shell; *(kamień)* garnet

granatnik *m wojsk.* howitzer

granatowy *adj* navy-blue

graniastosłup *m* prism

graniasty *adj* angular

granic|a *f (kres, zakres)* limit;
(geograficzna, polityczna) border,
frontier; *(demarkacja)* boundary;
za ~ą, za ~ę abroad; przekroczyć ~e przyzwoitości transgress
the laws of propriety; **wszystko
ma swoje ~e** there is a limit to
everything

graniczn|y *adj* border(ing), frontier *attr*; **kamień** ~y borderstone,
landmark; **kordon** ~y military
cordon, patrolled border; **linia**
~a boundary(-line)

graniczyć *vi* border **(z czymś** on
sth)

granit *m* granite

granulacja *f* granulation

granulować *vt* granulate; ~ **się** *vr*
granulate

grań *f* ridge

grasica *f anat.* thymus

grasować *vi* maraud, prowl; *(o
chorobach)* spread, prevail

grat *m pot.* stick; *przen. (o starym człowieku)* fogey

gratis *adv* gratis, free of charge

gratisowy *adj* free of charge, gratuitous

gratka *f* windfall

grudka

gratulacja *f* congratulation

gratulować *vt* congratulate (komuś czegoś sb on sth)

gratyfikacja *f* gratuity, extra pay

grawer *m* engraver

grawerować *vt* engrave

grawerstwo *n* engraving

grawerunek *m* engraving

grawitacja *f* gravitation

grawitować *vi* gravitate (ku komuś, czemuś towards sb, sth)

grawiura *f* engraving

grdyka *f* anat. Adam's apple

grecki *adj* Greek

Grek *m* Greek

gremialnie *adv* in a body, in a mass

gremialny *adj* general

gremium *n sing nieodm.* staff, body

grenadier *m* grenadier

grępel *m* card

gręplować *vt* card

grobla *f* dam

grobowiec *m* tomb, sepulchre

grobow|y *adj* sepulchral; kamień ~y tomb-stone; *przen.* cisza ~a dead silence

groch *m* pea; (*potrawa*) peas *pl*; *pot.* ~ z kapustą hotch-potch

grochówka *f* pea-soup

grodzić *vt* hedge, fence

grodzki *adj* municipal

grom *f* thunderbolt; ~ z jasnego nieba bolt from the blue

gromada *f* crowd, throng; troop, group

gromadny *adj* numerous, collective

gromadzić *vt* accumulate, amass, heep up; ~ się *vr* assemble, gather

gromadzki *adj* communal, common

gromić *vt* thunder, storm (kogoś at sb); (*rozbijać, niszczyć*) rout, smash

gromki *adj* resonant, thunderous

gromnica *f rel.* blessed wax-candle

gromniczny *adj,* dzień Matki Boskiej Gromnicznej Candlemas

grono *n* bunch of grapes; (*grupa*) circle, company, staff

gronostaj *m zool.* ermine

gronostajow|y *adj,* futro ~e ermine

grosz *m* grosh; *przen.* penny; bez ~a penniless; co do ~a to a penny; ~ wdowi widow's mite

grot *m* pike, dart, bolt, arrow--head

grota *f* grotto, cave

groteska *f* grotesque

groz|a *f* horror, terror; przejąć ~ą strike with awe, terrify

grozi|ć *vi* threaten (komuś czymś sb with sth), menace; ~ nam burza we are threatened with a storm; ~ epidemia an epidemic is imminent

groźba *f* menace, threat

groźny *adj* threatening; terrible, dangerous, severe

grożący *adj* threatening, imminent

grób *m* grave; (*grobowiec*) tomb; *lit. i rel.* sepulchre

gród *m lit.* town; (*fortified*) castle

grubas *m* fatty

grubianin *m* boor

grubiański *adj* boorish, rude

grubiaństwo *n* boorishness, rudeness

grubieć *vi* grow stout, become thick, thicken

gruboskórny *adj* coarse-skinned, thick-skinned, coarse

grubość *f* thickness, stoutness; (*objętość*) bulk

gruby *adj* thick, stout, big, bulky; (*o suknie, rysach twarzy*) coarse; (*o błędzie*) gross; (*o głosie*) low, deep

gruchać *vi* coo

gruchnąć *vi* tumble down, bump; wieść ~ęła the rumour has been set afloat

gruchot *m* crash, rattle; (*o człowieku*) decrepit creature

gruchotać *vt* smash, shatter

gruczoł *m anat.* gland

gruczołowy *adj* glandular

gruda *f* clod (of earth)

grudka *f* (*np. zakrzepłej krwi*) clot; (*kulka*) globule

grudzień m December

grun|t m ground; (rolny) soil; (dno) bottom; (istota rzeczy) essence; do ~tu thoroughly, to the core; w ~cie rzeczy as a matter of fact, at bottom, essentially; na mocnym ~cie on solid ground

gruntować vt (opierać, bazować) ground; (sondować) fathom, sound; vi bottom, touch bottom

gruntownie adv thoroughly

gruntowny adj solid, well--grounded; through

gruntowy adj, podatek ~ land--tax

grupa f group

grupować vt group; ~ się vr group

grusza f pear-tree

gruszk|a f pear; przen. ~i na wierzbie castles in the air

gruz m rubbish, rubble; pl ~y debris zbior., ruin; rozpadać się w ~y fall to ruin; leżeć w ~ach lie in ruin

gruzeł m clot

Gruzin m Georgian

gruziński adj Georgian

gruźlica f med. tuberculosis, consumption

gruźliczy adj tuberculous

gruźlik m consumptive

gryczan|y adj, kasza ~a buckwheat groats pl

gryf m muz. fingerboard

gryka f bot. buckwheat

grymas m grimace, caprice

grymasić vi be fastidious; (przy jedzeniu) be particular

grymaśny adj fastidious, capricious; (przy jedzeniu) particular

grynszpan m chem. verdigris

grypa f med. influenza, pot. flu(e), grippe

grysik m semolina

gryzący adj mordant, corrosive

gryzipiórek m uj. ink-slinger

gryzmolić vt scribble, scrawl

gryzoń m zool. rodent

gryźć vt bite, gnaw, nibble; (np.

o pieprzu) burn; (o sumieniu, troskach) prick, sting; ~ się vr bicker, wrangle; (martwić się) worry, be grieved (czymś about sth)

grzać vt warm, heat; ~ się vr warm (oneself); (na słońcu) bask

grzałka f heater; ~ nurkowa immersion heater

grzanka f toast

grządka f bed

grząski adj quaggy

grzbiet m back; (góry, fali) crest

grzebać vt bury, inter; rake (up); vi fumble (w czymś at sth); dig (np. w kieszeni in the pocket)

grzebieniasty adj comblike

grzebień m comb; (górski) crest; ~ koguci cock's comb, crest

grzech m sin

grzechotać vi rattle

grzechotka f rattle

grzechotnik m zool. rattlesnake

grzeczność f politeness, kindness, courtesy; wyświadczyć ~ render a (kind) service

grzeczny adj polite, kind; (o dziecku) good

grzejnik m heater, radiator

grzesznik m sinner

grzeszny adj sinful

grzeszyć vi sin

grzęda f bed; (dla kur) perch

grzęznąć vi sink, get stuck

grzmieć vi thunder; ~ it thunders

grzmocić vt thrash, thump

grzmot m thunder

grzyb m mushroom, fungus

grzybnia f mushroom spawn

grzywa f mane

grzywn|a f fine; ukarać ~ą fine

gubernator m governor

gubernia f government

gubić vt lose; (niszczyć) destroy; ~ się vr lose oneself, lose one's way, go lost; ~ się w domysłach be lost in conjectures

guma f gum; (na koła itp.) rubber; (elastyczna) india-rubber; (żywiczna) resin; (do wycierania)

eraser, india-rubber; ~ **arabska**
gum arabic
gumować *vt* gum
gusła *s pl* sorcery, witchcraft
gust *m* taste; **w moim guście** to
my taste
gustować *vi* take delight (**w czymś**
in sth), relish (**w czymś** sth),
like
gustowny *adj* in good taste, graceful, elegant
guwernantka *f* governess
guwerner *m* tutor, private instructor
guz *m* bump, bruise; *med.* tumour
guzdrać się *vr* dawdle, dillydally
guzik *m* button; **zapiąć na** ~ button (on)
gwałcić *vt* violate, rape
gwałt *m* violence; ~**em** forcibly
gwałtowny *adj* violent
gwar *m* clatter, murmur
gwara *f* dialect; slang
gwarancja *f* guarantee, security,
prawn. guaranty

gwarant *m* guarantee
gwarantować *vt vi* guarantee
gwardia *f* guard (*także pl*); ~
przyboczna body-guard; (*królew-*
ska) Life Guards
gwardzista *m* guardsman
gwarny *adj* noisy
gwarzyć *vi* chat
gwiazda *f* star
gwiazdka *f* starlet; (*w druku*) asterisk; (*wigilia*) Christmas Eve;
(*podarunek świąteczny*) Christmas gift
gwiazdor *m* (film) star
gwiazdozbiór *m* constellation
gwiaździsty *adj* (*oświetlony gwiaz-*
dami) starlit; (*ozdobiony gwiaz-*
dami) starry
gwint *m* screw-thread
gwizd *m* whistle
gwizdać *vi* whistle
gwizdek *m* whistle
gwoździk *m* little nail; *zob.* **goź-**
dzik
gwóźdź *m* nail; **przybić gwoździa-**
mi nail
gzyms *m* cornice

h

habit *m* frock
haczyk *m* hook
hafciarka *f* embroiderer
haft *m* embroidery
haftka *f* clasp
haftować *vt vi* embroider
hak *m* hook
hala *f* hall; ~ **targowa** market-
-hall; ~ **maszyn** engine-room
halka *f* petticoat
halucynacja *f* hallucination
hałas *m* noise, fuss; **wiele** ~**u** o
nic much ado about nothing
hałasować *vi* make a noise
hałastra *f* rabble
hałaśliwy *adj* noisy

hałda *f* heap, pile (of ore, coal)
hamak *m* hammock
hamować *vt* brake; (*wstrzymywać*)
check, slacken; (*tłumić*) repress;
~ **się** *vr* restrain oneself
hamulec *m* brake; *przen.* restraint
handel *m* trade; commerce; ~ **wi-**
nem, zbożem itd. trade in wine,
corn etc.; ~ **wymienny** barter;
~ **zagraniczny** foreign trade; **pro-**
wadzić ~ carry on trade
handlarz *m* trader, dealer (**wi-**
nem, zbożem itd. in wine, corn
etc.); ~ **wędrowny** pedlar

handlować *vi* trade, deal (**czymś** in sth)

handlowiec *m* tradesman, merchant

handlowość *f* commercial affairs

handlow|y *adj* commercial, mercantile; **izba** ~**a** a chamber of commerce; **korespondencja** ~**a** commercial correspondence; **marynarka** ~**a** merchant marine; **statek** ~**y** merchant ship; **księga** ~**a** account book; **spółka** ~ partnership; **towarzystwo** ~**e** trading company

hangar *m* hangar

haniebny *adj* shameful, disgraceful

hańba *f* shame, disgrace, dishonour

hańbić *vt* disgrace, dishonour

haracz *m* tribute

harce *s pl* (*swawola*) frolics, pranks; **wyprawiać** ~ frolic, play pranks

harcerka *f* Girl Guide, *am.* girl scout

harcerstwo *n* scouting, boy scouts movement

harcerz *m* boy scout

harcmistrz *m* scoutmaster, scout leader

harcować *vi* (*swawolić*) frolic, romp

hardość *f* haughtiness

hardy *adj* haughty

harfa *f muz.* harp

harfiarz *m* harpist

harmonia *f* harmony; (*instrument*) concertina

harmoniczny *adj* harmonic

harmonijka *f* harmonica, mouth organ

harmonijny *adj* harmonious

harmonizować *vi* harmonize

harmonogram *m* plan of work, timetable

harować *vi pot.* sweat, drudge

harówka *f pot.* sweat, drudgery

harpun *m* harpoon

hart *m* hardness; *techn.* temper; (*charakteru*) fortitude

hartować *vt* harden; inure; *techn.*

temper; *zob.* zahartowany; ~ **się** *vr* harden, inure oneself

hasło *n* watchword; slogan; *wojsk.* password

haszysz *m* hashish

haubica *f wojsk.* howitzer

haust *m* draught; **jednym** ~**em** at a draught

hazard *m* hazard; (*w grze*) gamble

hazardować się *vr* gamble

heban *m* ebony

hebel *m* plane

heblować *vt* plane

hebrajski *adj* Hebrew

heca *f pot.* fun

hegemonia *f* hegemony

hej *int* heigh!, ho!

hejnał *m* trumpet-call

hektar *m* hectare

helikopter *m* helicopter

hellenista *m* Hellenist, Greek scholar

hełm *m* helmet

hemoglobina *f biol.* haemoglobin

hemoroidy *s pl med.* haemorrhoids

heraldyka *f* heraldry, heraldic art

herb *m* coat-of-arms; (*na sygnecie*) crest

herbaciarnia *f* tea-shop

herbata *f* tea

herbatnik *m* biscuit

heretycki *adj* heretical

heretyk *m* heretic

herezja *f* heresy

hermetyczny *adj* hermetic, air-tight, water-tight

heroiczny *adj* heroic

heroizm *m* heroism

herold *m hist.* herald

herszt *m* ringleader

hetman *m hist.* commander-in-chief; (*w szachach*) queen

hiacynt *m bot.* hyacinth

hiena *f zool.* hyena

hierarchia *f* hierarchy

hierarchiczny *adj* hierarchic

hieroglif *m* hieroglyph

higiena *f* hygiene

higieniczny *adj* hygienic

Hindus *m* Hindu

hinduski *adj* Hindu

hiobow|y adj, ~a wieść Job's ⟨dismal⟩ news

hiperbola f hyperbole; mat. hyperbola

hipnotyczny adj hypnotic

hipnotyzer m hypnotist

hipnotyzować vt hypnotize

hipnoza f hypnosis

hipochondria f hypochondria

hipochondryk m hypochondriac

hipokryta m hypocrite

hipokryzja f hypocrisy

hipopotam m zool. hippopotamus

hipoteczn|y adj mortgage attr; bank ~y mortgage bank; dłużnik ~y mortgager; pożyczka ~a mortgage loan

hipoteka f mortgage

hipotetyczny adj hypothetic

hipoteza f hypothesis

histeria f hysterics

histeryczny adj hysterical

histeryk m hysteric

historia f history; story

historyczny adj (dotyczący historii) historical; (doniosły, epokowy) historic

Hiszpan m Spaniard

hiszpański adj Spanish

hodować vt rear, breed, raise; (uprawiać) cultivate; (o jarzynach) grow

hodowca m (bydła) breeder; (jarzyn itp.) grower

hodowla f breeding, growth, culture

hojność f liberality, generosity, open-handedness

hojny adj liberal, generous, open-handed

hokej m hockey

Holender m Dutchman

holenderski adj Dutch

holować vt haul, tow, have in tow, tug

holownik m tugboat

hołd m homage; składać ~ pay ⟨do⟩ homage

hołdować vi pay ⟨do⟩ homage; (wyznawać, np. zasady) profess (czemuś sth)

hołota f rabble

hołysz m † pauper, have-not

homar m zool. lobster

honor m honour, am. honor

honorarium n sing nieodm. fee; (autorskie) royalty

honorować vt honour, respect

honorowy adj honourable

horda f horde

hormon m biol. hormone

horoskop m horoscope

horrendalny adj horrible, scandalous

horyzont m horizon

horyzontalny adj horizontal

hossa f boom

hotel m hotel

hoży adj brisk, spirited

hrabia m count, (angielski) earl

hrabina f countess

hrabstwo n county

hreczka f bot. buckwheat

huba f touchwood

hubka f tinder

huczeć vi roar, resound; make a noise

huczny adj resonant, clamorous; (okazały) sumptuous, pompous

huk m roar, bang; (trzask) crash

hulać vi carouse; run wild

hulajnoga f scooter

hulaka m carouser

hulanka f carousal

hulaszczy adj debauched, dissolute

hultaj m rogue, scamp

humanista m humanist

humanistyczn|y adj humanistic, humane; studia ~e humane studies; literatura ~a humanistic literature

humanistyka f humanities pl

humanitarny adj humanitarian, humane

humanizm m humanism

humor m humour, mood; (kaprys) whim, fancy

humoreska f humorous story; muz. humoresque

humorystyczny adj humoristic, humorous

humus m geol. humus

hura *int* hurrah!
huragan *m* hurricane
hurt *m* wholesale; ~em wholesale, in (the) gross
hurtownik *m* wholesaler
hurtow|y *adj*, handel ~y wholesale trade; sprzedaż ~a wholesale
huśtać *vt*, ~ się *vr* rock, swing
huśtawka *f* swing; (podparta w środku) seesaw
huta *f* foundry, steel-works, smelting-works; ~ szkła glass-works
hutnictwo *n* metallurgy

hutniczy *adj* metallurgic(al)
hutnik *m* founder
hybryda' *f* hybrid
hydra *f* hydra
hydrant *m* hydrant; hose
hydraulika *f* hydraulics
hydropatia *f* hydropathy
hydroplan *m* seaplane
hydroskop *m* hydroscope
hydrostatyka *f* hydrostatics
hydroterapia *f* hydrotherapy
hymn *m* hymn; ~ narodowy national anthem

i

i *conj* and; also, too; i tak dalej and so on
idea *f* idea
idealista *m* idealist
idealistyczny *adj* idealistic
idealizm *m* idealism
idealizować *vt* idealize
idealny *adj* ideal
ideał *m* ideal
identyczność *f* identity
identyczny *adj* identical
identyfikować *vt* identify
ideolog *m* ideologist
ideologia *f* ideology
ideologiczny *adj* ideological
ideowiec *m* idealist
ideowy *adj* ideological, attached to an idea
idiom *m* idiom
idiomatyczny *adj* idiomatic(al)
idiosynkrazja *f* idiosyncrasy
idiota *m* idiot
idiotyczny *adj* idiotic
idiotyzm *m* idiotism, idiocy
idylla *f* idyl(l)
iglast|y *adj*, drzewo ~e coniferous tree
iglica *f* needle; (u broni palnej) pin; (na wieży) spire
igł|a *f* needle; nawlec ~ę thread

a needle; *przen.* prosto z ~y brand-new
ignorancja *f* ignorance
ignorant *m* ignoramus
ignorować *vt* ignore, disregard
igrać *vt* play, sport
igraszka *f* frolic, play; toy, plaything
igrzysk|o *n* play, spectacle; *pl* ~a olimpijskie Olympic games
ikra *f* zool. roe; pot. spirit
ile *adv* how much, how many; tyle ... ~ as much ⟨many⟩ ... as; ~ masz lat? how old are you?; o ~ how far, so far as, in so far as, as long as; o ~ wiem for all I know
ilekroć *adv* how many times; *conj* whenever, as often as
iloczas *m* quantity (of a vowel)
iloczyn *m* mat. product
iloraz *m* mat. quotient
ilościowy *adj* quantitative
ilość *f* quantity
iluminacja *f* illumination
iluminować *vt* illuminate
ilustracja *f* illustration, picture
ilustrator *m* illustrator
ilustrować *vt* illustrate
iluzja *f* illusion

ił *m* loam

im *adv* the; im ... tym ... the ... the ...; ~ więcej tym lepiej the more the better

imać się *vr* take up

imadło *n* (hand-)vice, handle

imaginacja *f* imagination

imaginacyjny *adj* imaginary

imbir *m* ginger

imbryk *m* tea-pot

imieniny *s pl* name-day

imiennik *m* namesake

imienny *adj* nominal

imiesłów *m gram.* participle

imię *n* name, first ⟨Christian⟩ name; denomination; z ~enia, na ~ę by name; w ~eniu in the name (kogoś of sb); dobre ~ę good reputation; jak ci na ~ę? what's your name?

imigracja *f* immigration

imigrować *vi* immigrate

imitacja *f* imitation

imitować *vt* imitate

immatrykulacja *f* matriculation

immatrykulować *vt*, ~ się *vr* matriculate

impas *m* deadlock, blind alley; (w kartach) finesse

imperialista *m* imperialist

imperialistyczny *adj* imperialistic

imperializm *m* imperialism

imperium *n sing nieodm.* empire

impertynencja *f* impertinence

impertynencki *adj* impertinent

impertynent *m* impertinent person

impet *m* impetus, impulse

implikować *vt* imply

imponować *vt* impress (komuś sb)

imponujący *adj* impressive, imposing

import *m* import, importation

importować *vt* import

impregnować *vt* impregnate

impresjonizm *m* impressionism

impreza *f* enterprise; (widowisko) spectacle, show

improwizacja *f* improvisation

improwizować *vt vi* improvise

impuls *m* impulse

impulsywny *adj* impulsive

inaczej *adv* otherwise, differently; tak czy ~ one way or another; bo ~ or else

inauguracja *f* inauguration

inauguracyjny *adj* inaugural

inaugurować *vt* inaugurate

in blanko *adv* in blank

incydent *m* incident

indagacja *f* examination

indagować *vt* examine, interrogate

indeks *m* index

indemnizacja *f prawn.* indemnity, indemnification

Indianin *m* Indian

indiański *adj* Indian

Indonezyjczyk *m* Indonesian

indonezyjski *adj* Indonesian

indukcja *f* induction

indukcyjny *adj* inductive

indyczka *f* turkey-hen

indyjski *adj* Indian, Hindu

indyk *m* turkey

indywidualista *m* individualist

indywidualizm *m* individualism

indywidualność *f* individuality; (o-soba) personality

indywidualny *adj* individual

indywiduum *n sing nieodm.* individual

inercja *f* inertia, inertness

infekcja *f* infection

inflacja *f* inflation

informacja *f* information (o czymś on ⟨about⟩ sth)

informacyjn|y *adj* informative; biuro ~e inquiry-office, intelligence-office

informator *m* informant; (publikacja) guide-book

informować *vt* inform; ~ się *vr* inquire (u kogoś of sb, w sprawie czegoś for ⟨after⟩ sth), get information (u kogoś from sb, w sprawie czegoś about sth)

ingerencja *f* interference

ingerować *vi* interfere (w coś with sth)

inhalacja *f* inhalation

inicjał *m* initial

inicjator *m* initiator

inicjatyw|a *f* initiative; wystąpić z

~ą take the initiative; z ~y on the initiative

inicjować *vt* initiate

iniekcja *f med.* injection

inkasent *m* collector

inkaso *n* encashment

inkasować *vt* encash

innowacja *f* innovation

innowierca *m hist.* dissenter

inny *adj* other, different; **kto ~** somebody else; **~m razem** another time

inscenizacja *f* staging, mise-en--scene

inscenizować *vt* stage

inspekcja *f* inspection

inspektor *m* inspector

inspekty *s pl* hothouse, hotbed

inspiracja *f* inspiration

inspirować *vt* inspire

instalacja *f* installation; *(gazowa, hydrauliczna)* plumbery

instalować *vt* install; put in; *(wodę, gaz, elektryczność)* lay on

instancj|a *f* instance, authority; *(sądowa)* court; **niższa ~a** inferior court; **wyższa ~a** superior court; **w ostatniej ~i** in the last resort

instrukcj|a *f* instruction; *pl* **~e** *(dyrektywy, wskazówki)* directions

instruktor *m* instructor

instrument *m* instrument; appliance

instrumentalny *adj* instrumental

instynkt *m* instinct

instyktowny *adj* instinctive

instytucja *f* institution

instytut *m* institute

insygnia *s pl* insignia

insynuacja *f* insinuation

insynuować *vt* insinuate

integracja *f* integration

integralny *adj* integral

integrować *vt* integrate

intelekt *m* intellect

intelektualista *m* intellectualist

intelektualny *adj* intellectual

inteligencja *f* intelligence; *(warstwa społeczna)* the intellectuals

pl, intelligentsia

inteligent *m* intellectual; *(pracownik umysłowy, urzędnik)* white--collar worker

inteligentny *adj* intelligent

intencja *f* intention

intendent *m* superintendent, manager; *wojsk.* commissary

intendentura *f* board of management, supply department; *wojsk.* commissariat

intensywność *f* intensity

intensywny *adj* intensive

interes *m* interest, business, affair; **człowiek ~u** business man; **dobry ~** good bargain; **mieć ~ do kogoś** have business with sb; **przyjść w ~ie** come on business; **robić wielkie ~y** do a great business; **to nie twój ~** it is no business of yours; **to leży w moim ~ie** it is in my own interest

interesant *m* (interested) party, client

interes|ować *vt* interest, concern; **to mnie wcale nie ~uje** it is not of any interest to me; **~ować się** *vr* be interested (czymś in sth), be concerned (czymś about, with, in sth), take interest (czymś in sth)

interesowny *adj* self-interested, selfish

interesujący *adj* interesting

internacjonalizm *m* internationalism

internat *m* boarding-establishment; *(szkoła)* boarding-school

internować *vt* intern

internowany *m* internee; **obóz ~ch** internment camp

interpelacja *f* interpellation

interpelować *vt* interpellate

interpolacja *f* interpolation

interpolować *vt* interpolate

interpretacja *f* interpretation

interpretować *vt* interpret

interpunkcja *f* punctuation

interwencja *f* intervention

interweniować *vi* intervene

intonacja *f* intonation

intonować *vt* strike up (a tune); (*wymawiać z intonacją*) intone
intratny *adj* lucrative
introligator *m* bookbinder
introligatornia *f* bookbinder's (shop)
introligatorstwo *n* bookbinding
introspekcja *f* introspection
introspekcyjny *adj* introspective
intruz *m* intruder
intryga *f* intrigue, scheme
intrygant *m* intriguer, schemer
intrygować *vi* intrigue, scheme
intuicja *f* intuition, insight
intuicyjny *adj* intuitive
intymny *adj* intimate
inwalida *m* invalid; (*żołnierz*) disabled soldier ⟨sailor⟩
inwazja *f* invasion
inwektywa *f* invective
inwentaryzować *vt* take stock (*coś* of sth)
inwentarz *m* inventory, stock-book; żywy ~ livestock
inwersja *f* inversion
inwestować *vt* invest
inwestycja *f* investment
inwigilacja *f* invigilation
inwigilować *vt* invigilate; watch (*kogoś, coś* over sb, sth)
inżynier *m* engineer
inżynieria *f* engineering
Irlandczyk *m* Irishman
irlandzki *adj* Irish
ironia *f* irony
ironiczny *adj* ironical
ironizować *vi* speak with irony
irracjonalny *adj* irrational
irygacja *f* irrigation
irygator *m* med. irrigator
irys *m* bot. iris
irytacja *f* irritation
irytować *vt* irritate; ~ się *vr* become irritated (*czymś* at sth)
ischias *m* med. sciatica
iskra *f* spark

iskrzyć się *vr* sparkle
Islandczyk *m* Icelander
islandzki *adj* Icelandic
istnieć *vi* exist
istnienie *n* existence
istny *adj* real; ~ lajdak a very rogue
istota *f* being, creature; (*to, co zasadnicze*) essence, substance; ~ rzeczy heart of the matter; w istocie rzeczy as a matter of fact
istotnie *adv* in reality, really
istotny *adj* real, essential (dla kogoś, czegoś to sb, sth), substantial
iście *adv* really, truly
iść *vi* go, walk; ~ dalej go on; ~ po coś go and fetch ⟨get⟩ sth; ~ za kimś, czymś follow sb, sth; ~ w czyjeś ślady follow in sb's steps; jak ci idzie? how are you doing?; o co idzie? what's the matter?; interes idzie dobrze the business is a going concern; idzie o życie life is at stake
iwa *f* bot. sallow
izba *f* apartment, room; (*parlamentu, sala*) chamber; ~ handlowa Chamber of Commerce; Izba Gmin ⟨Lordów⟩ House of Commons ⟨of Lords⟩; ~ chorych sick-room
izolacja *f* isolation; (*elektryczna, cieplna*) insulation
izolacjonizm *m* isolationism
izolacyjny *adj* insulating
izolator *m* insulator
izolować *vt* isolate; fiz. insulate
izoterma *f* fiz. isotherm
izotop *m* isotope
Izraelita *f* Israelite
izraelski *adj* Israeli
iż *conj* that

j

ja *pron* I; to ja it's me, it is I; własne ja self
jabłecznik *m* cider
jabłko *n* apple; ~ Adama Adam's apple
jabłoń *f* apple-tree
jacht *m* yacht
jachtklub *m* yacht-club
jad *m* venom
jadalnia *f* dining-room
jadalny *adj* eatable, edible
jadło *n* food, fare
jadłodajnia *f* eating-house, restaurant
jadłospis *m* bill of fare
jadowity *adj* venomous
jaglan|y *adj*, kasza ~a millet-groats
jaglica *f med.* trachoma
jagnię *n* lamb
jagoda *f* berry; czarna ~ bilberry
jajecznica *f* scrambled eggs
jajk|o *n* egg; ~o na miękko ⟨na twardo⟩ soft ⟨hard⟩ boiled egg; ~a sadzone fried eggs; ~o święcone Easter egg
jajnik *m anat.* ovary
jak *adv conj part* how, as; ~ to? how is that?; ~ najprędzej as soon as possible; ~ najwięcej as much ⟨many⟩ as possible; ~ tylko as soon as; ~ bądź anyhow; tak ... ~ ... as ... as ...; nie tak ... ~ ... not so ... as ...; ~ gdyby as if; ~ również as well as; on jest taki ~ ja he is like me
jakby *adv conj* as if
jak|i *pron* what; ~a to książka? what book is this?; ~i bądź any one; ~im sposobem in what way, how; ~im bądź sposobem in any way; ~iś ty dobry! how good are you!; ~i ojciec taki syn like father like son
jakikolwiek *pron* any, whatever
jakiś *pron* some
jakkolwiek *conj* (al)though; *adv*

anyhow, somehow, in any ⟨some⟩ way
jako *adv conj* as; ~ też also, as well as; ~ tako in a fashion, tolerably
jakoś *adv* somehow; ~ to będzie things will work out
jakościowy *adj* qualitative
jakość *f* quality
jałmużna *f* alms
jałowiec *m bot.* juniper
jałowieć *vi* grow barren, become sterile
jałowy *adj* barren, sterile; *przen.* futile, vain
jałówka *f* heifer
jama *f* pit, burrow; ~ ustna oral cavity
jamnik *m* badgerdog
Jankes *m* Yankee
Japończyk *m* Japanese
japoński *adj* Japanese
jar *m* ravine
jarmark *m* fair
jarosz *m* vegetarian
jarski *adj* vegetarian
jar|y *adj*, zboże ~e summer corn, spring crops
jarząbek *m zool.* hazelhen
jarzeniówka *f elektr.* glow-tube lamp
jarzębiak *m* rowan vodka
jarzębina *f bot.* sorb, rowan
jarzmo *n* yoke
jarzyn|a *f* vegetable, *zw. pl* ~y greens, vegetables
jarzynow|y *adj*, zupa ~a vegetable-soup
jasełka *s pl* Christmas play ⟨puppet-show⟩
jasiek *m* small pillow
jaskier *m bot.* buttercup
jaskinia *f* cave, cavern
jaskiniowy *adj*, człowiek ~ cave-man

jaskółka *f zool.* swallow

jaskrawy *adj* glaring; (*o kolorze*) garish; (*wierutny*) arrant, rank; (*rażący*) crass

jasno *adv* clearly, brightly; ~ **mówić** speak plain; **zrobiło się** ~ it downed

jasność *f* clearness, brightness

jasnowidz *m* seer

jasny *adj* bright, clear, light; (*o cerze, włosach*) fair

jastrząb *m zool.* hawk

jasyr *m hist.* slavery, captivity

jaszcz *m wojsk.* caisson

jaszczur *m zool.* salamander

jaszczurka *f zool.* lizard

jaśmin *m bot.* jasmine

jaśnieć *vi* shine

jatka *f* butcher's shop; *przen.* (*rzeź*) shambles

jaw *m*, **wyjść na** ~ come to light; **wydobyć na** ~ bring to light

jawa *f* waking; **sen na** ~**ie** daydream

jawnie *adv* openly, evidently

jawność *f* publicity, evidence, openness

jawny *adj* manifest, evident, open, public

jawor *m bot.* sycamore

jaz *m* weir

jazda *f* ride, drive; (*podróż*) journey; (*krótka podróż*) trip; (*statkiem*) sail, voyage; ~**a konna** horsemanship; **prawo** ~**y** driver's 〈driving〉 license

jaźń *f* ego, self

jądro *n* kernel; *biol. fiz.* nucleus

jądrowy *adj* nuclear

jąkać się *vr* stammer

jąkała *m* stammerer

jątrzyć *vt* irritate, excite, chafe; (*podjudzać*) instigate; ~ **się** *vr* (*o ranie*) suppurate, fester

jechać *vi* go (*pociągiem* by train, *statkiem* by boat); ride (**konno** on horseback, **autobusem** in a bus, **samochodem** in a motor-car, **rowerem** a bicycle, on a bicycle); drive; travel

jeden *num* one, a; **ani** ~**en** not a

single; **co do** ~**nego** to the last man 〈thing〉; ~**en po drugim** one after another; **sam** ~**en** alone, all by himself; **wszystko** ~**no** all the same, no matter; **co to za** ~**en?** who is he?; **na** ~**no wychodzi** makes no difference

jedenasty *num* eleventh

jedenaście *num* eleven

jedlina *f* fir-wood; fir-grove

jednać *vt* conciliate, reconcile; (*sobie*) win; ~ **się** *vr* become reconciled

jednak *conj adv* but yet, still; however, nevertheless, after all, for all that

jednaki, jednakowy *adj* the same, equal, identical

jednakowo *adv* equally, alike, in the same way

jednoaktówka *f* one-act play

jednobarwny *adv* one-coloured, plain

jednoczesny *adj* simultaneous

jednocześnie *adv* simultaneously, at the same time

jednoczyć *vt*, ~ **się** *vr* unite, consolidate

jednodniowy *adj* one day's

jednogłośny *adj* unanimous

jednokierunkowy *adj*, **ruch** ~ one-way traffic

jednokomórkowy *adj* unicellular

jednokrotny *adj* single

jednolitość *f* uniformity

jednolity *adj* uniform

jednomyślnie *adv* unanimously, with one consent

jednomyślność *f* unanimity

jednomyślny *adj* unanimous

jednonogi *adj* one-legged

jednoosobowy *adj* single, one-man *attr*

jednopiętrowy *adj* one-storied

jednopłatowiec *m* monoplane

jednorazowy *adj* single

jednoręczny *adj* one-handed

jednoroczny *adj* one-year *attr*, one year's

jednorodny *adj* homogeneous

jednostajność *f* monotony

jednostajny *adj* monotonous

jednostk|a *f* unit, individual; **kult ~i** personality cult

jednostronność *f* unilaterality, one-sidedness

jednostronny *adj* unilateral, one--sided

jedność *f* unity

jednotorowy *adj* single-track, single-line

jednozgłoskowy *adj* monosyllabic

jednoznaczny *adj* synonymous

jedwab *m* silk

jedwabnik *m zool.* silkworm

jedynaczka *f* only daughter

jedynak *m* only son

jedynie *adv* only, solely, merely

jedynka *f* one

jedynowładca *m* autocrat

jedynowładztwo *n* autocracy

jedyny *adj* only, sole, single; *(wyjątkowy)* unique

jedzeni|e *n* eating; meal, food; **po ~u** after meal(s)

jeleń *m* deer; *(samiec)* stag

jelit|o *n* intestine; *pl* **~a** intestines, bowels

jełczeć *vi* become rancid

jemioła *f bot.* mistletoe

jeniec *m* prisoner, captive; **~ wojenny** prisoner of war

jesienny *adj* autumnal, *(o modzie, porze)* autumn *attr*

jesień *f* autumn, *am.* fall

jesion *m bot.* ash(-tree)

jesionka *f* overcoat

jesiotr *m zool.* sturgeon

jestestwo *n* being

jeszcze *adv* still, yet; beside; else; more; **~ długo** for a long time to come; **~ do niedawna** until quite recently; **~ dwie mile** another two miles; **~ do dzisiaj** to this very day; **~ jedna szklanka** one more glass; **~ pięć minut** another five minutes; **~ raz** once more; **czego ~ chcesz?** what more ⟨else⟩ do you want?; **czy (chcesz) ~ trochę chleba?** a little more bread?

jeść *vt vi* eat; **chce mi się ~** I'm hungry; **~ śniadanie** have breakfast; **~ obiad** have dinner, dine; **~ kolację** have supper, sup

jeśli *conj* if; **~ nie** unless

jezdnia *f* road, roadway

jezioro *n* lake

jezuicki *adj* Jesuit; *przen. (podstępny)* Jesuitical

jezuita *m* Jesuit

jeździć *vi* travel, go; **~ po Polsce** travel about Poland; *zob.* **jechać**

jeździec *m* horseman, rider

jeż *m zool.* hedgehog

jeżeli *zob.* **jeśli**

jeżyć się *vr* bristle

jeżyna *f bot.* blackberry

jęczeć *vi* groan, moan; *(utyskiwać)* grumble (**na coś** at, about sth)

jęczmień *m bot.* barley; *(na oku)* stye

jędrny *adj* pithy, sappy; vigorous

jędza *f* shrew, vixen

jęk *m* groan, moan

języczek *m* little tongue; *(u wagi)* cock

język *m* tongue; language; **~ ojczysty** mother tongue; vernacular; **pokazać ~** put out one's tongue; *przen.* **zapomnieć ~a w gębie** lose one's tongue

językowy *adj* linguistic; *anat.* lingual

językoznawstwo *n* linguistics

jod *m* iodine

jodełk|a *f* small fir; **wzór w ~ę** herring-bone pattern

jodła *f bot.* fir(-tree)

jodoform *m* iodoform

jodyna *f* tincture of iodine, *pot.* iodine

jolka *f mors.* yawl

jon *m fiz.* ion

jowialność *f* joviality

jowialny *adj* jovial

jubilat *m* man celebrating his jubilee

jubiler *m* jeweller

jubileusz *m* jubilee

jucht *m* Russian leather

juczny *adj*, **koń ~** packhorse

judzić *vt* instigate, abet

Jugosłowianin *m* Yugoslav
jugosłowiański *adj* Yugoslav(ian)
junak *m* brave

junior *m* junior
juta *f* bot. jute

jurysdykcja *f* jurisdiction
juta *f* jute
jutr|o *adv* tomorrow; *n* next day,
  lit. morrow; do ~a till ⟨see you⟩
  tomorrow
jutrzejszy *adj* tomorrow's
jutrzenka *f* morning star; (*brzask*)
  dawn
już *adv* already; ~ nie no more;
  ~ niedługo very soon; not any
  longer; ~ nigdy nevermore; ~
  o piątej godzinie as early as 5
  o'clock

k

kabał|a *f* (*wróżenie*) fortune-tel-
  ling; (*trudne położenie*) scrape;
  wpaść w ~ę get oneself into a
  bad fix
kabaret *m* cabaret
kabel *m* cable
kabina *f* cabin; (*telefoniczna*)
  telephone booth; (*w samolocie*)
  cockpit
kabłąk *m* bow, arch
kabłąkowaty *adj* arched
kabotyn *m* buffoon
kabotyński *adj* buffoonish
kabura *f* holster
kabz|a *f* pot. purse; nabić ~ę load
  the purse
kacerz *m* rel. heretic
kacyk *m* cacique; *uj.* (*samowolny
  dygnitarz*) princeling, petty boss
kaczan *m* stump
kaczk|a *f* zool. duck; *przen.* (*fał-
  szywa pogłoska*) canard, hoax;
  puszczać ~i na wodzie play
  ducks and drakes
kaczor *m* zool. drake
kadencj|a *f* cadence, rhythm; (*czas
  urzędowania*) term (of office);
  pełnić obowiązki przez jedną ~ę
  serve one term
kadet *m* cadet
kadłub *m* trunk; (*statku*) hull;
  (*rozbitego statku*) hulk; (*samolotu*) fuselage
kadra *f* staff; *wojsk.* cadre

kaduk *m*, prawem ~a illegally,
  lawlessly; do ~a! the duce!
kadzić *vt* incense
kadzidło *n* incense
kadź *f* tub
kafar *m* rammer, pile-driver
kafel *m* tile
kaftan *m* jacket; ~ bezpieczeństwa
  strait-jacket
kaftanik *m* bodice; (*dla dziecka*)
  vest
kaganek *m* oil-lamp
kaganiec *m* muzzle; (*pochodnia*)
  torch; nałożyć psu ~ muzzle the
  dog
kajać się *vr* repent (z powodu czegoś sth, of sth), do penance
kajak *m* canoe, kayak; płynąć
  ~iem canoe
kajdany *s pl* chains, fetters; (*na
  ręce*) handcuffs; zakuć w ~ put
  in chains ⟨handcuff⟩ (kogoś sb),
  put handcuffs (kogoś on sb), to
  handcuff; skruszyć ~ throw off
  the chains
kajuta *f* cabin
kakao *n nieodm.* cocoa
kakofonia *f* cacophony
kaktus *m* cactus
kalać *vt* foul, pollute
kalafior *m* cauliflower
kalafonia *f* colophony
kalambur *m* quibble, pun
kalarepa *f* kohl-rabi

kalectwo n crippledom, deformity; lameness

kaleczyć vt maim, mutilate; przen. ~ angielski murder one's English

kalejdoskop m kaleidoscope

kaleka m f cripple

kalendarz m calendar; ~ kartkowy block calendar

kalesony s pl drawers, pot. pants

kaliber m calibre

kaligrafia f calligraphy

kaligraficzny adj calligraphic

kalina f bot. guelder-rose

kalka f carbon-paper; (kopia przez kalkę) carbon-copy

kalkomania f transfer, decalcomania

kalkować vt calk, trace over

kalkulacja f calculation, computation

kalkul|ować vt calculate, compute; to się nie ~uje this is a losing deal

kaloria f calorie

kaloryczny adj caloric

kaloryfer m radiator, heater

kalosz m (rubber) overshoe, galosh

kalumni|a f calumny; rzucać ~e calumniate (na kogoś sb)

kalwin m Calvinist

kalwiński adj Calvinist

kał m excrement

kałamarz m inkstand

kałuża f puddle

kamasz m gaiter; (płytki) spat

kamea f cameo

kameleon m zool. chameleon

kamelia f bot. camellia

kamera f fot. camera

kameraln|y adj, muzyka ~a chamber music

kamerton m muz. tuning-fork

kamfora f camphor

kamieniarstwo n stone-cutting

kamieniarz m stone-cutter

kamienica f tenement-house, block of flats, am. apartment-house

kamieniołom m quarry

kamienisty adj stony

kamienn|y adj stone; węgiel ~y (black) coal; sól ~a rock-salt; przen. ~e serce heart of stone

kamienować vt stone

kamień m stone; drogi ~ precious stone; ~ graniczny landmark; ~ młyński millstone; ~ węgielny corner-stone; ~ do zapalniczek flint

kamizelka f waistcoat

kampania f campaign; ~ siewna sowing compaign; ~ wyborcza electioneering campaign; ~ żniwna harvest campaign

kamrat m pot. chum, pal

kamyk m pebble stone; (do zapalniczki) flint

Kanadyjczyk m Canadian

kanadyjski adj Canadian

kanalia f wulg. scoundrel, rascal

kanalizacja f (budowa kanałów) canalization; (urządzenie) sewerage, sewage works

kanalizować vt provide with a sewage system

kanał m canal; (morski) channel; (miejski) sewer; anat. duct

kanapa f sofa, settee

kanapka f couch; (przekąska) snack, sandwich

kanarek m canary

kancelaria f office

kancelaryjn|y adj office attr; papier ~y foolscap paper; praca ~a office duties

kancelista m clerk

kanciarz m pot. crook, swindler, trickster

kanclerz m chancellor

kandelabr m chandelier

kandydat m candidate

kandydatura f candidature

kandydować vi be a candidate (do czegoś for sth); (do parlamentu) contest a seat (in Parliament)

kangur m zool. kangaroo

kanikuła f dog-days

kanon m standard; (także muz.) canon

kanonada f cannonade

kanoniczny adj canonic(al)

kanonier m gunner

kanonierka *f wojsk.* gunboat

kanonik *m* canon

kanonizacja *f* canonization

kanonizować *vt* canonize

kant *m* edge; angle; (*u spodni*) crease; *pot.* (*oszustwo*) swindle, take-in, fraud

kantor 1. *m* (*kontuar, lada*) counter; (*biuro*) counting-house

kantor 2. *m* (*śpiewak*) chanter

kantyna *f* canteen

kanwa *f* canvas

kańczug *m* whip, scourge

kapa *f* covering, bed-cover; (*szata*) cope

kapać *vi* dribble, trickle

kapce *s pl* snowboots

kapeć *m* slipper

kapela *f* orchestra, band

kapelan *m* chaplain

kapelmistrz *m* bandmaster

kapelusz *m* hat; **bez ∼a** with no hat on

kapelusznik *m* hatter

kaperować *vt hist.* privateer, go privateering; *vt* capture, win over

kaperstwo *n* privateering

kapiszon *m* hood; (*spłonka*) percussion cap

kapitalista *m* capitalist

kapitalistyczny *adj* capitalistic

kapitalizm *m* capitalism

kapitalny *adj* capital; **remont ∼** general overhaul

kapitał *m* capital; **∼ zakładowy** ⟨**akcyjny**⟩ capital stock; **∼ obrotowy** acting ⟨circulating⟩ capital

kapitan *m* captain

kapitel *m arch.* capital

kapitulacja *f* capitulation, surrender

kapitulować *vi* capitulate, surrender

kapituła *f* chapter

kaplica *f* chapel

kapłan *m* priest

kapłański *adj* priestly, sacerdotal

kapłaństwo *n* priesthood

kapłon *m* capon

kapota *f* (long) coat

kapral *m wojsk.* corporal

kaprys *m* caprice, whim, fad, fancy

kapryśny *adj* capricious, whimsical

kapsla *f* (*u butelki*) cap; (*u broni*) percussion cap; (*okucie*) capping

kapsułka *f* capsule

kaptować *vt* win (**sobie kogoś** sb to oneself); (**wyborców, klientów**) canvass

kaptur *m* hood; (*mnisi, u komina*) cowl

kapturek *m* hood; **Czerwony Kapturek** Red Riding Hood

kapusta *f* cabbage; **∼ kiszona** sauerkraut

kapuśniak *m* sauerkraut soup

kar|a *f* punishment; (*sądowa*) penalty; (*pieniężna*) fine; (*śmierci*) capital punishment, death-penalty; **podlegać karze be punishable: ponieść ∼ę** undergo a punishment; **skazać na ∼ę pieniężną** fine; **wymierzyć ∼ę** inflict a penalty (**komuś** on sb); **pod ∼ą** under ⟨on⟩ pain (np. **śmierci** of death)

karabin *m* rifle, gun; **∼ maszynowy** machine-gun

karać *vt* punish; (*sądownie, w sporcie*) penalize; **∼ grzywną** fine; **∼ śmiercią** inflict the capital punishment (**kogoś** on sb)

karafka *f* water-bottle; (*na alkohol*) decanter

karakuły *s pl* (*futro*) astrakhan

karalny *adj* punishable

karaluch *m zool.* cockroach

karambol *m* collision, clash

karaś *m zool.* crucian

karat *m* carat

karawan *m* hearse

karawana *f* caravan

karawaniarz *m* bearer, undertaker's man

karb *m* notch, score; **kłaść na ∼** put it down (**kogoś, czegoś** to sb, sth); **trzymać w ∼ach** keep a tight hand (**kogoś** on sb)

karbid *m chem.* carbide

karbol *m chem.* carbolic acid

karbować *vt* notch, score; *(fałdować)* crease, fold; *(o włosach)* curl

karburator *m* carburettor

karcer *m* lock-up, detention

karciarz *m* gambler

karcić *vt* reprimand, reprove

karczma *f* tavern, inn

karczmarz *m* innkeeper

karczoch *m bot.* artichoke

karczować *vt (pnie, krzaki)* grub out; *(ziemię)* clear

kardiografia *f* cardiography

kardynalny *adj* cardinal, fundamental

kardynał *m* cardinal

kareta *f* carriage, coach

karetka *f* chaise; ~ pogotowia ambulance

kariera *f* career

karierowicz *m* pushing person, *pot.* climber

kark *m* neck; **chwycić za ~** collar, seize by the neck; **mieć na ~u** have on one's hands; **pędzić na złamanie ~u** drive at a breakneck speed; **siedzieć komuś na ~u** be on sb's hand; **skręcić ~** break one's neck

karkołomny *adj* breakneck *attr*

karłowaty *adj* dwarfish

karmazyn *m* crimson

karmel *m* caramel

karmelek *m* caramel, bonbon

karmić *vt* feed, nourish; *(piersią)* suckle; ~ **się** *vr* feed, live **(czymś** on sth)

karmin *m* carmine

karnawał *m* carnival

karność *f* discipline

karny *adj* disciplined, docile; *(o prawie)* penal; *(o sądzie)* criminal; *(karzący)* punitive (expedition etc.)

kar|o *n (w kartach)* zw. *pl* ~a diamonds

karoseria *f* body

karp *m* carp

kart|a *f* card; *(książki)* leaf, page; *(dokument)* charter; *(do gry)* playing-card; ~**a tożsamości**

identity card; ~**a tytułowa** title-page; *(roz)dawać ~y* deal cards; **mieć dobrą ~ę** have a good hand; *przen.* **odkrycie ~** show-down; **grać w otwarte ~y** show down; **odkryć ~y** show down; **stawiać na jedną ~ę** stake all on one card

kartel *m* cartel

kartka *f* leaf, slip (of paper); *(na bagażu, towarze)* label; ~ **żywnościowa na chleb** bread coupon; ~ **pocztowa** postcard

kartofel *m* potato

kartografia *f* cartography

karton *m* cardboard, pasteboard; *(pudło tekturowe)* carton

kartoteka *f* card-index

karuzela *f* merry-go-round

karygodny *adj* punishable, culpable

karykatura *f* caricature, cartoon

karykaturzysta *m* cartoonist

karzeł *m* dwarf

kasa *f* cash-desk, cashier's window; *(podręczna)* cash-box, cash-drawer; *(kolejowa)* booking-office, *am.* ticket-office; *(teatralna)* box-office; ~ **oszczędności** savings-bank

kasacja *f* cassation

kasacyjny *adj,* **sąd** ~ court of cassation ⟨of appeal⟩

kasetka *f* casket; cash-box

kasjer *m* cashier, *(bankowy)* teller

kask *m* helmet

kaskada *f* cascade

kasować *vt* cancel, annul

kasownik *m muz.* natural; *filat.* postmark, cancellation; *(datownik)* dater

kasta *f* caste

kastowość *f* caste system

kastrować *vt* castrate

kasyno *n* casino, club

kasza *f* groats

kaszel *m* cough

kaszka *f* gruel

kaszkiet *m* cap

kaszleć *vi* cough

kasztan *m* chestnut(-tree); *(koń)* chestnut

kat *m* executioner, hangman

katafalk *m* catafalque

kataklizm *m* cataclysm

katalizator *m chem.* catalyst, catalyser

katalog *m* catalogue

katalogować *vt* catalogue

katar *m* cold; catarrh; **nabawić się ~u** catch a cold

katarakta *f* cataract

katarynka *f* barrel-organ

katastrofa *f* catastrophe, calamity; *(np. kolejowa)* crash

katastrofalny *adj* catastrophic

katechizm *m* catechism

katedra *f* cathedral; *(na uniwersytecie)* chair

kategoria *f* category

kategoryczny *adj* categorical

katoda *f elektr.* cathode

katolicki *adj* Catholic

katolicyzm *m* Catholicism

katolik *m* Catholic

katorga *f* forced labour, penal servitude

katować *vt* torment, torture

katusze *s pl* torture

kaucj|a *f* security, deposit; *(sądowa)* bail; **za ~ą** on bail

kauczuk *m* caoutchouc

kaukaski *adj* Caucasian

kaw|a *f* coffee; **młynek do ~y** coffee-mill

kawaler *m (nieżonaty)* bachelor; *(galant)* gallant; *(orderu)* knight; *hist.* cavalier

kawaleria *f* cavalry

kawalerka *f* bachelor's flat

kawalerski *adj* bachelor's; **stan ~** celibacy; **pokój ~** bachelor's room

kawalerzysta *m* cavalry man, trooper

kawalkada *f* cavalcade

kawał *m* piece, lump; *(dowcip)* joke; **brzydki ~** foul trick; **zrobić komuś ~** play sb a trick, *(okpić)* bamboozle sb

kawał|ek *m* bit, morsel, piece; **~ek cukru** lump of sugar; **po**

~ku piece by piece

kawiarnia *f* coffee-house, café

kawior *m* caviar

kawka *f zool.* jackdaw

kazać *vt* bid, order, let

kazanie *n* sermon

kazić *vt* pollute, corrupt, contaminate; *(alkohol)* denature

kazirodztwo *n* incest

kaznodzieja *m* preacher

kazuistyka *f* casuistry

kaźń † *f* torture; *(stracenie)* execution

każdy *pron* every, each, everybody, everyone; **~ z dwóch** either

kącik *m* nook

kądziel *f* distaff; **po ~i** on the distaff side

kąkol *m* cockle

kąpać *vt* bathe; **~ się** *vr* bathe, *(w łazience)* have a bath, *(w rzece, morzu)* have a bathe

kąpiel *f (w łazience)* bath, *(w rzece, morzu)* bathe; **~ słoneczna** sun-bath

kąpielisko *n (miejscowość)* spa, watering place; *(zakład)* bath-house

kąpielowy *adj*, **strój ~** bathing costume

kąsać *vt* bite

kąsek *m* bit, morsel

kąt *m* corner; *mat.* angle; **~ prosty** right angle; **~ ostry** acute angle; **~ rozwarty** obtuse angle; **~ przeciwległy** alternate angle; **~ przyległy** contiguous angle; **~ załamania światła** angle of refraction; **pod ~em widzenia** from the point of view

kątomierz *m* protractor

kątowy *adj mat.* angular

kciuk *m* thumb

kelner *m* waiter

kelnerka *f* waitress

keson *m techn. wojsk.* caisson

kędzierzawy *adj* curly, crisp

kędzior *m* curl, lock

kępa *f (drzew)* clump; *(pęk)* cluster; *(wysepka)* holm kępka *f* cluster, (*np. włosów*) tuft

kęs *m* bit, morsel

kibic *m* looker-on; *am. pot.* kibitzer

kibić *f* waist, figure

kichać *vi* sneeze

kicz *m* daub; kitsch

kiecka *f pot.* skirt, frock

kiedy *conj* when, as; *adv* ever; ~ wrócisz? when will you be back?; rzadko ~ hardly ever; ~ indziej some other time

kiedykolwiek *conj* whenever; *adv* ~ indziej some other time

kiedyś *adv* once, at one time, (*w przyszłości*) some day

kielich *m* goblet, cup

kieliszek *m* glass

kielnia *f* trowel

kieł *m* (*u człowieka*) canine tooth; (*u słonia*) tusk; (*u psa*) fang

kiełbasa *f* sausage

kiełek *m* sprout, shoot

kiełkować *vi* sprout, shoot (forth)

kiełznać *vt* bit, bridle

kiep *m* simpleton, blockhead

kiepski *adj* mean, good for nothing

kier *m* (*w kartach*) *zw. pl* ~y hearts

kierat *m* treadmill

kiermasz *m* fair; ~ książki book-fair

kierować *vi vt* lead, direct, govern (czymś sth); drive (**samochodem** a car); (*zarządzać*) manage; ~ się *vr* proceed in the direction; be guided (czymś by sth); act (czymś according to sth)

kierowca *m* driver

kierownica *f* steering-wheel; (*u roweru*) handle bar

kierownictwo *n* management, administration, direction

kierowniczy *adj* managing, directive

kierownik *s* manager, director, head

kierunek *s* direction, course; *przen.* trend, tendency

kierunkow|y *adj* directional; (*radio*) antena ~a beam antenna

kiesa † *f* purse

kieszeń *f* pocket

kieszonka *f* small pocket

kieszonkowe *n* pocket money

kieszonkowiec *m* pickpocket

kij *m* stick, cane; dostać ~e get a good beating

kijanka *f zool.* tadpole

kikut *m* stump

kilim *m* rug, carpet

kilka, kilku *num* some, a few

kilkakrotnie *adv* several times, repeatedly

kilkakrotny *adj* repeated

kilkudniowy *adj* several days'

kilkuletni *adj* several years'

kilof *m* pickaxe

kilogram *m* kilogram(me)

kilometr *m* kilometre

kinematograf † *m* cinematograph; (*kino*) cinema

kinematografia *f* cinematography

kinetyka *f* kinetics

kino *n* cinema, pictures *pl, pot.* movies *pl*

kiosk *m* booth, stall, kiosk; (*z gazetami*) news stall ⟨stand⟩

kipieć *vi* boil

kir *m* pall, shroud

kisić *vt* (*kwasić*) sour; (*marynować*) pickle

kisiel *m* jelly, fruit cream

kisnąć *vi* sour, ferment

kiszk|a *f* intestine, gut; (*wędlina*) pudding, sausage; *pot.* zapalenie ślepej ~i appendicitis

kiść *f* bunch, tuft

kit *m* putty

kitel *m* smock-frock

kitować *vt* putty

kiwać *vi* wag, shake; beckon (**na kogoś** to sb); ~ głową nod; ~ ręką wave one's hand (**na kogoś** to sb); ~ się *vr* wag, totter

klacz *f* mare

klajster *m* glue, paste

klaka *f* claque

klakson *m* hooter

klamka *f* (door-)handle, latch

klamra *f* clasp, buckle; (*nawias*) bracket

klan *m* clan

klapa *f* flap; *techn.* valve; (*marynarki*) lapel; *pot.* (*niepowodzenie*) flop; ~ **bezpieczeństwa safety-valve**

klarnet *m muz.* clarinet; ~ **basowy bass-clarinet**

klarować *vt* clear, clarify; (*wyjaśniać*) explain

klarowny *adj* limpid, clear

klasa *f* class; (*sala szkolna*) classroom; (*rocznik szkolny*) form; ~ **pracująca working class**

klaskać *vi* clap (**w ręce** one's hands), (*bić brawo*) applaud

klasow|y *adj* class; **świadomość ~a class consciousness; walka ~a class struggle**

klasówka *f* school-work

klasycyzm *m* classicism

klasyczny *adj* classic(al)

klasyfikować *vt* classify

klasyk *m* classic

klasztor *m* cloister, monastery

klasztorny *adj* monastic

klatka *f* cage; *anat.* ~ **piersiowa** chest; ~ **schodowa** staircase

klauzula *f* clause

klawiatura *f* keyboard

klawisz *m* key; ~ **biały** natural

kląć *vt* swear (**kogoś** at sb); (*przeklinać, złorzeczyć*) curse (**na kogoś** sb); ~ **się** *vr* swear (**na coś** by sth)

klątwa *f* anathema, curse

klecić *vt pot.* botch up, concoct

kleić *vt* stick, glue (together), paste; ~ **się** *vr* stick

kleik *m* gruel

kleisty *adj* sticky

klej *m* glue, gum, paste

klejnot *m* jewel

klekot *m* rattle, clatter

klekotać *vt* rattle, clatter

kleks *m* blot

klepać *vt* hammer, beat; (*ziemię*) stamp; (*po plecach*) slap, clap

klepisko *n* threshing-floor

klepk|a *f* stave; *przen. pot.* **brak**

mu piątej ~i he is crackbrained; he has a screw loose

klepsydra *f* hourglass; (*ogłoszenie żałobne*) obituary notice

kler *m* clergy

kleryk *m* seminarist

klerykalizm *m* clericalism

klerykalny *adj* clerical; (*o kraju, instytucji*) priest-ridden

klerykał *m* clericalist

kleszcz *m zool.* tick

kleszcze *s pl* (*instrument*) pincers, pliers

klęczeć *vi* kneel, be on one's knees

klękać *vi* kneel down (**przed kimś** to sb)

klęsk|a *f* defeat, calamity, disaster; **ponieść ~ę** be defeated; **zadać ~ę** defeat

klient *m* client; *handl.* customer, patron

klientela *f* customers *pl*

klika *f* clique

klimat *m* climate

klimatyczn|y *adj* climatic; **miejscowość ~a** health-resort

klimatyzacja *f* air conditioning

klimatyzować *vt* condition

klin *m* wedge; **wbijać ~em** wedge in

klinga *f* (sword-)blade

kliniczny *adj* clinic

klisza *f* cliché; *fot.* plate

kloaka *f* sewer

kloc *m* log, block

klocek *m* block

klomb *m* flowerbed

klon *m bot.* maple

klops *m* meat-ball

klosz *m* glass-cover, glass-bell; (*abażur*) globe; lampshade

kloszow|y *adj*, ~**e spodnie** bell-bottomed trousers

klown *m* clown

klozet *m* water-closet

klub *m* club

klucz *m* key; *muz.* clef; ~ **do nakrętek** spanner; ~ **francuski** wrench; **zamknąć na** ~ lock

kluczow|y *adj* key, fundamental; **nuta ~a** keynote

kluć się *vr* hatch
kluska *f* dumpling
kładka *f* foot-bridge
kłak *m* flock, wisp; *pl* ~i (*pakuły*) oakum, wadding
kłam † *m*, zadać komuś ~ give sb the lie
kłamać *vt* lie (**przed kimś** to sb)
kłamca *m* liar
kłamliwy *adj* lying, deceitful, mendacious
kłamstwo *n* lie
kłaniać|ć się *vr* greet (**komuś** sb), bow (**komuś** to sb); **~j mu się ode mnie** present him my compliments, give him my regards
kłaść *vt* lay, set, put; **~ się** *vr* lie down
kłąb *m* clew, ball, roll; **kłęby dymu** wreaths of smoke
kłębek *m* ball, roll; *przen.* **~ nerwów** bundle of nerves
kłębiasty *adj* billowy; (*o chmurze*) cumulous
kłębić się *vr* swell, surge; (*o dymie*) wreathe
kłoda *f* log, block; clog
kłopot *m* embarassment, trouble, bother; **być w ~cie** be at a loss; **mieć ~ty pieniężne** have money troubles; **narobić sobie ~tu** get into trouble; **narobić komuś ~tu** get sb into trouble; **wprawiać w ~t** embarass, give trouble
kłopotać *vt* embarass, trouble; **~ się** *vr* be troubled, bother (**o coś** about sth)
kłopotliwy *adj* troublesome, embarassing
kłos *m* ear; **zbierać ~y** glean
kłócić się *vr* quarrel (**o coś** about sth); (*np. o kolorach, poglądach*) clash
kłódk|a *f* padlock; **zamknąć na ~ę** padlock
kłótliwy *adj* quarrelsome
kłótnia *f* quarrel
kłucie *n* (*w boku*) stitch
kłuć *vt vi* sting, prick; **~ w oczy** be an eyesore (**kogoś** to sb)
kłus *m* trot; **~em** at a trot

kłusować 1. *vi* (*jechać kłusem*) trot
kłusować 2. *vi* (*uprawiać kłusownictwo*) poach
kłusownictwo *n* poaching
kłusownik *m* poacher
kmieć † *m* peasant, farmer
kmin(ek) *m* cumin
knajpa *f* pot. pub, tavern
knebel *m* gag
kneblować *vt* gag (**komuś usta** sb)
knedel *m* dumpling
knocić *vt* pot. bungle, botch
knot *m* wick
knuć *vt* plot, conspire
koalicja *f* coalition
kobiałka *f* wicker-basket
kobieciarz *m* ladies' man
kobiecość *f* womanhood
kobiec|y *adj* womanly, womanlike; (*o płci*) female; **prawa ~e** women's rights
kobierzec *m* carpet
kobieta *f* woman
kobra *f* zool. cobra
kobyła *f* mare
kobza *f* muz. bagpipe
kobziarz *m* bagpiper
koc *m* blanket, rug
kochać *vt* love; **~ się** *vr* be in love (**w kimś** with sb)
kochanek *m* lover, love; paramour
kochanka *f* lover, love; mistress, paramour
koci *adj* catty, catlike; feline
kociak *m* kitten; (*dziewczyna*) sweet-and-twenty
kocię *n* kitten
kocioł *m* kettle, cauldron; muz. kettle-drum; **~ parowy** steam-boiler
kocur *m* tomcat
koczować *vi* nomadize, migrate
koczownictwo *n* nomadism
koczowniczy *adj* nomadic, migratory
kod *m* code
kodeks *m* code
kodyfikacja *f* codification
kodyfikować *vt* codify
koedukacja *f* co-education

koegzystencja f co-existence
kogut m cock
koić vt soothe
koja f berth
kojarzenie n association
kojarzyć vt match; (pojęcia) associate; ~ się vr associate, be associated; pair
kojący adj soothing, alleviative
kojec m coop
kokarda f cockade
kokieteria f coquetry
kokietka f coquette
kokietować vt coquet (kogoś with sb)
koklusz m med. (w)hooping-cough
kokon m cocoon
kokos m coco-nut
kokoszka f (brood-)hen
koks m coke
koksownia f coking-plant
kolaboracja f collaboration
kolaborant m collaborator
kolaborować vi collaborate
kolacja f supper; jeść ~ę have supper, sup
kolano n knee; (rury) joint; (rzeki) bend, turn
kolarstwo n cycling
kolarz m cyclist
kolący adj stinging, thorny
kolba f (strzelby) butt-end; chem. flask; (do lutowania) soldering--iron
kolczasty adj prickly, thorny; drut ~ barbed wire
kolczyk m ear-ring; (u zwierząt) ear-mark
kolebka f cradle
kolec m prick, thorn; (u sprzączki) tongue
kolega m comrade, mate, companion; (z pracy) colleague; (szkolny) schoolmate, classmate
kolegialny adj collegiate
kolegium n sing nieodm. college; (grono) staff, board, committee
koleina f rut
kolej f railway, am. railroad; (następstwo) turn, succession; po ~i in turn, by turns; ~j na mnie

it is my turn
kolejarz m railwayman
kolej|ka f narrow-gauge railway; (ludzi) queue, line; (dań, kiełbaszków) round; turn; stać w ~ce queue up, line up
kolejno adv in turn, by turns, successively
kolejność f succession, rotation; w ~ci by rotation
kolejny adj successive, next
kolekcja f collection
kolekcjoner m collector
kolekcjonować vt collect
kolektura f lottery office
kolektyw m collective body
kolektywizacja f collectivization
kolektywizm m collectivism
kolektywn|y adj collective; gospodarka ~a collective farming; gospodarstwo ~e collective farm
koleżanka f girl friend, colleague
koleżeński adj friendly
koleżeństwo n comradeship
kolęda f Christmas carol
kolędni|k m carol-singer, caroller; pl ~cy waits
kolędować vi carol
kolia f necklace
kolidować vi collide, clash
koligacja f affinity, connection
kolisty adj circular
kolizj|a f collision; popaść w ~ę come into collision
kolka f colic
kolokwium n sing nieodm. colloquy, examination
kolonia f colony, settlement; (wakacyjna) summer camp
kolonialny adj colonial; kupiec ~ grocer
kolonista m colonist
kolonizacja f colonization
kolonizator m colonizer
kolońsk|i adj, woda ~a eau de Cologne
kolor m colour; (w kartach) suit; dać do ~u follow suit
koloratura f coloratura
kolorować vt colour
kolorowy adj coloured

koloryt *m* colour, colouring
koloryzować *vt* colour
kolos *m* colossus; *przen.* giant
kolosalny *adj* colossal
kolportaż *m* distribution, hawking
kolporter *m* distributor, hawker
kolportować *vt* distribute, hawk
kolumna *f* column, pillar; *wojsk.* column
kolumnada *f* colonnade
kołatać *vi* rattle; knock (do drzwi at the door); *przen.* solicit (do kogoś o coś sb for sth ⟨sth from sb⟩)
kołchoz *m* kolkhoz
kołczan *m* quiver
kołdra *f* counterpane, coverlet
kołek *m* peg
kołnierz *m* collar
koło 1. *praep* by, near; about
koło 2. *n* wheel; (obwód; stowarzyszenie) circle; (do tortur) rack; ~ napędowe driving wheel; ~ zębate cog-wheel
kołodziej *m* wheelwright
kołowacizna *f* dizziness
kołować *vi* move round, circle
kołowrotek *m* spinning-wheel
kołowrót *m* windlass
kołow|y *adj* circular; ruch ~y vehicular traffic
kołtun *m* med. plica; (człowiek zacofany) fogey, stick-in-the--mud
kołysać *vt* rock, lull; ~ się *vr* rock, sway
kołysanka *f* cradle-song, lullaby
kołyska *f* cradle
komandor *m* commander; *mors.* commodore
komandos *m* commando
komar *m* zool. mosquito
kombajn *m* combine(-harvester)
kombatant *m* combatant
kombinacja *f* combination
kombinat *m* combine
kombinator *m* speculator, dodger
kombinezon *m* overalls
kombinować *vt* combine; speculate
komedia *f* comedy

komediant *m* pretender
komediopisarz *m* comedist
komenda *f* command
komendant *m* commander, commandant
komenderować *vt* command
komentarz *m* commentary
komentować *vt* comment (coś on ⟨upon⟩ sth), annotate
kometa *f* comet
komfort *m* comfort
komfortowy *adj* luxurious
komiczny *adj* comic, funny
komik *m* comedian
komin *m* chimney; (na dachu) chimney-pot; (lokomotywy, statku) funnel
kominek *m* fire-place
kominiarz *m* chimney-sweep
komis *m* commission; (sklep) commission-house; wziąć w ~ take on commission
komisariat *m* commissary's office; (ludowy) commissariat; ~ policji police-station
komisarz *m* commissary; (ludowy) commissar
komisja *f* commission, committee, board
komitet *m* committee
komityw|a *f* intimacy, friendly terms; w dobrej ~ie on good terms
komiwojażer *m* travelling agent
komnata *f* apartment
komoda *f* chest of drawers
komora *f* chamber; cabin; (spiżarnia) larder; ~ celna custom--house
komorne *n* rent
komórka *f* closet; biol. elektr. cell
kompan *m* pot. chum, pal
kompania *f* company
kompas *m* compass
kompendium *n sing nieodm.* compendium, digest
kompensata *f* compensation
kompensować *vt* compensate (coś for sth)
kompetencja *f* competence
kompetentny *adj* competent

kompilacja f compilation
kompilator m compiler
kompilować vt compile
kompleks m complex
komplement m complement; prawić ~y pay compliments
komplet m full number ⟨assembly⟩; set; ~ stołowy dinner-set; ~ do herbaty tea-set; ~ ubrania suit of clothes
kompletny adj complete, thorough
kompletować vt complete
komplikacja f complication
komplikować vt complicate
komponować vt compose
kompost m compost
kompot m compote, stewed fruit
kompozycja f composition
kompozytor m composer
kompres m compress
kompresja f compression
kompresor m compressor
kompromis m compromise; iść na ~y compromise (**w czymś** on sth)
kompromisowy adj compromising
kompromitacja f discredit
kompromitować vt discredit, compromise; ~ się vr discredit oneself
kompromitujący adj compromising, disgraceful
komuna f commune; hist. **Komuna Paryska** Commune of Paris
komunalny adj communal
komunał m commonplace
komunard m hist. Communard
komunia f communion
komunikacja f communication; traffic
komunikat m announcement, news report
komunikować vt announce (**komuś coś** sth to sb), inform (**komuś coś sb about sth**); ~ się vr communicate; have intercourse
komunista m communist
komunistyczny adj Communist(ic); **Manifest Komunistyczny** Communist Manifesto; **Komunistyczna Partia Związku Radzieckiego** Communist Party of the Soviet Union

komunizm m communism
konać vi die away
konar m bough
koncentracja f concentration
koncentracyjny adj concentrative; **obóz** ~ concentration camp
koncentrować vt concentrate
koncepcja f conception
koncept m concept, idea; (zarys) draft
koncern m concern
koncert m concert; (utwór) concerto
koncesja f concession, licence
koncesjonować vt licence, grant a concession
koncha f conch, shell
kondensator m techn. condenser
kondensować vt condense
kondolencja f condolence; składać ~e condole (**komuś z powodu czegoś** with sb on ⟨upon⟩ sth)
kondor m zool. condor
kondukt m, ~ **pogrzebowy** funeral procession
konduktor m (kolejowy) guard, (tramwajowy) conductor
konduktorka f conductress
kondycja f condition
kondygnacja f level, tier
koneksja f connexion
konewka f watering-can
konfederacja f confederacy, confederation
konfederat m confederate
konfekcja f ready-made clothes
konferencja f conference
konferować vi confer
konfesjonał m confessional
konfident m informer, intelligencer
konfiskata f confiscation
konfiskować vt confiscate
konfitura f jam
konflikt m conflict
konfrontacja f confrontation
konfrontować vt confront
konfuzja f confusion
kongregacja f congregation
kongres m congress
koniak m cognac, brandy
koniczyna f bot. clover, trefoil

koniec *m* end, conclusion, close; **dobiegać końca** to draw near the end; **położyć ~** put an end; **wiązać ~ z końcem** make both ends meet; **aż do końca** up to the end; **bez końca** no end; **do samego końca** to the very end; **na ~** finally; **na końcu języka** on the tip of one's tongue; **w końcu** at ⟨in⟩ the end

konieczno|ść *f* necessity; **z ~ci** of necessity

konieczny *adj* necessary, indispensable

konik *m* pony; (*mania*) hobby; *pot.* (*spekulujący biletami*) scalper; *zool.* **~ polny** grass-hopper

koniokrad *m* horse-thief

koniugacja *f* jęz. conjugation

koniunktura *f* juncture, tide of the market; opportunity

koniuszek *m* tip

konkluzja *f* conclusion

konkretny *adj* concrete, real

konkurencja *f* competition

konkurencyjny *adj* competitive

konkurent *m* competitor, rival; (*zalotnik*) suitor

konkurować *vi* compete; (*zalecać się*) court (**do kogoś** sb)

konkurs *m* competition; **ogłaszać ~ na coś** offer sth for competition

konkursowy *adj* competitive

konnica *f* cavalry

konno *adv* on horseback

konn|y *adj* mounted; (*o zaprzęgu*) horse-drawn; **jazda ~a** horse-riding; **wyścigi ~e** horse-race

konopie *s pl* hemp

konosament *m* handl. bill-of-lading

konsekwencja *f* consequence, consistency

konsekwentnie *adv* in a consistent way, consistently

konsekwentny *adj* consistent, consequent

konserwa *f* preserve, tinned ⟨am. canned⟩ meat ⟨milk, fruit etc.⟩

konserwacja *f* conservation

konserwatorium *n* sing nieodm.

conservatory, conservatoire

konserwatysta *m* conservative

konserwatywny *adj* conservative

konserwatyzm *m* conservatism

konserwować *vt* conserve; (*o żywności*) preserve

konserwowy *adj*, **przemysł ~** canning industry

konsolidacja *f* consolidation

konsolidować *vt* consolidate

konspekt *m* draft; conspectus

konspiracja *f* conspiracy, plot

konspirator *m* conspirator

konspirować *vi vt* conspire, plot

konstatować *vt* state, ascertain

konstelacja *f* constellation

konsternacja *f* consternation, dismay

konstrukcja *f* construction

konstrukcyjny *adj* constructional

konstruktor *m* constructor

konstruktywny *adj* constructive

konstruować *vt* construct

konstytucja *f* constitution

konstytucyjny *adj* constitutional

konstytuować *vt* constitute

konsul *m* consul

konsularny *adj* consular

konsulat *m* consulate

konsultacja *f* consultation

konsultant *m* consultant; (*o lekarzu*) consulting physician

konsultować *vt* consult; **~ się** consult, confer

konsum *m* co-operative shop

konsument *m* consumer

konsumować *vt* consume

konsumpcja *f* consumption

konsumpcyjn|y *adj* consumptive; **towary ~e** consumers' goods

konsylium *n* sing nieodm. consultation

konsystorz *m* consistory

konszachty *s pl* collusion; **wchodzić w ~** enter into collusion

kontakt *m* contact; **nawiązać ~** contact (**z kimś** sb), come into contact (**z kimś** with sb); **stracić ~** be out of contact

kontaktować *vt vi* bring into contact, contact; **~ się** *vr* be in contact, keep in touch kontekst *m* context

kontemplacja *f* contemplation

kontentować *vt* content; ~ się *vr* be contented (czymś with sth)

konto *n* account; na ~ on account

kontrabanda *f* smuggling, contraband

kontrabas *m* double bass

kontradmirał *m* rear admiral

kontrahent *m* contracting party

kontrakt *m* contract (w sprawie czegoś for ⟨of⟩ sth); ~ o pracę contract for work; ~ sprzedaży contract of sale

kontraktować *vt vi* contract

kontrapunkt *m muz.* counterpoint

kontrast *m* contrast

kontrastować *vi* contrast

kontratak *m* counter-attack

kontrofensywa *f* counteroffensive

kontrola *f* control

kontroler *m* controller

kontrolować *vt* control

kontrować *vi* (w kartach) double

kontrowersja *f* controversy

kontrowersyjny *adj* controversial

kontrrewolucja *f* counter-revolution

kontrrewolucjonista *m* counter-revolutionary

kontrrewolucyjny *adj* counter-revolutionary

kontrtorpedowiec *m mors.* destroyer

kontrwywiad *m* counter-espionage

kontrybucj|a *f* contribution; nałożyć na kraj ~ę lay a country under contribution

kontuar *m* counter

kontur *m* outline, contour

kontuzja *f* contusion

kontuzjować *vt* contuse

kontynent *m* continent

kontynentalny *adj* continental

kontyngent *m* contingent, quota; (żołnierzy) levy

kontynuować *vt* continue

konwalia *f bot.* lily of the valley

konwenans *m* conventionality, convention

konwencja *f* convention

konwencjonalny *adj* conventional

konwent *m* convention, assembly; (klasztor) convent

konwersacja *f* conversation

konwersacyjny *adj* conversational

konwojent *m* escort

konwojować *vt* convoy, escort

konwój *m* convoy, escort

konwulsja *f* convulsion

konwulsyjny *adv* convulsive

koń *m* horse; (w szachach) knight; ~ gimnastyczny vaulting-horse; ~ mechaniczny metric horse-power; ~ parowy horse-power; ~ pociągowy draught-horse; ~ wierzchowy saddle-horse; ~ na biegunach rocking-horse; jechać na koniu go on horseback; wsiąść na konia get ⟨mount⟩ on horseback

końcow|y *adj* final, ultimate; stacja ~a terminus

końcówka *f* ending, end; (np. węża gumowego) nozzle

kończyć *vt* end, finish, conclude, close; ~ się *vr* end, come to a close

kończyna *f* limb

kooperacja *f* co-operation

kooperacyjny *adj* co-operative

kooperatywa *f* co-operative society

kooptować *vt* co-opt

koordynacja *f* co-ordination

koordynować *vt* co-ordinate

kopa *f* three-score; (stos) pile; ~ siana haycock

kopać *vt* dig; (nogą) kick

kopalnia *f* mine; ~ węgla coal-mine; ~ soli salt-mine

koparka *f* excavator

kopcić *vi* smoke, give off soot

kopeć *m* soot, black

koper *m* dill

koperta *f* envelope

kopia 1. *f* (odbitka) copy, transcript

kopia 2. *f* (broń) lance

kopiec *m* mound; (mogiła) tumulus; (kupa, stos) pile; kreci ~ mole-hill

kopiować vt copy
kopuła f cupola, dome
kopyto n hoof; (szewskie) last
kor|a f bark; **odzierać drzewo z**
~y bark the tree; anat. ~a
mózgowa cortex
koral m coral
koralik m bead
korba f crank
korcić vt tempt
kordon m cordon; **otaczać** ~em
cordon off
Koreańczyk m Korean
koreański adj Korean
korek m cork; elektr. fuse; (w bucie) lift
korekt|a f druk. proof; ~a kolum-
nowa page-proof; **robienie** ~y
proof-reading
korektor m proof-reader
korektura f correction
korepetycja f private lesson
korepetytor m tutor, coach
korespondencja f correspondence
korespondent m correspondent
korespondować vi correspond
korkociąg m corkscrew; lotn. spin
korkować vt cork
kornet 1. m (strój głowy zakon-
nicy) coif, cornet
kornet 2. m muz. cornet
korniszon m gherkin
koron|a f crown; dent. cap; dent.
nałożyć ~ę cap
koronacja f coronation
koronka f lace
koronować vt crown
korowód m procession
korporacja f corporation
korpulentny adj corpulent
korpus m trunk, body; wojsk.
corps; ~ **dyplomatyczny** diplo-
matic corps; ~ **kadetów** corps
of cadets
korsarstwo n piracy
korsarz m pirate
kort m sport. court
korupcja f corruption
koryfeusz m coryphaeus, leader
korygować vt correct
korytarz m corridor

koryto n trough; (rzeki) bed
korzec m bushel
korze|ń m root; **zapuszczać** ~nie
take (strike) root
korzyć się vr humble oneself
korzystać vi profit (z czegoś by
(from) sth), avail oneself (z czegoś of sth), use (z czegoś sth),
have the use (z czegoś of sth)
korzystny adj profitable
korzyść f profit, advantage; na ~
to the advantage (czyjąś of sb);
na moją ~ to my advantage
kos m zool. blackbird
kosa f scythe
kosiarka f mower
kosiarz m mower
kosić vt mow
kosmaty adj shaggy, hairy
kosmetyczka f (torebka) vanity-
-bag; (kobieta) cosmetologist;
am. beautician
kosmetyczny adj cosmetic; **gabinet**
~ beauty parlour
kosmetyk m cosmetic
kosmetyka f cosmetics
kosmiczny adj cosmic
kosmografia f cosmography
kosmonauta m cosmonaut
kosmopolita m cosmopolite
kosmopolityzm m cosmopolitism
kosmyk m tuft, wisp
kosodrzewina f dwarf mountain
pine
kostium m costume
kostka f small bone; (w grze) die;
(u ręki) knuckle; (u nogi) ankle;
(sześcian) cube; (brukowa) flag-
-stone; (cukru) lump
kostnica f ossuary
kostnieć vi grow stiff
kostny adj osseous
kosz m basket; ~ **do śmieci** waste-
-paper basket, dustbin; (na ulicy)
litter-bin
koszary s pl barracks
koszmar m nightmare
koszt m cost, expense; ~em czegoś
at the cost of sth; ~y **podróży**
travelling expenses
kosztorys m estimate

koszt|ować vt cost; (*próbować*) taste; to mnie ~owało dużo pracy this cost me a lot of work; ile to ~uje? how much does it cost ⟨is it⟩?

kosztowny adj expensive

koszula f shirt; (*damska*) chemise

koszulka f (*podkoszulek*) undershirt

koszyk m basket

koszykarstwo n basketry

koszykarz m basket-maker; sport. basketball player

koszykówka f sport basketball

kościec m skeleton; ~ moralny backbone

kościelny adj ecclesiastical, church- (rate etc.); m sexton

kościotrup m skeleton

kościół m church

kościsty adj bony

kość f bone; (*do gry*) die; ~ słoniowa ivory; przen. ~ niezgody bone of contention

koślawić vt distort, deform

koślawy adj deformed; (*kulawy*) lame; (*np. o meblach*) rickety

kot m zool. cat

kotara f curtain

kotek m kitten

koteria f coterie, clique

kotlet m cutlet, chop

kotlina f dell, hollow

kotłować się vr pot. boil, whirl

kotłownia f boiler-room; (*na statku*) stakehold

kotwic|a f anchor; podnieść ~ę weigh anchor; zarzucić ~ę cast anchor

kowadło n anvil

kowal m smith

koza f zool. goat

Kozak m Cossack

kozetka f settee

kozioł m (he-)goat, buck; (*u wozu*) box; przen. ~ ofiarny scapegoat

kozioł|ek m (*w zabawie i gimnastyce*) somersault; robić ⟨fikać⟩ ~ki turn somersaults

Koziorożec m astr, geogr. Capricorn

kożuch m sheepskin fur

kół m pale, stake

kółko n little wheel; circle; (*rolka*) truckle; (*obręcz do zabawy*) hoop; (*do kluczy itp.*) ring; (*towarzyskie*) circle

kpiarz m scoffer

kpić vi scoff, mock (z kogoś, czegoś at sb, sth)

kpiny s pl mockery

kra f floe, floating ice

krab m zool. crab

krach m crash, slump

kraciasty adj chequered

kradzież f theft

kraina f land, region

kraj m country, land; home; (*skraj*) verge, edge

krajać vt cut; (o mięsie) carve

krajobraz m landscape

krajowiec m native

krajowy adj native; home-made; home; przemysł ⟨rynek, wyrób⟩ ~ home industry ⟨market, product⟩

krakać vi croak

krakowiak m (taniec) Cracovienne

krakowianin m man of Cracow

kram m (stoisko) booth, stand; pot. (zamieszanie) mess

kran m tap, cock; (żuraw) crane; otworzyć ⟨zamknąć⟩ ~ turn on ⟨turn off⟩ the cock ⟨the tap⟩

kraniec m extremity, extreme, border

krańcowość f extremism

krańcowy adj extreme

krasa f poet. beauty

krasić vt season; poet. (zdobić) embellish, adorn, colour

krasnoludek m brownie

krasomówca m orator, rhetorician

krasomówstwo n oratory, rhetoric

kraść vt steal

krata f grate, grating, bars pl; (drewniana) lattice; (deseń) chequer

krater m crater

kratk|a zob. krata; materiał w ~ę chequered cloth

kratkować vt chequer

kratować vt grate

krawat *m* (neck)tie

krawcowa *f* dressmaker

krawędź *f* edge, verge, border; (*górska*) ridge

krawężnik *m* kerb-stone

krawiec *m* tailor

krawiectwo *n* tailoring

krąg *m* circle; ring; disk; **w kręgu przyjaciół** in the circle of friends

krążek *m* disk

krążenie *n* circulation

krążownik *m* cruiser

krążyć *vi* circulate, go round; (*o słońcu, planetach*) revolve; (*po morzu*) cruise; (*wędrować*) ramble

kreacja *f* creation, production

kreatura *f pog.* low creature

kreci *adj* mole, mole's; *przen.* ~**a robota** underhand dealings *pl*

kreda *f* chalk

kredens *m* cupboard

kredka *f* crayon; (*szminka*) lipstick

kredyt *m* credit; **na ~** on credit

kredytować *vt* credit, give on credit

krem *m* cream

krematorium *n* crematorium

kremowy *adj* cream-coloured

kreować *vt* create; *teatr* (*rolę*) act

krepa *f* crape

kres *m* end, term, limit; **położyć ~** put an end (*czemuś* to sth)

kreska *f* stroke; (*myślnik*) dash

kreskować *vt* line

kresy *s pl* borderland

kreślarz *m* draughtsman

kreślić *vt* draw, sketch

kret *m zool.* mole

kretowisko *n* molehill

krew *f* blood; **rozlew krwi** bloodshed; **puszczać ~ bleed** (*komuś* sb); **związki krwi** blood ties; **przelewać ~** bleed, shed blood; **zachować zimną ~** keep cool; **pełnej krwi** (*rasowy*) thorough-bred; **z zimną krwią** in cold blood

krewki *adj* sanguine, impetuous

krewny *m* relative, relation

kręcić *vt vi* turn, twist; (*włosy*) curl; *pot.* (*wykręcać się*) use crooked ways, quibble; ~**ć głową** shake one's head; ~**ć się** *vr* turn; (*wiercić się*) fidget, fuss about; ~ **mi się w głowie** my head turns

kręcony *adj* twisted; (*o włosach*) curly; (*o schodach*) winding

kręg *m anat.* vertebra

kręgle *s pl* ninepins

kręgosłup *m* spine, spinal column, backbone

kręgowiec *m zool.* vertebrate

krępować *vt* (*wiązać*) tie, bind; (*utrudniać*) constrain, hamper; (*żenować*) embarrass, make uneasy; ~ **się** *vr* be embarrassed, feel uneasy (*czymś* about sth)

krępy *adj* thickset

krętacki *adj* tricky

krętactwo *n* crooked ways *pl*, quibbling

krętacz *m* quibbler, shuffler

kręty *adj* winding, tortuous, crooked

krnąbrny *adj* refractory, intractable

krochmal *s* starch

krochmalić *vt* starch

krocie *s pl* heaps

kroczyć *vi* stride, pace

kroić *vt* cut

krojczy *s* cutter

krok *m* step, pace; **dotrzymać ~u** keep up (*komuś* with sb); **przedsięwziąć ~i** take steps; ~ **za ~iem** step by step; **na każdym ~u** at every step; **równym ~iem** in step; **nierównym ~iem** out of step

krokodyl *m zool.* crocodile

krokus *m bot.* crocus

kromka *f* slice

kronika *f* chronicle

kronikarz *m* chronicler, annalist

kropić *vt vi* (be)sprinkle; drip; ~ **deszcz** it drizzles

kropidło *n* sprinkler

kropielnica *f* font

kropka *f* point, dot; (*znak przestankowy*) full stop

kropkować *vt* dot

kropla *f* drop

krosn|o *n, zw. pl* ~a loom

krosta *f* pimple

krotochwila *f* *ltt.* farce, burlesque

krowa *f zool.* cow

krój *m* cut

król *m* king

królestwo *n* kingdom

królewicz *m* king's son, prince royal

królewna *f* king's daughter, princess royal

królewski *adj* kingly, royal

królik *m zool.* rabbit

królikarnia *f* warren

królowa *f* queen; ~ piękności beauty queen

królować *vi* reign (nad kimś, czymś over sb, sth)

krót|ki *adj* short; (*zwięzły, krótkotrwały*) brief

krótko *adv* shortly; (*zwięźle*) in brief, in short

krótkofalowy *adj* short-wave *attr*

krótkofalówka *f pot.* short-wave set

krótkometrażówka *f pot.* short

krótkoterminowy *adj* short-term *attr*

krótkotrwały *adj* brief, short-lived *attr*

krótkowidz *m* myope

krótkowzroczność *f* myopia, short-sightedness

krótkowzroczny *adj* short-sighted

krówka *f* small cow; boża ~ lady-bird

krtań *f* larynx

kruchość *f* fragility, frailty

kruchta *f* church-porch

kruch|y *adj* fragile, frail, brittle; (*chrupiący*) crisp; (*o mięsie*) tender; ~e ciasto shortcake, shortbread

krucjata *f* crusade

krucyfiks *m* crucifix

kruczek *m pot.* (*wybieg, sztuczka*) trick, shift

krucz|y *adj* raven's; ~e włosy raven hair

kruk *m zool.* raven

krup|a *f, zw. pl* ~y groats; ~y jęczmienne barley-groats

kruszec *m* ore; (*pieniądz metalowy*) specie

kruszeć *vi* become brittle; crumble; (*o mięsie*) become tender

kruszyć *vt* crush, crumb; ~ się *vr* crumble

kruszyna *f* crumb

krużganek *m* gallery

krwawica *f* hard-earned money

krwawić *vi*, ~ się *vr* bleed

krwawy *adj* sanguinary, bloodthirsty

krwinka *f biol.* blood corpuscle

krwiobieg *m biol.* circulation of the blood

krwiodawca *m* blood-donor

krwionośn|y *adj*, naczynie ~e blood vessel

krwiożerczy *adj* bloodthirsty

krwisty *adj* sanguineous, blood-red

krwotok *m* haemorrhage

kry|ć *vt* (*pokrywać*) cover; (*ukrywać*) hide, conceal; ~ć się *vr* hide; za tymi słowami coś się ~je there is sth behind these words

kryjówka *f* hiding-place

kryminalista *m* criminal

kryminalny *adj* criminal

kryminał *m* jail

krynica *f poet.* spring, fount

krynolina *f* crinoline

krypta *f* vault

kryptonim *m* cryptonym

krystaliczny *adj* crystalline

krystalizować *vt*, ~ się *vr* crystallize

kryształ *m* crystal

kryterium *n* criterion

krytycyzm *m* criticism

krytyczny *adj* critical

krytyk *m* critic

krytyka *f* criticism, critique; (*recenzja*) review

krytykować *vt* criticise; (*recenzować*) review

kryza *f* ruff, frill

kryzys m crisis
krzaczasty adj bushy
krzak m bush, shrub
krzątać się vr busy oneself, bustle (koło czegoś about sth)
krzątanina f bustle
krzem m chem. silicon
krzemień m flint
krzemionka f silica
krzepić vt refresh, strengthen
krzepki adj vigorous
krzepnąć vi solidify; (np. o krwi) coagulate; (mężnieć) become vigorous
krzesać vt (ogień) strike
krzesiwo n flint; ~ z hubką tinder-box
krzesło n chair
krzew m shrub
krzewić vt spread, propagate; ~ się vr spread, multiply
krzta|a f, ani ~y not a whit
krztusić się vr choke, stifle
krzyczący adj clamorous; (o kolorze) glaring, loud; (o niesprawiedliwości) burning, gross
krzyczeć vi shout (na kogoś at sb); cry, shriek; ~ z bólu shout with pain; ~ z radości shout for joy
krzyk m cry, scream, shriek
krzykacz m crier, bawler
krzykliwy adj noisy
krzywd|a f wrong, harm, prejudice; wyrządzić ~ę wrong, do wrong (komuś sb); z moją ~ą to my prejudice; spotkała mnie ~a a harm has come to me
krzywdzący adj prejudicial, harmful, injurious (dla kogoś, czegoś to sb, sth)
krzywdzić vt wrong, harm, do wrong ⟨harm⟩
krzywica f med. rickets, rachitis
krzywić vt crook, bend; ~ się vr make a wry face (na kogoś, na coś at sb, sth)
krzywo adv awry; (pisać) aslant, slantwise; (patrzeć) askance
krzywoprzysięgać vt perjure oneself
krzywoprzysięstwo n perjury
krzywoprzysięzca m perjurer

krzyw|y adj crooked; (o minie, uśmiechu itp.) wry; mat. ~a (linia) curve
krzyż m cross; pl ~e anat. loins
krzyżacki adj, zakon ~ Teutonic Order
Krzyżak m Teutonic Knight, Knight of the Cross
krzyżować vt (układać na krzyż) cross; (rozpinać na krzyżu) crucify; (psuć plany) thwart
krzyżowiec m hist. crusader
krzyżow|y adj cross, crossed, cross-shaped; wojsk. ogień ~y cross-fire; hist. wojna ~a crusade; przen. ~y ogień pytań cross-questions; badanie w ~ym ogniu pytań cross-examination
krzyżówka f crossword puzzle
krzyżyk m small cross, crosslet; muz. sharp
ksiądz m priest, clergyman
książeczka f booklet; ~ oszczędnościowa savings-bank book
książę m prince, duke
książęcy adj princely, ducal
książka f book; ~ szkolna school-book; ~ do czytania reading-book; ~ z obrazkami picture-book
księga f book; (urzędowa, rejestracyjna) register; (główna w buchalterii) ledger
księgarnia f bookseller's shop
księgarz m bookseller
księgować vt enter, book
księgowość f book-keeping
księgowy m book-keeper
księgozbiór m library
księstwo n duchy, principality
księżna, księżniczka f duchess, princess
księżyc m moon; przy świetle ~a by moonlight
ksylofon m muz. xylophone
kształcący adj instructive
kształcić vt educate, instruct
kształt m form, shape
kształtny adj shapely
kształtować vt form, shape
kto pron who; ~ inny who else;

somebody else; ~ bądź anybody, anyone

ktokolwiek *pron* = kto bądź zob. kto

ktoś *pron* somebody, someone; ~ inny somebody else

którędy *pron* which way

który *pron* who, which, that

któryś *pron* some

ku *praep* towards, to

Kubańczyk *m* Cuban

kubański *adj* Cuban

kubatura *f* cubature, cubic volume

kubek *m* cup

kubeł *m* pail, bucket

kubizm *m* cubism

kucharka *f* cook

kucharsk|i *adj* culinary; książka ~a a cookery-book

kucharz *m* cook

kuchenka *f* (*urządzenie*) cooker

kuchnia *f* (*pomieszczenie*) kitchen; (*urządzenie do gotowania*) stove, range; (*jakość potraw*) dobra ~ good cooking

kucnąć *vi* squat down

kucyk *m* pony

kuć *vt* forge, hammer; (*konia*) shoe; *pot.* (*uczyć się na pamięć*) cram

kudłaty *adj* shaggy

kudły *s pl* shaggy hair

kufel *m* (beer-)mug, tankard

kufer *m* box, trunk

kuglarstwo *n* jugglery

kuglarz *m* juggler

kukiełka *f* puppet

kukiełkowy *adj*, teatr ~ puppet--show

kukła *f* puppet

kukułka *f* cuckoo

kukurydza *f* maize

kula *f* ball; (*rewolwerowa itp.*) bullet; (*geometryczna*) sphere; (*proteza*) crutch; (*do gry*) bowl; ~ śnieżna snowball; ~ ziemska globe

kulawy *adj* lame

kulbaczyć *vt* saddle

kuleć *vi* limp, hobble

kulić się *vr* cower, squat

kulig *m* sleighing party

kulinarny *adj* culinary

kulis *m* coolie

kulis|y *s pl* scenes, wings; *przen.* za ~ami behind the scenes

kulisty *adj* spherical, round

kulka *f* small ball, globule; (*z papieru, chleba*) pellet

kulminacyjny *adj*, punkt ~ culminating point, climax

kult *m* cult, worship

kultura *f* culture, civilization; (*uprawa*) cultivation

kulturalny *adj* cultural, civilized; (*o umyśle, manierach*) cultured

kultywować *vt* cultivate

kuluar *m* corridor, lobby

kułak *m* (*pięść*) fist; (*uderzenie*) punch; bić ~iem punch

kum *m* godfather; *pot.* crony

kuma *f* godmother; *pot.* crony

kumkać *vi* croak

kumoszka *f pot.* gammer, gossip

kumoterstwo *n* favouritism, backing for family reasons; *przen.* log-rolling

kumulacja *f* cumulation

kumulować *vt*, ~ się *vr* cumulate

kuna *f zool.* marten

kundel *m* cur

kunktator *m* cunctator

kunszt *m* art

kunsztowny *adj* artful, artistic

kup|a *f* heap, pile; składać na ~ę heap up; *przen.* wziąć się do ~y pull oneself together

kupić *vt* buy, purchase

kupiec *m* merchant, tradesman, dealer; (*drobny handlarz*) shop-keeper

kuplet *m* cabaret song; (*dwuwiersz*) couplet

kupn|o *m* purchase; dobre ~o bargain; siła ~a purchasing power

kupny *adj* (*kupowany*) purchased, bought; ready-made

kupon *m* coupon

kupować *vt* = kupić

kura *f* hen

kuracja *f* cure, treatment

kuracjusz *m* patient; (*np. w uzdrowisku*) visitor

kuracyjn|y *adj* curative; **miejsco-wość** ~a health-resort

kuratela *f* guardianship, · trusteeship

kurator *m* trustee; administrator, curator

kuratorium *n* board of trustees; school-board

kurcz *m* cramp, spasm

kurczę *n* chicken

kurczowo *adv* spasmodically

kurczowy *adj* spasmodic

kurczyć *vt*, ~ **się** *vr* shrink; *ftz.* contract

kurek *m* cock; (*kran*) tap; (*na wieży*) weather-cock; **odwieść** ~ **u karabinu** cock a gun

kurhan *m* tumulus, barrow

kuria *f* curia

kurier *m* courier; (*pociąg*) express--train

kuriozum *n* curiosity

kuropatwa *f zool.* partridge

kurować *vt* treat, cure (**na daną chorobę** for a disease)

kurs *m* course;. ~ **dewizowy** rate of exchange

kursować *vi* run, circulate

kursywa *f* italics

kurtka *f* jacket

kurtuazja *f* courtesy

kurtuazyjny *adj* courteous

kurtyna *f* curtain

kurz *m* dust

kurzajka *f* wart

kurzawa *f* dust-storm; (snow-)drift

kurzyć *vi* raise dust; *pot.* (*palić papierosa itp.*) smoke; ~ **się** *vr* be ⟨get⟩ dusty; (*dymić się*) smoke, reek

kusiciel *m* tempter, seducer

kusić *vt* tempt, seduce; ~ **się** *vr* seek to obtain, attempt

kustosz *m* custodian, keep, trustee

kusy *adj* short-tailed; shortish; (*nie wystarczający*) scanty

kusza *f* cross-bow

kuśnierz *m* furrier

kuter *m mors.* cutter

kutwa *m* miser, niggard

kuty *adj* wrought, forged; (*o ko-*

niu) shod; (*chytry*) cunning

kuzyn *m* cousin

kuźnia *f* forge, smithy

kwadra *f astr.* quarter

kwadrans *m* quarter of an hour; ~ **na szóstą** a quarter past 5; **za** ~ **szósta** a quarter to 6

kwadrat *m* square

kwadratow|y *adj* square; **liczba** ~a a square number; **5 stóp** ~**ych** 5 square feet

kwakać *vi* quack

kwakier *m* Quaker

kwalifikacja *f* qualification

kwalifikować *vt* qualify; ~ **się** *vr* be qualified, qualify (**do czegoś** for sth)

kwalifikowany *adj* (*o pracowniku*) skilled

kwapić się *vr* be eager (**do czegoś** for, after sth; **to do** sth)

kwarantanna *f* quarantine

kwarc *m miner.* quartz

kwarta *f* quart

kwartalnie *adv* quarterly

kwartalnik *m* quarterly

kwartalny *adj* quarterly

kwartał *m* quarter

kwartet *m* quartet

kwas *m* acid; (*zaczyn*) leaven; *pl* ~y (*w żołądku*) acidity; *przen.* (*niezadowolenie, dąsy*) ill-humour

kwasić *vt* sour; ferment; (*np. o-górki*) pickle

kwaskowaty *adj* sourish, acidulous

kwasota *f* acidity

kwaszon|y *adj*, **kapusta** ~a sauerkraut

kwaśnieć *vi* sour, become sour

kwaśn|y *adj* sour, acid; ~a **mina** wry face

kwatera *f* lodging; *wojsk.* billet; ~ **główna** headquarters *pl*

kwatermistrz *m* quartermaster

kwaterować *vt* quarter; *wojsk.* billet; *vi* be quartered ⟨billeted⟩

kwaterunek *m* quartering; *wojsk.* billeting

kwesta *m* collection

kwestarz *m* collector

kwesti|a *f* question; ~a **pieniężna**

money matter; ~a gustu matter of taste; to nie ulega ~i there is no doubt about it

kwestionariusz m inquiry-sheet, questionnaire

kwestionować vt question, call in question

kwestor m bursar

kwestować vi collect (money)

kwestura f bursary

kwiaciarka f florist; (uliczna) flower-girl

kwiaciarnia f florist's shop

kwiat m flower; (drzewa owocowego) blossom; przen. w kwiecie wieku in the prime of life

kwiczeć vi squeak

kwiczoł m zool. fieldfare

kwiecień m April

kwiecisty adj flowery; (o stylu) florid

kwietnik m flower-bed

kwik m squeak

kwilić vi whimper

kwintesencja f quintessence

kwit m receipt; ~ bagażowy check; ~ celny certificate of clearance; ~ zastawny pawn-ticket

kwitariusz s receipt-book

kwitnąć vi bloom, blossom, flower; przen. flourish

kwitować vt receipt; ~ odbiór przesyłki acknowledge the receipt of a parcel

kwoka f sitting hen

kworum n nieodm. quorum

kwota f (sum) total, amount

labirynt m labyrinth, maze

laborant m laboratory assistant

laboratorium n laboratory

laboratoryjny adj laboratorial

lać vt vi (nalewać) pour; (wylewać) shed; (odlewać np. metal) cast; deszcz leje it pours; ~ się vr pour; (strumieniem) gush, flow, stream; krew się leje blood is being shed; pot leje mu się z czoła sweat trickles from his brow

lada 1. f chest, box, (stół sklepowy) counter

lada 2. part any, whatever; ~ chwila any minute; ~ dzień any day; ~ kto anybody; to zawodnik nie ~ he is far from being an average competitor

ladacznica f harlot

laguna f lagoon

laik m layman

lakier m varnish

lakierki s pl patent shoes

lakierować vt varnish

lakmus m chem. litmus

lakoniczny adj laconic

lakować vt seal

lalka f doll

lament m lament, lamentation

lamentować vi lament (nad kimś, czymś for, over sb, sth)

lamować vt border

lamówka f border, (do ubrań) lace

lampa f lamp; (radiową) valve

lampart m leopard

lampas m (trouser-)galloon

lampion m lampion, Chinese lantern

lampa f lamp; (radiową) valve; ~ nocna night-lamp; ~ wina glass of wine

lamus m lumber-room

lanca m lance

lancet m lancet

landrynka f fruit drop

lanie n pouring; (odlewanie) casting; *pot.* (*bicie*) good thrashing, flogging

lanolina *f* lanolin

lansować *vt* launch

lapidarny *adj* pointed, concise

lapis *m* lunar caustic, lapis infernalis

lapsus *m* lapse

larwa *f zool.* larva

las *m* wood, forest; **dziewiczy** ~ virgin forest

laseczka *f* wand, (small) stick

lasecznik *m biol.* bacillus

lasek *m* grove

laska *f* stick, cane; ~a marszałkowska speaker's staff, *bryt.* mace; złożyć wniosek do ~i marszałkowskiej table a motion

laskowy *adj,* orzech ~ hazel-nut

lasować *vt* slake

latać *vi* fly; (*biegać*) run about

latarka *f* lantern; ~ elektryczna (electric) torch, flashlight

latarnia *f* lantern, lamp; ~ morska lighthouse; ~ projekcyjna projection lantern

latarnik *m* lighthouse-keeper

latawiec *m* kite; puszczać ~ca fly a kite

lato *n* summer; babie ~ (*okres*) Indian summer; (*pajęczyna*) gossamer

latorośl *f* shoot, offshoot; *przen.* offspring; winna ~ vine

laufer *m* (*w szachach*) bishop

laur *m* laurel

laureat *m* laureate, prize-winner; ~ nagrody Nobla Nobel-Prize winner

lawa *f* lava

lawenda *f bot.* lavender

laweta *f* gun-carriage

lawina *f* avalanche

lawirować *vi mors.* tack, beat about; *przen.* veer

lazaret *m* † hospital

lazur *m* azure, sky-blue

ląd *m* land; ~ stały continent; ~em by land

lądować *vi* land

lądowisko *n lotn.* landing-ground

lecieć *vi* fly; (*pędzić*) run, hurry; (*o czasie*) pass, slip away; ~ z góry drop, fall down

leciwy *adj* advanced in years

lecz *conj* but

leczenije *n* treatment; ~e się cure; poddać się ~u try a cure, follow a course of treatment

lecznica *f* clinic, nursing home

lecznictwo *n* therapeutics; health service

leczniczy *adj* medicinal; środek ~ medicine

leczyć *vt* treat (kogoś na coś for sth); (*kurować*) cure (kogoś z czegoś sb of sth); (*gość*) heal; ~ się *vr* undergo a treatment, take a cure

ledwie, ledwo *adv* hardly, scarcely; ~ dyszy he can hardly breathe; ~ nie umarł he nearly died; *conj* no sooner... than...; ~ wyszliśmy, zaczęło padać no sooner had we left than it started to rain

legalizować *vt* legalize

legalny *adj* legal, rightful

legat *n* (*zapis*) legacy, bequest; (*papieski*) nuncio, legate

legawiec *m* pointer; (*długowłosy*) setter

legenda *f* legend

legendarny *adj* legendary

legia *f* legion; ~ cudzoziemska foreign legion

legion *m* legion

legionista *m* legionary

legitymacja *f* identity card, certificate

legitymować *vt* indentify, establish sb's identity; ~ się *vr* prove one's identity

legować *vt prawn.* bequeath

legowisko *n* couch, bed; (*dzikich zwierząt*) lair

legumina *f* pudding, sweet

lej *m* funnel; (*w ziemi*) crater

lejce *s pl* reins

lejek *m* funnel

lek *m* medicine

lekarski *adj* medical; **wydział ~** faculty of medicine

lekarstwo *n* medicine, remedy; **zażyć ~** take a medicine

lekarz *m* physician, doctor; (*urzędowy*) medical officer; **~ ogólnie praktykujący** general practitioner; **~ wojskowy** army surgeon

lekceważący *adj* disregardful, disdainful

lekceważenie *n* disregard, disdain, slight(ing)

lekceważyć *vt* disregard, disdain, slight

lekcj|a *f* lesson; **pobierać ~e angielskiego** take English lessons; **udzielać ~i angielskiego** give English lessons

lekk|i *adj* light; *sport* **~a atletyka** (light-weight) athletics; (*w boksie*) **waga ~a** light weight

lekkoatleta *m* (light-weight) athlete

lekkomyślność *f* light-mindedness, recklessness

lekkomyślny *adj* light-minded, reckless

lekkość *f* lightness; (*łatwość*) easiness

leksykografia *f* lexicography

lektor *m* lector, reader; (*prowadzący lektorat*) teacher

lektorium *n* reading-room

lektura *f* (*czytanie*) reading; (*materiał do czytania*) reading-matter

lemiesz *m* ploughshare

lemoniada *f* lemonade

len *m* flax

lenić się *vr* laze, idle

lenieć *vi* moult, shed one's hair; (*o gadach*) slough

leninizm *m* Leninism

leninowski *adj* Leninist

lenistwo *n* idleness, laziness

leniuch *m* lazy bones, idler, sluggard

leniuchować *vi* laze, idle one's time away

leniwiec *m zool.* sloth

leniwy *adj* idle, lazy

lennik *m hist.* vassal

lenno *n hist.* fief

leń *m* lazy-bones, idler

lep *m* glue; **~ na muchy** fly-paper

lepianka *f* mud-hut

lepić *vt* glue, stick; **~ z gliny** loam, make of loam; **~ się** *vr* stick, be sticky

lepiej *adv comp* better; **tym ~** all the better, so much the better; **~ byś poszedł sobie** you had better go

lepki *adj* sticky; (*przylepny*) adhesive

lepszy *adj comp* better; **kto pierwszy, ten ~** first come first served

lesisty *adj* wooded, woody

leszcz *m zool.* bream

leszczyna *f bot.* hazel

leśnictwo *n* forestry, forest district

leśniczówka *f* forester's cottage

leśniczy, leśnik *m* forester

leśny *adj* forest- (law etc.); wood- (nymph etc.)

letarg *m med.* lethargy; *przen.* torpor

letni *adj* (*niegorący*) tepid, lukewarm; *attr* (*dotyczący lata*) summer

letnik *m* summer-visitor, holiday-maker

letnisko *n* health-resort, summer-resort

leukocyt *m biol.* leucocyte

lew *m* lion

lew|a *f* (*w kartach*) trick; **wziąć ~ę** take ⟨win⟩ a trick

lewar *m* lever; (*hydrauliczny*) siphon

lewatywa *f med.* enema

lewica *f* left hand ⟨side⟩; *polit.* the left, left wing

lewicowiec *m* leftist

lewkonia *f bot.* stock

lew|y *adj* left; **~a strona** wrong side; (*monety*) reverse; **na ~o** on the left, to the left

leźć *vi pot. (wspinać się)* climb, creep upwards; *(wlec się)* drag (oneself) along, shuffle

leżak *m* folding-chair, deck-chair

leże *n* couch, lodging, resting-place; *wojsk.* camp, quarters *pl*; ~ zimowe winter-quarters *pl*

leżeć *vi* lie; *(znajdować się)* be placed, be situated; *(o ubraniu)* dobrze ~ sit ⟨fit⟩ well; źle ~ sit badly

lędźwie *s pl* loins

legnąć się *vr* come out of the shell, hatch

lęk *m* fear; *(groza)* awe

lękać się *vr* fear *(o kogoś, coś for sb, sth)*, be anxious *(o kogoś, coś about sb, sth)*

lękliwy *adj* timid

lgnąć *vi* adhere, stick; *przen.* cling, be attached

libacja *f* libation, *pot.* booze

liberalizm *m* liberalism

liberalny *adj* liberal

liberał *m* liberal

liberia *f* livery

libertyn *m* libertine

libra *f druk.* quire

libretto *n* libretto

licencja *f* licence

liceum *n* secondary ⟨grammar⟩ school

licho 1. *adv* poorly, meanly, shabbily

lich|o 2. *n* evil, devil; *pot.* co u ~a! what the deuce!

lichota *f* rubbish, trash

lichtarz *m* candlestick

lichwa *m* usury

lichwiarz *m* usurer

lichy *adj* poor, mean, miserable, shabby

lic|ować *vi* harmonize *(z czymś with sth)*, become *(z kimś, czymś sb, sth)*; to nie ~uje z tobą it does not become you

licytacj|a *f* auction; *(w brydżu)* bid; oddać na ~ę put up to auction; sprzedać na ~i sell by auction

licytator *m* auctioneer

licytować *vt* sell by auction, put

to auction; *(w brydżu)* bid

liczba *f* number; figure; *gram.* ~ pojedyncza ⟨mnoga⟩ singular ⟨plural⟩ (number); *mat.* ~ wymierna rational number

liczbowy *adj* numerical

liczebnie *adv* numerically, in number

liczebnik *m gram.* numeral, number

liczebny *adj* numerous; numerical

liczenij *n* calculation; maszyna do ~a calculating machine, calculator

licznik *m mat.* numerator; *(automat)* counter, meter; ~ elektryczny electrometer; ~ gazowy gas-meter; ~ w taksówce taximeter

liczny *adj* numerous

liczy|ć *vt (obliczać)* count, reckon, compute; *(wynosić)* number, count; *(podawać cenę)* charge; ~ć na kogoś depend ⟨rely⟩ on ⟨upon⟩ sb; klasa ~ 20 uczniów the class numbers 20 pupils; on ~ sobie około 60 lat he may be some 60 years old; ~ć się *vr* count; to się nie ~ that does not count; ~ć się z kimś, czymś take sb, sth into account; on się nie ~ z pieniędzmi he holds his money of no account

liczydło *n* abacus

liga *f* league

lignina *f* lignin

likier *m* liqueur

likwidacja *f* liquidation

likwidować *vt* liquidate, wind up

lila *adj nieodm.* lilac, pale violet

lilia *f bot.* lily

liliowy *adj* lily *attr*, lily-white; pale violet

liliput *m* Lilliputian, pygmy

limfa *f biol.* lymph

limfatyczny *adj* lymphatic

limit *m* limit

limuzyna *f* limousine

lin *m zool.* tench

lina *f* rope, line, cord

lincz *m* lynch law

linczować *vt* lynch
lingwista *m* linguist
lingwistyka *f* linguistics
lini|a *f* line; *(liniał)* rule, ruler; cienkie ~e *(na papierze)* faint lines
linijka *f (liniał)* ruler; *(wiersz)* line
liniowa|ć *vt* rule, line; *(o papierze)* cienko ~ny ruled ⟨lined⟩ faint
liniow|y *adj wojsk. mors.* line attr, of the line; pułk ~y line regiment; oddziały ~e troups of the line; okręt ~y *(pasażerski)* liner; *(wojskowy)* ship of the line
linoleum *n nieodm.* linoleum
linoskoczek *m* rope-dancer
linotyp *m druk.* linotype
linow|y *adj*, kolejka ~a funicular railway
lipa *f bot.* lime, linden; *pot.* humbug
lipiec *m* July
lira *f muz.* lyre
liryczny *adj* lyrical
liryk *m* lyrist
liryka *f* lyric poetry
lis *m zool.* fox
list *m* letter; ~ polecony registered letter; ~ żelazny safe-conduct; ~y uwierzytelniające credentials
lista *f* list, register; ~ obecności attendance record; ~ płacy pay--sheet; ~ zmarłych death-roll
listek *m* leaflet
listonosz *m* postman
listopad *m* November
listownie *adv* by letter, in writing
listowny *adj* by letter, in writing
listowy *adj*, papier ~ letter-paper, note-paper
listwa *f* fillet, batten; *(mała, cienka)* slat
liszaj *m med.* herpes
liszka 1. *f (gąsienica)* caterpillar
liszka 2. *f (samica lisa)* vixen
liściasty *adj* leafy
liść *m* leaf

litania *f* litany
litera *f* letter
literacki *adj* literary
literalny *adj* literal
literat *m* man of letters
literatura *f* literature
litewski *adj* Lithuanian
litograf *m* lithographer
litografia *f* lithography
litościwy *adj* merciful
litość *f* mercy, pity
litować się *vr* take pity *(nad kimś* on sb)
litr *m* litre
liturgia *f* liturgy
liturgiczny *adj* liturgical
lity *adj* massive, solid; *(lany)* molten, cast
lizać *vt* lick; *pot.* liznął trochę angielskiego he has a smattering of English
lizol *m* lysol
lizus *m pot.* toady
lnian|y *adj* linen; siemię ~e linseed; płótno ~e linen
loch *m* dungeon
lodowaty *adj* glacial, icy
lodowiec *m* glacier
lodowisko *n* ice field; *(tor łyżwiarski)* skating-rink
lodownia *f* ice-chamber, ice-house
lodow|y *adj* ice attr, glacial; *geol.* epoka ~a Ice Age; góra ~a iceberg
lodówka *f* refrigerator, ice-box, *pot.* fri(d)ge
lody *s pl* ice-cream
lodziarz *m* iceman
logarytm *m mat.* logarithm
logiczny *adj* logical
logika *f* logic
lojalność *f* loyalty
lojalny *adj* loyal
lok *m* lock
lokaj *m* lackey
lokal *m* premises *pl*, place, room(s), apartment(s); ~ rozrywkowy place of entertainment
lokalizować *vt* localize, locate
lokalny *adj* local
lokata *f* investment
lokator *m* lodger; dziki ~ squatter

lokaut m lock-out
lokomocja f locomotion
lokomotywa f (railway-)engine, locomotive
lokować vt place, locate; (inwestować) invest
lombard m pawnshop
londyńczyk m Londoner
lont m fuse
lora f lorry
lornetka f (polowa) field-glasses pl; (teatralna) opera-glasses pl
los m lot, fate; (na loterii) lottery-ticket; (wybrana na loterii) prize; ciągnąć ⟨rzucać⟩ ~y draw ⟨cast⟩ lots; na ~ szczęścia at venture, at hazard; zdać się na ~ szczęścia chance one's luck
losować vt draw lots
losowanie n drawing of lots, lottery-drawing
lot m flight; widok z ~u ptaka bird's eye view
loterja f lottery; wygrana na ~i prize
lotka f zool. pinion; lotn. aileron
lotnictwo n aviation, aircraft: air force; ~ wojskowe Air Force; (w Anglii) Royal Air Force
lotnicz|y adj, baza ~a air-base; linia ~a air-line, airway; poczta ~a air-mail
lotnik m airman, flyer, flier
lotnisko n (cywilne) airport, aerodrome
lotniskowiec m aircraft carrier
lotny adj quick, bright; chem. volatile; wojsk. ~ oddział flying squad; piasek ~ quick ⟨shifting⟩ sand
lotos m bot. lotus
loża f box; (masońska) lodge
lód m ice
lśniący adj brilliant, lustrous
lśnić vi shine, glitter
lub conj or
lubić vt like, (bardzo) love; nie ~ dislike
lubieżnik m voluptuary
lubować się vr take pleasure, delight (w czymś in sth)
lud m people, folk

ludność f population
ludny adj populous
ludobójca m genocide
ludobójstwo n genocide
ludow|y adj people's attr; popular; pieśń ~a folksong; stronnictwo ~e peasant party; Polska Ludowa People's Poland; republika ~a people's republic
ludożerca m cannibal
ludzie s pl people, persons, men
ludzki adj human; ród ~ mankind
ludzkość f mankind; (człowieczeństwo) humanity; human nature
luf|a f barrel; otwór ~y muzzle
lufcik m vent-hole
luk m mors. scuttle, hatch; (okienko) porthole
luka f gap, breach
lukier m sugar-icing
lukratywny adj lucrative
luksus m luxury
luksusow|y adj luxury attr, luxurious; artykuły ~e fancy articles, articles of luxury
lunatyk m sleep-walker
lunąć vi (o deszczu) come down in a torrent; pot. (uderzyć) slap, hit
luneta f telescope
lupa f magnifying glass
lusterko n pocket-glass, hand-glass; ~ wsteczne rear-view mirror
lustracja f inspection; review
lustro n looking-glass, mirror
lustrować vt review, pass in review; inspect
lut m techn. solder
luteranin m Lutheran
lutnia f muz. lute
lutnista m lutenist
lutować vt solder
luty m February
luz m gap, breach; ~em loosely; separately
luzować vt replace, relay; wojsk. relieve
luźny adj loose
lwi adj lion's, leonine; przen. ~a część lion's share
lżyć vi insult (kogoś sb)

ł

łabę|dź *m* swan; *przen.* ~dzi śpiew swan song

łach *m pot.* rag, tatter; *pl* ~y duds

łachman *m* rag, tatter

łacina *f* Latin

ład *m* order

ładny *adj* pretty, nice; neat

ładować *vt* load, charge

ładownica *f wojsk.* pouch

ładunek *m* load; *(okrętowy)* cargo; *(kolejowy)* freight; *(nabój)* cartridge; *(elektryczny)* charge

łagodnieć *vi* become mild, soften

łagodność *f* mildness, softness

łagodny *adj* mild, soft, gentle

łagodzą|cy *adj* soothing; alleviating; okoliczności ~e extenuating circumstances

łagodzić *vt* appease, alleviate; soothe

łajać *vt* scold, chide

łajdacki *adj* roguish, villainous

łajdactwo *n* villainy

łajdak *m* villain

łaknąć *vi* be hungry; *(pożądać)* be desirous *(czegoś of sth)*

łakocie *s pl* sweets, dainties

łakomić się *vr* covet *(na coś sth)*

łakomstwo *n* greediness, gluttony

łakomy *adj* greedy *(na coś of sth)*

łamacz *m* breaker; ~ fal breakwater; ~ lodów icebreaker

łamać *vt* break; ~ głowę rack one's brains *(nad czymś about sth)*; ~ się break

łamigłówka *f* puzzle, riddle, poser

łamistrajk *m* strike-breaker

łamliwy *adj* brittle, fragile

łan *m* corn-field

łania *f* hind

łańcuch *m* chain; ~ gór mountain range

łańcuchow|y *adj*, most ~y chain bridge; *chem.* reakcja ~a chain reaction

łańcuszek *m* little chain; *(u zegarka)* watch-chain

łapa *f* paw

łapać *vt* catch, seize

łapczywość *f* greed

łapczywy *adj* greedy *(na coś for, of sth)*

łapka 1. *f* little paw

łapka 2. *f (pułapka)* trap; ~ na myszy mouse-trap

łapownictwo *n* bribery

łapówk|a *f* bribe; dać ~ę bribe

łapserdak *m pot.* ragamuffin

łasica *f zool.* weasel

łasić się *vr* fawn *(do kogoś on, upon sb)*

łas|ka *f* grace, favour; akt ~ki act of grace; na ~ce at the mercy

łaskawość *f* kindness

łaskaw|y *adj* kind *(dla kogoś to sb)*; gracious; bądź ~ to zrobić be so kind as to do it

łaskotać *vt* tickle

łaskotki *s pl* tickling

łasy *adj* greedy *(na coś for, of sth)*

łata 1. *f* patch

łata 2. *f (deska)* lath, batten

łatać *vt* patch, piece together

łatanina *f pot.* patch-work

łatwopalny *adj* inflammable

łatwość *f* easiness, ease, facility

łatwowierność *f* credulity

łatwowierny *adj* credulous

łatwy *adj* easy

ław|a *f* bench; ~a przysięgłych jury; kolega z ~y szkolnej schoolmate

ławica *f* bank; ~ ryb shoal of fish

ławka *f* bench; *(kościelna)* pew; *(szkolna)* desk

ławnik *m* alderman

łazić *vi* crawl, tramp, loaf; ~ po drzewach climb trees

łazienka *f* bathroom

łazik *m pot.* tramp, vagabond

łaźnia *f* vapour-bath

łączący *adj* binding, joining; *gram.* tryb ~ subjunctive mood łącznica f techn. (kolejowa) junction; (telefoniczna) exchange

łącznie adv together

łącznik m link; wojsk. liaison officer; gram. hyphen

łączność|ć f connexion, union; służba ~ci signal-service; wojsk. oficer ~ci signal officer

łączn|y adj joint; ~a suma sum total

łączyć vt join, unite, connect; ~ się vr unite, combine

łąka f meadow

łeb m pot. pate; na ~, na szyję headlong, head over heels

łechtać f tickle

łęk m saddle-bow

łgać vi lie, tell lies

łgarstwo n lie

łkać vi sob

łobuz m rogue, villain; urchin

łobuzerstwo n petty villainy; knavery

łodyga f stalk

łojówka f (świeca) tallow-candle

łok|ieć m elbow; (miara) ell; trącać ~ciem elbow

łom m crowbar; (złodziejski) jemmy, am. jimmy

łomot m crack, din

łono n bosom; womb; (podołek) lap

łopata f spade, shovel

łopatka f little shovel, spatula; anat. shoulder-blade

łopotać vi flap ⟨flutter⟩ (skrzydłami, żaglami the wings, the sails)

łoskot m crash, crack

łosoś m zool. salmon

łoś m zool. elk

łowca m hunter

łowczy adj hunting; pies ~ hound; m huntsman, master of the chase

łowić vt catch; ~ ryby fish, (na wędkę) angle

łowiectwo n hunting, huntsmanship

łowy s pl hunting, chase

łoza f bot. osier, wicker

łoż|e n bed; ~e małżeńskie marriage-bed; ~e śmierci death-bed; dziecko z nieprawego ~a illegitimate child

łożyć vt lay out, bestow; vi (ponosić koszty) bear expenses

łożysko n bed; techn. bearing; ~ kulkowe ball-bearing; ~ rzeki river-bed

łódka f (small) boat

łódź f boat

łój m tallow; (barani etc.) suet

łów m hunting, chase

łóżeczko n cot

łóżk|o n bed; (bez materaca i pościeli) bedstead; leżeć w ~u (chorować) keep to one's bed; położyć się do ~a go to bed; słać ~o make the bed

łubin m bot. lupine

łucznictwo n archery

łucznik m archer, bowman

łuczywo n resinous wood

łudzący adj delusive

łudzenie się n delusion

łudzić vt delude; ~ się vr be deluded, deceive oneself

ług m lye

łuk m bow; arch. (sklepienie) arch; mat. fiz. elektr. arc

łukow|y adj, elektr. lampa ~a arc lamp; światło ~e arc-light

łuna f glow

łup m booty, spoil; paść ~em fall a prey (kogoś, czegoś to sb, sth)

łupać vt split, cleave; chip

łupek m miner. slate

łupić vt plunder, loot

łupież m dandruff

łupieżca m plunderer, looter

łupina f peel, hull, husk, shell

łuska f (ryby) scale; (owocu) husk; (orzecha, grochu, naboju) shell; przen. ~ spadła komuś z oczu the scale fell from sb's eyes

łuskać vt (kukurydzę) husk, peel, (groch, fasolę) hull, (migdały itp.) scale, (groch, orzechy) shell

łuszczyć się vr scale off

łydka f calf

łyk m draught, gulp; jednym ~iem at one gulp

łykać *vt* swallow, gulp
łyko *n* bast
łykowaty *adj* (*o mięsie*) tough, sinewy
łysek *m* pot. (*człowiek łysy*) baldpate
łysieć *vi* become bald
łysina *f* bald head
łysy *adj* bald
łyżeczka *f* (little) spoon, teaspoon
łyżka *f* spoon; (*zawartość*) spoonful; ~ do butów shoe-horn; ~

wazowa ladle; ~ zupy spoonful of soup
łyżwa *f* skate
łyżwiarstwo *n* skating
łyżwiarz *m* skater
łza *f* tear; lać gorzkie łzy shed bitter tears; zalewać się łzami be all in tears
łzawi|ć *vi* water; gaz ~ący tear-gas
łzawy *adj* tearful; (*ckliwy*) maudlin

m

macać *vt* touch, feel; ~ po ciemku grope
macerować *vt* macerate
machać *vi* wave (*ręką* one's hand); wag (*ogonem* the tail); brandish (*szablą* the sword); ~ ręką na przywitanie (*pożegnanie*) wave welcome (*farewell*) (*kogoś* to sb); machnąć na coś ręką wave sth aside
machina *f* machine
machinacja *f* machination
machnąć *zob.* machać
macica *f* anat. uterus; ~ perłowa mother-of-pearl
macierz † *f* mother
macierzanka *f* bot. thyme
macierzyński *adj* maternal
macierzyństwo *n* maternity, motherhood
macierzysty *adj* mother *attr*; kraj ~ mother country; port ~ port of registry; home port
mącka *f* tentacle, feeler
macocha *f* step-mother
maczać *vt* soak, steep, dip
maczuga *f* mace, club
magazyn *m* store, storehouse; *wojsk.* magazine; (*czasopismo*) magazine
magazynier *m* store-keeper

magazynować *vt* store up, keep in store
magia *f* magic, sorcery; czarna ~ black art
magiczny *adj* magic(al)
magiel *m* mangle
magik *m* magician
magister *m* master
magisterium *n* (*stopień*) master's degree
magistracki *adj* municipal
magistrant *m* candidate for the master's degree
magistrat *m* (*budynek*) town-hall; (*władza*) municipality
maglować *vt* mangle
magnat *m* magnate
magnes *m* magnet
magnetofon *m* tape-recorder
magnetyzować *vt* magnetize
magnez *m* chem. magnesium
magnezja *f* chem. magnesia
magnificencja *f* magnificence
magnolia *f* bot. magnolia
mahometanin *m* Mohammedan
mahometański *adj* Mohammedan
mahoń *m* mahogany
maić *vt* decorate with leaves
maj *m* May
majaczeć *vi* loom, appear dimly in the distance

majaczenie n hallucinations; ravings

majaczyć vi (mówić od rzeczy) talk deliriously, rave

majątek m property, fortune, estate

majeranek m bot. marjoram

majestat m majesty

majestatyczny adj majestic

majętność f property, estate

majętny adj wealthy, well-to-do

majolika f majolica

majonez m mayonnaise

major m major

majówka f May-party

majster m foreman, master; sl boss; ~ do wszystkiego jack of all trades

majstersztyk m masterpiece

majstrować vi pot. tamper (koło czegoś with sth)

majtek m sailor, mariner

majtki s pl drawers; pot. panties

mak m poppy; (ziarno) poppy-seed; jest cicho jak ~iem zasiał one might hear a pin drop

makaron m macaroni

makat|a f piece of tapestry; pl ~y tapestry zbior.

makieta f model

makler m handl. broker

makówka f poppy-head

makrela f mackerel

maksimum n nieodm. sing maximum

maksyma f maxim

maksymalny adj maximum

makuch m oil-cake

makulatura f waste-paper

malaria f med. malaria

malarstwo n painting

malarz m painter

malec m small boy, pot. nipper

maleć vi grow small, dwindle

maleństwo n little thing

malina f raspberry

malkontent m malcontent

malować vt paint; (na szkle) stain; (na porcelanie) enamel; ~ się vr (szminkować się) make up

malowidło n painting, picture

malowniczy adj picturesque

maltretować vt maltreat, ill-treat

malwa f bot. mallow

malwersacja f malversation, embezzlement

mało adv little, few; ~ kiedy very seldom; o ~ nearly; mieć ~ pieniędzy be short of money

małoduszność f pusillanimity

małoduszny adj pusillanimous

małoletni adj under age, minor

małoletniość f minority

małomówność f taciturnity

małomówny adj taciturn

małostkowość f petty-mindedness

małostkowy adj petty-minded

małowartościowy adj of little worth

małpa f (człekokształtna) ape; (niższego rzędu) monkey

małpować vt ape

mały adj small, little; (drobny) tiny

małż m zool. crustacean

małżeńsk|i adj matrimonial, marital, conjugal; para ~a married couple

małżeństwo n marriage; married couple

małżonek m husband, spouse

małżonka f wife, spouse

mama f mamma, mummy, mammy

mamić vt delude, allure

mamona f mammon

mamrotać vt mumble, mutter

mamut m zool. mammoth

manatki s pl pot. goods and chattels, bag and baggage

mandat m mandate

mandolina f muz. mandolin(e)

manekin m mannequin, manikin, model

manewr m manoeuvre

manewrować vi manoeuvre

maneż m manege, riding-school

mangan m chem. manganese

mania f mania, obsession; ~ prześladowcza persecution mania; ~ wielkości megalomania

maniak m maniac

manicure [-kiur] m manicure; robić ~ to manicure

maniera *f* manner; *(zmanierowanie)* mannerism

manierka *f* flask; *(żołnierska)* canteen

manifest *m* manifesto

manifestacja *f* demonstration

manifestować *vt* demonstrate

manipulacja *f* manipulation

manipulacyjn|y *adj* manipulative; opłaty ~e handling charges

manipulować *vt* manipulate, handle

mankiet *m* cuff, wristband

manko *n* deficit, deficiency

manna *f* manna; kasza ~ semolina

manow|iec *m*, *zw. pl* ~ce wrong ways, impracticable tracts; sprowadzić na ~ce lead astray; zejść na ~ce go astray

mansarda *f* attic

manufaktura *f hist.* linen-drapery; manufacture

manuskrypt *m* manuscript

mańkut *m* left-handed person

mapa *f* map; *(morska)* chart

mara *f* spectre, phantom

maratoński *adj*, bieg ~ Marathon race

marcepan *m* marchpane

marchew *f* carrot

margaryna *f* margarine

margines *m* margin

margrabia *m* margrave

marionetka *f* marionette, puppet

marka *f* mark; ~ fabryczna trademark

markiz *m* marquis

markiza *f (żona markiza)* marchioness; *(osłona)* awning, marquee

markotny *adj* grumbling, discontent

marksista *m* Marxist

marksistowski *adj* Marxist, Marxian

marksizm *m* Marxism

marmolada *f* jam, *(zw. z pomarańcz)* marmalade

marmur *m* marble

marnieć *vi* languish, waste away, perish

marność *f* vanity

marnotrawca *m* spendthrift

marnotrawić *vt* waste, squander

marnotrawny *adj* prodigal

marnotrawstwo *n* prodigality

marnować *vt* waste, trifle away; ~ się *vr* be wasted, go to waste

marn|y *adj* miserable, meagre, mean; wszystko poszło na ~e it all dissolved into thin air

marsowy *adj* martial

marsz *m* march; *int* ~! *wojsk.* forward march!; *(wynoś się!)* clear off!, clear out!

marszałek *m* marshal

marszczyć *vt* wrinkle; ~ brwi knit one's brows; ~ się *vr* wrinkle, become wrinkled

marszruta *f* itinerary, route

martwica *f med.* necrosis

martwić *vt* vex, grieve, worry; ~ się *vr* worry (o kogoś, o coś about, over sb, sth), grieve, be grieved (o kogoś, o coś at, for sb, sth)

martw|y *adj* lifeless, dead; ~a natura still life; ~y sezon slack season; ~y punkt deadlock; stanąć na ~ym punkcie come to a deadlock

martyrologia *f* martyrology

maruder *m* marauder

marudzić *vt (guzdrać się)* loiter; *(gderać)* grumble

mary *s pl* bier

marynarka *f* marine; *(wojenna)* navy; *(część ubrania)* coat

marynarz *m* sailor, mariner

marynata *f* pickle, marinade

marynować *vt* pickle, marinade

marzanna *f bot.* madder

marzec *m* March

marzenie *n* dream, reverie

marznąć [-r-z-] *vi* freeze, feel ⟨be⟩ cold

marzyciel *m* dreamer

marzyć *vi* dream (o kimś, o czymś of sb, sth)

masa *f* mass; *(wielka ilość)* a lot, a great deal; *fiz.* ~ atomowa atomic ratio ⟨weight, mass⟩; *chem.* ~ cząsteczkowa molecular mass ⟨weight⟩; ~ drzewna wood pulp; ~ papiernicza paper-pulp; *prawn.* ~ upadłościowa bankrupt's estate

masakra *f* massacre

masakrować *vt* massacre

masaż *m* massage

masażysta *m* masseur

masażystka *f* masseuse

maselniczka *f* butter-box

maska *f* mask

maskarada *f* masquerade

maskować *vt* mask, disguise

masło *n* butter

masoneria *f* freemasonry

masować *vt* massage

masowo *adv* in a mass

masow|y *adj* massy, mass *attr*; ~a produkcja mass production

masówka *f* mass meeting

masyw *m* massif

masywny *adj* massive, solid

maszerować *vt* march

maszkara *f* (*poczwara*) monster; (*maska*) mask

maszt *m* mast

maszyn|a *f* machine, engine; ~a do pisania typewriter; pisać na ~ie typewrite; ~a do szycia sewing-machine; ~a parowa steam-engine

maszynista *m* engineer; (*kolejowy*) engine-driver

maszynistka *f* typist

maszynka *f*, ~ do golenia safety-razor; ~ do mięsa mincing-machine; ~ do gotowania cooker; ~ spirytusowa spirit lamp

maszynopis *m* typescript

maść *f* ointment; (*konia*) colour

maślanka *f* buttermilk

mat *m* (*barwa*) dull colour; (*w szachach*) mate; dać ~a checkmate (komuś sb)

mata *f* mat

matactwo *n* fraudulence, trickery, machination

matczyny *adj* maternal

matematyczny *adj* mathematical

matematyk *m* mathematician

matematyka *f* mathematics

materac *m* matress

materia *f* matter; stuff

materialista *m* materialist

materialistyczny *adj* materialistic

materializm *m* materialism; ~ dialektyczny dialectical materialism

materialn|y *adj* material; środki ~e material means, pecuniary resources

materiał *m* material, stuff; *przen.* makings

matka *f* mother; ~ chrzestna god-mother

matni|a *f* trap, snare; złapać w ~ę ensnare, entrap

matowy *adj* dull, mat

matrona *m lit.* matron

matryca *f* matrix; (*w mennicy*) die

matrymonialny *adj* matrimonial

matura *f* secondary-school leaving examination; matriculation

maturzysta *m* secondary-school graduate

maurytański *adj* Moorish; (*styl*) Moresque

mazać *vt* smear, daub

mazgaj *m pot.* sniveller, noodle

mazur *m* (*muz. i taniec*) mazurka

mazurek *m muz.* mazurka

maź *f* grease

mąci|ć *vt* trouble, disturb; ~ mi się w głowie my head reels

mączka *f* fine flour

mądrość *f* wisdom

mądry *adj* wise, sage

mąka *f* flour

mątwa *f zool.* cuttle-fish

mąż *m* man; husband; ~ stanu statesman; wychodzić za ~ marry, get married; jak jeden ~ to a man

mdleć *vi* faint, swoon away

mdli|ć *v impers* ~ mnie I feel sick

mdłości *s pl* sickness, qualm, nausea

mdły *adj* insipid, dull

meb|el *m* piece of furniture; *pl* ~le (*umeblowanie*) *zbior.* furniture

meblować *vt* furnish

mecenas *m* Maecenas; (*adwokat*) lawyer, barrister

mech *m* moss
mechaniczny *adj* mechanical
mechanik *m* mechanic
mechanika *f* mechanics
mechanizacja *f* mechanization
mechanizm *m* mechanism
mecz *m sport* match; ~ **sparingowy** spar
meczet *m* mosque
medal *m* medal
medium *n* medium
meduza *f zool.* jelly-fish
medycyna *f* medicine
medyczny *adj* medical
medyk *m* medical student
medykament *m* medicine, medicament
megafon *m* loud-speaker
megaloman *m* megalomaniac
megalomania *f* megalomania
Meksykanin *m* Mexican
meksykański *adj* Mexican
melancholia *f* melancholy
melancholijny *adj* melancholy
melancholik *m* melancholiac
melasa *f* molasses *pl*
meldować *vt* report, announce; ~ **się** *vr* report oneself; (*zgłaszać urzędowo przyjazd*) register
meldunek *m* report, notification; (*meldowanie*) registration
melioracja *f* melioration
meliorować *vt* meliorate
melodia *f* melody
melodramat *m* melodrama
melodyjny *adj* melodious
melon *m* melon; (*kapelusz*) bowler
memorandum *n* memorandum
memoriał *m* memorial
menażeria *f* menagerie
menażka *f* mess-tin
mennica *f* mint
menstruacja *f* menstruation, menses
mentalność *f* mentality
mentol *m* menthol
menu [meniu] *n nieodm.* menu, bill of fare
menuet *m* minuet
mer *m* mayor

merdać *vi pot.* wag (**ogonem** the tail)
mereżka *f* hemstitch
merynos *m zool.* merino
merytoryczny *adj* essential, substantial; **rozważać sprawę pod względem** ~**m** consider a matter on its merits
meszek *m* fine moss; (*puszek*) down
meta *f* goal, terminus; **na dalszą** ~**ę** in the long run, at long-range
metafizyczny *adj* metaphysical
metafizyka *f* metaphysics
metal *m* metal
metaliczny *adj* metallic
metalowy *adj* metal *attr*
metalurgia *f* metallurgy
metamorfoza *f* metamorphosis
meteor *m* meteor
meteorolog *m* meteorologist
meteorologia *f* meteorology
metoda *f* method
metodyczny *adj* methodical
metr *m* metre
metraż *m* surface in square metres
metro *n* underground (railway), *pot.* tube; *am.* subway (railway)
metropolia *f* metropolis
metropolita *m* metropolitan
metrum *n nieodm. lit.* metre, measure
metryczny *adj* (*system*) metric; (*w prozodii*) metrical
metryka *f* birth ⟨marriage⟩ certificate
metyl *m chem.* methyl
mewa *f* (sea-)mew, sea-gull
mezalians *m* misalliance
męczarnia *f* torment, torture
męczennica *f*, **męczennik** *m* martyr
męczeński *adj* martyr's
męczeństwo *n* martyrdom
męczyć *vt* torment, torture; (*dokuczać*) vex; (*nużyć*) tire; ~ **się** *vr* take pains, exert oneself, labour; (*umysłowo*) rack one's brains
mędrek *m pot.* wiseacre
mędrzec *m* sage

męka *f* pain, fatigue, toil, torment

męski *adj* male; masculine; (*pełen męskości, mężny*) manful; **chór ~** chorus of men; **garnitur ~** men's suit; **obuwie ~e** men's boots; *gram.* **rodzaj ~** masculine gender

męskość *f* manhood, manliness

męstwo *n* bravery, valour

mętniactwo *n* *pot.* woolliness

mętny *adj* dull; (*nieprzejrzysty*) troubled, turbid

męty *s pl* grounds, dregs; **~ społeczne** *zbior.* scum of society

mężatka *f* married woman

mężczyzna *m* man, male

mężny *adj* brave, valiant

mgiełka *f* haze

mglisty *adj* hazy, misty, foggy

mgła *f* fog, mist

mglawica *f* mist; *astr.* nebula

mgnienie *n* twinkling; **w ~u oka** in the twinkling of an eye

miał *m* dust

miałki *adj* fine

miano *n* name

mianować *vt* name, appoint

mianowicie *adv* namely; (*w piśmie*) viz.

mianownik *m* *mat.* denominator; *gram.* nominative

miar|a *f* measure; (*skala*) gauge; **ubranie na ~ę** suit to measure; **brać ~ę** measure (*z kogoś* sb); **w ~ę jak się zbliżał** as he was approaching; **w jakiej mierze?** to what extent?; **w ~ę możności** as far as possible, to the best of my (your itd.) ability; **w pewnej mierze** in some measure, to a certain extent; **żadną ~ą** by no means

miarka *f* gauge; (*menzura*) burette

miarkować *vt* moderate; (*domyślać się*) guess, infer

miarodajny *adj* competent, authoritative

miarowy *adj* measured; (*rytmiczny*) rhythmic

miasteczko *n* little town; **wesołe ~** amusement park

miasto *n* town, city

miauczeć *vi* mew

miazga *f* (*miąższ*) pulp; (*wyciśnięta masa*) squash

miażdżyć *vt* crush, squash

miąć *vt* rumple, crumple; **~ się** *vr* crumple, get crumpled

miąższ *m* pulp

miech *m* (pair of) bellows

miecz *m* sword

mieć *vt* have; **~ kogoś za coś** take sb for sth; **~ się dobrze** be (feel) well; **~ zamiar** intend, have the intention; **ma się na deszcz** it is going to rain, it looks like rain; **mam na sobie palto** I have my overcoat on; **miałem wyjechać** I was going to leave; **co miałem robić?** what was I to do?; **czy mam to zrobić?** shall I do it?; **ile masz lat?** how old are you?; **mam 30 lat** I am 30 years old; **jak się masz?** how do you do?, how are you?; **nie ma gdzie pójść** there's no place (there's nowhere) to go; **nie mam przy sobie pieniędzy** I have no money about me; **nie masz się czego bać** you needn't be afraid of anything; **nie ma jak Zakopane** there's nothing like Zakopane

miednica *f* (wash-) basin, *am.* washbowl; *anat.* pelvis

miedza *f* balk

miedziak *m* copper

miedzioryt *m* copper-plate

miedź *f* copper

miejsc|e *n* place; sport; (*przestrzeń*) room; (*posada*) situation, employment; **~e pobytu** residence; **~e przeznaczenia** destination; **~e siedzące (stojące)** sitting, (standing) room; **~e urodzenia** birthplace; **płatne na ~u** payable on the spot; **jest dużo ~a** there is plenty of room; **zająć ~e (siedzące)** take one's seat; **zrobić ~e** make room (**dla kogoś, czegoś** for sb, sth); **nie na**

migawka

~u out of place; na ~e in place, instead (kogoś, czegoś of sb, sth)

miejscownik *m gram* locative (case)

miejscowość *f* locality

miejscowy *adj* local

miejscówka *f* reserved seat ticket

miejsk|i *adj* municipal, town- *attr*, city- *attr*; **rada** ~**a** town-council, city-council

mieli|zna *f* shallow water, shoal; **osiąść na** ~**źnie** run aground

mielony *adj pp* ground; *zob.* **mleć**

mienić się *vr* change colour, shimmer

mienie *n* property

miernictwo *n* geodesy, surveying

mierniczy *adj* geodetic, surveying; *s m* (land-)surveyor

miernota *f* mediocrity

mierny *adj* mediocre, mean

mierzić [-r-z-] *vt* disgust, sicken

mierznąć [-r-z-] *vi* become disgusting

mierzwić *vt* tousle

mierzyć *vt* measure; *vi* (*celować*) aim (**do kogoś, czegoś** at sb, sth)

miesiąc *m* month; † (*księżyc*) moon; **od dziś za** ~ this day month

miesić *vt* knead

miesięcznie *adv* monthly, a month

miesięcznik *m* monthly

miesięczny *adj* monthly

mieszać *vt* mix; (*np. zupę*) stir; (*karty*) shuffle; (*peszyć, wprowadzać w zakłopotanie*) confuse; ~ **się** *vr* mix, become mixed; (*wtrącać się*) interfere, meddle (**do czegoś** with sth)

mieszanina *f* mixture

mieszanka *f* blend, mixture

mieszczanin *m* townsman, burgher, bourgeois

mieszczanka *f* middle-class woman, bourgeoise

mieszczański *adj* middle-class *attr*, bourgeois; **stan** ~ middle class, bourgeoisie

mieszczaństwo *n* middle class, bourgeoisie

mieszek *m* bag; hand-bellows *pl*

mieszkać *vi* live, stay, reside; *poet.* dwell

mieszkalny *adj* habitable; **dom** ~ dwelling-house

mieszkanie *n* flat, lodgings *pl*

mieszkaniec *m* inhabitant, resident

mieszkaniow|y *adj*, **problem** ~**y** housing problem; **urząd** ~**y** housing office; **dzielnica** ~**a** residential district

mieścić *vt* comprise, contain; ~ **się** *vr* be comprised; be included; (*zmieścić się*) find enough room

mieścina *f* little ⟨paltry⟩ town

mięczak *m zool.* mollusc

międlić *vt* crush

między *praep* (*o dwóch osobach, rzeczach*) between; (*o większej liczbie*) among(st), amid(st)

międzymiastow|y *adj*, **rozmowa** ~**a** trunk call

międzynarodowy *adj* international

międzynarodówka *f* (*organizacja*) International; (*hymn*) Internationale

międzyplanetarny *adj* interplanetary

miękczyć *vt* make soft, soften, mollify

miękisz *m* pulp, flesh

miękki *adj* soft; (*o mięsie*) tender

miękko *adv* softly; **jajka na** ~ soft-boiled eggs

miękkość *f* softness

mięknąć *vi* soften, become soft

mięsień *m* muscle

mięsisty *adj* fleshy; (*muskularny*) barwny

mięsiwo *n* meat

mięso *n* flesh; (*jadalne*) meat

mięsożerny *adj* carnivorous

mięta *f* mint

miętosić *vt* knead, crumple

miętówka *f* peppermint (liqueur)

mig *m* twinkling; **w** ~, ~**iem** in a twinkling; **mówić na** ~**i** speak by signs

migać *vi* twinkle, glimmer

migawka *f fot.* shutter; ~ **sekto-**

rowa diaphragm shutter; ~
szczelinowa focal-plane shutter
migawkow|y *adj, fot.* **zdjęcie** ~e
snapshot
migdał *m* almond
migotać *vi* twinkle, shimmer
migracja *f* migration
migrena *f* migraine
mijać *vt* pass, go past; *vi (przemijać)* pass away; ~ **się** *vr* pass
⟨cross⟩ each other; ~ **się z prawdą** swerve from the truth
mikrob *m* microbe
mikrofon *m* microphone
mikroskop *m* microscope
mikroskopijny *adj* microscopic
mikstura *f* mixture
mila *f* mile
milczący *adj* silent
milczeć *vi* be ⟨keep⟩ silent
milczenie *n* silence; **pominąć** ~**m**
pass over in silence
milczkiem *adv* stealthily, secretly
miliard *m* milliard; *am.* billion
milicja *m* militia
milicjant *m* militiaman
miligram *m* milligramme
milimetr *m* millimeter
milion *m* million
milioner *m* millionaire
milionowy *adj* millionth
militarny *adj* military
militarysta *m* militarist
militaryzm *m* militarism
militaryzować *vt* militarize
milknąć *vi* become silent; *(cichnąć)* become quiet, calm down
milowy *adj,* **kamień** ~ milestone
miło *adv* agreeably; ~ **mi pana
spotkać** I'm glad to see you; ~
to usłyszeć it's a pleasure to hear
miłosierdzi|e *n* mercy, charity; **sio-
stra** ~**a** Sister of Mercy
miłosierny *adj* merciful, charitable
miłosny *adj* love *attr,* amatory,
amorous; **list** ~ love letter
miłostka *f* love affair
miłość *f* love; ~ **własna** self-love;
self-respect
miłośnik *m* amateur, lover
miłować *vt* love
miły *adj* pleasant, agreeable, dear,

beloved
mimiczny *adj* mimic
mimika *f* mimics, mimic art
mimo *praep* in spite of; *(obok)* by;
adv past, by; ~ **to** nevertheless;
~ **woli** involuntarily; ~ **wszystko**
after all
mimochodem *adv* by the way, in
passing
mimowolny *adj* involuntary
mimoza *f bot.* sensitive plant
min|a 1. *f (wyraz twarzy)* air,
countenance; **kwaśna** ~**a** wry
face; **robić** ~**y** pull ⟨make⟩ faces
mina 2. *f wojsk.* mine
minąć *vi* pass, be past, be over;
dawno minęła 5 godzina it is long
past 5 o'clock; **burza minęła** the
storm is over; ~ **się** *vr* pass
⟨cross⟩ each other; ~ **się z powołaniem** miss one's calling; *zob.*
mijać
mineralny *adj* mineral
mineralogia *f* mineralogy
minerał *m* mineral
minia *f* minium
miniatura *f* miniature
minimalny *adj* minimal
minimum *n nieodm.* minimum
miniony *adj* past, bygone
minister *m* minister; ~ **handlu**
President of the Board of Trade;
~ **oświaty** Minister of Education;
~ **skarbu** Chancellor of the Exchequer, *am.* Secretary of the
Treasury; ~ **spraw wewnętrznych** Home Secretary; ~ **spraw
zagranicznych** Foreign Secretary,
am. Secretary of State; ~ **o-
pieki społecznej** Minister of Social Welfare
ministerialny *adj* ministerial
ministerstwo *n* ministry
minuta *f* minute
miodownik *m* honey-cake
miodowy *adj* honey *attr,* hon-
eyed; **miesiąc** ~ honeymoon
miotacz *m* thrower; *wojsk.* ~
bomb bomb-thrower; ~ **min**
mine-thrower; ~ **płomieni** flame-
-projector
miotać *vt* throw, fling, launch

miotła *f* broom
miód *m* honey; (*pitny*) mead
mirra *f* myrrh
mirt *m* myrtle
misa *f* bowl
misja *f* mission
misjonarz *m* missionary
miska *f* pan, bowl
misterium *n nieodm.* mystery
misterny *adj* fine
mistrz *m* master
mistrzostwo *n* mastership, mastery
mistrzowski *adj* masterly; master's, master *attr*
mistycyzm *m* mysticism
mistyczny *adj* mystic(al)
mistyfikacja *f* mystification
mistyfikować *vt* mystify
mistyk *m* mystic
miś *m* bear; (*z bajki*) Bruin; (*zabawka*) Teddy bear
mit *m* myth
mitologia *f* mythology
mitologiczny *adj* mythologic(al)
mitra *f* mitre
mitręga *f pot.* waste of time
mityczny *adj* mythical
mizantrop *m* misanthrope
mizantropia *f* misanthropy
mizdrzyć się *vr pot.* ogle (do kogoś at sb)
mizerak *m pot.* poor devil
mizeria *f* cucumber salad
mizernieć *vi* grow meagre ⟨wan⟩
mizerny *adj* meagre, wan
mknąć *vi* flit, fleet
mlaskać *vi* smack (językiem one's tongue)
mlecz *m* marrow; (*rybi*) soft roe
mleczarnia *f* dairy
mleczarstwo *n* dairying
mleczko *n* milk
mleczn|y *adj* milk *attr*, milky; *chem.* lactic; *astr.* Droga Mleczna Milky Way; bar ~y milk-bar; gospodarstwo ~e dairy-farm; ząb ~y milk-tooth
mleć *vt* grind, mill
mleko *n* milk; ~ zbierane skimmed milk
młockarnia *f* trashing-machine
młocka *f* thrashing

młode *adj zob.* młody; *s n* young ⟨little⟩ one
młodociany *adj* youthful; (*nieletni*) juvenile; sąd dla ~ch juvenile court
młodość *f* youth
młod|y *adj* young; pan ~y bridegroom; panna ~a bride; ~e drzewo sapling
młodzian *m* young man, youth
młodzieniaszek *m* stripling
młodzieniec *m* young man, youth
młodzieńczy *adj* youthful, adolescent; wiek ~ adolescence
młodzież *f* youth
młodzieżowy *adj* juvenile
młodzik *m* youngster, sapling
młokos *m* stripling
młot *m* hammer
młotek *m* hammer; (*drewniany*) mallet
młócić *vt* thrash
młyn *m* mill
młynek *m* (*ręczny*) handmill; (*do kawy*) coffee-mill
młyński *adj* mill *attr*; kamień ~ millstone, grindstone
mnemotechnika *f* mnemotechnics
mnich *m* monk
mniej *adv* less, fewer; ~ więcej more or less; ~sza o to never mind
mniejszość *f* minority
mniejszy *adj* smaller, less, minor
mniemać *vt* think, believe
mniemanie *n* opinion
mniszka *f* nun
mnog|i *adj* numerous; *gram.* liczba ~a plural (number).
mnogość *f* plurality, multitude
mnożeni|e *n* multiplication; tabliczka ~a multiplication table
mnożnik *m mat.* factor, multiplier
mnożyć *vt* multiply; ~ się *vr* multiply, increase in number
mnóstwo *n* multitude, a lot, lots; całe ~ ludzi lots of people
mobilizacja *f* mobilization
mobilizować *vt* mobilize
moc *f* might, power; *pot.* a lot; ~ prawna legal force, na ~y in virtue of, on the strength of;

mocarstwo

w mojej ~y in ⟨within⟩ my
power
mocarstwo f (great) power
mocarz m potentate, powerful
man
mocno adv fast, firmly; ~ bić
strike hard; ~ spać sleep fast; ~
stać na nogach stand firm on
one's legs; ~ trzymać hold
tight; ~ przekonany firmly convinced; ~ zobowiązany deeply
obliged
mocny adj strong, vigorous, firm
mocować się vr wrestle
mocz m urine
moczar m marsh, bog
moczopędny adj diuretic
moczowy adj urinary; (o kwasie)
uric; **pęcherz** ~ urinary bladder
moczyć vt wet, drench
mod|a f fashion; **wchodzić w** ~ę
come into fashion; **wychodzić z**
~y grow out of fashion
model m model, pattern
modelarz m modeller, pattern-
-maker
modelka f model
modelować vt model, shape, fashion
modernizm m modernism
modernizować vt modernize
modlić się vr pray, say one's pray-
ers
modlitewnik m prayer-book
modlitwa f prayer
mod|ła f mould, form, fashion;
na ~ę after the fashion
modniarka f milliner, modiste
mogiła f tomb, grave; ~ zbiorowa
common grave
moknąć vi become moist, grow
wet
mokry adj moist, wet
molekularny adj fiz. molecular
molekuła f fiz. molecule
molestować vt molest, torment,
annoy
molo n mole, pier, jetty
moment m moment
momentalny adj instantaneous
monarcha m monarch
monarchia f monarchy

monarchiczny adj monarchic(al)
monarchista m monarchist
monet|a f coin; ~a zdawkowa
small ⟨token⟩ coin; przen. brzę-
cząca ~a hard cash; **przyjmować
za dobrą** ~ę accept at face value
monetarny adj monetary
mongolski adj Mongolian
Mongoł m Mongolian
monitor m monitor
monitować vt admonish
monizm m filoz. monism
monografia f monograph
monograficzny adj monographic
monogram m monogram
monokl m eye-glass
monolog m monologue, soliloquy
monologować vi soliloquize
monopol m monopoly
monopolizować vt monopolize
monoteizm m filoz. monotheism
monotonia f monotony
monotonny adj monotonous
monstrualność m monstrosity
monstrualny adj monstrous
monstrum n monster
montaż m mounting, fitting up;
(składanie np. maszyny) assembly
monter m mechanic, fitter; (gazowy, wodociągowy) plumber; (liniowy, elektryk) lineman
montować vt mount, fit up; (składać, np. maszynę) assemble
monumentalny adj monumental
moralizator m moralizer
moralizować vi moralize (na temat
czegoś on sth)
moralnoś|ć f (etyka) morality;
(moralne postępowanie, obyczaje) morals pl; **nauka** ~ci moral
teaching ⟨science⟩; **świadectwo**
~ci certificate of conduct; **upadek** ~ci corruption of morals
⟨manners⟩
moralny adj moral
morał m moral
mord m murder, manslaughter
morda f pot. muzzle
morderca m murderer

morderczy *adj* murderous

morderstwo *n* murder

mordęga *f pot.* toil, drudge

mordować *vt* murder; (*dręczyć*) torment; ~ się *vr* toil, drudge

morela *f* apricot; (*drzewo*) apricot-tree

morfina *f* morphia, morphine

morfologia *f* morphology

morganatyczny *adj prawn.* morganatic

morow|y *adj* pestilential; ~e powietrze pestilence; *pot.* ~y chłop a brick

mors *m zool.* walrus

morsk|i *adj* maritime; sea- *attr*; bitwa ~a sea-fight; brzeg ~i sea-coast; choroba ~a seasickness; podróż ~a voyage

morwa *f* mulberry; (*drzewo*) mulberry-tree

morz|e *n* sea; na ~u at sea; na pełnym ~u on the high seas; nad ~em at the seaside; za ~em oversea

morzyć *vt* starve; *vr* ~ się (głodem) starve

mosiądz *m* brass

mosiężny *adj* brass *attr*; brazen

moskit *m zool.* mosquito

most *m* bridge

mostek *m* little bridge, footbridge; *anat.* sternum; (*rodzaj protezy*) bridge

moszcz *m* must

motać *vt* (*nawijać*) reel, wind

motek *m* reel, ball

motel *m* motel

motłoch *m* mob, rabble

motocykl *m* motor-cycle

motor *m* motor

motorowy, motorniczy *m* motor driver, *am.* motorman

motorówka *f* motor-boat

motoryzacja *f* motorization, mechanization

motoryzować *vt* motorize, mechanize

motyka *f* hoe

motyl *m zool.* butterfly

motyw *m* motif; (*bodziec*) motive

motywować *vt* motive, motivate, substantiate; give reasons (coś for sth)

mow|a *f* speech; *gram.* ~a zależna ⟨niezależna⟩ indirect ⟨direct⟩ speech; wygłosić ~ę make a speech

mozaika *f* mosaic

mozolić się *vr* toil, drudge (nad czymś at sth)

mozolny *adj* toilsome

mozół *m* pains *pl*, exertion

moździerz *m* mortar

może *adv* maybe, perhaps

możliwość *f* possibility, chance

możliwy *adj* possible

można *impers* it is possible, it is allowed, one can; jak ~ najlepiej as well as possible; czy ~ usiąść? may I sit down?; jeśli ~ if possible

możność *f* power; possibility

możny *adj* potent, powerful

móc *vi aux* can, be able; mogę I can; I may

mój *pron* my, mine

mól *m zool.* moth; *przen.* ~ książkowy bookworm

mór *m* pestilence

mórg *m* land measure

mówca *m* speaker, orator

mówić *vt* speak, say, tell, talk; nie ma o czym ~ nothing to speak of

mównica *f* platform

mózg *m* brain

mózgowy *adj* cerebral

mroczny *adj* gloomy, dusky

mrok *m* gloom, dusk

mrowić się *vr* teem, swarm (od czegoś with sth)

mrowie *n* swarm, teeming multitude

mrowisko *n* ant-hill

mrozić *vt* freeze, congeal, refrigerate

mroźny *adj* frosty

mrówka *f* ant

mróz *m* frost

mruczeć *vi* murmur, mumble, mutter

mrugać vi wink (**na kogoś** at sb), twinkle

mruk m mumbler, grumbler

mrukliwy adj mumbling, grumbling

mrużyć vt blink

mrzonka f fancy, reverie

msz|a f mass; **odprawiać ~ę** say mass

mszał m missal

mściciel m avenger

mścić vt avenge; **~ się** vr revenge oneself, take revenge (**na kimś** on sb)

mściwy adj revengeful, vindictive

mucha f fly

mufka f muff

mularstwo n masonry

Mulat m mulatto

mulisty adj slimy, oozy

muł 1. m slime, ooze

muł 2. m zool. mule

mułła m mullah

mumia f mummy

mundur m uniform

municypalny adj municipal

munsztuk m mouthpiece

mur m wall; przen. **przyprzeć do ~u** drive into a corner

murarz m bricklayer, mason

murawa f lawn

murowa|ć vt mason, build in stone ⟨in bricks⟩; **dom ~ny** house of stone ⟨of bricks⟩

Murzyn m Negro

mus 1. m necessity, compulsion; **z ~u** of necessity, forcibly

mus 2. m (pianka) mousse, froth

musieć v aux be obliged; have to; **muszę I must**, I am obliged

muskać vt stroke

muskularny adj muscular, brawny; sinewy

muskuł m muscle

musować vi effervesce, froth; (o winie) sparkle

muszka f fly; (na twarzy) beauty-spot; (na lufie) bead

muszkat m (gałka muszkatołowa) nutmeg

muszkiet m musket

muszkieter m musketeer

muszla f shell, conch; **~ klozetowa** lavatory pan

musztarda f mustard

musztra f drill

musztrować vt drill

muślin m muslin

mutacja f mutation

muza m Muse

muzealny adj, **przedmiot ~** museum-piece

muzeum n museum

muzułmanin m Moslem

muzułmański adj Moslem

muzyczny adj musical

muzyk m musician

muzyka f music

muzykalność f musicality

muzykalny adj musical

muzykant m musician, bandsman

my pron we

myć vt wash; **~ się** vr wash; (dokładnie) wash oneself

mydlarnia f soap-store

mydlarstwo n soap-trade

mydlarz m soap-boiler

mydlić vt soap; (twarz do golenia) lather; **~ się** vr soap

mydliny s pl (soap-)suds

mydło n soap

mylić vt mislead, misguide; **~ się** vr be mistaken (**co do czegoś** about sth), make a mistake, be wrong

mylny adj erroneous, wrong

mysz f mouse

myszkować vi mouse about (**za czymś** for sth)

myśl f thought, idea; **dobra ~** bright idea; **być dobrej ~i** be of good cheer; **mieć na ~i** mean, have in mind; **przychodzi mi na ~** it occurs to me; **na samą ~** at the mere thought (**o czymś** of sth); **po mojej ~i** after my heart; **z ~ą o czymś** with a view to sth

myślący adj thinking, thoughtful, reflective

myśleć *vt vi* think; *(mniemać, zamierzać)* mean; **co o tym ~isz?** what do you think of it?; **~ę, że tak I** think so; **nie ~ę tego robić I** do not mean to do it; **o czym ~isz?** what are you thinking about?

myśliciel *m* thinker

myślistwo *n* hunting
myśliwiec *m lotn.* fighter
myśliwy *m* hunter, huntsman
myślnik *m gram.* dash
myślowy *adj* mental
myto *n (opłata)* toll
mżawka *f* drizzle
mżyć *vi* drizzle

n

na *praep* on, upon; at; by; for; in; **na dole** down; **na dworze** out of doors; **na górze** up; **na końcu** at the end; **na moją prośbę** at my request; **na pamięć** by heart; **na piśmie** in writing; **na sprzedaż** for sale; **na stare lata** in ⟨for⟩ one's old age; **na wiosnę** in spring; **na zawsze** for ever; **cóż ty na to?** what do you say to it?; **raz na tydzień** once a week; **na mój koszt** at my expense; **na ulicy** in the street; **głuchy na lewe ucho** deaf in his left ear; **na całe życie** for life; **na pierwszy rzut oka** at first sight; **iść na obiad** go to dinner; **umrzeć na tyfus** die of typhus

nabawić się *vr* bring upon oneself, incur; **~ choroby** contract a disease; **~ kataru** catch a cold; **~ kłopotów** get into trouble

nabiał *m* dairy-goods, dairy-products

nabierać *vt* take; draw in; *pot. (oszukiwać)* take in; *(drażnić, żartować złośliwie)* tease

nabijać *vt (np. gwoździami)* stud; *(broń)* charge, load; *pot.* **~ sobie głowę czymś** get an idea into one's head

nabożeństwo *n* divine service
nabożny *adj* pious
nabój *m (jednostka amunicji)* cartridge; *elektr.* charge; **ślepy ~ blank cartridge**

nabrać *zob.* **nabierać**
nabrzmiały *adj* swollen
nabytek *m* acquisition
nabywać *vt* acquire, obtain, purchase
nabywca *m* purchaser
nabywczy *adj* purchasing
nachodzić *vt* importune by coming; intrude *(kogoś upon sb)*; *przen. (o myślach itp.)* invade, haunt
nachylać *vt* bend, bow, incline; **~ się** *vr* bow, incline, stoop, lean
nachylenie *n* inclination, slope
naciągać *vt* stretch, strain; *(o łuku)* bend; *pot. (nabierać)* tease, take in; *vi (o herbacie)* draw
naciek *m* infiltration; deposit
nacierać *vt (trzeć)* rub; *vi (atakować)* attack *(na kogoś sb)*
nacięcie *n* notch, cut
nacinać *vt* notch, cut
nacisk *m* pressure, stress; **kłaść ~ stress**, lay stress; **z ~iem** emphatically
naciskać *vt vi* press *(na coś sth, on sth)*
nacjonalista *m* nationalist
nacjonalizacja *f* nationalization
nacjonalizm *m* nationalism
nacjonalizować *vt* nationalize
na czele *adv* at the head
naczelnik *m* head, chief, manager; **~ stacji** station-master
naczeln|y *adj* head-, chief; paramount; **~y dowódca** commander-

-in-chief; ~e dowództwo command-in-chief, supreme command; *zool.* ~e *pl* primates

naczyni|e *n* vessel; ~a gliniane *zbiór*. earthenware, pottery; ~a kuchenne kitchen untensils; *anat.* ~a krwionośne blood-vessels

nać *f* top, leaves *pl*

nad *praep* over, above, on, upon, beyond; ~ chmurami above the clouds; ~ miarę beyond measure; Londyn leży ~ Tamizą London is situated on the Thames; niebo jest ~ naszymi głowami the sky is over our heads

nadal *adv* still; ~ coś robić continue to do sth ⟨doing sth⟩; on ~ pracuje he continues working

nadaremnie *adv* in vain

nadaremny *adj* vain

nadarz|ać się *vr* present itself, occur; ~yła się okazja an opportunity presented itself, an occasion arose

nadawać *vt* bestow, confer (coś, komuś sth on, upon sb); grant; (*na poczcie*) dispatch, post, send off; ~ czemuś wygląd czegoś make sth look like sth; ~ się *vr* be fit ⟨fitted⟩, be suited (do czegoś for sth)

nadawca *m* sender, consigner

nadążać *vi* keep pace (za kimś with sb)

nadbałtycki *adj* Baltic, situated on the Baltic

nadbiec *vi* come running

nadbrzeże *n* coast; embankment

nadbrzeżn|y *adj* coastal; miasto ~e river-side ⟨sea-side⟩ town

nadbudowa *f* superstructure

nadbudować *vt* raise a structure (na czymś above sth)

nadchodzi|ć *vi* approach, come round; ~ zima winter is drawing on; nadszedł pociąg the train is in

nadciągać *vi* draw near, approach

nadciśnienie *n* high blood-pressure

nadczłowiek *m* superman

nadejście *n* arrival

nadepnąć *vi* tread, step

nader *'adv* excessively

nadesłać *vt* send (in)

nadetatowy *adj* supernumerary, not permanent, not on a permanent basis

nade wszystko *adv* above all

nadęty *adj* inflated, puffed up; (*zarozumiały*) bumptious

nadgraniczny *adj* border *attr*, frontier *attr*

nadjechać *vi* arrive, come driving

nadlecieć *vi* come flying

nadleśniczy *m* chief forester

nadliczbow|y *adj* supernumerary, overtime; godziny ~e overtime hours; praca ~a overtime work

nadludzki *adj* superhuman

nadmiar *m* excess, surplus

nadmienić *vt* mention

nadmiernie *adv* in ⟨to⟩ excess, excessively

nadmierny *adj* excessive

nadmorski *adj* maritime, coastal, sea-side

nadobny *adj* † handsome, pretty, fair

nadobowiązkowy *adj* optional, facultative

nadpłacić *vt* overpay, surcharge

nadpłata *f* overpay

nadpłynąć *vi* come swimming ⟨sailing⟩

nadprodukcja *f* overproduction

nadprogramow|y *adj* extra; praca ~a extra ⟨overtime⟩ work

nadprzyrodzony *adj* supernatural

nadpsuty *adj* a little spoiled

nadrabiać *vt* make up (coś for sth); *vi* work additionally; ~ czas make up for lost time; *przen.* ~ miną put on a good face to a bad business

nadruk *m* (*drukowany napis*) letter-head, overprint; *filat.* surcharge

nadskakiwać *vi* court (komuś sb); dance attendance (komuś on sb)

nadspodziewany *adj* unexpected, above all expectation

nadstawiać *vt* hold out; *przen.* ~

uszu prick up one's ears; *pot.*
~ **karku** risk one's neck
nadto *adv* moreover, besides; aż ~
too much, more than enough
nadużycie *vt* abuse, misuse; malversation
nadwartość *f* surplus value
nadwątlić *vt* impair
nadwerężyć *vt* impair
nadwodny *adj* situated on ⟨near⟩
the water, waterside-; *(np. o*
ptaku, roślinie) aquatic, water
attr
nadworny *adj* court *attr*; ~ **dostawca** court-purveyor
nadwozie *n* body (of a car)
nadwyżka *f* surplus
nadymać *vt* inflate, puff up; *(np.*
policzki) blow out; ~ **się** *vr*
swell
nadymić *vi* fill with smoke
nadziej|a *f* hope; mieć ~ę hope
(na coś for sth), have good hope
(na coś of sth)
nadziemny [d-z] *adj* above-ground
nadziemski [d-z] *adj* supermun-
dane
nadzienie *n* stuffing
nadziewać *vt* (*np. na rożen*) stick;
(np. gęś) stuff, fill
nadzór *m* superintendence; ~ **policyjny** police control
nadzwyczajn|y *adj* extraordinary;
wydanie ~e extra edition; poseł ~y envoy extraordinary
nafta *f* oil; *(ropa)* petroleum; (*o-
czyszczona*) kerosene
naftalina *f* naphthaline
nagabywać *vt* importune, molest
nagana *f* blame, reprimand
nagi *adj* naked, bare
naginać *vt* bend
naglący *adj* urgent
naglić *vt* urge, press
nagłość *f* urgency, suddenness
nagłówek *m* heading; *(w gazecie)*
headline
nagły *adj* urgent, sudden; w ~m
wypadku in case of emergency
nagminny *adj* (*powszechny*) common, universal; (*epidemiczny*)

epidemic
nagniotek *m* corn
nagonka *f* battue, drive
nagrać *vt* record
nagranie *n* recording
nagradzać *vt* reward, recompense;
indemnify **(komuś stratę** sb for
a loss)
nagrobek *m* tombstone, tomb
nagroda *f* reward; (*w sporcie, na*
konkursie itp.) prize
nagrodzić *zob.* nagradzać
nagromadzenie *n* amassment, accumulation
nagromadzić *vt* heap up, accumulate
nagrzewać *vt* warm, heat
naigrawać się *vr* mock (**z kogoś** at
sb), make fun (**z kogoś** of sb)
naiwność *f* naivety, simple-mind-
edness
naiwny *adj* naive, simple-minded
najazd *m* invasion, raid
najbardziej *adv* most (of all)
najecha|ć *vt* (*wtargnąć*) invade,
overrun; (*wpaść*) dash **(na kogoś, coś** against sb, sth), run **(na
kogoś, coś** into sb, sth); **wóz** ~ł
na drzewo the car has struck
against the tree
najem *m* hire
najemnik *m* hireling
najemny *adj* hired, mercenary
naje|ść się *vr* eat one's fill; ~**dzo-
ny** full
najeźdźca *m* invader
najeżdżać *zob.* najechać
najgorszy *adj* worst
najlepiej *adv* best
najlepszy *adj* best
najmniej *adv* least; **co** ~ at least
najmniejszy *adj* least, smallest
najmować *vt* hire, let
najpierw *adv* first, first of all
najście *n* invasion (**na coś** of sth)
najść *vi* invade-(**na dom, kraj** a
house, a country); come (**na kogoś** upon sb); *zob.* nadchodzić
najwięcej *adv* most
najwyżej *adv* highest; (*w najlepszym razie*) at most, at best
najwyższy *adj* highest; (*o sądzie,*

mądrości) supreme; *(o władzy)* sovereign; ~ **czas** high time; *gram.* **stopień** ~ superlative (degree)

nakaz m order, command

nakazywać vt order, command

nakleić vt stick, paste up

nakład m *(koszt)* expenditure; *(książki)* edition, issue, impression

nakładać vt lay on, put on; *(podatek, obowiązek)* impose; *(karę)* inflict

nakłaniać vt induce

nakręcać vt wind up, turn; *(film)* shoot; ~ **numer telefonu** dial

nakrętka f nut (of a screw), female screw

nakrycie n cover(ing); *(serwis)* service; ~ **głowy** head-gear

nakrywać vt cover; lay **(do stołu the table)**

nakrywka f cover, lid

nalegać vi insist **(na coś on sth)**; press, urge **(na kogoś sb)**; ~ł **na mnie, żebym to zrobił** he urged me to do this

naleganie n insistence, solicitation

nalepiać vt stick, paste up

nalepka f label

naleśnik m pancake

nalewać vt pour (out)

należeć vi belong; ~y *(wypada)* it becomes; *(trzeba)* it is necessary; ~eć **się** vr be due

należność f due, amount due; **cała moja** ~ć the whole amount due to me; **zaległe** ~ci pl arrears; ~ć **nadal nie uregulowana** the arrears still outstanding

należny adj due

należycie adv duly, properly

należyty adj fit, proper

nalot m raid; ~ **powietrzny** air-raid; *med.* rash, eruption

nałogowiec m addict

nałogowy adj habitual, addicted (to a habit); ~ **pijak** habitual drunkard

nałóg m addiction, (bad) habit

namaszczać vt grease; *(olejami)* anoint

namaszczenie n anointment, unction

namawiać vt induce, persuade

namazać vt besmear, daub over

namiastka f substitute

namiestnictwo n regency

namiestnik m regent, governor-general

namiętność f passion

namiętny adj passionate

namiot m tent

namoczyć vt steep, soak

namoknąć vi become soaked

namow|a f persuasion; instigation; **za** ~ą persuaded **(czyjąś by sb)**

namulić vt slime, cover with slime

namydlić vt soap; *(twarz)* lather

namy|sł m reflexion, consideration; **bez** ~słu inconsiderately; **po** ~śle on consideration

namyślać się vr reflect **(nad czymś on sth)**

na nowo adv anew

naocznie adv with one's own eyes

naoczny adj ocular; ~ **świadek** eye-witness

naokoło adv round, all round, round about; *praep* round

na opak adv contrariwise, amiss

na oścież adv, **otwarty** ~ wide open; **otworzyć** ~ fling open

na oślep adv blindly; **strzelać** ~ shoot wild

naówczas adv *lit.* then, at that time

napad m attack, assault; *(o chorobie, gniewie)* fit; ~ **rabunkowy** robbery by assault

napadać vt attack, assail

napar m infusion

naparstek m thimble

naparzyć vt infuse

napastliwość f aggressiveness

napastliwy adj aggressive

napastnik m aggressor; *sport* forward

napastować vt attack; *(molestować)* importune, pester

napaść f attack, assault

napawać vt impregnate; imbue fill; ~ **się** vr become imbued;

(*rozkoszować się*) delight (**czymś** in sth)

napełniać *vt* fill (up); ~ ponownie refill; ~ się *vr* fill, become filled

na pewno *adv* certainly, to be sure

napęd *m* propulsion

napędow|y *adj* propulsive; siła ~a motive power

napędzać *vt* propel; (*wprawiać w ruch maszynę*) drive, run; (*przynaglać*) press, urge; *przen.* ~ strachu frighten

napić się *vr* have a drink; ~ kawy have a cup of coffee

napierać *vt* press; ~ się *vr* insist (**czegoś** on sth)

napięcie *n* tension, strain; *elektr.* voltage

napiętek *m* heel

napięty *adj* tense, taut; (*o stosunkach*) strained

napinać *vt* strain; (*łuk*) string

napis *m* inscription

napitek *m* *pot.* drink

napiwek *m* tip

napływ *m* inflow, influx; (*np. krwi, wody*) flush

napływać *vi* flow in; rush; (*przybyć gromadnie*) flock

napływowy *adj* inflowing, immigrant

napoczynać *vt* (*butelkę*) open; (*beczkę*) broach; make the first cut

napominać *vt* admonish

napomknąć *vt* mention

napomnienie *n* admonishment

napotykać *vt* meet (**coś** with sth), come (**coś** across sth)

napowietrzny *adj* aerial, air *attr*

napój *m* drink; ~ bezalkoholowy soft drink; ~ alkoholowy strong drink, alcoholic liquor; ~ chłodzący refreshing drink

napór *m* pressure

napraw|a *f* repair, reparation; muszę dać zegarek do ~y I must have my watch repaired

naprawdę *adv* indeed, really

naprawiać *vt* mend, repair, put right; make good; (*nadrabiać*)

make up (**coś** for sth); ~ krzywdę redress the wrong

naprędce *adv* hurriedly

naprężenie *n* tension, strain

naprężony *adj* = napięty

naprężyć *vt* ~ się *vr* stretch, strain; tauten

naprowadzać *vt* lead; (*myślowo*) suggest (**kogoś na coś** sth to sb)

naprzeciw *adv* opposite; *praep* opposite, against

na przekór *adv* *praep* in spite (**komuś, czemuś** of sb, sth)

na przemian *adv* alternately

naprzód *adv* forward, on; (*najpierw*) first, in the first place

na przykład *adv* for instance, for example

naprzykrzać się *vr* importune (**komuś** sb)

napuszony *adj* inflated, puffed; (*o stylu*) bombastic; (*zarozumiały*) bumptious

napychać *vt* cram, stuff, pack

narad|a *f* consultation, conference; odbywać ~ę hold a conference

naradzać się *vr* confer; (*radzić się*) take counsel (**z kimś** with sb)

naramiennik *m* armlet

narastać *vi* grow, augment; (*o procentach, dochodach, korzyściach*) accrue

naraz *adv* at once, suddenly

na razie *adv* for the present, for the time being

narażać *vt* expose (**na coś** to sth); ~ na niebezpieczeństwo endanger; ~ na niewygody put to inconvenience; ~ się *vr* risk (**na coś** sth), run the risk (**na coś** of sth); ~ się na kłopoty ask for trouble, get oneself into trouble; lay oneself open (**na plotki** to gossip); expose oneself (**na coś** to sth); ~ się komuś incur sb's displeasure

narciarstwo *n* skiing

narciarz *m* skier

narcyz *m* *bot.* narcissus

nareszcie *adv* at last

naręcze *n* armful

narkotyczny *adj* narcotic

narkotyk *m* narcotic
narkotyzować *vt* narcotize
narkoza *f* narcosis
narobić *vt* make, do; ~ długów get into debts; ~ hałasu ⟨zamieszania⟩ make a noise ⟨trouble⟩, *pot.* kick up a row ⟨a fuss⟩; ~ komuś kłopotu get sb into trouble; ~ sobie kłopotu get oneself into trouble
narodowościowy *adj* national, concerning nationality
narodowość *f* nationality
narodowy *adj* national
narodzenie *n* birth; Boże Narodzenie Christmas
narodzić się *vr* be born
narośl *f* excrescence, overgrowth
narowisty *adj* ⟨o koniu⟩ restive
narożnik *m* corner
narożny *adj* corner *attr*; dom ~ corner-house
naród *m* nation
nart|a *f* ski; *pl* ~y skis; a pair of skis; jeździć na ~ach ski
naruszać *vt* violate; ⟨np. honor, uczucie⟩ injure; ⟨np. spokój⟩ trouble, disturb; ⟨np. zapasy⟩ broach; ⟨np. gotówkę⟩ touch; ~ czyjeś interesy prejudice sb's interests; ~ czyjeś prawa encroach on ⟨upon⟩ sb's rights; ~ prawo ⟨regulamin itp.⟩ offend against the law ⟨the rules etc.⟩; ~ terytorium encroach on ⟨upon⟩ a territory
naruszenie *n* violation; ⟨zasady, umowy, obowiązków itp.⟩ breach; ⟨spokoju publicznego⟩ disturbance; prejudice, injury ⟨czegoś to sth, czyjejś reputacji to sb's reputation⟩; ~ prawa offence against the law
narwany *adj* crazy
narybek *m* fry
narząd *m* organ
narzecze *n* dialect
narzeczona *f* fiancée
narzeczony *m* fiancé
narzekać *vi* complain (na coś of sth)

narzekanie *n* complaint
narzędnik *m gram.* instrumental (case)
narzędzie *n* instrument, tool
narzucać *vt* throw in, cast up, put on; force, obtrude ⟨coś komuś sth on sb⟩; ~ się *vr* obtrude oneself ⟨komuś on sb⟩
narzucanie się *n* obtrusion
narzuta *f* cover
narzutka *f* cape
nasenny *adj* soporific; środek ~ sleeping-draught
nasiadówka *f* hip-bath
nasiąkać *vi* imbibe ⟨czymś sth⟩, become imbued ⟨czymś with sth⟩
nasienie *n* seed; *biol.* sperm
nasilenie *n* intensification, intensity
naskórek *m* epidermis
nasłuch *m* ⟨radiowy⟩ monitoring
nasłuchiwać *vi* listen intently ⟨czegoś to sth⟩; ⟨drogą radiową⟩ monitor
nastać *vi* set in, come on, ensue
nastarczyć *vt* supply sufficiently, satisfy; ~ potrzebom meet the needs
nastawać *vi* insist ⟨na coś on sth⟩; attempt ⟨na czyjeś życie sb's life⟩
nastawiać *vt* set ⟨right⟩, put, put on ⟨right⟩; ⟨umysłowo, moralnie⟩ dispose; ⟨radio⟩ tune in ⟨na dany program to a programme⟩; *przen.* ~ uszu prick up one's ears
nastawienie *n* disposition; ⟨postawa⟩ attitude
następca *m* successor ⟨tronu to the throne⟩
następnie *adv* next, subsequently, then
następny *adj* following, next, subsequent
następować *vi* follow ⟨po kimś, czymś sb, sth⟩; take place, set in
następstwo *n* succession; result; *gram.* ~ czasów sequence of tenses

następujący adj following; (kolejny) consecutive, subsequent

nastraszyć vt frighten; ~ się vr be frightened, take fright (czymś at sth)

nastręczać vt procure; afford; (sposobność) offer; (trudności) present; (wątpliwości) cause; ~ się vr occur, be present, present itself

nastroić vt tune (up); (usposobić kogoś) predispose

nastroszyć vt creet, bristle up; ~ się vr bristle up

nastr|ój m mood, disposition, spirits; w dobrym ~oju in high spirits; mieć ~ój do czegoś be in the mood for sth; nie mieć ~oju be in no mood

nasturcja f bot. nasturtium

nasuwać vt shove, push; (myśl) suggest; (wątpliwości) cause; ~ się vr occur, arise

nasycać vt satiate; saturate; (głód) satisfy

nasycenie n satiation; chem. saturation; handl. (rynku) glut

nasycony adj satiate, satiated; chem. saturated

nasyłać vt send on

nasyp m embankment

nasypać vt strew, pour (in)

naszpikować vt lard, stuff

naszyć vt sew on, trim (czymś with sth)

naszyjnik m necklace

naśladować vt imitate

naśladowca m imitator

naśladownictwo n imitation; (w przyrodzie) mimicry

naśladowczy adj imitative

naświetlać vt enlighten, light up; (wyjaśniać) throw light (coś on sth); elucidate; med. irradiate; fot. expose

naświetlanie n, **naświetlenie** n elucidation; med. irradiation; fot. exposure

natarcie n rubbing, friction; (atak) attack, charge

natarczywość f importunity

natarczywy adj importunate

natchnąć vt inspire

natchnienie n inspiration

natężać vt strain

natężenie n intensity

natężony adj strained, intense

natknąć się vr meet (na kogoś, coś with sb, sth), come (na kogoś, coś across sb, sth)

natłoczyć vt crowd, cram

natomiast adv but, on the contrary, yet

natrafić vt meet (na kogoś, coś with sb, sth), encounter (na kogoś, coś sb, sth)

natręctwo n importunity

natręt m importuner

natrętny adj importunate

natrysk m shower-bath

natrząsać się vr scoff (z kogoś at sb)

natu|ra f nature; z ~ry by nature; (malować) z ~ry from nature; płacić w ~rze pay in kind

naturalizacja f naturalization

naturalizm m naturalism

naturalizować vt naturalize; ~ się vr naturalize, become naturalized

naturalnie adv naturally; (oczywiście) of course

naturaln|y adj natural; rzecz ~a matter of course; portret ~ej wielkości life-size portrait

natychmiast adv at once, instantly; immediately, straight off

natychmiastowy adj instantaneous

nauczać vt teach, instruct

nauczanie n teaching, instruction

nauczk|a f lesson; dać ~ę teach a lesson (komuś sb)

nauczyciel m teacher

nauczyć się vr learn

nauka f (szkolna) instruction, lessons; (wyższa) study; (wiedza) learning, science

naukowiec m scholar

naukowość f scientific character; (wiedza) erudition, scholarship

naukow|y adj scientific; stopień ~y academic degree; praca ~a

research work; **towarzystwo ~e**
learned society

naumyślnie zob. **umyślnie**

nauszniki s pl ear-flaps

nawa f arch. nave; przen. ~ **państwowa** ship of State

nawadniać vt irrigate

nawalić vt pile up, heap; vi pot.
(zawieść, nie dopisać) conk

nawał m mass, pot. heaps

nawała f crowd, invasion

nawałnica f tempest, hurricane

nawet adv even

nawias m parenthesis, brackets pl;
~**em mówiąc** by the way

nawiasowy adj parenthetical

nawiązać vt tie (up); ~ **do czegoś**
refer to sth; ~ **korespondencję**
enter into correspondence; ~
rozmowę engage in conversation;
~ **stosunki** enter into relations;
~ **znajomość** strike up an acquaintance

nawiązanie n reference; **w ~u do
czegoś** with reference to sth

nawiedzać vt frequent; (o myślach,
o duchach) haunt

nawierzchnia f toplayer, surface

nawijać vt wind up, reel

nawlekać vt (iglę) thread; (np. ko-
rale) string

nawodnienie n irrigation

nawoływać vt call; (wzywać) ex-
hort; (przynaglać) urge (**kogoś do
czegoś** sb to do sth)

nawozić vt manure

nawóz m manure

nawracać vt (konie) wheel; (na
inną wiarę) convert; vi return;
~ **się** vr become converted (na
coś to sth)

nawrócenie n conversion

nawrót m relapse, return

na wskroś adv throughout, clean
through

nawyk m habit

nawykać vi become accustomed

nawykły adj accustomed

nawzajem adv mutually, one another, each other

nazajutrz adv on the next day

nazbyt adv too, excessively

naznaczyć vt mark; (ustalić) fix;
(mianować) appoint

nazwa f name, designation

nazwisk|o n name, surname, fam-
ily name; ~**iem** Smith Smith by
name

nazywa|ć vt call, name; ~**ć kogoś
osłem** call sb an ass; ~ **się** vr
be called, be named; ~**m się X.
Y.** my name is X.Y.; **jak się
~sz?** what is your name?; **to się
~ szczęście!** that's really good
luck!

negacja f negation

negatyw m negative

negatywny adj negative

negliż m undress

negocjacje s pl negotiations

negować vt deny, disavow

nekrolog m obituary

nektar m nectar

neofita m neophyte

neologizm m neologism

neon m chem. neon; (reklama)
neon sign; (lampa) neon lamp

ner|ka f kidney; med. **zapalenie
~ek** nephritis

nerw m nerve

nerwica f neurosis

nerwoból m neuralgia

nerwowość f nervousness

nerwowy adj nervous

neseser m dressing-case

netto adv net

neurastenia f neurasthenia

neurastenik m neurasthenic

neutralizować vt neutralize

neutralność f neutrality

neutralny adj neutral

neutron m chem. fiz. neutron

newralgia f med. neuralgia

newroza f med. neurosis

nęcić vt allure, entice

nędza f misery

nędzarz m pauper

nędznik m villain

nędzny adj miserable, wretched

nękać vt torment, molest

ni conj, adv, praef zob. **ani**; ~
stąd ~ **zowąd** without any
reason

niańczyć vt nurse

niańka f nurse

niby conj as if; (rzekomo) apparently; praef (pseudo-) sham-, would-be; ~-doktor sham-doctor, would-be doctor

nic pron nothing; ~ a ~ nothing whatever; ~ podobnego nothing of the sort; ~ z tego this amounts to nothing; mnie ~ do tego it's no business of mine; ~ mi nie jest nothing is the matter with me; ~ mi po tym I have no use for it; ~ nie szkodzi it does not matter; nie mam ~ więcej do powiedzenia I have no more to say; odejść z niczym go away empty-handed; skończyć się na niczym come to nothing; to na ~ it's no use

nicość f nothingness

nicować vt turn

nicpoń m good-for-nothing

niczyj adj nobody's, no man's

nić f thread

nie part not; (zaprzeczenie całej wypowiedzi) no; jeszcze ~ not yet; już ~ no more; także ~ neither, not... either; ja tego także ~ wiem I do not know it either; wcale ~ not at all; ~ mniej no less; ~ więcej no more

nieagresja f non-aggression; pakt o ~i non-aggression pact

niebaczny adj inconsiderate, imprudent

niebawem adv shortly, before long

niebezpieczeństwo n danger; narazić na ~ endanger

niebezpieczny adj dangerous

niebiański adj celestial, heavenly

niebieskawy adj bluish

niebieski adj blue; zob. niebiański

niebieskooki adj blue-eyed

niebiosa s pl rel. Heavens

niebło n (firmament) sky; rel. Heaven; na ~ie in the sky; rel. in Heaven; pod gołym ~em under the open sky

nieborak m poor soul

nieboszczyk m deceased; jego oj-

ciec ~ his late father

niebotyczny adj sky-high

niebożę n poor thing

niebyły adj bygone; prawn. null and void

niebywale adv uncommonly

niebywały adj uncommon, unheard-of

niecały adj incomplete, not all; ~a godzina a short hour; ~e 10 minut a short ten minutes; ~e pół arkusza not so much as half a sheet

niech part let; ~ sobie idzie let him go

niechcąco adv, **niechcący** adj unintentionally

niechęć f unwillingness, reluctance (do czegoś to do sth); czuć ~ do kogoś bear sb a grudge

niechętny adj unwilling, reluctant; ill-disposed (komuś towards sb)

niechlujny adj dirty, slovenly

niechybny adj infallible

nieciekawy adj uninteresting

niecierpliwić vt try sb's patience; ~ się vr grow impatient

niecierpliwość f impatience

niecierpliwy adj impatient

niecka f kneading trough

niecny adj infamous, vile

nieco adv a little, somewhat

niecodzienny adj uncommon

nieczułość f insensibility (na coś to sth)

nieczuły adj insensible (na coś to sth); (nie reagujący) unresponsive (na coś to sth)

nieczynny adj inactive, inoperative

nieczystość f uncleanness, impurity, unchastity

nieczysty adj unclean, impure, unchaste

nieczytelność f illegibility

nieczytelny adj illegible

niedaleki adj not far distant; w ~ej przyszłości in the near future

niedaleko adv not far (away)

niedawno adv recently; (onegdaj)

the other day; of late; ~ **temu** not long ago

niedbalstwo n negligence, carelessness

niedbały adj negligent, careless

niedelikatność f indelicacy

niedelikatny adj indelicate

niedługi adj not long

niedługo adv soon, before long; not long

niedobitki s pl wrecks; remains; survivors

niedobór m deficit

niedobrany adj ill-suited

niedobry adj not good, bad; wicked

niedobrze adv not well, badly, ill; czuć się ~ feel sick

niedociągnięcie n shortcoming

niedogodność f inconvenience

niedogodny adj inconvenient

niedojadać vt underfeed

niedojrzałość f immaturity

niedojrzały adj immature; (o owocach) unripe

niedokładność f inaccuracy

niedokonany adj, czas ~ gram. imperfect (tense)

nie dokończony adj unfinished

niedokrwistość f med. anaemia

niedola f adversity

niedołęga m pot. galoot, noodle

niedołęstwo n awkwardness, inefficiency

niedołężny adj awkward, inefficient

niedomagać vi be suffering (na coś from sth), be indisposed

niedomaganie n indisposition; defect, imperfection, deficiency

niedomówienie n reticence

niedomyślny adj slow-witted, slow, dull

niedopałek m cigarette-end; (świecy) candle-end

niedopatrzenie n oversight; przez ~ through oversight

niedopełnienie n non-fulfilment

niedopuszczalność f inadmissibility

niedopuszczalny adj inadmissible

niedorostek m stripling, green-horn

niedorozwinięty adj underdeveloped; (umysłowo) mentally deficient

niedorozwój m underdevelopment; undergrowth; (umysłowy) underdevelopment

niedorzeczność f absurdity

niedorzeczny adj absurd

niedoskonałość f imperfection

niedoskonały adj imperfect

niedosłyszalny adj inaudible

niedostateczność f insufficiency

niedostateczny adj insufficient, inadequate; stopień ~ bad mark, am. failure

niedostatek m indigence, penury; (brak) deficiency, shortness; ~ artykułów spożywczych dearth of provisions

niedostępność f inaccessibility

niedostępny adj inaccessible

niedostrzegalny adj imperceptible

niedościgły adj unattainable, unsurpassable

niedoświadczenie n inexperience

niedoświadczony adj inexperienced

niedotykalny adj intangible

niedoważony adj (niedojrzały) immature

niedowiarek m unbeliever

niedowidzieć vi be weak-sighted

niedowierzanie n distrust, mistrust

niedowład m med. paresis

niedozwolony adj prohibited, illicit

niedrogi adj inexpensive

nieduży adj small, little

niedwuznaczny adj unequivocal

niedyskrecja f indiscretion

niedyskretny adj indiscreet

niedyspozycja f indisposition

niedziela f Sunday

niedźwiadek m whelp (of a bear)

niedźwiedzica f she-bear; astr. **Wielka Niedźwiedzica** Great Bear

niedźwiedź m bear

nieestetyczny adj unaesthetic

niefachowy adj unprofessional, incompetent

nieformalny *adj* not formal, informal

niefortunny *adj* unfortunate, unsuccessful

niefrasobliwy *adj* carefree, unconcerned

niegdyś *adv* once, at one time

niegodny *adj* unworthy, undignified

niegodziwość *f* wickedness, villainy

niegodziwy *adj* wicked, villainous

niegościnny *adj* inhospitable

niegramatyczny *adj* ungrammatical, incorrect

niegrzeczność *f* (*nieuprzejmość*) unkindness, impoliteness; (*o dzieciach*) naughtiness

niegrzeczny *adj* (*nieuprzejmy*) unkind, impolite; (*o dzieciach*) naughty

niegustowny *adj* tasteless, in bad taste

nieharmonijny *adj* unharmonious

niehonorowy *adj* dishonourable, dishonest

nieistotny *adj* inessential

niejaki *adj* certain, a, some; ~ p. Smith a certain Mr. Smith, a Mr. Smith; od ~ego czasu for some time past

niejasność *f* dimness, vagueness, obscurity

niejasny *adj* dim, vague, obscure

niejed|en *adj* many a; ~na dobra książka many a good book

niejednokrotny *adj* repeated

niekarny *adj* undisciplined

niekiedy *adv* sometimes, now and then

niekompetentny *adj* incompetent

niekonsekwentny *adj* inconsistent

niekorzystny *adj* unprofitable, disadvantageous

niekorzyść *f* disadvantage, detriment; na ~ to the detriment (kogoś, czegoś of sb, sth)

niekształtny *adj* unshapely

niektóry *adj* some

niekulturalny *adj* uncultured

nieledwie *adv* all but

nielegalny *adj* illegal

nieletni *adj* under age, minor

nieliczn|y *adj* not numerous; ~e wyjątki a few exceptions

nielitościwy *adj* unmerciful

nielogiczność *f* illogicality

nielogiczny *adj* illogical

nieludzki *adj* inhuman

nieludzkość *f* inhumanity

nieład *m* disorder, confusion

nieładnie *adv* unhandsomely; to ~ it is not nice

niełaska *f* disfavour

niełaskawy *adj* unkind, unfavourable

niemal *adv* almost, nearly

niemało *adv* not a little, not a few, pretty much ⟨many⟩

niemały *adj* pretty big ⟨great, large⟩

niematerialny *adj* immaterial

niemądry *adj* unwise

Niemiec *m* German

niemiecki *adj* German

niemiłosierny *adj* unmerciful, merciless

niemiły *adj* unpleasant

niemniej *adv*, ~ jednak nevertheless, none the less

niemoc *f* impotence, infirmity

niemodny *adj* out of fashion, unfashionable, outmoded

niemoralność *f* immorality

niemoralny *adj* immoral

niemota *f* dumbness

niemowa *m, f* mute

niemowlę *n* infant, baby

niemożliwość *f* impossibility

niemożliwy *adj* impossible

niemrawy *adj* sluggish, tardy

niemy *adj* dumb; (*o filmie*) silent

nienaganny *adj* blameless, irreproachable

nienaruszalny *adj* inviolable

nienaruszony *adj* intact

nienasycony *adj* insatiable; *chem.* unsaturated

nienaturalny *adj* unnatural, affected

nienawidzić *vt* hate, detest

nienawistny *adj* hateful, detestable

nienawiść *f* hatred

nienormalny *adj* abnormal, anomalous

nieobecność *f* absence

nieobecny *adj* absent

nieobliczalny *adj* incalculable; (*niepoczytalny*) unreliable

nieobowiązkowy *adj* optional

nieobyczajność *f* immorality

nieobyczajny *adj* immoral

nieoceniony *adj* inestimable

nieoczekiwany *adj* unexpected

nieodłączny *adj* inseparable

nieodmienny *adj* invariable; *gram.* indeclinable

nieodparty *adj* irresistible; (*np. argument*) irrefutable

nieodpowiedni *adj* inadequate; unsuitable; unfit

nieodpowiedzialność *f* irresponsibility

nieodpowiedzialny *adj* irresponsible

nieodstępny *adj* inseparable

nieodwołalny *adj* irrevocable

nieodwracalny *adj* irreversible

nieodzowny *adj* indispensable

nieodżałowan|y *adj* ever memorable; ~ej pamięci the late lamented

nieoględność *f* inconsideration

nieoględny *adj* inconsiderate

nieograniczony *adj* unlimited

nieokiełznany *adj* unmanageable, unbridled

nieokreślony *adj* indefinite

nieokrzesany *adj* uncouth, rude

nieomal *adv* nearly, all but

nieomylność *f* infallibility

nieomylny *adj* infallible

nieopatrzność *f* improvidence, inconsideration

nieopatrzny *adj* improvident, inconsiderate

nieopisany *adj* indescribable

nieopłacalny *adj* unprofitable

nie opodal *adv praep* near by

nieoprawiony *adj* (*o książce*) unbound

nieorganiczny *adj* inorganic

nieosobowy *adj* impersonal

nieostrożność *f* incaution, inadvertence

nieostrożny *adj* incautious, inadvertent

nieoswojony *adj* (*dziki*) untamed

nieoświecony *adj* uneducated, ignorant

nie oznaczony *pp i adj* indefinite, indeterminate

niepalący *adj* not smoking; *s m* non-smoker

niepalny *adj* incombustible

niepamięć *f* oblivion

niepamiętny *adj* immemorable; forgetful (*czegoś* of sth); od ~ch czasów from times immemorial

nieparlamentarny *adj* unparliamentary

nieparzysty *adj* odd

niepełnoletni *adj* under age, minor

niepełnoletność *f* minority

niepełny *adj* incomplete

niepewność *f* uncertainty

niepewny *adj* uncertain; unreliable

niepiśmienny *adj* illiterate; *s m* illiterate

niepłatny *adj* unpaid, gratuitous

niepłodność *f* sterility

niepłodny *adj* sterile, barren

niepłonny *adj* infallible, certain

niepochlebny *adj* unflattering

niepocieszony *adj* inconsolable

niepoczytalność *f* irresponsibility

niepoczytalny *adj* irresponsible

niepodejrzany *adj* unsuspected

niepodległość *f* independence

niepodległy *adj* independent

niepodobieństwo *n* unlikelihood; improbability, impossibility

niepodobn|y *adj* unlike (do kogoś, czegoś sb, sth); oni są do siebie ~i they are dissimilar; they are unlike each other

niepodzielny *adj* indivisible

niepogoda *f* bad weather

niepohamowany *adj* unrestrained, irrepressible

niepojętny *adj* dull, unintelligent

niepojęty *adj* unintelligible, inconceivable

niepokalany *adj* unspotted, immaculate

niepokaźny *adj* inconspicuous

niepokoić *vt* disturb, disquiet; ~
się *vr* be alarmed, feel uneasy
(**czymś** about sth)

niepokonany *adj* unconquerable,
invincible

niepokój *m* anxiety, uneasiness (**o
kogoś, coś** about sb, sth); trouble, disorder

niepolityczny *adj* impolitic

niepomierny *adj* incommensurable

niepomny *adj* oblivious, forgetful
(**na coś** of sth)

niepomyślność *f* adversity

niepomyślny *adj* adverse, unfavourable, unsuccessful

niepopłatny *adj* unprofitable

niepoprawność *f* incorrigibility;
incorrectness

niepoprawny *adj* incorrigible; incorrect

niepopularność *f* unpopularity

niepopularny *adj* unpopular

nieporadny *adj* awkward, unpractical

nieporęczny *adj* unhandy, inconvenient

nieporozumienie *n* misunderstand-
ing

nieporównany *adj* incomparable

nieporuszony *adj* immovable

nieporządek *m* disorder

nieporządny *adj* disorderly, un-
tidy

nieposłuszeństwo *n* disobedience

nieposłuszny *adj* disobedient

niepospolity *adj* uncommon

nieposzlakowany *adj* unblemished,
unspotted

niepotrzebny *adj* unnecessary

niepowetowany *adj* irreparable, irretrievable

niepowodzenie *n* adversity, failure

niepowołany *adj* incompetent

niepowstrzymany *adj* unrestrain-
able, uncontrollable

niepowszedni *adj* uncommon

niepowściągliwość *f* incontinence

niepowściągliwy *adj* incontinent

niepozorny *adj* inconspicuous

niepożądany *adj* undesirable

niepożyteczny *adj* useless

niepraktyczny *adj* unpractical

nieprawda *f* untruth, falsehood; **to**
~ this is not true

nieprawdopodobny *adj* improbable

nieprawdziwy *adj* untrue

nieprawidłowość *f* irregularity,
anomaly

nieprawidłowy *adj* irregular, abnormal

nieprawny *adj* illegal

nieprawomyślność *f* unorthodoxy

nieprawomyślny *adj* unorthodox

nieprawość *f* iniquity

nieprawy *adj* iniquitous

nieproporcjonalny *adj* dispropor-
tionate

nieproszony *adj* unbidden, un-
called-for

nieprzebaczalny *adj* unpardonable

nieprzebłagany *adj* implacable

nieprzebrany *adj* inexhaustible

nieprzebyty *adj* impassable

nieprzechodni *adj* gram. intransitive

nieprzejednany *adj* irreconcilable

nieprzejrzysty *adj* untransparent

nieprzekupny *adj* incorruptible

nieprzemakalny *adj* impermeable,
waterproof, rainproof; **płaszcz** ~
raincoat

nieprzenikniony *adj* impenetrable

nieprzepuszczalny *adj* impermeable, impervious

nieprzerwany *adj* uninterrupted,
continuous; (**o locie, jeździe**) *attr*
non-stop

nieprześcigniony *adj* unsurpassable

nieprzewidziany *adj* unforeseen

nieprzezorność *f* improvidence

nieprzezorny *adj* improvident

nieprzezroczysty *adj* untransparent

nieprzezwyciężony *adj* invincible,
insuperable

nieprzychylność *f* disfavour

nieprzychylny *adj* unfavourable,
unfriendly

nieprzydatność *f* uselessness

nieprzydatny *adj* useless

nieprzyjaciel *m* enemy, *lit.* foe

nieprzyjacielski *adj* inimical; *attr*
enemy; **siły** ~**e** enemy forces;
działanie ~**e** hostilities

nieprzyjazny *adj* unfavourable, unfriendly
nieprzyjaźń *f* enmity
nieprzyjemność *f* disagreeableness
nieprzyjemny *adj* disagreeable, unpleasant
nieprzymuszony *adj* unconstrained
nieprzystępność *f* inaccessibility
nieprzystępny *adj* inaccessible; (*o cenach*) prohibitive
nieprzytomność *f* unconsciousness; (*roztargnienie*) absent-mindedness
nieprzytomny *adj* unconscious; (*roztargniony*) absent-minded
nieprzyzwoitość *f* indecency
nieprzyzwoity *adj* indecent
niepunktualność *f* unpunctuality
niepunktualny *adj* unpunctual
nierad *adj* reluctant, disinclined; rad ~ willy-nilly
nieraz *adv* many a time
nierdzewny *adj* rustless, rustproof; (*o stali*) stainless
nierealność *f* unreality
nierealny *adj* unreal
nieregularność *f* irregularity
nieregularny *adj* irregular
niereligijny *adj* irreligious
nierogacizna *f* zbior. swine
nierozdzielny *adj* inseparable
nierozerwalny *adj* indissoluble
nierozgarnięty *adj* dull
nierozłączny *adj* inseparable
nierozmyślny *adj* unpremeditated
nierozpuszczalność *f* indissolubility
nierozpuszczalny *adj* indissoluble
nierozsądny *adj* unreasonable, imprudent
nierozwaga *f* inconsideration, imprudence
nierozważny *adj* inconsiderate, imprudent
nierozwiązalny *adj* insoluble; (*o zagadnieniu*) irresolvable
nierozwinięty *adj* undeveloped; (*opóźniony w rozwoju*) backward
nierówność *f* inequality
nierówny *adj* unequal, uneven
nieruchliwy *adj* slow, impassive
nieruchomość *f* immobility; (*o majątku*) real estate; *pl* ~ci *prawn.*

immovables
nieruchomy *adj* immovable, motionless; majątek ~ real estate
nierzadko *adv* often, not infrequently
nierząd *m* prostitution
nierzeczywisty *adj* unreal
nierzetelność *f* dishonesty
nierzetelny *adj* dishonest, unreliable
niesamowity *adj* uncanny
niesforność *f* unruliness, indocility
niesforny *adj* unruly, indocile
nieskalany *adj* immaculate, stainless
nieskazitelność *f* spotlessness; integrity
nieskazitelny *adj* unblemished, stainless
nieskładny *adj* awkward
nieskończenie *adv* infinitely; ~ mały infinitesimal
nieskończoność *f* infinity
nieskończony *adj* infinite
nieskromny *adj* immodest
nieskuteczność *f* inefficacy
nieskuteczny *adj* ineffective, inefficacious
niesława *f* disrepute, dishonour
niesławny *adj* disreputable
niesłowny *adj* false to one's word, unreliable
niesłuszność *f* injustice, unfairness
niesłuszny *adj* unjust, unfair
niesłychany *adj* unheard-of
niesmaczny *adj* tasteless
niesmak *m* distaste (do czegoś for sth), disgust (do czegoś at, for sth)
niesnaski *s pl* dissension
niespełna *adv* nearly; ~ rozumu crack-brained
niespodzianka *f* surprise
niespodziewany *adj* unexpected
niespokojny *adj* unquiet
nie sposób *adv* it's impossible
niespożyty *adj* (*niestrudzony*) indefatigable; (*trwały*) everlasting
niesprawiedliwość *f* injustice
niesprawiedliwy *adj* unjust
nie sprzyjający *adj* unfavourable, adverse

niestałość *f* inconstancy, instability

niestały *adj* inconstant, unstable

niestawiennictwo *n* non-appearance

niestety *adv* unfortunately, *lit.* alas; ~ on nie wróci I'm afraid he will not come back; ~ nie mogę tego zrobić I'm sorry I can't do it

niestosowny *adj* unsuitable, improper

niestrawność *f* indigestion

niestrawny *adj* indigestible

niestrudzony *adj* indefatigable

niestworzon|y *adj, pot.* opowiadać ~e rzeczy tell tall stories

niesumienność *f* dishonesty, unscrupulousness

niesumienny *adj* dishonest, unscrupulous

nieswojo *adj* not at ease; czuć się ~ feel uneasy

nieswój *adj* strange; uneasy, ill at ease

niesymetryczny *adj* asymmetrical

niesympatyczny *adj* uncongenial

nieszczególny *adj* not peculiar, mediocre, tolerable, moderate

nieszczelny *adj* leaky, not tight

nieszczerość *f* insincerity

nieszczery *adj* insincere

nieszczęsny *adj* ill-fated, unfortunate; disastrous

nieszczęście *n* misfortune; disaster; bad luck; na ~ unfortunately; na moje ~ to my misfortune

nieszczęśliwy *adj* unfortunate, unhappy, unlucky

nieszkodliwy *adj* harmless

nieszpory *s pl* vespers

nieścisłość *f* inexactitude, inaccuracy

nieścisły *adj* inexact, inaccurate

nieść *vt* carry, bear, bring; (*o kurze*) lay

nieślubny *adj* illegitimate

nieśmiałość *f* timidity, shyness

nieśmiały *adj* timid, shy

nieśmiertelność *f* immortality

nieśmiertelny *adj* immortal

nieświadomość *f* unconsciousness, ignorance

nieświadomy *adj* unconscious, ignorant

nietakt *m* tactlessness

nietaktowny *adj* tactless

nietknięty *adj* intact, untouched

nietolerancja *f* intolerance

nietolerancyjny *adj* intolerant

nietoperz *m* bat

nietrafny *adj* improper, wrong; (*strzał*) missing the mark

nietrzeźwy *adj* inebriate; *pot.* tipsy, tight; w stanie ~m under the influence of drink

nietykalność *f* inviolability; (*posłów*) privilege; *prawn.* immunity

nietykalny *adj* inviolable; *prawn.* enjoying immunity

nie tyle *adv* not so much

nie tylko *adv* not only

nieubłagany *adj* implacable

nieuchronny *adj* unavoidable, inevitable

nieuchwytny *adj* unseizable

nieuctwo *n* ignorance

nieuczciwość *f* dishonesty

nieuczciwy *adj* unfair, dishonest

nieuczynny *adj* disobliging

nieudany *adj* unsuccessful, abortive

nieudolność *f* inability, incompetence, clumsiness

nieudolny *adj* incapable, incompetent, clumsy

nieufnoś|ć *f* mistrust; wotum ~ci vote of censure

nieufny *adj* distrustful

nieugaszony *adj* unquenchable, inextinguishable

nieugięty *adj* inflexible

nieuk *m* ignoramus

nieukojony *adj* unappeasable, unappeased, inconsolable

nieuleczalny *adj* incurable

nieumiarkowany *adj* immoderate, intemperate

nieumiejętność *f* inability, unskilfulness

nieumiejętny *adj* incapable, unskilful

nieumyślny *adj* unintentional

nieunikniony *adj* unavoidable

nieuprzedzony *adj* unprejudiced
nieuprzejmość *adj* unkind, impolite
nieurodzaj *adj* sterile, infertile, barren
nieusprawiedliwiony *adj* unjustified; inexcusable
nieustanny *adj* incessant, unceasing
nieustraszony *adj* fearless
nieusuwalność *f* irremovability
nieusuwalny *adj* irremovable
nieutulony *adj* inconsolable
nieuwag|a *f* inattention, inadvertence; **przez ~ę** through inadvertence, by oversight
nieuważny *adj* inattentive, inadvertent
nieuzasadniony *adj* unfounded
nieuzbrojony *adj* unarmed
nieużyteczny *adj* useless
nieużyty *adj* disobliging
niewart *adj* unworthy
nieważki *adj* imponderable
nieważność *f* invalidity
nieważny *adj* unimportant, trivial; *(np. dokument)* invalid
niewątpliwie *adv* undoubtedly, no doubt
niewątpliwy *adv* indubitable, undoubted
niewczesny *adj* inopportune, improper; unseasonable, untimely
niewdzięczność *f* ingratitude
niewdzięczny *adj* ungrateful
niewesoły *adj* joyless; unpleasant
niewiadom|y *adj* unknown; **~a** *s f mat.* unknown quantity
niewiara *f* disbelief, unbelief
niewiarygodny *adj* incredible
niewiasta *f* woman
niewidomy *adj* blind; *s m* blind man
niewidzialn|y *adj* invisible, unseen; *fiz.* **promienie ~e** obscure rays
niewiedza *f* ignorance
niewiele *adv* little, few
niewielki *adj* small, little
niewierność *f* unfaithfulness, faithlessness, disloyalty
niewierny *adj* faithless, unfaithful, disloyal

niewiniątko *n* innocent
niewinność *f* innocence
niewinny *adj* innocent
niewłaściwość *f* impropriety
niewłaściwy *adj* improper
niewol|a *f* slavery, captivity; **wziąć kogoś do ~i** take sb prisoner
niewolić *vt* force, constrain
niewolniczy *adj* slavish
niewolnik *m* slave
niewód *m* drag-net
niewprawny *adj* unskilled, inexpert
niewspółmierność *f* incommensurability
niewspółmierny *adj* incommensurable
niewyczerpany *adj* inexhaustible
niewygoda *f* inconvenience, discomfort
niewygodny *adj* inconvenient, uncomfortable
niewykonalny *f* impracticable, unfeasible
niewymierny *adj mat.* irrational
niewymowny *adj* ineffable, unspeakable; ineloquent
niewymuszony *adj* unaffected, unconstrained, free and easy
niewypał *m* blind shell, live shell; *pot.* dud
niewypłacalność *f* insolvency
niewypłacalny *adj* insolvent
niewypowiedziany *adj* unspeakable, unutterable
niewyraźny *adj* indistinct
niewyrobiony *adj* unwrought; *(niewprawny)* unskilled, inexperienced
niewyrozumiały *adj* intolerant, not indulgent, ruthless
niewysłowiony *adj* ineffable, unspeakable
niewystarczający *adj* insufficient
niewytłumaczony *adj* inexplicable
niewytrwały *adj* unenduring, not persistent
niewytrzymały *adj* = niewytrwały
niewzruszony *adj* unmoved, imperturbable

niezachwiany *adj* unshaken

niezadowalający *adj* unsatisfactory

niezadowolenie *n* discontent, dissatisfaction (z czegoś with sth)

niezadowolony *adj* discontented, dissatisfied (z czegoś with sth)

niezależność *f* independence (od czegoś, kogoś of sth, sb)

niezależny *adj* independent (od kogoś, czegoś of sb, sth)

niezamężna *adj* unmarried, single

niezamożny *adj* not well-to-do, indigent, of limited means

niezapominajka *f* forget-me-not

niezapomniany *adj* unforgotten

niezaprzeczalny *adj* incontestable, undeniable

niezaradny *adj* helpless, unpractical

niezasłużony *adj* ineffaceable

niezawisłość *f* independence (od kogoś, czegoś of sb, sth)

niezawisły *adj* independent (od kogoś, czegoś of sb, sth)

niezawodnie *adv* without fail, unfailingly

niezawodny *adj* unfailing, infallible

nieząbkowany *adj* *filat.* imperforate

niezbadany *adj* inexplorable, inscrutable

niezbędność *f* indispensability

niezbędny *adj* indispensable

niezbity *adj* irrefutable

niezbyt *adv* not all too

niezdarny *adj* awkward, clumsy

niezdatny *adj* unfit

niezdecydowany *adj* undecided

niezdolność *f* inability, incapability; ~ do pracy incapacity for work

niezdolny *adj* incapable, unable; ~ do służby wojskowej unfit for military service; ~ do pracy incapable of work

niezdrowy *adj* unhealthy, unwell; (*szkodliwy dla zdrowia*) unwholesome

niezdyscyplinowany *adj* undisciplined

niezgłębiony *adj* unfathomable, inscrutable

niezgoda *f* disagreement, discord, dissent

niezgodność *f* discordance; inconformity; (*charakterów*) incompatibility

niezgodny *adj* disagreeing, discordant; incompatible, inconsistent

niezgrabność *f* clumsiness, awkwardness

niezgrabny *adj* clumsy, awkward

nieziszczalny *adj* unrealizable, unattainable

niezliczony *adj* unnumerable, countless

niezłomny *adj* inflexible, unshaken

niezmącony *adj* untroubled, unruffled

niezmienność *f* immutability

niezmienny *adj* immutable, unchanging, invariable

niezmierność *f* immensity

niezmierny *adj* immense

niezmordowany *adj* indefatigable, tireless

nieznaczny *adj* insignificant, trivial, slight

nieznajomość *f* ignorance (czegoś of sth), unacquaintance (czegoś with sth)

nieznajomy *adj* unknown; *s m* unknown person, stranger

nieznany *adj* unknown, unfamiliar

nieznośny *adj* unsupportable, unbearable, intolerable

niezręczność *f* awkwardness

niezręczny *adj* awkward

niezrozumiałość *f* unintelligibility

niezrozumiały *adj* unintelligible, incomprehensible

niezrównany *adj* incomparable, matchless, unrivalled; człowiek ⟨przedmiot⟩ ~ nonsuch

niezrównoważony *adj* unbalanced

niezupełny *adj* incomplete

niezwłocznie *adv* immediately, without delay

niezwłoczny *adj* immediate, instant

niezwyciężony *adj* invincible

niezwykły *adj* uncommon, unusual

nieżonaty *adj* unmarried, single

nieżyczliwość *adj* unfriendliness; unkindness

nieżyczliwy *adj* unfriendly, ill-disposed (*dla kogoś* towards sb)

nieżyt *m med.* catarrh, inflammation

nieżywotny *adj* inanimate

nieżywy *adj* lifeless, dead

nigdy *adv* never, not ... ever

nigdzie *adv* nowhere, not ... anywhere

nijak *adv* nowise

nijaki *adj* indeterminate; no ... whatever; *gram.* rodzaj ~ neuter

nijako *adv* indeterminately; czuć się ~ feel queer

nikczemnik *m* villain

nikczemność *f* villainy, meanness

nikczemny *adj* villainous, mean; vile

nikiel *m* nickel

niklować *vt* nickel

nikły *adj* exiguous, scanty

niknąć *vi* vanish, disappear; (*marnieć*) waste away

nikotyna *f* nicotine

nikt *pron* none, no one, nobody, not anybody

nim *conj* = zanim

nimfa *f* nymph

niniejszy *adj* present; ~m zaświadczam I hereby testify

niski *adj* low; (*o wzroście*) short

nisko *adv* low; ~ mierzyć aim low; ~ kłaniać się bow low

nisza *f* niche

niszczący *adj* destructive

niszczeć *vi* waste away, decay

niszczyć *vt* destroy, spoil, ruin; (*ubranie, obuwie*) wear; ~ się *vr.* spoil, deteriorate; (*o ubraniu, obuwiu*) wear

nit *m techn.* rivet

nitka *f* thread

niwa *f poet.* corn-field

niweczyć *vt* destroy, frustrate

niwelacja *f* levelling

niwelować *vt* level

nizać *vt* thread, string

nizina *f* lowland

niż 1., *conj* than

niż 2. *m* lowland; (*barometryczny*) depression

niżej *adv* lower; down, below; ~ podpisany the undersigned

niższość *f* inferiority

niższy *adj* lower; (*gatunkowo, służbowo*) inferior

no *part* well, now, (well) then

noc *f* night; ~ą by night, at night; przez ~ overnight; dziś w ~y to-night; całą ~ all night long

nocleg *m* night's rest; (*miejsce*) place to sleep in

nocnik *m* chamber-pot

nocn|y *adj* night(ly); koszula ~a night-shirt; służba ~a night-duty; spoczynek ~y night's rest

nocować *vi* stay overnight, stay for the night

nog|a *f* leg; (*stopa*) foot; być na ~ach be up; do góry ~ami upside down; podstawić komuś ~ę trip sb up

nogawica *f* leg

nokturn *m muz.* nocturne

nomenklatura *f* nomenclature

nominacja *f* appointment

nominalny *adj* nominal

nonsens *m* nonsense

nora *f* burrow, hole

norka *f zool.* mink

norma *f* standard, norm

normalizacja *f* normalization

normalizować *vt* normalize, standardize

normalny *adj* normal

normować *vt* regulate

Norweg *m* Norwegian

norweski *adj* Norwegian

nos *m* nose; wycierać ~ blow one's nose; zadzierać ~a put up one's nose high; *pot.* mieć ~a have a sharp nose; wodzić za ~ lead by the nose

nosacizna *f med.* glanders

nosić *vt* (*dźwigać*) carry, bear; (*mieć na sobie*) wear; (*brodę, wąsy*) grow; ~ się *vr* (*o ubraniu*) wear; ~ się z myślą entertain an idea

nosorożec m zool. rhinoceros

nostalgia f nostalgia, homesickness

nosze s pl stretcher

nota f note

notarialny adj notarial

notariusz m notary public

notatka f note

notatnik m, **notes** m notebook

notoryczny adj notorious

notować vt take notes (coś of sth), put down; (rejestrować na giełdzie) quote

notowanie n record; (kurs na giełdzie) quotation

nowator m innovator

nowela f short-story; prawn. novel; (dodatkowa ustawa) amendment

nowelista m short-story writer

nowicjat m novitiate, probation time

nowicjusz m novice, probationer

nowina f news

nowoczesny adj modern, up-to-date

nowo narodzony adj new-born

noworoczny adj New Year's

nowość f novelty

nowotwór m med. tumour; gram. neologism

nowo wstępujący adj i s m (do uczelni, zawodu itp.) entrant

nowożytny adj modern

nowy adj new

nozdrze n nostril

nożownik m (bandyta) cutthroat; † (rzemieślnik) cutler

nożyce s pl shears, clippers

nożyczki s pl scissors

nożyk m knife, pocket-knife; (do golenia) blade

nów m new moon

nóż m knife

nucić vt vi hum; (o ptakach) warble

nuda f boredom

nudności s pl nausea, qualm

nudny adj tedious, wearisome, dull, boring; nauseating

nudziarz m bore

nudzi|ć vt bore; imp mnie to ~ I am tired of this; ~ się vr feel bored

numer m number

numeracja f numeration

numerować vt number

numerek m (np. w szatni) check

numizmatyka f numismatics

nuncjusz m nuncio

nurek m diver

nurkować vi dive; lotn. nose-dive

nurkowanie n diving; lotn. nose-dive

nurkowiec m lotn. dive-bomber

nurkowy adj, lotn. lot ~ nose-dive

nurt m current

nurt|ować vt penetrate, pervade; to mnie ~uje I feel uneasy about it

nurzać vt plunge, immerse; ~ się vr plunge, welter

nut|a f note; melody, tune; pl ~y music zbior.

nuż part there now; a ~ and if; a ~ przyjdzie suppose he comes; a ~ wygram what if I win?; a ~ mi się uda what if I succeed?

nużący adj tiring

nużyć vt tire (out), weary; ~ się vr grow weary, get tired

nylon m nylon

O

o *praep* of, for, at, by, about, with; **boję się o twoje bezpieczeństwo** I fear for your safety; **chodzić o lasce** walk with a stick; **powiększyć o połowę** increase by one-half; **prosić o coś** ask for sth; **o co chodzi?** what's the matter?; **o czym mówisz?** what are you speaking of ⟨about⟩?; **o 5 godzinie** at 5 o'clock

oaza *f* oasis

oba, obaj, obie, oboje *num* both

obalenie *n* overthrow; *(zniesienie)* abolition; *prawn. (wyroku)* reversal

obalić *vt* overthrow, upset; *(znieść)* abolish

obarcz|yć *vt* burden, charge; **~ony smutkiem** laden with sorrow; **~ony troską** care-laden

obaw|a *f* fear, anxiety; **z ~y for fear (przed czymś** of sth, **o coś** of sth); **żywić ~ę** be anxious (**o coś** about sth)

obawiać się *vr* fear (**czegoś** sth, **o coś** for sth), be afraid (**czegoś** of sth), be anxious (**o coś** about sth)

obcas *m* heel

obcesowo *adv* outright

obcęgi *s pl* tongs

obchodzenie się *n* dealing (**z kimś, czymś** with sb, sth), treatment (**z kimś, czymś** of sb, sth)

obchodzi|ć *vt* walk ⟨go⟩ round; *(prawo)* evade; *(święto, urodziny)* celebrate, observe; **to ciebie nic nie ~** it is no concern of yours; **to mnie szczególnie ~** it is of great concern to me; **to mnie nic nie ~** it is no concern of mine; **~ć się** *vr* do (**bez czegoś** without sth), dispense (**bez czegoś** with sth), spare (**bez czegoś** sth); deal (**z kimś** with sb), treat (**z kimś** sb); **źle się ~ć** ill-treat (**z kimś** sb)

obchód *m (okrążenie)* round; *(obchodzenie święta)* observation; *(rocznicy)* celebration

obciągać *vt* pull down, make tight; *(np. fotel)* cover; *techn. (ostrzyć)* whet

obciąża|ć *vt* burden, charge; *(rachunek)* debit; **okoliczności ~jące** aggravating circumstances

obciążenie *n* charge, burden, ballast; *(rachunku)* debit

obcierać *vt* wipe (away, off); *(np. skórę do krwi)* rub (off)

obcinać *vt* cut; *(pensję, wydatki)* cut down; *(gałęzie)* lop; *(nożyczkami)* clip; *(paznokcie)* pare

obcisły *adj* tight, close-fitting

obcokrajowiec *m* foreigner, alien

obcokrajowy *adj* foreign, alien

obcować *vi* keep up intercourse, associate

obcowanie *n* intercourse

obcy *adj* strange, foreign; *s m* stranger

obczyzna *f* foreign country

obdarowywać *vt* present (**kogoś czymś** sb with sth)

obdartus *m pot.* ragamuffin

obdarty *adj* ragged

obdarzyć *vt* present (**kogoś czymś** sb with sth); *(nadać)* bestow (**czymś kogoś** sth upon sb); **~ łaską** favour (**kogoś** sb), bestow favour (**kogoś** upon sb)

obdukcja *f* post-mortem examination

obdzielić *vt* give everybody his share; distribute

obdzierać *vt* take ⟨pull⟩ off; rob (**z czegoś** of sth); **~ ze skóry** skin; **~ z kory** bark

obecnie *adv* at present

obecnoś|ć *f* presence; **lista ~ci** attendance record, roll; **odczytać listę ~ci** call the roll; **odczytanie listy ~ci** roll-call

obecny *adj* present; być ~m na zebraniu attend a meeting

obejmować *vt* embrace; (*zawierać*) comprise, contain; (*przejmować, brać na siebie*) take over; ~ o-bowiązki enter on ⟨upon⟩ one's duties; ~ coś w posiadanie take possession of sth

obejrzeć *vt* have a glance (coś at sth), inspect

obejście *n* premises *pl*, homestead; (*sposób bycia*) manners *pl*, behaviour

obelga *f* insult, outrage

obelżywy *adj* insulting, outrageous

oberża *f* tavern, inn

obezwładnić *vt* render unable, disable

obfitoś|ć *f* abundance, profusion, plenty; róg ~ci horn of plenty

obfitować *vi* abound (w coś with, in sth)

obfity *adj* abundant, plentiful, profuse

obiad *m* dinner; jeść ~ dine, have dinner

obicie *n* (*tapeta*) wallpaper, tapestry; (*pokrycie mebli itp.*) covering

obiecywać *vt* promise

obieg *m* circulation; puścić w ~ circulate; wycofać z ~u withdraw from circulation

obiegać *vi* circulate; run round

obiegowy *adj* circulating; pieniądz ~ currency; środek ~ circulating medium

obiekcja *f* objection

obiekt *m* object

obiektyw *m* objective; *fot.* lens

obiektywizm *m* objectivism

obiektywny *adj* objective

obierać *vt* (*wybierać*) elect, choose; (*zawód*) embrace; (*ziemniaki*) peel; (*owoce*) pare

obieralny *adj* elective, eligible

obietnic|a *f* promise; dotrzymać ~y keep the promise

obijać *vt* beat; (*materiałem*) cover, line; ~ gwoździami nail

objadać się *vr* overeat oneself

objaśniać *vt* explain, (*ilustrować*) illustrate

objaśniający *adj* explanatory

objaśnienie *n* explanation

objaw *m* symptom

objawiać *vt* show, reveal

objawienie *n* revelation

objazd *m* circuit, round

objazdow|y *adj*, droga ~a by-pass; sądowa sesja ~a circuit

objeżdżać *vt* go ⟨ride⟩ round; tour; (*omijać*) by-pass

objęcie *n* (*ramionami*) embrace; (*zajęcie, przejęcie*) taking over; (*w posiadanie*) taking possession; ~ obowiązków entering ⟨entrance⟩ on ⟨upon⟩ one's duties

objętość *f* volume, circumference, bulk

oblegać *vt* besiege, beleaguer

oblekać *vt* water, sprinkle, pour on; ~ się *vr* put on; ~ się potem be bathed in sweat; ~ się rumieńcem flush, blush

oblężenie *n* siege

obliczać *vt* count, calculate

oblicze *n* face

obliczenie *n* calculation, computation

obligacja *f* (*zobowiązanie*) obligation; (*papier wartościowy*) bond

oblizywać *vt* lick

oblubienica *f* bride, betrothed

oblubieniec *m* bridegroom, betrothed

obładow|ywać *vt* charge, (over)-load, (over)burden; ciężko ~any heavy-laden

obława *f* chase, raid, round-up; (*myśliwska*) battue

obłąkanie *n* = **obłęd**

obłąkan|y *adj* insane, mad, *pot.* loony; *s m* madman; *s f* ~a madwoman; szpital dla ~ych lunatic asylum, madhouse

obłęd *m* insanity, madness

obłędny *adj* insane, mad

obłok *m* cloud

obłowić się *vr* make one's pile, enrich oneself

obłożnie *adv*, ~ chorować be bedridden

obłoż|yć *vr* cover, overlay; (*warstwą czegoś*) layer; ~ony język coated tongue

obłuda *f* hypocrisy

obłudnik *m* hypocrite

obłudny *adj* hypocritical

obły *adj* oval

obmacać *vt* feel about, finger; *pot.* paw

obmawiać *vt* gossip (kogoś about sb), backbite, slander

obmierzły [-r-z-] *adj* disgusting, detestable

obmierz|nąć [-r-z-] *vi* become disgusting; to mi ~ło I am disgusted with it

obmowa *f* backbiting, slander

obmurować *vt* surround with a wall, wall in

obmyślać *vt* reflect (coś on, upon sth), turn over in one's mind; (*planować, knuć*) contrive, devise

obnażać *vt* bare, lay bare, uncover, strip; ~ się *vr* strip

obnażony *adj* bare, naked, nude

obniżać *vt* lower, abate; (cenę) reduce; (zarobki) cut down; (wartość) depreciate; ~ się *vr* sink, go down, decrease

obniżenie *n* lowering, abatement, reduction

obniżka *f* abatement, decrease; (cen) reduction, (wartości) depreciation; (potrącenie) deduction

obojczyk *m anat.* collar-bone

obojętnieć *vi* grow indifferent

obojętność *f* indifference

obojętn|y *adj* indifferent, impassive; (nieważny) unimportant; to mi jest ~e I don't care for it

obok *adv praep* near, by, near by

obopóln|y *adj* reciprocal, common; za ~ą zgodą by common consent

obora *f* cow-shed

obosieczny *adj* two-edged

obowiąz|ek *m* duty, (zobowiązanie) obligation; spełnić swój ~ek do one's duty; pełniący ~ki acting (np. kierownika manager); mieć ~ki (moralne) w stosunku do kogoś be under an obligation to sb

obowiązkowość *f* dutifulness

obowiązkowy *adj* (wierny obowiązkom) dutiful; (urzędowo obowiązujący) obligatory, compulsory

obowiązując|y *adj* obliging, obligatory; mieć moc ~ą be in force; nabrać mocy ~ej come into force

obowiązywać *vt vi* oblige, bind in duty; be in force

obozować *vi* encamp, be encamped; (nocować w namiotach) camp out

obozowisko *n* encampment

obozowy *adj* camp *attr*; sprzęt ~ camping outfit

obój *m muz.* oboe

obóz *m* camp; stanąć obozem encamp; rozbić ~ pitch a camp; zwinąć ~ decamp; break up a camp

obrabiać *vt* work; *pot.* ~ sprawę ⟨interes⟩ settle an affair ⟨a business⟩

obracać *vt* turn (over); ~ się *vr* turn; (na osi) revolve; (przebywać) move; gdzie on się teraz obraca? where may he be now?

obrachować *vt* calculate, sum up

obrachunek *m* calculation, settlement

obradować *vi* deliberate (nad czymś upon sth), confer; be in session

obramować *vt* frame, border; (oblamować) hem

obrastać *vi* overgrow

obraz *m* picture, painting; (wizerunek, podobizna) image

obraza *f* offence; ~ majestatu lese-majesty

obraz|ek *m* picture; illustration; książka z ~kami picture-book

obrazić vt offend, give offence; nie chciałem ~ I meant no offence; ~ się vr take offence (o coś at sth)

obrazowy adj pictorial, picturesque; (o stylu) figurative

obraźliwy adj offensive; susceptible, touchy

obrażenie n offence; (uszkodzenie ciała) injury; ~a cielesne bodily injuries

obrąbek m hem

obrączka f ring; ~ ślubna wedding ring

obręb m compass; w ~ie miasta within the town

obrębiać vt hem

obręcz f hoop; (u koła) tyre

obrok m fodder

obrona f defence; sport zbior. backs pl

obronność f defensive power

obronny adj defensive

obrońca m defender; (sądowy) lawyer, counsel for the defence; sport back

obrośnięty adj overgrown; hairy

obrotność f activity, adroitness

obrotny adj active, adroit

obrotowy adj rotative; podatek ~ turnover tax

obroża f (dog-)collar

obróbka f treatment, working

obrócić zob. obracać

obrót m rotation, turn; handl. turnover, return; ~ czekowy business in cheques; ~ gotówkowy cash transactions; przybrać pomyślny ~ take a favourable turn; przen. na pełnych obrotach in full swing

obrus m table-cloth

obrywać vt pluck, tear off

obrządek m rite, ritual

obrzęd m ceremony; rite

obrzędowy adj ceremonial, ritual

obrzęk m swell(ing), tumour

obrzękły adj swollen

obrzucać vt throw (kogoś czymś sth on sb), cover (czymś with sth), pelt (obelgami, kamieniami with abuse, with stones)

obrzydliwość f abomination

obrzydliwy adj abominable, disgusting

obrzyd|nąć vi become abominable; to mi ~ło I'm disgusted with it

obrzydzenie n aversion, abomination

obrzydzić vt make disgusting

obsada f stock, fitting; (uchwyt) handle; (oprawka) holder; (załoga) crew; (personel) staff; teatr cast

obsadka f penholder

obsadzać vt (ogród) plant; (miejsce) fill, occupy; (personelem) staff, man; ~ kimś urząd nominate sb for an office; wojsk. ~ załogą garrison

obserwacja f observation

obserwator m observer

obserwatorium n observatory

obserwować vt watch, observe

obsługa f service, attendance

obsług|iwać vt wait (kogoś on, upon sb), serve (kogoś sb), attend (kogoś to sb); (w sklepie) czy pana ktoś ~uje? are you being attended to?

obstalować vt order

obstalunek m order

obstawać vi insist (przy czymś on sth)

obstrukcja f obstruction; med. constipation

obsypywać vt strew (czymś kogoś sth upon sb); ~ pudrem powder

obszar m space, area

obszarnik m landowner

obszerny adj extensive, ample, spacious

obszycie n border, trimming

obszywać vt border, trim, sew round

obudzić zob. budzić

obumarły adj half-dead

obumierać vi die away, mortify

oburzać vt fill with indignation; revolt; ~ się vr become indignant (na kogoś with sb, na coś at sth)

oburzenie n indignation

oburzony *adj* indignant (**na kogoś**
with **sb, na coś** at sth)

obustronn|y *adj* two-sided, bilat-
eral; **~a korzyść** mutual advantage

obuwie *n* footwear, shoes *pl*

obwieszczać *vt* proclaim, make
known, announce

obwieszczenie *n* proclamation, announcement

obwiniać *vt* accuse (**kogoś o coś** sb
of sth), charge (**kogoś o coś** sb
with sth)

obwisać *vi* hang down, droop

obwoluta *f* wrapper; (*książki*)
book-jacket

obwołać *vt* proclaim

obwód *m* circumference; *mat.* pe-
rimeter; (*okręg*) district

obwódka *f* border

oby *part,* **~ on wyzdrowiał** may he
recover; **~ tak było** may it be
so

obycie *n* good manners *pl*

obyczaj *m* custom, manner, way

obyczajny † *adj* moral, decent

obydwaj *num* both

obyty *adj* experienced, familiar

obywać się *zob.* **obchodzić się; bez
tego nie mogło się obyć** this
could not be spared

obywatel *m* citizen; (*członek danego państwa*) national; † **~
ziemski** squire, landowner

obywatelsk|i *adj* civic, civil; **ko-
mitet ~i** civic committee; **prawa ~ie** civil rights; **straż ~a**
civic guard

obywatelstwo *n* citizenship; nationality; **nadać ~** nationalize,
naturalize; **przyjąć ~** naturalize

obżarstwo *n* gluttony

ocaleć *vi* remain safe, survive, be
rescued

ocalenie *n* salvation, rescue

ocalić *vt* save, rescue

ocean *m* ocean

oceaniczny *adj* oceanic

ocena *f* estimate, estimation; opinion; (*recenzja*) review

oceniać *vt* estimate, appreciate,

value (**na pewną sumę** at a certain sum)

ocet *m* vinegar

ochładzać *vt,* **~ się** *vr* cool (down)

ochłonąć *vi* calm down, compose
oneself, recover

ochoczy *adj* willing, eager, ready

ochot|a *f* desire, willingness; **mam
~ę** I would like, I have a mind
(**coś zrobić** to do sth)

ochotniczy *adj* voluntary

ochotnik *m* volunteer

ochraniać *vt* protect, shelter, preserve (**przed czymś** from sth)

ochrona *f* protection, shelter; **~
przyrody** conservancy

ochronny *adj* protective, preventive

ochrypły *adj* hoarse

ochrypnąć *vi* become hoarse

ociągać się *vr* tarry, linger; **~ z
robieniem czegoś** do sth reluc-
tantly

ociekać *vi* drip (**czymś** with sth)

ociemnia|ły *adj* blind; *s m* blind
man; *pl* **~li** the blind

ocieniać *vt* shade

ocieplać *vt* warm, make warm; **~
się** *vr* grow warm

ocierać *vt* wipe (off); (*ścierać naskórek*) gall

ociężałość *f* heaviness, dullness

ociężały *adj* heavy, dull

ocknąć się *vr* awake

oclenie *n* clearance; **podlegający
~u** dutiable; **dać do ~a** declare;
mieć coś do ~a have sth to
declare

ocl|ić *vt* impose duty (**coś** on sth);
~ony duty-paid

octowy *adj* acetic

ocukrzyć *vt* sugar

oczarować *vt* charm, enchant

oczekiwać *vi* wait (**kogoś, czegoś**
for sb, sth), look forward (**czegoś** to sth), await, expect (**kogoś, czegoś** sb, sth)

oczekiwani|e *n* expectation; **wbrew
~om** contrary to expectations

oczerniać *vt* slander, defame

oczko *n* eyelet; (*igły, rośliny*) eye;

(*sieci*) mesh; spuszczone ~ (*w pończosze*) ladder, *am.* runner

oczyszczać *vt* clean, cleanse, clear; (*np. wodę, powietrze*) purify; ~ **z kurzu** dust; ~ **z zarzutów** clear of blame

oczytany *adj* well-read

oczywistość *f* evidence, obviousness

oczywisty *adj* evident, obvious

oczywiście *adv* evidently, obviously, **of course**; ~! absolutely!, most certainly!

od *praep* from; off; of; for; (*począwszy od*) since; **na wschód od Warszawy** to the East of Warsaw; **od czasu do czasu** from time to time; **już od dawna go nie widziałem** I have not seen him for a long time now; **od dwóch miesięcy** for the last two months; **od niedzieli** since Sunday; **od owego dnia** from that day on; **odpaść od ściany** fall off the wall; **od ręki** directly, extempore, on the spot; **od stóp do głów** from top to toe; **starszy od brata** older than his brother

oda *f* ode

odbarwić się *vr* discolour

odbicie *n* beating back; (*odzwierciedlenie*) picture, image; (*np. w wodzie*) shadow; (*światła*) reflexion; (*uwolnienie*) relief, rescue; **kąt** ~**a** angle of reflexion; ~**e się** (*piłki*) bounce; (*kuli*) ricochet

odbić *zob.* **odbijać**

odbiegać *vi* run away; (*zbaczać*) deviate, stray (**od czegoś** from sth)

odbierać *zob.* **odebrać**

odbijać *vt* beat away ⟨back⟩; (*o druku*) print; (*o świetle*) reflect; (*o statku*) put off; (*o samolocie*) take off; (*uwolnić*) relieve, rescue; ~ **się** *vr* rebound; (*o głosie*) resound; (*kontrastować*) contrast (**od czegoś** with sth); (*w lustrze*) be reflected

odbiorca *m* receiver; (*nabywca*) buyer, purchaser

odbiorczy *adj* receiving; **aparat** ~ receiver

odbiornik *m* receiver; (*radio*) receiving ⟨wireless⟩ set, (radio) receiver

odbiór *m* receipt; ~ **radiowy** reception; **potwierdzić** ~ acknowledge the receipt

odbitka *f* copy, reprint

odblask *m* reflex

odbudowa *f* rebuilding, reconstruction

odbudować *vt* rebuild, reconstruct

odbywać *vt* execute, perform, do, make; ~ **zebranie** hold a meeting; ~ **studia** follow one's studies; ~ **podróż** make a journey; ~ **wykład** deliver a lecture; ~ **się** *vr* take place, go on, come off, proceed, be held

odchodzi|ć *vi* go away, leave, withdraw; ~**ć od zmysłów** be out of one's senses; **pociąg** ~ **o godz. 10** the train leaves at 10

odchudzać się *vr* reduce weight, slim

odchylać *vt* draw aside, remove; ~ **się** *vr* deviate

odchylenie *n* deviation

odciągać *vt* draw away

odciążać *vt* relieve, alleviate

odcień *m* shade, hue

odcięcie *n* cutting off; *med.* amputation

odcinać *vt* cut off; *med.* amputate; (*oddzielać*) detach; ~ **się** *vr* (*ostro odpowiadać*) retort; (*kontrastować*) contrast (**od czegoś** with sth)

odcinek *m* sector; (*kupon*) coupon; (*koła*) segment; ~ **kontrolny** counterfoil

odcisk *m* impression; (*nagniotek*) corn; ~ **palca** finger-print

odciskać *vt* impress, imprint

odcyfrować *vt* decipher

odczepić *vt* detach, untie; ~ **się** *vr* become detached; *pot.* get rid (**od kogoś** of sb)

odczucie *n* feeling

odczuć *zob.* **odczuwać**; **to daje się** ~ it makes itself felt

odczuwać vt feel; notice; (boleśnie) suffer

odczyn m chem. reaction

odczynnik m chem. reagent

odczyt m lecture; **mieć** ~ lecture, give a lecture

odczytać vt read over;. (dorozumieć się) make out

oddać vt give back, render; (dług) pay back; (np. list) deliver; hist. ~ hołd pay homage; ~ przysługę do ⟨render⟩ service; ~ sprawiedliwość do justice; ~ wizytę pay a visit; ~ życie give life; ~ się vr (poświęcić się) devote oneself; ~ się rozpaczy abandon oneself to despair

oddalać vt remove; (zwolnić) dismiss; ~ się vr retire, withdraw

oddalenie n (odległość) distance; (wydalenie) dismissal; (odsunięcie) removal; w ~u in the distance, a long way off; w pewnym ~u at a distance; z ~a from afar

oddalony adj distant, remote

oddany adj devoted; given

oddawać zob. oddać

oddech m breath, respiration

oddychać vi breathe, respire

oddychanie n breathing, respiration

oddział m section; (dział instytucji) department; wojsk. detachment; (filia) branch (office)

oddziaływać vi affect (na kogoś, coś sb, sth), influence (na kogoś, coś sb, sth), act (na kogoś, coś on, upon sb, sth)

oddziaływanie n influence, action

oddzielać vt separate; ~ się vr separate, become separated

oddzielny adj separate

oddźwięk m echo; (odzew) response

odebrać vt take away ⟨back⟩, withdraw; (otrzymać) receive; ~ sobie życie take one's own life

odechcieć się vr, ~ało mi się I have lost the liking (robić to to do this), I no longer care (tego for it)

odegrać się vr win back, recover (one's money); (zemścić się, zrewanżować się) to get one's own back

odejmować vt take away; deduct; mat. subtract

odejmowanie n deduction; mat. subtraction

odejście n departure

odejść zob. odchodzić

odemknąć vt open; (zamek) unlock

odepchnąć vt push away ⟨back⟩, beat off; zob. odpychać

odeprzeć zob. odpierać

oderwać zob. odrywać

oderwanie n tearing away; w ~u od czegoś apart from sth

odesłać zob. odsyłać

odetchnąć vi take breath; przen. ~ z ulgą heave a sigh of relief

odezwa f proclamation, address

odezwać się zob. odzywać się

odgadywać vt guess, unriddle, make out

odgałęzienie n branch

odganiać vt drive away

odgarniać vt shove away

odginać vt unbend

odgłos m echo, report; ~ strzału report; ~y dzwonów chime, ringing

odgrażać się vr threaten (komuś sb), utter threats

odgrodzić vt separate; (np. parkanem) fence off; (ścianką) partition off

odgrywać vt play, (w teatrze) act, perform

odgryzać vt bite off

odgrzebywać vt dig up

odgrzewać vt warm up again, warm over

odjazd m departure

odjeżdżać vi leave (do Warszawy for Warsaw), depart

odkażać vt disinfect

odkażający adj, środek ~ disinfectant

odkażanie n disinfection

odkąd *conj* since; *adv* since when, since what time

odkleić *vt* unglue, unstick; ~ **się** *vr* come unstuck

odkładać *vt* set aside, put away; *(pieniądze)* lay by ⟨up⟩; *(odraczać)* delay, put off, defer, postpone

odkłonić się *vr* return the bow

odkopać *vt* dig up, unearth

odkorkować *vt* uncork

odkręcić *vt* unwind; *(śrubę)* unscrew; *(kurek)* turn on

odkroić *vt* cut off

odkrycie *n* discovery; *(odsłonięcie)* uncovering

odkrywać *vt* discover, find out, detect; *(odsłonić)* uncover; *(karty)* show down

odkupiciel *m* redeemer

odkupić *vt* repurchase; *rel.* redeem

odkupienie *n* repurchase; *rel.* redemption

odkurzacz *m* vacuum-cleaner, Hoover

odlatywać *vi* fly away

odległość|ć *f* distance; **na** ~**ć, w pewnej** ~**ci** at a distance

odległy *adj* distant, remote

odlepiać *vt* unstick, unglue

odlew *m* cast

odlewać *vt* *(płyn)* pour off; *techn.* *(metal)* cast; mould

odlewnia *f* foundry

odliczać *vt* deduct, discount; *(przeliczyć)* count off

odliczenie *n* deduction, discount

odlot *m* flight, departure

odludek *m* recluse

odludny *adj* solitary

odłam *m* fraction, fragment

odłamać *m* break away ⟨off⟩

odłazić *vi* come off

odłączyć *vt* separate, set apart, disconnect; ~ **dziecko od piersi** to wean the baby; ~ **się** *vr* separate, sever oneself, go apart; *(wystąpić)* secede

odłożyć *zob.* **odkładać**

odł|óg *m* *(zw. pl* ~**ogi)** fallow; **leżeć** ~**ogiem** lie fallow

odłupać *vt,* ~ **się** *vr* split off

odma *f med.* pneumothorax

odmarznąć [-r-z] *vi* thaw, melt off, unfreeze

odmawiać *vt* refuse, deny; *(modlitwę)* say

odmęt *m* whirlpool, eddy; *przen.* trouble, confusion

odmiana *f* change; variety; *gram.* declension, *(czasowników)* conjugation

odmieniać *vt* change, alter; *gram.* decline, *(czasowniki)* conjugate

odmienność *f* dissimilarity, difference; mutability

odmienny *adj* dissimilar **(od kogoś, czegoś** to sb, sth), different **(od kogoś, czegoś** from sb, sth); mutable

odmierzać *vt* measure off

odmłodzić *vt* make younger, rejuvenate; ~ **się** *vr* grow younger, rejuvenate, become rejuvenated

odmowa *f* refusal

odmowny *adj* negative

odmówić *zob.* **odmawiać**

odmrozi|ć *vt* thaw; ~**łem sobie palec** my finger has been frost-bitten, I have a frozen finger; *(spowodować odmarznięcie)* defrost

odmrożenie *n* frost-bite; *(np. mięsa zamrożonego)* defrosting

odmrożony *adj* frost-bitten

odmykać *zob.* **odemknąć**

odnająć *vt* let; hire

odnawiać *vt* renew, renovate

od niechcenia *adv* carelessly, negligently

odniesieni|e *n* carrying back; *(aluzja, zwrócenie się)* reference; **w** ~**u** with reference ⟨regard⟩ **(do czegoś** to sth)

odnieść *vt* bring back, carry; ~ **korzyść** derive profit **(z czegoś** from sth); ~ **wrażenie** get the impression; ~ **zwycięstwo** win a victory, *zob.* **odnosić**

odnoga *f* branch; *(kolejowa)* branch-line

odnosić *vt zob.* **odnieść;** ~ **się** *vr* *(traktować)* treat **(do kogoś** sb),

behave (**dobrze do kogoś** well towards sb, **źle do kogoś** badly,
shamefully towards sb); *tylko 3
pers* (*dotyczyć*) refer, apply (**do
kogoś, czegoś** to sb, sth)

odnośnie *adv praep* respecting,
with reference (**do czegoś** to sth)

odnośnik *m* mark of reference;
(*przypisek*) footnote

odnośny *adj* relative, respective

odnowa *f* renewal, restoration

odosobnić *vt* isolate

odosobnienie *n* isolation

odór *m* smell

odpadać *vi* fall off; (*zerwać, odstąpić*) break away

odpadki *s pl* waste, refuse, offal
zbior.

odparcie *n* (*ataku*) repulse; (*zarzutu, argumentu*) refutation

odparować *vt* repel, parry; *chem.*
evaporate

odparzenie *n* scalding, gall

odparzyć *vt* scald, gall

odpędzać *vt* drive away

odpiąć *vt* unbutton, undo

odpieczętować *vt* unseal

odpierać *vt* (*atak*) repel; (*zarzut,
argument*) refute; (*atak słowny,
oskarżenie*) retort

odpis *n* copy, duplicate

odpisać *vt* (*przepisać*) copy; (*od-
powiedzieć pisemnie*) answer (in
writing), write back

odpłacić *vt vi* repay, recompense;
~ **niewdzięcznością** repay with
ingratitude; ~ **pięknym za nadobne** give tit for tat

odpłynąć *vi* (*o cieczy*) flow away;
(*odjechać okrętem*) sail away;
(*oddalić się wpław*) swim away;
przen. (*ubywać*) drop away

odpływ *m* outflow; (*morza*) ebb

odpoczynek *m* rest, repose

odpoczywać *vi* rest, take a rest

odpokutować *vt* atone (**coś for** sth),
expiate; *przen.* pay dearly

odporność *f* resistance (**na coś** to
sth); (*o chorobie*) immunity (np.
na ospę from smallpox)

odporny *adj* resistant (**na coś** to
sth); (*o chorobie*) immune (np.

na ospę from smallpox); (*o przy-
mierzu*) defensive

odpowiadać *vi* answer (**na coś**
sth), reply (**na coś** to sth); (*być
odpowiednim*) suit; ~**ć celowi** to
answer the purpose; **to mi nie** ~
this does not suit me

odpowiedni *adj* adequate; suitable
(**do kogoś, czegoś** to ⟨for⟩ sb, sth);
w ~**m czasie** in due time

odpowiedzialność *f* responsibility,
liability; **pociągnąć do** ~**ci** call
to account; **pociągnąć do** ~**ci
sądowej** arraign; **ponosić** ~**ć**
bear the responsibility

odpowiedzialny *adj* responsible
(**przed kimś** to sb, **za coś** for
sth)

odpowiedź *f* answer, reply (**na coś**
to sth)

odpór *m* resistance

odprasować *vt* iron

odprawa *f* dispatch; (*np. pracownika*) discharge, dismissal; (*zapłata*) separation pay; (*udzielenie
instrukcji*) briefing; (*ostra odpowiedź*) retort, rebuff

odprawiać *vt* dispatch; (*zwalniać*)
discharge, dismiss; (*np. nabożeństwo*) celebrate

odprężać *vt* relax

odprężenie *n* relaxation

odprowadzać *vt* (*towarzystwo*) accompany, escort, see off; (*np.
wodę*) drain off; ~ **kogoś do domu** see sb home; ~ **kogoś do
drzwi** see sb to the door

odpruć *vt* unsew, rip; ~ **się** *vr*
come unsewn

odsprzedać *vt* resell

odsprzedaż *f* resale

odpust *m* indulgence; (*uroczystość
kościelna*) kermess

odpuszczenie *n* remission, forgive-
ness

odpuścić *vt* remit, forgive, pardon

odpychać *vt* repulse; (*odtrącić*) repel; *zob.* **odepchnąć**

odpychający *adj* repulsive, repel-
lent

odpychanie n repulsion

odra f med. measles pl

odrabiać vt do, perform; (np. zaległości) work off; ~ stracony czas make up for lost time; ~ lekcje do one's lessons (homework)

odraczać vt put off, postpone, adjourn

odradzać vt dissuade (komuś coś sb from sth)

odrastać vi grow anew

odraza f repugnance (do czegoś to sth), disgust (do czegoś at, for sth)

od razu adv on the spot, at once

odrażający adj repulsive

odrąbać vt chop off

odrębność f separateness, peculiarity

odrębny adj separate, peculiar

odręczny adj autographic; (natychmiastowy, od ręki) off-hand attr; (o rysunku) free-hand attr

odrętwiały adj torpid, benumbed

odrętwienie n torpor

odroblnļa f bit; ani ~y not a bit

odroczenie n postponement; adjournment

odrodzenie n revival, regeneration; (okres) Renaissance

odrodzić się vr regenerate

odróżniać vt distinguish; ~ się vr differ

odróżnieniļe n distinction; w ~u in contradistinction (od czegoś to sth)

odruch m reflex, instinctive reaction

odruchowy adj instinctive

odrywać vt tear off; (uwagę, od nauki itp.) divert, distract; (siłą) rend; ~ wzrok turn one's sight away (od czegoś from sth); ~ się vr tear oneself away (od kogoś from sb); (o guziku itp.) come off

odrzec vi reply

odrzucać vt reject; throw away; drive back; (nie przyjmować) decline

odrzutowiec m jet-plane, pot. jet

odrzutowy adj jet-propelled; napęd ~ jet propulsion

odrzwia s pl arch. door-frame

odrzynać vt cut off

odsetek m percentage

odsetki s pl interest; ~ składane compound interest

odsiadywać vt sit out; ~ karę w więzieniu serve a sentence

odsiecz f relief, rescue; przybyć na ~ come to the rescue (miastu of the town), relieve (miastu the town)

odsiew m throw-out

odskocznia f spring-board, jumping-off ground

odskoczyć vi jump off, bounce

odskok m bounce

odsłona f teatr scene

odsłonić vt put aside, set apart

odstąpić vi step (draw) off; desist (od czegoś from sth); depart (od zasady from a rule); (odpaść) secede; vt (kogoś) leave, (coś) resign ~ komuś miejsca resign one's place to sb

odstęp m interval, margin, distance; (w druku) space; w pewnych ~ach at intervals; w krótkich ~ach at short intervals

odstępca m apostate

odstępne n compensation

odstępstwo n apostasy; (odstąpienie, odchylenie) departure

odstraszyć vt deter (od czegoś from sth), frighten away

odstręczyć vt estrange, alienate; (odwieść, odradzić) dissuade

odsunąć vt shove (put) away, draw aside

odsyłacz m mark of reference

odsyłać vt send (back), convey

odsypać vt pour off

odszkodowaniļe n·indemnity, compensation, damages pl; ~a wojenne reparations; dać ~e indemnify (komuś za coś sb for sth)

odszukać vt find out

odśrodkowy adj centrifugal

odświeżyć *vt* refresh, renew; ~ się *vr* refresh oneself

odświętny *adj zob.* **świąteczny; w** ~**m stroju** in cne's Sunday best

odtąd *adv* from now on, from then on, ever since

odtrącać *vt* knock off, push away; (*odstręczać*) repel; (*nie przyjmować*) repudiate

odtrutka *f* antidote, counterpoison

odtwarzać *vt* reproduce, reconstruct, perform

odtwórca *m* reproducer, performer, (*zw. muzyczny*) executant

oduczać *vt* unteach; (*odzwyczajać*) disaccustom (**kogoś od czegoś** sb to do sth); ~ **się** *vr* unlearn; (*odzwyczajać się*) get out of the habit (**od czegoś** of sth)

odurzać *vt* dizzy, stupefy, intoxicate

odurzenie *n* stupor, stupefaction, intoxication

odwach *m* guardhouse

odwadniać *vt* drain; *chem. med.* dehydrate

odwag|a *f* courage; **dodać** ~**i** encourage (**komuś** sb); **nabrać** ~**i** pluck up heart

odwalić *vt* roll away, remove; *pot.* (*pozbyć się*) get over (**coś** with sth)

odwar *m* decoction

odważnik *m* weight

odważny *adj* courageous, brave

odważyć *vt* (*odmierzyć*) weigh out; ~ **się** *vr* (*ośmielić się*) dare, venture

odwdzięczyć się *vr* repay (np. za przysługę the service), show oneself grateful

odwet *m* retaliation, reprisal, revenge; **w** ~ **za coś** in revenge ⟨reprisal⟩ for sth

odwetowy *adj* retaliatory

odwiązać *vt* untie, unbind, detach; ~ **się** *vr* come loose, get detached

odwieczny *adj* eternal

odwiedzać *vt* call (**kogoś** on sb),

visit, come to see; (*uczęszczać*) frequent (**jakieś miejsce** a place)

odwiedziny *s pl* call, visit; **przyjść w** ~ make a call (**do kogoś** on sb)

odwijać *vt* unroll, unwrap, unwind

odwilż *f* thaw; **jest** ~ it thaws

odwlekać *vt* put off, delay

odwodnić *zob.* **odwadniać**

odwodnienie *n* drainage; *chem. med.* dehydration

odwodzić *vt* divert, draw off; (*odradzać*) dissuade (**od czegoś** from sth); ~ **kurek u karabinu** cock the gun

odwołać *vt* recall, repeal; (*cofnąć*) withdraw, retract; (*zamówienie*) countermand; ~ **się** *vr* appeal

odwołani|e *n* repeal, recall; withdrawal; retractation; ~ **się** appeal; **aż do** ~**a** until further notice

odwód *m wojsk.* reserve

odwracać *vt* turn back, reserve; (*niebezpieczeństwo*) avert; (*uwagę*) divert; ~ **się** *vr* turn round

odwracalny *adj* reversible

odwrotność *f* reverse; *mat.* reciprocal

odwrotn|y *adj* inverse, inverted, contrary, reverse; ~**a strona** back, reverse

odwrót *m* retreat; (*odwrotna strona*) back, reverse; **na** ~ on the contrary, inversely

odwykać *zob.* **odzwyczajać się**

odwzajemnić się *vr* requite, repay (**komuś za usługę** sb's service), reciprocate (**komuś przyjaźnią** sb's friendship)

odyniec *m* boar

odzew *m* echo; *przen.* (*reakcja*) response; *wojsk.* countersign

odziedziczyć *vt* inherit

odzienie *n* clothing, clothes *pl*

odzież *f* clothes *pl*, dress, garments *pl*

odzieżowy *adj* clothing *attr*; **przemysł** ~ clothing trade

odznaczenie *n* distinction; (*o egzaminie*) **z** ~**m** with honours

odznaczyć *vt* distinguish; (*orde-*

rem) decorate; ~ **się** *vr* distinguish oneself

odznaka *f* badge

odzwierciedlać *vt* reflect, mirror

odzwierciedlenie *n* reflex, mirror, image

odzwyczajać *vt* disaccustom (**kogoś czegoś** sb to sth); ~ **się** *vr* get out of the habit (**od czegoś of** sth, of doing sth)

odzyskać *vt* regain, recover, retrieve; ~ **przytomność** recover one's senses

odzywać się *vr* make oneself heard, reply; (*przemówić*) address (**do kogoś** sb); **nie odezwałem się ani słowem** I did not so much as utter one word

odźwierny *m* porter, doorkeeper

odżałować *vt* put up (**coś** with the loss of sth)

odżyć *vi* revive, come to life again

odżywczy *adj* nutritive, nutritious

odżywiać *vt* nourish, feed; ~ **się** *vr* nourish oneself, feed

odżywianie *n* nutrition

ofensyw|a *f* offensive; **w** ~**ie** on the offensive

ofensywny *adj* offensive

oferować *vt* offer

oferta *f* offer, tender

ofiar|a *f* offering; (*datek*) contribution, charity; (*osoba ulegająca przemocy*) victim; (*poświęcenie*) sacrifice; **paść** ~**ą** fall a victim (**czegoś** to sth)

ofiarność *f* generosity, liberality; (*poświęcenie*) self-sacrifice

ofiarny *adj* sacrificial; (*gotowy do ofiar*) generous, liberal; (*pełen poświęcenia*) self-sacrificing

ofiarodawca *m* donor

ofiarować *vt* offer; ~ **usługi** render services

oficer *m* officer

oficjalny *adj* official

oficyna *f* back-premises *pl*, outhouse

ofuknąć *vt* *pot.* snub, rebuke

ogar *m* hound

ogarek *m* candle-end

ogarniać *vt* embrace; (*przeniknąć*)

pervade; (*o strachu*) seize

ogień *m* fire; (*płomień*) flame; (*światło, płonący przedmiot*) light; **sztuczne ognie** fire-works; **dać ognia** (*do papierosa*) give a light; **otworzyć** ~ open fire; **podłożyć** ~ set fire (**pod coś** to sth); **zaprzestać ognia** cease fire

ogier *m* stallion

oglądać *vt* look (**kogoś, coś** at sb, sth), see; inspect; ~ **się** *vr* look back ⟨round⟩

oględność *f* circumspection

oględny *adj* cautious, circumspect

oględziny *s pl* examination, inspection; ~ **zwłok** post-mortem examination

ogłada *f* good manners *pl*, polish

ogładzać *vt* polish, refine

ogłaszać *vt* publish, make known; announce; (*w gazecie*) advertise

ogłoszenie *n* announcement; (*w gazecie*) advertisement

ogłuchnąć *vi* become deaf

ogłupiały *adj* stupefied

ogłupieć *vi* become stupid

ogłuszyć *vt* deafen, stun

ognik *m*, **błędny** ~ will-o'-the-wisp

ogniotrwał|y *adj* fireproof; **kasa** ~**a** safe

ogniow|y *adj* fire *attr*; **straż** ~**a** fire-brigade; *przen.* **próba** ~**a** ordeal

ognisko *n* fire, hearth; (*impreza pod gołym niebem*) bonfire; (*punkt centralny*) centre, focus; *fiz.* focus; ~ **domowe** hearth, home; ~ **kowalskie** forge; ~ **obozowe** camp-fire

ogniskować *vt* focus; ~ **się** *vr* centre, be focused

ognisty *adj* fiery, ardent

ogniwo *n* link; *elektr.* element

ogolić *vt* shave; ~ **się** *vr* shave, have a shave

ogołocić *vt* lay bare, denude (**z czegoś** of sth); (*pozbawić*) deprive (**z czegoś** of sth)

ogon *m* tail; (*u sukni*) train

ogon|ek *m* tail; (*kolejka*) queue; **stać w** ~**ku** queue up

ogorzały adj sunburnt

ogólnik m generality

ogólnikowy adj general, vague

ogólny adj general, universal

ogół m generality, totality, the whole; ~em, na ~ on the whole, in general; w ogóle generally, in general

ogórek m cucumber

ogórkowy adj cucumber attr; przen. sezon ~ silly season

ograbić vt rob (kogoś z czegoś sb of sth)

ograniczenie n restraint, limitation, restriction

ograniczony adj limited, restricted; ~ umysłowo narrow-minded

ograniczyć vt limit, confine, restrain, restrict

ogrodnictwo n gardening

ogrodnik m gardener

ogrodzenie n fence, enclosure

ogrodzić vt fence in, enclose

ogrom m immensity

ogromny adj immense, huge

ogród m garden; ~ warzywny kitchen-garden

ogródek m little garden; ~ dziecięcy kindergarten

ogryzać vt gnaw away

ogryzek m fag-end, (owocu) core

ogrzewacz m heater

ogrzewać vt heat, warm

ogrzewanie n heating; centralne ~ central heating

ohyda f abomination

ohydny adj abominable

o ile conj as far as

ojciec m father; ~ chrzestny godfather

ojcostwo n fatherhood, paternity

ojcowizna f patrimony

ojcowski adj fatherly, paternal, father's

ojczym m step-father

ojczysty adj paternal; (np. kraj, miasto) native; język ~ mother tongue

okalać vt surround, encircle

okaleczenie n mutilation

okaleczyć vt mutilate, maim

okamgnieni|e n, w ~u in the twinkling of an eye

okap m eaves pl

okaz m specimen

okazały adj showy, magnificent, stately

okazanie n showing, demonstration; za ~m on presentation; handl. płatny za ~m payable at sight

okaziciel m holder; handl. (czeku) bearer

okazj|a f occasion; (sposobność) opportunity; (okazyjne kupno) bargain; z ~i czegoś on the occasion of sth; przy tej ~i on that occasion

okazowy adj model, specimen attr

okazyjnie adv occasionally, on occasion

okazyjn|y adj occasional; ~e kupno bargain

okazywać vt show; ~ się vr appear; turn out, prove; on okazał się oszustem he turned out ⟨proved⟩ to be an impostor

okiełznać vt bridle

okienko n window; (przerwa między zajęciami) break; (biletowe) booking-office window

okiennica f shutter

oklaski s pl applause

oklaskiwać vt applaud

okleić vt paste over

oklepany adj well-worn, trite

okład m cover, coating; (leczniczy) compress; z ~em and more than that; 50 lat z ~em 50 odd years

okładać vt cover, overlay; (bić) thrash

okładka f cover

okłamywać vt lie (kogoś to sb)

okno n window; ~ wystawowe show-window

oko n eye; (w sieci) mesh; (gra w karty) pontoon, twenty-one; mieć na oku have in view; mieć otwarte oczy be alive (na coś to sth); patrzeć komuś w oczy look sb in the face; stracić z oczu lose sight (kogoś, coś of sb, sth); **zejdź mi z oczu** get out of my sight; **na czyichś oczach** in the eyes of sb; **na pierwszy rzut oka** at first sight; **w cztery oczy** face to face

okolica *f* environs *pl*, neighbourhood

okolicznik *m gram.* adverbial

okolicznościowy *adj* occasional

okoliczność *f* circumstance; **zbieg ~ci** coincidence; **w tych ~ciach** under such circumstances

okoliczny *adj* adjacent, neighbouring

około *praep* about, near

okop *m* trench, entrenchment

okopać *vt* dig up; entrench; *(jarzyny)* hoe; **~ się** *vr* entrench oneself

okopcić *vt* smoke, blacken with soot

okostna *f anat.* periosteum

okowy *s pl* fetters; chains

okólnik *m* circular

okólny *adj* circular, circuitous

okpić *vt* cheat, *pot.* bamboozle

okradać *vt* steal (**kogoś z czegoś** sth from sb), rob (**kogoś z czegoś** sb of sth)

okrakiem *adv* astraddle

okrasa *f* fat, grease; *(ozdoba)* ornament

okrasić *vt* season with grease; *(ozdobić)* adorn

okratować *vt* rail ⟨wire⟩ in, grate

okratowanie *n* grating

okrąg *m* circuit, circumference, circle; *(obszar)* district

okrągły *adj* round

okrążać *vt* surround, encircle

okrążenie *n* encirclement

okres *m* period; *(szkolny, kadencja)* term; *mat. (ułamka)* recurring decimals *pl*

okresowy *adj* periodical

określać *vt* define, determine

określenie *n* definition, designation

określony *adj* definite

okręcać *vt* wind round

okręg *zob.* **okrąg**

okręgowy *adj* district *attr*

okręt *m* ship, vessel, boat; **~ bojowy** ⟨liniowy⟩ battleship; **~ handlowy** merchantman; **~ parowy** steamship; **~ wojenny** warship, man-of-war; **wsiąść na ~** go on board, embark; **wziąć towar na ~** take goods on board, embark goods; **~em** by ship; *zob.* **statek**

okrętow|y *adj* naval, **ship** *attr*, ship's *attr*; **agent ~y** shipping agent; **budownictwo ~e** naval constructions; **dziennik ~y** log-book; **lekarz ~y** naval surgeon, ship's doctor; **papiery ~e** ship's papers; **warsztaty ~e** dockyard; **załoga ~a** crew

okrężn|y *adj* circular; roundabout *attr*; **iść drogą ~ą** go a roundabout way

okroić *vt* cut around; *(płacę, wydatki)* cut down

okropność *f* horror

okropny *adj* horrible, terrible, awful

okruch *m* crumb, fragment, bit

okrucieństwo *n* cruelty

okruszyna *f* crumb

okrutnik *m* cruel man

okrutny *adj* cruel

okrycie *n* covering; *(wierzchnie ubranie)* overcoat

okrywać *vt* cover

okrzepnąć *vi* recover, become vigorous

okrzesać *vt* *(ociosać)* rough-hew; *(ogładzić)* polish

okrzyczany *adj* famous; notorious, (ill-)reputed

okrzyk *m* outcry, shout; **~i uznania** applause; **~ wojenny** battle-cry

okrzyknąć *vt* acclaim (**wodzem** leader)

oktawa *f muz. lit.* octave

okucie *n* ironwork, metal fitting; *(konia)* shoeing

okuć *vt* cover with metal; *(konia)* shoe; **~ w kajdany** fetter, chain, put in chains

okular *m* eyeglass, eye-piece; *pl* **~y** spectacles, eyeglasses

okularnik *m* zool. cobra, spectacle snake

okulista *m* oculist

okulistyka *f* ophtalmology

okultyzm *m* occultism

okup *m* ransom

okupacja *f* occupation

okupant *m* occupant

okupić *vt* ransom; ~ się *vr* buy oneself off

okupować *vt* occupy

olbrzym *m* giant

olbrzymi *adj* gigantic, giant *attr*; ~a siła giant strength

olcha *f* bot. alder(-tree)

oleander *m* bot. oleander

oleisty *adj* oily, oleaginous

olej *m* oil; ~ lniany linseed oil; ~ lotniczy aeroplane oil; ~ skalny rock oil

oligarcha *m* oligarch

oligarchia *f* oligarchy

olimpijski *adj* Olympic, Olympian

oliwa *f* olive-oil

oliwić *vt* oil

oliwka *f* olive(-tree)

oliwn|y *adj* olive *attr*; gałązka ~a olive-branch

olszyna *f* alder-forest

olśniewać *vt* dazzle

ołów *m* lead

ołówek *m* (lead-) pencil

ołtarz *m* altar

omack|iem *adv* gropingly; iść po ~u grope one's way

omal *adv* nearly

omamić *vt* delude, deceive

omamienie *n* delusion

omasta *f* grease

omaścić *vt* grease

omawiać *vt* discuss

omdlały *adj* faint(ed)

omdlenie *n* faint, swoon

omen *m* omen; zły ~ ill omen

omieszka|ć *vi* (zw. nie ~ć) fail; nie ~m zawiadomić cię o tym I shall not fail to let you know about it

omijać *vt* pass (coś by sth), evade, omit

omlet *m* omelette

omłot *m* thrashing; thrashed corn

omłócić *vt* thrash out

omnibus *m* omnibus, bus; (specjalista od wszystkiego) Jack of all trades

omotać *vt* entangle

omówić zob. omawiać

omówienie *n* discussion

omylić *vt* mislead; ~ się *vr* make a mistake, be mistaken (co do czegoś about sth)

omylność *f* fallibility

omylny *adj* fallible

omyłk|a *f* error, mistake; ~a drukarska misprint; przez ~ę by mistake

omyłkowy *adj* erroneous

on, ona, ono *pron* he, she, it; *pl* oni, one they

ondulacja *f* (włosów) wave; trwała ~ permanent wave

one zob. on

onegdaj *adv* the other day

ongiś *adv* once, at one time

oni zob. on

oniemiały *adj* dumb, stupefied

onieśmielać *vt* intimidate, make feel uneasy

ono zob. on

onuca *f* foot-clout

opactwo *n* abbey; (godność opata) abbacy

opaczny *adj* wrong, perverse

opad *m* fall; ~y deszczowe rainfall; ~y śnieżne snowfall; med. ~ krwi blood sedimentation

opadać *vi* fall, sink, drop; (o wodzie) subside; ~ z sił break down

opak, na ~ *adv* contrariwise, awry

opakować *vt* pack up

opakowanie *n* packing; container

opal *m* miner. opal

opalać *vt* scorch; (ogrzewać) heat; ~ się *vr* (na słońcu) sunburn, become sunburnt

opalanie *n* (ogrzewanie) heating; ~ się sun-bathing, sun-burning

opalenizna *f* sunburn

opalony *pp i adj* scorched; (na słońcu) sunburnt

opał m fuel

opamiętać się vr come to one's senses, collect oneself

opancerzyć vt armour

opanować vt master, subdue, control

opanowanie n mastery, control; (np. języka) command; ~ się self-control

opanowany adj (panujący nad sobą) self-possessed

opar m vapour; pl ~y fumes

oparci|e n support; punkt ~a footing, hold; (u dźwigni) fulcrum

oparzelina f scald

oparzyć vt burn, scorch

opasać vt gird; encircle

opaska f band

opasły adj obese

opatentować vt take out a patent (coś for sth), patent

opatrunek m dressing

opatrunkowy adj dressing attr; punkt ~ dressing-station

opatrywać vt provide (w coś with sth); (ranę) dress

opatrznościowy adj providential

opatrzność f providence

opera f opera

operacj|a f operation; poddać się ~i undergo an operation

operator m operator; (chirurg) operating surgeon; ~ filmowy film camera man, projectionist

operatywny adj operative

operetka f operetta

operować vt operate (kogoś on, upon sb)

opędzać vt drive away ⟨back⟩; ~ potrzeby supply one's needs; ~ wydatki defray the expenses; ~ się vr try to get rid (przed kimś, czymś of sb, sth)

opęta|ć vt ensnare; possess; co cię ~ło? what possesses you?; być ~nym myślą be possessed with an idea; być ~nym przez diabła be possessed by the devil

opętanie n possession

opieka f protection, custody; (kuratela) tutelage, guardianship; ~ społeczna social welfare

opiekować się vr protect, guard (kimś sb; have the custody (kimś of sb); take care (kimś, czymś of sb); ~ się chorym nurse a patient

opiekun m guardian, protector

opiekuńczy adj tutelary

opierać vt lean, rest; (uzasadnić) found, base; ~ się vr lean (o coś on ⟨upon, against⟩ sth); (polegać) rely, depend (na kimś, czymś on ⟨upon⟩ sb, sth); (przeciwstawiać się) resist (komuś sb); ten zarzut na niczym nie jest oparty this accusation is unfounded

opieszałość f sloth, sluggishness

opieszały adj sluggish

opiewa|ć vt praise (in song), chant; vi (brzmieć, orzekać) run, be worded, read; rachunek ~ na 10 funtów the bill amounts to £ 10; umowa ~ na 2 lata the contract runs for 2 years; ustawa ~ następująco the law reads as follows

opięty adj close-fitting

opilstwo n (habitual) drunkenness

opiłki s pl file-dust; (trociny) saw--dust

opinia f opinion

opiniować vt vi pronounce one's opinion (coś, o czymś, o kimś on sth, sb)

opis m description

opisać vt describe; mat. circumscribe

opisowy adj descriptive

opium n nieodm. opium

oplatać vt wreathe, entwine; (np. butelkę) cover with basket-work

oplątać vt entangle

opluć vt bespit

opłacać vt pay (coś for sth); ~ z góry prepay; ~ się vr pay

opłacony pp i adj (o liście, przesyłce) post-paid; z góry ~ prepaid opłakany *adj* deplorable, lamentable

opłakiwać *vt* deplore, lament

opłata *f* charge; (*urzędowa*) duty; (*składka członkowska itp.*) fee; (*za przejazd*) fare; **jaka jest ~ za przejazd?** what is the fare?

opłatek *f* wafer

opłotek *m* (wicket-)fence, hurdle

opłucna *f anat.* pleura

opływać *vt* swim ⟨sail⟩ round, flow round; *vi* (*mieć pod dostatkiem*) abound (**w coś** in ⟨with⟩ sth)

opływow|y *adj*, **linia ~a** streamline

opodal *adv* at some distance, near by

opodatkować *vt* tax, (*w samorządzie*) rate

opodatkowanie *n* taxation, (*lokalne*) rating

opoka *f* rock

opon|a *f* (*u koła*) tyre; *anat.* **~y mózgowe** meninges

oponent *m* opponent

oponować *vi* oppose (**przeciwko czemuś** sth), object (**przeciwko czemuś** to sth)

opornie *adv* with difficulty

oporny *adj* refractory

oportunista *m* opportunist; time-server

oportunizm *m* opportunism

opowiadać *vt vi* tell, relate; **~ się** *vr* declare (**za kimś, czymś** for sb, sth)

opowiadanie *n* narrative, tale, story

opowieść *f* tale, story

opozycja *f* opposition

opozycyjny *adj* opposing

opój *m* drunkard

opór *m* resistance; **ruch oporu** resistance movement; **iść po linii najmniejszego oporu** take the line of least resistance; **stawiać ~** offer resistance, resist

opóźnia|ć *vt* retard, delay; **~ć się** *vr* be late, be slow; lag behind

opóźnienie *n* delay, retardation

opóźniony *pp i adj* retarded; **~ w rozwoju** backward; (*gospodarczo*) under-developed

opracować *vt* work out, elaborate

opracowanie *n* elaboration; (*szkolne*) paper

oprawa *f* frame; (*okładka książki*) binding; (*oprawianie*) mount

oprawca *m* hangman

oprawiać *vt* (*książkę*) bind; (*obraz w ramy*) frame; (*dawać oprawę*) mount

oprawka *f* collet; **~ żarówki** lamp-socket

opresja *f* oppression

oprocentować *vt bank. fin.* pay interest

oprocentowanie *n bank. fin.* interest

oprowadzać *vt* guide ⟨show⟩ round

oprócz *praep* except, save; **~ tego** besides

opróżniać *vt* empty; (*mieszkanie*) quit, leave; (*miasto, obóz*) evacuate; (*posadę, tron*) vacate

opryskać *vt* splash; **~ drzewa** ⟨rośliny⟩ spray trees ⟨plants⟩

opryskliwość *f* brusqueness, abruptness

opryskliwy *adj* brusque, abrupt

opryszek *m* brigand

oprzeć *zob.* opierać

oprzęd *m* cocoon

oprzytomnieć *vi* become conscious; recover (oneself)

optyczny *adj* optical

optyk *m* optician

optyka *f* optics

optymalny *adj* best; optimum *attr*

optymista *f* optimist

optymizm *m* optimism

opuchlina *f* swelling

opuchły *adj* swollen

opuchnąć *vi* swell

opukiwać *vt* sound; *med.* percuss

opustoszały *adj* deserted, desolate

opustoszyć *vt* desolate, lay waste

opuszczać *vt* (*pozostawiać*) leave; abandon; (*np. wyraz w zdaniu*) omit, leave out; (*lekcję, wykład*) miss; (*kurtynę, głowę itp.*) lower, drop; (*cenę*) abate; ~ się *vr* go down, let oneself down; (*zaniedbywać się*) grow remiss, become negligent

opuszczenie *n* omission; (*pozostawienie*) abandonment

oracz *m* ploughman

orać *vt* plough, till

orangutan *m zool.* orang-outang

oranżada *f* orangeade

oranżeria *f* hothouse, orangery

oraz *conj* and, as well as

orbita *f* orbit

order *m* order; decoration

ordynacja *f* regulation; system; (*majątek*) fee-tail

ordynans *m* orderly

ordynarny *adj* vulgar

ordynator *m* (*lekarz*) head of a ward

orędownik *m* intercessor

orędzie *n* proclamation, message

oręż *m* weapon, arms

orężny *adj* armed

organ *m* organ; ~y sądowe magistrates, magistracy; ~y władzy administrative board, police authorities, powers

organiczny *adj* organic

organista *m* organist

organizacja *f* organization

organizator *m* organizer

organizm *m* organism

organizować *vt* organize

organki *pl* mouth organ, harmonica

organy *s pl muz.* organ

orgia *f* orgy

orientacja *f* orientation

orientalny *adj* oriental

orientować *vt* orient, orientate; ~ się *vr* orient oneself; find one's way

orka *f* tillage, ploughing; *przen.* (*ciężka praca*) drudgery

orkiestra *f* orchestra, band

orlę *n* eaglet

orli *adj* (*o nosie*) aquiline; (*o wzroku*) eagle *attr*, eagle's *attr*

ornament *m* ornament

ornamentacja *f* ornamentation

orny *adj* arable

orszak *m* train; (*świta*) retinue; (*pogrzebowy itp.*) procession

ortodoksja *f* orthodoxy

ortodoksyjny *adj* orthodox

ortografia *f* orthography, right spelling

ortograficzny *adj* orthographical

ortopedia *f* orthopaedy

oryginalność *f* originality

oryginalny *adj* original, authentic; (*dziwaczny*) eccentric

oryginał *m* original; (*dziwak*) eccentric

orzech *m* nut; ~ kokosowy coconut

orzeczenie *n* pronouncement, statement; *gram.* predicate

orzecznik *m gram.* predicate

orzekać *vt vi* pronounce, state

orzeł *m zool.* eagle

orzeźwiać *vt* refresh

osa *f zool.* wasp

osaczyć *vt* drive to bay, beset

osad *m* sediment

osada *f* settlement

osadnictwo *n* colonization

osadnik *m* settler

osadzać *vt* settle; set, put; (*powodować osad*) deposit; ~ się *vr* settle; be deposited; *chem.* precipitate

osamotnienie *n* isolation, estrangement

osąd *m* judgment

osądzić *vt* judge; (*skazać*) sentence, condemn (**na coś** to sth)

oschły *adj* arid, dry

osełka *f* whetstone; (*masła*) piece

oset *m* thistle

osiadać *zob.* osiąść

osiadły *adj* settled; (*zamieszkały*) resident

osiągnąć *vt* reach, attain, obtain, aquire, achieve

osiągnięcie *n* attainment, achievement

osiąść *vi* settle; (*opaść*) sink, subside; (*o ptakach*) alight

osiedlać *vt* settle; ~ się *vr* settle, establish oneself

osiedle n settlement; ~ mieszka-
niowe housing estate; residential
district
osiedleniec m settler
osiem num eight
osiemdziesiąt num eighty
osiemdziesiąty num eightieth
osiemnasty num eighteenth
osiemnaście num eighteen
osiemset num eight hundred
osierocić vt orphan
osiodłać vt saddle
osioł m ass, donkey
oskarżać vt accuse (o coś of sth),
charge (o coś with sth)
oskarżenie n accusation, charge;
wystąpić z ~m bring an accusation (przeciw komuś against sb)
oskarżony m the accused
oskarżyciel m accuser; ~ publiczny public prosecutor
oskrzele n anat. bronchus; pl ~a
bronchi; med. zapalenie ~i bronchitis
oskrzydlać vt wojsk. outflank
osłabiać vt weaken, enfeeble
osłabienie n weakness
osłaniać vt cover, protect, shelter
osławiony adj ill-reputed, notorious (z powodu czegoś for sth)
osłoda f solace, consolation
osłodzić vt sweeten
osłona f cover, shelter, protection
osłupiały adj stupefied
osłupieć vi become stupefied
osłupienie n stupor; wprawić w
~ stupefy
osmalić vt singe
osmarować vt besmear; przen. (o-
czernić) libel
osnowa f (tkacka) warp; (treść)
tenor, contents pl
osoba f person; (osobistość) personage
osobistość f personality, personage
osobisty adj personal; dowód ~
identity card
osobiście adv personally, in person

osobliwość f singularity, particu-
larity; curiosity
osobliwy adj singular, particular,
strange
osobnik m individual
osobny adj separate, isolated
osobowość f personality, individuality
osobowy adj personal; pociąg ~
passenger-train
osowiały adj depressed; być ~m
mope
ospa f med. smallpox; ~ wietrzna
chicken pox
ospały adj drowsy, sluggish
ospowaty adj pockmarked
ostateczność f finality; (krańcowość) extremity, extreme; w ~ci
in the end, ultimately; wpadać w
~ć go to extremes
ostateczny adj final, ultimate
ostatek m remainder, rest; na ~
finally, at last
ostatni adj last; (najświeższy, niedawno miniony) latest, recent;
~a moda latest fashion; ~a wola
last will; ~e wiadomości latest
news
ostatnio adv lately, recently
ostemplować zob. stemplować
ostentacja f ostentation
ostoja f mainstay
ostroga f spur
ostrokrzew m bot. holly
ostrosłup m mat. pyramid
ostrożność f caution, prudence
ostrożny adj cautious, careful
ostr|y adj sharp; (o bólu, kącie
itp.) acute; (spiczasty) pointed;
(o zimie itp. — przenikliwy)
keen; ~e pogotowie instant
readiness; ~e strzelanie ball-fir-
ing; przen. ~y język bitter
tongue
ostryga f oyster
ostrze n blade; (ostry brzeg) edge
ostrzegać vt warn (kogoś przed
kimś, czymś sb against ⟨of⟩ sb,
sth)
ostrzeżenie n warning (przed kimś,
czymś of sb, sth)
ostrzyc vt zob. strzyc; muszę dać

sobie ~ włosy I must have a haircut

ostrzyć vt sharpen, whet, (*na pasku*) strop

osunąć się vr sink

oswobodzenie n liberation

oswobodziciel m liberator

oswobodzić vt liberate, free (*od kogoś, czegoś* from sb, sth)

oswoić vt tame, domesticate; (*przyzwyczajać*) accustom (*z czymś* to sth); ~ się vr become domesticated; become familiar (*z czymś* with sth), become accustomed (*z czymś* to sth)

oswojony adj tame; (*przyzwyczajony*) accustomed (*z czymś* to sth), familiar (*z czymś* with sth)

oszczep m spear; *sport.* javelin

oszczerca m calumniator, slanderer

oszczerczy adj slanderous, calumnious

oszczerstw|o n calumny, slander; rzucać ~a slander (*na kogoś* sb)

oszczędnościow|y adj economical; akcja ~a economy drive

oszczędnoś|ć f thrift, parsimony, economy; pl ~ci savings; kasa ~ci savings bank; robić ~ci economize, practise economy

oszczędny adj frugal, economical (w czymś, pod względem czegoś of sth), thrifty

oszczędz|ać, oszczędz|ić vt save, spare, economize; ~ć pieniędzy ⟨wydatków, czasu, trudu⟩ save money ⟨expenses, time, trouble⟩; ~ć komuś nieprzyjemności spare sb an unpleasantness

oszołomić vt stun, stupefy, benumb; (*np. alkoholem*) intoxicate

oszołomienie n stupor, stupefaction; (*np. alkoholowe*) intoxication

oszukać vt cheat, swindle

oszukańczy adj fraudulent

oszust m swindler, impostor

oszustwo n swindle, fraud

oś f (*koła*) axle; *mat. astr. przen.* axis

ościenny adj adjacent

oścież, na ~ adv, otwarty na ~ wide open; otworzyć na ~ fling open

ość f (fish-)bone

oślep, na ~ adv blindly, at random

oślepiać vt blind; (*o słońcu, świetle*) dazzle

oślepnąć vi become blind

ośmielać vt embolden, encourage; ~ się vr venture, dare, make bold

ośmieszać vt ridicule; ~ się vr make oneself ridiculous

ośnieżyć vt snow over, cover with snow

ośrodek m centre

oświadczać vt vi declare; ~ się vr declare (*za kimś* for sb); propose (*kobiecie* to a woman)

oświadczenie n declaration

oświadczyny s pl proposal, declaration of love

oświat|a f education, civilization; minister ~y Minister of Education

oświatowy adj educational

oświecać vt (*oświetlać*) light; (*kształcić*) enlighten

oświecenie n enlightenment; O-świecenie (*epoka*) Enlightenment

oświetlenie n lighting, illumination

oświetlić vt light up

otaczać vt surround; *wojsk.* (*okrążać*) envelop

otchłań f abyss

oto part i int here, there, behold!; ~ on here he is; ~ jestem here I am

otoczenie n surroundings pl, environment

otoczyć zob. otaczać

otok m circumference; ~ czapki cap band

otomana f ottoman, couch

otóż adv i part now; ~ słuchaj! now listen!

otręby s pl bran zbior.

otrucie n poisoning

otruć vt poison

otrzaskać się vr become at home (z czymś with, in sth)

otrząsnąć vt shake down; ~ **się** vr shake oneself free (z czegoś from sth)

otrzewna f anat. peritoneum

otrzeźwić vi sober down, become sober

otrzymać vt get, receive, obtain

otuch|a f courage; **dodać** ~y **encourage**, hearten up (komuś sb); **nabrać** ~y take heart

otulić vt, ~ **się** vr wrap up

otwarcie adv frankly, openly, outright

otwartość f openness, frankness

otwarty adj open; (szczery) frank, plain

otwierać vt, ~ się vr open

otw|ór m opening, aperture; (wylot) orifice; (podłużny) slot; **stać** ~orem lie open

otyłość f obesity

otyły adj fat, obese

owa zob. ów

owacja f ovation

owad m insect

owadobójczy adj insecticide

owal m oval

owalny adj oval

owca f sheep

owczarek m zool. sheep-dog

owczarnia f sheepfold

owczarz m shepherd

owdowiały adj widowed

owdowieć vi become a widow (a widower)

owieczka f lamb

owies m oat(s)

owijać vt wrap up; (okręcać) wind;

~ **się** vr wrap up ⟨oneself⟩; (okręcać się) wind round

owładnąć vi take possession (**czymś** of sth)

owo zob. ów

owoc m fruit; ~e **konserwowe** tinned ⟨am. canned⟩ fruit

owocarnia f fruitshop

owocny adj fruitful

owocować vi fruit, fructify

owrzodzenie n med. ulceration

owrzodziały adj med. ulcerous

owrzodzieć vi ulcerate, become ulcerous

owsianka f (zupa) porridge

owszem adv quite (so), certainly

ozdabiać vt adorn, decorate

ozdoba f adornment; decoration

ozdobny adj decorative, ornamental

oziębić vt chill, cool down; ~ **się** vr cool down, become cool

oziębłość f frigidity, coolness

oziębły adj frigid

ozimina f winter corn

oznaczać vt mark; (znaczyć, wyrażać) signify, mean

oznajmiać vt announce, make known

oznajmienie n announcement

oznaka f sign, token, mark, (numer np. bagażowego) badge

ożór m tongue

ożenek m marriage

ożenić się vr marry (z kimś sb), get married (z kimś to sb)

ożyć vi come to life, revive

ożywczy vt vivifying

ożywiać vt vivify, enliven, animate; ~ **się** vr become animated, brisk up

ożywienie n animation

ożywiony adj animated, brisk; (żyjący) animate

ó

ósemka *f* eight
ósmy *num* eighth
ów, owa, owo *pron* that

ówczesny *adj* then *attr*; ~ prezydent the then president
ówcześnie *adv* at that time

p

pach|a *f* arm-pit; pod ~ą under one's arm
pachnący *adj* fragrant
pachnieć *vi* smell, smell sweet (czymś of sth)
pachołek *m* fellow, groom, servant
pachwina *f anat.* groin
pacierz *m* prayer; odmawiać ~ say one's prayer
pacierzowy *adj anat.* spinal; rdzeń ~ spinal column
paciorek *m* bead
pacjent *m* patient
pacyfikacja *f* pacification
pacyfikować *vt* pacify
pacyfista *m* pacifist
pacyfizm *m* pacifism
paczka *f* packet, parcel
paczyć *vt*, ~ się *vr* warp
padaczka *f med.* epilepsy
pada|ć *vi* fall; deszcz ~ it rains; śnieg ~ it snows; ~ć trupem drop dead; ~ć na kolana go down on one's knees; ~ć ofiarą czegoś fall a victim ⟨a prey⟩ to sth; padł strzał a shot was fired; *zob.* paść
padalec *m zool.* slow-worm
padlina *f* carrion
paginacja *f* pagination
pagórek *m* hill
pagórkowaty *adj* hilly
pajac *m* harlequin
pająk *m* spider
pajęczyna *f* cobweb
paka *f* pack; (*skrzynia*) case

pakiet *m* packet
pakować *vt*, ~ się *vr* pack (up)
pakowani|e *n* packing; papier do ~a wrapping-paper
pakowny *adj* capacious; roomy
pakt *m* pact
paktować *vi* negotiate
pakuły *s pl* oakum
pakunek *m* package, parcel, bundle
pal *m* pale, stake; wbić na ~ impale
palacz *m* stoker; (*palący tytoń*) smoker
palarnia *f* smoking-room
palący *p praes i adj* burning; (*tytoń*) smoking; *s m* smoker; przedział dla ~ch smoking compartment
palec *m* finger; (*u nogi*) toe; ~ środkowy middle finger; ~ wielki thumb; ~ wskazujący index; stać na palcach stand on tiptoe
palenie *n* burning; combustion; (*w piecu*) stoking; (*papierosów*) smoking
palenisko *n* hearth
palestra *f* bar
paleta *f* palette
palić *vt vi* burn; (*w piecu domowym*) make fire; (*w piecu fabrycznym, lokomotywie itp.*) stoke; (*papierosy itp.*) smoke; ~ się *vr* burn, be on fire; *pot.* ~ się do czegoś be keen on sth
paliwo *n* fuel
palma *f* palm(-tree)

palnąć *vi vt pot.* fire; shoot; *(u-derzyć, grzmotnąć)* discharge a shot; strike; ~ **głupstwo** put one's foot in it; ~ **sobie w łeb** blow out one's brains

palnik *m* burner

palny *adj* combustible; **broń** ~**a** fire-arms

palto *n* overcoat

pałac *m* palace

pałać *vi* glow, be inflamed (czymś with sth); ~ **zemstą** breathe nothing but vengeance; ~ **żądzą władzy** burn with lust for power

pałąk *m* bow, arch

pałąkowaty *adj* bowlike, arched

pałeczka *f* wand, rod

pałka *f* stick, club, cudgel; *(poli-cyjna)* truncheon; **bić** ~**ą** club, cudgel

pamflet *m* lampoon, squib

pamiątka *f* keepsake, souvenir; **na** ~**ę** in token of remembrance

pamiątkowy *adj* memorial, commemorative

pamięciowy *adj* memorial, of memory

pamięć *f* memory; **na** ~**ć** by heart; **świętej** ~**ci mój ojciec** my late father

pamiętać *vt* remember, keep in mind

pamiętnik *m* diary

pamiętny *adj* memorable; mindful **(czegoś of sth)**

pan *m* gentleman; *(np. domu)* master; *(feudalny)* lord; *(forma grzecznościowa)* you; *(przed na-zwiskiem)* mister *(skr. Mr)*, ~ **Kowalski** Mr Kowalski; ~ **mło-dy** bridegroom

pancernik *m* armoured cruiser

pancerny *adj* armoured

pancerz *m* armour

panegiryk *m* panegyric

pani *f* lady; *(np. domu)* mistress; *(forma grzecznościowa)* madam; you; ~ **Kowalska** Mrs Kowal-ska

paniczny *adj* panic, *pot.* panicky

panienka *f* miss, maiden

panieński *adj* girlish, maiden(ly)

panieństwo *n* maidenhood

panika *f* panic, scare

panna *f* miss, maid; ~ **młoda** bride; **stara** ~ old maid

panoszyć się *vr* boss

panować *vi* rule, reign **(nad czymś** over sth); command **(nad czymś** sth); ~**ować nad sobą** be master of oneself, be self-possessed; **powszechnie** ~**ować** prevail; ~**ować nad sytuacją** have the situation well in hand; ~**uje piękna pogoda** the weather is lovely; ~**uje epidemia tyfusu** there is an epidemic of typhus

panowanie *n* rule, reign, command; ~ **nad sobą** self-control

pantalony *s pl* pantaloons

panteizm *m filoz.* pantheism

pantera *f zool.* panther

pantofel *m* shoe; **ranne** ⟨**nocne**⟩ ~**le** slippers; *przen.* **być pod** ~**lem** be henpecked

pantomima *f teatr* pantomime

panujący *p praes i adj* reigning, ruling; *(przeważający)* dominant, prevalent

pański *adj* lord's, gentleman's; *(w zwrotach grzecznościowych)* your, yours

państwo *n (kraj)* state; *(małżeń-stwo)* Mr and Mrs; **proszę** ~**a!** ladies and gentlemen!; ~**o młodzi** bridal pair

państwowy *adj* state *attr*; public; **przemysł** ~**y** state-owned industry; **służba** ~**a** a civil service

pańszczyzna *f hist.* serfdom; statute-labour

pańszczyźniany *adj*, **chłop** ~ serf

papa 1. *f* tar-board

papa 2. *m (ojciec)* papa, dad

papier *m* paper; **arkusz** ~**u** sheet of paper; ~ **kancelaryjny** foolscap; ~ **listowy** note-paper

papierek *m* slip

papieros *m* cigarette

papierośnica *f* cigarette-case

papiestwo *n* papacy

pasaż

papież *m* pope
papilot *m* curl-paper
papirus *m* papyrus
papka *f* pulp, mash
paplać *vi* prattle
paproć *f* bot. fern
papryka *f* paprika, red pepper
papuga *f* zool. parrot
par|a 1. *f* pair, couple; ~a mał-
    żeńska married couple; do ~y to
    match; rękawiczka nie do ~y
    odd glove; ~ę a few; za ~ę dni
    in a few days; ~ę razy once or
    twice
para 2. *f* (*wodna*) steam, vapour
parabola *f* mat. parabola
parada *f* parade
paradoks *m* paradox
paradoksalny *adj* paradoxical
paradować *vi* parade
parafia *f* parish
parafialny *m* parish *attr*, paro-
    chial
parafianin *m* parishioner
parafina *f* paraffin
paragraf *m* paragraph, section
paralityczny *adj* paralytic
paraliż *m* med. paralysis, palsy
paraliżować *vt* paralyse
parapet *m* parapet; (*okienny*) win-
    dow-sill
parasol *m* umbrella
parasolka *f* umbrella; sunshade,
    parasol
parawan *m* screen
parcela *f* lot, parcel
parcelować *vt* parcel out
parcie *n* pressure, pression
parias *m* pariah
park *m* park
parkan *m* fence, hoarding
parkiet *m* parquet
parking *m* park, parking-place
parkować *vt* park
parkowanie *n* parking; ~ wzbro-
    nione no parking
parlament *m* parliament
parlamentarny *adj* parliamentary
parlamentariusz *m* bearer of a
    white flag, negotiator
parny *adj* sultry, close
parobek *m* farm-hand

parodia *f* parody
parodiować *vt* parody
parokrotny *adj* repeated
paroksyzm *m* paroxysm; attack
parować *vi* vaporize, evaporate
parowanie *n* evaporation
parowiec *m* steamship, steamboat
parowóz *m* (steam-)engine, loco-
    motive
parowy *adj* steam *attr; fiz.* koń ~
    horse-power; statek ~ = paro-
    wiec
parów *m* ravine
parówka *f* (*kąpiel*) sweating bath;
    (*kiełbaska*) frankfurter
parsk|ać *vi* snort; ~nąć śmiechem
    burst out laughing
parszywy *adj* scabby, mangy
partactwo *n* botching, bungling;
    botch, bungle
partacz *m* bungler, botcher
partaczyć *vt* bungle, botch
parter *m* ground-floor; *am.* first
    floor; *teatr* pit
part|ia *f* party; (*część*) part; (*to-
    waru*) lot; (*rola*) role, part; (*w
    grze*) game; (*w brydżu*) po ~i
    vulnerable; przed ~ą invulner-
    able
partner *m* partner
partyjny *adj* party (*tylko attr*);
    s m party-man
partykularyzm *m* particularism
partykuła *f* gram. particle
partyzant *m* guerilla
partyzantka *f* guerilla war
parweniusz *m* upstart, parvenu
parytet *m* fin. parity, par; ~
    złota gold parity; według ~u at
    par
parzyć *vt* scald; (*np. herbatę*)
    draw, infuse; (*poddawać działa-
    niu pary*) steam; ~ się *vr* (*o
    herbacie*) draw
parzysty *adj* even
pas *m* belt, girdle; popuszczać ⟨za-
    ciskać⟩ ~a loosen ⟨tighten⟩ one's
    belt; *pot.* wziąć nogi za ~ take
    to one's heels
pasat *m* trade-wind
pasaż *m* passage; (*uliczka*) pas-
    sage-way

pasażer *m* passenger

pas|ek *m* belt, girdle; (*do brzyt-wy*) strop; (*kreska, wzór*) stripe; materiał w ~ki striped cloth; (*nielegalny handel*) black-market, profiteering

paser *m* receiver ⟨concealer⟩ of stolen goods

pasieka *f* apiary

pasierb *m* stepson

pasierbica *f* stepdaughter

pasj|a *f* passion; fury; wpaść w ~ę fly into a fury

paskarz *m* black-market dealer, profiteer

pasmo *n* (*gór*) range; (*przędzy*) skein; strand; (*taśma*) band; *elektr. i radio* band; (*smuga*) streak; *elektr.* ~ częstotliwości frequency band; *przen.* ~ żywota thread of life

pas|ować 1. *vt vi* fit, suit; (*być do pary*) match; krawat ~uje do u-brania the tie matches the suit

pasować 2. *vt*, ~ kogoś na rycerza dub sb a knight

pasować 3. *vi* (*w kartach*) pass

pasożyt *m* parasite

pasożytniczy *adj* parasitic(al)

pasta *f* paste; ~ do butów boot-polish; ~ do podłogi floor-polish; ~ do zębów tooth-paste

pastel *m* crayon, pastel; malować ~ami crayon

pasterka *f* shepherdess; (*nabożeń-stwo*) Christmas midnight mass

pasterski *adj* pastoral

pasterstwo *n* pastoral life

pasterz *m* shepherd

pastewny *adj* pasture *attr*, fodder *attr*

pastor *m* pastor, minister

pastuch *m* herdsman

pastw|a *f* † prey; paść ~ą fall a prey (kogoś, czegoś to sb, sth)

pastwić się *vr* treat with cruelty (nad kimś sb)

pastwisko *n* pasture

pastylka *f* tablet

pasywa *s pl fin.* liabilities

pasywny *adj* passive

pasza *f* fodder

paszcza *f* jaw

paszkwil *m* lampoon, libel

paszport *m* passport; biuro ~ów passport office

pasztet *m* pie, pâté

paść 1. *vi* fall down, come down; *zob.* padać

paść 2. (*bydło*) pasture; ~ się *vr* (*o bydle*) pasture, graze

patelnia *f* frying-pan

patent *m* patent

patetyczny *adj* pathetic

patolog *m* pathologist

patologia *f* pathology

patos *m* pathos

patriarcha *m* patriarch

patriarchalny *adj* patriarchal

patriota *m* patriot

patriotyczny *adj* patriotic

patriotyzm *m* patriotism

patrol *m* patrol

patrolować *vt* patrol

patron *m* patron (saint); (*szablon*) stencil

patronat *m* patronage, auspices *pl*

patronka *f* patroness

patronować *vi* patronize (komuś, czemuś sb, sth)

patroszyć *vt* eviscerate; (*kurę*) draw; (*rybę*) gut; (*zająca*) hulk

patrycjusz *m* patrician

patrzeć *vi* look (na kogoś, coś at sb, sth); ~ na kogoś jak na wroga look on ⟨upon⟩ sb as a foe; ~ na kogoś z góry look down upon sb; ~ przez okno look out of the window; ~ przez palce connive (na coś at sth); ~ spode łba scowl (na kogoś, coś at sb, sth); ~ uporczywie stare (na kogoś, coś at sb, sth); jest na co ~ it is worth seeing

patyk *m* rod

patyna *f* patina

pauza *f* pause; (*szkolna*) break; *muz.* rest; (*myślnik*) dash

pauzować *vi* pause, make a pause

paw *m* peacock

pawilon *m* pavilion

paznok|ieć *m* nail; obcinać ~cie pare nails

pesymistyczny

pazur *m* claw, *(szpon, także techn.)* clutch

paź *m* page

październik *m* October

październikowy *adj* October *attr*; Rewolucja Październikowa October Revolution

pączek *m* bud; *(ciastko)* doughnut

pączkować *vi* bud

pąk *m* bud

pchać *vt* push, thrust; ~ **się** *vr* push one another, crush

pchełki *s pl (gra)* tiddly-winks

pchła *f* flea

pchnięcie *n* push, thrust

pech *m* ill-luck

pedagog *m* pedagogue

pedagogia *f* pedagogy

pedagogika *f* pedagogics

pedał *m* pedal

pedant *m* pedant

pedanteria *f* pedantry

pedantyczny *adj* pedantic

pejcz *m* horsewhip

pejzaż *m* landscape

peleryna *f* cape; *(damska)* pelerine

pelikan *m zool.* pelican

pelisa *f* pelisse

pełnia *f* plenty, abundance, fullness; ~**a księżyca** full moon; **w** ~ completely, fully

pełnić *vt* perform, fulfil, accomplish; ~ **obowiązek** do one's duty

pełno *adv* plenty *(czegoś* of sth); **mieć** ~ **czegoś** be full of sth

pełnoletni *adj* adult, of age

pełnoletność *f* majority, full age

pełnometrażowy *adj*, **film** ~ feature film

pełnomocnictwo *n (prawo)* power of attorney; *(dokument)* letter of attorney

pełnomocnik *m* plenipotentiary; authorized agent

pełnomocny *adj* plenipotentiary, authorized

pełnowartościowy *adj* praed of full value

pełny *adj* full; **na** ~**m morzu** on the high seas

pełzać *vi (poruszać się)* crawl, creep

pełznąć *vi (płowieć)* fade; lose colour; *zob.* pełzać

penicylina *f* penicillin

pensja *f (pobory)* salary; † *(szkoła)* girls' boarding-school

pensjonat *m* boarding-house

perfidia *f* perfidy

perfidny *adj* perfidious

perfumeria *f* perfumery

perfumować *vt* perfume, scent

perfumy *s pl* perfume, scent

pergamin *m* parchment

period *m (menstruacja)* periods, menses; † *(okres)* period

periodyczny *adj* periodical

perkal *m* calico

perkusja *f* percussion

perkusyjny *adj* percussive; **instrument** ~ percussion instrument

perliczka *f zool.* guinea-fowl

perła *f* pearl

peron *m* platform

peronówka *f* platform-ticket

Pers *m* Persian, Iranien

perski *adj* Persian, Iranien

personalny *adj* personal

personel *m* staff, personnel

personifikacja *f* personification

perspektywa *f* perspective, prospect, view

perswadować *vt* persuade, try to persuade *(komuś, żeby coś zrobił* sb into doing sth, **komuś, żeby czegoś nie zrobił** sb out of doing sth)

perswazja *f* persuasion

pertraktacje *s pl* negotiations

pertraktować *vi* negotiate *(w sprawie czegoś* sth)

peruka *f* wig

perwersja *f* perversion

perwersyjny *adj* perverse

peryferie *s pl* periphery; **na** ~**ach** on the outskirts

peryskop *m* periscope

pestka *f* stone, kernel, *(w jabłku, pomarańczy)* pip

pesymista *m* pessimist

pesymistyczny *adj* pessimistic

pesymizm *m* pessimism

petarda *f* petard

petent *m* petitioner

petycja *f* petition

pewien *adj* (*niejaki*) a, one, a certain; po **pewnym** czasie after some time; przez ~ czas for some time; *zob.* pewny

pewnik *m* axiom

pewno, na ~ *adv* certainly, for sure, assuredly; on na ~ przyjdzie he is sure to come

pewność *f* certitude, certainty; (*bezpieczeństwo*) security; ~ć siebie self-assurance; z ~cią certainly

pewny *adj* sure, certain; (*bezpieczny*) safe, secure; ~ siebie self-assured, self-confident; czuć się ~m (bezpiecznym) feel sure (safe)

pęcak *m* peeled barley

pęcherz *m anat.* bladder

pęcherzyk *m anat.* vesicle; (*bąbel*) blister; (*bańka*) bubble

pęczek *m* bunch, tuft

pęcznieć *vi* swell

pęd *m* (*szybki bieg*) rush, career; (*napęd, impuls*) impulse; (*rozpęd*) impetus; *fiz.* momentum; (*dążenie, zamiłowanie*) aspiration (do czegoś after (for) sth); *bot.* shoot, sprout; puszczać ~y shoot forth, sprout; całym ~em at full speed

pędzel *m* brush

pędzić *vt* drive; (*życie*) lead; (*czas*) spend; (*wódkę*) distil; *vi* run (za kimś after sb), race, hurry, scurry

pędzlować *vt* brush

pęk *m* (*kwiatów, kluczy*) bunch; (*papierów*) file; (*wiązka*) bundle

pękać *vi* burst; (*roztupać się*) crack; ~ć z zazdrości burst with envy; serce mi ~ my heart breaks; głowa mi ~ my head is splitting

pękaty *adj* bulging, bulged; (*przysadkowaty*) dumpy, podgy

pępek *m* navel

pęta *s pl* fetters, chains; (*końskie*) hobble; zerwać ~ break the bonds

pętać *vt* fetter; (*konia*) hobble

pętelka, pęt|la *f* loop, noose; (o *samolocie*) robić ~lę loop, (*całą*) loop the loop

piać *vi* crow

piana *f* froth, foam; ~ mydlana lather

pianino *n* cottage (upright) piano

pianista *m* pianist

pianow|y *adj* foam *attr*; gaśnica ~a foam extinguisher

piasek *m* sand

piaskowiec *m* sandstone

piaskownica *f* sand-pit

piaskowy *adj* sandy, sand *attr*

piasta *f* nave

piastować *vt* (*dzieci*) nurse; (*urząd*) hold

piastun *m* guardian, foster-father; (*godności, urzędu*) holder

piastunka *f* nurse, foster-mother

piaszczysty *adj* sandy, sand-

piąć się *vr* climb (na drzewo a tree, po drabinie a ladder); (o *roślinach*) creep

piątek *m* Friday; **Wielki Piątek** Good Friday

piąty *num* fifth

picie *n* drinking; woda do ~a drinking water

pić *vt vi* drink; ~ mi się chce I'm thirsty

piec 1. *m* stove, fire-place; (*piekarski*) oven; *techn.* furnace; wielki ~ blast-furnace

piec 2. *vt* bake; (*zw. o mięsie*) roast; (*palić*) burn, scorch; ~ się *vr* bake, roast

piechota *f* infantry

piechotą *adv* on foot

piecyk *m* (little) stove; (*do ogrzewania*) heater; *pot.* (*piekarnik*) oven

piecz|a *f* care, charge (nad kimś, czymś of sb, sth); mieć ~ę take care (nad kimś, czymś of sb, sth); powierzyć coś czyjejś ~y trust sb with sth; pod ~ą in charge

pieczara *f* cavern

pieczarka *f bot.* champignon

pieczątka *f* seal, stamp

pieczeniarz *m* sponger

pieczeń *f* roast-meat; ~ cielęca roast veal; ~ wołowa roast beef

pieczęć *f* seal, stamp

pieczętować *vt* seal, stamp

pieczołowitość *f* solicitude

pieczołowity *adj* solicitous

pieczyste *n* roast-meat, roast

pieczywo *n* baker's goods; (*słodkie*) pastry

pieg *m* freckle

piegowaty *adj* freckled

piekarnia *f* bakery, baker's (shop)

piekarz *m* baker

piekieln|y *adj* hellish, devilish, infernal; maszyna ~a infernal machine; *przen.* ogień ~y hellfire

piekło *n* hell

pielęgniarka *f* nurse

pielęgniarz *m* (male) nurse

pielęgnować *vt* (*chorych*) nurse; (*rośliny*) cultivate; (*umiejętność*) foster, cultivate; (*ręce, fryzurę*) take care

pielgrzym *m* pilgrim

pielgrzymka *f* pilgrimage

pielucha *f* swaddling-cloth, napkin; *am.* diaper

pieniacz *m* litigious person

pieniądz *m* coin, piece of money; *pl* ~e money; drobne ~e (small) change

pienić się *vr* foam; (*o winie*) sparkle; ~ ze złości foam with rage

pieniężn|y *adj* pecuniary, money *attr*; kara ~a fine

pień *m* (*trzon, łodyga*) trunk; stem; (*pniak*) stump; zboże na pniu standing corn

pieprz *m* pepper

pieprzny *adj* peppery; (*nieprzyzwoity*) spicy

piernik *m* ginger-bread

pierś *f* breast; (*klatka piersiowa*) chest

pierścieniowy *adj* annular

pierścień *m* ring; (*włosów*) ring-

let; (*tłoka*) piston-ring

pierścionek *m* ring

pierwej *adv lit.* (at) first, before

pierwiastek *m* element; *chem.* element; *mat.* (*wartość*) root; *mat.* (*znak*) radical; ~ kwadratowy (*sześcienny*) square (cube) root; ~ piątego stopnia fifth root

pierwiastkowy *adj* original, primary; *mat.* radical

pierwiosnek *m bot.* primrose

pierworodny *adj* first-born; (*o grzechu*) original

pierwotniak *m zool.* protozoan

pierwotność *f* primordiality; (*prymitywizm*) primitiveness

pierwotny *adj* primordial; (*prymitywny*) primitive; (*pierwszy*) primary

pierwowzór *m* prototype

pierwszeństwo *n* priority

pierwszorzędny *adj* first-rate

pierwsz|y *num* first; na ~ego stycznia on the first of January; ~a pomoc first aid; ~y lepszy just any, at random; ~a godzina one o'clock; po ~e firstly, in the first place

pierzchać *vi* flee, take flight

pierze *n* feathers *pl*

pierzyna *f* eiderdown

pies *m* dog; *pot.* zejść na psy go to the dogs

pieszczota *f* caress

pieszczotliw|y *adj* caressing, cuddlesome; ~e imię pet name; ~e słowo word of endearment

pieszo *adv* on foot

pieścić *vt* caress, pet, fondle

pieśń *f* song

pietruszka *f bot.* parsley

pietyzm *m* pietism

pięciobój *m sport* pentathlon

pięciokrotny *adj* fivefold

pięcioletni *adj* five-year *attr*; (*o wieku*) five-year old

pięcioraczki *s pl* quintuplets

pięcioraki *adj* fivefold

pięć *num* five

pięćdziesiąt *num* fifty

pięćdziesiąty *adj* fiftieth

pięćset *num* five hundred

piędź *f* span

pięknie *adv* beautifully, finely; jest ~ it is fine weather; wyglądać ~ look fine

pięknieć *vi* grow beautiful

piękno *n* beauty, the beautiful

piękność *f* beauty

piękn|y *adj* beautiful, handsome, lovely, fair; literatura ~a belles-lettres; ~a pogoda fine weather; sztuki ~e fine arts

pięściarz *m* boxer

pięść *f* fist

pięta *f* heel

piętnastoletni *adj* fifteen-year *attr*; (*o wieku*) fifteen-year old

piętnasty *num* fifteenth

piętnaście *num* fifteen

piętno *n* stigma, stamp; wycisnąć ~ impress a stamp

piętnować *vt* stigmatize, stamp

piętro *n* stor(e)y, floor

piętrzyć *vt* pile up; ~ się *vr* be piled up; (*wznosić się*) tower

pigułka *f* pill

pijak *m* drunkard

pijany *adj praed* drunk; drunken *attr*

pijaństwo *n* drunkenness

pijatyka *f* drinking-bout

pijawka *f zool.* leech

pik *m* spade

pika 1. *f* pike

pika 2. *f (tkanina)* piqué

pikantny *adj* piquant; (*nieprzyzwoity*) spicy

pikling *m* kipper

piknik *m* picnic

pikować *vt (tkaninę)* quilt; *vi lotn.* dive

pilnik *m* file

pilność *f* diligence

pilnować *vt* look after, watch; ~ swego interesu mind one's business; ~ się *vr* be on one's guard

pilny *adj* diligent, assidous; (*naglący*) urgent

pilot *m* pilot

pilotować *vt* pilot

pilśń *f* felt

piła *f* saw; *przen. pot. (nudziarz)* bore

piłka 1. *f (narzędzie)* hand-saw

piłka 2. *f (do gry)* ball; sport ~ nożna football, association football, soccer

piłkarz *m* football player, footballer

piłować *vt (piłą)* saw; (*pilnikiem*) file; *pot. (nudzić, dręczyć)* bore

pingwin *m zool.* penguin

piołun *m bot.* wormwood

piołunówka *f* absinth

pion *m* perpendicular; (*narzędzie*) plummet; *przen.* line

pionek *m* pawn

pionier *m* pioneer

pionowy *adj* vertical

piorun *m* lightning; trzask ~u thunderclap; rażony ~em thunderstruck

piorunochron *m* lightning-conductor

piosenka *f* ditty

piórko *n* feather; (*stalówka*) pen

piórnik *m* pencase

pióro *n* feather; (*do pisania*) pen; ~ wiosła blade; gęsie ~ quill; wieczne ~ fountain pen

pióropusz *m* plume

pipeta *f* pipette

piracki *adj* piratical

piractwo *n* piracy

piramida *f* pyramid

pirat *m* pirate

pirotechnik *m* pyrotechnist

pirotechnika *f* pyrotechnics

pisać *vt vi* write (ołówkiem, atramentem in pencil, in ink); ~ na maszynie typewrite; jak się ten wyraz pisze? how do you spell this word?; ~ się *vr* be written, be spelt; (*zgadzać się*) subscribe (na coś to sth)

pisarz *m (autor)* writer; † (*niższy urzędnik*) clerk, copyist

pisemnie *adv* in writing

pisemny *adj* written, in writing; egzamin ~ written examination

pisk *m* squeal, squeak

pleść

pisklę *n* nestling; (*kurczątko*) chickling

piskorz *m* zool. loach

pismo *n* writing, letter; (*czasopismo*) newspaper; periodical; (*charakter pisma*) handwriting; na piśmie in writing; Pismo Święte Holy Scripture

pisnąć *vi vt zob.* piszczeć; nie ~ ani słówka not breathe a word

pisownia *f* spelling

pistolet *m* pistol

piszczałka *f* pipe, fife

piszczeć *vi* squeak, squeal

piszczel *m anat.* shinbone, tibia

piśmidło *n pog.* scrawl

piśmiennictwo *n* letters *pl*, literature

piśmiennie *adv* in writing

piśmienn|y *adj* literate; (*pisemny*) written; artykuły ~e writing-materials, stationery

piwiarnia *f* beer-house

piwnica *f* cellar

piwny *adj* beer *attr*; (*kolor*) brown

piwo *n* beer; ~ z beczki beer on draught; dać na ~ give a tip

piwonia *f bot.* peony

piwowar *m* brewer

piżama *f* pyjamas *pl*

piżmo *n* musk

piżmowiec *m zool.* musk-rat

plac *m* ground; (*parcela*) lot, parcel; (*okrągły, u zbiegu ulic*) circus, (*kwadratowy*) square; ~ boju battlefield; ~ budowy building-ground

placek *m* cake

placówka *f* outpost

plaga *f* plague

plagiat *m* plagiarism; popełnić ~ plagiarize

plakat *m* poster, bill

plakieta *f* plaque

plama *f* spot, stain

plamić *vt* spot, stain; ~ się *vr* spot

plan *m* plan, scheme; pierwszy ~ foreground; dalszy ~ background

planeta *f* planet

planetarny *adj* planetary

planować *vt* plan; *vi lotn.* plane

planowanie *n* planning

planowo *adv* according to plan

planowy *adj* planned

plantacja *f* plantation

plantator *m* planter

plastelina *f* plasticine

plaster *m* plaster; ~ miodu honeycomb

plasterek *m* (*np. szynki*) slice

plastik *m* = plastyk 2.

plastycznie *adv* plastically

plastyczność *f* plasticity

plastyczn|y *adj* plastic; sztuki ~e fine arts

plastyk 1. *m* (*artysta*) artist

plastyk 2. *m* (*masa plastyczna*) plastic

platerować *vt* plate

platery *s pl zbior.* plate

platforma *f* platform; (*wóz ciężarowy*) lorry

platoniczny *adj* Platonic

platyna *f chem.* platinum

plazma *f* plasm

plaża *f* beach

plądrować *vt vi* plunder

pląsać *vi* hop, toe and heel it

pląsy *s pl* dance, dancing

plątać *vt* entangle; ~ się *vr* tangle, become entangled; *pot.* (*łazić*) slouch about

plątanina *f* tangle

plebiscyt *m* plebiscite

plecak *m* knapsack, rucksack

plecionka *f* plait; (*wyrób koszykarski*) wickerwork

plec|y *s pl* back; za ~ami behind one's back; obrócić się ~ami turn one's back (do kogoś on sb)

pleć *zob.* plewić

pled *m* plaid

plejada *f* pleiad

plemienny *adj* tribal, racial

plemię *n* tribe, race

plenarny *adj* plenary; full

plenić się *vr* multiply

plenum *n nieodm.* plenary session

pleść *vt* twist, plait; (*gadać*) babble

pleśnieć *vi* mould
pleśń *f* mould
plewa *f* chaff
plewić *vt* weed
plik *m* bundle
plisa *f* pleat
plisować *vt* pleat
plomba *f* lead, leaden seal; (w zębie) filling, stopping
plombować *vt* seal up, lead; (ząb) fill, stop
plon *m* crop, yield
plotka *f* gossip
plotkarka *f*, plotkarz *m* gossip(er)
plotkować *vi* gossip
pluć *vi* spit
plugawić *vt* (be)foul
plugawy *adj* foul, filthy
plus *m* (znak) plus sign; (zaleta) plus, advantage; *adv* (ponadto) plus
pluskać *vi* splash; ~ się *vr* splash
pluskiewka *f* tack, drawing-pin
plusz *m* plush
plutokracja *f* plutocracy
pluton *m* wojsk. platoon
plutonowy *adj* wojsk. lance sergeant
pliwocina *f* spittle
płaca *f* pay, salary, wages *pl*; lista ~ pay-sheet, pay-roll
płachta *f* sheet
płacić *vt* pay; ~ gotówką pay in cash; ~ z góry pay in advance, prepay
płacz *m* cry; crying, weeping; wybuchnąć ~em burst into tears
płakać *vi* cry, weep
płaski *adj* flat
płasko *adv* flatways, flatwise
płaskorzeźba *f* bas-relief
płaskowzgórze *n* tableland
płaszcz *m* overcoat, cloak; ~ nieprzemakalny ⟨deszczowy⟩ raincoat
płaszczyć *vi* flatten; ~ się *vr* become flat; przen. fawn (przed kimś on, upon sb)
płaszczyk *m* cape, mantle; przen. pod ~iem under the cloak
płaszczyzna *f* plain, level; mat.

plane
płat *m* (kawał, szmat) slice; (mięsa) collop; anat. lobe
płatać *vi* cut; ~ figle play tricks (komuś on sb)
płat|ek *m* shred, piece; (plasterek) slice; (kwiatu) petal; (śniegu) flake; ~ki owsiane oat flakes
płatniczy *adj*, fin. bilans ~ balance of ⟨accounts⟩ payments; środek ~ legal tender
płatnik *m* payer
płatnoś|ć *f* maturity; ~ć natychmiastowa money down; dzień ~ci pay-day; handl. (o wekslu) date ⟨time⟩ of maturity
płatny *adj* payable, due; handl. (o wekslu) mature; (płacony) paid
płaz 1. *m* zool. amphibian
płaz 2. *m* the flat of a sabre; przen. puścić coś ~em pass sth over, connive at sth
płciow|y *adj* sexual, sex *attr*; życie ~e sexual life; popęd ~y sex instinct ⟨urge⟩
płeć *f* sex; (cera) complexion; ~ piękna fair sex
płetwa *f* fin
płetwonurek *m* frogman
płochliwy *adj* shy
płochy *adj* frivolous
płodność *f* fertility
płodny *adj* fertile
płodozmian *m* rotation of crops
płodzenie *n* procreation
płodzić *vt* procreate; ~ się *vr* multiply
płomienny *adj* flaming, fiery; (żarliwy) ardent
płomień *m* flame
płonąć *vi* burn, be on fire; przen. ~ ze wstydu burn with shame
płonica *f* med. scarlet-fever
płonić się *vr* blush
płonny *adj* vain
płoszyć *vt* scare (away); ~ się *vr* be scared (czymś by sth)
płot *m* fence, ledge
płot|ek *m* sport hurdle; bieg przez ~ki hurdle-race
płowieć *vi* fade (away)

płow|y *adj* fallow; **zwierzyna ~a** fallow deer

płód *m* fruit, product; *anat.* phoetus

płótno *n* linen; *(malarskie, żaglowe)* canvas

płuc|o *n* lung; **zapalenie ~** pneumonia

płucny *adj* pulmonary

pług *m* plough; **~ śnieżny** snow--plough

płukać *vt* rinse, wash; **~ gardło** gargle

płyn *m* liquid; *(do włosów, apteczny itp.)* lotion

płynąć *vi* flow; *(pływać)* swim; *(o statkach)* sail; *(o podróży morskiej)* go by water, sail; **~ łódką** boat

płynny *adj* liquid; *(o mowie)* fluent

płyta *f* plate, slab; **~ gramofonowa** record; **~ kamienna** *(do brukowania)* flag-stone

płytki *adj* shallow; *(np. o talerzu)* flat

pływać *vi* swim; *(np. o korku)* float

pływak *m* swimmer; *(w zbiorniku, u wędki itp.)* float

pneumatyczny *adj* pneumatic

pniak *m* stump

po *praep* after; to, up to; for; past; zaraz po on, upon; po wykładach after the lectures; po dzień dzisiejszy up to the present day; po uszy up to the ears; posłać po taksówkę send for a taxi; kwadrans po piątej a quarter past five; zaraz po jego powrocie on his return; po co? what for?; po czemu? how much?; po kolei by turns; każdemu po szylingu one shilling each; po szylingu za sztukę one shilling apiece; po raz pierwszy for the first time; po pierwsze firstly, in the first place; mówić po angielsku speak English

pobić *vt* beat, defeat; **~ rekord** break ⟨beat⟩ the record; **~ się** *vr* come to blows

pobielać *vt* (metal) tin; (ścianę) whitewash

pobierać *vt (np. pensję)* receive; *(np. podatek)* collect; *(lekcje)* take; **~ się** *vr* get married

pobieżny *adj* superficial

pobliski *adj* near

pobliż|e *n,* **w ~u** near by

pobłażać *vi* be indulgent **(komuś** to sb); connive (czemuś at sth); **~ sobie** indulge oneself

pobłażliwość *f* indulgence

pobłażliwy *adj* indulgent

poboczny *adj* lateral; *(o przedmiocie)* secondary

pobojowisko *n* battlefield

poborca *m* (tax-)collector

poborowy *adj* conscript; *s m* conscript

pobory *s pl* salary

pobożn|y *adj* pious; *pot.* **~e życzenie** wishful thinking

pobór *m (do wojska)* conscription, levy; *(podatku)* collection, levy

pobranie *n,* **za ~m** to be paid on delivery, cash on delivery

pobrzeże *n* shoreland, seashore

pobudka *f* impulse, stimulus; *wojsk.* reveille

pobudliwość *f* excitability

pobudliwy *adj* excitable

pobudzić *vt* excite, impel; *(zbudzić)* wake up

pobyt *m* sojourn, stay; **miejsce stałego ~u** residence; **wiza ~owa** visitor's visa

pocałunek *m* kiss

pochlebca *m* flatterer

pochlebiać *vi* flatter (komuś sb)

pochlebn|y *adj* flattering; **~a opinia** high opinion

pochlebstwo *n* flattery

pochłania|ć *vt* absorb, swallow; **~ go nauka** he is absorbed in study

pochmurny *adj* cloudy; *przen. (ponury)* gloomy

pochodnia *f* torch

pochodny *adj* derivative, secondary

pochodzenie *n* origin, descent, extraction

pochodzić *vi* descend, be descended (od kogoś from sb), derive, be derived (od kogoś, czegoś from sb, sth); (wynikać) result (z czegoś from sth), proceed (z czegoś from sth)

pochopność f eagerness, hastiness

pochopny adj eager, hasty

pochować vt (pogrzebać) bury; zob. chować

pochód m procession; march

pochwa f sheath

pochwalać vt praise; (uznawać) approve (coś of sth)

pochwaln|y adj laudatory; **mowa** ~a eulogy

pochwała f praise

pochylenie n inclination

pochylić vt bend, bow; ~ **się** vr bow down

pochyłość f slope, slant

pochyły adj sloping, inclined

pociąg m train; (skłonność) attraction, inclination; (upodobanie) liking, fondness; ~ **osobowy** ⟨towarowy⟩ passenger ⟨goods⟩ train; ~ **pospieszny** fast ⟨express⟩ train

pociągać vt vi pull (coś sth, za coś at sth), draw; (nęcić) attract; ~ **do odpowiedzialności** call to account

pociągający adj attractive

pociągły adj oblong

pociągnięcie n draught, pull; (np. w grze) move

pociągowy adj, **koń** ~ draught ⟨draft⟩ horse

po cichu adv in a low voice; (w tajemnicy) tacitly; secretly

pocić się vr perspire, sweat

pociecha f consolation, comfort; **niewielka** ~ no great shakes

po ciemku adv in the dark

pocierać vt rub

pocieszać vt console, comfort, cheer up; ~ **się** vr console oneself

pocieszenie n consolation, comfort

pocieszny adj funny, droll

pocieszyciel m comforter

pocisk m missile, projectile; ~ **armatni** shell; ~ **zapalający** fire-ball

począć vt begin, commence; (zajść w ciążę) conceive; **co mam** ~? what am I to do?

począt|ek m beginning; origin; **na** ~ek to start with; **na** ~ku at the beginning, at the outset

początkowo adv at first, initially

początkowy adj initial, primary

początkujący m beginner

poczciwiec m good fellow

poczciwy adj good, good-hearted

poczekalnia f waiting-room

poczekani|e n, **na** ~u on the spot; off-hand; there and then

poczernić vt black(en)

poczernieć vi blacken, become black

poczerwienić vt redden, make red

poczerwienieć vi redden, become red; (zarumienić się) blush

poczesny adj honorable, respectable

poczęcie n beginning; biol. conception

poczęstunek m treat

poczt|a f post, mail; (budynek) post-office; ~a **lotnicza** air mail; ~ą by post; **odwrotną** ~ą by return of post

pocztow|y adj postal, post attr; **kartka** ~a post-card, am. postal card; **opłata** ~a postage; **stempel** ~y postmark; **unia** ~a postal union; **urząd** ~y post-office; **znaczek** ~y (postage-)stamp

pocztówka f post-card

poczucie n feeling; sense; ~ **obowiązku** ⟨humoru⟩ sense of duty ⟨humour⟩

poczuwać się vr, ~ **się do obowiązku** feel it one's duty; ~ **się do winy** admit one's guilt, feel guilty

poczwarka f chrysalis

poczwórny adj fourfold

poczynać vt vi begin, originate; ~ **sobie** behave

poczytać vt read (a little); zob. poczytywać

poczytalny adj accountable

poczytność f popularity

poczytny *adj* widely read, popular

poczytywać *vt* regard (kogoś, coś sb, sth; za kogoś, coś as sb, sth); ~ się za bardzo ważnego consider oneself very important; ~ sobie za wielki zaszczyt look upon something (esteem sth) as a great honour; ~ coś komuś za przestępstwo impute sth to sb as an offence

pod *praep* under, beneath, below; ~ drzwiami at the door; ~ karą śmierci on the penalty of death; ~ nazwiskiem X.Y. by the name of X.Y.; ~ ręką at hand; ~ tym względem in this regard; ~ Warszawą near Warsaw; bitwa ~ Warszawą battle of Warsaw; ~ warunkiem on condition; ~ wieczór towards the evening

podać *zob.* podawać

podagra *f med.* gout

podający *m* (*w tenisie*) server

podanie *n* (*prośba*) petition, application; (*legenda*) legend; *sport* service, pass; wnieść ~ file an application

podarek *m* gift, present

podarty *adj* torn, worn

podatek *m* (*państwowy*) tax; (*samorządowy*) rate

podatnik *m* (*państwowy*) tax-payer; (*samorządowy*) rate-payer

podatny *adj* susceptible (na coś to sth); subject (na choroby to diseases); *przen.* ~ grunt favourable conditions

podawać *vt* give, hand, pass; ~ rękę shake hands (komuś with sb); ~ na stół serve; ~ do wiadomości make known; ~ w wątpliwość call into question

podaż *f* supply, offer

podążać *vi* go, hurry along; ~ za kimś follow sb

podbicie *n* (*kraju*) conquest; (*podszycie*) lining; (*u stopy*) instep

podbiegać *vi* come running

podbiegunowy *adj* polar

podbijać *vt* run up; (*zawojować*) conquer, subdue

podbój *m* conquest

podbródek *m* chin

podburzać *vt* incite, stir (up)

podchodzić *vi* come near, approach

podchwycić *vt* catch up

podciągać *vt* draw up; (*pod kategorię*) subsume

podcinać *vt* undercut; (*np. skrzydła*) clip

podcyfrować *vt* initial, sign

podczas *praep* during; ~ gdy *conj* while; whereas

podczerwon|y *adj fiz.* infra-red; promienie ~e infra-red radiation

poddać *vt* subject; (*np. twierdzę*) surrender; (*podsunąć myśl*) suggest; ~ próbie put to trial; ~ się *vr* surrender; (*operacji, egzaminowi*) undergo (an operation, examination); (*ulec*) submit

poddanie się *n* submission

poddany *m* subject; *hist.* serf

poddaństwo *n hist.* serfdom

poddasze *n* attic, garret

podejmować *vt* take up, undertake; (*np. gości*) entertain, receive; ~ kroki take steps; ~ pieniądze raise money; ~ się *vr* undertake (czegoś sth)

podejrzany *adj* suspect(ed); (*budzący podejrzenie*) suspicious

podejrzenie *n* suspicion

podejrzewać *vt* suspect (kogoś o coś sb of sth)

podejrzliwie *adv* suspiciously; patrzeć ~ look askance

podejrzliwość *f* suspiciousness

podejrzliwy *adj* suspicious

podejście *n* approach

podejść *vt* (*podstępnie*) circumvent, deceive; *vi zob.* podchodzić

podeptać *vt* trample under foot

poderżnąć *zob.* podrzynać

podeszły *adj*, ~ wiekiem aged, advanced in years

podeszwa *f* sole

podjazd *m* approach; (*droga do budynku*) drive(way)

podjazdow|y *adj*, walka ~a guerilla warfare

podjąć

podjąć *vt* pick up; *zob.* podejmować

podjechać *vi* drive up, come riding

podjudzać *vt* abet, stir up

podkleić *vt* stick under

podkład *m* base, foundation; *kolej.* sleeper

podkładać *vt* put ⟨lay⟩ under

podkładka *f* pad, bolster

podkop *m* sap, subway

podkopywać *vt* undermine, sap

podkowa *f* (*końska*) horseshoe

podkradać się *vr* steal secretly

podkreślać *vt* underline; (*uwydatniać*) lay stress

podkręcać *vt* twist up, screw up

podkuwać *vt* (*konia*) shoe; (*but*) tap

podlatywać *vi* fly up

podlegać *vi* be subject (*komuś, czemuś* to sb, sth); (*karze, podatkowi itp.*) be liable

podległy *adj* subject

podlewać *vt* water

podlizywać się *vr* fawn (*komuś* on, upon sb)

podlotek *m* young girl, *pot.* flapper, teen-ager

podłoga *f* floor

podłość *f* vileness

podłoże *n* substratum; (*podstawa*) base, background

podłożyć *zob.* podkładać

podług *praep* according to, after

podłużny *adj* oblong

podły *adj* vile, mean

podmalować *vt* ground, paint the background

podmiejski *adj* suburban

podminować *vt* undermine

podmiot *m* subject

podmiotowy *adj* subjective

podmuch *m* blast, puff

podmywać *vt* wash away, underwash; (*o rzece, morzu*) sap

podniebienie *n* palate

podniecać *vt* excite, incite, stir up (*do czegoś* to sth)

podniecenie *n* excitement; (*podnieta*) incitement

podniesienie *n* lifting, hoisting, elevation

podnieść *zob.* podnosić

podnieta *f* incitement, stimulus, incentive

podniosłość *f* sublimity

podniosły *adj* sublime, lofty

podnosić *vt* raise, lift, take up; (*z ziemi*) pick up; (*ręce*) hold up; (*kotwicę*) weigh; (*pieniądze, ceny, podatki itp.*) raise; (*w banku, zasiłek itp.*) draw; ~ bunt raise a revolt; ~ na duchu encourage, *pot.* buoy up; ~ zarzuty level charges; *mat.* ~ do kwadratu square, raise to the square; ~ się *vr* rise, get up

podnóż|e *n* (*góry*) foot; u ~a at the foot

podnóżek *m* footstool

podoba|ć się *vr* please; ~ mi się tutaj I like this place; on mi się ~ I like him; jak ci się to ~? how do you like this?; rób, jak ci się ~ do as you please; weź, ile ci się ~ take as much ⟨many⟩ you please

podobieństwo *n* resemblance, likeness

podobizna *n* photo, image; likeness

podobnie *adv* likewise, alike; ~ jak like

podobno *adv* I suppose that, I understand that; on ~ wraca jutro he is supposed to come back tomorrow

podobny *adj* similar (*do kogoś* to sb), like (*do kogoś* sb); być ~m resemble (*do kogoś* sb)

podoficer *m* *wojsk.* non-commissioned officer

podołać *vi* be up (*czemuś* to sth), manage (*czemuś* sth)

podówczas *adv* at that time

podpadać *vi* fall (*czemuś, pod coś* under sth)

podpalacz *m* incendiary

podpalać *vt* set fire (*coś* to sth), set on fire (*coś* sth)

podpalenie *n* arson

podpałka *f* kindling-wood

podpatrywać *vt* watch furtively, spy

podpierać *vt* support, prop

podpinać *vt* fasten, buckle up

podpis *m* signature; złożyć ~ put one's signature (na czymś to sth)

podpisa|ć *vt* sign; subscribe (pożyczkę to a loan); niżej ~ny the undersigned

podpora *f* support, prop; *przen.* (ostoja) mainstay

podporucznik *m* wojsk. second lieutenant

podporządkować *vt* subordinate (komuś, czemuś to sb, sth); ~ się *vr* conform, submit

podpowiadać *vt* prompt (komuś sb)

podpórka *f* support, prop

podpułkownik *m* wojsk. lieutenant-colonel

podrabiać *vt* forge

podrastać *vi* grow up

podrażnić *vt* excite, irritate

podrażnienie *n* excitement, irritation

podręcznik *m* handbook

podręczn|y *adj* (znajdujący się pod ręką) handy, at hand; książka ~a reference book

podróbki *s pl* pluck *zbior.*

podróż *f* travel, journey; (krótka) trip; (morska) voyage; **odbywać** ~ make a journey

podróżnik *m* traveller

podróżny *m* traveller, passenger; *adj* travelling

podróżować *vi* travel

podrygi *s pl* gambols

podrygiwać *vi* gambol, skip

podrywać *vt* pull down; jerk; *przen.* sap; *pot.* (np. dziewczynę) pick up

podrzeć *vt* tear up

podrzędny *adj gram.* subordinate; (drugorzędny) second-rate

podrzucać *vt* throw up, toss; (np. ulotkę, dokument) foist; (niemowlę) expose

podrzutek *m* foundling

podrzynać *vt* undercut; ~ **sobie**

gardło cut one's throat

podsądny *m* accused, defendant

podsekretarz *m* undersecretary

podskakiwać *vi* jump, leap up, bounce; (o cenach) rise, shoot up; ~ **z radości** leap for joy

podskok *m* jump, leap

podskórn|y *adj* subcutaneous, (o zastrzyku) hypodermic; **woda** ~a subsoil water

podsłuch *m* eavesdropping; (telefoniczny) wire-tapping; (radiowy) monitoring

podsłuchiwać *vt* overhear, eavesdrop; (w radiu) monitor

podstarzały *adj* aged, elderly

podstaw|a *f* base, basis; **na tej** ~ie on this ground; **na** ~ie **czegoś** on the ground of sth

podstawić *vt* put under; substitute (coś na miejsce czegoś sth for sth)

podstawow|y *adj* fundamental, essential; **szkoła** ~a elementary school

podstęp *m* trick

podstępny *adj* tricky, trickish

podsumować *vt* sum up

podsunąć *vt* shove, slip; (wsunąć ukradkiem) foist; (myśl) suggest

podsycać *vt* foment, excite; (ogień) feed, blow

podszeptywać *vt* whisper furtively; (podsunąć) prompt (komuś pomysł sb with an idea), suggest

podszewka *f* lining

podszycie *n* (lasu) undergrowth

podszyć *vt* (ubranie) line; ~ **się** *vr* pretend to be (pod kogoś sb), assume the character (pod kogoś of sb)

podścielić *vt* underlay, litter

podściółka *f* underlay, litter

podświadomość *f* subconsciousness

podświadomy *adj* subconscious

podtrzymywać *vt* support; (stosunki, poglądy itp.) maintain; (życie, nastrój) sustain; *przen.* (bronić kogoś, czyjejś sprawy) advocate

podupada|ć *vi* decline, go down;

~ać na siłach break up; ~ł na zdrowiu his health broke down

poduszczeni|e n abetment, instigation; z czyjegoś ~a at sb's instigation

poduszka f (pościelowa) pillow; (ozdobna) cushion; ~ do stempli ink-pad

podwalina f foundation

podważyć vt lever; (łomem) lift up; przen. (osłabić) weaken, sap, shake

podwiązać vt tie up, bind up

podwiązka f garter, suspender

podwieczorek m afternoon tea

podwieźć vt (dostarczyć) supply; ~ kogoś (samochodem, autem) give sb a lift

podwinąć vt turn up, tuck up

podwładny adj i sm subordinate

podwodn|y adj underwater attr, submarine; mors. łódź ~a submarine

podwoić vt double

podwozie n chassis

podwójnie adv doubly, twofold

podwójn|y adj double, twofold; ~a gra double-dealing

podwórze n (court-)yard

podwyżka f augmentation; (cen) rise; (płacy) increase

podwyższać vt raise, heighten; lift; (powiększać) increase

podwyższenie n elevation

podzelować vt sole

podzia|ć vt put somewhere, misplace, lose; ~ć się vr be misplaced, go lost; gdzie się to ~ło? what's become of it?

podział m division, partition; ~ godzin timetable

podziałka f scale

podzielać vt share

podziel|ić vt divide; ~ się vr share; ~ się z kimś wiadomościami impart news to sb

podzielny adj divisible

podziemie n underground

podziemny adj underground, subterranean

podziękować zob. dziękować

podziękowanie n thanks pl

podziw m admiration

podziwiać vt admire

podzwrotnikowy [-d-z-] adj tropical

podżegacz m abetter; ~ wojenny war-monger

podżegać vt abet, instigate

poemat m poem

poeta m poet

poetka f poet, poetess

poetycki adj poetic(al)

poezja f poetry

pogadać vi pot. (także ~ sobie) have a chat

pogadanka f chat; (popularny wykład) talk

poganiacz m driver

poganiać vt drive; urge, push on

poganin m heathen, pagan

pogański m heathen, pagan

pogaństwo n paganism

pogard|a f contempt, disdain; godny ~y contemptible

pogardliwy adj contemptuous, disdainful

pogardzać vt despise, disdain

pogarszać zob. pogorszyć

pogawędka f chat, talk

pogawędzić vi (także ~ sobie) have a chat

pogląd m view, opinion

poglądow|y adj, lekcja ~a object-lesson

pogłaskać vt stroke, caress

pogłębiać vt deepen

pogłosk|a f rumour; chodzą ~i it is rumoured

pogoda f weather; przen. (ducha) serenity

pogodny adj fair; (na duchu) serene, cheerful

pogodzenie (się) n conciliation, reconciliation

pogodzić vt reconcile; ~ się vr reconcile oneself (z kimś with sb, z czymś to sth), become reconciled

pogoń f chase (za kimś after sb), pursuit (za kimś of sb)

pogorszenie n change for worse, deterioration

pogorszyć *vt* make worse, worsen, deteriorate; ~ **się** *vr* become worse, deteriorate

pogorzelec *m* victim of a fire

pogotowi|e *n* readiness; (*instytucja*) emergency service; **karetka** ~**a** ambulance; ~**e milicyjne** emergency police squad; ~**e ratunkowe** medical emergency service; **być w** ~**u** be on the alert

pogranicze *n* borderland

graniczn|y *adj* border-, frontier-, bordering; **miasto** ~**e** frontier-town; **teren** ~**y** border-territory

pogrążyć *vt* sink, plunge; ~ **się** *vr* sink, plunge; *przen.* become absorbed; ~ **się w żalu** be overwhelmed by sorrow

pogrobowiec *m* posthumous child

pogrom *m* pogrom; (*rozbicie wojsk*) rout

pogromca *m* conqueror; (*zwierząt*) tamer

pogróżka *f* threat

pogrzeb *m* funeral, interment, burial

pogrzebacz *m* poker

pogrzebać *zob.* grzebać

pogrzebowy *adj* funeral; **orszak** ~ funeral procession

pogwałcenie *n* violation

pogwałcić *vt* violate

poić *vt* drink; (*konie*) water

pojawić się *vr* appear, turn up, make one's appearance

pojazd *m* vehicle, conveyance

pojąć *vt* comprehend, grasp; ~ **za męża** ⟨**za żonę**⟩ take as a husband ⟨as a wife⟩; take in marriage

pojechać *vi* go (**dokąd** to a place), leave (**dokąd** for a place)

pojednać *vt* reconcile; ~ **się** *vr* reconcile oneself, become reconciled

pojednanie *n* reconciliation

pojednawczy *adj* conciliatory

pojedynczo *adv* singly, one by one

pojedynczy *adj* single; *gram.* singular

pojedynek *m* duel; **wyzwać na** ~ challenge to a duel

pojedynkować się *vr* duel, fight a duel

pojemnik *m* container

pojemność *f* capacity

pojemny *adj* capacious

pojęcie *n* idea, notion; **to przechodzi moje** ~ it passes my comprehension

pojętność *f* comprehension, apprehension

pojętny *adj* quick of apprehension, clever

pojmać *vt* seize, catch

pojmować *vt* comprehend, apprehend, grasp

pojmowanie *n* comprehension, apprehension

pojutrze *adv* the day after tomorrow

pokarm *m* food, nourishment

pokarmowy *adj* alimentary; **przewód** ~ alimentary canal

pokaz *m* show; display; ~ **lotniczy** air display; **na** ~ for show

pokazywać *vt* show, display, demonstrate; (*wskazywać*) point (**na kogoś** at sb); ~ **się** *vr* appear, come into sight

pokaźny *adj* considerable; showy, stately

pokątny *adj* clandestine; (*nielegalny*) unlicensed, illegal

poker *m* (*gra*) poker

poklask *m* applause

pokła|d *m* layer; *mors.* deck; **na** ~**d, na** ~**dzie** on board, aboard

pokładać *vt* lay, place; *przen.* ~ **nadzieję** set hopes (**w kimś, czymś** on sb, sth)

pokłon *m* bow, homage

pokło|nić się *vr* bow; ~**ń mu się ode mnie** present him my compliments, give him my regards

pokłosie *n* gleaning; *przen.* (*plon*) aftermath

pokłócić *vt* set at variance; ~ **się** *vr* fall out (**z kimś** with sb), *pot.* fall to (**at**) loggerheads

pokochać *vt* fall in love (**kogoś** with sb), become fond (**kogoś, coś** of sb, of sth)

pokojowy *adj* peace *attr.*, peaceful; (*znajdujący się w pokoju*) indoor; okres ~ peace-time; układ ~ peace treaty; piesek ~ lap dog

pokojówka *f* chamber-maid

pokolenie *n* generation

pokonać *vt* (*pobić*) defeat; (*przemóc*) overcome, (*trudności*) surmount; ~ odległość cover a distance

pokora *f* humility

pokoruy *adj* humble

pokost *m* varnish

pokostować *vt* varnish

pokój *f* peace; (*pomieszczenie*) room; ~ stołowy dining-room; ~ sypialny bedroom; pokoje do wynajęcia rooms to let; Światowa Rada Pokoju World Peace Council; światowy ruch pokoju world peace movement; zawierać ~ make peace

pokrewieństwo *n* relationship, affinity

pokrewny *adj* related (komuś to sb), (*duchowo*) congenial (komuś sb, with sb)

pokrowiec *m* cover, dust-cloth

pokrój *m*; innego ~oju of another cast; tego ~oju of this stamp

pokrótce *adv* in short, briefly

pokrycie *n* (*także fin.*) cover, covering; ~ w złocie gold backing

pokryć *vt* cover; (*koszty*) defray

po kryjomu *adv* stealthily, secretly

pokrywa *f* cover, lid

pokrywać *vt* zob. pokryć; ~ się *vr* be covered; *przen.* (*zbiegać się*) coincide

pokrzepiać *vt* invigorate, strengthen; refresh; ~ na duchu fill with high spirits, cheer; ~ się *vr* refresh oneself

pokrzepienie *n* refreshment; invigoration; (*duchowe*) encouragement

pokrzywa *f* bot. nettle

pokrzywka *f* med. nettle-rash

pokupny *adj* saleable, in great demand

pokusa *f* temptation; ~ mnie bierze I fell tempted

pokusić się *vr* attempt, venture (o coś sth)

pokut|a *f* penance, penitance; odprawiać ~ę do penance

pokutować *vi* do penance; *przen.* (*trwać nadal*) linger on

pokwitować *vt* receipt

pokwitowanie *n* receipt

Polak *m* Pole

polana *f* glade, clearing

polano *n* billet

polarn|y *adj* polar; gwiazda ~a pole-star

polaryzacja *f* polarization

pole *n* field; ~ bitwy battlefield; ~ widzenia field of vision; *przen.* wywieść w ~ jockey, hoax

polec *vi* fall, be killed

polec|ać *vt* recommend; (*powierzać*) commend; *handl.* (*zlecać*) command; list ~ający letter of introduction; list ~ony registered letter

polecenie *n* recommendation; *handl.* (*zlecenie*) command; ~ wypłaty order of payment

poleg|ać *vi* consist (na czymś in sth); rely, depend (na kimś, czymś on sb, sth); na nim można ~ć he can be relied upon; nasze zadanie ~ na wspólnym wysiłku our task consists in a common effort; rzecz ~ na czymś innym the matter consists in sth else, the point of the matter is different

polemiczny *adj* polemic(al)

polemika *f* polemics

polepsz|ać *vt* improve, make better; ~ać się *vr* improve, grow better; (*o zdrowiu*) ~yło mu się he is better

polerować *vt* polish

polewa *f* glaze, enamel

polewaczka *f* watering-can

polewać *vt* (*wodą*) water; (*pokrywać glazurą*) glaze

polędwica *f* loin

policja *f* police

policjant *m* policeman

policzek *m* cheek, face; (*uderzenie w twarz*) slap; wymierzyć komuś ~ slap sb's face

polisa *f* insurance policy

politechniczny *adj* polytechnic(al)

politechnika *f* polytechnical school, engineering college

politowanie *n* pity, mercy

politura *f* polish

politurować *vt* polish

polityczny *adj* political

polityk *m* politician

polityka *f* (*taktyka*) politics; (*kierunek postępowania, dyplomacja*) policy

polka *f* (*taniec*) polka; Polka Pole, Polish woman

polon *m chem.* polonium

polonez *m* (*taniec*) polonaise

polor *m* lustre, gloss; (*ogłada*) refinement

polot *m* imaginativeness, enthusiasm

polować *vi* hunt, chase (na zwierzynę the deer); shoot; *pot.* (*poszukiwać*) hunt (na kogoś, coś sb, sth)

polowanie *n* chase, hunting; iść na ~ go hunting

polski *adj* Polish

polszczyzn|a *f* Polish (language); mówić i pisać dobrą ~ą speak and write good Polish

polubić *vt* take a liking (kogoś, coś for ⟨to⟩ sb, sth)

polubowny *adj* arbitral; sąd ~ arbitration

poła *f* skirt

połać *f* stretch of land, expanse

poławiacz *m* fisherman, diver; ~ pereł pearl-diver; ~ min mine-sweeper

połączeni|e *n* connexion (*także kolejowe*); union; fusion; w ~u z czymś in connexion with sth

połączyć *vt* connect; unite; (*telefonicznie*) put through (z kimś to sb); ~ się *vr* unite; become connected; (*telefonicznie*) get through (z kimś to sb)

połow|a *f* half; (*środek*) middle; ~a roku half a year; w ~ie marca in the middle of March; na ~ę by half; za ~ę ceny at half price

połowica *f*, *pot.* moja ~ my better half

połowiczny *adj* half; partial

położeni|e *n* situation; (*zw. trudne*) plight; w ciężkim ~u in sad ⟨sorry⟩ plight

położna *f* midwife

położyć *vt* lay (down), place, put; *przen.* ~ koniec put an end (czemuś to sth); ~ trupem kill; ~ życie sacrifice one's life; ~ się *vr* lie down, go to bed; zob. kłaść

połóg *m* delivery, childbirth

połów *m* catch (ryb of fish), fishing; (*wynik połowu, ryby w sieci*) haul; ~ pereł pearl-fishing; *przen.* obfity ~ large booty

południe *n* midday, noon; w ~ at noon; (*strona świata*) south; na ~ od ... to the south of ...; przed ~m in the morning, in the forenoon

południk *m* meridian

południowo-wschodni *adj* south-eastern

południowo-zachodni *adj* south-western

południow|y *adj* southern, south; ~a pora noontide

połykać *vt* swallow

połysk *m* lustre, glitter, gloss, polish

połyskiwać *vi* glitter

pomadka *f* chocolate cream; ~ do ust lipstick

pomagać *vi* help, aid, assist; be good, be of use (na coś for sth); co to pomoże? what's the use of it?; płacz nic nie pomoże it's no use crying

pomału *adv* slowly, little by little

pomarańcza *f* orange

pomarszczony *adj* wrinkled
pomawiać *vt* impute (kogoś o coś
sth to sb), charge (kogoś o coś
sb of sth)
pomazać *vt* smear over, besmear
pomiar *m* measurement; *(geode-*
zyjny) survey
pomiarkować się *vr* become aware
(co do czegoś of sth)
pomiatać *vt* disdain, spurn (kimś
sb)
pomidor *m* tomato
pomieszać *vt* mix up, stir up;
(wprowadzić zamęt) confuse; ~
komuś szyki thwart sb's designs;
zob. mieszać
pomieszanie *n* confusion; ~e zmysłów insanity; dostać ~a zmysłów go mad
pomieszczenie *n* place, lodging, accomodation
pomieścić *vt* put, place; *(mieścić*
w sobie) contain; *(dać mieszka-*
nie, nocleg) lodge, accomodate
pomiędzy zob. między
pomijać *vt* pass over, omit, overlook; ~ć milczeniem pass over
in silence; ~jąc ... apart from ...
pomimo *praep* in spite of
pomniejszać *vt* diminish, belittle
pomniejszy *adj* minor, petty
pomnik *m* monument
pomny *adj* mindful (czegoś of sth)
pomoc *f* help, aid, assistance;
sport half-back; ~ domowa
maid-servant; ~e naukowe ins-
tructional aids; udzielenie pierwszej ~y first-aid treatment;
przyjść komuś z ~ą come to sb's
help; wzywać kogoś na ~, call
on sb for help; przy ~y ⟨za ~ą⟩
czegoś with the aid ⟨by means,
through the medium⟩ of sth; przy
~y kogoś with aid ⟨help⟩ of sb
pomocnica *f* (female) assistant
pomocniczy *adj* auxiliary
pomocnik *m* assistant
pomocny *adj* helpful
pomorski *adj* Pomeranian
pomost *m* platform; *(ze statku)*
gangway
pomóc zob. pomagać

pomór *m* pestilence; *(u bydła)*
murrain
pompa 1. *f techn.* pump; ~ ssąca
suction pump
pomp|a 2. *f (wystawność)* pomp;
z wielką ~ą in great state
pompatyczny *adj* pompous
pompować *vt* pump
pomsta *f* revenge
pomstować *vt* swear (na coś at
sth)
pomyje *spl* slops
pomylić się *vr* make a mistake,
commit an error, be mistaken (co
do kogoś, czegoś about sb, sth)
pomyłk|a *f* mistake, error; przez
~ę by mistake
pomysł *m* idea
pomysłowość *f* ingenuity
pomysłowy *adj* ingenious
pomyślność *f* prosperity, success
pomyślny *adj* successful, favourable; *(o wietrze)* fair; ~ skutek
good effect
pomywaczka *f* scullery-maid
ponad *praep* above; ~ miarę beyond measure; ~ moje siły beyond my power
ponadto *adv* moreover; besides; in
addition
ponaglać *vt* urge, press
ponaglenie *n* urgency; *(pismo)* reminder
poncz *m* punch
ponętny *adj* alluring, enticing, attractive
poniechać *vt* give up, abandon
poniedziałek *m* Monday
poniekąd *adv* to some degree
ponieść zob. ponosić
ponieważ *conj* because, as, since
poniewczasie *adv* too late
poniewierać *vt* disregard; maltreat
poniewierka *f* miserable life; neglect
poniżać zob. poniżyć
poniżej *praep* under, below; *adv*
underneath, below
poniżenie *n* humiliation, abase-
ment
poniższy *adj* undernamed, under-
mentioned

poniżyć vt bring down, lower; degrade; abase, humble; ~ się vr degrade oneself, humble oneself

ponosić vt carry (away); (o uczuciach, namiętnościach) transport; ~ koszty ⟨odpowiedzialność⟩ bear the expenses ⟨the responsibility⟩; ~ karę śmierci ⟨śmierć, stratę⟩ suffer the death penalty ⟨death, a loss⟩; ~ klęskę sustain ⟨suffer⟩ a defeat

ponowić vt renew; (powtarzać) repeat

ponownie adv anew, again

ponowny adj repeated, new, another

ponton m pontoon

ponury adj gloomy

pończoch|a f stocking; ~y bez szwu seamless stockings

pończosznictwo n hosiery

poobiedni adj after-dinner attr

po omacku adv gropingly; iść ~ grope one's way; szukać ~ grope ⟨czegoś for sth⟩

poparcie n support; na ~ in support ⟨czegoś of sth⟩

popas m bait

popaść vi fall; ~ w kłopoty ⟨długi⟩ get into trouble ⟨debts⟩; ~ w nieszczęście fall into misfortune

popelina f poplin .

popełnić vt commit

popęd m impulse; inclination; ~ płciowy sex instinct; z własnego ~u of one's own free will

popędliwość f impetuosity

popędliwy adj impetuous

popędzać vt drive on, urge

popielaty adj ashen, grey

popielec m Ash-Wednesday

popielniczka f ash-tray

popierać vt support, back

popiersie n bust

popijać vt vi (małymi łykami) sip; (nałogowo) tipple

popiół m ashes pl, cinders pl

popis m display, show

popisowy adj exemplary, show attr, model attr

popisywać się vr display (czymś sth), show off (czymś sth)

poplecznik m supporter, adherent

popłaca|ć vi pay; to nie ~ it does not pay, there is no money in it

popłatny adj profitable, paying

popłoch m panic

popołudni|e n afternoon; po ~u in the afternoon

poprawa f improvement

poprawczy adj corrective; dom ~ penitentiary, reformatory

poprawiać vt correct, improve; (ustawę, tekst) amend; ~ się vr improve; (moralnie) mend one's ways; (na zdrowiu) get better, improve

poprawka f correction; prawn. amendment; (egzamin) repeated examination

poprawność f correctness

poprawny adj correct

po prostu adv simply; plainly; mówiąc ~ to be plain

poprzeczka f sport cross-bar

poprzecznie adv crosswise

poprzeczny adj transversal

poprzedni adj previous, preceding; ~ego dnia the day before

poprzednik m predecessor

poprzednio adv previously, formerly

poprzedzać vt precede, go before; ~ przedmową preface

poprzek, w ~ adv crosswise, athwart, across

poprzestać vi be satisfied (na czymś with sth); na tym nie można ~ the matters cannot rest there

poprzez praep across, through

popularność f popularity

popularny adj popular

popularyzować vt popularize

popuszczać vt slacken, loosen, let loose; relax; (folgować) indulge (komuś w zachciankach sb in his whims); ~ wodze swej fantazji give reins ⟨give full rein⟩ to one's imagination; ~ pasa loosen one's belt

popychać vt push; ~ się vr push on, jostle

popychadło n drudge

popyt *m* demand (na coś for sth);
~ i podaż demand and supply

por 1. *m anat.* pore

por 2. *m bot.* leek

por|a *f* season, time; ~a obiadowa
dinner time; 4 ~y roku 4 seasons
of the year; do tej ~y till now,
up to this time; o każdej porze
at any time; w ~ę in good time

porabia|ć *vt*, co ~sz? what are you
doing?

porachunek *m* reckoning, settling
of accounts

porad|a *f* advice, counsel; udzielić
~y give advice; zasięgnąć czyjejś
~y take sb's advice; za czyjąś
~ą on sb's advice

poradnia *f* (*lekarska*) clinic for
outpatients, dispensary

poradnik *m* guide-book, vade-me-
cum

poranek *m* morning

poranny *adj* morning *attr*

porastać *vi* get overgrown, become
grown over; *przen.* ~ w pierze
feather one's nest

porazić *vt* strike; paralyze; defeat

porażenie *n* stroke, paralysis; ~
słoneczne sunstroke

porażka *f* defeat

porcelana *f* china

porcja *f* portion, share

poręcz *f* banister, handrail; (*u
krzesła*) arm; *pl* ~e *sport* parallel
bars

poręczenie *n* surety, guarantee

poręczny *adj* handy

poręczyciel *m* guarantee, guaran-
tor; *prawn.* guaranty

poręczyć zob. ręczyć

poręka zob. poręczenie

pornografia *f* pornography

poronienie *n med.* abortion, mis-
carriage

poroniony *adj* abortive

porost *m* growth

porowaty *adj* porous

porozbiorowy *adj* post-partition
attr

porozumieć się *vr* come to an understanding (z kimś with sb);

make oneself understood (z kimś
by sb); combine (żeby coś zrobić
to do sth); (*kontaktować się*)
communicate (z kimś with sb)

porozumieni|e *n* understanding,
agreement; dojść do ~a come to
an agreement

poród *m* childbirth, delivery

porównać, porównywać *vt* compare

porównanie *n* comparison

porównawczy *adj* comparative

poróżnić *vt* set at variance; ~ się
vr fall out (z kimś with sb)

port *m* port, harbour; ~ lotniczy
airport; komendant ~u harbour-
master

porter *m* porter, stout

portfel *m* wallet; *handl.* (*weksio-
wy*) portfolio

portier *m* porter, door-keeper

portiernia *f* porter's quarters

portmonetka *f* purse

porto *n* (*opłata*) postage

portret *m* portrait

portretować *vr* portray

Portugalczyk *m* Portuguese

portugalski *adj* Portuguese

portyk *m* portico

porucz|ać *f vt* charge (komuś coś sb
with sth); entrust (komuś coś
with sth, sth to sb); ~ czyjejś
opiece commit to sb's care

poruczenie *n* commission, charge

porucznik *m* lieutenant

poruszać *vt* move; stir; touch
(kwestię upon a question); ~ się
vr move, stir

poruszenie *n* movement, stir

poryw *m* impulse; (*zapał*) enthusiasm, rapture; ~ wiatru gust

porywać *vt* seize; snatch; carry
off; (*kobietę*) ravish, rape; (*zw.
dziecko*) kidnap; (*zachwycać*) enrapture; ~ się *vr* (z miejsca)
start up; attempt (na coś sth)

porywający *adj* ravishing

porywczy *adj* rash

porząd|ek *m* order; w ~ku in
(good) order; nie w ~ku out of
order; coś nie jest w ~ku something is wrong with it; przywo-

łać do ~**ku** call to order; **zrobić**
~**ek** put in order

porządkować *vt* order, put in order

porządkowy *adj* ordinal

porządny *adj* well-ordered, neat;
(*uczciwy*) honest, decent

porzeczka *f* currant

porzucać *vt* abandon, give up,
leave

posada *f* situation, employment,
post; (*podstawa*) foundation

posadzić *vt* set, seat; (*roślinę*)
plant

posadzka *f* (parquet) floor

posąg *m* dowry

posądzać *vt* suspect **(kogoś o coś**
sb of sth)

posądzenie *n* suspicion **(o coś of**
sth)

posąg *m* statue

posążek *m* statuette

poselstwo *n* legation; mission

poseł *m* (*pełnomocny*) envoy;
(*członek deputacji*) deputy; (*posłaniec*) messenger; ~ **do parla-**
mentu *bryt.* member of Parliament; *am.* representative

posesja *f* property, real estate

posępny *adj* gloomy

posiadacz *m* owner, man of property

posiadać *vt* possess, own; **nie** ~**ć**
się z radości ⟨z wściekłości⟩ be
beside oneself with joy ⟨fury⟩

posiadłość *f* property, possession

posiąść *vt* come into possession
(coś of sth), get possession **(coś**
of sth)

posiedzenie *n* sitting; **odbywać** ~
hold a sitting

posiew *m* sowing; grain sown;
przen. seeds *pl*

posilać się *vr* refresh oneself, get
refreshed

posiłek *m* meal, refreshment; (*pomoc*) *pl* ~**ki** reinforcements

posiłkować się *vr* make use
(czymś of sth)

posiłkowy *adj* auxiliary (*także
gram.*)

poskramiać *vt* tame; (*konia*

break; (*wroga, namiętności*) **subdue**

poskromiciel *m* tamer

posłać 1. *vt* send, convey, dispatch

posłać 2. *vt*, ~ **łóżko** make bed

posłanie *m* message, mission; (*pościel*) bed clothes, bedding

posłaniec *m* messenger

posłuch *m* obedience; **dać** ~ give
ear **(czemuś to sth)**

posłuchać *vt* (*usłuchać*) obey;
(*przysłuchiwać się*) listen **(czegoś**
to sth); (*o audycji*) listen in
(czegoś of sth)

posłuchanie *n* audience; **otrzymać**
~ be received in audience

posługa *f* service; (*domowa*) house-
work

posługacz *m* servant

posługiwać się *vr* make use **(czymś**
of sth), use

posłuszeństwo *n* obedience

posłuszny *adj* obedient; **być** ~**m**
obey

posmak *f* aftertaste

pospolity *adj* vulgar, common

pospólstwo *n* populace, mob

posrebrzać *vt* silver

post *m* fast; **Wielki Post** Lent

postać *f* form, shape; figure; (*o-
soba*) person; (*kreacja*) character; **przybrać** ~**ć** take the form
⟨shape⟩; **w** ~**ci** in the shape
(czegoś of sth)

postanawiać *vt vi* resolve, determine **(coś on sth)**, make up one's
mind

postanowienie *n* decision, resolution

postawa *f* (*pozycja, prezencja*) stature; (*ustosunkowanie się*) attitude

postawić *vt* set (up); (*budynek*)
erect; (*np. warunek*) impose; (*pytanie*) put; ~ **na swoim** carry
one's point; ~ **sobie zadanie** set
oneself the task

posterunek *m* post, outpost; *wojsk.*
sentry

postęp *m* progress, advance

postępek *m* act, action

postępować vi proceed, go on; (zachowywać się) behave (w stosunku do kogoś towards sb); deal (z kimś with sb); act (zgodnie z czymś up to sth)

postępowanie n advance; (zachowanie się) behaviour (z kimś towards sb), action; ~ sądowe legal proceedings

postępowy adj progressive

postny adj fasten, fast, meatless

postój m stay, stop, halting-place; ~ taksówek taxi-stand

postrach m terror, scare

postradać vt lose

postronek m rope; (stryczek) halter

postronny adj side attr, outside attr; alien, strange

postrzał m shot, gunshot-wound; (ból) crick

postrzelić vt wound by a shot

postrzelony adj wounded by a shot; (szalony) crazy

postscriptum n nieodm. postscript

postulat m postulate, demand

postument m pedestal

posucha f drought

posunięcie n move

posuwać vt move (forward), push on; przen. advance; ~ się vr move (forward), go along; przen. advance, make progress

posyłać zob. posłać

posyłk|a f parcel, packet; (sprawunek) errand; chodzić na ~i run errands; chłopiec na ~i errand-boy

posypywać vt strew over, powder

poszanowanie n respect, esteem

poszarpany adj rugged, (strzępiasty) jagged; zob. szarpać

poszczególnie adv individually, one by one

poszczególny adj individual; respective; separate; particular; każdy ~ wypadek each particular case

poszczerbiony adj jagged; zob. szczerbić

poszerzać vt widen

poszewka f pillow-case

poszkodowany adj injured, damaged; zostać ~m incur damage

poszlaka f trace, indication

poszlakowy adj, materiał ~ circumstantial evidence

poszukiwacz m searcher, researcher; prospector; ~ złota gold-digger, gold-prospector

poszukiwa|ć vt search (czegoś for sth); seek (czegoś after sth), be in search (czegoś of sth); (badać) inquire (czegoś into sth); prawn. ~ć na kimś szkody sue sb for damages; ~ny sought after; wanted; (o towarze) in demand

poszukiwanie n search; (naukowe) research; udać się na ~ go in search

poszycie n cover(ing); (dachu) thatch

pościć vi fast

pościel f bed-clothes

pościg m chase, pursuit

pośladek m buttock

pośledni adj inferior, mean

poślizg m slip, skid; wpaść w ~ skid

poślizgnąć się vr slip

poślubić vt marry

pośmiertny adj posthumous

pośmiewisko n derision; przedmiot ~a laughing-stock

pośpiech m haste, hurry, speed

pośpieszyć (się) vi vr hasten, hurry

pośpiesznie adv hurriedly

pośpieszny adj hasty; pociąg ~ fast (express) train

pośredni adj indirect, mediate, middle

pośrednictw|o n mediation; za ~em through the medium

pośredniczyć vi mediate

pośrednik m mediator, intermediary; handl. middleman

pośrodku adv in the middle

pośród praep among(st), amid(st)

poświadczać vt attest, testify

poświadczenie n attestation, certificate

poświęcać vt devote; dedicate; (czynić ofiary) sacrifice; (święcić, *wyświęcać*) consecrate; ~ się *vr* sacrifice oneself; devote oneself

poświęcenie *n* devotion; (*oftara*) sacrifice

pot *m* sweat, perspiration; lekarstwo na ~y sudorific; w pocie czoła by the sweat of one's brow

potajemny *adj* secret, clandestine

potakiwać *vi* say yes

potas *m chem.* potassium

potaż *m chem. techn.* potash

potąd *adv* (*o czasie*) till now; (*o miejscu*) down to here

potem *adv* afterwards

potencjalny *adj* potential

potencjał *m* potential

potentat *m* potentate

potęga *f* power, might; *mat.* power; druga ~ second power, square

potęgować *vt* augment, heighten, raise; ~ się *vr* increase, intensify

potępiać *vt* condemn; (*skazać na potępienie*) damn

potępienie *n* condemnation; damnation

potężny *adj* powerful, mighty

potknąć się *vr* stumble; przen. (*postąpić niewłaściwie*) make a slip

potknięcie się *n* stumbling; przen. (*niewłaściwy krok*) slip, lapse

potoczny *adj* current, common, familiar; język ~ colloquial speech

potoczysty *adj* flowing, fluent

potok *m* stream; przen. ~ słów ⟨łez⟩ flood of words ⟨tears⟩

potomek *m* descendant

potomność *f* posterity

potomstwo *n* progeny, issue

potop *m* flood, deluge

potrafić *vi* know how to do, manage

potraw|a *f* dish, fare; spis ~ bill of fare

potrawka *f* fricasseé

potrącać *vt* push, jostle; (*pieniądze*) knock off, deduct

potrącenie *n* push; (*sumy pieniężnej*) deduction

po trochu *adv* little by little

potroić *vt*, ~ się *vr* treble

potrójnie *adv* threefold

potrójny *adj* threefold

potrzask *m* trap; wpaść w ~ to be caught in a trap

potrząsać *vt* shake

potrzeb|a 1. *f* need, want; (*konieczność*) necessity; nagła ~a emergency; ~y życiowe necessaries of life; nie ma ~y there is no need; w razie ~y in case of need

potrzeba 2. *v imper* it is needed, it is necessary; tego mi ~ I need it; nie ~ mówić it is needless to say; ~ będzie dużo czasu, aby to skończyć it will take long to finish it

potrzebny *adj* needed, wanted, necessary

potrzebow|ać *vt* need, want, be in need of; będę ~ował dwóch godzin, aby to skończyć it will take me two hours to finish it; pociąg ~ uje dwóch godzin, aby tam dojechać the train needs two hours to get there

po trzecie *adv* in the third place

potulność *f* submissiveness, docility

potulny *adj* submissive, docile

poturbować *vt* drub

potwarca *m* slanderer

potwarz *f* slander, calumny

potwierdzać *vt* confirm, corroborate; (*odbiór czegoś*) acknowledge

potwierdzenie *n* confirmation, corroboration; ~ odbioru receipt, acknowledgement of the receipt

potworność *f* monstrosity

potworny *adj* monstrous

potwór *m* monster

potyczka *f* skirmish

potykać się *vr* (*walczyć*) skirmish; *zob.* potknąć się

potylica *f anat.* occiput

pouczać *vt* instruct

pouczający *adj* instructive

pouczenie *n* instruction

poufałość *f* intimacy, familiarity

poufały *adj* intimate, familiar

poufny *adj* confidential

powabny *adj* attractive, charming

powaga *f* gravity, seriousness; *(autorytet)* authority

powalać *vt* soil, dirty, make dirty; ~ **się** *vr* dirty oneself, become dirty; soil (one's hands, face)

powalić *vt* knock down, overthrow, bring to the ground; ~ **się** *vr* collapse

powała *f* ceiling

poważać *vt* respect, esteem

poważanie *m* respect, esteem; *(w liście)* z ~m yours truly, yours sincerely ⟨faithfully⟩; z głębokim ~m yours respectfully

poważny *adj* grave, serious, earnest; *(znaczny)* considerable; *(autorytatywny)* authoritative; *(o wieku)* advanced; ~ **człowiek** *(wpływowy)* man of consequence; *(o kobiecie)* w ~m stanie in the family way

powątpiewać *vt* doubt (o czymś sth, about sth), be in doubt (o czymś about sth)

powetować *vt* make up (sobie coś for sth), compensate; ~ **sobie stracony czas** make up for lost time

powiadamiać *vt* inform, let know

powiadomienie *n* information

powiastka *f* tale, story

powiat *m* district

powić *vt* lit. be delivered (dziecko of a child)

powidła *s pl* (plum) jam

powiedzenie *n* saying

powie|dzieć *vt* say; że tak ~m, ~dzmy so to say, say

powieka *f* eye-lid

powielacz *m* techn. mimeograph, duplicator; *elektr.* multiplier

powielać *vt* mimeograph, duplicate

powiernica *f* confidante

powiernik *m* confidant; *prawn.* trustee

powierzać *vt* confide, entrust

powierzchnia *f* surface; *(teren)* area

powierzchowność *f* superficiality; *(prezencja)* outward appearance

powierzchowny *adj* superficial; *przen.* shallow

powiesić *vt* hang (up); ~ **się** *vr* hang oneself

powieściopisarz *m* novelist

powieść 1. *f* novel

powieść 2. *vt* zob. **wieść 2.**; ~ **się** *vr*, jemu się powiodło he has been successful

powietrz|e *n* air; na wolnym ~u in the open air

powietrzn|y *adj* aerial; air; **droga** ~a airway; **linia** ~a airline; **drogą** ~ą by air

powiew *m* breath of wind, breeze; *(silny)* blast

powiewać *vi* blow; *(na wietrze)* stream; *(pomachać)* wave

powiększać *vt* enlarge, augment, increase, magnify; ~ **się** *vr* increase; *(zw. o dochodach, majątku)* accrue

powiększenie *n* enlargement, increase

powijaki *s pl* swaddling-clothes

powikłać *vt* entangle, complicate

powikłanie *n* entanglement, complication

powinien *praed* on ~ he should, he ought to; ja ~em I should, I ought to

powinność *f* duty

powinowactwo *n* affinity

powinowaty *adj* related; *s m* relation

powinszowanie *n* congratulation; z ~m Nowego Roku a happy New Year; z ~m imienin ⟨urodzin⟩ many happy returns of this day

powitanie *n* welcome, salutation

powlekać *vt* cover

powłoczka *f* pillow-case

powłoka *f* cover; *(warstwa)* coating

powodować *vt* cause, bring about, effect; *(wywoływać)* provoke

powodzenie *n* success, prosperity

powodzi|ć się *vr* get on, prosper;

dobrze mi się ~ I am prospering, I am getting on well; **nie ~
mu się** he is not prospering, he
is not doing well; **źle mu się ~**
he is doing badly; **jak ci się ~?**
how are you doing?; how are
you getting on?

powojenny *adj* post-war *attr*

powolny *adj* slow; (*uległy*) submissive, compliant

powołanie *n* call; (*pobór*) conscription; vocation (np. **do stanu duchownego** for the ministry)

powoływać *vt* call; (*na stanowisko*) appoint; (*do wojska*) call up;
~ się *vr* refer (**na kogoś, coś** to
sb, sth)

powonienie *n* (sense of) smell

powozić *vt* drive

powód *m* cause, reason (**czegoś** of
sth, **do czegoś** for sth); (*w sądzie*) plaintiff; **z powodu by
reason of, on account of, because of; bez żadnego powodu**
for no reason whatever

powództwo *n* complaint

powódź *f* flood

powój *m* bot. bindweed

powóz *m* carriage

powracać *vi* return, come back;
~ do zdrowia recover

powrotny *adj* recurrent; **bilet ~**
return ticket

powroźnik *m* rope-maker

powr|ót *m* return; **~ót do zdrowia**
recovery; **na ~ót, z ~otem** back,
again; **tam i z ~otem** to and
fro

powróz *m* rope, cord

powstanie *n* coming into existence, formation, origin; (*zbrojne*)
rising, insurrection; biol. **~ gatunków** origin of species

powstaniec *m* insurgent

powstawać *vi* stand up, rise; (*zacząć istnieć*) come into existence, arise; **~ zbrojnie** rise up in
arms; **~ przeciw komuś** (*z in-
wektywą*) inveigh against sb

powstawanie *n* formation

powstrzymanie *m* repression, sup-
pression, check

powstrzymywać *vt* restrain, keep
back, check; **~ kogoś od czegoś**
keep sb from (doing) sth; **~ się**
vr refrain (**od czegoś** from sth,
from doing sth)

powszechny *adj* universal, general;
(*o szkole*) primary

powszedni *adj* every-day, daily,
common; **chleb ~** daily bread,
dzień ~ workday

powściągliwość *f* restraint, temperance

powściągliwy *adj* restrained, temperate, self-controlled

powtarzać *vt* repeat

po wtóre *adv* secondly, in the
second place

powtórka *f* repetition

powtórnie *adv* anew, again

powtórny *adj* repeated, second

powtórzenie *n* repetition

powyżej *adv* above

powyższ|y *adj* above, above-men-
tioned; **~a klauzula** the above
clause

powziąć *vt* take, take up; form,
frame, conceive; **~ myśl** form
⟨conceive⟩ an idea; **~ postanowienie** arrive at a decision; **~
uchwałę** pass a resolution

poza 1. *f* pose, attitude

poza 2. *praep* beyond, behind; (*o-
prócz*) except, apart from; **~
szkołą** away from school; **~ tym**
adv besides; **nikt ~ tym nobody**
else

pozagrobow|y *adj*, **życie ~e** after-
-life, life hereafter

pozbawiać *vt* deprive (**kogoś czegoś** sb of sth); **~ majątku** dis-
possess

pozbywać się *vr* get rid (**czegoś of**
sth); (*strachu*) banish; (*nałogu*)
abandon

pozdr|awiać *vt* greet, hail, salute;
~ów go ode mnie give him my
kind regards ⟨my love⟩

pozdrowieni|e *n* greeting, saluta-
tion; **serdeczne ~a** love

pozew *m* summons, writ

poziom *m* level

poziomka *f* (wild) strawberry

poziomy *adj* horizontal; *przen.* (*pospolity*) low, common

pozłacać *vt* gild

pozłota *f* gilding

pozna|ć *vt* become acquainted (**kogoś, coś** with sb, sth); (*rozpoznać*) recognize; **~ć się** *vr* (**z kimś**) make sb's acquaintance, become acquainted with sb; **~łem się z nim** I made his acquaintance; **~łem się na nim** I saw him through

poznajomić *vt* acquaint (**kogoś z kimś** sb with sb); **~ się** *vr* become acquainted

poznani|e *n* recognition, perception, knowledge; zdolność **~a** perceptive faculty; **nie do ~a** out of all recognition

poznawać *zob.* poznać

pozorny *adj* apparent, seeming

pozostać *zob.* pozostawać

pozostały *adj* remaining, left; *chem.* residual; **~ przy życiu** surviving

pozosta|wać *vi* remain; stay behind; be left; **~wać przy swoim zdaniu** persist in one's opinion; **~wać w domu** stay at home; **~wać w łóżku** keep to one's bed; **nie ~je mi nic innego jak tylko...** there is nothing left for me but...; **niewiele mi ~je** I have not much left

pozostawiać *vt* leave; **~ za sobą** leave behind

pozować *vi* pose (**na kogoś** as sb), set oneself up (**na kogoś** as sb); **~ malarzowi do portretu** sit to a painter for one's portrait

poz|ór *m* appearance, pretence, pretext; zachowywać **~ory** keep up appearances; **na ~ór** seemingly; **pod ~orem** under the pretence; **pod żadnym ~orem** under no account; **według wszelkich ~orów** to all appearances

pozwać *vt* summon

pozwalać *vt* allow, permit, let; **~ sobie** allow oneself; (*folgować sobie*) indulge (**na coś** in sth); **~ sobie na poufałość** take lib-

erties (**z kimś** with sb); **mogę sobie na to pozwolić** I can afford it

pozwany *m prawn.* defendant

pozwolenie *n* permission

pozycja *f* position; (*zapis*) item, entry

pozyskać *vt* gain, win

pozytyw *m fot.* positive

pozytywizm *m* positivism

pozytywny *adj* positive

pożałować *vt* (*zlitować się*) take pity (**kogoś** cn sb); (*odczuć żal*) regret, repent; (*poskąpić*) begrudge (**komuś czegoś** sb sth)

pożar *m* fire

pożarn|y *adj*, **straż ~a** fire-brigade

pożądać *vt* desire, covet

pożądanie *n* desire; (*żądza*) lust

pożądany *adj* desirable

pożegnać *vt* take leave (**kogoś** of sb); **~ się** *vr* say goodbye (**z kimś** to sb)

pożegnalny *adj* farewell *attr*, parting

pożegnanie *n* leave-taking, leave, farewell

pożerać *vt* devour

pożoga *f* fire, conflagration

pożreć *zob.* pożerać

pożyci|e *n* life; **~e małżeńskie** married life; **~e z ludźmi** social life; **trudny w ~u** hard to live with

pożyczać *vt* (*komuś*) lend; (*od kogoś*) borrow

pożyczk|a *f* loan; udzielać **~i** grant a loan

pożyteczność *f* utility, usefulness

pożyteczny *adj* useful

pożyt|ek *m* use, utility, profit; odnosić **~ek** derive an advantage (**z czegoś** from sth); **jaki z tego ~ek?** what's the use of it?

pożywić *vt* nourish, feed; **~ się** *vr* refresh oneself

pożywienie *n* nourishment, refreshment food

pożywka *f* nutrient, nourishing substance

pożywny *adj* nutritious, nourishing

pójść *zob.* iść

póki *zob.* dopóki

pół *num* half; demi-, semi-; ~ ceny half-price; ~ do drugiej half past one; ~ na ~ half-and--half; ~ roku half a year; ~żywy half-alive; dzielić się na ~ go halves

półbucik *m* low shoe

półfabrykat *m* half-finished product, semifacture

półfinał *m sport* semifinal

półgłosem *adv* half aloud

półgłówek *m* half-wit

półinteligent *m* half-educated man

półka *f* shelf; *(na bagaż, narzędzia)* rack; ~ na książki book--shelf

półkole *n* semi-circle

półksiężyc *m* half-moon; *poet.* crescent; *(godło islamu)* crescent

półkula *f* hemisphere

półmisek *m* dish

półmrok *m* twilight

północ *f geogr.* north; *(pora doby)* midnight; na ~ to the north (od Warszawy of Warsaw); na ~y in the north; o ~y at midnight

północno-wschodni *adj* north-eastern

północno-zachodni *adj* north-western

północny *adj* north, northern; midnight

półroczny *adj* half-yearly

półświatek *m* demi-monde

półtora *num* one and a half

półurzędowy *adj* semi-official

półwysep *m* peninsula

półty *zob.* dopóki

później *adv* later (on), afterwards; prędzej czy ~ sooner or later

późno *adv* late

późny *adj* late

prababka *f* great grandmother

prac|a *f* work; *(zatrudnienie)* job; *(trud)* labour; ~a akordowa piece-work; ~a dniówkowa time-

-work; partia ~y Labour Party; świat ~y labour; warunki ~y working conditions; bez ~y out of work; *przen.* syzyfowa ~a Sisyphean labours

pracodawca *m* employer

pracować *vi* work

pracowitość *f* industry

pracowity *adj* industrious, laborious

pracownia *f* workshop; laboratory

pracownik *m* worker; ~ fizyczny ⟨umysłowy⟩ manual ⟨intellectual⟩ worker

praczka *f* washerwoman

prać *vt* wash

pradziad *m* great grandfather; *(przodek)* ancestor

pragnący *adj* desirous (czegoś of sth); *(spragniony)* thirsty

pragnąć *vt vi* desire; be desirous (czegoś of sth); † *(być spragnionym)* be thirsty

pragnienie *n* desire; thirst; mieć ~ be thirsty

praktyczny *adj* practical

praktyk *m* practitioner

praktyk|a *f* practice; training, apprenticeship; odbywać ~ę serve one's apprenticeship, undergo training

praktykant *m* apprentice; *(kandydat przyjęty na próbę)* probationer

praktykować *vt vi (uprawiać praktykę)* practise; *(odbywać praktykę)* get practical training, be bound apprentice

pralinka *f* praline

pralka *f* washing-machine

pralnia *f* wash-house; *(pomieszczenie)* laundry; ~ chemiczna dry-cleaning shop, dry-cleaner's

prałat *m* prelate

pranie *n* washing

praojciec *m* ancestor

prasa *f* press; *(drukarnia)* printing-machine

prasować *vt* press; *(bieliznę, ubranie)* iron, press

prasow|y *adj*, kampania ~a press campaign

prawda *f* truth; to ~ that's true

prawdomówność *f* truthfulness, veracity

prawdomówny *adj* truthful, veracious

prawdopodobieństw|o *n* probability; według wszelkiego ~a in all probability

prawdopodobnie *adv* probably; on ~ powróci he is likely to come back

prawdopodobny *adj* probable, likely

prawdziwie *adv* indeed, truly

prawdziwość *f* genuineness, authenticity, reality, truth

prawdziwy *adj* true, genuine, real, authentic

prawica *f* right hand; *polit.* the Right

prawić *vt vi* discourse, talk; ~ kazanie sermonize, lecture (komuś sb); ~ komplementy pay compliments

prawidło *n* rule; (do butów) boot-tree

prawidłowość *f* regularity

prawidłowy *adj* regular, correct

prawie *adv* almost, nearly; praca jest ~ skończona the work is as well as done; ~ nigdy hardly ever; ~ tej samej wielkości about the same size

prawniczy *adj* juridical; wydział ~ Faculty of Law

prawnie *adv* (na mocy prawa) by right; by law; rightfully, lawfully

prawnik *m* lawyer

prawnuczka *f* great granddaughter

prawnuk *m* great grandson

prawny *adj* legal, lawful; (prawnie należny) rightful

prawo 1. na ~ *adv* on the right, to the right

prawo 2. *n* right; (przedmiotowe, ustawa) law; ~ autorskie copyright; ~ głosowania voting right; ~ jazdy driving-licence; ~ własności right of possession; ~ zwy-

czajowe common law; mieć ~ have the right; odwołać się do prawa go to law; studiować ~ read law; wyjąć spod prawa outlaw

prawodawczy *adj* legislative

prawodawstwo *n* legislation

prawomocność *f* validity, legal force

prawomocny *adj* valid

prawomyślny *adj* orthodox

praworządny *adj* law-abiding

prawosławny *adj* orthodox

prawość *f* righteousness, honesty

prawować się *vr* litigate (o coś about sth)

prawowierność *f* orthodoxy

prawowierny *adj* orthodox

prawowity *adj* legitimate

prawoznawstwo *n* jurisprudence

praw|y *adj* right; (uczciwy) honest, righteous; po ~ej stronie on the right hand (side)

prawzór *m* prototype

prażyć *vt* grill, burn

prąd *m* current; (strumień) stream; (kierunek, dążność) tendency, trend; *elektr.* ~ stały (zmienny) direct (alternating) current; pod ~ against the stream, upstream; z ~em with the stream, downstream

prątek *m med.* bacillus

prąż|ek *m* stripe; w ~ki striped

prążkowany *adj* striped

precedens *m* precedent

precyzja *f* precision

precyzyjny *adj* precision *attr*; instrument ~ precision instrument

precyzować *vt* define precisely

precz *adv* away; *int* begone!, out of my sight!; ~ z wojną! down with war!

predestynacja *f* predestination

prefabrykat *m* prefabricated article

prefabrykować *vt* prefabricate

prefekt *m* prefect

prefiks *m gram.* prefix

prehistoryczny *adj* prehistoric

prelegent *m* lecturer

prelekcja f lecture

preliminaria s pl polit. preliminaries

preliminarz m preliminary estimate; ~ budżetowy budget estimates pl

preludium n muz. i przen. prelude

premedytacja f premeditation

premia f premium; (nagroda) prize; (dodatek do płacy) bonus

premier m prime minister, premier

premiera f first night, première

premiować vt pay a premium; pay a bonus; award a prize

prenumerata f subscription

prenumerator m subscriber

prenumerować vt subscribe (coś to sth)

preparat m preparation; med. microscopic section

prerogatywa f prerogative, privilege

presja f pressure; wywierać ~ę na kogoś to bring pressure, to bear on sb; pod ~ą under pressure

pretekst m pretext; pod ~em on the pretext

pretendent m claimant; (do tronu, tytułu itp.) pretender

pretendować vi claim (do czegoś sth); pretend (do czegoś to sth)

pretensja f pretense, pretension; (roszczenie) claim; występować z ~ami lay claims; mieć ~ę have a grudge (do kogoś against sb)

pretensjonalność f pretentiousness

pretensjonalny adj pretentious

prewencja f prawn. prevention (przed czymś of sth)

prewencyjny adj preventive

prezencja f presence

prezent m present, gift

prezentować vt present; (przedstawiać) introduce; dobrze się ~ have a good presence

prezes m chairman, president

prezydent m president

prezydium n presidium, board

prezydować vi preside (czemuś over sth)

prędki adj quick, swift, fast

prędko adv quickly, fast

prędkość f quickness, fastness; fiz. velocity, speed; ~ dźwięku speed of sound; ~ jazdy travelling speed; rate of travel

prędzej adv quicker, more quickly; (wcześniej) sooner, rather; czym ~ as soon as possible; ~ czy później sooner or later

pręga f stripe; w ~i striped

pręgierz † m pillory; przen. być pod ~em be pilloried; stawiać pod ~em pillory

pręgowany adj striped

pręt m rod, stick

prężność f elasticity; przen. expansiveness; techn. tension

prężny adj elastic; przen. (dynamiczny) expansive

probierczy adj test attr, testing; techn. kamień ~ touchstone

problem m problem

problematyczny adj problematic

probostwo n parsonage

proboszcz m parson

probówka f test-tube

proca f sling

proceder m proceeding; † (interes) business, trade

procedura f procedure

procent m percentage; (odsetki) interest; na 5 ~ at 5 per cent; na wysoki ~ at a high rate of interest; przynosić ~ bear interest

proces m process; (sądowy) lawsuit, action; wytoczyć ~ bring an action (komuś against sb)

procesja f procession

procesować się vr be at law, litigate

proch m powder; (pył) dust; ~ strzelniczy gunpowder

prochownia f powder magazine

producent m producer

produkcja f production, output; ~a sceniczna performance; środki ~i means of production

produkcyjność f productivity

produkcyjny adj productive

produkować vt produce; ~ się vr

perform (czymś sth), display (czymś sth)

produkt m product; pl ~y products, zbior. produce; ~ uboczny by-product; ~y spożywcze provisions, victuals

produktywny adj productive

profanacja f profanation

profanować vt profane

profesor m professor

profesorski adj professorial, professor's

profesura f professorship

profil m profile

profilaktyczny adj prophylactic, preventive

prognoza f prognosis; ~ pogody weather-forecast

program m programme, program; ~ studiów curriculum

programowy adj programmatic, according to programme

progresja f progression

progresywny adj progressive; (o podatku) graduated

prohibicja f prohibition

projekcja f projection

projekcyjn|y adj, aparat ~y projector; kabina ~a projection room

projekt m project; plan; design; (zarys, szkic) draft; (ustawy) bill

projektować vt project, design, plan

proklamacja f proclamation

proklamować vt proclaim

prokurator m public prosecutor

prokuratura f public prosecutor's office

proletariacki f proletarian

proletariat m proletariat

proletariusz m proletarian

prolog m prologue

prolongata f prolongation, extension of the term

prolongować vt prolong, extend the term

prom m ferry, ferry-boat

promienieć vi'beam, radiate

promieniotwórczość f radioactivity

promieniotwórczy adj radioactive

promieniować vt radiate, beam forth

promieniowanie n radiation; ~ kosmiczne cosmic rays; ~ słoneczne solar radiation

promienny adj radiant, beaming

promie|ń m beam, ray; mat. radius; ~ń słoneczny sunbeam; ~nie Roentgena x-rays pl

promocja f promotion, advancement

promować vt promote, advance

propaganda f propaganda

propagować vt propagate

propeller m techn. propeller

proponować vt offer, propose

proporcja f proportion

proporcjonalność f proportionality

proporcjonaln|y adj proportional; mat. odwrotnie ⟨wprost⟩ ~y inversely ⟨directly⟩ proportional; średnia ~a mean proportional

proporzec m banner

propozycja f proposal, suggestion

prorektor m prorector

proroctwo n prophecy

prorok m prophet

prorokować vt prophesy

prosić vt vi ask, beg (kogoś o coś sb for sth); request (o łaskę, odpowiedź a favour, a reply); ~ kogoś, ażeby coś zrobił ask sb to do sth; ~ na obiad invite for dinner; ~ o pozwolenie zrobienia czegoś request permission to do sth; proszę przyjść! come please!; proszę wejść! please come in!

prosię n young pig

proso n millet

prospekt n (publikacja) prospectus; † (widok) prospect

prosperować vi prosper

prostacki adj boorish, rude

prostactwo n boorishness, rudeness

prostaczek m simpleton

prostak m boor

prost|o adv directly, straight; po ~u simply

prostoduszność f uprightness, candidness

prostoduszny *adj* upright, candid

prostokąt *m mat.* rectangle

prostokątny *adj mat.* rectangular

prostolinijny *adj* rectilinear; *(prostoduszny)* simple-minded, candid

prostopadła *f mat.* perpendicular

prostopadłościan *m mat.* parallelepiped

prostopadły *adj mat.* perpendicular

prostota *f* simplicity

prostować *vt* straighten, make straight; *(błąd)* rectify, correct

prostownica *f techn.* straightener

prostownik *m elektr.* rectifier

prost|y *adj* direct, straight, right; simple, plain; **linia ∼a** straight (right) line

proszek *m* powder; **∼ do zębów** tooth-powder; **∼ do prania** washing-powder

prośb|a *f* request, demand; *(pisemna)* petition; **wnosić ∼ę** apply (o coś for sth); **zwracać się z ∼ą** address a request (do kogoś to sb); **na jego ∼ę** at his request

protegowa|ć *vt* patronize; **∼ny** protégé; **∼na** protégée

protekcja *f* patronage, protection

protekcjonizm *m* protectionism

protekcyjny *adj* protective

protektor *m* protector, patron

protektorat *m* protectorate

protest *m* protest; **założyć ∼** lodge a protest

protestancki *adj* Protestant

protestant *m* Protestant

protestantyzm *m* Protestantism

protestować *vi vt* protest

proteza *f* *(kończyny)* artificial limb; *(dentystyczna)* denture

protokół *m* record, report; *(dyplomatyczny)* protocol; *(z posiedzenia)* minutes; **prowadzić ∼** draft the report; **pisać ∼** *(z posiedzenia)* draw up the minutes; *(policyjny)* take down the evidence

prototyp *m* prototype

prowadzenie *n* *(przedsiębiorstwa)* management; **∼ się** behaviour,

conduct; **złe ∼ się** misbehaviour, misconduct

prowadzić *vt* lead, guide, conduct; *(przedsiębiorstwo, gospodarstwo itp.)* manage, keep, run; *(rozmowę itp.)* carry on, hold; **∼ handel** carry on trade; *handl.* **∼ książki** keep books; **∼ wojnę** wage war; **∼ wóz** drive a car; **∼ się** *vr* behave; **źle się ∼** misbehave

prowiant *m* provisions *pl*

prowiantować *vt* provision

prowincja *f* province; *(w przeciwieństwie do stolicy)* provinces *pl*, country

prowincjonalny *adj* provincial, *attr* country

prowizja *f* commission, percentage; *handl.* brokerage

prowizoryczny *adj* provisional

prowodyr *m* ringleader

prowokacja *f* provocation

prowokacyjny *adj* provocative

prowokator *m* provocateur

prowokować *vt* provoke, incite

proz|a *f* prose; **∼ą** in prose

prozaiczny *adj* prosaic

prozaik *m* prosaist

prozodia *f* prosody

prób|a *f* trial, test, proof; *(kandydata do zawodu)* probation; *teatr* rehearsal; *(usiłowanie)* attempt; **ciężka ∼a** ordeal; *teatr* **∼a generalna** dress rehearsal; **∼a ogniowa** trial by fire; **∼a złota** assay of gold; **na ∼ę** by way of trial; *handl.* on approval; *teatr* **odbywać ∼ę** rehearse *(czegoś* sth); **wystawić na ∼ę** put to trial, put to the test; **wytrzymać ∼ę** stand the test

próbka *f* sample, pattern

próbny *adj* tentative; *(o okresie próby)* probationary

próbować *vt* try, test; *(usiłować)* attempt; *(kosztować)* taste; **∼ szczęścia** try one's luck

próchnica *f med. (zębów)* caries

próchnieć *vi* moulder, decay, rot

próchno *n* rotten wood, rot

prócz *praep* save, except

próg m threshold, doorsill

prószyć vt powder; ⟨o śniegu⟩ flake; ⟨o deszczu⟩ drizzle

próżnia f void; fiz. vacuum

próżniactwo n idleness, laziness

próżniaczy adj idle, lazy

próżniak m idler

próżno adj vainly; na ~ in vain

próżność f vanity

próżnować vi idle away one's time

próżny adj empty, void; ⟨zarozu-miały, daremny⟩ vain

pruć vt unsew, unstitch; ~ się vr get ⟨come⟩ unsewn

pruski adj Prussian; chem. kwas ~ prussic acid

prycza f plank-bed

prym m, wieść ~ have the lead

prymas m primate

prymitywny adj primitive

prymus m ⟨uczeń⟩ top-boy; ⟨ma-szynka⟩ primus (stove)

pryskać vi splash, sputter; ⟨łamać się⟩ burst

pryszcz m pimple

prysznic m shower-bath

prywatka f private dancing-party, party

prywatny adj private

pryzmat m prism

przaśny adj unleavened

prządka f spinner

prząść vt spin

przebaczać vt pardon, forgive

przebaczenie n pardon; prosić ko-goś o ~ beg sb's pardon

przebicie n piercing, perforation; ⟨np. opony⟩ puncture

przebieg m course, run

przebiegać vt vi run across, cross; ⟨np. o czasie⟩ pass; ⟨o sprawie⟩ take a course

przebiegłość f cunning, slyness

przebiegły adj cunning, sly

przebiera|ć vt vi ⟨starannie wybie-rać⟩ pick and choose, sort; ⟨zmieniać komuś ubranie⟩ dress anew, change sb's clothes; ~ miarę exceed all bounds, overdo sth; nie ~ w środkach not to be

particular about one's means; ~ się vr change one's clothes; dis-guise oneself

przebijać vt pierce, cut through; ⟨w kartach⟩ take; ~ atutem trump; ~ się vr force one's way through, break through

przebitka f copy, duplicate

przebitkowy adj, papier ~ onion--skin

przebłysk m glimmer, flash; ~ na-dziei flash of hope

przebój m ⟨sukces, szlagier⟩ hit; best-seller; iść przebojem fight one's way through

przebrać zob. przebierać

przebranie n disguise

przebrnąć vi muddle through

przebrzmiał|y adj extinct; rzecz ~a a has been

przebrzmieć vi die away, expire, blow over

przebudowa f reconstruction

przebudować vt reconstruct, re-build

przebudzenie n awakening

przebudzić vt wake up, rouse; ~ się vr wake, wake up

przebyć vt cross, pass; ⟨przestrzeń⟩ cover; ⟨doświadczyć⟩ experience; ~ chorobę pass through an ill-ness; ~ próbę go through a trial

przebywać vi stay, live; zob. prze-być

przecedzać vt strain, filter

przeceniać vt overestimate; ⟨zmie-niać cenę⟩ lower the price

przechadzać się vr walk, take a walk, stroll

przechadzk|a f walk; pójść na ~ę go for a walk

przechodni adj transitional; gram. transitive; pokój ~ connecting room

przechodzić vt vi pass (by), cross, go over; ⟨mijać⟩ pass away ⟨by⟩; ⟨doświadczyć⟩ experience, under-go; ~ć przez ulicę cross the street; to ~ moje oczekiwania it surpasses my expectations

przechodzień m passer-by

przechowanie *n* preservation, keeping; na ~ for safe keeping

przechowywać *vt* preserve, keep

przechwalać *vt* overpraise; ~ się *vr* boast, brag (czymś of, about sth)

przechwycić *vt* intercept

przechylić *vt* incline; *przen.* ~ szalę turn the balance; ~ się *vr* incline

przeciąg *m* draught, current of air; (*okres trwania*) space of time; na ~ tygodnia for a week; w ~u tygodnia within a week, in the course of a week

przeciągać *vt vi* draw; move, march along; (*przedłużać*) prolong, delay, protract; ~ na swoją stronę win over; ~ się *vr* drag on, be protracted; stretch oneself

przeciążać *vt* overburden, overcharge

przeciążenie *n* overcharge; (*pracą*) overwork

przeciekać *vi* leak, percolate

przecierać *vt* rub, wipe clear; ~ się *vr* (*przejaśniać się*) clear up; (*o materiale*) become threadbare

przecierpieć *vt* endure

przecież *adv* yet, still, after all; ~ to mówiłeś you did say it

przecięcie *n* cut, cutting; section, intersection

przeciętnie *adv* on an average

przeciętność *f* average; mediocrity

przeciętn|y *adj* average; (*średni*) mediocre; ~a *s f* average; powyżej ~ej above the average

przecinać *vt* cut through; intersect; (*np. rozmowę*) cut short; ~ się *vr* intersect

przecinek *m* comma

przeciw *praep* against; nie mam nic ~ temu I have no objections to it; I don't mind it; *praef* anti-, counter-

przeciwdziałać *vi* counteract (czemuś sth)

przeciwdziałanie *n* counteraction

przeciwieństw|o *n* opposition, contrast, contradistinction; być ~em be opposed (do czegoś to sth); w ~ie do czegoś in contradistinction to sth

przeciwko *zob.* przeciw

przeciwległy *adj* opposite (czemuś to sth)

przeciwlotnicz|y *adj* anti-aircraft *attr*; działo ~e anti-aircraft gun; obrona ~a air defence

przeciwnie *adv* on the contrary, just the opposite

przeciwnik *m* adversary, opponent

przeciwność *f* adversity

przeciwny *adj* contrary, opposite; (*przeciwstawny*) adverse; opposed; jestem temu ~ I am against it, I object to it; w ~m razie otherwise

przeciwprostokątna *f mat.* hypotenuse

przeciwstawiać *vt* oppose, set against; ~ się *vr* set one's face (czemuś against sth), oppose (czemuś sth)

przeciwstawienie *n* opposition, antithesis

przeciwwaga *f* counterpoise, counterweight

przecząco *adv* negatively, in the negative

przeczący *adj* negative

przeczenie *n* negation

przecznica *f* cross-street

przeczucie *n* foreboding, presentiment, misgiving

przeczulenie *n* oversensitiveness, hyperaesthesia

przeczulony *adj* oversensitive

przeczuwać *vt* forebode, have a presentiment

przeczyć *vi* deny (czemuś sth)

przeczyszczać *vt* cleanse; *med.* purge

przeczyszczający *adj med.* purgative

przeć *vt vi* press (on), push

przed *praep* before, in front of; ~ tygodniem a week ago

przedawnienie *n prawn.* negative prescription

przedawniony *adj prawn.* prescribed, lost by prescription

przeddzień *m* eve; **w** ~ **on** the eye

przede wszystkim *adv* first of all, above all

przedhistoryczny *adj* prehistoric

przedimek *m gram.* article

przedkładać *vt* submit, present; *(woleć)* prefer (**coś nad coś** sth to sth)

przedłużać *vt* lengthen, extend, prolong

przedłużenie *n* prolongation, extension

przedmieście *n* suburb

przedmiot *m* object; *(temat, zagadnienie)* subject, subject-matter

przedmiotowość *f* objectivity

przedmiotowy *adj* objective

przedmowa *f* preface

przedmówca *m* last ⟨previous⟩ speaker

przedni *adj* frontal, *attr* front, fore; *(lepszy gatunkowo)* fine, choice; ~**a noga** foreleg; **plan** ~ foreground; **straż** ~**a** vanguard

przednówek *m* time before the harvest

przedostać się *vr* penetrate (**do czegoś** into sth), get through, come through

przedobiedni *adj attr* before-dinner

przedostatni *adj* last but one; penultimate; ~**ej nocy** the night before last

przedpłata *f* subscription, payment in advance

przedpokój *m* antechamber, waiting-room

przedpole *n* foreground

przedpołudnie *n* forenoon; morning

przedpotopowy *adj* antediluvian

przedramię *n* forearm

przedrostek *m gram.* prefix

przedrozbiorow|y *adj,* **Polska** ~**a** Poland before the partitions

przedruk *m* reprint

przedrzeźniać *vt* mock, mimic

przedsiębiorca *m* contractor

przedsiębiorczość *f* (spirit of) enterprise

przedsiębiorczy *adj* enterprising

przedsiębiorstwo *n* undertaking, business

przedsiębrać *vt* undertake

przedsięwzięcie *n* undertaking, enterprise

przedsionek *m* vestibule

przedsmak *m* foretaste

przedstawia|ć *vt* present, represent; *(wystawiać na scenie)* stage; *(przedkładać)* submit; *(np. sprawę)* describe; *(osobę)* introduce; ~**ć sobie** imagine; ~**ć się** *vr* present oneself, *(nieznanej osobie)* introduce oneself; **jak** ~ **się sprawa?** how does the matter stand?; **to się** ~ **inaczej** the matter is different

przedstawiciel *m* representative

przedstawicielstwo *n* agency; representation

przedstawienie *n* presentation; *(teatralne)* performance; *(osoby)* introduction

przedszkole *n* infant school, kindergarten

przedświt *m* dawn

przedtem *adv* before, formerly

przedterminowo *adv handl.* in anticipation; **zapłacić** ~ anticipate a payment

przedterminow|y *adj handl.* anticipated, anticipatory, anticipating; premature; ~**e dokonanie zapłaty** anticipation of payment

przedwczesny *adj* premature; *(zbyt wczesny)* precocious

przedwcześnie *adv* prematurely, before time; ~ **dojrzały** precocious

przedwczoraj *adv* the day before yesterday

przedwojenny *adj* pre-war *attr*

przedział *m* partition, division; *(we włosach)* parting; *(w pociągu)* compartment; ~ **dla palących** smoker, **dla niepalących** smoker, non--smoker

przedzielić *vt* divide, part

przekonywać

przedzierać *vt* tear up, rend; ~ się *vr* force one's way through, break through

przedziurawić *vt* make a hole (coś in sth), pierce, perforate; (*bilet*) punch; (*oponę*) puncture

przeforsować *vt* force through

przegapić *vt* overlook, miss, let slip

przeginać *vt* bend

przegląd *m* review; (*sprawdzenie*) revision; inspection, survey

przeglądać *vt* review; (*sprawdzać*) revise; (*np. gazetę*) skim through; ~ się *vr* see oneself

przegłosować *vt* carry by vote; (*pokonać większością głosów*) outvote

przegrać *vt* loss at play, gamble away; (*bitwę, sprawę sądową*) lose; *muz.* play over

przegradzać *vt* separate, partition

przegrana *f* lost battle; (*strata*) loss

przegroda *f* partition

przegrupować *vt* regroup

przegryzać *vt* bite through; (*przekąsić*) have a snack

przegub *m anat.* wrist, joint

przeholować *vi* overshoot oneself

przeistoczyć *vt* transform

przejaśnić się *vr* clear up

przejaw *s* symptom, sign

przejawiać *vt* manifest; ~ się *vr* manifest oneself, show

przejazd *m* passage, thoroughfare; (*kolejowy*) crossing; w przejeździe, ~em on one's way

przejażdżka *f* drive, ride; (*wycieczka*) trip

przejecha|ć *vi vt* pass, ride, travel (np. przez Warszawę through Warsaw); (*rozjechać*) run over; ~ć cały kraj travel all over the country; ~ł go samochód he was run over by a car

przejezdny *m* passer-by; *adj* non-resident, transient

przejęcie *n* taking over; (*przechwycenie*) interception; ~ się high emotion, exaltation

przejęzyczenie (się) *n* slip of the tongue

przejmować *vt* take over; (*przechwycić*) intercept; ~ podziwem fill with admiration; ~ strachem seize with fear; ~ się *vr* be impressed, be moved (czymś by sth)

przejmujący *adj* impressive; (o mrozie) piercing; (o bólu itp.) keen

przejrzeć *vt vi* (*przeniknąć*) see through; (*odzyskać wzrok*) regain one's sight; zob. przeglądać

przejrzystość *f* transparency; (*wyrazistość*) clarity

przejrzysty *adj* transparent; clear

przejście *n* passage; (*przez jezdnię*) crossing; (*stadium przejściowe*) transition; (*doświadczenie*) experience, trial

przejść *vt vi* zob. przechodzić; ~ się *vr* take a walk

przekaz *m* transfer; (*historyczny*) record; (*bankowy*) draft; (*pocztowy*) order

przekazywać *vt* transfer, pass on, send, hand down, transmit

przekąs *m*, z ~em ironically, sneeringly

przekąska *f* snack, refreshment

przekąsić *vt* have a snack

przekątna *f mat.* diagonal

przekleństwo *n* curse

przeklęty *adj* cursed, damned

przeklinać *vt* curse (kogoś sb) swear (kogoś at sb)

przekład *m* translation

przekładać *vt* displace, transpose; (*przesuwać*) shift; (*układać na zmianę*) interlay; (*tłumaczyć*) translate; (*woleć*) prefer (coś nad coś sth to sth)

przekładnia *f techn.* gear

przekłuć *vt* pierce

przekomarzać się *vr* tease each other

przekonanie *n* conviction; mam ~ I am convinced

przekon|ywać *vt* convince, persuade (kogoś o czymś sb of sth);

jestem ~any I am convinced;
mocno ~any confident (o czymś
of sth); ~ywać się *vr* convince
oneself

przekonywający *adj* convincing,
persuasive, weighty, potent

przekop *m* trench, ditch

przekor|a *f* contradictoriness;
przez ~ę from ⟨out of⟩ spite

przekorny *adj* contradictory, con-
tradictious

przekraczać *vt* cross; (*miarę, u-
prawnienia*) exceed; (*prawo*) infringe, violate

przekradać się *vr* steal through

przekreślać *vt* cross (out); (*skasować*) cancel, annul

przekręcać *vt* twist; (*przeinaczać*)
distort

przekręcenie *n* twist; (*słów, fak-
tów*) distortion

przekroczenie *n* crossing; (*prawa*)
offence, trespass; *handl.* (*rachunku*) overdraft

przekroić *vt* cut (into two pieces)

przekrój *m* section; ~ **podłużny**
longitudinal section; ~ **poprzeczny** cross-section

przekrwienie *n med.* congestion

przekształcać *vt* transform

przekształcenie *n* transformation

przekupić *vt* bribe

przekupień *m* huckster

przekupka *f* huckstress

przekupny *adj* venal, corruptible

przekupstwo *n* bribery, corruption

przekwitać *vi* cease blooming, fade

przekwitanie *n* fading; *med.* cli-
macteric

przelać *zob.* przelewać

przelatywać *vi* fly by, flit by, pass

przelew *m* transfusion; *bank.*
transfer; ~ **krwi** bloodshed

przelewać *vt* pour over; pour into
another vessel; transfuse; *bank.*
transfer; (*krew, łzy*) shed; (*przekazywać władzę*) devolve

przelękły *adj* frightened

przelęknąć się *vr* take fright (czegoś at sth)

przeliczyć *vt* count over again;
~ **się** *vr* miscalculate

przelot *m* flight, passage

przelotn|y *adj* fleeting, passing,
fugitive; *zool.* ptaki ~e birds
of passage

przelotowość *f* (*ulic*) traffic capacity

przeludnienie *n* overpopulation

przeludniony *adj* overpopulated

przeładować *vt* (*przeciążyć*) over-
load; (*przenieść ładunek*) tran-
ship

przeładowanie *n* (*przeciążenie*)
overloading; *zob.* **przeładunek**

przeładunek *m* transhipment,
transfer

przełaj *m*, na ~ athwart, across;
droga na ~ short cut; iść na
~ take a short cut

przełamać *vt* break through; (*o-
pór*) surmount

przełączyć *vt* switch over

przełęcz *f* pass

przełknąć *vt* swallow

przełom *m* crisis, (*punkt zwrotny*) turning-point; (*wyłom, przerwa*) break-through; (*wyrwa*)
breach

przełomowy *adj* critical, crucial

przełożona *f* schoolmistress, lady-
-superior

przełożony *m* principal, superior

przełożyć *zob.* **przekładać**

przełyk *m anat.* gullet, oesophagus

przemakać *zob.* przemoknąć

przemarsz *m* march past, march
through, passage

przemarznąć [-r-z-] *vi* be pene-
trated with cold

przemawiać *vi vt* address; (*publicznie*) harangue (do kogoś sb);
speak; advocate (za czymś sth)

przemądrzały *adj* sophisticated

przemęczać *vt* overstrain; ~ **się**
vr overwork

przemęczenie *n* overwork, overstrain

przemian *m*, na ~ alternately, by
turns, taking it in turn

przemiana *f* transformation; *biol.*
~ **materii** metabolism

przemianować *vt* rename

przemienić *vt* transform, turn (coś w coś into sth)

przemieszczać *vt* displace

przemieszczenie *n* displacement

przemijać *vi* pass away, be over

przemijający *adj* passing, fleeting, transitory

przemilczeć *vt* pass over in silence, suppress, conceal

przemoc *f* superior force, violence; **ulec ~y** yield to a superior force

przemoczyć *vt* soak, drench; **~ sobie nogi** get one's feet wet

przemoknąć *vi* be soaked, get wet; **~ do nitki** get a nice soaking

przemowa *f* address, (publiczna) harangue

przemożny *adj* predominant, overpowering

przemóc *vt* overpower, overwhelm; (przezwyciężyć) surmount, overcome; *vi* (odnieść przewagę) prevail; **~óc się** *vr* control oneself

przemówić zob. **przemawiać**

przemówienie *n* speech, address, (publiczne) harangue

przemycać *vt* smuggle

przemysł *m* industry; **drobny ~** small industry; **wielki ~** large--scale industry; **~ chałupniczy** domestic industry; **~ kluczowy** basic ⟨key⟩ industry; **~ lekki** ⟨ciężki⟩ light ⟨heavy⟩ industry; **odbudowa ~u** industrial rehabilitation; przen. **żyć własnym ~em** live by one's wits

przemysłowiec *m* industrialist, industrial producer

przemysłow|y *adj* industrial; **akcje ~e** industrials; **wyroby** ⟨towary⟩ **~e** industrial goods

przemyśleć *vt* think over

przemyślny *adj* ingenious

przemyt *m* smuggling, contraband

przemytnik *m* smuggler

przenicować *vt* turn

przeniesienie *n* transfer; transmission

przenieść *vt* transfer; transport; remove; (w księgowości) carry over ⟨forward⟩; **~ się** *vr* move

(do innego mieszkania to another flat)

przenigdy *adv* nevermore

przenikać *vt vr* penetrate; pervade; pierce

przenikliwość *f* penetrability; (bystrość) sagacity, perspicacity

przenikliwy *adj* penetrating; pervasive, pervading; (bystry) perspicacious, acute; (o głosie) shrill; (o mrozie) biting, bitter

przenocować *vt* put up for the night; *vi* stay overnight

przenosić *vt* (światło, ciepło, dźwięk) transmit; (udzielać) convey; (woleć) prefer (coś nad coś sth to sth); **~ się** *vr* shift (z miejsca na miejsce from place to place); zob. **przenieść**

przenośnia *f* metaphor

przenośny *adj* portable; (obrazowy) metaphorical

przeobrażać *vt* transform (w coś into sth); **~ się** *vr* be transformed, change

przeobrażenie *n* transformation, change

przeoczenie *n* oversight

przeoczyć *vt* overlook, omit

przeor *m* prior

przeorysza *f* prioress

przepadać *vi* be lost, go lost; (przy egzaminie) fail; przen. **~ za kimś, czymś** be crazy about sb, sth

przepalić *vt* burn through

przepasać *vt* girdle

przepaska *f* band

przepaścisty *adj* precipitous

przepaść *f* precipice, abyss

przepełniać *vt* overfill, cram; (ludźmi) overcrowd

przepełnienie *n* overfilling; overcrowding

przepędzać *vt* drive away; (spędzać czas) spend

przepierzenie *n* partition-wall

przepiękny *adj* most beautiful

przepijać *vt* spend on drink

przepiłować *vt* saw through; (pilnikiem) file through

przepiórka f zool. quail

przepis m prescription, regulation; (kucharski) recipe; ~y drogowe traffic regulations

przepisać vt (lekarstwo) prescribe; (tekst) rewrite, copy, write over again; ~ na czysto make a fair copy (coś of sth)

przepisowo adv according to regulations

przepisowy adj regular; attr regulation; strój ~ regulation dress; ~ rozmiar regulation size

przeplatać vt interlace

przepłacać vt overpay

przepływać vt vi (o wodzie) flow over ⟨across, through⟩; (o człowieku) swim over ⟨across⟩; (o statku) cross (przez morze the sea)

przepona f anat. diaphragm

przepowiadać vt prophesy, predict, foretell

przepowiednia f prophecy, prediction

przepracować się vr overwork oneself

przepracowanie n overwork

przepraszać vt beg (sb's) pardon, apologize (kogoś za coś to sb for sth); ~m! excuse me!, I beg your pardon!, (I'm) sorry!

przeprawa f passage; (np. przez rzekę, morze) crossing; przen. (przykre zajście) hard business, misadventure

przeprawiać vt carry over; ~ się vr cross (np. przez rzekę a river); ~ się na drugi brzeg cross over to the other side

przeproszenie n apology, excuse; za ~m by your leave

przeprowadzać vt carry over, convey, lead across; (wykonywać) carry out, carry into effect; ~ się vr move, remove

przeprowadzka f removal

przepuklina f med. hernia

przepustka f pass, permit

przepuszczać vt let through; allow to pass; (marnować np. okazję)

let out, miss

przepuszczalny adj permeable

przepych m luxury, pomp

przepychać vt push through; ~ się vr push through, force one's way

przerabiać vt do over again, refashion; (opracować powtórnie) revise; ~ lekcje do one's lessons; ~ sztukę na film adapt a play to the screen; ~ temat egzaminacyjny prepare a subject for the examination

przerachować zob. przeliczyć

przeradzać się vr undergo a change, be transformed

przerastać vt outgrow, grow over; rise above

przeraźliwy adj terrifying; (o głosie) shrill

przerażać vt appal, horrify; ~ się vr be appalled (czymś at sth)

przerażenie n terror

przeróbka f recast, revision, adaptation

przerw|a f break, pause, interruption, intermission; bez ~y without intermission

przerywać vt interrupt, break off; rend, tear asunder

przerzedzić vt thin, make thin; ~ się vr thin, become thinner

przerzucać vt throw over; shift; (przeglądać) look over

przerżnąć [r-ż] vt saw, cut in two

przesada f exaggeration

przesadzać vt exaggerate; (roślinę) transplant

przesączać vt, ~ się vr filter

przesąd m prejudice, superstition

przesądny adj superstitious

przesądzać vt prejudge, foreclose

przesiadać się vr (z pociągu na pociąg) change (trains); gdzie się ~my? where do we change?

przesiąkać vi be soaked, soak through, be imbued

przesiedlać vt remove, displace; ~ się vr migrate, move

przesiedlenie n displacement; ~ się migration

przesiedleniec *m* emigrant

przesieka *f* glade, clearing

przesiewać *vt* sift, sieve

przesilać się *vr* pass through a crisis

przesilenie *n* crisis; *pot.* ~ dnia z nocą solstice

przeskoczyć *vi vt* jump over; (*podpierając się rękami*) vault (*przez coś* over sth, sth)

przeskok *m* jump

przesłaniać *vt* screen (off)

przesłanka *f* premise

przesłona *f* screen; *fot.* shutter

przesłuchanie *n* examination, interrogation

przesłuchiwać *vt* examine, interrogate

przesmyk *m* (*przełęcz*) pass, defile; *geogr.* isthmus

przestać *vi* cease, stop, discontinue

przestankowanie *n* punctuation

przestarzały *adj* out of date, out of fashion, obsolete

przestawać *vi* associate (*z kimś* with sb); be satisfied (*na czymś* with sth); *zob.* przestać

przestawiać *vt* displace, transpose

przestawienie *n* displacement, transposition

przestąpić *vt* cross, step over

przestępca *m* criminal

przestępczość *f* criminality, delinquency; ~ wśród młodocianych juvenile delinquency

przestępczy *adj* criminal

przestępny *adj* criminal; *astr.* rok ~ leap-year

przestępstwo *n* offence; ~ dewizowe foreign currency offence; ~ walutowe currency offence

przestrach *m* fright

przestraszyć *vt* frighten; ~ się *vr* be frightened, take fright (*czegoś* at sth)

przestroga *f* warning, caution

przestronny *adj* spacious, roomy

przestrzegać *vt* (*ostrzegać*) warn (*przed czymś* of sth), caution (*przed czymś* against sth); (*zachowywać np. prawa, tradycję*)

observe; (*stosować np. zasady, przepisy*) keep

przestrzenny *adj* spatial

przestrzeń *f* space, room; ~ kosmiczna cosmic space

przestworze *n* infinite expanse

przesunięcie *n* shift, displacement

przesuwać *vt* shift, shove, move; (*wagony*) shunt; ~ się *vr* move, shift

przesycać *vt* surfeit, glut; *techn.* impregnate

przesyłać *vt* send, forward

przesyłka *f* parcel; (*wysyłanie*) dispatch; (*towarowa*) consignment; (*pieniężna*) remittance

przesyt *m* surfeit

przeszczep *m* med. transplantation

przeszczepiać *vt* transplant

przeszeregować *vt* regroup

przeszkadzać *vi* hinder, disturb, trouble (*komuś* sb); (*zawadzać*) obstruct (*komuś, czemuś* sb, sth); ~ komuś pisać prevent sb from writing; ~ komuś w odpoczynku disturb sb's rest

przeszkod|a *f* hindrance, obstacle, impediment; *sport* bieg z ~dami obstacle race; wyścigi z ~dami steeplechase; stać na ~dzie stand in the way

przeszkolenie *n* schooling, training; re-education

przeszkolić *vt* school, train; re-educate

przeszło *adv* more than, beyond

przeszłość *f* past

przeszły *adj* past; *gram.* czas ~ past tense, preterite

przeszukać *vt* search

przeszyć *vt* sew through, stitch; (*przekłuć*) pierce, transfix

prześcieradło *n* sheet

prześcignąć *vt* outrun; *przen.* (*przewyższyć*) outdo; *dosł. i przen.* get ahead (*kogoś* of sb)

prześladować *vt* persecute; *przen.* (*nie dawać spokoju*) haunt, obsess

prześladowanie *n* persecution

prześladowcz|y adj persecutive; **mania ~a** persecution mania

prześliczny adj most beautiful

prześliznąć się vr glide through, slip through

przeświadczenie n conviction

przeświadczony adj convinced

przeświecać vi shine through

prześwietl|ać vt fot. overexpose; med. x-ray; **~ono mi płuca** I had my lungs x-rayed

prześwietlenie n med. x-ray examination

przetaczać vt roll over; kolej. shunt; med. **~ krew** transfuse

przetapiać vt recast, melt

przetarg m auction

przetarty pp adj (o tkaninie) threadbare

przeterminowany adj overdue

przeto adv therefore

przetoka f med. fistula

przetrawić vt digest

przetrwać vt outlast, survive

przetrząsnąć vt shake up; (prze-szukać) search; (teren) comb out

przetrzymać vt keep (waiting); (przetrwać) outlast; (ból, ciężkie położenie itp.) endure

przetwarzać vt transform; turn into; manufacture

przetwór m manufacture, produce; pl **przetwory** preserves

przetwórczy adj manufacturing

przetwórnia f factory

przetykać vt (przepychać, przewle-kać) pierce, pass through; (o tkaninie) interweave

przewag|a f superiority, prepon-derance; (górowanie) advantage; **mieć ~ę** have an advantage (nad **kimś** over sb); **zyskać ~ę** gain an advantage (nad **kimś** over sb)

przeważać vt outweigh, outbal-ance; vt prevail (nad **kimś** over sb); **~ szalę** turn the scale

przeważający adj prevailing, prevalent

przeważnie adv for the most part, mostly

przeważny adj predominant, prev-alent

przewiązać vt bind up; (ranę) dress

przewidywać vt foresee, anticipate

przewidywanie n foresight, antici-pation

przewiercić vt bore through, pierce

przewiesić vt hang over, sling

przewietrzyć vt ventilate, air

przewiew m draught

przewiewny adj airy

przewieźć zob. przewozić

przewijać vt swathe, wrap up; (ranę) dress

przewinienie n offence, guilt

przewlekać vt (opóźnić) protract, delay; **~ nitkę przez igłę** thread the needle; **~ pościel** change the bedlinen; **~ się** vr drag on

przewlekły adj protracted; med. chronic

przewodni adj leading

przewodnictwo n leadership; (po-siedzenia) chairmanship; fiz. con-ductivity

przewodniczący m chairman

przewodniczyć vi preside (zebraniu over the meeting)

przewodnik m guide, leader; (książka) guide-book; fiz. (cie-pła) conductor

przewodzić vi lead, command (cze-muś sth), be at the head

przewozić vt bring over, transport, convey

przewozow|y adj transport attr, freight; **list ~y** bill of consign-ment, (okrętowy) bill of lading; **środki ~e** means of conveyance

przewoźnik m carrier; (na pro-mie, łodzi) ferryman, boatman

przewód m channel, conduit; (ko-minowy) flue; (gazowy) pipe; elektr. wire; prawn. procedure; anat. **~ pokarmowy** alimentary canal

przewóz m conveyance, carriage, transport

przewracać vt overturn, turn over, upset; **~ kartki książki** thumb the book; **~ się** vr overturn, tumble down

przybór

przewrotność *f* perversity

przewrotny *adj* perverse

przewrotowy *adj* subversive

przewrót *m* subversion, upheaval, revolution

przewyższać *vt* surpass, exceed

przez *praep* through, by, across, over; (*o czasie*) during, for, within, in; ~ cały dzień all the day long; ~ cały rok all the year round; ~ dwa miesiące for two months; ~ drogę across the road; ~ telefon on the telephone; ~ wdzięczność out of gratitude

przeziębić się *vr* catch cold

przeziębienie *n* cold

przeziębiony *adj*, jestem ~ I have a cold

przeznacz|ać *vt* destine (na coś, do czegoś for ⟨to⟩ sth); devote (coś na coś sth to sth); intend (coś na coś sth for sth, kogoś na coś sb to be sth, coś dla kogoś sth for sb); te książki ~one są do biblioteki these books are intended for the library

przeznaczenie *n* destination; (*los*) destiny, fate

przezorność *f* prudence, caution, providence

przezorny *adj* prudent, cautious, provident

przeźrocze *n* *fot.* slide

przeźroczystość *f* transparency

przeźroczysty *adj* transparent

przezwisko *n* nickname

przezwyciężać *vt* surmount, overcome

przezywać *vt* (kogoś) call sb names

przeżegnać *vt* cross; ~ się *vr* cross oneself, make the sign of the cross

przeżuwać *vt* chew

przeżycie *n* (przetrwanie) survival; (doświadczenie) experience

przeży|ć *vt* (przetrwać) survive, outlive; (doświadczyć) experience; (spędzić okres czasu) live through; on tego nie ~je this will be the death of him; ~łem okres biedy I lived through a pe-

riod of poverty; ~ł niejedną ciężką chwilę he experienced many a hardship; ~ł swego starszego brata he survived his elder brother

przeżytek *m* survival, relic (of the past)

przędza *f* yarn

przędzalnia *f* spinning-mill

przęsło *n* bay, span

przodek *m* ancestor; (część przednia) forepart, front

przodować *vt* lead, be ahead

przodownictwo *n* leadership, primacy

przodownik *m* leader; foreman; ~ pracy front-rank worker

przód *m* forepart, front; na przedzie at the head, in the front; z przodu in front; iść przodem go before

przy *praep* (near) by, at; with; on; about; ~ filiżance kawy over a cup of coffee; ~ pracy at work; ~ świetle księżyca by moonlight; ~ tej sposobności on that occasion; ~ twej pomocy with your help; ~ tym besides, too; ~ wszystkich swoich wadach with all his faults; nie mam ~ sobie pieniędzy I have no money about ⟨on⟩ me; usiądź ~ mnie sit by me

przybić *vt* fasten; (gwoździami) nail; *vi* ~ do brzegu land

przybiec *vi* come running

przybierać *vt* (zdobić) adorn; (przyjmować) assume; ~ wygląd ⟨imię⟩ assume a look ⟨a name⟩; *vi* (o wodzie) rise; ~ na wadze put on weight

przybliżać *vt* bring near(er); ~ się *vr* come near, approach (do kogoś sb)

przybliżeni|e *n* approximation, approach; w ~u approximately

przyboczn|y *adj*, straż ~a bodyguard

przybór *m* (wody) rise; *pl* ~ory (komplet użytkowy) outfit, equipment, fittings *pl*; ~ory do pisania writing-materials, stationary *zbiór.*

przybrać *vt* zob. **przybierać**

przybrzeżn|y *adj* coast *attr*, riverside *attr*; straż ~a coast guard

przybudówka *f* annex, penthouse

przybycie *n* arrival

przybysz *m* newcomer, arrival

przybytek *m* (*przyrost*) accruement, increase; (*budynek, miejsce*) haunt, abode; (*święty*) sanctuary

przyby|wać *vi* arrive (do Warszawy at ⟨in⟩ Warsaw), come (do Warszawy to Warsaw); (*powiększać się, narastać*) be added, increase; (*o wodzie w rzece*) rise; ~wa dnia the days are longer and longer; ~ło dużo pracy there is much additional work

przychodnia *f* clinic for outpatients, dispensary

przychodzi|ć *vi* come (dokądś to a place), arrive (dokądś at ⟨in⟩ a place); ~ć do kogoś (w odwiedziny) come to see sb; ~ć do siebie come to, recover; ~ mi do głowy ⟨na myśl⟩ it occurs to me; ~ mi ochota I feel the desire (na coś of sth, zrobić coś to do sth), I feel like (zrobić coś doing sth); ~ mi z trudnością I find it difficult

przychód *m* income

przychylać *vt* incline; ~ się *vr* incline, feel inclined (do czegoś to sth); (*skłaniać się*) comply (do czyjejś prośby with sb's request)

przychylność *f* favourable disposition, goodwill, favour

przychylny *adj* favourable, friendly, favourably disposed (dla kogoś towards sb)

przyciągać *vt* draw; (*pociągać*) attract; *vi* draw ⟨come⟩ near

przyciąganie *n* attraction; *astr. fiz.* ~ ziemskie gravitation

przyciemniać *vt* darken, dim

przycinać *vt* cut, clip; *vi* taunt (komuś sb)

przycisk *m* (*akcent*) stress, accent;

(*dzwonka*) button; (*do papierów*) weight

przyciskać *vt* press

przycupnąć *vt* squat down

przyczaić się *vr* lie in ambush (na kogoś for sb)

przyczepić *vt* affix, attach; ~ się *vr* cling, stick (do kogoś, czegoś to sb, sth)

przyczepka *f* trailer; (*motocyklista*) side-car

przyczółek *m* abutment; *arch.* pediment; *wojsk.* ~ mostowy bridgehead

przyczyn|a *f* cause, reason; z tej ~y for that reason

przyczynek *m* contribution

przyczynić się *vr* contribute (do czegoś to sth)

przyczynowość *f* causality

przyczynowy *adj* causal

przyćmiewać *vt* dim, darken

przyda|ć *vt* add; ~ć się *vr* be of some use; na co się to ~? what's the use of it?

przydatność *f* usefulness, utility

przydatny *adj* useful, to the purpose

przydawka *f gram.* attribute

przydech *m* aspiration

przydeptać *vt* tread under foot

przydługi *adj* lengthy

przydomek *m* assumed name, by-name

przydrożny *adj* wayside *attr*

przydusić *vt* stifle, smother

przydymiony *adj* smoky

przydział *m* allotment; assignment, (*np. chleba*) allowance

przydzielić *vt* allot, assign

przyganiać *vt* blame (komuś sb), find fault (komuś with sb)

przygarnąć *vt* (*przytulić*) cuddle, snuggle; *przen.* (*dać schronienie*) shelter

przygasać *vi* go out; *przen.* become stifled, subside, abate

przyglądać się *vr* look (komuś, czemuś at sb, sth), observe

przygłuszać *vt* (*przytłumiać*) stifle, muffle

przykrywka

przygnębiać *vt* depress, deiect

przygnębienie *n* depression, low spirits *pl.* dejection

przygnębiony *adj* depressed, downcast, *praed* in low spirits

przygniatać *vt* press down; oppress; (*ciążyć*) weigh heavy (coś on, upon sth)

przygoda *f* adventure, accident

przygodny *adj* accidental, casual

przygotowanie *n* preparation, arrangement

przygotowawczy *adj* preparatory

przygotowywać *vt* prepare, make ⟨get⟩ ready; ~ do egzaminu coach for the examination; ~ się *vr* make ready, prepare (oneself); ~ się do egzaminu prepare ⟨read⟩ for the examination; ~ się na najgorsze ⟨na niespodziankę⟩ prepare oneself for the worst ⟨for a surprise⟩

przygrywać *vi* play the accompaniment (komuś to sb); accompany (komuś sb)

przygrywka *f* prelude, accompaniment; (*gra*) play

przyimek *m gram.* preposition

przyjaciel *m* friend

przyjacielski *adj* friendly

przyjaciółka *f* friend, girl-friend, lady-friend

przyjazd *m* arrival

przyjazny *adj* friendly

przyjaźnić się *vr* be on friendly terms

przyjaźń *f* friendship

przyjechać *zob.* przyjeżdżać

przyjemnie *adv* agreeably; jest mi ~ I am pleased; ~ mi Pana poznać I am glad ⟨pleased⟩ to make your acquaintance ⟨to meet you⟩; tu jest ~ it is nice here

przyjemność *f* pleasure; znajdować ~ take pleasure (w czymś in sth); zrób mi ~ do me the pleasure

przyjemny *adj* pleasant, agreeable

przyjezdny *adj* strange; *s m* stranger, arrival

przyjeżdżać *vi* come (do pewnego miejsca to some place), arrive (do pewnego miejsca at ⟨in⟩ some place)

przyjęcie *n* reception; (*zebranie towarzyskie*) party; (*np. do szkoły*) admission; (*do pracy*) engagement; (*daru, weksla*) acceptation; (*wniosku*) carrying; godziny ~ć reception-hours; office-hours; (*u lekarza*) consulting hours; możliwy do ~cia acceptable

przyjęty *adj* (*zwyczajem uznany*) received, customary

przyjmować *vt* receive; (*np. dar, weksel*) accept; (*np. do szkoły, towarzystwa*) admit; (*do pracy*) engage; ~ wniosek carry a motion; ~ się *vr* take root; be successful, prove a success; (*o roślinie, szczepionce*) take; (*o zwyczaju, modzie*) catch on

przyjście *n* arrival (do pewnego miejsca at ⟨in⟩ some place)

przyjść *vi zob.* przychodzić; ~ na umówione spotkanie keep an appointment

przykazać *vt* order, command

przykazanie *n rel.* commandment

przyklaskiwać *vi* applaud (komuś sb)

przykleić *vt* stick, glue

przyklęknąć *vi* kneel down

przykład *m* example, instance; na ~ for instance ⟨example⟩; brać ~ z kogoś take example by sb; dawać ~ set an example; ilustrować ~em exemplify; iść za ~em follow an example

przykładać *vt* apply, put on; ~ się *vr* apply oneself

przykładny *adj* exemplary

przykręcać *vt* screw on

przykro *adv*, ~ mi I'm sorry, it pains me; ~ mi to mówić I regret to say this

przykrość *f* annoyance, pain, trouble; (*ciężka*) tribulation; zrobić komuś ~ cause sb pain

przykry *adj* annoying, painful, disagreeable

przykrycie *n* cover

przykrywać *vt* cover

przykrywka *f* cover, lid

przykrzy|ć się *vr*, ~ mi się I am bored

przykucnąć *vi* squat down

przykuwać *vt* chain, nail; *(np. u-wagę)* fix, arrest; ~ czyjąś uwagę fix ⟨draw, absorb⟩ one's attention

przylądek *m* cape, promontory

przylecieć *vi* come flying; *pot.* *(przybiec)* come running

przylegać *vi* lie close; fit close; adhere; *(o pokoju, domu)* be contiguous

przyleganie *n* *fiz.* adhesion

przyległość *f* contiguity; *(majątku, terytorium)* dependency

przyległy *adj* contiguous, adjacent *(do czegoś to sth)*

przylepić *vt* stick, glue; ~ się *vr* stick

przylepiec *m* *(plaster)* adhesive tape

przylgnąć *vi* stick, cling

przylot *m* arrival

przylutować *vt* solder

przyłączenie *n* annexation

przyłączyć *vt* annex, attach; ~ się *vr* join (do kogoś, do towarzystwa sb, a company)

przyłbica *f* *hist.* visor

przymawiać *vi* taunt (komuś sb); ~ się *vr* allude (o coś to sth)

przymiarka *f* *(u krawca)* fitting

przymierać *vi* *(głodem)* starve

przymierzać *vt* *(ubranie)* try on

przymierze *n* alliance

przymiot *m* quality

przymiotnik *m* *gram.* adjective

przymocować *vt* fasten, fix

przymówka *f* allusion, hint

przymrozek *m* light frost

przymrużon|y *pp i adj*, ~e oczy half-closed eyes

przymus *m* compulsion, constraint; pod ~em on ⟨under⟩ compulsion; ~ szkolny compulsory education

przymusow|y *adj* compulsory; *lotn.* ~e lądowanie forced landing

przynaglać *vt* urge, press

przynajmniej *adv* at least

przynależeć *vi* belong

przynależnoś|ć *f* appurtenance; *(partyjna)* membership; *(państwowa)* nationality; *pl* ~ci belongings; *(o majątku ziemskim)* appendages

przynależny *adj* belonging, appurtenant

przynęta *f* bait; *przen.* lure, enticement

przynosić *vt* bring; *(dochód)* bring in; *(plon)* yield; *(stratę, szkodę)* cause

przyobiecać *vt* promise

przypadać *vi* fall, come; *(o terminie płatności)* be due; ~ do gustu suit one's taste

przypadek *m* event, accident, case; *gram.* case

przypadkiem *adv* by chance, accidentally; spotkałem go ~ I happened to meet him

przypadkowo *adv* accidentally, by accident; czy masz ~ tę książkę? do you happen to have this book?; natknąć się ~ chance (na kogoś, coś on ⟨upon⟩ sb, sth)

przypadkowy *adj* accidental, casual

przypadłość *f* ailment, indisposition

przypalić *vt* singe; ~ się *vr* singe, become singed

przypasać *vt* gird on

przypatrywać się *vr* look (czemuś at sth), observe

przypędzić *vt* drive in; *vi* come hurrying

przypieczętować *vt* seal up

przypinać *vt* pin, fasten

przypisek *m* footnote; note, annotation

przypisywać *vt* assign, attribute, ascribe

przypłynąć *vi* come swimming ⟨sailing, flowing⟩; ~ do brzegu come to shore

przypływ *m* flow; ~ i odpływ flow and ebb, tide

przypodobać się *vr* endear oneself

przypominać *vt* remind (komuś coś

sb of sth); ~ sobie recall, recollect

przypomnienie *n* (*zwrócenie uwagi*) reminder; (*monit*) reminder; ~ sobie recollection

przypowieść *f* parable

przyprawa *f* condiment, spice

przyprawiać *vt* (*nadawać smak*) season; (*przymocować*) attach, fix; ~ o utratę cause a loss

przyprowadzać *vt* bring; ~ do porządku put in order

przypuszczać *vt* suppose, admit; ~ szturm assault (**do fortecy** a fortress)

przypuszczalnie *adv* supposedly, presumably

przypuszczalny *adj* supposed, presumable

przypuszczenie *n* supposition, admission

przyroda *f* nature

przyrodni *adj*, **brat** ~ step-brother; **siostra** ~a step-sister

przyrodniczy *adj* natural

przyrodnik *m* naturalist

przyrodoznawstwo *n* natural science

przyrodzony *adj* natural, innate

przyrost *m* increment; ~ naturalny birthrate

przyrostek *m* *gram.* suffix

przyrząd *m* apparatus, instrument

przyrządzać *vt* prepare, make ready; (*potrawę*) season, dress

przyrzeczenie *n* promise

przyrzekać *vt* promise

przysadka *f*, *med.* ~ mózgowa pituitary gland

przysiad *m* *sport* crouch, squat

przysiadać *vt* sit down, crouch; ~ się *vr* sit down close (**do kogoś** to sb), join (**do kogoś** sb)

przysięg|**a** *f* oath; **złożyć** ~ę take an oath; **pod** ~ą upon oath

przysięgać *vi* swear

przysięgły *adj* sworn; *s m* juryman; **sąd** ~ch jury

przysłaniać *vt* veil, shade

przysłowie *n* proverb

przysłowiowy *adj* proverbial

przysłówek *m* *gram.* adverb

przysłuchiwać się *vr* listen (**czemuś** to sth)

przysług|**a** *f* service; **wyświadczyć** ~ę **do** ⟨render⟩ a service

przysługiwać *vi* have right, be entitled; ~**uje mi prawo** I have a right, I am entitled

przysłużyć się *vr* render a good service

przysmak *m* dainty, delicacy

przysmażać *vr* fry

przysparzać *vt* augment, add to, increase; cause; **to mi** ~ **kłopotu** this adds to my trouble

przyspieszać *vt* accelerate, hasten, speed up

przyspieszenie *n* *astr. fiz.* acceleration

przysporzyć *zob.* **przysparzać**

przysposabiać *vt* prepare, make fit ⟨ready⟩; adapt; *prawn.* adopt

przysposobienie *n* preparation; adaptation; *prawn.* adoption; ~ **wojskowe** military training, cadet corps

przyst|**ać** *vi* join (**do kogoś, do partii** sb, the party); ~**ać na służbę** enter into service; **to nie** ~**oi** it is unbecoming; ~**ać na coś** comply with sth; ~**ać na warunki** accept conditions

przystanąć *vi* stop short, halt

przystanek *m* stop, halt

przystań *f* harbour

przystawać *vi* adhere

przystawiać *vt* put close, place near

przystępność *f* accessibility

przystępny *adj* accessible, easy of approach; (*o cenie*) moderate

przystępować *vi* join (**do kogoś** sb); come near; accede (**do organizacji** to organization)

przystojny *f* good-looking, handsome, well-shaped

przystrajać *vt* adorn

przysuwać *vt* move ⟨shove, push⟩ nearer; ~ **się** *vr* draw ⟨move⟩ nearer

przyswajać *vt* assimilate; (*wiedzę,*

języki) acquire; (poglądy, metody) adopt; (przywłaszczać sobie) appropriate

przysyłać vt send (in); vi send (po kogoś, coś for sb, sth)

przysypywać vt (np. ziemią) cover; (cukrem) powder

przyszłoś|ć f future; w ~ci in future; na ~ć for the future

przyszły adj future; ~ tydzień itp. next week etc.

przyszywać vt sew on

przyśnić się vr appear in a dream

przyśpieszać zob. przyspieszać

przyśrubować vt screw on

przytaczać vt (cytować) quote, cite; (toczyć) roll

przytakiwać vi say yes (komuś to sb); assent (czemuś to sth)

przytępić vt blunt, dull

przytknąć vt set, apply (coś do czegoś sth to sth)

przytłaczać vt press down, overwhelm

przytłumiać vt damp, suppress

przytoczyć zob. przytaczać

przytomnie adv with presence of mind, consciously

przytomnoś|ć f consciousness; ~ umysłu presence of mind; stracić ~ lose consciousness; odzyskać ~ recover

przytomny adj conscious

przytrafić się vr happen

przytrzymać vt detain, hold up; hold down; (zatrzymywać) keep back

przytulić vt snuggle, cuddle, hug (do piersi to one's breast); ~ się vr cuddle, cling close; ~ się do siebie cuddle together

przytułek m shelter, asylum; ~ ~ dla ubogich almshouse; dawać ~ shelter (komuś sb)

przytwierdzić vt fasten, fix

przytyk m allusion

przytykać vi adjoin (do czegoś sth); (graniczyć) border (do czegoś on sth); zob. przytknąć

przywara f fault

przywiązanie n attachment

przywiązywać vt bind, tie (up), fasten; ~ się vr attach oneself, become attached (do kogoś, czegoś to sb, sth)

przywidzenie n illusion, fancy

przywieźć zob. przywozić

przywilej m privilege

przywitać vt welcome, greet

przywitanie n welcome, greeting

przywłaszczać vt (sobie) appropriate; (władzę, tytuł itp.) usurp

przywłaszczenie n appropriation

przywoływać vt call

przywozić vt bring; convey; import

przywódca m leader

przywóz m import, importation; (dostawa) delivery

przywracać vt restore

przywrócenie n restoration

przywyknąć vi get accustomed ⟨used⟩ (do kogoś, czegoś to sb, sth)

przyznać vt (np. nagrodę) award; (uznać rację) admit; (wyznaczyć) assign; muszę ~, że ... I have to admit that ...; ~ się vr confess, avow (do czegoś sth); prawn. ~ się do winy plead guilty

przyzwalać vi consent (na coś to sth), concede (na coś sth)

przyzwoitość f decency

przyzwoity adj decent

przyzwolenie n consent (na coś to sth)

przyzwyczajać vt accustom (do czegoś to sth); ~ się vr become accustomed, get used (do czegoś to sth)

przyzwyczajeni|e n habit; nabrać złego ~a fall into a bad habit; nabrać dobrego ~a form a good habit

przyzwyczajony pp i adj accustomed, used (do czegoś to sth)

przyzywać vt call

psalm m psalm

psałterz m psalter

pseudonim m pseudonym

psi adj dog's, dog; attr ~e życie dog's life

psiakrew *int* damn it!, dash it!

psiarnia *f* kennel; (*sfora*) pack of hounds

psikus *m* trick; spłatać ~a play a trick (komuś on sb)

psocić *vi* play tricks

psota *f* trick

psotnik *m* wag

pstrąg *m* zool. trout

pstry *adj* motley; (*o koniu*) piebald

psuć *vt* spoil; (*pogarszać*) make worse, worsen; (*uszkadzać*) damage; ~ się *vr* spoil, get spoilt

psychiatra *m* psychiatrist

psychiatria *f* psychiatry

psychiczny *adj* psychical

psychika *f* psyche

psycholog *m* psychologist

psychologia *f* psychology

psychologiczny *adj* psychological

pszczelarz *m* bee-keeper

pszczelarstwo *n* bee-keeping

pszczoła *f* zool. bee

pszenica *f* wheat

ptactwo *n* birds *pl*; (*wodne, dzikie*) fowl; (*domowe*) poultry

ptak *m* bird; *pot.* niebieski ~ spiv

ptasi *adj* bird, bird's *attr*; ~e gniazdo bird's nest; *przen.* brak mu ~ego mleka he lives in clover

publicysta *m* journalist

publicystyka *f* journalism

publicznie *adv* in public

publiczność *f* public; (*na sali*) audience

publiczny *adj* public

publikacja *f* publication

publikować *vt* publish

puch *m* (*ptasi*) down; (*meszek*) fluff

puchacz *m* zool. eagle-owl

puchar *m* beaker, bowl; *sport* ~ przechodni challenge cup

puchlina *f* swelling; (*wodna*) dropsy

puchnąć *vi* swell

pucołowaty *adj* chubby

pucybut *m* bootblack

pucz *m* putsch

pudełko *n* box

puder *m* powder

puderniczka *f* compact, powder--box

pudło *n* box

pudrować *vt* powder

pugilares *m* wallet

pukać *vi* knock, rap (do drzwi at the door)

pukanie *n* knock

pukiel *m* curl, lock

pula *f* pool

pularda *f* fattened pullet

pulchny *adj* plump; (*o cieście*) crumby; (*o glebie*) friable

pulower *m* pull-over

pulpit *m* desk, writing-desk; (*do nut*) music-stand, music-desk

puls *m* pulse; mierzyć ~ feel the pulse

pulsować *vi* pulsate

pułap *m* ceiling

pułapka *f* trap; ~ na myszy mouse-trap

pułk *m* wojsk. regiment

pułkownik *m* colonel

pumeks *m* pumice-stone

punkt *m* point; (*inwentarza, programu itp.*) entry, item; ~ ciężkości centre of gravity; ~ oparcia point of support; ~ widzenia point of view; ~ wyjścia starting point; ~ zborny rallying point

punktualność *f* punctuality

punktualny *adj* punctual

pupil *m* favourite

purchawka *f* puff-ball

purpura *f* purple

purytanin *m* Puritan

pustelnia *f* hermitage

pustelnik *m* hermit

pustk|a *f* solitude, desert; vacancy; były ~i w teatrze the house was empty, there was a thin audience in the theatre; mieć ~ę w głowie be empty-headed; stać ~ami be abandoned ⟨empty⟩

pustkowie *n* desert

pustoszyć *vt* devastate, lay waste

pusty *adj* empty

pustynia *f* desert

pustynny *adj* desert; waste

puszcza *f* wilderness; primeval forest

puszczać *vt* let; let fall, let go; (*o pogłosce*) set afloat; *vi* (*o farbie*) come off; (*o szwach*) come apart; (*o mrozie*) break; ~ **coś płazem** pass sth over; *med.* ~ **krew** bleed; ~ **latawca** fly a kite; ~ **pieniądze** make ducks and drakes of one's money; ~ **pąki** bud; ~ **w obieg** circulate, put into circulation; ~ **w ruch** set going, set in motion; ~ **wolno** set free

puszek *m* down; (*do pudru*) powder-puff; (*meszek*) fluff

puszka *f* box; (*blaszana*) tin, *am.* can; ~ **na pieniądze** money-box

puszysty *adj* downy, fluffy

puścić zob. **puszczać**

puzon *m* *muz.* trombone

pycha *f* pride, haughtiness

pykać *vt vi* puff

pylić *vi* raise ⟨make⟩ dust

pył *m* dust

pyłek *m* mote; *bot.* pollen

pysk *m* muzzle, snout

pyskować *vt pot.* bark

pyszałek *m* conceited fellow

pyszałkowaty *adj* conceited, bloated

pysznić się *vr* pride oneself (**czymś on sth**)

pyszny *adj* proud; (*wyborny*) excellent

pyta|ć *vt* ask (**o drogę** one's way; **o kogoś, coś** about sb, sth; **kogoś o zdrowie** after sb's health); inquire (**o kogoś, coś** after ⟨for⟩ sb, sth); (*wypytywać*) interrogate; (*egzaminować*) examine; **kto ~ł się o mnie?** who has asked for me?

pytajnik *m* mark of interrogation; question-mark, question-stop

pytanie *n* question; inquiry (**o kogoś** after sb); (*stawianie pytań, badanie*) interrogation; **trudne** ⟨**podchwytliwe**⟩ ~ poser; **zadać komuś** ~ ask sb a question, put a question to sb

pytel *m* bolter

pyzaty *adj* chubby

r

rabarbar *m* *bot.* rhubarb

rabat *m* discount

rabin *m* rabbi

rabować *vt* rob (**komuś coś** sb of sth), plunder

rabunek *m* robbery, plunder

rabunkowy *adj* predatory; **napad** ~ hold-up

rabuś *m* robber, plunderer

rachityczny *adj* rickety

rachmistrz *m* accountant, calculator

rachować *vt* count, reckon, calculate

rachuba *f* calculation; (*rachunko-*

wość) accountancy, book-keeping

rachun|ek *m* reckoning; account; (*w sklepie, restauracji*) bill; ~**ek bieżący** current account; ~**ek bankowy** banking account; *mat.* ~**ek różniczkowy** differential calculus; *pl* ~**ki** (*lekcja*) arithmetic; (*gospodarskie*) house-keeping accounts

rachunkowość *f* accountancy, book-keeping

racj|a *f* reason; (*żywnościowa*) ration; **mieć** ~**ę** be right; **nie mieć** ~**i** be wrong

racjonalista *m* rationalist

racjonalizacja *f* rationalization

racjonalizm *m* rationalism

racjonalizować *vt* rationalize

racjonalność *f* rationality, reasonableness

racjonalny *adj* rational, reasonable

raczej *adv* rather, sooner

raczek *m* (small) crab, crayfish

raczkować *vi* crawl on all fours

raczyć *vt* deign, condescend; ~ usiąść be pleased to sit down; *vt* (*częstować*) treat (**kogoś czymś** sb to sth); ~ się *vr* treat oneself

rad 1. *adj* glad (**z czegoś** of sth); pleased (**z czegoś** with sth); ~ bym wiedzieć I should like to know; ~ nie rad *pot.* willy-nilly

rad 2. *m chem.* radium

rad|a *f* (*porada*) advice, counsel; (*zespół*) council, board; ~a miejska city council; ~a zakładowa factory (institution) council; dać sobie ~ę manage (**z czymś** sth); nie ma na to ~y there's no help for it; pójść za czyjąś ~ą follow ⟨take⟩ sb's advice; zasięgać czyjejś ~y ask sb's advice, consult sb; jaka na to ~a? what can be done about it?

radar *m* radar

radca *m* counsellor; (*prawny*) counsel

radio *n* radio; (*aparat*) wireless set; **przez** ~ on the air, by wireless; **nadawać przez** ~ broadcast

radioaktywny *adj* radioactive

radiofonia *f* broadcasting

radionadawca *m* broadcaster

radioodbiornik *m* radio(-set), radio receiver

radioskopia *f* radioscopy

radiosłuchacz *m* listener, listener-in

radiostacja *f* broadcasting station

radiotelegrafista *m* wireless operator

radioterapia *f* radiotherapy

radiowy *adj attr* radio; **aparat** ~ wireless set; **program** ~ radio programme

radny *m* city ⟨town⟩ councillor, alderman

radosny *adj* joyous, joyful, cheerful

radoś|ć *f* joy; **nie posiadać się z** ~ci be transported with joy; **sprawić komuś** ~ć make sb glad

radować *vt* gladden; ~ się *vr* rejoice (**czymś** at ⟨in⟩ sth)

radykalizm *m* radicalism

radykalny *adj* radical

radykał *m* radical

radzić *vt vi* advise (**komuś** sb); (*obradować*) deliberate (**nad czymś** on sth); ~ się *vr* consult (**kogoś** sb)

radziecki *adj* Soviet; **Związek Radziecki** the Soviet Union

rafa *f* reef

rafineria *f* refinery

raj *m* paradise

rajd *m* raid

rak *m zool.* crab, crayfish; *med.* cancer

rakieta 1. *f* rocket; ~ międzyplanetarna interplanetary rocket

rakieta 2. *f sport* racket

ram|a *f* frame; ~a okienna sash, window-frame; **oprawić w** ~ę frame; *przen.* **w** ~ach **czegoś** within the limits of sth

ramię *n* arm; (*bark*) shoulder; **wzruszać** ~onami shrug one's shoulders

rampa *f* ramp; (*towarowa*) platform; *teatr* footlights *pl*

rana *f* wound

randka *f* rendezvous, *pot.* date

ranga *f* rank

ranić *vt* wound, hurt

ranny 1. *adj* wounded

ranny 2. (*poranny*) *attr* morning

rano *adv* in the morning; **dziś** ~ this morning; **wczoraj** ⟨**jutro**⟩ ~ yesterday ⟨tomorrow⟩ morning; **z rana** in the morning

raport *m* report; account; **stanąć do** ~u appear to account; **wezwać do** ~u call to account

raportować *vt* report

rapsodia *f* rhapsody

raptem *adv* all of a sudden, abruptly

raptowny *adj* abrupt

rasa *f* race; *zool.* breed

rasizm *m* racialism

rasow|y *adj* racial; (*o zwierzętach czystej rasy*) thorough-bred; dyskryminacja ~a colour bar

raszpla *f* rasp

rat|a *f* instalment, part payment; na ~y by instalments, in part payments; sprzedaż ⟨kupno⟩ na ~y hire-purchase

ratować *vt* save, rescue; ~ się *vr* save oneself; ~ się ucieczką take to flight

ratownictwo *n* life-saving

ratownik *m* rescuer, *am.* life-guard

ratun|ek *m* rescue, salvation; wołać o ~ek cry for help; ~ku! help!

ratunkow|y *adj* saving, life-saving; łódź ~a life-boat; pas ~y life-belt

ratusz *m* town hall

ratyfikacja *f* ratification

ratyfikować *vt* ratify

raut *n* evening party

raz *s* (*cios*) blow; (*kroć*) time; jeden ~ once; dwa ~y twice; trzy ~y three times; innym ~em some other time; jeszcze ~ once more; na ~ie for the time being; od ~u at once; pewnego ~u once upon a time; po ~ pierwszy for the first time; na zawsze once for all; ~ po ~ repeatedly, again and again; tym ~em this time; w każdym ~ie at any rate, in any case; w najgorszym ~ie if the worst comes to the worst, at worst; w najlepszym ~ie at best; w przeciwnym ~ie or else, otherwise; w ~ie jego śmierci in the event of his death; w ~ie potrzeby in case of need; w takim ~ie in such a case, so; za każdym ~em every time; *adv* once, at one time

razem *adv* together

razić *vt* strike; offend; shock; ~ oczy dazzle; ~ strzałami pelt with arrows; rażony piorunem thunderstruck; rażony paraliżem stricken with paralysis

razowy *adj* chleb ~ brown bread

raźny *adj* brisk

rażący *adj* striking, shocking; (*o świetle*) dazzling; (*o błędzie, postępku*) gross

rąbać *vt* hew; (*drzewo*) chop; (*rozłupywać*) split

rąbek *m* hem, border

rączka *f* little hand; (*uchwyt*) handle; (*steru*) tiller; (*obsadka do pióra*) penholder

rączy *adj* nimble, brisk

rdza *f* rust

rdzawy *adj* rusty

rdzenny *adj* original, true-borne, native

rdzeń *m* pith, marrow; core; ~ wyrazu root; *anat.* ~ pacierzowy spinal marrow

rdzewieć *vi* grow rusty

reagować *vi* react (na coś to sth)

reakcja *f* reaction

reakcjonista *m* reactionary

reakcyjny *adj* reactionary

reaktor *m* *fiz.* reactor

realia *s pl* realities *pl*

realista *m* realist

realistyczny *adj* realistic

realizm *m* realism

realizować *vt* realize, make real; (*czek, rachunek*) cash

realność *f* (*rzeczywistość*) reality; (*majątek nieruchomy*) real estate

realny *adj* real

reasekuracja *f* reinsurance

reasumować *vt* recapitulate

rebus *m* rebus

recenzent *m* reviewer

recenzja *f* review, critique

recenzować *vt* review

recepcja *f* reception; (*np. w hotelu*) reception desk ⟨office⟩

recepcyjny *adj* receptive; pokój ~ reception-room

recepta *f* prescription

rechot *m* croaking

recital [-czi-, -c-i-] *m muz.* recital
recydywa *f* relapse
recydywista *m* recidivist
recytować *vt* recite
redagować *vt* (*szkicować*) draw up;
  (*opracowywać*) redact; (*gazetę,*
  czasopismo) edit
redakcja *f* (*czynność*) redaction,
  composition; (*szkic*) draft; (*biu-*
  ro) editor's office
redakcyjny *adj* editorial
redaktor *m* redactor; (*gazety, cza-*
  sopisma) editor; ~ **naczelny**
  editor in chief
redukcja *f* reduction; (*zwolnienie*
  z pracy) discharge; ~ **zarobków**
  wage-cut
redukować *vt* reduce; (*zwolnić z*
  pracy) discharge; dismiss; (*wy-*
  datki, ceny itp.) cut (down)
reduta *f wojsk.* redoubt
refektarz *m* refectory
referat *m* report
referencja *f* reference
referent *m* reporter; clerk
referować *vt* report
refleks *m* reflex
refleksja *f* reflection
refleksyjny *adj* reflexive, reflective
reflektant *m* (*np. na posadę*) appli-
  cant; (*na kupno*) prospective
  buyer
reflektor *m* reflector
reflektować *vt* have in view (na
  coś sth); intend; ~ **się** *vr* come
  to one's senses, sober down
reforma *f* reform
reformacja *f* Reformation
reformować *vt* reform
refren *m* refrain
regał *m* book-shelf
regaty *s pl sport* regatta, boat-
  -race
regencja *f* regency
regeneracja *f* regeneration
regenerować *vt* regenerate; ~ **się**
  vr regenerate, become regener-
  ated
regent *m* regent
regionalny *adj* regional
regulacja *f* regulation

regulamin *m* regulations *pl*
regularność *f* regularity
regularny *adj* regular
regulator *m* regulator
regulować *vt* regulate; (*zegarek*)
  put right; (*ruch uliczny*) control;
  (*rachunek*) settle
reguł|a *f* rule; **z** ~**y** as a rule
rehabilitacja *f* rehabilitation
rehabilitować *vt* rehabilitate
reja *f mors.* yard
rejent *m* notary (public)
rejestr *m* register, record
rejestracja *f* registration
rejestrować *vt* register, record;
  wojsk. enroll; ~ **się** *vr* register
rejon *n* region
rejs *m* cruise
rekapitulować *vt* recapitulate, sum
  up
rekin *m zool.* shark
reklama *f* publicity, advertising
reklamacja *f* claim
reklamować *vt* claim; (*ogłaszać*)
  advertise
rekolekcje *s pl* retreat
rekomendacja *f* recommendation
rekomendować *vt* recommend; (*o*
  liście) register
rekompensata *f* compensation
rekontrować *vt* (*w brydżu*) re-
  double
rekonwalescencja *f* recovery, con-
  valescence
rekonwalescent *m* convalescent
rekord *m* record; **pobić** ⟨**ustano-**
  wić⟩ ~ break a record
rekordzista *m* record-holder
rekreacja *f* recreation, pastime
rekrut *m* recruit; **pobór** ~**ów** conscription
rekrutacja *f* recruitment
rekrutować *vt* recruit
rektor *m* rector; chancellor, president
rektyfikacja *f* rectification
rektyfikować *vt* rectify
rekwirować *vt* requisition
rekwizycja *f* requisition
rekwizyt *m* requisite; *teatr pl* ~**y**
  property *zbior.*, props

relacja f report, relation
relaks m relax
relatywizm m relativism, relativity
relegować vt (z uniwersytetu) rusticate
relief m relief
religia f religion
religijność f religiosity
religijny adj religious
relikwia f relic
remanent m remainder, remaining stock; sporządzanie ~u stock-taking; sporządzać ~ take stock
reminiscencja f reminiscence
remis m sport tie; draw
remisow|y adj, gra ~a tie game
remiza f shed, am. barn
remont m renovation, repair
remontować vt renovate, repair
ren m zool. reindeer
renegat m renegade
renesans m Renaissance
renifer m = ren
renkloda f bot. greengage
renoma f renown
renomowany adj renowned
renons m (w kartach) renounce
renta f income, annuity; (starcza) old-age pension; (inwalidzka) disability payment
rentgen m x-ray apparatus; pot. (prześwietlenie) radiograph
rentgenolog m Roentgenologist, radiologist
rentgenologia f Roentgenology, radiology
rentować się vr pay one's way, yield an income
rentowny adj paying, profitable
reorganizacja f reorganization
reperacj|a f reparation; repair; muszę dać buty do ~i I must have my shoes repaired
reperować vt repair, mend
repertuar m repertoire, repertory
repetent m repeater
repetować vt repeat
repetycja f repetition
replika f rejoinder, repartee; (obrazu, rzeźby) replica
replikować vt retort, rejoin

reportaż m reportage
reporter m reporter
represja f reprisal
reprezentacja f representation
reprezentacyjny adj representative
reprezentant m representative
reprezentować vt represent
reprodukcja f reproduction
reprodukować vt reproduce
republika f republic
republikanin m republican
republikański adj republican
reputacja f reputation, repute
resor m spring
resort m department, province; to nie należy do mojego ~u this is beyond my province
respekt m respect
respektować vt respect
restauracja f (jadłodajnia) restaurant; (odnowienie, przywrócenie) restoration
restaurator m restaurant-keeper; (konserwator) restorer
restaurować vt restore, renovate, repair
restrykcja f restriction
restytucja f restitution
reszt|a f rest, remainder; (pieniędzy) change; (osad) residue; do ~y utterly, to the last
reszt|ka f remnant; pl ~ki relics, remains
retorta f retort
retoryczny adj rhetorical
retoryka f rhetoric
retusz m retouch
retuszować vt retouch
reumatyczny adj rheumatic
reumatyzm m rheumatism
rewanż m (odwet) revenge; (odwzajemnienie) reciprocation, requital; sport return match, revenge; dać komuś możność ~u give sb his revenge
rewanżować się vt requite, reciprocate
rewelacja f revelation, sensation
rewelacyjny adj revelational, sensational

rewers *m* receipt; *(biblioteczny)* lending form

rewia *f wojsk.* review; *teatr* revue

rewident *m* controller

rewidować *vt* revise; *(obszukiwać)* search

rewizja *f* revision; *(obszukiwanie)* search

rewizjonista *m* revisionist

rewizjonizm *m* revisionism

rewizor *m* controller

rewizyta *f* return ⟨reciprocated⟩ visit

rewizytować *vt* return ⟨repay⟩ a visit

rewolucja *f* revolution

rewolucyjny *adj* revolutionary

rewolwer *m* revolver

rezeda *f bot.* reseda

rezerwa *f* reserve

rezerwat *m* reserve; *(łowiecki, rybny)* preserve; *(dla Indian itp.)* reservation

rezerwista *m* reservist

rezerwować *vt* reserve; *(miejsce w pociągu, teatrze itp.)* book

rezerwow|y *adj* reserve *attr*; *(zapasowy)* spare *attr*; **części** ~e spare parts

rezerwuar *m* reservoir

rezolucja *f* resolution

rezolutny *adj* resolute, determined

rezonans *m* resonance

rezultat *m* result

rezurekcja *f* resurection

rezydencja *f* residence

rezydent *m* resident

rezydować *vi* reside

rezygnacja *f* resignation

rezygnować *vi* resign (z czegoś sth, na rzecz kogoś to sb)

reżim *m* régime

reżyser *m* stage-manager; *(filmowy)* director

reżyseria *f* stage-management; *(filmowa)* direction

reżyserować *vt* stage-manage; *(film)* direct

ręcznie *adv* by hand; ~ **robiony** handmade

ręcznik *m* towel

ręczn|y *adj* hand *attr*, manual; **bagaż** ~y portable luggage; **robota** ~a handiwork; **wózek** ~y hand-barrow

ręczyć *vt* guarantee, warrant

ręk|a *f* hand; **dać komuś wolną** ~ę allow sb free play; **iść komuś na** ~ę play into sb's hands; **to jest mi na** ~ę this suits me; **trzymać za** ~ę hold by the hand; **na swoją** ~ę on one's own account; **od** ~i on the spot, offhand; **pod** ~ą at hand; **pod** ~ę arm in arm; ~**a w** ~ę hand in hand

rękaw *m* sleeve

rękawica *f* glove; *(bokserska)* boxing-glove; *hist. (rycerska)* gauntlet

rękawiczka *f* glove; *(z jednym palcem)* mitten

rękodzielnik *m* handicraftsman

rękodzieło *n* handicraft

rękojeść *f* handle; *(u szabli)* hilt

rękojmia *f* guaranty

rękopis *m* manuscript

robactwo *n* vermin

robaczywy *adj* worm-eaten

robak *m* worm

rober *m* *(w kartach)* rubber

robi|ć *vt* make, do; ~**ć swoje** do one's duty; ~**ć na drutach** knit; **mało sobie z tego** ~**ę** I make little of it; **to mi dobrze** ~ it does me good; ~**ć się** *vr tylko impers:* ~ **się ciepło** ⟨**zimno, późno** itp.⟩ it is getting warm ⟨cold, late etc.⟩

robocizna *f* working power, labour; *(zapłata)* wages *pl*; *(pańszczyźniana)* statute labour

robocz|y *adj* work, working *attr*; **dzień** ~y working day; **siła** ~a manpower; **ubranie** ~e working clothes; **wół** ~y draught-ox

robot *m* robot

robot|a *f* work, labour, job; ~**y polne** field-labour; ~**y przymusowe** forced labour; ~**y ziemne** earth works; **ciężkie** ~**y** *(karne)* hard labour, penal servitude; **nie**

mieć nic do ~**y** have nothing to do

robotniczy *adj* workman's, workman *attr*

robotnik *m* (*pracownik*) worker; (*pracownik fizyczny*) workman; (*wyrobnik*) labourer

robótki *s pl* needle-work, fancy--work

rocznica *f* anniversary

rocznie *adv* yearly, annually

rocznik *m* year-book; *wojsk.* class; *pl* ~**i** (*naukowe, literackie*) annals

roczny *adj* yearly, annual

rodaczka *f* (fellow-)countrywoman

rodak *m* (fellow-)countryman

rodowity *adj* true-born, native; ~ **Anglik** Englishman by birth

rodowód *m* pedigree

rodow|y *adj* (*dziedziczny*) ancestral; **clan** *attr*; clannish; (*plemienny*) tribal; **mająłek** ~**y** patrimony; **szlachta** ~**a** hereditary nobility

rodzaj *m* kind, species, sort; *biol.* genus; *gram.* gender; ~ **ludzki** mankind; **coś w tym** ~**u** something of the kind; **najgorszego** ~**u** of the worst description; **wszelkiego** ~**u** of every description

rodzajnik *m gram.* article

rodzajowy *adj* generic

rodzeństwo *n* brothers and sisters

rodzice *s pl* parents

rodzicielski *adj* parental; parents' *attr*

rodzić *vt* bear, generate, produce

rodzimy *adj* native

rodzina *f* family

rodzinn|y *adj* family *attr*; natal, native; **majątek** ~**y** family estate; **miasto** ~**e** native town; **dodatek** ~**y** family allowance

rodzony *adj* full born, german; ~ **brat** brother german

rodzynek *m* raisin

rogacz *m* stag; *przen. pot.* (*zdradzony mąż*) cuckold

rogatka *f* turnpike; toll-bar

rogaty *adj* horned

rogatywka *f* four-cornered cap

rogowacieć *vi* become horny

rogowaty *adj* horny, corneous

rogowy *adj* horn *attr*, horny

rogoża *f* (*mata*) (door-)mat

rogówka *f anat.* cornea

roi|ć *vi* dream; ~**ć sobie** imagine, fancy; ~**ć się** *vr* swarm, team; **coś mu się** ~ he fancies sth, sth runs through his head

rojalista *m* royalist

rojny *adj* swarming, teaming

rok *s* (*pl* **lata**) year; ~ **przestępny** leap-year; ~ **szkolny** school-year; **co drugi** ~ every second year; **w przyszłym** ⟨**w zeszłym**⟩ ~**u** next ⟨last⟩ year; **przed laty** many years ago; **mam 18 lat** I am 18 years old

rokosz *m* mutiny

rokować *vi* (*pertraktować*) negotiate (**w sprawie traktatu, pożyczki a treaty, a loan**); (*zapowiadać*) augur; ~ **nadzieje** bid fair, give fair promise; **można** ~ **nadzieje, że on będzie miał powodzenie** he bids fair to succeed

rokowani|e *n* prognosis; *pl* ~**a** (*pertraktacje*) negotiations

rola 1. *f* (*pole*) arable land, field, soil

rol|a 2. *f* (*teatr i przen.*) part, role; **odgrywać** ~**ę** play a part

roleta *f* window-blind

rolka *f* (*szpulka*) reel; (*zwój*) roll; (*wałek*) roller

rolnictwo *n* agriculture

rolniczy *adj* agricultural

rolnik *m* farmer; agriculturist

roln|y *adj* agrarian; agricultural; **land** *attr*; **reforma** ~**a** agrarian reform; **bank** ~**y** land bank

romans *m* (*powieść*) romance, novel; (*miłostka*) love-affair

romansować *vi* flirt, carry a love--affair

romantyczność *f* romanticism

romantyczny *adj* romantic

romantyk *m* romantic; (*przedstawiciel romantyzmu*) romanticist

romantyzm *m* romanticism
romański *adj (język)* Romance; *(styl)* Romanesque
romb *m* mat. rhomb
rondel *m* stew-pan
rondo 1. *n (u kapelusza)* brim; *muz.* rondo
rondo 2. *m (plac)* circus
ronić *vt (np. łzy)* shed; *med.* miscarry
ropa *f med.* pus; ~ **naftowa** rock-oil, petroleum
ropieć *vi* fester, suppurate
ropień *m med.* abscess
ropucha *f zool.* toad
rosa *f* dew
Rosjanin *m* Russian
rosły *adj* tall
rosnąć *vi* grow
rosochaty *adj* forked
rosół *m* buillon, beef-soup
rostbef *m* roast beef
rosyjski *adj* Russian
roszad|a *f (w szachach)* castling; **robić** ~**ę** to castle
roszczenie *n* claim (**o coś** to sth, **pod czyimś adresem** on sb)
rościć *vt (np. prawo, pretensje)* claim (**do czegoś** sth), lay claim (**do czegoś** to sth)
roślina *f* plant; ~ **pnąca** creeper
roślinność *f* flora, vegetation
roślinny *adj* vegetable, vegetal
rotmistrz *m wojsk.* cavalry-captain
rowek *m* (small) channel; *techn.* groove
rower *m* (bi)cycle
rowerzysta *m* cyclist
rozbestwić *vt* make furious, enrage; ~ **się** *vr* become furious
rozbicie *n* disruption; *(wrogich sił)* defeat; ~ **okrętu** shipwreck
rozbić *vt* crush, smash, disrupt; *(wroga)* defeat; ~ **się** *vr* be crushed ⟨smashed⟩; *(o statku)* be shipwrecked; *(o planie)* be frustrated ⟨thwarted⟩
rozbierać *vt* undress: *(rozkładać)* decompose; *(dom)* pull down; *(kraj)* partition; *(rozczłonkowywać)* dismember; *(np. maszynę)* dismantle, dismount; *(np. zegarek)* take apart; ~ **się** *vr* undress, strip; *(zdejmować wierzchnie odzienie)* take off (one's overcoat, hat etc.)
rozbieżność *f* divergence
rozbieżny *adj* divergent
rozbijać *zob.* rozbić
rozbiór *m* dismemberment; *(tekstu)* analysis; *(kraju)* partition
rozbiórka *f (domu, maszyny itp.)* demolition
rozbitek *m* castaway; *przen. (życiowy)* wreck
rozbój *m* robbery, piracy
rozbójnik *m* robber, highwayman; *(morski)* pirate
rozbrajać *vt,* ~ **się** *vr* disarm
rozbrat *m* rupture, disunion; **wziąć** ~ break, fall out (**z kimś** with sb), become divorced (**z rozumem** from one's senses)
rozbrojenie *n* disarmament
rozbrzmiewać *vi* resound
rozbudowa *f* extension, enlargement
rozbudowywać *vt* extend, enlarge; *(np. praktykę, stosunki)* build up; ~ **się** *vr* extend
rozbudzić *vt* awaken, arouse
rozchmurzyć *vt* clear up; *przen. (rozweselić)* cheer one's thoughts
rozchodzić się *vr (o towarzystwie)* break up, part; *(o zgromadzeniu, grupie uczniów itp.)* disperse; *wojsk.* break ranks; *(rozłączyć się)* separate, come apart; *(o wiadomościach itp.)* spread abroad; *(o towarze)* sell well
rozchód *m* expense, expenditure
rozchwiać *vt* shake, make loose; ~ **się** *vr* be shaken, become loose
rozchwytać *vt* snatch up; *(rozkupić)* buy up
rozchylać *vt,* ~ **się** *vr* open, draw apart; ~ **usta** part one's mouth
rozciągać *vt,* ~ **się** *vr* extend, stretch, expand
rozciągłoś|ć *f* expansion, extent; **w całej** ~**ci** at full length; **to the full extent**
rozciągły *adj* extensive

rozcieńczyć *vt* dilute

rozcierać *vt* grind (**na proch** to powder); (*np. ciało*) rub

rozcinać *vt* cut up

rozczarować *vt* disillusion, disappoint; **~ się** *vr* become disappointed

rozczarowanie *n* disillusionment, disappointment

rozczesać *vt* comb off

rozczłonkować *vt* dismember

rozczłonkowanie *n* dismemberment

rozczulać *vt* move (to pity), touch, affect; **~ się** *vr* be moved, be touched; (*bawić się w sentymenty*) sentimentalize (**nad kimś, czymś** over sb, sth)

rozczyn *m* solution

rozdarcie *n* rent, tear; *przen.* (*wewnętrzne skłócenie*) disruption

rozdawać *vt* distribute; (*karty*) deal

rozdmuchiwać *vt* (*nadymać*) blow up, inflate; (*podsycać płomień*) fan

rozdrabniać *vt* fritter

rozdrapywać *vt* scratch; (*rozranić*) lacerate

rozdrażniać *vt* irritate

rozdrażnienie *n* irritation

rozdroże *n* crossroad(s)

rozdwoić *vt* divide, split, disunite

rozdwojenie *n* division, disunion, split

rozdymać *vt* blow up, inflate

rozdział *m* (*oddzielenie*) separation; (*podział*) division; (*rozdzielenie*) distribution; (*w książce*) chapter; (*we włosach*) parting

rozdzielać *vt* (*oddzielać*) separate, sever; (*podzielić*) divide; (*rozdawać*) distribute; (*wydzielać*) deal ⟨share⟩ out; (*nagrody*) give away ⟨out⟩

rozdzielcz|y *adj* distributive; **punkt ~y** distributing point; **tablica ~a** *elektr.* switchboard, (*w samochodzie*) dash-board

rozdzierać *vt* rend, tear up, split; (*otwierać np. list*) tear open;

~jący serce heart-rending

rozdźwięk *m* dissonance, discord

rozebrać *zob.* **rozbierać**

rozedma *f med. także* **~ płuc** emphysema

rozejm *m* armistice, truce

rozejść się *zob.* **rozchodzić się**

rozerwać się *vr* (*zabawić się*) divert oneself; (*pęknąć*) become ⟨get⟩ torn up

roześmiać się *vr* burst into laughter

rozeta *f* rosette

rozeznać *vt* discern; distinguish

rozgałęziacz *m elektr.* branch-joint, cluster

rozgałęziać się *vr* branch out, ramify

rozgałęzienie *n* ramification

rozgarniać *vt* pull apart, unroll, rake aside; (*ogień*) stir

rozgarnięty *adj* intelligent, clever

rozglądać się *vr* look round (**za kimś, czymś** for sb, sth)

rozgłaszać *vt* blaze, divulge, spread abroad

rozgłos *m* publicity, renown; resonance; **nabrać ~u** become renowned

rozgłośnia *f* broadcasting station

rozgłośny *adj* resounding; renowned

rozgnieść *vt* crush

rozgniewać *vt* anger, make angry; **~ się** *vr* become angry (**na kogoś** with sb, **na coś** at ⟨about sth⟩)

rozgoryczenie *n* embitterment

rozgoryczyć *vt* embitter

rozgraniczenie *n* delimitation, demarcation

rozgraniczyć *vt* delimit, demarcate

rozgromić *vt* rout, defeat

rozgryźć *vt* bite through; *pot.* (*odgadnąć*) unriddle

rozgrzebywać *vt* dig up, rake up

rozgrzeszenie *n* absolution

rozgrzeszyć *vt* absolve

rozgrzewać *vt* warm up; **~ się** *vr* warm oneself, get warm, warm up

rozhukany *adj* unbridled, unruly
rozhuśtać *vt* set swinging, set in motion
roziskrzony *adj* sparkling
roziskrzyć się *vi* begin to sparkle
rozjaśnić *vt*, ~ **się** *vr* clear up, brighten
rozjątrzyć *vt* irritate, exacerbate; chafe, rankle; ~ **się** *vr* become irritated, get exacerbated; rankle; *med.* suppurate
rozjechać się *vr* (*o towarzystwie, zgromadzeniu itp.*) break up, part
rozjemca *m* arbiter; *sport* umpire
rozjuszyć *vt* enrage, infuriate
rozkaprysić *vt* make capricious; ~ **się** *vr* become capricious
rozkapryszony *adj* capricious, whimsical
rozkaz *m* order, command; **na** ~ by order
rozkazujący *adj* imperious, imperative; *gram.* **tryb** ~ imperative
rozkazywać *vt* order, command
rozkiełznać *vt* unbridle
rozkleić *vt* (*rozlepić, np. afisze*) post up; ~ **się** *vr* unglue, come unglued; *pot.* (*stać się nieodpornym*) weaken, be moved
rozkład *m* disposition; (*psucie się*) decay, disintegration; (*jazdy, godzin*) time-table
rozkładać *vt* (*rozstawiać*) dispose, place apart; (*np. mapę*) spread open ⟨out⟩; (*rozwijać*) unfold; (*np. na wystawie*) display, lay out; (*rozbierać na części*) decompose, take to pieces; ~ **się** *vr* (*wyciągać się*) stretch out, spread; (*psuć się*) decay, decompose; (*rozpadać się*) disintegrate
rozkochać *vt* inspire with love; ~ **się** *vr* fall in love (**w kimś** with sb)
rozkołysać *vt* set swinging
rozkopać *vt* dig up
rozkosz *f* delight
rozkoszny *adj* delightful
rozkręcać *vt* unwind, unscrew
rozkruszać *vt* crumble, crush

rozkrzewić *vt* propagate, multiply
rozkuć *vt* unchain, unbind
rozkulbaczyć *vt* unsaddle
rozkupić *vt* buy up
rozkwit *m* flowering, efflorescence, bloom; **w pełni** ~**u** in full bloom
rozkwitać *vi* blossom, flourish
rozkwitły *adj* full-blown
rozlegać się *vr* spread, extend; (*o głosie*) resound, ring
rozległy *adj* extensive, vast
rozleniwiać *vt* make lazy; ~ **się** *vr* become lazy
rozlepiać *vt* (*np. afisze*) post up
rozlew *m* (*powódź*) flood; ~ **krwi** bloodshed
rozlewać *vt* (*np. mleko na podłogę*) spill; (*wlewać do naczyń*) pour out; (*krew, łzy*) shed; ~ **się** *vr* (*o rzece*) overflow; (*o płynie*) spill
rozliczać się *vr* settle accounts
rozliczenie *n* settling (of accounts), settlement; *handl.* clearing
rozliczny *adj* diverse, various
rozlokować *vt* accommodate, quarter; ~ **się** *vr* put up (**w hotelu** at a hotel), find accommodation
rozlosować *vt* dispose by lots (**coś** of sth)
rozluźnić *vt* loosen, relax; ~ **się** *vr* loosen, come loose
rozluźnienie *n* loosening, relaxation; (*obyczajów*) laxity
rozładować *vt* discharge, unload
rozłam *m* split, disruption
rozłamać *vt* break asunder, disrupt, split; ~ **się** *vr* be broken, go asunder
rozłazić się *vr* straggle, disperse; (*rozpadać się*) fall to pieces
rozłączać *vt* disjoin, disconnect; (*także techn.*) separate; (*np. telefon*) switch off; ~ **się** *vr* become disconnected; separate; (*telefonicznie*) switch off
rozłączenie *n* separation; (*także techn.*) disconnection

rozłożyć zob. rozkładać; ~ się obozem encamp

rozłupać vt split, cleave; (orzech) crack

rozmach m impetus, swing

rozmaitoś|ć f variety; pl ~ci miscellany zbior.

rozmaity adj various, diverse

rozmaryn m bot. rosemary

rozmawiać vi talk, chat, converse

rozmia|r m (wymiar) size; (zakres) dimension, extent; w wielkim ~rze to a great extent, in a large measure

rozmienić vt (pieniądze) change

rozmieszczać vt dispose, arrange; locate; (rozlokować) quarter, accommodate

rozmieszczenie n disposition, arrangement; location; (zakwaterowanie) quartering, accommodation

rozmiękczać vt soften, make soft, mollify

rozmiękczenie n softening, emollescence; med. ~ mózgu encephalomalacia

rozmięknąć vi soften, become soft

rozminąć się vr miss (z kimś, czymś sb, sth) cross one another; ~ się z celem go wide ⟨fall short⟩ of the mark; ~ się z powołaniem miss one's calling; ~ z prawdą deviate from the truth

rozminować vt clear of mines

rozmnażać vt, ~ się vr multiply, breed

rozmnażanie się n multiplication

rozmoczyć vt wet, soak

rozmoknąć vi become wet, soak

rozmow|a f conversation; prowadzić ~ę carry on a conversation

rozmowny adj conversational

rozmówca m interlocutor

rozmówić się vr have a talk

rozmównica f (także ~ telefoniczna) telephone booth ⟨box⟩

rozmysł m, z ~em deliberately

rozmyślać vi meditate, reflect (nad czymś on ⟨upon⟩ sth)

rozmyślanie n meditation

rozmyślić się vr change one's mind

rozmyślnie adj deliberately

rozmyślny adj deliberate, premeditated

roznamiętnić vt impassion; ~ się vr become impassioned

rozniecić vt (rozpalić) kindle; przen. (wywołać żywe uczucie) stir up, inflame

roznosiciel m carrier; ~ gazet newspaper boy

roznosić vt carry; (rozpowszechniać) spread, distribute

rozochocić vt make merry; ~ się vr become merry, cheer up

rozognić vt inflame

rozpacz f despair; doprowadzić do ~y drive to despair

rozpaczać vi despair

rozpaczliwy adj desperate

rozpad m decay, decomposition

rozpadać się vr fall to pieces, collapse, break down

rozpadlina f crevice, cleft

rozpakować vt, ~ się vr unpack

rozpalać vt (ogień) make fire; ~ piec fire a stove; przen. (wzmagać) inflame; (wyobraźnię) fire

rozpamiętywać vt meditate (coś on sth)

rozpaplać vt pot. blab out

rozparcelować vt parcel out, break up

rozpasanie n profligacy

rozpasany adj dissolute, profligate

rozpatrywać vt consider, examine

rozpęd m impetus, start

rozpędzić vt disperse; (tłum) break up; (rozruszać) start, set in motion; ~ się vr break into a run

rozpętać vt unchain, unfetter; pot. (np. wojnę) unleash

rozpiąć zob. rozpinać

rozpieczętować vt unseal

rozpierać vt distend, extend; ~ się vr spread oneself

rozpierzchnąć się vr disperse

rozpieszczać vt pamper

rozpiętość f spread; (mostu, łuku) span; przen. (zakres) extent

rozpinać vt (ubranie) unbutton,

undo; (*rozciągać*) stretch out; (*żagiel*) spread

rozplatać *vt* untwist, untwine

rozplątać *vt* disentangle

rozplenić *vt*, ~ **się** *vr* multiply

rozpłakać się *vr* burst into tears

rozpłaszczyć *vt* flatten

rozpłatać *vt* split, cleave

rozpłomienić *vt* inflame

rozpływać się *vr* melt away, vanish; (*o pieniądzach*) melt; *przen.* descant (**nad czymś** on ⟨upon⟩ sth)

rozpoczynać *zob.* **zaczynać**

rozpogodzić się *vr* clear up

rozporek *m* fly

rozporządzać *vt* dispose (**czymś** of sth); (*dawać rozporządzenie*) order, decree

rozporządzenie *n* disposal (**czymś of** sth); (*dekret*) order, decree; **do twego** ~**a** at your disposal

rozpościerać *vt*, ~ **się** *vr* spread (out)

rozpowiadać *vt* talk abroad, divulge

rozpowszechniać *vt* spread, diffuse, propagate; ~ **się** *vr* spread

rozpowszechnienie *n* spread

rozpowszechniony *adj* wide-spread

rozpoznanie *n* discernment; *med.* diagnosis; *wojsk.* (*terenu*) reconnaissance

rozpoznawać *vt* recognize; discern; *med.* diagnose

rozpraszać *vt*, ~ **się** *vr* disperse

rozprawa *f* dissension, debate; (*np. naukowa*) treatise, dissertation; *prawn.* (*sądowa*) case; (*załatwienie sporu*) settlement

rozprawiać *vi* debate, discuss (**o czymś** sth); ~**ć się** *vr* settle matters; **szybko** ~**ć się** make short work (**z czymś** of sth)

rozprężać *vt* distend

rozprężenie *n* distension; (*odprężenie*) relaxation

rozpromienić *vt*, ~ **się** *vr* brighten up

rozprostować się *vr* straighten

rozproszenie *n* dispersion, dispersal

rozproszyć *zob.* **rozpraszać**

rozprowadzać *vt* lead; (*smar, farbę*) lay on; (*rozcieńczać*) dilute; (*towar, bilety itp.*) distribute

rozpruwać *vt* unsew, unstitch; (*rozrywać*) rip open

rozprzedawać *vt* sell

rozprzedaż *f* selling out, sale

rozprzestrzeniać *vt* spread, extend

rozprzestrzenianie *n* spread

rozprzęgać *vt* unharness; *przen.* (*rozluźniać*) dissolve, relax

rozprzężenie *n* dissoluteness, relaxation; ~ **obyczajów** laxity of morals

rozpusta *f* debauchery

rozpustnik *m*, **rozpustnica** *f* debauchee

rozpustny *adj* debauched

rozpuszczać *vt* (*płyn*) dissolve; (*odprawiać, zwalniać*) dismiss; (*wojsko*) disband, dismiss; (*puszczać wolno*) let go, dismiss; (*pogłoski*) spread; ~ **się** *vr* dissolve, (*topnieć*) melt

rozpuszczalnik *m chem.* solvent

rozpuszczalny *adj* soluble

rozpychać się *vr* jostle

rozpylacz *m* pulverizer

rozpylać *vt* pulverize

rozpytywać *vr* inquire (**o kogoś, coś** after ⟨for⟩ sb, sth)

rozrabiacz *m pot.* troublemaker, stirrer

rozrabiać *vt* (*farbę, pastę itp.*) mix, dilute; (*rozbełtywać*) stir up; *vi pot.* make trouble, intrigue

rozrachunek *zob.* **rozliczenie;** *handl.* clearance

rozradzać się *vr* multiply, breed

rozrastać się *vr* grow larger, develop

rozrąbać *vt* cut asunder, split

rozrodczy *adj* genital, generative, procreative

rozróżniać *vt* distinguish; (*wyodrębniać*) discern

rozruch *m* start, setting in motion; *pl* ~**y** (*zamieszki*) uproar, riot

rozruszać *vt* set in motion, start; (*ożywić*) stir up; ~ **się** *vr* be roused, begin to stir rozrywać *vt* tear; rend; (*np. związek*) disrupt; (*list itp.*) tear open

rozrywka *f* amusement, pastime

rozrzedzać *vt* rarefy; (*rozcieńczać*) dilute

rozrzewnić *vt* move, affect; ~ się *vr* be moved, become affected

rozrzewnienie *n* emotion, touch of tenderness

rozrzucać *vt* scatter; (*pieniądze*) squander

rozrzutność *f* extravagance

rozrzutny *adj* extravagant

rozsada *f* seedlings *pl*

rozsadnik *m* seed-plot

rozsadzać *vt* plant apart; (*rozstawiać*) space; (*rozdzielać*) separate; seat separately; (*prochem*) blow up

rozsądek *m* sense; zdrowy ~ common sense

rozsądny *adj* sensible, reasonable

rozsiewać *vt* sow; *przen.* (*rozpraszać*) disseminate

rozsławiać *vt* render famous

rozstaj *m*, na ~u at the parting of the ways

rozstajn|y *adj*, ~e drogi crossroads

rozstanie *n* parting, separation

rozstawać się *vr* part (z kimś from ⟨with⟩ sb, z czymś with sth)

rozstawiać *vt* place apart, space; (*np. nogi*) spread

rozstąpić się *vr* step asunder, get apart; part; (*o ziemi*) burst, open up

rozstęp *m* spread, space, gap

rozstroić *vt* put out of order, derange; (*nerwy*) shatter; (*instrument*) put out of tune

rozstrój *m* disharmony, discord; disorganization; (*umysłowy*) mental derangement; *med.* ~ nerwowy nervous breakdown; ~ żołądka dyspepsia, upset stomach

rozstrzelać *vt* shoot dead, execute

rozstrzel|ić *vt* (*druk.*) space out; ~one głosy scattered votes

rozstrzygać *vt* decide (coś sth), determine (o czymś sth); ~ kwestię decide the question; ~ o wyniku determine the result

rozstrzygający *p praes adj* decisive

rozstrzygnięcie *n* decision

rozsuwać *vt* draw aside; (*zasłonę*) draw; (*stół*) pull out

rozsyłać *vt* send out, distribute

rozsyłka *f* distribution

rozsypać *vt* scatter; ~ się *vr* be scattered, disperse; (*rozpadać się*) crumble

rozszarpać *vt* tear to pieces

rozszczepiać *vt* split, cleave

rozszczepienie *n* split

rozszerzać *vt* widen, broaden; enlarge; (*szerzyć*) diffuse, spread; ~ się *vr* widen, broaden; extend

rozszerzenie *n* extension, enlargement

rozsznurować *vt* unlace

rozszyfrować *vt* decode

rozścielać *vt*, ~ się *vr* spread

rozśmieszać *vt* make laugh

rozświecać *vt* light up

roztaczać *vt*, ~ się *vr* spread, extend; ~ opiekę keep guard (nad kimś, czymś over sb, sth)

roztajać *vi* thaw, melt away

roztapiać *vt* melt; (*metal*) smelt

roztargnienie *n* distractedness

roztargniony *adj* distracted

roztawać się *vr* part company (z kimś with sb)

rozterka *f* distraction; discord; uneasiness

roztkliwiać *vt* move to pity; ~ się *vr* be moved to pity, sentimentalize (nad kimś, czymś over sb, sth)

roztłuc *vt* smash

roztoczyć zob. roztaczać; ~ opiekę nad kimś, czymś take sb, sth under one's protection

roztopić zob. roztapiać

roztopy *s pl* thawing snow

roztratować *vt* trample under foot

roztrąbić *vt* blaze abroad, divulge

roztrącić *vt* push asunder; (*rozbić*) smash

roztropność *f* prudence

roztropny *adj* prudent

roztrwonić *vt* squander away

roztrzaskać *vt* smash

roztrzepanie *n* distractedness

roztrzepany *adj* distracted, scatter-
-brained

roztwarzać *vt* dissolve; (*rozcieńczać*) dilute

roztwór *m* solution; (*nalewka*)
tincture

roztyć się *vr* grow fat

rozum *m* (*zdolność pojmowania*)
understanding; (*władze umysłowe*) reason; (*umysł*) intellect;
(*rozsądek, spryt*) wit; chłopski ~
common sense; to przechodzi
ludzki ~ this is beyond human
understanding; on ma ~ w głowie he has his wits about him

rozumie|ć *vt* understand; (*pojmo-
wać*) comprehend; ~ się *vr* understand (nawzajem each other);
(*znać się*) understand thoroughly, know thoroughly (na czymś
sth); co przez to ~sz? what do
you mean by it?; ma się ~ć of
course; to ~ się samo przez się
it stands to reason

rozumny *adj* reasonable, sensible

rozumować *vi* reason

rozumowanie *n* reasoning

rozumowy *adj* rational

rozwadniać *vt* dilute

rozwag|a *f* prudence; (*rozważanie*)
consideration; wziąć pod ~ę take
into consideration

rozwarty *adj* open; *mat.* (*o kącie*)
obtuse

rozważać *vt* (*rozpatrywać*) consider; (*zastanawiać się*) reflect (coś
on ⟨upon⟩ sth); (*ważyć częściami*)
weigh out

rozważny *adj* prudent

rozweselać *vt* gladden, cheer up,
exhilarate; ~ się *vr* cheer up,
become exhilarated

rozwiać *zob.* rozwiewać

rozwiązalny *adj* (*o zagadce, zagadnieniu*) solvable; (*o umowie, sto-
warzyszeniu itp.*) dissoluble

rozwiązanie *n* (*zagadki*) solution;
(*zebrania, małżeństwa, umowy*

itp.) dissolution; (*przedsiębiorstwa*) winding up; *med.* (*poród*)
delivery

rozwiązły *adj* dissolute

rozwiązywać *vt* untie, undo; (*zagadki, problemy*) solve; (*stowarzyszenie, małżeństwo, umowę*)
dissolve; (*zgromadzenie*) dismiss,
dissolve; (*przedsiębiorstwo*) wind
up

rozwidniać się *vr* dawn

rozwiedziony *adj* divorced

rozwierać *vt* open

rozwieszać *vt* hang about

rozwiewać *vt* blow away, scatter;
przen. (*obawy, wątpliwości*) dis-
pel; ~ się *vr* be blown away;
przen. vanish; (*przemijać*) blow
over

rozwijać *vt* (*np. paczkę*) unwrap;
(*np. gazetę*) unfold; (*np. zwój
sukna, papieru*) unroll; (*np. żagiel*) spread; (*np. umysł, nowy
gatunek rośliny*) develop; (*np.
działalność*) display; ~ się *vr*
develop; unroll; (*o pączkach,
krajobrazie*) unfold

rozwikłać *vt* disentangle

rozwlekły *adj* prolix, diffuse

rozwodnić *zob.* rozwadniać

rozwodnik *m* divorcee

rozwodzić *vt* divorce; ~ się *vr*
divorce (z kimś sb); enlarge, di-
late (nad czymś on sth)

rozwojowy *adj* evolutionary

rozwolnienie *n* *pot.* diarrhoea

rozwozić *vt* convey, distribute

rozwód *m* divorce; wziąć ~ divorce (z kimś sb)

rozwój *m* development, evolution

rozwydrzony *adj* unbridled, wild

rozzłościć *vt* make angry, irritate;
~ się *vr* become angry

rozżalenie *n* resentment

rozżalony *adj* resentful

rozżarzyć *vt* make red-hot; ~ się
vr become red-hot

rożen *m* spit

ród *m* (*pochodzenie*) origin, stock;
(*rasa*) race; (*szczep*) tribe, (*w
Szkocji*) clan; ~ ludzki mankind;
rodem z Warszawy a native of

Warsaw; **rodem z Polski** Pole ⟨**Polish**⟩ by birth

róg m horn; (*myśliwski*) bugle; (*zbieg ulic*, *kąt*) corner; **rogi jelenie** antlers; ~ **obfitości** horn of plenty; **na rogu** at the corner; **za rogiem** round the corner; *przen.* **przytrzeć komuś rogów** take sb down a peg or two

rój m swarm

róść *zob.* **rosnąć**

rów m ditch; *wojsk.* ~ **łączący** communication-trench; ~ **strzelecki** entrenchment, trench

rówieśnik m coeval; **on jest moim** ~**iem** he is of my age

równać *vt* (*wyrównywać*) even, make even; level; (*porównywać*) compare; *vi wojsk.* dress; ~ **się** *vr* be equal (**komuś**, **czemuś** to sb, sth)

równanie n *mat.* equation; ~ **pierwszego** ⟨**drugiego**⟩ **stopnia** linear ⟨quadratic⟩ equation; (*zrównanie*) equalization

równia f plane, level surface; ~**a pochyła** inclined plane; **na** ~ **z kimś**, **czymś** on a level with sb, sth; **on the same level as** sb, sth

równie *adv* equally

również *adv* also, too, as well; **jak** ~ as well as

równik m *geogr.* equator

równina f plain

równo *adv* even

równoboczny *adj* equilateral

równoczesny *adj* simultaneous; (*współczesny*) contemporary

równoległobok m *mat.* parallelogram

równoległy *adj* parallel

równoleżnik m *geogr.* parallel

równomierny *adj* equal, uniform

równoramienny *adj mat.* isosceles

równorzędny *adj* of equal rank, equivalent

równość f equality; (*gładkość*) evenness

równouprawnienie n equality of rights

równouprawniony *adj* having the same rights

równowag|a f equilibrium, balance; **odzyskać** ~**ę** recover one's balance; **stracić** ~**ę** lose one's balance, be off one's balance; **utrzymać** ~**ę** be in equilibrium, keep one's balance; **wyprowadzić z** ~**i** throw out of balance, unbalance

równowartościowy *adj* equivalent

równowartość f equivalence; (*rzecz konkretna*) equivalent

równoważnik m equipoise, equivalent

równoważny *adj* equiponderant

równoważyć *vt* balance

równoznaczny *adj* synonymous

równ|y *adj* (*gładki*, *płaski*, *prosty*) even, flat, level; (*taki sam*, *jednakowy*) equal; *gram.* **stopień** ~**y** positive degree; ~**y krok** steady pace; **nie mający** ~**ego sobie** unparalleled; **żyć jak** ~ **z** ~**ym** live as equals; **przestawać z** ~**ymi sobie** mix with one's equals

rózga f rod

róż m rouge

róża f rose; (*polna*) sweet briar; *med.* erysipelas

różaniec m rosary

różdżka f wand; ~ **czarodziejska** magician's wand

różnica f difference; ~ **zdań** diversity of opinions

różnicować *vt* differentiate

różniczka f *mat.* differential

różniczkować *vt mat.* differentiate

różni|ć się *vr* differ (**od kogoś**, **czegoś** from sb, sth; **pod względem czegoś** in sth)

różnobarwny *adj* many-coloured

różnojęzyczny *adj* many-tongued

różnolity *adj* various, multiform

różnoraki *adj* manifold, diverse

różnorodność f heterogeneity; variety

różnorodny *adj* heterogeneous; various

różnoznaczny *adj* ambiguous, having a different meaning

różn|y *adj* (*odmienny*) different (od czegoś from sth); (*różniący się, przeciwstawny*) distinct (od czegoś from sth); (*rozmaity*) various; sundry; ~e drobiazgi sundries

różować *vt* put on rouge

różowy *adj* pink, rosy

rtęć *f chem.* mercury, quicksilver

rubaszność *f* coarseness

rubaszny *adj* coarse

rubin *m* ruby

rubryka *f* (*szpalta*) column; (*wolne miejsce w formularzu*) blank

ruch *m* movement; (*posunięcie, np. w szachach*) move; (*chód, np. maszyny*) motion; ~ jednokierunkowy one-way road; ~ oporu resistance movement; ~ pasażerski passenger-traffic; ~ towarowy goods-traffic; puszczać w ~ put in motion; wprawić w ~ put in motion, start; w ~u on the move

ruchliwość *f* mobility

ruchliw|y *adj* mobile, active; ~a ulica busy street; ~e życie busy life

ruchomości *s pl* movables, personalty, personal property

ruchom|y *adj* movable; ~e schody escalator

ruczaj *m poet.* brook

ruda *f* ore

rudera *f* hovel, dilapidated house

rudy *adj* brownish-red, rusty; (*rudowłosy*) red-haired

rufa *f mors.* stern

rugować *vt* (*ze służby*) dismiss; (*z miejsca*) eject

ruina *f* ruin

ruleta *f* roulette

rulon *m* roll

rum *m* rum

rumak *m lit.* steed

rumianek *m* camomile

rumiany *adj* ruddy, rosy

rumienić się *vr* become ruddy; (*na twarzy*) blush

rumieniec *m* blush, high colour

rumor *m* noise

rumowisko *n* debris

Rumun *m* Rumanian

rumuński *adj* Rumanian

runąć *vi* collapse, tumble down

runiczny *adj* runic

runo *n* fleece

rupiecie *s pl* lumber *zbior.* trash *zbior.*

ruptura *f med.* hernia

rura *f* pipe, tube

rurka *f* tube, tubule

rurociąg *m* pipe-line

rusałka *f* naiad

ruszać *vt vi* move, stir; (*dotykać*) touch; (*w drogę*) start (dokądś for a place); ~ się *vr* move, stir; (*być czynnym*) be busy, pot. be up and doing

ruszenie *n,* pospolite ~ *hist.* general levy

ruszt *m* (fire-)grate

rusztowanie *n* scaffolding

rutyna *f* routine

rutynowany *adj* practised

rwać *vt* tear; (*owoce, kwiaty*) pluck, pick; (*zęby*) draw; *vi* (o bólu) shoot; ~ się *vr* (*np. o ubraniu*) tear; (*mocno chcieć*) be eager (do czegoś for ⟨after⟩ sth, to do sth), pot. be keen (do czegoś on sth)

rwący *adj* (o rzece) rapid; (o bólu) stabbing, shooting

rwetes *m* bustle

ryb|a *f* fish; łowić ~y fish, catch fish; (*na wędkę*) angle; iść na ~y go fishing; *przen.* gruba ~a big shot

rybak *m* fisher, fisherman, (*wędkarz*) angler

rybołówstwo *n* fishing, fishery

rycerski *adj* chivalrous

rycerskość *f* chivalry

rycerstwo *n* chivalry, knighthood

rycerz *m* knight; błędny ~ knight-errant

rychło *adv* soon

rychły *adj* early, speedy

rycina *f* illustration, picture; (*sztych*) print

rycyna f (olej) castor-oil

ryczałt m lump sum; **~em in the lump**

ryczeć vi roar; (o krowie) low; (o ośle) bray

ryć vt vi (kopać) dig; (rylcem) engrave; (w drzewie) carve

rydel m spade

rydwan m poet. chariot

rydz m bot. orange-agaric

rygiel m bolt

ryglować vt bolt

rygor m rigour

rygorystyczny adj rigorous

ryj m snout

ryk m roar; (krowy) low; (osła) bray

rylec m chisel

rym m rime, rhyme

rymarz m saddler

rymować vt rime, rhyme; **~ się** vr rime

rynek m market, market-place

rynna f gutter-pipe, rain-pipe

rynsztok m gutter, sewer

rynsztunek m equipment, armour

ryps m rep(s)

rys m (twarzy) feature; (charakteru) trait

rysa f flaw, crack

rysopis m description

rysować vt draw; (szkicować) sketch; (planować) design; **~ się** vr (na tle) be outlined, appear; (pękać, np. o ścianie) crack

rysownica f drawing-board

rysownik m draughtsman; (kreślarz) sketcher, designer

rysunek m drawing, (szkic) sketch; (plan) design; **lekcja ~ków** drawing-lesson; **nauczyciel ~ków** drawing-master

rysunkowy adj, **film ~** cartoon-film; **papier ~** drawing-paper

ryś m zool. lynx

rytm m rhytm

rytmiczny adj rhythmic

rytownictwo n engraving

rytownik m engraver

rytuał m ritual

rywal m rival

rywalizacja f rivalry

rywalizować vt rival (z kimś sb), compete (z kimś with sb)

ryza f (papieru) ream; **trzymać kogoś w ~ch** keep a tight hand on sb

ryzyko n risk; **narażać się na ~** run the risk

ryzykować vt risk, hazard

ryzykowny adj risky

ryż m rice

ryży adj red, red-haired

rzadki adj rare; (nieliczny) scarce; (o włosach) thin; (o zupie) clear; (o tkaninie) loose

rzadko adv seldom, rarely

rzadkość f rarity; (niewystarczalna ilość) scarcity

rząd 1. m row, rank, file; biol. order; **drugi z rzędu** next, successive; **8 godzin z rzędu** 8 hours at a stretch; **rzędem in a row** ⟨line⟩; **ustawić się rzędem** line up; **w pierwszym rzędzie** in the first place, first of all

rząd 2. m government, am. administration; management; (panowanie) rule; pl **~y** government, management; **~ ludowy** People's Government

rządca m governor, manager

rządowy adj government attr, state attr; governmental

rządzić vi govern; manage (czymś sth); rule (czymś over sth)

rzecz f thing; (sprawa) matter; **do ~y to the point; przystąpić do ~y come to the point; na jego ~** on his behalf; **to nie twoja ~** it is no business of yours; twoją **~ą jest to zrobić it is up to you** to do it; **w samej ~y** in point of fact; **jasna ~ of course; mówić od ~y** talk nonsense; **to jest nie do ~y it is beside the question, it is off the point**

rzecznik m representative; (orędownik) advocate, spokesman

rzeczownik m gram. substantive, noun

rzeczowo adv to the point, positively

rzeczowy adj real, positive, essential; **człowiek** ~ matter-of-fact man; **dowód** ~ material proof; **materiał** ~ evidence

rzeczoznawca *m* expert

rzeczpospolita *f* republic

rzeczułka *f* rivulet

rzeczywistość *f* reality

rzeczywisty *adj* real, actual

rzednąć *vt* become rare; (*o włosach, mgle*) thin *vt*, become thin

rzeka *f* river

rzekomo *adv* allegedly; **on** ~ **ma talent** he is supposed to have a talent

rzekomy *adj* supposed, pretended, sham; (*niedoszły*) would-be; ~ **bohater** would be hero; ~ **lekarz** sham doctor

rzemień *m* strap

rzemieślnik *m* artisan, craftsman

rzemiosło *n* craft, trade

rzemyk *m* strap

rzepa *f* turnip

rzepak *m* rape

rzesza *f* crowd; *hist.* **Rzesza Niemiecka** German Reich

rzeszoto *n* sieve

rześki *adj* brisk, lively

rzetelność *f* honesty, integrity

rzetelny *adj* honest, fair

rzewny *adj* plaintive

rzezimieszek *m* pick-pocket

rzeź *f* slaughter, massacre

rzeźba *f* (*sztuka*) sculpture; (*dzieło*) piece of sculpture

rzeźbiarstwo *n* sculpture

rzeźbiarz *m* sculptor

rzeźbić *vt* carve, sculpture

rzeźnia *f* slaughter-house

rzeźnik *m* butcher

rzeźwy *adj* hale, brisk

rzępolić *vi* pot. fiddle

rzęsa *f* eye-lash

rzęsist|y *adj* abundant, copious, profuse; ~**e łzy** flood of tears; ~**e oklaski** thunder of applause; ~**y deszcz** heavy rain

rzęzić *vi* rattle

rznąć zob. **rżnąć**

rzodkiew *f* bot. radish

rzodkiewka *f* bot. radish

rzucać *vt* throw, cast; (*opuszczać*) leave; (*poniechać*) give up; ~ **okiem** have a glance (**na coś** at sth); ~ **rękawicę** challenge (**komuś** sb); ~ **myśl** make a suggestion; ~ **się** *vr* rush (**na kogoś, coś** at sb, sth); fling oneself; (*nerwowo*) toss; (*w wodę*) plunge

rzut *m* throw, cast; (*plan*) projection; **na pierwszy** ~ **oka** at first glance

rzutki *adj* brisk, lively, enterprising

rzutkość *f* briskness, activity

rzutować *vt vi* project

Rzymianin *m* Roman

rzymski *adj* Roman

rżnąć *vt* cut, carve; (*zabijać*) slaughter

rżeć *vi* neigh

rżenie *n* neigh

rżysko *n* stubble-field

S

sabotaż *m* sabotage

sabotażysta *m* saboteur

sabotować *vt* sabotage

sacharyna *f* saccharine

sad *m* orchard

sadło *n* grease, fat

sadowić *vt* seat, place; ~ **się** *vr* seat oneself, take a seat

sadownictwo *n* pomicultura

sadyba *f* abode, habitation

sadysta *m* sadist

sadyzm *m* sadism

sadza f soot
sadzać vt seat, place
sadzawka f pool
sadzić vt plant, set
sadzonka f seedling
safanduła m galoot
safian m morocco
sagan m kettle
sak m sack; (sieć) drag-net
sakrament m sacrament
sakwa f bag
sala f hall; (w szpitalu) ward
salaterka f salad-plate
saldo n balance
saletra f saltpetre
salina f górn. salt-mine
salmiak m chem. ammonium chloride
salon m drawing-room
salonka f, bryt. saloon-carriage, am. parlour-car
salutować vt salute
salwa f volley
sałata f (roślina) lettuce; (surówka) salad
sam adj alone; -self (myself, yourself itd.); same; very; ~ jeden all alone; ~ na ~ all alone, all by oneself; na ~ym końcu at the very end; już na ~ą myśl at the very thought; rozumie się ~o przez się it is a matter of course; tak ~o likewise, as well; ten ~ the same; w ~ą porę (just) in time; on ~ to powiedział he said it himself
samica f female
samiec m male
samobójca m suicide
samobójczy adj suicidal
samobójstwo n suicide; popełnić ~ commit suicide
samochód m car, motor-car; ~ ciężarowy motor-lorry, truck; ~ turystyczny touring-car
samochwalstwo n boastfulness
samochwał m braggart
samodział m homespun
samodzielność f independence, self-reliance
samodzielny adj independent, self-reliant

samogłoska f wovel
samogon m home-brew
samoistny adj self-existent, independent
samokrytyka f self-criticism
samokształcenie n self-instruction, self-education
samolot m (aero)plane, am. airplane
samolub m egoist
samolubny adj egoistic
samoobsługowy adj (o barze, o sklepie, o stacji benzynowej) attr self-service
samolubstwo n egoism
samoobrona f self-defence
samopas adv all by oneself, loosely, at large
samopoczucie n feeling; dobre ~ (feeling of) comfort; złe ~ (feeling of) discomfort
samopomoc f self-help
samorodek m (złota) nugget
samorodny adj autogenous; original, spontaneous
samorząd m autonomy, self-government; ~ gminny ⟨miejski itp.⟩ local government
samostanowienie n polit. self-determination
samotnik m recluse, solitary
samotność f solitude
samotny adj solitary
samouctwo n self-education, self-instruction
samouczek m handbook for self-instruction; ~ języka angielskiego English self-taught
samouk m self-taught person
samowładca m autocrat
samowładztwo n autocracy
samowola f arbitrariness
samowolny adj arbitrary
samowystarczalność f self-sufficiency
samowystarczalny adj self-sufficient
samozachowawczy adj, instynkt ~ instinct of self-preservation
samozapalanie się n spontaneous combustion

samozwaniec *m* usurper, false pretender

samozwańczy *adj* self-styled, false

sanatorium *n* sanatorium

sandał *m* sandal

sanie *s pl* sleigh, sledge

sanitariusz *m* nurse, hospital attendant ⟨orderly⟩

sanitariuszka *f* nurse

sanitarny *adj* sanitary; wóz ~ ambulance

sankcja *f* sanction

sankcjonować *vt* sanction

sanki *s pl* sledge, sled, toboggan

sanna *f* (*droga*) sleigh-road; (*jazda*) drive in a sleigh.

sanskryt *m* Sanskrit

sapać *vt* pant, gasp

saper *m wojsk.* sapper

sardynka *f* sardine

sarkać *vi* grumble (na coś at sth)

sarkastyczny *adj* sarcastic

sarkazm *m* sarcasm

sarkofag *m* sarcophagus

sarna *f* roe, deer; (*samiec*) buck; (*samica*) doe

sarni *adj*, ~a pieczeń roast venison; ~a skóra buckskin, doeskin

Sas *m* Saxon

saski *adj* Saxon

satelita *m* satellite

satrapa *m przen.* tyrant

satyna *f* satin

satyra *f* satire

satyryczny *adj* satirical

satyryk *m* satirist

satysfakcja *f* satisfaction

sączek *m chem.* filter

sączyć *vt*, ~ się *vr* trickle, drip

sąd *m* judgement; (*ocena*) opinion; (*instytucja*) court, law-court; ~ przysięgłych jury; ~ wojenny court-martial; ~ ostateczny Last Judgement

sądownictwo *n* judicature

sądow|y *adj* judicial; koszty ~e court fees; postępowanie ~e legal procedure; sprawa ~a lawsuit; wytoczyć sprawę ~ą bring a suit (komuś against sb); wyrok ~y sentence of the court

sądzić *vt* judge; ~ sprawę try a case; *vi* (*mniemać*) think

sąsiad *m* neighbour

sąsiadować *vi* neighbour

sąsiedni *adj* neighbouring; (*przyległy*) adjacent

sąsiedztwo *n* neighbourhood

scalić *vt* integrate

scena *f* scene; *teatr* stage

scenariusz *m* scenario; script

sceneria *f* scenery

sceniczny *adj* scenic

sceptycyzm *m* scepticism

sceptyczny *adj* sceptical

sceptyk *m* sceptic

schab *m* pork-chop

schadzka *f* rendezvous, *am. pot.* date

scheda *f* inheritance

schemat *m* scheme, plan

schematyczny *adj* schematic

schizma *f* schism

schlebiać *vi* flatter

schludny *adj* cleanly, neat

schnąć *vi* dry, become dry; (*usychać*) wither; (*marnieć*) wane, waste

schodek *m* step

schodow|y *adj*, klatka ~a staircase

schody *s pl* stairs; ruchome ~ escalator

schodzić *vi* go ⟨come⟩ down; (*z chodnika, ze sceny itp.*) get off; (*o czasie*) pass; ~ się *vr* come together, meet

scholastyczny *adj* scholastic

scholastyk *m* scholastic

scholastyka *f* scholasticism

schorowany *adj* sickly, poorly

schować zob. chować

schowek *m* hiding-place; (*bankowy*) safe

schron *m* shelter; (*betonowy*) pill-box

schronić *vt* shelter; ~ się *vr* shelter (oneself); take shelter

schronisko *n* shelter; (*w górach*) refuge; (*azyl*) asylum

schwytać *vt* seize, catch

schylać *vt*, ~ się *vr* bend, bow, incline

schyłek *m* decline
scyzoryk *m* penknife
seans *m* (*w kinie*) picture-show;
(*spirytystyczny*) séance
secesja *f* secession
sedno *n* core, gist; trafić w ~
hit the mark
sejf *m* safe
sejm *m* Seym, Sejm
sekciarski *adj* sectarian
sekciarz *m* sectarian
sekcja *f* section; *med.* dissection;
~ pośmiertna post-mortem examination
sekcyjny *adj* sectional
sekre|t *m* secret; zachować coś w
~cie keep sth secret; pod ~tem
in secret
sekretariat *m* secretariat
sekretarz *m* secretary; ~ stanu
⟨partii⟩ secretary of state ⟨party⟩
seksualny *adj* sexual
sekta *f* sect
sektor *m* sector
sekunda *f* second
sekundant *m* second
sekundować *vi* second (komuś sb)
sekutnica *f* shrew
sekwestr *m* prawn. sequestration
seledynowy *adj* sea-green
selekcja *f* selection
seler *m* bot. celery
semafor *m* semaphore
semantyka *f* semantics
semestr *m* semester, term
semicki *adj* Semitic
seminarium *n* (*duchowne*) semi-
nary; (*uniwersyteckie*) seminar;
(*nauczycielskie*) training-college
Semita *m* Semite
sen *m* sleep; (*marzenie senne*)
dream
senat *m* senate
senator *m* senator
senior *m* senior
senność *f* sleepiness
senn|y *adj* sleepy; marzenie ~e
dream
sens *m* sense, meaning; mieć ~
make sense; nie było ~u tego
robić there was no sense in do-

ing that
sensacja *f* sensation
sensacyjn|y *adj* sensational; film
~y, powieść ~a thriller
sentencja *f* maxim
sentyment *m* sentiment
sentymentalność *f* sentimentalism
sentymentalny *adj* sentimental
separacja *f* separation
separować się *vr* separate
seplenić *vi* lisp
ser *m* cheese
serc|e *n* heart; przyjaciel od ~a
bosom friend; ~e dzwonu clapper; brać do ~a take to heart;
ciężko mi na ~u I have a brok-
en heart; mieć na ~u have at
heart; bez ~a heartless; ~em i
duszą heart and soul; z całego
~a with all one's heart; ze złamanym ~em broken-hearted
sercow|y *adj* med. cardiac; choro-
ba ~a heart disease; sprawa ~a
love affair
serdak *m* (sleeveless) jacket
serdeczność *f* cordiality
serdeczny *adj* cordial, hearty,
heart-felt
serdelek *m* sausage
serduszko *n* little heart; (*pieszczot-
liwie*) sweet one, darling
serenada *f* serenade
seria *f* series; filat. issue, set
serio, na ~ adv in (good) earnest,
seriously
serwantka *f* glass-case
serwatka *f* whey
serweta *f* table-cloth
serwetka *f* napkin; (*papierowa*)
serviette
serwilizm *m* servilism
serwis 1. *m* (dinner, tea etc.) service, set
serwis 2. *m* (*w tenisie*) service
serwować *vt vi* sport serve
seryjny *adj* serial
sesja *f* session
setka *f* a hundred
setny *num* hundredth
sezon *m* season
sędzia *m* judge; (*polubowny*) arbit-

er; *sport* umpire, referee; ~ **śled-czy** investigating magistrate

sędziwy *adj* aged, old

sęk *m* knag, knot

sękaty *adj* knaggy

sęp *m* vulture

sfera *f* sphere; (*np. towarzyska, społeczna*) circle

sferyczny *adj* spherical

sfinks *m* sphinx

sfora *f* pack

siać *vt* sow

siadać *vi* sit down, take a seat; ~ **na konia** mount a horse

siano *n* hay

sianokosy *s pl* hay-making

siarczan *m chem.* sulphate

siarczysty *adj*, **mróz** ~ bitter frost

siarka *f* brimstone, *chem.* sulphur

siarkowy *adj chem.* sulphuric

siatka *f* net; (*radio*) screen; *elektr.* grid

siatkówka *f anat.* retina; *sport* volley-ball

siąść *zob.* siadać

sidł|o *n* (*zw. pl.* ~a) snare, trap; **zastawiać** ~a lay a trap

siebie, sobie *pron* myself, yourself itd.; **mieszkają daleko od siebie** they live far from each other; **blisko siebie** close to each other

siec *vt* cut; (*chłostać*) lash; *zob.* siekać

sieczka *f* chaff

sieczna *f mat.* secant

sieć *f* net, network; (*pajęcza*) web; *elektr.* grid; ~ **kolejowa** railway-system; ~ **wodociągowa** water piping

siedem *num* seven

siedemdziesiąt *num* seventy

siedemdziesiąty *num* seventieth

siedemnasty *num* seventeenth

siedemnaście *num* seventeen

siedemset *num* seven hundred

siedlisko *n* seat; abode

siedmioletni *adj* seven years old; lasting seven years; **plan** ~ seven-year plan

siedzenie *n* seat

siedziba *f* seat

siedzieć *vi* sit; ~ **cicho** keep quiet;

~ **w domu** stay at home; ~ **w więzieniu** be in prison

siejba *f* sowing

siekacz *m* (*ząb*) incisor; (*narzędzie*) chopper

siekać *vt* chop; (*mięso*) hash; **mięso** ~**ne** hash; minced meat

siekanina *f* hash

siekiera *f* axe

sielanka *f* idyll

sielski *adj* rural

siemię *n* seed

siennik *m* strawbed

sień *f* entrance-hall, *am.* hall-way

sierociniec *m* orphanage, orphan-asylum

sieroctwo *n* orphanhood, orphanage

sierota *m* orphan

sierp *m* sickle

sierpień *m* August

sierść *f* hair, bristle

sierżant *m* sergeant

siew *m* sowing

siewca *m* sower

siewnik *m* sowing-machine

się *pron* oneself; *nieosobowo:* one, people, you, they; **musi** ~ **przestrzegać reguł** one must observe the rules; **jeśli** ~ **chce coś zrobić natychmiast, najlepiej** ~ **to zrobi samemu** if one wants a thing done immediately, one had best do it oneself; **nic** ~ **o tym nie wie** there is no knowing; **mówi** ~, **że ...** people ⟨you, they⟩ say that ...; **mówi** ~, **że zanosi się na bardzo mroźną zimę** people ⟨they⟩ say it's going to be a very frosty winter; **mówi** ~, **że on jest chory** ⟨**zachorował**⟩ he is said to be ill ⟨to have been taken ill⟩

sięga|ć *vi* reach (**po coś** for sth); **łąka** ~ **aż do rzeki** the meadow reaches as far as the river

sikawka *f* quirt; (*strażacka*) fire-hose; (*pompa strażacka*) fire-engine

silić się *vr* make efforts, exert oneself

silnik *m* motor
silny *adj* strong
silos *m* silo
sił|a *f* strength; *także elektr.* power; force; ~a dośrodkowa ⟨odśrodkowa⟩ centripetal ⟨centrifugal⟩ force; ~a kupna purchasing power; ~a robocza man-power; ~a woli will power; ~y zbrojne armed forces; ponad moje ~y beyond my power; ~ą by force; w sile wieku in the prime of life; zabrakło mi ~ my strength failed me
siłacz *m* athlete, strong man
siłownia *f elektr.* power-station
siniak *m* bruise
sinus *m mat.* sine
siny *adj* livid; blue
siodlarstwo *n* saddlery
siodłać *vt* saddle
siodło *n* saddle
sioło *n lit.* hamlet
siostra *f* sister
siostrzenica *f* niece
siostrzeniec *m* nephew
siódemka *f* seven
siódmy *num* seventh
sito *n* sieve
siwek *m* grey horse
siwieć *vi* grow grey
siwowłosy *adj* grey-haired
siwy *adj* grey
skafander *m* diving-dress; *lotn.* pressure suit
skakać *vi* jump, leap, (podskakiwać) skip

skakanka *f* skipping-rope
skala *f* scale
skaleczenie *n* wound, injury, hurt
skaleczyć *vt* wound, injure, hurt
skal|isty, ~ny *adj* rocky
skalp *m* scalp
skała *f* rock
skamielina *f geol.* fossil
skamienieć *vi* petrify; *przen.* become petrified
skandal *m* scandal
skandaliczny *adj* scandalous
skarb *m* treasure; (państwowy) *bryt.* Exchequer, *am.* Treasury

skarbiec *m* treasury
skarbnik *m* treasurer
skarbonka *f* money-box
skarg|a *f* complaint (na kogoś against sb, z powodu czegoś about sth); (sądowa) charge; wnieść ~ę bring a charge (na kogoś against sb)
skarłowaciały *adj* dwarfish
skarpa *f* scarp
skarpetka *f* sock
skarżyć *vt* accuse (kogoś o coś sb of sth), (do sądu) sue (kogoś o coś sb for sth), bring a suit (kogoś against sb, o coś for sth); *vi* (w szkole) denounce (na kogoś sb); ~ się *vr* complain (na coś of sth)
skaza *f* blemish, flaw
skazać *vt* condemn, sentence (na coś to sth); ~ na karę pieniężną fine
skazaniec *m* convict
skazić *vt* corrupt, contaminate; (żywność, napój) denaturate
skąd *adv* from where, where ... from
skądinąd *adv* from elsewhere; on the other hand; otherwise
skąpić *vi* stint (komuś czegoś of sth); begrudge (komuś czegoś sb sth)
skąpiec *m* miser, niggard
skąpstwo *n* avarice, miserliness, stinginess
skąpy *adj* avaricious, miserly, stingy; (o posiłku) meagre; (niewystarczający) scanty; ~ w słowach scanty of words
skiba *f* ridge
skinąć *vi* nod, beckon (na kogoś to sb)
skinienie *n* nod; na czyjeś ~ at sb's beck and call
sklejka *f* ply-wood
sklep *m* shop, *am.* store
sklepienie *n* vault; ~ niebieskie firmament
sklepikarz *m* shopkeeper
sklepiony *adj* vaulted
skleroza *f med.* sclerosis

skład *m* composition; (*magazyn*) store, warehouse; ~ apteczny chemist's shop, *am.* drugstore; ~ główny staple storehouse; ~ osobowy personnel

składać *vt* put together; (*np. list, gazetę*) fold; (*przedstawiać np. dokumenty, dowody*) submit; (*broń*) lay down; (*pieniądze*) lay by, save; (*pieniądze do banku*) deposit; (*jaja*) lay; (*czcionki*) compose; (*wizytę*) pay; (*egzamin*) undergo; ~ narzędzia (*po pracy*) down tools; ~ ofiarę (*poświęcać się*) make a sacrifice; ~ ofiarę pieniężną offer a money-gift; ~ oświadczenie make a statement; ~ przysięgę take an oath (**na coś** upon sth); ~ sprawozdanie render an account (**z czegoś** of sth); ~ uszanowanie pay one's respects; ~ się *vr* be composed; consist (**z czegoś** of sth); compose (**na coś** sth), go into the making (**na coś** of sth)

składany *adj* (*o odsetkach*) compound; (*o krześle, łóżku*) folding; **nóż** ~ clasp knife

skład|ka *f* contribution; (*zbiórka*) collection; **lista** ~ek collecting list

składnia *f gram.* syntax

składnica *f* store

składnik *m* component; (*potrawy, lekarstwa*) ingredient

składniowy *adj gram.* syntactical

skłaniać *vt* incline; (*głowę*) bow; induce (**kogoś do czegoś** sb to do sth); ~ się *vr* be ⟨feel⟩ inclined (**do czegoś** to do sth)

skłon *m* bend; bow; (*terenu*) slope

skłonność *f* inclination, disposition (**do czegoś** to sth, to do sth)

skłonny *adj* inclined, disposed

skłócić *vt* (*zmącić*) trouble, stir up; (*poróżnić*) set at variance

sknera *m* miser, niggard

sknerstwo *n* avarice, stinginess

skobel *m* hasp

skoczek *m* jumper, leaper; (*w szachach*) knight

skoczny *adj* brisk, lively

skoczyć *vi* make a dash; *zob.* skakać

skok *m* leap, jump; ~ do wody dive; *sport* ~ w dal long jump; ~ o tyczce pole-jump; ~ wzwyż high jump; *techn.* ~ tłoka stroke of a piston

skołatany *adj* shattered

skomleć *vi* whine

skomplikowany *adj* complicated, intricate

skonać *vi* die, expire

skonfederować *vt* confederate

skończony *adj* (*wytrawny, doskonały*) accomplished, consummate; *zob.* skończyć

skończy|ć *vt* finish; get through (**np. pracę** with work); ~ć się *vr* be finished, come to an end; be over; **lekcje się** ~ly the lessons are over; ~ć się na niczym come to nothing

skoro *adv* soon; *conj* (*w zdaniu czasowym*) as soon as; (*w zdaniu przyczynowym*) as, now that

skorowidz *m* index

skorpion *m* scorpion

skorup|a *f* crust; (*np. jajka, żółwia, orzecha*) shell; (*naczynia glinianego*) shard; *pl* ~y broken glass

skory *adj* quick, speedy

skośny *adj* oblique, slanting

skowronek *m* lark

skowyczeć *vi* whine

skowyt *m* whine

skóra *f* (*żywa na ciele*) skin; (*zwierzęca surowa*) hide; (*garbowana*) leather

skórka *f* skin; (*szynki, sera, owocu, kiełbasy*) rind; (*owocu, ziemniaka*) peel; (*chleba*) crust; (*na futro*) pelt; (*na buty, rękawiczki*) leather

skórn|y *adj*, **choroba** ~a skin disease

skórzany *adj* leather *attr*

skracać *vt* shorten, cut short; (*mowę, tekst*) abbreviate; (*książkę*) abridge

skradać się *vr* steal

skraj *m* (*przepaści, ruiny itp.*)

verge, brink; *(granica, kres)*
border; *(miasta)* outskirts *pl*

skrajność *f* extremism

skrajny *adj* extreme

skrapiać *vt* besprinkle, water

skraplać *vt* liquefy; *(gaz, parę)*
condense; ~ się *vr* liquefy; condense

skrawek *m* cutting; *(ziemi)* strip;
(papieru) slip, scrap

skreślić *vt (skasować)* cancel, cross
out, erase; ~ z listy strike off
the list

skręcać *vt* twist, turn; *(kark)*
break; *vi* turn (na prawo to the
right)

skrępować *vt* pinion, tie up

skrępowany *adj* restricted; *(zażenowany)* embarrassed

skręt *m* twirl, torsion; *(zakręt)*
turning; *med. (kiszek)* twisting

skrobaczka *f* scraper

skrobać *vt* scrape, rub, erase; *(ryby)* scale

skromność *f* modesty

skromny *adj* modest

skroń *f* temple

skropić *zob.* skrapiać

skrócić *zob.* skracać

skrót *m* abbreviation; shortening

skrucha *f* contrition

skrupić się *vr*, to się ~ na mnie
I shall smart for it

skrupulatność *f* scrupulosity

skrupulatny *adj* scrupulous

skrupuł *m* scruple

skruszony *pp (pokruszony)* crum-
bled; *adj* contrite

skruszyć *vt* crumble; ~ się *vr*
crumble; *(poczuć skruchę)* become contrite

skrypt *m* script; *(szkolny)* mimeo-
graphed text

skrytka *f* hiding-place; ~ pocztowa post-office box

skrytobójca *m* assassin

skryty *adj (tajny)* secretive, clandestine; *(powściągliwy w mowie)*
reticent

skrzeczeć *vi* scream, screech; *(o ża-
bie, wronie)* croak

skrzep *m* clot; *med.* blood clot

skrzętność *f* industry

skrzętny *adj* industrious

skrzydlaty *adj* winged

skrzydło *n* wing; *(np. stołu)* leaf;
(wiatraka) sail

skrzynia *f* chest, coffer

skrzynka *f* box, case

skrzypaczka *f* violinist, fiddler

skrzypce *s pl* violin, fiddle

skrzypek *m* violinist, fiddler

skrzypieć *vi* creak

skrzyżowanie *m (dróg)* cross-roads
pl; zool. bot. crossbreeding

skubać *vt* pick, plume, pull; *pot.
(kogoś z pieniędzy)* fleece, drain;
~ ptaka pluck a bird; ~ trawę
crop grass

skuć *vt* fetter, chain

skulić się *vr* cower, squat

skup *m* purchase

skupiać *vt* assemble, bring together; *(uwagę)* concentrate; *(wojsko)*
mass; ~ się *vr* assemble, come
together; become concentrated;
(duchowo) collect oneself

skupienie *n* concentration

skupiony *adj* collected, concentrated

skupować *vt* buy up, purchase

skurcz *m med.* cramp, convulsion

skurczyć *vt*, ~ się *vr* shrink

skuteczność *f* efficacy

skuteczny *adj* efficacious

skut|ek *m* result, effect; bez ~ku
to no purpose, of no effect; na
~ek tego as a result of it; dojść
do ~ku take effect; doprowadzić do ~ku bring about, bring
into effect; nie odnosić żadnego
~ku have no effect

skuter *m* (motor-)scooter

skutkować *vi* have effect

skwapliwy *adj* eager

skwar *m* oppresive heat

skwaśniały *adj* sour

skwer *m* square; *(ogród publiczny)*
green

slawistyka *f* Slavic studies

słabnąć *vi* become weak, weaken;
(o kursach walut) decline, go
down

słabostka *f* foible

słuchawka

słabość *f* (*niedomaganie*) illness; (*skłonność*) weakness (do czegoś for sth)

słabowity *adj* sickly

słaby *adj* weak, feeble

słać *vt* (*wysyłać*) send; (*rozpościerać*) spread; ~ łóżko make a bed

słaniać się *vr* totter, faint away

sława *f* glory, fame, repute; dobra ⟨zła⟩ ~ good ⟨bad⟩ name

sławić *vt* glorify

sławny *adj* famous, renowned

słodkawy *adj* sweetish

słodk|i *adj* sweet; ~a woda fresh water

słodycz *f* sweetness; *pl* ~e sweets *pl*, confectionery *zbior.*; *am.* candies *pl*

słodzić *vt* sweeten, sugar

słoik *m* jar

słoma *f* straw

słomianka *f* straw-mat

słomian|y *adj* straw *attr*, grass *attr*; ~a wdowa grass-widow; ~y wdowiec grass-widower

słomka *f* straw; (*łodyga, źdźbło*) halm

słomkowy *adj*, kapelusz ~ straw-hat

słonecznik *m* sunflower

słoneczny *adj* sunny, sun *attr*; zegar ~ sun-dial; promień ~ sunbeam

słonina *f* lard

słoniow|y *adj* elephantine; kość ~a ivory

słoność *f* saltness; salinity

słony *adj* salt(y)

słoń *m* elephant

słońc|e *n* sun; leżeć na ~u lie in the sun

słota *f* foul weather

słotny *adj* rainy

słowacki *adj* Slovakian

Słowak *m* Slovak

Słoweniec *m* Slovene

słoweński *adj* Slovenian

Słowianin *m* Slav

słowiański *adj* Slav, Slavonic

słowik *m* nightingale

słownictwo *n* vocabulary

słownie *adv* *fin.* say

słownik *m* dictionary

słowny *adj* verbal; (*dotrzymujący słowa*) reliable; dependable

słow|o *n* word; cierpkie ⟨gorzkie⟩ ~a bitter words; gra słów pun, play upon words; piękne ~a fair words; ~o wstępne foreword; wielkie ~a big words; innymi ~y in other words; na te ~a at these words; ~em in short, in a word; ~o w ~o word for word; (o narzeczeństwie) być po ~ie be engaged; cofnąć dane ~o come back upon one's word; dać ~o pledge one's word; daję ~o! upon my word!; dotrzymać ~a keep one's word; łapać za ~o take sb at his word; mieć ostatnie ~o get the last word; napisz mi parę słów drop me a line or two; *pot.* nie pisnąć ani ~a not to breathe a word; on nie mówi ani ~a po angielsku he can't speak a word of English; popamiętasz moje ~a! mark my words!; wyjął mi te ~a z ust he took these words out of my mouth; zamienić z kimś parę słów have a word with sb; złamać dane ~o break one's word

słowotwórstwo *n* *gram.* word-formation

słód *m* malt

słój *m* jar; (*drzewa*) vein, stratum

słówko *n* word

słuch *m* hearing; *pl* ~y (*pogłoski*) reports, rumours *pl*; chodzą ~y it is rumoured

słuchacz *m* hearer, listener (*także radiowy*); (*student*) student; liczni ~e a numerous audience

słuchać *vt* hear (kogoś, czegoś sb, sth), listen (kogoś, czegoś to sb, sth); (*być posłusznym*) obey (kogoś sb); ~ czyjejś rady take ⟨follow⟩ sb's advice; ~ radia listen to the radio; ~ wykładu attend a lecture

słuchawka *f* headphone; ear-phone; *(telefoniczna)* receiver; *(lekarska)* stethoscope

sluga *m* servant; *f* maid-servant

slup *m* pillar, column, post, pole; ~ **graniczny** landmark; boundary-post; ~ **telegraficzny** telegraph-pole

slupek *m bot.* pistil; *(np. rtęci, wody)* column

słusznie *adv* rightly, with reason; *(racja)* that's right

słuszność *f* reasonableness, legitimacy; **mieć** ~ć be right; **masz** ~ć right you are; **nie mieć** ~ci be wrong

słuszny *adj* right, fair, reasonable, rightful

służalczość *f* servility

służalczy *adj* servile

służąca *f* maid-servant

służący *m* servant

służb|a *f* service; *zbior. (personel)* servants *pl*; **na** ~ie on duty; **po** ~ie, **poza** ~ą off duty; **w czynnej** ~ie on active duty; **odbywać** ~ę wojskową serve one's time in the army; **pełnić** ~ę be on duty

służbistość *f* officiousness

służbow|y *adj* service *attr*, official; **droga** ~a official channels *pl*; **podróż** ~a a trip of duty, *(dłuższa)* tour of duty

służy|ć *vi* serve *(komuś* sb), be in the service *(komuś, u kogoś* of sb); *(być pożytecznym)* be of use *(service) (komuś* to sb); agree; **tutejszy klimat mi nie** ~ the climate here does not agree with me

słychać *vi* it is rumoured, they say; **co** ~? what's the news?

słynąć *vi* be renowned *(famous)* *(jako* as, *z powodu czegoś* for sth)

słynny *adj* renowned, famous

słyszalny *adj* audible

słyszeć *vt* hear

smaczn|y *adj* savoury, tasty; ~**ego!** I hope you'll enjoy your lunch *(dinner, tea)*

smagać *vt* lash

smagły *adj* swarthy

smak *m* taste, flavour; **bez** ~**u** tasteless, insipid

smakołyk *m* dainty

smak|ować *vt* taste; **jak ci to** ~**uje?** how do you like it?

smalec *m* lard, fat

smar *m* grease

smarkacz *m pot.* whipper-snapper

smarkaty *adj pot.* snotty

smarować *vt* smear; *(masłem)* butter

smażyć *vt,* ~ **się** *vr* fry

smecz *m sport* smash

smętny *adj* melancholic

smoczek *m* dummy

smok *m* dragon

smoking *m* dinner-jacket, *am.* tuxedo

smolny *adj* pitchy

smoła *f* pitch

smrodliwy *adj* stinking, smelly

smród *m* stench

smucić *vt* make sad, sadden; ~ **się** *vr* be sad; sorrow *(z powodu czegoś* at 〈over〉 sth)

smukły *adj* slim, slender

smutek *m* sorrow, sadness

smutny *adj* sad, sorrowful

smycz *f* leash, lead

smyczek *m* bow

smyczkow|y *adj,* **instrument** ~**y** stringed instrument; **orkiestra** ~**a** string-orchestra

snop *m* sheaf; ~ **światła** shaft of light

snuć *vt* spin; ~ **domysły** conjecture; ~ **marzenia** spin dreams

snycerstwo *n* sculpture

snycerz *m* sculptor, carver

sobek *m pot.* egoist

sobie *zob.* siebie

sobota *f* Saturday

sobowtór *m* double

soból *m zool.* sable

sobór *m* synod

sobótka *f* St. John's eve

socjalista *m* socialist

socjalistyczny *adj* socialist

socjalizacja *f* socialization

socjalizm *m* socialism

socjalizować *vt* socialize
socjolog *m* sociologist
socjologia *f* sociology
socjologiczny *adj* sociological
soczewica *f bot.* lentil
soczewka *f* lens
soczysty *adj* juicy
soda *f* soda
sodow|y *adj*, woda ~a soda-water
sofa *f* sofa, couch
soja *f bot.* soy-bean
sojusz *m* alliance
sojuszniczy *adj* allied
sojusznik *m* ally
sok *m* juice; (*drzewa, rośliny*) sap
sokół *m zool.* falcon
solanka *f* (*pieczywo*) salt roll; (*źró-dło*) salt-spring
solenny *adj* solemn
solić *vt* salt
solidarność *f* solidarity
solidarny *adj* solidary, unanimous
solidny *adj* solid, reliable
solista *m* soloist
soliter *m* tape-worm
solniczka *f* salt-cellar
solny *adj*, kwas ~ hydrochloric acid
solo *adv* solo
sołtys *m* village administrator
sonata *f* sonata
sonda *f* plummet, sound
sondować *vt* sound
sonet *m* sonnet
sopel *m* icicle
sopran *m* soprano
sortować *vt* sort
sos *m* sauce; (*od pieczeni*) gravy
sosna *f bot.* pine
sośnina *f* pine-wood
sowa *f zool.* owl
sowity *adj* copious, lavish
sód *m chem.* sodium
sól *f* salt; ~ kamienna rock salt
spacer *m* walk
spacerować *vi* take a walk
spacja *f druk.* space
spacjować *vt druk.* space out
spaczenie *n* distortion; (*drzewa*) warping; *przen.* perversion
spać *vi* sleep; chce mi się ~ I am

sleepy; iść ~ go to bed; dobrze ⟨źle⟩ spałem I had a good ⟨a bad⟩ night's rest
spad *m* fall; (*pochyłość*) slope
spadać *vi* fall (down), drop
spad|ek *m* fall, drop (cen, tem-peratury in prices, in tempera-ture); (*pochyłość*) slope; (*scheda*) inheritance, legacy; zostawić w ~ku bequeath
spadkobierca *m* heir
spadkobierczyni *f* heiress
spadochron *m* parachute
spadochroniarz *m* parachutist
spadochronow|y *adj*, wojska ~e paratroops
spadzisty *adj* steep
spajać *vt* weld; (*lutować*) solder
spalać *vt* burn (out, up); (*zwłoki*) cremate; ~ się *vr* burn (away, out); *elektr.* (o żarówce) burn out; (o korkach) blow
spalanie *n* combustion
spalinow|y *adj*, gazy ~e combus-tion gases; silnik ~y internal combustion engine
spalony *adj sport* off-side
sparzyć *vt* scald, burn; (*pokrzywą*) sting; ~ sobie palce burn one's fingers; ~ się *vr* burn oneself
spawacz *m* welder, solderer
spawać *vt* weld, solder
spawanie *n* welding
spazm *m* spasm
spazmatyczny *adj* spasmodic
specjalista *m* specialist
specjalizować się *vr* specialize
specjalność *f* speciality
specjalny *adj* special
specyficzny *adj* specific
spekulacja *f* speculation
spekulant *m* speculator, *pot.* spiv
spekulatywny *adj* speculative
spekulować *vi* speculate
spelunka *f* den
spełnić *vt* (*obowiązek*) fulfil, do; (*wymagania, życzenia, prośby*) satisfy
spełznąć *vi zob.* pełznąć; ~ na niczym come to nothing

spędzać *vt* drive (up, down); (*czas*) spend; *med.* ~ płód procure abortion

spichlerz *m* granary

spiczasty *adj* pointed

spiec *vt* parch, scorch; *przen.* ~ raka blush

spieniężyć *vt* sell; (*czek, weksel itp.*) realize

spieniony *adj* foaming

spierać się *vr* contend (z kimś o coś with sb about sth)

spieszny *adj* hasty, speedy; (*naglący*) urgent

spieszyć się *vr* hurry, be in a hurry; *pot.* bustle up; zegarek ~ się the watch is fast

spięcie *n, elektr.* krótkie ~ short--circuit

spiętrzyć *vt* pile up; ~ się *vr* pile up, be piled up

spiker *m* (*radiowy*) announcer; *polit.* (*w Anglii*) speaker

spinacz *m* (paper-)fastener

spinać *vt* buckle, clasp, fasten

spinka *f* (*do mankietów*) stud; (*do włosów*) clasp

spirala *f* spiral; *techn.* coil

spiralny *adj* spiral

spirytus *m* spirit; ~ skażony methylated spirit

spis *m* list, catalogue, register; ~ inwentarza inventory; ~ ludności census; (*w książce*) ~ rzeczy (table of) contents; ~ potraw bill of fare

spisać *vt* list, catalogue, register; write down; ~ się *vr* (*odznaczyć się*) make one's mark, distinguish oneself

spisek *m* conspiracy, plot

spiskować *vi* conspire, plot

spiskowiec *m* conspirator

spiż *m* bronze

spiżarnia *f* pantry

splatać *vt* intertwine, interlace; (*włosy*) plait, braid; (*np. linę*) splice

spleśniały *adj* mouldy, musty

splot *m* (*włosów*) braid, plait; (*liny*) splice; (*okoliczności*) coincidence; *anat.* plexus; (*węża*) coil

splunąć *vi* spit

spluwaczka *f* spittoon

spłacać *vt* pay off, repay

spłaszczać *vt* flatten

spłata *f* repayment

spłatać *vt,* ~ figla play a trick (komuś on sb)

spław *m* floating, (*tratwą*) rafting

spławiać *vt* float, (*tratwą*) raft

spławny *adj* navigable

spłodzić *zob.* płodzić

spłonąć *vi* go up in flames

spłonka *f techn.* percussion cap

spłowiały *adj* faded

spłowieć *vi* fade

spłukiwać *vt* rinse, (*silnym strumieniem*) flush

spływać *vi* flow down

spocić się *vr* be all of a sweat

spocząć *vi* take a rest, repose oneself

spoczyn|ek *m* rest; w stanie ~ku (na rencie) retired

spoczywać *vi* rest, repose

spod *praep* from under

spodek *m* saucer

spodlenie *n* debasement

spodlić *vt* debase

spodnie *s pl* trousers; (*bryczesy*) breeches; (*krótkie sportowe*) plus-fours; (*pumpy*) knickerbockers

spodoba|ć się *vr* take sb's fancy; to mi się ~ło I liked ⟨enjoyed⟩ it

spodziewać się *vr* hope (czegoś for sth), expect (czegoś sth)

spoglądać *vi* look (na kogoś, coś at sb, sth), regard (na kogoś, coś sb, sth)

spoić *vt* (*np. alkoholem*) make drunk; *zob.* spajać

spoistość *f* compactness, coherence

spoisty *adj* compact, coherent

spojówka *f anat.* conjunctiva

spojrzeć *vi* have a glance (na kogoś, coś at sb, sth)

spojrzenie *n* glance; jednym ~m at a glance

spokojny *adj* quiet, calm, peaceful;

bądź o to ~! make your mind easy about that!

spokój *m* peace, calm; ~ umysłu peace of mind, composure; daj mi ~! let ⟨leave⟩ me alone!

spokrewnić się *vr* become related (z kimś to sb)

spoliczkować *vt* slap (kogoś sb's face)

społeczeństwo *n* society

społeczność *f* community

społeczn|y *adj* social; opieka ~a social welfare

społem *adv* in common

spomiędzy *praep* from among

sponad *praep* from above

spontaniczny *adj* spontaneous

sporadyczny *adj* sporadic

sporny *adj* controversial, disputable

sporo *adv* pretty much ⟨many⟩

sport *m* sport(s); ~ wodny aquatic sport, aquatics; ~y zimowe winter sports

sportow|y *adj* sporting, sports *attr*; (lekkoatletyczny) athletic; plac ~y sports field; przybory ~e sports kit; marynarka ~a sports jacket; ~e zachowanie się (godne sportowca) sporting conduct; klub ~y athletic club

sportsmen *m* sportsman

sportsmenka *f* sportswoman

spory *adj* pretty large, considerable

sporządzać *vt* make, prepare; (bilans, dokument) draw up; (lekarstwo) make up

sposobić *vt*, ~ się *vr* prepare (do czegoś for sth)

sposobnoś|ć *f* (sprzyjająca okoliczność) opportunity; (okazja, powód) occasion; mam mało ~ci mówienia po angielsku I have little opportunity of speaking English; przy tej ~ci on this occasion

sposobny *adj* fit, convenient

spos|ób *m* means, way; ~ób myślenia way of thinking; tym ~obem by this means, in this

way; w taki czy inny ~ób somehow or other; w żaden ~ób by no means

spostrzegać *vt* perceive, notice; catch sight (coś of sth)

spostrzegawczość *f* perceptiveness

spostrzegawczy *adj* perceptive, quick to perceive

spostrzeżenie *n* perception; (uwaga) observation, remark

spośród *praep* from among(st)

spotkanie *n* meeting; umówione ~ appointment; przyjść na ~ keep an appointment

spotwarzać *vt* calumniate

spot|ykać *vt* meet (kogoś sb); ~ykać się *vr* meet (z kimś sb); (napotykać) meet (z czymś sth); ~kać się z trudnościami meet with difficulties

spowiadać *vt* confess; ~ się *vr* confess (z czegoś sth, przed kimś to sb)

spowiedź *f* confession

spowinowacić się *vr* become related (z kimś to sb)

spowodować *vt* cause, bring about

spowszednieć *vi* become common

spoza *praep* from behind

spożycie *n* consumption

spożywać *vt* consume

spożywca *m* consumer

spożywcz|y *adj* consumable; artykuły ~e consumer ⟨consumers'⟩ goods, articles of consumption

spód *m* bottom; u spodu at the bottom

spódnica *f* skirt

spójnia *f* union

spójnik *m* *gram.* conjunction

spółdzielca *m* co-operator

spółdzielczość *f* co-operation, co-operative movement

spółdzielczy *adj* co-operative

spółdzielnia *f* co-operative society

spółgłoska *f* *gram.* consonant

spółk|a *f* partnership, company; do ~i in common

spór *m* dispute, contention

spóźniać się *vr* be late; (o zegarze) be slow

spóźnienie *n* delay

spóźniony *adj* late, belated
spracowany *adj* overworked
spragniony *adj* thirsty; *przen.*
eager (czegoś for sth, to do sth)
spraw|a *f* affair, matter; (*sądowa*)
lawsuit, case, action; ~a honorowa affair of honour; ~a pieniężna money matter; ministerstwo ~ wewnętrznych Home
Office; ministerstwo ~ zagranicznych Foreign Office; w ~ie czegoś in the matter of sth, about
sth; to nie twoja ~a it is no
business of yours; wytoczyć ~ę
bring an action (komuś against
sb); załatwić ~ę settle the matter; zdawać ~ę report (komuś z
czegoś to sb about sth), give an
account (komuś z czegoś sb of
sth); zdawać sobie ~ę be aware
(z czegoś of sth); realize (z czegoś sth)
sprawca *m* author
sprawdzać *vt* verify, test, check;
~ się *vr* come (prove) true
sprawdzian *m* test, criterion
sprawiać *vt* effect, bring about;
(*ulgę, przyjemność*) afford;
(*przykrość, ból*) cause; (*wrażenie*) make; ~ sobie procure, buy;
~ się *vr* behave
sprawiedliwość *f* justice; oddać ~
do justice; wymierzać ~ administer justice
sprawiedliwy *adj* just, righteous
sprawka *f* doing
sprawność *f* skill, dexterity, efficiency
sprawny *adj* skilful, dexterous,
efficient
sprawować *vt* do, perform; (*władzę*) exercise; (*urząd*) hold, fill;
(*obowiązek*) discharge, perform;
~ się *vr* behave
sprawowanie *n* (*obowiązku*) discharge, exercise; (*władzy, urzędu*) exercise; (*zachowanie*) conduct, behaviour
sprawozdanie *n* report, account; ~
radiowe running commentary;
składać ~ report (z czegoś sth),

render an account (z czegoś of
sth)
sprawozdawca *m* reporter; (*radiowy*) commentator
sprawun|ek *m* purchase; *pl* ~ki
shopping; iść ⟨pójść⟩ po ~ki,
załatwiać ~ki w sklepach go
shopping
sprężać *vt* compress
sprężenie *n* compression
sprężyna *f* spring
sprężysty *adj* elastic
sprostać *vi* be equal, be up (czemuś to sth)
sprostować *vt* rectify, correct
sprostowanie *n* rectification
sproszkować *vt* pulverize
sprośność *f* obscenity
sprośny *adj* obscene
sprowadzać *vt* bring (in); lead
down; (*towar*) procure, convey;
(z zagranicy) import; (*np. nieszczęście*) bring about, cause;
(*np. do absurdu*) reduce; ~ się
vr (*do mieszkania*) take up one's
quarters, move in
spróchniały *adj* rotten, (*np. o zębie*) decayed
spróchnieć *vi* become rotten
spryskać *vt* splash
spryt *m* cleverness, shrewdness;
mieć ~ *pot.* have a knack (do
czegoś for sth)
sprytny *adj* clever, shrewd
sprzączka *f* buckle, clasp
sprzątaczka *f* charwoman
sprzątać *vt* (*usuwać*) remove, carry off; (*gruzy*) cart away; (*porządkować*) put ⟨set⟩ in order;
(*pokój*) do up, tidy up; ~ ze
stołu clear the table
sprzątanie *n* tidying up, clearing
sprzeciw *m* objection
sprzeciwiać się *vr* object (czemuś
to sth), oppose (czemuś sth)
sprzeczać się *vr* contend (o coś
about sth), squabble
sprzeczka *f* contention, squabble
sprzeczność *f* contradiction; być
w ~ci contradict each other
sprzeczny *adj* contradictory

sprzed *praep* from before
sprzedać *vt zob.* sprzedawać
sprzedajność *f* venality
sprzedajny *adj* venal
sprzedawać *vt* sell
sprzedawca *m* seller, *(ekspedient)* shop-assistant
sprzedaż *f* sale; na ~ for sale; w ~y on sale
sprzeniewierzenie *n* embezzlement
sprzeniewierzyć *vt* embezzle; ~ się *vr* become faithless
sprzęgać *vt* couple, join
sprzęgło *n techn.* coupling, clutch; włączyć ~ put in the clutch; wyłączyć ~ declutch
sprzęt *m* piece of furniture; implement; *(żęcie zboża)* harvest; ~ kuchenny kitchen utensils *pl*; ~ wojenny war material
sprzyjać *vi* favour (komuś, czemuś sb, sth), be favourable (komuś, czemuś to sb, sth)
sprzyjający *adj* favourable
sprzykrzyć *vt*, ~ć sobie coś become fed up with sth, be sick of sth; ~ć się *vr*, to mi się ~ło I am fed up with it ⟨sick of it⟩
sprzymierzeniec *m* ally
sprzymierzon|y *adj* allied; państwa ~e Allied Powers
sprzymierzyć się *vr* enter into an alliance
sprzysięgać się *vr* conspire
sprzysiężenie *n* conspiracy, plot
spuchnąć *vi* swell up
spuchnięty *adj* swollen
spust *m techn.* slip; *(u strzelby)* trigger
spustoszenie *n* devastation
spustoszyć *zob.* pustoszyć
spuszczać *vt* let down, lower, drop; *(wodę)* let off; *(oczy)* cast down; *(głowę)* droop; *(psa ze smyczy)* unleash; ~ się *vr* go down, descend; *(polegać)* rely (na kimś on sb)
spuścizna *f* inheritance
spychacz *m* bulldozer
spychać *vt* push down, shift back
srebrnik † *m* piece of silver, silver

coin
srebro *n* silver; ~ stołowe plate; *pot.* żywe ~ quicksilver, mercury
srebrzyć *vt* silver, plate with silver
srebrzysty *adj* silvery
srogi *adj* cruel, severe, fierce
srogość *f* severity, fierceness
sroka *f zool.* (mag)pie
srokaty *adj* piebald
sromotny *adj* shameful, disgraceful
srożyć się *vr* rage
ssać *vt* suck
ssak *m* mammal
ssanie *n* suction
ssąc|y *p praes i adj* sucking; suction *attr*; pompa ~a suction pump
stabilizacja *f* stabilization
stacja *f* station
staczać *vt* roll down; ~ bój fight a battle; ~ się *vr* tumble ⟨roll⟩ down; *przen.* get low
stać *vi* stand; ~ć mnie na to I can afford it; ~ć na czele be at the head; ~ć na kotwicy lie ⟨ride⟩ on the anchor; ~ć na warcie stand sentry; ~ć się *vr* happen, occur; become; co się ~ło? what happened?, what's up here?; co się z nim ~ło? what has become of him?; on ~ł się sławny he became famous; gdyby mu coś ~ło should anything happen to him
stadion *m* stadium; sports ground
stadium *n* stage
stadło *n* couple
stado *n* herd, flock
stagnacja *f* stagnation
stajnia *f* stable
stal *f* steel
stale *adv* constantly, always
stalownia *f* steel-works
stalówka *f* nib
stałość *f* constancy, stability
stały *adj* constant, stable; *(o cenie)* fixed; *(o pogodzie)* settled; *fiz.* solid; ląd ~ continent; ~ mieszkaniec resident

stamtąd *praep* from there

stan *m* state, condition; *(kibić)* waist; *(część państwa)* state; ~ cywilny legal status; urząd ~u cywilnego registry-office; ~ kawalerski, panieński single state; ~ małżeński married state; ~ liczebny strength; ~ oblężenia state of siege; ~ prawny status; ~ wojenny state of war; *fin.* ~ bierny liabilities *pl*; ~ czynny assets *pl*; mąż ~u statesman; zamach ~u coup d'état; zdrada ~u high treason; ludzie wszystkich ~ów persons in every state of life; być w ~ie be able (coś zrobić to do sth); w dobrym ~ie in good condition

stan|ąć *vi (powstać)* stand up; *(zatrzymać się)* stop, halt, come to a standstill; praca ~ęła work has stopped; ~ąć komuś na przeszkodzie get in sb's way; na tym ~ęło there the matter was dropped

stancja *f* lodging

standard *m* standard

standaryzować *vt* standardize

stanik *m* bodice; *(biustonosz)* brassière, *pot.* bra

staniol *m* tinfoil

stanowczo *adv* decidedly; absolutely, definitely

stanowczość *f* firmness, peremptoriness

stanowczy *adj* firm, decided, peremptory

stanowi|ć *vt vi (ustanawiać)* establish, institute; *(wyjątek, prawa, różnice itp.)* make; *(decydować)* decide, determine (o czymś sth); to ~ 5 funtów this amounts to 5 pounds

stanowisk|o *n* post, position; *(społeczne)* standing; *(pogląd)* standpoint, opinion; *(postawa)* attitude; człowiek na wysokim ~u man of high standing; zająć przyjazne ~o take a friendly attitude (w stosunku do kogoś, czegoś towards sb, sth); zajmować ~o nauczyciela fill the position ⟨post⟩ of teacher

starać się *vr* endeavour, make efforts, take pains, try; *(troszczyć się)* take care (o kogoś, coś of sb, sth); *(zabiegać)* solicit (o coś sth); ~ się o posadę apply for a job; ~ się o rękę court a woman

starani|e *n (troska)* care; *(zabiegi)* solicitation, endeavour; robić ~a make efforts; apply (np. o posadę for a job)

staranność *f* carefulness; accuracy

staranny *adj* careful, solicitous, accurate

starcie *n* rubbing, friction; *(skóry)* abrasion; *(walka)* collision, conflict; *wojsk.* engagement

starczy *adj* senile

starczy|ć *vi* suffice; jeśli mi tylko sił ~ to the best of my power; to ~ that will do

starodawny *adj* ancient, antique; old-time *attr*

staromodny *adj* old-fashioned; out-of-date *attr*

starosta *m* prefect (of a district); *(kierownik grupy)* senior

starość *f* old age

staroświecki *adj* old-fashioned; old-world *attr*

starożytność *f* antiquity

starożytn|y *adj* ancient, antique; s *pl* ~i the ancients

starszeństwo *n* seniority

star|szy *adj* older, elder; senior; s senior, superior; *pl* ~si *(starszyzna)* the elders

starszyzna *f* the elders

start *m* start; *lotn. sport* take off

starter *m* starter, self-starter

startować *vi* start; *lotn., sport* take off

staruszek, starzec *m* old man

stary *adj* old, aged

starzeć się *vr* grow old

stateczność *f* steadiness; gravity

stateczny *adj* steady; *(zrównoważony)* staid; *(poważny)* grave

stat|ek *m* vessel, ship; ~ek handlowy merchantman; ~ek parowy steamship, steamer; ~ek rybacki fishing boat ⟨vessel⟩; ~ek wojenny man-of-war; ~ek pocztowy mail boat ⟨ship⟩; ~kiem by ship; podróżować ~kiem sail, go by ship; wysyłać ~kiem ship, send by ship; wsiadać na ~ek take ship, go on board (a ship); na ~ek, na ~ku on shipboard, on board ship

statua *f* statue

statuetka *f* statuette

statut *m* charter; (*regulamin, przepisy*) statute; *handl.* articles of association

statyczny *adj* static

statyka *f* statics

statysta *m* *teatr* mute, supernumerary

statystyczny *adj* statistic(al)

statystyk *m* statistician

statystyka *f* statistics

statyw *m* tripod, stand

staw *m* pond; *anat.* joint

stawać *zob.* stanąć

stawiać *vt* set, put (up); (*np. butelkę, szklankę, drabinę*) stand; (*budować*) build, erect; (*pomnik*) raise; ~ czoło make a stand (komuś, czemuś against sb, sth), brave (komuś, czemuś sb, sth); ~ opór offer resistance (komuś, czemuś to sb, sth); ~ (wszystko) na jedną kartę stake everything on one card; ~ na konia back a horse; ~ 10 funtów na konia bet £ 10 on a horse: ~ się *vr* defy (komuś sb), show fight (komuś sb); (*np. w sądzie*) appear, turn up

stawiennictwo *n* appearance

stawka *f* (*w grze*) stake; (*taryfa*) rate

staż *m* probation

stażysta *m* probationer

stąd *praep* (*z tego miejsca*) from here; (*dlatego*) hence

stąpać *vi* stride, step, tread

stchórzyć *vi* prove a coward, *pot.* show the white feather

stearyna *f* stearin

stempel *m* stamp; (*sztanca*) die;

(*podpora*) prop; (*pocztowy*) postmark

stemplować *vt* stamp, cancel; (*datownikiem pocztowym*) postmark; *filat.* obliterate; (*podpierać*) prop (up)

stenograf *m* stenographer, shorthand-writer

stenografia *f* shorthand, shorthand-writing

stenografować *vt* write in shorthand

stenotypist|a *m*, ~ka *f* stenotypist, shorthand-typist

step *m* steppe

ster *m* rudder; (*koło sterowe*) helm; u ~u at the helm

sterczeć *vi* stand ⟨stick⟩ out, (*ku górze*) stick up

stereoskop *m* stereoscope

stereotypowy *adj* stereotyped

sterling *zob.* funt

sternik *m* pilot, steersman

sterować *vi* steer (okrętem the ship)

sterowanie *n* control

sterta *f* stack; (*stos*) pile, heap

sterylizować *vt* sterilize

stębnować *vi* stitch

stęchlizna *f* fustiness

stęchły *adj* fusty

stękać *vi* moan, groan

stępić *vt* blunt; ~ się *vr* become blunt

stęskniony *pp i adj* pining, yearning (za kimś, czymś for sb, sth); ~ za ojczyzną homesick

stężać *vt* *chem.* concentrate

stężenie *n* hardening; *chem.* concentration

stłoczyć *vt* compress, cram

stłuc *vt* smash, break; (*np. kolano*) bruise

sto *num* one hundred

stocznia *f* shipyard

stodoła *f* barn

stoicyzm *m* stoicism

stoik *m* stoic

stoisko *n* stand

stojak *m* stand

stok *m* slope, hillside

stokrotka *f* daisy
stokrotny *adj* hundredfold
stolarz *m* carpenter, joiner
stolec *m* *med.* stool; **oddawać ~** move one's bowels
stolica *f* capital; *rel.* **Stolica Apostolska** Holy See
stolnica *f* moulding-board
stołeczny *adj* metropolitan
stołek *m* stool
stołować *vt* board; **~ się** *vr* board (**u kogoś** with sb)
stołownik *m* boarder
stołówka *f* canteen
stomatologia *f* stomatology
stonoga *f* *zool.* centipede
stop *m* (*metalowy*) alloy
stop|a *f* foot; **~a procentowa** rate of interest; **~a życiowa** standard of life; **na ~ie wojennej** on war footing; **na przyjacielskiej ~ie** on a friendly footing; **od stóp do głów** from top to toe; **u stóp góry** at the foot of the hill
stopić *vt* melt
stop|ień *m* degree, grade; (*np. schodów*) step; **mający ~ień akademicki** graduate; **uzyskać ~ień (akademicki)** graduate; **w wysokim ~niu** to a high degree
stopniały *adj* (*o metalu*) molten; (*np. o śniegu*) melted
stopnieć *vi* melt down
stopniować *vt* gradate, graduate
stopniowanie *n* gradation
stopniowo *adv* gradually, by degrees
stopniowy *adj* gradual
stora *f* (window-)blind
storczyk *m* *bot.* orchid
stos *m* pile, heap; (*całopalny*) stake; *fiz.* **~ atomowy** atomic pile; **ułożyć w ~** heap (up), pile (up)
stosowa|ć *vt* apply, adapt; **~ć się** *vr* comply (**np. do prośby** with a request), conform (**np. do przepisów, zwyczajów** to rules, to usages); (*odnosić się*) refer (**do czegoś** to sth); **sztuki ~ne** applied arts
stosownie *adv* accordingly; **~ do**

czegoś according to sth
stosowny *adj* suitable, appropriate (**do kogoś, czegoś** to sb, sth)
stosun|ek *m* relation; proportion; (*związek*) connexion; (*postawa*) attitude; (*obcowanie*) intercourse; *pl* **~ki** (*majątkowe itp.*) means, circumstances; (*polityczne, towarzyskie*) relations
stosunkowy *adj* relative; proportional; comparative
stowarzyszenie *n* association
stożek *m* cone
stożkowaty *adj* conical
stóg *m* stack, rick
stół *m* table; (*wikt, utrzymanie*) board; **nakrywać do stołu** lay the table; **przy stole** at table
stracenie *n* execution
straceniec *m* desperado
strach *m* fear, fright; **napędzać ~u** alarm, terrify (**komuś** sb); **ze ~u** for fear (**przed czymś** of sth, **o coś** for sth)
stracić *vt* (*ponieść stratę*) lose; (*pozbawić życia*) execute
stragan *m* (huckster's) stand
straganiarka *f* huckstress
straganiarz *m* huckster
strajk *m* strike; **~ powszechny** general strike
strajkować *vi* strike, go on strike
strajkujący *m* striker
strapienie *n* affliction, grief
strapiony *adj* afflicted, heartsick
straszak *m* toy pistol; (*straszydło*) bugbear
straszliwy *adj* horrible
straszny *adj* terrible, awful
straszy|ć *vt* frighten; (*o duchach*) haunt; **w tym domu ~** this house is haunted
straszydło *n* *także i przen.* scarecrow
strat|a *f* loss; **ponieść ~ę** suffer a loss; **ze ~ą** at a loss
strategia *f* strategy
strategiczny *adj* strategic
stratny *adj*, **być ~m** be a loser
stratosfera *f* stratosphere
strawa *f* food, fare
strawny *adj* digestible

straż f guard, watch; **być na ~y** be on guard, keep guard; **pod ~ą** under guard

strażak m fireman

strażnica f watch-tower

strażnik m guard, (nocny) watch-man

strącić vt throw ⟨hurl⟩ down; precipitate (także chem.), deduct; (o samolocie) bring down; **~ z tronu** dethrone

strączek, strąk m pod

strefa f zone; **~ podzwrotnikowa** torrid zone; **~ umiarkowana** temperate zone; **~ zimna** frigid zone

streszczać vt make a summary (coś of sth), summarize; **~ się** vr be brief

streszczenie n summary, précis

stręczyciel m (pośrednik) jobber; (do nierządu) procurer

stręczyć vt procure

strofa f stanza

strofować vt reprimand

stroić vt (ubierać) attire, deck; (fortepian) tune; **~ żarty** make fun ⟨z kogoś, czegoś of sb, sth⟩; **~ się** vr dress oneself, deck oneself out

strojny adj smart, dressy

stromy adj steep, abrupt

stron|a f side; (stronica) page; gram. voice; (okolica) region, part; **~a zawierająca umowę** contracting party; **~y świata** quarters of the globe, cardinal points; **stanąć po czyjejś ~ie** take sides with sb; **w tych ~ach** in these parts; **z jednej ~y... z drugiej ~y** on the one hand... on the other hand; **z mojej ~y** for ⟨on⟩ my part; **z prawej ~y** on the right hand; **z tej ~y** on this side; **ze wszystkich ~** on all sides

stronnictwo n party

stronniczość f partiality

stronniczy adj partial, biassed

stronnik m partisan

strop m ceiling

stropić vt put out of countenance; **~ się** vr be put out of countenance

stroskany adj afflicted, careworn

strój m attire, dress; muz. pitch

stróż m guard, guardian; (strażnik) watchman; (dozorca) door-keeper; (portier) porter; **anioł ~** guardian angel

strudzony adj wearied

strug m plane

struga f rill, stream

strugać vt whittle

struktura f structure

strumień m stream

struna f string, chord; **~ głosowa** vocal cord

strup m crust

struś m zool. ostrich

strych m attic

strychnina f strychnin(e)

stryczek m halter, rope

stryj m uncle

stryjeczn|y adj, **brat ~y, siostra ~a** cousin

strzał m shot

strzała f arrow

strzaskać vt smash

strząsać vt shake off

strzec vt guard, protect (przed kimś, czymś from ⟨against⟩ sb, sth); **~ się** vr be on one's guard (kogoś, czegoś against sb, sth)

strzecha f thatch

strzelać vi shoot, fire (do kogoś, czegoś at sb, sth)

strzelanina f firing

strzelba f rifle, gun

strzelec m shot, rifleman

strzelnica f shooting-galery; wojsk. shooting-range

strzelniczy adj, **proch ~** gunpowder

strzemienne n parting drink

strzemię n stirrup

strzęp m tatter, shred

strzępić vt shred, fray; **~ się** vr fray, become frayed

strzyc vt shear, clip, (włosy) cut, crop; **~ sobie włosy** have a haircut; **~ włosy krótko** crop the

hair close; ~ uszami prick up
one's ears
strzykać *vt vi* squirt; *(boleć)*
twinge
strzykanie *n* twinge
strzykawka *f* syringe
strzyżenie *n* shearing; ~ włosów
haircut
student *m* student
studiować *vt* study
studium *n* study
studnia *f* well
studzić *vt* cool (down)
stuk *m* knocking, noise
stulecie *n* century; *(setna rocznica)* centenary
stuletni *adj (człowiek)* hundred
years old; wojna ~a Hundred
Years' War
stulić *vt* press close ⟨together⟩
stwardniałość *f* hardening, callo-
sity
stwardniały *adj* hardened, callous
stwarzać *vt* create; make; *(np.
sytuację, warunki)* bring about
stwierdzać *vt* confirm, corroborate; state
stwierdzenie *n* corroboration;
statement
stworzenie *n (czyn)* creation; *(istota)* creature; jak nieboskie ~ like
a wretched creature
stworzyciel, stwórca *m* creator
stworzyć *zob.* stwarzać, tworzyć
styczeń *m* January
styczna *f mat.* tangent
styczność *f* contact, contiguity;
utrzymywać ~ keep in touch
(z kimś with sb)
stygmat *m* stigma
stygnąć *vi* cool down
stykać się *vr* contact (z kimś sb),
meet (z kimś sb), be in touch
(z kimś with sb)
styl *m* style; ~ pływacki stroke;
~ życia way of life
stylista *m* stylist
stylistyczny *adj* stylistic
stylistyka *f* stylistics
stylowy *adj* stylish
stypa *f* wake
stypendium *n* sholarship

stypendysta *f* scholarship-holder
subiekcja *f* trouble, inconvenience
subiektywizm *m* subjectivism
subiektywny *adj* subjective
sublimat *m chem.* sublimate
sublokator *m* lodger
subordynacja *f* subordination
subskrybent *m* subscriber
subskrybować *vt* subscribe (coś to
sth)
subskrypcja *f* subscription (czegoś
to sth)
substancja *f* substance
subsydiować *vt* subsidize
subsydium *n* subsidy
subtelność *f* subtlety
subtelny *adj* subtle
subwencja *f* subvention, subsidy
subwencjonować *vt* subsidize
suchar *m* biscuit, *am.* cracker
sucharek *m* rusk
suchotniczy *adj* consumptive
suchotnik *m* consumptive
suchoty *s pl* consumption
suchy *adj* dry
sufiks *m gram.* suffix
sufit *m* ceiling
sufler *m* prompter
sugerować *vt* suggest
sugestia *f* suggestion
sugestywny *adj* suggestive
suka *f* bitch
sukces *m* success
sukcesja *f* succession; *(dziedzictwo)* inheritance
sukcesor *m* successor; inheritor
sukienka *f* frock
sukiennice *s pl* drapers' hall
sukiennictwo *n* cloth-manufacture
sukiennik *m* draper
suknia *f* frock, gown
sukno *n* cloth
sułtan *m* sultan
sułtanka *f* sultana
sum *m* sheat-fish
suma *f* sum, total; *(msza)* High
Mass
sumaryczny *adj* summary
sumienie *n* conscience; czyste ~
good ⟨clear⟩ conscience; nieczyste ~ bad ⟨guilty⟩ conscience
sumienność *f* conscientiousness

syndyk

sumienny *adj* conscientious
sumować *vt* sum up
sunąć *vi* glide; *vt zob.* **suwać**
supeł *m* knot
supremacja *f* supremacy
surdut *m* frock-coat
surogat *m* surrogate, substitute
surowica *f* serum
surowiec *m* raw material
surowość *f* severity, crudeness
surowy *adj* raw; *przen.* severe, stern
surówka *f* raw stuff; *techn.* pig-iron; (*potrawa*) salad
susza *f* drought
suszarnia *f* drying-shed
suszka *f* blotter
suszyć *vt* dry; *przen.* ~ komuś głowę pester sb; *vi* (*pościć*) fast
sutanna *f* cassock
suterena *f* basement
sutka *f* nipple, teat
suwać *vt* shove, shuffle, slide
suwak *m* slide; *mat.* ~ logarytmiczny slide-rule; ~ rachunkowy calculating rule
swada *f* eloquence
swar *m* squabble, quarrel
swat *m* match-maker; (*zawodowy*) matrimonial agent
swatać *vt* make a match
swaty *s pl* match-making
swawola *f* licence, wantonness
swawolić *vi* wanton
swawolny *adj* wanton
swąd *m* reek
sweter *m* sweater, jersey; (*zapinany*) cardigan
swędzenie *n* itch
swędzić *vi* itch
swoboda *f* liberty, freedom; (*wygoda*) ease; (*lekkość ruchów, obejścia*) easiness
swobodny *adj* free; (*wygodny, lekki w obejściu*) easy, (*niewymuszony, powolny*) leisurely
swoisty *adj* specific, peculiar
swojski *adj* homely, familiar, congenial
sworzeń *m* bolt
swój *pron* his, her, my, our, your, their; postawić na **swoim** have

one's will; po swojemu in one's own way; swego **czasu** at one time
sybaryta *m* sybarite
sybarytyzm *m* sybaritism
syberyjski *adj* Siberian
sycić *vt* satiate
syczeć *vi* hiss
syfon *m* siphon
sygnalizacja *f* signalling
sygnalizacyjny *adj* signal *attr*; system ~ code of signals
sygnalizować *vt vi* signal
sygnał *m* signal; ~ świetlny signal-light
sygnatura *f* signature
sygnet *m* signet
syk *m* hiss
sylaba *f* syllable
sylogizm *m* syllogism
sylwet(k)a *f* silhouette
symbioza *f* symbiosis
symbol *m* symbol
symboliczny *adj* symbolic
symbolika *f* symbolism
symbolizować *vt* symbolize
symetria *f* symmetry
symetryczny *adj* symmetrical
symfonia *f* symphony
symfoniczny *adj* symphonic
sympatia *f* sympathy; *pot.* (*o dziewczynie*) flame; czuć ~ę have a liking (do kogoś for sb)
sympatyczny *adj* lovable, likable; (*ujmujący*) winning; (*swojski*) congenial
sympatyk *m* sympathizer
sympatyzować *vi* sympathize
symptom *m* symptom
symptomatyczny *adj* symptomatic
symulacja *f* simulation, malingering
symulant *m* simulator; (*symulujący chorobę*) malingerer
symulować *vi* simulate; (*udawać chorego*) malinger
syn *m* son
synagoga *f* synagogue
synchronizacja *f* synchronization
synchronizm *m* synchronism
synchronizować *vt vi* synchronize
syndyk *m* syndic

syndykat *m* syndicate
synekura *f* sinecure
synod *m* synod
synonim *m* synonym
synowa *f* daughter-in-law
syntaktyczny *adj gram.* syntactic
syntetyczny *adj* synthetic
synteza *f* synthesis
sypać *vt* strew, pour, scatter; (*np. kopiec, okopy*) throw up; ~ się *vr* pour
sypialnia *f* bedroom
sypialny *adj* sleeping *attr*; wagon ~ sleeping-car, sleeper
sypki *adj* loose; ciała ~e dry goods
syrena *f* (*mitologiczna*) siren, mermaid; (*alarmowa, fabryczna*) hooter; (*okrętowa, mgłowa*) foghorn; (*okrętowa*) ship's siren
syrop *m* syrup
Syryjczyk *m* Syrian
syryjski *adj* Syrian
system *m* system
systematyczny *adj* systematic
sytny *adj* substantial, nutritious
sytość *f* satiety
sytuacja *f* situation
sytuować *vt* situate
syt|y *adj* satiated, satiate; do ~a to satiety
szabla *f* sabre, sword
szablon *m* model, pattern; (*malarski*) stencil
szach *m* (*panujący*) Shah; (*w szachach*) check; ~ i mat checkmate
szachista *m* chessplayer
szachować *vt* check; *przen.* hold at bay
szachownica *f* chess-board
szachraj *m* cheat, swindler
szachrajstwo *m* cheat, swindle
szachrować *vi* cheat, swindle
szachy *s pl* chess
szacować *vt* estimate, rate (na 5 funtów at £ 5), appraise
szacunek *m* (*ocena*) estimate, appraisal; (*uszanowanie*) esteem, respect
szafa *f* (*na ubranie*) wardrobe; (*na książki*) bookcase; (*biurowa, lekarska*) cabinet

szafir *m* sapphire
szafka *f* (*oszklona*) case; (*na papiery itp.*) cabinet; (*nocna*) night-table
szafot *m* scaffold
szafować *vi* lavish
szafran *m* saffron
szajka *f* gang
szakal *m zool.* jackal
szal *m* shawl
szal|a *f* scale; przeważyć ~ę turn the scale
szalbierstwo *n* fraudulence, swindle
szalbierz *m* swindler
szaleć *vi* rage; be crazy (za kimś, czymś about sb, sth)
szaleniec *m* madman
szaleństwo *n* madness, folly
szalet *m* earth closet, latrine
szalik *m* scarf, (*wełniany*) comforter
szalka *f* scale; bowl
szalony *adj* mad
szalować *vt* board
szalupa *f* shallop
szał *m* fury, frenzy; wpaść w ~ fly into a fury; doprowadzić kogoś do ~u drive sb mad
szałas *m* shed, shanty
szambelan *m* chamberlain
szamotać się *vr* scuffle
szampan *m* champagne
szaniec *m* rampart
szanować *vt* esteem, respect; (*zdrowie, książki itp.*) be careful (coś of sth)
szanowny *adj* respectable, honourable
szansa *f* chance
szantaż *m* blackmail
szantażować *vt* blackmail
szantażysta *m* blackmailer
szarada *f* charade
szarańcza *f* locust
szarfa *f* sash, scarf
szargać *vt* foul, soil
szarlatan *m* quack, charlatan
szarotka *f bot.* edelweiss
szarpać *vt* tear, pull (coś sth, za coś at sth)

szaruga *f* foul weather

szary *adj* grey; *przen.* ~ człowiek man in the street; ~ koniec lower end, lowest place

szarzeć *vi* become grey; *(zmierzchać się)* grow dusky

szarża *f* charge; *(ranga)* rank

szarżować *vt (atakować)* charge

szastać *vi* squander

szata *f* garment, dress

szatan *m* satan

szatański *adj* satanic(al), fiendish

szatkować *vt* slice

szatnia *f* cloak-room

szczapa *f* splint, chip

szczaw *m* sorrel

szczątek *m* remnant, rest

szczebel *m (drabiny)* rung; *(stopień)* degree, level

szczebiot *m* chirrup

szczebiotać *vi* chirrup

szczecina *f* bristle

szczególność *f* peculiarity; **w** ~ci in particular

szczególny *adj* peculiar, particular

szczegół *m* detail

szczegółowo *adv* in detail

szczegółowy *adj* detailed, particular

szczekać *vi* bark

szczelina *f* cleft, crevice, chink

szczelny *adj* close, tight

szczeniak *m* whelp, cub

szczep *m (ogrodniczy)* graft, shoot; *(plemię)* tribe

szczepić *vt (drzewko)* graft; *med.* vaccinate; *med. i przen.* inoculate

szczepienie *n (drzewka)* graft, grafting; *med.* vaccination; *med. i przen.* inoculation

szczepionka *f med.* vaccine

szczerba *f* jag, notch

szczerbaty *adj* jagged; *(wyszczerbiony)* indented, notched; *(o zębach)* gap-toothed

szczerbić *vt* jag; *(nacinać)* indent

szczerość *f* sincerity

szczery *adj* sincere, plain; *(np. o złocie)* genuine

szczędzić *vt vi* spare

szczęk *m* jingle, clang

szczęka *f anat.* jaw; sztuczna ~ denture

szczękać *vi* clink, clang, jingle

szczęścić się *vr,* jemu się ~ he has good luck, he is successful ⟨prosperous⟩

szczęście *n (zdarzenie)* good luck; *(stan)* happiness; **na** ~e fortunately; **mieć** ~e be lucky, have good luck; **próbować** ~a try a chance

szczęśliwy *adj* happy; fortunate, lucky

szczodrość *f* liberality, generosity

szczodry *adj* liberal, generous

szczoteczka *f (do zębów)* tooth-brush

szczotka *f* brush

szczotkować *vt* brush

szczuć *vt* bait; *przen. (judzić)* abet

szczudło *n* stilt

szczupak *m zool.* pike

szczupleć *vi* become slim, reduce

szczupły *adj* slim; *(niedostateczny)* scarce, scanty

szczur *m* rat

szczycić się *vr* boast (czymś of sth)), glory (czymś in sth)

szczypać *vt* pinch

szczypce *s pl (obcęgi)* tongs, *(kleszcze)* pincers, *(płaskie)* pliers

szczypta *f* pinch

szczyt *m* top, summit, peak; *(np. ambicji, sławy)* height; **godziny** ~u rush hours

szczytny *adj* sublime

szef *m* principal, chief, *pot.* boss

szeląg *m hist.* farthing

szelest *m* rustle

szeleścić *vi* rustle, *(np. o jedwabiu)* swish

szelki *s pl* braces, *am.* suspenders

szelma *m pot.* rogue

szelmowski *adj pot.* roguish

szemrać *vi* murmur; *(narzekać)* grumble (na coś at sth)

szepleníć *zob.* **seplenić**

szept *m* whisper

szeptać *vt vi* whisper

szereg *m* row, file, series; *(np. nie-*

szczęść) succession; (ilość) number; w ~u wypadków in a number of cases

szeregować vt rank

szeregowiec m private (soldier)

szeregow|y adj, techn. połączenie ~e connexion in series; s ~y wojsk. private; pl ~i ranks and file

szermierka f fencing

szermierz m fencer; przen. champion

szeroki adj wide, broad

szerokość f width, breadth; geogr. latitude; (toru) gauge

szerokotorow|y adj, kolej ~a broad-gauge railway

szerszeń m zool. hornet

szerzyć vt, ~ się vr spread

szesnastka f sixteen

szesnasty num sixteenth

szesnaście num sixteen

sześcian m cube; mat. podnosić do ~u cube

sześcienny adj cubic

sześć num six

sześćdziesiąt num sixty

sześćdziesiąty num sixtieth

sześćset num six hundred

szew m seam; med. suture

szewc m shoemaker

szewiot m cheviot

szkalować vt slander

szkapa f jade

szkaradny adj hideous

szkarlatyna f med. scarlet-fever

szkarłat m scarlet

szkatuła f casket

szkic m sketch, outline

szkicować vt sketch, outline

szkicownik m sketch-book

szkielet m skeleton, frame, framework; (statku, budowli) carcass

szkiełko n glass; (mikroskopowe) slide

szklanka f glass

szklarz m glazier

szklisty adj glassy

szkliwo n glaze

szkło n glass

szkocki adj Scotch, Scots, Scottish

szkod|a f damage, detriment, harm; ~a, że ... it's a pity that ...; ~a o tym mówić it's no use talking about it; wyrządzić ~ę do harm (komuś sb, to sb); na czyjąś ~ę to the detriment of sb; jaka ~a! what a pity!

szkodliwość f harmfulness

szkodliwy adj injurious, harmful, detrimental

szkodnik m wrong-doer, mischief-maker; pl ~i zool. vermin zbior.

szkodzi|ć vt do harm, injure; nie ~! never mind!; it doesn't matter

szkolić vt school, train

szkolnictwo n school-system, education

szkoln|y adj school attr; kolega ~y schoolmate; książka ~a school-book; sala ~a school-room; wiek ~y school age

szko|ła f school; ~ła morska school of navigation; nautical school; ~ła podstawowa ⟨powszechna⟩ elementary school; ~ła średnia secondary school; ~ła wyższa high school; ~ła zawodowa school of engineering; chodzić do ~y go to school; w ~le at school

szkopuł m obstacle

szkorbut m med. scurvy

Szkot m Scotchman, Scotsman

Szkotka f Scotchwoman, Scotswoman

szkółka f (drzew) nursery

szkwał m mors. squall

szlaban m turnpike

szlachcic m (country) gentleman, one of the gentry

szlachetny adj noble, gentle

szlachta f gentry

szlafrok m dressing-gown

szlak m border; (droga) track, trail

szlakowy m sport stroke

szlam m slime

szlem m (w kartach) (grand) slam

szlemik m (w kartach) (little) slam

szlifierz m grinder, polisher

szlifować *vt* grind, polish

szlochać *vt* sob

szmaragd *m* emerald

szmat *m*, ~ czasu a very long time; ~ drogi long way

szmata *f* clout, rag

szmelc *m* scrap, scrap-iron; nadający się na ~ fit for scrap

szmer *m* murmur, rustle

szminka *f* paint, (*kredka*) lipstick

szmugiel *m* smuggle

szmuglować *vt* smuggle

sznur *m* rope, cord; string; ~ pereł ⟨korali itp.⟩ string of pearls ⟨beads etc.⟩

sznurek *m* string

sznurowadło *n* shoe-lace

szofer *m* chauffeur, driver

szopa *f* shed

szopka *f* puppet theatre; (*gwiazdkowa*) crib

szorować *vt* scour, scrub

szorstki *adj* rough, coarse

szorty *s pl* shorts

szosa *f* high road, highway

szowinista *m* jingoist

szowinizm *m* jingoism

szóstka *f* six

szósty *num* sixth

szpada *f* sword

szpagat *m* string; (*w tańcu, akrobacji*) splits *pl*

szpaler *m* lane, double row

szpalta *f* column

szpara *f* slit, (*w automacie*) slot; (*szczelina*) chink

szparag *m bot.* asparagus

szpecić *vt* uglify, disfigure

szpetny *adj* ugly

szpic *m* point; (*sztyft, kolec*) spike

szpicel *m pog.* sleuth, *pot.* tec

szpieg *m* spy

szpiegować *vt* spy (kogoś on sb)

szpik *m* marrow

szpikować *vt* lard

szpilka *f* pin; siedzieć jak na ~ch be on pins and needles

szpinak *m* spinach

szpital *m* hospital

szpon *m* claw, talon; (*także techn.*) clutch

szprot *m*, *pot.* szprotka *f* sprat

szpryca *f* syringe

szprycha *f* spoke

szprycować *vt* sprinkle

szpulka *f* spool, bobbin

szpunt *m* plug, stopper, (*w beczce*) bung

szrama *f* scar

szranki *s pl hist.* lists

szron *m* hoar-frost

sztab *m* staff

sztaba *f* bar; (*złota*) ingot

sztachety *s pl* fence, railing

sztafeta *f* courier; *sport* relay

sztaluga *f* easel

sztanca *f* die

sztandar *m* banner

szterling *m* = sterling *zob.* funt

sztokfisz *m* stockfish

sztolnia *f górn.* adit

sztucer *m* (*strzelba*) rifle

sztuczka *f* small piece; (*fortel*) trick

sztuczny *adj* artificial; (*nienaturalny*) affected

sztućce *s pl* cutlery *zbior.*; table-requisites

sztuk|a *f* art; (*kawałek, jednostka*) piece; (*bydła*) head; (*teatralna*) play; (*fortel*) artifice, trick; ~a mięsa boiled beef; ~i piękne fine arts

sztukateria *f* stucco

sztukować *vt* piece out, patch

szturchać *vt* jostle, prod

szturm *m* storm, attack; przypuścić ~ do twierdzy storm a fortress

szturmować *vt* storm, attack

sztych *m* (*uderzenie*) stab, thrust; (*rycina*) engraving

sztyft *m* pin, spike

sztygar *m górn.* foreman

sztylet *m* dagger

sztywnieć *vi* stiffen

sztywny *adj* stiff; (*np. o zapasach, postępowaniu*) rigid; (*o cenach*) fixed

szubienica *f* gallows

szubrawiec *m* scoundrel, rascal

szufla *f* shovel

szuflada *f* drawer

szuja *m pot.* scoundrel
szukać *vt* look (kogoś, czegoś sb, sth; for ⟨after⟩ sb, sth); (*w słowniku itp.*) look up (czegoś sth)
szuler *m* gambler
szum *m* roar, noise
szumieć *vi* roar
szumny *adj* roaring, boisterous
szumowiny *s pl* scum *zbior.*
szuter *m* gravel
szuwary *s pl* bulrush
szwaczka † *f* seamstress
szwadron *m wojsk.* squadron
szwagier *m* brother-in-law
szwagierka *f* sister-in-law
Szwajcar *m*, ~ka *f* Swiss
szwajcarski *adj* Swiss
Szwed *m*, ~ka *f* Swede
szwedzki *adj* Swedish
szyb *m* shaft
szyba *f* pane; (*w samochodzie*) wind-screen
szybki *adj* quick, swift, speedy, fast
szybko *adv* quick(ly), fast
szybkoś|ć *f* speed, velocity; z ~cią 60 mil na godzinę at the rate of 60 miles per hour
szybować *vi* soar; *lotn.* glide
szybowiec *m lotn.* glider
szychta *f* shift, relay
szyci|e *n* sewing; maszyna do ~a sewing-machine
szyć *vt* sew
szydełko *n* crochet-needle

szydełkow|y *adj*, robota ~a crochet
szyderca *m* scoffer
szyderczy *adj* scoffing
szyderstwo *n* scoff
szydło *n* awl
szydzić *vi* scoff (z kogoś, czegoś at sb, sth)
szyfr *m* code, cipher
szyfrować *vt* code, cipher
szyj|a *f* neck; pędzić na łeb na ~ę rush headlong; rzucać się komuś na ~ę fall upon somebody's neck
szyk 1. *m* (*porządek*) order; *wojsk.* ~ bojowy battle-array; *gram.* ~ wyrazów word order
szyk 2. *m* (*wytworność*) elegance, chic
szykanować *vt* annoy, vex
szykany *s pl* annoyances
szykowny *adj* elegant, smart
szyld *m* signboard
szyling *m* shilling
szylkret *m* tortoise-shell
szympans *m zool.* chimpanzee
szyna *f* rail; *med.* splint
szynk *m* pub
szynka *f* ham
szynkarz *m* publican
szyper *m mors.* skipper
szyszak *m hist.* helmet
szyszka *f* cone

Ś

ściana *f* wall
ścianka *f* (*przepierzenie*) partition
ściągaczka *f pot.* crib
ściągać *vt* draw down; pull down; (*zaciskać*) draw together, tighten; (*brwi, mięśnie*) contract; (*ludzi*) assemble; (*zdejmować buty*) pull off; (*ubranie*) take off; (*podatek*) raise, levy; (*pieniądze*) collect

(od kogoś from sb); (*wartę*) withdraw; *pot.* (*odpisywać*) crib; ~ się *vr* contract, (*kurczyć się*) shrink
ścieg *m* stitch
ściek *m* sewer, drain
ściekać *vi* flow down ⟨off⟩, drip off
ściemniać się *vr* darken, grow dark

ścienny *adj* wall *attr*; mural
ścierać *vt* wipe ⟨rub⟩ off; ~ **kurz** dust
ścierka *f* clout, duster
ściernisko *n* stubble-field
ścierpły *adj* benumbed, numb
ścierpnąć *vi* get numb
ścieśniać *vt* tighten; ~ **się** *vr* tighten; stand ⟨sit⟩ closer
ścieżka *f* path, footpath
ścięcie *n* cutting off; ~ **głowy** beheading, execution
ścięgno *n anat.* sinew, tendon
ścigać *vt* pursue, chase; ~ **się** *vr* race, run a race
ścinać *vt* cut off ⟨down⟩; (*drzewo*) fell; (*głowę*) behead; *sport* smash; *pot.* (*przy egzaminie*) plough; ~ **się** *vr* congeal, coagulate
ścisk *m* press, crush
ściskać *vt* compress, press, squeeze, tighten; (*obejmować*) embrace; ~ **komuś rękę** clasp sb's hand; ~ **się** *vr* press, embrace
ścisłość *f* (*dokładność*) exactness, preciseness; (*zwartość*) compactness
ścisły *adj* (*dokładny*) exact, precise, strict; (*zwarty*) compact, close
ściśle *adv* closely; (*ciasno*) tightly; (*dokładnie*) exactly, precisely, strictly; ~ **mówiąc** strictly speaking
ślad *m* trace, track, vestige; ~ **stopy** footmark, footprint; iść **~em czegoś** trace sth; iść w czyjeś **~y** walk ⟨follow⟩ in sb's steps; nie ma ani **~u** ... not the least trace ... is left; trafić na ~ **czegoś** get a clue to sth
ślamazara *m f* sluggard
ślamazarny *adj* sluggish
śląski *adj* Silesian
Ślązak *m*, **Ślązaczka** *f* Silesian
śledczy *adj* inquiry *attr*; inquiring, examining; **sąd ~** court of inquiry
śledzić *vt* (*obserwować*) watch; (*tropić*) trace; investigate

śledziona *f anat.* milt, spleen
śledztwo *n* inquiry, investigation
śledź *m zool.* herring
ślepiec *m* blind man
ślepnąć *vi* grow blind
ślepo *adv* blindly; **na ~** blindly, at random
ślepota *f* blindness
ślepy *adj* blind; **~y nabój** blank cartridge; **~y zaułek** blind alley; *med.* **zapalenie ~ej kiszki** appendicitis
ślęczeć *vi* pore (**nad czymś** over sth)
śliczny *adj* lovely, most beautiful
ślimacznica *f techn.* worm-wheel; spiral
ślimak *m zool.* snail; *techn.* worm-gear
ślimakowaty *adj* spiral
ślina *f* spittle, saliva
ślinić *vt*, ~ **się** *vr* slaver
ślinka *f* spittle; ~ **mi idzie do ust** my mouth waters (**na widok czegoś** at sth)
śliski *adj* slippery
śliwa *f* plum-tree
śliwka *f* plum; (*drzewo*) plum-tree
śliwowica *f* plum-brandy
ślizgacz *m* scooter, gliding-boat
ślizgać się *vr* slide, glide; (*na łyżwach*) skate
ślizgawica *f* glazed frost
ślizgawka *f* (*tor*) skating-rink
ślub *m* wedding, marriage-ceremony; (*ślubowanie*) vow; **brać ~** get married; **czynić ~** make a vow, take a pledge
ślubny *adj* wedding *attr*, nuptial
ślubować *vt vi* vow, make a vow
ślusarz *m* locksmith
śluz *m* slime
śluza *f* sluice
śmiać się *vr* laugh (**z czegoś** at sth), make fun (**z czegoś of sth**); **chce mi się z tego ~** that makes me laugh; *pot.* ~ **się do rozpuku** split one's sides with laughing; *pot.* ~ **się w kułak** laugh in one's sleeve
śmiałek *m* daredevil

śmiałość f boldness

śmiały adj bold

śmiech m laughter; **wybuchnąć** ~em burst out laughing

śmiecić vt litter, clutter

śmiecie s pl litter, sweepings pl

śmieć vi dare, venture

śmier|ć f death; **wyrok** ~ci death sentence; **patrzeć** ~ci **w oczy** look death in the face; **skazać na** ~ć sentence to death; przysł. **raz kozie** ~ć man can die but once

śmierdzieć vi stink, smell (czymś of sth)

śmiertelnik m mortal

śmiertelność f mortality

śmiertelny adj (o człowieku) mortal; (o grzechu, truciźnie itp.) deadly

śmieszność f ridiculousness, the ridiculous

śmieszny adj ridiculous, funny

śmieszyć vt make laugh

śmietana f sour-cream

śmietank|a f cream; **zbierać** ~ę skim milk

śmietnik m dump, dust-heap

śmiga f (wiatraka) sail

śmigło n propeller, airscrew

śmigłowiec m helicopter

śmigły adj swift, speedy

śniadanie n breakfast; **jeść** ~ breakfast, have breakfast

śniady adj swarthy

śni|ć vi dream; ~ło **mi się** I dreamt

śnieg m snow; **pada** ~ it snows

śniegowce s pl snow-boots

śnieżka f snow-ball

śnieżny adj snowy

śnieżyca f snow-storm

śpiączka f sleepiness; med. ~ (afrykańska) sleeping-sickness

śpieszny zob. **spieszny**

śpieszyć zob. **spieszyć**

śpiew m song, singing; ~ **kościelny** chant; **nauczyciel** ~u singing-master

śpiewać vt vi sing; (intonować) chant

śpiewak f singer

śpiewnik m song-book

śpiewny adj melodious

śpioch m sleepyhead

śpiwór m sleeping-bag

średni adj middle, average, middling, medium; ~a **szkoła** secondary school; ~ **wzrost** medium height, middle size; radio ~e **fale** medium waves; **wieki** ~e Middle Ages

średnica f diameter

średnik m semicolon

średnio adv on the average; tolerably, pot. middling

średniowiecze n Middle Ages pl

średniowieczny adj medi(a)eval

średniówka f lit. caesura

środa f Wednesday

środ|ek m middle, centre; (sposób) means; fiz. ~ek **ciężkości** centre of gravity; ~ek **drogi** midway; ~ek **leczniczy** remedy; handl. fin. ~ek **płatniczy** legal tender, circulating medium; ~ki **do życia** means; ~ki **ostrożności** measures of precaution; **złoty** ~ek golden mean

środkowy adj central, middle

środowisko n environment

śródmieście n centre (of a town)

śródziemny adj mediterranean

śrub|a f screw; **przykręcić** ~ę put on the screw; **zwolnić** ~ę loosen the screw

śrubokręt m screwdriver

śrubować vt screw (up)

śrut m shot

świadczeni|e n service; ~a **społeczne** social services; ~a **lekarskie** medical benefits; ~a **w pieniądzach i naturze** disbursements in money and in kind

świadczyć vi attest, testify; bear witness (o czymś to sth); (składać zeznania) depose; ~ **usługi** render services

świadectwo n testimonial, certificate; testimony; (szkolne) report; ~ **pochodzenia** certificate of origin; ~ **dojrzałości** secondary-school certificate

świadjek *m* witness; ~**ek naoczny** eye-witness; **być ~kiem** witness (czegoś sth)

świadomość *f* consciousness

świadomy *adj* conscious

świat *m* world; **tamten ⟨drugi⟩ ~** next world; **przyjść na ~** come into the world; **na świecie** in the world; **po całym świecie** all over the world

światło *n* light; ~ **drogowe** traffic light; ~ **dzienne** daylight; ~ **księżyca** moonlight; ~ **słoneczne** sunlight; **przy świetle księżyca** by moonlight

światłość *f* brightness

światły *adj* bright; (o umyśle) enlightened

światopogląd *m* world outlook, philosophy of life

światowiec *m* man of the world

świąteczny *adj* festive, festival; (np. o ubraniu) holiday *attr*

Świątki *s pl*, **Zielone ~** Whitsuntide

świątynia *f* temple

świder *m* drill

świdrować *vt* drill, bore

świeca *f* candle; *techn.* ~ **zapłonowa** sparking-plug

świecić *vi* shine; *vt* (zapalać) light; ~ **się** *vr* shine, glitter

świecidełko *n* tinsel

świecki *adj* lay, secular

świeczka *f* candle

świecznik *m* candlestick

świergot *m* chirp

świergotać *vi* chirp

świerk *m* *bot.* spruce

świerszcz *m* *zool.* cricket

świerzb *m* itch, *med.* scabies

świerzbieć *vi* itch

świetlany *adj* luminous

świetlica *f* club

świetlik *m* *zool.* glow-worm

świetlny *adj* light *attr*, lighting; **gaz ~** lighting-gas; **rok ~** light-year

świetność *f* splendour

świetny *adj* splendid, glorious

świeżość *f* freshness

świeży *adj* fresh; recent, new

święcić *vt* consecrate; (obchodzić) celebrate

święcone *n* Easter repast

święto *n* holiday, festivity

świętojański *adj* St. John's; *zool.* **robaczek ~** glow-worm

świętokradztwo *n* sacrilege

świętoszek *m* hypocritical bigot

świętość *f* sanctity, holiness

świętować *vi* have a holiday

święt|y *adj* holy, sacred; (przed imieniem) saint; ~**y** *s m*, ~**a** *s f* saint

świnia *f* swine

świnka *f* pig; *med.* mumps; *zool.* ~ **morska** guinea-pig

świński *adj* swine *attr*; swinish

świństwo *n* dirty trick

świsnąć *vi zob.* **świstać**; (porwać) *pot.* pinch

świst *m* whistle, whizz

świstać *vt vi* whistle

świstak *m* *zool.* marmot; *am.* groundhog

świstawka *f* whistle

świstek *m* scrap of paper

świt| *m* daybreak, dawn; **o ~cie** at daybreak

świtać *vi* dawn

t

tabaka *f* snuff
tabakierka *f* snuff-box
tabela *f* schedule, table, list
tabletka *f* tablet
tablica *f* board; (*szkolna*) black-board; (*tabela*) table; techn. ~ rozdzielcza switch-board
tabliczka *f* tablet; (*np. czekolady*) cake; ~ mnożenia multiplication table
tabor *m* wojsk. retrenched camp; army service columns *pl*; train; ~ kolejowy rolling-stock
taboret *m* tabouret
taca *f* tray, salver
taczać się *vr* wallow, roll; (*zataczać się*) stagger, reel
taczki *s pl* wheel-barrow
tafla *f* sheet, plate
taić *vt* hide, conceal (przed kimś from sb)
tajać *vi* thaw
tajemnic|a *f* secret, mystery; w ~y in secret, secretly
tajemniczość *f* mysteriousness
tajemniczy *adj* mysterious
tajemny *adj* secret, clandestine
tajność *f* secrecy
tajny *adj* secret
tak *part* yes; *adv* thus, so, as; ~ ..., jak as ... as, nie ~ ..., jak not so ... as; ~ sobie so-so; ~ czy owak anyhow; i ~ dalej and so on; czy ~? is that so?; bądź ~ dobry i poinformuj mnie be so kind as to inform me
taki *adj* such; co ~ego? what's the matter?; nic ~ego nothing of the sort; ~ biedny ~ mądry so poor, so wise; ~ sam just the same; on jest ~ jak ty he is like you
takielunek *m* mors. rigging
taksa *f* rate, tariff, fee; ~ za przejazd fare
taksować *vt* estimate, rate (na sumę ... at the sum ...)
taksówk|a *f* taxi; jechać ~ą travel

⟨go⟩ by taxi, taxi
takt *m* tact; (*w muzyce*) time; (*odstęp w pięciolinii*) bar, meas-ure; trzymać ~ keep time; wy-bijać ~ beat time
taktowny *adj* tactful
taktyczny *adj* tactical
taktyka *f* tactics
także *adv* also, too, as well; ~ nie neither, nor ... either
talent *m* talent
talerz *m* plate
talia *f* waist; (*kart*) pack
talizman *m* talisman
talk *m* talcum
talon *m* coupon
tam *adv* there; (*wskazując*) over there; co mi ~ I don't care; kto ~? who's there?; ~ i z powrotem to and fro
tam|a *f* dam; przen. check, stop; położyć ~ę put a stop (czemuś to sth)
tamować *vt* dam; (*np. ruch*) obstruct; przen. check; (*krew*) staunch
tampon *m* tampon
tamtejszy *adj* from there, of that place
tamten *pron* that
tamtędy *adv* that way
tance|rz *m*, ~rka *f* dancer
tancmistrz *m* dancing-master
tandem *m* tandem
tandeta *f* rubbish, trash
tandetny *adj* shoddy, trashy
tangens *m* mat. tangent
tani *adj* cheap
taniec *m* dance
tanieć *vi* become cheap
tantiema *f* bonus
tańczyć *vi* dance, *pot.* hop
tapczan *m* couch, sofa-bed
tapeta *f* wall-paper
tapetować *vt* cover with wall-paper, paper
tapicer *m* upholsterer
tapicerka *f* upholstery

ten

tara *f handl.* tare
taran *m hist.* battering-ram
taras *m* terrace
tarasować *vt* block, barricade
tarcie *n* friction
tarcza *f* target; (*osłona*) shield; (*np. słońca*) disk; (*np. zegarka*) dial
tarczyca *f med.* thyroid gland
targ *m* market
targać *vt* tear, pull
targnąć się *vr* attempt (na czyjeś życie sb's life)
targować *vt* sell, fetch by sale; ~ się *vr* bargain, haggle (o coś about sth)
tarka *f* grater, rasp
tarnina *f* blackthorn
tartak *m* sawmill
taryfa *f* tariff
tarzać się *vr* wallow, roll
tasak *m* chopper
tasiemiec *m zool.* tapeworm
tasiemka *f* tape
tasować *vt* shuffle
taśma *f* band; *techn.* tape; ~ filmowa band, film-band; ~ izolacyjna insulating tape; ~ karabinu maszynowego cartridge belt; ~ miernicza measuring tape
Tatar *m* Tartar
taternictwo *n* mountain-climbing
taternik *m* mountain-climber
tatuować *vt* tattoo
tatuś *m zdrob.* dad
tchawica *f anat.* trachea
tchnąć *vt vi* breathe, inspire
tchnienie *n* breath
tchórz *m zool.* polecat; (*człowiek*) coward
tchórzliwy *adj* cowardly
teatr *m* theatre
teatraln|y *adj* theatrical; sztuka ~a play
techniczny *adj* technical
technik *m* technician
technika *f* technics
technologia *f* technology
teczka *f* brief-case, (na dokumenty) folder
tegoroczny *adj* this year's

teka *f* brief-case; (*ministerialna, bankowa itp.*) portfolio
tekst *m* text
tekstylny *adj* textile
tektura *f* cardboard
telefon *m* telephone; przez ~ on the telephone
telefonicznie *adv* telephonically; (*rozmawiać*) by telephone
telefoniczn|y *adj* telephonic, telephone; rozmowa ~a telephone call; międzymiastowa rozmowa ~a trunk-call; rozmównica (budka) ~a telephone booth ⟨box⟩
telefonistka *f* telephonist
telefonować *vt vi* telephone; *pot.* ring up (do kogoś sb)
telefoto *n* telephoto
telegraf *m* telegraph
telegraficznie *adv* telegraphically; *pot.* by wire
telegraficzn|y *adj* telegraphical; *pot.* wire *attr*; ~a wiadomość telegraphical message; słup ~y telegraph-pole
telegrafista *m* telegraphist, telegrapher
telegrafować *vt vi* telegraph, *pot.* wire
telegram *m* telegram, *pot.* wire
telepatia *f* telepathy
teleskop *m* telescope
teleskopowy *adj* telescopic
telewizja *f* television, TV, *pot.* telly
telewizor *m* television ⟨TV⟩ set
temat *m* theme, subject, subject--matter
temblak *m* sling
temperament *m* temperament
temperatur|a *f* temperature; ~a topnienia melting-point; ~a wrzenia boiling-point; ~a zamarzania freezing-point; mierzyć ~ę take the temperature
temperować *vt* temper; (*ołówek*) sharpen
temp|o *n* time, measure, rate, tempo; w szybkim ~ie at a fast rate
temu *adv*, rok ~ one year ago; dawno ~ long ago
ten, ta, to *pron* this; *pl* ci, te these

tendencja *f* tendency; (*kierunek*) trend; ~ zniżkowa downward tendency

tendencyjny *adj* biased

tender *m* techn. tender

tenis *m* tennis

tenor *m* tenor

tenże *pron* the (very) same

teolog *m* theologian

teologia *f* theology

teoretyczny *adj* theoretical

teoretyk *m* theorist

teoria *f* theory

terakota *f* terracotta

terapia *f* therapeutics

terasa *f* terrace, bank

teraz *adv* now

teraźniejszość *f* present time, the present

teraźniejszy *adj* present (day); *gram.* czas ~ present tense

tercet *m* tercet; *muz.* trio

teren *m* area, space, territory, ground, country

terenowy *adj* local; country-, (*np. o samochodzie*) crosscountry *attr*

terenoznawstwo *n* local knowledge, topography

terkotać *vi* rattle

termin *m* term; (*rzemieślniczy*) apprenticeship

terminator *m* apprentice

terminologia *f* terminology

terminowo *adv* in time; at a fixed time, at fixed intervals

terminow|y *adj* term *attr*; fixed; (*np. egzamin*) terminal; kalendarz ~y memorandum; ~a dostawa delivery on term; ~a zapłata term payment

termit *m* zool. white ant

termometr *m* thermometer

termos *m* thermos flask

terpentyna *f* turpentine

terror *m* terror, terrorism

terrorysta *m* terrorist

terrorystyczny *adj* terrorist

terroryzować *vt* terrorize

terytorialny *adj* territorial

terytorium *n* territory

testamen|t *m* testament, will; za-

pisać w ~cie bequeath, leave as a legacy

testator *m* testator

teściowa *f* mother-in-law

teść *m* father-in-law

teza *f* thesis

też *adv* also, too; ~ nie neither, not ... either

tęcza *f* rainbow

tęczówka *f anat.* iris

tędy *adv* this way

tęgi *adj* stout; solid; (*mocny*) robust; able

tępić *vt* blunt, dull; (*niszczyć*) exterminate

tępota *f* dullness, bluntness

tępy *adj* dull, blunt

tęsknić *vi* long, yearn (za kimś for ⟨after⟩ sb); ~ za krajem be homesick

tęsknota *f* longing, yearning; ~ za krajem homesickness

tęskny *adj* longing, melancholy

tętent *m* tramp (of horses), hoofbeat

tętnica *f* artery

tętnić *vi* tramp, resound; (*o pulsie*) pulsate

tętno *n* pulse, pulsation

tężec *m med.* tetanus

tężeć *vi* stiffen; (*twardnieć*) solidify

tężyzna *f* vigour

tkacki *adj* textile

tkactwo *n* weaving, textile industry

tkacz *m* weaver

tkać *vt* weave

tkanina *f* tissue, texture, fabric

tkanka *f anat. biol.* tissue

tkliwość *f* tenderness, affectionateness

tkliwy *adj* tender, affectionate

tknąć *vt* touch

tkwić *vi* stick

tleć *vi* smoulder, burn faintly

tlen *m chem.* oxygen

tlenek *m chem.* oxide

tlić się *vr* burn faintly, smoulder

tło *n* background

tłocznia *f* press

tłoczyć *vt* press, crush; (*druko-*

wać) impress; ~ **się** *vr* crowd, crush

tłok *m (ścisk)* crowd, crush; *techn.* piston

tłuc *vt* pound, grind; *(rozbijać)* break, smash; *(np. orzechy)* crack; ~ **się** *vr* be smashed, be broken; *pot. (np. po świecie)* knock about

tłuczek *m* pestle

tłum *m* crowd, throng

tłumacz *m* translator; *(ustny)* interpreter; ~ **przysięgły** sworn translator

tłumaczenie *n* translation; interpretation; *(wyjaśnienie)* explanation

tłumaczyć *vt* translate (z polskiego na angielski from Polish into English); *(ustnie)* interpret; *(wyjaśniać)* explain; ~ **się** *vr* excuse oneself

tłumić *vt* stifle, muffle; *(np. bunt, uczucie)* suppress

tłumik *m muz.* sordine; *techn.* silencer

tłumnie *adv* in crowds

tłumny *adj* multitudinous, numerous

tłumok *m* bundle

tłustość *f* fatness

tłusty *adj* fat; *(o plamie, smarze)* greasy; *(gruby)* obese, stout; ~ **druk** fat-faced type, bold letters *pl*

tłuszcz *m* fat, grease

tłuszcza *f* mob, rabble

tłuścić *vt* grease

to *pron zob.* ten; **to moja książka** it is my book; **to twoja wina** it's your own fault

toalet|a *f* toilet; *(mebel)* toilet-table; *(ubikacja)* lavatory; **robić** ~**ę** make one's toilet

toaletowly *adj* toilet *attr*; **mydło** ~**e** toilet soap; **papier** ~**y** toilet paper; **przybory** ~**e** articles of toilet

toast *m* toast; **wznosić czyjś** ~ propose sb's health

tobół *m* bundle, baggage

toczy|ć *vt* roll; *(nóż)* whet; *(obrabiać w tokarni)* turn; *(płyn z beczki)* draw; *(o robactwie)* gnaw, nibble, eat; *(niszczyć)* wear away; *(sprawę sądową)* carry on; *(wojnę)* wage; ~**ć się** *vr* roll; *(o sprawie, akcji itp.)* be in progress; *(o wojnie)* be waged; *(o płynie)* flow, run, gush; **rozmowa** ~**ła się o pogodzie** conversation was carried on about the weather; ~**ły się rokowania** negotiations were held ⟨were proceeding⟩

toga *f* gown, robe

tok *m* course, progress; **w** ~**u** in course

tokarka *f* turning-lathe

tokarz *m* turner

tolerancja *f* tolerance

tolerancyjny *adj* tolerant

tolerować *vt* tolerate

tom *m* volume

ton *m* tone, sound

tona *f* ton

tonacja *f muz.* key, mode

tonaż *m* tonnage

tonąć *vi* drown, be drowned; *(o okręcie)* sink

toniczny *adj* tonic

toń *f* depth, *poet.* deep

topaz *m* topaz

topić *vt* drown, sink; *(roztapiać)* melt, fuse; ~ **się** *vr* drown, be drowned, sink; *(roztapiać się)* melt (away)

topiel *f* whirlpool, abyss (of water), gulf

topielec *m* drowned man

topliwy *adj* fusible

topnieć *vi* melt

topografia *f* topography

topola *f bot.* poplar

toporek *m* hatchet

topór *m* axe

tor *m* track; *wojsk. (pocisku)* trajectory; ~ **boczny** side-track; ~ **główny** main-track; ~ **kolejowy** railway-track; ~ **wyścigowy** race-track

torba *f* bag

torebka *f* (hand-)bag

torf *m* peat

torfowisko *n* peat-bog

tornister *m* knapsack; (*szkolny*) satchel

torować *vt* clear; *przen.* ~ komuś drogę pave the way for sb

torpeda *f* torpedo

torpedować *vt* torpedo

torpedowiec *m* (*statek*) torpedo--boat; (*samolot*) torpedo-plane

tors *m* torso

tort *m* fancy-cake; (*przekładany*) layer-cake

tortur|a *f* torture; brać na ~y put to torture

torturować *vt* torture

totalizator *m* totalisator; ~ sportowy pool

totalitarny *adj* totalitarian

totalny *adj* total

towar *m* article, commodity; ~y *pl* goods; ~y codziennego użytku consumers' ⟨consumer⟩ goods; *pot.* ~y chodliwe marketable goods

towarowy *adj*, dom ~ department store; pociąg ~ goods-train, *am.* freight train

towaroznawstwo *n* knowledge of mercantile wares

towarzyski *adj* social

towarzystwo *n* society, company

towarzysz *m* comrade, companion

towarzyszyć *vi* accompany (komuś sb)

tożsamoś|ć *f* identity; dowód ~ci identity card

tracić *vt* lose; (*zadawać śmierć*) execute

tracz *m* sawyer

tradycja *f* tradition

tradycjonalizm *m* traditionalism

tradycyjny *adj* traditional

traf *m* chance, accident; ~em by chance, accidentally

trafiać *vi* hit (w coś sth; na coś, kogoś on ⟨upon⟩ sth, sb): nie ~ miss, fail; ~ do przekonania convince; na chybił trafił at a guess, at random; ~ się *vr* happen

trafność *f* aptness, pertinence, accuracy

trafny *adj* (*o strzale*) well-hit; (*odpowiedni*) just, exact; (*o odpowiedzi*) suitable; (*o sądzie, uwadze itp.*) pertinent, to the point

tragarz *m* porter

tragedia *f* tragedy

tragiczny *adj* tragic

tragikomedia *f* tragicomedy

tragizm *m* tragedy, the tragic

trakcja *f* traction

trak|t *m* highroad; tract; (*przebieg*) course; w ~cie działania in course of action

traktat *m* (*układ*) treaty; (*rozprawa*) treatise, tract; ~ pokojowy peace treaty

traktor *m* tractor; ~ gąsienicowy caterpillar-tractor

traktorzysta *m* tractor-driver

traktować *vt* handle, treat (kogoś, coś sb, sth)

tramwaj *m* tram, tramway, *am.* street car; jechać ~em go by tram

tran *m* cod-liver oil; ~ wielorybi whale-oil

trans *m* trance

transakcja *f* transaction

transatlantycki *adj* transatlantic

transformator *m* transformer

transfuzja *f* transfusion

transkrybować *vt* transcribe

transmisja *f* transmission

transmitować *vt* transmit

transparent *m* banner, streamer; (*przezrocze*) transparency

transport *m* transport; (*środek przewozowy*) conveyance

transportować *vt* transport, convey

tranzyt *m* transit

trapez *m* *mat.* trapezium; *sport* trapeze

trapić *vt* vex, molest, pester; ~ się *vr* worry, grieve (czymś about sth)

trasa *f* route, track; ~ podróży itinerary

trasant *m* *handl.* drawer

trasat *m* *handl.* drawee

trasować 1. *vt* trace

trasować 2. *vt* *handl.* draw

trata *f handl.* draft
tratować *vt* trample
tratwa *f* raft
trawa *f* grass
trawić *vt* digest; (*spędzać czas*) waste, expend; *techn.* etch; (*żerać*) consume, fret
trawienie *n* digestion; (*żeranie*) etching; consumption
trawnik *m* lawn, grassplot
trąba *f* trumpet; (*słonia*) trunk; (*powietrzna*) whirlwind
trąbić *vi* trumpet
trąbka *f muz.* trumpet; (*zwój*) roll
trącać *vt* push, jostle; (*łokciem*) elbow; ~ **się** *vr* knock, jostle; (*kieliszkiem*) clink
trącić *zob.* **trącać**; *vi* (*pachnieć*) smell (*czymś* of sth)
trąd *m med.* leprosy
trefl *m* (*karty*) club(s)
trema *f* fear, *pot.* jitters *pl*
tren 1. *m lit.* elegy, threnody
tren 2. *m* (*u sukni*) trail; train
trener *m* trainer, coach
trening *m* training, coaching
trenować *vt* train, coach; *vi* train, practise
trepanacja *f med.* trepanation
trepy *s pl* sandals
tresować *vt* train, drill; (*konia*) break in
tresura *f* training
treściwy *adj* concise, compendious
treść *f* content; (*zawartość książki*) contents *pl*
trębacz *m* trumpeter
trędowaty *adj* leprous; *s m* leper
triumf *m* triumph
triumfować *vi* triumph
trochę *adv* a little, a few; **ani** ~ not a little, not a bit
trociny *s pl* sawdust
trofe|um *n* trophy, *zw. pl* ~**a** trophies
trojaczki *s pl* triplets
trojaki *adj* triple
troje *num* three
trok *m* strap, *zw. pl* ~**i** straps
trolejbus *m* trolley-bus

tron *m* throne; **wstąpić na** ~ come to the throne; **złożyć z** ~**u** dethrone
trop *m* track, trace
tropić *vt* trace; (*śledzić*) shadow
tropikalny *adj* tropical
troska *f* care, anxiety
troskliwy *adj* careful (**o kogoś, coś** of sb, sth); attentive (**o kogoś, coś** to sb, sth)
troszczyć się *vr* trouble, be anxious (**o kogoś, coś** about sb, sth)
trotuar *m* pavement, *am.* side--walk
trójbarwny *adj* three-coloured
trójca *f* trinity
trójka *f* three
trójkąt *m* triangle
trójkątny *adj* triangular
truchleć *vi* tremble for fear, be chilled with dread
truciciel *m* poisoner
trucizna *f* poison
truć *vt* poison
trud *m* pains *pl*, toil; **zadawać sobie** ~ take pains
trudnić się *vr* be engaged (**czymś** in sth), occupy oneself (**czymś** with sth), work (**czymś** at sth)
trudno *adv* with difficulty, hard; (*ledwie*) hardly; ~ **mi powiedzieć** I can hardly say; ~ **to zrozumieć** it is hard to understand
trudność *f* difficulty
trudny *adj* difficult, hard
trudzić *vt* fatigue, trouble; ~ **się** *vr* take pains, toil
trujący *adj* poisonous
trumna *f* coffin
trunek *m* drink
trup *m* corpse, dead body; **paść** ~**em** drop dead
trupa *f teatr* company, troupe
trupi *adj* cadaverous; ~**a główka** death's head
truskawka *f* strawberry
trust *m* trust
truteń *m zool.* drone
trutka *f* poisonous bait
trwać *vi* last, persist
trwale *adv* fast, firmly

trwałość f durability, fastness

trwały adj durable, lasting, permanent, fast

trwoga f fright, awe

trwonić vt waste, squander

trwożliwy adj timid

trwożyć vt alarm; ~ **się** vr feel alarmed (**czymś** at sth); be in fear (**czymś** of sth); (*niepokoić się*) be anxious (**o coś** about sth)

tryb m mode, manner, course; *gram.* mood; *techn.* cog, gear *zbior.*; ~ **życia** mode of life

trybun m tribune

trybuna f platform; (*np. na wyścigach*) stand

trybunał m tribunal

trychina f *zool.* trichina

trychinoza f *med.* trichinosis

trygonometria f trigonometry

trykot m tricot, undershirt

trykotaże s pl hosiery

trykotowy adj knitted, tricot attr

trylion num bryt. trillion; *am.* quintillion

tryskać vi spurt, spout; (*o krwi, łzach*) gush; (*dowcipem*) sparkle

trywialność f triviality

trywialny adj trivial

trzask m crack, crash

trzaskać vi crack (**z bicza** the whip); crash, bang (**drzwiami** the door)

trząść vt vi shake; ~ **się** vr shake; tremble; (*z zimna*) shiver

trzcina f reed, cane; ~ **cukrowa** sugar-cane

trzeba v imp it is necessary; ~ **ci wiedzieć** you ought to know; ~ **to było zrobić** I ought to have done it; ~ **na to dużo pieniędzy** this requires much money; ~ **mi czasu ⟨pieniędzy⟩** I need time ⟨money⟩

trzebić vt clear

trzeci num third

trzeć vt rub

trzepaczka f dusting-brush; (*do dywanów*) carpet-beater

trzepać vt dust; (*dywan*) beat; shake

trzepotać vt flap (**skrzydłami** the wings); ~ **się** vr flutter

trzeszczeć vi crackle

trzewia s pl bowels

trzewik m shoe

trzeźwić vt sober, make sober, refresh

trzeźwieć vi sober, become sober

trzeźwość f sobriety

trzeźwy adj sober

trzęsawisko n quagmire

trzęsienie n trembling, shaking; ~ **ziemi** earthquake

trzmiel m *zool.* bumble-bee

trzoda f herd, flock; ~ **chlewna** swine *zbior.*

trzon m (*podstawowa część*) substance; (*rękojeść*) handle, hilt; *techn.* shaft, stem

trzonowy adj molar; **ząb** ~ molar

trzustka f *anat.* pancreas

trzy num three

trzydziesty num thirtieth

trzydzieści num thirty

trzykrotny adj threefold

trzyletni adj three years old, three-years'

trzymać vt hold, keep; ~ **język za zębami** hold one's tongue; ~ **kogoś za słowo** keep sb to his word; ~ **za rękę** keep by the hand; ~ **z kimś** side with sb; ~ **w szachu** checkmate; ~ **się** vr keep (oneself); hold out; ~ **się czegoś** keep to sth, hold to sth, *przen.* abide by sth; ~ **się dobrze** keep well; ~ **się razem** hold together, *pot.* stick together; ~ **się w pobliżu** keep close (**czegoś** to sth); ~ **się z dala** keep away, keep aloof (**od kogoś** from sb)

trzynasty num thirteenth

trzynaście num thirteen

trzysta num three hundred

tu adv here

tuba f tube; speaking-trumpet

tubka f tube

tubylczy adj indigenous, native

tuczny adj fat, fattened

tuczyć vt fatten; ~ **się** vr fatten, grow fat

tym

tulejka *f* bushing; (*pochewka, gniazdko*) socket

tulić *vt* hug, fondle; ~ się *vr* hug, cuddle together

tulipan *m bot.* tulip

tułacz *m* wanderer

tułaczka *f* wandering

tułać się *vr* wander

tułów *m* trunk (of the body)

tuman *m* dust-cloud; *pot.* (*głuptec*) blockhead

tunel *m* tunnel

tunika *f* tunic

tupać *vi* stamp (*nogami* one's feet)

tupet *m* self-assurance

turban *m* turban

turbina *f* turbine

Turczynka *f* Turkish woman

turecki *adj* Turkish

Turek *m* Turk

turkot *m* rattle

turkus *m* turquoise

turniej *m* tournament

turnus *m* turn

turysta *m* tourist

turystyczn|y *adj* tourist; samochód ~y touring car; biuro ~e tourist agency

tusz *m* Indian ink; (*prysznic*) shower-bath

tusz|a *f* corpulence; stoutness

tutaj *adv* here

tuzin *m* dozen

tuż *adv* near by

twardnieć *vi* harden

twardo *adv* hard; jajko na ~ hard-boiled egg

twardość *f* hardness

twardy *adj* hard; (*np. o mięsie*) tough

twaróg *m* (cheese-)curds *pl*

twarz *f* face; rysy ~y features; dostać w ~ be slapped on the face; jej jest z tym do ~y this suits her; uderzyć kogoś w ~ slap sb's face; zmieniać się na ~y change one's countenance; ~ą w ~ face to face

twierdza *f* stronghold

twierdząco *adv* affirmatively, in the affirmative

twierdzący *adj* affirmative

twierdzenie *n* affirmation, assertion; *mat.* theorem

twierdzić *vi vt* affirm, assert, maintain

tworzenie *n* creation; ~ się formation, origin

tworzyć *vt* create; form; ~ się *vr* form, be formed, arise, rise

tworzywo *n* material; (*sztuczne*) plastic

twój *pron* your, yours

twór *m* creation, creature, piece of work, product

twórca *m* creator, author, maker

twórczość *f* creation, creative power, production

twórczy *adj* creative

ty *pron* you

tyczka *f* pole, perch

tyczy|ć się *vr* concern, regard; co się ~ as for, concerning

tyć *vi* grow fat, put on weight

tydzień *m* week; dwa tygodnie fortnight; za ~ in a week's time; od dziś za ~ this day week

tyfus *m med.* typhus; ~ brzuszny enteric fever

tygiel *m* melting-pot, crucible

tygodnik *m* weekly

tygodniowo *adv* weekly

tygodniowy *adj* weekly

tygrys *m zool.* tiger

tyka *f* perch, pole

tykać *vi* (*o zegarze*) tick

tykwa *f bot.* gourd

tyle as much ⟨many⟩, so much ⟨many⟩

tylekroć *adv* so ⟨as⟩ many

tylko *adv* only, solely; ~ co just now; skoro ~ as soon as

tyln|y *adj* back, hind, posterior; ~a straż rearguard; ~e światło rear-light

tył *m* back, rear; obrócić ~em turn back; obrócić się ~em turn one's back (do kogoś on sb); do ~u back, backward(s); z ~u (from) behind

tym *w zwrotach:* ~ więcej all the more; im... tym... the... the...; im

więcej, ~ lepiej the more the better

tymczasem *adv* meanwhile, in the meantime

tymczasowość *f* temporariness, provisional state

tymczasowy *adj* temporary, provisional

tymianek *m bot.* thyme

tynk *m* plaster

tynkować *vt* plaster

typ *m* type; character

typować *vt* mark out, destine; *sport* rate

typowy *adj* typical

tyrada *f* tirade

tyran *m* tyrant

tyrania *f* tyranny

tyrański *adj* tyrannical

tysiąc *num* thousand

tysiąclecie *n* millenary, millennium

tysięczny *num* thousandth

tytan *m* titan; *chem.* titanium

tytoń *m* tobacco

tytularny *adj* titular(y)

tytuł *m* title; **z jakiego ~u?** on what ground?

tytuł|ować *vt* entitle; address; **~ują go doktorem** he is spoken to as doctor

tytułow|y *adj* title *attr*; **strona ~a** title-page

u

u *praep* at, by, beside, with; **u jego boku** by his side; **u krawca** at the tailor's; **u nas w kraju** in this ⟨our⟩ country; **u Szekspira** in Shakespeare; **tu u dołu** down here; **tu u góry** up here; **mam u niego pieniądze** he owes me money; **mieszkam u niego** I stay with him; **zostań u nas** stay ⟨live⟩ with us

ubawić *vt* amuse; **~ się** *vr* amuse oneself, have much amusement

ubezpieczać *vt* insure **(od ognia** against fire), assure, secure; **~ się** *vr* insure oneself; **~ się na życie** insure one's life

ubezpieczalnia *f* **(instytucja)** National Insurance Centre; **(system)** National Health Insurance; **(przychodnia)** dispensary

ubezpieczenie *n* insurance, assurance; **~ na życie** life insurance; **~ od ognia** fire insurance; **~ społeczne** National Insurance Scheme; **~ na wypadek choroby** insurance against health risks

ubezpieczeniow|y *adj*, **polisa ~a** insurance-policy; **agent ~y** insurance agent

ubić *vt* batter ⟨ram⟩ down; kill; **(jajka, śmietanę)** beat; **~ interes** *pot.* strike a bargain

ubiec *vt vi* escape, run; **(o czasie)** pass; elapse; **(wyprzedzić)** get the start **(kogoś** of sb); **(uprzedzić)** forestall, anticipate

ubiegać *zob.* **ubiec;** **~ się** *vr* contend **(o coś** for sth), solicit **(o coś** sth), compete **(o coś** for sth)

ubiegły *adj* past, last

ubierać *vt* dress, clothe; **~ się** *vr* dress, be clothed

ubijać *zob.* **ubić**

ubikacja *f* water-closet, W.C., lavatory

ubiór *m* dress, attire

ubliżać *vi* offend, disparage **(komuś** sb)

ubliżający *adj* offensive

uocz|e *n,* **na ~u** out of the way

ubocznie *adv* incidentally

uboczny *adj* incidental, accessory; **(boczny)** lateral; **produkt ~** by--product

ubogi adj poor
ubolewać vi be sorry; feel sympathy (**nad kimś** for sb); deplore (**nad kimś, czymś** sb, sth)
ubolewani|e n sympathy, condolence; **godny ~a** deplorable
ubożeć vi get poor
ubożyć vt impoverish, pauperize
ubój m slaughter
ubóstwiać vt idolize, adore
ubóstwianie n idolatry, adoration
ubóstwo n poverty
ubóść vt gore; przen. (urazić) hurt
ubrać zob. **ubierać**
ubranie n clothes pl, dress; (dekoracja) decoration
ubytek m decrease
ubywać vi decrease, diminish
uch|o n ear; (uchwyt) handle; (igły) eye; przen. **nadstawiać ~a** prick up one's ears; **słyszeć na własne uszy** hear with one's own ears; **puszczać mimo uszu** turn a deaf ear; **zakochać się po uszy** be in love head over heels; **po uszy w długach** over head and ears in debts
uchodzi|ć vi go away, escape, flee; pass (**za kogoś** for sth); **to nie ~** it is not becoming
uchodźca m refugee, emigrant
uchodźstwo n emigration, exile
uchować vt preserve, save
uchronić vt safeguard, protect; **~ się** vr protect oneself
uchwalać vt decree, (ustawę) enact; (powziąć) carry; **~ przez aklamację** carry by acclamation
uchwała f decision, resolution
uchwyt m handle
uchybiać vi fail (np. obowiązkom to do one's duty); offend (np. czyjejś czci sb's honour); transgress (prawu the law)
uchybienie n fault; offence
uchylać vt put aside, remove; (kapelusza) raise, lift; (uchwałę itp.) abolish, repeal; **~ się** vr avoid (**od czegoś, kogoś** sth, sb); (stronić) shun (**od czegoś, kogoś** sth, sb); shirk (**od obowiązku, odpowiedzialności** responsibility,

duty)
uciążliwość f difficulty, charge, importunity
uciążliwy adj burdensome, difficult, onerous
uciecha f pleasure, delight, joy
ucieczk|a f flight, escape; **ratować się ~ą** flee for life; **zmusić do ~i** put to flight
uciekać vi flee, fly, escape; **~ się** vr resort, have recourse
uciekinier m fugitive; deserter
ucieleśniać vt embody
ucieleśnienie n embodiment
ucierać vt rub; (ścierać) wipe off; (rozcierać) grind
ucieszny adj funny
ucieszy|ć vt delight, gladden, make glad; **~ć się** vr be ⟨become⟩ glad (**czymś** of ⟨at⟩ sth), find pleasure (**czymś** in sth); **~łem się na jego widok** I was glad to see him
ucinać vt cut (off)
ucisk m pressure, oppression
uciskać vt press, oppress; (np. o bucie) pinch
uciszyć vt appease, calm; silence; **~ się** vr calm down; become silent
uciśniony adj oppressed
uczciwość f honesty
uczciwy adj honest
uczelnia f school, university
uczennica f school-girl, pupil
uczeń m school-boy, pupil
uczepić vt hang on, append, fasten; **~ się** vr hang on, become attached (**czegoś** to sth)
uczesanie n hair-do, hairdressing
uczestnictwo n participation
uczestniczyć vi participate, take part
uczestnik m participant, partner; (przestępstwa) accomplice
uczęszczać vi frequent; attend (np. na wykłady lectures); **~ do szkoły** go to school
uczoność f erudition, learning
uczony adj erudite, learned; s m scholar, erudite
uczta f feast

ucztować *vi* feast

uczucie *n* feeling, sentiment; *(doznanie)* sensation; *(przywiązanie)* affection

uczuciowość *f* sensibility

uczuciowy *adj* sensitive, emotional

uczulać *vt* make sensitive; *med. fot.* sensitize

uczy|ć *vt vi* teach (kogoś sb, czegoś sth), instruct (kogoś sb, czegoś sth); ~**ć się** *vr* learn (np. angielskiego English); jak dawno ~**sz się angielskiego?** how long have you been learning English?

uczyn|ek *m* deed, act; złapać na gorącym ~**ku** catch red-handed

uczynność *f* kindness, obligingness

uczynny *adj* obliging, kind

uda|ć *zob.* udawać; robota mu się nie ~**ła** his work was not a success; ~**ł** mu się jego plan he succeeded in his plan; ~**ło** mi się to zrobić ⟨I have been successful⟩ in doing it; jego plany nie ~**ły** się all his plans have failed; ~**ło** mi się zdać egzamin I was successful in passing the examination

udar *m* stroke; *med.* apoplexy; ~ słoneczny sunstroke

udaremnić *vt* frustrate, baffle

udatny *adj* felicitous, well-turned, fine

udawać *vt* feign, pretend, assume, sham; ~ **chorobę** sham ⟨pretend⟩ sickness; ~ **się** *vr* (iść) go, proceed, resort, make one's way; *(zwrócić się)* apply (do kogoś to sb, w sprawie czegoś for sth); *(poszczęścić się)* be successful, succeed, be a success

uderzać *vt* strike, hit; attack; ~ pięścią w stół strike one's fist on the table

uderzenie *n* blow, strike; *(np. wiosłem, rakietą)* stroke; attack; za jednym ~**m** at one stroke

udo *n* thigh

udogodnić *vt* make convenient, facilitate

udogodnienie *n* convenience, facili-

tation

udoskonalić *vt* bring to perfection

udostępnić *vt* make accessible

udowodnić *vt* prove; *(wykazać)* show

udręczenie *n* vexation, distress

uduchowienie *n* spiritualization; inspiration

udusić *vt* strangle, suffocate; *(potrawę)* stew; ~ **się** *vr* be choked, become suffocated

uduszenie *n* suffocation, strangulation

udział *m* share; part; *(w przestępstwie)* complicity; *(los, dola)* lot; brać ~ take part

udziałowiec *m* partner, share-holder

udzielać *vt* give, impart, communicate; *(użyczać)* grant; ~ **nagany** reprimand; ~ **się** *vr* be imparted; spread; *(obcować)* communicate; *(o chorobie)* be contagious

udzielenie *n* communication, imparting, giving; *(pozwolenia, pożyczki itp.)* grant

udzielny *adj* independent, sovereign

ufać *vi* trust (komuś sb, in ⟨to⟩ sb), confide (komuś in sb)

ufność *f* confidence

ufny *adj* confident, *(pewny siebie)* self-confident

uganiać się *vr* run (za czymś after sth)

uginać *vt* bend, bow; ~ **się** *vr* bow down; *(np. o podłodze)* give in; *przen. (pod ciężarem)* strain

ugłaskać *vt* wheedle, coax

ugniatać *vt* knead; press; *(ziemniaki)* mash

ugoda *f* agreement

ugodowy *adj* conciliatory

ugodzić *vt* hit; *zob.* godzić

ugór *m* fallow; leżeć ugorem lie fallow

ugruntować *vt* consolidate

ugryźć *vt* bite

ugrzaźć *vi* stick

uiścić *vt* (dług) acquit, pay

ujadać *vi* bay

ujarzmić *vt* subjugate, subdue

ujawnić *vt* reveal, disclose

ująć *vt* (*objąć*) seize, grasp; (*myślą*) conceive; (*sformułować*) formulate; (*zjednać*) win, captivate; (*odjąć*) deduct, take away; ~ **się** *vr* intercede (*za kimś* in sb's cause), take (*za kimś* sb's part)

ujednostajnić *vt* make uniform, standardize

ujemny *adj* negative, unfavourable; (*bilans*) adverse, unfavourable

ujeżdżać *vt* (*konia*) break in

ujęcie *n* seizure, grasp; (*sformułowanie*) expression

ujma *f* disparagement, discredit

ujmować *vt* zob. **ująć**; *przen.* (*przynosić ujmę*) disparage

ujmujący *adj* winning, prepossessing

ujrzeć *vt* see, perceive

ujście *n* escape; (*rzeki*) mouth; *przen.* znaleźć ~ find a vent ⟨an outlet⟩

ujść zob. **uchodzić**; ~ **czyjejś u-wagi** escape sb's notice

ukamienować *vt* stone to death

ukartować *vt* concert; (*podstępnie*) plot, conspire

ukartowan|y *adj* concerted; ~a **sprawa** put-up affair

ukazywać *vt* show; ~ **się** *vr* appear, show

ukąsić *vt* bite

ukąszenie *n* bite; (*rana*) bite

układ *m* disposition; (*ułożenie*) arrangement; (*umowa*) agreement; (*plan*) scheme; (*system*) system; (*rozmieszczenie geogr., terenowe itp.*) configuration, layout; ~**y** *pl* (*pertraktacje*) negotiations; **wchodzić w** ~**y** enter into negotiations (*z kimś w sprawie czegoś* with sb for sth)

układać *vt* arrange, dispose; (*np. posadzkę*) lay; (*drzewo, siano itp.*) stack; (*porządkować*) put in order; (*pertraktować w sprawie warunków*) negotiate the terms;

(*np. tekst, opowiadanie*) compose, set down; (*planować, ustalać*) make; ~ **się** *vr* settle down; come all right; (*zgadzać się*) agree, come to an arrangement ⟨agreement⟩

układny *adj* well-mannered, polite

ukłon *m* bow; ~**y** *pl* (*pozdrowienia*) regards, respects, zob. **pokłon**

ukłonić się *vr* bow (*komuś to* sb)

ukłucie *n* prick, puncture, sting

ukłuć *vt* prick, sting

ukochać *vt* take a liking (*kogoś, coś for* sb, sth), become fond (*kogoś, coś of* sb, sth)

ukochany *adj* beloved, dear, favourite

ukoić *vt* soothe, relieve

ukojenie *n* relief, alleviation

ukończenie *n* completion; (*wyższych studiów ze stopniem*) graduation

ukończyć *vt* complete, finish; (*studia wyższe*) graduate

ukos *m* slant, obliquity; **na** ~ aslant; **patrzeć z** ~**a** look askance

ukośny *adj* oblique

ukradkiem *adv* furtively, stealthily

Ukrainiec *m* Ukrainian

ukraiński *adj* Ukrainian

ukraść *vt* steal, (*porwać*) snatch

ukręcić *vt* twist, wring

ukrop *m* boiling water

ukrócić *vt* repress, check

ukrycie *n* concealment, hiding-place

ukryty *adj* hidden; disguised; secret; obscure

ukrywać *vt* conceal, hide (**przed kimś, czymś** from sb, sth); cover; disguise; suppress; ~ **się** *vr* hide (oneself), conceal oneself; cover oneself

ukształtować *vt* shape, form

ukwiecić *vt* adorn, embellish with flowers

ul *m* beehive

ula|ć *vt* pour out; *techn.* cast, mould; *pot.* pasuje jak ~ł ⟨~ny⟩ fits to a miracle

ulatniać się *vr* evaporate, volatilize

ulatywać *vi* fly up, soar up

uleczalny *adj* curable

uleczyć *vt* cure, heal (z czegoś of sth)

ulega|ć *vi* give way, yield, succumb (komuś to sb); (*podporządkować*) submit; undergo (czemuś sth); nie ~ wątpliwości this is beyond all doubts; ~ć czyimś wpływom be influenced by sb, undergo sb's influence; ~ć pokusie yield to temptation; ~ć zepsuciu be subject to deterioration; ~ć zmianie undergo a change; ~ć zwłoce be delayed

uległość *f* submission, submissiveness

uległy *adj* submissive

ulepszać *vt* better, improve

ulepszenie *n* betterment, improvement

ulewa *f* downpour

ulewny *adj* pouring; ~ deszcz downpour

ulg|a *f* relief, ease; (*ułatwienie, zniżka*) facility; doznać ~i be relieved, feel relief; sprawić ~ę relieve, alleviate

ulgowy *adj* reduced

ulic|a *f* street; iść ~ą go down ⟨up⟩ the street; boczna ~a by--street

uliczka *f* lane; boczna ~ by-lane

ulicznica *f* streetwalker

ulicznik *m* street-boy

ulotka *f* leaflet, (*uliczna*) handbill

ulotnić się *zob.* ulatniać się

ulotny *adj* (*zmienny*) volatile; (*przemijający*) passing, transitory

ultimatum *n* ultimatum; postawić ~ deliver an ultimatum

ultrafioletowy *adj* ultraviolet

ultramaryna *f* ultramarine

ulubieniec *m* favourite; darling

ulubiony *adj* favourite, beloved

ulży|ć *vi* relieve (komuś sb); (*zła-*

godzić *np. ból*) alleviate; ~ć sumieniu ease sb's conscience; *pot.* ~ło mi I'm feeling relieved, I felt relieved

ułamać *vt* break off

ułamek *m* fragment; *mat.* fraction

ułamkowy *adj* fragmentary; *mat.* fractional

ułan *m hist.* uhlan

ułaskawić *vt* pardon

ułaskawienie *n* pardon

ułatwić *vt* facilitate, make easier

ułatwienie *n* facilitation

ułomność *f* infirmity, disability

ułożenie *n* arrangement, composition; (*dobre wychowanie*) good manners *pl*

ułożony *pp* composed; *adj* well--mannered

ułożyć *vt* arrange, put in order; *zob.* układać

ułuda *f* illusion, delusion

ułudny *adj* illusive, delusive

umacniać *vt* fortify, strengthen; (*utrwalać*) strenghten; ~ się *vr* consolidate; ~ się w przekonaniu be confirmed

umarły *adj i sm* deceased, dead

umartwiać *vt* mortify

umartwienie *n* mortification

umawiać się *vr* make an arrangement ⟨an appointment⟩; agree (co do czegoś on ⟨upon⟩ sth); ~ z kimś arrange with sb (co do czegoś about sth); ~ co do dnia fix the day; ~ co do spotkania make a date; ~ o cenę settle the price

umeblowanie *n* furniture

umiar *m* moderation

umiarkowanie *n* moderation; (*wstrzemięźliwość*) temperance

umiarkowany *adj* moderate; (*wstrzemięźliwy*) temperate; (*o cenach*) reasonable

umie|ć *vt vi* know, be able, ~m czytać i pisać I know how to read and write; czy ~sz czytać? can you read?; czy ~sz po angielsku? do you speak English?;

czy ~sz to na pamięć? do you know it by heart?

umiejętność *f* science; (*zdolność, wprawa*) skill

umiejscowić *vt* locate, localize

umiejscowienie *n* localization

umierać *vi* die (z choroby, głodu of an illness, of starvation; od rany of a wound); ~ śmiercią naturalną die a natural death; *przen.* ~ ze strachu (ciekawości) die of fear (curiosity)

umieszczać *vt* place, locate, put; (*np. ogłoszenie*) put up, set up; (*w gazecie*) insert

umilać *vt* render agreeable, make pleasant

umiłować *vt* become fond (coś of sth)

umiłowany *adj* beloved, favourite

umizgać się *vr* (*zalecać się*) court, woo (do kogoś sb); (*przymilać się*) blandish, wheedle (do kogoś sb)

umizgi *s pl* (*zaloty*) courtship, wooing; (*przymilanie się*) blandishment(s)

umknąć *vi* escape

umniejszać *vt* diminish, lessen

umocnić *vt* zob. umacniać

umocnienie *n* fixing, consolidation; *pl* ~a *wojsk.* fortifications, fieldworks

umocować *vt* fasten, fix

umoralnić *vt* render moral, moralize

umorzenie *n* sinking, amortization

umorzyć *vt* sink, amortize

umowa *f* agreement, contract; convention

umowny *adj* conventional

umożliwiać *vt* enable; make possible

umówić się zob. umawiać się

umundurować *vt* put in uniform

umundurowanie *n* supply of uniforms; dressing in uniforms; uniforms *pl* (of soldiers etc.)

umycie *n* washing

umyć *vt* wash; ~ się *vr* wash, (*dokładnie*) wash oneself

umykać *vi* escape; fly away, flit (away)

umys|ł *m* mind; przytomność ~słu presence of mind; zdrowy na ~śle of sound mind

umysłowość *f* mentality

umysłowy *adj* mental, intellectual; **pracownik** ~ intellectual worker

umyślnie *adv* on purpose, intentionally

umyślny *adj* intentional; (*specjalny*) special, express

umywalka *f*, **umywalnia** *f* wash-basin, *am.* wash-bowl

unaocznić *vt* demonstrate, make evident

unarodowić *vt* nationalize

unarodowienie *n* nationalization

uncja *f* ounce

unia *f* union

unicestwić *vt* annihilate

uniemożliwić *vt* make impossible

unieruchomić *vt* immobilize

uniesienie *n* (*gniew*) burst of passion, fit of anger; (*zachwyt*) enchantment, ecstasy

unieszczęśliwić *vt* make unhappy

unieszkodliwić *vt* render harmless

unieść *vt* lift, carry up (away); ~ się *vr* (*w górę*) soar up; (*zachwycić się*) become enraptured; ~ się gniewem fly into a passion

unieważnić *vt* annul, nullify, invalidate

unieważnienie *n* annulment, nullification, invalidation

uniewinnić *vt* acquit (kogoś od czegoś sb of sth), (*uwolnić*) exonerate (kogoś od czegoś sb from sth)

uniezależnić *vt* make independent; ~ się *vr* become independent (od kogoś, czegoś of sb, sth)

unifikacja *f* unification

uniform *m* uniform

unikać *vi* avoid (kogoś, czegoś sb, sth); (*stronić*) steer clear (kogoś, czegoś of sb, sth), shun

unikat *m* unique thing

uniwersalny *adj* universal
uniwersytet *m* university
uniżoność *f* humbleness
uniżony *adj* humble
uniżyć *vt*, ~ **się** *vr* humble, humiliate
unosić *vt* zob. unieść; ~ **się** *vr* (o ciężarze) heave; (np. na falach) float; (wisieć w powietrzu) hover
uodpornić *vt* make proof, immunize
uogólnić *vt* generalize
uosabiać *vt* impersonate, personify
uosobienie *n* impersonation, personification
upadać *vi* fall down, drop; ~ **na duchu** be disheartened; ~ **na kolana** drop on one's knees
upadek *m* fall
upadłość *f* bankruptcy
upadł|y *adj* fallen; *handl.* bankrupt; **do** ~**ego** to the utmost, *pot.* right to the bitter end; **pracować do** ~**ego** work oneself to death
upajać zob. **upoić**
upalny *adj* burning, torrid
upał *m* heat
upamiętnić *vt* render memorable
upaństwowić *vt* nationalize
uparty *adj* obstinate, stubborn
upaść zob. **upadać**
upatrywać *vt* watch for, track (kogoś, coś sb, sth); be on the look--out (czegoś, coś for sth); ~ **sposobności** watch for one's opportunity; ~ **sobie następcę** single out a successor
upełnomocnić *vt* empower, authorize
upełnomocnienie *n* power of attorney
upewnić *vt* assure, make sure (o czymś of sth); ~ **się** *vr* make sure (o czymś of sth)
upić się *vr* get drunk
upierać się *vr* persist (przy czymś in sth)
upiększenie *n* embellishment, decoration

upiększyć *vt* embellish
upiorny *adj* ghostly, ghostlike
upiór *m* ghost
upływ *m* flow, discharge, flux; ~ **czasu** lapse of time; ~ **krwi** loss of blood
upływać *vi* flow away; (o czasie) pass, elapse; (o terminie) expire, elapse
upodobanie *n* liking (do czegoś for sth)
upodobnić *vt*, ~ **się** *vr* assimilate, conform
upoić *vt* make drunk; intoxicate; inebriate; ~ **się** *vr* przen. (zachwycić się) enravish, enrapture
upojenie *n* intoxication; *przen.* (zachwyt) ravishment, rapture
upokorzenie *n* humiliation
upokorzyć *vt* humiliate, humble; ~ **się** *vr* humiliate oneself
upominać *vt* admonish, reprimand, scold; ~ **się** *vr* claim (o coś sth)
upominek *m* souvenir, keepsake
upomnienie *n* admonition, warning
uporać się *vr* get through (z czymś with sth)
uporczywość *f* obstinacy
uporczywy *adj* obstinate, stubborn
uporządkować *vt* order, put in order, adjust; (np. ubranie, pokój) tidy up
uposażenie *n* endowment; (pobory) salary, pay
uposażyć *vt* endow
upośledzenie *n* (fizyczne) debility; (umysłowe) feeble-mindedness, mental handicap, debility
upośledzić *vt* wrong (by nature), debilitate
upośledzony *adj* debilitated; (umysłowo) mentally handicapped
upoważnić *vt* authorize, empower
upoważnienie *n* authorization
upowszechniać *vt* diffuse, generalize, bring into general use
upowszechnienie *n* diffusion
upór *m* obstinacy
upragniony *adj* desired

upraszać *vt* request
upraszczać *vt* simplify
uprawa *f (np. roli, zbóż itp.)* cultivation; *(pszczół, jedwabników, bakterii)* culture
uprawiać *vt* cultivate; grow; *(gimnastykę, sporty itp.)* practise, exercise; *(praktykę lekarską itp.)* profess
uprawniać *vt* legalize; entitle, authorize
uprawnienie *n* right, title; authorization
uprawniony *pp i adj* entitled, authoritative
uprawny *adj* cultivable
uprawomocnić *vt* legalize; ~ się *vr* come into force, *prawn.* become valid
uprosić *vt* obtain by entreaty; *(kogoś)* move by entreaty; *zob.* upraszać
uprościć *vt* simplify
uprowadzenie *n* ravishment, abduction
uprowadzić *vt* carry off; *(porwać)* ravish, abduct; *(dziecko)* kidnap
uprzątać *vt* remove; *(pokój)* tidy up
uprząż *f* harness
uprzedni *adj* previous
uprzedzający *adj (ujmujący)* prepossessing; *(uprzedzająco grzeczny)* obliging, complaisant
uprzedzenie *n (np. faktu, pytania)* anticipation; *(niechęć)* prejudice; *(ostrzeżenie)* warning
uprzedzić *vt (poprzedzić)* precede, come before; *(np. fakt, pytanie)* anticipate; *(zapobiec)* avert, prevent; *(ostrzec)* warn; *(ujemnie zainspirować)* prejudice; *(życzliwie usposobić)* prepossess; ~ się *vr* become predisposed, become prejudiced
uprzejmość *f* kindness; przez ~ by courtesy; prosić o ~ ask a favour *(kogoś* of sb)
uprzejmy *adj* kind, obliging; bądź tak ~ i pomóż mi be so kind as to help me

uprzemysłowić *vt* industrialize
uprzemysłowienie *n* industrialization
uprzykrzyć *vt* make unpleasant, render annoying; ~ komuś życie make life unbearable for sb; ~ się *vr* be fed up
uprzystępnić *vt* render accessible; facilitate
uprzytomnić *vt* bring home (komuś coś sth to sb); ~ sobie realize *(coś* sth)
uprzywilejować *vt* privilege
upust *m* letting off, outlet; vent; *(krwi)* bloodletting; *(wody)* drain, drainage, floodgate; dać ~ give vent *(czemuś* to sth)
upuścić *vt* drop, let fall
upychać *vt* stuff, pack
urabiać *vt* form, fashion; *(np. glinę, ciasto)* knead, work
uraczyć *vt* treat *(czymś* to sth)
uradować *vt* make glad, gladden; ~ się *vr* become glad *(czymś* at ⟨of⟩ sth)
uradowany *adj* glad, delighted
uradzić *vt* agree, decide
uran *m chem.* uranium
uratować *vt* save, rescue
uraz *m (fizyczny)* hurt, injury; *(moralny)* shock; *med.* complex
uraza *f* resentment, grudge
urazić *vt* hurt, injure, offend
urągać *vi* deride *(komuś* sb), scorn *(komuś* sb)

urągowisko *n* derision, scorn
urlop *m* leave (of absence); ~ macierzyński maternity leave; ~ zdrowotny sick leave; ubiegać się o ~ apply for leave; na ~ie on leave
urna *f* urn
uroczy *adj* charming
uroczystość *f* solemnity, festivity
uroczysty *adj* solemn, festive
uroda *f* beauty, good looks *pl*
urodzaj *m* abundance (of crops), good harvest
urodzajność *f* fertility
urodzajny *adj* fertile

urodzeni|e n birth; z ~a by birth

urodzi|ć vt beget, bear; ~ć się vr be born; ~łem się w r. 1925 I was born in 1925

urodziny s pl birthday

uroić vt, ~ coś sobie imagine, take sth into one's head

urojenie n fancy

urojon|y adj imaginary; mat. liczba ~a abstract number

urok m charm, fascination

uronić vt shed, drop, let fall

urozmaiceni|e n variety, diversity; dla ~a for variety's sake

urozmaicić vt vary, diversify

urozmaicony adj varied, variegated

uruchomić vt put in motion, set going, start

urwa|ć vt tear off, pluck, pull off; (np. rozmowę) break (off), pot. snap; ~ć się vr tear away, rush off; (np. rozmowę) break (away); ~ł się guzik the button has come off

urwis m urchin

urwisko n precipice

urwisty adj precipitous, abrupt

urywek m fragment

urywkowy adj fragmentary

urząd m office, charge, function; piastować ~ hold office; objąć ~ come into office; z urzędu ex officio

urządzać vt arrange; organize; install; set up; ~ się vr make one's arrangements; set oneself up

urządzenie n arrangement; organization; installation; appliance, establishment; (umeblowanie) furniture

urzec vt bewitch, enchant

urzeczenie n bewitchment, enchantment

urzeczywistnić vt realize, make real; ~ się vr (o śnie) come true

urzędnik m official, (niższy) clerk, (państwowy) civil servant

urzędować vi be on duty, work

urzędowani|e n office work; godziny ~a office hours; koniec ~a closing time

urzędowy adj official

usadowić vt place, settle; ~ się vr (np. w fotelu) make oneself comfortable; (osiąść) settle down, establish oneself

usamodzielnić vt render independent; ~ się vr become independent

uschły adj dry, dried, withered

uschnąć vi dry, wither

usiąść vi sit down, take a seat; (o ptaku) perch

usidlać vt ensnare

usilny adj strenuous, intense

usiłować vi vt make efforts, endeavour, attempt

usiłowanie n endeavour, attempt

uskrzydlić vt wing

uskutecznić vt effect, bring about

usłuchać vt obey; ~ czyjejś rady follow sb's advice

usług|a f service, favour; oddać ~ę do a service; do twoich ~ at your service

usługiwać vi serve; wait (komuś on sb, przy stole at table)

usłużność f complaisance

usłużny adj complaisant

usłużyć vi do a service; zob. usługiwać

usnąć vi fall asleep, get to sleep

uspokoić vt quiet, quiten, appease, calm; ~ się vr become quiet; calm down, ease oneself

uspokojenie n tranquillization, appeasement (zw. polit.)

uspołecznić vt socialize

uspołecznienie n socialization

usposobić vt dispose

usposobienie n temper, disposition

usprawiedliwić vt justify; give reasons (coś for sth), excuse; ~ się vr excuse oneself; apologize (z powodu czegoś for sth, przed kimś to sb)

usprawiedliwienie n justification; excuse (za coś for sth); apology

usprawnić vt render more efficient, rationalize

usprawnienie *n* rendering more efficient, rationalization

usta *s pl* mouth

ustalać *zob.* ustalić

ustalenie *n* settlement, consolidation, stabilization

ustalić *vt* settle; (*ustanowić*) establish, consolidate; stabilize; (*utwierdzić, naznaczyć np. termin*) fix; (*np. zasadę*) lay down

ustanawiać *vt* constitute; enact; fix, establish; ~ **rekord** set up a record

ustanowienie *n* constitution; enaction, establishment

ustatkować się *vr* settle down

ustawa *f* law

ustawać *vi* cease, stop; (*być zmęczonym*) weary

ustawiać *vt* set, arrange, place, dispose; ~ **się** *vr* range ⟨place⟩ oneself

ustawiczny *adj* incessant, unceasing

ustawodawca *m* legislator

ustawodawcz|y *adj* legislative; **ciało** ~**e** legislature

ustawodawstwo *n* legislation

ustawowy *adj* legal

usterka *f* fault, blemish, defect

ustęp *m* (*w książce*) paragraph, section; (*klozet*) lavatory

ustępliwy *adj* yielding

ustępować *vi* cede, give way, yield; (*obniżyć cenę*) lower

ustępstwo *n* concession

ustnie *adv* by word of mouth, orally

ustnik *m* mouthpiece

ustny *adj* oral, verbal

ustosunkować się *vr* take an attitude (**do kogoś, czegoś** towards sb, sth)

ustosunkowany *adj* having relations, well-connected

ustronie *n* recess, solitude

ustronny *adj* secluded, retired

ustrój *m* structure, constitution; organization; (*system rządzenia*) policy

ustrzec *vt* preserve, guard (**od czegoś** from sth); ~ **się** *vr* guard (**przed czymś** against sth), avoid (**przed czymś** sth)

usunięcie *n* removal; (*dymisja*) dismissal

usuwać *vt* remove; dismiss; ~ **się** *vr* withdraw

usychać *vi* wither, dry, become dry

usypać *vt* pour out; (*wznieść*) raise, heap up

usypiać *vi* fall asleep; *vt* lull to sleep; *zob.* uśpić

usypiający *adj* soporific

uszanować *vt* respect

uszanowani|e *n* respect; **składać** ~**e** pay one's respects; **przesyłać wyrazy** ~**a** send one's respects; **proszę złożyć mu ode mnie wyrazy** ~**a** please give him my respects

uszczelka *f* packing; (*np. w kranie*) washer

uszczerb|ek *m* detriment; **z** ~**kiem dla kogoś** to the detriment of sb

uszczęśliwić *vt* make happy

uszczknąć *vt* pluck; pick (up)

uszczuplić *vt* curtail, cut short

uszczypliwość *f* mordacity, causticity

uszczypliwy *adj* mordacious

uszko *n* ear; (*igły*) eye

uszkodzenie *n* damage, impairment

uszkodzić *vt* damage, impair

uszlachetnić *vt* ennoble; refine

uścisk *m* embrace; grasp; ~ **dłoni** handshake

uścisnąć *vt* embrace; grasp; ~ **ręce** shake hands (**komuś** with sb)

uśmiać się *vr* have a good many laughs (**z czegoś** over sth)

uśmiech *m* smile; **radosny** ~ beam; **szyderczy** ~ sneer

uśmiech|ać się *vr* smile (**do kogoś** on ⟨at⟩ sb); **szczęście** ~**nęło się do mnie** fortune has smiled on me

uśmiercić *vt* kill, put to death

uśmierzyć *vt* appease, alleviate; calm; (*bunt*) suppress

uśpić *vt* lull to sleep; make drowsy; (*sztucznie*) narcotize, put to sleep

uświadomić *vt* enlighten, instruct, initiate; bring home (*kogoś* to sb); ~ sobie niebezpieczeństwo realize the danger

uświadomienie *n* enlightening, instruction, initiation; ~ klasowe class consciousness; ~ sobie czegoś realization ⟨awareness⟩ of sth

uświetnić *vt* illuminate, give splendour

uświęca|ć *vt* hallow, sanctify; (*przysłowie*) cel ~ środki the end justifies the means

utajon|y *adj* latent, secret; *fiz.* ciepło ~e latent heat

utalentowany *adj* talented, gifted

utarczka *f* skirmish, (*słowna*) squabble

utargować *vt* gain; make, realize

utarty *adj common*, well-worn; *zob.* ucierać

utensylia *s pl* utensils

utknąć *vi* stick, become fixed; (*o rozmowie*) break down; *przen.* ~ na martwym punkcie come to a standstill

utlenić *vt* oxidize

utlenienie *n* oxidation

utonąć *vi* be drowned; (*np. o statku*) sink

utonięcie *n* drowning; sinking

utopia *f* Utopia

utopić *vt* drown, sink; ~ się *vr* be drowned

utopijny *adj* Utopian

utożsamiać *vt* identify

utożsamienie *n* identification

utracjusz *m* spendthrift

utrapienie *n* worry, affliction

utrata *f* loss

utrudnić *vt* make difficult, impede

utrudnienie *n* difficulty, impediment

utrwalić *vt* consolidate, fix, stabilize; *techn. fot.* fix; ~ się *vr*

become fixed ⟨consolidated⟩

utrzeć *zob.* ucierać; *pot.* ~ nosa snub (*komuś* sb)

utrzymani|e *n* maintenance, livelihood, living; mieszkanie i ~e room and board; środki ~a cost of living; zarabiać na ~e earn one's living

utrzymywać *vt vi* keep; (*stosunki*) maintain; hold; (*np. korespondencję*) keep up, entertain; (*twierdzić, podtrzymywać*) maintain; ~ na wodzy restrain; ~ się *vr* maintain oneself; (*trzymać się mocno*) keep steady, hold one's own; ~ się z pracy umysłowej live by intellectual work

utulić *vt* hug, (*uspokoić*) appease

utwierdzić *vt* confirm, consolidate, fix

utwór *m* work, composition; *muz.* tune

utyć *vi* put on (weight)

utykać *vi* limp; *vt* fill

utylitarny *adj* utilitarian

utylitaryzm *m* utilitarianism

utyskiwać *vi* complain (na coś of sth)

uwag|a *f* attention; observation; remark; brać pod ~ę take into consideration; zwracać ~ę pay attention (na coś to sth), mind (na coś sth); nie zwracać ~i take no notice (na coś of sth); z ~i na coś considering sth; ~a winda! mind the lift!

uważa|ć *vt vi* pay attention (na coś to sth), be attentive; regard, count (za coś as sth); mind (na coś of sth); take care (na coś of sth); see; think; reckon; ~m za właściwe I think it proper; ~m to za dobry film I think it is a good film; ~ go się za najlepszego ucznia he is reckoned to be the best pupil

uważny *adj* attentive

uwiąd *m biol.* marasmus,. decrepitude

uwiązać *vt* bind, attach

uwidocznić vt make evident, make clear, render conspicuous, exhibit, manifest

uwiecznić vt immortalize

uwiedzenie n seduction

uwielbiać vt adore, worship

uwielbienie n adoration, worship

uwieńczyć vt crown

uwierać vt (o bucie) pinch

uwierzyć vt believe

uwierzytelniający adj, list .~y letter of credence; listy ~e credentials pl

uwierzytelnić vt legalize

uwiesić vt, ~ się vr hang on

uwijać się vr busy oneself, bustle (dookoła czegoś about sth)

uwikłać vt involve

uwłaczać vt defame (komuś sb); derogate (czemuś from sth)

uwłaszczać vt enfranchise; bestow property (kogoś on ⟨upon⟩ sb)

uwłaszczenie n enfranchisement

uwodziciel m seducer

uwodzić vt seduce

uwolnić vt set free (kogoś sb, od czegoś from ⟨of⟩ sth), set at liberty; deliver (kogoś sb, od czegoś from sth), release

uwolnienie n liberation, deliverance, release; prawn. acquittal

uwydatnić vt bring into prominence; enhance, set off

uwypuklić vt bring into relief, set off

uwzględnić vt take into consideration

uwziąć się vr set one's mind (na coś on ⟨upon⟩ sth), pot. become crazy (na coś about sth)

uzależnić vt make dependent (od kogoś, czegoś on ⟨upon⟩ sb, sth)

uzasadnić vt substantiate, justify; give reasons (coś for sth)

uzasadnienie n substantiation, justification; na ~ in support (czegoś of sth)

uzbrajać vt, ~ się vr arm

uzbrojenie n armament, arming, arms pl

uzda f bridle

uzdolnić vt enable

uzdolnienie n gift, talent, ability, capability

uzdolniony adj gifted, talented, able, capable

uzdrawiać vt heal, cure, restore to health; przen. (np. finanse) put on a healthy basis

uzdrowienie n cure, restoration (to health)

uzdrowisko n health-resort; spa

uzębienie n anat. dentition; techn. toothing

uzgadniać vt square, agree; (zharmonizować) adjust

uziemiać vt elektr. ground, earth

uziemienie n elektr. ground, earth

uzmysłowić vt demonstrate, make clear, objectify; ~ sobie realize

uznanie n acknowledgement, regard, appreciation, recognition; do twego ~a at your discretion; możesz postąpić według własnego ~a you may use your own discretion; zasługujący na ~e worthy of acknowledgment, praiseworthy; z ~em appreciatively

uznawać vt acknowledge, recognize, appreciate; (potwierdzać) admit; (uważać za) find

uzupełniający adj supplementary

uzupełnić vt supplement, complete

uzupełnienie n supplement, completion

uzurpator m usurper

uzurpować vt usurp

uzwojenie n techn. winding

uzyskać vt gain, win, obtain

użądlić vt sting

użerać się vr pot. bicker (o coś about sth)

użycie n use; (np. życia) enjoyment; przepis ~a directions for use; wyjść z ~a go out of use, fall into disuse; w codziennym ~u in daily use

użyczać vt grant, lend

użyć vt use; ~ sobie enjoy (czegoś sth), indulge (czegoś in sth)

użyteczność f utility

użyteczny adj useful

użytek m use

użytkować *vt* use, utilize
używać *vt* use; (*np. życia*) enjoy; (*np. siły*) exert
używalność *f* utilization, use

używalny *adj* utilizable
używany *adj* used; (*nie nowy*) second-hand
użyźniać *vt* fertilize

W

w, we *praep* in, into, at, by, for, on; w Anglii in England; w ogrodzie in the garden; w domu at home; w Krakowie in Cracow; w dzień by day; w środę on Wednesday; grać w karty, w szachy, w piłkę nożną itd. play cards, chess, football etc.; wpaść w długi get into debts
wabić *vt* decoy, allure, lure
wabik *m* decoy, allurement
wachlarz *m* fan; *przen.* (*np. spraw, zagadnień*) gamut
wachlować *vt* fan; ~ się *vr* fan (oneself)
wachmistrz *m wojsk.* sergeant-major (of cavalry)
wada *f* fault
wadliwy *adj* faulty
wafel *m* wafer
waga|a *f* weight; *przen.* importance; (*przyrząd*) balance, pair of scales; na ~ę by weight; *sport* ~a musza fly weight; ~a kogucia bantam-weight; ~a piórkowa feather-weight; ~a lekka light-weight; ~a lekkopółśrednia half-welter-weight; ~a lekkośrednia half-middle-weight; ~a średnia middle-weight; ~a półciężka half-heavy-weight; ~a ciężka heavy-weight; *przen.* przykładać ~ę set store (do czegoś by sth)
wagary *s pl pot.* truancy; iść na ~ play hookey
wagon *m* (*kolejowy*) carriage, *am.* car; wagon, coach; (*towarowy*) truck
wahać się *vr* hesitate, waver; *pot.* hang back; (*chwiać się*) shake,

totter; (*o cenach, kursach*) fluctuate; *fiz.* oscillate
wahadło *n* pendulum
wahanie *n* hesitation; (*cen, kursów*) fluctuation
wakacje *s pl* holiday(s), vacation
walać *vt* soil; ~ się *vr* soil; (*tarzać się*) roll, wallow
walc *m* waltz
walcować *vi* waltz; *vt* roll, (*metal*) flatten
walcownia *f* rolling-mill; ~ blach plating shop
walczący *adj* combatant
walczyć *vi* fight, struggle (o coś for sth)
walec *m* cylinder; (*drogowy*) roller
waleczność *f* valour
waleczny *adj* valiant, brave
walet *m* (*w kartach*) knave, jack
walić *vt* (*burzyć*) demolish, pull down, break down; (*uderzać*) strike; pound; ~ się *vr* tumble down; (*rozpadać się*) decay, crash down
Walijczyk *m* Welshman
walijski *adj* Welsh
walizka *f* case, suitcase
walka *f* struggle, fight
walny *adj* general, plenary, complete
walor *m* value
walut|a *f* currency; ~a złota gold-standard; przepisy ~owe currency regulations
wał *m* embankment, rampart; *techn.* shaft
wał|ek *m* roller; *techn.* shaft; ~ do ciasta rolling-pin

wchodzić

wałęsać się *vr* roam, vagabondize

wampir *m* vampire; *zool.* vampire-bat

wandal *m* vandal

wandalizm *m* vandalism

wanienka *f* bathing-tub

wanna *f* bathtub

wapień *m* limestone

wapno *n* lime; ~ lasowane slaked lime; ~ niegaszone quick lime; ~ do bielenia whiting

wapń *m chem.* calcium

warcaby *pl* draughts

warchoł *m* troubler, troublemaker

warczeć *vi* growl

warga *f* lip; ~ dolna ⟨górna⟩ lower ⟨upper⟩ lip

wargowy *adj* labial

wariacja *f* variation; (*szaleństwo*) madness

wariacki *adj* mad, crazy, insane

wariant *m* variant

wariat *m* lunatic; szpital dla ~ów lunatic asylum

wariować *vi* be ⟨go⟩ mad

warkocz *m* braid, tress

warownia *f* fortress

warowny *adj* fortified

warstwa *f* layer, stratum

warszawianin *m* Varsovian

warsztat *m* workshop, (*tkacki*) loom

wart *adj* worth; nie ~e zachodu it is not worth the trouble

war|ta *f* guard; stać na ~cie stand guard; stanąć na ~cie, zaciągnąć ~tę mount guard

wartki *adj* rapid

warto *v impers* it is worth; nie ~ tego czytać it's not worth reading

wartościow|y *adj* valuable; papiery ~e securities; człowiek ~y man of great worth

wartość *f* value, worth; ~ dodatkowa surplus value; ~ ujemna negative value; to ma małą ~ it's of little value

warun|ek *m* condition, term; pod ~kiem on condition

warunkowy *adj* conditional

warzelnia *f* (*soli*) salt-works

warzywa *s pl* greens, vegetables

warzywny *adj*, ogród ~ kitchen-garden

wasal *m* vassal

wasz *pron* your, yours

waśń *f* quarrel, strife

wata *f* cotton-wool

watować *vt* wad

wawrzyn *m* laurel

waza *f* vase

wazelina *f* vaseline

wazon *m* flower-pot

ważka *f zool.* dragon-fly

ważki *adj* weighty

ważność *f* importance; *prawn.* validity

ważny *adj* important; *prawn.* valid; (*ważki*) weighty

ważyć *vt vi* (*odważać*) weigh; (*śmieć*) dare; ~ się *vr* dare

wąchać *vt* smell, sniff

wąs *m* (*zw. pl* ~y) moustache

wąski *adj* narrow

wąskotorow|y *adj* narrow-gauged; kolej ~a narrow-gauge railway

wątek *m techn.* woof; *przen.* matter, motif

wątły *adj* frail

wątpić *vi* doubt (w coś sth, about ⟨of⟩ sth)

wątpliwość *f* doubt

wątpliwy *adj* doubtful

wątroba *f anat.* liver

wąwóz *m* ravine, gorge

wąż *m* snake; (*gumowy*) hose, (*pożarniczy*) firehose

wbiec *vi* run in ⟨into⟩

wbijać *vt* drive in

wbrew *praep* in spite of

w bród *adv* in abundance; zob. bród

wcale *adv* quite, fairly; ~ nie not at all

wchłaniać *vt* absorb

wchodzić *vi* go ⟨come⟩ in, enter; ~ na górę go up; *przen.* ~ komuś w drogę cross sb's way; ~ w czyjeś położenie realize sb's position; ~ w grę come into play; ~ w posiadanie czegoś gain possession of sth

wciągać *vt* draw in

wciąż *adv* continually

wcielać *vt* incarnate, embody; (*włączać*) incorporate; (*do szeregów*) enlist

wcielenie *n* incarnation; (*włączenie*) incorporation; *wojsk.* enlistment

wcielony *adj* incarnate; *pp* (*włączony*) incorporated; *wojsk.* enlisted; diabeł ~ devil incarnate

wcierać *vt* rub in ⟨into⟩; *med.* embrocate

wcieranie *n* rubbing in; *med.* embrocation

wcięcie *n* incision, notch

wcinać *vt* incise

wciskać *vt* press in; notch

wczasowicz *m* holiday-maker

wczasy *s pl* holiday

wczesny *adj* early

wcześnie *adv* early

wczoraj *adv* yesterday; ~ wieczorem last night

wdawać się *vr* meddle (w coś with sth), interfere

wdowa *f* widow

wdowiec *m* widower

wdrapać się *vr* climb up (na coś sth); (z trudem) clamber up

wdrażać *vt* inculcate (jakieś pojęcie komuś an idea on sb); implant; *prawn.* start; ~ kroki (sądowe) take steps; ~ się *vr* get implanted

wdychać *vt* inhale

wdzierać się *vr* break into; (na górę) clamber up

wdziewać *vt* put in

wdzięczność *f* gratitude; (uznanie) appreciation

wdzięczny *adj* grateful; (powabny) graceful; być ~m feel grateful (za coś for sth), appreciate (za coś sth)

wdzięk *m* grace

według *praep* after, by, according to

wegetacja *f* vegetation; *przen.*

hand-to-mouth existence

wegetować *vi* vegetate; *przen.* keep body and soul together

wejrzeć *vi* glance in; *przen.* investigate

wejrzenie *n* glance; na pierwsze ~ at first sight

wejście *n* entrance

wejść *vi* enter, go ⟨come⟩ in; ~ w modę ⟨w użycie⟩ come into fashion ⟨into use⟩; (o ustawie) ~ w życie come into force

weksel *m fin.* bill (of exchange)

welon *m* veil

wełna *f* wool

wełniany *adj* woolly

wentyl *m* air-regulator; vent; (w instrumencie) valve

wentylacja *f* ventilation

wentylator *m* ventilator

wentylować *vt* ventilate

weranda *f* porch, verandah

werbel *m* drum, drum-call

werbować *vt*, ~ się *vr* enrol, enlist

werbunek *m* enrollment

werniks *m* varnish

werniksować *vt* varnish

wersja *f* version

wertować *vt* (książkę) thumb

werwa *f* verve

weryfikacja *f* verification

weryfikować *vt* verify

wesele *n* wedding

weselić się *vr* make merry

wesołek *m* jester, wag

wesołość *f* merriment, gaiety

wesoły *adj* merry, gay

westchnąć *vi* sigh; ciężko ~ heave a sigh

westchnienie *n* sigh

wesz *f* louse

wet *m w zwrocie:* ~ za ~ tit for tat

weteran *m* veteran

weterynarz *m* veterinary surgeon

wetknąć *vt* stick, thrust; (do ręki) slip

weto *n* veto; założyć ~ veto (przeciwko czemuś sth)

wewnątrz *praep* i *adv* in, inside, within

wewnętrzn|y *adj* inside, internal, inward, inner; sprawy ~e home affairs

wezbrać zob. **wzbierać**

wezwać zob. **wzywać**

wezwanie *n* call; (sądowe) summons

węch *m* smell, smelling

wędk|a *f* fishing-rod; łowić na ~ę angle (na coś for sth); fish

wędkarz *m* angler

wędlin|a *f* (zw. pl ~y) pork-meat article(s)

wędliniarnia *f* pork-butcher's shop, ham and sausage shop

wędrować *vi* wander, stroll

wędrowiec *m* wanderer

wędrowny *adj* wandering; (o ptakach) migratory

wędrówka *f* wandering, migration

wędzić *vt* smoke; cure

wędzidło *n* bit

wędzonka *f* cured bacon

węgiel *m* coal; *chem.* carbon; ~ kamienny hard coal

węgielny *adj*, kamień ~ corner-stone

węgieł *m* corner

Węgier *m* Hungarian

węgierski *adj* Hungarian

węglan *m chem.* carbonate

węglarz *m* coalman, coal-dealer

węglowodan *m chem.* carbohydrate

węglowodór *m chem.* hydrocarbon

węglow|y *adj* coal *attr*, *chem.* carbon *attr*; pole ~e coal-field; zagłębie ~e coal basin

węgorz *m zool.* eel

węszyć *vt* scent

węzeł *m* knot, tie; *mors.* knot; (kolejowy) junction

węzłow|y *adj*, punkt ~y point of junction; stacja ~a junction

wgląd *m* inspection, insight

wglądać *vi* look into, inspect

wgryzać się *vr* eat into; *przen.* penetrate (w coś through ⟨into⟩ sth)

wiać *vi* blow; (ziarna) winnow

wiadomo *v impers* it is known; nic nie ~ there is no knowing; o ile mi ~ for all I know

wiadomoś|ć *f* news, a piece of information; *pl* ~ci information *zbior.*; dobra ~ć a piece of good news

wiadomy *adj* known

wiadro *n* pail, bucket

wiadukt *m* viaduct

wianek *m* wreath

wiara *f* faith, creed, belief

wiarogodność *f* credibility; authenticity

wiarogodny *adj* credible; authentic

wiarołomność *f* faithlessness, perfidy

wiarołomny *adj* faithless, perfidious

wiatr *m* wind; ~em podszyty thinly lined; rzucać słowa na ~ speak idly; *pot.* szukać ~u w polu run a wild-goose chase

wiatrak *m* windmill

wiąz *m bot.* elm

wiązać *vt* bind, tie; *chem.* combine; ~ ręce pinion

wiązadło *n* band, link; *anat.* ligament; ~a głosowe vocal chords

wiązanie *n* bond, (domu) framing

wiązanka *f* burch, nosegay

wiązka *f* bundle

wibracja *f* vibration

wibrować *vi* vibrate

wice *praef* vice-, deputy-

wiceadmirał *m* vice-admiral

wiceburmistrz *m* deputy-mayor

wiceprezydent *m* vice-president

wicher *m* wind-storm

wichrzyciel *m* troubler, trouble-maker

wichrzyć *vi* trouble, foment trouble

wić *vt* wreathe, twine, writhe

widelec *m* fork

widły *s pl* pitchfork

widmo *n* spectre; *fiz.* spectrum

widmowy *adj* spectral

widnieć *vi* appear, loom, become visible

widno adv, jest ~ it is light
widnokrąg m horizon
widny adj visible, clear
widocznie adv apparently
widoczność f visibility
widoczny adj visible
widok m view, sight, prospect; mieć na ~u have in view
widokówka f (picture-)postcard
widowisko n spectacle
widownia f the house; (publiczność) audience; (teren) scene
widywać vt see (frequently etc.)
widz m spectator, onlooker
widzeni|e n sight, view; vision; do ~a good-bye; punkt ~a point of view
widziadło n apparition, spectre
widzialność f visibility
widzialny adj visible
widzieć vt see; ~ się vr see (z kimś sb)

wiec m meeting
wiecha f wisp, bunch of straw
wiecheć m rag, wisp of straw
wieczerza f supper
wieczność f eternity
wieczny adj eternal
wieczorek m evening-party
wiecz|ór m evening; ~orem in the evening
wieczysty adj perpetual, eternal
wiedza f knowledge, learning
wiedzieć vt vi know; chciałbym ~ I should like to know; o ile wiem as far as I know

wiedźma f witch
wiejski adj country attr, rural
wiek m age; (stulecie) century; ~ dziecięcy infancy; ~ męski manhood; ~ młodzieńczy youth, adolescence; ~ starczy old age
wieko n lid, cover
wiekopomny adj memorable, immortal
wiekowy adj aged
wiekuisty adj eternal
wielbiciel m adorer, admirer
wielbić vt adore, admire
wielbłąd m camel

wielce adv much, greatly, highly
wiele adv much, many
wielebny adj reverend
Wielkanoc f Easter
wielki adj great, large, big; (okazały, doniosły) grand; ~ czas high time
wielkoduszność f magnanimity, generosity
wielkoduszny adj magnanimous
wielkolud m giant
wielkość f largeness, greatness; magnitude
wielmożny adj mighty; (w tytule) honourable
wieloboczny adj multilateral
wielokąt m polygon
wielokrotn|y adj manifold; ~a s f mat. multiple
wieloryb m zool. whale
wieniec m wreath, crown
wieńczyć vt crown
wieprz m hog
wieprzowina f pork
wiercić vt drill, bore; ~ się vr fidget
wierność f fidelity, faithfulness
wierny adj faithful
wiersz f (linijka) line; (poemat) verse
wierszokleta m pot. poetaster
wierzba f willow
wierzch m top, surface; jechać ~em ride on horseback
wierzchni adj upper
wierzchołek m top, summit; mat. vertex
wierzchowiec m saddle-horse
wierzgać vi kick up
wierzyciel m creditor
wierzyć vi believe (komuś sb, czemuś, w coś sth)
wierzytelność f (outstanding) debt
wieszać vt, ~ się vr hang
wieszadło n rack, (kołek) peg
wieszak m hanger, rack
wieszcz m seer, bard
wieś f village; (w przeciwieństwie do miasta) country; na wsi in the country; mieszkaniec wsi countryman

wieść 1. *f* news, a piece of news, information; report; ~ **hiobowa** alarming news

wieść 2. *vt* (*prowadzić*) lead, conduct

wieśniaczka *f* countrywoman

wieśniak *m* countryman

wietrzeć *vi* decay, moulder; become vapid, lose smell; (*o skałach*) weather, be weathered; *przen.* (*z głowy*) evaporate

wietrzyć *vt* ventilate, aerate; (*np. zwierzynę*) scent, smell

wiewiórka *f* squirrel

wieźć *vt* carry, convey

wieża *f* tower; (*w szachach*) rook

wieżyczka *f* turret

więc *conj adv* now, well, therefore

więcej *adv* more; **mniej lub ~** more or less; **mniej ~ some**, about, approximately

więdnąć *vi* wither, fade

większość *f* majority

większ|y *adj* greater, bigger, larger; **po ~ej części** for the most part

więzić *vt* detain, imprison

więzienie *n* prison

więzień *m* prisoner

wigili|a *f* eve; Christmas Eve; (*posiłek*) Christmas Supper; **w ~ę** on the eve

wikariusz, wikary *m* vicar

wiklina *f* osier, wicker

wikłać *vt* entangle, complicate

wikt *m* board

wiktuały *s pl* provisions, victuals

wilgoć *f* moisture, humidity

wilgotny *adj* moist, humid

wilia *zob.* wigilia

wilk *m zool.* wolf

willa *f* villa

win|a *f* guilt, fault; **poczuwać się do ~y** feel guilty; *prawn.* **przyznać się do ~y** plead guilty

winda *f bryt.* lift, *am.* elevator

windykować *vt* vindicate

windziarka *f*, **windziarz** *m bryt.* lift-attendant, lift-boy

winiarnia *f* wine-shop

winić *vt* blame (**kogoś** sb, **o coś** for sth), inculpate

winien *adj* guilty; (*dłużny*) owing, indebted; **jestem mu ~ pieniądze** I owe him money; **~ śmierci** worthy of death

winieta *f* vignette

winnica *f* vineyard

winny 1. *praed* (*winien*) guilty (**czegoś** of sth); (*o należności, szacunku, płatności itp.*) due (**komuś** to sb)

winn|y 2. *adj* wine *attr*; **~a latorośl** vine

wino *n* wine

winobranie *n* vintage

winogrono *n* grape

winowajca *m* culprit, offender

winszować *vi* congratulate (**komuś czegoś** sb on sth)

wiolonczela *f muz.* (violon)cello

wiosenny *adj* spring *attr*

wioska *f* hamlet

wiosło *n* oar

wiosłować *vi* row

wiosn|a *f* spring; **na ~ę** in (the) spring

wioślarski *adj* rowing; **wyścigi ~e** boat-race

wioślarstwo *n* rowing

wioślarz *m* oarsman, rower

wiotki *adj* flimsy, frail

wiór *m* shaving

wir *m* whirl; (*wodny*) whirlpool, eddy

wiraż *m* turn(ing), bend

wirować *vi* whirl, rotate

wirówka *f* centrifugal machine, centrifuge

wirtuoz *m* virtuoso

wirus *m biol.* virus

wisieć *vi* hang

wisielec *m* hanged man

wisiorek *m* pendant

wisus *m pot.* urchin

wiśnia *f* cherry; (*drzewo*) cherry-tree

wiśniak *m* cherry-brandy

witać *vt* greet, welcome

witamina *f* vitamin

witraż *m* stained glass

witriol m vitriol

witryna f shopwindow, glass case

wiwat m cheer; ~! long live!

wiwatować vi cheer

wiwisekcja f vivisection

wiz|a f visa, am. visé; otrzymać ~ę get one's visa ⟨passport visaed⟩; udzielać ~y visa

wizerunek m effigy, portrait, likeness

wizja f vision

wizyt|a f call, visit; złożyć ~ę pay a visit

wizytacja f inspection, visitation

wizytator m inspector, visitor

wizytować vt inspect, visit; call ⟨kogoś on sb⟩

wizytowy adj, bilet ~ visiting card

wjazd m entrance, gateway, doorway

wjeżdżać vi drive in, enter

wkleić vt stick into

wklęsłość f concavity

wklęsły adj concave

wkład m (inwestycja) investment; (depozyt) deposit; (przyczynek) contribution; (np. do notesu) filler; techn. input

wkładać vt put ⟨lay⟩ in, inset; (buty, ubranie itp.) put on; (kapitał) invest; (deponować) deposit

wkładka f insertion; (pieniężna) payment; (dodatek do książki itp.) inset; techn. insert

w koło adv round about

wkoło praep round (about)

wkradać się vr steal in

wkręcać vt screw in; ~ się vr pot. (wciskać się) sneak ⟨steal⟩ in, insinuate oneself

wkroczyć vi enter

wkrótce adv soon

wkupić się vr pay for admission

wlać vt pour in

wlec vt drag; ~ się vr drag, trail along

wlepić vt stick in; przen. ~ oczy fix eyes

wlewać vt (wszczepić) infuse, inspire; zob. wlać; ~ się vr pour ⟨flow⟩ in

wleźć vi creep in; (na drzewo) climb up

wliczyć vt include (into an account)

w lot adv quickly, in a flash

wlot m inlet

władać vi be master (czymś of sth), have mastery (czymś over sth); (panować) rule (czymś over sth); ~ biegle językiem angielskim have a good command of English

władca m ruler, master

władza f power; (urząd) authority; (fizyczna, umysłowa) faculty

włama|ć się vr break (np. do sklepu into the shop); ~no się do sklepu the shop was broken into

włamanie n burglary

włamywacz m housebreaker, burglar

własnoręcznie adv with one's own hand

własnoręczny adj authentic, written with one's own hand

własność f property

własn|y adj own; miłość ~a self-love; na ~ą rękę on one's own authority; oddać do rąk ~ych deliver personally

właściciel m proprietor, owner

właściwość f propriety, peculiarity

właściwy adj proper, peculiar, right, specific

właśnie adv just, exactly

włączać vt include; elektr. connect, switch on; ~ wtyczkę plug in

włącznie adv inclusively; ~ z... inclusive of...

Włoch m Italian

włochaty adj hairy

włos m hair; ~y pl hair zbior.: jasne ~y fair hair; farba do ~ów hair-dye; wypadanie ~ów fall of the hair; chcę sobie ostrzyc ~y I want to have my hair cut; przen. nie ustąpić ani na ~ not to yield an inch; ~y od tego stają mi na głowie it makes my

hair stand on end; **o ~ within
a hair's breath**, narrowly
włoski *adj* Italian
włoskowatość *f* capillarity
włoskowaty *adj* capillary
włoszczyzna *f* soup-greens *pl*
włościanin *m* farmer, peasant
włośnica *f bot.* trichinosis
włożyć *vt* put (in); *(buty, ubranie,
kapelusz)* put on
włóczęga *m (wędrówka)* ramble;
(osoba) tramp, vagabond
włóczka *f* woollen yarn
włócznia *f* spear
włóczyć *vt* drag, shuffle; **~ się** *vr*
vagabondize, roam, stroll
włókiennictwo *n* textile industry
włókienniczy *adj* textile
włókniarz *m* textile worker,
weaver
włóknisty *adj* fibrous
włókno *n* fibre
wmawiać *vt* make sb believe sth,
suggest **(coś w kogoś** sth to sb)
wmieszać się *vr* interfere **(w coś**
with sth), involve **(w coś** in sth)
wnet *adv* soon
wnęka *f* niche
wnętrze *n* interior
wnętrzności *s pl* bowles, intestines; *anat.* viscera *pl*
wnieść *vt* bring in; enter
wnikać *vi* penetrate, enter, get
in
wnios|ek *m* conclusion; *(na posie-
dzeniu)* motion; petition; **dojść
do ~ku** come to ⟨drive at⟩ a
conclusion; **przyjąć** ⟨**odrzucić**⟩
~ek carry ⟨reject⟩ a motion; **wyciągnąć ~ek** draw a conclusion;
**stawiać ~ek, ażeby odroczyć ze-
branie** move that the meeting be
adjourned
wnioskować *vt vi* conclude, infer
wnioskowanie *n* inference, conclusion
wniwecz *adv*, **obrócić ~** annihilate,
bring to nothing
wnosić *vt* *zob.* **wnieść;** *(prośbę)*
put up; conclude, infer; *vi (stawiać wniosek)* move, propose
wnuczka *f* granddaughter

wnuk *m* grandson
woal *m* veil
wobec *praep* in the face of, in
the presence of, before; **~ tego,
że...** considering that...
woda *f* water; **~ podskórna**
ground water; **~ słodka** fresh
water; *(przysłowie)* **cicha ~
brzegi rwie** still waters run deep
wodewil *m* vaudeville
wodnisty *adj* watery
wodnopłatowiec *m lotn.* hydro-
plane
wodny *adj* water *attr*; *(o roztwo-
rze)* aqueous; *(o sportach)* a-
quatic; **znak ~** watermark
wodociąg *m* water-pipe; *pl* **~i** *(sieć
wodociągowa)* water-supply
wodolecznictwo *n* hydrotherapy
wodorost *m* water plant; *(morski)*
seaweed
wodorow|y *adj* hydrogen *attr*, hy-
drogenous; **bomba ~a** hydrogen
bomb, H-bomb
wodospad *m* waterfall
wodoszczelny *adj* watertight, waterproof
wodotrysk *m* fountain
wodować *vi lotn.* alight (on water); *mors.* launch (a ship)
wodowstręt *m* hydrophobia
wodór *m chem.* hydrogen
wodz|a *f* rein, bridle; *przen.* **trzy-
mać na ~y** keep a tight rein
(**kogoś** on sb); **puścić ~e** give
way
wodzić *vt* lead, conduct; **~ rej**
have the lead
w ogóle *adv zob.* **ogół**
wojak *m pot.* warrior
wojenny *adj* war, military; **sąd ~**
court martial; **stan ~** state of
war
województwo *n* province, voivode-
ship
wojłok *m* felt
wojn|a *f* war; **~a domowa** civil
war; **prowadzić ~ę** wage war;
wypowiedzieć ~ę declare war
wojować *vi* war
wojowniczy *adj* warlike, belliger-
ent

wojownik *m* warrior

wojsk|o *n* troops *pl*, army; za-
ciągnąć się do ~a enlist

wojskowość *f* military system,
military questions ⟨affairs⟩ *pl*

wojskowy *adj* military; *s m* military man, soldier; były ~ ex-
-serviceman

wokalny *adj* vocal

wokoło *adv praep* round about

wol|a *f* will; siła ~i will power;
do ~i at will, freely; z własnej
~i of one's own free will

wol|eć *vt* prefer (kogoś, coś sb,
sth; niż kogoś, niż coś to sb,
to sth), like better; ~ę tańczyć,
niż czytać I'd rather dance than
read

wolno *adv* slowly; freely; *praed* it
is allowed; każdemu tu ~ wejść
everyone is allowed to come in

wolnomyśliciel *m* free-thinker

wolnomyślność *f* free-thinking

wolnomyślny *adj* free-thinking

wolnoś|ć *f* liberty, freedom; na ~ci
at liberty; wypuścić na ~ć set
free ⟨at liberty⟩

wolny *adj* free; (o miejscu) va-
cant; (od podatku, obowiązku
itp.) exempt (od czegoś from
sth); (powolny) slow; dzień ~ od
pracy day off, day off duty; ~
czas leisure, extra ⟨spare⟩ time;
~ stan celibacy, single life; ~
od opłaty pocztowej post-free

wolt *m elektr.* volt

woltametr *m elektr.* voltameter

woltomierz *m elektr.* voltmeter

wołacz *m gram.* vocative

wołać *vt* call

wołanie *n* call

wołowina *f* beef

wonny *adj* aromatic

woń *f* aroma, fragrance

worek *m* bag

wosk *m* wax

woskować *vt* wax

votum *n* vote; *rel.* ex voto; *prawn.*
~ zaufania vote of confidence;
~ nieufności vote of non-confi-
dence ⟨censure⟩

wozić *vt* carry, convey

woźnica *m* driver

wódka *f* vodka

wódz *m* leader, commander; ~
naczelny commander-in-chief

wójt *m* (village-)mayor

wół *m* ox

wór *m* bag, sack

wówczas *adv* at the time, then

wóz *m* (fura) cart, carriage; (auto)
car; (ciężarowy) truck; (ciężarowy kryty) van; *pot.* (kolejowy)
bryt. carriage, am. car; ~ me-
blowy furniture van; *astr.* Wielki ⟨Mały⟩ Wóz Great ⟨Little⟩
Bear

wózek *m* hand-cart, (kolejowy, ręczny) truck; ~ dziecięcy perambulator, *pot.* pram

wpad|ać *vi* fall in; (nagle wbie-
gać) rush in; (napotkać) run (na
kogoś across sb); (w oczy) strike;
(w czyjeś ręce) get (into sb's
hands); (w długi) get (into debts),
incur (debts); (w gniew) fly (into a rage); ~ło mi na myśl it
occurred to me

wpajać *vt* inculcate (coś komuś sth
on sb)

wpaść *zob.* wpadać; ~ do kogoś
drop in on sb

wpatrywać się *vr* stare (w coś at
sth)

wpędzać *vt* drive in

wpierw *adv* first

wpis *m* registration, inscription

wpisać *vt* register, write down; ~
się *vr* register, enter one's name

wpisowe *n* entrance fee, registration (fee)

wplątać *vt* entangle; ~ się *vr* get
entangled

wpłacać *vt* pay in

wpłata *f* payment

wpław *adv*, przebyć rzekę ~ swim
across

wpływ *m* influence; (pieniędzy) income, accruement; wywierać ~
exert an influence

wpływać *vi* flow in; (do portu) enter; (o pieniądzach, listach itp.)
come in; (wywierać wpływ) influence (na kogoś sb)

wpływowy *adj* influential

w poprzek *adv* across; crosswise

wpół *adv* half, by half; (*w środ-ku*) in the middle; na ~ half; ~ do trzeciej half past two

wprawa *f* skill, practice

wprawdzie *adv* it is true, to be sure

wprawić *vt* put in, set in; (*wyćwi-czyć*) train; ~ się *vr* become skilled

wprawny *adj* skilled, skillful

wprost *adv* straight, directly

wprowadzać *vt* introduce, lead in, bring in; ~ się *vr* (*do mieszka-nia*) move in

wprzęgać *vt* put (konie do wozu horses to the cart), yoke, har-ness

wprzód † *adv* first, before

wpust *m* entrance, inlet; (*wąski otwór*) slot

wpuszczać *vt* let ⟨put⟩ in

wpychać *vt* push ⟨stuff⟩ in

wracać *vi* return, come back; ~ do zdrowia recover

wrastać *vi* grow (w coś into sth)

wraz *praep* together with, along-side with

wrażać *vt* thrust in; impress (w pamięć on sb's memory)

wrażenie *n* impression; robić ~ impress (na kimś sb)

wrażliwość *f* sensibility

wrażliwy *adj* sensitive (na coś to sth)

wreszcie *adv* at last

wręcz *adv* plainly; walka ~ hand-to-hand fight, close encounter

wręczać *vt* hand in, deliver

wręczenie *n* delivery

wrodzony *adj* innate, inborn

wrogi *adj* hostile

wrogość *f* hostility

wrona *f* crow

wrota *s pl* gate, gateway

wrotki *s pl* roller skates

wróbel *m* sparrow

wrócić *zob.* wracać

wróg *m* foe

wróżba *f* omen, augury

wróżbiarstwo *n* fortune telling

wróżbiarz *m*, wróżbiarka *f* for-tune-teller

wróżyć *vt vi* augur, tell fortunes

wryć *vt* engrave (np. w pamięć on memory); sink; ~ się *vr* sink; become impressed

wrzask *m* shriek, scream, uproar

wrzawa *f* noise, uproar

wrzący *adj* boiling

wrzątek *m* boiling water

wrzeciono *n* spindle

wrzeć *vi* boil

wrzenie *n* boiling, ebullition; punkt ~a boiling point

wrzesień *m* September

wrzeszczeć *vi* scream, bawl, shriek

wrzos *m bot.* heather

wrzosowisko *n* heath, moor

wrzód *m* abscess, ulcer

wrzucać *vt* throw in

wsadzać *vt* put in, place; (np. ka-pelusz, buty) put on

wschodni *adj* eastern, east

wschodzić *vi* rise, come forth

wschód *m* east; na ~ od... (to the) east of...; ~ słońca sunrise

wsiadać *vi* get (do pociągu in ⟨in-to⟩ the train); mount (na konia ⟨rower⟩ on a horse ⟨a bicycle⟩); ~ na okręt go on board

wsiąkać *vi* infiltrate, permeate (w coś sth)

wskakiwać *vi* leap in ⟨on⟩

wskazówk|a *f* index, indication; (u zegara) hand; (rada) suggestion, hint; *pl* ~i (pouczenia) instruc-tions, directions

wskazujący *adj*, palec ~ forefin-ger; *gram.* zaimek ~ demonstra-tive pronoun

wskazywać *vt vi* point (na coś at ⟨to⟩ sth), indicate, show

wskaźnik *m* index

w skos *adv* askew, aslant

wskroś *praep*, na ~ throughout, through and through

wskrzesić *vt* revive, resuscitate

wskrzeszenie *n* revival, resuscita-tion

wskutek *praep* on account of, in consequence of

wsławić vt make famous; ~ się vr become famous

wspak adv, na ~ contrariwise

wspaniałomyślność f magnanimity

wspaniałomyślny adj magnanimous

wspaniałość f magnificence, splendour

wspaniały adj magnificent, splendid

wsparcie n support, assistance

wspierać vt support, assist

wspinaczka f climbing

wspinać się vr climb up (na górę, na drzewo a hill, a tree)

wspomagać vt aid, help, assist

wspominać vt remember; (robić wzmiankę) mention

wspomnienie n remembrance, reminiscence

wspólnie adv in common, jointly

wspólnik m partner, co-partner; (współpracownik) associate; (zbrodni, złego uczynku) accomplice

wspólnota f community, partnership

wspólny adj common

współczesność f contemporaneity, contemporaneousness

współczesny adj contemporary, contemporaneous

współcześnie adv at the same time

współczucie n sympathy, compassion

współczuć vi have compassion

współczynnik m (także gram.) coefficient

współdziałać vi co-operate

współdziałanie n co-operation

współistnieć vi co-exist

współistnienie n co-existence

współmierny adj commensurable

współobywatel m fellow-citizen

współpraca f collaboration

współpracować vi collaborate

współpracownik m collaborator, (prasowy, literacki) contributor

współrzędność f co-ordination

współrzędny adj (także gram.) co-ordinate

współuczestnictwo n participation

współuczestniczyć vi participate

współudział m participation, co-operation

współwłaściciel m joint proprietor

współzawodnictwo n competition, contest

współzawodniczyć vi compete, contest (o coś for sth)

współzawodnik m competitor

współżycie n companionship, living together

współżyć vi live together

wstawać vi get up, rise

wstawiać vt put in, set in; insert; ~ się vr (orędować) intercede (u kogoś za kimś, za czymś with sb for sb, sth); (błagać) plead (u kogoś o coś with sb for sth); pot. (upijać się) get tipsy

wstawiennictwo n intercession

wstawka f insertion; (np. w tekście) interpolation

wstąpić vt enter, go in, come in; (odwiedzić) call (do kogoś on sb); pot. drop in (do kogoś at sb's place)

wstąpienie n entrance; (na tron) accession (to the throne)

wstążka f ribbon

wstecz adv backwards

wstecznictwo n reaction

wsteczność f backwardness

wstecznĺy adj reactionary, backward, retrograde; techn. bieg ~y back ⟨reverse⟩ gear; lusterko ~e rearview mirror

wstęga f ribbon

wstęp m entrance, admission; (przedmowa) preface, introduction; ~ wolny admission free

wstępny adj preliminary, introductory; egzamin ~ entrance examination

wstępować zob. wstąpić

wstręt m abomination, aversion

wstrętny adj abominable

wstrząs m shock

wstrząsający adj shocking, stirring

wstrząsnąć vt shock, stir, shake

wstrzemięźliwość f temperance, moderation

wstrzemięźliwy *adj* temperate, moderate

wstrzykiwać *vt* inject

wstrzymywać *vt* stop, hold up, keep back, suspend; ~ się *vr* abstain (od czegoś from sth); put off, delay (z czymś sth)

wstyd *m* shame; disgrace; ~ mi I am ashamed; jak ci tego nie ~? aren't you ashamed of it?; przynosić ~ bring shame (komuś on sb)

wstydliwość *f* bashfulness, shyness

wstydliwy *adj* bashful, shy

wstydzić się *vr* be ashamed (kogoś, czegoś of sb, sth)

wsunąć *vt* put in, slip

wsypać *vt* pour in; *pot.* (zdekonspirować) slip, peach (kogoś on sb)

wszakże *conj adv* however, yet, but

wszcząć *vt* begin, start up

wszczepiać *vt* (szczepić) inoculate; (np. zasady) inculcate (komuś on sb)

wszczynać zob. **wszcząć**

wszechmoc *f* omnipotence

wszechmocny *adj* omnipotent, almighty

wszechnica *f* university

wszechstronność *f* universality, many-sidedness

wszechstronny *adj* universal, many-sided

wszechświat *m* universe

wszechświatowy *adj* universal, cosmic

wszechwiedzący *adj* omniscient

wszechwładny *adj* omnipotent, all-powerful

wszelaki *adj* diverse, of all kinds

wszelako *adv* lit. however, yet, but

wszelaki *adj* every, all

wszerz *adv* broadwise

wszędzie *adv* everywhere

wszystek *adj* all, whole

wścibiać *vt*, ~ nos meddle (w coś with sth)

wścibski *adj* meddling, interfering; *s m* meddler, busybody

wściekać się *vr* rage (na kogoś at ⟨against⟩ sb), become furious (na kogoś with sb)

wścieklizna *f* med. rabies

wściekłość *f* fury

wściekły *adj* furious; (o psie) mad, rabid

wśliznąć się *vr* sneak in

wśród *praep* among, amid

wtajemniczać *vt* initiate (w coś into sth)

wtajemniczenie *n* initiation

wtargnąć *vi* invade, make an inroad

wtedy *adv* then

wtoczyć *vt* roll in

wtorek *m* Tuesday

wtórować *vi* accompany (komuś sb)

wtrącać *vt* put in, insert; ~ się *vr* meddle (do czegoś with sth)

wtyczk|a *f* (także elektr.) plug; włączyć ~ę plug in

wtykać *vt* put in, insert; zob. **wetknąć**

w tył *adv* back, backwards

wuj *m* uncle

wujenka *f* aunt

wulgarny *adj* vulgar

wulkan *m* volcano

wulkaniczny *adj* volcanic

wulkanizować *vt* vulcanize

wwozić *vt* import

wy *pron* you

wybaczać *vt* pardon, excuse, forgive

wybaczalny *adj* pardonable

wybaczenie *n* pardon

wybaczyć zob. **wybaczać**; proszę ~ I beg your pardon, excuse me

wybawca *m* redeemer, saviour

wybawić *vt* redeem, save; deliver (od czegoś from sth)

wybawienie *n* deliverance, salvation

wybi|ć *vt* knock, beat out, strike out; (np. szybę) break; (wytłoczyć) stamp; (wychłostać) thrash; (wyścielić np. suknem) line, cover; (godzinę) strike; (ząb, oko)

knock out; ~ć **komuś coś z głowy** put sth out of sb's head; ~ła
piąta it has struck five; ~ć **się
vr** (*dojść do znaczenia*) come
to the top, make one's way,
distinguish oneself, excel

wybiec *vi* run out

wybieg *m* evasion, shift, subterfuge

wybielać *vt* whiten, bleach

wybierać *vt* choose, select; elect;
(*np. owoce*) pick out; (*pocztę*)
pick up; (*wyjmować*) take out;
~ **się** *vr* set out (w **drogę** on
one's way); ~ **się do kogoś** be
going to call on sb, prepare to
go on a visit

wybieralny *adj* eligible

wybijać zob. **wybić**; ~ **takt** beat
time

wybitny *adj* prominent, remark-
able, outstanding

wybladły *adj* pale, wan

wyblakły *adj* faded, discoloured

wyblaknąć *vi* fade, discolour

wyboisty *adj* full of holes

wyborca *m* elector; (*do parlamentu*) constituent

wyborcz|y *adj* electoral; **okręg** ~y
constituency; **ordynacja** ~**a** elec-
toral system

wyborny *adj* excellent

wyborowy *adj* choice

wybory *s pl* election

wybój *m* hole

wybór *m* choice, selection; election

wybrakowa|ć *vt* discard, sort out;
towary ~**ne** cast-off goods, refuse *zbior.*

wybraniec *m* elect

wybredny *adj* fastidious, particular

wybrnąć *vi* get out, find a way
out

wybryk *m* sally; excess

wybrzeże *n* seaside, strand, (*plaża*)
beach

wybuch *m* explosion; outbreak;
(*np. wulkanu, epidemii*) eruption

wybuchnąć *vi* explode; *przen.* (*o
wojnie*) break out; (*o uczuciach*)
burst out; ~ **płaczem** burst into
tears; ~ **radością** burst with joy;
~ **śmiechem** burst out laughing

wybuchowy *adj* explosive; **materiał** ~ explosive

wybujać *vi* shoot up

wychodzi|ć *vi* go out, come out;
(*o oknach*) open (**na coś** on sth);
~ć **komuś na dobre** turn to
sb's account; ~ć **na spacer** go
out for a walk; ~ć **za mąż** marry (**za kogoś** sb); ~ć **z mody** go
out of fashion; **to na jedno** ~
it amounts to the same; ~ć **z
domu** leave home

wychodźca *m* emigrant

wychodźstwo *n* emigration

wychować zob. **wychowywać**

wychowanek *m* foster-son; (*uczeń*)
pupil

wychowanie *n* education, upbring-
ing

wychowawca *m* educator, tutor

wychowawczy *adj* educational

wychowawczyni *f* woman tutor,
tutoress

wychowywać *vt* bring up, educate;
~ **się** *vr* be brought up, be educated

wychwalać *vt* praise

wychylać *vt* put out; (*wypijać*)
empty, drain off; ~ **się** *vr* lean
out (**np. z okna** of a window)
lean forward

wyciąg *m* extract; *techn.* hoist,
lift; *am.* elevator

wyciągać *vt* draw out, stretch out;
take out; (*korzyść*) derive (**z czegoś** from sth); (*pieniądze*) extort;
(*wniosek*) draw; (*np. ząb, pierwiastek*) extract; (*szufladę*) pull
open; (*np. żagiel, flagę*) hoist;
~ **naukę moralną** draw a moral;
~ **się** *vr* stretch oneself out

wycie *n* howl(ing)

wycieczk|a *f* excursion, trip; **pójść
na** ~**ę** go on an excursion, take
a trip

wyciek *m* leak

wyciekać *vi* leak, flow out

wycieńczać *vt* extenuate, exhaust

wycieńczenie *n* extenuation, exhaustion

wycieraczka *f* (*do butów*) (door-)mat, shoe-scraper; (*w samochodzie*) wiper

wycierać *vt* wipe (off), wipe out; scrape; (*np. buty*) sweep

wycięcie *n* cutting out

wycinać *vt* cut out; (*żłobić*) carve out; (*las*) clear

wycinek *m* cutting; *mat.* ~ koła sector; ~ prasowy press-cutting, press-clipping

wyciskać *vt* squeeze, extort; (*wytłaczać*) impress, imprint

wycofać *vt* withdraw, retire; ~ się *vr* withdraw; (*z czynnej służby itp.*) retire

wyczekiwać *vt* expect

wyczerp|ać *vt* exhaust, draw out, wear out; ~ać się *vr* wear out; (*np. o zapasie*) run short; **moje zapasy ~ują się my supplies are running short; ~ała się moja gotówka** I've run short of cash

wyczuwać *vt* sense, feel

wyczyn *m* stunt, performance, achievement

wyć *vi* howl

wyćwiczony *adj* trained, skilled

wyćwiczyć *vt* train; ~ się *vr* get training, acquire skill

wydać *zob.* wydawać

wydajność *f* productivity, yield, efficiency, output

wydajny *adj* productive, efficient

wydalać *vt* remove; (*np. z posady*) dismiss, *pot.* sack, fire

wydanie *n* edition, issue

wydalenie *n* removal; (*z posady*) dismissal

wydarzenie *n* event, occurrence

wydarzyć się *vr* happen, occur

wydatek *m* expense

wydatkować *vt* expend, lay out

wydatny *adj* prominent

wydawać *vt* (*pieniądze*) spend; (*płody*) bring forth, produce, yield; (*książki*) publish, issue; (*lekarstwo*) dispense; (*światło, ciepło itp.*) emit; (*np. obiad, przyjęcie*) give; deliver; (*w ręce sprawiedliwości*) deliver; (*zapach*) give out; ~ resztę give the change; ~ za mąż marry, get married; ~ się *vr* seem, appear

wydawca *f* publisher

wydawnictwo *n* publishing house; (*publikacja*) publication

wydąć *vt* (*nadmuchać*) inflate, swell; (*rozszerzyć*) expand; (*usta*) blow out, puff up

wydech *m* exhalation, breathing out

wydeptać *vt* tread (out)

wydłużać *vt* lenghten, prolong

wydma *f* dune

wydmuchać *vt* blow (puff) out

wydobrzeć *vi* recover

wydobycie *n* *górn.* output

wydobywać *vt* bring (draw) out, extract, get out; ~ się *vr* extricate oneself; get out

wydostać *vt* bring out, take out, get out; ~ się *vr* get out; extract oneself

wydra *f* *zool.* otter

wydrapać *vt* scratch out

wydrążać *vt* hollow out; excavate

wydrążenie *n* hollow; cavity

wydrwigrosz *m* *pot.* extortioner

wydusić *vt* *pot.* (*wymusić*) squeeze out, extort

wydychać *vt vi* breathe out, expire

wydymać *vt* swell (out), puff up, inflate, blow out; ~ się *vr* swell (out), become inflated

wydział *m* department; section; (*uniwersytecki*) faculty

wydziedziczać *vt* disinherit

wydziedziczenie *n* disinheritance

wydzielać *vt* set apart, detach; (*o zapachu, substancji*) secrete; (*przydzielać*) allot; (*rozdzielać*) distribute; ~ się *vr* be secreted

wydzielina *f* secretion
wydzierać *vt* tear out, wrench out
wyga *m* cunning fellow, old hand
wygadać *vt pot.* blab out; ~ **się** *vr* blab out (a secret)
wygarniać *vt* rake out; *pot.* speak out one's mind
wygasać *vi* go out; *(o terminie)* expire; be extinct
wygasić *vt* put out, extinguish
wygięcie *n* bend
wyginać *vt* bend
wygląd *m* appearance
wyglądać *vi* look out; *(mieć wygląd)* look, appear; ~**ć na coś** look like sth; ~ **na deszcz** it looks like rain; ~**ć wspaniale** look splendid; **jak on** ~? how does he look?
wygłodzić *vt* starve
wygłosić *vt* pronounce, express; *(odczyt, mowę)* deliver
wygnać *vt* drive out, expel
wygnanie *n* exile
wygnaniec *m* exile
wygniatać *vt* press out; *(ciasto)* knead
wygod|a *f* comfort; *pl* ~**y** *(urządzenia)* conveniences
wygodny *adj* comfortable, convenient
wygolony *adj* clean-shaven
wygon *m* pasture, common
wygospodarować *vt* economize
wygórowany *adj* excessive
wygrać *vt* win
wygran|a *f* win; *(np. na loterii)* prize, *(zwycięstwo)* victory; *przen.* **dać za** ~**ą** throw up the game
wygryzać *vt* bite out; *pot. (wyrugować)* oust
wygrzebywać *vt* dig out
wygrzewać się *vr* warm oneself; *(na słońcu)* bask
wygwizdać *vt* hiss off (the stage)
wyjałowić *vt* make sterile, sterilize
wyjałowienie *n* sterilization
wyjaśniać *vt* explain; ~ **się** *vr* clear up

wyjaśnienie *n* explanation
wyjawiać *vt* reveal, disclose
wyjazd *m* departure
wyjąt|ek *m* exception; **z** ~**kiem** except, save, but for **(kogoś, czegoś sb, sth)**
wyjątkowy *adj* exceptional
wyjąwszy *praep* except
wyjechać *vi* go out, go away, drive out; leave (np. **do Warszawy** for Warsaw); ~ **w podróż** go on a journey
wyjednać *vt* obtain
wyjezdn|e *n*, **być na** ~**ym** be on the point of leaving
wyjmować *vt* take out
wyjści|e *n* *(czynność)* going out, exodus; *(miejsce)* way out, exit; *przen.* issue; *(w kartach)* lead; **punkt** ~**a** a starting-point; **nie mieć** ~**a** have no way out, *pot.* be in a fix; **przed** ~**em z domu** before leaving home
wyjść zob. **wychodzić**
wykałaczka *f* tooth-pick
wykarmić *vt* breed, feed; *(wychować)* bring up
wykaz *m* list, register
wykazywać *vt* show, demonstrate; *(udowodnić)* prove, indicate
wykipieć *vi* boil over
wyklarować *vt* clarify, clear up
wykląć *vt* excommunicate; curse
wykleić *vt* line
wyklęcie *n* excommunication
wyklinać zob. **wykląć**
wykluczać *vt* exclude
wykluczenie *n* exclusion
wykład *m* lecture; **chodzić na** ~**y** attend lectures; **prowadzić** ~**y** give lectures
wykładać *vt (pieniądze)* lay out, advance; *(np. towar)* display; *(pokrywać)* lay, line; *(nauczać)* lecture **(coś** on sth); *(tłumaczyć)* explain
wykładnik *m mat.* exponent; index
wykładowca *m* lecturer

wykładowy *adj*, język ~ language of instruction

wykoleić *vt* derail; ~ się *vr* run off the rails, derail; *przen.* swerve from the right path, go on the wrong track

wykolejenie *n* derailment

wykonać *zob.* wykonywać

wykonalność *f* practicability, feasibility

wykonalny *adj* practicable, feasible

wykonanie *n* execution

wykonawca *m* performer; *(testamentu)* executor

wykonawczy *adj* executive

wykonywać *vt* execute, perform, accomplish; *(zawód itp.)* exercise

wykończenie *n* finish

wykończyć *vt* finish (off)

wykopać *vt* dig out

wykorzenić *vt* root out

wykorzystać *vt* make the most *(coś* of sth), utilize

wykpić *vt* deride

wykraczać *vi* step over, go over; *(naruszać np. prawo, ustawę)* infringe (przeciw czemuś sth, upon sth), offend (przeciw czemuś against sth); ~ przeciw prawu infringe the law

wykradać *vt* steal; *(dzieci, ludzi)* kidnap; ~ się *vr* steal out

wykres *m* graph, diagram

wykreślić *vt* *(nakreślić)* trace, delineate; *(usunąć)* strike out, cross out, cancel

wykręcić *vt* turn round; *(np. śrubę)* unscrew; *(skręcać)* twist; distort; ~ się *vr* turn round; *pot.* *(wyłgiwać się)* extricate oneself; ~ się tyłem turn one's back (do kogoś on sb)

wykręt *m* shift

wykrętny *adj* shifty

wykroczenie *n* infringement, offence

wykroić *vt* cut out

wykruszyć *vt* crumble out

wykrycie *n* detection, discovery

wykryć *vt* reveal, detect

wykrzesać *vt* *(ogień)* strike

wykrzyczeć *vt* shout out

wykrzykiwać *vi* vociferate

wykrzyknąć *vi* cry out

wykrzyknik *m* *gram.* (mark of) exclamation

wykrzywiać *vt* twist, curve; ~ twarz make a wry face

wykształcenie *n* education

wykształcić *vt* educate

wykształcony *adj* educated, well-read

wykup *m* ransom

wykusz *m* bay window

wykupić *vt* ransom; *(towar)* buy up; *(zastaw, dług itp.)* redeem

wykuwać *vt* forge, beat out; *pot.* *(lekcje)* learn by rote

wykwintny *adj* elegant, refined

wykwit *m* efflorescence

wylatywać *vi* *(wyfrunąć)* fly out ⟨away⟩; *(w powietrze)* blow up; *pot.* *(wybiegać)* run out; *(spadać)* fall out; *pot.* *(być wyrzuconym z pracy)* be fired

wyląg *m* brood

wylecieć *zob.* wylatywać

wyleczyć *vt* cure, heal (z czegoś of sth); ~ się *vr* be cured, recover

wylew *m* flood, inundation; *(np. krwi)* effusion

wylewać *vt* pour out ⟨forth⟩; *vi* *(o rzece)* overflow (its bank)

wylęgać *vt*, ~ się *vr* brood, hatch

wylękły *adj* frightened

wyliczać *vt* enumerate; *sport* count out

wylosować *vt* draw out by lot

wylot *n* *(odlot)* flight, departure; *(otwór)* orifice, nozzle; *(np. komina)* vent; outlet; na ~ throughout, through and through

wyludniać *vt* depopulate; ~ się *vr* become depopulated

wyludnienie *n* depopulation

wyładować *vt* unload, discharge

wyłamać *vt* break open ⟨down⟩

wyłaniać *vt* evolve, call into existence; ~ się *vr* emerge, appear

wyłączać *vt* exclude; *elektr.* switch off, disconnect

wyłączenie *n* exclusion; *elektr.* disconnection

wyłącznik *m elektr.* switch

wyłączność *f* exclusiveness

wyłączny *adj* exclusive

wyłogi *s pl* facings

wyłom *m* breach, break

wyłożyć *zob.* wykładać

wyłudzić *vt* trick (**coś od kogoś** sb out of sth)

wyłuskać *vt* husk, shell

wyłuszczyć *vt zob.* wyłuskać; (*przedstawić coś*) explain

wymagać *vt* require, exact

wymaganie *n* requirement

wymarcie *n* extinction

wymarły *adj* extinct

wymarsz *m* departure

wymaszerować *vi* march off

wymawiać *vt* pronounce; (*zarzucać*) reproach (**komuś coś** sb with sth); (*służbę, mieszkanie itp.*) give notice; ~ się *vr* decline (**od czegoś** sth)

wymazać *vt* efface, blot out

wymeldować *vt* announce departure; ~ się *vr* announce one's departure; *am.* (*w hotelu*) check out

wymiana *f* exchange

wymiar *m* dimension; measure; (*podatku*) assessment; (*sprawiedliwości*) administration

wymiatać *vt* sweep out

wymieniać *vt* change (**coś na coś** sth for sth), exchange (**coś z kimś** sth with sb); (*przytaczać*) mention; **wyżej ~ony** above-mentioned

wymienny *adj* exchangeable, exchange- (copy etc.); **handel ~** barter

wymierać *vi* die out, become extinct

wymierny *adj* measurable; *mat.* rational

wymierzać *vt* measure out; apportion; (*podatek*) assess; (*sprawiedliwość*) administer

wymię *n* udder

wymijać *vt* pass (**kogoś** by sb), cross; (*uchylać się*) elude, evade

wymijający *adj* evasive

wymiotować *vt* vomit

wymłócić *vt* tresh out

wymoczki *s pl zool.* infusoria

wymowa *f* (*sposób wymawiania*) pronunciation; (*krasomówstwo*) eloquence

wymowny *adj* eloquent; (*wiele znaczący*) expressive, significant

wymóc *vt* exort

wymówka *f* (*zarzut*) reproach; (*pretekst*) pretext, excuse

wymuszać *vt* extort

wymuszenie *n* extortion

wymuszony *adj* extorted; (*nienaturalny*) affected, constrained

wymykać się *vr* escape, elude (**komuś, czemuś** sb, sth)

wymysł *m* invention, fiction

wymyślać *vt* think out, invent; *vi* (*lżyć*) abuse, revile, (*łajać*) scold (**komuś** sb)

wymyślić *vt* think out, find out; (*np. fabułę*) frame

wymyślny *adj* (*pomysłowy*) inventive, ingenious; (*wyszukany*) refined, sophisticated

wynagradzać *vt* reward

wynagrodzenie *n* reward; (*zapłata*) payment, (*pensja*) salary

wynajdywać *vt* find out

wynajmować *vt* (*coś komuś*) let; (*od kogoś*) hire, rent

wynalazca *m* inventor

wynalazek *m* invention

wynaleźć *zob.* wynajdywać; (*wymyślić*) invent; discover

wynarodowić *vt* denationalize

wynarodowienie *n* denationalization

wynędzniały *adj* emaciated

wynędznieć *vi* become emaciated

wynieść *zob.* wynosić

wynik *m* result, issue; outcome;

sport score; **w ~u czegoś** as a result of sth

wynikać *vi* result, follow; arise

wyniosłość *f* elevation, height, eminence; *(zarozumiałość)* haughtiness

wyniosły *adj* lofty, high, eminent; *(zarozumiały)* haughty

wyniszczać *vt* destroy, exterminate, waste

wyniszczenie *n* destruction, extermination, waste

wynos|ić *vt* carry out; *(podnosić)* elevate; raise; † *(wychwalać)* extol; *(o kosztach)* amount; **koszty wynoszą 1000 funtów** the expenses amount to £1,000; **~ić pod niebiosa** extol to the skies; **~ić się** *vr (wyjechać)* depart, *pot.* clear out; *(pysznić się)* elevate oneself

wynurzać *vt* bring to the surface; utter; reveal; **~ się** *vr* emerge, come forth; *(zwierzać się)* unbosom oneself **(przed kimś** to sb, **z czymś** with regard to sth); disclose **(z czymś** sth; **przed kimś** to sb)

wynurzenie *n* emergence; *(myśli, uczuć)* effusion

wyobcować *vt* exclude

wyobraźnia *f* imagination

wyobrażać *vt* represent, figure; **~ sobie** imagine, *pot.* figure out

wyobrażalny *adj* imaginable

wyobrażenie *n* idea, notion

wyodrębniać *vt (oddzielać)* separate; *(wydzielać, wyróżniać)* single out

wyodrębnienie *n (oddzielenie)* separation; *(wydzielenie, wyróżnienie)* singling out, distinction

wyolbrzymić *vt* magnify

wypaczyć *vt*, **~ się** *vr* warp

wypad *m wojsk.* sally

wypad|ać *vi* fall out; *(nagle wybiegać)* rush out; turn out; *impers* **~a** *(zdarza się)* it happens, it so falls out; *(godzi się)* it becomes; **ile na mnie ~a?** how

much is due to me?; **na jedno ~a** it comes to the same; **to ci nie ~a** this does not become you; **to dobrze ~ło** it turned out well; **to szczęśliwie ~ło** it has turned out fortunately; **to za drogo ~a** it costs too much

wypad|ek *m* case, event; *(nieszczęśliwy)* accident; **w każdym ~ku** in any event; **w żadnym ~ku** in no case

wypadkowa *f fiz. mat.* resultant

wypalać *vt* burn; *med.* cauterize; **~ się** *vr* burn out ⟨down⟩

wypaplać *vt pot.* babble out

wypaść *zob.* **wypadać**

wypatrywać *vt* watch **(kogoś, czegoś** for sb, sth), look out **(kogoś, czegoś** for sb, sth)

wypełniać *vt* fill up; *(polecenie, rozkaz)* fill in; *(spełniać)* fulfil

wypełnienie *n* filling up; *(spełnienie)* fulfilment

wypędzać *vt* drive out, expel, turn out

wypić *vt* drink (off)

wypiek *m* baking; *(na twarzy)* flush

wypierać *vt* oust, push out; **~ się** *vr* deny **(czegoś** sth)

wypis *m* extract

wypisywać *vt* write out, extract

wyplatać *vt* intertwine, interweave

wyplątać *vt* extricate; **~ się** *vr* extricate oneself, become disentangled

wyplenić *vt* weed out

wypluć *vt* spit out

wypłacać *vt* pay out; *(gotówką)* pay down; *(np. robotnikom)* pay off

wypłacalność *f* solvency

wypłacalny *adj* solvent

wypłat|a *f* payment; *(np. robotnikom)* paying off; **dzień ~y** pay-day

wypłoszyć *vt* scare away

wypłowieć *vi* fade, discolour

wypłukać *vt* rinse, wash out

wypływ *m* outflow, issue

wypływać *vi* flow out; (*wypłynąć*) swim out; (*o statku*) sail out; (*na powierzchnię*) emerge; (*wynikać*) result, ensue

wypoczynek *m* rest

wypoczywać *vi* rest, take a rest

wypogadzać się *vr* clear up

wypominać *vi* *vt* reproach (komuś coś sb with sth)

wyporność *f* mors. displacement

wyposażenie *n* endowment; equipment

wyposażyć *vt* endow; equip

wypowiadać *vt* (*wygłaszać*) pronounce; (*pracę, mieszkanie*) give notice; (*wojnę*) declare; utter; speak; wypowiedziano mu (pracę, mieszkanie) na miesiąc z góry he was given a month's notice to quit

wypowiedzenie *n* pronouncement; (*wojny*) declaration; (*np. pracy, mieszkania*) notice; dać 〈otrzymać〉 miesięczne ~ give 〈get〉 a month's notice

wypożyczać *vt* lend out

wypożyczalnia *f* lending shop; ~ książek lending-library

wypracować *vt* elaborate, work out

wypracowanie *n* elaboration; (*szkolne*) composition

wyprać *vt* wash (off); launder

wypraszać *vt* obtain by entreaties; ~ za drzwi show the door

wyprawa *f* expedition; outfit, equipment; (*ślubna*) trousseau; (*skóry*) tanning

wyprawiać *vt* dispatch, send; (*skórę*) tan; ~ się *vr* (*wyruszać*) set out

wyprężać *vt* stretch out

wyprostować *vt* straighten

wyprowadzać *vt* lead out; (*wywodzić*) trace back (od czegoś to sth); ~ć wniosek draw a conclusion; ~ć w pole deceive; ~ć z błędu undeceive; niejeden Amerykanin ~ swoje pochodzenie od

polskich przodków many an American traces his genealogy back to Polish ancestors; ~ć się *vr* move (into new quarters)

wypróbować *vt* test, try (out)

wypróbowany *adj* well-tried

wypróżniać *vt* empty

wyprysk *m* eczema

wyprzedawać *vt* sell out

wyprzedaż *f* clearance-sale, sale

wyprzedzać *vt* precede, come before; (*np. ubiegać wypadki*) forestall; get ahead (kogoś of sb)

wyprzęgać *vt* unharness; ~ konie z wozu take the horses from the cart

wypukłość *f* convexity

wypukły *adj* convex

wypuścić *vt* let out 〈off〉, let go; ~ na wolność set free, set at liberty

wypychać *vt* oust, push out; (*wypełniać*) stuff

wypytywać *vt* question, examine

wyrabiać *vt* manufacture, make; form; (*uzyskiwać*) procure; ~ się *vr* improve, acquire skill, develop

wyrachowany *adj* scheming, calculating, cold-hearted

wyraz *m* word; expression

wyrazisty *adj* expressive

wyraźny *adj* distinct, marked, explicit

wyrażać *vt* express; ~ się *vr* express oneself

wyrażenie *n* expression

wyrąb *m* cutting; (*lasu*) clearing

wyrąbać *vt* cut out; (*las*) clear

wyręczać *vt* (*zastąpić*) replace; (*dopomóc*) succour, relieve, help out; ~ się *vr*, on się zawsze kimś wyręcza he always has sb do his work for him

wyrobnica *f* charwoman, day-labourer

wyrobnik *m* day-labourer

wyrocznia *f* oracle

wyrodny *adj* degenerate

wyrodzić się *vr* degenerate

wyrok *m* sentence, verdict; **wydać** ~ pass a sentence

wyrostek *m* outgrowth; (*starszy chłopak*) stripling; *anat.* ~ robaczkowy appendix

wyrozumiałość *f* indulgence

wyrozumiały *adj* indulgent

wyrozumować *vt* reason out

wyr|ób *m* manufacture, make, article; ~oby krajowe home-made articles; ~oby żelazne hardware

wyrównać *vt* equalize, level, make even; (*rachunek*) settle, pay; *handl.* balance

wyrównanie *n* equalization, levelling; (*rachunku*) settlement, payment; *handl.* balance

wyróżniać *vt* distinguish, mark out

wyrugować *vt* remove, dislodge

wyruszyć *vi* start, set out (**w drogę** on a journey)

wyrwa *f* breach, gap

wyrwać *vi* pull out, tear out, extract

wyrządzać *vt* do, make, administer; ~ **krzywdę** do wrong

wyrzec się *vr* renounce

wyrzeczenie *n* renouncement, renunciation

wyrzucać *vt* throw out, expel; (*zarzucać*) reproach (**komuś coś** sb with sth)

wyrzut *m* (*zarzut*) reproach; *med.* eruption; ~y sumienia pangs of conscience; robić ⟨czynić⟩ ~y reproach (**komuś z powodu czegoś** sb with sth)

wyrzutek *m* outcast

wyrzynać *vt* cut out, carve; (*mordować*) slaughter

wysadzić *vt* set out; (*podróżnych*) drop, set down; (*na ląd*) land, strand; (*w powietrze*) blow up

wyschnąć *vi* dry up, become dry; (*wychudnąć*) become lean

wysepka *f* islet

wysiadać *vi* get out ⟨off⟩

wysiedlać *vt* expel, remove

wysiedlenie *n* expulsion, removal

wysilać *vt* exert; ~ **się** *vr* exert oneself, make efforts

wysiłek *m* effort

wyskakiwać, wyskoczyć *vi* spring out, jump out

wyskok *m* jump; (*wypad*) sally

wyskrobać *vt* scratch out, erase

wyskubać *vt* pluck out, pull out

wysłać *vt* send, dispatch; *zob.* **wysyłać**

wysłaniec *m* messenger, envoy

wysławiać 1. *vt* (*wychwalać*) extol, glorify

wysławiać 2. *vt* express; ~ **się** *vr* express oneself

wysłowienie *n* expression; elocution

wysłuchać *vt* give ear, hear

wysługiwać się *vr* lackey (**komuś** sb)

wysłużyć *vt* serve; render services

wysmażony *adj* fried, well-done

wysmukły *adj* slender

wysnuwać *vt* spin out, unravel; (*wnioski*) draw, deduce

wysoki *adj* high; (*o wzroście*) tall

wysokogórski *adj* high-mountain *attr*

wysokoś|ć *f* highness, height, altitude; (*sumy*) amount; (*zapłata*) w ~ci ... (payment) to the amount of ...; **stanąć na** ~ci zadania rise to the occasion

wyspa *f* island

wyspać się *vr* get enough sleep

wyspiarski *adj* insular

wyspiarz *m* islander

wyssać *vt* suck out

wystarać się *vr* procure (**o coś** sth)

wystarczający *adj* sufficient

wystarczyć *vi* suffice, be enough

wystawa *f* exhibition; (*pokaz*) display, show; (*sklepowa*) shop-window

wystawać *vi* stand out, jut

wystawca *m* exhibitor; (*np. czeku*) drawer

wystawiać *vt* put out; (*pokazać*) exhibit; (*w oknie sklepowym*) display; (*narażać*) expose; (*sztukę*) stage; (*czek*) draw; (*budować*) erect

wystawność f splendour, pomp

wystawny adj pompous, ostentatious, showy

wystawow|y adj, okno ~e show-window

wystąpić vi step ⟨come⟩ forward, step out; (ukazać się) appear; (w sądzie) bring an action ⟨accusation⟩; (np. z organizacji) withdraw, retire; ~ w teatrze appear on the stage

występ m (coś wystającego) projection; (publiczne wystąpienie) appearance; **gościnny** ~ guest performance

występek m transgression; vice, depravity

występny adj transgressional; vicious, depraved

wystosować vt (np. pismo) address

wystraszyć vt frighten; ~ się vr take fright (czegoś at sth)

wystroić vt attire, dress up; ~ się vr dress oneself up

wystrzał m shot

wystrzegać się vr guard (czegoś against sth), avoid

wystrzelić vt vi fire, shoot

wysuszyć vt dry up

wysuwać vt move forward, push out; (np. szufladę) pull open; ~ się vr draw ahead, put oneself forward

wyswobodzenie n liberation, deliverance

wyswobodzić zob. oswobodzić

wysyłać vt forward; fiz. emit; zob. wysłać

wysypać vt pour out

wysypka f med. rash

wyszczególnienie n specification

wyszczerbić vt jag

wyszukać vi find out; search out; (np. w słowniku) look up

wyszukany adj (wykwintny) choice, exquisite; (wymyślny) elaborate, sophisticated

wyszydzać vt deride

wyszynk m retail of alcoholic drinks; (miejsce) pot. pub, am. saloon

wyszywać vt embroider

wyściełać vt line, bolster up; (np. ściółkę) litter

wyścig m race; (ubieganie się o pierwszeństwo) competition, contest; ~i konne horse races ⟨racing⟩; ~ zbrojeń armament-race; przen. robić na ~i try to outdo (z kimś each other)

wyśledzić vt trace out, find out, discover

wyślizgnąć się vr slip out

wyśmiać vt deride

wyśmienity adj excellent, exquisite

wyświadczyć vt do, render

wyświetlać vt (np. sprawę) clear up; (film) project, screen

wytarty adj threadbare, worn-out

wytchnąć vi take breath ⟨rest⟩

wytchnienie n rest, repose

wytępić vt exterminate

wytępienie n extermination

wytężać vt strain

wytężenie n strain, exertion

wytężony adj intense, strained

wytknąć vt put out; (błąd) expose, point out

wytłaczać vt (wyciskać) squeeze out, extract; (drukować) imprint, impress; (nadawać kształt) emboss

wytłumaczyć vt explain; ~ się vr excuse oneself

wytoczyć vt roll out; (sprawę sądową) bring a law-suit (komuś against sb), sue; (płyn z beczki) tap off

wytrawny adj experienced, consummate; (o winie) dry

wytrącić vt push out, knock out; ~ kogoś z równowagi throw sb out of balance

wytropić vt track, trace, search out

wytrwać vi hold out

wytrwałość f perseverance, endurance

wytrwały adj enduring, persevering

wytrysk *m* spout, jet; ejaculation

wytryskać *vt vi* spout, jet

wytrząść *vt* shake out

wytrzebić *vt* exterminate; *(las)* clear

wytrzeszczyć *vt*, ~ **oczy** goggle

wytrzeźwić *vt* make sober, sober down

wytrzeźwieć *vi* become sober, sober down

wytrzyma|ć *vt (znieść)* stand, endure; *vi (przetrzymać)* hold out, last (out); **to nie ~ przez zimę** this will not last out the winter

wytrzymałość *f* endurance

wytrzymały *adj* resistant; durable; *(zahartowany)* enduring; *(o rzeczach)* fast, lasting

wytrzymani|e *n*, **nie do ~a** unbearable, past all bearing

wytwarzać *vt* produce, manufacture; *(tworzyć)* form

wytworność *f* distinction, exquisiteness

wytworny *adj* distinguished, exquisite

wytwór *m* product; piece of work

wytwórczość *f* productivity, production

wytwórczy *adj* productive

wytwórnia *f* factory, plant, mill

wytyczać *vt (granicę)* delimit, delimitate; *(linię)* draw, trace

wytyczna *f* directive line

wytyczny *adj* directive

wytykać *zob.* **wytknąć**

wyuzdany *adj* unbridled, licentious

wywabiać *vt* lure out, coax away; *(plamy)* take out

wywalczyć *vt* fight out, obtain by fighting

wywalić *vt pot. (np. drzwi)* break open; *(wyrzucić)* shove out

wywar *m* decoction

wyważyć *vt* weigh; *(np. drzwi)* force, unhinge

wywdzięczyć się *vr* express thanks, return

wywiad *m* interview; *polit. i wojsk.* intelligence; *wojsk. (zwiad)* reconnaissance

wywiadywać się *vr* inquire (o **kogoś, coś** after sb, about sth)

wywiązać się *vr* acquit oneself (z **czegoś** of sth); *(o chorobie, rozmowie)* set in, develop

wywierać *vt (np. wpływ)* exert; *(np. zemstę, złość)* wreak

wywieść *zob.* **wywodzić**; ~ **w pole** deceive

wywietrzeć *vi* evaporate, volatilize

wywietrzyć *vt* air, ventilate

wywijać *vi* wave, flourish, brandish; ~ **się** *vr* elude

wywlekać *vt* drag out, draw out

wywłaszczać *vt* expropriate

wywłaszczenie *n* expropriation

wywnętrzać się *vr* unbosom oneself *(przed kimś* to sb, *z czymś* regarding sth)

wywnioskować *vt* infer, conclude

wywodzić *vt (wyprowadzać)* lead out; *(np. pochodzenie)* derive; *(wywnioskować)* infer, deduce; *(dowodzić)* argue; ~ **się** *vr* be derived, originate

wywołać *zob.* **wywoływać**

wywoływać *vt* call out ⟨forth⟩; *(powodować)* evoke, cause, bring about; *fot.* develop

wywozić *vt* carry out; export

wywód *m* deduction, inference

wywóz *m* removal, carrying out; export

wywracać *vt* overturn, upset; ~ **się** *vr* overturn; *(o łodzi)* capsize

wywyższać *vt* elevate, raise; extol

wywyższenie *n* elevation

wyzbyć się *vr* get rid **(czegoś** of sth); deprive oneself **(czegoś** of sth)

wyzdrowieć *vi* recover

wyzdrowienie *n* recovery

wyziew *m* exhalation

wyznaczać *vt (mianować)* appoint; *(zaznaczać)* mark out; *(przydzielać)* allot

wyznacznik *m mat.* determinant

wyznać *zob.* **wyznawać**

wyznanie *n (przyznanie)* avowal;

(*religijne*) denomination; (*wiary*) confession; (*miłości*) declaration

wyznawać *vt* (*przyznawać*) avow, confess; (*np. religię*) profess; (*miłość*) declare

wyznawca *m* confessor, believer

wyzuć *vt* deprive, bereave (**kogoś z czegoś** sb of sth)

wyzwać *vt* challenge, provoke, defy

wyzwalać *vt* liberate, free; emancipate

wyzwanie *n* challenge, defiance; **rzucić ~** throw down the gauntlet

wyzwolenie *n* liberation, deliverance

wyzwolić *vt* liberate, free; **~ się** *vr* free oneself; **~ się na czeladnika** qualify as a journeyman

wyzysk *m* exploitation

wyzyskiwacz *m* exploiter

wyzyskiwać *vt* exploit

wyzywać *zob.* **wyzwać**; (*przezywać*) call names (**kogoś** sb), abuse

wyzywający *adj* provocative

wyżebrać *vt* obtain by begging

wyżej *adv* higher; above

wyżeł *m* pointer

wyżłobić *vt* hollow out, groove

wyższość *f* superiority

wyższy *adj* higher; (*rangą itp.*) superior

wyżyć *vi* manage to live; **~ się** *vr* live a full life

wyżymaczka *f* wringer

wyżymać *vt* wring

wyżyna *f* upland

wyżywić *vt* feed, nourish; **~ się** *vr* make a living

wyżywienie *n* living, maintenace

wzajemność *f* mutuality, reciprocity

wzajemny *adj* mutual, reciprocal

w zamian *adv* in exchange, in return (**za coś** for sth)

wzbić się *vr* rise, soar up

wzbierać *vi* swell; rise

wzbogacać *vt* enrich; **~ się** *vr* become rich

wzbogacenie *n* enrichment

wzbraniać *vt* forbid; **~ się** *vr* refuse, decline (**przed czymś** sth)

wzbudzać *vt* excite, cause, inspire

wzbudzenie *n* excitement, inspiration; *fiz.* excitation

wzburzenie *n* stir, excitement

wzburzony *adj* stirred, troubled; (*o morzu*) rough

wzburzyć *vt* stir up, agitate, trouble

wzdąć *zob.* **wzdymać**

wzdłuż *praep* along; *adv* alongside, lengthwise

wzdrygać się *vr* shrink (**przed czymś** from sth)

wzdychać *vi* sigh (**za kimś, czymś** for sb, sth)

wzdymać *vt* inflate, puff up

wzgarda *f* contempt (**dla kogoś, czegoś** for sb, sth)

wzgardliwy *adj* contemptuous, scornful

wzgardzić *vt* despise, spurn

wzgląd *m* regard, respect; consideration; **pod ~ędem** with regard (**czegoś** to sth); **przez ~ąd** in regard (**na coś** of sth); **ze ~ędu** with regard (**na kogoś, na coś** to ⟨for⟩ sb, to ⟨for⟩ sth)

względność *f* relativity

względny *adj* relative; (*stosunkowy*) considerate, indulgent

wzgórek *m* hillock

wzgórze *n* hill

wziąć *vt* take; *zob.* **brać**; **~ do niewoli** take prisoner; **~ górę** get the upper hand; **~ za złe** take amiss; **~ się** *vr*, **~ się do pracy** set to work

wziewanie *n* inhalation

wziętość *f* popularity

wzięty *adj* popular, fashionable

wzlot *m* flight, ascent

wzmacniać *vt* strengthen, reinforce; intensify; *radio* amplify; **~ się** *vr* gather strength

wzmagać *vt* increase, intensify; **~ się** *vr* increase, grow more intense

wzmianka *f* mention (**o czymś** of sth)

wzmożenie *n* increase
wzmożony *adj* increased
wznak, na ~ *adv* on the back
wzniecić *vt* stir up, excite
wzniesienie *n* elevation
wznieść *zob.* **wznosić**
wzniosłość *f* sublimity; loftiness; (*wzniesienie*) elevation
wzniosły *adj* sublime; elevated, lofty
wznosić *vt* raise, lift, elevate, erect; ~ **toast** propose a toast; ~ **się** *vr* rise, ascend; *lotn.* climb
wznowić *vt* revive, renew; resume; (*np. książkę*) reprint
wznowienie *n* revival; resumption; (*np. książki*) reprint
wzorować *vt* pattern; (*modelować*) model; ~ **się** (*na kimś, czymś* on sb, sth); pattern (*według czegoś* after sth); follow the example
wzorow|y *adj* exemplary; model

attr; ~**a szkoła** model school
wzorzec *m* pattern, standard
wzorzysty *adj* figured; ~ **materiał** fancy cloth
wzór *m* pattern, model; design; *mat.* formula
wzrastać *vt* grow up
wzrok *m* sight; (*spojrzenie*) look
wzrokowy *adj* optical; visual
wzrost *m* growth, development; (*cen, kosztów*) rise, increase; (*człowieka*) stature, height; **człowiek średniego ~u** man of medium height
wzruszać *vt* move, affect, touch; ~ **się** *vr* be moved, be affected
wzruszający *adj* moving, touching
wzruszenie *n* emotion, affection
wzwyż *adv* up, upwards
wzywać *vt* bid, order, call; (*np. lekarza do domu*) call in; (*urzędowo, np. do sądu*) summon; ~ **pomocy** call for help

Z

z, ze *praep* with; from, off, out of; through, by; of; **razem z kimś** together with sb; **jeden z wielu** one out of many; **jedno z dzieci** one of the children; **zrobiony z drzewa** made of wood; **pić ze szklanki** drink out of a glass; **przychodzę ze szkoły** I am coming from school; **wyjść z domu** leave home; **zdjąć obraz ze ściany** take the picture off the wall; **zejść ⟨zboczyć⟩ z drogi** go out of one's way; **żyć z hazardu** live by gambling; **ze strachu** for fear; **z nieświadomości** through ignorance; **to uprzejmie z twojej strony** it is kind of you; *adv* (*około*) about
za *praep* for; behind; after; by; in; on; **biegać za kimś** run after sb; **mieć kogoś za nic** have no regard

for sb; **trzymać za rękę** hold by the hand; **wyjść za mąż** get married; **dzień za dniem** day by day; **za czasów** at ⟨in⟩ the time; **za dnia** by day; **za godzinę** an hour; **za gotówkę** for cash; **za każdym krokiem** at each step; **za miastem** outside the town; **za pokwitowaniem** on receipt; **za ścianą** behind the wall; **za zapłatą** on payment; **co to za człowiek?** what ⟨kind of⟩ man is he?; **co to za książki?** what ⟨kind of⟩ books are these?
zabarwienie *n* hue, stain, dye
zabawa *f* amusement, entertainment, play; fun; ~ **taneczna** dance
zabawiać *vt* amuse; ~ **się** *vr* amuse oneself, have some fun
zabawka *f* toy, plaything

zabawny *adj* amusing, funny

zabezpieczenie *n* guarantee, security, protection; providing (kogoś for sb); placing in safety (czegoś sth)

zabezpiecz|yć *vt* safeguard, secure, place in safety; guarantee; ~yć rodzinę provide for one's family; ~yć się *vr* assure oneself, secure oneself, take measures of precaution; być ~onym be provided for; be placed in safety

zabić *zob.* zabijać

zabieg *m* measure, resource, endeavour; (*lekarski*) intervention; czynić ~i take measures; take pains

zabiegać *vi* strive (o coś for sth); make great endeavours (o coś towards sth); ~ komuś drogę cross sb's path

zabierać *vt* take, take off ⟨away⟩; ~ dużo czasu take much time; ~ głos begin to speak; ~ się *vr* get off, clear out; set (do czegoś about sth); ~ się do roboty set to work

zabijać *vt* kill; (*np. beczkę*) bung; (*gwoździami*) fix, provide with nails

zabliźnić się *vr* cicatrize, close up

zabłądzić *vi* go astray, lose one's way

zabłocić *vt* splash ⟨cover⟩ with mud; soil, make dirty

zabobon *m* superstition

zabobonny *adj* superstitious

zabol|eć *vi* begin to ache; *przen.* to mnie ~ało this has hurt me

zaborca *m* conqueror, invader

zaborczy *adj* rapacious; predatory; grasping; invasive

zabójca *m* killer, homicide, murderer

zabójczy *adj* murderous, killing, homicidal; destructive

zabójstwo *n* manslaughter, murder

zabór *m* conquest, occupation, annexation; annexed territory

zabrak|nąć *vi* fall short, run short (czegoś of sth); ~ło nam benzyny we ran short of petrol

zabrania|ć *vt* forbid, prohibit, interdict; ~ się pod karą... it is forbidden on ⟨under⟩ penalty ⟨on pain⟩ of...

zabudowa|ć *vt* cover with buildings, build upon; close a passage with brick and mortar; plac został ~ny the plot has been built upon

zabudowani|e *n* building; *pl* ~a premises

zaburzenie *n* disorder, trouble

zabytek *m* monument, relic

zachcianka *f* fancy, caprice

zachęcać *vt* encourage

zachęta *f* encouragement

zachłanność *f* greed

zachłanny *adj* greedy

zachłysnąć się *vr* be choked

zachmurz|yć *vt* cloud; ~yć się *vr* cloud, be covered with clouds; become gloomy; ~one czoło frown

zachodni *adj* western, west

zachodzić *vi* arrive; (o wypadku) happen, occur; (o słońcu) set; (o kwestii) arise; ~ do kogoś call on sb; ~ komuś drogę cross sb's path

zachorować *vi* fall ill, be taken ill (na coś of, with sth)

zachowanie (się) *n* behaviour, conduct

zachowawczy *adj* conservative

zachowywać *vt* preserve, keep; ~ ciszę keep silent; ~ ostrożność be on one's guard, be cautious; ~ pozory keep up appearances; ~ obyczaje observe customs; ~ się *vr* behave, deport oneself, bear oneself

zachód *m* west; (*trud*) pains *pl*, endeavour; ~ słońca sunset; na ~ west of

zachrypnąć *vi* get ⟨grow⟩ hoarse

zachrypnięty *adj* hoarse

zachwalać *vt* praise

zachwiać *vt* shake, cause to tremble; ~ się *vr* shake, be shaken, reel

zachwycać *vt* charm, enchant, fascinate; ~ się *vr* be charmed, be enraptured (czymś with sth), rave (czymś about sth)

zachwyt *m* enchantment, rapture

zaciąg *m wojsk.* enrollment, recruitment

zaciąg|ać *vt* (*do wojska*) enroll, recruit; (*ciągnąć*) draw, drag; ~ać dług contract ⟨incur⟩ a debt; ~nąć się *vr* enlist, join up; ~ać się papierosem inhale the smoke

zaciekawić *vt* intrigue, puzzle, arouse curiosity, pique

zaciekły *adj* embittered; rapid; (*o wrogu*) sworn

zaciemnić *vt* obscure, eclipse; (*np. okna*) black out

zaciemnienie *n* obscurity; (*przeciwlotnicze*) black-out

zacierać *vt* efface, obliterate

zacieśnić *vt* tighten up

zacięty *adj* obstinate, stubborn

zaciąć *vt* notch, slit, cut; ~ się *vr* (*w mowie*) hesitate, falter; (*o zamku, maszynie itp.*) jam, get jammed

zaciskać *vt* press together, compress, tighten up; ~ pięść clench one's fist; *przen.* ~ pasa tighten one's belt

zacisze *n* retreat, solitude

zacny *adj* honest, good

zacofanie *n* backwardness

zacofany *adj* backward, reactionary, rusty; ~ **gospodarczo** underdeveloped

zaczadzenie *n* asphyxia, suffocation

zaczadzieć *vi* become asphyxiated

zaczaić się *vr* lie in ambush; ~ **na kogoś** lay an ambush for sb

zaczarować *vt* enchant, bewitch

zacząć *zob.* **zaczynać**

zaczepiać *vt* hook on; (*podejść do kogoś*) accost; (*napaść*) attack

zaczepk|a *f* attack; **szukać** ~**i** pick a quarrel

zaczepn|y *adj* aggressive; **przymierze** ~**o-odporne** offensive and defensive alliance

zaczerwienić *vt* redden, make red; ~ **się** *vr* redden, (*zarumienić się*) blush

zaczyn *m* ferment

zaczynać *vt vi* begin, start, commence; ~ **się** *vr* begin, start, commence

zaćmić *vt* obscure, eclipse

zaćmienie *n* eclipse

zada|ć *vt* give, put; (*o zadaniu do opracowania*) set a task; ~ć cios deal a blow; ~ć pytanie put a question; ~ć sobie trud take the trouble; ~**ne lekcje** home lessons; **mamy dużo** ~**ne** we have many home lessons to do

zadanie *n* task; **dać** ~ set a task

zadatek *m* earnest, advance payment

zadatkować *vt* pay in earnest

zadawać *zob.* **zadać**; ~ **się** *vr* associate (**z kimś** with sb)

zadłużony *adj* (deeply) in debt; indebted

zadłużyć się *vr* get into debt

zadośćuczynić *vi* give satisfaction, do justice; ~ **prośbie** comply with the request

zadowalający *adj* satisfactory

zadowolenie *n* satisfaction, contentment; ~ **z samego siebie** self-complacency

zadowolić *vt* satisfy, gratify; ~ **się** *vr* content oneself

zadowolony *adj* satisfied, content(ed)

zadrapać *vt* scratch open, make sore with scratching

zadrasnąć *vt* scratch open; *przen.* hurt

zadrażnienie *n* irritation

zadrzewiać *vt* afforest

zadrzewienie *n* afforestation

zaduch *m* stifling air

zaduma *f* meditation, day-dream

zadusić *vt* stifle, choke, smother

Zaduszki *s pl* All Souls' Day

zadymka *f* snow-drift

zadyszany *adj* breathless

zadzierać *vt vi* lift ⟨pull⟩ up; tear open, rend; *pot.* ~ **nosa** give oneself great airs; ~ **z kimś** seek a quarrel with sb

zadziwiać *vt* astonish, amaze

zadzwonić *vi* ring; ~ **do kogoś** ring sb up

zagadka *f* riddle, puzzle

zagadkowy *adj* puzzling, enigmatic

zagadnąć *vt* address

zagadnienie *n* question, problem

zagaić *vt* (*np. posiedzenie*) open

zagajnik *m* grove

zagarnąć *vt* take, capture

zagęszczać *vt* condense, compress

zagiąć *vt* bend, turn down

zaginąć *vi* go ⟨be⟩ lost

zaginiony *adj* lost

zaglądać *vi* peep; look up (**do książki** the book); call (**do kogoś** on sb)

zagłada *f* extinction, extermination

zagłębić *vt* plunge, sink; ~ **się** *vr* plunge, dive, sink; ~ **się w studiach** be engaged in study

zagłębie *n* basin; ~ **naftowe** oil-field; ~ **węglowe** coal-basin, coal-field

zagłębienie *n* hollow, cavity

zagłodzić *vt* famish

zagłuszać *vt* deafen, stun; (*audycję*) jam

zagmatwać *vt* entangle

zagmatwanie *n* entanglement

zagniewany *adj* angry (**na kogoś** with sb)

zagnieździć się *vr* nestle; *przen.* get a footing

zagorzały *adj* zealous, hot-headed

zagotować *vt* boil up; ~ **się** *vr* boil up

zagrabić *vt* seize, appropriate by force

zagranica *f* countries abroad, foreign countries

zagraniczny *adj* foreign

zagrażać *vt* threaten, menace

zagroda *f* farm-house, cottage

zagrodzić *vt* enclose

zagrożeni|e *n* menace, threat; **stan ~a** state of emergency

zagrożony *adj* menaced

zagrzebać *vt* hide in the ground; bury; ~ **się** *vr* (*o zwierzętach,*

np. o krecie) burrow; *przen.* ~ **się w książkach** be buried in the books

zagrzewać *vt* warm up; *przen.* (*np. do boju*) rouse, inflame

zagwoździć *vt* nail up, peg, spike

zahamowanie *n* check, stoppage

zahartowany *adj* inured (**na coś** to sth)

zaimek *m gram.* pronoun

zainteresowanie *n* interest

zaintonować *vt* strike up (a tune)

zaiste *adv* truly, forsooth

zajadły *adj* fanatical, furious

zajaśnieć *vi* begin to shine

zajazd *m* inn; (*najazd*) foray

zając *m* hare

zająć *zob.* **zajmować**; ~ **się czymś** set about doing sth; ~ **się od ognia** catch fire

zajechać *vi* put up (**do gospody** at an inn); drive up

zajęcie *n* occupation, business, activities; (*np. mienia*) seizure, arrest

zajmować *vt* occupy, take possession (**coś of** sth); (*stanowisko*) fill; ~ **się** *vr* occupy oneself (**czymś with** sth), be engaged (**czymś in** sth)

zajście *n* incident

zajść *zob.* **zachodzić**; ~ **w ciążę** become pregnant

zakamieniały *adj* obdurate

zakatarzony *adj* having a cold

zakaz *m* prohibition

zakazić *vt* infect

zakazywać *vt* forbid, prohibit (**czegoś** sth)

zakaźny *adj* infectious, contagious

zakażenie *n* infection

zakąsić *vt vi* have a snack

zakąska *f* snack

zakątek *m* corner, nook

zaklęcie *n* spell; conjuration

zaklinać *vt* conjure, charm; (*błagać*) conjure

zakład *m* (*instytucja*) establishment, institute, institution; (*założenie się*) bet; ~ **drukarski** printing office; ~ **krawiecki** tailor's shop; ~ **przemysłowy** industrial plant; ~ **ubezpieczeń** insurance company; iść o ~ make a bet

zakłada|ć *vt* establish, found, institute; *(np. okulary)* put on; *(ręce)* cross; *(fundament)* lay; *vi (logicznie)* presume, assume; ~**ć się** *vr* bet, make a bet, stake; ~**m się z tobą o 5 funtów** I bet you 5 pounds

zakładka *f* tuck, fold, *(w książce)* bookmark

zakładnik *m* hostage

zakłopotanie *n* embarrassment, uneasiness

zakłócać *vt* trouble, disturb

zakłócenie *n* trouble, disturbance; ~ **porządku** disorder

zakochać się *vr* fall in love *(w kimś* with sb)

zakochany *adj* in love, enamoured

zakomunikować *vt* communicate

zakon *m* order

zakonnica *f* nun

zakonnik *m* monk

zakontraktować *vt* contract *(coś* for sth), arrange by contract; *mors. (statek)* charter

zakończenie *n* conclusion, end(ing); **na** ~ to end with, at the end

zakopać *vt* bury

zakorkować *vt* cork up

zakorzenić się *vr* strike root; *przen.* become deeply rooted

zakorzeniony *adj* deep-rooted, inveterate

zakradać się *vr* steel, creep

zakres *m* range, sphere, domain, scope

zakreślić *vt (koło)* circumscribe, *(np. plan)* outline; *(zaznaczyć ołówkiem)* mark

zakręci|ć *vt* turn, twist, screw up; ~ **się** *vr* turn round, wheel about; ~**ło mi się w głowie** I'm feeling dizzy

zakręt *m* turning, bend

zakryć *vt* cover

zakrwawić *vt* stain with blood

zakrzątnąć się *vr* bestir oneself, bustle about; *pot.* buckle *(koło czegoś* to sth)

zakrzyczeć *vt* shout down; ~ **kogoś** storm at sb

zakrzywić *vt* crook, curve, bend

zakuć *vt.,* ~ **w kajdany** (en)chain, put in chains

zakup *m* purchase

zakuty *adj (w kajdany)* enchained; *pot. (o łbie)* thick-skulled, dull-witted

zakwitnąć *vi* (begin to) blossom

zalążek *m* germ, embryo

zalecać *vt* recommend, commend; ~ **się** *vr* court *(do kogoś* sb), woo *(do kogoś* sb); make love *(do kogoś* to sb)

zalecenie *n* recommendation

zaledwie *adv* scarcely, hardly, merely

zalegać *vi* be behind, be in arrears *(z czymś* with sth); *(o pieniądzach)* remain unpaid

zaległość *f* arrears *pl*

zaległy *adj* outstanding

zalepić *vt* glue over

zalesienie *n* afforestation

zaleta *f* virtue, advantage

zalew *m* inundation, flood; *(zatoka)* fresh-water bay

zalewać *vt* pour over; *(o powodzi)* inundate, flood

zależ|eć *vi* depend *(od kogoś* on sb); ~**y mi na tym** I am anxious about it; **nie** ~**y mi na tym** it does not matter to me; I don't care for it; **to** ~**y** it depends; **to** ~**y od ciebie** it depends on you; it's up to you

zależność *f* dependence

zależny *adj* dependent *(od czegoś* on sth)

zaliczać *vt* reckon, advance, pay in advance; *(szeregować)* classify, class; *(np. semestr)* attest; *(wliczać)* include

zaliczenie *n* inclusion; attestation; *handl.* **za** ~**m** cash on delivery

zaliczk|a *f* earnest; **tytułem** ~**i** in earnest

zalotnik *m* wooer, suitor

zaloty *s pl* courtship, wooing

zaludniać *vt* populate

zaludnienie *n* population
załadować *vt* load, charge
załagodzenie *n* mitigation, softening, appeasement
załagodzić *vt* allay, mitigate, compose, appease
załamać *vt* break down; *(ręce)* wring; ~ **się** *vr* break down
załamanie *n* break-down, collapse; *fiz.* refraction
załatwiać *vt* settle, arrange; *(interesy)* transact; ~ **sprawunki** shop; go ⟨do⟩ shopping; ~ **się** *vr* manage (z czymś sth); ~ **się szybko** make short work (z czymś of sth)
załatwienie *n* settlement, arrangement; *(interesów)* transaction
załącz|ać *vt* enclose (**do czegoś** with sth); *(dołączać)* annex (**do czegoś** to sth); **w ~eniu do...** enclosed with...
załącznik *m* enclosure; *(dodatek)* annex
załoga *f* crew, *wojsk.* garrison
założenie *n* foundation; *(przesłanka)* presumption, premise; assumption, principle
założyciel *m* founder
założyć *zob.* **zakładać**
zamach *m* stroke; attempt (**na życie** on life); ~ **stanu** coup d'etat; **za jednym ~em** at one stroke
zamachowiec *m* assassin
zamarły *adj* dead
zamarzły [-r-z-] *adj* frozen
zamarznąć [-r-z-] *vi* freeze up, get frozen up
zamaskować *vt* mask, camouflage
zamaszysty *adj* vigorous, brisk
zamawiać *vt* *(np. towar)* order; *(rezerwować)* reserve (**sobie for** oneself)
zamazać *vt* efface, smear over
zamącić *vt* disturb, trouble
zamążpójście *n* marriage
zamek *m* *(budowla)* castle; *(u drzwi)* lock; ~ **błyskawiczny** zip-fastener, zipper
zameldować *vt* report, register; ~ **się** *vr* report oneself, register, *am.* *(w hotelu)* check in

zamęt *m* confusion, disturbance
zamężna *adj* married
zamglony *adj* hazy, foggy, misty; *(szkło, oczy)* cloudy
zamiana *f* exchange, change (**na coś** for sth)
zamiar *m* purpose, aim, design, intention; **mieć ~** intend, mean
zamiast *praep* instead of
zamiatać *vt* sweep
zamieć *f* *(śnieżna)* snow-drift
zamienić *vt* change, exchange (**coś na coś** sth for sth)
zamienny *adj* exchangeable; *(zapasowy)* reserve, spare
zamierać *vi* die off, expire
zamierzać *vt* intend, mean, be going; ~ **się** *vr* raise one's hand to strike
zamierzchły *adj* remote, old, immemorial
zamieszać *vt* stir ⟨mix⟩ up
zamieszanie *n* confusion
zamieszczać *vt* place, put; *(w prasie)* insert, have printed
zamieszkać *vi* take lodgings; put up; reside
zamieszkały *adj* resident, living, domiciled
zamieszkani|e *n*, **miejsce ~a** dwelling-place, abode, domicile
zamieszkiwać *vi* live; *vt* inhabit
zamilknąć *vi* become silent
zamiłowanie *n* predilection, love, liking (**do czegoś** for sth)
zamiłowany *adj* passionately fond (**w czymś** of sth)
zamknąć *vt* close, shut, *(na klucz)* lock; *(w czterech ścianach)* shut in, lock in, lock up
zamknięcie *n* closing device; lock; fastener, *(pomieszczenie)* seclusion, *(zakończenie)* close, closing; *(ulicy)* blocking
zamoczyć *vt* wet, soak
zamorski *adj* oversea
zamożność *f* prosperity, wealth
zamożny *adj* well-to-do, wealthy
zamówić *zob.* **zamawiać**
zamówienie *n* order
zamrażać *vt* freeze, refrigerate

zamroczenie *n* stupefaction, numbness

zamroczyć *vt* benumb, stupefy

zamsz *m* chamois-leather

zamulić *vt* fill with mud

zamurować *vt* wall up

zamydlić *vt* soap; *przen.* ~ komuś oczy throw dust in sb's eyes

zamykać *zob.* **zamknąć**

zamysł *m* design

zamyślenie *n* meditation

zamyślić *vt* design; ~ się *vr* be lost in thoughts

zamyślony *adj* lost in thoughts

zanadto *adv* too, too much, too many

zaniechać *vt* give up

zanieczyszczenie *n* soiling, pollution, impurity

zanieczyścić *vt* soil, foul, pollute

zaniedbanie *n* neglect, negligence

zaniedbywać *vt* neglect; (*np. okazję*) miss

zaniemóc *vi* become ill

zaniemówić *vi* become dumb

zaniepokoić *vt* alarm, make uneasy

zaniepokojenie *n* alarm, anxiety, uneasiness

zanieść *vt* carry; (*prośbę*) address

zanik *m* disappearance, loss, decay, atrophy

zanikać *vi* disappear, decline, dwindle

zanikły *adj* lost, decayed, atrophic

zanim *conj* before, by the time

zanocować *vi* stay for the night

zanosi|ć *zob.* **zanieść**; ~ się na deszcz it is going to rain

zanotować *vt* *vi* make a note (**coś** of sth), note, put down

zanurzyć *vt* plunge, (*np. pióro*) dip; ~ się *vr* plunge

zaoczn|y *adj*, **studia** ~**e** extramural ⟨non-resident⟩ studies; **wyrok** ~**y** judgement by default

zaognić *vt* inflame

zaokrąglić *vt* round off

zaopatrywać *vt* provide, supply (**w coś** with sth), store; protect (**okna na zimę** the windows for the winter); (*na przyszłość*) provide (**kogoś** for sb)

zaopatrzenie *n* (*wyposażenie*) equipment; (*aprowizacja*) provision, maintenance; ~ **w środki żywności** victualling

zaopatrzony *adj* provided for

zaorać *vt* plough over

zaostrzyć *vt* sharpen, whet; (*sytuację*) aggravate

zaoszczędzić *vt* economize, save

zapach *m* smell, odour

zapadać *vi* sink, fall in; (*o nocy*) set in; (*o wyroku*) be pronounced, be passed; ~ **na zdrowiu** fall ill; ~ **się** *vr* fall in, sink, decay

zapadł|y *adj* sunken; ~**a wieś** out-of-the-way village

zapakować *vt* pack up

zapalczywość *f* impetuosity, vehemence

zapalczywy *adj* impetuous, vehement

zapalenie *n* ignition; (*światła*) lighting; *med.* inflammation; *med.* ~ **otrzewnej** peritonitis; ~ **płuc** pneumonia

zapaleniec *m* fanatic, enthusiast

zapalić *vt* (*światło*) light; (*podpalić*) set on fire; ~ **ogień** make fire; ~ **się** *vr* catch fire; *przen.* become enthusiastic (**do czegoś** about sth)

zapalniczka *f* ⟨cigarette-⟩lighter

zapalny *adj* inflammable

zapał *m* ardour, enthusiasm

zapałka *f* match

zapamiętać *vt* retain in memory, note, memorize

zapamiętałość *f* frenzy, fury

zapamiętały *adj* frantic, furious

zapanowa|ć *vi* become prevalent; (*pokonać*) overmaster; (*nastać*) set in; ~**ć nad sobą** master oneself; ~**ła piękna pogoda** a fine weather has set in

zaparzenie *n* infusion

zaparzyć *vt* infuse

zapas *m* stock, store, reserve; ~ **do ołówka** refill; *pl* ~**y** supplies zapasowy *adj* reserve, spare

zapasy *s pl sport* contest, wrestling-match

zapaśnik *m* wrestler, prize-fighter

zapatrywać się *vr* fix one's eyes (w coś on sth); be of opinion (na coś about sth)

zapatrywanie *n* view, opinion

zapełnić *vt* fill up

zapewne *adv* surely, certainly

zapewnić *vt* assure; (*zabezpieczyć*) secure

zapewnienie *n* assurance

zapiąć *zob.* zapinać

zapieczętować *vt* seal up

zapierać się *vr* deny (czegoś sth)

zapinać *vt* button up, buckle

zapis *m* (*wpis*) registration; (*testament*) legacy, bequest; (*np. w grze*) note, mark

zapisać *vt* write down, note; (*lekarstwo*) prescribe; ~ w testamencie bequeath; *vr* ~ się na uniwersytet matriculate at a university, enter a university; ~ się na wykłady subscribe to a course of lectures

zapity *adj* sottish

zaplątać *v* entangle

zapłacić *vt* pay

zapłakany *adj* in tears

zapłata *f* payment

zapłodnić *vt* fructify, (*kobietę*) impregnate

zapłodnienie *n* fructification, impregnation

zapłon *m* ignition

zapłonąć *vi* flare up

zapobiegać *vi* guard (czemuś against sth), prevent, obviate (czemuś sth)

zapobieganie *n* prevention

zapobiegawczy *adj* preventive

zapobiegliwy *adj* industrious; provident

zapoczątkować *vt* inaugurate, start

zapodziać *vt* misplace, lose

zapominać *vt* forget; ~ się *vr* forget oneself

zapomnienie *n* oblivion

zapomoga *f* aid, subsidy

zapora *f* (*przeszkoda*) obstacle; (*zagrodzenie*) bar; ~ wodna barrage; (water) dam

zaporowy *adj* barrage; *wojsk.* ogień ~ barrage, curtain-fire

zapotrzebować *vt* demand, require

zapotrzebowanie *n* demand, requirement

zapowiadać *vt* announce

zapowiedź *f* announcement; (*przedślubna*) banns *pl*

zapoznać *vt* acquaint; ~ się *vr* get acquainted

zapoznanie *n* acquaintance

zapożyczyć się *vr* contract a debt, get into debt

zapracować *vt* earn

zapracowany *adj* earned; (*przemęczony*) overworked

zapragnąć *vt* become desirous (czegoś of sth)

zapraszać *vt* invite

zaprawa *f* (*np. potrawy*) seasoning; (*murarska*) mortar; (*sportowa*) training

zaprawiać się *vr* train (do czegoś for sth)

zaprawić *vt* season

zaprosić *zob.* zapraszać

zaproszenie *n* invitation

zaprowadzić *vt* lead, conduct; ~ nową modę start a new fashion; ~ nowe porządki establish a new order of things; ~ zwyczaj introduce a custom

zaprowiantowanie *n* provisioning; *zbior.* provisions *pl*

zaprzeczać *vi* deny (czemuś sth)

zaprzeczenie *n* denial

zaprzeć się *zob.* zapierać się

zaprzepaścić *vt* lose, dissipate, waste

zaprzestać *vi* desist (czegoś from sth), discontinue, stop

zaprzęg *m* team, harness

zaprzęgać *vt* put (do wozu to the cart)

zaprzyjaźnić się *vr* make friends

zaprzyjaźniony *adj* friendly, intimate

zaprzysiąc *vt* swear, confirm by oath

zasłaniać

zaprzysiężenie n (kogoś) swearing-in; (czegoś) confirmation by oath

zapusty s pl carnival

zapuszczać vt let in, throw in; (brodę) grow; (zaniedbywać) neglect; ~ się vr plunge, penetrate

zapychać vt stuff, cram

zapyt|ać, zapyt|ywać vt ask; ~ać, ~ywać się vr question

zapytani|e n question; znak ~a question-mark

zarabiać vt earn, gain; ~ na życie earn one's bread (one's living)

zaradczy adj preventive; środek ~ preventive (means)

zaradny adj resourceful

zaraz adv at once, directly

zaraza f infection, pestilence

zarazek m bacillus, virus

zarazem adv at the same time, at once

zarazić vt infect; ~ się vr become infected

zaraźliwy adj infectious, contagious

zarażać zob. zarazić

zarażenie n infection

zardzewieć vi rust

zaręczyć się vr become engaged (to be married)

zaręczyny s pl betrothal

zarobek m gain, earning

zarobkować vi earn by working

zarodek m germ, embryo

zaroić się vr begin to swarm

zarosły adj overgrown

zarosnąć vi overgrow

zarost m hair, beard

zarośla s pl thicket

zarozumialec m presumptuous fellow

zarozumiałość f self-conceitedness

zarozumiały adj presumptuous, self-conceited, bumptious

zarówno adv, ~ jak as well as

zarumienić się vr redden, become red; (np. ze wstydu) blush

zarys m outline, sketch, draft

zarysować się vr become delineated; (pojawiać się) become visible

zarząd m administration, management; ~ główny board, council

zarządca m administrator, manager

zarządzać vt administer, manage (czymś sth)

zarządzenie n disposition, order

zarządzić vt order

zarzewie n embers pl; (głownia) firebrand

zarzucać vt (zaniechać) give up; (coś na siebie) put on; reproach (coś komuś sb with sth); (zasypywać) pelt; (pytaniami) molest; (towarem) flood; vi (o aucie) skid

zarzut m reproach, objection; bez ~u faultless; czynić ~y raise objections (komuś to sb)

zasad|a f principle, maxim; chem. alkali, base; z ~y as a rule

zasadniczy adj fundamental, cardinal

zasadzka f ambush

zasądzić vt (skazać) sentence; (sądownie przyznać) adjudge

zasępić vt depress; ~ się vr become gloomy

zasępiony adj gloomy, mournful

zasiadać vi sit down, take a seat, sit; ~ do roboty set to work

zasiew m sowing; seed-corn

zasięg m (np. ramienia) reach; (zakres) domain, scope, sphere; wojsk. (np. ognia) range

zasięgać vt (czyjejś rady) consult sb; ~ informacji inquire

zasilać vt reinforce; (np. pieniędzmi) support

zasiłek m subsidy; ~ chorobowy sick benefit

zaskarbić vt (sobie) gain

zaskarżyć vt accuse, bring an action

zasklepić vt vault; ~ się vr med. cicatrize; przen. shut oneself in

zaskoczenie n surprise

zaskoczyć vt surprise

zaskórny adj (o wodzie) subterranean

zasłabnąć vi become ill

zasłaniać zob. zasłonić

zasłona *f* cover, veil, screen, blind, shelter

zasłonić *vt* (*zakryć*) cover, veil, cloak, (*osłonić*) screen, shelter

zasług|a *f* merit; położyć ~i deserve well (**dla kraju of the country**)

zasługiwać *vi* deserve, merit (**na coś sth**)

zasłużon|y *adj* well-deserved; ~a kara well-deserved punishment; ~y człowiek man of merit

zasłużyć *vi* deserve, merit (**na coś** sth); ~ się *vr* render service, make a contribution

zasłynąć *vi* become famous

zasmucić *vt* make sad, sadden; ~ się *vr* become sad, sadden

zasnąć *vi* fall asleep

zasobny *adj* wealthy, well-to-do; well stocked

zas|ób *m* store, stock; supply; ~oby pieniężne pecuniary resources; ~oby żywnościowe provisions; ~ób wyrazów vocabulary; stock of words 〈vocabulary〉

zaspa *f* (*piasku*) dune, (*śnieżna*) snow-drift

zaspać *vi* oversleep

zaspokoić *vt* satisfy; (*głód, ciekawość*) appease; (*pragnienie*) quench

zaspokojenie *n* satisfaction

zastać *vt* find

zastanawiać *vt* make think; ~ się *vr* reflect (**nad czymś on sth**)

zastanowienie *n* reflection

zastarzały *adj* inveterate

zastaw *m* pawn, pledge; dać w ~ put in pawn

zastawa *f* (*zapora*) barrage; (*stołowa*) table-service

zastawić *vt* bar, block; (*stół*) serve; (*w lombardzie*) pawn, pledge

zastąpić *vt* replace; (*drogę*) bar

zastęp *m* host

zastępca *m* substitute, representative, proxy, deputy

zastępczo *adv* in sb's place, temporarily

zastępczy *adj* substitutional

zastępować *zob.* zastąpić

zastępstwo *n* replacement, substitution, (*np. handlowe*) representation

zastosować *vt* apply, adapt; ~ się *vr* comply (**do czegoś with sth**), conform (**do czegoś to sth**)

zastosowanie *n* adaptation, application

zastój *m* stagnation

zastraszyć *vt* intimidate, frighten

zastrzegać *vt* reserve; ~ się *vr* stipulate (**, że that**)

zastrzelić *vt* shoot dead

zastrzeżenie *n* reservation, provision, restriction

zastrzyk *m* injection; ~ domięśniowy 〈dożylny, podskórny〉 intramuscular 〈intravenous, hypodermic〉 injection

zastrzyknąć *vt* inject

zastygnąć *vi* (*zakrzepnąć*) congeal

zasunąć *vt* shove, push

zasuszyć *vt* dry up

zasuwa *f* bar, bolt

zasypać *vt* cover, fill up; (*obsypać*) strew; *przen.* (*towarami*) flood

zasypiać *vi* drop off, fall asleep; *zob.* zaspać

zaszczepiać *vt* graft; *med.* inoculate

zaszczycać *vt* honour

zaszczyt *m* honour; przynosić ~ do credit (**komuś sb**)

zaszczytny *adj* honourable

zaszkodzić *vi* injure, prejudice, do harm

zasznurować *vt* lace, tie

zasztyletować *vt* stab

zaszyć *vt* sew up; ~ się *vr* hide oneself, shut oneself in

zaś *conj* but

zaślepienie *n* blindness, *przen.* infatuation

zaślubić *vt* marry

zaśmiecić *vt* make dirty, muck

zaświadczenie *n* certificate, attestation

zaświadczyć *vt* certify, attest

zaświecić *vt* light, make light; *vi* begin to shine

zaświtáć *vi* dawn; ~ła mu myśl the idea dawned upon ⟨on⟩ him

zataczać *vt* roll; (*koło*) trace, describe; ~ się *vr* reel, tumble, stagger

zataić *vt* conceal

zatamować *vt* stop

zatarasować *vt* block, barricade

zatarg *m* conflict; popaść w ~ to get into conflict

zatem *conj* then, therefore, and, accordingly

zatęchły *adj* musty

zatęsknić *vi* (begin to) pine ⟨long⟩ (za kimś for sb)

zatkać *vt* stop; (*szpary*) calk

zatłuścić *vt* grease

zatoka *f* bay, creek

zatonąć *vi* sink

zatopić *vt* sink, drown

zatracenie *n* ruin, perdition

zatracić *vt* lose, waste; ~ się *vr* be lost

zatroskać się *vr* become anxious (o coś about sth)

zatrucie *n* poisoning

zatruć *vt* poison

zatrudniać *vt* employ; (*zajmować pracą*) keep busy

zatrudnienie *n* employment; (*zajęcie*) occupation

zatrwożyć *vt* alarm, frighten; ~ się *vr* become alarmed

zatrzask *m* thumb-lock; (*do drzwi*) safety-lock; (*do ubrania*) (snap)-fastener

zatrzasnąć *vt* slam

zatrzymać *vt* stop; (*nie oddać*) retain, keep; (*przetrzymać, aresztować*) detain; ~ się *vr* stop, remain

zatwardzenie *n med.* constipation

zatwierdzenie *n* confirmation; ratification

zatwierdzić *vt* confirm, sanction; ratify

zatyczka *f* plug

zatykać *zob.* zatkać

zaufać *vi* confide (komuś in sb)

zaufaníe *n* confidence, credence; godny ~a trustworthy; darzyć ~em put trust (kogoś in sb); cieszyć się wielkim ~em be in a position of great trust; w ~u confidentially; wotum ~a zob. wotum

zaufany *adj* reliable; (*poufały*) intimate

zaułek *m* backstreet; *przen.* ślepy ~ blind alley

zausznik *m* sycophant

zauważyć *vt* notice; (*napomknąć*) remark; dający się ~ perceptible

zawada *f* hindrance, obstacle

zawadiaka *m* brawler, bully

zawadzać *vi* (*przeszkadzać*) hinder, impede

zawalić *vt* stop, obstruct; ~ się *vr* collapse, break down

zawał *m med.* heart failure

zawartość *f* capacity, contents *pl*

zawarty *pp i adj* contained, closed

zaważyć *vi* weigh

zawczasu *adv* in good time

zawdzięczać *vt* be indebted

zawezwać *vt* call, summon

zawiadamiać *vt* inform, let know; (*urzędowo*) advise

zawiadomienie *n* information, advice, announcement

zawiadowca *m*, ~ stacji station-master

zawiasa *f* hinge

zawiązać *vt* tie(up), bind; *zob.* nawiązać

zawiązek *m* germ, bud

zawieja *f* turmoil, storm, (*śnieżna*) snowdrift

zawierać, zawrzeć *vt* (*mieścić w sobie*) contain, include; (*znajomość*) make; (*małżeństwo*) contract; (*pokój*) conclude

zawierucha *zob.* zawieja

zawiesić *vt* hang up; (*w obowiązkach*) suspend; (*wypłatę*) stop; (*odroczyć*) adjourn

zawieszenie *n* suspension; ~ broni armistice

zawieść *zob.* zawodzić
zawieźć *zob.* zawozić
zawijać *vt vi* wrap up; ~ **do portu** enter a harbour
zawikłać *vt* entangle, complicate
zawikłanie *n* entanglement, complication
zawiły *adj* intricate
zawiniątko *n* bundle
zawinić *vi* be guilty (**w czymś of** sth); **on w tym nie ~ł** this is no fault of his; **w czym on ~ł?** what wrong has he done?
zawisły *adj* dependent (**od czegoś on** sth)
zawistny *adj* invidious, envious
zawiść *f* envy, invidiousness
zawitać *vi* call (**do kogoś on sb**)
zawlec *vt* drag
zawładnąć *vi* come into possession, take possession (**czymś of** sth)
zawodnik *m* competitor
zawodny *adj* deceptive, delusive; untrustworthy, unreliable
zawodowiec *m* professional
zawodowy *adj* professional
zawody *s pl* competition, contest; games *pl*
zawodzić *vt vi* (*prowadzić*) conduct, lead; (*rozczarować*) disillusion, disappoint, deceive; (*nie udać się*) fail; (*rzewnie śpiewać*) sing plaintively, harp; ~ **się** *vr* be deceived ⟨disillusioned⟩
zawojować *vt* conquer
zawołać *vt* call
zawołanie *n* call, appeal; (*hasło*) watch-word; **na ~** at call, at any time
zawozić *vt* carry, convey
zawód *m* occupation, profession; (*rozczarowanie*) disappointment, disillusion, deception; **zrobić ~** disappoint, disillusion
zawracać *vi* turn back; *vt* ~ **komuś głowę** bother sb
zawrócić *zob.* zawracać
zawrót *m* (*głowy*) dizziness
zawrzeć *zob.* zawierać
zawstydzić *vt* put to shame, make feel ashamed; ~ **się** *vr* feel ashamed

zawsze *adv* always, ever; **na ~** for ever; **raz na ~** once for all
zawziąć się *vr* become hot, be bent (**na coś upon** sth), persist (**na coś** in sth)
zawziętość *f* persistence
zawzięty *adj* persistent; ~ **na coś** keen on sth, crazy about sth
zazdrosny *adj* jealous (**o kogoś, o coś of** sb, sth)
zazdrościć *vi* envy (**komuś czegoś** sb sth)
zazdrość *f* jealousy, envy
zazębiać się *vr* overlap (**o coś** sth)
zazębienie *n* overlapping
zaziębić się *vr* catch cold
zaziębienie *n* cold
zaznaczyć *vt* mark; (*podkreślić, wspomnieć*) remark
zaznać *vt* experience
zaznajomić *vt* make acquainted; ~**ć się** *vr* become acquainted (**z kimś with** sb); make the acquaintance (**z kimś of** sb); ~**łem się z nim** I have made his acquaintance
zazwyczaj *adv* usually
zażalenie *n* complaint; **wnieść ~** lodge a complaint
zażarty *adj* furious
zażądać *vt* demand, require
zażegnać *vt* ward off, prevent
zażyłość *f* intimacy
zażyły *adj* intimate
zażywać *vt* enjoy; (*lekarstwo*) take
ząb *m* tooth; ~ **mądrości** wisdom-tooth; ~ **mleczny** milk-tooth; ~ **trzonowy** molar; **ból zębów** tooth-ache
ząbkować *vi* teethe
ząbkomierz *m filat.* perforation-gauge
ząbkowany *adj* notched; *filat.* perforate
zbaczać *vi* deviate
zbankrutować *vi* become a bankrupt
zbankrutowany *adj* bankrupt
zbawca, zbawiciel *m* saviour
zbawiać *vt* save, redeem

zbawienie *n* salvation

zbawienny *adj* salutary

zbędność *f* superfluity

zbędny *adj* superfluous

zbić *vt* beat up ⟨down⟩; compact; nail together; (*stłuc*) break; (*np. twierdzenie*) refute

zbiec *vi* run away ⟨down⟩

zbieg *m* fugitive, escaped prisoner, escapee; (*zbieżność*) coincidence, concurrence, confluence; ~ **okoliczności** coincidence

zbiegać *vi* run away, run down; ~ **się** *vr* come hurriedly together; (*kurczyć się*) shrink; (*o liniach*) converge; (*o wypadkach*) coincide, concur

zbiegły *adj* run-away, fugitive

zbiegowisko *n* concourse, throng

zbieracz *m* collector

zbierać *vt* collect, gather, hoard; (*np. owoce*) pick; (*np. płyn gąbką*) sop; ~ **się** *vr* gather, assemble

zbieżność *f* convergence

zbieżny *adj* convergent

zbijać *vt* nail together; compact; (*np. argument*) refute; ~ **pieniądze** hoard money

zbiornik *m* reservoir, receptacle

zbiorowisko *m* gathering, crowd

zbiorowy *adj* collective

zbiór *m* collection; (*zboża*) harvest, crop

zbiórk|a *f* rally, assembly; (*pieniężna*) collection; **miejsce ~i** rallying-point

zbir *m* ruffian

zbity *adj* beaten; (*zwarty*) compact

zblednąć *vi* turn pale; (*o barwie*) fade away

z bliska *adv* from near, closely

zbliżać *vt* bring near; ~ **się** *vr* approach (**do kogoś** sb), come ⟨draw⟩ near, near

zbliżenie *n* approach; (*w filmie*) close-up

zbliżony *adj* approximate; related; (*podobny*) similar

zbłądzić *vi* err; (*zabłąkać się*) lose one's way

zbłąkany *adj* erring, stray

zbocze *n* slope

zboczenie *n* deviation; (*psychiczne*) aberration

zbolały *adj* aching

zborny *adj*, **punkt ~** rallying-point

zboże *n* corn, grain

zbój *m* highwayman, brigand

zbór *m* Protestant church

zbroczony *pp i adj*, ~ **krwią** blood-stained

zbrodnia *f* crime; ~ **stanu** high treason

zbrodniarz *m* criminal

zbrodniczy *adj* criminal

zbroić *vt* arm; ~ **się** *vr* arm

zbroja *f* armour

zbroje|nie *n* (*zw. pl* ~**nia**) armament; **wyścig** ~**ń** armaments race

zbrojn|y *adj* armed; **siły ~e** armed forces

zbrojony *adj* (*np. beton*) armoured

zbrojownia *f* arsenal, armoury

zbryzgać *vt* besprinkle

zbrzyd|nąć *vi* become ugly; (*stać się wstrętnym*) become repulsive; **to mi ~ło** I am disgusted with it

zbudzić *vt* wake (up), awaken, rouse; ~ **się** *vr* wake (up), awaken

zburzenie *n* destruction, demolition

zburzyć *vt* destroy, demolish; (*o budynku, rozebrać*) pull down

zbutwiały *adj* mouldy

zbutwieć *vi* moulder

zbyć *vt* zob. **zbywać**; ~ **pięknymi słówkami** put off with fair words

zbyt *adv* too, too much; ~ **wiele** too much; *sm* sale

zbyteczny *adj* superfluous

zbytek *m* luxury

zbytkowny *adj* luxurious

zbytnio *adv* excessively

zbywa|ć *vt* sell, dispose (**coś of** sth); (*brakować*) lack; **na niczym mi nie ~ i** I don't lack anything

z dala *adv* from afar

zdalnie *adv* from afar; ~ **kiero-**

wany telecommanded; (o pocisku) guided

zdanie n opinion, view; *gram.* sentence; ~ **główne** ⟨**podrzędne**⟩ main ⟨subordinate⟩ sentence; **moim** ~**m** in my opinion

zdarzać się *vr* happen, occur

zdarzenie n occurence, event, incident, happening

zdatny *adj* fit, suitable, apt

zdawać *vt* render, give over; (*egzamin*) pass; ~ **się** *vr* (*wydawać się*) appear, seem; surrender (np. **na los** to the fate); rely (**na kogoś** upon sb)

zdawkowy *adj* commonplace; ~ **pieniądz** small coin, silver and copper

zdążyć *vt* come in time; ~ **coś zrobić** succeed in making sth in time

zdechły *adj* dead

zdecydować *vt vi* decide; ~ **się** *vr* decide

zdejmować *vt* take off, remove; *fot.* take a picture (**kogoś, coś** of sb, sth); **strach go zdjął** he was seized by fear; **zdjęty podziwem** struck with amazement

zdenerwowany *adj* nervous, excited, flurried

zderzak m buffer; (*u samochodu*) bumper

zderzenie n crash, collision

zderzyć się *vr* crash, collide

zdesperowany *adj* desperate

zdjąć *zob.* zdejmować

zdjęcie n taking away ⟨off⟩; *fot.* photograph, (*migawkowe*) snap; *med.* ~ **rentgenowskie** radiograph

zdmuchnąć *vt* blow off

zdobić *vt* decorate, adorn

zdobniczy *adj* decorative

zdobycz f booty

zdobywać *vt* conquer

zdobywca m conqueror

zdolność f ability, capacity

zdolny *adj* able, capable, clever

zdołać *vi* be able

zdrada f treason, treachery, infi-

delity

zdradliwy *adj* treacherous

zdradzać *vt* betray

zdradziecki *adj* treacherous, perfidious

zdrajca m traitor

zdrapywać *vt* scratch off

zdrętwiały *adj* rigid, numb, torpid; (*z zimna*) numb with cold; ~**a ręka** numb hand

zdrętwieć *vi* stiffen, become torpid

zdrętwienie n torpor, numbness

zdrobniały *adj* diminutive

zdrojowisko n watering-place, spa

zdrowie n health; **wznieść czyjeś** ~ drink sb's health

zdrowotny *adj* salubrious, sanitary

zdrowy *adj* healthy, sound; (*służący zdrowiu*) wholesome; ~ **rozum** common sense

zdrożny *adj* perverse, vicious

zdrój m spring, well

zdrów *adj* healthy; **bądź** ~! good-bye!; **cały i** ~ safe and sound

zdruzgotać *vt* smash, shatter

zdrzemnąć się *vr* have a nap

zdumienie n astonishment

zdumiewać się *vr* be astonished (**czymś** at sth)

zdumiony *adj* amazed, astonished (**czymś** at sth)

zdun m stove-maker

zdusić *zob.* zadusić

zdwoić *vt* double

zdychać *vi* die

zdyszany *adj* breathless

zdyszeć się *vr* pant for breath

zdziałać *vt* perform, accomplish

zdziczeć *vi* become savage

zdziecinniały *adj* dotardly; ~ **człowiek** dotard

zdziecinnienie n dotage

zdzierać *vt* tear away; (*skórę*) skin; (*np. odzież*) tear, wear out; *przen.* overcharge, extort

zdzierstwo n *pot.* overcharge

zdziwić *vt* astonish; ~ **się** *vr* be astonished (**czymś** at sth)

zdziwienie n astonishment

ze *praep* zob. z

zebra *f* zebra

zebrać *zob.* zbierać

zebranie *n* meeting, assembly

zecer *m druk.* compositor

zechc|ieć *vi* become willing; czy
~iałbyś to zrobić? would you
like to do this?

zegar *m* clock; ~ słoneczny sun-
-dial

zegarek *m* watch

zegarmistrz *m* watch-maker

zejście *n* descent; (*ze świata*) decease

zejść *vi* descend, go down; (*ze
świata*) decease; ~ się *vr* meet

zelować *vt* sole

zelówka *f* sole

zelżeć *vi* slacken, relent

zemdleć *vi* faint away, swoon,
pass out

zemdlenie *n* fainting, swoon

zemdlony *adj* faint, unconscious

zemst|a *f* revenge; przez ~ę out of
revenge

zepchnąć *vt* push down

zepsucie *n* damage; corruption;
depravation

zepsuć *vt* spoil, corrupt; deprave;
~ się *vr* spoil, be spoiled; be
corrupted, be depraved

zepsuty *adj* (*uszkodzony*) damaged; (*zgniły*) rotten; przen. depraved, corrupted

zerkać *vi* look askance, cast fur-
tive glances, gaze with twinkling
eyes (*na kogoś* at sb)

zero *n* zero, nought

zerwać *zob.* zrywać

zerwanie *n* rupture

zeskoczyć *vi* leap down

zeskrobać *vt* scrape off

zesłać *vt* send down; (*wygnać*) deport

zesłanie *n* deportation

zespolenie *n* amalgamation, union

zespolić *vt*, ~ się *vr* amalgamate,
unite

zespołow|y *adj* team-, collective;
praca ~a team-work

zespół *m* group, body, team

zestarzeć się *vr* grow old

zestawiać *vt* compare, confront,
put together, combine; (*np. bilans*) draw up

zestawienie *n* comparison, combination; computation

zestrzelić *vt* shoot down

zeszłoroczny *adj* last year's

zeszpecenie *ń* disfiguration, defor-
mation

zeszpecić *vt* disfigure, deform

zeszyt *m* copy-book

ześlizgnąć się *vr* glide down

zetknąć *zob.* stykać

zetknięcie *n* contact

zetrzeć *vt* zob. ścierać; ~ kurz
dust; ~ na miazgę crush; ~ na
proch grind to dust

zew *m* call

zewnątrz *adv praep* outside, outward; z ~ from outside; na ~
outside

zewnętrzny *adj* outside, outward,
exterior

zewsząd *adv* from everywhere, on
every side

zez *m* squint

zeznanie *n* deposition, declaration

zeznawać *vt* depose, declare, give
evidence

zezować *vi* squint

zezwalać *vi* allow, permit

zezwolenie *n* permission, consent

zębat|y *adj* indented, toothed; ko-
lej ~a cog-wheel railway; koło
~e cog-wheel

zębowy *adj* dental

zgadywać *vt* guess

zgadzać się *vr* consent, agree (na
coś to sth); harmonize

zgaga *f* heartburn

zgarnąć *vt* rake together

zgęszczać *vt*, ~ się *vr* thicken,
condense

zgęszczenie *n* condensation

zgiełk *m* bustle, tumult

zgięcie *n* bend, turn

zginać *vt* bend, turn, bow; ~ się
vr bend, bow

zginąć *vi* be killed; (*przepaść*) be
lost; perish; (*zapodziać się*) get
lost

zgliszcza s pl cinders

zgładzić vt kill, exterminate

zglaszać vt announce, declare, report; offer, present; ~ **się** vr come forward, present oneself

zgłębiać vt sound, probe, fathom

zgłodniały adj starving

zgłosić zob. **zgłaszać**

zgłoska f syllable

zgłoszenie n announcement, declaration, report, presentation; ~ **się** vr appearance

zgłupieć vi become silly

zgnić vi rot, decay

zgnieść vt crush, squash

zgnilizna f putrefaction, corruption, decay; (moralna) depravity, moral debasement

zgniły adj rotten, putrid; (moralnie) depraved

zgo|da f consent (na coś to sth); (zgodność) harmony, concord; **w** ~**dzie** in agreement; **za** ~**dą** with the consent; ~**da!** agreed!

zgodnie adv according (np. **z planem** to the plan), in conformity, in compliance (np. **z rozkazem** with the order); (jednomyślnie) unanimously

zgodność f conformity, compliance, (jednomyślność) unanimity

zgodny adj (skłonny do zgody) compliant; conformable (np. **z tekstem** to the text); (jednomyślny) unanimous

zgon m decease

zgorszenie n offence, scandal

zgorszyć vt offend, scandalize, give offence

zgorzel f med. gangrene

zgorzkniały adj sour, rancid; przen. embittered, sullen

zgotować vt (przygotować) prepare

z góry adv beforehand, in advance

zgrabność f dexterity, skill

zgrabny adj dexterous, skillful; (dorodny) well-shaped

zgraja f gang

zgromadzenie n gathering, assembly

zgromadzić vt gather, assemble; ~

się vr gather, assemble

zgroza f horror

z grubsza adv roughly, in the rough

zgruchotać vt smash

zgryziony adj grieved

zgryzota f grief

zgryźć vt gnaw through; (moralnie) grieve, worry

zgryźliwy adj sarcastic

zgrzać się vr grow warm, get heated

zgrzebło n horse-comb

zgrzybiały adj decrepit

zgrzyt m creak

zgrzytać vi creak, grate; (zębami) gnash

zgub|a f loss; (klęska) perdition; **doprowadzić do** ~**y** bring to ruin

zgubić vt lose; ruin; ~ **się** vr go ⟨get⟩ lost

zgubny adj pernicious, ruinous

ziać vi exhale

ziarnisty adj granular

ziarnko n grain, granule

ziarno n grain, corn; (np. w owocu) kernel

ziele n herb, weed

zielenić się vr grow green

zieleniec m grass-plot

zieleń f greenness, green colour, (np. drzew) verdure

zielnik m herbarium

zielony adj green

ziemia f (kula ziemska) earth; (gleba) soil; (ląd) land, ground

ziemianin m country gentleman

ziemianka f dug-out; (kobieta) lady of the manor

ziemiaństwo n landed gentry

ziemiopłody s pl agricultural products

ziemniak m potato

ziemsk|i adj earthy, terrestrial; **kula** ~**a** terrestial globe; **skorupa** ~**a** the crust of the earth; **właściciel** ~**i** landowner

ziewać vi yawn

zięba f zool. finch

ziębić vt make cold, refrigerate

ziębnąć vt become cold

zięć *m* son-in-law

zima *f* winter

zimno *adv* coldly; **jest ~ it is cold; jest mi ~** I am cold; *s n* cold

zimn|y *adj* cold, frigid; **z ~ą krwią** in cold blood

zimorodek *m zool.* kingfisher

zimować *vi* pass the winter

zioło *n* herb

ziomek *m* fellow-countryman

ziścić *vt* fulfill

zjadać *vt* eat; *przen. (niszczyć)* ruin

zjadliwy *adj* sarcastic; *med.* virulent

zjawa *f* phantom, apparition

zjawić się *vr* appear

zjawisko *n* phenomenon, vision

zjazd *m (zebranie)* congress, meeting, *(zlot, zbiórka)* rally; *(w dół)* descent

zjechać *vi* go down, descend; **~ z drogi** make way; **~ się** *vr* come together, assemble, meet

zjednać *vt* gain; **~ sobie** win the favour **(kogoś** of sb)

zjednoczenie *n* unification, union

zjednoczony *adj* unified, joint, amalgamated; **Organizacja Narodów Zjednoczonych** United Nations Organization

zjednoczyć *vt* unify, unite

zjełczały *adj* rancid

zjeść *vt* eat up

zjeżdżać *zob.* zjechać

zlatywać *vi* fly down, rush down, come down; **~ się** *vr* fly together, assemble

zlecać *vt* commission, charge **(komuś coś** sb with sth)

zlecenie *n* commission, order; *handl.* **~ wypłaty** order of payment

z lekka *adv* lightly, softly

zlepek *m* conglomerate

zlepiać *vt,* **~ się** *vr* stick together

zlew *m* sink

zlewać *vt* pour off; mix; **~ się** *vr* flow together, join

zlewisko *n geogr.* watershed

zlewka *f chem.* beaker

zlewki *s pl* slops

zliczyć *vt* count, add up, compute

zlodowaciały *adj* glaciated

zlodowacieć *vi* turn into ice

zlot *m* rally; *(np. harcerski)* jamboree

złagodnieć *vi* soften, become mild

złagodzenie *n* softening, mitigation

złamać *vt* break; **~ się** *vr* break, be broken; *zob.* łamać

złamanie *n (kości)* fracture; *(zobowiązania)* breach

złazić *vi* come ⟨climb⟩ down

złącze *n techn.* joint, connector

złączenie *n* junction, unification

złączyć *vt* join, unite, connect; **~ się** *vr* join **(z kimś** sb); unite

złe *n* evil; **brać za ~** take amiss; **nic ~go** no harm

zło *n* evil

złocić *vt* gild

złoczyńca *m* malefactor, evil-doer

złodziej *m* thief, *(kieszonkowy)* pick-pocket

złodziejstwo *n* larceny, theft

złom *m* scrap-iron, waste stuff

złorzeczenie *n* malediction, curse

złorzeczyć *vi* curse **(komuś** sb)

złościć *vt* irritate, make angry; **~ się** *vr* be angry **(na kogoś** with sb, **na coś** at sth), be irritated ⟨vexed⟩ **(na kogoś, coś** at ⟨with⟩ sb, sth)

złość *f* spite, anger; **na ~** just to spite **(komuś** sb)

złośliwość *f* malice

złośliw|y *adj* malicious, spiteful; *med.* **~a anemia** pernicious anaemia; **nowotwór ~y** malignant tumour

złośnik *m* irritable person

złotnik *m* goldsmith

złoto *n* gold

złoty 1. *adj* gold, *przen.* golden; **~ wiek** golden age

złoty 2. *m (jednostka monetarna)* zloty

złowieszczy *adj* ominous, sinister

złowrogi *adj* ill-omened

złoże *n* stratum; *geol.* bed

złożenie *n* deposition; *(przysięgi)* taking

złożony adj folded; (skomplikowany) complicated, complex, compound; ~ chorobą bedridden

złożyć vt fold; (np. pieniądze) deposit; (przysięgę) take; (z urzędu) dismiss; (urząd) resign; (wizytę) pay; zob. składać

złuda f illusion

złudny adj illusory, deceptive

złudzenie n illusion

zły adj evil, bad, ill, wicked; (zagniewany) angry (na kogoś with sb); złe czasy hard times

zmagać się vr struggle

zmaganie n struggle

zmaleć vi grow smaller, diminish, decrease

zmanierowany adj mannered, affected

zmarły adj i sm deceased

zmarnować vt waste; ~ się vr get wasted

zmarszczka f wrinkle, crease

zmarszczyć vt, ~ się vr wrinkle (up), crease

zmartwić vt worry, grieve, afflict; ~ się vr become grieved (czymś at sth)

zmartwienie n worry, grief, affliction

zmartwychwstać vi rise from the dead

zmartwychwstanie n Resurrection

zmarznąć [-r-z-] vi be frozen

zmawiać się vr collude, conspire

zmaza f blemish, stain

zmazać vt efface

zmądrzeć vi become wise

zmęczenie n weariness, fatigue

zmęczony adj tired, weary

zmęczyć vt tire, fatigue; ~ się vr be ⟨get⟩ tired

zmian|a f change, alteration; (kolejność pracy) shift, turn; na ~ę in turn, alternately, for a change

zmiatać vt sweep

zmiażdżyć vt crush

zmieniać vt change, alter; ~ się vr change

zmienna f mat. variable; ~ niezależna ⟨zależna⟩ independent ⟨dependent⟩ variable

zmienność f mutability, changeability

zmienny adj mutable, changeable, variable

zmierzać vi aim, drive (do czegoś at sth)

zmierzyć vt measure

zmierzch m dusk, twilight

zmierzchać się vr grow dusky

zmieszać vt mix up; (skonfundować) confound, perplex, disconcert; ~ się vr become mixed up; (speszyć się) become confused, be disconcerted, be put out of countenance

zmieszanie n mixing up; (speszenie) confusion

zmieścić vt put, accomodate, place; ~ się vr find room enough

zmiękczyć vt soften, mollify

zmięknąć vi soften, become soft

zmiłować się vr have mercy, take pity (nad kimś on sb)

zmniejszenie n diminution, decrease, reduction

zmniejszyć vt diminish, reduce; ~ się vr diminish, decrease, dwindle

zmoczyć vt moisten, wet, soak

zmoknąć vi get wet, be soaked, pot. get a soaking

zmora f nightmare

zmordować vt tire out; ~ się vr become tired out

zmorzy|ć vt, sen mnie ~ł I was overcome with sleep

zmotoryzowany adj motorized

zmowa f collusion, conspiracy

zmóc vt overcome, overpower

zmówić vt (modlitwę) say; ~ się vr zob. zmawiać się

zmrok m dusk, twilight

zmurszały adj mouldy

zmurszeć vi moulder

zmuszać vt force, compel

zmykać vi bolt, scamper off

zmylić vt mislead, hoodwink

zmysł m sense; być przy zdrowych ~ach be in one's right senses

zmysłowość f sensuality

zmysłowy *adj* sensual

zmyślać *vt* invent

zmyślenie *n* invention, fiction

zmyślony *adj* fictitious, invented

znachor *m* medicine-man

znaczący *adj* significant

znaczek *m* sign, mark; (*pocztowy*) (postage-)stamp

znaczenie *n* significance, meaning, importance

znacznie *adv* considerably, far

znaczny *adj* considerable, notable

znaczony *adj* labelled, marked

znaczyć *vt vi* mark; mean, signify; be of importance

znać *vt* know; ~ kogoś z nazwiska (z widzenia) know sb by name ⟨by sight⟩; dać komuś ~ let sb know; nie chcę go ~ I want to have nothing to do with him; nie dać o sobie ~ send no news; ~ się *vr* be acquainted (z kimś with sb); be familiar (na czymś with sth), *pot.* be well up (na czymś in sth); nie ~ się be ignorant (na czymś of sth)

znajd|ować *vt* find; ~ować się *vr* be (found); gdzie on się ~uje? where is he? where can he be found?

znajomość *f* acquaintance; zawrzeć ~ make acquaintance

znajomy *m* acquaintance; *adj* known

znak *m* sign, mark, token; signal; ~ fabryczny trade mark; ~i drogowe road signs; ~ tożsamości earmark; ~ wodny watermark; ~ zapytania interrogation ⟨question⟩ mark, query; zły ~ ill omen; na ~ in token (czegoś of sth)

znakomitość *f* excellence, celebrity

znakomity *adj* excellent, exquisite

znalazca *m* finder

znalezienie *n* finding, discovery

znaleźć *vt* find, (*odkryć*) discover; ~ się *vr* be found, find oneself; know how to behave

znaleźne *n* finder's reward

znamienny *adj* characteristic

znamię *n* sign, stigma; *przen.* (*piętno*) impress

znamionować *vt* characterize

znany *adj* known; celebrated

znarowić *vt* spoil; (*konia*) make restive

znarowiony *adj* spoilt, (o koniu) restive

znawca *m* expert (czegoś in sth)

znawstwo *n* thorough knowledge

znęcać się *vr* torment, harass (nad kimś sb)

znękany *adj* depressed, worn out

zniechęcać *vt* discourage; ~ się *vr* be discouraged

zniechęcenie *n* discouragement

zniecierpliwić *vt* put out of patience; ~ się *vr* lose patience; grow impatient

zniecierpliwienie *n* impatience

znieczulający *adj*, środek ~ anaesthetic

znieczulenie *n* insensibility, *med.* anaesthesia

znieczulić *vt* make insensible, *med.* anaesthetize

zniedołężnieć *vi* become decrepit

zniekształcić *vt* disfigure, deform

znienacka *adv* all of a sudden

znienawidzić *vt* come to hate

znienawidzony *adj* hated, odious

znieprawić *vt* deprave, pervert

zniesieni|e *n* (*usunięcie*) abolition; (*unieważnienie*) annulment; nie do ~a intolerable, unbearable

zniesławić *vt* defame

zniesławienie *n* defamation

znieść *vt zob.* znosić

zniewaga *f* insult

znieważać *vt* insult

zniewieściałość *f* effeminacy

zniewieściały *adj* effeminate, womanish

zniewolenie *n* constraint; violation; (*kobiety*) rape

zniewolić *vt* constrain; violate

znikać *vi* vanish, disappear

znikąd *adv* from nowhere

znikomy *adj* transient; (*nieznaczny*) inconspicuous

zniszczeć *vi* decay, be ruined

zniszczenie *n* destruction, ruin

zniszczyć *vt* destroy, ruin

zniweczyć *vt* annihilate, destroy, thwart

zniżać *vt* lower, (cenę) reduce; ~ się *vr* go down, lower, be lowered

zniżka *f* reduction; (giełdowa) slump

zniżony *adj*, po ~ch cenach at reduced prices

znojny *adj* toilsome

znosić *vt* carry down; bring together, (usuwać) abolish; (odzież, buty) wear; (unieważniać) annul, abolish; (ścierpieć) suffer, endure, stand; (jaja) lay; ~ się *vr* (o ubraniu, obuwiu) wear; be worn out; (utrzymywać stosunki) have intercourse ⟨contacts⟩

znośny *adj* tolerable

znowu *adv* again

znój *m* toil

znudzenie *n* boredom

znudzić *vt* bore, weary; ~ć się *vr* become bored, be fed up (czymś with sth); to mi się ~ło I am fed up with it

znużenie *n* weariness

znużyć *vt* fatigue, weary; ~ się *vr* grow weary, become tired

zobaczenie *n* seeing; do ~a! good-bye!

zobaczyć *vt* catch sight (coś of sth), see; ~ się *vr* see (z kimś sb)

zobojętnić *vt* neutralize

zobojętnieć *vi* become indifferent

zobowiązanie *n* obligation, pledge; podjąć ~ enter into an obligation; wziąć na siebie ~ undertake an obligation

zobowiązywać *vt* oblige, bind; ~ się *vr* bind ⟨pledge⟩ oneself

zodiak *m*, znaki ~u zodiac signs

zoolog *m* zoologist

zoologia *f* zoology

zoologiczny *adj* zoological

zorza *f* aurora, morning-dawn, morning star; ~ północna ⟨polarna⟩ aurora borealis

z osobna *adv* separately; wszyscy razem i każdy ~ jointly and severally

zostać *vi* remain; (stać się) become; dom ~ł zburzony the house was destroyed

zostawiać *vt* leave

zrastać się *vr* grow together, coalesce

zrazić *vt* zob. zrażać

zrazu *adv* at first

zrażać *vt* discourage; ~ się *vr* become discouraged; become prejudiced (do kogoś against sb)

zrąb *m* frame

zresztą *adv* besides, else, moreover, after all

zręczność *f* dexterity, skill

zręczny *adj* dexterous, skilful

zrobić *vt* make, do, perform; ~ć się *vr* become, grow, get; ~ło mi się niedobrze I felt sick; ~ło się zimno it grew cold; ~ła się wiosna spring came

zrosnąć się *vr* zob. zrastać się

zrozpaczony *adj* desperate

zrozumiały *adj* comprehensible, intelligible

zrozumieć *vt* understand, comprehend

zrozumienie *n* understanding, comprehension

zrównać *vt* even, level, equalize

zrównanie *n* levelling, equalization

zrównoważyć *vt* balance

zrywać *vt* tear off; (np. kwiaty) pick, pluck; (stosunki) break off; *vi* break (z kimś with sb); ~ się *vr* start up; (ze snu) get up with a start; (o wietrze) get up with a start

zrządzić *vt* cause, ordain; los ~ł the fate has ordained

zrzeczenie się *n* renunciation, resignation

zrzekać się *vr* renounce, resign (czegoś sth)

zrzeszać *vt*, ~ się *vr* associate, combine

zrzeszenie *n* association, combination

zrzęda *m*, *f* pot. grumbler

zwijać

zrzędzić *vt* grumble (**na coś** at sth)

zrzucać *vt* throw off ⟨down⟩, drop

zrzut *m* drop(ping)

zsiadać *vi* dismount, descend; ~ **się** *vr* (*o mleku*) curdle

zsiadły *adj* (*o mleku*) curdled

zstępować *vi* descend

zszyć *vt* sew together

zszywka *f* (*do papieru*) (paper-) fastener

zubożały *adj* impoverished

zubożeć *vi* become poor

zuch *m* brave fellow, *pot.* dare-devil; (*w harcerstwie*) wolf-cub

zuchwalstwo *n* arrogance; (*śmiałość*) audacity

zuchwały *adj* arrogant, overbearing

zupa *f* soup

zupełny *adj* complete, entire

zużycie *n* (*spożycie*) consumption; (*zniszczenie*) waste, wear

zużyć *vt* consume; use (up); ~ **się** *vr* be used up; be worn out

zużytkować *vt* utilize

zużyty *adj* used up, worn out, (*o maszynie*) broken-down

zwać *vt* call; ~**ć się** *vr* be called; **tak** ~**ny** so-called

zwada *f* squabble

zwalczyć *vt* combat, overpower, overcome

zwalić *vt* throw down; (*np. dom*) pull down; ~ **winę na kogoś** put all the blame on sb; ~ **się** *vr* tumble down, collapse

zwalniać *zob.* **zwolnić**

zwapnienie *n* calcification

zwariować *vi* go mad

zwariowany *adj* mad, crazy (**na punkcie czegoś** about sth)

zwarty *adj* close, compact

zwarzyć *vt* boil; damage, nip (by frost); (*o mleku*) curdle, turn; ~ **się** *vr* (*o mleku*) curdle, turn

zważać *vi* mind (**na coś** sth), (*uwzględniać*) pay attention (**na coś** to sth)

zważyć *vt* weigh; *przen.* (*rozważyć*) consider

zwątpić *vi* doubt, feel a doubt (**w coś** about sth)

zwątpienie *n* doubt, uncertainty

zwędzić *vt* *pot.* (*ukraść*) snaffle, pinch

zwęglić *vt* char; *chem.* carbonize; ~ **się** *vr* char, become carbonized

zwęzić *vt* narrow

zwiać *vr* *zob.* **zwiewać**

zwiady *s pl* reconnaissance

zwiastować *vt* announce

zwiastun *m* harbinger

związać *zob.* **zawiązać**

związ|ek *m* union, bond, alliance, conjunction; connection; *chem.* compound; ~**ek zawodowy** trade union; **w** ~**ku z...** in connection with...

związkow|y *adj* allied; Union *attr*; **republika** ~**a** Union republic

zwichnąć *vt* sprain, dislocate

zwichnięcie *n* sprain, dislocation

zwiedzać *vt* see, visit, frequent

zwierciadło *n* looking-glass, mirror

zwierzać się *vr* open one's heart (**komuś** to sb)

zwierzchni *adj* upper, superior

zwierzchnictwo *n* superiority, supremacy

zwierzchnik *m* superior, principal, *pot.* boss

zwierzenie *n* confidence

zwierzę *n* animal, (*dzikie*) beast; (*domowe*) domestic animal

zwierzęcy *adj* animal; brutal; **świat** ~ animal kingdom

zwierzyna *f* *zbior.* game

zwierzyniec *m* zoo

zwietrzały *adj* decomposed, (*o skałach*) weathered

zwietrzeć *vi* decompose, evaporate, (*o skałach*) weather

zwiewać *vi* *pot.* (*uciekać*) cut and run

zwiędły *adj* faded

zwiędnąć *vi* fade away

zwiększyć *vt* magnify, increase; ~ **się** *vr* increase, augment

zwięzłość *f* conciseness

zwięzły *adj* concise

zwijać *vt* roll, wind, (*żagle*) furl; (*interes*) wind up; ~ **się** *vr* roll

⟨curl up⟩ oneself; (*krzątać się*) bustle (**koło czegoś** about sth)

zwilżyć *vt* moisten

zwinąć *vt zob.* zwijać

zwinny *adj* nimble, quick

zwitek *m* scroll, roll

zwlekać *vt vi* delay, protract; (*odkładać*) put off

zwłaszcza *adv* particularly; ~ że... all the more since..., more particularly as...

zwłok|a *f* delay; (*odroczenie terminu*) respite; **uzyskać ~ę** obtain a respite; **bez ~i** without delay

zwłoki *s pl* corpse, mortal remains *pl*

zwodniczy *adj* seductive, delusive

zwodz|ić *vt* delude, deceive; **most ~ony** drawbridge

zwolennik *m* follower, adherent

z wolna *adv* slowly

zwolnić *vt vi* (*uwolnić*) free, set free, give leave; (*tempo*) slacken; (*odprężyć*) relax; (*pracownika*) dismiss

zwolnienie *n* (*uwolnienie*) release, (*o tempie*) slackening; (*odprężenie*) relaxation; (*z pracy*) dismissal; (*lekarskie*) medical officer's certificate

zwoływać *vt* call together

zwozić *vt* carry, bring in ⟨together⟩, get in

zwój *m* roll, scroll

zwracać *vt* give back, return; ~ **uwagę** pay attention (**na coś** to sth); call attention (**komuś na coś** sb's to sth); **on zwrócił mi na to uwagę** he called my attention to it; ~ **się** *vr* apply (**do kogoś o coś** to sb for sth), address (**do kogoś** sb)

zwrot *m* return; (*obrót*) turn; (*wyrażenie*) phrase

zwrotka *f* stanza

zwrotnica *f* switch

zwrotnik *m* tropic'

zwrotnikowy *adj* tropical

zwrotn|y *adj* returnable; (*o pieniądzach*) repayable; *gram.* reflexive; **cło ~e** drawback; **punkt ~y** turning-point

zwrócić *zob.* zwracać

zwycięski *adj* victorious; (*w zawodach itp.*) champion *attr*

zwycięstwo *n* victory

zwycięzca *m* victor, coqueror; (*w zawodach*) winner, champion

zwyciężać *vt vi* conquer, be victorious

zwyczaj *m* custom, habit; **mieć ~** have the habit (**czegoś** of sth); **be wont; wejść w ~** grow into the habit, become a custom, become customary; **starym ~em** according to the old custom

zwyczajny *adj* usual, common; ordinary

zwyczajow|y *adj* customary; **prawo ~e** common law

zwykle *adv usually;* **jak ~** as usual

zwykły *adj* common

zwyrodniały *adj* degenerate

zwyrodnienie *n* degeneration

zwyżka *f* rise, augmentation

zwyżkować *vi* rise

zwyżkow|y *adj,* **tendencja ~a** upward tendency

zygzak *m* zigzag

zysk *m* gain, profit; **czysty ~** net profit

zyskać *vt* profit (**na czymś** by sth), gain

zyskowny *adj* profitable

zza *praep* from behind, from beyond

zziajać się *vr* be out of breath

zziębnąć *vi* become chilled

zziębnięty *adj* chilled

zżyć się *vr* become familiar

zżymać się *vr* fret and fume; *pot.* be cross (**na kogoś** with sb)

Ź

źdźbło n stalk, halm, (trawy) blade

źle adv badly, ill

źrebak, źrebię n foal

źrenic|a f pupil, przen. apple of the eye; strzec jak ~y oka cherish like the apple of one's eye

źródlany adj spring (water)

źródł|o n source, spring, well; przen. source; authority; gorące ~a hot springs, thermae; przen. ~o zła origin ⟨root⟩ of an evil; mieć swoje ~o w czymś to rise ⟨to spring⟩ from sth; ~o dochodu source of income

źródłosłów m gram. etymology

źródłowy adj spring (water); (oparty na źródłach) first-hand, original

Ż

żaba f frog

żaden pron no, none; ~ z dwóch neither

żag|iel m sail; rozwinąć ⟨zwinąć⟩ ~le unfurl ⟨furl⟩ the sails

żagiew f firebrand, torch

żaglowiec m sailing-boat

żaglow|y adj, płótno ~e canvas, sail-cloth

żak m hist. school-boy

żakiet m jacket

żal m regret, grief, pity; ~ mi (przykro mi) I am sorry; (żałuję) I regret; ~ mi go I pity him; czuję ⟨mam⟩ do niego ~ I bear him a grudge

żalić się vr complain (na coś of sth)

żaluzja f blind

żałoba f mourning; (odzież) mourning-dress; (żałobny strój kobiecy) weeds pl

żałobny adj mourning, mournful; (orszak, marsz) funeral attr

żałosny adj lamentable, deplorable

żałować vt regret; grudge (komuś czegoś sb sth)

żandarm m gendarme

żar m glow, red-heat; (zapał) ardour

żarliwość f ardour

żarliwy adj ardent

żarłoczność f gluttony

żarłoczny adj greedy, gluttonous

żarłok m glutton

żarna s pl handmill

żarówka f bulb

żart n joke, jest; ~em in jest

żartobliwy adj facetious, jocose

żartować vi jest, joke

żartowniś m joker

żarzyć się vr glow

żąć vt mow, cut

żądać vt demand, require

żądanie n demand, request; na ~ at request

żądło n sting

żądny adj desirous (czegoś of sth), eager (czegoś for sth); ~ sławy anxious for fame

żądza f eagerness, desire

że conj that; part then; przyjdźże! come then!; do come!

żebrać vi ask alms, beg

żebrak m beggar

żebro n rib

żeby conj that, in order that ⟨to⟩

żeglarski *adj* nautical
żeglarstwo *n* sailing (profession), navigation
żeglarz *m* seaman, sailor, navigator
żeglować *vt* sail, navigate
żegluga *f* navigation; ~ powietrzna aviation
żegna|ć *vt* bid farewell; ~j! farewell!; ~ć się *vr* take leave (z kimś of sb); *rel.* cross oneself; *zob.* pożegnać
żelatyna *f* gelatine, jelly
żelazisty *adj* ferruginous
żelaziwo *n* ironware; (złom) scrap-iron
żelazko *n* (flat-)iron
żelazn|y *adj* iron; kolej ~a railway, *am.* railroad; list ~y safe-conduct
żelazo *n* iron; ~ kute wrought-iron; ~ lane cast-iron; ~ surowe pig-iron
żelazobeton, żelbeton *m* ferro-concrete, reinforced concrete
żeliwo *n* cast-iron
żeniaczka *f pot.* marriage
żenić *vt* marry (z kimś to sb), give in marriage; ~ się *vr* marry (z kimś sb), take a wife
żenować się *vr* feel embarrassed (czymś at sth)
żeński *adj* female, woman's, women's; feminine
żer *m* pasture, feed
żerdź *f* pole, rod; (dla kur) roost
żeton *m* counter, fish
żgać *vt* stab
żłobek *m* crib; (dla dzieci) crèche; *techn.* groove
żłobić *vt* groove
żłopać *vt pot.* gulp
żłób *m* crib, manger
żmija *f* adder, viper
żniwiarka *f* (maszyna) reaping machine; (kobieta) reaper
żniwiarz *m* reaper
żniwo *n* harvest
żołądek *m* stomach
żołądkowy *adj* stomach, gastric
żołądź *f* acorn; (w kartach) club (zw. pl clubs)

żoł|d *m* (soldier's) pay; na ~dzie in the pay
żołdak *m pog.* mercenary, hireling
żołnierski *adj* soldier's, military
żołnierz *m* soldier
żona *f* wife
żonaty *adj* married (z kimś to sb)
żółcić *vt* dye ⟨make⟩ yellow
żółciowy *adj* biliary, bilious; *med.* kamień ~ gall-stone
żółć *f* bile
żółknąć *vi* turn yellow
żółtaczka *f med.* jaundice
żółtawy *adj* yellowish
żółtko *n* yolk
żółtodziób *m pog.* greenhorn
żółty *adj* yellow
żółw *m* tortoise, (morski) turtle
żółwi *adj*, ~m krokiem at a snail's pace
żrący *adj* corrosive, caustic
żreć *vt pot.* eat greedily; *chem.* corrode
żubr *m zool.* aurochs
żuchwa *f* jaw-bone
żuć *vt* chew
żuk *m* scarab, beetle
żuławy *s pl* marsh-lands pl
żupa *f* salt-works pl
żur *m* sour soup
żuraw *m* crane; (studzienny) draw-well
żurnal *m* fashion-journal, ladies' magazine
żużel *m* slag; ~ wielkopiecowy furnace slag
żwawy *adj* brisk, quick
żwir *m* gravel
życie *n* life; (utrzymanie) livelihood, living, subsistence; zarabiać na ~ earn one's livelihood ⟨one's living⟩
życiorys *m* life, biography
życiow|y *adj* vital; mądrość ~a worldly wisdom, sagacity
życzenie *n* wish, desire
życzliwość *f* benevolence, goodwill
życzliwy *adj* well-wishing, favourable, friendly, favourably disposed (dla kogoś towards sb)

życzyć *vt* wish; ~ **sobie** wish, desire

żyć *vi* live, be alive

Żyd *m* Jew

żydowski *adj* Jewish

Żydówka *f* Jewess

żyjątko *n* little creature, animalcule

żylak *m* varix

żylasty *adj* varicose, veinous, (*o mięsie*) tough

żyletka *f* safety-razor; (*ostrze*) razor-blade

żyła *f* vein; (*minerału*) seam

żyrafa *f* giraffe

żyrandol *m* chandelier

żyrant *m handl.* endorser

żyro *n handl.* endorsement

żyrować *vt handl.* endorse

żyto *n* rye

żywcem *adv* alive

żywica *f* resin

żywiciel *m* bread-winner

żywiczny *adj* resinous

żywić *vt* nourish, feed; (*np. rodzi-*

nę) maintain; (*nadzieję*) entertain; ~ **się** *vr* feed, live (**czymś** on sth)

żywienie *n* feeding

żywioł *m* element

żywiołowy *adj* elemental

żywnościow|y *adj* alimentary; **artykuły** ~**e** victuals, provisions, articles of food

żywo *adv* quickly, briskly; *†* **jako** ~ forsooth, in truth

żywopłot *m* hedge

żywot *m* life; (*życiorys*) biography

żywotność *f* vitality

żywotny *adj* vital

żyw|y *adj* living, alive; (*ruchliwy*) lively, brisk, quick, *pot.* snappy; ~**e srebro** quick-silver, mercury; **kłamać w** ~**e oczy** lie with impudence; **nie widzę** ~**ej duszy** I see no living creature; **do** ~**ego** to the quick; **ledwie** ~**y** half-dead

żyzność *f* fertility

żyzny *adj* fertile

APPENDIX
DODATEK

787

GEOGRAPHICAL NAMES*

NAZWY GEOGRAFICZNE

Adriatyk, Morze Adriatyckie Adriatic, Adriatic Sea
Afganistan Afghanistan
Afryka Africa
Alabama Alabama
Alaska Alaska
Albania Albania; **Ludowa Socjalistyczna Republika Albanii** People's Socialist Republic of Albania
Alberta Alberta
Aleksandria Alexandria
Algier Algiers
Algieria Algeria
Alpy Alps
Amazonka Amazon
Ameryka America; ~ **Północna** ⟨**Południowa**⟩ North ⟨South⟩ America
Amsterdam Amsterdam
Andora Andorra
Andy Andes
Anglia England
Ankara Ankara
Antarktyda Antarctic; Antarctic Continent
Antyle Antilles
Apeniny Appenines
Arabia Saudyjska Saudi Arabia
Argentyna Argentina
Arizona Arizona
Arkansas Arkansas
Arktyka Arctic
Ateny Athens
Atlantyk, Ocean Atlantycki Atlantic, Atlantic Ocean
Atlas Atlas Mts

Auckland Auckland
Australia Australia; **Związek Australijski** Commonwealth of Australia
Austria Austria
Azja Asia; ~ **Mniejsza** Asia Minor
Azory Azores
Bagdad Bag(h)dad
Bahama the Bahamas
Bajkał Baikal
Bałkany Balkans; **Półwysep Bałkański** Balkan Peninsula
Bałtyk, Morze Bałtyckie Baltic, Baltic Sea
Bangladesz Bangladesh
Bejrut Beirut, Beyrouth
Belfast Belfast
Belgia Belgium
Belgrad Belgrade
Berlin Berlin; ~ **Zachodni** West Berlin
Bermudy the Bermudas
Berno Bern(e)
Beskidy Beskid Mts
Białoruś Byelorussia; **Białoruska SRR** Byelorussian SSR
Birma Burma
Birmingham Birmingham
Boliwia Bolivia
Bonn Bonn
Boston Boston
Brasilia Brasilia (*stolica*)
Brazylia Brazil (*państwo*)
Bruksela Brussels
Brytania Britain; **Wielka** ~ Great Britain
Budapeszt Budapest

* *Skróty:* Ils i Mts *odpowiadają wyrazom* Islands *i* Mountains

Buenos Aires Buenos Aires
Bukareszt Bucharest
Bułgaria Bulgaria; Ludowa Republika Bułgarii People's Republic of Bulgaria
Cambridge Cambridge
Canberra Canberra
Cejlon Ceylon, *zob.* Sri Lánka
Chicago Chicago
Chile Chile
Chiny China; Chińska Republika Ludowa Chinese People's Republic
Cieśnina Beringa Bering Strait
Cieśnina Kaletańska Strait of Dover
Cieśnina Magellana Strait of Magellan
Connecticut Connecticut
Cypr Cyprus
Czechosłowacja Czechoslovakia; Czechosłowacka Republika Socjalistyczna Socialist Republic of Czechoslovakia
Dakota Południowa South Dakota
Dakota Północna North Dakota
Damaszek Damascus
Dania Denmark
Dardanele Dardanelles
Delaware Delaware
Delhi Delhi
Detroit Detroit
Djakarta Djakarta
Dover Dover
Dublin Dublin
Dunaj Danube
Edynburg Edinburgh
Egipt Egypt
Ekwador Ecuador
Etiopia Ethiopia
Europa Europe
Filadelfia Philadelphia
Filipiny Philippines, Philippine Ils
Finlandia Finland
Floryda Florida
Francja France
Gdańsk Gdansk
Gdynia Gdynia
Genewa Geneva
Georgia Georgia
Ghana Ghana
Gibraltar Gibraltar

Glasgow Glasgow
Góry Skaliste Rockies, Rocky Mts
Grecja Greece
Greenwich Greenwich
Grenlandia Greenland
Gwatemala Guatemala
Gwinea Guinea
Haga the Hague
Haiti Haiti
Hawaje, Wyspy Hawajskie Hawaii, Hawaiian Ils
Hawana Havana
Hebrydy Hebrides
Hel Hel Peninsula
Helsinki Helsinki
Himalaje Himalaya
Hiszpania Spain
Holandia Holland, the Netherlands
Idaho Idaho
Illinois Illinois
Indiana Indiana
Indie India
Indonezja Indonesia
Indus Indus
Iowa Iowa
Irak Irak, Iraq
Iran Iran
Irlandia Ireland, (*Republika Irlandzka*) Eire
Islandia Iceland
Izrael Israel
Jamajka Jamaica
Jangcy-Ciang, Jangcy Yangtse-Kiang
Japonia Japan
Jawa Java
Jemen Yemen
Jerozolima Jerusalem
Jordania Jordan
Jugosławia Yugoslavia, Jugoslavia; Socjalistyczna Federacyjna Republika Jugosławii Socialist Federative Republic of Yugoslavia
Kair Cairo
Kalifornia California
Kambodża Cambodia
Kanada Canada
Kanał La Manche English Channel
Kanał Panamski Panama Canal

Kanał Sueski Suez Canal
Kansas Kansas
Karolina Południowa South Carolina
Karolina Północna North Carolina
Karpaty Carpathians, Carpathian Mts
Katowice Katowice
Kaukaz Caucasus
Kenia Kenya
Kentucky Kentucky
Kolorado Colorado
Kolumbia Columbia; (państwo) Colombia
Kolumbii Dystrykt District of Columbia
Kongo Congo
Kopenhaga Copenhagen
Kordyliery Cordilleras
Korea Korea; Koreańska Republika Ludowo-Demokratyczna Democratic People's Republic of Korea; ~ Południowa South Korea
Kornwalia Cornwall
Korsyka Corsica
Kostaryka Costa Rica
Kraków Cracow
Kreta Crete
Krym Crimea
Kuba Cuba; Socjalistyczna Republika Kuby Socialist Republic of Cuba
Kuwejt Kuwait, Kuweit
Labrador Labrador
La Manche = Kanał La Manche
Laos Laos
Leningrad Leningrad
Liban Lebanon
Liberia Liberia
Libia Lybia, Libia
Lichtenstein Lichtenstein
Liverpool Liverpool
Lizbona Lisbon
Londyn London
Los Angeles Los Angeles
Luizjana Louisiana
Luksemburg Luxemburg
Łódź Lodz
Madagaskar Madagascar
Madryt Madrid

Maine Maine
Malaje Malaya
Malajski Archipelag Malay Archipelago
Malajski Półwysep Malay Peninsula
Malezja Malaysia
Malta Malta
Manchester Manchester
Manitoba Manitoba
Maroko Morocco
Martynika Martinique
Maryland Maryland
Meksyk Mexico
Melanezja Melanesia
Melbourne Melbourne
Massachusetts Massachusetts
Michigan Michigan
Minnesota Minnesota
Missisipi Mississippi
Missouri Missouri
Monachium Munich
Monako Monaco
Mongolia Mongolia; Mongolska Republika Ludowa Mongolian People's Republic
Montana Montana
Montreal Montreal
Morze Arabskie Arabian Sea
Morze Bałtyckie Baltic Sea
Morze Czarne Black Sea
Morze Czerwone Red Sea
Morze Egejskie Aegean Sea
Morze Jońskie Ionian Sea
Morze Karaibskie Caribbean Sea
Morze Kaspijskie Caspian Sea
Morze Marmara Marmara, Sea of Marmara
Morze Martwe Dead Sea
Morze Północne North Sea
Morze Śródziemne Mediterranean Sea
Morze Tyrreńskie Tyrrhenian Sea
Morze Żółte Yellow Sea
Moskwa Moscow
Nebraska Nebraska
Nepal Nepal
Nevada Nevada
New Hampshire New Hampshire
New Jersey New Jersey
Niagara, Wodospad Niagara Niagara Falls

Niemiecka Republika Demokratyczna German Democratic Republic
Niger Niger
Nigeria Nigeria
Nil Nile
Norwegia Norway
Nowa Fundlandia Newfoundland
Nowa Gwinea New Guinea
Nowa Południowa Walia New South Wales
Nowa Szkocja Nova Scotia
Nowa Zelandia New Zealand
Nowe Delhi New Delhi
Nowy Jork New York
Nowy Meksyk New Mexico
Nowy Orlean New Orleans
Nysa Nysa
Ocean Atlantycki = Atlantyk
Ocean Indyjski Indian Ocean
Ocean Lodowaty Północny Arctic Ocean
Ocean Spokojny = Pacyfik
Odra Odra
Ohio Ohio
Oklahoma Oklahoma
Oksford, Oxford Oxford
Ontario Ontario
Oregon Oregon
Oslo Oslo
Ottawa Ottawa
Pacyfik, Ocean Spokojny Pacific Ocean
Pakistan Pakistan
Panama Panama
Paragwaj Paraguay
Paryż Paris
Pekin Peking
Pensylwania Pennsylvania
Peru Peru
Phenian Pyongyang
Pireneje Pyrenees
Polinezja Polynesia
Polska Poland; Polska Rzeczpospolita Ludowa Polish People's Republic
Portugalia Portugal
Poznań Poznan
Praga Prague
Quebec Quebec
Queensland Queensland
Ren Rhine

Republika Federalna Niemiec Federal Republic of Germany
Republika Południowej Afryki Republic of South Africa
Reykjawik Reykjavik
Rhode Island Rhode Island
Rodezja Rhodesia
Rosja Russia; Rosyjska Federacyjna Socjalistyczna Republika Radziecka Russian Soviet Federative Socialist Republic
Rumunia R(o)umania; Socjalistyczna Republika Rumunii Rumanian Socialist Republic
Rzym Rome
Sahara Sahara
San Francisco San Francisco
San Marino San Marino
Sardynia Sardinia
Sekwana Seine
Senegal Senegal
Singapur Singapore
Skandynawia Scandinavia
Sofia Sofia
Somalia Somalia
Sri Lanka Sri Lanka
Stany Zjednoczone Ameryki United States of America
Sudan Sudan
Suez Suez
Sumatra Sumatra
Sycylia Sicily
Sydney Sydney
Syjam hist. Thailand; zob. Tajlandia
Syria Syria
Szczecin Szczecin
Szkocja Scotland
Sztokholm Stockholm
Szwajcaria Switzerland
Szwecja Sweden
Śląsk Silesia
Taiwan Taiwan
Tajlandia Thailand
Tamiza Thames
Tasmania Tasmania
Tatry Tatra Mts
Teheran Teheran
Tel Awiw Tel Aviv
Tirana Tirana
Teksas Texas
Tennessee Tennessee

Terytoria Północno-Zachodnie North-West Territories
Terytorium Północne Northern Territory
Tokio Tokyo
Toronto Toronto
Tunezja Tunisia
Tunis Tunis
Turcja Turkey
Tybet Tibet
Uganda Uganda
Ulster Ulster
Ułan Bator Ulhan Bator
Ural Ural
Urugwaj Uruguay
Utah Utah
Vermont Vermont
Walia Wales
Warszawa Warsaw
Waszyngton Washington
Watykan Vatican City
Wellington Wellington
Wenecja Venice
Wenezuela Venezuela
Węgry Hungary; **Węgierska Republika Ludowa** Hungarian People's Republic
Wiedeń Vienna
Wielka Brytania Great Britain
Wietnam Vietnam; **Socjalistyczna Republika Wietnamu** Socialist Republic of Vietnam
Wiktoria Victoria
Wirginia Virginia; ~ **Zachodnia** West Virginia

Wisconsin Wisconsin
Wisła Vistula
Włochy Italy
Wołga Volga
Wrocław Wroclaw
Wyoming Wyoming
Wyspy Brytyjskie British Ils
Wyspy Kanaryjskie Canary Ils
Wyspy Normandzkie Channel Ils
Zair Zaire
Zambia Zambia
Zatoka Adeńska Gulf of Aden
Zatoka Baskijska Biscay, Bay of Biscay
Zatoka Botnicka Bothnia, Gulf of Bothnia
Zatoka Gdańska Gulf of Gdansk
Zatoka Gwinejska Gulf of Guinea
Zatoka Meksykańska Gulf of Mexico
Zatoka Perska Persian Gulf
Zatoka Św. Wawrzyńca Gulf of St Lawrence
Zjednoczona Republika Arabska *hist.* United Arab Republic
Zjednoczone Królestwo Wielkiej Brytanii i Północnej Irlandii United Kingdom of Great Britain and Northern Ireland
Związek Australijski Commonwealth of Australia
Związek Radziecki Soviet Union; **Związek Socjalistycznych Republik Radzieckich** Union of Soviet Socialist Republics

A LIST OF PROPER NAMES
SPIS IMION WŁASNYCH

Adam Adam
Agnieszka Agnes
Albert Albert
Aleksander Alexander
Alicja Alice
Ambroży Ambrose
Amelia Amelia
Andrzej Andrew, *zdrob.* Andy
Anna Ann, Anna, *zdrob.* Nan, Nancy
Antoni Anthony, *zdrob.* Tony
Antonina Antonia
Artur Arthur
August Augustus
Barbara Barbara
Bartłomiej Bartholomew
Benedykt Benedict
Bernard Bernard
Błażej Blase
Cecylia Cecilia, Cecily
Cyryl Cyril
Daniel Daniel
Diana Diana
Dionizy Dionysius
Dominik Dominic
Dorota Dorothy
Edmund Edmund
Edward Edward, *zdrob.* Ted
Edyta Edith
Eleonora Eleanor, *zdrob.* Nell, Nelly
Elżbieta Elisabeth, Elizabeth, *zdrob.* Bess, Betsy
Emilia Emily
Ernest Ernest
Eugeniusz Eugene, Gene
Ewa Eve, Eva
Feliks Felix
Filip Philip
Franciszek Francis

Franciszka Frances
Fryderyk Frederic(k)
Gabriel Gabriel
Grzegorz Gregory
Gustaw Gustavus
Helena Helen, Helena, *zdrob.* Nell, Nelly
Henryk Henry, Harry
Henryka Harriet, Harriot
Horacy Horace, Horatio
Hugo Hugh
Ignacy Ignatius
Irena Irene
Izabela Isabel
Jakub Jacob, James, *zdrob.* Jim
Jan John, *zdrob.* Jack
Janina Jane, Jean
Jerzy George
Joanna Joan, Joanna
Józef Joseph
Józefa Josephine
Judyta Judith
Julia Julia, Juliet
Julian Julian
Juliusz Julius
Justyna Justine
Karol Charles
Katarzyna Catherine, Katherine, *zdrob.* Kathleen, Kitty, Kate
Klara Clara, Clare
Klaudiusz Claudius
Konstancja Constance
Konstanty Constantine
Krystyn Christian
Krystyna Christina
Krzysztof Christopher, *zdrob.* Kit
Ksawery Xavier
Leon Leo
Leonard Leonard
Leopold Leopold

Ludwik Lewis, Louis
Łucja Lucy
Łukasz Lucas, Luke
Magdalena Magdalene, *zdrob.* Maud
Małgorzata Margaret, *zdrob.* Marjory, Peggy
Marcin Martin
Maria Mary, *zdrob.* Molly
Mateusz Matthew
Michał Michael, *zdrob.* Micky, Mike
Mikołaj Nicholas, *zdrob.* Nick
Oskar Oscar
Patrycy Patrick, *zdrob.* Pat
Paweł Paul
Piotr Peter
Rajmund Raymond
Robert Robert, *zdrob.* Rob, Bob
Róża Rose
Ryszard Richard, *zdrob.* Dick

Stanisław Stanisla(u)s
Stefan Stephen
Sylwester Silvester
Szymon Simon
Tadeusz Thadd(a)eus
Teodor Theodore, *zdrob.* Theo
Teresa Theresa
Tobiasz Tobias, *zdrob.* Toby
Tomasz Thomas, *zdrob.* Tom, Tommy
Urszula Ursula
Walenty Valentine
Wawrzyniec Laurence, Lawrence
Wiktor Victor
Wiktoria Victoria, *zdrob.* Vic
Wincenty Vincent
Wojciech Adalbert
Zenon Zeno
Zofia Sophie, Sophia
Zuzanna Susan
Zygmunt Sigismund

A LIST OF ABBREVIATIONS IN COMMON USE

SPIS NAJCZĘŚCIEJ UŻYWANYCH SKRÓTÓW

a.	albo or
adm.	admirał admiral
adw.	adwokat lawyer, barrister
afr., afryk.	afrykański African
ag.	agencja agency
AK	Armia Krajowa *hist.* Home Army
AL	Armia Ludowa *hist.* People's Army
am.	amerykański American
AM	Akademia Medyczna Medical Academy
Am. Płd., Amer. Płd.	Ameryka Południowa South America
Am. Płn., Amer. Płn.	Ameryka Północna North America
ang.	angielski English
AR	Agencja Robotnicza Workers' Press Agency
art.	artykuł article; artysta artist; ~ mal. (= artysta malarz) painter; ~ rzeźb. (= artysta rzeźbiarz) sculptor
ASP	Akademia Sztuk Pięknych Academy of Fine Arts
asyst.	asystent assistant
austral.	australijski Australian
AWF	Akademia Wychowania Fizycznego Academy of Physical Education
AZS	Akademicki Związek Sportowy University Sports Association (of Poland)
BCh	Bataliony Chłopskie *hist.* Peasants' Battalions
bhp, BHP	bezpieczeństwo i higiena pracy safety and hygiene of work
bm.	bieżącego miesiąca the current month
BN	Biblioteka Narodowa National Library
BOT	Biuro Obsługi Turystycznej Tourist Service Agency
bp	biskup bishop
BPK	Bułgarska Partia Komunistyczna Bulgarian Communist Party
br.	bieżącego roku this year, the current year
bryt.	brytyjski British
BTZ	Biuro Turystyki Zagranicznej Foreign Tourist Service Office
BU	Biblioteka Uniwersytecka University Library
BWKZ	Biuro Współpracy Kulturalnej z Zagranicą Office for Cultural Relations with Foreign Countries

C, C°	stopień Celsjusza degree centigrade
CAF	Centralna Agencja Fotograficzna Central Press Photo Agency
cd.	ciąg dalszy continued
cdn.	ciąg dalszy nastąpi to be continued
CDT	Centralny Dom Towarowy Central Department Store
Cepelia	zob. CPLiA
CH	Centrala Handlowa Commercial Centre
ChRL	Chińska Republika Ludowa Chinese People's Republic
CHZ	Centrala Handlu Zagranicznego Commercial Centre for Foreign Trade
CK	Centralny Komitet Central Committee
cm	centymetr centimetre
cm²	centymetr kwadratowy square centimetre
cm³	centymetr sześcienny cubic centimetre
CO, C.O., c.o.	centralne ogrzewanie central heating
CPLiA	Centrala Przemysłu Ludowego i Artystycznego Union of Co-operative Folk and Artistic Industry
CPN	Centrala Produktów Naftowych Commercial Centre for Oil Industry
CRZZ	Centralna Rada Związków Zawodowych Central Council of the Trade Unions
CSH	Centralna Składnica Harcerska Scouts' Central Stores
CSRS	Czechosłowacka Republika Socjalistyczna Socialist Republic of Czechoslovakia
CWF	Centrala Wynajmu Filmów Film Distribution Office
cz.	część part
CZ	Centralny Zarząd Headquarters
czł.	członek member

dag	dekagram decagram
dca, d-ca	dowódca commander
Desa	Dzieła Sztuki i Antyki Works of Art and Antiques
dkg	(do 1965 r. dekagram) zob. dag
dł.	długość length
dn.	dnia this ... day of ...
doc.	docent docent
dol.	dolar dollar
dosł.	dosłownie literally
dot.	dotyczy refers; dotyczący concerning
dr	doktor doctor
ds, d/s	do spraw for ... affairs ⟨matters⟩
DS	Dom Studencki Students' Home ⟨Hostel⟩
DW	Dom Wypoczynkowy rest-home
dyr.	dyrektor director

EKG, ekg	elektrokardiogram electrocardiogram
etc.	łac. et cetera = i tak dalej et cetera
ew.	ewentualnie possibly; otherwise
EWG	Europejska Wspólnota Gospodarcza European Economic Community

Fiat	**Włoska Fabryka Samochodów w Turynie** Italian Automobile Factory Turin
FJN	**Front Jedności Narodu** National Unity Front
FN	**Filharmonia Narodowa** National Philharmonic Society
fot.	**fotografował** photographed by; **fotograf** photographer
FP	**Film Polski** Polish Cinema ⟨Film⟩
FPK	**Francuska Partia Komunistyczna** French Communist Party
FSO	**Fabryka Samochodów Osobowych** Motor-Car Factory
FSZMP	**Federacja Socjalistycznych Związków Młodzieży Polskiej** Federation of Socialist Unions of Polish Youth
f.szt.	**funt szterling** pound sterling
FWP	**Fundusz Wczasów Pracowniczych** Workers' Holiday Fund
g	**gram** gram(me)
g.	**godzina** hour
gat.	**gatunek** sort
gen.	**generał** General
GKKFiT	**Główny Komitet Kultury Fizycznej i Turystyki** Central Committee of Physical Culture and Tourism
GL	**Gwardia Ludowa** *hist.* People's Guard
gm.	**gmina** commune
GOPR	**Górskie Ochotnicze Pogotowie Ratunkowe** Volunteer Mountain Rescue Service
gosp.	**gospodarka** economy; **gospodarczy** economic
górn.	**górnictwo**; **górniczy** mining
gr	**grosz** grosh
GS	**Gminna Spółdzielnia** Village Co-operative
GUS	**Główny Urząd Statystyczny** Chief Statistical Office
ha	**hektar** hectare
h.c.	**honoris causa** *łac.* (= **dla zaszczytu**) honoris causa
ib., ibid.	**ibidem** *łac.* (= **ten sam**) ibidem, there, in the same place
i.e.	**id est** *łac.* (= **to jest**) i.e., that is
il.	**ilustracja** figure, illustration; **ilustrował** illustrated by
im.	**imienia** memorial
in.	**inny** other; **inaczej** or, otherwise
inż.	**inżynier** engineer
it	**informacja turystyczna** tourist information
itd.	**i tak dalej** and so on
itp.	**i tym podobne** and the like
jedn.	**jednostka** unit
jęz.	**język** language
jw.	**jak wyżej** as above
k.	**koło** near
KC	**Komitet Centralny** Central Committee

KC PZPR	**Komitet Centralny Polskiej Zjednoczonej Partii Robotniczej** Central Committee of the Polish United Workers' Party
kg	**kilogram** kilogram
kier., Kier.	**kierownik** head, manager
k.k., kk	**kodeks karny** Penal Code
kl.	**klasa** class
km	**kilometr** kilometre; **karabin maszynowy** machine gun
km²	**kilometr kwadratowy** square kilometre
KM	**koń mechaniczny** horse-power (h.p.)
km/g	**kilometry na godzinę** kilometres per hour
KP	**Komunistyczna Partia** Communist Party
KPA	**Komunistyczna Partia Australii** Communist Party of Australia
KPCh	**Komunistyczna Partia Chin** Chinese Communist Party
KPCz	**Komunistyczna Partia Czechosłowacji** Communist Party of Czechoslovakia
KPK	**Komunistyczna Partia Kanady** Communist Party of Canada
KPNZ	**Komunistyczna Partia Nowej Zelandii** Communist Party of New Zealand
KPP	**Komunistyczna Partia Polski** *hist.* Communist Party of Poland
KPSZ	**Komunistyczna Partia Stanów Zjednoczonych** Communist Party of the United States
kpt.	**kapitan** captain
KPWB	**Komunistyczna Partia Wielkiej Brytanii** Communist Party of Great Britain
KPZR	**Komunistyczna Partia Związku Radzieckiego** Communist Party of the Soviet Union
KRL-D	**Koreańska Republika Ludowo-Demokratyczna** The Democratic People's Republic of Korea
KRN	**Krajowa Rada Narodowa** *hist.* National People's Council
ks.	**ksiądz** Reverend; **książę** Duke
kw.	**kwadratowy** square; **kwartał** three months
l	**litr** litre
la, LA	**lekka atletyka** athletics
lek.	**lekarz** physician
LK	**Liga Kobiet** Women's League
LOK	**Liga Obrony Kraju** National Defence League
Lot	zob. PLL „Lot"
LPA	**Liga Państw Arabskich** League of Arab States
LRB	**Ludowa Republika Bułgarii** People's Republic of Bulgaria
LSRA	**Ludowa Socjalistyczna Republika Albanii** Socialist People's Republic of Albania
LWP	**Ludowe Wojsko Polskie** Polish People's Army
łac.	**łaciński** Latin

m	**metr** metre
m.	**miasto** town, city; **miesiąc** month
MCK	**Międzynarodowy Czerwony Krzyż** International Red Cross
MFBRO	**Międzynarodowa Federacja Bojowników Ruchu Oporu** International Federation of the Fighters of the Resistance Movement
MFSM	**Międzynarodowa Federacja Schronisk Młodzieżowych** International Youth Hostels Federation
mgr	**magister** Master of Arts (M.A.)
MHD	**Miejski Handel Detaliczny** Municipal Retail Trade
MHW	**Ministerstwo Handlu Wewnętrznego** Ministry of Internal Trade
MHZ	**Ministerstwo Handlu Zagranicznego** Ministry of Foreign Trade
mies.	**miesiąc** month; **miesięcznie** monthly
mieszk.	**mieszkaniec, mieszkańców** inhabitant(s)
Min.	**Ministerstwo** Ministry
min	**minuta** minute
min.	**minister** Minister
m.in.	**między innymi** among others
mjr	**major** major
MKiS	**Ministerstwo Kultury i Sztuki** Ministry of Culture and Art
MKNiK	**Międzynarodowa Komisja Nadzoru i Kontroli** International Commission of Supervision and Control
MKOl	**Międzynarodowy Komitet Olimpijski** International Olympic Committee
m kw.	**metr kwadratowy** square metre
mld	**miliard** milliard, *am.* billion
mln	**milion** million
mm	**milimetr** millimetre
mm²	**milimetr kwadratowy** square millimetre
MO	**Milicja Obywatelska** Civic Militia
MOP	**Międzynarodowa Organizacja Pracy** International Labour Organization
MOŚ	**Ministerstwo Ochrony Środowiska** Ministry of the Environment
MPiK	**Klub Międzynarodowej Prasy i Książki** International Press and Book Club
MPK	**Miejskie Przedsiębiorstwo Komunikacyjne** Municipal Transport Enterprise
MPR-L	**Mongolska Partia Ludowo-Rewolucyjna** Mongolian People's Revolutionary Party
MRL	**Mongolska Republika Ludowa** Mongolian People's Republic
m/s, M/s	**statek motorowy** motorship
m.st.	**miasto stołeczne** capital city
MSW	**Ministerstwo Spraw Wewnętrznych** Ministry of Internal Affairs, *am.* Ministry of the Interior
MSZ	**Ministerstwo Spraw Zagranicznych** Ministry of Foreign Affairs

MTK	Międzynarodowe Targi Książki International Book Fair
MTP	Międzynarodowe Targi Poznańskie Poznan International Fair
MZS	Międzynarodowy Związek Studentów International Union of Students

n.	nad on
nad.	nadawca sender
NASA	Narodowa Agencja do Spraw Aeronautyki i Przestrzeni Kosmicznej *am*. National Aeronautics and Space Administration
NATO	Organizacja Paktu Północnego Atlantyku North Atlantic Treaty Organization
nb.	nota bene *łac*. nota bene
NBP	Narodowy Bank Polski National Bank of Poland
n.e.	naszej (nowej) ery Anno Domini (A.D.)
NK	Naczelny Komitet Chief Committee
NOT	Naczelna Organizacja Techniczna Chief Technical Organization
np.	na przykład for instance
nr	numer number
NRD	Niemiecka Republika Demokratyczna German Democratic Republic
NSPJ	Niemiecka Socjalistyczna Partia Jedności (SED) Socialist Unity Party of Germany
NZ	Narody Zjednoczone United Nations

ob., Ob.	obywatel, obywatelka citizen
OHP	Ochotniczy Hufiec Pracy Voluntary Labour Corps
OIT	Ośrodek Informacji Turystycznej Tourist Information Centre
OJA	Organizacja Jedności Afrykańskiej Organization of African Unity
OKP	Ogólnopolski Komitet Pokoju All-Poland Peace Committee
ONZ	Organizacja Narodów Zjednoczonych United Nations Organization, UNO
OPA	Organizacja Państw Amerykańskich Organization of American States
ORMO	Ochotnicza Rezerwa Milicji Obywatelskiej Volunteer Reserve of the Civic Militia
ORP	Okręt Rzeczypospolitej Polskiej Polish Navy Ship
ORT	Obsługa Ruchu Turystycznego Tourist Traffic Service

p., P.	pan, pani, panna Mr, Mrs, Miss
p.	patrz see; piętro floor
PAGART, Pagart	Polska Agencja Artystyczna Polish Artistic Agency
PAN	Polska Akademia Nauk Polish Academy of Sciences
PAP	Polska Agencja Prasowa Polish Press Agency
par.	paragraf paragraph

PBP „Orbis"	Polskie Biuro Podróży „Orbis" Polish Travel Office 'Orbis'
PCK	Polski Czerwony Krzyż Polish Red Cross
PCW	polichlorek winylu (*tworzywo sztuczne*) polyvinyl
PDT	Powszechny Dom Towarowy Universal Department Store
PGR	Państwowe Gospodarstwo Rolne State Farm
PHZ	Przedsiębiorstwo Handlu Zagranicznego Foreign Trade Enterprise
PISM	Polski Instytut Spraw Międzynarodowych Polish Institute of International Affairs
PKF	Polska Kronika Filmowa Polish News-Reel
PKiN	Pałac Kultury i Nauki Palace of Culture and Science
PKO	Powszechna Kasa Oszczędności National Savings Bank
PKO, Pekao	Polska Kasa Opieki Polish Guardian Bank, Ltd
PKOl	Polski Komitet Olimpijski Polish Committee for Olympic Games
PKOP	Polski Komitet Obrońców Pokoju Polish Committee of Partisans of Peace
PKP	Polskie Koleje Państwowe Polish State Railways
PKS, Pekaes	Państwowa Komunikacja Samochodowa Polish Motor Communications
pkt	punkt point; station
PKWN	Polski Komitet Wyzwolenia Narodowego *hist.* Polish Committee of National Liberation
PLL „Lot"	Polskie Linie Lotnicze „Lot" Polish Airlines 'Lot'
PLO	Polskie Linie Oceaniczne Polish Ocean Lines
płd.	południe south; południowy South; southern
płd.-wsch.	południowo-wschodni south-east
płd.-zach.	południowo-zachodni south-west
płk	pułkownik colonel
płn.	północ north; północny North; northern
płn.-wsch.	północno-wschodni north-east
płn.-zach.	północno-zachodni north-west
PMH	Polska Marynarka Handlowa Polish Merchant Marine
PMW	Polska Marynarka Wojenna Polish Navy
p.n.e.	przed naszą ⟨nową⟩ erą before Christ (B.C.)
POP	Podstawowa Organizacja Partyjna (PZPR) Basic Party Organization (of the Polish United Workers' Party)
por.	porównaj compare; porucznik lieutenant
poz.	pozycja item
pp., PP.	panowie, panie, państwo Messrs, Mesdames, Mr and Mrs
ppłk	podpułkownik lieutenant-colonel
ppor.	podporucznik second lieutenant
PPR	Polska Partia Robotnicza *hist.* Polish Workers' Party
PPS	Polska Partia Socjalistyczna *hist.* Polish Socialist Party
PR	Polskie Radio Polish Radio
PRiTV	Polskie Radio i Telewizja Polish Radio and Television
PRL	Polska Rzeczpospolita Ludowa Polish People's Republic
proc.	procent per cent

prof.	profesor professor
PS	postscriptum postscript
P.T.	pleno titulo *łac.* (= pełnym tytułem) full-titled
pt.	pod tytułem under the title
p-ta	poczta post office
PTTK	Polskie Towarzystwo Turystyczno-Krajoznawcze Polish Tourist Country-Lovers' Society
PW	Państwowe Wydawnictwo State Publishing House
PZLA	Polski Związek Lekkiej Atletyki Polish Athletic Union
PZMot, PZM	Polski Związek Motorowy Polish Automobile and Motor-Cycle Federation
PZPN	Polski Związek Piłki Nożnej Polish Football Union
PZPR	Polska Zjednoczona Partia Robotnicza Polish United Workers' Party
PZU	Państwowy Zakład Ubezpieczeń Polish National Insurance
PŻM	Polska Żegluga Morska Polish Steamship Co.
r.	rok(u) year
red.	redaktor editor
RFN	Republika Federalna Niemiec Federal Republic of Germany
RM	Rada Ministrów The Cabinet
RN	Rada Narodowa People's Council
RP	Rada Państwa State Council; Rzeczpospolita Polska Polish Republic
RPK	Rumuńska Partia Komunistyczna Rumanian Communist Party
RWPG	Rada Wzajemnej Pomocy Gospodarczej Council for Mutual Economic Aid
RZ	Rada Zakładowa Works Committee
s.	strona page
SA, S.A.	spółka akcyjna Joint Stock Company, *am.* Incorporated Company
SAM, sam	sklep samoobsługowy self-service shop
SD	Stronnictwo Demokratyczne Democratic Party
sek.	sekunda second
SFRJ	Socjalistyczna Federacyjna Republika Jugosławii Socialist Federative Republic of Yugoslavia
sierż.	sierżant sergeant
SPATiF	Stowarzyszenie Polskich Artystów Teatru i Filmu Association of Polish Theatre and Film Artists
SRR	Socjalistyczna Republika Rumunii Socialist Republic of Rumania
SRW	Socjalistyczna Republika Wietnamu Socialist Republic of Vietnam
st.	starszy older; senior; stopień, stopnie degree(s)
str.	strona page
St. Zjedn.	Stany Zjednoczone United States
szkoc.	szkocki Scotch; Scottish
SZMW	Socjalistyczny Związek Młodzieży Wojskowej Socialist Union of Military Youth

SZSP	**Socjalistyczny Związek Studentów Polskich** Socialist Union of Polish Students
ŚFMD	**Światowa Federacja Młodzieży Demokratycznej** World Federation of Democratic Youth
ŚFZZ	**Światowa Federacja Związków Zawodowych** World Federation of Trade Unions
ŚKOP	**Światowy Komitet Obrońców Pokoju** World Committee of Partisans of Peace
ŚOZ	**Światowa Organizacja Zdrowia** World Health Organization
śp.	**świętej pamięci** the late
ŚRP	**Światowa Rada Pokoju** World Council of Peace
św.	**święty** Saint; **świadek** witness
t	**tona** ton
t.	**tom** volume
tab.	**tabela** table
tabl.	**tablica** figure
tel.	**telefon** telephone
Telex	**Telegraph Exchange** *bryt.* dalekopis
tj.	**to jest** that is (i.e.)
TKKF	**Towarzystwo Krzewienia Kultury Fizycznej** Society for the Propagation of Physical Culture
TKKŚ	**Towarzystwo Krzewienia Kultury Świeckiej** Society for the Propagation of Lay Culture
TOS	**Techniczna Obsługa Samochodów** Automobile Technical Service
tow.	**towarzysz(ka)** comrade; **towarzystwo** society
TOZ	**Towarzystwo Opieki nad Zwierzętami** Society for the Protection of Animals
TPD	**Towarzystwo Przyjaciół Dzieci** Society of the Friends of Children
TV	**telewizja** television
tys.	**tysiąc** thousand
tzn.	**to znaczy** that is to say, namely
tzw.	**tak zwany** the so-called
ub.	**ubiegły** last (month, year etc.)
UJ	**Uniwersytet Jagielloński** Jagiellonian University
UKF	**fale ultrakrótkie (o dużych częstościach drgań)** ultra-short waves
ul.	**ulica** street
UNESCO	**Organizacja Narodów Zjednoczonych do spraw Oświaty, Nauki i Kultury** United Nations Educational, Scientific and Cultural Organization
UNICEF	**Fundusz Narodów Zjednoczonych Pomocy Dzieciom** United Nations Children's Fund
UP-T	**Urząd Pocztowo-Telekomunikacyjny** Post and Telecommunication Office
ur.	**urodzony** born
URM	**Urząd Rady Ministrów** Bureau of the Cabinet
USC	**Urząd Stanu Cywilnego** Registry
UW	**Uniwersytet Warszawski** University of Warsaw; **Układ Warszawski** Warsaw Treaty

w.	wiek century
W. Bryt.	Wielka Brytania Great Britain
wg	według according to
WłPK	Włoska Partia Komunistyczna Communist Party of Italy
w m.	w miejscu local
WP	Wojsko Polskie Polish Army
WRL	Węgierska Republika Ludowa Hungarian People's Republic
wsch.	wschód east; wschodni East; eastern
WSPR	Węgierska Socjalistyczna Partia Robotnicza Hungarian Socialist Workers' Party
ww.	wyżej wymieniony above mentioned
W-Z	(trasa) Wschód-Zachód East-West (thoroughfare)
zach.	zachód west; zachodni West; western
ZAIKS	Stowarzyszenie Autorów ZAIKS Authors' Association ZAIKS
zał.	załącznik enclosure; założony; założył founded
ZBoWiD	Związek Bojowników o Wolność i Demokrację Association of Fighters for Liberty and Democracy
zca, z-ca	zastępca deputy
z d.	z domu maiden name
ZG	Zarząd Główny Board (of Administration, of Directors), headquarters, governing body
ZHP	Związek Harcerstwa Polskiego Polish Scouting Union
ZKJ	Związek Komunistów Jugosławii League of Communists of Yugoslavia
ZKPI	Zjednoczona Komunistyczna Partia Irlandii United Communist Party of Ireland
ZLP	Związek Literatów Polskich Union of Polish Writers
zł	złoty zloty
zm.	zmarł(a) died
ZMS	Związek Młodzieży Socjalistycznej Socialist Youth Union
ZNP	Związek Nauczycielstwa Polskiego Polish Teachers' Association
zob.	zobacz see
ZSL	Zjednoczone Stronnictwo Ludowe United Peasants' Party
ZSMP	Związek Socjalistycznej Młodzieży Polskiej Union of Polish Socialist Youth
ZSRR	Związek Socjalistycznych Republik Radzieckich Union of Soviet Socialist Republics
ZURiT, ZURT	Zakład Usług Radiotechnicznych i Telewizyjnych Radio and Television Engineering Service Station
ZUS	Zakład Ubezpieczeń Społecznych Social Insurance Institution
zw.	związek union, association
Zw. Radz.	Związek Radziecki Soviet Union
Zw. Zaw., ZZ	Związki Zawodowe Trade Unions
ŻP	Żegluga Polska Polish Shipping

A LIST OF IRREGULAR VERBS

CZASOWNIKI Z ODMIANĄ TZW. NIEREGULARNĄ

bać się: boję, boisz, boi ... boją się; bój się; bojąc się; bał(a, -o, -y), *pl m* bali się; bano się

boleć *v imp:* boli, bolą; bolący; bolał(a, -o, -y); bolenie

bóść: bodę, bodziesz, bodzie ... bodą; bódź; bodąc(y); bódł, bodła, -ło,-ły, *pl m* -li; bodzony, *pl m* -dzeni; bodzenie

brać: biorę, bierzesz, bierze ... biorą; bierz; biorąc; brał(a, -o, -y), *pl m* -li; po-, za/-brawszy; po-, za/brany; brano; branie

być *praes:* jestem, jesteś, jest(eśmy, -eście), są; *fut* będę, będziesz, będzie ... będą; bądź; będąc(y); byłem, był(a, -o, -y), *pl m* -li; bycie

chcieć: chcę, chcesz, chce ... chcą; chciej; chcąc(y); chciał(a, -o, -y), *pl m* chcieli; zachciawszy; chciano

ciąć: tnę, tniesz, tnie ... tną; tnij; tnąc(y); ciął, cięła, -ło, -ły, *pl m* -li; pociąwszy; cięty, *pl m* cięci; cięto; cięcie

ciec: ciekę, cieczesz, ciecze ... cieką; cieknij, cieknąć; ciekł, ciekła, -ło, -ły, *pl m* -li; cieknięty, *pl m* -nięci; cieknięcie

czcić: czczę, czcisz, czci ... czczą; czcij; czcząc(y); czcił(a, -o, -y), *pl m* -li; uczciwszy; czczony, *pl m* czczeni; czczono; uczczenie

czyścić: czyszczę, czyścisz, czyści ... czyszczą; czyścząc(y); czyścił(a, -o, -y), *pl m* -li; czyściwszy; oczyszczony; czyszczono; czyszczenie

dostać: dostanę, dostaniesz, dostanie ... dostaną; dostań; dostając; dostał(a, -o, -y), *pl m* -li; dostawszy; dostano; dostanie

drzeć: drę, drzesz, drze ... drą; drzyj; drąc(y); darł(a, -o, -y), *pl m* -li; zdarłszy; zdarty, *pl m* zdarci; darto; darcie

gnieść: gniotę, gnieciesz, gniecie ... gniotą; gnieć; gniotąc(y); gniótł, gniotła, -ło, -ły, *pl m* gnietli; przygniótłszy; gnieciony, *pl m* gnieceni; gnieciono; gniecenie

gryźć: gryzę, gryziesz, gryzie ... gryzą; gryź; gryząc(y); gryzł(a, -o, -y), *pl m* -li; ugryzłszy; ugryziony, *pl m* -zieni; gryziono; gryzienie

grząźć: grzęznę, grzęźniesz, grzęźnie ... grzęzną; grzęźnij; grzęznąc(y); grzązł(a, -o, -y), *pl m* grzęźli/grzęznął, -nęła, -nęło, -nęły, *pl m* -nęli; ugrzęzłszy/-znąwszy; ugrzęźnięty, *pl m* -nięci; grzęźnięto; ugrzęźnięcie

iść: idę, idziesz, idzie ... idą; idź; idąc(y); szedł, szła, szło, szły, *pl m* szli; szedłszy

jechać: jadę, jedziesz, jedzie ... jadą; jedź; jadąc(y); jechał(a, -o, -y), *pl m* -li; jechawszy; przejechany; jechano; jechanie

jeść: jem, jesz, je ... jedzą; jedz; jedząc(y); jadł(a, -o, -y), *pl m* jedli; jadłszy; zjedzony, *pl m* -dzeni; jedzono; jedzenie

-iść: pójdę, pójdziesz, pójdzie ... pójdą; pójdź; *p see* iść: poszedł *etc.*

kłaść: kładę, kładziesz, kładzie ... kładą; kładź; kładąc; kładł(a, -o, -y), *pl m* -li; kładłszy; kładziony, *pl m* -dzeni; kładziono; kładzenie

kraść: kradnę, kradniesz, kradnie ... kradną; kradnij; kradnąc(y); kradł(a, -o, -y), *pl m* -li; ukradłszy; skradziony, *pl m* -dzeni; kradziono; kradzenie/kradnięcie

lec, legnąć: legnę, legniesz, legnie ... legną; legnij; legł(a, -o, -y), *pl m* -li; ległszy; legnięcie

leźć: lezę, leziesz, lezie ... lezą; leź; leząc(y); lazł(a, -o, -y), *pl m* leźli; leziono; lezienie

łgać: łżę, łżesz, łże ... łżą; łżyj; łżąc(y); łgał(a, -o, -y), *pl m* -li; wyłgany; łgano; łganie

mieć: mam, masz, ma ... mają; miej; mając(y); miał(a, -o, -y), *pl m* mieli; miany; miano

mieść: miotę, mieciesz, miecie ... miotą; mieć; miotąc(y); miótł, miotła, -ło, -ły, *pl m* mietli; wymiótłszy; mieciony, *pl m* -ceni; mieciono; miecenie

mleć: mielę, mielesz, miele ... mielą; miel; mieląc(y); mełł(a, -o, -y), *pl m* mełli; mielony; mielono; mielenie

móc: mogę, możesz, może ... mogą; wzmóż; mogąc(y); mógł, mogła, -ło, -ły, *pl m* mogli; (w)zmożony, *pl m* zmożeni; wzmożono; wzmożenie

mrzeć: mrę, mrzesz, mrze ... mrą; mrzyj; mrąc(y); marł(a, -o, -y), *pl m* -li; zmarły, *pl m* -li; marcie

mścić: mszczę, mścisz, mści ... mszczą; mścij; mszcząc(y); mścił(a, -o, -y), *pl m* -li; pomściwszy; pomszczony, *pl m* -szczeni; mszczono; mszczenie

-naleźć: znaleźć, znajdę, znajdziesz, znajdzie ... znajdą; znajdź; znalazł(a, -o, -y), *pl m* -leźli; znalazłszy; znaleziony, *pl m* -zieni; znaleziono; znalezienie

nieść: niosę, niesiesz, niesie ... niosą; nieś; niosąc(y); niósł, niosła, -ło, -ły, *pl m* nieśli; niósłszy; niesiony, *pl m* -sieni; niesiono; niesienie

oblec: oblokę, obleczesz, oblecze ... obleką; oblecz; oblókł, oblokła, -ło, -ły, *pl m* oblekli; oblókłszy; obleczony/obłóczony, *pl m* obleczeni; obleczono; obleczenie

orać: orzę, orzesz, orze ... orzą; orz; orząc(y); orał(a, -o, -y), *pl m* -li; zaorawszy; orany; orano; oranie

paść¹ *(fall down)*: padnę, padniesz, padnie ... padną; padnij; padł(a, -o, -y), *pl m* padli; padłszy; padły, *pl m* -li; padnięcie

paść² *(pasture)*: pasę, pasiesz, pasie ... pasą; paś; pasąc(y); pasł(a, -o, -y), *pl m* paśli; pasiony, *pl m* -sieni; pasiono; pasienie

piec: piekę, pieczesz, piecze ... pieką; piecz; piekąc(y); piekł(a, -o, -y), *pl m* -li; pieczony, *pl m* -czeni; pieczono; pieczenie

pleć: pielę, pielesz, piele ... pielą; piel *etc. see* mleć

pleść: plotę, pleciesz, plecie ... plotą; pleć;

plotąc(y); plótł, plotła, -ło, -ły, *pl m* pletli; plótłszy; pleciony, *pl m* -ceni; pleciono; plecenie

prać: *see* brać

-prząc: zaprzęgę, zaprzężesz, zaprzęże ... zaprzęžą; zaprzáż/zaprzęž; zaprzągł, zaprzęgła, -ło, -ły, *pl m* -li; zaprzągłszy; zaprzężony, *pl m* -żeni; zaprzężono; zaprzężenie

prząść: przędę, przędziesz, przędzie ... przędą; przędź/prządź; przędąc(y); prządł, przędła, -ło, -ły, *pl m* -li; uprządłszy; przędziony; przędziono; przędzenie

przeć: *see* drzeć

rosnąć, rość: rosnę, rośniesz, rośnie ... rosną; rośnij; rosnąc(y); rósł, rosła, -ło, -ły, *pl m* rośli; wyrósłszy; rośnięcie

rozpostrzeć: *see* drzeć

rozumieć: rozumiem, rozumiesz, rozumie ... rozumieją; rozum(iej); rozumiejąc(y); rozumiał(a, -o, -y), *pl m* rozumieli; zrozumiawszy; zrozumiany, *pl m* -mieni; rozumienie

rwać: rwę, rwiesz, rwie ... rwą; rwij; rwąc(y); rwał(a, -o, -y), *pl m* rwali; wyrwawszy; rwany; rwano; rwanie

rzec: rzeknę, rzekniesz, rzeknie († rzecze) ... rzekną; rzeknij; rzekł(a, -o, -y), *pl m* -li; rzekłszy; rzeczony; rzeczono; wyrzeczenie

-siąc: przysięgnę, przysięgniesz, przysięgnie ... przysięgną; przysięgnij; przysięgając(y); przysiągł, -sięgła, -ło, -ły, *pl m* przysiągłszy; przysięgły, *pl m* -li; przysięgnięcie

siąść: siądę, siądziesz, siądzie ... siądą; siądź; siadł(a, -o, -y), *pl m* siedli; osiadły, *pl m* osiedli

siec: *see* piec

słać¹: ślę, ślesz, śle ... ślą; ślij; śląc(y); słał(a, -o, -y), *pl m* słali; posławszy; posłany; słano; słanie

słać²: ścielę, ścielesz, ściele ... ścielą; ściel; ścieląc(y); *see* słać¹

spać: śpię, śpisz, śpi ... śpią; śpij; śpiąc(y); spał(a, -o, -y), *pl m* -li; wyspawszy się; wyspany; spano; spanie

spiąć: *praes* zepnę, zepniesz, zepnie ... zepną; zepnij; spiął, spięła, spięły, *pl m* -li

ssać: ssę, ssiesz, ssie ... ssą; ssij; ssąc(y); ssał(a, -o, -y), *pl m* -li; ssawszy; wyssany; ssano; ssanie

stać¹: stoję, stoisz, stoi ... stoją; stój; stojąc(y); stał(a, -o, -y), *pl m* stali; stawszy; wystany; stano; stanie

stać²: staje, stało

stać³ się: stanę, staniesz, stanie ... staną się; stań się; stał(a, -o, -y), *pl m* -li się; stawszy się; stanie się

strzec: strzegę, strzeżesz, strzeże ... strzegą; strzeż; strzegąc(y); strzegł(a, -o, -y), *pl m* -li; dostrzegłszy; strzeżony, *pl m* -żeni; strzeżono; strzeżenie

strzyc: *see* strzec

śmieć: *see* umieć

tłuc: tłukę, tłuczesz, tłucze ... tłuką; tłucz; tłucząc(y); tłukł(a, -o, -y), *pl m* -li; stłukłszy; tłuczony, *pl m* -czeni; tłuczono; tłuczenie

trząść: trzęsę, trzęsiesz, trzęsie ... trzęsą; trząś; trzęsąc(y); trząsł, trzęsła, -ło, -ły, *pl m* -li; zatrząsłszy; trzęsiony, *pl m* -sieni; trzęsiono; trzęsienie

trzeć: *see* drzeć

umieć: umiem, umiesz, umie ... umieją; umiej; umiejąc(y); umiał(a, -o, -y), *pl m* umieli; umiawszy; umiany; umiano; umienie

wiedzieć: wiem, wiesz, wie ... wiedzą; wiedz; wiedząc(y); wiedział(a, -o, -y), *pl m* wiedzieli; dowiedziawszy się; wiedziany; wiedziano; dowiedzenie się

wieść: wiodę, wiedziesz, wiedzie ... wiodą; wiedź; wiodąc(y); wiódł, wiodła, -ło, -ły,

pl m wiedli; wiódłszy; wiedziony, *pl m* -dzeni; wiedziono

wieźć: wiozę, wieziesz, wiezie ... wiozą; wieź; wioząc(y); wiózł, wiozła, -ło, -ły, *pl m* wieźli; wiózłszy; wieziony, *pl m* -zieni; wieziono; wiezienie

wlec: wlokę, wleczesz, wlecze ... wloką; wlecz; wlokąc(y); wlókł, wlokła, -ło, -ły, *pl m* wlekli; wlókłszy; wleczony, *pl m* -czeni; wleczono; wleczenie

wrzeć: wrę, wresz/(wy-, za-, ze)wrzesz, wre/(wy-, za-, ze)wrze, wrzemy, wrzecie, wrzą/(wy-, za-, ze)wrzą; wrzyj; wrąc/wrząc(y); wrzał(a, -o, -y), *pl m* -li, *but:* wy-, za-, z/warł(a, -o, -y), *pl m* -li; wy-, za-, z/warłszy; wy-, za-, z/warty, *pl m* -rci; zawarto; wrzenie (wy-, za-, z/warcie)

wściec się: *see* rzec; wściekły, *pl m* -kli; wściekano się; wścieknięcie

wyląc: wylęg(n)ę, wylęgniesz/wylężesz, wylęgnie/wylęże ... wylęgną; wylęgnij; wylągł, wylęgła, -ło, -ły, *pl m* -li; wylęgłszy; wylęgły, *pl m* -li; wylęgniecie się

wziąć: wezmę, weźmiesz, weźmie ... wezmą; weź; wziął, wzięła, -ło, -ły, *pl m* -li; wziąwszy; wzięty, *pl m* wzięci; wzięto; wzięcie

zawrzeć, zewrzeć: *see* wrzeć

zląc się, zlęknąć się: zlęknę, zlękniesz, zlęknie ... zlękną się; zlęknij się; zląkł, zlękła, -ło, -ły, *pl m* -li się; zląkłszy się; zlękniety, *pl m* -ęci; zlęknięcie się

zwać: *see* rwać; *a.* zowię, zowiesz, zowie, zowią

żreć: *see* drzeć

Note: With verbs marked *pf.*, which are inflected by means of prefixes, the insertion of -e- is necessary in case of two or more consonants.

rozebrać (*but:* rozbiorę), odeprzeć (*but:* odparł), podejść, podeszła (*but:* podszedł), rozciąć (*but:* rozetnę) *etc.*